KB001543

中國語字典

中國語教材編纂會 編

學 文 社

中国语字典

中國語字典

머 리 말

1. 이 자전에 수록된 글자는 현재 중국에서 통용되고 있는 간소화자를 기준하여 올림자에 올렸다. 별체자(异体字)와 정체자(繁体字)까지 포함하면 이 자전에 수록된 한자는 1만 1천 1백자 좌우에 달한다.

2. 이 자전은 한어표준말어음계통에 근거하여 한어철음자모로 올림자의 발음을 달아주고 철음이 같을 때에는 1성, 2성, 3성, 4성과 경성(轻声)의 순서로 배열하였다.

3. 이 자전은 올림자 뒤에 한어철음을 달고 또 그 뒤에 조선한자음을 (　　)에 넣었다. 예를 들면《牛 niú》(우)로 표시하였다.

4. 이 자전의 올림자는 큰 글자로 찍었으며 별체자와 정체자는 올림자 뒤의 괄호 속에 넣었다.

5. 올림자는 의미가 다름에 따라 그 발음을 달리할 때가 있는데 쉽게 구분하기 위해 (1), (2), (3) 등과 같이 숫자를 달아주었다. 그리고 그 글자에 해당된 발음과 그 글자가 소속된 페이지 수도 달아주었다.

6. 일부 올림자에는 발음법을 두 가지로 표기한 것이 있는데 그것은 그 글자가 두 가지로 발음되고 있음을 나타낸다. 예를 들면《焘(dào, tāo)》등이다.

7. 일부 올림자에는《옛음》혹은《속음》이란 글을 달고 그 뒤에 발음법을 표기하였는데《옛음》은 이전의 발음을 표시하고《속음》은 대중 속에서 유행되고 있는 발음법을 표시한다.

8. 올림자가 여러 가지 뜻을 갖고 있을 때에는 ①, ②, ③ 등 숫자를 달아 구별하였고 한 뜻이 여러 가지 의미를 나타낼 때에는 1, 2, 3 등 숫자를 달아 서로 다른 의미들을 구별하였다.

9. 본문 해석에 [파], [유], [전] 등 표식이 있는데 [파]는 파생적 의미를

표시하고, [유]는 비유적 의미를 표시하며, [전]은 전의를 표시한다.

10. 본문 해석에 나오는 (一子), (一儿), (一头) 등은 본 글자와 접사(子, 儿, 头)가 결합하여 같은 뜻을 표시함을 나타낸다.

11. 본문 해석에 나오는 [첩]자는 그 글자가 중첩되어 쓰일 수 있음을 표시한다. 예를 들면, 《哥》는 《哥哥》로 쓸 수 있음을 표시한다.

12. 본문 해석에 나오는 [련]자는 올림자가 그와 뜻이 비슷한 다른 글자와 연합하여 원래의 뜻과 같은 단어를 구성함을 표시한다. 예컨대 [《连》 ①잇다, 잇닿아있다, 연결되다 ([련]-接)] 등과 같은 것이다.

13. 본문 해석에 나오는 <방>자는 지방방언이란 뜻이고 <외>자는 외래어임을 표시한다. <고>자는 옛날 뜻을 가리킨다.

14. 중국 국내의 다른 민족 언어에서 받아들인 단어들은 그 뒤에 그 민족의 간칭을 밝혀놓았다. 예를 들면 《哈达》는 장족어에서 온 것이기에 뒤에다 (장)이라 표시해 놓았다.

15. 이 자전에서 사용한 몇 가지 부호의 사용법은 아래와 같다.

① 《~》는 예문에서 올림자를 표시하며 하나의 《~》 부호는 글자 하나만을 대신할 수 있다.

② 《-》는 앞에 나온 글자를 가리키며 한어철음에서는 생략된 음절이거나 아래의 음절과 연결되어 쓰임을 표시한다.

③ 부호 《↔》는 반의어임을 표시한다. 예를 들면 《快》 빠르다 ↔ 《慢》 으로 표시한다.

④ 부호 〔 〕와 【 】는 올림자가 이루는 다음절 단어거나 단어결합임을 표시하는데 앞의 것은 본 글자와 관계되는 뜻이고 뒤의 것은 관계되지 않는 뜻임을 표시한다.

⑤ 부호 《→》는 참조 또는 찾아보기라는 뜻이다.

⑥ 부호 《 / 》는 예문과 예문을 구별한다.

⑦ 부호 《 * 》는 특히 설명함을 표시한다.

⑧ 부호 《 : 》는 아래의 단어나 문장들은 위에 주어진 뜻들의 예문임을 표시한다.

차 례

머리말 ········· 3

한어철음음절색인 ········· 3

부수에 의한 글자 찾아보기 ········· 6

(1) 부수 목록 6

(2) 글자찾기표 7

(3) 찾아보기 어려운 글자표 66

자전 본문 ········· 1

한어철음음절색인

(汉语拼音音节索引)

A

a 啊 1
ai 哀 1
an 安 3
ang 肮 4
ao 熬 4

B

ba 八 6
bai 白 9
ban 班 10
bang 帮 12
bao 包 13
bei 杯 16
ben 奔 18
beng 崩 19
bi 逼 20
bian 边 24
biao 标 26
bie 别 27
bin 宾 28
bing 兵 29
bo 玻 30
bu 不 33

C

ca 擦 35
cai 猜 35
can 餐 36
cang 仓 37
cao 操 38
ce 策 39
cen 岑 39
ceng 层 39
cha 插 40
chai 拆 42
chan 搀 42
chang 昌 44
chao 超 46
che 车 47
chen 尘 48
cheng 称 50
chi 吃 52
chong 充 55
chou 抽 56
chu 初 58
chua 欻 60
chuai 揣 60
chuan 川 61
chuang 窗 62
chui 吹 63
chun 春 63
chuo 戳 64
ci 词 64
cong 聪 66
cou 凑 67
cu 粗 68
cuan 撺 68
cui 崔 69
cun 村 70
cuo 搓 71

D

da 搭 72
dai 待 75
dan 单 77
dang 当 79
dao 刀 81
de 德 83
dei 得 84
den 扽 84
deng 登 84
di 低 86
dia 嗲 89
dian 颠 89
diao 刁 91
die 爹 93
ding 丁 94
diu 丢 95
dong 东 96
dou 兜 97
du 都 98
duan 端 101
dui 堆 102
dun 吨 103
duo 多 104

E

e 鹅 106
ê 欸 108
ei 欸 108
en 恩 108
eng 鞥 108
er 儿 108

F

fa 发 110
fan 翻 111
fang 方 114
fei 非 116
fen 分 118
feng 风 120
fo 佛 122
fou 否 122
fu 夫 122

G

ga 嘎 129
gai 该 130
gan 干 131
gang 钢 134
gao 高 135
ge 哥 136
gei 给 139
gen 根 139
geng 耕 140
gong 工 141
gou 沟 143
gu 姑 145
gua 瓜 148
guai 乖 149
guan 官 150
guang 光 152
gui 规 153
gun 棍 155
guo 锅 156

H

ha 哈 158
hai 孩 158
han 含 159
hang 杭 161
hao 蒿 162
he 喝 164
hei 黑 167

hen 痕 167
heng 恒 167
hm 噷 168
hng 哼 168
hong 烘 169
hou 喉 170
hu 呼 171
hua 花 174
huai 怀 176
huan 欢 176
huang 荒 178
hui 灰 180
hun 昏 183
huo 活 184

J

ji 机 186
jia 家 195
jian 尖 198
jiang 江 204
jiao 交 206
jie 街 210
jin 今 215
jing 京 218
jiong 迥 222
jiu 究 223
ju 居 225
juan 捐 228
jue 决 230
jun 军 232

K

ka 咖 233
kai 开 233
kan 刊 235
kang 康 236
kao 考 237
ke 科 238
kei 剋 241
ken 肯 241
keng 坑 242
kong 空 242
kou 抠 243
ku 枯 245
kua 夸 245
kuai 快 246
kuan 宽 247
kuang 筐 248
kui 亏 249
kun 昆 251
kuo 阔 252

L

la 拉 252
lai 来 254
lan 兰 255
lang 狼 257
lao 捞 258
le 勒 260
lei 类 261
leng 冷 262
li 里 263
lia 俩 269
lian 连 269
liang 良 271
liao 疗 273
lie 列 275
lin 林 277
ling 令 278
liu 留 281
lo 咯 283
long 龙 283
lou 搂 284
lu 炉 286
lü 吕 288
luan 乱 290
lüe 略 290
lun 抡 290
luo 罗 291

M

m 呣 294
ma 妈 294
mai 埋 295
man 蛮 296
mang 忙 298
mao 猫 299
me 么 300
mei 眉 301
men 门 302
meng 蒙 303
mi 迷 305
mian 面 306
miao 苗 308
mie 灭 309
min 民 309
ming 明 310
miu 谬 312
mo 摸 312
mou 谋 315
mu 木 316

N

n 嗯 317
na 那 317
nai 乃 319
nan 男 319
nang 囊 320
nao 闹 320
ne 讷 321
nei 内 322
nen 嫩 322
neng 能 322
ng 嗯 323
ni 泥 323
nia 嗱 324
nian 年 324
niang 娘 325
niao 鸟 325
nie 捏 326
nin 您 326
ning 宁 326
niu 牛 327
nong 农 328
nou 耨 328
nu 奴 328
nü 女 329
nuan 暖 329
nüe 虐 329
nuo 挪 329

O

o 喔 330
ou 欧 330

P

pa 怕 331
pai 拍 332
pan 潘 333
pang 旁 334
pao 抛 335
pei 胚 336
pen 喷 337
peng 烹 337
pi 批 339
pian 偏 341
piao 飘 343
pie 撇 343
pin 拼 344
ping 乒 345
po 坡 346
pou 剖 348
pu 扑 348

Q

qi 七 350
qia 恰 356
qian 千 356
qiang 枪 359
qiao 敲 361
qie 切 363
qin 亲 364
qing 青 366
qiong 穷 368
qiu 秋 369
qu 区 370
quan 圈 372
que 缺 374

qun 群 375

R

ran 然 375
rang 嚷 376
rao 饶 377
re 热 377
ren 人 378
reng 仍 379
ri 日 379
rong 容 380
rou 柔 381
ru 如 381
rua 挼 382
ruan 软 383
rui 锐 383
run 润 383
ruo 弱 384

S

sa 撒 384
sai 赛 385
san 三 385
sang 桑 386
sao 搔 386
se 涩 387
sen 森 387
seng 僧 387
sha 沙 387
shai 筛 389
shan 山 389
shang 商 391
shao 烧 393
she 奢 394
shei 谁 396
shen 深 396
sheng 声 398
shi 诗 400
shou 收 406
shu 书 408
shua 刷 411
shuai 衰 411
shuan 闩 412
shuang 双 412
shui 水 413
shun 顺 413
shuo 说 413
si 思 414
song 松 416
sou 搜 417
su 苏 418
suan 酸 420
sui 虽 420
sun 孙 421
suo 梭 422

T

ta 他 423
tai 胎 425
tan 贪 426
tang 汤 428
tao 涛 430
te 特 432
teng 疼 432
ti 梯 433
tian 天 435
tiao 跳 436
tie 贴 438
ting 听 438
tong 通 440
tou 偷 442
tu 突 444
tuan 团 445
tui 推 446
tun 吞 447
tuo 拖 448

W

wa 挖 449
wai 歪 450
wan 弯 450
wang 汪 453
wei 威 454
wen 温 459
weng 翁 461
wo 窝 461
wu 污 462

X

xi 西 466
xia 虾 471
xian 先 473
xiang 香 477
xiao 消 480
xie 些 483
xin 新 486
xing 星 487
xiong 兄 490
xiu 休 491
xu 需 492
xuan 宣 495
xue 靴 497
xun 勋 498

Y

ya 呀 500
yan 烟 503
yang 央 508
yao 腰 511
ye 爷 513
yi 一 515
yin 音 523
ying 英 526
yo 唷 529
yong 拥 530
you 优 531
yu 淤 535
yuan 渊 542
yue 约 544
yun 云 546

Z

za 匝 548
zai 栽 549
zan 赞 550
zang 脏 551
zao 遭 551
ze 则 553
zei 贼 554
zen 怎 554
zeng 增 554
zha 扎 555
zhai 摘 557
zhan 沾 558
zhang 章 559
zhao 招 562
zhe 遮 564
zhei 这 566
zhen 针 566
zheng 征 568
zhi 之 571
zhong 忠 578
zhou 州 580
zhu 朱 581
zhua 抓 585
zhuai 拽 585
zhuan 专 585
zhuang 庄 586
zhui 追 587
zhun 准 588
zhuo 捉 589
zi 资 590
zong 宗 594
zou 邹 595
zu 租 596
zuan 钻 597
zui 最 597
zun 尊 598
zuo 作 598

부수에 의한 글자찾아보기

（部首检字表）

【일러두기】

1. 본 자전의 부수는 현재 중국에서 사용하고있는 부수이다.

2. 《부수목록》에는 부수를 189개 수록하였는데 필획의 많고적음에 따라 그 순서를 정하였다. 글자를 찾을 때에는 먼저 《부수목록》에서 그 글자가 가지고있는 부수의 페지를 찾은 다음 다시 《글자찾기》표에서 부수를 제외한 나머지 필획의 많고적음에 따라 찾아보게 하였다.

3. 찾기 어려운 일부 글자들에 대한 해결방법은 다음과 같다.

①부수가 두개이상이여서 찾기 어려운 일부 글자들은 그 글자가 가지고있는 몇개 부수에서 다 찾아볼수 있도록 하였다. 례하면 《思》자는 《田》자 부수와 《心》자 부수에서 다 찾아볼수 있다.

②부수를 확정하기 어려운 글자들은 글자첫획에 따라 점 《丶》, 건너금 《一》, 내리금 《丨》, 삐침 《丿》, 꺾음《乙、乛、ㄱ、乚》 등 다섯가지 순서로 배렬하였다.

③ 《글자찾기표》 뒤에 따로 《찾기 어려운 글자 필획색인》 을 준비하였다.

（一） 부수목록（部首目录）

（부수옆의 수자는 글자찾기표안의 페지수임）

一画		十	11	厶	15	宀	21	弋	29	尸	35
丶	7	厂	11	又(㕚)	15	广	21	小(⺌)	29	己(巳)	35
一	7	匚	12	廴	15	门(門)	21	口	30	弓	35
丨	8	卜(⺊)	12	卩(㔾)	15	辶(辶)	22	囗	32	子(孑)	36
丿	9	刂	12	阝(在左)	15	寸	23	巾	32	屮	36
乙(乛ㄱ乚)		冂	12	阝(在右)	16	扌	23	山	33	女	36
	9	八(丷)	12	凵	16	工	25	彳	34	幺	37
二画		人(入)	13	刀(⺈)	16	土	25	彡	34	纟(糸)	37
亠	9	亻	13	力	17	士	26	夕	34	马(馬)	38
冫	10	勹	15	㔾(见卩)		艹	26	夂	34	巛	38
冖	10	⺈(见刀)		**三画**		大	29	犭	34	**四画**	
讠(言)	10	几(⺇)	15	氵	17	廾(在下)	29	饣(飠)	35	灬	39
二	11	儿	15	忄(⺗)	20	尢	29	彐(⺕彑)	35	斗	39

文 39
方 39
火 39
心 40
户 40
礻(示) 40
王 41
韦(韋) 41
木 42
犬 44
歹 44
车(車) 44
戈 45
比 45
瓦 45
⺗(见忄)
止 45
攴 45
日 45
曰(⺜) 46
水(氺) 46
贝(貝) 46
见(見) 46
父 47
牛(牜 ⺧) 47
手 47
毛 47
气 47
攵 47
片 48
斤 48
爪(爫) 48
月(⺼) 48
欠 49
风(風) 49
殳 49
肀(聿⺻) 49
爿 49
毋(母) 50

五画

穴 50
立 50
疒 50
衤 51
示(见礻) 51
石 51
龙(龍) 52
氺(见水)
业 52
目 52
田 53
罒 53
皿 53
钅(金) 53
矢 55
禾 55
白 56
瓜 56
鸟(鳥) 56
用 56
矛 56
聿(见肀)
艮(见艮)
疋(⺪) 56
皮 56
母(见毋)

六画

衣 57
羊(⺶⺷) 57
米 57
耒 57
老 57
耳 57
臣 58
西(覀) 58
页(頁) 58
虍 58
虫 58
缶 59
舌 59
竹(⺮) 59
臼 60
自 60
血 60
舟 60
羽 61
聿(见肀)
艮(艮) 61
系(见纟)

七画

辛 61
言(訁见讠) 61
麦(麥) 61
走 61
赤 61
豆 61
車(见车)
酉 62
辰 62
豕 62
卤(鹵) 62
里 62
貝(见贝)
見(见见)
足(⻊) 62
豸 63
谷 63
采 63
身 63
角 63

八画

青 63
其 63
雨(⻗) 63
齿(齒) 64
黾(黽) 64
食(见饣)
金(钅见钅) 64
隹 64
鱼(魚) 64
門(见门)

九画

音 65
革 65
頁(见页)
骨 65
食(飠见饣) 65
鬼 65
風(见风)
韋(见韦)

十画

鬥 65
髟 65
馬(见马)

十一画

麻 65
鹿 65
麥(见麦)
鹵(见卤)
鳥(见鸟)
魚(见鱼)

十二画以上

黑 66
黽(见黾)
鼠 66
鼻 66
齒(见齿)
龍(见龙)

(二)글자찾기표 (检字表)

(글자열의 수자는 자전본문의 페지수임)

丶部

二至三画

丫 500
义 520
丸 451
之 571
卞 25
为 456
458
丹 77

四画

头 442
半 11
主 583
必 21
永 531

五画以上

州 580
农 328
求 369
良 271
卷 229
229
并 29
亲 364
368
举 227
叛 334
鬯 46
益 522
鬮 229

一部

一 515

一画

七 350
丁 94
568

二画

三 385
干 131
133
于 536
与 536
538
539
下 472
上 392
丈 561
兀 465
万 313
453
才 35

三画

丰 120
开 233
井 220
无 463
天 435
夫 122
123
韦 455
专 585
丐 131
廿 325
丏 306
卅 385
五 464
冇 299
友 534
不 34
不 103
屯 447
588
丑 58
牙 501
互 173

四画

平 345
丕 339
击 187
未 458
末 313
本 18
正 568
570
甘 132
世 403
可 239
240
左 599
右 535
布 34
且 363
225
册 39
丙 29
丘 369
冊 39
东 96
丝 414

五画

夹 196
197
129
再 549
吏 267
亘 140
亚 502
考 237
共 143
在 549
老 259
百 9
31
而 109
有 534
535
亙 140
至 575
尧 511
死 415
夷 517
丞 51

六画

来 254
求 369
严 504
所 422
甫 126
更 140
141
束 410
丽 263
267
两 272
夾 129
196
197
巫 463

七画

並 30
武 464
表 26
奉 122
長 44
560
東 96
事 404
枣 552
其 352
亞 502
画 175
兩 272
面 307
來 254
忝 436

八画

奏 595
毒 99
亟 190
355
巷 162
479
面 307
韭 223
甚 397
398
柬 200
歪 450
甭 19

九画

艳 507
泰 426
秦 365
恭 142
夏 473
鬲 138
269
或 540
哥 137
孬 320

十画以上

堇 216
爽 386
棗 552
棘 191
甦 418
畀 5
皕 23
尠 476
赖 255
爾 109
暨 194
賾 553
麗 108
整 569
臻 567
鬳 592
釐 264
黼 126
豔 516
囊 320
320
纛 83

丨部

二画

上 392
392
也 514

三画

丰 120
韦 455
中 578
579
内 322
弔 92
书 408

四画

半 11
北 16
卡 233
356
旧 223
归 153
史 402
央 508
冉 376
且 363
225
由 533
申 396
甲 197
电 91
出 58
凹 4
凸 444

五至七画

曳 515
曲 370
372
肉 381
师 400
芈 305
县 476
串 62
畅 46
果 156
非 116
肃 419

八画以上

韭 223
临 277
将 204
206
禺 537
幽 532
艳 507
畢 22
鼎 95
夥 185
暢 46
[illegible] 210
冀 195
舉 227
豳 28

丿部

一至二画

入 382
乂 520
九 223
乃 319
匕 20
乞 353
义 520
丸 451
川 61
凡 112
么 295, 300, 511
久 223
及 189

三画

长 44, 560
乏 111
爻 511
午 464
壬 378
夭 511
升 398
币 21
反 112
丹 77
氏 403, 572
乌 462

四画

乎 171
生 398
乍 130
失 400
乍 556
丘 369
史 402
冬 96
务 465
处 59, 60
処 59, 60
卮 572
氐 86, 87
册 39
乐 260, 545
用 531
甩 411

五画

兆 563
年 324
朱 581
丢 95
乔 362
乒 345
乓 334
向 479
囱 487
后 170
杀 387
氽 68
色 389, 387
危 454
各 138, 138
角 287
甪 287

六画

我 462
每 302
兎 445
龟 154, 232, 369
卤 66
卮 572
希 467
系 193, 470
卵 290

七画

籴 86
肴 511
卑 16
阜 128
臾 536
乖 149
垂 63
秉 29
周 580

八画

重 56
臿 579, 40
拜 10
复 128
帥 412
禹 538
胤 526
觕 122
烏 462

九画

乘 52, 400
師 400
鬯 46
虒 415

十画以上

馗 250
甥 399
喬 362
弑 404
椉 579
粵 546
毓 541
睾 135
舞 465
孵 123
疑 518
爾 319
靠 238
舉 227
歸 153
艚 119
釁 487
爨 69
鼗 431

乙部 (乛乚)

乙 518

一至三画

九 223
刁 91
刃 378
了 260, 274, 275
乜 309, 326
飞 116
乞 353
孑 211
孓 230
习 469
乡 477
幺 511
也 514
以 519
予 536, 538
尺 47, 54
尹 525
孔 243
丑 58
书 408
弔 92
巴 6

四画

司 414
出 58
发 110, 111
电 91
民 309
丝 414
弗 123
氹 81

五画

丮 98
丞 51
买 296
尽 216, 217
艮 140, 140
乩 188

六至九画

乱 290
即 190
君 232
甬 531
承 51
乳 382
畅 46
隶 268
肃 419
亟 190, 350
函 160
虱 401
癸 155
昼 581
咫 574
既 194
飛 116
胤 526
圅 160

十画以上

乾 131, 358
發 110
亂 290
肅 419
暨 194
豫 540

亠部

一至四画

亡 453, 463
六 283, 287
亢 237
市 404
玄 496
产 43
交 206
齐 351
亦 521
充 55
亥 159

五至六画

亨 167
亩 316
弃 355
变 25
京 219
享 478
卒 68
596
夜 515
兖 506
氓 298
303

七画

帝 89
彦 507
奕 521
弈 521
哀 1
亮 272
亭 439
亱 515
玅 309

八画

亳 32
衰 69
411
畝 316
衷 578
高 135
衮 155
离 264

九至十画

商 391
産 43
亵 485
毫 162
孰 409
率 289
412
就 224
裒 348
裔 290
亵 576
啇 367
袞 155
袤 300
棄 355

十一至十四画

裏 265
禀 30
稟 30
雍 530
齊 351
豪 162
膏 135
136
亶 78
裹 157
褒 14
辨 105
襃 14
嬴 528
壅 530

十五画以上

齋 557
褻 485
襄 478
嬴 528
羸 261
蠃 292
亹 303
齎 188
齏 189
蠃 292
辮 105
嬴 292

冫部

一至六画

习 469
冬 96
冯 121
冱 173
冲 55
56
次 66
决 230
尽 216
217
冰 29
冻 96
况 249
冷 263
冶 514
冽 276
净 221
冼 475

八画以上

凉 271
273
凌 280
凇 417
凍 96
凄 350
淨 221
准 588
凋 92
凘 415
弱 384
凑 67
减 201
凔 36
凛 278
凜 278
凝 327
瀆 99

冖部

冗 381
写 484
军 232
罕 160
农 328
冠 151
152
冢 579
冥 311
冤 542
幂 306
冪 306

讠(言)部

二画

计 192
订 95
讣 127
认 379
讥 187

三画

讦 212
讧 170
讨 431
让 377
讯 500
讪 390
议 520
讫 355
託 448
训 500
记 193

四画

访 115
讲 205
讵 227
讳 183
讴 330
讶 502
讷 322
讼 417
论 291
291
讻 490
许 494
讹 106
訢 486
讽 122
设 395
诀 230

五画

註 584
詠 531
评 345
证 570
诂 146
诃 164
164
识 402
576
诅 596
诇 490
诊 567
诈 556
诉 418
诋 87
谄 580
译 522
词 65
诏 563
诎 370
诒 517
诐 22

六画

诧 41
该 130
详 478
誅 305
诨 184
诔 262
诓 248
试 404
诖 149
诗 400
诘 190
212
誇 245
诙 180
诚 51
诠 373
诛 581
话 176
诞 79
诟 144
诡 154
询 499
詾 490
诣 522
诤 570
诩 494

七画

说 413
413
545
诫 214
语 539
540
誌 576
诬 463
诮 363
误 465
诰 136

诱 535
诲 183
诳 248
诵 417
認 379
誒 108

八画

谊 523
谇 397
谇 421
谆 588
谅 273
谈 427
请 368
诺 329
诸 582
读 98
99
诹 595
诼 590
课 241
谂 398
論 291
291
诽 117
诿 457
谁 413
谀 537
调 92
437
谄 44

九画

谛 89
谙 3
谚 507
諮 591
谜 305
谝 342
谎 180
谌 49
谋 315
谍 93
谏 204
谑 498
谒 515
谓 459
谔 107
谖 496
諠 495
谕 541
謚 406
谗 43
諱 183
谞 493
谐 484

十画

谤 13
謐 306
谥 406
谦 357
講 205
謋 175
谟 312
谠 80
谡 419
谣 512
谢 485
謅 580
谍 186

十一画

谪 565
谫 201
謹 216
謳 330
谩 296
297
谬 312

十二画以上

識 402
576
讙 176
谰 256
谱 349
謿 47
譚 427
谮 554
谯 362
譌 106
證 570
谲 231
譏 187
議 520
讞 508
護 173
譴 359
譟 552
譡 100
譔 586
譯 522
譭 182
谵 558
讁 565
譸 580
譒 397
譾 201
讀 98
99
讌 507
讓 377
讖 50
讒 43
讔 520
讚 550
讜 100
讎 58
讕 80
讞 508

二部

二 110
干 131
133
亍 60
于 536
亏 249
专 585
开 233
亓 351
井 220
元 542
无 463
五 464
云 546
互 173
丕 339
亙 140
亚 502
亘 140
些 483
亞 502
叆 3
叇 76

十部

十 401

一至五画

千 356
廿 325
午 464
卅 385
升 398
支 571
卉 182
古 146
卋 403
协 483
华 174
174
175
考 237
芈 305
克 240
孛 17

六画

卒 68
596
丧 386
386
卓 589
直 573
卑 16
阜 128
卖 296
協 483

七至十画

南 319
索 423
真 567
丧 386
386
啬 387
乾 131
358
博 32
辜 145
喪 386
386
敧 350
韩 160

十一画以上

幹 133
嗇 387
斡 462
榦 133
兢 220
嘏 146
198
睾 135
疐 578
疐 578
翰 166
韓 160
矗 60

厂部

厂 3
45

二至六画

厅 438
仄 554
历 266
厄 107
厉 267
压 500
厌 507
厍 395
厓 500
厔 575
厕 39
416

七至八画

厘 264
厚 170
厝 71
原 543

九至十画

厢 477
厣 506
厩 224
厥 231
厫 4
厨 59

厦 388
473
厤 266
雁 507

十二画以上

厨 59
厮 415
厲 267
厰 45
厭 507
㽞 515
飱 507
魇 506
鴈 507
歷 266
曆 266
贋 508
壓 500
龎 334
黶 506
懕 503
靡 506
厯 231
贗 508
靥 515
饜 507
魘 506
黡 506

匚部

二至四画

区 330
370
匹 341
巨 227
叵 347
匝 548
匜 517
匩 248
匠 205

五画以上

匣 472
医 516
匭 154
匼 238
匿 324
匪 117
匾 25
匱 250
區 330
370
匯 182
匳 269
匵 553
匲 269

卜(⺊)部

卜 33
33
上 392
392
卞 25
卡 233
356
尗 408
占 558
559
处 59
60
卢 286
贞 566
卤 286
卣 534
卓 589
卦 149
卥 485
卨 485
禼 485

刂部

二至三画

刈 520
刊 235

四画

刘 281
刑 488
列 276
划 174
175
176
刚 134
则 553
创 62
62
刖 545
刎 460

五画

判 334
刬 43
44
刦 212
别 27
28
删 389
利 267
刪 389
刨 15
335
到 220

六画

剂 194
刻 240
刺 64
66
刳 245
刵 9
到 82
刿 155
剀 234
刹 41
388
刽 155
制 576
刮 149
剁 105
刲 250
刴 105
刷 411
411

七画

前 358
剃 434
荆 219
剋 240
241
剌 253
253
剄 285
到 220
削 480
497
剐 149
剑 203
剉 71

八画

剜 451
剖 348
剡 390
506
剞 188
剢 44
剛 134
剔 433
剮 149
剧 228
剕 118
剟 105
剥 14
31
剝 14
31

九至十一画

剳 184
副 129
割 137
剴 234
創 62
62
剩 400
剷 43
蒯 246
剽 343
剸 285
剿 47
209

十二画以上

劂 231
劄 555
555
劁 361
劃 174
175
176
劌 155
劇 228
劍 203
劊 155
劖 202
劉 281
劑 194
劐 184
劓 523
劘 313
劙 265

冂部

丹 77
冄 376
冇 299
冈 134
内 322
冉 376
冊 39
册 39
再 549
周 580
同 441
442
网 453
肉 381
冏 222
罔 454
岡 134

八(丷)部

八 6

一至二画

丫 500
六 283
287
兮 466
公 141
分 118
120
120

三至六画

兰 255
半 11
兴 487
489

并 29
30
共 143
关 150
兑 103
兵 29
弟 88
谷 146
539
卷 229
229
並 30
其 352
具 227
单 42
77
390
典 90
兮 453

七至八画

差 40
41
42
64
瓣 62
叛 334
前 358
益 522
首 407
酋 370
兹 65
591
扮 62
兼 200

九画以上

着 562
562
566
590
黄 179
孳 591
曾 40
554
巽 500
與 536
538
539
與 538
黉 170
冀 195
嶒 119
興 487
489
黇 435
馘 156
夔 250
輾 44
蠲 229
黌 170

人(入)部

人 378
入 382

一至三画

个 138
138
今 215
仄 554
从 66
67
介 214
仑 291
以 519
仓 37
令 280
281
仝 441
丛 67

四至六画

伞 385
全 373
会 182
246
合 138
165
企 353
众 579
氽 448
汆 68
含 160
佥 357
佘 395
余 536
巫 463
夾 129
196
197
贪 426
舍 395
395
命 311
侖 291
來 254
臾 536

七至十画

俞 411
537
俎 597
衾 365
倉 37
拿 318
盒 165
禽 365
舒 408
翕 468
傘 385

十一画以上

僉 357
麰 32
舖 349
舘 151
劍 203
龠 546
龢 164

亻部

一画

亿 520

二画

仁 378
什 397
401
仃 94
仆 348
348
仉 560
仇 57
369
化 174
175
仍 379
仅 216
217
仂 260

三画

们 303
仨 384
仕 403
仗 561
付 127
代 75
仙 473
仪 517
仟 356
仡 136
仫 317
仞 378
他 423
仔 549
590
592
伋 189

四画

伫 583
伉 237
仿 115
伙 185
伪 457
伕 123
传 61
586
伟 457
优 531
休 491
伎 193
伛 538
伍 464
佢 371
仳 341
伐 111
伏 124
伢 501
佤 450
仲 579
份 120
伦 291
价 198
214
215
伧 37
50
仵 464
件 202
任 378
379
伤 391
伥 44
华 174
174
175
仰 510
似 404
416
伊 516

五画

佇 583
佗 448
位 458
住 584
伴 12
佞 327
体 433
434
何 165
伻 19
估 145
147
佐 599
佑 535
佈 34
作 233
佔 559
攸 532
但 78
伸 396
佃 91
435
伶 279
佚 521

作 598
598
599
600
伯 9
31
佋 581
佟 441
佣 530
531
伾 339
低 86
佝 143
你 323
伺 66
416
佛 122
123
伽 195
363

六画

侂 41
佽 66
佼 208
依 516
侪 42
佯 509
509
併 30
侬 328
侠 472
佳 196
侍 405
佶 190
佬 259
佴 110
319
供 142
143
侥 208
511
佉 424
使 403
侉 246
佰 9
侑 535
例 268
侄 573
侦 566
侣 288
侗 97
441
441
侃 236
侧 39
554
557
侹 439
佾 522
佻 436
侏 581
侨 362
佺 373
侩 246
侜 580
侈 54
佩 337
侭 216
侔 315

七画

信 487
487
俦 57
俨 506
俪 267
便 25
342
俩 269
272
俠 472
俅 369
俏 363
俚 265
保 14
俜 345
促 68
俣 538
修 491
俭 200
俘 124
俗 418
俄 106
俐 268
侮 464
係 470
俛 127
俑 531
侻 448
俊 232
俟 353
416
侵 364
侯 170
171
侷 226

八画

倌 151
倥 243
倍 17
俯 127
倣 115
倦 229
俸 122
倩 359
债 557
俵 27
倖 489
佷 44
倻 513
借 214
偌 384
值 573
倆 269
272
倴 19
倚 520
俺 3
倒 82
82
倾 367
倘 45
429
俶 60
434
倬 589
倮 292
條 436
倏 408
脩 491
491
倐 408
俳 332
俱 228
倡 46
個 138
138
候 171
倫 291
倸 36
俻 17
倭 462
倪 323
俾 21
倜 434
倨 228
倔 231
232
健 203

九画

停 439
偽 457
偏 342
偻 285
289
偰 485
偾 120
做 600
鸺 491
偃 506
偕 484
偿 45
偪 20
偈 195
213
偶 330
偎 455
偲 35
415
偷 442
偺 550
偬 594
傀 250
假 197
198
偓 462
偉 457

十画

傢 197
傧 28
傍 13
傚 482
储 59
傣 75
備 17
傅 129
傈 269
傥 429
傲 5
傒 468
傜 482
傺 430
傖 37
50
傑 212
傜 512
偒 581
傩 329
傕 231

十一画

傭 530
僅 216
217
傴 538
傳 61
586
僂 285
289
催 69
傷 391
傯 594
傻 388
傺 55
像 480
僇 288

十二画

僖 473
僮 441
587

僦 225
僧 387
僜 85
僱 148
僥 208
511
僖 469
儆 221
僡 183
僳 419
僚 274
㒓 424
僭 204
僕 348
僞 457
僑 362
僬 208

十三画

億 520
儀 517
僵 205
儂 328
價 198
214
傻 388
儇 496
儉 200
儈 246
儌 208
儋 78
僻 341
僊 404

十四画以上

儐 28
儒 382
儕 42
儔 57
儘 216
優 531
償 45
儡 262
儵 408
儱 284
儺 329
儷 267
儻 429
429
儼 506
儹 550
儾 320

勹部

勺 393
匀 547
勿 465
勾 143
144
句 143
227
匆 66
包 13
旬 499
匈 490
甸 91
訇 169
匍 349
芻 58
匐 125
匏 336
够 144
[illegible] 119

几(⺇)部

几 186
192
凡 112
凢 112
风 120
凤 122
夙 418
凫 124
凯 234
凭 346
鳬 124
凰 179
凱 234
凴 346
鳳 122
凳 85

儿部

儿 108
兀 465
元 542
允 547
兄 490
兆 563
充 55
尧 511
光 152
兇 490
先 473
兑 103
克 240
兕 416
兎 445
皃 300
兒 108
免 307
尪 453
兔 445
兖 506
竟 221
党 80
兜 97
兢 220
競 221

厶部

厶 414
幺 511
去 372
弁 25
丢 98
县 476
矣 519
叁 385
参 36
39
396
垒 262
畚 19
能 322
參 36
39
396
毵 385
毿 385

又(ヌ)部

又 534

一至四画

叉 40
40
41
支 571
友 534
反 112
双 412
收 406
圣 399
对 102
发 110
111
欢 176

六至十画

取 372
叔 408
受 407
艰 199
叛 334
叚 197
竖 410
叟 418
叙 494
难 320
320
剟 105
[illegible] 329
[illegible] 412

十一画以上

竪 410
[illegible] 555
叠 93
聚 228
豎 410
叡 383
燮 486
雙 412
叢 67
歠 64
矍 232

廴部

廵 499
廷 439
延 504
廹 332
347
廼 319
廻 181
建 203

卩(㔾)部

卫 458
卬 244
卮 572
印 526
卯 299
危 454
却 374
卲 394
卵 290
即 190
卷 229
229
卺 216
卻 374
卸 485
卿 367

阝部(在左)

二至四画

队 102
阢 465
阡 356
阧 98
防 115
阬 242
阱 220

阮 383
阨 107
阵 568
阯 574
阳 509
阴 524
阶 210
阪 11
11

五画

陀 448
陆 283
287
际 193
阿 1
106
陇 284
陈 49
阽 504
阻 596
阼 599
陂 16
340
346
陉 489
附 127

六至八画

陔 130
陕 390
陋 285
陌 314
降 206
478
限 476
院 544
陡 98
陜 390
陘 489
陗 363
陟 577
陧 326
陨 547
险 476
除 58
陞 398
陛 22
陪 336
陸 283
287
陵 280
陬 595
陳 49
陲 63
陶 430
512
陷 477
陰 524
陴 340

九画

隊 102
隋 420
随 420
陿 472
陻 525
隄 86
陽 509
隅 537
隈 455
隂 524
隍 179
隗 250
458
隆 284
隐 526
階 210

十画以上

隘 3
隔 138
隔 138
隖 465
隙 471
障 561
隩 530
際 193
隣 277
隧 421
隨 420
險 476
隰 470
隱 526
隮 181
隴 284

阝部(在右)

二至四画

邓 85
邗 160
邛 368
邡 114
邝 248
邙 298
祁 351
邦 12
邢 488
邨 70
邪 484
513
邠 28
邦 12
邬 463
那 317
318
322

五画

邯 160
邴 29
邳 339
邶 16
邮 533
邺 515
邻 277
邹 595
邱 369
369
邸 87
邲 21
邰 425
邵 394

六画

郊 207
郑 570
郎 257
郓 547
郏 197
耶 513
514
郁 540
邽 153
郅 575
郐 246
郃 165
郄 364
郈 170
邾 582
郇 177
499

七画

郝 163
郦 267
郚 464
郟 197
郢 528
郧 547
郛 124
郤 471
郗 467
郜 136
郡 233

八画

部 34
郭 156
郯 427
郸 77
都 97
98
郰 595
郪 350
郴 48
郵 533
郫 340

九画

郾 506
鄄 230
鄂 107
鄋 417
郿 301
鄉 477

十至十一画

鄗 164
鄌 428
鄔 463
鄒 595
鄘 530
鄜 123
鄠 174
鄢 503
鄞 525
鄚 300
鄙 21

十二画以上

鄱 391
鄭 570
鄰 277
鄲 77
鄯 347
鄧 85
鄴 515
鄺 248
鄶 246
鄹 595
酂 479
鄸 71
酃 280
鄷 121
酈 267
酇 479

凵部

凶 490
击 187
凸 444
出 58
凹 4
凼 81
画 175
函 160
幽 532
鬯 46

刀(⺈)部

刀 81
刁 91
刃 378
刄 378
切 363

363
分 118
120
召 394
563
刍 58
危 454
负 128
争 569
色 387
389
龟 154
232
369
奂 178
免 307
兔 445
券 374
497
刼 212
瓻 62
奐 178
急 190
㓞 62
剪 201
象 480
棼 119
㔍 68
赖 255
詹 558
复 490
剱 203
劈 339
341
餤 508
龜 154
232
369
劈 487

力部

力 266

二至四画

办 11
劝 374
功 141
夯 19
161
劢 296
加 195
务 465
动 96
劣 276

五至六画

劫 212
劳 258
励 267
助 584
男 319
劬 371
劲 217
221
努 329
劻 248
劭 394
効 482
劾 166
劼 212
势 404

七至九画

勃 32
勅 55
勁 217
221
勋 498
勉 307
勇 531
勍 367
勑 55
脅 483
協 483
勐 304
勘 235
勖 523
勗 495
勗 495
動 96
務 465
勔 307

十画以上

勞 258
甥 399
勝 399
勛 188
勢 404
勤 365
募 317
勦 47
209
勠 288
勱 296
勥 206
勰 484
勳 498
勵 267
勸 374
勷 376

氵部

二画

汁 572
汀 438
氿 154
汇 182
汉 160
汈 92
氾 114

三画

汗 160
161
汙 463
污 463
汚 463
江 204
汍 451
汎 114
汲 189
汛 500
汕 390
汐 466
汔 355
汤 428
汊 41
汜 415
池 53
汝 382

四画

汴 25
汶 461
沆 162
沩 456
沁 366
沪 173
沉 49
沈 397
49
沣 120
汪 453
沛 337
沤 330
331
汧 357
沅 542
沄 464
沐 316
沔 306
汰 426
沥 266
沍 173
沘 20
沚 574
沏 350
沌 104
汩 146
汨 306
冲 55
汭 383
泛 114
沧 38
汹 490
沕 260
汾 119
沦 291
沃 462
汽 355
沂 517
沨 121
没 301
314
沟 143
沙 388
388
決 230

五画

泞 327
沱 448
泣 355
注 584
泫 496
泮 334
泌 21
306
泳 531
泻 485
沫 314
浅 199
358
法 111
沽 145
沭 410
河 165
泔 132
泄 484
沾 558
泸 286
泷 283
412
泪 262
沮 226
228
况 249
油 533
泱 508
泂 222
泼 346
泾 218
泅 369
泗 415
泠 279
泆 521
泊 31
346
波 30
沿 505
507
沲 106
泃 225
泖 299
泺 292
346
泡 335

泝 419
治 577
泯 310
泽 554
沸 118
泓 169
泥 323
323
沼 563

六画

浐 43
浏 281
济 192
194
洨 482
浓 328
洲 580
洋 509
洴 346
浑 184
浒 173
494
浃 196
洭 248
洼 450
洁 212
浇 207
洱 110
洪 169
洹 177
洒 384
汰 424
洧 458
洸 153
泚 65
洌 276
浈 566
洩 484
浊 590
洄 181
浉 401
洞 97
洇 524
测 39
洽 356
洮 430
洙 582
浍 246
洗 470
475
活 185
洑 124
129
涎 475
洎 194
洫 494
派 332
洺 310
洛 293
洵 499
洶 490
津 215
浔 499
浕 217
洳 382

七画

涜 178
流 282
润 383
涧 202
涕 434
浪 258
浹 255
浦 349
涝 260
浙 565
涑 419
浯 464
酒 223
浃 196
涛 430
涇 218
涟 269
消 480
涉 395
涅 326
涡 156
461
浬 265
浞 590
涓 229
涢 547
浥 521
涠 456
涔 39
浮 124
浛 160
涂 444
浠 467
浴 539
浩 164
海 159
涖 267
浜 12
涤 86
涣 178
涨 560
561
涗 302
涌 531
浚 233
500
涘 416
涩 387
浸 218

八画

淙 67
淀 91
涃 397
淣 462
涪 126
凉 271
273
淳 64
淬 70
液 515
淤 535
淯 540
淡 79
淚 262
深 397
清 366
渍 594
淩 280
渚 583
鸿 169
渎 99
淇 352
淋 277
278
淞 417
淅 468
淹 503
涯 501
涿 589
淶 255
淒 350
渠 371
渐 200
204
淺 358
淌 429
淑 408
淖 321
涸 156
混 184
184
淠 341
涠 166
渑 307
309
渦 156
461
淫 525
淨 221
淦 133
淪 291
淆 482
渊 542
淛 565
添 435
淮 176
淝 117
渔 537
淘 431
淊 503
淴 172
渗 398
涮 412
涵 160
渌 287
淄 592

九画

渲 497
渟 439
渡 101
游 533
湾 451
溠 557
湉 436
溇 285
湔 200
滋 591
溈 456
湊 67
渍 119
減 201
湛 559
港 134
渫 485
滞 577
溚 424
湖 172
湘 478
渣 555
渫 528
湮 504
524
渤 32
湎 307
湏 170
湨 226
渺 308
湿 401
湜 402
溃 183
251
溅 203
湯 428
温 459
渴 240
渭 459
滑 175
湍 445
湲 543
滄 36
溆 494
渝 537

湓 337
湃 333
湫 209
369
渊 542
渰 503
506
湟 179
溲 418
湧 531
溉 131
湣 310
渥 462
湄 301
滁 59
湑 493
494

十画

滓 593
溶 380
滨 28
滂 334
滈 164
漷 185
滀 60
滚 155
滦 290
漓 264
溏 429
溟 311
滘 210
溯 419
溢 523
滟 507
溱 365
567
溝 143
溘 241
滢 528
滠 395
满 297
漠 315
漭 298
溥 349
滆 138
溧 269
滙 182
滇 89
滅 309
溽 382
源 543
溼 401
滤 289
溻 424
溷 184
滉 180
溦 455
滥 257
滔 430
溪 468
滄 38
滏 126
滃 461
461
滗 23
準 588
溴 492
滌 86
溮 401
溜 281
283
滫 492
溭 525
滩 426
滪 540
溺 324
326
滽 530

十一画

演 506
漳 560
滾 155
滴 86
滮 43
漉 288
漩 496
滬 173
漾 511
漖 210
潆 528
潇 481
漤 256
漚 330
331
漂 343
343
344
漕 38
漱 411
漢 160
潢 180
滿 297
滯 577
漆 350
滷 286
滹 171
漊 285
漍 156
漫 297
漯 293
425
漶 178
潴 582
潋 271
漪 516
滲 398
澉 133
漲 560
561
漏 285
漎 67
潍 457

十二画

潼 441
澈 48
澜 256
澇 260
潔 212
澾 424
潜 358
澆 207
澍 411
澎 338
338
潵 384
澌 415
潮 47
潸 390
澘 390
潏 541
潭 427
潦 259
275
[illegible] 231
潛 358
潿 456
澂 52
潙 456
潘 333
潷 23
潕 464
潝 471
潲 394
潟 471
澳 6
澄 52
85
潑 346
潯 499
潖 331
潺 43
潠 500

十三画

澶 43
濂 270
濛 304
304
澣 178
濇 387
濑 255
濒 29
澽 228
濉 420
潞 288
澠 307
399
澡 552
灃 120
濃 328
澤 554
澴 177
濁 590
澮 246
激 189
澥 486
澹 79
427
澱 91
澼 341

十四画

濘 327
濚 528
濱 28
濟 192
194
濠 163
濡 382
濤 430
濫 257
瀁 510
濬 233
500
邆 81
濕 401
潕 464
濮 349
濞 24
濶 252
濜 217
濯 590
澀 387

十五画

瀋 397
397
瀉 485
瀍 43
瀅 528
瀔 147
瀆 99
瀦 582
濾 289
瀑 16
349
濺 199
203
濼 292
瀏 281
鸂 468

十六至十七画
瀧 283
412
瀛 528
瀚 161
瀝 266
瀟 481
瀣 485
瀽 202
灌 152
瀘 286
瀠 528
瀹 546
瀲 271
瀰 305
十八画以上
灃 120
灄 395
灕 264
灑 384
灩 507
灘 426
灞 8
灠 256
灝 164
灣 451
灤 290
灨 133
灩 507

忄(小)部

一至四画
忆 520
切 81
忙 298
忖 71
忏 44
忭 25
忼 236
忱 48
怃 464
忮 576
忧 532
怀 176
怄 331
忡 56
忪 416
579
怆 62
忤 464
忾 235
怅 46
忝 436
忻 486
忺 474
快 247
忸 328
五画
怦 338
怔 569
怯 364
怙 173
怵 60
怵 60
怖 34
怗 438
怛 73
怳 180
怏 510
怊 46
怜 270
性 490
怍 599
怕 331
㤘 581
怿 522
怪 150
怩 323
怫 124
怡 517
六画
恼 321
恽 547
恸 442
恃 405
恭 142
恒 168
恓 466
恢 180
恹 503
恠 150
恆 168
恍 180
恫 97
恺 234
恻 39
恰 356
悋 278
恬 436
恤 494
恪 241
恉 574
恂 499
憹 321
恨 167
七画
悯 310
悌 434
悦 545
悖 17
悟 466
悚 417
悄 361
362
悍 161
悝 250
悃 252
悒 521
悭 357
悮 465
悔 181
悛 372
八画
惋 452
惇 103
惊 219
悰 67
惛 184
悴 70
惦 91
惮 79
惓 374
惬 364
情 367
悻 489
悵 46
惜 467
悽 350
惭 37
悱 117
悼 83
惘 454
惧 228
㥏 436
惕 434
惆 57
悸 194
惝 429
惟 456
惚 172
惨 37
惙 64
惯 152
九画
愔 524
愜 364
愤 120
慌 179
惰 106
愠 548
惺 488
愦 250
愕 107
愣 263
惴 588
愉 537
愎 23
愀 362
惶 179
愧 251
惸 368
慨 235
惽 310
惱 321
十画
慊 359
364
愫 419
慕 317
慄 269
慑 395
慎 398
愷 234
愴 62
愾 235
慥 552
㤘 581
十一画
慵 530
慷 236
慪 331
慓 343
慳 357
慢 297
慟 442
慴 395
慘 37
十二画
憧 56
憐 270
憎 554
懂 96
憓 183
憬 220
憚 79
憮 464
憔 362
懊 6
十三画
憶 520
懍 278
懔 278
憷 60
懒 256
憾 161
懌 522
憹 321
懈 485
十四画以上
懦 330
懕 503
懷 176
懵 304
懺 44
懾 395
懽 176

懞 56
懼 228

宀部

二至四画
宁 326, 327
宄 154
宂 381
它 424
宇 538
守 407
宅 557
安 3
字 593
灾 549
完 451
宋 417
宏 169
牢 258

五至六画
宠 56
实 402
宓 306
宝 14
宗 594
定 95
宕 81
宜 517
官 151
审 397
宙 581
宛 452
宣 495
宦 178
宥 535
宬 51
室 406
宫 142
宪 477
客 241

七画
宰 549
害 159
宽 247
宧 518
宸 48
案 4
家 196, 215
宵 480
宴 507
容 380
宾 28

八画
密 306
寇 244
寅 525
寄 195
寂 195
寀 36
宿 419, 492, 492
冤 542

九至十一画
甯 326, 327
寒 160
赍 67
富 129
寔 402, 402
寓 541
寐 302
寝 365
塞 385, 385, 387
骞 357
寘 315
寊 578
寧 326, 327
蜜 306
寨 557
赛 385
搴 357
賓 28
寡 149
寬 247
實 402
察 41
寥 274
寤 466
寢 365

十二画以上
寮 274
審 397
寫 484
[illegible] 3
憲 477
褰 357
寰 177
睿 202
蹇 202
寵 56
寶 14
寳 14

广部

广 3, 153

二至五画
庀 341
邝 248
庄 586
庆 368
应 526, 529
庐 286
庑 464
床 62
庋 154
库 245
庇 22
序 494
庞 334
店 91
庙 309
废 118
府 127
庖 335
底 84, 87
庚 140

六至八画
庠 478
度 100, 105
庥 491
席 469
座 600
唐 428
庭 439
庶 411
庹 449
庵 3
庳 16
庼 367
庾 539
廊 257
庸 530
康 236

九至十一画
廂 477
廁 39
庽 541
廋 418
賡 140
廄 224
廉 270
廓 252
廒 5
廣 153
廙 523
廈 388, 473
廕 526
廑 216, 365
腐 127
廖 274

十二画
廚 59
廝 415
廠 45
廟 309
廛 43
慶 368
廢 118
廡 464

十三画以上
廪 278
廩 278
廨 485
應 526, 529
膺 527
鷹 527
龐 334
廬 286
廳 438
麤 68

门(門)部

门 303
門 303

一至四画
闩 412
闪 390
闫 505
闭 22
闬 161
问 461
闯 62, 62
闳 169
闵 310
闷 302, 303
闰 383
闲 474
闹 455
開 233
间 199, 474
閒 199, 202, 474

五至六画

闹 321
闸 556
閟 21
阂 166
関 150
闺 153
闻 460
闼 424
闽 310
闾 288
闿 235
閤 137
165
阀 111
闸 571
阁 137

七至八画

阅 545
阈 525
阆 258
阃 252
阊 61
阍 223
阐 44
阏 503
阇 98
395
阈 540
阉 503
阊 44
阋 460
阌 471
阎 505
阐 184

九画

阑 525
阔 252
阄 183
闇 4
阑 255
闆 11
阒 372
阕 375
阘 455

十画以上

阙 374
375
阖 166
阗 436
闚 235
闛 425
闞 250
闝 343
阛 160
236
關 150
闡 44
闥 424
闠 177
闢 341

辶(辶)部

二至四画

辽 273
边 24
迁 535
达 73
过 156
157
迈 296
迁 356
迄 355
迅 500
迆 517
519
巡 499
这 565
566
迒 162
进 217
远 544
违 456
运 547
还 158
177
迍 588
连 269
迓 502
迕 464
近 217
返 113
迎 527
迟 53

五画

述 410
迪 86
迥 222
迭 93
迮 553
迤 517
519
迫 332
347
迯 430
迩 109
迨 76
迢 437
迦 196

六画

迹 194
送 417
迸 19
迷 305
逆 324
迺 319
迴 181
逃 430
适 252
405
选 496
追 587
逅 170
逄 334
迻 518
退 447
逊 500

七画

這 565
566
递 88
逑 369
逝 406
逦 266
逗 98
逋 33
速 419
逐 582
逕 221
逍 480
逞 52
途 444
造 552
透 443
逢 121
适 252
逖 434
逛 153
逡 375
通 440
442

八画

逵 250
逬 19
逴 64
逷 434
逻 292
過 156
157
逶 455
進 217
週 580
逸 523
逮 75
76
逭 178
逯 287

九画

遊 533
遒 370
道 83
遂 421
421
運 547
遍 25
達 73
逼 20
遇 541
遗 459
518
遏 107
遄 61
逾 537
遑 179
遁 104
遐 472
違 456

十画

遡 419
遨 5
遘 144
遠 544
遢 425
遣 358
遝 425
遥 512
遞 88
遛 283
遜 500

十一画

適 405
遮 564
遭 551
遯 104

十二画

遴 278
遵 598
遰 76
遶 377
邁 296
遷 356
遼 273
暹 474
遹 541
遲 53
選 496

十三画以上

遭 558
遽 228
還 158
177
邀 511
邂 486
避 23
邃 421
邇 109
邈 309
邊 24
邋 253
邏 266
邐 292

寸部

寸 71

二至七画

对 102
寺 416
导 82
寻 487
499
寿 407
将 204
206
封 121
耐 319
尅 240
241
辱 382
射 395

八画以上

專 585
尉 459
541
將 204
206
尊 598
尋 487
499
對 102
導 82
爵 232

扌部

一至二画

扎 548
555
555
打 73
73
扑 348
扒 6
331
扔 379

三画

扩 252
扪 303
扞 161
扛 134
237
扣 244
扦 356
托 448
执 572
扠 40
扫 386
387
扬 508

四画

抖 97
抃 25
抆 460
抗 237
护 173
扶 123
抚 126
抟 446
技 193
抔 348
抠 243
扰 377
扼 107
拒 227
扽 84
找 563
批 339
扯 47
抄 46
㧏 134
抡 290
291
扮 12
抢 359
360
折 394
564
564
抓 585
扳 10
投 443
扺 575
抑 521
拋 335
抒 408
㧑 180
抉 230
扭 327
把 7
8
拟 323
㧐 417
报 15
抝 5
5
328

五画

抂 246
拧 327
327
327
拉 253
253
拄 583
拦 255
拌 12
抨 337
抹 294
313
314
拑 358
抴 515
拓 424
449
拔 7
拢 284
抛 335
拣 290
拈 324
担 77
78
78
押 501
抽 56
抻 48
拐 150
拎 278
拃 556
拖 448
拊 126
拍 332
拆 35
42
拥 530
抵 87
拘 225
抱 15
拕 448
抿 310
拂 124
拙 589
拚 334
344
抬 425
㧱 329
招 562
披 339
拨 30
择 554
557
拇 316
拗 5
5
328

六画

挖 449
挓 555
按 4
挤 192
拼 344
挥 180
挟 196
484
拭 404
挂 149
持 53
拮 212
拷 237
挜 502
拱 142
挞 424
挎 246
挝 461
585
挠 321
挡 80
81
拽 515
585
585
拴 412
拾 402
挌 137
挑 436
437
挺 439
括 149
252
指 572
573
574
挢 208
挣 569
571
挦 475
挪 329
拯 569
拶 548
550

七画

挱 385
389

글자	쪽
	422
捞	258
振	568
捕	33
捂	465
挾	484
捄	224
捎	393
捍	161
捏	326
捉	589
捆	251
捐	228
损	422
挹	521
捌	7
捋	289
	291
捊	382
	384
捡	200
挫	71
捣	82
换	178
挽	452
捅	442
挨	1
	2
捃	233
八画	
控	243
掊	348
接	211
掠	290
捽	598
掂	89
掖	513
	515
掷	572
	577
捲	229
掸	78
	390
掞	390
捩	276
掮	358
掽	338
探	428
捧	338
掭	436
掛	149
揶	514
掗	502
措	72
描	308
捱	2
捺	319
掩	505
捷	213
掎	192
捯	81
掯	242
掉	92
掳	286
排	332
	332
掆	134
掴	150
	156
捵	48
授	407
採	36
捻	325
捨	395
掄	290
	291
捶	63
推	446
捭	9
掀	474
掬	226
掏	430
掐	356
掺	42
掇	105
掃	386
	387
据	225
	228
掘	231
掼	152
九画	
搅	209
揎	495
揢	239
揞	4
搁	137
	138
搓	71
搂	284
	285
揳	483
揍	596
搭	72
搽	41
揸	555
揀	200
揠	502
揾	461
揩	234
揹	16
揂	489
揵	213
揽	256
提	86
	433
揚	508
揖	516
揭	211
揌	385
揣	60
	61
	61
援	543
揄	537
揜	505
揿	366
揪	223
插	40
揑	326
搜	417
揃	169
搥	63
搀	42
搔	386
揆	250
揉	381
摒	30
握	462
掾	544
十画	
搳	175
搾	556
摈	29
搞	135
搪	428
搐	60
搕	239
搛	200
搠	414
搧	390
搉	375
	375
摄	395
摸	312
	312
搢	218
搢	218
搆	144
搏	32
摅	409
㨪	180
搨	424
摁	108
摆	9
摇	512
搯	430
搶	359
	360
搒	13
	338
摋	385
搇	366
携	484
搗	82
摀	465
搋	60
搬	11
搤	107
㨄	442
摊	426
搡	386
搌	559
搦	330
十一画	
摘	557
摭	573
摔	411
摶	446
摳	243
摽	26
撦	47
撇	344
	344
摣	555
摟	284
	285
攞	275
摞	293
摑	150
	156
摧	69
撄	527
撾	461
	585
摺	564
摻	42
撉	161
十二画	
摧	69
撞	587
撤	103
撒	48
撙	598
撈	258
撵	325
撻	424
撓	321
擷	484
撕	415
撒	384
	384
撝	233
撢	78
撩	273
	274
撅	230
撑	50

撑 50
撲 348
撮 71
599
撣 78
390
擒 365
播 31
[illegible] 84
撬 363
撫 126
擕 484
撚 325
撝 180
撟 208
撥 30
撏 475
撰 586

十三画

撻 385
擅 391
擁 530
撽 418
418
[illegible] 246
擂 261
261
262
擀 133
撼 161
擋 80
81
據 228
擄 286
操 38
擇 554
557
擐 178

[illegible] 585
撿 200
擔 77
78
擗 341

十四画

擰 327
327
327
[illegible] 558
擯 29
擦 35
擠 192
擩 382
擴 252
擲 572
577
擡 425
擣 82
擤 489
擢 590
擬 323

十五至十七画

擾 377
攄 409
擻 418
418
擺 9
攏 284
擢 185
攢 69
550
攧 90
攘 376
攙 42
攔 255

十八画以上

攛 69
攝 395
攜 484
攖 417
攤 426
攩 80
攫 232
攥 597
攪 209
攬 256
攮 320

工部

工 141
左 599
巧 362
邛 368
功 141
巩 142
贡 143
汞 142
巫 463
攻 141
差 40
41
42
64
项 479
巯 370
巰 370
[illegible] 564

土部

土 445

二至三画

去 372
生 130
圣 399
圹 248
圩 456
492
圬 463
圭 153
寺 416
在 549
至 575
圪 136
圳 568
尘 48
圮 341
圯 517
地 84
88
圾 187
场 45
46

四画

坟 119
坊 114
114
坑 242
坛 427
坏 176
339
址 574
坚 199
坝 8
坐 599
坌 19
坜 266
圻 351
坂 11
均 232
坍 426
坎 235
坞 465
块 247
坠 588
坸 5

五画

坨 448
垃 252
幸 489
坪 346
坷 238
240
茔 527
坩 132
坯 339
垄 284
[illegible] 34
坫 91
垆 286
坦 427
坤 251
坰 222
垇 5
坿 127
坵 369
坻 87
坼 48
坡 346
坭 323
坳 5

六画

垞 40
垵 3
垓 130
垟 509
型 488
垚 512
垩 107
垭 502
垣 543
垯 74
垮 246
垤 93
城 51
垫 91
垌 97
441
垲 234
垡 111
垍 194
垧 392
垢 144
垕 170
垛 105
106
垜 105
106
垴 321
垒 262
垦 242
垠 525

七画

垸 544
埔 34
349
埂 140
埕 51
埘 402
埋 295
296
埚 156
埙 498
袁 543
埆 375
埒 276
埌 258

埃 1
八画
培 336
埻 589
埠 390
堃 251
251
埶 572
埈 263
堵 100
埜 514
埡 502
埾 107
域 540
堅 199
基 188
埴 573
堂 429
埼 352
埯 3
堑 359
埸 522
堌 148
堝 156
埰 36
埝 325
埵 105
堆 102
597
埤 340
堋 338
埠 35
堍 445
埽 387
埭 76
堕 106
九画
報 15
堯 511
堿 179
堪 235
堞 93
塔 424
堰 507
堙 525
堿 201
堤 86
場 45
46
塄 262
塅 101
堠 171
堡 15
33
349
塊 247
堦 210
十画
塗 444
塞 385
385
387
塙 375
塘 428
塍 52
塑 419
塋 527
塴 258
塱 258
塚 579
墓 317
塨 142
填 436
塬 543
塒 402
塌 424
堤 134
塏 234
塢 465
十一画
境 222
墒 392
塾 409
墉 530
塵 48
墻 360
墊 91
墈 236
墟 492
493
墅 411
墁 297
塲 45
46
墜 588
墮 106
墕 364
十二至
十四画
墩 103
墰 391
增 554
墶 74
墳 119
墠 390
墀 54
墻 360
墨 315
墺 6
壇 427
壅 530
墼 189
臻 567
壁 23
墾 242
壈 256
壕 162
壙 248
壓 500
壑 167
壎 498
十五画以上
壘 262
壢 266
壟 284
壠 284
壞 176
壚 286
壜 427
疆 205
壤 376
壩 8
兢 363
士部
士 403
壬 378
壯 587
吉 190
志 576
壳 239
362
声 399
壶 173
毐 2
壸 252
懿 375
壹 516
壺 173
喆 565
喜 470
壻 495
鼓 147
壼 252
橐 449
臺 425
嘉 196
壽 407
賣 296
隸 268
熹 469
嚭 341
嚭 341
鼕 96
馨 487
鼙 340
懿 523
蠹 101
鼛 432
艹部
一至三画
艺 520
艾 2
520
艽 206
节 210
211
艿 319
芒 298
453
芝 571
芋 539
芏 100
共 143
芊 356
芍 393
芃 338
芑 353
芎 490
芨 188
芗 477
芄 451
四画
芳 114
苎 583
芯 486
487
芦 286
芐 25
芙 123
芫 504
542
芜 463
芸 546
苐 457
芾 118
124
苊 107
芰 193
芣 124
苈 266
芘 341
苣 227
372
芽 501
芷 574
芮 383
苋 476

芩 365
苁 66
芥 131
214
芬 119
苍 37
苌 45
花 174
芹 365
芪 351
芡 359
芟 389
芶 144
苡 519
芭 6
苏 418
芤 243

五画

范 113
苧 327
583
茓 497
苾 21
茙 368
苹 346
茉 314
苷 132
苦 245
苯 19
苛 238
苤 344
若 384
茏 283
茂 300
苫 389
390
苜 317
苴 225
苗 308
苒 376
英 527
苢 519
苘 367
茚 526
苖 589
苓 279
茇 7
苶 326
苲 556
苻 125
茌 53
苽 146
茑 325
苑 544
苟 144
茆 299
苞 13
茎 218
苔 425
425
茅 299
苠 309
茀 124
茄 196
363
苕 393
437

六画

茫 298
茳 204
荡 81
茭 207
荠 194
356
茨 65
荒 178
茺 55
荄 130
荣 380
荦 184
荚 197
荆 219
荖 259
荙 73
茸 380
茜 359
466
茬 40
巷 162
479
荐 203
荑 433
517
荛 377
草 38
茧 200
莒 227
茼 441
茵 524
茴 181
荃 373
荟 182
茈 65
593
茶 41
荅 72
73
茱 582
茞 170
莛 439
茖 149
荞 362
茯 124
荏 378
荇 490
茗 310
荀 499
荬 296
荨 358
茛 140
荩 217
荪 422
荍 362
荫 524
526
茹 381
荔 266
荔 266
兹 65
591
荮 581
荭 169
药 513

七画

莎 388
422
莞 151
452
䓖 368
莘 396
486
莨 258
莱 254
華 174
174
175
荸 20
莰 236
莀 42
莕 490
荳 98
莆 349
莽 298
莢 197
莲 269
莖 218
莳 406
莫 314
莴 461
莩 124
343
荽 420
莶 474
莁 444
莝 71
莉 268
莠 534
莪 106
莓 301
莅 267
荷 165
166
莜 533
荼 92
荻 86
获 186
莸 533
莊 586
莼 64
莙 232

八画

萍 346
菏 165
菹 596
菠 31
菪 81
菅 200
菩 349
萃 70
菸 503
菼 428
营 527
菁 219
萘 436
萇 45
菥 467
菱 280
著 585
590
菝 15
萚 449
萁 352
菘 417
堇 216
萊 254
萮 353
黄 179
萘 319
菴 3
萋 350
菽 408
菲 117
117
菓 156
菖 44
菀 452

字	页	字	页	字	页	字	页	字	页	字	页
萌	303	蒎	333	萹	24	蒽	108	蔩	367	蕞	597
萜	438	蒂	89	葵	250	夢	304	蔕	89	蕺	192
萝	292	蒋	205	葭	197	蒼	37	暮	317	瞢	304
菌	232	葶	439	葦	457	蓨	437	摹	313	蕢	296
	233	蒌	285	十画		蓂	311	慕	317	蕃	111
萵	461	葑	121	蒗	258	蓊	461	蔞	285		112
莱	36		122	蒲	349	蓓	17		285	蕪	463
棻	119	葚	379	蒞	267	蒨	359	蔓	297	蕎	362
萎	455		398	蓡	396	蓧	92		297	蕉	208
	457	葉	515	蓉	380	蓖	22		453	蕕	533
萑	177	葫	172	蒡	13	蓏	292	蔑	304	蕖	264
萸	537	葳	455	蒟	227	蓬	338	蔑	309	蕁	358
萆	22	惹	377	蓑	422	蒯	246	蔸	97	蔬	409
菂	89	葴	44	蒿	162	蓟	195	蔥	66	蕴	548
菊	226	葬	551	蒺	191	蓣	540	蓰	470	十三画	
菔	125	韮	223	蓆	469	蒻	384	蓯	66	薄	14
菟	445	募	317	蓄	495	蓀	422	蔡	36		32
	445	葺	355	蒹	200	蔭	524	蔔	33		33
萄	431	萬	453	蒴	414		526	蓼	275	薮	418
萏	79	蒈	235	蒙	303	蒸	569	蔚	459	薪	487
萧	481	葛	138		304	十一画			541	薏	523
菝	7		138		304	蕖	371	蔣	205	薦	203
萨	385	蒉	250		304	蔻	244	薌	477	蕹	461
菡	161	葸	470	蓁	567	蓿	495	蔹	270	蕾	262
菰	145	蓴	107	蒜	420	蔗	565	十二画		蕻	170
	146	葥	146	蓍	401	蔴	294	蕩	81		170
菇	145	葅	596	蓋	131	蔟	68	蕲	351	薛	288
菑	592	萩	369		138	蔺	278	蕊	383	薔	360
九画		董	96	蓐	382	蔽	22	蕓	546	薑	205
葓	169	葆	15	蓝	254	藹	2	蕘	377	黇	435
落	253	葠	396		256	蔧	183	蕙	183	薙	486
	259	蒐	417	蒔	406	蔷	360	蕈	500	蘋	344
	293	葩	331	蓽	22	蔦	324	蓬	73		346
葜	356	葎	289	墓	317	蓻	523	蕨	231	薨	169
萱	495	葡	349	幕	317	蕁	64	蕤	383	薯	409
葵	444	葱	66	驀	315	蔌	419	蕋	383	薟	474

薈 182
薤 434
435
薢 485
薛 497
薇 455
蕭 481
薜 23
薩 385
薅 162

十四画

薴 327
藁 135
薺 194
356
薷 382
藉 192
215
薹 426
藍 254
256
藏 38
551
藐 308
藊 25
薰 498
498
舊 223
蘚 476
蘋 343
藎 217

十五画

藩 111
藭 368
藷 409
藨 26

藕 331
爇 384
藝 520
蘗 42
藪 418
藺 200
藜 264
藠 210
藤 432
藥 513

十六画

藻 552
蘢 283
蘐 495
蘑 313
蘂 383
藿 186
蘀 449
蘓 358
藶 266
蘚 447
蘆 286
蘧 371
躉 103
蘄 351
孽 326
蘅 168
蘇 418

十七画以上

蘘 376
蠱 164
蘞 270
蘖 326
蘭 255
蘼 305
蘿 292

蘸 559
蘖 326

大部

大 74
75

一至四画

太 426
夫 122
123
天 435
夭 511
头 442
夯 19
161
央 508
失 400
夹 129
196
197
夸 245
夺 105
夼 248
夷 517
买 296
奁 269
夾 129
196
197
奀 108
奂 178

五画

奉 122
奈 319
卖 296

奔 18
19
奇 188
352
奋 120
奄 505
奅 336

六画

奖 205
奕 521
契 355
485
奏 595
牵 357
奎 250
耷 72
奓 555
557
奐 178
癸 155

七至八画

套 431
奚 468
奘 551
587
匏 336
奢 394
爽 412

九画以上

奠 91
敧 350
奥 6
奩 269
奪 105
奬 205
奭 406

樊 112
奮 120

廾部

开 233
卉 182
弁 25
异 521
弃 355
弄 284
328
弈 521
弇 506
舁 537
弊 23

尢部

尢 532
尤 532
龙 283
尬 130
尥 275
尪 453
就 224
尲 132
尴 132
尷 132

弋部

弋 520
式 516
弍 110
弎 385
式 404

忒 432
446
貣 76
鸢 542
贰 110
弑 404

小(⺌)部

小 482

一至三画

少 394
394
尕 130
尔 109
尘 48
尖 199
光 152
尗 408
劣 276
当 79
80

四至七画

肖 480
482
尚 393
尝 45
尜 130
省 399
489
党 80

八画以上

堂 429
雀 361
362
375

棠 429
辉 181
當 79
80
尠 476
尟 476
裳 45
393
弊 23
嘗 45
鼈 22
耀 513

口部

口 224

二画

叶 483
515
515
古 146
右 535
号 162
163
叮 94
94
可 239
240
叵 347
卟 33
只 572
574
叭 6
史 402
兄 490
叽 187
句 143
227
叱 54
台 425
425
叹 428
叼 92
司 414
叫 209
叩 244
叨 81
430
叻 260
另 281
召 394
563

三画

吁 492
539
吓 166
473
吐 445
445
吉 190
吏 267
吋 71
[illegible] 323
吕 288
同 441
442
吊 93
合 138
165
吃 52
向 479
吒 555
557
后 170
各 138
138
名 310
吆 511
吸 466
吆 511
吗 294
295
295

四画

呌 209
吝 278
吭 162
242
吣 366
吢 366
启 353
呈 51
吴 464
呒 294
呓 520
呆 2
75
吾 464
唔 323
吱 571
591
呔 75
吠 118
呋 123
呕 330
否 122
341
吥 34
呖 266
呃 107
吨 103
呀 501
502
吵 46
47
员 542
547
547
呗 18
呐 318
吟 525
含 160
谷 146
539
吩 119
呛 359
361
吽 169
告 136
吞 447
听 438
吹 63
吻 460
呜 463
吮 413
君 232
吚 516
呎 54
吳 464
吧 6
8
邑 521
吼 170
吲 526

五画

咛 327
咏 531
味 458
咑 72
哎 1
咕 145
呵 1
164
咂 548
呸 336
咙 283
咔 233
咀 226
597
呻 396
呷 471
呤 279
咒 581
呪 581
咄 104
命 311
呼 171
咋 548
555
556
知 572
577
和 164
166
172
185
186
咐 129
呱 145
148
149
咚 96
咎 224
鸣 311
周 580
咆 335
呢 322
323
亟 190
355
呶 321
咖 130
233
呣 294
294
呦 532
咝 414

六画

咤 557
咴 180
咬 512
哀 1
咨 591
咳 158
239
咲 482
咩 309
咪 305
哝 328
哐 248
哇 449
450
哑 501
502
哉 549
哄 169

170
170
哂 398
咵 246
咸 475
咧 275
275
277
咦 517
哓 481
哔 22
呲 591
虽 420
品 345
咽 503
507
515
哕 545
哙 246
哒 72
哈 158
158
158
咷 430
咮 581
咻 491
哗 174
175
咱 548
550
咿 516
响 479
咯 136
233
283
哆 105
哞 315
哚 105
噚 499
哏 139
咥 93
471
哌 332
哚 105
哪 318
319
321
322
哟 529
530

七画

唁 507
哼 167
169
唐 428
哫 97
唝 143
哧 52
哮 481
唛 295
唠 259
哺 33
哽 140
哥 137
唔 323
唡 272
唇 64
哲 564
哳 555
哨 394
唢 423
菑 592
哩 263
265
269
哭 245
㖞 450
唏 467
唑 600
哦 106
330
330
啅 552
唣 552
唤 178
啾 87
唆 422
唉 2
2
唚 366
唧 188
啊 1

八画

啵 33
商 391
啐 70
唷 529
唳 268
啖 79
啷 257
啟 353
唼 388
啓 353
唪 122
啧 553
啈 168
唵 4
哑 501
502
喏 330
377
啫 214
喵 308
啉 277
啢 272
啦 253
253
啪 331
啄 590
啭 586
啡 117
啯 156
啃 242
啮 326
唬 173
473
唱 46
喎 450
唸 325
啥 388
唫 525
唾 449
唯 456
458
售 408
啤 340
啁 562
580
啕 430
啗 79
啶 95
唿 172
啜 61
64
啸 483
唰 411
兽 408
啰 291
292
294

九画

喾 245
喧 495
喀 233
啻 55
啼 433
喑 524
喨 273
善 391
嗟 211
喽 285
286
喰 108
嗞 591
喫 52
喆 565
喷 337
337
喜 470
喋 93
嗒 72
424
喃 319
丧 386
386
喳 40
555
喇 253
喊 160
喱 264
喹 250
喈 211
嘘 324
喁 530
喝 164
166
喂 459
喟 251
單 42
77
390
喦 505
斝 198
喘 62
喻 541
㗑 10
嗯 548
喞 475
啾 223
喬 362
喤 179
嗖 417
喉 170
喒 550
嘅 235
喔 330
462
喙 183

十画

嗨 158
167
嗐 159
嗙 335
嗛 359
嗍 422
嗷 5

嗦 419
嗦 423
嗫 326
嘟 99
嗜 406
嗑 241
嗶 174
175
嗔 48
嗝 138
嗄 1
388
號 162
163
嗶 22
嗣 416
嗯 323
323
323
嗆 359
361
嗳 1
2
2
嗡 461
嗲 89
嗅 492
嗪 365
嗥 162
鳴 311
嗁 433
嗌 3
522
嗓 386
嗤 52
嗇 337

十一画

嘀 87
嗻 565
嘛 295
嗾 418
嘉 196
嘆 428
嘞 262
嘈 38
嗽 418
嘌 343
嘔 330
嘁 350
嘧 306
嘎 130
130
130
嘏 146
198
嘗 45
噓 401
493
嘍 285
286
嘓 156
嫚 210
槑 301
嘀 164
嘣 19
嘤 527
嘑 171
嗷 79
嘡 428

十二画

噇 62
嘮 259
噌 39
噎 513
嗟 72
嘵 481
嘻 469
噁 107
嘶 415
噶 130
嘲 47
562
嘹 274
噘 230
噆 550
嘿 167
315
噗 348
嘬 598
嚣 355
噙 365
嗡 468
嘸 294
噍 210
嘷 162
噢 330
噜 286
噔 85
噚 499
嘱 583
噀 500
噝 414
嘰 187

十三画

噫 516
噉 168
噻 385
噩 108
噶 162
嚄 184
330
噤 218
噸 103
噹 79
嚱 545
噱 232
498
嘴 597
器 355
噪 552
噥 328
噯 1
2
噲 246
噬 406
嘯 483
噼 339

十四画

嚀 327
嚓 35
40
嚎 163
嚗 160
嚅 382
嚏 435
嚇 166
473
嚐 45
嚮 479

十五至
十七画

嚜 301
嚚 525
嚣 481
嚥 507
嚦 266
嚴 504
嚨 283
嚷 376
376
嚼 208
210
232
嚳 245

十八画以上

囁 326
囈 520
囀 586
囊 320
320
囐 337
囅 44
囉 291
292
294
囌 418
囓 326
囑 583
囔 320

囗部

二至三画

囚 369
四 415
因 523
团 445
回 181
囟 487
囡 319
囝 200
319

四画

国 156
园 542
围 455
困 252
囤 104
447
囬 181
囮 106
囱 66
囵 291
囫 172

五至七画

国 156
固 148
囹 279
困 375
图 444
圃 535
圃 349
圂 184
圄 539
圅 160
圆 542

八画以上

圈 229
229
373
啚 387
圊 366
圉 539
國 156
圇 291
圍 455
園 542
嗇 387
團 445
圖 444
圜 177
544
圞 534

巾部

巾 215

一至四画

帀 548
币 21

市 404
布 34
帅 412
师 400
帆 111
帏 455
希 467
帐 561
帍 575
五画
帘 270
帖 438
438
438
帜 576
帙 576
帕 331
帛 31
帔 337
帚 581
帑 429
六至九画
帝 89
帲 346
帮 12
带 76
帥 412
帧 571
帨 413
席 469
帱 57
82
師 400
帬 375
帵 451
帻 553
常 45
帶 76
帳 561
幗 156
帷 456
幅 125
帽 300
[illegible] 362
幈 346
幄 462
幃 455
十画以上
幕 317
幌 180
幛 562
幣 21
幔 297
幗 156
幢 62
587
幟 576
幞 124
126
幡 111
緜 306
幪 304
幫 12
幬 57
82
歸 153

山部

山 389
三至四画
屿 538
屹 520
岁 421
岌 189
岂 353
屺 353
岍 357
岐 352
岖 370
岈 501
岗 134
岘 476
岑 39
岅 11
岺 291
屴 266
岔 41
岙 5
岛 82
岚 255
岜 6
五画
峃 497
岵 173
岢 240
岸 4
岩 505
岽 96
岿 250
岡 134
岬 197
岨 225
岫 492
岭 280
岞 599
岳 545
岱 75
岣 144
峂 441
岪 299
峄 522
岷 309
岧 437
六至七画
峧 207
峦 290
峡 472
峙 405
577
炭 428
炭 428
耑 101
585
峣 511
峒 97
441
峤 209
362
峋 499
峥 569
幽 532
崀 258
崃 254
[illegible] 24
坱 236
崂 258
豈 353
峷 394
峽 472
峭 363
峪 539
峨 106
峩 106
島 82
峰 121
峯 121
峻 232
八画
崇 56
崆 243
崞 156
[illegible] 287
崚 280
崧 417
崠 96
崎 353
崦 503
崖 501
崕 501
崒 596
崍 254
崭 558
崗 134
崑 251
崮 148
崟 525
崯 525
崙 291
崤 482
崔 69
崩 19
崪 596
崌 225
崛 231
九画
嵯 71
嵝 285
嵫 591
嵘 380
嵌 359
嵖 41
崴 450
455
[illegible] 93
嵗 421
崽 549
嵎 537
嵒 505
嵛 537
嵚 364
嵬 457
嵋 301
十画
嵲 326
嵩 417
嶅 5
嵗 421
嵊 400
嵴 191
十一至十二画
嶝 85
嶂 562
嶇 370
嶁 285
嶍 469
嶙 278
嶒 40
嶗 258
嶢 511
嶓 31
嶠 209
362
嶲 469
[illegible] 442
十三画以上
嶩 321
嶧 522
嶼 538
嶨 497
巁 266
嶸 380
豳 28
嶺 280
嶽 545
嶷 518
巔 90

巍 455
巉 43
巋 250
巒 290
嶁 321
巖 505
巇 469

彳部

彳 54

三至五画

行 161
488
彷 115
334
彻 48
役 521
往 454
454
征 569
徂 68
径 221
彼 21
彿 123

六至七画

衍 506
徉 509
待 75
76
徊 176
徇 500
律 289
衎 236
很 167
後 170
徒 445
徕 255
徑 221
徐 493

八画

衒 497
鸻 168
術 410
徠 255
徛 195
徘 332
徜 45
徙 470
得 83
83
84
從 66
67
衔 475

九至十画

徧 25
街 211
衕 442
御 541
復 128
徨 179
循 499
徬 115
334
衙 502
微 455
徭 512
徯 468

十二画以上

徹 48
德 84
徵 569
575
衝 55
56
衚 172
衛 458
衠 588
徼 209
210
210
衡 168
衞 458
徽 181
禦 541
黴 301
衢 372

彡部

形 488
杉 388
389
彤 441
彦 507
须 493
彧 540
彬 28
彪 26
彩 36
彫 92
嬃 493
彭 338
彰 560
影 528
鬱 540

夕部

夕 466
外 450
舛 62
名 310
岁 421
多 104
夜 515
梦 304
够 144
夠 144
飧 422
夢 304
夤 525
夥 185

夂部

冬 96
处 59
60
処 59
60
务 465
各 138
138
条 436
咎 224
备 17
昝 550
复 128
夏 473
惫 17
夐 490
優 532
螽 579
夔 250

犭部

二至四画

犰 369
犯 113
犷 153
犴 4
159
犸 295
狄 86
狂 248
犹 532
狈 16
狃 328
狁 547

五至六画

狞 327
狖 535
狉 339
狙 225
狎 472
狐 172
狝 475
狗 144
狍 335
狒 118
狩 407
狡 208
狱 540
狭 472
狮 401
独 522
独 99
狯 246
狰 569
狥 500
狠 167
狲 422

七画

狺 525
狼 257
狹 472
获 186
狴 22
狸 264
狷 229
猂 161
猃 496
狳 536
猁 268
狻 420
猸 321

八画

猄 219
猝 68
猜 35
猪 582
猎 276
猫 299
299
猗 516
猇 481
猖 44
猡 292
猞 394
猊 323
猕 305
猛 304

九画

猶 532
猢 172
猹 555
猰 502
猩 488
猥 458
猬 459
猾 175
猨 543
猴 170
猱 321

猸 301

十至十三画

獉 567
猿 543
獅 401
猻 422
獐 560
獍 222
獄 540
獠 274
獗 231
獲 186
獴 304
獧 229
獭 424
獨 99
獫 476
獪 246
獬 485

十四画以上

獰 327
獷 153
獯 498
獼 475
獵 276
獾 177
獮 305
玁 476
玀 292

饣(食)部

二至四画

饤 95
饥 187
饦 448
饧 489
饨 447
饩 470
饪 379
饫 540
饬 55
饭 114
饮 526
526

五至六画

饯 203
饰 405
饱 14
饲 416
饳 106
饴 517
饺 208
饻 468
饼 29
饶 377
饵 109
蚀 402
饸 165
餁 379
饷 479
饹 261

七至八画

饽 31
饾 98
馁 322
餘 536
饿 107
馂 233
馆 151
餞 203
馃 157
馄 184
餚 511
餧 459
馅 477

九至十一画

馇 40
餬 172
餳 489
餲 3
166
餵 459
馊 417
馋 43
餻 135
馉 147
餱 170
馈 251
餽 251
馏 282
283
馐 491
馍 312
馎 32
餼 470
馑 216
馒 297

十二画以上

饟 479
饒 377
饍 391
馓 386
馔 586
饑 187
饝 312
饞 43
馕 320
320

彐(⺕彑)部

归 153
刍 58
寻 499
487
当 79
80
灵 280
帚 581
彖 446
盝 287
录 287
彗 183
尋 499
487
彘 578
彙 182
彛 518
彝 518
彟 545
蠡 264
266
彠 545

尸部

尸 400

一至三画

尺 47
54
尹 525
尻 237
尼 323
尽 217
216
启 99

四至六画

层 39
屁 341
尿 326
420
尾 457
519
局 226
屆 214
屉 434
居 225
届 214
屈 370
屃 471
鸤 400
屏 29
346
屎 403
屍 400
屋 463
昼 581
咫 574

七画以上

展 558
屑 485
屐 188
屙 106
屠 445
㞘 99
屜 434
屖 468
屡 289
属 410
583
屫 230
孱 37
43
屢 289
屣 470
層 39
屦 228
履 289
屨 228
屩 230
羼 44
屬 410
583
屭 471

己(巳)部

己 192
已 518
巳 415
巳 415
巴 6
包 13
导 82
异 521
色 387
389
忌 193
巷 162
479
巵 572
艳 507

弓部

弓 141
弔 92
引 525
弗 123
弘 169
弛 53
弡 156
弟 88
张 559
弦 475
弢 430

弨 46
弧 172
弥 305
弩 329
弯 450
弭 306
弱 384
弶 206
弹 79
427
張 559
艴 124
強 206
360
361
粥 580
强 206
360
361
弼 23
發 110
彀 145
彆 28
彈 79
427
彊 206
360
361
彌 305
彍 156
疆 205
彎 450
鬻 542

子(孑)部

子 592
孑 211

一至五画

孔 243
孕 547
存 70
孙 421
孖 294
590
孛 17
[illegible] 309
孝 482
孚 124
孜 590
学 498
孟 304
孤 146
孢 13
孥 328

六画以上

孩 159
孪 290
孫 421
孰 409
孳 591
[illegible] 105
[illegible] 105
孵 123
學 498
孺 382
孿 290
孽 326

屮部

屯 447
588
艸 38
蚩 52
芻 58
櫱 326

女部

女 329

二至三画

奶 319
奴 328
妆 586
妄 454
奸 199
如 381
妁 414
妇 128
妃 116
她 423
好 163
163
妈 294

四画

妨 115
妫 154
妒 100
妍 504
妩 464
妪 540
妓 193
妙 309
妗 217
妥 449
妊 379
妖 511
姊 593
姒 416
妤 536
妣 21
妝 586
妞 327

五画

妾 364
妹 302
妺 314
妻 350
355
姑 145
妬 100
姁 494
妲 73
姐 213
妯 580
姓 490
委 455
457
姗 389
始 403
妮 323
姆 316

六画

姹 41
娈 290
姣 207
姿 591
姜 205
姘 344
娄 285
㛃 213
姮 168
娃 450
姥 259
316
娅 502
要 511
513
威 455
耍 411
姪 573
姨 517
娆 377
377
姻 524
姚 512
姝 408
娇 207
姽 154
姸 504
姙 379
娜 318
329
姦 199

七画

娑 422
娴 475
娣 88
娘 325
姬 188
娠 396
孬 320
娌 265
娟 229
娲 450
娱 538
娉 345
娖 64
娥 106
娩 307
娓 457
娭 2
婀 106

八画

婆 347
婶 398
婉 452
婵 42
嫏 257
娬 464
婞 490
婊 27
婼 384
婕 213
婭 502
婳 176
婌 226
娶 372
婪 255
娼 44
婁 285
婴 527
媧 450
婬 525
婢 23
婚 184
婦 128
[illegible] 329

九画

婷 439
媯 154
媒 301
媪 5
媛 543
544
媮 442
媏 524

媿 251
嫂 386
媭 493
婺 466
婿 495
媢 302

十画

嫁 198
嫔 345
嫉 191
嫌 475
媾 144
嫫 312
嫄 543
嫒 3
媳 469
媲 341
嫋 325
媸 53

十一画

嫜 560
嫡 87
嫠 264
嫱 360
嫚 298
嫩 322
嫗 540
嫖 343
嫣 503
嫦 45
嫘 261
嫚 210
嫪 260

十二画以上

嬈 377
377
嬉 469
嫺 475
嬋 42
嫿 176
嬀 154
嫵 464
嬌 207
嬗 391
嬴 528
嬙 360
嬛 177
嬡 3
嬝 325
嬖 23
嬪 345
嬤 294
嬭 319
嬲 325
嬸 398
孃 325
嬾 256
孀 412
孌 290

幺部

幺 511
乡 477
幻 178
幼 535
兹 65
591
玅 309
幽 532
幾 186
192
樂 260
545
畿 189

纟(糸)部

二至三画

纠 223
纩 248
纡 535
红 141
169
纣 581
纤 359
474
纥 136
165
纨 451
𬘓 499
约 511
544
级 189
纪 193
192
纫 378

四画

纹 460
461
纺 115
纻 584
纬 457
纭 546
纯 63
纮 169
纲 134
纳 318
纵 594
纷 119
纱 388
纴 397
纶 151
291
纸 575
纾 408
纰 339
纽 328
纼 568

五画

紵 584
絃 475
绊 12
绀 133
绁 485
线 476
绂 125
练 270
织 572
组 597
绅 396
䌷 57
57
䌹 222
䌳 401
终 579
经 218
绐 76
细 471
绋 124
绌 60
绍 394
绎 522
绉 581

六画

绞 208
统 441
绑 12
结 212
211
绒 380
繨 74
绕 377
377
绔 245
绖 93
絏 485
给 139
192
绛 206
络 259
293
绘 182
绝 231
絍 379
绚 497
绗 162
絲 414

七画

继 195
绨 433
434
𫄨 53
绠 140
經 218
𬘯 272
绤 471
绡 481
絸 200
绢 229
𫄰 149
綑 251
绥 420
绣 492
绦 430

八画

综 554
594
绽 559
绾 453
綵 36
绻 374
绩 188
绫 280
绪 495
续 495
綫 476
绮 355
緉 272
绯 117
绱 393
绰 46
64
網 453
綱 134
绲 156
绳 399
緺 149
绶 407
綸 151
291
绷 19
19
绺 282
绸 57
缀 595

维 456
绵 306
绿 287
290
缁 592
缀 588
綠 287
290

九画

缔 89
缕 289
総 594
编 24
缂 241
缃 478
練 270
缄 200
缅 307
缆 256
緥 15
缈 308
缊 548
缋 183
缉 189
351
缌 415
缓 177
缎 101
緶 26
缐 477
缒 588
缑 144
缘 543
緯 457
缗 310
缇 433

十画

缡 264
缤 28
缞 69
缟 135
缠 43
缣 200
缢 523
缚 129
缜 568
缛 382
緻 575
缙 218
縉 218
縚 430
缝 122
122
縐 581
縧 430

十一画

縴 359
缞 421
缩 419
422
缥 343
343
縯 507
缪 309
312
316
縷 289
缦 298
缧 261
繃 19
19
纓 527
總 594
縱 594
缫 386

十二画

織 572
缮 391
缯 554
555
縺 74
繞 377
377
缬 484
繐 421
繖 385
缭 274
繈 361

十三画以上

缰 205
繩 399
缱 359
繹 522
缲 362
386
缳 177
繪 182
缴 209
590
纊 248
繽 28
繼 195
繾 526
續 495
繡 492
缥 493
纏 43
變 25
辔 337
缵 597
纖 474
纔 35
纗 290
纜 256

马(馬)部

马 294
馬 294

二至四画

冯 121
驭 539
驮 105
448
驯 499
驰 53
驴 288
驱 370
驳 32
驶 230

五画

驼 448
驻 584
驵 551
驶 403
驷 415
駡 295
驸 127
驹 225
驺 595
驿 522
骀 425
驽 328
驾 198

六至十画

駁 32
骇 159
骈 342
骁 481
骂 295
骄 207
骃 524
骅 175
骆 293
骊 263
骉 149
骓 298
骕 419
骋 52
验 507
骍 488
骏 233
骙 2
骎 364
騌 594
骐 352
骑 353
骒 241
騑 117
騐 507
骓 587
骖 36
颿 111
骗 343
骘 184
騨 38
騠 433
騣 594
骘 577
骙 250
骚 386
骛 466
骞 357
骟 391
骜 6
驊 175
骝 282
騶 595
騧 149

十一画

驅 370
骠 26
344
骡 292
骢 66
驂 36
驍 481
驚 219
驕 207
骣 44
驛 522
驗 507
骤 581
骥 195
驢 288
骧 478
骦 412
驪 263
驩 176

巛部

災 549
甾 549
邕 530
巢 47

鯡 530

灬部

四至八画

杰 212
炁 355
為 456
458
点 90
羔 135
烈 276
热 378
烏 462
烝 569
烹 338
焘 83
430
焉 503
煮 583
無 463
爲 456
458
然 375
焦 208

九画以上

煎 200
照 563
煦 495
煞 388
389
煕 469
熏 498
500
熊 490
熟 407
409
熬 5
5
熱 378
熹 469
燕 504
508
燾 83
430

斗部

斗 97
98
戽 173
料 275
斜 484
斛 173
斝 198
斟 567
斡 462
斠 210

文部

文 460
刘 281
齐 351
吝 278
孪 498
斋 557
紊 461
斌 28
斐 118
斖 189
斓 256

方部

方 114
邡 114
於 463
535
536
放 116
施 401
旁 334
旄 299
旃 558
旅 289
旂 353
旆 337
旌 220
族 596
旎 323
旋 496
497
旒 282
旗 353
旖 520
旛 111

火部

火 185

一至三画

灭 309
灰 180
灯 84
灾 549
灶 552
灿 37
灼 589
灸 223
灵 280
炀 509
灺 484
災 549

四画

炆 460
炕 237
炎 505
炉 286
炜 467
炬 227
炖 104
炒 47
炝 361
炙 577
炊 63
炔 374

五画

炷 584
炫 497
烂 257
荧 527
炳 29
炼 270
炭 428
炭 428
炯 222
炽 55
畑 435
烀 171
炸 556
炑 369
炧 484
烁 414
炮 13
335
336
烃 439
炤 563
炱 426

六画

烊 509
510
烫 430
烤 237
烘 169
烜 496
烦 112
烧 393
烛 582
烔 441
烟 503
烙 259
293
烖 549
烩 182
烨 515
烬 217

七至八画

烷 452
焖 303
烺 258
焐 466
烴 439
焊 161
烯 467
焓 160
欻 60
493
煑 583
烽 121
焕 178
焌 233
371
焙 17
焠 70
焱 508
焚 119
焜 258
焰 508
焮 486
焯 47
589
焸 222

九画

煢 368
煇 181
煸 24
煉 270
煙 503
煤 302
煣 381
煊 496
煳 172
煠 556
煜 540
煬 509
煨 455
煖 329
煅 101
煲 14
煌 179
煺 447
煺 447

煒 457

十至十二画

熔 380
熒 527
熇 167
煽 390
燁 515
熗 361
熄 468
熘 281
熥 432
熵 392
㩗 447
熳 298
熠 523
熨 541
548
燙 430
熾 55
燉 104
燐 278
燧 421
燒 393
燎 274
275
燚 523
燊 397
營 527
燔 112
燠 542
燃 376
燄 508
燈 84
燏 541

十三画

熝 5
燦 37
燥 553
燭 582
燴 182
燬 182

十四画以上

爇 367
燹 476
爗 515
燻 498
燿 513
燼 217
爊 5
爆 16
爍 414
爔 469
爐 286
爝 210
232
爛 257
爨 69

心部

心 486

一至四画

必 21
忘 454
忑 432
志 576
忒 432
446
忐 427
忤 366
忌 193
忍 378
忝 426
忠 578
怂 417
念 325
忿 120
忽 172

五画

总 594
思 414
怎 554
怹 426
怨 544
怱 66
急 190
怠 76
怼 103
怒 329

六画

恋 270
恣 594
恙 510
恝 197
恶 107
107
463
465
恚 183
耻 54
恐 243
恧 329
虑 289
恩 108
恁 322
息 468
恳 242
恕 411

七至八画

悬 496
患 178
悫 375
悉 468
悠 532
您 326
悤 66
恿 531
惹 377
惡 107
107
463
465
惎 195
惑 186
惠 183
悳 84
悲 16
惩 52

九至十画

意 523
慈 65
㥦 364
想 479
感 133
惷 64
愚 537
愛 2
愈 541
愁 57
愆 357
愍 310
慂 531
愬 418
慝 432
慤 375
愿 544
慇 524
態 426

十一画

慶 368
蕊 383
憋 27
慧 183
愨 375
慙 37
憖 526
慼 350
憂 532
慾 539
憇 356
慫 417
憨 160
慰 459
慮 289

十二至十三画

憲 477
憑 346
憩 356
憊 17
懑 303
應 526
529
懃 365
憝 103
懋 300
懇 242

十四画以上

懣 303
懟 103
懲 52
懸 496
懿 523
聽 438
戀 270
戇 135
587

户部

户 173
启 353
戽 173
房 115
戾 268
肩 199
扁 25
342
扃 222
扅 518
扆 520
扇 390
390
扈 173
扉 117
雇 148
扊 506

礻(示)部

一至五画

礼 265
祁 351
礽 379
社 395
祀 415

祊 19
祃 295
祆 474
祎 516
祉 574
视 405
祈 351
祇 352
574
祕 21
306
祛 371
祜 174
祐 535
祓 125
祖 597
神 397
祝 584
祚 599
祗 572
祏 401
祢 305
祠 65

六画以上

祥 478
祧 436
祯 566
祷 82
祸 186
祲 218
禅 42
390
禶 557
祺 352
禍 186
禄 287
禘 89
禊 471
禋 525
福 126
禩 415
禕 516
禚 590
禤 496
禧 470
禪 42
390
禮 265
禱 82
禰 305
禳 376

王部

王 453
454

一至四画

玉 539
玎 94
全 373
玠 214
玑 187
玕 132
弄 284
328
玘 353
玖 223
玚 509
玛 295
玩 451
玮 457
环 177
玡 501
玭 344
现 476
玱 360
玫 301
玶 453
玥 545
玢 28
玦 230
玓 536

五画

珏 230
珐 111
珂 238
珑 283
玷 91
珅 396
玲 279
珍 566
玳 75
珀 347
珎 566
珊 389
珉 309
玻 30
珈 196

六画

班 10
珲 181
184
莹 527
珥 110
珙 142
珪 153
珦 493
琊 501
珰 80
珧 512
珠 582
珽 440
珞 293
玺 470
珩 168
珮 337
珣 499
琤 50

七画

琉 282
琎 215
望 454
琅 258
球 369
琏 270
琐 423
理 265
琇 492
珺 233

八画

琺 111
琮 67
琬 452
琯 151
琼 368
斑 10
琰 506
琅 258
琛 48
琵 340
琴 365
琶 332
琪 352
瑛 527
琳 277
琫 19
琦 353
琢 590
琲 17
琨 251
琤 50
琱 92
琚 225

九画

瑄 496
瑟 387
玳 75
聖 399
瑚 172
瑊 200
瑒 509
瑁 300
瑞 383
瑗 544
瑀 539
瑜 537
瑰 154
瑕 472
瑋 457
瑙 321

十至十二画

璃 269
瑭 429
瑱 568
瑩 528
瑷 3
瑶 512
瑲 360
璋 560
璇 496
瑩 527
瑾 216
璜 180
璀 69
璎 527
銚 180
璆 370
璡 215
璘 278
璞 349
璟 221
䴙 108
璠 112
璣 187

十三画以上

璫 80
璨 37
璪 552
璩 371
璐 288
環 177
璦 3
璿 496
瓊 368
璧 23
璽 470
瓈 269
瑩 528
璵 536
瓏 283
瓌 154
瓚 551
壘 461
瓖 478
瓘 152

韦(韋)部

韦 455
韋 455
韨 46
韧 378
韌 378
韩 160
韍 46
韨 125
韍 125

韠 457
韪 457
韓 160
韙 457
韫 548
韞 548
𫖯 10
韛 10
𫖰 144
韝 144
韬 430
韜 430
韡 457
韤 450

木部

木 316
一画
术 410
582
本 18
未 458
末 313
札 555
二画
朽 491
东 96
朴 343
346
347
349
扒 6
杀 387
朱 581
乐 260
545
杂 548
机 187
朶 105
朵 105
权 373
三画
杧 298
杆 132
132
杇 463
杠 134
杜 100
杖 561
杌 465
村 70
杙 520
材 35
杏 489
束 410
杉 388
389
杓 393
条 436
极 190
杈 40
41
杨 509
杞 353
李 265
四画
杰 212
料 98
杭 162
枋 115
枕 568
枉 453
林 277
枝 571
枢 408
杯 16
柜 155
226
枣 552
枥 266
枒 500
杪 308
東 96
杳 512
枏 320
果 156
枘 283
㭎 134
采 36
36
松 416
杵 59
枨 51
枧 200
枚 301
析 467
板 11
枪 360
枞 66
294
枼 481
杴 474
构 144
枫 121
杼 584
枇 340
杷 332
五画
柒 350
染 376
柠 327
柁 106
449
柱 584
柿 404
栏 255
柈 12
枰 346
标 26
栈 559
柰 319
荣 380
某 316
柑 132
枯 245
栉 577
柯 238
柄 29
30
栊 283
柘 565
栋 97
柩 224
栌 286
柬 200
查 41
555
査 555
相 477
480
枵 481
柚 533
535
柟 320
耜 416
枳 574
枴 150
柵 556
柮 106
柞 599
柙 472
柏 9
31
33
柝 449
栀 572
柢 87
栎 268
545
枸 143
144
227
栅 389
556
柳 282
枹 125
树 410
柽 50
枭 470
柔 381
枷 196
架 198
六画
桉 3
案 4
栾 290
桨 205
校 209
483
桩 586
核 166
173
样 510
桊 230
栟 18
29
梆 12
栔 355
桂 155
桔 212
226
栳 259
栲 237
栽 549
桠 500
栱 142
郴 48
桓 177
栖 350
466
栗 269
桡 377
栢 9
桎 575
框 248
249
桄 153
153
档 81
柴 42
桌 589
桢 566
桐 441
桤 350
桃 430
栓 412
桧 155
182
栰 111
株 582
梃 440
440
栝 149
桥 362
條 436
栿 124
桦 175

柏 224
桁 168
桀 212
格 137
桅 456
栒 499
栩 494
桑 386
根 139

七画

渠 371
梁 270
梓 593
梳 408
棁 589
梯 433
桲 348
梽 576
彬 28
梗 140
梧 464
梵 114
械 485
梢 393
桯 439
桿 132
桴 125
梏 148
检 200
梨 264
桫 422
梅 301
梹 28
29
枭 481
栀 572
桷 230
桶 442
梭 422
椂 280
梫 365
栔 555
548
梼 431

八画

棕 594
椗 95
椀 452
棺 151
椁 157
榔 257
椤 292
棨 354
棖 51
棒 13
棱 263
280
楮 59
棋 352
棊 352
椰 513
植 573
焚 119
森 387
椟 99
棟 97
棫 540
椏 500
椓 590
椅 516
520
棐 117
棲 350
棄 359
棧 559
棠 429
棑 332
椒 208
棹 564
589
棡 134
棵 239
棍 156
棗 552
棘 191
棰 63
椈 572
椎 63
587
棃 264
集 191
棉 306
椑 16
椒 474
棚 338
椋 271
棣 89
椭 449
極 190
楗 203

九画

榉 227
楦 497
㮈 49
榹 517
[illegible] 199
橺 288
棄 355
槎 41
楼 285
楔 483
椿 63
楳 301
椹 398
567
楠 320
楂 40
555
楝 271
禁 215
218
[illegible] 427
楚 59
業 514
楷 211
235
榄 256
楊 508
楬 211
楫 191
榅 460
榀 345
楞 263
楈 147
楥 497
榆 537
楯 104
413
棕 594
榘 226
楸 369
椵 101
槐 176
槌 63
概 131
楣 301
楹 528
椽 61

十画

榕 380
榨 556
槟 28
29
榜 12
槁 135
槁 135
榔 157
榱 69
槊 414
榮 380
槩 258
榰 582
榷 375
橐 449
榛 567
構 144
榖 147
榧 118
檡 212
槓 134
樻 197
榦 133
榼 239
樺 175
模 312
316
榻 425
槛 204
236
槑 301
榿 350
槍 360
榫 422
榫 598
樋 440
榭 485
槔 135
槃 333
榴 282

十一画

樑 271
樟 560
槺 236
様 510
槫 58
槥 183
樁 586
檣 360
槿 216
横 168
168
槽 38
標 26
槭 350
樞 408
樘 429
槯 555
樓 285
樊 112
樂 260
545
樱 527
樅 66
549
橡 480
槳 258
槲 173
橄 133
槧 205
橢 449

十二画

樽 598
橈 377
樾 546
树 416
檠 367
檄 367
蘖 67

橐 449
橛 231
橱 59
樸 349
螙 101
檎 365
橇 363
橋 362
橥 397
樵 362
檇 598
橰 135
橹 287
橙 49
52
橘 226
樨 469
機 187
橡 544

十三画

檩 278
檁 278
檀 427
檥 519
隸 268
藁 135
檬 304
檉 50
檑 261
檣 360
檔 81
楫 191
櫓 287
檢 201
檜 155
182
櫛 577
檄 470
檜 505
檞 214
檗 33

十四画

檸 327
檳 28
29
檾 367
檯 425
櫃 155
檮 431
檻 204
236
櫂 569
櫈 85
檵 195

十五画以上

櫥 59
櫝 99
櫫 258
櫟 268
545
櫬 49
櫳 283
櫜 449
櫪 266
櫨 286
蘖 326
櫱 326
欝 112
欅 227
櫰 412
櫺 280
權 373
櫼 200
欄 255
欒 290
欏 292
櫔 8
欖 256
欞 280
鬱 540

犬部

犬 374
状 587
哭 245
猷 534
献 477
獒 5
獃 75
獸 408
獻 477

歹部

歹 75

二至四画

列 276
死 415
夙 418
歼 199
殀 511
殁 314

五至六画

残 37
殂 68
殃 508
殄 436
殇 391
殆 76
殊 408
殉 500
毙 22

七画以上

殒 547
殍 343
殓 271
殚 77
殖 406
573
残 37
殛 190
殨 183
殡 422
殯 29
斃 22
殢 435
殣 218
殢 435
殤 391
殪 523
殫 77
殭 205
殮 271
殯 29
殲 199

车(車)部

车 47
225
車 47
225

一至四画

轧 130
502
556
军 232
轨 154
轩 495
轪 75
轫 378
转 586
586
轭 107
斩 558
轮 291
软 383
轰 169

五画

轱 145
轲 238
轳 288
轴 581
581
轷 171
轸 567
軱 146
轵 574
轶 521
轹 268
轺 512
轻 366

六画

较 209
轼 404
载 549
550
轾 575
辁 373
轿 209
辀 580
辂 287

七至八画

辄 565
辅 126
辆 273
輕 366
輓 452
辉 181
辇 325
辈 17
輙 565
輛 273
辊 156
辋 454
輪 291
辍 64
辎 592

九至十画

辏 67
辐 126
輭 382
辑 191
輶 534
輮 381
输 409
辖 472
辔 337
毂 147
辕 543
辗 559
舆 538

十一画以上

暫 550
辘 288
轉 586
586
轘 178
辙 565
辚 278
轎 209
轟 169

轢 268
轡 337
轤 288

戈部

戈 136

一至二画

戋 198
戊 465
戉 545
戎 380
划 174
175
176
戍 410
戌 492
成 50
戏 171
171
470

三至七画

戒 214
我 462
武 464
戔 198
或 185
戗 360
361
咸 475
威 455
战 559
栽 549
哉 549
載 549
550
戛 197
戚 350
盛 51
400

八至九画

裁 36
戟 192
截 594
戞 197
戦 192
惑 185
幾 186
192
戡 235
盏 558
戢 191
戥 85
戤 131

十画以上

截 213
戬 201
戧 360
361
臧 551
戯 171
戮 288
畿 189
戫 156
戰 559
戴 77
戲 171
470
戳 64

比部

比 20
毕 22
昆 251
毖 21
皆 210
毙 22
琵 340

瓦部

瓦 450
450
瓩 357
瓯 330
瓮 461
瓴 279
瓷 65
瓶 346
瓿 35
甂 134
甆 65
甋 53
甄 567
甃 581
甌 269
甎 586
甌 330
甏 20
甑 555
甕 461
甓 341
罌 527
甗 507

止部

止 574
正 568
570
此 65
步 34
武 464
歧 352
肯 241
齿 54
些 483
歪 450
歲 421
齒 54
整 569
歷 266
歸 153
齿 594
糶 344

攴部

敁 89
敍 494
敔 443
敩 483
敫 105
敳 100
敲 361
敺 370
斅 483

日部

日 379

一至三画

旦 78
旧 223
早 552
旬 499
旯 253
旮 129
旭 253
旨 574
旷 294
旰 133
旱 161
时 401
旸 509

四画

旻 310
昉 115
炅 155
222
旺 454
昊 163
昙 427
者 565
昔 467
杲 135
昃 554
昌 44
昇 398
昒 171
昕 486
昀 547
明 311
昏 183
易 522
昂 4
昆 251
旹 401

五画

昱 540
昶 46
春 63
昧 302
是 405
昽 283
显 475
映 529
星 488
昨 598
昳 93
521
昝 550
昫 495
昴 299
昵 324
昭 562
昪 25

六画

晏 507
晕 546
547
晖 181
時 401
晋 218
晅 496
晒 389
晓 482
晉 218
晃 180
180
晟 400
晔 515
晁 47
晌 392

七画

匙 54
406
晡 33
晤 466
晨 48
晞 467
晗 160
晦 183
晚 452

八画

晾 273
暂 550

景 220
晬 597
普 349
晴 367
煚 222
暑 409
晰 468
晶 220
智 577
晷 155

九画

暄 496
暗 4
韪 457
匙 476
暍 513
暘 507
暖 329
暌 250
暇 472

十至十二画

暝 311
嘗 45
曄 515
暢 46
暧 3
暠 164
昵 324
暮 317
暴 15
350
题 439
暹 479
暾 447
曇 427
曉 482
曆 266
曈 441
曌 564

十三画以上

鼂 47
曙 410
曖 3
曠 294
韙 457
曚 304
㬥 351
曛 498
曜 513
叠 93
曨 283
曝 350
曦 469
曩 320
曬 389

曰(冃)部

曰 544
曲 370
372
曳 515
曶 172
㫚 172
冒 300
314
曷 166
書 408
晟 400
曹 38
勖 495
曼 297
冕 307
曾 40
554
替 435
最 597
量 271
273
會 182
246
朅 364

水(氺)部

水 413
氷 29
永 531
凼 81
求 369
氽 448
汆 86
氹 81
汞 142
隶 268
沓 73
424
泰 426
荥 489
527
泵 19
泉 373
浆 205
206
淼 308
颍 528
滎 489
527
滕 432
黎 264
漿 205

贝(貝)部

贝 16
貝 16

二至四画

贞 566
则 553
负 128
贡 143
财 35
贮 584
责 553
贯 152
贤 475
贪 426
贬 24
贫 344
败 10
货 186
质 576
贩 114
购 144

五画

貯 584
贰 110
贳 404
贲 18
22
贱 203
贴 438
贵 155
買 296
贶 249
贷 75
贸 300
贻 517
费 118
贺 166

六至七画

赃 551
资 591
赅 130
贽 577
贾 147
197
贼 554
贿 183
赀 591
赂 288
赁 278
賉 494
赆 217
賓 28
赉 255
赈 268
赇 370
赊 394

八画

赔 336
赓 140
赕 78
赋 129
赑 23
赍 67
賛 550
賬 561
賣 296
赌 100
賢 475
赎 409
赍 188
賚 255
賤 203
赏 392
賜 66
質 576
賙 580
䝼 367

九画以上

赖 255
赛 385
赚 586
597
購 144
賻 129
贅 588
賷 188
贄 577
賾 553
赟 546
赠 555
赝 508
贋 508
赞 550
赢 528
赡 391
赣 133
齎 188
贜 551
贐 217
贖 409
贛 133

见(見)部

见 202
476
見 202
476

二至七画

观 150
152
觃 507

规 154
覔 306
觅 306
览 256
觉 209
　230
觇 42
䙺 292
觊 195
觋 469
觃 416

八画以上

觏 87
覩 100
覰 436
　436
親 364
　368
靦 307
　436
覦 537
覦 537
覯 145
覬 195
覲 218
覷 372
覷 372
覶 292
覷 372
覺 230
覽 256
覶 292
覿 87
觀 150
　152

父部

父 126
　127
爷 513
斧 126
爸 8
釜 126
爹 93
爺 513

牛(牜⺧)部

牛 327

二至四画

牝 345
牟 315
　317
牤 298
牡 316
告 136
牠 424
牣 378
牦 299
牧 317
物 465

五至六画

牯 146
牵 357
荦 293
牲 399
牮 202
牴 87
牳 316
牸 594
特 432
牷 373
牺 466

七至八画

牽 357
牾 465
牻 298
犁 264
犃 68
犄 188
犊 99
犋 228
犂 264
犇 18
犍 200
　358
犀 468

九画以上

犎 121
犏 342
犒 238
犗 215
犖 293
犛 298
犨 472
犛 264
靠 238
犟 206
犢 99
犧 466

手部

手 407

四至九画

承 51
拜 10
拏 318
挛 290
拳 373
挈 364
挚 577
拿 318
挲 385
　398
　422
掌 561
掰 9
掣 48
掱 331

十画以上

搴 357
摹 313
摩 294
　313
摯 577
摮 103
擊 187
擎 367
擘 9
　33
擧 227
擥 256
攀 333
攣 290

毛部

毛 299
毡 558
毧 380
毪 316
毫 162
毬 369
毦 381
毵 385
毳 70
毯 428
毽 203
毹 409
氂 299
毿 385
氆 349
氅 46
氇 288
氈 558
氄 381
氊 558
氍 371
氎 94

气部

气 355
気 344
氘 81
氖 319
氚 61
氙 473
氛 119
氢 367
氡 96
氟 124
氨 3
氦 159
氧 510
氣 355
氩 502
氥 466
氤 524
氪 240
氫 367
氮 79
氰 367
氬 502
氯 290
氳 546

攵部

二至五画

攷 237
收 406
攻 141
攸 532
改 130
孜 590
败 10
放 116
攽 10
牧 317
政 570
故 147
畋 435

六至七画

效 482
敖 5
致 575
敌 86
啓 353
啟 353
赦 395
教 207
　210
敔 539
敕 55
救 224
敝 46
敍 494
斂 270
敏 310
敢 133

八画以上

敦 103

103
脊 354
散 385
386
敞 46
数 410
411
414
敬 222
敭 508
嫠 264
敫 209
敵 86
釐 299
敷 123
整 569
數 410
411
414
斂 270
斄 264
斅 537
變 25
徽 301

片部

片 341
342
版 11
牋 199
牍 99
牌 332
牒 93
牐 556
牕 62
牗 534
牘 99

斤部

斤 215
斥 54
斩 558
所 422
欣 486
颀 351
断 102
斯 415
新 486
斵 590
斷 102

爪(爫)部

爪 563
585
孚 124
妥 449
受 407
采 36
36
觅 306
舀 172
争 569
爬 331
乳 382
爰 543
爱 2
舀 512
奚 468
彩 36
舜 413
爲 456
458
愛 2
孵 123
叆 3
虢 156
爵 232
亂 290
靉 3

月(⺼)部

月 545

一至三画

肊 523
有 534
535
刖 545
肌 187
肋 260
262
肓 178
肝 132
肛 134
肚 100
100
肘 581
肐 136
肠 45
肟 462

四画

肪 115
肮 4
育 540
肩 199
肨 335
肼 220
肤 123
肣 586
肮 383
肢 572
肺 118
肽 426
肱 142
肬 533
肫 588
肾 398
肯 241
肿 579
肭 319
肸 468
肴 511
朋 338
肷 358
股 146
胀 561
肥 117
服 125
128
胁 483

五画

胖 333
335
脉 296
314
胠 371
胡 172
胚 336
胧 283
胨 97
胈 7
背 16
16
胪 286
胆 78
胛 197
胂 398
胩 403
胙 233
胄 581
胃 459
胗 566
胙 599
胜 399
399
胍 149
胝 572
朐 371
胞 13
胤 526
胫 221
胎 425
胥 493

六画

胺 4
脊 191
192
胶 207
脐 351
脑 321
脏 551
551
胲 159
朕 568
胼 342
脒 305
朔 414
朗 258
胯 246
胰 517
胱 153
胴 97
胭 503
脎 385
脑 329
脉 437
脍 246
脈 296
314
胳 136
脆 69
胸 490
脖 334
胷 490
能 322
脂 572
脅 483
脋 483
脓 328

七画

脘 452
脝 168
望 454
脱 448
脦 84
脖 32
脚 209
230
脰 98
脯 126
349
脣 64
豚 447
脛 221
脶 292
脬 335
脞 71
脸 270
脢 301
脧 229
脩 460
脟 433
脲 326

八画

腚 95

腔 360
腕 453
脺 70
腋 515
腑 127
勝 399
[illegible] 354
脹 561
朞 188
期 188
350
腊 253
467
朝 47
562
腙 594
腈 220
腖 97
腎 398
腌 1
504
腘 156
腆 436
腡 292
殽 482
腓 117
腴 537
脾 340
腒 226
腱 203

九画

[illegible] 52
膢 529
膩 324
腠 67
腩 320
腰 511
腼 307
腸 45
膃 450
腥 488
腮 385
腭 107
腳 209
230
腧 411
腫 579
腹 128
腺 477
腯 445
鵬 338
膸 588
腿 447
腾 432
腦 321

十画

膑 29
膀 12
334
335
膏 135
136
膂 289
膁 358
膆 419
膜 313
膊 32
膈 138

十一画

膣 576
滕 432
膵 70
膝 468
膘 26
膞 586
膛 429
膚 123
膕 156
膗 60
膠 207

十二画

[illegible] 432
縢 432
膪 61
膦 278
膳 391
膨 338
膰 112
[illegible] 205

十三画

臆 523
膻 390
臁 270
膺 527
臃 530
騰 432
膹 400
臌 147
朦 304
膿 328
臊 386
387
臉 270
膾 246
膽 78
臀 447
臂 18
23

十四画以上

臑 321
臏 29
臍 351
[illegible] 432
臕 26
臘 253
胭 503
臚 286
臢 549
朧 283
羸 528
臟 551
臞 371

欠部

欠 359

二至七画

次 66
欢 176
欤 536
欧 330
欣 486
欬 536
欱 164
欷 467
欲 539
欸 2
108
欵 247

八画以上

欻 60
493
款 247
欺 350
歆 487
歇 483
歃 388
歉 359
歌 137
歎 428
歐 330
歔 493
歙 396
468
歟 536
歠 64
歡 176

风(風)部

风 120
風 120
飐 558
飒 385
颱 425
颳 149
颶 228
颺 508
颼 415
颸 418
颻 512
飀 282
飘 343
飄 343
飃 343
飂 274
283
飙 26
飚 26
飆 26

殳部

殳 408
殴 330
段 101
殺 387
殷 524
503
殼 239
362
[illegible] 98
殽 482
發 110
殻 145
穀 147
毁 182
殿 91
榖 147
觳 146
彀 244
毅 522
毆 330
縠 173
[illegible] 173
毉 516

聿(⺻⺺)部

聿 539
隶 268
肃 419
書 408
晝 581
畫 175
肆 416
肅 419
肄 523
肇 564
肈 564
盡 217

爿部

爿 333
狀 587
妝 586
牀 62

狀 587
戕 360
斨 360
牁 238
牂 551
將 204
206
臧 551
牆 360

毋(毋)部

毋 464
母 316
每 302
毐 2
毑 213
毒 99
毓 541
纛 83

穴部

穴 497

一至六画

穵 449
究 223
穷 368
空 242
243
帘 270
穸 466
穹 368
穽 220
窃 364
穿 61
突 444
窀 588
窆 24
窍 363
窅 513
窄 557
窎 92
窌 273
窈 513
窒 576
窕 437
窑 512
窓 62

七画以上

窜 69
窝 462
窖 210
窗 62
窘 222
窣 418
窥 250
窦 98
窠 239
窩 462
窟 245
窪 450
窨 499
526
窭 228
窬 538
窯 512
窰 512
窮 368
窳 539
窶 228
窸 468
窻 62
窿 284
竂 248
竅 363
竄 69
竈 552
竇 98
竊 364

立部

立 267

三至六画

妾 364
竑 169
亲 364
368
竖 410
竚 340
竝 30
站 559
竞 221
章 560
竟 221
翊 522

七画以上

竦 417
童 441
竣 233
竢 416
靖 222
竪 410
意 523
竭 213
端 101
竷 133
競 221
贛 133

疒部

二至四画

疔 94
疖 210
疗 273
疠 268
疟 329
513
疝 390
疙 136
疚 224
疡 509
疣 533
疬 266
疥 214
疯 121
疮 62
疞 466
疫 522
疤 7
疢 49
疭 595
疨 193

五画

疰 584
痃 496
症 569
570
疳 132
疴 238
病 30
痁 389
疸 78
疽 225
疹 567
疾 191
痄 556
疼 432
痈 530
疲 340
疱 336
痆 574
痉 221
疿 118
痂 196

六至七画

痎 211
痒 509
痔 576
痖 502
痏 458
痑 105
痍 517
疵 65
痌 440
痊 373
痕 167
痧 388
痡 475
痣 576
痨 258
痘 98
痠 420
痦 466
痞 340
痤 221
痙 71
痢 268
痪 178
痛 442

八画

瘁 71
瘀 536
痰 427
瘅 79
瘂 502
痳 294
瘃 582
痱 118
痹 22
痼 148
痺 22
痴 53
痿 457
瘐 539
瘆 398

九至十画

瘙 387
瘖 524
瘥 42
瘘 285
瘗 523
瘩 73
74
瘌 253
瘧 329
513
瘍 509
瘟 460
瘓 55
578
瘉 541
瘦 408
瘊 170
瘠 191
瘕 198
瘼 315
瘞 523
瘛 55
瘭 151
瘡 62
瘪 27
28
瘤 282
瘢 11
瘫 427

十一至十三画

癝 26
瘴 562
癀 180
瘻 285
瘭 292
瘲 595
瘿 529
瘵 558
瘳 57
瘺 285
癔 526
癇 374
癆 258
瘫 11
瘮 398
療 273
癉 79
癌 2
癎 475
癃 284
癔 523
癩 255
癤 210
癜 91
癖 341
癘 268
癒 541

十四画以上

癢 508
癟 27
28
癬 496
癡 53
癥 569
癲 90
癧 266
癮 526
癯 371
癰 530
癱 427

衤部

二至五画

补 33
初 58
衬 49
衫 389
衩 41
41
衲 319
衿 215
衽 379
袄 5
衹 572
袂 302
袆 181
袜 450
袪 371
袒 428
袢 334
袖 492
袗 567
被 17
袍 336
袯 32

六至八画

袺 212
袴 245
裆 80
裀 524
袷 197
356
袼 136
袱 124
袵 379
裉 242
裣 270
裤 245
裥 201
補 33
裌 197
裢 271
裡 265
裕 540
裎 51
裋 411
裈 251
裙 375
裱 27
褂 149
褚 59
衹 242
裸 292
裼 435
469
裨 23
340
裰 105
裾 226

九至十画

褛 289
褊 25
褡 73
褙 17
褐 166
襀 251
複 128
褓 15
褪 447
448
褘 181
褵 264
褯 215
褥 382
褟 424
褴 256
䙌 54
褦 319

十一画以上

褸 289
襍 548
褶 565
襆 124
126
襖 5
襚 421
襴 256
襏 32
襁 361
襟 216
襠 80
襝 270
袓 42
襦 382
襪 450
襤 256
襫 406
襬 9
襯 49
衤襄 376
襶 77
襵 565
襻 334

示部

示 403
佘 395
奈 319
柰 319
示尔 420
祟 421
票 343
祭 195
禀 30
禁 215
218
蔡 19
禦 541

石部

石 78
401

二至四画

矴 95
矶 187
矿 249
矸 132
矻 245
矽 466
矾 112
砀 81
码 295
砉 174
492
研 504
砖 586
砗 47
砘 104
砑 502
砒 339
砌 355
砂 388
泵 19
砚 507
砭 24
斫 590
砍 236
砜 121

五画

砣 449
砬 253
砫 584
砰 338
砝 111
砹 2
砺 267
砸 548
砢 238
砻 283
砧 567
砷 396
础 59
砼 441
砟 556
硇 321
砥 88
破 347
硇 321
砲 336
砾 268
硁 242

六至七画

硖 472
硎 488
硅 154
硭 298
硕 414
硗 361
硒 466
砦 557
硐 97
硷 201
硃 581

硊 183
硚 362
研 504
硇 321
[illegible] 161
硌 138
293
硫 282
硬 529
硖 472
硁 242
硝 481
硵 286
[illegible] 49
硪 462
确 375

八画

碇 95
碗 452
碚 17
碎 421
𬒗 86
碰 338
碛 355
碁 352
碕 352
碍 3
碘 90
碓 103
碑 16
硼 338
碉 92
碜 49
碌 283
287

九画

碲 89
磋 71
磁 65
碥 25
碧 24
[illegible] 581
碪 567
碟 93
碴 41
碱 201
碜 557
碭 81
碣 213
碨 459
碳 428

十画

磅 13
335
碻 375
磙 156
確 375
磕 239
磊 262
磑 459
磐 333
磔 565
磉 386
碾 325

十一画

磲 371
磨 313
315
磙 155
磬 368
磡 236
磺 180
磚 586
硜 242
磠 286
磟 283
磂 253
[illegible] 497
[illegible] 596
磣 49

十二画以上

礅 103
磷 278
磽 361
[illegible] 561
磻 333
礁 208
磴 85
礄 362
磯 187
礤 35
礦 249
礌 261
礎 59
礓 205
礆 201
礞 304
礙 3
礪 267
礬 112
磜 35
礫 268
礳 315
礲 283
礮 336
礴 32
礵 412

龙(龍)部

龙 283
龍 283
垄 284
壟 284
䶮 506
龑 506
砻 283
礱 283
袭 469
襲 469
龚 142
龔 142
聋 284
聾 284
龛 235
龕 235
詟 565
讋 565

业部

业 514
邺 515
凿 552
600
黹 575
業 514
黻 125
叢 67
黼 126

目部

目 316

二至四画

盯 94
盲 298
盱 492
眈 78
相 477
480
眄 308
盹 108
眍 244
眇 308
省 399
489
盻 471
眨 556
盼 334
看 235
236
眊 300
盾 104
眉 301
[illegible] 58

五至七画

眬 284
眎 405
眩 497
眚 399
眢 542
眠 306
眙 517
着 562
562
566
590
眷 230
眭 420
眯 305
305
眶 249
眦 594
眥 594
眺 437
眽 314
眵 53
眼 506
睁 569
眸 315
睇 88
睐 255
䀹 390
睏 252
睑 201
鼎 95
睃 422
睆 177
睊 413

八画

睒 390
睛 219
睦 317
睖 263
睹 100
瞄 308
睚 501
睞 255
睫 213
晰 558
督 99
睬 36
睡 413
睢 420
睨 324
睥 23
睠 230

九至十画

瞇 305
305
瞜 285
睿 383
瞅 58
瞍 418
睽 250
250

瞀 300
瞎 471
瞑 311
瞌 239
瞒 297
瞢 304
瞋 48

十一画以上

瞞 297
瞟 343
瞘 244
瞠 50
瞜 285
瞳 441
瞭 274
275
瞰 236
瞥 344
瞬 413
瞧 362
瞪 85
瞽 147
瞩 583
瞿 371
瞼 201
瞻 558
矇 303
矍 232
瞵 278
矗 60
矓 284
矙 236
矚 583

田部

田 435
由 533
甲 197
申 396
电 91

二至三画

亩 316
町 94
439
甸 91
龟 154
232
369
男 319
甿 303
畀 22
画 175
甽 568
备 17
甾 549

四画

思 414
畎 374
畏 458
胃 459
禺 537
界 214
畋 435
畈 114
畇 547
毗 340
毘 340

五至六画

畝 316
畜 60
494
畔 334
畛 567
留 281
畚 19
畦 353
畢 22
異 521
略 290
畧 290
累 261
262
262
畤 577

七画以上

畴 57
畲 394
畯 233
畬 394
536
番 111
333
畹 452
替 427
畸 188
當 79
80
畿 189
畼 392
疃 446
鸓 325
壘 262
疇 57
累 261
261
罍 261
翻 112
疊 93

罒部

三至八画

罗 291
罚 111
罘 124
罡 134
罢 8
8
罟 146
罣 149
詈 269
買 296
罥 229
罦 125
署 409
置 578
罨 505
罪 598
罩 564
蜀 410

九画以上

罴 340
罱 256
罳 415
罰 111
罵 295
罷 8
8
罹 264
罾 554
羁 189
罽 195
羆 340
羅 291

皿部

皿 310

三至五画

盂 536
孟 304
盍 166
盃 16
盅 578
盆 337
盈 528
盉 165
益 522
盐 505
盇 166
盏 558
监 199
203
盎 4
盌 452

六至九画

盗 83
盖 131
138
盔 250
盛 51
400
盒 165
盘 333
盜 83
盞 558
盟 303
311
盝 287
監 199
203
盡 217

十画以上

盤 333
盬 146
盥 152
盧 286
盦 3
盪 81
盩 580
蠲 229
蠱 147
鹽 505
豔 507

钅(金)部

金 215

一至二画

钇 518
钆 130
针 566
钉 94
95
钋 346
钊 562
钌 275
275

三画

釬 161
钔 303
钍 445
釦 244
钎 357
钏 62
钐 389
390
钓 92
钒 112
钗 42
钖 509
钕 329

四画

钭 98
钫 115
钪 237
钬 185

鈇 123
钘 488
钙 131
钛 426
钚 34
鉅 227
钝 104
釾 501
鈚 339
钞 46
钟 578
钠 319
钢 134
134
钡 16
钤 358
钧 232
钥 513
545
钦 364
钩 143
钨 463
钣 11
钯 8
331
钮 328

五画

铊 424
449
铈 404
铉 497
铋 22
钰 539
钱 358
钲 569
570
钳 358
钴 146
鉥 410
钵 31
钷 347
钶 238
鏺 32
钺 545
钻 597
597
鉏 59
钼 317
钽 427
钿 91
435
钾 197
铀 533
铃 279
铁 438
铂 31
鉤 143
铅 357
505
铍 340
铇 15
铆 299
铄 414
铌 323
铎 105
钹 346

六画

铵 3
铲 43
铰 208
铱 516
铳 56
铴 428
铗 197
铏 488
铑 259
铐 238
铓 298
铒 110
铕 534
铖 51
銕 438
铙 321
铜 441
铝 288
铞 92
铟 524
铛 50
80
铚 576
铠 235
铡 556
铨 373
铩 388
铪 158
铫 93
512
铢 582
铣 470
475
铥 96
铦 474
铤 440
铧 175
铭 310
铬 139
铮 569
铘 513
铯 387
银 525
铷 382
鋋 43

七画

锌 486
锏 234
铜 201
203
锐 383
锑 433
锍 283
锒 258
铼 255
録 142
铽 432
铺 348
349
铹 258
铗 197
铸 585
链 271
销 481
锁 423
铿 242
銲 161
锅 156
锄 59
锂 266
锃 555
鋜 590
锉 71
锆 136
锈 492
锇 106
锋 121
锓 365
锔 226
226
锕 1

八画

锭 95
锫 336
[illegible] 257
錶 26
锗 565
错 72
锘 330
锚 299
锖 360
锛 18
錸 255
錢 358
鋼 134
134
锝 84
锞 241
锡 469
锢 148
锣 292
鍋 156
锟 251
锤 63
锥 587
锦 217
锨 474
锜 353
锬 427
锩 229
锧 576
键 203
锯 226
228
锰 304
錄 287
锱 592

九画

锵 360
锿 1
镀 101
镁 302
镂 285
镃 591
锲 364
鍊 270
271
鍼 566
锴 235
锶 415
鍚 509
锷 107
鍾 578
锸 40
锹 361
锻 102
鎝 73
鍮 442
锾 177
锼 418
锽 179
镍 477
鎚 63
鐀 118
镅 301

十画

鎕 472
镓 197
镕 380
镔 28
镑 13
镐 135
164
镒 523
鎌 270
鎓 390
镊 326
鏵 175
鏌 314
镇 568
镉 138

鎒 328
锐 429
鎧 235
鎗 360
镈 32
镎 318
鎩 388
镌 229
镍 326
鎢 463
镏 282
283

十一画

鐅 344
镜 222
镝 86
87
鏟 43
镛 530
镞 596
鏇 497
锗 589
鏗 242
镖 26
鏤 285
镗 428
429
镘 298
镚 20
鏘 360
镠 282
镄 180

十二画

镡 69
鐋 428
镦 103
鐘 578
镧 256
鐥 390
镨 349
铹 258
鐃 321
镣 275
鐝 232
镤 349
鐫 229
镥 287
鐙 86
鏺 346
鐍 231
镪 360
361

十三画

镱 523
镰 270
镭 261
鐵 438
镬 186
鐺 50
80
鐸 105
镮 177
镯 590
鏽 492

十四画

鑌 28
镲 41
鑛 249
鑄 585
鑑 203

十五画以上

镳 26
鑪 286
鑤 15
鑠 414
鑕 576
镴 253
镶 478
鑰 513
545
鑹 69
鑷 326
鑵 152
鑼 292
鑽 597
597
鑯 429
钁 232
鑱 43

矢部

矢 403
矣 519
知 572
577
矩 226
矧 398
矫 208
短 101
矬 71
矮 2
雉 578
疑 518
矯 208
矱 545
矰 554

禾部

禾 164

二至三画

利 267
秃 444
秀 492
私 414
秆 132
和 164
166
172
185
186
秈 473
秊 324
秉 29
季 193
委 455
457

四画

科 238
秔 220
秌 369
秋 369
秕 21
秒 308
香 478
种 56
579
579
秭 593

五画

秘 22
306
秤 52
秦 365
秣 314
盉 165
秫 409
乘 52
400
租 596
积 188
秧 508
秩 576
称 49
50
52

六至七画

秸 211
稆 289
秽 183
䄻 430
移 517
518
稌 106
税 413
稂 258
稉 220
稽 188
稍 393
394
稈 132
程 51
稃 123
秾 328
稀 467
黍 410

八画

稖 13
禀 30
稜 263
280
稙 572
稞 239
稔 378
稚 578
稗 10
稠 57
颖 528
稣 418
䅟 37

九至十画

稱 49
50
稬 330
種 579
579
稳 461
稭 211
稼 198
稿 135
稾 135
穀 146
稹 568
稽 188
355
稷 195
稻 83
黎 264

十一画以上

穅 236
麇 232
375
積 188
穑 387
穆 317
穄 195
穇 37
穗 421
黏 324
穉 578
穡 387
馥 129
穫 186
穢 183
穤 330
穩 461
穠 328

穭 289
穦 446
穰 376
龢 164
稻 431

白部

白 9
一至八画
百 9
31
皁 552
皂 552
皃 300
帛 31
的 84
86
89
皇 179
皆 210
皈 154
泉 373
皋 135
皎 208
皑 2
皖 452
皕 23
皓 164
皙 468
九画以上
魄 31
347
449
皜 164
皚 2
緜 306
皞 164

樂 260
545
皤 347
皝 180

瓜部

瓜 148
瓞 93
瓠 174
瓢 343
瓣 12
瓤 376

鸟(鳥)部

鸟 325
鳥 325
二至四画
鸠 223
凫 124
鸬 400
鸡 188
鸢 542
鸣 311
鳳 122
鸩 568
鸨 401
鸥 330
鸧 38
鸨 15
鸦 501
鴃 230
五画
鸵 449
莺 527
鸪 145
鸫 96

鸬 286
鸭 501
鸮 481
鸯 508
鸰 279
鸳 542
鸲 53
鸱 371
鸰 58
鸶 498
鸷 414
六至七画
鸽 507
鸿 169
鸾 290
鸡 207
鸷 577
鸸 109
鸹 276
鸽 137
鸹 149
鸺 491
鸽 580
鸻 168
鹇 475
鹈 433
鹁 32
鹂 263
鹃 229
鹆 540
鹄 147
173
鹅 106
鵞 106
八画
鹊 219
鹌 542
鹑 64

鹕 140
鹉 464
鹋 375
鹍 308
鹎 96
鹀 501
鹌 3
鹍 251
鹏 338
鹛 92
鹐 357
鹒 419
九画
鹚 65
鹖 251
鹕 172
鹗 226
鹘 166
鹗 107
鹘 147
173
鹜 369
鹜 546
鹡 55
鹜 466
鹛 301
鹝 65
十画
鹞 523
鹟 200
鹤 167
莺 527
鹠 513
鸡 188
鹡 38
鹢 191
鹣 244
鹤 461

鹬 433
鹭 58
鹦 507
十一画以上
鹧 565
鹨 590
鹫 577
鸥 330
鹥 516
鹦 527
鹇 475
鹨 283
鹫 225
鹯 508
鹪 274
鹩 208
鹬 541
鹭 414
鹮 558
鹰 527
鹭 288
鹏 341
鹭 527
鹯 546
鹳 286
鹤 412
鹳 152
鸾 290
鸶 498
鹂 263
鹨 468

用部

用 531
甪 287
甩 411
甫 126

甬 531
甭 19
甯 122

矛部

矛 299
矞 541
柔 381
矜 151
215
365
務 465
矡 365
蟊 299

疋(⺪)部

疋 341
胥 493
疍 79
蛋 79
疏 408
疎 408
楚 59
疑 518
疐 578

皮部

皮 340
皱 581
皰 336
皲 232
颇 346
皴 70
皺 581

皻 555

衣部

衣 516
　521

二至六画

表 26
衰 69
　411
衷 578
衾 365
袅 325
袭 469
袋 76
袈 196
袤 300
装 586
裁 36
亵 485
裂 276
　276
裒 348
袠 576

七画以上

裟 388
裘 370
裏 265
裔 521
裝 586
裹 157
裳 45
　393
裴 337
製 576
褒 14
褰 357
褧 222
襃 14
褻 485
襄 478
襞 23
襲 469

羊(⺶⺷)部

羊 509

一至六画

羌 359
养 510
差 40
　41
　42
　64
美 302
羑 534
姜 205
　205
羔 135
恙 510
羖 147
羞 491
羖 147
着 562
　562
　566
　590
盖 131
　138
羚 279
羝 86
羕 511
羟 361
善 391
羡 477
羢 380
翔 478

七画以上

羨 477
羥 361
義 520
群 375
羣 375
羧 422
鲞 556
羯 213
羰 428
養 510
羱 543
羲 469
羹 140
羶 390
羸 261

米部

米 305

二至六画

籴 86
类 262
籼 473
籸 396
籽 593
料 275
粃 21
敉 305
粉 119
粑 7
粒 267
粝 267
粘 324
　558
粗 68
粜 438
粕 347
粢 591
粪 120
粦 278
粧 586
粟 419
粞 466
粬 370
粤 546
粥 580

七至十画

粱 271
粮 271
粳 220
粲 37
粽 595
粹 70
精 219
糁 386
　396
糍 65
糊 172
　172
　174
糉 595
糇 170
糌 550
糅 381
糕 135
糖 429
糈 494
粼 278
糙 38
糗 370

十一画以上

糡 206
糠 236
糟 551
糞 120
糝 386
　396
糨 206
糧 271
糯 330
糰 445
糲 267
糴 86
鬻 542
糱 326
糶 438
類 262
糵 326

耒部

耒 262
耔 593
耕 140
耘 546
耙 8
　331
耖 47
耗 163
耜 416
耞 196
耠 184
耢 260
耡 59
耥 429
耦 331
耧 285
耪 335
耩 205
耨 328
耬 285
耮 260
耰 532
䎱 8
耲 176
耱 315

老部

老 259
考 237
耆 353
耄 300
耋 93

耳部

耳 109

二画

耵 94
取 372
耶 513
　514

四画

恥 54
耽 78
耿 140
耻 54
耼 78
耸 417
聂 326
郰 595

五至十画

聍 327
聋 284
职 573
聃 78
聆 279
聊 273
联 270

聖 399
聒 156
聘 345
聝 156
聚 228
聪 66
聩 251
聱 5

十一画以上

聲 399
聰 66
聳 417
聯 270
職 573
聶 326
聹 327
聾 284
聽 438

臣部

臣 48
卧 462
臥 462
竖 410
臧 551
豎 410
臨 277
監 199
擥 256

西(覀)部

西 466
要 511
513
栗 269
票 343
粟 419
覃 365
427
覆 128
覇 8
覈 166
覊 189

页(頁)部

页 515
頁 515

二至三画

顶 94
顷 367
项 479
顸 159
顺 413
须 493

四画

颀 162
烦 112
顽 452
顿 99
104
颁 10
颂 417
颃 351
顾 148
预 540

五至七画

硕 414
颅 286
领 280
颈 220
颇 346
颏 239
颋 107
颊 197
颉 212
484
颌 137
165
頫 127
頟 107
颔 458
頲 440
颖 528
頭 442
頤 518
頰 197
頸 220
频 344
颔 161
颓 446
穎 528

八至九画

頞 70
颗 239
顑 236
頣 350
额 107
颜 505
题 434
顒 531
題 385
颚 107
颛 586

十至十二画

類 262
颠 89
願 544
囟 487
颡 386
颢 326
颟 296
顢 296
顧 148
顗 164
顫 362
類 262

十三画以上

顫 44
559
顲 382
顯 475
顰 344
顱 286
顥 326
顳 374
顴 539

虍部

虎 173
虏 286
虐 329
虔 358
虑 289
虒 415
彪 26
虓 481
虚 493
處 59
60
䖏 59
60
虞 538
號 162
163
虜 286
虢 156
慮 289
膚 123
盧 286
虧 249
虞 538
甗 507

虫部

虫 56

一至三画

虬 370
虮 192
虯 370
虱 401
虻 303
虾 158
471
虹 169
206
虺 181
虿 42
蚤 479
蚁 519
虼 139
蚤 552
禹 538
蚂 294
295
295
虵 395

四画

蚪 98
蚊 460
蚨 123
蚜 501
蚍 340
蚩 52
蚘 181
蚡 119
蚋 383
蚧 214
蚣 142
蚌 13
20
蚝 162
蚕 37
蚬 476
蚓 526

五画

蛇 395
518
蛀 584
萤 527
蚶 159
蛄 145
蛎 267
蛋 79
蛊 147
蛆 371
蚰 533
蚺 375
蛉 279
蚱 556
蚲 197
蚯 369
蛏 50
蚴 535

六画

蛥 557
蛴 351
蛟 207
蛮 296
蛘 509
蛱 197
蛙 450
蛰 565
蛲 321

蛩	369
蛭	576
蛳	415
蛐	370
蛔	181
蛤	137
	158
蜓	439
蛛	582
蛞	252
蜒	504
蛑	315
七画	
蛴	359
蜕	447
蜋	257
蜇	564
	564
蜃	398
蛱	197
蛹	531
蛸	393
	481
蜗	462
蜎	542
蜈	464
蜀	410
蜉	125
蜍	59
蛾	107
蜊	269
蜂	121
蜅	126
八画	
蜿	451
蜷	374
蝉	42
螂	257
蜯	13
蜻	366
蜞	352
蜡	253
	557
蜥	468
蜨	93
蝇	528
蜮	540
蜚	117
	118
蜾	157
蝈	156
蜴	522
蝸	462
蜘	572
蜩	437
蜰	117
蜱	340
蜢	304
九画	
蝱	303
蝣	533
蝙	24
蝤	370
	534
蝼	285
蝘	506
蝠	126
蝻	320
蝾	380
蝴	172
蝡	382
蝶	93
蝰	250
蝥	299
蝎	483
蝟	459
蝨	401
蝓	538
蝮	128
蝌	239
螋	418
蝗	179
蝦	158
	471
十画	
螃	335
螭	53
蟒	299
螗	429
螟	311
螯	5
螨	297
蟆	295
螢	527
螓	365
融	380
螙	101
螈	543
螘	519
螅	468
螄	415
十一画	
蟑	560
蟀	412
蟄	565
螫	406
螬	38
螵	343
蟥	180
䗪	566
蟎	297
螳	429
蟏	482
螻	285
螺	292
蟈	156
蟋	468
螽	579
蟓	480
蟊	299
蠁	479
十二画	
蟮	391
蟯	321
蟢	470
蟛	338
蟪	183
蟫	525
蠆	42
蟲	56
蟬	42
蟠	333
蟣	192
十三画	
蠃	528
蠊	270
蟻	519
蟶	50
蠓	304
蠖	186
蠅	528
蠍	483
蠋	582
蟾	43
蟹	486
蠏	486
十四画	
蠐	351
蠔	162
蠑	380
蠛	309
蠕	382
蠚	164
蠣	267
十五画以上	
蠢	64
蠟	253
蠡	264
	266
蠨	482
蠲	229
蠱	147
蠭	121
蠹	101
蠷	371
蠻	296
蠶	37
蠼	371

缶部

缶	122
缸	134
缺	374
缽	31
[illegible]	557
缾	346
罂	527
罄	368
罅	473
罆	152
罇	598
罈	427
罎	427
罏	286
罐	152
罍	261

舌部

舌	394
乱	290
甜	436
舐	403
舒	408
辞	65
舔	436
舖	349
舘	151

竹(⺮)部

竹	582
二至四画	
竺	582
竻	260
竿	132
竽	536
竾	54
笃	100
笄	188
笕	200
笔	21
笑	482
笈	190
笏	174
笫	593
笊	563
笋	422
笆	7
五画	
笠	267
笺	199
笸	347
筇	368
笨	19
笼	284
	284
笭	279
笪	73

笛 86
筀 399
笮 553
598
符 125
笱 144
笥 416
第 88
笾 24
筍 437
笳 196
笤 53

六画

筐 248
等 85
85
筞 39
筑 582
585
筘 244
筥 227
筒 442
筛 389
筌 373
筊 208
答 73
72
筅 475
筵 504
筋 215
筍 422
筏 111
筝 569
筆 21
筚 22

七画

筷 247
筙 39
简 201
筹 57
筭 420
筕 565
筠 232
547
筵 406
筻 134
筢 331
筲 393
筯 585
签 357
筱 482
筴 39
筦 151
筰 598
節 210
211
筩 442

八画

箔 31
管 151
箜 243
箪 77
箧 364
箐 368
箦 553
箸 585
箕 188
箍 146
箨 449
箝 358
箬 384
箋 199
箠 389
箎 54
算 420
箅 22
箇 138
箩 292
箚 555
555
箙 125
箑 63
箣 37
箏 581
箓 287
箫 482

九画

箲 475
篇 342
箭 204
篓 285
箍 517
箤 515
篋 364
範 113
箱 478
箴 567
篑 251
篙 61
篁 179
篌 170
篆 586
箸 488

十画

篸 422
篙 135
篱 264
篚 118
篝 144
築 585
篥 269
篡 69
篳 22
篷 552
篷 338
篩 389
篦 22
篮 256
篪 54
篠 482
篛 384
篰 35

十一画

簞 332
簖 102
簃 244
簏 288
簇 68
簪 183
簌 419
簧 180
簕 260
簍 285
簑 309
簃 518
篸 37
篼 97
簋 155

十二至十三画

簠 126
簪 550
簟 91
簞 77
簰 332
簦 85
簫 482
簍 546
簿 35
簾 270
簸 33
33
籀 581
籁 255
簽 357
簷 505
籐 227

十四画以上

籑 597
籍 192
籌 57
籃 256
籐 432
籥 24
籧 371
籠 284
284
籤 528
籜 449
籙 287
籥 546
籛 357
籩 24
籪 102
籬 264
籮 292
籖 357
籲 528
籰 546
籯 539

臼部

臼 224
臾 536
兒 108
舁 537
臿 40
舀 512
舂 56
舄 471
舅 224
舉 227
擧 227
舊 223

自部

自 593
息 468
臬 326
臭 58
492
皐 135
臯 598
鼻 20
齨 329

血部

血 484
498
衃 494
衄 329
衃 336
衄 329
衅 487
衆 579
衇 296
衊 309

舟部

舟 580
舡 61
舢 389
舣 519
航 162
舫 116
舰 202
舩 61
舱 38
舨 11
般 11

舵 106
舷 475
舾 466
舸 138
舻 286
舳 583
盘 333
舴 553
舶 31
鸼 580
船 61
艇 440
艄 393
艎 179
艋 304
艘 418
艙 38
盤 333
艚 38
艟 56
艅 536
艨 304
艢 360
艣 287
艤 519
艦 202
艪 287
艫 286

羽部

羽 538

三至八画

羿 522
翅 55
翀 56
翁 461
翍 55
翊 522
翌 522
翎 279
習 469
翔 478
翚 181
翘 362
363
翕 468
翛 482
翠 70
翙 183
翥 585
翡 118
翟 87
557

九画以上

翦 201
翩 342
翫 451
翯 167
翮 166
翰 161
翱 5
翳 522
翼 522
翹 362
363
翻 112
翶 5
翾 496
耀 513
糴 438
翽 183

艮(㫐)部

艮 140
140
良 271
即 190
艰 199
既 194
暨 194
艱 199

糸部

一画

系 193
470

四至七画

紊 461
素 419
索 423
紮 548
555
紧 216
萦 528
紥 548
555
累 261
262
262
絜 484
絷 573
紫 593
絮 495

八画以上

綮 368
綦 352
緊 216
緐 112
纇 262
緜 306
縈 528
縣 476
縶 573
繄 516
繇 512
534
繁 112
347
繫 193
470
繭 200
纂 597
纍 261
261
纛 83
纞 290

辛部

辛 486
辜 145
辟 23
341
辞 65
辣 253
辝 65
辨 25
辩 25
辦 11
辫 26
瓣 12
辭 65

言部

言 504
訇 169
這 369
詟 565
詈 269
誉 541
詧 41
誊 432
訾 591
593
詹 558
誓 406
謄 432
謦 368
謷 5
警 221
譽 541
譬 341
讐 57
讟 100

麦(麥)部

麦 296
麥 296
麸 123
麪 307
麯 370
麩 123
麴 370
371
麵 307

走部

走 595

二至五画

赴 127
赵 563
赳 223
赶 132
起 354
越 545
趄 225
364
趁 49
趋 371
超 46
赸 390

六画以上

趦 591
趔 276
趙 563
趕 132
趣 372
趟 430
趨 371
趖 422
趯 435
趲 550

赤部

赤 55
郝 163
赦 395
赧 320
赪 50
赫 166
赭 565
赯 429

豆部

豆 98
剅 285
豇 204
豈 353
豉 54
登 85

豌 451
䜺 42
頭 442
豎 410
豐 120
艷 507
豔 507

酉部

酉 534

二至五画

酋 370
酊 94
95
酐 132
酎 581
酌 589
配 337
酖 78
568
酝 547
酞 426
酚 119
酗 495
酕 299
酡 449
酤 145
酣 159
酢 68
599
酥 418
酦 347

六至七画

酧 57
酱 206
酬 57
酮 441
酰 474
酩 311
酪 259
酯 575
酿 325
酵 210
酽 508
酾 401
酺 349
酲 51
酹 262
酴 445
酷 245
酶 301
酸 420

八至十画

醅 336
醇 64
醉 598
醁 287
醋 68
醃 504
醌 251
醄 431
醊 588
醚 305
醑 494
醨 264
醛 373
醐 173
醖 547
醍 434
醒 489
醜 58
醣 429
醢 159

十一画以上

醫 516
醪 259
醬 206
醯 469
醭 33
醮 210
醱 347
醵 228
醴 266
醻 57
醺 499
醼 507
醸 325
釃 401
醾 305
釅 508
醽 280

辰部

辰 48
辱 382
唇 64
脣 64
蜃 398
農 328
辳 328

豕部

豕 403
彖 446
豗 181
象 480
豢 178
豪 162
豨 467
豭 197
豵 595
豬 582
豶 119
豫 540
豳 28
豯 476

卤(鹵)部

卤 286
鹵 286
鹾 71
鹺 71
鹹 475
鹽 505
鹼 201
鹻 201

里部

里 265
厘 264
重 56
579
野 514
量 271
273
釐 264

足(⻊)部

足 596

二至四画

趴 331
趸 103
趵 15
趿 424
趼 201
趺 123
趾 574
跂 352
355
距 227
跄 361
跃 546
跀 545

五画

跎 449
跖 573
践 203
跋 7
跕 90
跌 93
跗 123
跅 449
跞 268
292
跚 389
跑 336
336
跏 196
跛 33

六画

跤 207
跻 189
跡 194
跬 250
跫 369
跴 36
跨 246
跷 361
跸 22
跐 65
65
跩 585
跳 437
跣 475
跹 474
路 288
跪 155
跺 106
跥 106
跟 139

七至八画

踉 271
273
踅 498
踌 57
踊 531
跽 193
跼 226
踪 594
踣 33
踮 90
踯 573
踡 374
踖 192
踐 203
蹚 428
踧 68
踔 64
踦 520
踁 221
踝 176
踢 433
踩 36
踟 54
踒 462
踬 577
踞 228
踏 424

424

九至十画

蹄 434
踱 105
蹉 71
蹁 342
踳 62
蹀 93
蹅 41
踁 450
踹 61
踰 537
踵 579
踽 227
踴 531
蹂 381
蹇 202
蹐 191
蹑 326
蹒 333
蹕 22
蹋 425
蹈 82
蹌 361
蹊 351
468
蹏 434
蹓 283
蹍 325

十一画

蹢 87
573
蹠 573
踤 411
蹟 194
躇 59
蹣 333
蹙 68
蹚 428
蹩 28
蹦 20
蹡 361
蹤 594
蹔 550

十二画

蹿 69
蹾 103
蹴 68
蹵 68
蹲 70
103
蹷 231
蹭 40
蹺 361
躉 103
蹽 273
蹶 231
232
躕 59
蹼 349
蹯 112
蹻 230
361
蹬 85

十三画以上

躁 553
躅 582
躄 24
躃 24
躋 189
躑 573
躊 57
躔 43
躪 278
躍 546
躚 474
躓 577
躒 268
292
躐 276
躦 597
躩 486
躥 69
躡 326

豸部

豸 576
豺 42
豹 15
貂 92
貊 314
貅 491
貉 162
166
貌 300
貓 299
299
貆 177
貕 502
貘 315
貔 340
貐 539
貛 177

谷部

谷 146
539
郤 471
卻 374
欲 539
鹆 540
豁 184
186
谿 468

釆部

悉 468
番 111
333
釉 535
释 406
釋 406
翻 112

身部

身 396
射 395
躬 141
躭 78
躯 370
躳 141
躲 105
躱 105
軃 105
躺 429
[illegible] 158
軀 370

角部

角 208
230
觔 215
215
斛 173
觖 230
觞 391
觚 146
觝 87
觧 213
215
觥 142
觜 591
597
触 60
解 213
215
485
觫 419
觯 578
觱 24
觳 173
觴 391
觶 578
觸 60

青部

青 366
靓 222
273
靖 222
鶄 219
静 222
靛 91

其部

其 352
甚 398
397
基 188
棊 352
斯 415
期 350
188
朞 180
欺 350
碁 352
斟 476

雨(⻗)部

雨 538
540

三至七画

雱 334
雩 538
雪 498
雯 460
雲 546
雳 266
雰 119
119
雷 261
電 91
零 279
雹 14
雾 465
霁 194
需 493
霆 439
霈 337
霅 557
震 568
霄 481
霉 301
霂 316

八至十二画

霑 558
霎 389
霖 277
霏 117
霍 186
霓 323

霜 412
霡 296
霞 472
霧 465
霤 283
霪 525
霭 2
霰 477

十三画以上

霸 8
霹 340
露 286
288
靆 76
霽 194
霾 295
靉 3
靂 266
靈 280

齿(齒)部

齿 54
齒 54
龇 49
啮 326
龁 165
𬹼 8
龂 525
龃 227
龄 280
齣 58
齶 107
龅 14
龆 437
齩 512
齧 326
齜 591
齦 525
242
齬 539
齪 64
齲 372
齷 462
齩 512

黾(黽)部

黾 310
黽 310
鼋 542
黿 542
鼂 47
鼇 5
鼈 27
鼍 449
鼉 449

金部

金 215
崟 525
崯 525
蓥 528
鉴 203
銮 290
鋈 466
鋬 334
鋆 547
錾 550
鍪 316
鎏 282
鎣 528
鍫 361
鏖 5
鏊 6
鐾 18
鑒 203
鑫 487
鑾 290
鑿 552

隹部

隹 587

二至六画

隼 422
隽 229
233
隻 572
难 320
320
售 408
雀 375
361
362
焦 208
雇 148
集 191
雅 502
雁 507
雄 490
雍 530
雋 229
233
雎 225
雉 578
雏 58
雌 65
雒 294

八画以上

雕 92
雖 420
虧 249
雠 58
57
瞿 371
雛 58
鷄 188
雝 530
雜 548
雖 420
雙 412
離 264
難 320
320
耀 513
糴 86
讎 58
糶 438

鱼(魚)部

鱼 537
魚 537

二至七画

鱽 81
鲂 115
鱿 533
鲀 447
鲁 287
鲃 8
鮌 156
鲏 340
鲅 8
鲆 346
鲇 325
鲈 286
鲊 556
稣 418
鲋 128
鲌 8
31
鲍 15
鲎 171
䲟 526
鲐 426
鲛 207
鲜 476
474
鲝 556
鲞 479
鲑 154
鲒 212
鲔 458
鲖 441
鲗 554
鲙 247
鲟 499
鲨 388
鲩 178
鯗 479
鲡 264
鲠 140
鲢 270
鲚 194
鮟 3
鲫 195
鲣 199
鲥 402
鲤 266
鲦 437
鮸 307
鲧 156

八至十画

鲸 219
鲭 366
鲮 280
鲰 595
鲲 251
鲳 44
鲶 325
鲷 92
鲵 323
鲻 592
鰌 369
鳊 24
䲠 63
鲽 93
鳃 385
鲿 45
鳁 460
鳄 107
鳆 128
鲱 117
鳀 434
鳅 369
鳇 179
鳈 373
鳑 335
鳒 200
鳌 5
鳍 353
鰣 402
鳎 424
鳏 151
鳐 512
鰷 437
鯶 178

十一画以上

鳙 530
鳕 498
鰹 199
鳔 27
鳓 260
鳛 469
鳗 297
鳖 310
鳝 391
鳟 598
鳞 278
鳣 499
鳜 155
鱭 194
鱨 45

鱓 391
鱉 27
鱘 499
鱣 558
鱧 266
鱠 247
鱟 171
鱷 107
鱸 286
鱺 264

音部

音 524
韵 548
韶 393
韻 548
響 479

革部

革 137
　190

二至四画

靪 94
勒 261
　260
靰 465
靸 384
靭 378
靴 497
靳 218
靶 8

五画

靺 314
靼 73
鞅 508
　510
鞁 17
靬 12
靿 513

六画

鞍 3
鞋 484
鞌 3
鞏 142
鞑 73
鞒 362

七至八画

鞓 439
鞘 363
　393
鞡 254
鞝 393
鞠 226
鞚 243
鞬 200
鞞 30

九画

鞧 369
鞯 200
鞮 86
鞣 381
鞨 166
鞥 108
鞦 369
　369
鞫 226
鞭 24

十画

鞲 144
鞾 497
鞴 17
鞵 484
[illegible] 461

十二画以上

韃 73
鞽 362
韁 205
韂 44
韆 356
韉 200

骨部

骨 146
　146
　147
骭 133
骯 4
骰 443
骷 245
骶 88
髃 537
鹘 147
　173
骸 159
骼 136
　138
骺 170
骾 140
髁 239
髀 23
髂 356
髅 285
髋 247
髌 29
髏 285
髎 274
髓 421
髑 100
髒 551
體 434
　433
髕 29
髖 247

食部

食 402
　416
飡 36
飧 422
飨 479
飱 422
餈 65
餍 507
餐 36
餋 438
饗 479
饔 530
饜 507
饕 430

鬼部

鬼 155
鬽 302
魁 250
魂 184
魅 302
魃 7
魆 493
魄 31
　293
　347
　449
魇 506
魉 272
魈 481
魊 540
魎 272
魋 447
魍 454
魏 459
魑 53
魔 313
魘 506

門部

鬥 98
鬦 98
鬧 321
鬨 170
鬩 471
鬭 98
鬮 223

髟部

髠 251
髡 251
髢 87
髣 115
髤 491
髦 299
髮 111
髴 123
髫 437
髯 375
髺 195
髭 592
髹 491
髿 434
髽 585
鬎 268
鬃 594
鬈 374
鬆 416
鬅 338
鬁 253
鬍 172
鬏 223
鬂 29
鬐 353
鬒 568
鬘 297
鬚 493
鬟 177
鬢 29
鬣 276

麻部

麻 294
麼 313
　300
麾 181
摩 313
　294
磨 313
　315
糜 302
　305
縻 305
靡 305
　306
魔 313
麋 302

鹿部

鹿 288
麀 532
麁 68
鄜 123
塵 48
麈 583
麃 335
麇 375
　232
麋 305
麐 278

麗 263
267
麒 352
麓 288
麟 278
麕 375
麑 323
鏖 5
麝 395
麈 560
麤 68

黑部

黑 167
墨 315
默 315
黔 358
點 90
黜 60
黛 76
黝 534
黠 472
黡 506
黟 517
黢 371
黥 367
黨 80
黧 264
黩 99
黯 4
黰 568
黴 301
黶 506
黮 428
儵 408
黵 559
黷 99

鼠部

鼠 410
鼢 119
鼧 449
鼫 401
鼥 7
鼬 535
鼩 371
鼯 464
鼹 507
鼴 507
鼷 468

鼻部

鼻 20
劓 523
鼾 159
䶊 329
齁 170
齆 461
齇 555
齉 320

（三）찾아보기 어려운 글자표
（难检字笔画索引）

（글자열의 수자는 자전본문의 페지수임）

一画

〇 279

二画

乃 319
乜 309
326
刁 91

三画

干 133
131
才 35
丈 561
与 536
538
539
丸 451
及 189
乃 378
义 520
亡 453
463
丫 500
习 469
已 518
巳 415
孓 230
孑 211
也 514
乡 477

四画

丰 120
夫 122
123
开 233
井 220
无 463
专 585
丐 131
廿 325
支 571
丏 306
冇 299
牙 501
屯 447
588
中 578
579
内 322
爻 511
午 464
升 398
长 560
44
丹 77
氏 403
572
为 456
458
以 519
予 538
536
尹 525
尺 54
47
弔 92
丑 58
巴 6
书 408

五画

平 345
未 458
末 313
击 187
戋 198
世 403
本 18
戊 465
东 96
卡 233
356
北 16
凸 444
且 225
363
甲 197
申 396
电 91
由 533
冉 376
史 402
央 508
冊 39
凹 4
[illegible] 130
生 398
乍 556
甩 411
氐 87
86
乐 260
545
册 39
头 442
玄 496
半 11
司 414
民 309
弗 123
出 58
发 110
111

六画

夹 197
129
356
考 237
老 259
亚 502
再 549
吏 267

戍 410
戌 492
死 415
成 50
至 575
夷 517
尧 511
师 400
曳 515
曲 370
372
网 453
肉 381
兆 563
年 324
朱 581
乔 362
乓 334
乒 345
行 488
161
舛 62
州 580
农 328
艸 38
七画
来 254
求 369
严 504
巫 463
甫 126
束 410
串 62
邑 521
卵 290
八画
奉 122
表 26
丧 386
長 44
560
亞 502
其 352
直 573
東 96
事 404
枣 552
非 116
果 156
畅 46
垂 63
乖 149
臾 536
卑 16
阜 128
周 580
氓 298
303
隶 268
肃 419
承 51
九画
奏 595
甚 398
397
巷 479
162
柬 200
咸 475
威 455
歪 450
临 277
禺 537
幽 532
俎 597
拜 10
香 478
臿 40
重 56
579
举 227
将 204
206
叛 334
癸 155
咫 574
飛 116
叚 197
十画
艳 507
丧 386
386
彧 540
哥 137
鬲 138
269
畢 22
鬯 46
乘 52
400
師 400
虒 415
虓 481
玺 470
高 135
函 160
十一画
啬 387
執 572
堇 216
乾 358
131
匏 336
爽 412
戚 350
匙 54
406
冕 307
馗 250
夠 144
够 144
孰 409
艴 124
十二画
戢 594
喪 386
386
甦 418
棗 552
棘 191
奡 5
黹 575
鼎 95
舒 408
弑 404
释 406
黍 410
粤 546
就 224
巯 370
發 110
彘 578
十三画
鼓 147
尠 476
幹 133
嗇 387
赖 255
業 514
尟 476
嗣 416
號 163
162
肅 419
彙 182
十四画
叆 3
聚 228
斡 462
兢 220
嘏 146
爾 109
朅 364
臧 551
疏 370
夥 185
185
暢 46
舞 465
毓 541
孵 123
疑 518
鼐 319
舝 472
十五画
叇 76
賾 553
稾 592
虢 156
鋪 349
靠 238
豫 540
十六画
噩 108
整 569
臻 567
冀 195
曌 564
馆 151
劒 203
舉 227
嬎 119
十七画
戴 77
黼 126
豳 28
虧 249
黻 125
斃 22
馘 156
隳 181
向 479
十八画
釐 264
鼕 96
豔 516
叢 67
覆 129
歸 153
韂 44
十九画
蘀 447
鞶 341
黼 126
嚴 504
穨 446
䥽 431
二十画以上
鼙 340
囊 320
320
韂 44
鬻 542
靆 76
矗 60
靉 3
纛 83
鼟 432
鬱 540
爨 69

A

A

阿 (1) ā (아) 칭호의 앞붙이: ～姨. 이모, 교양원, 보육원, (친척관계가 없는) 아주머니. /～大. 맏이, 형님. /～王. 왕군(씨). 〔阿昌族〕 아창족. 중국 소수민족의 하나. (2) ē →106 페지.

啊 (1) ā (아) 감탄사. 아(찬성 또는 놀라움을 나타냄): ～, 这花多好哇! 아, 이 꽃이 얼마나 아름다우냐(고우냐)! /～, 下雪了! 아, 눈이 내린다! (2) á →본 페지 (3) ǎ →본 페지. (4) à →본 페지. (5) a →본 페지.

锕 ā 악티니움(원소기호 Ac).

腌 (2) ā (엄) 〔腌臜〕(-za) 더럽다, 어지럽다. (1) yān →504 페지.

啊(嗄) (2) á (아) 감탄사. 뭐, 응(의문 또는 반문을 나타냄): ～, 你说什么? 뭐, 무엇이라구? /～, 你再说! 응? 다시 말하게. 〈嗄〉shà →388 페지. (1) ā →본 페지. (3) ǎ →본 페지. (4) à →본 페지. (5) a →본 페지.

啊 (3) ǎ (아) 감탄사. 아니, 아(의혹을 나타냄): ～, 这是怎么回事啊? 아니, 이게 어찌된 일이요? (1) ā →본 페지. (2) á →본 페지. (4) à →본 페지. (5) a →본 페지.

啊 (4) à (아) 감탄사. 응, 오(승낙 또는 깨달음을 나타냄): ～, 好吧. 응, 그렇게 하세. /～, 原来是你呀! 아(오), 자네였구만! (1) ā →본 페지. (2) á →본 페지. (3) ǎ →본 페지. (5) a →본 페지.

啊(呵) (5) a (아) 조사. 문장의 맨끝에 쓰이여 감탄의 뜻을 나타냄(앞글자의 발음에 따라 어음변화가 일어남): 快些来～(呀)! 빨리 오시오! /您好～(哇)! 안녕하십니까! /同志们加油干～(哪)! 동무들, 열의를 북돋웁시다, 기운을 냅시다. 〈呵〉hē →164 페지. (1) ā →본 페지. (2) á →본 페지. (3) ǎ →본 페지. (4) à →본 페지.

AI

哎(嗳) āi (애) 감탄사. 아니, 아이고, 아이구(불만을 나타내거나 주의를 환기시킬 때 씀): ～, 你怎么能这么说呢! 아니, 어쩌면 그렇게 말하오! /～, 你们看, 谁来了! 아이구 누가 왔나 보세요. 〔哎呀〕(-yā) 아야(놀라움을 나타냄). 〔哎哟〕(-yō) 감탄사. 아이구(놀라움과 괴로움을 나타냄). 〈嗳〉ǎi →2 페지. ài →2 페지.

哀 āi (애) ①슬프다(㊍悲-): 喜怒～乐. 희로애락. 기쁨, 노여움, 슬픔과 즐거움. ②애도하다: 默～. 묵도하다.

锿 āi 아인슈타이니움(원소기호 Es).

埃 āi (애) 먼지(㊍尘-).

挨 (1) āi (애) ①차례로, 순서대로: ～家访问. 한집한집 차례로 방문하다. /～着号头叫. 순번대로 부르다. ②가까이 가다(오다): 你～

着我坐吧. 내곁에 와 앉아요. (2) ái→본 페지의〈捱〉.

唉 (1) āi (애) 감탄사. 네(예), 응(대답할 때 씀). (2) ài →본 페지.

娭 āi 〔娭毑〕(-jiě) 〈방〉 1. 할머니. 2. 늙은 녀자에 대한 존칭.

呆 (2) ái (매) 〔呆板〕 융통성이 없다, 딱딱하다. (1) dāi →75 페지.

𫘤 ái (애) 바보: 痴~(chī-)바보.

捱(挨) ái (애) ①받다, 당하다, 맞다: ~饿受冻. 헐벗고 굶주리였다./~打. 매를 맞다./~骂. 욕을 먹다. ②끌다, 미루다, 지연시키다: ~日子. 날자를 끌다./别~磨了, 快走吧. 미무적거리지 말고 어서 갑시다. 〈挨〉āi →1 페지.

皑(皚) ái (애) 하얗다[첩]: ~~白雪. 하얀 눈.

癌 ái (암) (옛음 yán): 胃~. 위암./肝~. 간암.

毐 ǎi (애) 사람의 이름자.

欸 (5) ǎi (애) 〔欸乃〕(-nǎi) 삐걱삐걱(노 젓는 소리): ~~一声山水绿. 삐걱삐걱 노 젓는 소리에 산과 물 푸르렀는가. (1)ē →108 페지. (2) é→108 페지. (3) ě→108 페지. (4) è→108 페지.

嗳(噯) (1) ǎi (애) 감탄사. 아니(부정하거나 찬성하지 않음을 나타냄): ~,别这么说. 아니 그렇게 말씀하지 마십시오./~, 不是这样. 아니 그렇지 않습니다. (2) ài →본 페지. (3) āi →1 페지의〈哎〉.

矮 ǎi (왜) (키가) 작다: 他比他哥哥~. 저 사람은 자기 형보다 키가 작다. [파] 1. (높이가) 낮다. 几棵小~树. 낮은 애나무 몇그루. 2. (등급이나 지위가) 낮다: ~一级. 한급 낮다.

蔼 ǎi (애) 부드럽다, 친밀하다, 따뜻하다: 对人很和~. 사람을 친절하게 대한다./~然可亲. 부드럽고 친절하다, 상냥하고 친절하다.

霭 ǎi (애) 연하게 떠다니는 구름: 云~. 아지랑이처럼 피여오르는 구름./暮~. 저녁구름.

艾 (1) ài (애) ①쑥, 약쑥. ②그치다, 끝나다: 方兴未~. 지금 한창이다. (2) yì →520 페지.

砹 ài 아스타친(원소기호 At).

唉 (2) ài (애) 감탄사. 아이, 참(감상적이거나 아쉬움을 나타냄): ~, 病了两个月, 把工作都耽搁了. 참, 두달동안 앓는 새에 일이 여간 밀리지 않았는걸. (1) āi →본 페지.

爱(愛) ài (애) ① 사랑하다: 拥军~民. 인민은 군대를 옹호하고 군대는 인민을 사랑한다./~祖国. 조국을 사랑한다./~劳动. 로동을 사랑한다. ②즐기다, 좋아하다: ~游泳. 수영을 즐기다./~干净. 깨끗한것을 좋아한다. ③쉽다: 铁~生锈. 쇠는 녹 쓸기 쉽다.

嗳(噯) (2) ài (애) 감탄사. 허참, 아이참(번뇌 또는 후회를 나타냄): ~, 早知道是这样我就不来了. 허참, 이럴줄 미리 알았더면 오지나 말걸. (1) ǎi →본 페지. (3) āi →1 페지의 〈哎〉.

嫒(嬡) ài (애) 〔令嫒〕〔令爱〕 댁의 따님, 당신 따님.

瑷(璦) ài (애) 〔瑷珲〕(-huī) 애휘현의 이름(흑룡강성에 있음), 지금은 〔爱辉〕라고 씀.

叆(靉) ài (애) 〔靉靆〕(—dài) 구름이 짙게 낀 모양.

暧(曖) ài (애) 해빛이 희미하다㉮.

〔暧昧〕 1. 애매하다, 태도가 명백하지 않다. 2. 떳떳치 못하다.

餲 (1) ài (애) 음식물이 변질하다. (2) hé →166 페지.

隘 ài (애) ①험한 곳: 要～. 요새. ②좁다(㉺狭-): 气量狭～. 마음이 좁다.

嗌 (1) ài (액, 익) (목구멍이) 메다. (2) yì →522 페지.

碍(礙) ài (애) 방애하다, 가로막다: ～事不～事? 방애되지 않습니까? /～手～脚. 거치장스럽다, 거칫거리다.

AN

厂 (2) ān 〈庵〉과 같음(이름자에 많이 씀). (1) chǎng →45 페지.

广 (2) ān (엄) 〈庵〉과 같음(이름자에 많이 씀). (1) guǎng →153 페지.

安 ān (안) ①조용하다, 평온하다: 平～. 편안하다. /～定. 안정하다. /～心. 안심하다, 시름놓다. ②안정시키다: ～慰. 위안하다. ③안치하다, 설치하다(㉺-装): ～排. 배치하다, 처리하다. /～营扎寨. 병영을 짓고 주둔하다. /～电灯. 전등을 가설하다. /～装机器. 기계를 설치하다. /～心(存心)捣乱. 야심을 품고 훼방을 놓다. ④의문대명사. 어디, 어찌: 而今～在? 지금 어디에 있는가? /～能如此? 어찌 그럴수가 있는가?

桉 ān (안) 유카리나무, 유카리프트.

氨 ān 암모니아.

鮟 ān (안) 〔鮟鱇〕(-kāng) 아귀, 안강어, 속되게 〈老头儿鱼〉라고도 함.

鞍(鞌) ān (안) (-子) 안장, 말안장.

庵(菴) ān (암) ①둥그런 초가집, 초막. ②작은 절간, 수도원: ～堂. 절, 절간.

鹌 ān (암) 〔鹌鹑〕(-chún) 메추리, 메추라기.

谙 ān (암) 익숙하다: ～练. 능숙하다.

盦 ān (암) ①옛날 음식그릇의 하나. ②〈庵〉과 같음(이름자에 많이 쓰임).

垵 ǎn (암) 〈埯〉과 같음.

铵 ǎn 암모니움(원소기호 NH).

俺 ǎn (엄, 암) 〈방〉 우리: ～村. 우리 마을. /～们. 우리. /～那里出棉花. 우리 고장에서는 목화가 난다.

埯 ǎn (암) ①(씨를 심기 위해 판)구멍이. ②구멍이를 파고 씨를 심다: ～瓜. 구멍이를 파고 오이를 심다. /～豆. 구멍이를 파고 콩을 박다. ③(～儿) 단위명사. 포기:

一～儿花生. 락화생 한포기.

唵 ǎn (옴) 불교에서 무엇을 저주할 때 쓰는 발성어(发声词).

揞 ǎn (암) (상처에 가루약을 손가락으로) 바르다.

犴 (2) àn (안) →22 페지 〈狴〉의 〈狴犴〉. (1) hān →159 페지.

岸 àn (안) ①기슭: 河～. 강기슭. ②높다, 위엄스럽다: 傲～. 오만하다.

按 àn (안) ①짚다, 누르다: ～脉. 맥을 짚어보다. /～电铃. 벨을 누르다. 〔按摩〕 안마. 〈推拿〉라고도 함. ②(무슨 일을) 막거나 누르다, 깔아두다: ～兵不动. 군대를 한곳에 눌러두고 기회를 보다. /～下此事先不表. 이 일을 눌러두고 이야기하지 않다. ③…에 따라, …대로, …에 좇아: ～理说你应该去. 도리대로 말하면 자네가 가야지. /～人数算. 인수에 좇아 계산하다. /～部就班. 차례로 하여나가다. /～图索骥. 그림에 그린것과 같은 말을 찾다. ④대조와 연구를 거친후에 내리는 론단 또는 말. 〈案〉으로도 씀: 编者～. 편집자의 말.

案 àn (안) ①긴 상. ②문건, 공문: 备～. 보관하여두는 서류, 상급에 서류를 만들어 바치다. /有～可査. 증건이 있다. ③계획 또는 방법 등을 제기하는 서류: 提～. 제안. /议～. 의안. ④사건: 五卅惨～. 5.30 참안. *단지 법률문제에만 관계되는 서류를 가리킴: ～情. 사건의 유래, 사건내용, 죄상, 형편. /犯～. 범죄안건. /破～. 사건을 조사하여 발가놓다. 사건을 해명하다. ⑤(옛날) 소반상. ⑥〈按〉의 ④와 같음.

胺 àn (안) 아민.

暗(闇) àn (암) ①어둡다. ↔〈明〉: ～中摸索. 어둠속에서 더듬다, 암중모색. /这间屋子太～. 이 방은 너무 어둡다. 〔暗淡〕 어슴푸레하다, 어두컴컴하다, 선명하지 못하다. ㊥희망이 적다, 암담하다, 일이 순조롭지 못하다. 他感到前途～～. 그는 전도가 암담하다고 여겼다. ②은밀하다, 비공개적이다. /心中～喜. 속으로 은근히 기뻐하다. ③멸멸하다, 흐리터분하다, 똑똑치 못하다, 우매하다: 明于知彼, ～于知己. 남에게 대해선 똑똑히 알지만 자신에 대해선 얼멸멸하다.

黯 àn (암) 어둠컴컴하다. 〔黯然〕 암담하다, (마음이) 서운하고 침울하다, 섭섭하다.

ANG

肮(骯) āng (항) 〔肮脏〕 (骯髒)더럽다, 지저분하다.

昂 áng (앙) ①(높이) 쳐들다: ～首. 머리를 쳐들다. ②(값이) 높다, 비싸다: 价～. 값이 비싸다. ③정서가 높다. ㊟慷慨激～. 격조드높다, 감정이 북받쳐 오르다. /气～～. 기세 당당하다.

盎 àng (앙) ①(옛날의) 사발, 주발, 버치. ②넘치다, 충만하다: 兴趣～然. 흥미진진하다. 〔盎司〕 〈외〉 온스(영국의 중량단위).

AO

凹 āo (요) 오목하다. ↔〈凸〉: ～透镜. 오목렌즈. /～凸不平.

울룩불룩하다, 울퉁불퉁하다.

熬(爊、熝) (2) āo (오) 끓이다, 삶다: ～菜. 채를 끓이다. (1) áo →본 페지.

敖 áo (오) 사람의 성.

嗷 áo (오) 소리본딴말. 와와(떠드는 소리), 아, 어(한탄하거나 슬퍼하는 소리)㊂.

嶅 áo (외) 〔嶅阳镇〕 외양진. 지명. 산동성 신태현에 있음.

廒(厫) áo (오) 량곡창고.

遨 áo (오) 돌아다니며 놀다, 놀러다니다, 려행하다.

獒 áo (오) 사나운 개의 한가지(사냥개로 씀).

熬 (1) áo (오) ①달이다, 오래 끓이다, 푹 삶다: ～粥. 죽을 끓이다./～药. 약을 달이다. ②견디여내다, 참다: ～夜. 밤을 새우다./～煎. 쪼들리다, 시달리다, 고생하다. (2) āo →본 페지.

聱 áo (오) 말이 귀에 거슬리다. 〔聱牙〕 말이나 글이 미끈하지 못하다.

螯 áo (오) 집게발(게와 같은 절족동물의 엄지발).

謷 áo (오) ①헐뜯다, 비난하다: 訾～(zǐ-)헐뜯다. ②〔謷謷〕 1. 왁자지껄 떠들다. 2. 아이아이(슬퍼하는 소리).

鳌(鼇) áo (오) 큰 자라(전설에 나오는 동물).

翱(翶) áo (고) 〔-翔〕(-xiáng) (새가) 날아예다: 雄鹰在天空～～. 독수리가 하늘에서 날아예다.

鏖 áo (오) 치렬한 전투, 치렬히 싸우다, 격전하다: 赤壁～兵. 적벽에서의 격전, 적벽대전.

拗(抝) (1) ǎo (요) 〈방〉꺾다, 휘여꺾다: 竹竿～断了. 참대장대가 꺾어졌다, 참대막대기를 휘여꺾었다. (2) ào →본 페지. (3) niù →328 페지.

袄(襖) ǎo (오) 안을 받친 저고리: 夹～. 겹저고리./棉～. 솜저고리./皮～. 가죽저고리.

媪 ǎo (오) (옛날) 늙은 녀자.

岙(嶴) ào (오) 절강, 복건 등지의 연해일대에서 산간평지를 이르는 말.

坳 ào (오) 땅 이름자: 黄～. 황오.

坳(坳) ào (요) 산간평지.

拗(抝) (2) ào (요) 순조롭지 않다, 순순하지 않다. 〔拗口令〕 잰말놀이(발음하기 어려운 말을 외우는 놀이). 〈绕口令〉이라고도 함. (1) ǎo →본 페지. (3) niù →328 페지.

奡 ào (오) ①〈傲〉와 같음. ②힘있다: 排～. 문장이 힘있다. ③옛날 사람이름.

傲 ào (오) ①자고자대하다, 오만하다, 거만하다(㊞骄～): ～慢无礼. 오만무례하다. ②깔보다, 얕보다, 꿋꿋하다: 红梅～霜雪. 홍매화는 눈서리를 아랑곳하지 않는다.

骜 ào (오) ①빠른 말, 준마 ②말이 성미가 사납다. ㊀거만하여 순종하지 않다：桀～不驯. 사납고 고집스럽다, 순종하지 않다.

鳌 ào (오) 번철, 전철(떡 같은것을 굽는데 쓰는 둥글넙적한 그릇).

奥 ào (오) 뜻이 깊어 알기 어렵다.(뜻이) 깊다：深～. 심오하다. /～妙. 오묘하다.

墺 ào (오) 사람이 살수 있는 곳.

懊 ào (오) 뉘우쳐 한탄하다, 후회하다, 고민하다, 번뇌하다：～悔. 원통히 여기다, 뉘우치다, 후회하다. 〔懊丧〕(-sàng) 풀이 죽다, 기가 죽다, 락심하다.

澳 ào (오) ①강, 바다의 후미진 곳, 나루터 ②오문의 략칭：港～同胞. 향항과 오문의 동포들. ③〈외〉 오스트랄리아주의 략칭.

B

BA

八 bā (팔) 여덟.

扒 (1) bā (배) ①붙잡다, 부축하다：～着栏杆. 란간을 잡다. /～着树杆. 나무가지를 붙잡다. ②(후벼) 파다, 파헤치다：城墙～了个豁口. 성벽에 큰 구멍이 뚫렸다. 〔扒拉〕(-la) 파헤치다, 밀어헤치다, 튀기다：～～算盘. 주산알을 튕기다. /～～开众人. 사람들속을 헤치고 나가다. ③벗기다, 바르다：～皮. 껍질을 벗기다. /～下衣裳. 옷을 벗기다. (2) pá →331 페지.

叭 bā (팔) 소리본딴말. 툭, 탁：～的一声弦断了. 툭 하고 줄이 끊어졌다.

朳 bā (팔) 살이 없는 갈퀴.

巴 bā (파) ①말라붙은 물건：锅～. 누룽지. ②〈방〉붙다, 말라서 붙다：饭～锅了. 밥이 가마에 타붙다. /爬山虎～在墙上. 담쟁이덩굴이 벽에 붙다. ③가까이 붙다：前不～村后不～店。근처에 마을도 없고 려인숙도 없다, 아무데도 미치지 못하다. 〔巴结〕(-jie) 아첨하다, 비위를 맞추다. ④기다리다, 바라다, 고대하다：～不得马上返回战斗岗位. 일터(초소)로 빨리 돌아가지 못하는것이 안타까왔다. ⑤고대 사천성 동부에 있었던 나라이름. 때문에 사천성 동부지역을 〈巴〉라고 달리 이른다. ⑥(ba)뒤붙이. 1. 명사뒤붙이：尾～. 꼬리. 2. 동사뒤붙이：眨～眼. 눈을 껌벅이다. /试～试～. 좀 시험해보다. 3. 형용사뒤붙이㊟：干～. 말라서 굳어지다. /～干～～. 메마르다, 말라빠지다. ⑦단위명사. 압력의 바르.

芭 bā (파) 〔芭蕉〕(-jiāo) 파초.

吧 (1) bā (파) 소리본딴말. 딱, 뚝, 탁, 빽빽：～嗒(dā). 쩝쩝, 짭짭(입맛을 다시는 소리), 철썩, 찰싹. /～唧(ji). 쩝쩝, 짭짭(입으로 내는 소리), 질척질척(진창을 걸을 때 나는 소리). /～的一声. 툭하는 소리. (2) ba →8 페지.

岜 bā (파) 짱족어에서의 돌산(石山). 〔岜关岭〕 파관령, 땅이름, 광서짱족자치구 부수현에 있음.

疤 bā (파) ①허물, 숭터, 헌데자리: 疮～. 헌데자리./好了伤～忘了疼. 상처가 나았다고 지난날의 아픔을 잊다(경험교훈을 중시하지 않음을 비유함). ②기물에 있는 허물.

笆 bā (파) 참대발, 버들발: ～门. 사립문./～斗.(곡식을 담는) 광주리.

粑 bā 찹쌀가루나 참쌀가루로 반죽하여 구운 음식㊏: 糍～. 찹쌀주먹밥.

捌 bā (팔) 여덟, 팔〔八〕의 큰자.

茇 bá(발) 풀뿌리.

拔 bá (발) ①뽑다: ～草. 풀을 뽑다./～牙. 이발을 뽑다./一毛不～. 털 한오리 다칠세라, 털 한대 뽑아 남주지 않는다, 린색하기 그지없다./不能自～. 제 힘으로 빠져나오지 못하다, 스스로 벗어나지 못하다. ㉫(군사상의 거점을) 탈취하다, 함락하다: 连～数城. 련이어 여러 도시를 함락시키다./～去敌人的据点. 적의 거점을 짓부셔버리다.〔拔河〕바줄당기기. ②(빨아내여) 뽑다: ～毒. 독을 뽑다./～火罐. 부항을 붙이다. ③골라 뽑다, 선발하다: 选～人才. 인재를 선발하다.〔提拔〕등용하다. ④뛰여나다, 빼여나다: 出类～萃. 뛰여나다, 빼여나다, 출중하다.〔海拔〕해발.

胈 bá (발) 다리의 잔털, 솜털.

菝 bá (발)〔菝葜〕(-qiā) 청미래덩굴.

跋 bá (발) ①산을 넘다: 长途～涉. 산 넘고 물 건너 먼길을 가다, 고생스레 먼길을 걷다. ②뒤글, 발문.〔跋扈〕(-hù) 횡포하다, 제멋대로 날뛰다.

魃 bá (발) (미신) 가물귀신.

鲅 bá (발) → 449 페지〈鮀〉의〈鮀鲅〉(tuóbá).

把 (1) bǎ (파) ①쥐다, 잡다. ②공제하다, 장악하다: ～舵. 키를 잡다./～犁. 보탑을 잡다.〔把持〕좌우지하다, 독판치다.〔把握〕1. 틀어쥐다, 통제하다, 장악하다. 2. 자신심, 자신력, 신심: 这次试验,他很有～～. 이번 실험에 그는 신심을 갖고있다. ③지키다: ～门. 문을 지키다./～风. 망을 보다. ④손잡이: 车～. 자전거, 인력거따위의 손잡이. ⑤(-儿)단, 묶음: 草～儿. 풀단. ⑥개사(介词). 보어를 전치함에 쓰임: ～一生献给祖国. 일생을 조국에 바치다./～更多的工业品供应给农民. 보다 많은 공업품을 농민들에게 공급해주다. ⑦단위명사. 1. 자루: 一～刀. 칼 한자루./一～扇子. 부채 한자루. 2. 줌, 웅큼: 一～粮食一～汗. 한 줌의 식량은 한줌의 땀에서. 3. 일부 추상적사물을 가리킴: 努～力. 힘을 내다. ⑧단위명사나 백, 천, 만(百、千、万) 등 수사의 뒤에서〈대략, 쯤, 약, 정도〉등의 뜻을 표시함: 丈～高的树. 열자쯤 되여보이는 나무./个～月以前. 대략 한달전./有百～人. 백명가량 되는 사람.〔把戏〕1. 요술, 교예, 광대 등의 놀음. 2. ㊟수단, 흥계, 작간. 你又想玩什么～～? 또 무슨 작간을 부리려

B

고?

〔把势〕〔把式〕(-shi) 1. 무술. 2. 한가지 기술에 정통한 사람, 능수: 车～～. 달구지군.

〔把头〕 1. 항회의 두목. 2. 십장, 감독. (2) bà →본 페지.

钯 (1) bǎ 팔리디움(원소기호 Pd). (2) pá → 331 페지의 〈耙〉.

靶 bǎ (파) (-子) 과녁: 打～. 과녁쏘기. 사격련습을 하다.

坝(壩) bà (파) ①뗌, 뚝, 언제, 제방, 동뚝: 拦河～. 언제, 뚝, 뗌. ②강물공정에서 위험한 곳에 뚝, 언제따위를 공고히 하기 위하여 쌓은 건축물, 돌각담. ③(-子)벌, 평지, 벌판지대(흔히 서남 각 성의 지명에 붙여 씀).

把(欛) (2) bà (파) (-儿)손잡이, 자루: 刀～儿. 칼자루. /扇子～儿. 부채자루. 〔话把儿〕 말꼭지, 이야기거리. (1) bǎ → 7 페지.

爸 bà (파) ㊀아버지.

耙(耀) (1) bà (파) ①써레. ②써레질하다: 地已经～过了. 밭은 이미 써레질을 하였다. (2) pá →331 페지.

岊 bà (파) 〈방〉(이가) 밖으로 드러나다: ～牙. 이를 드러내다.

罢(罷) (1) bà (파) ①그만두다, 중지하다. (㊀休): ～工. 파업. /～手. 손을 떼다. /欲～不能. 그만두려고 해도 그만둘수 없다. ②면제하다, 해임하다(㊀-免): ～职. 직무에서 떼다, 해임하다, 파면하다, 철직시키다. ③끝내다, 마치다: 吃～饭. 식사를 끝내다. 〈고〉〈疲(pí)〉와 같음. (2) ba →본 페지.

鲅(鲃、鲌) bà (페) 삼치. 〈鲌〉bó →31 페지.

霸(覇) bà (패) ① 악질분자, 나쁜놈들의 두목: 他是过去码头上的一～. 그놈은 과거 부두에서 악질분자질을 하였다. ㊁패권. 〔霸权主义〕 패권주의. 〔霸道〕 1. 횡포하다: 横行～～. 횡포무도하다. 2. 맹렬하다, 세다, 독하다: 这药够～～的. 이 약이 꽤 독하다. ②강점하다: ～住不让. 강점하고 내놓지 않다. ③중국 춘추시대 제후련맹의 우두머리: 五～. 5대 우두머리.

灞 bà (파) ～水. 파수. 강이름. 섬서성에 있음.

吧 (2) ba (파) 조사. 문장의 마지막에 쓰임. 〈罢〉로도 씀. 1. 동의하거나 허락함을 나타냄: 好～, 就这么办～. 그럼 그렇게 하세. 2. 추측을 나타냄: 今天不会下雨～. 오늘은 비가 오지 않겠지요. 3. 명령, 권유를 나타냄: 快出去～! 어서 나가거라! /还是你去～. 자네가 가는게 좋겠네. 4. 문장에서 정지나 가정을 나타냄: 说～, 不好意思; 不说～, 问题又不能解决. 말하자니 난처하지 안하자니 또 문제가 해결되지 않지. (1) bā →6 페지.

罢(罷) (2) ba (파) 〈吧(2)〉와 같음. (1) bà→본 페지.

BAI

剅 bāi (백) 〔剅划〕(-huai) 1. 처리하다, 처치하다, 배치하다. 2. 수리하다, 정리하다.

掰(擘) bāi (벽) (손으로) 쪼개다, 빠개다, 따다: ～老玉米. 옥수수를 따다./把这个蛤蜊～开. 이 조개를 빠개라. 〈擘〉bò →33 페지.

白 bái (백) ①희다: ～面. 밀가루./他头发～了. 그는 머리가 세였다. ㉠ 1. 장사, 상사: 办～事. 상사를 치르다, 장례를 치르다. 2. 반동적인것: ～党. 백계당, 백파, 반동파, 반동집단./～匪. 반역도당, 반동군대. ②똑똑하다(㉡明～): 真相大～. 진상이 명백해지다./你听明～了吧? 똑똑히 알아들었겠지? ③환하다: 东方发～. 동녘이 환하다. ④아무것도 없다, 텅비다: ～卷. 텅 빈 시험지./～水. 맹물./～地. (곡식을 심지 않은) 반반한 땅, 맨땅. ㉣ 1. 헛되다, 보람없다, 무익하다: 这话算～说了. 이 말은 헛했다./烈士们的鲜血没有～流. 렬사들의 붉은 피는 헛되이 흘린것이 아니다. 2. 공짜: ～给. 공주다./～饶. 무대가로 용서하다./～吃. 공먹다. ⑤진술하다, 설명하다: 自～. 자백하다./表～. 진술하다./道～. 대사(台辞)를 말하다(배우가 무대우에서 말하는 것). 〔白话〕 입말, 백화문. 〈白〉이라고도 략칭함: 文～夹杂. 문언문과 백화문이 뒤섞였다. ⑥(말이나 글이) 잘못되다: 写～了. (음이 같은) 다른 글자를 쓰다./说～了. 잘못 말하다. 〔白字〕 다른 글자, 틀린 글자. ⑦〔白族〕 바이족. 중국 소수민족의 하나.

百 bǎi (1) (백) 백. ㉣많다, 모든: 百花齐放, 百家争鸣. 백화제방, 백가쟁명. /～战～胜. 백전백승. 〔百分率〕(--lǜ) 백분률, 퍼센트, 프로. 〔百姓〕 백성, 인민대중. (2) bó →31 페지.

佰 bǎi (백) 〈百〉의 큰자.

伯 (2) bǎi (백) 〔大伯子〕(--zi). 시형. (1) bó →31 페지.

柏(栢) (1) bǎi (백) 측백나무, 잣나무. (2) bó →31 페지. (3) bò →33 페지의 〈檗〉.

捭 bǎi (벽) 가르다, 쪼개다: 纵横～阖(외교수완으로) 분렬시키기도 하고 련합시키기도 하다.

摆(擺、襬) bǎi (파) ①차려놓다, 진렬하다, 펴놓다: 把东西～整齐. 물건들을 가지런히 차려놓다. ㉠뽐내다, 우쭐거리다: ～阔. 잘사는 티를 내다, 잘산다고 뽐내다./～架子. 틀을 차리다, 멋을 부리다, 거드름을 피우다. 〔摆布〕 놀리다, 쥐고 흔들다, 좌우지하다: 受人～～. 남에게 좌우지되다. ②진술하다, 렬거하다: ～事实, 讲道理. 사실을 렬거하며 도리를 캐다. ③흔들다: ～手. 손을 흔들다./摇头～尾. 머리와 꼬리를 흔들다, 아첨하다, 알랑거리다. 〔摆渡〕 1. 배를 타고 강을 건느다, 짐배가 강을 건느다. 2. 나루배. 〔摆脱〕 벗어나다: ～～贫困. 가난에서 벗어나다. ④흔들이: 钟～. 시계흔들이. ⑤옷자락:

下～. 옷자락.

败 bài (패) ①지다, 패하다, 패배하다. ↔〈胜〉: 敌军～了. 적군이 패배하였다. /一～涂地. 여지없이 패배하다, 참패를 당하다. ②패배시키다: 打～了侵略军. 침략군을 패배시켰다. ③실패하다: 胜不骄, ～不馁. 이겼다고 자만하지 않고 졌다고 락심하지 않다. /失～是成功之母. 실패는 성공의 어머니다. ④못쓰게 되다, 망치다: ～血症. 패혈증. /～坏名誉. 명예를 훼손시키다. ⑤빼다, 풀다, 제거하다: ～火. 열을 제거하다. /～毒. 독을 빼다. ⑥지다, 쇠퇴하다, 령락되다. 花开～了. 꽃이 지다. /～兴. 흥이 깨여지다, 열이 식어지다.

拜 bài (배) ①상대방에 대한 존경을 나타냄. [전]공손히: ～托. (삼가) 부탁드리다. /～访. 찾아가 뵙다, 방문하다. /～望. 찾아가 뵙다. 〔礼拜〕(종교를 믿는 사람들의) 례배. [전]요일, 주일, 일요일의 별칭. ②상대방을 축하하다. ③모시다, 뭇다, 부임하다: ～将. 장군으로 부임되다. /～把子. 의형제를 뭇다.

稗 bài (패) (-子)돌피. [유]잘다, 비정식적: ～史. 민간력사, 민간소설, 야사.

韛(鞴) bài (배) 〈방〉 풀무: 风～. 풀무. /～拐子. 풀무손잡이.

㖒 bai 조사. 〈呗〉(bei)와 같음.

BAN

扳 bān (반) ①(아래로, 안으로) 잡아당기다, 당겨넘어뜨리다, 당겨붙이다: ～枪机. 방아쇠를 잡아당기다. /～树枝. 나무가지를 잡아당기다. ②틀다, 비틀다, 제끼다, 독점하다, 이기다: ～回一局(바둑이나 장기 같은 놀이에서 지던것이) 한판 이기다.

攽 bān (반) 나누어주다.

颁 bān (반) 주다, 베풀다, 발급하다, 내리다, 선포하다: ～布命令. 명령을 선포하다. /～发奖章. 메달을 발급하다.

班 bān (반) ①사람들이 차례로 선 줄: 排～. 줄을 서다, 정렬하다. ②반, 조, 단체: 学习～. 학습반. /机修～. 기계수리반. ③대거리, 일하는 장소, 근무: 上～. 출근하다. /下～. 퇴근하다. ④고정된 시간에 떠나는것: ～车. 정기적으로 순행하는 차. 통근차. ～机. 정기려객기. ⑤군대편제의 기층단위. 반, 분대. ⑥단위명사. 1. 사람의 무리: 这～年轻人真有力气. 이 젊은이들은 힘이 이만저만이 아니야. 2. 고정된 시간에 떠나는 교통운수도구의 단위: 我搭下一～飞机走. 나는 다음번 비행기편으로 가겠다. ⑦돌아오다, 돌려가다: ～师. 군대를 이끌고 돌아오다, 군대가 돌아오다. /～兵. 군대를 이끌고 돌아오다.

斑 bān (반) (색갈이) 얼룩얼룩하다, 아롱아롱하다, 알락달락하다([련]-驳): ～马. 줄말. /～竹. 반죽(줄기에 얼룩점이 있는 참대). /～白. 희끗희끗하다. /脸上有雀～. 얼굴에 주근깨가 있다. 〔斑斓〕(-Lán). 알룩달룩 빛나다.

瘢 bān (반) 살가죽에 얼룩점이 생기는 병.

般 bān (반) ①가지, 종류, 모양: 如此这～. 이러이러하다, 이러저러하다./百～照顾. 여러 면에서 관심하다./兄弟～的友谊. 형제적친선. 〔一般〕 1. 같다: 我们两个人～～高. 우리 둘은 키가 같다. 2. 일반적, 보편적: ～～的读物. 일반적인 도서./～～人的意见. 일반적인 의견. ②〈搬〉과 같음.

搬 bān (반) 옮기다, 이사하다: ～家. 이사하다./把这块石头～开. 이 돌을 옮기시오.

瘢 bān (반) 허물, 숭터.

阪 bǎn (판) ①〈坂〉과 같음. ②험하게 울퉁불퉁한 곳: ～田. 울퉁불퉁하고 척박한 밭.

坂(阪、岅) bǎn (판) 비탈, 산언덕: ～上走丸. 비탈에서 공굴리기(속도거나 사태의 변화가 빠름을 비유함).

板(闆) bǎn (판) ①(～子、～儿) 널, 판자: 铁～. 철판./玻璃～. 유리판./黑～. 칠판, 흑판. ②박자를 치는 악기, 박자: 一～三眼. (언행이) 조리있다, 절도있다./离腔走～. 곡이나 박자가 맞지 않다, 조화되지 않다. 〔板眼〕 (민족음악에서의) 박자. ⓤ(일에서의) 조리. 〔快板儿〕 쾌이발(한족설창문예의 일종으로서 대쪽을 손가락 사이에 끼고 똑딱똑딱 박자를 치면서 말이나 노래를 함). ③융통성이 없다, 무뚝뚝하다: 表情太～. 표정이 너무 무뚝뚝하다./～起面孔. 무뚝뚝한 표정을 짓다. ④〔老板〕 1. 공장 또는 상점의 주인. 2. 지난시기 경극배우를 높여 부르던 말.

版 bǎn (판) ①인쇄판, 판: 木～书. 목판책./活字～. 활자판. ⓟ사진전판: 修～. 전판을 수정하다. ②인쇄물의 인쇄회수: 第一～. 제1판, 첫판./再～. 재판. 〔版权〕 판권. 〔出版〕 출판. ③지면, 판면. ④(흙담을 쌓는데 쓰는) 휘틀판: ～筑. 휘틀판, 쇠판, 금속판, 철판. ⑤호적(户籍). 〔版图〕 호적과 지도. ⓣ(나라의) 판도.

钣 bǎn (판) 금속판: 铅～. 연판./钢～. 강판.

舨 bǎn (판) 〔舢舨〕(shān-) 삼판, 삼판선, 매생이. 〈舢板〉으로도 씀.

办(辦) bàn (판) ①처리하다, 다루다, 취급하다: ～公. 사무를 보다./～事. 일을 처리하다, 일하다./好, ～就这么～. 그럼 이렇게 합시다. ⓟ처분하다, 처벌하다: 首恶者必～, 胁从者不问, 立功者受奖. 주모자는 처분하고 추종자는 묻지 않고 립공자는 상을 주다. ②세우다, 창설하다, 꾸리다, 경영하다: ～学校. 학교를 세우다./校～工厂. 학교에서 경영하는 공장. ③장만하다: ～货. 물품을 장만하다.

半 bàn (반) ①절반, 반: 十个的一～是五个. 열개의 절반은 다섯개다. ～尺布. 반자의 천./一斤～. 한근 반./分给他一～. 절반을 그에게 나누어주다. ②중간: ～夜. 야밤중, 밤중, 깊은 밤, 한밤./～路上. 도중에서, 길에서./～途而废.

중도반단하다, 도중에서 그만두다. ③불완전하다: ～透明. 반투명하다.

伴 bàn (반) ①(-儿)동반자, 동무, 벗(㊔-侣): 找个～儿学习. 동무를 찾아서 함께 공부하다. ②동반하다, 동무하다: ～游. 안내하다, 같이 놀러다니다./～奏. 반주(하다).

拌 bàn (반) 섞다, 버무리다, 이기다: ～种子. 종자를 섞다./～草喂牛. 여물을 버무려 소를 먹이다.

绊 bàn (반) (발에) 걸채이다, 걸리다: ～马索. 말이 걸려 넘어지게 하는 올가미./走路不留神被石头～倒了. 길에서 조심하지 않아 돌에 걸려 넘어졌다.〔羁绊〕 기반, 속박: 不受～～. 속박을 받지 않다.

柈 bàn (반) (-子) 장작.

靽 bàn (반) 마소의 길마끈.

扮 bàn (반) 분장하다, 화장하다(㊔装-): ～老头儿. 늙은이로 분장하다./～演. 배역을 담당하여 출연하다. 〔打扮〕 1. 화장하다, 단장하다, 치장하다. 2. 치장, 단장, 분장, 차림.

瓣 bàn (판) ①(-儿)꽃잎, 화판: 梅花五～. 매화꽃은 꽃잎이 다섯이다. ②(-儿)쪽, 짜개: 豆～儿. 콩짜개./蒜～儿. 마늘쪽./橘子～儿. 귤쪽.

BANG

邦(邦) bāng (방) 나라: 友～. 친선적인 나라, 우방./盟～. 동맹국. 〔邦交〕 국교: 建立～～. 국교를 맺다.

帮(幫) bāng (방) ①돕다, 거들어주다(㊔～助): ～你做. 자네를 도와주지. 〔帮忙〕 일손을 돕다, 일을 거들어주다, 도와주다: 请大家来～～. 좀 도와들 주십시오. 〔帮凶〕 악한놈을 돕다, 못된놈의 졸개, 공범자. 〔帮手〕 보조자, 방조자. ②무리, 패거리: 大～人马. 많은 인마. ③집단, 비밀결사, 계: 匪～. 비적단, 도당, 깡패./青红～. 청방과 홍방(만청때의 비밀결사의 두가지). ④(-子、-儿) 옆부분, 운두, 볼: 鞋～儿. 신볼./白菜～儿. 배추겉잎줄기, 배추떡잎.

梆 bāng (방) ①소리본딴말. (나무를 두드리는 소리). ②(야경을 돌 때 치는) 딱따기. 〔梆子〕 1. 딱따기. 2.(두드려 박자를 나타내는) 타령극. 〔梆子腔〕(딱따기를 두드려 리듬을 나타내는) 타령극. 〈梆子〉라고도 략칭함. 이런 극에는 〈陕西梆子〉、〈河南梆子〉、〈河北梆子〉 등이 있다.

浜 bāng 〈방〉 작은 개울.

绑 bǎng (방) 동이다, 묶다: 把两根棍子～在一起. 두 막대기를 한데 묶다.

榜 bǎng (방) 광고, 게시문, 공시문: 红～. 영예게시판. 〔榜样〕 본보기, 모범, 귀감: 雷锋是我们学习的～～. 뢰봉은 우리가 따라배워야 할 본보기이다.

膀 (1) bǎng (방) (-子) 어깨죽지: 肩～. 어깨죽지./他的两～真有劲. 그의 두 어깨죽지가 참 기운있다. (2) pāng → 334 페지. (3)

páng →335페지.

蚌(蜯) (1) bàng (방) 대합조개. (2) bèng→20페지.

棒 bàng (봉) ①(-儿) 몽둥이, 방망이, 곤봉. 〔棒子〕(-zi) 1. 몽둥이, 곤봉. 2. 옥수수의 속칭. ②〈방〉훌륭하다, 대단하다, 좋다, 멋지다, (힘이) 세다: 这小伙子真~. 이 젊은이가 참 대단하구나. /画得~. 훌륭하게 그렸다.

傍 bàng (방) ①의거하다, 의지하다, 끼다: 依山~水. 산에 의지하고 강을 끼다. ②접근하다, 가까와지다: ~亮. 동틀무렵, 해뜰무렵. /~晚. 저녁무렵, 황혼.

谤 bàng (방) 헐뜯다, 비방하다 (련诽-、毁-).

蒡 bàng (방) 〔牛蒡〕 우윙, 우엉.

搒 (1) bàng (병) 배를 젓다, 배를 몰다. (2) péng →338페지.

磅 (1) bàng (방) 〈외〉 ①파운드. 영국, 미국의 중량단위. ②앉은저울. (2) páng →335페지.

镑 bàng (방) 〈외〉 파운드. 영국 등 나라에서 쓰이는 화폐단위.

稖 bàng〈방〉(~头)옥수수. 〈棒头〉라고도 함.

BAO

包 bāo (포) ①(종이나 천으로) 싸다, 씌우다, 싸매다: 把书~起来. 책을 싸다. ②(-儿)봉지, 보따리, 꾸레미: 行李~. 행장꾸레미. /茶叶~儿. 차봉지. 〔包裹〕 1. 싸매다. 把伤口~~起来. 상처를 싸매다. 2. 소포, 보짐, 꾸레미. ③가방, 보자기: 书~. 책가방, 책보. /皮~. 가죽가방. ④(-子、-儿)(속에 소를 넣고 찐) 빵. ⑤혹, 부스럼: 腿上起个大~. 다리에 큰 혹이 생기다. ⑥넣다, 포함하다, 포괄하다(련-含、-括): 无所不~. 포함되지 않은 것이 없다. /这儿条都~括在第一项里. 이 몇 조목은 죄다 제1항에 포괄되였다. 〔包涵〕 너그럽게 용서하다, 량해하다. ⑦담보하다, 도맡아하다, 도맡아보다, 몽땅 틀어쥐다: ~销. 도맡아 팔다, 도매하다. /~教. 도맡아서 가르치다. 〔包办〕 도맡아하다, 전적으로 책임지고 하다. ㉠대중에 의거하지 않고 독판치다. ⑧맡기다, 보증하다, 담보하다: ~在我身上. 저한테 맡기시오. /~他完成任务. 그가 완성할수 있다고 담보하네. ⑨예약된, 고정된: ~饭. (남의 집이나 식당에) 밥을 붙이다, (남의 집이나 식당에서) 붙여먹는 밥. /~场. (극장, 영화관의 관람석을) 도거리로 사다, 단체로 물리다. ⑩몽골식천막. 몽골꺼르.

苞 bāo (포) ①꽃받침, 화포, 꽃봉오리, 꽃망울: 含~未放. (꽃이) 망울만 지고 아직 피지 않다. ②무성하다: 竹~松茂. 대와 소나무가 무성하다.

孢 bāo (포) 포자.

胞 bāo (포) ①삼, 포의. 〔细胞〕 세포. ②친형제, 친녀동기: ~兄. 친형. /~妹. 친누이동생. 친동생. /~叔. 친삼촌, 작은아버지. 〔同胞〕 1. 친형제, 친동기. 2. 동포.

炮 (2) bāo (포) ①말리다, 굽다: 把湿衣服搁在热炕上~干. 젖

은 옷을 뜨거운 온돌에 펴놓아 말리다. ②볶다: ～羊肉. 양고기볶음. (1) páo →335페지. (3) pào →336페지.

龅 bāo (포) 뻐드렁이, 뻗이.

剥(剝) (1) bāo (박) 까다, 벗기다, 바르다: ～花生. 락화생(땅콩)을 까다./～皮. 껍질을 벗기다. (2) bō →31페지.

煲 bāo 〈방〉 ①울이 가파로운 솥: 沙～. 울이 가파로운 뚝배기./瓦～. 토기뚝배기./铜～. 구리뚝배기. ②끓이다, 쑤다: ～粥. (뚝배기로) 죽을 쑤다./～饭. 밥을 짓다.

褒(襃) báo (포) 칭찬하다, 찬양하다 ([련]-奖). ↔〈贬〉.

雹 báo (박) (-子) 우박, 무리.

薄 (1) báo (박) ① 얇다. ↔ (厚): ～饼. 얇게 지진 지짐./～片. 얇은 쪼각./～纸. 얇은 종이./这块布太～. 이 천은 너무 얇다. ②(정이) 두텁지 않다, 진지하지 않다. ③슴슴하다, 싱겁다: 酒味很～. 술맛이 매우 슴슴하다, 술냄새가 매우 냉냉하다. ④척박하다, 메마르다: 土地～. 땅이 메마르다. (2) bó →32페지. (3) bò →33페지.

饱 bǎo (포) 배부르다. [파]충분히, 가득, 실컷: ～学. 박식하다, 학식이 많다./～经风霜. 풍상고초를 다 겪다, 온갖 시련을 다 겪다. 〔饱满〕 가득차다, 공골차다, 풍만하다: 精神～～. 원기 왕성하다./谷粒长得很～～. 낟알이 아주 공골차다. 〔饱和〕 포화되다, 포화. [파]최고한도에 이르다.

宝(寶、寳) bǎo (보) ①진귀한것: ～刀. 보검./～石. 보석. *귀(상대방을 존경하여). ～校. 귀교./～地. 당신이 사는 곳. ②보배, 보물: 珠～. 진귀한 보석, 보물./国～. 나라의 보배, 국보./粮食是～中之～. 식량은 보물중의 보물이다. 〔宝贝〕1. 보배, 귀중한 물건. 2. (-儿) 귀염둥이. 〔元宝〕 말굽은.

保 bǎo (보) ①보호하다([련]-卫): ～家卫国. 집과 나라를 보위하다./～健. 보건, 건강을 보호하다. 〔保障〕 1. 담보하다, 보장하다, 수호하다: 婚姻法～～了男女双方和下一代儿女的利益. 혼인법은 남녀쌍방과 후대의 리익을 담보한다. 2. 담보: 强大的军队是国家安全的～～. 강대한 군대는 국가안전의 담보이다. 〔保持〕 유지하다, 간직하다, 보존하다: ～～艰苦奋斗的作风. 간고분투의 작풍을 보존하다. 〔保守〕 1. 지키다, 수호하다: ～～机密. 비밀을 지키다. 2. 낡은것을 끌어안고 고치려 하지 않다, 보수적이다: 打破～～思想. 보수적인 사상을 타파하다. 〔保育〕 보육하다. ②책임지다, 보증하다: ～荐. 책임지고 추천하다./我敢～他一定做得好. 저는 그가 꼭 잘할수 있다고 보증합니다. 〔保险〕 1. 보험. 2. 안전하다, 실수하지 아니하다: 这样做～～. 이렇게 하면 안전하다. 〔保证〕 보증하다, 담보하다. ③옛 호적편제의 하나로서 몇몇 집을 1갑(甲)이라 하고 몇몇 갑을 1보(保)라고 하였다. 〔保安族〕 보안족. 중국 소수민족의 하나.

堡 (1) bǎo (보) ①보루, 화점: 桥头～. 교두보, 발판. 〔保垒〕 보루, 화점, 요새: 打下敌人最坚固的～～. 적의 가장 견고한 화점을 까부시였다. ㊐돌파하기 어려운 사물이거나 진보적사상을 잘 접수하지 않는 사람: 科学～～. 과학의 보루. /顽固～～. 완고한 보루(주로 완고분자를 가리킴). ②작은 성. (2) bǔ →33페지. (3) pù →349페지.

葆 bǎo (보) ①초목이 무성하다. ②간직하다, 보전하다.

褓(緥) bǎo (보) → 361 페지 〈襁〉의 〈襁褓〉(qiǎng bǎo).

鸨 bǎo (보) ①너새. ②기생어미.

报(報) bào (보) ① 알리다: ～捷. 승리의 소식을 알리다. /～信. 소식을 알리다. 〔报告〕보고하다, (군중에게) 연설하다. ②소식이나 언론을 전달하는 문건이나 신호: 电～. 전보. /情～. 정보. /警～. 경보. ③신문잡지류: 人民日～. 인민일보. /新华月～. 신화월보. /画～. 화보. /黑板～. 흑판보. ④보답히다, (원쑤를) 갚다: ～恩. 은혜에 보답하다. /～仇. 원쑤를 갚다, 복수하다. 〔报复〕 보복하다, 복수하다. 〔报酬〕 1. 보수, 사례금. 2. 사례하다.

刨(鉋、鑤) (2) bào (포) ① (-子) 대패, 평삭반. 〔刨床〕 평삭반, 프레나. ② 대패질하다, 밀다: ～得不平. (대패로) 평평하게 밀지 못했다. /～平. 평평하게 대패질하다. (1) páo → 335페지.

抱(菢) bào (포) ①안다, 그러안다(㊥拥-): ～着孩子. 어린애를 안고있다. /～头鼠窜. 머리를 움켜쥐고 꽁무니를 빼다. ㊐둘러싸다, 끼다: 山环水～. 산과 물이 둘러싸다. 〔抱负〕 포부: 做有志气有～～的青年. 진취심이 있고 포부가 있는 청년이 되다. 〔合抱〕아름, 아름드리. ②품다, 지니다, 가지다: ～不平. 불평을 품다. /～歉. 미안해하다. /～着必胜的决心. 필승의 결심을 가지고있다. ③까다, 품다: ～窝. 알을 품다, 알을 안다. /～小鸡. 병아리를 까다.

鲍 bào (포) 전복, 생복: 1. 소금에 절여 말린 물고기. 2. 〈鳆(fù)鱼〉 전복을 속되게 이르는 말.

趵 bào (박, 작) 뛰다, 뛰여오르다: ～突泉. 박돌천(샘물), 산동성 제남시에 있음.

豹 bào (표) 표범.

暴 (1) bào (포, 폭) ①사납고 급작스럽다: ～风雨. 폭풍우. /～病. 갑작병. 〔暴动〕 폭동. 보통 〈暴乱〉이라고 함. ②(성미가) 란폭하다, 격하다: 这人脾气真～. 이 사람은 성미가 아주 격하다. ③포악하다(㊥-虐、凶-): ～行. 폭행, 횡포한 행동. /～徒. 폭도. /～虐的行为. 횡포하고 간악한 행위. ④망치다, 해치다: 自暴自弃. 자포자기하다. 〔暴露〕 폭로하다: ～～目标. 목표가 드러나다. (2) pù →350페지의 〈曝〉.

瀑 (2) bào (폭) ①폭우. ②瀑河. 폭하(강이름), 하북성에 있음. 〈鲍河〉라고도 함. (1) pù → 349페지.

爆 bào (폭) 터지다, 폭발하다, 작렬하다, 튀여나다([련]-炸): 豆荚熟得都～了. 콩이 여물어 깍지가 다 터졌다. 〔爆发〕 폭발하다: 火山～～. 화산이 폭발하다. 〔爆竹〕 폭죽.

BEI

陂 (1) bēi (파) ①못: ～塘. 못./～池. 못. ②못가, 늪가. ③산비탈. (2) pí → 340페지. (3) pō → 346페지.

杯(盃) bēi (배) (-子) 잔, 고뿌: 酒～. 술잔./玻璃～. 유리잔./～水车薪. 한잔 물로 한 달구지의 장작에 달린 불을 끄다, 어림도 없다, 힘이 모자라다.

卑 bēi (비) 낮다: 地势～湿. 지세가 낮고 습하다./自～感. 자비감. [파]천하다, 저렬하다, 비렬하다([련]-鄙): ～鄙无耻. 비렬하고 철면피하다, 뻔뻔스럽고 부끄러움을 모르다.

庳 bēi (비) ①낮다: 堕高堙～. 높은 언덕을 깎아내리여 웅뎅이를 메우다. ②(키가) 작다.

椑 bēi (비) 〔椑柿〕 옛책에서 이르는 떫은 감, 돌감. 지금은 〈油柿〉 또는 〈漆柿〉라고 함.

碑 bēi (비) 비, 비석: 人民英雄纪念～. 인민영웅기념비./里程～. 리정표./有口皆～. 입 가진 사람은 다 칭찬하다.

背(揹) (2) bēi (배) 업다, 걸머지다, 메다: 把小孩儿～起来. 어린애를 업다./～包袱. 보따리를 걸머지다, 정신적부담을 받다./～枪. 총을 메다. (1) bèi →본 페지.

悲 bēi (비) ①슬프다, 슬퍼하다([련]-哀): ～喜交集. 슬픔과 기쁨이 뒤엉키다. ②가엽게 여기다.

北 běi (북) ①북, 북쪽. ↔(南): 由南往～. 남쪽에서 북쪽으로 가다./～门. 북쪽문. (배) ②(싸움에서) 지다: 三战三～. 세번 싸워 세번 다 패배하다./追奔逐～. 패주하는 적을 추격하다. 〔北京〕 북경(중국의 수도).

贝(貝) bèi (패) ①조가비, 조갑지, 조개. ②조가비돈.

狈 bèi (패) 전설에 나오는 이리의 한가지: 狼～. 승냥이와 이리, 볼꼴없다, 더 수습할수 없이 되다.

钡 bèi 바리움(원소기호 Ba).

邶 bèi (패) 패, 주(周)나라때 제후국의 이름, 지금의 하남성 탕음현 동남쪽에 있었음.

背 (1) bèi (배) ①등, 뒤등. 〔背后〕〔背地〕 배후: 不要当面不说, ～～乱说. 앞에서 말하지 않고 배후에서 되는대로 말하지 말아야 한다. 〔背景〕 배경: 舞台～～. 무대배경./历史～～. 력사배경. 〔背心〕 런닝샤쯔. ②뒤쪽, 등쪽: ～面. 뒤면./手～. 손등./刀～. 칼등. ③등지다, 반대방향으로 향하다: ～水作战. 강을 등지고 싸우다./～光. 광

선을 등지다, 그늘지다./～灯. 불빛을 등지다. ㉠1. 반대방향으로: ～道而驰. 등진 길을 걷다, 반대방향으로 달아나다, 배치되다./～地性. 배지성(식물이 우로 자라는 성질). 2. 감추다, 피하다: ～着他说话. 배후에서 그의 말을 하다. 3. 떠나다: 离乡～井. 정든 고향을 등지고 떠나다. ④외우다, 암기하다: ～诵. 암송하다./～书. 책을 암기하다. ⑤어기다, 위반하다: ～约. 약속을 어기다./～信弃义. 신의를 저버리다, 믿음을 저버리다. 〔背叛〕 배반하다. ⑥순조롭지 못하다: ～时. 운수가 사납다. ⑦외지다, 편벽하다, 그늘지다, 쓸쓸하다: 这条胡同太～. 이 골목은 너무 외지다./～月. 경기가 좋지 못한 계절. ⑧(귀가) 어둡다: 耳朵有点～. 귀가 좀 어둡다. (2) bēi →16페지.

褙 bèi (배) (천이나 종이따위를) 여러겹으로 덧붙이다.

孛 bèi (패) 옛책에서 혜성을 가리켰음.

悖 bèi (패) 서로 모순되다, 어긋나다: 并行不～. 동시에 진행하여도 서로 모순되지 않는다.

备(備、俻) bèi (비) ①갖추다, 구비하다, 마련하다: 求全责～. 완전무결하기를 강요하다./爱护～至. 지극히 애호하다./德才兼～. 도덕풍모와 기술재능을 겸비하다. ②준비하다, 방비하다: ～课. 교수준비를 하다./准～. 준비하다, 마련하다./有～无患. 준비되여있으면 후환이 없다. 〔备案〕 서류를 만들어두다. 서류를 만들어 상급에 바치다. ③설비: 装～. 장비./军～. 군비.

惫(憊) bèi (비) 피로하다, 극히 피곤하다.

倍 bèi (배) 곱, 배, 곱절, 갑절: 二的五～是十. 2의 5배는 10이다./精神百～. 원기 백배하다, 정신이 왕성하다./事半功～. 로력은 적게 들이고 얻은 성과는 크다, 사업능률이 높다.

焙 bèi (배) (세지 않은 불에) 말리우다: ～干研成细末. 말리워서 보드랍게 빻다.

蓓 bèi (배) 〔蓓蕾〕(-lěi) 꽃망울, 꽃봉오리.

碚 bèi (배) 〔北碚〕 지명, 중경시에 있음.

被 bèi (피) ①(-子) 이불. ②씌우다, 걸치다. ③개사. …에 의하여, …에게 …당하다: 敌人～我们打败了. 적들은 우리에게 패배당했다. ④당하다, 받다: ～压迫. 압박받다./～批评. 비판을 받다. 〈고〉〈披〉(pi)와 같음.

鞁 bèi (피) ①말안장과 말가슴걸이, 고삐. ②〈鞴〉와 같음.

琲 bèi (배) 구슬꿰미.

辈 bèi (배) ①대, 세대; 벌, 항렬: 前～. 선배./长～. 이상벌./晚～. 아래사람. 〔辈子〕(-zi) 일평생, 생애: 活了半～～. 반생을 살다. ②무리, 것들, 따위들: 无能之～. 무능한것들. ㉠또래, 들: 彼～. 그것들, 그들./我～. 우리또래.

鞴 bèi (비) 말에게 굴레, 가슴걸이, 배끈을 씌우고 안장을 얹

다：～马．말을 탈수 있게 가슴걸이와 배끈을 씌우고 안장을 얹다．

鐾 bèi（패）칼을 갈다，（칼）날을 세우다：～刀．칼을 갈다．/～刀布．칼날을 세우는 천．

呗 bei（패）조사．1．〈명백한 리치가 아니냐〉라는 어감을 나타냄：不懂就好好学～．모르면 잘 배워야지．2．마지못해 동의하거나 양보하는 어감을 나타냄：至多也是五个～．기껏해야 다섯이겠지 뭐．3．명령을 나타냄：那就你去～．그럼 네가 가렴．

臂 （2）bei（비）→136페지〈胳〉의〈胳臂〉(gē-)．（1）bì →23페지．

BEN

奔（犇）（1）bēn（분）내달리다（㊐-跑）：狂～．미친듯이 내뛰다．/～驰．내달리다，질주하다．/东～西跑．동분서주하다．〔奔波〕분주히 다니다，수고스레 다니다．（2）bèn →19페지．

锛 bēn（분）①（-子）자귀．②자귀질하다．（자귀따위로）깎아파다：～木头．나무를 깎다．/用镐～地．괭이로 땅을 파다．

贲 （2）bēn〔虎贲〕（옛날）용사．（1）bì →22페지．

栟 （1）bēn（병）〔栟茶〕병다（지명），강소성 여동현에 있음．（2）bīng →29페지．

本 běn（본）①뿌리↔〈末〉：无～之木．뿌리없는 나무．/木～水源．나무의 뿌리와 물의 원천．㊥사물의 근원，근본：翻身不忘～．신세를 고쳐도 근본을 잊지 않다．〔本末〕나무의 밑둥과 웃부분，시작과 종말，주요한것과 부차적인것：不知～～．끄리대가리를 모르다．/纪事～～．력사사실의 전말을 쓴 력사서술의 쟝르．〔根本〕1．근본，근본적．㊐철저히，근본적으로：～～解决．근본적으로 해결하다．2．전혀，도무지，통，영，아예：～～不同．판판 다르다．〔基本〕기본，기본적：～～建设．기본건설．②줄거리：草～植物．초본식물．/木～植物．목본식물．③중심부분，주요한 부분：校～部．학교본부．④본래，원래：～意．본래의 뜻．/这本书～来是我的，后来送给他了．이 책이 본래는 내것이였는데 후에 그에게 주었다．⑤자기측：～国．우리 나라．/～厂．우리 공장．〔本位〕1．자기가 일하는 직장，단위，부서：做好～～工作．맡은바의 사업을 잘하다．2．화폐제도의 기초，화폐가치의 계산표준：～～货币．본위화폐．〔本位主义〕본위주의．⑥지금：～年．이해，올해，금년．/～月．이달．⑦（-儿）：본전，밑천：老～儿．본전，밑천．/够～儿．본전이 되다．⑧근거하다，의지하다：有所～．근거가 있다．/～着上级的指示去做．상급의 지시에 근거하여 하다．⑨（-儿、-子）책，서적：日记～．일기책．/笔记～．학습장，필기장．⑩（-儿）판본：刻～．판박이책，판각본．/稿～．（저서의）초고；（그림 그리는）대본，원본．/剧～．극의 각본：대본．⑪단위명사．책，권，막：一～书．책 한권．〔本领〕〔本事〕재간，재주，기능，수완，능력．

苯 běn 벤졸.

畚 běn (분) 삼태기.

夯 (2) bèn (항) 〈笨〉과 같음. (홍루몽, 서유기 등 작품에서 볼수 있음). (1) hāng →161페지.

坌 bèn (분) ①먼지. ②모이다.

奔(逩) (2) bèn (분) 향하다, 달리다, 곧바로 가다: 哪里需要，就～向哪里. 수요하는 그 곳으로 달려가다. (1) bēn→18페지.

倴 bèn (분) 〔倴城〕 분성(지명), 하북성 란남현에 있음.

笨 bèn (분) ①둔하다, 미련하다(㊀愚-). ②굼뜨다, 령민하지 못하다, 재간이 없다: 嘴～. 말주변이 없다. /～手～脚. 손발이 굼뜨다, 동작이 굼뜨다, 솜씨가 서툴다. ③육중하다, 무겁다, 힘들다: 箱子太～. 궤짝이 너무 육중하다. /～活儿. 힘든 일, 거치른 일.

BENG

伻 bēng (팽) 〈고〉①…하여금, …하게 하다. ②사절.

祊(鬃) bēng (팽) ①고대 종묘에서 제사 지내는 일, 종묘에서 제사를 지내는 곳. ②〔祊河〕 팽하(강이름), 산동성에 있음.

崩 bēng (붕) ①무너지다, 허물어지다: 山～地裂. 산이 무너지고 땅이 갈라지다. 〔崩溃〕 무너지다, 붕괴하다, 철저히 실패하다: 敌军～～. 적군은 붕괴되였다. ②터지다, 갈라지다, 찢어지다: 把气球吹～了. 너무 불어넣어 고무풍선이 터졌다. ③(튀여나오는 물건에) 맞다, 다치다: 放爆竹～了手. 폭죽을 터치다가 손을 다쳤다. ④자궁출혈증. 〈血崩〉이라고도 함. ⑤(봉건시대에) 임금이 죽다: ～驾. 붕어하다, 임금이 죽다. 〔崩龙族〕 뻥룽족, 중국 소수민족의 하나.

嘣 bēng 소리본딴말. 룩, 두근두근, 팡(물건이 튀거나 터지는 소리).

绷(繃) (1) bēng (붕) ①팽팽하게 감거나 당기다: 衣服紧～在身上. 옷을 팽팽하게 입었다. /～紧绳子. 바줄을 팽팽하게 당기다. 〔绷带〕 붕대. 〔绷子〕(-zi) 수놓이틀, 수틀. ②시치다, 드문드문 호다: ～被头. 이불깃(이불)을 시치다. (2) běng →본 페지.

甭 béng 〈방〉…지 말라, …필요없다. /你～说. 말하지 마시오, 말할 필요가 없다. /～惦记他. 그때문에 근심할 필요가 없다.

绷(繃) (2) běng (붕) ①(표정이) 굳어지다. (얼굴을) 찌프리다: ～着个脸. 부루퉁하다. ②참다, 견디다, 참아내다, 견디여내다: 他～不住笑了. 그는 참지 못하고 웃었다. (1) bēng →본 페지.

琫 běng (봉) (옛날) 칼집 웃부분의 꾸미개.

泵 bèng 〈외〉 뽐프.

迸 bèng (병) 뿌리다, 흩어지다, 튀다, 뿜다: 火星儿乱～: 불꽃이 막 튀다.

蚌 (2) bèng (방) 〔蚌埠〕(-bù) 방부(도시이름), 안휘성에 있음. (1) bàng →13페지.

甏 bèng (팽) 〈방〉단지, 독(질그릇의 한가지).

镚 bèng (-子、-儿)(구멍이 없는) 동전, 구리돈, 쇠돈: 金~. 금화./钢~儿. 니켈로 만든 돈, 백동전, 쇠돈, 엽전.

蹦 bèng (붕) 껑충 뛰다, 뛰여오르다: 欢~乱跳. 기뻐서 껑충껑충 뛰다.

BI

逼(偪) bī (핍) ①핍박하다, 억압하다, 못살게 굴다, 강박하다(련-迫): ~人太甚. 사람을 못살게 굴다./~上梁山. 핍박에 못이겨 량산에 오르다./寒气~人. 에이는듯한 추위. ②바싹 다가오다: ~近. 바싹 다가오다, 박두하다./~真. 흡사하다, 꼭같다. ③좁다.

荸 bí 〔荸荠〕(-薺)(-qi) 올방개.

鼻 bí (비) ①(-子)코. ②(-儿) 물건을 뀔수 있는 작은 구멍: 门~儿. 문을 채우는 고리, 빗장구멍./针~儿. 바늘귀./扣~儿. 단추구멍. 〔鼻祖〕 시조, 창시자.

匕 bǐ (비) 숟가락. 〔匕首〕 비수, 단도.

比 bǐ (비) ①비교하다, 비하다, 대보다: ~干劲. 열의를 비하다, 적극성을 비교하다./~大小. 크기를 비교하다./生活一天~一天好. 생활은 날따라 좋아진다. 〔比赛〕 경기를 하다, 경쟁하다, 시합하다. ②대(시합에서 승부의 대비를 나타냄): 三~二. 3대 2. ③비률(두 수를 비교할 때 전항과 후항의 관계는 피제수와 제수의 관계임을 나타냄). 〔比例〕 1. 비률. 2. 비례. 〔比重〕 비중: 青年工人在基本建设队伍中的~~迅速上升. 기본건설대오속에서의 청년로동자들의 비중이 신속히 상승되고있다./我国工业在整个国民经济中的~~逐年增长. 우리 나라 공업의 전반 국민경제가운데서 차지하는 비중이 해마다 증가되고있다. ④그리다, 모방하다, 본따다(련-喻): 用手~了一个圆形. 손으로 동그라미를 시늉했다. 〔比画〕(-hua) 손시늉을 하다, 손짓하다: 他一边说一边~~. 그는 손시늉을 섞어가며 말한다. 〔比照〕 대조하다, 맞추어보다, 본을 따서 하다: 你~~着这个做一个. 이것을 본따 하나 만들어라. ⑤(옛음 bì) 나란히 하다, 가까이하다: ~邻. 이웃./~肩. 어깨겯다, 어깨를 나란히 하다. 〔比比〕 번번히, 자주, 끊임없이, 곳곳, 이르는 곳마다: ~~皆是. 어디나 다 있다. 〔比及〕 …의 때에 이르러, …때가 되면, …를 기다려: ~~敌人发觉,我们已经冲过火线了. 적군이 발각하였을 때는 우리가 이미 화선을 돌파하였을 때였다. 〔朋比〕 서로 의지하다, 서로 결탁하다, 무리를 짓다, 패를 뭇다: ~~为奸. 한동아리가 되여 나쁜짓을 하다, 서로 결탁하여 나쁜짓을 하다.

沘 bǐ (비) 〔沘源〕 비원, 하남성 당하현의 옛이름.

妣 bǐ (비) (옛날) 사망된 어머니: 先～. 선비, 돌아가신 어머니.

秕(粃) bǐ (비) 쭉정이. 〔秕子〕(-zi) 쭉정이.

彼 bǐ (피) ①저, 그, 저것: ～岸. 저쪽 기슭. 저 언덕, 대안./～处. 그곳, 저곳, 저쪽, 저기./顾此失～. 이것만 돌보다나니 저것을 놓치다. ②상대방. 그(들): 知己知～. 자기를 알고 남(대방)도 알다. 〔彼此〕 서로, 상호간, 피차, 쌍방: ～～有深切的了解. 상호간에 깊은 료해가 있다./～～互助. 서로 돕다.

笔(筆) bǐ (필) ①붓, 필: 毛～. 붓./画～. 화필, 그림붓./钢～. 펜, 만년필. ②글자의 필획: '天'字有四～. 〈天〉자는 필획이 넷이다. ③글을 쓰다, 글을 짓다: 代～. 대필하다, 대신 쓰다./～者. 필자, 집필자./～之于书. 책에 써넣다. 〔笔名〕 필명. ④(글을 쓰거나 그림을 그릴 때의) 필치, 수법: 败～. (그림, 글씨, 글의) 결함, 흠집./工～画. 섬세하게 그린 그림./伏～. (글에서의) 복선. ⑤곧다./～挺. (의복 등이) 줄이 서고 매끈하다, 곧바르다, 꼿꼿하다./～直. 꼿꼿하다. ⑥단위명사. 종목, 항목, 몫: 这～钱, 用到生产建设上去. 이 돈은 생산건설에 쓴다.

俾 bǐ (비) …되도록 하다, …하게 하다, 시키다, 이룩하다: ～便考査. 조사에 편리하게 하다.

鄙 bǐ (비) ①비렬하다, 천하다, 루추하다, 더럽다(㊀卑-). 겸손어투: ～人. 저, 제, 소인(자기를 낮추는 말); 시골뜨기, 촌사람./～意. 저의 생각, 짧은 소견./～见. 저의 소견, 무식한 소견, 둔한 생각. ②얕보다, 깔보다, 경멸하다: 可～. 야비하다, 비루하다./～视. 멸시하다, 얕보다. ③먼 변방, 두메산골, 구석진 곳, 궁벽한 곳: 边～. 먼 변방.

币(幣) bì (페) 돈, 화폐: 银～. 은화, 은전./纸～. 종이돈, 지폐./人民～. 인민폐.

必 bì (필) 반드시, 꼭: ～能成功. 꼭 성공할것이다./敌人～败. 적은 기필코 실패한다. 〔必须〕 반드시, 기필코: 个人利益～～服从整体利益. 개인리익은 반드시 전체리익에 복종시켜야 한다. 〔必需〕 꼭 있어야 한다, 꼭 필요하다: ～～品. 필수품. 〔必然〕 필연적이다, 반드시, 기필코: 贪污受贿行为～～引起民众的公愤. 탐오하거나 뢰물 받는 행위는 필연적으로 민중의 분노를 자아낸다.

邲 bì (필) 필(옛지명), 지금의 하남성 정주시 동쪽에 있음.

苾 bì (필) ①그윽한 향기, 꽃향기. ②향기롭다.

閟 bì (비) ①문을 닫다, 닫다, 닫아걸다. ②편벽하다, 교통이 불편하다.

泌 (2) bì (필) 〔泌阳〕 필양, 현 이름, 하남성에 있음. (1) mì →306페지.

毖 bì (비) 삼가하다, 조심하다, 주의하다, 경계하다: 惩前～后. 이전의 실패에서 교훈을 찾고 이후에 되풀이하지 않기 위하여 조심하다, 과거를 경계하고 금후를 삼가하다.

铋 bì (필) 비스무트(원소기호 Bi).

秘(祕) (2) bì (비) 〔便秘〕 변비. 〔秘鲁〕 뻬루, 나라이름. (1) mì →306페지.

闭 bì (페) ①닫다, 다물다, 감다: ～嘴. 입을 다물다./～门造车. 문을 닫아매고 수레를 만들다는 뜻, 실제를 고려하지 않고 주관적으로 사업하다. ㊥끝내다, 멈추다, 정지하다: ～会. 회의를 끝내다, 페회하다. ②막히다, 막혀 통하지 않다: ～气. 숨이 막히다, 숨을 죽이다. 〔闭塞〕(-sè) 막다, 막히다. 편벽하다, 교통이 불편하다. (소식에) 어둡다: 这个地方很～～. 이곳은 (정세에) 너무 어둡다.

毕(畢) bì (필) ①끝나다, 끝내다, 마치다, 완결하다: 话犹未～. 말이 끝나기전에. 〔毕竟〕 필경, 마침내, 드디여, 결국: 大学生～～不一样. 대학생이 다르기는 다르다. 〔毕业〕 졸업하다. ②완전히, 전부, 다: 真相～露. 진상이 드러나다.

哔(嗶) bì (필) 〔哔叽〕 〈외〉사지.

筚(篳、蓽) bì (필) (싸리채, 대나무 등으로 결은) 울타리 또는 가리우개: 蓬门～户. 초라한 집, 가난한 사람의 집.

跸(蹕) bì (필) ①옛날 임금이 행차할 때 길을 내여 통행을 금지시키던 일: 警～. 길을 치움, 벽제. ②임금이 타는 차와 관련되는것: 驻～. 임금의 행차가 잠간 멎어서다.

庇 bì (비) 가리우다, 감싸다, 비호하다(㊥-护): 包～. 감싸다, 비호하다.

陛 bì (페) 궁전의 계단. 〔陛下〕 페하(옛날 임금에 대한 존칭).

毙(斃) bì (페) 죽다, 죽이다: ～命. 목숨을 잃다(나쁜 뜻으로 쓰임)./枪～. 총살하다.

狴 bì (페) 〔狴犴〕(-àn) 페한(옛날 옥문에 그린 괴상한 짐승의 이름), 감옥.

蓖(萆) bì (비) 〔蓖麻〕(-má) 피마주.

篦 bì (비) ①(-子) 참빗. ②참빗질하다, 빗질하다: ～头. 참빗으로 머리를 빗다.

诐 bì (피) 한쪽으로 치우치다, 도리에 어긋나다, 불공평하다.

畀 bì (비) 주다, 맡기다.

痹(痺) bì (비) 풍습, 마비.

箅 bì (페) (-子) 그물, 발, 불판, 격자, 정그레따위의 총칭: 炉～子. 불판.

贲 (1) bì (비) 꾸밈새가 아름답다, 차림새가 곱다, 화려하다: ～临. (귀빈이) 차려입고 광림하시다, 왕림하시다. (2) bēn →18페지.

敝 bì (페) 해지다, 낡다, 헐다: ～衣. 낡은 옷. *겸손한 말: ～姓. 저의 성./～处. 루추한 곳, 저의 고장, 저의 고향.

蔽 bì (페) ①가리다, 덮다, 막다(㊥遮-、掩-): 旌旗～日. 기발이 해를 가리우다. ②개괄하다:

一言以～之. 한마디로 개괄하다, 한마디로 찍어 말하다.

弊 bì (폐) ①사기와 기만, 부정행위: 作～. 부정행위를 하다./营私舞～. 개인리익을 위하여 부정행위를 하다, 협잡질하다. ②유해로운것, 폐단. ↔〈利〉: 兴利除～. 리로운것을 장려하고 해로운것을 없애다./流～. 전해내려오는 나쁜 현상, 폐단.

婢 bì (비) (낡은 사회) 하녀, 식모.

睥 bì (비) 〔睥睨〕(-nì) 눈을 흘기다, 흘겨보다, 깔보다: ～～一切. 모든것을 깔보다.

裨 (1) bì (비) 도움, 보탬: 无～于事. 일에 도움이 없다./对工作大有～益. 사업에 크게 도움이 되다. (2) pí →340페지.

髀 bì (비) 허벅다리, 넙적다리, 대퇴.

愎 bì (퍅) 완고하다, 고집이 세다, 남의 말을 듣지 않다. 刚～自用. 완고하게 자기의 의견을 고집하다, 고집을 부리다.

皕 bì (벽) (옛날) 2백.

弼 bì (필) 돕다, 보좌하다, 보조하다.

赑 bì (비) 〔赑屃〕(-xì) 1. 힘을 쓰다. 2. 비석을 등에 업은 돌거북.

滗(潷) bì (건데기만 있게) 물을 찌우다: 壶里的茶～干了. 주전자의 차물을 다 찌워버리다./把汤～出去. 국물을 다 찌우다.

辟 (1) bì (벽) ①군주, 왕. 〔复辟〕 복귀하다, 도로 제자리에 올라앉다. ②불러서 벼슬자리를 주다, 불러내다 등용하다. (2) pì → 341페지.

壁 bì (벽) ①벽, 담, 간막이(㊊墙-): 四～. 사방의 벽, 사벽./～报. 벽보./铜墙铁～. 금성철벽, 철옹성. 〔壁虎〕 도마뱀붙이, 수궁. ②낭떠러지, 벼랑: 峭～. 절벽. ③병영을 둘러싼 담, 진지의 토성: 坚～清野. 적들이 가져가지 못하게 물건을 죄다 파묻고 소개시키다, 청야전술./作～上观. 수수방관하다, 강건너 불구경하듯하다.

薜 bì (벽) 〔薜荔〕(-lì) 줄사철나무, 담쟁이, 벽려.

避 bì (피) 비키다, 피하다(㊊躲-): ～署. 피서하다, 더위를 피하다./～雨. 비를 긋다, 비를 피하다./不～艰险. 간난신고와 위험을 헤아리지 않다, 위험을 무릅쓰다, 험난한것을 마다하지 않다.

嬖 bì (폐) 총애하다, 총애를 받다: ～爱. 총애하다./～人. 총애를 받는 사람.

臂 (1) bì (비) 팔. 〔臂助〕 1. 거들다, 거들어주다, 돕다. 2. 조수. (2) bei →18페지 〈胳〉의 〈胳臂〉(gēbei).

璧 bì (벽) 고대의 옥기인데 둥글넙적하며 가운데 둥근 구멍이 있음, 구슬. 〔璧还〕 ㊌존경어투. 받은 선물 또는 빌린 물건을 온전하게 그대로 돌려주다: 谨将原物～～. 원 물건을 삼가 제대로 돌려보냅니다.

襞 bì (벽) (옛날 옷의) 주름.

躄(躃) bì (벽) ①두다리를 절다. ②넘어지다.

碧 bì (벽) ①청록색. ②푸르다: ～草. 푸른 풀. /～玉. 청옥, 푸른빛의 고운 옥. /青松～柏. 푸른 소나무와 잣나무. /金～辉煌. 금빛찬란하다, (장식이) 눈부시게 화려하다.

觱(觱) bì (필) 〔觱篥〕(-lì)필률, 옛날 관악기의 하나.

潷 bì (비) (漾潷)(yàng-)양비, 현의 이름, 운남성에 있음.

BIAN

边(邊) biān (변) ①(-儿) 가, 가장자리, 언저리: 纸～儿. 종이의 가장자리. /桌子～儿. 책상의 가장자리. ㉮옆, 결, 측면: 身～. 몸가까이, 신변, 옆. /马路旁～. 길가, 길옆. ②경계, 변계: ～防. 변방, 국경경비. /～境. 국경지대, 국경지역. /～疆. 국경지대, 변강. ③변. ④방면, 쪽. 〔(一)边…(一)边…〕…면서…하다, 동시에: ～干～学. 일하면서 배우다. /～发展, ～整顿. 발전시키는 동시에 정돈하다. ⑤쪽, 켠(위치, 방향을 나타낼 때 〈上〉〈下〉〈前〉〈后〉〈左〉〈右〉 등 글자뒤에 씀): 东～. 동쪽. /外～. 바깥쪽.

笾(籩) biān (변) (옛날 제사나 연회를 할 때 과일을 담는) 참대그릇.

砭 biān (폄) ①(옛날 병치료에 쓰던) 돌침. ②돌침을 놓다. 〔针砭〕 침을 놓다, 잘못을 고치도록 권고하다.

萹 biān (변) (萹蓄)마디풀, 〈萹竹〉라고도 함.

编 biān (편) ①엮다, 틀다, 짜다, 땋다, 겯다: ～筐子. 광주리를 틀다. ②짜다, 편성하다, 배렬하다, 조직하다: ～号. 번호를 매기다. /～队. 대렬을 편성하다. /～组. 소조를 편성하다. 〔编辑〕 1. 편집하다. 2. 편집자. 〔编制〕 1. 편제, 인원의 구성. 2. 엮다, 겯다. ③편: 前～. 전편. 后～. 후편. 简～(缩写本). 간략하여 편집한 책. ④창작하다, 짓다: ～歌. 노래를 짓다. /～剧. 극작품을 쓰다. ⑤꾸미다, 날조하다: ～了一套瞎话. 허튼소리를 꾸며대다.

煸 biān (남새나 고기를) 삶기전에 끓는 기름에 볶다.

蝙 biān (편) 〔蝙蝠〕(-fú) 박쥐.

鳊 biān (편) 鳊鱼.. 편어.

鞭 biān (편) ①(-子) 채찍. ②채찍질하다. 〔鞭策〕 채찍질하다. ㊥독촉하여 나아가게 하다, 전진을 재촉하다. ③쇠도리깨(옛날무기의 한가지). ④폭죽(줄딱총).

贬 biǎn (폄) ①(남의 결함을 지적하고) 나쁘게 평가하다. ↔(褒): 一字之～. 한글자의 비평(말은 적지만 비판의 심도가 깊다). 〔褒贬〕 1. 좋고 나쁨을 평가하다. 2. (-bian) 결함을 지적하다, 비난하다, 꾸짖다. ②내려가다, 줄어들다, 떨어지다: ～价. 값이 내려가다. /～值. 값이 떨어지다. /～职. 지위가 내려가다.

窆 biǎn (폄) 장사를 지내다, 묻다, 매장하다.

扁 (1) biǎn (편) 넙적하다, 납작하다: 鸭子嘴~. 오리 주둥이는 납작하다. (2) piān →342페지.

匾 biǎn (변) 편액: 金字红~. 붉은 바탕에 금빛 글자를 새긴(쓴) 편액./光荣~. 영예액틀.

碥 biǎn (편) 물가에 비스듬히 뻗어나간 바위, 디딤돌.

褊 biǎn (편) 좁다, 협소하다, 협애하다.

藊 biǎn (변) 〔藊豆〕 줄당콩, 넉줄당콩, 변두.

卞 biàn (변) 성급하다, 조급하다(련-急).

苄 biàn (苄基) 벤졸.

抃 biàn (변) (기뻐서) 손벽을 치다.

忭 biàn (변) 기뻐하다, 즐기다.

汴 biàn (변) 하남성 개봉시의 별칭.

弁 biàn (변) ①고깔(옛날 모자의 한가지), 가죽으로 만든 남성모자. 〔弁言〕 (서적이나 장편문장의) 서문, 머리말, 서언. ②중국 청나라 때 하급무관을 이르던 말.

昪 biàn (변) ①해빛이 환하다, 밝다. ②기쁘다, 즐겁다.

变(變) biàn (변) 달라지다, 변하다, 바뀌다(련-更、-化): 天气~了. 날씨가 변하다./思想~了. 사상이 변했다. ㉶사변(事变), 정치적사건, 돌연히 생긴 비상사건: 政~. 정변. 〔变通〕 변통하다, 형편을 보아 알맞게 처리하다. 〔变卦〕 이미 결정된 일을 개변시키다, 변덕을 부리다, 이랬다저랬다하다, 마음을 갑자기 달리하다.

便 (1) biàn (편) ①편리하다, 순리롭다(련-利): 行人称~. 행인들이 편리하다고 한다./~于携带. 휴대하기에 편리하다. ②간단하다, 일상적이다: 家常~饭. (특별히 갖추지 않은) 보통식사./~衣. 평복, 보통때 입는 옷; 사복경찰, 사복무장대./~条. 글쪽지, 쪽지편지. 〔便宜〕 적당히, 알맞게, 형편에 따라; 편리하다: ~~行事. (특허를 받아서) 알맞게 행사하다(piányi →〈便〉(pián)을 보라). 〔随便〕 마음대로, 뜻대로. ③편리할 때: ~中请来信. 편리할 때 편지를 보내주시오./得~就送去. 편리할 때 보내다. ④곧, 바로: 没有水,~没有生命. 물이 없으면 생명도 없다. (변) ⑤똥, 오줌 혹은 똥이나 오줌을 누다: 粪~. 똥오줌./小~. 오줌. (2) pián →342페지.

遍(徧) biàn (편) ①온통, 모두, 다, 이르는 곳마다, 어디에나, 널리, 샅샅이: 我们的朋友~天下. 우리의 벗은 온 세상 그 어디나 다 있다./满山~野. 온 산과 들. ②번, 차례, 회: 念一~. 한번 읽다./教一~. 한번 가르치다.

辨 biàn (변) 가려내다, 분간하다(련-别、分-): 明~是非. 시비(옳고 그른것)를 똑똑히 가르다.

辩 biàn (변) (사물의) 시비나 진위를 밝히다, 사리를 캐다, 시비를 가르다, 쟁론하다. 〈辨〉으로도 씀. (련-论): ~驳. 론박하다, 변명하다./~护. 변호하다. 〔辩证

法〕 변증법.

辫(緶) biàn (편) ①(-子) 머리태. ②(-子、-儿) 땋은것, 태: 草帽~儿. 밀짚모자(농립모)의 떠./蒜~子. 마늘타래.

BIAO

标(標) biāo (표) ①(나무의) 우듬지, 끝, 말단. [파] 표면적인것, 부차적인것, 겉, 표면, 지엽: 治~不如治本. 지엽적인것을 해결하는것이 근본적인것을 해결하기보다 못하다. ②기호, 표식, 부호: 商~. 상표./~点符号. 문장부호. 〔标榜〕 표방하다, 추어주다, 우쭐렁거리다, 불어대다: 互相~~. 서로 내세우고 춰올리다./~~民主. 민주주의를 표방하다. 〔标的〕(-dì) 과녁, 목표, 표적. 〔标准〕 표준: 实践是检验真理的唯一~~. 실천은 진리를 검증하는 유일한 표준이다. 〔锦标〕 우승기, 우승컵. 〔指标〕 지표: 数量~~. 량적지표./质量~~. 질적지표. ③나타내다, 표시하다, 부호로써 명확히 하다: ~题. 표제, 제목./~价. 표시된 가격, 값을 매기다, 매겨놓은 값./~新立异. 독창성을 발휘하다, 대담히 창조하다, 자신을 나타내려고 애쓰다. 〔标本〕 표본. ④입찰가격, 입찰: 投~. 입찰하다./招~. 입찰에 붙이다, 공사를 도맡거나 상품을 도매할 광고. 〔标致〕 아름답다, 이쁘다, 곱다.

彪 biāo (표) ①작은 호랑이. ②몸집이 장대하다: ~形大汉. 장대한 사나이, 몸집이 장대한 장정.

骠 (2) biāo (표) 〔黄骠马〕 황색에 흰 반점이 있는 말. (1) piào →344페지.

膘(臕) biāo (표) 살, 비계, 지방이 많은 고기(흔히 집짐승에 한함): ~满肉肥. 피둥피둥 살찌다, 비만하다./上~. 살찌다, 살이 오르다.

镖 biāo (표) 표창(옛날 던지는 단도의 한가지).

瘭 biāo (표) 〔瘭疽〕 생손앓이, 생발앓이.

飙(飈、飇) biāo (표) 폭풍: 狂~. 광풍.

藨 biāo (표) 세모골, 세모고랭이.

镳 biāo (표) ①(말)자갈: 分道扬~. 각기 제갈데로 가다. ②〈镖〉와 같음.

表(錶) biǎo (표) ①겉, 바깥, 표면, 외부. ↔〈里〉: 1. 겉에것: ~面. 겉면, 표면./~皮. 겉껍질, 겉꺼풀, 표피. 2. 바깥, 외모: 外~. 겉모양, 외모./~里如一. 안팎이 꼭같다./虚有其~. 겉치레뿐이다, 실속이 없다, 비단보에 싼 개똥, 빛좋은 개살구. ②나타내다, 표시하다, 표현하다: 略~心意. 적으나마 마음을 표합니다. 〔表白〕 표명하다, 언명하다, 명확히 나타내다; 설명하다, 해석하다. 〔表决〕 가결하다, 표결하다: 这个议案已经~~通过了. 이 의안은 이미 가결하여 채택되였다. 〔表现〕 1. 구현하다, 나타내다: 他们的行动充分~~了国际主义的精神. 그들의 행동은 국제주의정신을 충분히 구현하였다. 2. 행동 또는 작용에서의 표현:

他在工作中的～～还不错. 사업에서의그의 태도는 괜찮다. 〔表扬〕 표창하다, 널리 칭찬하다: ～～好人好事. 모범적인 사람과 일을 표창하다. ③약물로 몸안의 한기를 밖으로 발산시키다. ④표: 历史年～. 력사년대표./时间～. 시간표./统计～. 통계표. ⑤시계: 手～. 손목시계./怀～. 회중시계. ⑥계, 계기: 温度～. 온도계./电～. 전기측정계기./水～. 수도측정계기. ⑦본보기, 모범. 〔表率〕 본보기, 모범: 他是现代青年的～～. 그는 현시대 청년들의 모범이다. 〔华表〕 (장식용)화표, 화표주(큰 건축물앞에 세운 돌기둥, 그우에 흔히 룡이나 봉황이 새겨있다), 망두석. ⑧내(외)종친척: ～兄弟. 내외종형제./～叔. 아저씨(아버지의 내외종형제)./～姑. 고모(아버지의 내외종누이). ⑨중요한 제의서(임금에게 올리는 글, 고대문체의 하나.): ～奏. 문서로 상주하다, 글로써 우에 보고하다.

婊 biǎo (표) 〔婊子〕(-zi) (낡은 사회) 기생, 매춘부, 갈보.

裱 biǎo (표) 종이나 헝겊을 책이나 그림의 뒤면에 풀로 덧붙이다, 걸붙이다, 표구하다, 장정하다; (벽이나 천정에) 종이를 붙이다, 도배하다: 双～纸. 두벌도배지./揭～字画. 오래된 책이나 그림을 새로 표구하다. 〔裱糊〕 도배하다.

俵 biào (표) 〈방〉나누다, 나누어주다.

摽 biào (표) ①(어떤 곳에) 졸라매다, 비끄러매다: 把口袋～在车架子上. 주머니를 수레채에 졸라매다. ②(팔을) 끼다, 겯다.

鳔 biào (표) ①(물고기의) 부레. 〈鱼泡〉라고도 함. ②부레풀. ③부레풀로 붙이다: 把桌子腿～一～. 상다리를 부레풀로 붙이다.

BIE

瘪(癟) (2) biē (별) 〔瘪三〕 〈방〉 부랑아, 망나니, 불량소년(해방전 상해의 거리에서 일정한 직업이 없이 구걸이나 도적질로 살아가던 사람을 가리켰는데 그들은 일반적으로 몹시 여위였었다). (1) biě →28페지.

憋 biē (별) ①숨막히다, 답답하다, 울적하다: 门窗全关着, 真～气. 문과 되창이 다 닫겨 숨이 막힌다. 〔憋闷〕(-men) 답답하다, 울적하다, 갑갑하다: 这事真叫人～～. 이건 여간 답답한 일이 아니다. ②억지로 참다, 숨을 죽이다: 把嘴一闭, ～足了气. 입을 꾹 다물고 숨을 죽이였다./心里～了许多话要说. 속에 참고 참았던 말들을 하겠다, 숱한 말을 속에 두고 꾹 참아왔다.

鳖(鼈) biē (별) 자라. 〈甲鱼〉〈团鱼〉라고도 하며 속되게 〈王八〉라고도 함.

别 (1) bié (별) ①갈라지다, 리별하다(㊀分-、离-): 告～. 리별하다, 고별하다, 작별하다./临～赠言. 작별인사, 작별에 남기는 말. ②갈라내다, 구분하다; 차이, 차별, 다름 (㊀辨-): 分门～类. 분류하다./分～清楚. 똑똑히 가르다./天渊之～. 하늘과 땅의 차이, 천양지차. 〔区别〕 1. 구별하다: 正确～～和处理主要矛盾和次要矛盾. 주요모순과 차요모순을 정확히 구별

하고 처리하다. 2. 구별(점): ～～不大. 차이가 크지 않다. ③별, 류별, 종류: 性～. 성별./职～. 직업별. ④다르다, 따다: ～人. 다른 사람, 딴 사람./～名. 다른 이름, 별명./～开生面. 새로운 형식을 창조하다, 독창적이다, 새로운 경지를 개척하다. 〔别致〕 색다르다, 신기하다, 독특하다, 특이하다: 花样～～. 양식이 독특하다. 〔别字〕 잘못 썼거나 잘못 발음한 글자. 〔特别〕 특별하다, 특별히: 这人～～. 이 사람은 특별하다./～～好. 특별히 좋다. ⑤…지 말라: ～动手! 다치지 말라!/～开玩笑! 롱담은 그만두게. ⑥꽂다, 달다, 찌르다: 用大头针把两张表格～在一起. 핀으로 양식 두장을 한데 꿰여놓다./～针. 빈침./腰里～着旱烟袋. 허리에 담배대를 찌르다. (2) biè →본 페지.

蹩 bié (별) 절다, 절룩거리다, 삐다, 접질리다. 〔蹩脚〕 〈방〉질이 나쁘다, 능력이 없다: ～～货. 품질이 나쁜 물건, 불량품.

瘪(癟) (1) biě (별) 올차지 못하다, 우묵하다, 오그라들다, 쭈글쭈글하다: ～花生. 쭈그러든 락화생, 락화생쭉정이./干～. 말라서 쭈글쭈글하다./车带～了. 다이야가 김이 빠지다. (2) biē →27페지.

别(彆) (2) biè (별) 〔别扭〕(-niu) 어색하다, 뒤틀리다, 괴벽스럽다: 心里～～. 어색한 감이 난다./闹～～. 알륵이 생기다, 의견이 틀리다, 다툼질하다, 수가 틀리다. (1) bié →27페지.

BIN

邠 bīn (빈) 빈현, 지명, 섬서성에 있음. 지금은 〈彬县〉(빈현)이라고 씀.

玢 bīn (빈), fēn (분) ①옥의 무늬. ②분암, 문암(암석의 일종).

宾(賓) bīn (빈) 손님(㉥-客): 来～. 래빈./外～. 외빈. /～馆. 영빈관, 호텔./喧～夺主. 손님이 주인행세를 하다, 주객이 전도되다, 굴러온 돌이 박힌 돌 빼다.

傧(儐) bīn (빈) (옛날) 손님을 맞이하는 사람, 안내자.

滨(濱) bīn (빈) ①물가: 湖～. 호수가./海～. 바다가. ②(물가에) 가깝다, 접근하다, 림하다: ～海. 바다 가까이, 바다에 림하다.

缤(繽) bīn (빈) 〔缤纷〕(-fēn) 화려하다, 찬연하다. 五彩～～. 오색찬란하다.

槟(檳、梹) (1) bīn (빈) 사과의 일종. 능금. (2) bīng →29페지.

镔(鑌) bīn (빈) 〔镔铁〕 정제한 철.

彬 bīn (빈) 〔彬彬〕 점잖다: 文质～～. 점잖고 고상하다, 점잖고 의젓하다.

斌 bīn (빈) 〔斌斌〕 은 〈彬彬〉과 같음.

豳 bīn (빈) 옛지명, 지금의 섬서성 순읍현에 있음.

濒 bīn (빈) ①가까이하다, 가깝다, …에 처하다, 접근하다, 림박하다, 직면하다: ～危. 위험에 처하다./～死. 죽음에 직면하다, 거의 죽게 되다, 빈사상태. ②〈滨〉과 같음.

摈(擯) bìn (빈) 배제하다, 배척하다; 내던지다, 버리다, 포기하다: ～斥异己. 동조(同调)하지 않는자를 배척하다, 이색분자를 배척하다, 의견이 다른 사람을 배척하다.

殡(殯) bìn (빈) 령구를 두는 곳, 빈소; 운구하다, 발인하다: 出～. 령구를 발인하다, 출빈하다,출관하다./～仪馆. 장의관.

膑(臏) bìn (빈) 〈髌〉과 같음.

髌(髕) bìn (빈) 슬개골, 종지뼈.

鬓(鬢) bìn (빈) 살쩍, 귀밑머리.

BING

并 (2) bīng (병) 산서성 태원시의 별칭. (1) bìng →30페지.

栟 (2) bīng (병) 〔栟榈〕(-lǘ)(옛책에서) 종려. (1) bēn →18페지.

冰(氷) bīng (빙) ①얼음. ②시리다, 차다: 河里的水有点～手. 강물이 손이 시리다. ③차게 하다: 把汽水～上. 사이다를 차게 하다.

兵 bīng (병) ①병기, 무기: ～器. 병기. 短～相接. 백병전을 하다. ②병사, 군인: 官～一致. 관병일치, 군관과 전사가 한덩어리로 되다./～民是胜利之本. 군민은 승리의 근본이다. ③전쟁, 전투: 纸上谈～. 빈말공부, 탁상공론.

槟(檳、梹) (2) bīng (빈) 〔槟榔〕(-lang)빈랑, 빈랑나무. (1) bīn →28페지.

丙 bǐng (병) ①병(천간〈天干〉의 세번째) 셋째, 세번째: ～等. 셋째, 세번째, 3등. ②불: 付～. 불태우다.

邴 bǐng (병) 사람의 성.

柄 bǐng (병) bìng ①자루, 손잡이: 刀～. 칼자루. 〔把柄〕(말에서) 꼬리, 건덕지, 거리. 〔笑柄〕웃음거리: 传为～～. 웃음거리(가마리)로 전하다. ②(식물의) 대, 줄기, 꼭지: 花～. 꽃대./叶～. 잎줄기./果～. 과일꼭지. ③(권력)을 잡다, 장악하다: ～国. 나라의 권력을 틀어쥐다./～政. 집정하다, 정권을 쥐다; 정권, 나라의 권력. ④권력: 国～. 나라의 권력, 국권.

炳 bǐng (병) 빛나다, 밝다, 환하다, 뚜렷하다, 현저하다.

秉 bǐng (병) ①쥐다, 잡다, 들다: ～烛. 초불을 들다./～笔. 붓대를 쥐다, 집필하다. [파]책임지고 하다, 취하다, 집행하다: ～公处理. 공평하게 처리하다. ②옛날의 용량단위, 16곡(斛 hú)에 해당함.

饼 bǐng (병) ①가루로 만든 둥글납작한 떡 또는 지짐. ②둥글납작한 물건. 铁～. 원반./豆～. 콩깨묵.

屏 (2) bǐng (병) ①제거하다, 배제하다, 버리다, 없애치우다

([련]-除)：～弃不用. 버리고 쓰지 않다. /～退左右. 좌우를 물리치다. ②(숨을) 죽이다, (호흡을) 억제하다：～气. 숨을 죽이다. /～息. 숨을 죽이다. (1) píng →346페지.

禀(禀) bǐng (품) ①(명령 또는 지시를) 받다; 천성([련]-受)：～性. 천성, 성품. ②(관청이나 웃사람에게) 알리다, 보고하다, 청원하다：～明一切. 모든 것을 똑똑히 알려드리다.

鞞 bǐng (병) 칼집.

并(併、並、竝) (1) bìng (병) ①합하다, 합치다, 합병하다([련]合-)：～案办理. 안건을 합쳐서 처리하다. ②함께, 나란히, 가지런히：～驾齐驱. 말을 나란히 하여 나아가다. /～肩作战. 어깨 나란히 싸우다. /～排坐着. 가지런히 앉다. 〔并且〕1. 또, 그리고：他每天做工八小时，～～学习两小时. 그는 매일 8시간의 로동을 하고 또 2시간의 공부를 한다. 2. 더우기, …뿐만아니라, 아울러(〈不但〉과 호응되게 쓸 때도 있고 단독으로 〈并〉만 쓸 때도 있음)：他不但赞成，～～肯帮忙. 그는 찬성할뿐아니라 도와주려고까지 한다. ③결코, 전혀, 그다지, 별로(부정사의 앞에서 생각하던것과는 다르다는 어감을 나타냄)：～不太冷. 그다지 춥지 않다. /～非不知. 모르는것은 아니다. (2) bīng →29페지.

摒 bìng (병) 버리다, 제거하다, 배제하다.

柄 bìng (병) bǐng 이라고도 함→29페지.

病 bìng (병) ①병, 질병, 병나다, 앓다([련]疾-)：害了一场～. 앓았다. /他～了. 그는 앓는다. 〔毛病〕(-bing) 1. 병, 질병. 2. 사소한 결함, 병집, 흠. 3. 고장：勤检修，机器就少出～～. 경상적으로 보수점검하면 기계에 고장이 적게 생긴다. ②결함, 흠집, 폐단：语～. 어폐. ③해치다, 해를 끼치다：反动派祸国～民. 반동파는 나라에 화를 미치고 인민에게 해를 입힌다.

BO

拨(撥) bō (발) ①(손가락이나 막대기따위로) 밀다, 돌리다：～灯. 심지를 돋구다. /把钟～一下. 시계바늘을 돌려놓다. 〔拨冗〕많은 일을 제쳐놓다, 바쁜 중에도 시간을 짜내다：务希～～出席. 바쁘더라도 꼭 참석하여주십시오. ②떼여주다, 갈라내다：～款. (상급에서) 돈을 지불하다, 투자하다. ③(-儿) 단위명사. (사람의) 패, 무리, 조：一～儿人. 한무리의 사람. /分～儿进入会场. 조를 나누어 회장으로 들어가다.

波 bō (파) ①물결([련]-浪、-涛、-澜)：〔波动〕파동, [유]오르내리다, 좋았다 나빴다 하다. 〔波及〕미치다, 파급하다. ②(물리학에서의)파：光～. 광파. /声～. 성파. /电～. 전파.

玻 bō (파) 〔玻璃〕(-瓈)(-li) 1. 유리. 2. 유리처럼 투명한 제품：～～丝袜. 나일론양말. ～～雨衣. 비닐비옷.

菠 bō (파) 〔菠菜〕 시금치.

饽 bō (발) 〈방〉〔饽饽〕(-bo) 1. (가루붙이로 만든) 빵, 떡. 2. 과자류.

钵(鉢) bō (발) ①(-头)대접(그릇의 한가지), 사발. 〔乳钵〕 약절구, 유발. ②(중이 쓰는 밥그릇) 바리대, 바리. 〔衣钵〕(불교에서) 스승이 제자에게 넘겨주는 가사와 바리대(전의되여 넘겨받는 사상, 학술, 기능 등을 가리킴. 주로 나쁜 의미에 씀).

剥(剝) (2) bō (박) 〈剥(1)〉와 같음. 〔剥夺〕 빼앗다, 박탈하다. 〔剥削〕(-xuē) 착취하다. (1) bāo →14페지.

播 bō (파) ①씨를 뿌리다, 심다: 条～. 줄파종./点～. 띄여 뿌리다, 점파; (공연종목을) 요청하다./加宽～幅. 씨를 넓게 뿌리다, 발고랑을 넓히고 뿌리다. ②퍼뜨리다, 널리 전하다, 전파하다, 살포하다; 방송하다./～音. 방송하다. 〔广播〕 방송(하다).

嶓 bō (파) 〔嶓冢〕(-zhǒng) 파총, 산이름. 감숙성 성현의 동북쪽에 있음.

百 (2) bó(백) 〔百色〕(-sè) 백색, 현이름. 광서쫭족자치구에 있음. (1) bǎi →9페지.

伯 (1) bó (백) ①맏이(형제항렬을 흔히〈伯〉〈仲〉〈叔〉〈季〉의 순서에 의하여 말하는데 〈伯〉는 맏이라는 뜻이다). 〔伯仲〕 맏이와 둘째. ㊌(높낮이가) 엇비슷하다. (좋고 나쁨이) 어금지금하다. ②큰아버지, 백부. *이상 사람에 대한 존칭: 老伯. 아바이. ③백작, 세번째 작위(고대 5등작위(爵位)의 제 3등급). (2) bǎi →9페지.

帛 bó (백) 비단견직물의 총칭.

泊(魄) (1) bó (박) ① 배가 머물다, 정박하다(㊍停-): ～船. 배를 기슭에 대다, 정박하다. ②담담하다. 〔淡泊〕 담박하다(옛날 공명리록을 탐내지 않음을 이르던 말). 〈澹泊〉라고도 씀. ③→293페지 〈落〉의 〈落泊〉, 〔-魄〕(luòbō). (2) pō →346페지. 〈魄〉pò →347페지, tuò →449페지.

柏 (2) bó (백) 〔柏林〕 베를린(독일의 도시). (1) bǎi →9페지. (3) bò →33페지의 〈檗〉.

铂 bó (박) 백금. (원소기호 Pt).

舶 bó (박) 큰배: 船～. 선박./～来品. 수입품, 외래품.

鲌 (1) bó (백) 뱅어, 백어. (2) bà →8페지의 〈鲅〉.

箔 bó (박) ①(갈, 수수대따위로 만든) 발. ②잠박(蚕箔)(누에 치기에 쓰는 도구. 흔히 참대로 만드는데 채나 돗자리 모양이다). 〈蚕帘〉이라고도 함. ③금속의 얇은 쪼각, 금속박판: 金～. 금박./铜～. 동박. ④금속가루를 바르거나 금속박편을 붙인 종이: 锡～. (미신에서 귀신을 위해 태우는) 납종이, 은지, 석박.

魄 (3) bó (백) →293페지 〈落〉의 〈落泊〉(luòbó). (1) pò →347페지. (2) tuò →449페지.

驳(駁) bó (박) ① 론박하다, 반박하다: 真理是～不倒的. 진리는 론박할수 없는것이다./反～. 반박하다./批～. 부결하다. 기각하다, 반박하다. ②(화물을) 작은 배에 나누어 실어 나르다: 起～. 짐을 작은 배로 갈라 나르다./把大船上的米～卸到堆栈里. 큰배의 쌀을 거루배에 실어 적재장에 운반하다. 〔驳船〕 거루배, 전마선. 〈拨船〉이라고도 함. ③ 얼룩덜룩하다, 얼룩이 가다(㊀斑-).

勃 bó (발) 왕성하다(첩): ～兴. 번성하다, 갑자기 흥성하다./生气～～. 생기발랄하다. 〔勃然〕 1. 우쩍 일어나는 모양: ～～而兴. 발흥하다. 2. 버럭, 발끈, 왈칵, 갑자기: ～～大怒. 벌컥 성내다.

脖 bó (발) ①(-子) 목. ②목처럼 생긴것: 脚～子. 발목.

渤 bó (발) 발해.

鹁 bó (발) 〔鹁鸪〕(-gū) 뻐꾹새, 뻐꾸기, 〈水鸪鸪〉라고도 함.

钹 bó (발) 제금, 동발.

亳 bó (박) 〔亳县〕 박현, 안휘성에 있음.

袯(襏) bó (박) 〔袯襫〕(-shì) 1. (옛날) 도롱이. 2. 거칠고 질긴 옷.

博 bó (박) ①많다, 풍부하다, 넓다(㊀广-): 地大物～. 땅이 넓고 자원이 풍부하다./～学. 학문이 넓다, 박식하다./～览. 박람하다. (책을) 많이 읽다, 고금의 일을 널리 안다. 〔博士〕 1. 박사. 2. 옛날 학술을 관할하던 관직이름. 〔博物〕 박물학. ②많이 알다: ～古通今. 옛날과 오늘의 일을 다 잘알다, 고금의 일에 정통하다. ③얻다, 사다: ～得同情. 동정을 얻다. ④노름, 도박: 赌～. 도박.

搏 bó (박) ①싸우다, 때리다: ～斗. 박투하다./肉～. 육박전을 하다. ②뛰다, 박동하다: 脉～. 맥박.

馎 bó (박) 〔馎饦〕(-tuō) 옛날의 가루음식, 수제비.

膊 bó (박) 〔赤膊〕 웃통을 벗다, 상반신을 드러내놓다.

镈 bó (박) ①큰 쇠북(옛날 둥글게 생긴 악기). ②(옛날) 호미따위의 농기구.

薄 (2) bó (박) ①〈薄(1)〉와 같음. 합성어거나 성구에 쓰임: 厚～. 두께./单～. 적다, 약하다, 얇다, 불충분하다./淡～. 사라지다, 없어지다, 연해지다, 희박해지다. /浅～. 천박하다, 빈약하다, 부족하다./～田. 메마른 땅./尖嘴～舌. 말이 못되고 야박하다. ②적다, 보잘것없다: ～技. 보잘것없는 기술./～酬. 적은 보수. ③무게 없다: 轻～. 호들갑스럽다, 경박하다. ④얕보다, 경시하다, 깔보다, 태만하다: 菲～. 보잘것없이 적다./鄙～. 천시하다, 경시하다./厚此～彼. 한가지만 중요시하고 다른것을 경시하다. ⑤박근하다, 가깝다, 다가오다: ～暮. 저녁무렵./日～西山. 해가 서산에 저물다, 서산락일. (1) báo → 14페지. (3) bò → 33페지.

礴 bó (박) → 335 페지 〈磅〉의 〈磅礴〉(páng bó).

僰 bó (북) 북족, 고대 중국 서남지구 소수민족의 이름.

踣 bó (부, 복) 넘어지다, 자빠지다: 屡～屡起. 넘어질 때마다 일어나다.

跛 bǒ (파) 절다, 절룩거리다: 一颠一～. 절뚝절뚝 절다./～脚. 발을 절다, 절름발이, 절뚝발이.

簸 (1) bǒ (파) ①키질하다, 까부르다. ②흔들리다, 들까불리다: 船在海浪中颠～起伏. 배가 바다의 파도에 들까불리다. (2) bò →본 페지.

薄 (3) bò (박) 〔薄荷〕 박하. (1) báo →14페지. (2) bó →32페지.

檗(柏) bò (벽) 황백나무, 황경피나무. 〈柏〉bǎi →9페지, bó →31페지.

擘 (1) bò (벽) 엄지손가락. 〔巨擘〕 엄지손가락; 거두, 거장(巨匠), 거벽. (2) bāi → 9 페지의 〈掰〉.

簸 (2) bò (파) 〔簸箕〕 (-ji) 키. (1) bǒ →본 페지.

卜(蔔) (2) bo (복) →292페지 〈萝〉의 〈萝卜〉. (1) bǔ →본 페지.

啵 bo (파) 조사. 〈吧〉와 같음.

BU

逋 bū (포) 달아나다, 도망치다 (㊁-逃).

晡 bū (포) 〈고〉신(申)시, 해질무렵(오후 3시부터 5시까지).

醭 bú (복) (옛음 pú) (-儿) (식초나 간장 등의 표면에 생기는) 흰 골마지.

卜 (1) bǔ (복) 점 (치다). ㊁미리 알아맞히다, 예견하다, 예측하다: 预～. 예측하다./吉凶未～. 길흉을 예측할수 없다. 〔卜辞〕 상(商)나라때 거북등이나 짐승뼈다귀에 점친 내용을 새겨 기록한 글, 갑골문자. (2) bo →본 페지.

卟 bǔ (게) 〔卟吩〕 포핀.

补(補) bǔ (보) ①깁다, 수리하다, 때다: ～衣服. 옷을 깁다. /～锅. 솥을 때다. ②보충하다, 보태채우다, 메우다, 첨가하다(㊁-充、贴-): ～空子. 빈곳을 채우다./～习. 보습하다, 보충학습하다./候～委员. 후보위원./滋～. 영양을 보충하다, 영양, 보양. 〔补白〕 빈곳을 채우다, (신문, 잡지에서) 빈곳을 채우는 단편기사 또는 짧은 글. ③유익한것, 리익, 도움: 不无小～. 보탬이 되지 않는것이 아니다.

捕 bǔ (포) 붙잡다, 사로잡다, 체포하다: ～获. 붙잡다, 사로잡다, 나포하다./～风捉影. (바람이나 그림자를 붙잡으려는것과 같이) 허무맹랑하다, 아무런 근거도 없다.

哺 bǔ (포) ①(어린이에게) 먹이다: ～养. 먹여 기르다./～育. 양육하다./～乳. 젖을 먹이다. ②입안의 씹고있는 음식물.

堡 (2) bǔ (보) 성벽으로 둘러쌓인 마을이나 촌. 흔히 지명에 많이 씀: 吴～县. 오보현, 섬서성에 있음./柴沟～. 채구보, 하북성에 있음. (1) bǎo →15페지. (3) pù →349페지.

不 bù (부) 부정부사. ①아니, 아니다(동작이나 성질을 부정): 他~来. 그는 오지 않는다./~好. 좋지 않다./~错. 괜찮다./~简单. 이만저만이 아니다, 대단하다. ②아니다(다른 사람의 말을 부정): 他刚来农村吧?~,他到农村很久了. 저 사람이 농촌에 금방 왔지? 아니요, 그가 농촌에 온지 퍽 오랩니다. ③…수 없다. ↔〈得〉: 拿~动. 들수 없다./说~明白. 똑똑히 말할수 없다./跑~很远. 멀리 달을수 없다. ④〈就〉와 호응하여 씀, …지 않으면 …다: 他在休息的时候~是看书,就是看报. 그는 휴식할 때 책을 보지 않으면 신문을 본다. ⑤긍정적문장의 뒤에 붙어서 의론문을 구성함: 他来~? 그가 오느냐? /你知道~? 너 아니? 〔不过〕 1. (일정한 수량이) 못된다, …에 불과하다, …에 지나지 않다: 一共~~五六个人. 모두 합해서 대여섯사람밖에 안된다. 2. 그러나, …지만: 困难虽然很多,~~我们能克服. 곤난은 많지만 우리는 능히 극복할수 있다.

吥 bù (포) →143페지의 〈唝吥〉(gòngbù).

钚 bù (비) 불루토니움(원소기호 Pu).

布(佈) bù (포) ① 천. 〔布匹〕. 천(천의 총칭). ②널리 알리다: 发~. 발표하다, 선포하다./开诚~公. 흉금을 털어놓다, 진심을 털어놓다. 〔布告〕 포고, 포고문. ③살포하다, 분포하다, 널어놓다: 阴云密~. 검은구름이 가득 뒤덮이다./星罗棋~. 뭇별이 바둑판 같이 널려있다. ④포치하다, 배치하다: ~防. 군대를 방선에 배치하다, 방어진을 치다./~局. 배치, 구성. 〔布置〕 포치하다, 배치하다, 꾸리다, 장식하다. ⑤고대화폐의 일종. 〔布郎族〕 부랑족. 중국 소수민족의 하나. 〔布依族〕 부이족. 중국 소수민족의 하나.

埗 bù (포) 〔茶埗〕(chá-) 다포, 지명, 복건성 진양현에 있음.

怖 bù (포)두렵다, 무섭다, 무시무시하다, 겁나다(㊀恐-): 情景可~. 무시무시한 정경./白色恐~. 백색테로.

步 bù (보) ①걸음: 稳~前进. 온보전진. 〔步伐〕 (대오의) 발걸음, 보조: ~~整齐. 보조가 한결같다. ②(일이 진행되는) 순서, 절차: ~骤. 순서, 단계, 절차. ③가다, 걷다: ~其后尘. 남의 뒤를 따라가다, 남의것을 답습하다. 〔步兵〕 보병. ④발걸음으로 거리를 재다: ~一~看这块地有多长. 이 땅떼기의 길이가 얼마나 되는가 발걸음으로 재여보라. ⑤옛 길이의 단위: 1보는 5자. ⑥단계, 정도: 他不注意改造思想,才堕落到这一~. 그가 사상개조에 주의하지 않았기에 이렇게까지 타락되였다. ⑦(옛날) 〈埠〉와 같음.

埔 (2) bù (부) 〔大埔〕 대부, 현이름, 광동성에 있음. (1) pǔ →349페지.

部 bù (부) ①부분: 内~. 내부./南~. 남부. 其中一~. 그중의 일부분. 〔部位〕 부위, 위치. ②부문, 단위: 外交~. 외교부./编辑~. 편집부./门市~. 판매부. 〔部队〕 부대. 〔部首〕 (한자의) 부수. ③관할하다, 통솔하다. 所~三十人.

30명을 관할하다. /～下. 부하. 〔部署〕 포치하다, 배치하다. ④단위명사. 1. 부, 권: 一～小说. 소설 한권. /两～字典. 자전 두권. 2. 대: 一～机器. 기계 한대. /三～汽车. 자동차 세대.

瓿 bù (부) 작은독.

篰 bù (부) 참대광주리, 참대채롱.

埠 bù (부) 부두, 고대에는 〈步〉라고도 썼음.

簿 bù (부) (-子) 공책, 장부, 기록부: 帐～. 장부. /发文～. 문전발송대장. 〔簿记〕 장부, 부기기술.

C

CA

拆 (2) cā (탁) 〈방〉(똥오줌을) 누다: ～烂污(-lànwū). 책임지지 않다. (1) chāi →42페지.

擦 cā (찰) ①닦다, 지우다, 훔치다: ～桌子. 상을 닦다. /～脸. 얼굴을 닦다. ②문지르다, 비비다: 摩拳～掌. 한바탕 해보려고 단단히 벼르다. ③가깝다, 스치다: ～黑. 저녁무렵. /～着屋檐飞过. 처마를 스쳐 날아가다.

嚓 (1) cā 소리본딴말. 칙: 摩托车～的一声站住了. 모터찌클은 칙하고 멈추어섰다. (2) chā →40페지.

礤 cā (찰) 〔礓礤〕(jiāng-) 계단, 층대.

䃰 cǎ (찰) 굵은 돌, 막돌. 〔䃰床〕 채칼.

CAI

偲 (1) cāi (시) 재능이 있다. (2) sī →415페지.

猜 cāi (시) ①추측하다, 알아맞히다: ～谜儿(-mèir). 수수께끼를 풀다. /你～他来不来? 그가 오겠는가 알아맞혀라. ②의심하다(㊀-疑): ～忌. 꺼리고 미워하다, 의심하다, 시기하다. /～嫌. 의심하고 싫어하다.

才(纔) cái (재) ①재능, 재주, 재간, 능력(㊀-能): 口～. 말재주. /这人很有～干. 이 사람은 재간이 많다. ②(부정적)인간: 奴～. 노예, 노비, 졸개, 노복, 과거 만족의 벼슬아치거나 노복이 황제나 주인을 대할 때 자기를 이르는 말. /蠢～. 미련한 놈, 우둔한 놈, 미욱한 자식. ③방금(㊀刚-、方-): 昨天～来. 어제야 왔다, 어제 방금 왔다. /现在～懂得这个道理. 이제 와서야 비로소 이 도리를 알게 되였다. ④다만, 단, 겨우, 근근히, …밖에 아니…: ～用了两元. 단 2원을 썼다. /来了～十天. 온지 열흘밖에 안된다.

材 cái (재) ①재목: 美木良～. 곱고 좋은 재목. ㊁재료, 감, 소재, 원료, 자재: 器～. 기자재. /教～. 교재. ②자질, 소질, 능력: ～干. 재능, 재간. ③관, 널: 一口～. (관)널 한채.

财 cái (재) 재물, 재산, 돈의 총칭(㊀-产、资-、钱-): 理～. 재산을 다루다, 재정을 관리하다. /～务. 재정에 관한 사무, 재무. 〔财富〕 재부. 〔财政〕 재정.

裁 cái (재) ①베다, 자르다, 마르다, 재단하다: ～衣服. 옷을 마르다. /对～. 절반을 베다. 〔裁缝〕 재봉. 〈재봉틀〉의 략칭. ②줄이다, 축소하다, 삭감하다: ～军. 군비축소. /～员. 인원축소. ③결단을 내리다, 판단하다: ～夺. 재결하다, 헤아려 결정하다. /～判. (체육)심판원, (법학) 재판하다, 판결하다. ④취사선택하다: 独出心～. 독창적인 방법을 내놓다, 뛰여난 생각을 하다. /别～. 식별하여 도태시키다(없애버리다).

采(採) (1) cǎi (채) ①따다, 뜯다: ～莲. 련꽃씨를 따다. /～茶. 차잎을 따다. ②고르다: ～用. 골라 쓰다, 채용하다. /～矿. 광석을 캐다, 채광. 〔采访〕 취재하다. 〔采纳〕 받아들이다, 채납하다: ～～群众的意见. 군중의 의견을 채납하다. ③풍채, 기색, 낯색, 표정, 정신상태: 兴高～烈. 대단히 기뻐하다, 신바람나다. ④〈彩〉와 같음. (2) cài →본 페지.

彩(綵) cǎi (채) ①색채, 색갈, 알락달락한 색: ～色影片. 천연색영화. /～排. 시연을 하다. 〔挂彩〕 ㊥부상을 입다. ②5색비단천: 悬灯结～. (경사에) 초롱을 걸고 오색비단띠를 드리워 장식하다. ③도박이나 놀음에서 이긴 사람에게 주는것(경품, 채표, 복권, 덤 등): 得～. (제비를 뽑아) 당선되다. /～金. 경쟁이나 도박에서 딴 돈, 돈을 붙인 수자(구멍) 같은것을 맞힌 상금.

睬(倸) cǎi (채) 눈여겨보다, 주시하다, 알은체하다, 거들떠보다, 상대하다: 不理不～. 거들떠보지도 않는다. /～也不～. 모르는체하다.

踩(跴) cǎi (채) 디디다, 밟다: ～了一脚泥. (진흙을 디뎌) 온발에 흙이 묻었다.

采(埰、寀) (2) cài (채) 〔采地、采邑〕 봉지, 령지(옛날 제후들이 왕으로부터 떼여받은 땅). (1) cǎi →본 페지.

菜 cài (채) ①남새, 채소. ②반찬, 료리, 부식물.

蔡 cài (채) ①채, 주(周)나라때 제후국의 이름, 지금의 하남성 상채현과 신채현에 있었음. ②〈고〉큰 거북: 蓍(shī)～. 점을 치다.

CAN

参(參) (1) cān (참) ①참가하다, 가담하다, 가입하다: ～军. 군대에 들어가다, 입대하다. /～战. 전쟁에 참가하다, 전쟁에 가담하다, 참전하다. 〔参半〕 반수, 절반, 반쯤: 疑信～～. 반신반의하다. 〔参天〕 하늘에 닿다, 하늘을 찌르다: 古木～～. 고목이 하늘을 찌르다, 고목이 하늘높이 솟다. 〔参观〕 참관하다, 견학하다. 〔参考〕 참고하다. ②만나보다: ～见. (웃사람을) 가서 만나뵈다, 참고로 보다. /～谒(-yè). 만나뵙다, 찾아뵙다. ③(옛날) 황제에게 고소하다. (2) shēn →396페지. (3) cēn →39페지.

骖(驂) cān (참) 옛날 한수레에 말 세필을 메운것, 수레채 량켠에 메운 말, 결말.

餐(飡、湌) cān (찬) ①먹다: 饱～一顿.

한끼 잘 먹다./聚～. 모여서 먹다, 모여서 함께 하는 식사. ②끼니, 끼, 식사: 一日三～. 하루에 세끼./午～. 점심식사, 오찬.

残(殘) cán (잔) ①손상시키다, 못쓰게 만들다, 헐뜯다, 물고뜯다(㊊-害): 摧～. 마사지다, 허물어지다, (몹시) 손상시키다, 손상되다. ②흉악하다, 잔인하다(㊊-暴、-忍). ③모자라다, 불완전하다(㊊-缺): ～破不全. 온전치 못하다./～品. 고르고 남은 물건, 완전하지 못한 물건./～疾. 불구자, 장애자, 병신. ㊍나머지, 남은것(㊊-余): ～局. 파괴를 당한 후의 국면, (바둑, 장기에서의) 마지막 단계./～茶剩饭. 먹다 남은 음식, 먹다 남은 찌꺼기, 턱찌꺼기.

蚕(蠶) cán (잠) 누에: 桑～. 뽕나무누에./柞～. 가둑나무누에, 작잠.

惭(慚) cán (참) 부끄럽다, 부끄러워하다(㊊-愧): 自～. 스스로 부끄러워하다.

惨(慘) cǎn (참) ①참혹하다, 흉악하다: ～无人道. 잔인무도하다, 잔악하다. ②슬프다, 가슴아프다, 비참하다, 처참하다(㊊凄-、悲-): 以前天灾人祸，百姓的生活太～了. 이전에는 자연재해와 인적앙화로 하여 백성들의 생활이 말할수 없이 비참하였다. 〔惨淡(澹)〕1. 어둡침침하고 쓸쓸하다. 2. 고생스럽다, 어렵다: ～～经营. 고생스럽게 경영하다(지금은 부정하는데 씀). ③혹심하다, 엄중하다, 참혹하다: 敌人～败. 원쑤들은 엄중한 실패를 보았다, 적들은 참패를 당하였다.

穇(穇) cǎn (삼) 〔穇子〕 피.

篸(篸) cǎn (잠) 〈방〉키의 일종.

灿(燦) càn (찬) 빛나다, 밝다, 찬란하다, 눈부시다. 〔灿烂〕 눈부시다, 찬란하다: 阳光～～. 해빛이 눈부시다.

孱 (2) càn (잔) 〈孱(1)〉와 같음. 〔孱头〕〈방〉 비겁쟁이, 나약한 사람. (1) chán →43페지.

粲 càn (찬) ①산뜻하다, 선명하다. ②방긋, 생긋(웃는 모양): 以博一～. 상대방의 웃음을 얻으려 하다.

璨 càn (찬) ①아름다운 구슬. ②〈粲①〉과 같음.

CANG

仓(倉) cāng (창) 창고, 고간: 米～. 쌀창고./谷～. 낟알고간. 〔仓库〕 창고, 고간. 〔仓猝〕〔仓卒〕(-cù) 급하다, 창졸하다, 바쁘다, 촉박하다.

伧(傖) (1) cāng (창) 〈고〉① 촌놈, 시골뜨기. ②거칠다, 속되다: ～俗. 속되다, 비천하다. (2) chen →50페지.

苍(蒼) cāng (창) 1. 진한 푸른색: ～天. 푸른 하늘. 2. 풀색, 초록색, 심록색: ～松. 푸른 소나무. 3. 희슥하다, 희끗희끗하다, 창백하다: 面色～白. 얼굴이 창백하다./两鬓～～. 귀밑머리가 희끗희끗하다. 〔苍老〕 1. 늙어 보이다. 2. (필치가) 세련되다, 힘있다.

沧(滄) cāng (창) ①(물이) 검푸르다: ～海. 가없이 넓은 검푸른 바다, 창해. ②춥다, 차다, 싸늘하다.

鸧(鶬) cāng (창) 〔鸧鹒〕(-gēng) 꾀꼬리, 꾀꼴새. (仓庚)이라고도 함.

舱(艙) cāng (창) 배 혹은 비행기의 내부칸: 货～. 짐칸./客～. 객실, 선실./底～. 밑칸.

藏 (1) cáng (장) ①감추다, 숨다: 埋～. 묻어두다, 매장하다./他～在树后头. 그는 나무뒤에 숨었다. ②거둬두다, 건사하다, 보관하다, 저장하다: ～书处. 장서실./把这些东西收～起来. 이 물건들을 거두어두시오, 이 물건들을 건사해두시오. (2) zàng →551페지.

CAO

操 cāo (조) ①잡다, 쥐다, 들다: ～刀. 칼을 쥐다./～戈. 서로 적대시하고 싸우다. ㉥장악하다, 통제하다, 틀어쥐다: ～必胜之券(quàn). 이길 파악이 있다./～舟. 배를 젓다, 배를 몰다. 〔操纵〕다루다, 조종하다. ②처리하다, 맡아보다, 애쓰다, 힘쓰다: ～持家务. 집일을 맡아보다./～劳. 애써 일하다, 심려하다, 아글타글 일하다. 〔操作〕다루다, 조작하다: 田间～～. 전간작업. ③종사하다, 일을 하다: ～医生业. 의사로 일하다, 의사노릇을 하다. ④(외국어나 사투리로) 말하다: ～俄语. 로어로 말하다./～南音. 남방음으로 말하다. ⑤훈련하다, 련습하다: 体～. 체조./徒手～. 맨손체조, 도수체조./下～. 체조를 하다, 훈련을 하다, 훈련을 마치다. ⑥절개, 지조, 품행: 节～. 절개./～行. 소행, 품행, 몸가짐.

糙 cāo (조) ①〔糙米〕현미. ②거칠다, 조잡하다(㉥粗-): 这活做得太～. 이 일은 너무 거칠게 하였다.

曹 cáo (조) ①또래, 패, 류: 尔～. 너희또래./吾～. 우리또래. ②사람의 성.

嘈 cáo (조) 왁자지껄 떠들다, 법석 떠들다, 떠들썩하다: 人声～杂. 사람들이 떠들썩하다.

漕 cáo (조) (식량을) 배로 나르다: ～运(지난날 국가에서 하는) 낟알의 수상운수, (식량을) 배로 나르다./～河. (낟알을 배로 수송하는) 물길, 수로, 운하.

槽 cáo (조) ①저장땅크: 石～. 돌로 만든 저장땅크./水～. 물땅크, 물통. *구유를 따로 이름: 猪食～. 돼지구유./马～. 말구유. ②(-儿) 홈, 오목하게 패인 부분: 挖个～儿. 홈을 파다./河～. 수로, 강바닥, 하상.

螬 cáo (조) →351페지 〈蛴〉의 〈蛴螬〉(qí-).

艚 cáo (조) (-子) 짐을 싣는 나무배.

草(艸、騲) cǎo (초) ①풀, 짚. 〔草本植物〕초본식물. ②거칠다, 어설프다㉥: ～～了(liǎo)事. 일을 거칠게 해치우다, 일을 대강대강 해치우다./～率从事. 경솔하게 일을 시작하다, 거칠게 일하다. 〔草书〕 초서, 초자, 흘림체. ③초고: 起～. 초고를 작성하다. [파]초안: ～约. 조약초안, 협정초안. /～案. 초안. ④초고를 작성하다, 초안을 잡다: ～拟. 초고를 만들다. /～檄. 격문을 작성하다. 〔草创〕 창시하다. ⑤(일부 가축가운데서의) 암컷: ～鸡. 암탉. /～驴. 암당나귀.

CE

册(冊) cè (책) ①책, 수첩. 第三～. 제3책. /纪念～. 기념수첩. ②단위명사. 권.

厕(廁) (1) cè (측) ① 변소, 위생실. ② 끼여들다, 섞이다: ～身其间. 그사이에 끼여들다. (2) si →416폐지.

侧 (1) cè (측) ①옆, 곁, 측면: 楼～. 다락곁, 층집옆. /～面. 측면. ②옆으로 기울이다, 한쪽으로 기울이다: ～目. 가로보다, 곁눈질하다, 흘겨보다. /～耳细听. 귀를 기울이고 자세히 듣다. /～身而入. 몸을 옆으로 돌리고 들어가다. 〔侧重〕 (-zhòng) 치우치다, 쏠리다, 몰리다, 치중하다. (2) zhāi →557폐지. (3) zè →554폐지.

恻 cè (측) 비통하다, 슬프다, 불쌍하다, 측은하다. 〔恻隐〕 가엾고 애처롭다, 측은하다.

测 cè (측) ①재다, 측량하다: ～角器. 고니오메터. /～绘. 측량하여 제도하는것. 〔测验〕 계기로 측정검사하다, 간단한 시험을 치르다. ②추측하다, 헤아리다, 짐작하다, 예측하다: 预～. 예측하다. /变化莫～. 변화를 예측할수 없다.

策(筞、筴) cè (책) ①꾀, 수, 계책([련]计-): 决～. 결책하다, 상책을 세우다, 가장 좋은 방법을 생각해내다; 상책, 결정적인 대책. /束手无～. 속수무책. 〔策动〕 획책하다, 책동하다. 〔策略〕 책략, 전술. ②(옛날) 말채찍(끝에 가시가 있음). ③채찍질하다: ～马. 말에 채찍질하다. /鞭～. 편달하다, 채찍질하다. ④(옛날에 종이대신 쓰던) 참대쪽, 나무쪽: 简～. 서적. ⑤옛날 시험에 쓰던 문체의 하나: 对～. 과거시험에서 수험생이 나라를 다스리는 책략에 대한 황제의 물음에 대답하다, 대책. /～论. 조정에 제기하는 정사를 론의하는 글, 책론.

CEN

参(參) (3) cēn (참) 〔参差〕 (-cī) 들쑹날쑹하다, 가쯘하지 않다. (1) cān →36페지. (2) shēn →396페지.

岑 cén (잠) 작으면서도 높은 산.

涔 cén (잠) 장마지다. 〔涔涔〕 1. 비가 줄줄 내리다. 2. (땀이나 눈물이) 줄줄 흐르다, 뚝뚝 떨어지다: 汗～～. 땀이 줄줄 흐르다.

CENG

噌 cēng (쟁, 증) 소리본딴말, 썩, 썩썩, 스르렁스르렁: ～的一声,火柴划着了. 썩 하고 성냥불이 켜졌다.

层(層) céng (층) ①층, 겹, 벌: 二～楼. 2층집. /

三～院子. 세겹으로 둘러싸인 뜨락./絮(xù)上两～棉花. 두겹으로 솜을 놓다./还有一～意思. 또 다른 한가지 뜻이 있다. 〔层次〕 층차, 차원, 순서: ～～分明. 층차가 분명하다. ②거듭, 중복하여, 겹겹이: ～出不穷. 끊임없이 나타나다, 꼬리를 물고 일어나다.

曾 (2) céng (증) 이미, 벌써, 이전에, 일찌기: 未～. 아직 …못하다, 아직./何～. 그 언제…가./他～去北京两次. 그는 이전에 북경에 두번 갔었다./～几何时? 얼마전에, 오래지 않아. (1) zēng →554페지.

嶒 céng (층) 〔崚嶒〕(líng-) 산이 높고 험하다.

蹭 cèng (층) 스치다, 쓸리다: ～了一身泥. 온몸이 진흙투성이 되다./～破了皮. 쓸리여 껍질이 벗겨지다. [파] 질질 끌다, 어정거리다, 꾸물거리다, 굼뜨다: 快点,别～了. 꾸물거리지 말고 빨리./走路老磨～. 걷게 되면 늘 질질 끌다. 〔蹭蹬〕(-dèng) 실패하다, 좌절당하다, 뜻을 이루지 못하다.

CHA

叉(扠) (1) chā (차) ①(-子) 끝이 둘이상의 가달로 된 도구: 三齿～. 삼지창./粪～子. 걸이대. /鱼～. 작살. ②(작살같은 도구로) 찍어내다: ～鱼. 작살로 고기를 찍다. ③교차하다: ～手. 두손을 교차하다(옛날인사). (2) chá →본 페지. (3) chǎ →41페지.

杈 (1) chā (차) 걸이대. (2) chà →41페지.

差 (2) chā (차) ①(사물간의) 차이 ([련]-别、-异). ②다소, 조금: ～强人意. 대체로 사람들의 마음에 들다, 남을 다소 만족시키다, 그런대로 괜찮다. ③실수, 과오, 결함: ～错. 실수, 결함, 잘못. ④(수의) 차. 7과 5의 차는 2이다. (1) chà →41페지. (3) chāi →42페지. (4) cī →64페지.

插 chā (삽) 꽂다, 박다, 지르다: ～秧. 벼모를 꽂다, 모를 심다./把花～在瓶子里. 꽃을 병에 꽂다. [파]개입하다, 참예하다, 참여하다: ～班. (학급에) 편입하다./～嘴. 말참견하다, 간섭하다.

锸(臿) chā (삽) 삽, 흙파는 도구.

喳 (2) chā (사) 〔喳喳〕 소리본딴말. 소곤소곤, 지절지절, 조잘조잘; 打～～. 소곤거리다. (1) zhā →555페지.

馇 chā (돼지나 개의 먹이를) 저으면서 끓이다.

嚓 (2) chā 〔喀嚓〕(kā-) 소리본딴말(물체가 꺾이는 소리). 와지끈, 뚝, 딱. (1) cā →35페지.

叉 (2) chá (차) 걸리다, 막다: 车把路口～住了. 차가 길목을 막았다. (1) chā →본 페지. (3) chǎ →41페지.

垞 chá (타) 자그마한 흙산, 사람이름에 많이 씀.

茬(楂) chá (치) ①(-儿) 그루, 그루터기: 麦～. 밀그루./豆～儿. 콩그루. ②(-儿) 그루(곡식을 심는 회수): 换～. 그루바꿈./头～. 첫그루./二～. 두번째 그루. ③(짜른 머리칼이나 수염의) 그루. 〈楂〉zhā →555페지.

茶 chá (다) ①차. ②차물. [파]일부 음료의 이름: 面～. 기장쌀죽에 양념을 쳐서 만든 음식./杏仁～. 살구씨로 만든 음료, 살구씨차./奶～. 젖차, 우유차.

搽 chá (차) 바르다, 칠하다: ～药. 약을 바르다./～粉. 분을 바르다.

查 (1) chá (사) 검사하다, 검열하다([련]检-): ～帐. 장부를 검사하다./～字典. 자전을 찾아보다. (2) zhā →555페지.

嵖 chá (차) 〔嵖岈山〕(-yáshān)산이름, 하남성 수평현에 있음.

碴 chá (사) ①(-儿)부스레기, 조각: 冰～儿. 얼음부스레기, 얼음조각./玻璃～儿. 유리조각. ②(-儿) 그릇의 이빠진 곳, 깨여진 곳: 碗上还有个破～儿. 사발에는 또 이빠진 곳이 있다. ③(사금파리에) 베다, 째지다: 手让碎玻璃～破了. 손이 유리조각에 베여졌다.

槎 chá (사) ①떼목: 乘～. 떼목을 타다./浮～. 떼목을 띄우다. ②〈茬〉와 같음.

察(詧) chá (찰) 자세히 살피다, 관찰하다: 考～. 고찰하다./视～. 시찰하다.

叉 (3) chǎ (차) 갈라지다, 벌리다, 버티고 서다: ～腿. 다리를 벌리다, 두다리를 버티고 서다. (1) chā →40페지. (2) chá →40페지.

衩 (2) chǎ (차) 〔裤衩〕빤쯔, 잠방이: 三角～～. 삼각빤쯔. (1) chà →본 페지.

蹅 chǎ (사) (진창을) 밟다, 디디다. (흙탕물에서) 걷다: ～雨 (비오는 날) 진탕길을 걷다./鞋都～湿了. (진탕물에) 신이 다 젖었다.

镲 chǎ 작은 바라 (악기의 일종).

汊 chà (차) 강이 갈라져 흐르는 곳, 지류.

杈 (2) chà (차) (-子、-儿) 곁가지: 树～儿. 나무곁가지./打棉花～. 목화의 곁가지를 치다. (1) chā →40페지.

衩 (1) chà (차) (중국옷에서) 옷자락의 두옆에 갈라진 곳. (2) chǎ →본 페지.

岔 chà (차) ①갈림길, 분기점: ～道. 갈림길./三～路. 세갈래길. ②(-子、-儿) 사고, 말썽, 혼란. ③(다른데로) 돌리다, 말머리를 (다른데로) 돌리다./打～. 말머리를 딴데로 돌리다. ④(시간이 겹칠가봐) 서로 엇바꿔놓다: 把这两个会的时间～开. 이 두가지 회의의 시간을 서로 떼여놓다.

侘 chà (차) 〔侘傺〕(-chì) 뜻을 이루지 못한 모양.

诧 chà (타) 놀라다, 놀랍다.

姹 chà (차) 아름답다, 곱다: ～紫嫣(--yān)红. (꽃이) 울긋불긋하다.

刹 (1) chà (찰) 절. 범어(梵语)(원뜻은 발이나 논을 가리키는데 후에 절을 가리킴): 古～. 옛절. 〔刹那〕찰나, 눈깜박할 사이, 순간. (2) shā →388페지.

差 (1) chà (차) ①잘못되다, 그릇되다, 틀리다([련]-错): 说～

了. 잘못 말하다. ②차이나다, 어긋나다: ~得远. 몹시 어긋나다./~不多. 큰 차이가 없다. 어지간하다, 괜찮다, 비슷하다. ③부족하다, 모자라다: ~一道手续. 한가지 수속이 부족하다./还~一个人. 아직도 한사람이 모자라다. ④차하다, 못하다, 낮다, 나쁘다: 成绩~. 성적이 차하다. 성적이 낮다. (2) chā →40페지. (3) chāi →42페지. (4) cī →64페지.

CHAI

拆 (1) chāi (탁) (마주 붙여놓은 것을) 뜯다, 떼다, 분해하다, 허물다, 헐다: ~信. 편지를 떼다./~卸机器. 기계를 뜯다. (2) cā →35페지.

钗 chāi (채) (두가닥) 비녀: 金~. 금비녀./荆~布裙. 나무비녀를 꽂고 무명치마를 입다(녀자의 옷단장이 소박함을 비유).

差 (3) chāi (채) ①파견하다, 보내다 ([련]-遣). ②(지난날)심부름군. ③파견되여 하는 일: 兼~. 겸해 하는 일./出~. 출장가다. (1) chà →41페지. (2) chā →40페지. (4) cī →64페지.

侪(儕) chái (제) 같은 또래: 吾~. 우리들.

柴 chái (시) 땔나무, 화목. 〔火柴〕 성냥.

豺 chái (시) 이리. 〔豺狼〕 이리와 승냥이. [유]잔인무도한 놈.

茝 chǎi (채) 옛날책에 나오는 향초(香草)의 하나, 구리때, 백지(白芷).

踳 chǎi (책) (-儿) 콩 또는 옥수수를 매돌에 간것: 豆~儿. 콩짜개.

虿(蠆) chài (채) 옛책에 나오는 전갈따위의 벌레(독있는 벌레).

瘥 chài (채) 병이 낫다: 久病初~. 오래 앓던 병이 갓 나았다.

CHAN

觇 chān (첨) (속음 zhān) 엿보다, 관측하다. 〔觇标〕 표척.

掺(摻) chān (참) 〈搀②〉과 같음.

搀(攙) chān (참) ①부축하다, 붙잡다([련]-扶): 你~着那个老头儿吧. 저 로인을 부축해드려라. ②섞다, 타다, 혼합하다([련]-杂): 里面~糖了. 속에 사탕을 섞었다.

襜 chān (첨) (옛날) 옷섶, 밑자락.

单(單) (3) chán (선) 〔单于〕 옛날 흉노족의 추장(군주). (1) dān →77페지. (2) shàn →390페지.

婵(嬋) chán (선) 〔婵娟〕(-juān) 1. (녀자의 자태가) 아름답다. 2. (옛날) 미인을 가리켰음.

禅(禪) (1) chán (선) ①(범어) 선나(禅那)의 략칭인데 불교에서 조용히 생각함을 가리킴: 坐~. 좌선하다. ②불교에 관한것: ~杖. 중의 지팽이./~师. 덕망이 높은 중, 선사. (2) shàn →390페지.

蝉(蟬) chán (선) 매미, 쓰르라미 또 〈知了〉라고도 함. 〔蝉联〕 [유]계속하다, 이어지다, 련속적으로.

铤 chán (연) 옛날에 쇠로 손잡이를 한 짧은 창.

谗(讒) chán (참) 헐뜯다, 중상하다, 비방하다: ～言. 헐뜯는 말, 비방중상하는 말.

巉 chán (참) 〔巉岩〕(-yán) (산이) 깎아지른듯 소소리높다.

馋(饞) chán (참) ①게걸스럽다, 좋은 음식만 먹으려 하다, 먹는데 미치다: 嘴～. 먹고싶어하다./～涎欲滴. 군침이 돌다, 군침을 흘리다. ②탐내다, 부러워하다, 눈독들이다; 眼～. 눈독들이다.

镵 chán (참) ①옛날 호미의 한가지. ②가시.

孱 (1) chán (잔) 나약하다, 허약하다, 약하다 (㊥-弱). (2) càn →37페지.

潺 chán (잔) 〔潺潺〕(물 흐르는 소리) 졸졸, 돌돌, 쪼록쪼록, 주룩주룩: ～～流水. 졸졸 흐르는 물. 〔潺湲〕(-yuán) (강물이) 굼실거리다.

缠(纏) chán (전) ①감다, 싸매다, 두르다(㊥-绕): 头上～着一块布. 머리에 천을 휘감고있다. 〔缠绵〕(감정이나 질병에) 사로잡히다, 벗어나지 못하다. ②붙잡고 귀찮게 굴다, 귀찮게 치근덕거리다, 치근치근 달라붙다: 不要胡～. 귀찮게 굴지 말라.

廛 chán (전) 옛날 한세대가 사는 집, 주택, 사택. 〔市廛〕 장거리, 장마당.

瀍 chán (전) 〔瀍河〕 전하, 강이름, 하남성에 있음.

躔 chán (전) ①〈고〉짐승의 발자취. ②천체의 운행.

澶 chán (전) 〔澶渊〕(-yuān) 전연, 고대의 지명, 지금의 하남성 보양현 서남쪽에 있었음.

蟾 chán (섬) 두꺼비: ～宫. 달, 달나라, 월궁. 〔蟾蜍〕(-chú) 두꺼비, 속명으로〈癞蛤蟆〉(làihámá) 혹은 〈疥 jiè蛤蟆〉라고도 함. 〔蟾酥〕(-sū) 섬소(두꺼비진).

产(産) chǎn (산) ①낳다, 해산하다, 알을 낳다, 알을 쓿다: ～子. 새끼를 낳다./母鸡～卵. 암탉이 알을 낳다. 〔产生〕 나타나다, 생기다. ㊥집단에서 내놓다(내오다), 나다: 每个小组～～一个代表. 매개 소조에서 대표 한 사람씩 내오다. ②해산과 관계되는것: ～科. 산부인과./助～医院. 산원. ③만들어내다, 제조하다, 자연적으로 나다: 沿海盛～鱼虾. 연해지방에서는 고기, 새우가 많이 난다./我国～稻、麦的地方很多. 우리 나라에는 벼와 밀이 나는 곳이 퍽 많다./增～大量工业品和粮食. 많은 공업품과 식량을 증산하다. ④생산물, 제품: 土特～. 토산물과 특산물. ⑤재산: 房～. (소유하고있는) 집./地～. (소유하고있는) 땅./遗～. 유산. 〔产业〕 1. 부동산, 집재산. 2. 산업(공업생산을 가리킴): ～～革命. 산업혁명./～～工人. 산업로동자.

浐(滻) chǎn (산) 〔浐河〕 산하, 강이름, 섬서성에 있음.

铲(鏟、剷、刬) chǎn (산) ①(-子、-

儿）삽，부삽，미장공들의 벽돌쌓는 도구，주걱，지짐칼：铁～. 삽./饭～儿. 밥주걱. ②(삽따위로) 깎다，긁다，치다，매다，뜨다：把地～平. 땅을 고르게 깎다. ～土. 땅을 깎다./～菜. 채소밭을 매다. 〔铲除〕제거하다，없애버리다. 〈刬〉chàn →본 페지.

谄 chǎn（첨）아첨하다，비위를 맞추다，알랑거리다，빌붙다：～媚(mèi). 아첨하다，알랑거리다./不骄不～. 교만하지도 않고 아첨하지도 않다.

阐(闡) chǎn（천）천명하다，표명하다，밝히다：～述. 명백히 서술하다.〔阐发〕밝히다，사리를 깊이 설명하다.

蒇 chǎn（천）끝내다，마무리다，완수하다：～事. 일을 끝내다.

骣 chǎn（잔）자갈을 물리지 않고 안장과 고삐도 없이 말을 타다. ～骑. 맨말을 타다.

冁(囅) chǎn（천）～然. 껄껄(웃는 모양).

忏(懺) chàn（참）뉘우치다，참회하다. 불교에서 남에게 용서해주기를 바라는 행위를 가리킴. 불교와 도교에서 외우는 경문의 일종.〔忏悔〕참회하다，잘못을 뉘우치다.

刬(剗) (1) chàn（잔）〈방〉〔-刬〕전부，몽땅，모두，일률로：～～新. 몽땅 새것이다./～～都是平川. 모두가 평야지대이다. (2) chǎn →43페지의〈铲〉.

颤 (1) chàn（전）떨다，흔들다，벌벌 떨다，진동하다，휘청거리다：这条扁担(dàn)担上三十公斤就～了. 이 멜대는 30킬로그람만 메여도 휘청거린다. /～动. 흔들리다，떨다. (2) zhàn →559페지.

羼 chàn（산）섞다，뒤섞다，뒤죽박죽이 되다. ～人. 섞여들어가다.

韂 chàn（첨）말안장밑의 반치개，언치.

CHANG

伥(倀) chāng（창）(미신)창귀：为虎作～. 창귀노릇을 하다，앞잡이질하다.

昌 chāng（창）흥하다，륭성번영하다，번성하다. 我们的祖国繁荣～盛. 우리의 조국은 륭성번영한다.

菖 chāng（창）〔菖蒲〕(-pú)창포，장포.

阊 chāng（창）〔阊阖〕(-hé) 1. 전설가운데의 하늘우의 문，천문. 2. 궁전대문.〔阊门〕창문，소주의 성문이름.

猖 chāng（창）〔猖狂〕(-kuáng) 미쳐날뛰다，미친듯이 날뛰다：打退了敌人的～～进攻. 미쳐날뛰는 원쑤들의 공격을 물리쳤다.〔猖獗〕(-jué) 미쳐날뛰다，제멋대로 날뛰다，만연되다：～～一时. 한때 미쳐날뛰다.

娼 chāng（창）기생，창기，갈보，매춘부.

鲳 chāng（창）병어.〈镜鱼〉、〈平鱼〉라고도 함.

长(長) (1) cháng（장）①길이：这块布三尺～. 이 천은 길이가 3자이다./那张桌子～三尺宽二尺. 그(저) 상은 길이 석

자에 너비 두자이다. ②길다. ↔ (短)：1. (공간이) 길다：这条路很～. 이 길은 퍽 길다./～篇大论. 일장연설을 하다, 장광설을 늘어놓다. 2. (시간이) 길다, 오래다：天～夜短. 낮이 길고 밤이 짧다./～远利益. 장원한 리익. 〔长短〕1. 길이. 2. 뜻밖의 사고：万一有什么～～. 만일 뜻밖의 사고가 난다면. ③특장, 장끼, 뛰여난 점, 장점：特～. 특장./各有所～. 서로 제각기 특장이 있다. ④(어떤 일을) 특별히 잘한다：他～于写作. 그는 글을 잘 쓴다. (2) zhǎng →560페지.

苌(萇) cháng (장) 사람의 성.

场(場、塲) (1) cháng (장) ①마당：打～. 마당질하다./～院里堆满了粮食. 탈곡장에 량식을 가득 무져놓았다. ②단위명사. 번, 차례：经过一～激烈斗争. 한차례 치렬한 투쟁을 겪었다./下了一～大雨. 큰비가 내렸다. (2) chǎng →46페지.

肠(腸) cháng (장) (-子) 밸, 장：断～. 애끊다, 애달프다, 매우 슬프다./牵～挂肚. [유] 걱정하다, 마음을 놓지 못하다.

尝(嘗、嚐) cháng (상) ①맛보다：～咸淡. 짠가 싱거운가 맛보다, 간을 맛보다. [유]겪다, 당하다：备～艰苦. 간난신고를 다 맛보다, 고생을 겪을대로 다 겪다. 〔尝试〕해보다, 시험해보다：～～一下. 시험해보다. ②일찌기, 과거에, …적이 있다：未～. …적이 없다, …이라고 말할수 없다, 결코 …지 않다.

偿(償) cháng (상) ①되돌리다, 갚다, 물어주다, 치르다([련]赔-)：赔～损失. 손실을 배상하다./得不～失. 잃은것이 얻은것보다 많다. ②만족시키다, 이룩되다：如愿以～. 소원대로 되다, 자기의 목적이 달성되다.

鲿(鱨) cháng (상) 자가사리. 〈毛鲿鱼〉、〈大鱼〉라고도 함.

徜(倘) cháng (상) 〔徜徉〕(倘佯)(-yáng) 유유히 걷다, 한가로이 거닐다：～～湖畔. 호수가를 유유히 걷다. tǎng →429페지의 〈倘〉.

裳 (1) cháng (상) 치마. (2) shang →393페지.

常 cháng (상) ①항상, 언제나：～绿树. 상록수./冬夏～青. 사시장철 푸르다. ②때때로, 자주, 흔히[첩]：～和工人一起劳动. 자주 로동자들과 함께 일하다. ③정상적이다, 보통이다, 일반적이다：～识. 상식./～态. 정상적인 상태./习以为～. 점점 버릇으로 되다./反～. 이상하다, 정상적이 못되다.

嫦 cháng (항) 〔嫦娥〕(-é) 항아, 상아(신화에서 나오는 월궁에 있는 선녀).

厂(厰、廠) (1) chǎng (창) ①공장：机械～. 기계공장./造纸～. 제지공장./纱～. 제사공장. ②넓은 마당을 리용하여 보관과 가공을 겸하는 상점：木～. 목재상점./煤～. 석탄판매부. ③벽체가 없는 큰집, 의지간. (2) ān →3페지.

场(場、塲) (2) chǎng (장) ①(-子、-儿)장소:会～. 회의장. /市～. 시장. /天安门广～. 천안문광장. 〔场合〕 때, 장소, 장면, 경우, 형편, 정황. ②(희곡의) 장면, 장: 三幕五～. 3막 5장. (1) cháng →45페지.

昶 chǎng (창) 낮이 길다, 해가 길다.

惝 chǎng (창) →429페지의 〈惝(tǎng)〉.

敞 chǎng (창) ①(방안, 뜰 등이) 넓다, 널직하다: ～亮. 널직하고 환하다. /这房子很宽～. 이 집이 꽤 널직하다. ②열다, 활짝 열다: ～开大门. 대문을 활짝 열다. ③헤치다: ～胸露怀. 앞가슴을 다 헤쳐놓다.

氅 chǎng (창) 외투: 大～. 외투.

怅(悵) chàng (창) (뜻대로 되지 않아) 섭섭하다㉱: ～然. 섭섭해하다, 괴로와하다.

韔(韔) chàng (창) 화살주머니, 활집.

畅(暢) chàng (창) ① 막힘없이, 거침새없이: ～达. (교통 등이) 거침없이 통하다. /～行. 거침없이 통하다. /～销. 잘 팔리다, 판로가 열리다. ②통쾌하게, 시원하게, 마음껏, 실컷: ～谈. 흉금을 털어놓고 마음대로 말하다. /～饮. 실컷 마시다. 통쾌하게 마시다.

倡 chàng (창) 발기하다, 제창하다: ～议. 발기하다, 선참으로 제의하다. /～导. 발기하고 이끌다.

唱 chàng (창) ①노래하다: ～歌. 노래 부르다. /～戏. (희곡을) 공연하다. /～曲. 민요를 부르다, 노래를 부르다. ㉺높이 소리치다, 크게 웨치다: ～名. 이름을 소리높이 부르다. ②(-儿) 노래, 노래가락: ～个歌儿. 노래를 부르다.

鬯 chàng (창) ①옛날 제사에 쓰는 향술. ②〈畅〉과 같음: 一夕～谈. 온저녁 흉금을 털어놓고 이야기하다.

CHAO

抄 chāo (초) ①쓰다, 베끼다, 베껴쓰다: ～文件. 서류를 베껴쓰다. /～书. 책을 베껴쓰다. 〔抄袭〕 표절하다, 글을 도적질하다, 에돌아 불의에 습격하다. ②수색하여 몰수하다: ～家. 가산을 몰수하다, 집을 수색하다. ③ 질러가다: ～小道走. 작은 길로 질러가다. ④〈绰(2)〉와 같음.

吵 (2) chāo (초) 〔吵吵〕 법석 떠들다, 떠들썩하다. (1) chǎo →47페지.

钞 chāo (초) ①〈抄①〉와 같음. ②돈, 지폐: 外～. 외화.

怊 chāo (초) 비관실망하다, 슬프다, 가슴아프다, 괴롭다.

弨 chāo (초) 활시위를 늦추다.

超 chāo (초) 넘다, 초과하다, 뛰여나다: ～龄. 나이 넘다, 초령. /～额. (정량을) 넘쳐하다, 초과하다. /～声波. 초음파. 〔超级大国〕 초대국. ㉺범위를 벗어나 제한을 받지 않는것. ～现实. 초현실.

绰 (2) chāo (작) ①〈焯(2)〉와 같음. ②얼른 잡다, 잡아쥐다, 집어들다: ～起一根棍子. 얼른 몽둥

이를 집어들다. (1) chuò →64페지.

焯 (2) chāo (작) 데치다, 살짝 익히다: ～菠菜. 시금치를 데치다. (1) zhuō →589페지.

剿(勦) (2) chāo (초) 남의 글을 제것처럼 써먹다: ～说. 남이 한 말을 자기말처럼 한다. (1) jiǎo →209페지.

晁(鼂) cháo (조) 사람의 성.

巢 cháo (소) 둥지, 보금자리.

朝 (1) cháo (조) ①향하다, …에로, …으로: ～前. 앞을 향하다./坐南～北. 남쪽에 앉아 북쪽을 향하다, 남향좌./～着美丽的未来迈进. 아름다운 미래에로 힘차게 나아가다. ②(임금을) 뵙다. [파]종교의 신도가 (어디에) 찾아가 뵙다: ～圣团. 신도들이 종교성지를 찾아 뵈는 림시조직. ③조정(임금이 신하와 관리들을 만나 지시하거나 명령하는 곳). 〔在朝〕[전]집정하다. ④조대, 왕조: 唐～. 당나라, 당대./改～换代. 조대를 바꾸다, 시대가 달라지다. 〔朝鲜族〕조선족. (2) zhāo →562페지.

嘲(謿) (1) cháo (조) (옛음 zhāo) 비웃다, 조소하다, 야유하다, 조롱하다([련]-笑): 冷～热讽. 음으로 양으로 비웃다, 랭소하다. (2) zhāo →562페지.

潮 cháo (조) ①조수, 밀물, 미세기. ②(조수와 같은 사회적) 추세, 흐름, 조류: 思～. 사조./风～. 운동, 소동, 풍조./革命高～. 혁명고조. ③습하다, 누기차다: ～气. 누기, 습기./受～了. 누기차다./阴天返～. 날이 흐려 누기가 들다.

吵 (1) chǎo (초) ①떠들다, 떠들썩하다: ～得慌. 몹시 떠들다./把他～醒了. 떠드는 소리에 그가 깨여났다. ②말싸움을 하다, 다투다: ～架. 말싸움을 하다./争～. 말다툼을 하다. (2) chāo →46페지.

炒 chǎo (초) 닦다, 볶다, 지지다: ～鸡蛋. 닭알볶음, 닭알을 지지다./～菜. 볶음채, 채소를 볶다, 료리를 볶다./～栗子. 밤을 닦다, 군밤.

耖 chǎo (초) ①써레. ②써레질하다.

CHE

车(車) (1) chē (거, 차) ①차, 수레따위: 火～. 기차./马～. 마차./轿～. 승용차, 하이야. ②바퀴달린 기구: 纺～. 물레./水～. 수차./滑～. 도르래, 활차. [파]기계: 开～. 기계를 돌리다, 차를 몰다./试～. 시운전을 하다. 〔车间〕직장: 翻砂～～. 주조직장./加工～～. 가공직장./装配～～. 조립직장. ③(선반으로) 깎다. ～圆. 둥글게 깎다./～光 빤빤하게 깎다. ④수차로 물을 퍼올리다: ～水. 물을 퍼올리다. ⑤(차) 사람의 성 (2)jū →225페지.

砗 chē (차) 〔砗磲〕(-qú) 차거(조개의 일종, 조개보다 큼, 장식품에 씀).

尺 (2)chě 옛날 악보기음부호의 하나로서 지금 음계의 〈레〉에 해당하다. (1) chǐ →54페지.

扯(撦) chě (차) ①잡아당기다, 잡아끌다: ～住他

不放. 그를 잡아당기고 놓지 않는다. ②이것저것 한가히 이야기하다: 闲～. 한가하게 이야기하다, 잡담하다. /不要把问题～远了. 문제를 생뚱같은데 끌고가지 말라. ③찢다, 째다, 뜯다: 他把信～了. 그는 편지를 찢었다.

彻(徹) chè (철) 꿰뚫다, 스며들다, 철저하다, 새우다, 밝히다: 冷风～骨. 찬바람이 뼈를 꿰뚫다, 찬바람이 뼈를 어이다. /～头～尾. 철두철미하다. /～夜. 밤을 새우다, 밤을 밝히다. 〔彻底〕 철저하다: ～～改造. 철저히 개조하다.

坼 chè (탁) 터지다, 벌어지다, 갈라지다, 트다, 쪼개지다: 天寒地～. 날씨가 추워 땅이 얼어터지다.

掣 chè (철) ①잡아당기다, 견제하다: ～后腿: 뒤다리를 잡아당기다. /风驰电～. 번개같이 내달리다, 쏜살같이 달리다. 〔掣肘〕 팔을 잡아당기다. ㊌남의 일을 저애하다, 방애하다. ②뽑다, 빼다: ～签. 제비를 뽑다.

撤 chè (철) ①없애치우다, 걷어치우다. /～销. 취소하다, 해제하다. ②물러서다, 후회하다, 철수하다: ～兵: 철병하다. /～回. 철수하다, 소환하다.

澈 chè (철) ①물이 맑다: 清～可鉴. 물이 맑아 사람이 비추어 보인다. ②〈彻〉와 같음.

CHEN

抻(捵) chēn (신) 잡아당기다, 길게 늘이다, 길게 뽑다: ～面. 밀가루를 길게 뽑아 국수를 만들다, 길게 늘이여 만든 국수. /把衣服～～. 옷을 잡아당기다. /把袖子～出来. 옷소매를 잡아당겨내다.

郴 chēn (침) 〔郴县〕 침현, 호남성에 있음.

琛 chēn (침) 희귀한 보물.

嗔 chēn (진) 성내다, 노하다(㊉-怒). 〔嗔着〕(-zhe) 성내다, 짜증을 내다: 别～～他多事. 그가 다사하다고 짜증을 내지 말라.

瞋 chēn (진) 눈을 부릅뜨다, 눈을 부라리다. ～目叱之. 눈을 부릅뜨고 욕하다.

臣 chén (신) ①(노예사회의) 노예. ②신하. ③저, 신(낡은 사회에서 신하가 군주에 대한 자칭).

辰 chén (진) ①진(12지의 다섯째). ②진시(辰时) (오전 7시부터 9시까지). (신) ③때, 날: 生～. 생일. /诞～. 탄생일. 〔辰光〕〈방〉때, 시간, 무렵. ④해와 달과 별의 총칭.

宸 chén (신) ①집, 깊숙한 집. ②제왕이 사는 곳. ㊉왕위와 제왕의 별칭.

晨 chén (신) 이른아침, 새벽, 아침: 清～. 이른아침, 새벽. /～昏. 아침저녁.

尘(塵) chén (진) ①먼지. ②(불교와 도교에서) 인간세상, 속세.

忱 chén (침) ①(진실한) 심정, 정, 성의: 热～. 뜨거운 심정, 열정. /谢～. 감사의 정. ②성실하다, 간절하다: ～挚. 진지하다.

沉(沈) chén (침) ①가라앉다, 잠기다, 빠지다, ↔〈浮〉; 船～了. 배가 가라앉았다. ㉠ 푹 꺼지다, 떨어지다, 빠져들어가다: 地基下～. 기초가 내려앉다, 터가 푹 꺼지다. 〔沉淀〕1. 가라앉다, 침전되다. 2. 침전물, 앙금. ②무겁다. ～重. 몹시 무겁다, 심대하다, 심하다. /铁比木头～. 쇠가 나무보다 무겁다. 〔沉着〕(-zhuó) 침착하다: ～～应战. 침착하게 싸움에 응하다. ③(정도가) 깊다, 심하다: ～思. 깊이 생각하다. /～醉. 심하게 취하다, 푹 취하다. /天阴得很～. 하늘이 몹시 흐렸다. 〈沈〉shěn →397페지.

陈(陳) chén (진) ①차려놓다, 전시하다, 진렬하다, 배렬하다(㉤-列、-设): 古物～列馆. /골동품진렬관. ②말하다, 진술하다(㉤-述): 详～. 상세히 말하다. ③낡다, 묵다, 오래되다(㉤-旧): ～腐. 썩어빠지다. /～酒. 오래 묵은 술(좋다는 뜻). /新～代谢. 신진대사. ④진나라, 옛날 주(周)나라때 제후국의 이름. 지금의 회양현일대에 있었음. ⑤진나라, 조대의 이름. 남조의 하나였는데 진패선이 건립하였다(기원 557～589년). 〈고〉〈阵〉(zhèn)과 같음.

谌 chén (심) ①믿다. ②참으로, 확실히, 정말, 진짜.

橙 (2) chén (증) 橙子. 향귤. (1) chéng →52페지.

碜(磣、硶) chěn (삼) ①음식물에 모래가 섞이다. 〔牙碜〕(-chen) 모래가 씹히다: 面条有些～～. 밀가루국수에 모래가 씹힌다. ②보기 구차하다(흉하다), 망측하다, 못생기다. 〔寒碜〕〔寒伧〕(-chen) 1. 보기 구차하다, 초라하다, 볼품이 없다. 2. 창피하다, 망신스럽다, 부끄럽다: 说起来怪～～人. 말하자면 너무 창피스럽다.

衬(襯) chèn (친) ①안에 받치다: ～绒. 모달리를 안에 받치다, 모달리안. /～上一张纸. 안(밑)에 종이 한장을 받치다. ②안받침하다, 두드러지게 하다: 这朵红花～着绿叶, 真好看. 이 붉은 꽃은 푸른잎으로 안받침해주니 더 예쁘다.

疢 chèn (진) 열병, 병(病).

龀 chèn (친) 젖이갈이, 젖이를 갈다.

称(稱) (2) chèn (칭) 알맞다, 맞다, 어울리다, 적합하다: ～心. 마음에 들다, 만족하다. /～职. 적임, 직무를 담당할만하다, 그 능력에 알맞다. /相～. 서로 알맞다. 〔对称〕 대칭되다. (1) chēng →50페지. (3) chèng →52페지의 〈秤〉.

趁 chèn (진) ①(시간, 기회, 틈 등을) 타다: ～热打铁. 쇠를 단김에 두드리다, 소뿔을 단김에 뽑다. /～着没下雨打场(cháng). 비가 오지 않는 틈을 타서 마당질하다. ㉠ …김에 …타다: ～车. (가는김에) 차를 타다. ②많이 가지고있다: ～钱. 돈이 많다.

榇(櫬) chèn (친) 관, 널.

谶 chèn (참) (미신)(장래의 좋고 나쁨에 대한) 예언, 징조, 참언.

伧(傖) (2) chen (창) 〔寒伧〕〈寒碜〉과 같음→ 49페지의 〈碜(chěn)〉. (1) cāng →37페지.

CHENG

柽(檉) chēng (정) 능수버들, 〈三春柳〉, 〈红柳〉라고도 함.

蛏(蟶) chēng (정) (-子) 가리맛, 맛조개, 맛.

琤(琤) chēng (쟁) 소리본딴 말. 둥당둥당(거문고소리), 댕그랑댕그랑(구슬이 부딪치는 소리), 졸졸(물 흐르는 소리)[첩].

称(稱) (1) chēng (칭) ①(저울로) 달다, 뜨다. ~一~看有几斤. 몇근이나 되는가 달아보다. ②칭하다, 부르다, 불리우다: 自~. 자칭하다./~得起英雄. 영웅이라고 불리울만하다. ③이름, 칭호, 부름, 명칭: 简~. 략칭./别~. 달리 부르는 이름, 별명. ④말하다: 拍手~快. 좋다고 박수치다, 박수갈채를 보내다./~病. 병이 났다고 핑게하다, 피병하다./连声~好. 련이어 좋다고 하다, 치하하다. ⑤찬양하다: ~许. 칭찬하다, 찬양하다./~道. 칭찬하다, 치하하다. ⑥들고일어나다, 일으키다: ~兵. 출병하다, 군사를 일으키다. (2) chèn →49페지. (3) chèng →52페지의 〈秤〉.

铛(鐺) (2) chēng (쟁) 큰 지짐판(밑이 평평하고 깊지 않게 생긴 가마). (1) dāng →80페지.

赪 chēng (정) 빨간색, 붉은색.

撑(撐) chēng (탱) ①버티다, 고이다, 받들다: ~竿跳. 봉고도, 장대높이뛰기./~腰. 받들어주다, 뒤받침해주다. ②(배를 몰 때) 삿대질하다, 삿대로 배를 몰다. ③지나치게 부르다, 터지다, 켕기다: 少吃些,别~着. 과식하지 말고 적게 먹어라, 그만 먹어라, 배가 터지겠다./口袋装得太满,都~圆了. 주머니에 너무 차서 둥그렇게 팽팽해지다. ④펼치다, 벌리다: ~伞. 우산(양산)을 펼치다./把口袋~开. 주머니를 벌리다.

瞠 chēng (쟁) 쏘아보다, (눈을) 부릅뜨다: ~目结舌. 눈이 둥그래서 말을 못하다, 어안이 벙벙해지다./~乎其后. 뻔히 보면서 따라잡지 못하다, 뒤에서 바라볼뿐 어찌할수 없다.

成 chéng (성) ①성공하다, 완성하다, 다되다([련]完-): ~事. 성사하다, 성공하다./大功告~. 큰일을 이룩하다, 대사를 끝내다, 대사를 마치다./完~任务. 임무를 완수하다. ②(사물이) 성숙되다: ~虫. 벌레가 다되다, 성충/~人. 성인이 다되다./五谷~熟. 오곡이 성숙되다. ③되다, 변하다: 他~了医生了. 그는 의사로 되였다./雪化~水. 눈이 녹아 물이 되였다. ④된다, 될수 있다, 좋다: 这么办可不~. 이러면 안된다./~, 就那么办吧. 좋네, 그렇게 하게. ⑤훌륭하다, 장하다, 대단하다:

你们小组真～,这个月又超额了. 동무네 소조가 참 대단하군. 이번 달도 또 초과했구만. ⑥일정한 수량을 나타냄(수량이 많거나 시간이 긴것을 나타냄): ～千上万. 수천수만. /～车的慰问品. 차에 넘치는 위문품. ⑦다된것, 이미 이루어진것: ～规. 기존규칙, 기존규정, 관례. /～见. 선입견, 굳어진 견해. ⑧10분의 1, 할: 八～. 80%, 8할. /提出一～做公益金. 10%를 떼내여 공익금으로 하다.

诚 chéng (성) ①진실하다, 성실하다: ～心～意. 성심성의. /～恳. 성실하다, 간절하다. ②확실히, 실로, 참으로, 진실로: ～然. 과연, 참으로, 참말로, 확실히. /～有此事. 실로 이런 일이 있다.

城 chéng (성) ①성, 담: 万里长～. 만리장성. ②도시: ～乡互助. 도시와 농촌이 서로 돕다.

宬 chéng (성) (황제의) 장서실: 皇史～. 명, 청 두 조대에서 황실자료를 보관하던 곳. 북경에 있음.

盛 (2) chéng (성) ①담다, 싣다: ～饭. 밥을 담다. ②들어가다, 수용하다: 这礼堂能～几千人. 이 강당은 몇천명이 들어갈수 있다. (1) shèng →400페지.

铖 chéng (성) 사람이름자.

丞 chéng (승) ①돕다, 보좌하다. 〔丞相〕 정승, 재상. ②보좌관, 차관: 县～. 부현장. /府～. 부윤의 보좌관.

呈 chéng (정) ①나타내다, 드러나다, 띠다: ～现一片新气象. 온통 새로운 기상이 나타나다. ②드리다, 올리다: 送～. 올려보내다. /谨～. 삼가 올리다. ③올려바치는 글(문건): ～文. 제의서, 건의서, 웃기관에 제출하는 문건.

埕 chéng (정) ①(복건, 광동 연해지구의) 맛조개밭, 가리맛밭. ②〈방〉술독, 술단지.

程 chéng (정) ①길, 로정, 거리, 구간(㊌路-): 起～. 길을 떠나다, 출발하다. /登～. 길을 떠나다. /送他一～. 그를 한구간 바래다주다. 〔过程〕 과정. ②진행절차, 순서: 日～. 일정. /～序. 절차, 순서. ③규칙, 규정, 법칙(㊌-式): 操作规～. 조작규정. ④가늠하다, 헤아리다: 计日～功. 성공할 날자를 헤아릴수 있다, 불일간에 끝나다. /不～其力. 그 힘을 가늠할수 없다.

裎 chéng (정) 〈고〉벌거벗다.

酲 chéng (정) 취하여 멜멜하다: 忧心如～. 몹시 근심하다.

枨(棖) chéng (정) (무엇으로) 건드리다, 다치다: ～触. 다치다, 건드리다, 감동되다, 감격하다.

承 chéng (승) ①(아래에서) 받다: ～尘. 먼지받이, 천정. ②맡다, 담당하다: ～应. 승낙하다, 허락하다. /这工程由建筑公司～包. 이 공사는 건축회사에서 도맡아한다. /责任由我～担. 책임은 내가 지겠다. ㊁(인사말로) 받다, 입다: ～情. 은혜를 입다, 신세를 지다. /～教. 가르침을 받다. /～大家热心招待. 여러분의 열정적인 접대를 받다. 〔承认〕1. 승인하다, 허락하다. ~~错误. 오유를 승인하다./他~~有这回事. 그는 이런 일이 있다고 승인하였다. 2. 국제상에서 새로운 국가, 새로운 정권의 법률적지위를 승인하다. ③계속하다, 이어받다, 물려받다: ~上启下. 우와 아래를 련결시키다, 상부의 지시를 이어받아 하부에 침투시키다, 웃글과 아래글을 이어주다./继~. 계승하다./~接. 이어받다.

乘 (1) chéng (승) ①타다: ~马. 말을 타다./~车. 차를 타다. ②기회를 타다, 리용하다: ~便. 편리한 기회를 타다./~机. 기회를 타다./~势. 유리한 기회를 리용하다, 유리한 틈을 타다. ③곱하다, 승하다: 五~二等于十. 5에 2를 곱하면 10이다. (2) shèng →400페지.

惩(懲) chéng (징) 처벌하다, 징벌하다, 경계하다: 严~. 엄격히 처벌하다./~前毖后. 과거를 징계하고 금후를 삼가하다, 실패에서 교훈을 찾다.

塍 chéng (승) 밭두렁, 밭두둑, 논두렁.

澄(瀓) (1)chéng (징) (물이) 맑다. 〔澄清〕맑게 하다, 가라앉히다, 침전시키다. [유]똑똑하게 밝히다, 명백하게 하다: 把问题~~一下. 문제를 명확히 밝히다. (2) dèng →85페지.

橙 (1) chéng (등) ①등자나무. ②등황색, 오렌지색. (2) chén →49페지.

逞 chěng (정) ①뽐내다, 우쭐대다: ~能. 재간을 뽐내다, 재간을 피우다, 우쭐대다./~强. 강한체 우쭐대다, 잘난체하다. ②(나쁜 목적을) 이루다, 달성하다: 决不让坏人的阴谋得~. 절대로 나쁜놈들의 음모가 달성되게 하지 말아야 한다.

骋 chěng (빙) 내달리다([련]驰-): 汽车在公路上驰~. 자동차가 큰길에서 내달리다. [파]풀어놓다, 펼치다: ~目. 거침없이 멀리 앞을 바라보다.

秤(称) chèng (칭)저울: 盘~. 앉은저울. 〈称〉chèn →49페지. chēng →50페지.

CHI

吃(喫) chī (흘) ①먹다, 마시다. ~饭. 밥을 먹다./~药. 약을 먹다. ②빨다, 흡수하다, 피우다: ~墨纸. 잉크먹이종이, 흡수지, 압지./~烟. 담배를 피우다. ③느끼다, 받다, 당하다: ~惊. 겁을 먹다, 놀라다./~紧. 긴장하다, 긴박하다. 〔吃力〕힘겹다, 힘들다. ④지탱하다, 견디다: 这个任务很~重. 이 임무는 책임이 무겁다./~不住太大的分量. 너무 큰 무게는 견디여내기 어렵다. ⑤에게(송나라, 원나라의 소설과 희곡에서 늘 씀): ~那厮骗了. 그놈에게 속히웠다. 〔吃水〕흘수(배가 물에 잠기는 깊이). 〔口吃〕말을 먹다(〈吃〉의 옛음은 jī).

哧 chī (하) 소리본딴말. 픽, 윙, 키득, 좍, 쉭쉭.

蚩 chī (치) 우둔하다, 어리석다.

嗤 chī (치) 깔보다, 비웃다, 조소하다: ~之以鼻. 코웃음치다, 경멸시하다.

媸 chī (치) 얼굴이 못생기다, 밉다.

鸱 chī (치) 솔개, 소리개. 〔鸱鸮〕(-xiāo) 1. 올빼미. 2. 쥐새, 굴뚝새, 옛날에는 〈鷦鷯〉(jiāoliáo)라고 하였음. 〔鸱鸺〕(-xiū) 수리부엉이, 수알치새.

絺 chī (치) 가는 갈천.

瓻 chī (치) (옛날) 술담는 그릇.

眵 chī (치) 눈곱. 〈眵目糊〉라고도 함.

笞 chī (태) (채찍, 몽둥이따위로) 때리다, 매질하다: 鞭～. 채찍으로 때리다.

痴(癡) chī (치) 어리석다, 미련하다: ～人说梦. 머저리 꿈소리하다, 완전한 허튼소리, 어리석은 놈의 잠꼬대, 황당무계한 말.

螭 chī (리) (전설에 나오는) 뿔이 없는 룡, 이무기, 고대건축물이거나 공예품은 흔히 이무기의 그림으로 장식하였다.

魑 chī (리) 〔魑魅〕(-mèi) (전설에 나오는 수림속에서 사람을 해치는) 괴물, 산중의 요귀, 도깨비.

池 chí (지) ①(-子) 못, 늪(대체로 인공으로 판것)([련]-沼): 游泳～. 수영장. /养鱼～. 양어장. ②늪처럼 우묵하게 들어간 곳: 便～. 변기. /花～. 꽃밭. ③성호, 해자(성둘레에 파놓은 늪): 城～. 성호. /金城汤～. 철옹성, 금성철벽.

弛 chí (이) (옛음 shǐ) 느슨하다, 늦추다, 해제하다: 一张一～. 조였다늦췄다하다. /废～. 버리다. /～禁. 금지령을 해제하다.

驰 chí (치) ①뛰다, 내달리다(많이는 말이나 차를 가리킴)([련]-骋): 背道而～. 반대방향으로 달아나다, 배치되다. /风～电掣. 번개같이 내달리다, 질풍같이 달리다. [파]마음이 달리다, 마음이 쏠리다, 몹시 그리워하다: 神～. 몹시 그리워하다, 몹시 가고싶어하다. /情～. 마음이 쏠리다. ②(이름을) 날리다, 펴지다: ～名. 이름을 날리다, 명성을 떨치다.

迟(遲) chí (지) ①느리다, 우물쭈물하다: 说时～, 那时快. 눈깜짝할 사이에. /行动～缓. 행동이 느리다. /～～不去. 질질 끌며 가지 않다. [파]굼뜨다: 心～眼钝. 동작이 굼뜨다. 〔迟疑〕 망설이다, 기웃거리다. ②늦다: 不～到, 不早退. 지각도 조퇴도 하지 않다.

茌 chí (치) 〔茌平〕 치평, 현이름, 산동성에 있음.

持 chí (지) ①쥐다, 잡다, 들다: ～笔. 붓을 잡다, 필을 쥐다. /～枪. 총을 잡다. ②간직하다, 지키다, 견지하다: 坚～真理. 진리를 견지하다. 〔持久〕 오래도록 유지하다: 绿肥肥效能～～, 还能松地抗旱. 록비는 비료효능을 오래 유지할수 있을뿐만아니라 땅을 푸석푸석하게 하고 가물을 막을수도 있다. /～～战. 지구전. 〔持续〕 지속하다. 〔相持〕 서로 대치되다, 서로 버티다: ～～不下: 서로 버티고 양보하지 않다. ③

다스리다, 주관하다, 꾸리다: 勤俭～家. 근검하게 살림살이를 꾸리다./这件事由你主～好了. 이 일은 당신이 주관하는것이 좋겠소.

匙 (1) chí (시) 숟가락. 〈调羹〉이라고도 함. (2) shi →406페지.

篪 chí, lí (시) 침, 침방울.

墀 chí (지) 계단우의 빈자리, 계단.

踟 chí (지) 〔踟蹰〕(-chú) 망설이다, 주저하다, 우물쭈물하다: ～～不前. 우물쭈물하며 가지 않는다, 망설이며 앞으로 나가지 못하다.

篪(竾、箎) chí (척) (옛날의) 저대.

尺 (1) chǐ (척) ①(길이의 단위) 자, 척: 一米等于三市～. 1메터는 3자이다. 〔尺牍〕 서신, 서한, 편지(옛날의 서책은 그 길이가 약 1자가량이였다). 〔尺寸〕 치수, 분수: 开个～～好照着做. 치수를 써주시오, 그 치수에 맞춰 하게./～～要量准确. 치수를 똑바로 재이시오. ②(길이를 재이는) 자. ③자처럼 생긴것: 铁～. (거리대모양의) 창. /仿～. 신축사도기, 축도기. (2) chě →47페지.

呎 chǐ (척) 피트(영국의 길이의 단위, 30. 48센치메터에 해당함). 지금은 〈英尺〉라고 함.

齿(齒) chǐ (치) ①이, 이발. 〔挂齿〕 언급하다(부정적어구에만 쓰임): 不足～～. 언급할것이 못된다./何足～～. 말할것이 못된다, 무슨 언급할 필요가 있는가. ②(-儿) 이발처럼 생긴것: 锯～. 톱이./梳子～儿. 빗살./～轮. 치륜, 톱이바퀴, 치차. ③나이, 년령: 马～徒增. 나이는 많아도 능력이 없다. 〔不齿〕 ⓐ같은 류의 사람이 못된다고 생각함(얕잡아봄을 나타냄).

侈 chǐ (치) ①랑비하다, 헤프게 쓰다(㊀奢-): 生活奢～. 생활이 사치하다. ②과장하다: ～谈. 과장하여 말하다, 허풍치다.

耻(恥) chǐ (치) 부끄럽다, 창피하다, 수치스럽다(㊀羞-): 雪～. 치욕을 씻다./浪费可～. 랑비는 수치스러운 일이다.

豉 chǐ (시) 豆豉. 메주장, 청국장.

褫 chǐ (치) (지위, 권력을) 빼앗다, 박탈하다: ～职. 직무를 박탈하다, 철직시키다./～夺政治权利. 정치권리를 빼앗다(박탈하다).

彳 chì (척) 〔彳亍〕(-chù) 어정어정하다, 어정거리다, 서성거리다.

叱 chì (질) (큰소리로) 꾸짖다, 나무라다, 욕을 하다. 〔叱咤〕(-zhà) 성난 소리, 호통치는 소리, 언성을 높여 꾸짖다.

斥 chì (척) ①꾸짖다, 규탄하다(㊀-责): 遭到～责. 꾸지람을 듣다./痛～这种荒谬的论调. 이와 같은 허튼 론조를 호되게 규탄하다./②물리치다, 밀어내다, 배척하다: 排～. 배척하다./～退. 나가라고 명령하다, 물러가라고 하다, 철직시키다, 제명시키다. ③많다, 넓다. 〔充斥〕 어디나 가득차 있다, 차고넘치다(부정적으로 쓰임). 〔斥候〕 정찰하다, 척후대, 척후병.

赤 chì (적) ①붉은색(붉은색보다 좀 어두운 색). ～小豆. 붉은 팥./～血球. 적혈구. 〔赤心〕 붉은 마음, 진실한 마음, 충심. 〔赤子〕 갓난애. 〔赤字〕 적자. ②텅 비다, 아무것도 없다: ～手空拳. 맨주먹, 적수공권./～贫. 몹시 가난하다, 극빈하다, 적빈, 극빈. ③벌거벗다: ～脚. 맨발./～背. 웃통을 벗다.

饬 chì (칙) ①정돈하다, 정리하다, 바로잡다([련]整-): 整～纪律. 규률을 정돈하다. ②(지난날) 상급이 하급에게 명령하다: ～知. (웃기관이 아래기관에) 통지하다, 알리다./～令. (상급이 하급에게) 명령하다(지난날 공문에 많이 쓰임).

炽(熾) chì (치) 불이 활활 타다, 왕성하다: ～热. 치렬하다, 이글이글하다, 열렬하다.

翅(翄) chì (시) ①날개. ②지느러미, 상어의 지느러미(진귀한 식품임). 〈고〉〈啻〉(chì)와 같음.

敕(勅、勑) chì (칙) 임금의 명령, 칙령.

啻 chì (시) (고문에서) 그러나, 오직, 단지, 뿐. 〔不啻〕 1. …뿐만아니라: ～～如此. 그럴뿐만아니라. 2. …과(와) 다름없다, ～～兄弟. 형제와 다름없다.

傺 chì (제) 〔侘傺〕(chà-) 뜻을 이루지 못함을 형용함.

鶒 chì (칙) →468페지 〈鸂〉의 〈鸂鶒〉(xīchì).

瘈 (2) chì (계) 〈瘛〉와 같음. (1) zhì →578페지.

瘛 chì (계) 〔瘛疭〕(-zòng) 경련을 일으키며 떨다, 계종, 경풍. 〈抽风〉(chōu fēng)이라고도 함.

CHONG

充 chōng (충) ①(량이) 차다, 가득차다, 충분하다([련]-足): ～其量. 기껏해야, 극상해야./理由～分. 리유가 충분하다./内容～实. 내용이 충실하다. ②(용적에) 차다, 채우다, 가득 넣다, 막다: ～满愉快的心情. 유쾌한 심정으로 차넘치다./～耳不闻. 귀를 막고 듣지 않다. ③맡다, 담당하다: ～当. 충당하다, 담당하다./～任. 맡다, 담당하다. ④그런체하다, …으로 가장하다: ～行家. 전문가로 가장하다./～能干. 잘하는체하다.

茺 chōng (충) 〔茺蔚〕(-wèi) 익모초.

冲(沖、衝) (1) chōng (충) ①(끓는 물을) 붓다, 타다; 물에 밀려 내려가다: ～茶. (끓인 물로) 차를 우리다, 차를 타다./用水～服. (약을) 물에 타 먹다./这道堤不怕水～. 이 방축은 물에 밀려갈 념려가 없다. 〔冲淡〕 묽게 하다, 희석시키다, 희박하게 하다. [유]엄숙성이나 엄중성이 약화되다. ②우로 솟다, 솟구치다, 찌르다: ～入云霄. 구름속을 뚫고 솟아오르다. ③중요한 길목, 요충: 要～. 요충지./这是～要地方. 여기는 요충지대이다. ④장애를 뚫고 앞으로 빨리 나가다, 돌격하다: ～锋. 돌격하다./～入敌阵. 적진을 뚫고 들어가다./横～直撞. 이리저리 마구 달리다, 제멋대로 날치다, 좌충우돌하다. 〔冲动〕 충동, 충동하다. 〔冲突〕 1. 부딪치다, 충돌되다. 2. 모순되다, 의견상이가 생기다. (2) chòng →본 페지.

忡(㤝) chōng (충) 근심하다, 걱정에 싸이다 ㊢: 忧心～～. 근심걱정에 싸이다.

翀 chōng (충) 새가 곧추 우로 날아오르다.

舂 chōng (용) (쌀따위를) 찧다, 슳다: ～米. 쌀을 찧다(슳다).

憧 chōng (동) 마음이 가라앉지 않다, 마음이 산란하다. 〔憧憧〕 마음을 걷잡지 못하다, 마음이 산란하다, 왔다갔다하다, 얼른거리다: 人影～～. 사람의 그림자가 얼른거리다. 〔憧憬〕(-jǐng) 동경하다, 념원이 실현될것을 바라다.

艟(衝) chōng (동) →304페지 〈艨〉의 〈艨艟〉(méng chōng). chòng →본 페지의 〈冲〉.

虫(蟲) chóng (충) 벌레, 곤충. 〔大虫〕 호랑이.

种 (3) chóng (충) 사람의 성. (1) zhǒng → 579 페지. (2) zhòng →579페지.

重 (2) chóng (중) ①겹치다, 거듭되다, 중복되다: 书买～了. 산 책을 또 샀다. ②거듭, 다시: ～新建筑. 또다시 건축하다. /～整旗鼓. 실패한후에 력량을 재편성하다, 다시 수습하다. /～来一次. 다시 한번 하다. 〔重阳〕〔重九〕 음력 9월 9일. ③층, 겹: 双～领导. 이중령도. /～～围住. 겹겹히 둘러싸다. (1) zhòng →579페지.

崇 chóng (숭) ①높다, 숭고하다: ～山峻岭. 높은 산과 험한 령. /～高的品质. 고상한 품성. ②존중하다, 숭배하다: 推～. 떠받들다, 내세우다. /～拜. 숭배하다. /尊～. 우러러 모시다, 존경하다.

宠(寵) chǒng (총) 총애, 총애하다, 편애하다, 지나친 사랑: ～爱. 특별히 사랑하다, 총애하다.

冲(衝) (2) chòng (충) ①마주서다, 향하다: ～南的大门. 남쪽을 향한 대문. /～着这树看. 이 나무를 (향하여) 보다. ②맹렬하다, 세차다, 힘차다, (냄새가) 코를 찌르다: 这小伙有股～劲. 이 젊은이는 과감성이 있다. /水来得真～. 물이 세차게 흘려온다. /大蒜气味～. 마늘냄새가 코를 찌르다. ③의거하다, 근거하다: ～他这股子钻劲儿, 一定能完成这项技术革新任务. 그는 이와 같이 파고드는 정신이 있기에 꼭 그 기술혁신의 임무를 완수할수 있다. (1) chōng →55페지.

铳 chòng (총) ①총(옛무기), 화승총. ②(-子) 구멍뚫개, 펀치(구멍을 뚫는 기구의 하나). ③맹렬하다, 세다. 〈冲②〉와 같음.

CHOU

抽 chōu (추) ①뽑다, 빼다, 꺼내다: ～签. 제비를 뽑다. /～调干部. 간부를 뽑아 딴데로 돌리다, (일부분의 간부나 물자를) 긴급히 수요되는 곳에 움직이여 쓰다. /～空儿. 틈을 타다, 시간을 짜내다. 〔抽象〕 1. 추상적이다. 2. 똑똑치 않다, 두리뭉실하다: 问题这样提太～～了,最好举一个具体的例子. 문제를 이렇게 제기하면 똑똑치 않으니 가장 좋기는 구체적인 례를 하나 들었으면 하오. ②나오다, 패다, 돋다, 트다, 자라다: 谷子～穗. 조가 이삭이 패다(나오다). ③빨다, 마시다, 피우다: ～水. 물을 빨다./～气机. 배기뽐프./～烟. 담배를 피우다. ④줄어들다, 줄다: 这布一洗～了寸. 이 천은 빨았더니 한치나 줄어들었다. 〔抽风〕 경풍이 오다, 경련을 일으키다, 전간을 일으키다, 바람을 뽑다. ⑤후려치다, 갈기다, 때리다, 치다: 不再用鞭子～牲口了. 다시는 채찍으로 부림짐승을 후려치지 말게.

紬 (1) chōu (주) 끌어내다, 가려내다. 〔紬绎〕〔抽绎〕(실머리를) 끌어내다. (2) chóu →본 페지.

瘳 chōu (추) ①병이 낫다. ②해를 끼치다.

仇(讎、讐) (1) chóu (구) 원한, 원쑤: ～人. 원쑤./报～. 복수하다, 원쑤를 갚다./恩将～报. 은인을 원쑤로 대하다./～视侵略者. 침략자를 미워하다(증오하다). (2) qiú →369페지.

紬 (2) chóu (주) 〈绸〉와 같음. (1) chōu →본 페지.

俦(儔) chóu (주) 동반자, 벗, 짝, 같은 또래, 동배, 친구.

帱(幬) (1) chóu (주) ①장막. ② 수레의 휘장. (2) dào →82페지.

畴(疇) chóu (주) ①밭, 토지, 땅. ②종류, 같은 종류. 〔畴昔〕 이전, 지난날, 과거, 옛날, 옛적.

筹(籌) chóu (주) ① 산가지, 산대. ②계획하다, 획책하다, 방법을 강구하다: ～款. 돈을 조달하다./～备. 계획하고 준비하다./统～. 통일적으로 계획을 세우다./一～莫展. 아무런 방법도 없다, 어찌할 방법이 없다.

踌(躊) chóu (주) 〔踌躇〕(-chú) 1. 우물쭈물하다, 우물거리다, 머뭇거리다, 망설이다: 他～～了半天才答应了. 그는 한참 망설이다가 비로소 응답하였다. 2. 우쭐대다, 으시대다: ～～满志. 거둔 성과에 우쭐해지다, 으시대며 만족해하다.

惆 chóu (추) 〔惆怅〕(-chàng) 쓸쓸해하다, 슬퍼하다, 서글프다, 구슬프다.

绸 chóu (주) (-子) 비단, 명주, 견직물: ～料. 비단옷감.

稠 chóu (주) ①배다, 촘촘하다, 빽빽하다(㊀-密): 人烟～密. 인구밀도가 높다./棉花棵很～. 면화대가 매우 빼곡하다. ②질다, 걸다: 这粥太～了. 이 죽이 너무 걸다.

酬(酧、醻) chóu (수) ①손님에게 술을 권하다. 〔酬酢〕(-zuò) 주인과 손님이 서로 술을 권하다(교제래왕을 가리킴). 〔应酬〕 1. 응대하다, 교제하다. 2. 겉으로 응대하다. ②(재물로) 보답하다, 보수를 주다: ～劳. 보수를 주다, 위로하다. ③보수: 同工同～. 같은 일에 같은 보수를 주다.

愁 chóu (수) 근심하다, 걱정하다(㊀忧-): 不～吃, 不～穿. 먹을 근심이 없고 입을 근심도 없다, 먹을 걱정 입을 걱정이 없다./发～. 근심하다, 걱정하다.

雔(讎) chóu (수) ①(문자를) 교정하다 ([련]校-). ② 〈仇(1)〉과 같음.

丑(醜) chǒu (축) ①축(12지의 둘째). ②축시(새벽 1시부터 3시까지의 사이). ③(극에서의) 어리광대, 익살군. ④밉다, 못생기다: 长得～. 밉게 생기다. ⑤밉살스럽다, 보기 싫다, 흉하다: ～态. 추태./～名. 악명, 오명, 더러운 이름./出～. 망신하다, 추태를 부리다./长得～. 밉게 생기다.

瞅(矁) chǒu 보다: 我没～见他. 나는 그를 보지 못했다.

臭 (1) chòu (취) 구리다, 고리다. ↔〈香〉. ～气熏人. 구린내가 코를 찌르다. [유]더럽다, 루추하다, 역겹다: 遗～万年. 더러운 이름을 천추에 남기다, 악명을 후세에 남기다./放下～架子, 甘当小学生. 꼴사나운 틀을 버리고 소학생이 되라. (2) xiù →492페지.

CHU

出(齣) chū (출) ①나오다, 나가다. ↔〈入〉〈进〉: 1. 나오다, 나가다: ～门. 문을 나서다./从屋里～来. 집안에서 나오다./～汗. 땀이 나다. 2. 내다, 내놓다: ～一把力. 힘을 내다./～主意. 의견을 내놓다, 방도를 생각해내다./量入为～. 수입이 맞게 지출하다. ②오다, 참가하다, 출석하다: ～席. 출석하다./～勤. 출근하다. ③벗어나다, 떠나다: ～轨. 궤도를 벗어나다. ④나다, 생산하다, 만들다: ～品. 출품./这里～米. 이 고장에서 쌀이 난다. ⑤생기다, 발생하다: ～事. 일이 생기다./～问题. 문제가 발생하다. ⑥붇다: 这米很～饭. 이 쌀은 밥이 붇는다. ⑦나타나다, 솜씨를 보이다: ～名. 이름나다./～头. 두각을 나타내다. ⑧초과하다, 뛰여나다: ～众. 남보다 뛰여나다. 〔出色〕(-sè) 특출하다, 뛰여나다: ～～地完成了任务. 임무를 뛰여나게 완수하였다. ⑨동사의 뒤에서 방향 또는 결과를 나타냄: 提～问题. 문제를 제기하다./作～贡献. 공헌을 하다. ⑩단위명사. 회(回), 단락, 토막, 극의 한 장면, 대목.

初 chū (초) 시작, 초, 처음, 방금, 갓: ～一. 초하루./～伏. 초복./～稿. 초고./～学. 초학./～等教育. 초등교육./红日～升. 붉은 해 솟아오르다. [파]원래, 당초, 종전: ～衷. 최초의 념원./和好如～. 종전과 같이 좋게 지내다, 종전처럼 다정하다.

樗 chū (저) 누리장나무, 취오동, 취목, 개똥나무. 〈臭椿树〉라고도 함.

刍(芻) chú (추) 꼴, (집짐승) 먹이풀.

鶵(鶵) chú (추) ①〈雏〉와 같음. ②→542페지 〈鹓〉의 〈鹓鶵〉(yuānchú).

雏(雛) chú (추) 새새끼, 풋병아리: ～鸡. 풋병아리./～莺乳燕. 새끼꾀꼬리와 새끼제비, 풋내기, 애송이. 〔雏形〕[유]사물의 첫모양: 略具～～. 약간 모양을 갖추다.

除 chú (제) ①빼버리다, 없애다, 뽑다, 제거하다: ～害. 해로운

것을 없애버리다. /斩草~根. 풀을 베고 뿌리를 뽑다. 송두리채 뽑아버리다, 밑뿌리채 없애다. ②제외하다: ~此以外. 이밖에. /~了这个人,我都认识. 이 사람을 제외하고는 다 알만하다. 〔除非〕 1. …아니고서는, …지 말아야 한다: 若要人不知,~~己莫为. 만약 사람들이 모르게 하자면 자기가 하지 말아야 한다. 2. …제외하고는:那条山路,~~他,没人认识. 그 산길은 그분을 제외하고는 아는 사람이 없다. 〔除夕〕 섣달그믐날밤, 섣달 그믐날. ③나누다, 제하다: 用二~四得二. 2로 4를 나누면 2이다. ④계단, 섬돌: 庭~. 계단, 뜰, 뜨락, 정원.

滁 chú (저) 〔滁县〕 저현, 안휘성에 있음.

蜍 chú (서) →43페지 〈蟾〉의 〈蟾蜍〉(chánchú).

钼 chú (서) 〈锄〉와 같음.

锄(耡) chú (서) ①호미: 三齿耘~. (김매는) 호미. ②김을 매다: ~田. 밭을 매다. /~草. 김을 매다. ③없애치우다, 제거하다: ~奸. 변절자를 없애치우다, 나쁜놈을 없애치우다.

厨(廚、厨) chú (주) 정지간, 주방, 부엌.

橱(櫥) chú (주) (-子、-儿) 장: 衣~. 옷장. /碗~儿. 식장, 찬장.

蹰 chú (주) →54페지 〈踟〉의 〈踟蹰〉(chíchú).

躇 chú (저) →57페지 〈踌〉의 〈踌躇〉(chóuchú).

处(處、處、処) (2) chǔ (처) ①살다, 거주하다: 穴居野~. 산굴이나 들에서 살다. 〔处女〕 처녀. ②놓이다, 처하다, 놓다: 设身~地. 자기를 다른 사람의 처지에 놓고 생각하다. /~在任何环境, 他都能坚持原则. 그 어떤 환경에 처하여도 그는 다 원칙을 견지할수 있다. ③(사람들과 같이) 살아나가다, 지내다, 사귀다: 他们相~得很好. 그들은 사이좋게 지내다. ④(마음, 생각 등을) 먹다, 품다, 가지다, 걱정하다, 결단을 내리다. 〔处分〕(-fèn) 처분하다, 처분. 〔处理〕 처리하다: 这事情难~~. 이 일은 처리하기 어렵다. (1) chù →60페지.

杵 chǔ (저) ①절구공이, 다듬이방망이, 방치. ②찌르다: 用手指头~他一下. 손가락으로 그를 꾹 찌르다.

础(礎) chǔ (초) 주추돌, 초석, 기초, 토대: 基~. 기초, 토대.

楮 chǔ (저) 닥나무. →〈榖〉(gǔ). ㉟ 종이.

储 chǔ (저) (옛음 chú) 축적하다, 저축하다. ~存. 저장하여 두다. /~藏. 저장하다. /~备. 저축하여 장만하다.

褚 chǔ (저) 사람의 성.

楚 chǔ (초) ① 광대싸리(락엽관목). ②초나라. 주나라때 제후국의 이름. 그 령토는 지금의 호북성이였는데 후에 호남성북부와 하남성남부 및 강서성, 안휘성, 강소성, 절강성에까지 이르렀었다. ③고통, 아픔, 쓰라리다, 고통스럽다 (㉤苦-). ④명백하다, 선명하다: 清~. 선명하다. 〔楚楚〕 산뜻하다, 선명하다, 깨끗하다: 衣冠~~. 옷차림이 단정하다.

亍 chù (촉) →54페지 〈彳〉의 〈彳亍〉(chìchù).

处(處、䖏、処) (1) chù (처) ① 곳, 장소, 처: 住~. 사는 곳, 숙소./各~. 각곳. ㉤부분, 점./好~. 좋은 점./益~. 유익한 점, 리로운 점. ②(기관부서의) 부문, 처, 소: 办事~. 사무소, 출장소./总务~. 총무부, 총무처. (2) chǔ →59페지.

怵(怵) chù (출) 무섭다, 두렵다, 겁나다: ~惕. 무서워 정신을 바싹 차리다, 무서워 경계하다.

绌 chù (출) 모자라다, 부족하다: 经费支~. 경비가 부족하다./相形见~. 비교하니 부족함이 알리다, 비겨보니 못하다.

黜 chù (출) 강직시키다, 철직시키다: ~退. 해임하다./~职. 해임하다.

畜 (2) chù (축) 짐승, 집짐승: 家~. 집짐승, 가축./牲~. 집짐승, 가축./幼~. 어린 집짐승, 새끼집짐승./~力. 축력. (1) xù →494페지.

搐 chù (축) 당기다, 근육이 수축되다, 가드라들다. 〔抽搐〕 신경경련, (근육이) 푸들거리다, 실룩거리다.

滀 chù (축) (물이) 모이다.

俶 (1) chù (숙) 〈고〉시작하다. (2) tì →434페지의 〈倜〉.

触(觸) chù (촉) ①닿다, 뜨다, 대다, 다치다, 접촉하다, 받다, 떠받다. 羝羊~藩. 진퇴량난, 이러지도 저러지도 못하다. ②부딪치다, 만나다: ~礁. 암초에 부딪치다./~电. 전기에 붙다./~景生情. 그 장면을 보니 감정이 떠오르다./一~即发. 다치면 터지다, 일촉즉발. 〔触觉〕 촉각, 촉감.

憷 chù (초) 두려워하다, 기를 못펴다, 위축되다: 他遇到任何难事,也不发~. 그 어떤 일에 부닥쳐도 그는 두려워하지 않는다.

矗 chù (촉) 곧추서다, 우뚝 솟다, 높이 솟다. ~立. 곧추서다, 우뚝 솟다./高~. 높이 솟다.

CHUA

欻 (1) chuā (훌) 소리본딴말. 처억처억, 착착. (2) xū →493페지.

CHUAI

揣 (2) chuāi (취) (옷속에) 넣다, 품다: ~手. (두손을 옷소매에 넣고) 팔짱을 끼다, 팔짱을 지르다./~在怀里. 품에 넣다. (1) chuǎi →61페지. (3) chuài →61페지.

搋 chuāi (체) 이기다, 반죽하다, 비비다: ~面. 가루를 이기다, 밀가루반죽을 하다.

膗 chuái (최) 〈방〉피둥피둥하다 (살은 졌으나 근육은 물렁물렁하다): 看他那~样. 그 피둥피둥한 꼴을 좀 보시오.

揣 (1) chuǎi (타) 가늠하다, 짐작하다, 타산하다, 추측하다: 我～测他不来. 나는 그가 오지 않는다고 짐작되오. 不～浅陋. 식견이 얕다고 보지 않다, 주제넘다. 〔揣摩〕 1. 따져보다, 곰곰히 생각하다, 연구하다: 仔细～～写作的方法. 창작의 방법을 곰곰히 생각하다. 2. 추측하다, 짐작하다: 我～～你也能做. 나는 당신도 할수 있다고 짐작하오. (2) chuāi →60페지. (3) chuài →본페지.

闼 chuài (온) →571페지 〈闸〉의 〈闸闼〉(zhèngchuài).

啜 (2) chuài (철) 사람의 성. (1) chuò →64페지.

揣 (3) chuài (취) 〔挣揣〕(zhèng-) 발악하다. (1) chuǎi →본 페지. (2) chuāi →60페지.

踹 chuài (단) 발로 밟다, 발을 딛다, 발바닥으로 차다: 一脚把门～开. 문을 콱 차서 열다.

膗 chuài (살이 쪄서) 축 늘어지다, 척 처지다. 〔囊膗〕 돼지의 젖가슴고기.

CHUAN

川 chuān (천) ①시내, 내, 하천: 高山大～. 높은 산과 큰강./～流不息. 시내물이 끊임없이 흐르다. 끊임없이 오가다. ②벌, 평원: 平～. 벌판, 평원./米粮～. 곡창벌. 〔川资〕 려비, 로자.

氚 chuān 트리피움(원소기호 T).

穿 chuān (천) ①뚫다, 꿰뚫다: 屋漏瓦～. 지붕이 새서 비물이 떨어지다./用锥子～一个洞. 송곳으로 구멍을 뚫다. ②(동사의 뒤에 쓰이여) 꿰뚫다, 까밝히다: 说～. 까밝혀 말하다./看～. 꿰뚫어보다. ③(구멍에) 꿰다: ～针. 바늘에 실을 꿰다./把这些铁环用绳子～起来. 노끈으로 이 쇠고리들을 꿰시오. [파]질러지나가다, 통과하다: 从这个胡同～过去. 이 골목을 뚫고지나가다, 이 골목으로 통과하다./横～马路. 큰길을 가로질러 지나가다. ④(옷을) 입다, (신, 양말따위를) 신다.

传(傳) (1) chuán (전) ①넘기다, 전하다, 전달하다 ([련]-递): ～令. 명령을 전하다./言～身教. 말과 행동으로 가르치다. 〔传统〕 전통: 发扬艰苦奋斗的革命～～. 간고분투의 혁명전통을 빛내이다. ②퍼지다, 널리 알리다, 전파되다: ～单. 삐라./宣～. 선전하다./胜利的消息～遍了全国. 승리의 소식이 전국에 퍼졌다. 〔传染〕 전염되다. ③불러내다, 호출하다: ～人. 사람을 불러내다./～呼电话. 호출전화. ④통하다, 전도되다: ～电. 전기가 통하다. ～热. 열이 전도되다. (2) zhuàn →586페지.

船(舩、舡) chuán (선) 배, 선박: 帆～. 돛배./轮～. 륜선.

遄 chuán (천) ①자주 다니다, 왕래가 빈번하다. ②빠르다.

篅 chuán (천) 대둥구미.

椽 chuán (연) (-子) 서까래.

舛 chuǎn (천) ①어긋나다, 잘못되다, 틀리다, 막 쉬여지다, 가지런하지 않다. ②저버리다, 배반하다, 등지다.

喘 chuǎn (천) 숨차다, 헐떡거리다: ～息. 가쁘게 숨을 쉬다./累得直～. 지쳐서 헐떡거리다./苟延残～. 남은 목숨을 겨우 부지해나가다, 숨져가다. 〔喘气〕 숨쉬다, 숨을 돌리다.

踳 chuǎn (준) 〈舛〉과 같음. 〔踳驳〕 틀리여 혼탕이 되다, 아주 잘못되다.

串 chuàn (천) ①꿰미: ～珠. 구슬꿰미. ②꿰다, 잇닿아꿰다: ～上一～. 한꿰미에 꿰다. ③결탁하다, 한패가 되다: ～供. (범죄자들이) 짜고들어 진술을 날조하다./～骗. 짜고들어 속이다, 서로 결탁하여 협잡하다. ④나들이하다, 마을돌이하다: ～亲戚. 친척집에 나들이가다./～联. 직렬련결, 차례로 련계를 가지다./～门. 놀러다니다, 나들이하다. ⑤배역을 맡다, 출연하다: 客～. 배우가 아닌 사람이 림시배역을 맡다./反～. 림시배역을 맡다.

钏 chuàn (천) (-子) (구슬이나 보석을 꿰서 만든) 팔목거리, 팔가락지, 팔찌.

CHUANG

创(創) (2) chuāng (창) 상처, 손상(련-伤): 刀～. 칼에 다친 상처./予以重(zhòng)～. 중상을 입히다, 큰 손실을 입히다. (1) chuàng →본 페지.

疮(瘡) chuāng (창) 부스럼, 종기, 피부궤양.

窗(窓、窻、牕) chuāng (창) (-子、-儿) 창문: ～明几净. 창문은 밝고 책상은 깨끗하다, 방안이 깨끗하고 밝다.

床(牀) chuáng (상) ①침대. ②침대와 비슷한것: 车～. 선반./河～. 강바닥./琴～. 피아노틀.

噇 chuáng (당) 홍청망청 처먹다, 마구 때려먹다.

幢 (1) chuáng (당) (옛날)장막, 양산, 기발따위. (2) zhuàng →587페지.

闯 (1) chuǎng (츰) ①막 뛰여들다, 갑자기 뛰여들다, 세차게 육박하다: 往里～. 안으로 막 뛰여들다./刀山火海也敢～. 칼산과 불바다에도 감히 뛰여들수 있다. 〔闯祸〕 일을 저지르다, 사고를 내다, 혼란을 일으키다. ②단련되다, 경험을 쌓다: ～练. 단련되다, 현지단련을 하다. (2) chuàng →본 페지.

闯 (2) chuàng (츰) 〔闯荡〕 떠돌아다니다: ～～江湖. 사처로 떠돌아다니다, 세상풍파를 겪다. (1) chuǎng →본 페지.

创(創、刅、剏) (1)chuàng (창) 시작하다, 처음하다: ～举. 첫 발기, 전례없는 일./～造. 창조하다./～刊. 창간하다./首～. 창시하다, 제일 먼저 발기하다. (2) chuāng →본 페지.

怆(愴) chuàng (창) 슬프다, 애처롭다: 凄～. 슬프다./～然泪下. 슬프게 눈물을 흘리다.

CHUI

吹 chuī (취) ①불다: ～灯. 등불을 불어서 끄다./～笛. 피리를 불다. ②허풍치다, 흰소리치다: 瞎～. 망탕 불어대다. 〔吹牛〕 흰소리치다, 나발불다, 허풍치다. 〔吹嘘〕 흰소리치다, 나발불다, 추어주다. ③부는 동작과 비슷한 동작: ～风机. 통풍기, 전발기./不怕风～日晒. 바람 불고 해가 쪼여도 두려워하지 않다. ④(일이) 실패되다, (감정이) 흩어지다, 파렬되다, 파탄되다, 그만두다: 事情～了. 일이 실패되였다./他们俩～了. 그들 둘은 틔였다.

炊 chuī (취) 끓이다, 밥을 짓다: ～烟. 밥짓는 연기./～事员. 취사원./～帚. 솔솔, 가마솔.

垂 chuí (수) ①드리우다: ～柳. 수양버들./～钓. 낚시질하다./～涎(-xián). (먹고싶어) 침을 흘리다, 부러워하다./～询. (웃사람이 아래사람에게) 묻다./～念. 보살펴주다. 〔垂直〕 수직. ②후세에 길이 전하여지다: 永～不朽. 길이 전하여질것이다./名～千古. 천고에 이름을 남기다. ③가까와지다, 접근하다, 거의 …되려 하다: ～老. 늙어가다./功败～成. 다된 일을 망쳐버리다, 거의 성공되다가 실패되다.

陲 chuí (수) 변강, 국경, 변계에 가까운 곳: 边～. 국경지역, 접경지대.

捶(搥) chuí (추) 다듬이(방망이) 등으로 두드리다, 치다: ～衣裳. 옷을 다듬이질하다.

棰(箠) chuí (추) ① 방망이, 몽둥이. ② 방망이질하다, 몽둥이질하다. ③채찍. ④채찍질하다.

锤(鎚) chuí (추) ①(저울)추. ②(-子、-儿) 망치, 마치, 메, 함마, 장도리: 铁～. 쇠망치, 철추./木～. 나무망치. ③마치로 뚜드리다: 千～百炼. 천백번 다듬다, 세련되다, 온갖 시련을 다 겪다.

椎 (2) chuí (추) ① 방망이, 방치, 몽둥이: 铁～. 쇠방망이. ②두드리다, 치다: ～鼓. 북을 치다, 북을 두드리다. ③우둔하다: ～鲁. 우둔하다, 어리석다, 미련하다. (1)zhuī →587페지.

槌 chuí (퇴) (-子、-儿)방치, 방망이, 몽둥이. 채: 棒～. 방망이./鼓～子. 북채.

CHUN

春 chūn (춘) 봄. 〔春秋〕 1. 나이, 년세, 춘추, 년, 해: 不知多少～～. 춘추가 얼마인지 모르다, 년세가 얼마인지 모르다. 2. 춘추(春秋)시대. 우리 나라 력사상의 한 개 시대(기원전 770～476년). 로나라 편년체의 력사책 《춘추》로 인하여 지은 이름. 3. (옛날) 우리 나라 편년체의 력사책. 4. 력사. 〔青春〕 청춘, 청년시대.

椿 chūn (춘) 1. 참죽나무. 2. 취목, 개똥나무.

鰆 chūn (춘) 재방어, 줄삼치.

纯 chún (순) 순수하다, 깨끗하다 (㊀-粹): ～洁. 더없이 깨끗하다, 순결하다./～钢. 순수한 강철, 순강./～蓝. 순남색, 시퍼렇다.

莼(蓴) chún (순). 순나물, 순채.

唇(脣) chún (순) 입술. 〔唇齿〕 ㊗(입술과 이발처럼) 관계가 밀접하다: ～～相依. 서로 의지하며 뗄래야 뗄수 없다, 리해관계가 밀접하다.

淳 chún (순) 순박하다: ～朴. 순박하다.

鹑 chún (순) 메추리, 메추라기. 〔鹑衣〕 ㊗더덕더덕 기운 옷. 누데기옷.

醇 chún (순) ①순수하다, 술냄새가 세다: ～酒. 순수한 술, 독한 술./大～小疵. 우점이 많고 결함이 적다, 사소한 결함. ②〈淳〉과 같음. ③알콜, 주정.

蠢(惷) chǔn (준) ①어리석다, 둔하다 (㊞愚-): ～才. 미련한 놈, 바보같은 자식. ②꿈틀거리다. 〔蠢动〕 ㊗꿈틀거리다(나쁜놈들의 교란활동을 비유), (나쁜놈들이) 준동하다.

CHUO

逴 chuō (탁) 멀다.

踔 chuō (탁) ①뛰여오르다, 도약하다: ～腾. 뛰여오르다. (초) ②초과하다, 초월하다, 뛰여나다.

戳 chuō (착) ①뾰족한것으로 찌르다, 찔러서 구멍을 뚫다: 用手指头～了一下. 손가락으로 쿡 찌르다. ②(단단한 물건에 부딪쳐) 접질리다, 삐뚤어지다, 곱질리다: 打球～伤了手. 뽈을 치다가 손을 곱질러 상하다. ③곧추 세우다: 把秫秸～起来. 수수대를 곧추 세워놓다. ④(-子、-儿) 도장: 盖～子. 도장을 찍다.

娖 chuò (착) 조심성 있다, 신중하다㊊.

龊 chuò (착) →462페지 〈龌〉의 〈龌龊〉(wòchuò).

惙 chuò (철) ①근심하다, 걱정하다, 우려하다, 수심에 잠겨있다㊊. ②지치다, 피곤하다, 고단하다.

啜 (1) chuò (철) ①마시다, 먹다: ～茗. 차물을 마시다./～粥. 죽을 먹다. ②훌쩍거리다, 울쩍거리다: ～泣. 훌쩍거리며 울다, 훌쩍훌쩍 울다. (2) chuài →61페지.

辍 chuò (철) 멎다, 머물다, 중지하다: ～学. 학업을 중지하다./岂能中～. 어찌 중도반단할수 있겠는가.

绰 (1) chuò (작) 푼푼하다, 넉넉하다: ～～有余. 아주 넉넉하다, 매우 푼푼하다, 여유작작하다./这间屋子很宽～. 이 집안은 아주 너르다. 〔绰号〕 별명. (2) chāo →46페지.

歠 chuò (철) ①마시다. ②마실수 있는것.

CI

刺 (2) cī (치) 소리본딴말. 칙칙, 뿌직뿌직, 탁타: ～棱. 칙, 획, 홱./～溜. 주르르, 쭈르르./～～地冒火星儿. 뿌직뿌직 불꽃이 튕기다. (1) cì →66페지.

差 (4) cī (치) →38페지 〈参〉의 〈参差〉(cēncī). (1) chà →41페지. (2) chā →40페지. (3) chāi

→42페지.

疵 cī (자) 흠집, 결함, 잘못, 부족점: 吹毛求～. 털을 불어가며 흠집을 찾아내다, 억지로 남의 흠집을 집어내다.

跐 (2) cī (자) 미끄러지다: 登～了. 쭐 미끄러지다. (1) cǐ →본 페지.

词 cí (사) ①단어 ②말, 문구: 义正～严. 리치가 정당하며 말이 날카롭고 엄하다, 엄연하다./歌～. 가사./演讲～. 연설문, 강연사. ③사시(길고 짧은 시구를 규칙적으로 조합한 문체).

祠 cí (사) 사당: ～堂. 사당./先贤～. 현명한 선배를 모시는 사당.

茈 (1) cí (자) 올방개. (2) zǐ →593페지.

雌 cí (자) (옛음 cī) 암컷. ↔〈雄〉: ～鸡. 암탉./～蕊. 암꽃술, 자예. 〔雌黄〕 자황(등황색인데 염료로 쓸수 있다. 옛날에 이런것으로 글자를 지웠음), 글자를 고치다, 망탕 의론하다: 信口～～. 되는대로 헐뜯어 말하다. 〔雌雄〕 ㊅승부: 一决～～. 승부를 겨루다.

茨 cí (자) ①새나 갈로 지붕을 잇다. ②가시나무, 남가새, 질려.

瓷 cí (자) 고령토(경덕진의 고령에서 나는 진흙. 지금은 자기를 만드는 흙을 두루 가리킴)로 굽은 자기, 사기.

餈 cí (자) 〈糍〉와 같음.

兹(茲) (2) cí (자) →369페지 〈龟〉의 〈龟兹〉(qiūcí). (1) zī →591페지.

鶿 cí (자) 〈瓷〉와 같음.

慈 cí (자) ①자애롭다, 인자하다, 선량하다: 对坏人决不能讲仁～. 나쁜 사람에게 대하여 절대로 인자해서는 안된다. ②(지난날) 어머니: 家～. 우리 어머니.

磁 cí (자) ①자기 힘, 자력. 〔磁石〕 자석. 〈吸铁石〉, 〈天然磁铁〉라고도 함. ②〈瓷〉와 같음.

鹚(鶿) cí (자) → 286 페지 〈鸬〉의 〈鸬鹚〉(lúcí).

糍 cí (자) 찰음식, 찰떡: ～粑. 찰떡./～团. 찹쌀쥐기밥.

辞(辭、辤) cí (사) ①헤여지다, 작별하다: ～行. 작별하다. ②받지 않다, 그만두다, 사직하다: ～职. 사직하다. ㊄피하다, 마다하다, 달아나다; 싫어하다: 虽死不～. 죽어도 마다하지 않다./不～辛苦. 고생을 마다하지 않다. ③해고시키다. ④〈词①②〉와 같음.

此 cǐ (차) ①이, 이것, …과 같이: 彼～. 피차./～人. 이 사람./特～布告. 이상과 같이 포고하다. ②여기, 이곳: 由～往西. 여기로부터 서쪽으로./到～为止. 여기까지 끝나다, 여기서 끝나다.

泚 cǐ (자) ①맑다, 깨끗하다, 선명하다. ②붓에 먹을 찍다: ～笔作书. 붓에 먹을 찍어서 글을 쓰다.

跐 (1) cǐ (자) 밟다, 딛다: 脚～两只船. 두배에 발을 걸다. (2) cī →본 페지.

次 cì (차) ①다음번째, 두번째: ～日. 이튿날./～子. 둘째아들. ②(질이) 못하다, 나쁘다: ～货. 질이 못한 상품./～品. 불량품./这东西太～. 이 물건은 질이 너무 나쁘다. ③차례, 순서〔[련]-序〕: 依～前进. 차례로 나아가다. ④번, 회수: ～数. 회수, 번수./第一～来北京. 처음으로 북경에 오다. ⑤먼길을 떠나 머무르는 곳: 旅～. 길손이 머무르는 곳.

佽 cì (차) 돕다, 원조하다: ～助. 돕다, 원조하다.

伺 (2) cì (사) 〈伺(1)〉와 같음. 〈伺候〉에 씀. 〔伺候〕(-hou) 1. 시중들다, 거들어주다. 2. 돌보다. (1) sì →416페지.

刺 (1) cì (자) ①찌르다, 수놓다, 자수하다: ～绣. 수를 놓다, 자수하다./～杀. 찔러 죽이다, 무기로 암살하다, 창격술. 〔刺激〕 1. 자극하다. [파]사물에 변화를 일으키게 하는 모든 작용. 2. (정신상의) 자극: 这件事对他的～～很大. 이 일이 그에 대한 자극은 너무나 크다. ②암살하다: ～客. 암살하는 사람,자객./被～. 암살되다. ③정찰하다, 탐지하다. ④비방하다, 비웃다, 풍자하다: 讽～. 풍자하다 ⑤가시, 뾰족한것: 鱼～. 물고기가시./～猬. 고슴도치./～槐. 아카시아나무. ⑥명함을 찍은 카드, 명함장. 〔刺刺〕 수다스럽다, 말이 많다, 재잘거리다, 잔소리하다, 푸념하다./～～不休. 끊임없이 재재거리다, 푸념하다. (2) cī →64페지.

赐 cì (사) ①베풀어주다, 선사하다, 희사하다([련]赏-): 恩～. 은혜로운 선사, 불쌍히 여겨 선사하다. *존경어투: ～教 웃사람이 아래사람에게 가르쳐주다./希～回音. 회답하여주시기를 바랍니다. ②(상으로) 준것, 혜택, 은혜, 신세: 皆受其～. 모두 그 혜택을 입다./受～良多. 혜택을 많이 받다.

CONG

从(從) (2) cōng (종) 〔从容〕 태연하다, 침착하다, 당황하지 않다: 举止～～. 거동이 태연자약하다./～～不迫. 침착하다, 조급하거나 당황하지 않다. [파]넉넉하다, 유족하다, 충족하다: 手头～～. 경제형편이 넉넉하다./时间～～. 시간이 넉넉하다. (1) cóng →67페지.

苁(蓯) cōng (종) 〔苁蓉〕(-róng) 종용: 1. 초종용. 2. 육종용.

枞(樅) (1)cōng (종) 전나무. 〈冷杉〉이라고도 함. (2) zōng →594페지.

匆(悤、怱) cōng (총) 바쁘다, 매우 급하다, 총총하다, 총망하다[첩]: ～忙. 총망하다./～～来去. 바삐 다니다, 총망히 다니다.

葱(蔥) cōng (총) ①푸르다, 새파랗다: ～翠. 푸르싱싱하고 무성하다, 초록빛. ②파.

囱 cōng (총) 굴뚝: 烟～. 굴뚝.

骢 cōng (총) 청백색말.

聪(聰) cōng (총) ①(청각이) 밝다: 耳～目明. 귀와

눈이 밝다. ②똑똑하다, 총명하다, 령리하다: ～颖. 총명하다./有实践经验的人最～明. 실천경험이 있는 사람이 가장 총명하다.

从(從) (1) cóng (종) ①…을 따르다, …의 뒤를 잇다: 愿～其后. 그의 뒤를 따르려고 하다. ②순종하다, 복종하다: 言听计～. 말을 듣고 주장에 순종하다, 말하는대로 따르다./服～领导. 령도에 복종하다. ③참가하다, 종사하다: ～公. 공무를 집행하다./～事. 종사하다, (규정대로) 처리하다./～军. 군무에 종사하다. ④(장소와 시간의 출발점을 나타냄) …(로)부터, …에서: ～南到北. 남으로부터 북에까지./～古到今. 예로부터 지금까지. 〔从来〕 종래로, 여태껏, 오늘까지: 他～～不为个人打算. 그는 종래로 개인을 위해 타산하지 않는다. 〔从而〕 …하여, 그리하여, 그래서, …함으로써, 그러므로: 学习技术,～提高自己的工作能力. 기술을 학습하여 자신의 사업능력을 제고했다. ⑤어떤 방침이나 태도를 택하다: ～速解决. 속히 해결하다./一切～简. 모든것은 간소화해야 한다./～宽处理. 널리 용서하여 처리하다, 관대히 처리하다. ⑥뒤따르는 사람. 仆～. 졸개,몸종./随～ 수원. ⑦사촌간, 종형제: ～兄弟. 사촌형제, 종형제./～伯叔. (오촌) 백부와 숙부. ⑧차요한것, 종속적인것: 主～. 주요한것과 차요한것, 주차관계./分别首～. 주차를 분별하다, 범죄의 주동과 피동을 똑똑히 가르다. 〔⑥⑦⑧의 뜻의 옛음 zòng〕 〈고〉〈纵〉과 같음. (2) cōng →66페지.

丛(叢、菆) cóng (총) ①(한곳에) 모이다, 밀집하다: 草木～生. 초목이 우거지다./百事～集. 가지가지 일이 무더기로 쌓이다. ②사람이나 물건이 한데 모인것, 숲: 人～. 많이 모인 사람들./草～. 풀숲.

淙 cóng (종) 소리본딴말. 졸졸, 도랑도랑(물이 흐르는 소리) ㉠.

悰 cóng (종) ①기쁘하다, 즐겁다. ②심정, 마음.

琮 cóng (종) (옛날) 옥기 (외형은 8각형이고 가운데는 둥그런 구멍이 있음).

赍 cóng (종) 중국 진한시기 호남성, 사천성의 소수민족들이 바치던 조세, 후에 이 소수민족들을 가리킴.

潨 cóng ①시내물들이 큰강에로 모여들다. ②물소리.

COU

凑(湊) còu (주) ①(널려져있는것을 한곳에) 끌어모으다: ～在一起. 한곳에 모으다./～钱 돈을 모으다. 〔凑合〕(-hé) 1. 〈凑①〉와 같음. 2. 그럭저럭 때워넘기다, 그런대로 하다, 아쉬운대로 지내다: ～～着用吧. 아쉬운대로 쓰시오. ②다가서다, 접근하다, 가까이하다: ～上去. 다가가다, 다가서다./往前～. 앞으로 다가서다. 〔凑巧〕 공교롭다, 신통하다, 때마침.

辏 còu (주) 수레의 바퀴살이 바퀴통에 모이다.

腠 còu (주) 살결, 살갗, 살가죽.

CU

粗(觕、麤、麄) cū (조) ① 굵다, 굵직하다. ↔〈细〉: 1. 세다, 굵다: ～沙. 센 모래, 굵은 모래./～面 센 가루. 2. 긴 물건이 직경이 큰것, 실하다: ～线 실한 줄, 굵은 실./这棵树长(zhǎng)得很～. 이 나무가 아주 실하게 자랐다./～枝大叶. ㊥(일처리가) 거칠다, 대강대강 해치우다. 3. 거칠다, 투박하다(㊀-糙 cāo): 板面很～. 판면이 퍽 거칠다./～瓷. 거치른 도자기./～布 무명, 광목, (질이 낮은) 면평직./去～取精. 찌꺼기를 버리고 알맹이를 취하다. 4. (목소리가) 투박하다, 거칠다: 嗓音很～. 목소리가 거칠다. 5. 세심하지 못하다: ～心. 데면데면하다, 세심하지 못하다./～～一想. 대략 생각하다. ② 꼼꼼하지 못하다, (성미가) 거칠다(㊀-鲁): ～暴. 조폭하다./这话太～鲁. 말이 너무 거칠다.

徂 cú (조) …로 가다, …에까지 가다.

殂 cú (조) 죽다, 서거하다.

卒 (2) cù (졸) 〈猝〉와 같음. (1) zú →596페지.

猝 cù (졸) 갑자기, 졸연히, 문득, 불시에: ～生变化. 갑자기 변화가 생기다./～不及防. 미처 방비할 사이없이 갑작스럽다.

促 cù (촉) ① 가까이하다, 맞대다, 절박하다: ～膝谈心. 무릎을 맞대고 이야기를 나누다, 속심을 나누다./急～. 급하다, 촉박하다, 다그치다./短～. 짤막하다, 짧다. ② 재촉하다, 다그치다, 내밀다: 督～. 독촉하다./～进. 촉진하다, 앞으로 내밀다.

酢 (2) cù (초) 〈酷〉와 같음. 〔酢浆草〕 괭이밥, 괴승아. (1) zuò →599페지.

醋 cù (초) 식초, 초: 米～. 식초. ㊀질투하다: 吃～. 질투하다.

蔟 cù (족) 섶, 누에섶.

簇 cù (족) 떨기, 무리, 떼, 무더기: ～拥. 빼곡이 둘러싸다./花团锦～. 떨기떨기 핀 꽃이 비단처럼 아름답다./一～鲜花. 한떨기의 생화.

踧 cù (축) ①〔踧踖〕(-jí) 황송해하다, 존경을 표시하며 불안해하다, 어려워하다. ②〈蹙〉와 같음.

蹙 cù (축) ① 긴박하다, 긴급하다: 穷～. 긴박하다, 긴절하다. ② 찡그리다, 찌프리다: ～眉. 눈섭을 찌프리다./颦～ 량미간을 찡그리다.

蹴(蹵) cù (축) ①(발로) 차다: ～鞠. (옛날) 가죽공을 차다. ② 밟다, 딛다: 一～而就. 한걸음을 내딛자마자 성공하다, 단번에 성공하다.

CUAN

汆 cuān (탄) ① 끓는 물에 살짝 익히다, 데치다: ～汤. (끓는 물에 국거리를 넣어 빨리) 국을 끓이다./～丸子. 완자탕(탕친 고기를 밀가루에 싸서 만든 완자를 기름에 튀겨서 끓인 국). ②(-子、-儿) 물끓이는 철통. ③물끓이는 철통으로 물을 끓이다: ～了一～子水. 물을 한 철통 끓였다.

撺(攛) cuān (찬) ① 던지다, 내동댕이치다. ② 바삐 서둘다, 망탕 쥐다: 事先没准备,临时旋(xuàn)～. 사전에 준비 없다가 일이 생기니 돌아치며 망설인다. ③ 성을 내다: 他～儿了. 그는 성이 났다. 〔撺掇〕(-duo) 추기다, 사촉하다, 어떤 일을 하라고 시키다, 꼬드기다: 你就是～～他，他也不去. 당신이 하라고 꼬드겨도 그는 가지 않을것이다./你自己不干,为什么～～我呢? 자기는 하지 않으면서 왜 나를 추기는거냐.

镩(鑹) cuān (찬) 〔冰镩〕 얼음 까는 정.

蹿(躥) cuān (렵) 솟구쳐오르다, 훌쩍 뛰여오르다: 猫～到房上去了. 고양이가 지붕에 훌쩍 뛰여올랐다.

攒(攢) (2) cuán (찬) 모으다, 긁어모으다: ～凑. 긁어모으다, 도아서 맞추다./～钱. 돈을 여기저기서 모으다, (여러 사람이) 돈을 내서 모으다. (1) zǎn →550페지.

窜(竄) cuàn (찬) ①도망치다, 달아나다, 뺑소니치다, 뛰여다니다: 东跑西～. 여기저기 뛰여다니다, 갈팡질팡하다./打得侵略军抱头鼠～. 얻어맞은 침략자들은 대가리를 싸쥐고 쥐새끼처럼 갈팡질팡 헤매였다. ②쫓아내다, 내쫓다, 몰아내다. ③(문장을) 고치다, 수개하다: ～改. 문장(혹은 글자)을 고치다./点～. 문구를 고치다.

篡 cuàn (찬) ①(봉건시대에) 신하가 임금자리를 빼앗다. ②음모적수단으로 지위나 권력을 탈취하다, 빼앗다, 가로채다, 탈취하다.

爨 cuàn (찬) ①(불을 피워서) 밥짓다: 分～. (지난날) 세간나다./同居各～. 동거하면서 따로 밥을 짓다. ②부뚜막.

CUI

衰 (2) cuī (최) 〈고〉 ①등급, 등차. ②〈缞〉와 같음. (1) shuāi →411페지.

缞 cuī (최) (옛날) 상복, 〈衰〉로도 씀.

榱 cuī (최) (옛날) 서까래.

崔 cuī (최) 사람의 성. 〔崔嵬〕(-wéi)(산이) 높고 험하다, 높고 가파롭다.

催 cuī (최) 재촉하다, 독촉하다: ～办. 빨리 하라고 재촉하다./～他早点动身. 그더러 일찌기 떠나라고 재촉하다.

摧 cuī (최) 마스다. 파괴하다, 꺾다: ～残. (정치, 경제, 문화, 육체, 정신 등이) 몹시 손상되다./无坚不～. 무엇이나 다 마사버리다, 아무리 견고한것이라도 다 짓부시다. /～枯拉朽. (썩은 나무 꺾듯이) 손쉽게 적을 격파할수 있다, 식은죽먹기.

璀 cuǐ (최) 〔璀璨〕(-càn) (옥석이) 뻔쩍이다, 빛이 눈부시다, 윤기가 나다.

脆 cuì (취) ①파삭파삭하다, 잘 부서지다: ～枣. 씨를 뽑고 말리운 대추, 잘 익은 맛있는 대추./

这纸太～. 종이가 너무 파삭파삭하다.〔脆弱〕나약하다, 연약하다. ②(목소리가) 쟁쟁하다, 챙챙하다: 嗓音挺～. 목소리가 아주 챙챙하다. ③통쾌하다, 시원시원하다: 办事很～. 일을 시원시원하게 하다.

萃 cuì (췌) (풀이) 무더기로 더부룩하게 나다. ㉮한데 모이다: 出类拔～. 무리에서 뛰여나다, 출중하다, 특출하다.

啐 cuì (쵀) 뱉다: ～一口痰. 가래를 내뱉다.

悴(顇) cuì (췌) → 362 페지 〈憔〉의 〈憔悴〉(qiáo cuì).

淬(焠) cuì (쉬) 벼리다, 담금질하다, 열처리하다, 소경하다. 일반적으로 〈蘸火〉라고 함. 〔淬砺〕㊀곤난속에세 단련하다, 간고하게 단련하며 제고하기에 노력하다.

膵(脺) cuì (취) 지라, 취장, 지금은 〈胰腺〉(yíxiàn) 이라고도 함.

瘁 cuì (췌) 지나치게 수고하다, 지치다, 고생하다: 鞠躬尽～. 자기의 모든것을 다 바쳐 일하다./心力交～. 심신이 몹시 피로하다, 지칠대로 지치다, 기진맥진하다.

粹 cuì (수) ①순수하다: 纯～. 순수하다. ②알맹이, 정수, 진수(㊀精-): 国～. 문화의 정수, 국수.

翠 cuì (취) ①물촉새, 촉새, 물새, 취조 ②〈翡〉의 〈翡翠2〉와 같음. ③새파란 색, 비취색: ～绿. 새파랗다, 푸르다./～竹. 푸른 참대, 청죽.

毳 cuì (취) (새나 짐승의) 솜털. 〔毳毛〕사람의 솜털, 잔털, 가는털, 밀털. 〈寒毛〉라고도 함.

CUN

村(邨) cūn (촌) (-子、-儿) 마을, 동네, 부락: 农～. 농촌./～长. 촌장.

皴 cūn (준) ①(살이) 트다: 手都～了. 손이 다 텄다. ②때, 더덕때: 一脖子～. 온목에 더덕때다, 목이 온통 때투성이다. ③(미술에서의) 준법(중국화에서 물체의 음양면이나 살결같은것을 나타내는 방법).

存 cún (존) ① 있다, 존재하다, 살아있다, 생존하다: ～在. 있다, 존재하다./～亡. 죽고 사는것, 존망. ②남기다, 남다: 去伪～真. 가짜를 버리고 진짜를 남기다./～根(증거문건, 령수증따위의) 부본./除支净～. 지출하고 남은 돈. 〔存心〕(그 어떤 생각을) 품다, 가지다, 먹다. ③맡겨두다, 보관하다, 저축하다, 저금하다: ～车. 차를 맡기다./把这几本书～在这里吧! 이 책들을 자네한테 보관해두게./～款. 돈을 저금하다, 저금한 돈. ④내려가다가 막히다, 멎다, 축적하다, 잡아두다, 채우다: 小孩儿～食了. 어린애가 얹히다, 체하다./下水道修好, 街上就不～水了. 하수도를 수리하니 거리에 물이 고이지 않는다.

蹲 (2) cún (준) (발이나 다리를) 삐다, 접질리다, 곱질리다: 他跳下来～了腿. 그는 뛰여내리다가 다리를 곱질렸다. (1) dūn →103페지.

忖 cǔn (촌) 추측하다, 짐작하다: ～度(-duó). 짐작하다, 추측하다, 생각하다.

寸 cùn (촌) 치, 촌(길이의 단위). ㊇극히 짧고 적다: ～阴. 짧은 광음, 매우 짧은 시간, 촌음./～步. 촌보./手无～铁. 손에 조그마한 쇠붙이도 없다, 적수공권./鼠目～光. 식견이 매우 좁다, 안광이 좁다, 코앞밖에 볼줄 모르다.

吋 cùn (촌) 〈yīngcùn〉이라고도 읽음. 인치(길이의 단위). 지금은 (英寸)이라고도 씀.

CUO

搓 cuō (차) 비비다, 꼬다: ～绳. 노끈(새끼)을 꼬다./～手. 손을 비비다.

磋 cuō (차) (뼈, 뿔, 옥이나 돌따위를) 갈고 쓸고 하여 가공하다. 〔磋商〕 거듭 상론하다, 자세히 토의하다.

蹉 cuō (차) 〔蹉跎〕(-tuó) ①세월을 헛되이 보내다, 때를 놓치다: 岁月～～. 세월을 헛되이 보내다./年已～～. 나이가 많다, 다 늙다. ②(헛디디여) 엎어지다: ～跌. 넘어지다.

撮 (1) cuō (촬) ①긁어모으다: ～成一堆. 긁어모아 한데 쌓다./把土～起来. 흙을 긁어모으다. 〔撮合〕 관계를 맺어주다, 중매를 서다. 〔撮口呼〕 촬구호(한어에서 모음《ü》로만 된 운모거나 《ü》가 첫머리에 놓인 운모). ②따다, 따오다, 집어내다: ～要. 요점을 따다, 발취하다. ③용량단위. 밀리리터, 립방센치. ④단위명사. 줌, 웅큼: 一～米. 쌀 한줌./一～儿土. 흙 한줌. (2) zuǒ →599페지.

嵯 cuó (차) 〔嵯峨〕 (산세가) 높고 험하다.

鹾(鹺) cuó (차) ①짜다: ～鱼. 절인 물고기. ②소금.

痤 cuó (좌) 여드름. 속칭은 〈粉刺〉라고 함.

矬 cuó (좌) (키가) 작다, 작달막하다: 他长得太～. 그는 키가 너무 작다. ～子. 난쟁이.

鄌 cuó (찬) 〔鄌阳〕 찬양, 〔鄌城〕 찬성, 지명, 모두 하남성 영성 현에 있음.

脞 cuǒ (좌) 작다. 〔丛脞〕 자질구레하다, 너저분하다, 번쇄하다.

剉 cuò (좌) ①부러지다, 꺾다. ②〈锉〉와 같음.

莝 cuò (좌) (사료로) 잘게 썰어놓은 풀, 여물.

挫 cuò (좌) ①좌절당하다, 꺾이다, 상하다, 실패하다: 经过了许多～折. 많은 좌절을 당하였다./事遭～阻. 일이 좌절당하다. ②내리누르다, (소리를) 낮추다: 语音抑扬顿～. 말소리의 높고낮음이 잘 조화되다, 억양이 잘 어울리다.

锉 cuò (좌) ①줄칼, 줄. ②줄로 쓸다, 줄칼질하다: 把锯～一～. 톱을 쓸다.

厝 cuò (조) ①놓아두다, 안치하다: ～火积薪. 불우에 나무를 무지다, 나무무지밑에 불을 놓아두다(숨어있는 재화를 비유). ②관을 놓아두다, 림시 얕게 묻다.

措 cuò (조) ①놓아두다, 배치하다, 안치하다: ～辞. 어휘를 맞게 골라쓰다./～手不及. 미처 손을 쓸 사이 없다. ②손을 쓰다, 계획하여 처리하다, 마련하다: ～借. 빌리다./筹～款项. 돈을 마련하다./～施. 조치.

错 cuò (착) ①틀리다, 맞지 않다(㊞-误): 你弄～了. 자네가 틀리게 하였네./没～儿. 틀림없다. 〔错觉〕 착각. ②좋지 못하다, 나쁘다(부정형식에 쓰임): 今年的收成～不了. 금년의 수확이 못할것 같지 않다./他的身体真不～. 그의 신체는 과연 괜찮다. ③가지런하지 않다, 교차되다, 착잡하다: ～杂. 착잡하다./～综复杂. 뒤엉키여 복잡하다, 착잡하다./犬牙交～. 국면이 뒤엉키여 복잡하다, 복잡다단하다./～乱. 어수선하다, 착란하다. ④엇바꿔놓다, 놓다, 늦추어놓다: ～车. 차를 엇바꿔놓다, 차를 어기다, 차가 서로 길을 비키다./～过机会. 기회를 놓치다. ⑤옥을 가는 돌, 숫돌: 他山之石, 可以为～. 다른 산의 돌도 자기를 닦는 돌로 만들수 있다, 남의 도움을 받아 결함을 바로잡을수 있다, 타산지석으로 삼다.

D

DA

咑 dā (짧게 발음함) 이랴(마소를 모는 소리).

耷 dā (답) 큰귀. 〔耷拉〕(-la) 내리드리우다, 푹 숙이다: 狗～～着尾巴跑了. 개는 꼬리를 드리우고 달아났다./饱满的谷穗～～着头. 무르익은 조이삭이 고개를 푹 숙이였다.

哒(噠) dā (달) 〈嗒〉과 같음.

答(荅) (2) dā (답) 〈答(1)〉과 같음. 구두어 〈答应〉, 〈答理〉 등 단어에 쓰임. 〔答理〕(-li) 인사하다, 아랑곳하다, 상대해서 말하다. 〔答应〕(-yìng) 1. 대꾸하다, 응답하다. 2. 승낙하다, 허락하다: 我们坚决不～～. 우리는 절대 허락하지 않는다. (1) dá →73페지.

搭 ①dā (답) (풍, 막을) 치다, 세우다, 놓다, 틀다: ～棚. 막을 치다./～架子. 틀을 세우다./～桥. 다리를 놓다. 〔搭救〕 살리다, 구원하다. ②(둘이서) 맞들다, 맞들어 옮기다: 把桌子～起来. 탁자를 맞들어서 옮기다. ③서로 맞대이다: 1. 겹치다, 맞닿았다: 两根电线～上了. 두 전기줄이 맞닿았다. 2. (조나 짝 등을) 뭇다, 되다: ～伙. 짝을 뭇다. 3. 배합하다: 两种材料～着用. 두가지 재료를 배합하여 쓰다. 4. 걸치다: 把衣服～在竹竿上. 옷을 참대에 걸다./身上～着一条毛毯. 몸에 털탄자를 걸치다. ④(차나 배를) 타다: ～载(zài). 싣다, 태우다./～车. 차를 타다./货船不～客人. 화물선은 손님을 태우지 않는다.

嗒 (2) dā (탑) 소리본딴말. 뚜걱뚜걱(말발굽소리), 뚜루루(기관총소리)㊟. (1) tà →424페지.

鎝 dā (삽) 쇠써레.

褡 dā (답) 〔褡裢〕(-lian) 전대(가운데 아가리가 있는 자루), 씨름운동복의 일종(여러겹으로 만든 저고리).

打 (2) dá (타) 〈외〉타스. (1) dǎ →본 페지.

达(達) dá (달) ①통하다, 이르다, 가닿다: 四通八～. 사면팔방으로 통하다, 사통오달하다. /火车从北京直～上海. 기차가 북경에서 상해까지 직통한다. /抵～. 도착하다. ②통달하다, 똑똑히 알다, 정통하다: 通～事理. 사리에 밝다. /通权～变. 융통성이 있다. 〔达观〕 내키지 않는 일들에 대해 구애됨이 없이 너그럽게 처리하다, 사물에 널리 통달하다. ③달성하다, 실현하다: 目的已～. 목적이 이미 달성되였다. /～成协议. 협의가 달성되였다. ④알리다, 전달하다, 나타나다, 표현하다: 转～. 전달하다. /传～命令. 명령을 전달하다. /词不～意. 제대로 뜻을 나타내지 못하다. ⑤지위가 높아지다([련]显～): ～官. 관직이 높은 사람, 높은 벼슬아치. 〔达斡尔〕(-wòěr) 따고르족. 중국 소수민족의 하나.

荙(薘) dá (달) 莙(jūn)荙菜. 근대. 〈恭菜〉라고도 함. →232페지의 〈莙〉.

鞑(韃) dá (달) 〔鞑靼〕(-dá) 달단(고대에 중국 북방 소수민족을 통털어 이르던 말).

沓 (2) dá (답) (-子、-儿) 단위명사. 뭉테기(쌓아놓은 종이나 기타 얇은 물건의 단위): 一～子信纸. 편지지 한뭉테기. (1) tà →424페지.

怛 dá (달) 슬퍼하다, 한탄하다, 슬프고 고통스럽다.

妲 dá (달) 사람의 이름자.

笪 dá (달) 사람의 성.

靼 dá (단, 달) →본 페지 〈鞑〉의 〈鞑靼〉(dádá).

答(荅) (1) dá (답) ①대답하다([련]-复): 问～. 문답. /～话. 대답하다. ②보답하다, 갚다: 报～. 보답하다. /～谢. 사의를 표시하다, 답례. /～礼. 답례하다. (2) dā →72페지.

瘩 (1) dá (탑) 〔瘩背〕 등에 나는 종창(병). 〈搭手〉라고도 함. (2) da →74페지.

打 (1) dǎ (타) ①치다, 두드리다, 쏘다: ～铁. 쇠를 벼리다. /～门. 문을 두드리다. /～鼓. 북을 치다. /～靶. 실탄사격을 하다, 사격련습을 하다. /～夯. 땅을 다지다, 달구질하다. /～垮. 쳐부시다. [파]쏘다: ～枪. 총을 쏘다. /～闪. 번개치다. 〔打击〕 타격하다: ～～侵略者. 침략자를 타격하다. ②여러가지 동작을 나타내며 많은 구체적 뜻을 갖고있는 동사들을 대체함: 1. 없애다: ～虫. 벌레를 죽이다. /～沫. 거품을 없애다. /～食. 음식(약)을 먹어 삭이다. 2. 좀이 먹다, 손상되다. 衣服被虫～了. 옷이 좀먹다. 3. 잡다, 거두다, 긷다: ～鱼. 고기를 잡다. /～粮食. 곡식을 거두다. /～柴. 나무를 하다. /～水. 물을 긷다. 4. 사다: ～车票. 차표

를 떼다./～酒. 술을 뜨다(사다). 5. 들다, 쳐들다, 펴들다, 내걸다: ～伞. 양산(혹은 우산)을 펴들다./～灯笼. 초롱불을 쳐들다./～旗子. 기발을 들다, 기발을 내걸다. 6. 펼치다, 쪼개다, 깨다: ～帐子. 휘장(혹은 모기장)을 펼치다./～西瓜. 수박을 쪼개다./～鸡蛋. 닭알을 깨다. 7. 파다, 쌓다: ～井. 우물을 파다./～墙. 벽을 쌓다. 8. 만들다, 뜨다: ～镰刀. 낫을 벼리다./～桌椅. 책상, 걸상을 만들다./～毛衣. 뜨개옷을 뜨다. 9. 묶다, 동이다: ～铺盖卷. 이불짐을 동이다./～裹腿. 각반을 치다(동이다). 10. 바르다: ～蜡. 초를 먹이다./～桐油. 오동씨기름을 바르다. 11. 놀다, 뛰다: ～秋千. 그네를 뛰다. 12. 치다, 걸다: ～一个电报去. 전보를 치다./～电话. 전화를 걸다. 13. 계산하다: 精～细算. 자세히 타산하다./设备费～二百元. 설비비용이 200원으로 예산되다. 14. 닦다, 강구하다, 작성하다: ～下基础. 기초를 닦다. /～主意. 방법을 대다./～草稿. 초고를 작성하다. 15. 일하다, 말다: ～杂儿. 잡일을 하다./～前站. 앞장서다, 앞서 나가면서 뒤에 올 부대를 위해 숙식조건을 마련해주다. 16. (신체의 어떤 동작을) 하다: ～手势. 손짓하다, 손시늉하다./～冷战. 우들우들 떨다./～哈欠. 하품을 하다./～前失. (말이) 앞발이 미끌어 엎어지다, 앞으로 꼬꾸라지다./～滚儿. 딩굴다. ③일부 동사와 결합하여 한개 동사를 이룬다: ～扮. 치장하다./～扫. 소제하다./～搅(남의 일에) 지장주다, 방애하다, 페를 끼치다. ④부터, 에서: ～去年起. 작년부터./～哪里来. 어디에서 옵니까? (2) dá →73페지.

大 (1) dà (대) ① ↔〈小〉: 1. 크다: ～山. 큰산./～树. 큰나무./这间房比那间～. 이 칸이 저 칸보다 크다. 2. 많다. ～众. 대중./～量. 대량, 많은 량. 3. 정도가 심함을 나타냄: ～干. 크게 해제끼다, 큰힘을 내다./～快人心. 인심을 통쾌하게 하다. 4. (소리가) 높다: ～声说话. 높은 소리로 말하다. 5. (나이가) 많다. (항렬이) 높다: ～哥. 큰형님./～妈. 큰어머니./老～. 맏이. 6. 존경어투: ～作. 대작./尊姓～名. 성함, 명함. 〔大夫〕 대부, 고대관직이름(dàfū →〈大〉dài). 〔大王〕 1. 고대임금의 존칭. 2. 어느 면에서 가장 재간이 있는 사람: 爆破～～. 폭파왕. 3. 독점거두: 钢铁～～. 강철독점거두(dài 王 →〈大〉dài). ②시간이 더 멀다: ～前年. 재작년. 그그러께./～后天. 그글피. ③대체. ～略. 대략./～概. 대개./～约. 대략, 대체, 대개. 〈고〉〈太〉, 〈泰〉(tài)와 같음. (2) dài →75페지.

垯(墶) da 〔圪垯〕(gē-) →136페지의 〈圪〉.

繨(縫) da 〔纥繨〕(gē-) →136페지의 〈纥〉.

瘩 (2) da (탑) 〔疙瘩〕(gē-) →136페지의 〈疙〉. (1) dá →73페지.

DAI

呆(獃) (1) dāi (태) ①어리석다, 멸멸하다, 우둔하다, 무모하다, 미욱하다. ②어리둥절하다, 멍청하다: 两眼发～. 두눈이 멍하다./他～～地站在那里. 그는 어리둥절해서 거기에 서있다. ③〈待②〉와 같음. (2) ái →2페지.

呔 dāi 감탄사. 여! 이봐! (사람을 불러 주의를 환기시키는 말).

待 (2) dāi (대) 머무르다, 지체하다. 〈呆〉라고도 함. 你～一会儿再来. 좀 있다가 오시오. (1) dài →76페지.

歹 dǎi (대) 나쁘다: ～人. 나쁜 놈, 강도./～意. 나쁜 심보(생각)./为非作～. 나쁜짓을 하다. 〔好歹〕 1. 좋은것과 나쁜것, 옳고그른것: 不知～～. 좋고나쁨을 모르다, 남의 성의를 모르다. 2. 여하튼, 어쨌든, 아무튼: ～～你得(děi)去一趟. 여하튼 당신이 한번 가야 합니다.

逮 (2) dǎi (체) 잡다, 붙들다: ～老鼠. 쥐를 잡다./～蝗虫. 누리(황충)를 잡다. (1) dài→76페지.

傣 dǎi 따이족. 중국 소수민족의 하나.

大 (2) dài (대) 〔大城〕 대성, 현 이름, 하북성에 있음. 〔大夫〕 (-fu)의사, (dàfū →大 dà). 〔大黄〕 대황(식물), 〈川军〉이라고도 함. 〔大王〕(-wang) 대왕(옛 가극에서 임금이나 큰 강도우두머리에 대한 칭호)(dàwáng →〈大〉dà). (1) dà →74페지.

轪 dài (대) (옛) 수레바퀴, 수레바퀴통끝에 씌운 구리불이나 쇠붙이.

代 dài (대) ①대신하다, 대리하다 ([련]-替、替-): ～理. 대리하다./～办. 대리하다, 남을 대신하여 일을 처리하다./～耕. 대신하여 밭갈이를 하다, 대신하여 농사를 짓다. 〔代表〕 1. 대표하다: 我～～他去. 나는 그를 대표하여 간다./他～～一个单位. 그는 한개 단위를 대표하였다. 2. 대표: 工会～～. 공회대표./全权～～. 전권대표. 〔代价〕 대가, 어떤 목적에 도달하기 위하여 쓴 정력과 물질. 〔代词〕 대명사. ②(력사의) 조대, 시기([련]世-、时-): 古～. 고대./近～. 근대./现～. 현대./清～. 청나라시기. 〔年代〕 년대, 시대, 시기: 1. 시간을 두루 가리킴: ～～久远. 아주 먼 년대. 2. 10년을 단위로 하는 시기: 二十世纪五十～～. 20세기 50년대. ③(족보의) 대, 세대: 第二～. 제2대./下一～. 다음 세대, 후대.

岱 dài (대) 〔岱宗、岱岳〕 모두 태산(泰山)의 딴 이름, 산동성에 있음.

玳(瑇) dài (대) 대모(거북의 일종). → 300 페지의 〈瑁〉(mào).

贷 dài (대) ①빌리다, 꾸다(부기학에서는 전문적으로 꿔줌을 가리킴): ～款. 대여금, 대부금, 돈을 꿔주다, 대부를 주다./农～. 농업대부금. ②책임을 남에게 밀다: 责无旁～. 자기의 책임을 남에게 밀수없다. ③용서하다, 관대히 보다: 严

惩不～. 용서없이 엄중히 처벌하다.

袋 dài (대) (-子、-儿) 주머니, 자루, 포대: 布～. 천주머니./衣～. 호주머니./面口～ 가루주머니. 〔烟袋〕담배대: 水～～. 물담배대./～～锅. 담배대통.

黛 dài (대) 검푸른색, 눈섭먹: ～眉. 그린 눈섭, 눈섭을 그리다./粉～. 아름답게 화장한 녀자, 화장하다, 화장품.

甙 dài (대) 배당체. 글리코시드. 〈苷 gān〉라고도 함.

迨 dài (태) 미치다, …에 이르다, 틈을 타다.

绐 dài (태) 속여 얼리다, 속이다, 기만하다.

殆 dài (태) ①거의나: 敌人伤亡～尽. 원쑤들은 상하고 죽고나니 거의나 없어지다싶이 되였다. ②위험하다, 위태롭다: 危～. 위험하다./知彼知己,百战不～. 자기와 적을 제대로 알면 백번 싸워도 위험하지 않다.

怠 dài (태) 게으르다, 태공하다([련]-惰、懒-、懈-): ～工. 태공하다.

带(帶) dài (대) ①(-子、-儿) 띠, 끈: 皮～. 가죽띠, 피대./腰～. 허리띠, 허리끈./鞋～儿. 신끈. [파]다이야: 外～. 다이야, 외피. /里～. 내피. ②지대, 지역, 지구: 温～. 온대./寒～. 한대./沿海一～. 연해일대. ③지니다, 가지다, 휴대하다: 腰里～着盒子枪. 허리에 목갑권총을 찼다./～着行李. 행장을 가지다. ④인편에 보내다, 전하다: 你给他～个口信去. 가는 길에 그이에게 말을 전해주시오./把门～上. (…김에) 문을 닫아주오./连送信～买菜. 편지를 가져가는 길에 남새를 사오다. ⑤띠다, 품고있다, 가지고있다: 面～笑容. 얼굴에 웃음을 띠다./～色的. 색채를 띤것. ⑥이끌다, 거느리다, 인솔하다, 안내하다([련]-领): ～路. 길안내를 하다, 길을 이끌다./～兵. 병사를 인솔하다./起～头作用. 선봉적역할을 놀다. ⑦백대(부인병의 하나). 〔带下〕대하.

待 (1) dài (대) ①기다리다([련]等-): ～机出击敌人. 대기하였다가 적을 공격하다./尚～研究. 아직 연구하기를 기다리다. ②대하다, 접대하다: ～人接物. 사람이나 사물을 대하는 태도./大家～我太好了. 여러분들은 나를 참 잘 대해준다./～客. 손님을 접대하다. 〔待遇〕대우하다, 대우: 政治～～. 정치적대우./物质～～. 물질적대우./调整～～. 대우를 조절하다. ③…할려고 하다. (고전 희곡, 소설과 현대의 일부 방언에 씀): 正～出门,有人来了. 바로 문을 나서려고 하는데 누가 찾아왔다. (2) dāi →75페지.

埭 dài (태) 보뚝.

逮 (1) dài (체) ①미치다, 이르다, 닿다: ～乎清季. 청대말년에 이르다./力有未～. 힘이 미치지 못하다. ②체포하다, 붙잡다. (2) dǎi →75페지.

叇(靆) dài (체) →3페지 〈叆〉의 〈叆叇〉(àidài).

戴 dài (대) ①(머리에) 쓰다, 이다; 걸다, 매다, 끼다: ～帽子. 모자를 쓰다./～眼镜. 안경을 쓰다./～笼头. 굴레를 씌우다./～红领巾. 붉은넥타이를 매다./披星～月. 별을 이고 나갔다가 달을 지고 돌아오다. ②받들다, 추대하다: 推～ 추대하다./拥～. 떠받들다, 모시다./爱～. 존경하고 받들다.

襶 dài (대) →319페지 〈褦〉의 〈褦襶〉(nàidài).

DAN

丹 dān (단) ①붉다: ～心. 붉은 마음./～砂. 주사. ②처방에 의해 지은 약(일반적으로 알약이나 가루약을 놓고 말함): 丸散(sǎn)膏～. 약의 총칭(알약, 가루약, 고약, 선단 등의 총칭).

担(擔) (1) dān (담) ①(멜대로) 메다, 지다, 짊어지다: ～水. 물을 긷다./～着两筐青菜. 채소 두광주리를 메다. 〔担心〕 근심된다, 걱정하다: 我～～他身体受不了. 나는 그의 신체가 받아내지 못할가봐 근심된다. ②맡다, 겪다, (책임을) 지다, 담당하다, 감당하다: 做事不怕～风险. 일하자면 위험을 겪는것을 두려워하지 말아야 한다./要把任务～当起来. 임무를 감당해야 한다. (2) dàn →78페지. (3) dǎn →78페지의 〈掸〉.

单(單) (1) dān (단) ①복잡하지 않다, 간단하다. ↔〈复〉: 简～. 간단하다./～纯. 단순하다./～式簿记. 단식부기. ㉶오직, 단지: 做事～靠热情不够. 일을 하자면 단지 열정만으로는 부족하다./不提别的,～说这件事. 다른것은 제쳐놓고 이 일만을 놓고 말하자. 〔单位〕 1. (수량)단위. 2. 직장, 단위: 那里有五个直属～～. 거기에 5개의 직속단위가 있다. ②혼자, 홀로, 하나: ～身. 홀몸. /～打一. 한가지만 하다. /～打. 단식. /～枪匹马. 혼자 말타고 창들고 싸우다, 혼자서 하다. /～数. (언어)홀수(복수의 반대). ③기수로 된것: ～日 기수날자. /～号. 기수번호, 홀수번호. /～数. 기수(쌍수의 반대). 〔单薄〕 1. 얇다, 적다: 穿得很～～. 너무 얇게 입었다. 2. 약하다: 他身子骨太～～. 그는 신체가 몹시 약하다. /人力～～. 인력이 약하다. ④(-子、-儿) 무엇을 기록한 종이장, 쪽지: ～据. 령수증, 확인서. /传～. 삐라. /帐～儿. 계산서, 명세표. /清～. 명세표./药～. 처방. ⑤홑: ～衣. 홑옷. /～裤. 홑바지. ⑥보, 잇: 被～. 이불잇. /床～. 침대보. /褥～. 요씌우개. (2) shàn →390페지. (3) chán →42페지.

郸(鄲) dān (단) 〔郸城〕 단성, 현이름, 하남성에 있음.

殚(殫) dān (탄) 다하다: ～力. 힘을 내다./～心. 마음을 다하다./～思极虑. 정력을 다 기울이다, 생각을 다하다.

箪(簞) dān (단) 도시락, 소쿠리: ～食(sì)壶浆. 소쿠리밥에 항아리국(음식을 마련하여 자기 군대를 환영하거나 군대가 인민들의 환영을 받음을 이르는 말).

眈 dān (탐) 보다, 노려보다. 〔眈眈〕 노려보다: 虎视～～. 호시탐탐하다, 호랑이가 짐승 노리듯하다.

耽(躭) dān (탐) ①지체하다, 때를 놓치다, 지연하다. 〔耽搁〕(-ge) 지체하다: 这件事～～了好久,今天才弄完. 이 일은 오래동안 지체되였다가 오늘에야 끝났다. 〔耽误〕(-wu) 지체하여 그르치다, 시간을 지연시키다, 시간을 허비하다: 不能～～生产. 생산을 지체시켜서는 안된다. ②푹 빠지다, 잠기다, 너무 좋아하다: ～乐. 오락에 미치다, 쾌락에 빠지다, 지나치게 즐거움을 누리다.

酖 (1) dān (탐) 〈耽(2)〉와 같음. (2) zhèn → 568 페지의 〈鸩〉.

聃(耼) dān (담) 고대 철학자 로자(老子)의 이름.

儋 dān (담) 〔儋县〕 담현, 현이름, 광동성에 있음.

胆(膽) dǎn (담) ①쓸개, 열, 담. 〈苦胆〉이라고도 함. ②(-子、-儿) 담. 용기, 기백: ～大心细. 대담하고 세심하다./～怯. 비겁하다, 겁나하다./～子小. 담이 작다. ③(겹으로 된 물건의) 안층, 속부분, 속것: 球～. 뽈내피./暖瓶～. 보온병의 속병.

疸 dǎn (달) ①황달, 황달병. ②식물병이름: 1. 황달병. 〈黄锈病〉이라고도 함. 2. 깜부기병, 색달. 〈黑穗病〉이라고도 함.

掸(撢、撣、担) (1) dǎn (탄) 털다, 먼지털개: ～桌子. 상의 먼지를 털다./～衣服. 의복을 털다. (2) shàn →390페지. 〈担〉dān →77페지. dàn →본 페지.

赕 dǎn (탐) 바치다, 드리다, 올리다: ～佛. 부처에게 바치다.

亶 dǎn (단) 확실히, 참말로.

石 (2) dàn (석) 석, 섬(옛책에서는 shí 라고도 하였다. 례하면 〈二千石〉). (1) shí →401페지.

旦 dàn (단) ①아침: ～暮. 아침저녁./枕戈待～. 무기를 베고 자면서 날밝기를 기다리다, 언제나 싸울수 있게 만단의 준비를 하다. [파] 일, 하루, 날: 元～. 설날./一～发现问题立刻想法解决. 어느날(일단) 문제가 발견되면 즉시에 방법을 대여 해결하다. 〔旦夕〕 1. 아침저녁. 2. 눈깜짝할 사이: 危在～～ 위험이 눈앞에 다닿다, 위태하다. ②(희곡에서의) 녀자배역.

但 dàn (단) ①오직, 다만, 오로지, 뿐만: 我们不～保证完成任务, 还要提高质量. 우리는 보증코 과업을 완수해야 할뿐만아니라 또 질도 높여야 한다. 〔但凡〕 …만 하면, …하는 한, …하는 이상, 무릇, 모든: ～～我有工夫,我就去看他. 저에게 시간만 있으면 가보겠습니다. ②그러나, …하지만: 我们热爱和平, ～也不怕战争. 우리는 평화를 사랑하지만 전쟁도 두려워하지 않는다.

担(擔) (2) dàn (담) ①멜대. ②(-子)짐: 货郎～. 황아장사짐, 황아보짐. [유](짊어진) 책임: 重～. 중임, 중책./不怕～子重. 책임이 무거워도 겁나하지 않다. ③단위명사. 흔히 백근을 가리킴. (1) dān →77페지. (3) dǎn →78페지.

疍 dàn〔疍民〕과거 광동, 광서, 복건의 내하와 연해일대의 물에서 사는 주민(반동파들의 핍박으로 하여 배를 집으로 삼고 어업과 운수업에 종사하며 살았다).

诞 dàn (탄) ①황당하다, 허황하다: 荒～不经. 허황하기 짝이 없다, 황당무계하다, 터무니없다. ②태여나다, 탄생하다: ～辰. 생일날.

萏 dàn (담) →161페지〈菡〉의〈菡萏〉(hàndàn).

啖(啗、噉) dàn (담) ①먹다, 먹이다. ②리익으로 유인하다: ～以私利. 사리로 유인하다.

淡 dàn (담) ①(맛이) 싱겁다. ↔〈咸〉: 菜太～. 반찬이 너무 싱겁다./～水湖. 민물호수, 담수호. ②연하다, 묽다, 희박하다. ↔〈浓〉: ～绿. 연두색./～酒. 질이 낮은 술, 좋은 안주가 없는 술./云～风轻. 연한 구름 가벼운 바람. ③랭정하다, 차다, 쌀쌀하다: 态度太～. 태도가 쌀쌀하다./他～～地说了一句话. 그는 쌀쌀하게 한마디 말하였다. ④(영업이) 흥성하지 못하다, 불경기: ～月. 수입이 적은 달, 불경기에 처한 달./～季. 불경기계절.

惮(憚) dàn (탄) 꺼리다, 무서워하다, 겁나하다, 두려워하다: 不～烦. 귀찮게 여기지 않다./肆无忌～. 아무 꺼리낌없이 제멋대로 하다.

弹(彈) (1) dàn (탄) ①둥근 알, 덩어리: ～丸. 고무총알, 탄알. ②탄알, 총알, 포알: 炮～. 포탄./炸～. 폭탄./手榴～. 수류탄. (2) tán →427페지.

瘅(癉) dàn (단) ①피로하여 생긴 병. ②미워하다, 증오하다: 彰善～恶. 좋은것을 칭찬하고 나쁜것을 질책하다.

蛋 dàn (단) ①(새, 거북, 뱀 등의) 알: 鸡～. 닭알./鸭～. 오리알./蛇～. 뱀알. ②(-子、-儿) 알처럼 생긴것: 山药～. 〈방〉감자./驴粪～儿. 나귀똥덩이(겉치레만 하고 속은 보잘것없는것을 비유하는 말).

氮 dàn 질소 (원소기호 N).

澹 (1) dàn (담) 고요하다, 조용하다: 恬～. 편안하고 고요하다. (2) tán →427페지.

DANG

当(當、噹、璫) (1) dāng (당) ①맡다, 담당하다: 开会～主席. 회의에서 주석을 담당하다./人民～了主人. 인민이 주인으로 되였다. [파]맡아하다: 担～. 담임하다, 담당하다. 〔当选〕선거되다, 당선되다: 他～～为人民代表. 그는 인민대표로 당선되였다. ②주관하다: ～家. 주인노릇을 하다, 집안살림을 맡아보다./～权. 정권을 쥐다, 권력을 쥐다./～局. 당국. ③바로, 그때, 그곳, 거기에서: ～学习的时候,不要做别的事. 공부를 할 때는 다른 일을 하지 말아야 한다./～街. 거리, 거리가까이./～院. 마당, 마당가운데./～中. 한가운데,

한복판./～面. 그자리에서, 직접 맞대고./～初. 애초, 당초, 맨처음, 이전, 그전. 〔当年〕〔当日〕 그때, 그전, 그 옛날, 그날: 想～～我离家的时候,这里还没有火车. 내가 집을 떠날 때 이곳에는 아직 기차가 없었다. 〔当即〕 곧, 즉시, 당장: ～～散会. 즉시에 폐회를 하다. 〔当前〕 당면, 목전, 목하, 현재, 오늘: ～～任务. 당면한 임무. 〔当下〕 바로 그시각, 곧, 즉시, 인차: ～～就去. 즉시 가다. ④비슷하다: 旗鼓相～. 력량이 어슷비슷하다, 어금지금하다, 대등하다. ⑤응당하다, 마땅하다: ～办就办. 마땅히 해야 할 일은 해야 한다./不～问的不问. 묻지 말아야 할것은 묻지 말아야 한다. ⑥꼭대기, 꼭지, 웃머리./瓜～. (오이, 참외, 수박따위의) 꼭지./瓦～. 막새기와 마구리(〈猫头〉라고도 속칭함). ⑦소리본딴말. 쟁, 땅, 맹. ～的一声. 땅 하고 소리나다./小锣敲得～～响. 꽹과리(징) 소리가 챙챙 울린다. 〔当啷〕(-lāng) 댕그랑, 딸랑, 맹: ～～～～上课铃响了. 맹맹맹 상학종이 울리다. 〔丁当〕(-钉、-㼜) 뚝딱뚝딱, 댕그랑 →94페지 〈丁〉의 〈丁当〉. 〔当心〕 조심하다, 주의하다. (2) dàng →본 페지.

珰(璫) dāng (당) ①구슬귀거리. ② 환관 (한나라때 무직환관(武职宦官)들이 모자에 달던 장식품, 후에 〈珰〉으로 환관을 가리켰음.)

铛(鐺) (1) dāng (당) 〈当⑦〉과 같음. (2) chēng →50페지.

裆(襠) dāng (당) 살, 사타구니, 가랭이: 横～. 마지폭./直～. 바지앞에 단추를 다는 곳./开～裤. 짜개바지, 개구멍바지.

挡(擋、攩) (1) dǎng (당) ①막다, 가로막다, 가리우다, 가리다(㊞阻-、拦-): 水来土～. 물이 오면 흙으로 막다./把风～住. 바람을 막다./拿芭蕉扇～着太阳. 파초부채로 해빛을 가리우다. ②(-子、-儿) 덮개, 가리우개: 炉～. 난로덮개./窗户～儿. 창문가리우개. (2) dàng →81페지.

党(黨) dǎng (당) ①당, 정당. ②개인적인 리해관계로 무어진 무리, 패거리, 도당: 结～营私. 작당하여 사리를 도모하다. 〔党羽〕 도당, 패거리. ③(지난날) 친척: 父～. 아버지의 친척./母～. 어머니의 친척./妻～. 안해의 친척.

谠(讜) dǎng (당) 정직하다, 솔직하다, 바르다, 곧다: ～言. 바른말, 옳은 의견./～论. 정직한 말, 옳은 의견.

当(當) (2) dàng (당) ①알맞다, 적당하다, 타당하다: 处理得～. 알맞게 처리하다./这个字用得不恰～. 이 글자는 알맞게 쓰지 못했다./妥～的办法. 타당한 방법./适～的休息. 적당한 휴식. ②해당하다, …와 대등하다, 당하다, 맞먹다: 一个人～俩人用. 한사람을 두사람에 맞먹게 쓰다. ③삼다, 간주하다, 여기다, 생각하다: 安步～车. 천천히 걷는것을 차를 타는것으로 삼다, 도보로 가다. ㉻…라고 생각하다:你～我不知道吗? 당신은 내가 모른다고 생각하오? ④그(때, 해): 他～天就走了. 그는 그날로 떠나갔다. 〔当年〕그해, 같은 해, 한해: ～～种,～～收. 그해에 심어 그해에 거두어들이다./～～受益. 그해에 리익을 보다. (dāng →〈当〉dāng). 〔当日〕 그날,당일. (dāng →〈当〉dāng). ⑤전당잡히다(실물을 맡기고 돈을 꾸는 곳을 전당포라고 한다)(㉻典-): ～了宝剑. 보검을 전당잡히다. ⑥저당물. 〔上当〕 속히우다, 속임수에 넘어가다. (1) dāng →79페지.

挡(擋) (2) dàng (당) 〔摒挡〕(bìng-) 수습하다, 처리하다. (1) dǎng →80페지.

档(檔) dàng (당) ①(물건을 보관하기 위하여 살을 대고 만든) 틀이나 장: 归～. 문서를 보관하다, 보관장에 넣어두다. ②보관장에 넣어서 보관해두는 문건이나 자료: 查～. 보관된 물건을 찾아보다. ③(-子、-儿) 일의 전수: 一～子事. 한건의 일.

凼(氹) dàng 물웅뎅이: 水～. 물웅뎅이./～肥. 물웅뎅이에 썩힌 거름.

砀(碭) dàng (탕) 〔砀山〕 탕산, 현이름, 안휘성에 있음.

荡(蕩、盪) dàng (탕) ①제거하다, 없애버리다, 쓸어버리다: 倾家～产. 가정이 파산되다, 집안이 망하다, 재산을 다 불어먹다, 가산을 탕진하다: ②씻다, 가시다. ③흔들다, 흔들리다, 동요하다: ～舟. 배를 젓다, 배를 손으로 밀어서 움직이다./～秋千. 그네를 뛰다. 〔荡漾〕(-yàng) 넘실거리다, 출렁이다. ④행위가 단정하지 못하다(㉻浪-). ⑤늪, 옅은 호수: 芦花～. 갈꽃늪./黄天～. 황천탕(지명).

宕 dàng (탕) 질질 끌다, 지연하다, 지체하다.

砀 dàng (탕) →258페지 〈莨〉의 〈莨砀〉(làngdàng).

DAO

刀 dāo (도) ①(-子、-儿) 칼, 공구나 도구의 칼: 镰～. 낫./菜～. 식칼./刺～. 날창./旋～. 바이트./铅笔～儿. 연필깎는 칼. ②종이 100장을 이르는 명사단위: 一～纸. 종이 100매. ③(옛날 칼모양으로 된) 화폐.

叨 (2) dāo (도) 〔叨叨〕(-dao) 종알대다, 중얼대다, 잔소리하다. 〔叨唠〕(-lao) 잔소리하다, 이러쿵저러쿵하다, 중얼대다. (1) tāo →430페지.

忉 dāo (도) 〔忉忉〕 근심스럽다, 걱정스럽다.

魛 dāo (도) 칼치나 제어따위의 물고기.

氘 dāo 중수소, 듀테리움(원소기호 H_2 혹은 D).

捯 dáo (도) 실이나 줄따위를 걷다, 두손을 부지런히 바꾸면서 잡아당기다: 把风筝～下来. 연을 걷다. ㉻원인을 찾다, 원인을 캐다, 실머리를 잡다: 这件事到今天还没～出头来呢. 이 일은 오늘까지도 실머리를 찾아내지 못했다.

导(導) dǎo (도) ①령도하다, 이끌다: 导师. 도사./～言. 머리말./～演. 연출, 연출가. ②전도하다, 전달하다: ～热. 열을 전도하다./～电. 전기를 전도하다./～体. 도체.

岛(島) dǎo (도) 섬.

捣(擣、擣) dǎo (도) ①찧다: ～蒜. 마늘을 찧다./～米. 쌀을 찧다. [파]냅다치다, 공격하여 들부시다: 直～敌巢. 곧바로 적의 소굴을 냅다치다. ②교란시키다: ～乱. 헤살을 놓다, 교란시키다, 란탕을 치다, 소란을 일으키다./～鬼. 작간을 부리다, 도깨비장난을 하다./～麻烦. 시끄럽게 굴다.

倒 (1) dǎo (도) ①넘어지다, 거꾸러지다, 쓰러지다: 墙～了. 벽이 넘어지다./摔～. 넘어지다, 자빠지다. [파](지난날) 공상업계에서 경제손해로 하여 문을 닫다, 실패하다, 파산되다, 망하다: ～闭. (경제손해로 하여) 문을 닫다, 파산되다. 〔倒霉〕〔倒楣〕 재수없다. ②바꾸다, 변경시키다: ～手. 손을 바꿔쥐다, (장사에서 물건이) 이 사람 손에서 저 사람 손으로 넘어가다./～车. 차를 갈아타다./～换. 바꾸다. (2) dào →본 페지.

祷(禱) dǎo (도) 빌다, 기도하다: 祈～. 기도하다. *존경어투(서신용어). 바라다, 념원하다: 为～. 바랍니다, 기대합니다./盼～. 바랍니다.

蹈 dǎo (도) 밟다, 디디다, (춤) 추다: 手舞足～. 손과 발을 놀리면서 춤추다, 너무 기뻐서 둥실둥실 춤을 추다./～白刃而不顾. 위험을 마다하지 않다, 아랑곳하지 않다./赴汤～火. 물불을 가리지 않다. [파]실행하다, 전례대로 따라하다, 답습하다: 循规～矩. 규정대로 따라하다.

到 dào (도) ①이르다, 도달하다, 도착하다: ～北京. 북경에 도착하다./～十二点. 12시가 되다./不～两万人. 2만명이 못되다./坚持～底. 끝까지 견지하다. 〔到处〕 이르는 곳마다, 도처. ②…에, …로(가는 방향, 목적지를 나타냄): ～祖国最需要的地方去. 조국에서 가장 수요하는 곳으로 가다. ③주밀하다, 빈틈없다: 有不～的地方请原谅. 빈틈이 있으면 량해하여주시오. ④동작의 효과와 가능성을 나타냄: 办得～. 할수 있다./做不～. 할수 없다./达～先进水平. 선진적수준에 이르다.

倒 (2) dào (도) ①거꾸로 되다, 반대로 되다: 这面镜子挂～了. 이 거울은 거꾸로 걸렸다./把那几本书～过来. 그 몇책을 방향을 바꾸어놓으시오./～数第一. 끝으로 첫번째이다. 〔倒粪〕 거름을 번지면서 부수뜨리다. ②따르다, 붓다, 쏟다: ～茶. 차를 따르다./～水. 물을 붓다. ③반대로, 도리여, 오히려: 这～好了. 이런것이 오히려 낫다./跑了一天～不觉得累. 하루동안 뛰여다녔지만 힘든줄 모른다. ④물러서다: ～退. 퇴각하다./～车. 차를 뒤로 몰다, 뒤로 몰다. (1) dǎo →본 페지.

帱(幬) (2) dào (도) 덮다, 뒤덮이다. (1) chóu →

57 페지.

焘(燾) dào, tāo (도) 덮다, 뒤덮이다.

悼 dào (도) 슬퍼하다, 서러워하다([련]哀-): 追～. 추도하다, 추모하다.

盗(盜) dào (도) ① 훔치다, 도적질하다 ([련]-窃): ～卖.(남의것을) 훔쳐서 팔다./～取. 훔치다, 도적질하다./掩耳～铃. 귀막고 방울도적질하다, 눈감고 아웅하다. [파]부정당한 방법으로 얻다: 欺世～名. 세상사람을 속이고 명예를 훔치다. 〔盗汗〕(병으로 해서 잠잘 때) 식은땀이 나다: 患肺病的人夜间～～. 페병환자는 밤에 식은땀이 난다. ②길가는 사람의 물건을 빼앗는 사람, 강도, 도적([련]-贼).

道 dào (도) ①(～儿) 길([련]-路): 火车～. 기차길./水～. 물길, 수로. ②행동의 목표, 방향: 志同～合. 서로 지향이 일치되다. 배짱이 맞다. ③도리, 리치: 无～. 도리가 없다./治世不一～. 세상을 다스리는 도리는 한가지뿐 아니다. 〔道具〕 불교수업에서 쓰이는 일체 도구. [전]연극의 대도구와 소도구. ④(-儿) 방법, 기술: ～门. 비결./医～. 의술./照他的～儿办. 그의 방법대로 하다. ⑤도가. (우리 나라 고대의 한개 사상류파.) ⑥〔道教〕 도교 (우리 나라 주요한 종교의 하나): ～观. (옛날) 도교의 절간. ⑦일부 반동적인 미신조직을 가리킴: 一贯～. 일관도./会～门. 회도문 (반동적인 미신조직의 총칭). ⑧말하다: 说长～短. 이러쿵저러쿵 시비하다./一语～破. 한마디로 정통을 찌르다./常言～. 속담에 이르기를. [파](남에게 뜻을) 표시하다: ～贺. 축하하다./～谢. 감사를 드리다./～歉. 미안함을 표시하다, 사죄하다, 사과하다./～喜. 축하하다. ⑨도(력사상의 행정구역): 1. 당태종시기에는 전국을 10개 도로 나누었다. 2. 청나라때와 중화민국 초기에는 매개성을 몇개 도로 나누었다. ⑩(-子、-儿) 줄: 红～儿. 붉은 줄./铅笔～儿. 연필금. ⑪단위명사. 1. 줄기, 줄, 가닥: 一～河. 한줄기의 강./画一～红线. 붉은 선 한줄을 긋다. 2. 개(문, 벽등에 쓰임): 两～门. 두개의 문./过一～关. 한 고비를 지나다. 3. 명령이나 제목에 쓰임: 三～题. 세개의 문제./一～命令. 하나의 명령. 4. 번, 번째, 차례: 洗了三～. 세번 씻었다.

稻 dào (도) (-子) 벼.

纛 dào (독) 옛날 군대의 큰 기발.

DE

得 (1) dé (득) ①얻다, 받다, 획득하다([련]获-): 大～人心. 인심을 많이 얻다./～奖. 상을 타다./～胜. 이기다, 승리하다. [파]만나다, 얻다: ～空(kòng). 시간을 얻다, 틈을 타다./～便. 기회를 얻다(타다). ②알맞다, 좋다: ～当(dàng). 알맞다, 적당하다, 타당하다./～法. 알맞다, 적절하다, 요령있다./～手. (일이) 순조롭다./～劲. 기분이 좋다, 순조롭다. ③의기가 양양하다: 扬扬自

～. 우쭐거리다. ④완성하다, 다되다: 衣服做～了. 옷이 다됐다./饭～了. 밥이 다됐다. ㉠1. 금지를 나타냄: ～了, 别说了. 됐소, 말하지 마오. 2. 동의를 나타냄: ～,就这么办. 됐소, 그렇게 합시다. ⑤…할수 있다, …가능하다: 不～随地吐痰. 가래를 아무곳에나 뱉지 말아야 한다./正式代表均～参加表决. 정식대표는 모두 표결에 참가할수 있다. (2) děi →본 폐지. (3) de →본 폐지.

锝 dé 테크네티움(원소기호 Tc).

德(悳) dé (덕) ① 덕성(좋은 품성): ～才兼备. 고상한 도덕과 품성, 훌륭한 지식과 기술을 다 갖추다. ②도덕. ③마음씨, 신념: 同心同～. 한마음한뜻.

地 (2) de 앞에 놓이는 단어 또는 단어결합이 부사성꾸밈말임을 나타내는 조사: 胜利～完成任务. 임무를 성과적으로 수행하다. (1) dì →88 폐지.

的 (3) de ① 형용사성임을 나타냄: 伟大～人民. 위대한 인민./英勇无敌～英雄. 용감무쌍한 영웅. (2)〈地(2)〉와 같다. ②(일부 단어나 단어결합뒤에 붙어서) 지정된 사람 또는 사물을 나타냄: 买菜～. 남새를 사는 사람./吃～. 먹는것./穿～. 입는것. ③종속관계가 이루어짐을 나타냄. 때로는 〈底〉로도 됨: 我～书. 나의 책./社会～性质. 사회의 성격. ④조사, 문장의 마지막에 쓰이여 긍적적인 어감을 나타냄. 경상적으로 〈是〉와 서로 호응한다: 他是刚从北京来～. 그는 방금 북경에서 왔다. (1) dì →89 폐지. (2) dí →86 폐지.

底 (2) de〈的(3)③〉과 같음. (1) dǐ →87 폐지.

得 (3) de ①동사뒤에서 가능함을 나타냄: 1. 뒤에 다른 단어가 또 붙는것: 冲～出去. 돌격해나갈수 있다./拿～起来. 들수 있다. 2. 뒤에 다른 단어가 더 붙지 않는것: 要～. 그래야 한다. 좋다./要不～. …면 안된다./说不～. 말하지 말아야 한다. ②동사 혹은 형용사 뒤에 붙어서 결과나 정도를 나타내는 보조어를 련접시킨다: 跑～快. 빨리 뛰다./急～满脸通红. 급해맞아 얼굴이 빨개졌다./香～很. 아주 향기롭다. (1) dé →83 폐지. (2) děi →본 폐지.

膩 de →260 폐지 〈肋〉의 〈肋膩〉(lēde).

DEI

得 (2) děi ①마땅히 …아야 한다, 반드시 …아야 한다: 你～用功. 동무는 노력해야 하겠소./可～注意. 반드시 주의를 돌려야 한다. ②〈방〉만족하다, 기쁘다, 편안하다: 挺～. 정말 편안하다. (1) dé →83 폐지. (3) de →본 폐지.

DEN

扽(撜) dèn (돈) (탁탁 잡아채면서) 힘있게 당기다: 把绳子～一～. 바줄을 좀 잡아당기시오./～线. 줄을 잡아당기다.

DENG

灯(燈) dēng (등) 등: 电～. 전등./路～. 가로등./

探照～. 탐조등.

登 dēng (등) ①오르다: ～山. 산에 오르다, 등산./～高. 높은 곳에 오르다./～峰造极. 조예가 절정에 달하다, 최고봉에 오르다. ②밟다, 디디다. 〈蹬〉이라고도 함: ～在凳子上. 걸상을 디디다. ㉻발을 아래로 힘써 디디다: ～三轮车. 삼륜차를 타다./～水车. 수차로 물을 끌어올리다. ③싣다, 기록하다: ～报. 신문에 싣다./把这几项～在簿子上. 이 몇개 조목을 장부에 기록하오. 〔登记〕 등록하다: ～～买票. 등록하고 표를 사다. ④(곡식들이) 새로 나오다. (곡식들이) 나돌다, 성숙되다: 五谷丰～. 오곡이 풍성하게 새로 나오다, 만풍년이 들다. 〔登时〕 즉시, 인차, 곧, 당장.

噔 dēng 소리본딴말. 쿵, 탕(무거운 물건이 땅에 떨어지거나 물체가 부딪치는 소리).

簦 dēng (등) (옛날) 손잡이가 달린 삿갓, 우산.

蹬 dēng (등) 〈登②〉와 같음.

等 děng (등) ①같다, 서로 같다, 평등하다: 相～. 서로 같다./一加二～于三. 1에다 2를 더하면 3과 같다./男女权利平～. 남녀권리가 평등하다. 〔等闲〕 보통이다, 심상하다, 예사이다. ㉮쉽게, 대수롭지 않게, 되는대로, 내키는대로, 홀시하다: 莫作～～看. 등한히 여기지 말라! ②등급, 정도: 立了一～功. 일등공훈을 세우다./特～英雄. 특급영웅./何～快乐? 얼마나 기쁜가? ③류형, 무리: 1. 들(다수를 표시함): 我～. 우리들./你～. 당신들./彼～. 그들. 2. 등(렬거한 다음 끝을 맺음): 北京、天津、武汉、上海、广州～五大城市. 북경, 천진, 무한, 상해, 광주 등 다섯개 큰 도시. 3. 등(렬거가 끝나지 않았음을 나타냄): 张同志、王同志～五人. 장동지, 왕동지 등 다섯사람./煤、铁～～都很丰富. 석탄, 철 등등이 모두 풍부하다. ④기다리다(㉻-待、-候): ～一下再说. 조금 기다렸다가 다시 말하다./～不得. 기다릴수 없다. ⑤〈戥〉과 같음.

戥(等) děng (등) ①작은 저울, 은방저울(금, 은, 약품 등 분량이 적은 물건을 뜨는 작은 저울을 가리킴). ②작은 저울로 뜨다: 把这包药～一～. 이 약을 좀 뜨시오.

邓(鄧) dèng (등) 〔邓县〕 등현, 하남성에 있음.

僜 dèng (등) 등인, 중국 서장자치구 찰우현에 거주함.

凳(櫈) dèng (등) (-子、-儿) 걸상: 板～. 걸상./小～儿. 작은 걸상.

嶝 dèng (등) 산으로 오를수 있는 작은 길, 언덕길.

澄 (2) dèng (징) (액체안에 있는 잡질을) 가라앉게 하다, 밭다: 水～清了再喝. 물을 밭은 다음에 마시오. (1) chéng →52페지.

磴 dèng (등) ①돌계단. ②(계단의 수량) 층, 계단.

瞪 dèng (증) 눈을 크게 뜨다, 부릅뜨다, 쏘아보다: 把眼一～. 눈을 딱 부릅뜨다./你～着我作什么? 나를 왜 쏘아보는가? /～眼. 눈을 부릅뜨다.

镫 dèng (등) 등자, 말등자. 〈고〉〈灯〉(dēng)과 같음.

DI

氐 (2) dī (저) 고대 중국 서부 소수민족의 이름. (1) dǐ →87페지.

低 dī (저) ① ↔〈高〉 1. 낮다: 这房子太~. 이 집은 너무 낮다./弟弟比哥哥~一头. 동생은 형님보다 머리 하나는 작다. 2. (지대가) 낮다: ~地. 낮은 지대. 3. (소리가) 낮다: ~声讲话. 낮은 소리로 말하다. 4. (정도가) 낮다: 眼高手~. 눈은 높고 손은 설다, 요구수준은 높고 능력은 없다, 시령눈 부처손./技术水平~. 기술수준이 낮다. 5. (등급이) 낮다: ~年级学生. 저급학년학생. 6. (값이) 헐하다, 싸다: 最~的价钱. 제일 헐한 값. ② 숙이다: ~头. 머리를 숙이다.

羝 dī (저) 수양, 양의 수컷.

堤(隄) dī (제) 뚝, 동뚝, 제방: 河~. 강뚝./修~. 뚝을 쌓다. 〔堤防〕 제방.

提 (2) dī (제) 〔提防〕(-fang) 방비하다, 경계하다. 〔提溜〕(-liu) 손에 들다. (1) tí →433페지.

鞮 dī (제) (옛날) 구두의 한가지.

磾(磾) dī (제) 사람이름자.

滴 dī (적) ①(액체) 방울: 汗~. 땀방울./水~. 물방울. 〔点滴〕 방울방울 떨어지는것, 극히 적다, 사소하다. ②(액체가) 떨어지다, (액체를) 떨구다: 汗水直往下~. 땀방울이 아래로 막 떨어지다./~眼药. 눈약을 떨구다. 〔滴沥〕(-lì) 소리본딴말. 후두둑후두둑(비방울이 떨어지는 소리). 〔滴溜〕(-liū) 1. 동그랗다, 둥그렇다: ~圆. 둥그렇다. 2. 대굴대굴, 빙글빙글, 뱅뱅: ~~转. 빙글빙글 돌다.

镝 (1) dī 디스포로시움(원소기호 Dy). (2) dí →87페지.

狄 dí (적) (옛날) 중국의 북방에 있었던 소수민족에 대한 총칭.

荻 dí (적) 물억새.

迪 dí (적) 이끌다, 향도하다(련 启-).

笛 dí (적) (-子、-儿) 저, 피리. ㊕기적, 고동: 汽~. 기적, 싸이렌./警~. 경적.

的 (2) dí (적) 진실하다, 정확하다, 적실하다, 확실하다: ~当. 알맞다, 타당하다, 적당하다./~确如此. 확실히 그러하다. (1) dì →89페지. (3) de →84페지.

籴(糴) dí (적) (량식을) 사다, 사들이다. ~米. 쌀을 사들이다.

涤(滌) dí (척) 씻다, 빨다(련 洗-): ~除旧习. 낡은 유습을 씻어버리다.

敌(敵) dí (적) ①적, 원쑤: 划清~我界限. 적아간의 계선을 똑똑히 가르다. ②(힘이) 서로 대등하다, 동등하다: 势均力~. 세력이 동등하다. ③막다, 저항하다: 军民团结如一人, 试看天下谁能~. 한사람같이 단결된 군민을 천하의 그 누가 당하랴.

觌(覿) dí (적) 서로 마주보다, 맞대면하다: ～面. 맞대면하다, 만나다, 얼굴을 맞대다, 만나다.

髢 dí (체) (옛음 dì) 가발(假发).

嘀(啾) dí 〔嘀咕〕(-gu) 1. 중얼거리다, 수군거리다: 他们俩～～什么呢? 저 두사람은 뭐라고 수군거리는가? 2. 망설이다, 주저하다: 拿定主意别犯～～. 우물쭈물하지 말고 주견을 내놓으시오.

嫡 dí (적) ① 봉건법률제도에서 본처(정실)를 〈嫡〉라고 한다. ㉠본처가 낳은 자식, 적자: ～子. 적자, 본처가 낳은 자식./～嗣. 본처가 낳은 자식. ②(가족가운데서) 가장 가까운 혈통: ～亲哥哥. 친형./～堂兄弟. 사촌형제. ㉡가장 가까운 계통: ～系. 직계.

镝 (2) dí (적) 화살촉: 锋～. 칼날과 살촉, 무기./鸣～. 우는 화살. (1) dī →86페지.

蹢 (1) dí (적) 〈고〉발굽, 발톱. (2) zhí →573페지의 〈踯〉.

翟 (1) dí (적) 꼬리가 긴 꿩, 고대 철학자 묵자의 이름. (2) zhái →557페지.

氐 (1) dǐ (저) 근본. (2) dī →86페지.

诋 dǐ (저)비방중상하다, 헐뜯다, 욕질하다(㉣-毁): 丑～. 된욕을 퍼붓다.

邸 dǐ (저) (낡은 사회) 벼슬아치들의 집: 官～. 관저.

坻 dǐ (저) 〔宝坻〕 보저, 현이름, 천진시에 있음.

抵(牴、觝) dǐ (저) ①버티다, 고이다, 막다(㉣-挡): ～挡一阵. 한참 막아내다./～住门别让风刮开. 바람에 문이 열리지 않게 버티여놓으시오. 〔抵制〕 저지시키다, 대항하다. ②(뿔로) 받다. 〔抵触〕 저촉되다, 모순되다: 他的话前后～～. 그의 말은 앞뒤가 모순된다. ③저당잡히다, 물다: ～债. 빚을 갚다./～押. 저당잡히다. 〔抵偿〕 갚다, 물다, 변상하다, 상환하다. ④도착하다: ～京. 북경에 도착하다. 〔大抵〕 대략, 대체로: ～～是这样,详细情况我说不清. 대체로는 이런데 상세한 정황은 똑똑히 모르겠다.

底 (1) dǐ (저) ①(-子、-儿) 밑바닥: 锅～. 가마밑./鞋～儿. 신바닥./海～. 바다밑. ㉠끝, 마감, 말: 月～. 월말./年～. 년말. ②〔-子、-儿〕 (사물의) 내막, 속내, 기초, 근거, 초고: ～稿. 원고의 초고./～帐. 원장부, 대장./刨(páo)根问～. 내막을 철저히 따지다, 근원을 캐면서 내막을 묻다./那文件要留个～儿. 그 문건은 초고를 남겨두어야 된다. 〔底细〕 내막, 진상. ③〔-儿〕 바탕: 白～儿红花碗. 흰 바탕에 붉은 꽃무늬를 한 사발. ④도달하다, 이르다: 终～于成. 끝내 성공되였다. ⑤무슨, 어느: ～事. 무슨 일./～处. 어느곳. (2) de →84페지.

柢 dǐ (저) (나무)뿌리(㉣根-): 根深～固. 뿌리가 깊다, 완고하다.

砥 dǐ (지) (옛음 zhǐ)(가는) 숫돌. 〔砥砺〕 닦다, 갈다, 련마하다: ～～志气. 패기를 련마하다.

骶 dǐ (저) 엉치, 엉뎅이, 궁둥이.

地 (1) dì (지) ①지구, 지각, 땅: 天～. 하늘과 땅. /～心. 지심. /～层. 지층. [파] 1. 토지, 땅: ～大物博. 땅이 넓고 물산이 풍부하다. /草～. 풀밭. /两亩～. 두무의 땅. 2. 곳, 고장, 지역, 지점: 此～. 이곳. /华东各～. 화동 각지. 3. 로정, 길: 三十里～. 30리길. /里把～. 한 일리가량(되는 곳). 〔地方〕(-fang) 지방 1. 구역: 飞机在什么～～飞? 비행기는 어느 곳에서 나는가? /那～～出高粱. 그곳에서 수수가 난다. 2. 곳, 점: 他这话有的～～很对. 그의 말이 어떤 점에서는 매우 정확하다. 3. 각 성, 시, 현을 중앙과 전국에 상대하여 부르는 말: ～～各级人民代表大会. 지방 각급 인민대표대회. /～～服从中央. 지방은 중앙에 복종하다. 〔地道〕 1. 지하도로, 지하갱도: ～～战. 갱도전. 2. (-dao)명산지의 명산물을 〈道地〉라고도 함: ～～药材. 명산지의 약재. [전]진짜다, 순수하다: 一口～～北京话. 순수한 북경말. 〔地下〕(-xia) 1. 지면, 땅바닥: 掉在～～了. 땅바닥에 떨어지다. 2. 땅속, 지하: ～～铁道. 지하철도. 3. [유]비밀: ～～工作. 비밀공작, 지하공작. 〔地位〕 지위, 처지. ②환경, 지경, 경우, 처지: 见～. 견해. /境～. 처지. /心～. 마음씨. ③바탕([련]质-): 蓝～白花布. 푸른바탕에 흰꽃이 있는 천. (2) de →84페지.

弟 dì (제) ①동생, 아우 [겸]. 〔弟兄〕(-xiong) 1. 형제: 我们～～三个. 우리는 삼형제이다. 2. 같은 또래의 사람들을 친근하게 부를 때 쓰는 말. ②동배가운데의 자기보다 나어린 남성: 小～～. 작은동생. /师～. 스승과 제자, 사제, 나어린 동창, 자기보다 어린 선생의 아들, 자기보다 어린 아버지의 제자. 〔弟子〕 제자. 〈고〉〈悌〉(tì)와 같음. 〈고〉〈第①②④〉와 같음.

递(遞) dì (체) ① 전해주다, 넘겨주다([련] 传-): 投～. (우편으로) 편지를 부치다, (편지를) 배달하다. /你把书～给我. 책을 저에게 넘겨주시오. /～眼色. 눈짓을 하다. ②차례로 하다, 순서대로 하다: ～补. 차례로 보충하다. /～加. 차례로 더하다. /～进. 차례로 나아가다.

娣 dì (제) 옛날 손아래동서: ～姒(sì). (녀자들끼리의) 동서.

睇 dì (제) 흘겨보다.

第 dì (제) ①차례, 순서 ([련]等-、次-). ②차례나 순서를 나타내는 앞붙이: ～一. 제일. /～二. 제이. [파]과거에 시험에 붙는것을 급제 (及第)라 하고 시험에 붙지 못한것을 락제(落第)라고 했음. ③(옛날) 관리의 집, 관저([련]宅-、-宅): 府～. 저택. ④그러나, 그렇지만: 运动有益于健康, ～不宜于剧烈. 운동은 건강에 도움을 주지만 너무 지나치게 해서는 안된다.

的 (1) dì (적) 과녁: 中(zhòng)～. 명중하다./有～放矢. 과녁을 겨누고 활을 쏘다, 목적성, 지향성있게 일하다. 〔目的〕 목적: 我们的～～是提高人民的生活水平. 우리의 목적은 인민들의 생활수준을 제고시키는데 있다. (2) dí →86페지. (3) de →84페지.

菂 dì (적) 〈고〉 련꽃열매, 련밥.

帝 dì (제) 임금, 황제, 하늘의 신: 上～. 하느님./～王. 제왕. 〔帝国〕 제국.

谛 dì (체) ①(보고 듣는것이) 자세하다. ～听. 자세히 듣다./～视. 찬찬히 보다. ②의의, 도리, 뜻: 妙～. 묘한 뜻./真～. 참된 뜻.

蒂(蔕) dì (체) (과일의) 꼭지: 瓜熟～落. 참외가 익으면 저절로 꼭지가 떨어진다, 조건이 성숙되면 자연히 성공한다. 〔芥蒂〕 원한, 옹이진 마음, 불평: 毫无～～. 불평이 조금도 없다, 허물이 없다.

缔 dì (체) 맺다, 체결하다, 결합하다(련-结): ～交. (외교관계를) 맺다, 설정하다./～约. 조약을 맺다. 〔缔造〕 창건하다, 세우다, 조직하다: ～～国家. 나라를 세우다. 〔取缔〕 금지하다, 단속하다.

禘 dì (체) 〈고〉제사의 일종.

碲 dì 텔루르 (원소기호 Te).

棣 dì (체) ①식물의 이름: 1. 아가위나무, 찔광이나무. 2. 이스라치나무, 산앵두나무. ②〈弟〉와 같음 *(이전에 편지에서 많이 썼음): 贤～. 동생.

DIA

嗲 diǎ 〈방〉아양을 부리다, 아양스럽다: ～声～气. 아양을 떨다./～得很. 매우 아양스럽다.

DIAN

敁 diān (점) 〔敁敠〕(-duo)는 〈掂掇〉와 같음. →본 페지의 〈掂〉(diān).

掂 diān (점) 손짐작으로 무게를 가늠하다: ～一～. 손으로 가늠해보다./～着不轻. 가늠해보니 가볍지 않다. 〔掂掇〕(-duo) 1. 손대중하다, 짐작하다. 2. 헤아리다, 타산하다.

滇 diān (전) ①〔滇池〕 전지, 운남성에 있는 호수의 이름. 또 곤명호라고도 함. ②운남성의 별칭.

颠 diān (전) ① 머리꼭대기; 华～. 희슥희슥한 머리. ㉶꼭대기: 山～. 산꼭대기./塔～. 탑꼭대기. ②시작, 처음: ～末. 처음부터 마지막까지, 전말. ③넘어지다, 떨어지다(련-覆): ～扑不破. 움직일수 없다, 깨뜨릴수 없다. 〔颠倒〕 1. (순서가) 뒤바뀌다: 书放～～了. 책이 뒤바뀌여놓였다./这两个字～～过来意思就不同了. 이 두글자는 바뀌여놓이면 뜻이 달라진다. 2. 어수선하다, 정신이 어리어리하다, 정신이 멜멜하다: ～三～四. 질서없이 어수선하다, 뒤죽박죽이 되다./神魂～～. 정신이 멜멜하다. 〔颠沛〕 곤궁에 빠지다, 가난하다. ㉶우여곡절을 겪

다：～～流离. 생활난으로 정처없이며돌아다니다. ④들까불다，뒤흔들다：山路不平，车～得厉害. 산길이 고르지 않아 수레가 몹시 뒤흔들리다.

攧 diān (전) 넘어지다，떨어지다.

巅 diān (전) 산꼭대기. 〈颠〉이라고도 함.

癫 diān (전) 정신착란이 일어나다，정신분렬을 일으키다，미치다(㊀-狂、疯-).

典 diǎn (전) ①표준서적：～籍. 옛날 법제도를 적은 책./词～. 사전./字～. 자전./引经据～. 고전을 인용하다. ㊁표준，법칙，규범：～范. 모범./～章. 규범적인 제도. /据为～要. 표준으로 삼다. 〔典礼〕의식：开学～～. 개학식./开幕～～. 개막식. 〔典型〕1. 전형，모범. 2. 전형적인，대표적인. ②(글이나 말에서 흔히 인용되는) 옛일，옛이야기：用～. 옛이야기를 리용하다. ③주최로 하다，맡아하다：～试. 맡아서 시험치다./～狱. 감옥을 맡다. ④전당포(옛날 주로 전당포 간판이름에 쓰임)，저당잡히다.

碘 diǎn 요드 (원소기호 I).

点(點) diǎn (점) ①(-子、-儿) 점，얼룩，액체의 방울：墨～儿. 잉크얼룩./雨～儿. 비방울./斑～. 반점. ㊁적은 량을 나타냄：一～小事. 자그마한 일./吃～儿东西. 조금 먹다. ②(기하학에서) 점. ③일정한 지점 혹은 한도：起～. 시발점. /终～. 종점，결승선./据～. 거점./焦～. 초점，모인점./沸～. 비점，비등점. ④어떤 일의 일부분，한 측면：补充三～. 세가지를 보충하겠다. ⑤(-儿) (한문자획으로서의) 점：三～水. 삼수변. ⑥점을 찍다：～句.(문장부호의) 점을 찍다./评～. (문장의) 어구를 따지며 평론하다./画龙～睛. 룡을 그리려면 눈알을 잘 그려야 한다，중점을 포착하여 간단명료하게 말하다. 〔点缀〕(-zhuì) 장식하다，아름답게 하다：～～风景. 풍경을 더 아름답게 하다. ⑦끄덕이다，스치다：～头. 머리를 끄덕이다./蜻蜓～水. 잠자리가 물을 스치다，잠자리 부접대듯，아는체하다 말다. ⑧(액체거나 알따위를) 떨구다：～眼药. 눈약을 넣다./～种牛痘. 우두를 놓다./～播种子. 종자를 띄워 심다. ⑨불을 켜다，불을 붙이다：～灯. 불을 켜다./～火. 불을 붙이다. ⑩점검하다，셈 세다，실사하다：～收. 하나하나 검사하여 접수하다./～数(shù). 수를 세다./～验. 점검하다. ⑪지정하다，선정하다，지적하다，주문하다(㊀指-)：～破. 진상을 발가놓다./～醒. 지적하여 깨우쳐주다./～菜. 료리를 지정하여 청하다. ⑫옛날 밤시간을 알리는 점：三更三～. 삼경 세점. ⑬시(시간의 단위). ㊁ 규정된 시간：上班的钟～. 출근하는 시간./保证火车不误～. 차시간이 연착되지 않게 보증하다. ⑭간단한 음식，과자：糕～. 떡과 과자를 통털어 이르는 말./早～. (간단한) 아침식사.

踮(跕) diǎn (점) 〈点〉이라고도 함. ①절름절름 발

끝으로 땅을 짚으며 걷다: ～脚. 절룩거리다. ②발돋움하다: ～着脚向前看. 발돋움하고 앞을 보다.

电(電) diàn (전) ①전류, 전력, 전기. 〔电子〕 전자. ②번개. 〈闪〉(shǎn)이라고도 속칭함. ③전기에 불다, 감전되다: 电门有毛病,～了我一下. 스위치에 문제가 생겨서 나는 감전되였다. ④전보: 急～. 지급전보./通～. 전보로 알리다.

佃 (1) diàn (전) 소작하다: ～户. 소작인, 소작농./～农. 소작농. (2) tián →435페지.

甸 diàn (전) 〈고〉교외. 〔甸子〕〔草甸子〕〈방〉 방목지, 놓아먹이는 풀판, 진펄.

钿 (1) diàn (전) ①(금, 보석 등으로 자개를 박아 만든) 자개박이: 宝～. 보석자개박이./螺～. 자개박이. ②금꽃장식물. (2) tián →435페지.

阽 diàn (점) (위험에) 처하다, 직면하다, 다가오다. yán →504페지.

坫 diàn (점) 흙으로 쌓은 가리개.

店 diàn (점) ①상점. 书～. 서점, 책방./零售～. 소매상점./～员. 점원, 판매원. 〔饭店〕 1. 식당 2. 호텔, 려관. ②구식려관: 住～. 려관에 들다./大车～. 수레려관.

惦 diàn (점) 마음에 두고 늘 생각하다, 그리워하면서 걱정하다: 请勿～念. 걱정하지 마십시오./心里老～着工作. 마음속에 늘 사업을 근심하고있다.

玷 diàn (점) (옥의) 티. 〔玷污〕 더럽히다.

垫(墊) diàn (점) ①고이다, 밑에 깔다, 밑에 받치다. ～桌子. 책상을 고이다./～上个褥子. 요를 깔다./路面～上点土. 길바닥에 흙을 좀 깔다. ②(-子、-儿) 깔개, 방석: 草～子. 돗자리, 벼짚방석./鞋～儿. 신깔개./椅～子. 걸상깔개. ③대여하다, 돌려주다: ～款. 돈을 꾸어주다, 돈을 선대하다./～钱. 돈을 꾸어주다.

淀(澱) diàn (정) ①얕은 호수: 白洋～. 백양정. ②깡치, 찌끼, 앙금. 〔淀粉〕 전분, 앙금.

靛 diàn (전) ①푸른색(물감). ②반물빛.

奠 diàn (전) ①제물을 차려 바치다, 제사를 지내다(㊀祭-): ～酒. 술을 부어 제를 지내다./～仪. (초상집에 보내는) 부조. ②세우다, 닦다, 다지다, 쌓다: ～基. 기초를 쌓다, 터를 닦다./～都. (나라의) 수도를 세우다./～定基础. 기초를 닦아놓다.

殿 diàn (전) ①궁전, 큰집. ②뒤, 꽁무니: ～后. 행군할 때 맨뒤에서 걷다. 〔殿军〕 1. 행군대렬의 맨뒤의 부대. 2. (경기에서) 꼴찌, 마지막, (경쟁에서) 제일 마지막으로 당선된 사람.

癜 diàn (전) 백납, 백박풍, 백전풍 (피부병의 한가지).

簟 diàn (점) 대나 갈대로 엮은 자리.

DIAO

刁 diāo (조) 교활하다, 간사하다, 무뢰한: ～棍. 나쁜놈, 무뢰한./这个人真～. 이 사람은 정말 교활하다. 〔刁难〕(-nàn) 난처하게 굴다, (일부러) 딱하게 놀다.

叼 diāo (입에) 물다: 猫～着老鼠. 고양이는 쥐를 물고있다.

汈 diāo 〔汈汊〕 호수이름, 호북성에 있음.

凋 diāo (조)(잎 또는 꽃이) 시들다, 지다, 쇠퇴하다([련]-谢、-零): 松柏后～. 엄동설한에야 소나무, 잣나무의 푸르른 절개를 알수 있다, 간고한 환경에서 사람의 됨됨을 알수 있다.

碉 diāo (조) 화점, 토치까, 요새.

雕(鵰、彫、琱) diāo (조) ① 수리, 수리개. ②새기다, 조각하다: 木～泥塑. 목각과 흙조각./浮～. 부각, 돋을새김, 부각하다./～版. 조판(하다), 조각한 나무판. ③채색으로 장식하다, 그림으로 장식하다: ～弓. 조각장식을 한 활./～墙. 조각한 벽, 벽에 조각을 하다. ④〈凋〉와 같음.

鲷 diāo (조) 도미.

貂 diāo (초) 담비.

吊(弔) diào (조) ①조문하다, 죽은 사람의 제를 지내다: ～丧. 조상하다./～唁. 조문, 조상. [파]운명이 불행한 사람을 위문하다. ②매달다, 걸다: 房梁上～着四盏光彩夺目的大红灯. 대들보에 눈부시게 빛나는 붉은 등불이 네개 걸려있다. ③털가죽에 거죽을 씌우거나 안을 대고 옷을 짓다, 털옷을 짓다, 털옷을 만들다: ～皮袄. 털저고리를 만들다. ④회수하다: ～卷. 문건을 찾다./～销执照. 증명서를 회수하여 취소하다, 증명서를 철수하다. ⑤옛날 화폐단위.

铞 diào →275페지 〈钌〉의 〈钌铞儿〉(liàodiàor).

钓 diào* (조) 낚다, 낚시질하다: ～鱼. 낚시질하다. [유]꾀여서 얻다, 수단을 부려 얻다: 沽名～誉. 수단을 부려 명예를 쟁취하다.

茮(蓧) diào (조) 김매는 키구(옛 농기구).

窎 diào (조) 아득히 멀다, 아주 멀다([련]-远).

调 (2) diào (조) ①조동하다, 이동하다, 소환하다: ～职. 직무를 조동하다./～兵遣将. 군대를 출동시키다. ②(～子) 곡조, 가락([련]腔-): 这个～子很好听. 이 곡조는 아주 듣기 좋다. ③음: C大～. C대음, C장조. ④(언어에서의) 성조, 음조. 〔声调〕(한어의) 성조. 2. 책을 읽거나 말을 하거나 랑송을 할 때의 곡조. 〔调查〕 조사하다: 没有～～就没有发言权. 조사가 없으면 발언권이 없다. (1) tiáo →437페지.

掉 diào (도) ①떨어지다, 흘리다: ～眼泪. 눈물 흘리다./～在水里. 물속에 떨어지다. ②날다, 내리다, 없어지다. ～色. 색이 날다. ③〈방〉잃어버리다: 东西～了. 물건을 잃어버리다. ④방향을 돌리다: ～头. 머리를 돌리다./～过来. (가던 방향을) 돌리다, 이쪽으로 돌리다.

⑤흔들다：尾大不～. 꼬리가 커서 흔들지 못하다，조직이나 기구가 방대하거나 산만하여 지휘하기 힘들다. ⑥서로 바꾸다：～一个个儿. 순서를 바꾸다. ⑦버리다(동사뒤에 보충어로 붙어서 동작의 완성을 나타냄)：丢～. 잃어버리다./卖～. 팔아버리다./改～坏习惯. 나쁜 습관을 고쳐 버리다.

铫 (1) diào (요) (-子、-儿)(쇠붙이나 도자기로 된) 탕관，(물 끓이는) 주전자：药～儿. 약탕관./沙～. 도자기탕관. (2) yáo →512페지.

DIE

爹 diē (다) ①아버지. ②나이 많은 사람에 대한 존칭：老～. 아버님.

跌 diē (질) 넘어지다，걸려넘어지다：～了一跤. 넘어지다，엎어지다./～倒. 걸려서 넘어지다. [파](값이) 내려가다，떨어지다：～价. 값이 내려가다. 〔跌足〕(안타까와서) 발을 동동 구르다.

迭 dié (질) ①번갈아하다，엇바꾸다：更～. 번갈아 교체하다./～为宾主. 손님노릇과 주인노릇을 번갈아하다. ②여러(번)，련이어：～次会商. 여러차례 서로 의논하다./近年来文物～有发现. 근년에 문화유물들을 여러차례 발견하였다. ③미치다，이르다，도달하다：忙不～. 바빠서 어쩔수 없다.

昳 (1) dié (질) 〈고〉해가 서쪽에 기울다. (2) yì →521페지.

瓞 dié (질) 작은 오이.

垤 dié (질) 작은 흙무지，개미뚝([련]丘-)：蚁～. 개미뚝.

咥 (2) dié (절) 물다. (1) xì →471페지.

绖 dié (질) (옛날 상복에 단) 허리띠：首～. (제사에 쓰는) 머리띠./腰～. (상복에 다는) 허리띠.

耋 dié (질) 나이 많다，늙다.

谍 dié (첩) 첩보활동：～报. 첩보. 〔间谍〕간첩.

堞 dié (첩) 성가퀴(성우에 톱날모양으로 쌓은 낮은 담).

喋 dié (첩) 피를 흘리다. 〔喋血〕피를 많이 흘리다. 〔喋喋〕재잘거리다：～～不休. 수다스럽게 지껄이다，재잘거리다.

牒 dié (첩) 공문서，문건，증명서. 〔最后通牒〕최후통첩.

碟 dié (첩) (-子、-儿) 접시.

蝶(蜨) dié (접) 나비.

蹀 dié (접) 〔蹀躞〕(-xiè) 살금살금 걸어가다，잔걸음으로 가다.

鲽 dié (탑) 가재미.

嵽 dié (질) 〔嵽嵲〕(-niè) 산이 높다.

叠(疊、曡) dié (첩) ①겹치여쌓다，포개다([련]重～)：～床架屋. 겹쳐 쌓이다，중복되다：～假山. 인공산을 쌓다./～罗汉. 조립체조(사람우에 사람이 올라 여러가지 모양을 형상하는 체조형식). ②중복하다：层见～出. 련이어 나타나다. ③접다，개다：～衣服. 옷을 개다./铺床～被. 이부자리를 깔고 개다.

㲲 dié (첩) 올이 가는 무명천.

DING

丁(玎、叮) (1) dīng (정) ①순서의 네번째. ②장정, 성년: 壮～. 장정. [파]1. (지난날) 가족, 인구: 人～. 인구./～口. 인민(〈丁〉은 남자, 〈口〉는 녀자). 2. 어떤 직업에 종사하는 일군: 园～. 원예사. ③당하다, 겪다, 만나다./～忧. (지난날) 부모의 상사를 당하다. ④(-儿)(잘게 썬) 쪼각, 토막, 덩이: 肉～儿. 잘게 저민 고기덩이./咸菜～儿. 짠지쪼각. 〔丁点儿〕 극히 적은 량, 조금: 一～～～毛病都没有. 자그마한 결함도 없다. ⑤〔丁当〕(玎珰、叮當)(-dāng) 소리본딴말. 딸랑딸랑, 댕그랑댕그랑, 뚝딱뚝딱. 〔丁宁〕 간곡히 당부하다, 신신당부하다. 〈叮咛〉이라고도 함. (2) zhēng →568페지.

仃 dīng (정) 〔伶仃〕(líng-) 고독하다, 의지가지없다: 孤苦～～. 외롭고 쓸쓸하다, 고적하다.

叮 dīng (정) ①재삼 부탁하다. 〔叮咛〕은 〈丁宁〉과 같음. ②(모기따위가) 쏘다, 물다: 被蚊子～了一口. 모기한테 물리웠다. ③캐여묻다, 따지다: ～问. 캐묻다.

玎 dīng (쟁) 〔玎玲〕(-líng) 소리본딴말. 쟁쟁, 쟁강.

盯 dīng (정) 주시하다, 눈여겨보다. 〈钉〉이라고도 함: 大家眼睛直～着他. 여러분들은 그를 줄곧 눈여겨보고있다.

町 (2) dīng (정) →452페지 〈畹〉의 〈畹町〉(wǎndīng). (1) tǐng →439페지.

钉 (1) dīng (정) ①(-子、-儿) 못: 螺丝～儿. 나사못./碰～子. 난관에 부딪치다, 거절당하다. ②(줄곧) 따라다니다: ～住对方的前锋. 상대방 공격수를 따라다니면서 그에게 득점할 기회를 주지 않다. ③독촉하다. (2) dìng →95페지.

疔 dīng (정) 악성부스럼.

耵 dīng (정) 〔耵聍〕(-níng) 귀지.

酊 (1) dīng (정) 알콜에 용해시킨 약, 정기, 팅크: 碘～. 옥도정기. (2) dǐng →95페지.

靪 dīng (정) 신창을 깁다.

顶 dǐng (정) ①(-儿) 꼭대기, 끝: 头～. 머리꼭대기./山～. 산꼭대기. /房～. 지붕. ②머리에 이다: 用头～东西. 머리에 물건을 이다./～天立地. 하늘을 떠이고 땅우에 우뚝 서다, 어엿하다(영웅적기개를 형용하는 말). [파]1. (물건을 가지고) 버티다, 밀다: 用门杠把门～上. 막대기로 문을 버티다. 2. 무릅쓰다, (비 등을) 맞으면서 …을 하다: ～着雨走了. 비를 맞으면서 갔다. ③대들다, 대답질하다, (말로) 쏘아주다: ～了他两句. 그를 둬마디 쏘아주었다. ④맞받다. ～风. 바람을 맞받다. ⑤가장, 아주, 제일: ～好. 아주 좋다./～多. 아주 많다./～会想办法. 방법을 아주 잘 생각해내다. ⑥빈자리를 메우다, 대신하다([련]-替): ～名. 남의 이름을 훔쳐쓰다, 남을 대신하다./冒名～替. 남의 이름을 도용하다. ⑦맞먹다, 대등하다: 一个人～两个人工作. 한사람이 두사람의 일을 감당해내다. ㊕이겨내다, 감당하다: 他一个人去不～事. 그가 혼자 가서는 일을 감당하지 못한다. ⑧쯤, 가량, 경: 昨天～十二点才到家. 어제 12시쯤에야 집에 도착하였다. ⑨단위명사. 개: 两～帽子. 모자 두개.

酊(2) dǐng (정) →308페지〈酩〉의〈酩酊〉(mǐng dǐng). (1) dīng →94페지.

鼎 dǐng (정) ①(옛날 발이 셋이 달리고 귀가 두개 있는) 세발솥. ㊟ 1. 솥발처럼 삼면에 벌려선 모양: 三国～立. 세 나라가 서로 맞서서 그 세력이 어금지금하다./～峙. 세 세력이 서로 맞서다. 2. 펑장하다: ～力. 큰힘, 펑장한 힘./～～大名. 대단한 명성, 높은 명성. ②〈방〉가마, 솥: ～间. 부엌간. ③바로, 한창, 바야흐로: ～盛. 바야흐로 왕성하다.

订 dìng (정) ①고치다, 수정하다: ～正初稿. 초고를 수정하다./考～. (고증하여) 교정하다./校～. 교정하다. ②맺다, 작성하다, 예약하다: ～约. 약속을 하다, 조약을 맺다./～婚. 약혼하다. ③(책을) 매다: 装～. 제본하다./～一个笔记本儿. 공책을 하나 매다.

饤 dìng (정) →98페지〈饾〉의〈饾饤〉(dòudìng).

钉(2) dìng (정) ①(못따위를) 박다: 拿个钉子～一～. 못을 박다./墙上～着木橛. 벽에 나무못이 박혀있다. ②(단추따위를) 달다: ～扣子. 단추를 달다. (1) dīng→94페지.

定 dìng (정) ①고칠수 없다, 움직일수 없다. 확고하다: ～律. 법칙./～论. 정론./～量. 정량./～期. 정기./拿～主意. 주견을 확고히 가지다. ㊕반드시, 필연적으로, 꼭: ～能成功. 반드시 성공할것이다. 〔定义〕정의. ②결정하다, 정하다: ～案. 결정된 사건, 사건을 결정하다./～胜负. 승패를 결정하다./否～. 부정하다./决～. 결정하다./～章程. 규약을 정하다./～制度. 제도를 세우다. ③안정되다: 大局已～. 전반적인 정세가 안정되다, 대세는 이미 결정되였다. ④가라앉다: 心神不～. 마음이 가라앉지 않다./～～神再说. 정신을 진정시키고 말하시오. ⑤예약하다, 주문하다: ～货. 상품을 주문하다. /～报. 신문을 예약하다./～单. 주문명세. /～做. 주문하여 만들다.

啶 dìng →306페지〈嘧〉의〈嘧啶〉(mìdìng).

腚 dìng 〈방〉궁둥이, 엉뎅이: 光～. 벌거숭이.

碇(椗、矴) dìng (정) 닻: 下～. 닻을 내리다./起～. 닻을 올리다.

锭 dìng (정) ①(-子) 방추, 가락: 纱～. 물레가락. ②(-子、-儿) 쇠덩이, 덩이: 钢～. 강철덩이./金～儿. 금덩이./紫金～. 적금덩이.

DIU

丢 diū (주) ①잃어버리다: ～了一枝钢笔. 만년필 한자루를 잃었다. /～脸. 망신하다, 창피당하다. /～三落(là)四. 이것저것 잘 잃어버리다, 미친년 달래 캐듯. ②내버리다, 내버려두다: 这件事可以～开不管. 이 일을 내버려두어도 된다.

铥 diū 툴리움(원소기호 Tm).

DONG

东(東) dōng (동) ①동쪽. ↔〈西〉: ～方红, 太阳升. 동방하늘 붉어오더니 해가 솟아오른다. /华～. 화동. 〔东西〕 물건, 때론 사람 혹은 동물을 가리킴. ②주인: 房～. 집주인. 〔东乡族〕 뚱샹족, 중국 소수민족의 하나.

岽(崬) dōng (동) 〔岽罗〕 동라, 광서쫭족자치구에 있는 지명. 지금은 〈东罗〉라고 씀.

鸫(鶇) dōng (동) 콩새.

冬(鼕) dōng (동) ①겨울: 过～. 겨울을 나다. ②소리본딴말. 둥둥(북소리). ㊟〔冬烘〕 머리가 낡다, 시대에 뒤떨어지다, 사고방식이 낡고 현실에 암둔하다.

咚 dōng 소리본딴말. 쿵쿵(무거운 물건이 떨어지는 소리).

氡 dōng 라돈(원소기호 Rn).

董 dǒng (동) 감독하다. 〔董事〕 리사: ～～会. 리사회.

懂 dǒng (동) 알다, 리해하다: 一看就～. 척 보면 안다. /～得一点医学. 의학을 좀 안다.

动(動) dòng (동) ①움직이다. ↔〈静〉: 站住, 别～. 서서 움직이지 말것, 꼼짝말것. /风吹草～. 바람에 풀잎이 바스락거리다. ㊞1. 움직일수 있는것: ～物. 동물. 2. 변동할수 있는것: ～产. 옮길수 있는 재산, 동산. 〔动弹〕(-tan) (몸을) 움직이다. ②행동, 동작, 행위: 一举一～. 일거일동. 〔动静〕(-jing) 동정, 동태, 인기척: 没有～～. 인기척이 없다. /侦察敌人的～～. 적들의 동태를 정찰하다. 〔动词〕 동사. ③사용하다, 쓰다: ～手. 손쓰다. /～脑筋. 머리를 쓰다. 〔动员〕 1. 동원상태에 들어가다. 2. 발동시키다, 동원하다, 궐기하다. ④감동되다, 감격하다: ～人. 사람을 감동시키다. ⑤시작하다, 착수하다, 개시하다: ～工. 공사를 시작하다. /～身. 떠나다, 출발하다. ⑥늘, 항상, 언제나: 观众～以万计. 관중은 늘 수만을 헤아리고 있다. 〔动不动〕 쩍하면, 걸핏하면(경상적으로 〈就〉와 함께 쓰인다): ～～～就争吵. 걸핏하면 다툼질하다. ⑦동사의 뒤에 붙어서 가능성을 나타냄: 拿得～. 가져갈수 있다. /搬不～. 옮길수 없다.

冻(凍) dòng (동) ①얼다: 河里～冰了. 강에 얼음이 얼었다. /天寒地～. 날씨가 춥고 땅이 얼다. ②(-子、-儿) 묵처럼 된것: 肉～儿. 고기묵. /鱼～儿. 물고기묵. /果子～儿. 과일묵. ③춥다, 차다: 外面很冷,真～得慌. 바깥이 어찌나 추운지 막 얼어드네, 추워서 꼼짝 못하겠다. /小心别～着. 조심하여라, 얼겠다.

栋(棟) dòng (동) ①(건물의) 마루대. 〔栋梁〕 기둥, 마루대와 대들보. ㊙나라를 떠메고 나갈 인재. ②단위명사. 채: 一～房子. 집 한채.

胨(腖) dòng (동) 〔蛋白胨〕 페프톤.

侗 (1) dòng (동) 뚱족, 중국 소수민족의 하나. (2) tóng →441페지. (3) tǒng →441페지의 〈统〉.

垌 (1) dòng (동) ①논밭: 田～. 논밭. ②광동, 광서의 땅이름자. (2) tóng →441페지.

恫 dòng (동) 〔恫吓〕(-嚇)(-hè) 무섭게 을러대다, 공갈하다.

峒 (1) dòng (동) 산굴, 동굴. (2) tóng →441페지.

洞 dòng (동) ①굴, 구멍: 山～. 산굴./老鼠～. 쥐구멍./衣服破了一个～. 옷에 구멍이 하나 났다. ②똑똑하다, 투철하다, 밝다: ～察一切. 모든것을 환히 꿰뚫다./～若观火. 불을 보듯 환하다, 손금보듯하다. ③수자를 부를 때 령을 대신하여 말함.

胴 dòng (동) ①몸뚱이, 동체. ②굵은밸, 대장.

硐 dòng (동) 산굴, 동굴, 땅굴집, (광산의) 갱.

DOU

都 (2) dōu (도) ①모두, 다: 工作不论大小,～要做好. 사업은 크고작든지간에 다 잘하여야 한다. ②이미, 벌써, 마저, 까지도: ～十二点了还不睡. 12시가 다 되였는데도 자지 않는다./连小孩子～搬得动. 아이들까지도 다 나를수 있다. (1) dū →98페지.

哣 dōu 이놈(꾸짖는 소리). 옛날 소설 혹은 희곡에서 많이 쓰임.

兜 dōu (두) ①(-子、-儿) 호주머니, 주머니, 자루. ②허부룩하게 싸다, 싸덮다: 用手巾～着. 수건으로 싸덮다./船帆～风. 돛이 바람을 안다. ㊙끌어들이다: ～售. (물건 살 사람을) 찾아다니면서 팔다. ③감돌다, 빙빙 돌다: ～抄. 포위공격하다./～圈子. 빙빙 돌다, 에돌다.

蔸 dōu 〈방〉①식물의 뿌리와 밑줄기: 禾～. 곡식의 밑줄기./树～脑. 나무등걸. 〔坐蔸〕(어린 벼모가 저온, 비료부족 등 원인으로) 노래지면서 자라지 못하는것. ②그루, 포기, 떨기. 〈丛〉 혹은 〈棵〉와 대등하다: 一～草. 풀 한떨기./两～白菜. 배추 두포기.

篼 dōu (두) ①(-子) (산길을 갈 때 타는) 가마. ②삼태기, 광주리.

斗 (1) dǒu (두) ①말, 용량단위. ②량식을 되는 도구. ㊙ 1. 작은것을 크게 형용하다. ～胆. 큰담. 2. 큰것을 작게 형용하다: ～室. 작은 방./～城. 작은 성. ③말처럼 생긴 기구: 漏～. 깔때기./熨～. 다리미. 〔斗拱〕(枓栱)(-gǒng) 지붕받침. ④둥근 지문. (2) dòu →98페지.

抖 dǒu (두) ①진동시키다, 털다: ～床单. 침대보를 털다./～～身上的雪. 몸의 눈을 털다. 〔抖搂〕(-lou) 1. 〈抖①〉와 같음: ～～衣服上的土. 옷의 흙을 털다. 2. 헤프게

쓰다, 랑비하다: 别把钱～～光了. 돈을 헤프게 몽땅 쓰지 말라. 3. 들추어내다, 폭로하다. 〔抖擞〕(-sǒu) 정신을 차리다, 원기를 내다, 정신을 가다듬다: ～～精神. 정신을 가다듬다./精神～～. 원기가 왕성하다. ② 떨다: 冷得发～. 추워서 벌벌 떨다. ③우쭐대다, 으쓱하다: ～起来了. 우쭐대다.

枓 dǒu (두) 〔枓栱〕은 〈斗拱〉과 같음. →97페지 〈斗(1)③〉.

钭 dǒu (두) 사람의 성.

蚪 dǒu (두) →239페지 〈蝌〉의 〈蝌蚪〉(kēdǒu).

陡(阧) dǒu (두) ①가파르다, 가파롭다: 这个山坡太～. 이 산언덕은 너무 가파롭다. ② 갑자기: 气候～变. 기후가 갑자기 변하다.

斗(鬥、鬭、鬦) (2) dòu (투) ① 싸우다(련战-): 搏～. 때리며 싸우다, 박투하다. 〔斗争〕 1. 투쟁: 思想～～. 사상투쟁. 2. 투쟁하다, 싸우다: ～～坏人. 나쁜 사람을 투쟁하다. 3. 분투하다: 为建设美好社会而～～. 아름다운 사회를 건설하기 위하여 분투하다. 〔奋斗〕 싸우다, 분투하다. ②비기다, 겨루다, 다투다: ～智. 지혜를 겨루다./～力. 힘을 비기다, 힘내기를 하다. ③〈방〉 맞추다, 한데 붙이다, 뭇다: 那条桌子腿还没有～榫(sǔn). 그 상다리는 아직도 사개를 맞추지 못했다./用碎布～成一个口袋. 천쪼각을 한데 무어 주머니 하나를 만들다. (1) dǒu →97페지.

豆(荳) dòu (두) ①콩. ②(-儿) 콩처럼 생긴것: 山药～儿. 감자./土～儿. 감자. ③(옛날의) 나무그릇, 목기. 〔豆蔻〕(-kòu) 두구, 육두구(약재).

饾 dòu (두) 〔饾饤〕(-dìng) 진렬음식, 군더더기말을 많이 쓰는 것을 비유함.

逗 dòu (두) ①머물다, 체류하다(련-留). ②웃기다, 놀리다: ～笑. 사람을 웃기다./～趣. 사람을 웃기다.

脰 dòu (두) (사람의) 목.

痘 dòu (두) 병이름 1. 수두. 2. 천연두. 〔牛痘〕 종두, 우두.

读(讀) (2) dòu (두) (옛날) 문장에서 한마디를 읽을 때 좀 휴식하는 곳을 가리킴: 句～. 구두점. (1) dú →99페지.

窦(竇) dòu (두) 구멍: 鼻～. 코구멍./狗～. 개구멍. 〔疑窦〕 의심쩍은 점: 顿生～～. 갑자기 의심이 생기다.

DU

厾(㧻) dū (탁) (손가락이나 막대기로) 살짝 치다, 가볍게 찍다: ～一个点. 점 하나를 살짝 찍다. 〔点厾〕 (화가가 제멋대로) 점을 뚝뚝 찍다.

都 (1) dū (도) ①수도: 建～. 수도를 세우다. ②큰 도시〔련-市〕: 通～大邑. 교통이 편리한 대도시. (2) dōu →97페지.

阇 (1) dū (도) 성문우의 대(단), 성웃문. (2) shé →395페지.

嘟 dū (도) 소리본딴말: 喇叭～～响. 따따따 나팔소리가 난다. 〔嘟囔〕(-nang) (혼자말로) 중얼거리다: 别瞎～～啦. 함부로 중얼거리지 말라! 〔嘟噜〕(-lu) 1. 혼자말로 중얼거리다. 2. 단위명사. 송이, 꾸레미, 꿰미: 一～～钥匙. 한꿰미의 열쇠./一～～葡萄. 한송이의 포도. 3. (-儿)떨림소리: 打～儿. 떨림소리를 내다.

㞘(启) dū (돈) (-子、-儿) 〈방〉①궁둥이, 엉뎅이. ②벌 또는 전갈의 꼬리부분.

督 dū (독) 살피다, 감독하다, 관리하다, 독촉하다, 재촉하다: ～师. 군대를 지휘하여 싸우다./～战. 싸움을 감독하고 추동하다./～促. 독촉하다.

毒 dú (독) ①독, 독이 있는것: ～气. 독가스./中(zhòng)～. 중독되다./消～. 소독하다./砒霜有～. 비상은 독이 있다. [파]사상의식에 해로운것: 洗刷头脑中的污～. 머리속의 더러운 점을 씻다. ②독살하다, 독약을 먹여죽이다: 用药物～杀害虫. 약으로 해로운 벌레를 독살하다. ③악랄하다, 악독하다, 잔인하다, 흉악하다: 心～. 악독하다./～计. 흉악한 계책./～手. 악랄한 수단, 흉악한 행동.

独(獨) dú (독) ①홀로, 혼자서, 하나로써, 단독적으로([련]单～): ～唱. 독창./～幕剧. (연극)단막극./无～有偶. 혼자서가 아니라 단짝이 있다, 하나만 있는것이 아니라 짝이 있다(흔히 못된자 또는 못된 일을 가리킴). ②외롭다, 고독하다([련]孤-). 〔独立〕 독립. ③단지, 다만, 유독: 大家都到了, ～有他没来. 다들 왔는데 유독 그만 오지 않았다. 〔独龙族〕 두룽족, 중국 소수민족의 하나.

顿 (2) dú (돌) →314페지 〈冒〉의 〈冒顿〉(mòdú). (1) dùn →104페지.

读(讀) (1) dú (독) 읽다: 宣～. (포고나 문건을) 대중앞에서 읽다./朗～. 랑독하다./～报. 신문을 읽다. [파]1. 열독하다, 책을 보다, 열람하다: ～书. 책을 보다, 책을 읽다./～者. 독자. 2. 공부하다, 학교를 다니다: ～大学. 대학을 다니다. (2) dòu →98페지.

渎(瀆、瀆) dú (독) ①물길, 물도랑, 도랑([련]沟-). ②더럽히다, 귀찮게 굴다, 버릇없이 굴다. 〔渎职〕 독직, (임무수행중 엄중한 과오를 범하여) 직분을 더럽히다.

椟(櫝) dú (독) ①함, 궤. ②작은 상자.

犊(犢) dú (독) (-子、-儿) 송아지: 初生之～不怕虎. 젊은이들은 두려움을 모른다.

牍(牘) dú (독) (옛날에 글을 쓰던) 나무쪽. [파] 1. 공문, 문서, 문건: 反对文～主义. 문서주의를 반대하다./案～. 공문. 2. 편지.

黩(黷) dú (독) ① 더럽히다. ② 경솔하다, 가볍다. 〔黩武〕 함부로 무력을 휘두르다, 함부로 전쟁을 일으키다: 反对穷兵～～, 扩军备战. 전쟁을 일삼고 군비를 확장하며 전쟁준비를 다그치는것을 반대한다.

讟(讟) dú (독) 비방하다, 원망하다.

髑 dú (촉) 〔髑髅〕(-髏)(-lóu) 해골.

肚 (2) dǔ (두) (-子、-儿) 짐승의 위: 猪～子. 돼지위, /羊～儿. 양의 위. (1) dù →본 페지.

笃 dǔ (독) ①충실하다, 모든 힘을 다하다, 의지가 굳다: ～学. 공부에 열중하다./～信. 굳게 믿다. ②(병세가) 위독하다: 病～. 병이 위독하다.

堵 dǔ (도) ①막다, 틀어막다, 가로막다: 水沟～住了. 물도랑이 막혔다./～老鼠洞. 쥐구멍을 틀어막다./别～着门站着. 문을 막아서지 말라. ㊉답답하다, 통쾌하지 못하다: 心里～得慌. 마음속이 답답하기 그지없다. ②담, 벽: 观者如～. 관중들로 담을 쌓다, 사람들이 꽉 들어차다, 구경군들이 담장처럼 둘러싸다. 〔安堵〕 안정하다, 편안히 살다.

赌 dǔ (도) 도박하다, 놀음하다: ～钱. 도박하다, 놀음하다. ㊉내기하다, 경쟁하다: 打～. 내기하다./～输赢. 승부를 놓고 내기하다. 〔赌气〕 화를 내다, 성을 내다: 不要～～. 화를 내지 마시오./他～～走了. 그는 성이 나서 갔다.

睹(覩) dǔ (도) 보다: 耳闻目～. 직접 보고 듣다./熟视无～. 본체만체하다, 무관심하다, 묵과하다.

芏 dù (토) →204 페지 〈茳〉의 〈茳芏〉(jiāngdù).

杜(斁) dù (두) ①아가위나무. ②막다, 근절하다: 以～流弊. 부정행위를 근절하다. 〔杜绝〕 철저히 막다, 없애다: ～～漏洞. 빈틈을 철저히 없애다./保证生产安全,～～事故发生. 로동안전사업을 보장하고 사고를 철저히 막다. 〔杜鹃〕(-juān) 1. 두견새(동물). 2. 진달래꽃. 〔杜撰〕(-zhuàn) 글을 제멋대로 만들어 쓰다, 생각해서 만들어 쓰다.

肚 (1) dù (두) ①(-儿) 배, 복부. ㊉(-儿) 사물의 복부: 炉～儿. 화로복부, 난로 중심부분. ②(-子、-儿) 불룩하게 나온 부분: 腿～子 장단지./手指头～儿. 손가락의 불룩하게 나온 부분. (2) dǔ →본 페지.

妒(妬) dù (투) 새암하다, 질투하다, 시기하다: 嫉～. 질투하다.

度 (1) dù (도) ①치수의 크기(길이, 넓이, 두터이 등)를 계산하는 단위: ～量衡. 도량형. ②(각종 단위를 나타내는) 도: 湿～. 습도./经～. 경도./用了二十～电. 전기를 20촉 썼다. ③정도: 高～的爱国热情. 드높은 애국열정. ④법칙(㉠制-、法-). ⑤도량, 한정, 한도, 생각: 气～. 기개./适～. 알맞다./过～. 지나치다./～量大. 도량이 크다./置之～外. 생각밖에 두다. ⑥지내다, 보내다: ～日. 날을 보내다. ⑦번, 차(차례수, 번수): 一～. 한번./再～. 다시 한번./前～. 전번. (2) duó →105

페지.

渡 dù (도) ①건느다: ～河. 강을 건느다./～江. 강을 건느다. [파]겪다, 넘다, 통과하다([련]过～): ～过难关. 난관을 겪다./过～时期. 과도기. ②나루터, 건널목.

镀 dù (도) 도금하다: ～金. 금도금하다./电～. 전기도금(하다).

蠹(蠧、螙) dù (두) ①좀(옷이나 책 등을 쏘는 벌레): 木～. 나무좀./书～. 책좀./～鱼. 반대좀. ②침해하다, 좀먹다, 해치다: 户枢不～. 문지도리는 좀먹지 않는다.

DUAN

端(耑) duān (단) ①단정하다: 五官～正. 오관이 단정하다./～坐. 단정히 앉다. [파](품행이나 태도가) 바르다, 단정하다: 品行～正. 품행이 단정하다. ②끝머리, 끝: 两～. 두끝./末～. 맨끝./笔～. 필촉, 붓끝. [파]1. (일의) 시작: 开～. 발단 2. 종목, 가지수, 측면, 점: 不只一～. 한개 종목뿐만아니다./一举其大～. 큰 측면만을 들어 말하다. 〔端底〕〔端的〕 1. 경위, 내막, 리유: 不知～～. 내막을 모르다. 2. 확실히, 과연, 참말로: ～～是好. 과연 좋다. 3. 도대체: ～～是谁? 도대체 누구인가? 〔端详〕 1. 일의 전후사연 또는 내막, 상세한 사정: 听～～. 상세한 내막을 듣다./说～～ 상세한 내용을 말하다. 2. 자세히 살펴보다, 눈여겨 훑어보다: 她静静地～～着孩子的脸. 그는 조용히 아이의 얼굴을 뜯어보았다. 〔端午〕〔端阳〕 단오명절(음력 5월 5일). ③받쳐들다, 두손으로 받들다: ～碗. 사발을 받쳐들다./～盆. 소래를 받쳐들다./～茶. 차물을 받쳐들다. 〈耑〉(zhuān) →585페지의 〈专〉.

短 duǎn (단) ①짧다. ↔〈长〉1. 공간: ～距离. 짧은 거리./～裤. 짧은 바지./～视. 근시. 2. 시간. ～时间. 짧은 시간./天长夜～. 낮이 길고 밤이 짧다./～工. 림시고용로동, 날품팔이. ②모자라다, 빠지다([련]-少): 别人都来了, 就～他一个人了. 모두 다 왔는데 그 사람 하나가 빠졌다. ③결함, 결점: 不应该护～. 결함을 감싸주어서는 안된다./取长补～. 장점으로 단점을 보충하다.

段 duàn (단) ①구간, 대목, 단락, 토막, 기간: 一～话. 한토막의 말./一～时间. 한 기간, 한동안./一～木头. 한토막의 목재. 〔段落〕 단락: 工作告一～～. 사업을 한단락 짓다./这篇文章可以分两个～～. 이 문장은 두개 단락으로 나눌수 있다. ②공장, 광산, 기업에서의 행정단위: 工～. (공장의) 작업반, 공정, 직종에 의해 구분된 생산직장의 단위./机务～ (철도의) 기관구.

塅 duàn (단) 〈방〉넓은 벌, 벌판, 흔히 지명에 씀: 田心～. 전심단(호남성에 있음).

缎 duàn(단) (-子) 비단.

椴 duàn (단) 피나무.

煅 duàn (단) ①〈锻〉과 같음. ②(중약만들기) 불에 태우다: ～

石膏. 석고를 태우다.

锻 duàn (단) 단조작업을 하다: ～件. 단조물. /～工. 단조공. 〔锻铁〕 련철, 숙철, 쇠불이를 불리다. 〔锻炼〕 1. 단련하다: ～～身体,保卫祖国. 신체를 단련하여 조국을 보위하자. 2. 련마하다: 久经～～的工人. 오랜 시련을 겪어온 로동자.

断(斷) duàn (단) ①끊어지다, 끊다, 자르다: 棍子～了. 막대기가 끊어지다. /风筝线～了. 연줄이 끊어지다. ②단절되다: ～奶. 젖을 떼다. /～了关系. 련계가 끊어지다. ⓟ(술이나 담배를) 끊다, 그만두다: ～酒 술을 끊다. /～烟. 담배를 끊다. 〔断送〕 상실하다, 잃다, 말아먹다: 如果坏人破坏了这台机器,工厂就会被～～. 나쁜놈들이 이 기계를 파괴한다면 공장을 말아먹게 된다. ③판단하다, 판결하다, 결정하다: 诊～. 진단하다. /～案. 사건을 판결하다. /当机立～. 시기를 놓치지 않고 즉석에 판단을 내리다, 과단성있다. /下～语. 결론을 내리다. ④꼭, 절대로: ～无此理. 절대로 이럴수 없다. /～然做不得. 절대로 할수 없다.

簖(籪) duàn (물고기나 게를 잡기 위해) 물에 꽂아 놓은 참대바자.

DUI

堆 (1) duī (퇴) ①(-子、-儿)더미, 무지, 가리: 土～. 흙더미 /草～. 짚무지. /柴火～. 땔나무가리. ②쌓이다, 쟁이다 (㊞-积): 粮食～满仓. 창고에 식량이 꽉 쌓이다. 〔堆肥〕 퇴비, 거름. 〔堆砌〕 ㊥ (문장에서) 군더더기말을 많이 쓰다. 〔堆栈〕 상품창고. (2) zuī →597페지.

队(隊) duì (대) 대렬, 줄, 대, 팀: 乐～. 악대. /生产～. 생산대. /排～. 줄을 서다. 〔队伍〕(-wu) 1. 군대. 2. 대오, 대렬: 游行～～过来了. 시위대렬이 온다.

对(對) duì (대) ①대답하다: 无词可～. 대답할 말이 없다. /～答如流. 거침없이 대답하다. ②…을 향하여: 面～太阳. 해를 향하여. 〔对象〕 1. 대상. 2. 대상자, 애인, 짝. ③맞은편: ～门. 맞은편 집. ④…에게: 可以～他说明白. 그에게 똑똑히 말할수 있다. ⑤서로: ～调. 바꾸다. /～流. 엇흐름, 대류. 〔对比〕 대비하다. 〔对照〕 대조하다. ⑥…에, …에 대하여: 我～这件事情还有意见. 나는 이 일에 대하여 아직도 의견이 있다. /他～祖国的历史很有研究. 그는 조국의 력사에 대하여 매우 깊은 연구가 있다. ⑦대하다, 맞서다, 대처하다: 他～我很客气. 그는 나를 아주 공손하게 대한다. /刀～刀,枪～枪. 칼은 칼로, 총은 총으로 맞서다. 〔对得起〕〔对得住〕 미안하지 않다. ⑧맞추어보다, 대조하다, 맞대보다: ～笔迹. 필적을 대조하다. /校～. 교정하다. ⑨알맞다, 마음에 들다, 적합하다: ～劲. 뜻이 맞다, 의가 좋다. /～症下药. 병보고 약을 쓰다. 〔对头〕(-tou) 1. 알맞다, 정확하다, 옳다. 2. 서로 대립되다, 원쑤, 적수. ⑩정확하다, 옳다, 맞다: 这话很～. 이 말은아주 정확하다. [파] 옳다, 맞다(동의하는것을 나타냄): ～, 你说得不错. 옳소, 당신 말이 틀림없소! ⑪ 쌍, 짝, 패, 조: ～联. 주련./配～. 짝을 짓다. [파]1. (-子、-儿)주련, 련귀: 喜～. 경사를 축하하는 두폭의 글귀, 결혼식주련. 2. 두몫으로 나누다: ～开 (종이를) 절반으로 나누다./～成. 절반으로 나누다. ⑫(액체를) 섞다, 타다: ～水. 물을 타다.

怼(懟) duì (대) 원한, 원망하다, 미워하다.

兑 duì (태) ①(돈을) 바꾸다([련]-换): ～款. 현금으로 바꾸다./汇～. 송금, 위체: /～现. 현금으로 바꾸다, 약속을 실행하다. ②팔괘의 한가지, 부호는☱, 진펄을 표시함.

敦 (2) duì (대) 옛날 곡식을 담는 그릇. (1) dūn →본 페지.

镦 duì (대) (옛날)창 손잡이 끝부분에 두른 테.

憝 duì (대) ①원망하다, 미워하다. ②나쁘다: 元凶大～. 원흉은 매우 나쁘다.

碓 duì (대) 발방아, 디딜방아.

DUN

吨(噸) dūn (돈) 톤. ①무게단위. ②배에 싣는 량을 재는 단위.

惇 dūn (돈) 푼더분하다, 인정있고 후하다, 성실하고 친절하다.

敦 (1) dūn (돈) ①푼더분하다, 너그럽다, 친선적이다: ～睦邦交. 친선적인 외교관계. ②성실하다, 진실하다: ～聘. 간절하게 초빙하다./～请. 간절히 초청하다, 간절하게 요청하다. (2) duì →본 페지.

墩 dūn (돈) ①흙무지, 흙무데기. ②(-子、-儿) 크고 두터운 나무토막이나 돌, 받침돌: 门～儿. 암톨쩌귀./桥～. 다리기둥, 교각. ③단위명사. 떨기, 포기: 栽稻秧二万～,每～五株. 2만포기의 벼모를 심었는데 한떨기에 다섯대이다.

撴 dūn 〈방〉붙잡다, 꼭 잡다.

礅 dūn 두텁고 큰 통돌: 石～. 받침돌.

蹾(撉) dūn 꽉 놓다, 덜컥 놓다: 篓子里是水果,别～. 광주리에 파일이 있기때문에 꽉 놓지 마시오.

蹲 (1) dūn (준) (엉뎅이를 땅에 붙이지 않고) 쪼그리고 앉다: 大家都～下. 모두다 쪼크리고 앉으시오. [전]일하지 않고 (집에서) 놀고있다, (집에) 붙박이다: 不能再～在家里了. 더는 집에 박혀 놀고 있을수 없다. 〔蹲点〕(간부가) 현지에 내려가 침투하다, 현실에다 거점을 잡고 생활하다. (2) cún →70페지.

不 dǔn 〔不子〕(-zi)〈방〉 크고 두터운 통돌, 질그릇을 만드는 흙.

盹 dǔn (순) (-儿) 졸음: 打～儿. 졸다.

趸(躉) dǔn (돈) ①도거리, 옹근수: ～批. 도거리./～卖. 도매하다. ②도거리로 사들이

다：～货. 상품을 도거리로 사들이다./～菜. 채소를 도거리로 사들이다./现～现卖. 되거리장사하다.

盾 dùn (순) 방패. 〔后盾〕 뒤받침, 후원, 배경.

遁(遯) dùn (돈, 둔) 도피하다, 도망하다, 도망치다, 달아나다：～去. 도망쳐가다./夜～. 밤에 달아나다. 〔遁词〕〔遁辞〕 꾸며대는 말, 핑계하는 말.

楯 (2) dùn (순) 〈盾〉과 같음. (1) shǔn →413페지.

囤 (1) dùn (돈) 량곡뒤주, 뒤주：大～满，小～流. 뒤주마다 량곡이 차고넘치다. (2) tún →447페지.

沌 dùn (돈) →184페지 〈混〉의 〈混沌〉(hùndùn).

炖(燉) dùn (돈) ①푹 삶다, 고다：清～鸡. 닭곰./～肉. 고기를 푹 삶다. ②〈방〉(술 등 액체를) 데우다, 덥히다.

砘 dùn ①(-子) (파종한후 푸석푸석한 밭고랑을 다져주는 농기구) 땅다지개, 돌굴대. ②땅다지개로 다지다.

钝 dùn (둔) ①무디다：这把刀真～. 이 칼은 정말 무디다./镰刀～了，磨一磨吧. 낫이 무디였으니 좀 가시오. ②둔하다, 굼뜨다：脑筋迟～. 머리가 둔하다./拙嘴～舌. 말이 서툴다.

顿 (1) dùn (돈) ①잠간 멈추다, 좀 쉬다(㉤停-)：抑扬～挫. 억양과 휴지가 잘 어울리다./念到这个地方应该～一下. 여기까지 읽고는 좀 멈추어야 한다. ②갑자기, 문득, 곧：～时紧张起来. 갑자기 긴장해지다. ③(머리를) 꾸벅거리다, 조아리다. ㉑(발을) 구르다：～足. 발을 구르다. ④처리하다, 바로놓다：各项事情都整～好了. 여러가지 일을 죄다 잘 정돈하였다./把人员安～好了. 인원을 다 안착시켰다. ⑤끼, 끼니, 번, 차례, 바탕：一天三～饭. 하루 세끼./说了一～. 한바탕 말하였다./劝了他一～. 그를 한번 권하였다. (2) dú →99페지.

DUO

咄 duō (돌) 쳇(질책하는 소리). 〔咄咄〕 허허(감탄 또는 놀라움을 나타내는 소리)：～～怪事. 허허 괴상한 일이군. 〔咄嗟〕(-jiē) 웨치다, 꽥 소리치다, 호통치다：～～立办. 인차 처리하다, 당장하다, 분부대로 제꺽하다.

多 duō (다) ①↔〈少〉. 1. 많다：人很～. 사람이 매우 많다./～生产. 많이 생산하다. 2. 남짓, 여(㉤-余)：十～个. 열몇개, 십여개./一年～. 일년 남짓이./只预备五份，没有～的. 다섯부만 준비하였는데 더는 없다. 3. 과분하다, 필요하지 않다：～嘴. 쓸데없이 말이 많다./～心. 의심이 많다. 〔多亏〕 다행히, 덕분에：～～你来帮忙做成. 다행히 네가 와서 도와주었기에 만들었다./～～他加一把力量，推动了这工作. 다행히 그가 힘써주었기때문에 이 사업을 밀고 나가게 되였다. 〔多少〕 1. 미정된 수자를 나타낸다, 얼마：你要～～拿～～. 당신이 수요되는대로 가지오. 2. 의문대명사. 얼마, 몇：

这本书～～钱? 이 책은 값이 얼마입니까? /这班有～～学生? 이 학급은 학생이 몇명 있습니까? 3. 얼마: 没有～～. 얼마 없다. 4. 많건적건, 얼마간: ～～有些困难. 곤난이 좀 있다. ②여러(수가 2보다 큰것): ～年生草. 여러해살이풀, 다년생풀. ③(부사적으로 쓰이여) 훨씬, 퍽, 아주: 好得～. 아주 좋다. /厚～了. 아주 두껍다. ④(감탄문에서 매우 높은 정도임을 나타내여) 얼마나: ～好. 얼마나 좋은가! /～大. 얼마나 큰가! /～香. 얼마나 향기로운가! ⑤얼마, 얼마나(의문을 나타냄): 有～大? 얼마나 큰가? 〔多会儿〕(-huìr) 〔多咱〕(-zan) 언제, 어느때.

哆 duō (치) 〔哆嗦〕(-suo) 벌벌 떨다, 덜덜 떨다: 冷得打～～. 추워서 덜덜 떨다.

剟 duō (철, 탈) ①찌르다, 치다. ②깎다, 삭제하다.

掇 duō (철) ①줏다, 얻다 (㊀-拾). ②〈방〉(의자, 걸상 같은것을) 두손으로 들다.

敠 duō (철)→89페지 (敁)의 〈敁敠〉(diānduo).

裰 duō (철) ①옷을 깁다: 补～. 옷을 깁다. ②도포, 품이 큰 옷.

夺(奪) duó (탈) ①빼앗다(㊀抢-): 把敌人的枪～过来. 적의 총을 빼앗아오다. 〔夺目〕 눈부시다: 光彩～～. 찬란한 빛이 눈부시다. ②쟁취하다, 이루다: ～丰收. 풍작을 이루다. ③솟아나오다: 泪水～眶而出. 눈물이 쏟아지다. ④결정짓다: 定～. 결정짓다. /裁～. 판결짓다.

度 (2) duó (탁) 헤아리다, 짐작하다, 이리저리 생각하다, 추측하다: ～德量力. 자기의 덕성과 힘을 고려하고 타산하다. (1) dù → 100페지.

踱 duó (탁) 천천히 걷다, 거닐다: ～来～去. 천천히 왔다갔다하다.

铎(鐸) duó (탁) 큰 방울.

朵(朶) duǒ (타) ①꽃봉오리, 꽃송이. ② 단위명사. 송이: 三～花. 꽃 세송이. /两～云彩. 구름 두송이.

垛(垜) (1) duǒ (타) (-子)성가퀴: 门～子. 문옆의 높은 담. /城墙～口. 성가퀴. (2) duò →106페지.

哚(哚) duǒ →526페지 〈吲〉의 〈吲哚〉(yǐnduǒ).

躲(躱) duǒ (타) 숨다, 피하다 (㊀-藏、-避): ～雨. 비를 긋다. /他～在哪里? 그는 어디에 숨었는가? /明枪易～, 暗箭难防. 정면공격은 피하기 쉬우나 암암리에 하는 공격은 막기 어렵다.

埵 duǒ (타) 딴딴한 흙, 굳은 흙.

痑 duǒ (타) 말이 지치다.

軃(軃、嚲) duǒ (타) 내려드리우다.

驮 (2) duò (타) (-子)짐, 바리: 把～子卸下来让牲口休息一会儿. 짐바리를 부리워서 가축을 좀 쉬게 하다. (1) tuó →448페지.

剁(剁) duò (타) 탕치다, 끊다: ～碎. 잘게 탕치

다./～饺子馅. 만두소를 탕치다.

垛(垜、稞) (2) duò (타) ①가리, 더미: 麦～. 밀보리가리./一～砖. 벽돌 한 더미. ②가리다: 柴火～得比房子还高. 땔나무를 집보다 더 높이 가렸다. (1) duǒ →105페지.

跺(跥) duò (타) (발을) 구르다: ～脚. 발을 구르다.

饳 duò →147페지 〈馉〉의 〈馉饳〉(gǔduò).

柮 duò (돌) → 147 페지 〈榾〉의 〈榾柮〉(gǔduò).

涶 duò (타) 〔淡涶〕 출렁이다, 넘실거리다.

柁 (2) duò (타) 〈舵〉와 같음. (1) tuó →449페지

舵 duò (타) (배의) 키, 타: 掌～ 키를 잡다./～手. 키잡이. ㊕ 비행기 등 교통도구의 가는 방향을 조종하는 장치.

惰 duò (타) 게으르다. ↔〈勤〉(㊕ 懒～、怠～).

堕(墮) duò (타) 떨어지다, 처박히다: ～地. 땅에 떨어지다. 〔堕落〕 타락하다. ㊗전락되다: ～～分子. 타락분자.

E

E

阿 (2) ē (아) 아첨하다, 비위를 맞추다, 아부하다: ～附. 아부하다./～其所好. 남의 비위를 맞추어주다./～谀逢迎. 아부아첨하다. 〔阿胶〕 갖풀, 아교(중약이름, 산동성 동아현에서 처음으로 생산했음). (1) ā →1페지.

屙 ē (아) 누다, 싸다, 배설하다: ～屎. 똥을 누다.

婀 ē (아) 〔婀娜〕(-nuó) (자태가) 부드럽고 아름답다, 날씬하다, 하늘하늘하다.

讹(譌) é (와) ①잘못, 착오: 以～传～. 잘못이 잘못을 낳다. ②트집을 잡아 재물을 강탈하다, 속여서 가지다: ～人. 남을 속여먹다./～诈. 사취하다, 협잡하여 빼앗다.

囮 é (와) (-子)(새를 잡을 때) 다른 새를 유인하는데 리용하는 새, 후림새.

俄 é (아) 잠간사이, 순식간에, 갑자기, 피뜩. 〔俄罗斯族〕 로씨야족. 중국 소수민족의 하나.

莪 é (아) 〔莪蒿〕 미나리물쑥.

哦 (3) é (아) 읊다, (낮은 소리로) 노래하다. (1) ó →330페지. (2) ò →330페지.

峨(峩) é (아)(아아히) 높이 솟다, 아아하다: ～冠. 키높은 모자. 〔峨嵋〕 아미, 산이름, 사천성에 있음. 〔峨眉〕 라고도 함.

娥 é (아) ①녀자의 몸매가 아름답다. ②(지난날) 예쁜 녀자, 미인. 〔娥眉〕 예쁜 녀자의 눈섭, 미녀. 〈蛾眉〉라고도 함.

锇 é 오스미움(원소기호 Os).

鹅(鵞) é (아) 게사니.

蛾 é (아) (-子、-儿) 밤나비: 灯～. 부나비./蚕～. 누에나비./飞～投火. 부나비가 불속에 날아들다, 죽음을 사서 하다, 스스로 화를 청하다. 〈고〉〈蚁〉(yǐ)와 같음.

额(額) é (액) ①이마. ②규정된 수량: 超～完成任务. 임무를 초과완수하다./先进定～. 선진정액./名～. 인원, 인수. 〔额外〕 액외: ～～的要求. 이외의 요구.

恶(惡、噁) (3) ě (오) 〔恶心〕(-xin) 구역이 나다, 구역질이 나다. ㉠싫어하고 미워하다, 혐오하다. (1) è→본 페지. (2) wù→465페지. (4) wū→463페지.

厄(阨) è (액) ①고난, 재난, 액, 사나운 운수: ～运. 사나운 운수, 액운. ②막다, 가로막다. ③험악한 곳.

苊 è 아세나프텐(분자식 $C_{12}H_{10}$).

扼(搤) è (액) 움켜쥐다, 틀어쥐다, 억누르다: 力能～虎. 힘으로 범을 잡을수 있다. 〔扼守〕 요충을 지키다. 〔扼要〕 (말과 글에서) 요점을 쥐다, 요약하다, 중점을 따다.

呃 è (애) 딸꾹질, 페기.

轭 è (액) 멍에.

垩(堊) è (악) ①흰흙, 백토, 백악. ②흰흙을 칠하다, 백토를 바르다.

恶(惡) (1) è (악) ①나쁘다, 악렬하다: ～感. 좋지 못한 감정, 악감./～习. 나쁜 습관. ②사납다, 흉하다, 잔인하다 (㉠凶～): ～狗. 사나운 개./～战. 치렬한 전투, 격전. 악전고투./～霸. 악질분자, 악당. ③죄악, 못된짓: 无～不作. 온갖 못된짓을 다하다, 못된짓이란 못된짓을 다하다. (2) wù→465페지. (3) ě→본 페지. (4) wū→463페지.

饿 è (아) 배고프다, 굶다, 주리다: 肚子～了. 배고프다./饥～. 굶주림, 기아.

谔 è (악) 정직한 말, 바른말. 〔谔谔〕 바른말을 하다.

鄂 è (악) ①호북성의 별칭. ②〔鄂伦春族〕 오르촌족, 중국 소수민족의 하나. 〔鄂温克族〕 어웬크족, 중국 소수민족의 하나.

萼 è (악) 꽃받침, 화악.

愕 è (악) 놀라다, 놀라며 의아해하다: ～然. 몹시 놀라다.

腭(齶) è (악) 입천장, 하느라지.

锷 è (악) 칼날.

鹗 è (악) 중경새, 알락머리바다수리.

颚 è (악) ①턱. ②〈腭〉와 같음.

鳄(鱷) è (악) 악어.

遏 è (알) 막다, 저지하다, 억제하다: 怒不可～. 노기를 억제할수 없다. 〔遏制〕 내리누르다, 억제하다: ～～敌人. 적을 내리누르다.

频 è (알) 코대, 코등, 코마루.

E

噩 è (악) 흉하고 놀랍다, 흉하고 무섭다: ～梦. 무서운 꿈, 악몽. /～耗. 놀라운 소식, 슬픈 소식, 비보.

Ê

欸(誒) (1) ē (애) 감탄사. 어이, 이보시오(남을 부를 때): ～, 你快来! 어이 빨리 오라! (2) é →본 페지. (3) ě →본 페지. (4) è →본 페지. (5) ǎi →2 페지.

欸(誒) (2) é, éi (애) 감탄사. 아니, 아(의문을 나타낼 때): ～,他怎么走了. 아니, 그 사람이 왜 갔는가! (1) ē→본 페지. (3) ě →본 페지. (4) è →본 페지. (5) ǎi →2페지.

欸(誒) (3) ě, ěi (애) 감탄사. 아, 아니(그렇지 않음을 나타낼 때): ～, 你这话可不对呀. 아니, 당신의 그 말은 잘못된 것이요! (1) ē →본 페지. (2) é →본 페지. (4) è →본 페지. (5) ǎi →2페지.

欸(誒) (4) è,èi (애) 감탄사. 예, 응, 엉(대답 또는 찬성을 나타낼 때): ～, 我这就来. 예, 내 곧 가겠습니다. /～, 就这么办. 예 그렇게 합시다. (1) é →본 페지. (2) é →본 페지. (3) ě →본 페지. (5) ǎi →2페지.

EI

欸(誒) (2) éi (애) →본 페지의 é.

唉 éi 감탄사. 어이(이상스럽거나 문득 생각날 때): ～, 他怎么病了. 어이, 그는 어째서 앓는가! /～, 我三点钟还有一场电影呢. 어이, 나는 세시쯤 또 영화구경을 가야 한다.

欸(誒) (3) ěi (애) →본 페지의 ě.

欸(誒) (4) èi (애) →본 페지의 è.

EN

奀 ēn (망) 〈방〉여위고 작다(사람 이름에 많이 씀).

恩 ēn (은) 은혜, 은덕, 혜택(㊀-惠): 他们的～情说不完. 그들의 은정을 다 말하려면 끝이 없다.

蒽 ēn 안트라센(분자식 $C_{14}H_{10}$).

摁 èn (손가락으로 가볍게) 누르다: ～电铃. 벨을 누르다.

ENG

鞥 ēng (압) 말고삐.

ER

儿(兒) ér (아) ①아이, 어린이(㊀～童): 六一～童节. 6.1아동절. /小～科. 소아과. /别把这件事当做～戏. 이 일을 아이들 장난으로 대하지 말라. ②젊은 사람(많은 경우 남자): 健～. 혈기 왕성한 사나이. ③아들, 사내아이. ㊥ 수컷: ～马 수말. ④부모가 아들딸을 부르는 총칭, 아들딸이 부모에 대하여 말하는 자칭. ⑤ 1. 명사의 뒤에 붙어 작다는 뜻을 나타냄: 小孩～. 어린애. /乒乓球～.

탁구알./小狗～. 강아지. 2. 동사, 형용사의 뒤에 붙어 그것을 명사로 만든다: 没救～. 구할 길이 없다./烟卷～. 가치담배./拐弯～. 굽이를 돌다, 굽인돌이를 돌다./挡着亮～. 빛을 막다./叫好～. 절찬하다.

而 ér (이) ①1. (앞의 사실과 뒤의 사실이 같은 자격으로 나란히 이어짐을 나타냄)…고, …고도, …며: 通过实践而发现真理,又通过实践而证实真理和发展真理. 실천을 통하여 진리를 발견하며 또 실천을 통하여 진리를 실증하고 발전시킨다./聪明～勇敢. 총명하고 용감하다. 2. (앞의 사실과 뒤의 사실이 서로 대립되는 관계를 나타냄): 有其名～无其实. 이름은 있지만 내용은 없다. 〔而已〕…뿐이다, …에 지나지 않다, …따름이다:不过如此～～. 그러한데 지나지 않는다. 〔而且〕1. 나란히 놓는것을 표시함: 文章写得长～～空,群众见了就摇头. 문장이 길고 내용이 없으면 군중들이 보고 머리를 흔든다. 2. …뿐 아니라. 흔히〈不但〉과 대응된다: 他不但是伟大的文学家,～～是伟大的思想家. 그는 위대한 문학가일뿐만아니라 위대한 사상가이다. ②앞의 사실이 뒤의것과 함께 일어나면서 그의 방식으로 됨을 나타내는 접속사로서 우리말에서는 꾸밈토로 번역되는 경우도 적지 않다. …면서, …게, …여: 匆匆～来. 바쁘게 오다, 바삐 오다./侃侃～谈. 떳떳하게 말하다./挺身～出. 한몸바쳐 나서다. ③…에서…까지: 从上～下. 우에서(부터) 아래까지./由小～大. 작은것에서(부터) 큰것에 이르기까지.

鸸 ér (이) 〔鸸鹋〕 오스트랄리아타조.

尔(爾) ěr (이) ①너, 너희: ～辈. 너희들./～父. 너의 아버지./出～反～. 자기가 한 약속(말)을 자기가 지키지 않다, 이랬다저랬다하다, 신용이 없다. 〔尔汝〕 친밀하다: 相为～～. 서로 친밀하게 지내다./～～交. 친밀한 사귐. ②이러하다, 그러하다㊂: 果～. 과연 그러하다./偶～. 우연히, 가끔, 때때로./不过～～. 그럴뿐이다. ③그(시간을 가리킴): ～时. 그때./～日 그날./～后. 그후. ④〈耳③〉과 같음. ⑤뒤붙이〈地〉자, 〈然〉자와 대등하다: 卓～. 뛰여나다./率～. 경솔하게.

迩(邇) ěr (이) 가깝다: 遐～闻名. 명성이 널리 알려지다, 널리 이름 날리다./～来. 요즈음, 근래.

耳 ěr (이) ①귀: ～聋. 귀가 먹다./～熟. 귀에 익다./～语. 귀속말, 속삭임. ②귀같은것. 1. 형태가 귀같은것: 木～. 참나무버섯./银～. 흰참나무버섯. 2. 본채의 량켠에 달린 건물, 사랑채: ～房. 사랑채. ③…뿐이다, …할따름이다: 前言戏之～. 금방 한 말은 롱담일뿐이다.

饵 ěr (이) ①빵, 떡, 과자: 香～. 냄새가 구수한 과자, 달콤한 미끼./果～. 과자. ②미끼: 鱼～. 고기미끼. ③유인하다, 꾀다, 꼬이다: 以此～敌. 이것으로 적을 유인하다.

洱 ěr (이) 〔洱海〕 이해, 호수의 이름, 운남성에 있음.

珥 ěr (이) 구슬 또는 보석으로 만든 귀걸이.

铒 ěr 에르비움(원소기호 Er).

二 èr (이) ①둘, 이: 十～个. 열두개./两丈～尺. 스물두자. 〔(二)과 〈两〉의 용법은 다르다. 〈两〉자 해석을 참고하라〕. ②둘째, 두번째, 다음번째: ～等货. 이등품./～把刀. 지식이 부족하고 기술이 능하지 못한 사람, 햇내기. ③두가지: 不要三心～意. 딴마음을 가지지 마시오.

弍 èr (이) 〈二〉자의 큰자(복기체).

贰 èr (이) 〈二〉자의 큰자(복기체).

佴 (1) èr (이) 머물다, 자리잡다. (2) nài →319페지.

F

FA

发(發) (1) fā (발) ①내주다, 발급하다, 보내다, 부치다, 발송하다. ↔〈收〉: ～选民证. 선거자증을 내주다./～货. 짐을 부치다./信已经～了. 편지를 이미 보냈다. 〔发落〕 처리하다: 从轻～～. 경하게 처리하다. 〔打发〕(-fa) 파견하다, 보내다: ～～专人去办. 전문일군을 파견하여 처리하다. ②뜻을 나타내다, 말하다: ～言. 발언하다./～问. 질문하다./～誓. 맹세하다. 〔发表〕 발표하다. ③발사하다, 쏘다: ～炮. 포를 쏘다./～光. 빛을 내다. ㊖(탄알, 포탄 등의) 발: 五十～子弹. 탄알 50발. ④흘어지다: ～汗. 땀을 내다./蒸～. 증발하다. 〔发挥〕 발휘하다, 발양하다: 大家对这个问题～～得很透彻. 모두다 이 문제에 대하여 투철하게 발휘하다./～～群众的智慧和力量,增加生产. 대중의 지혜와 힘을 발휘시켜 생산을 증가시키다. ⑤펼쳐지다, 커지다, 확대하다, 과장하다, 쉬다, 발효하다: ～海带. 미역을 펴지우다./面～了. 반죽한 밀가루가 발효되다. 〔发达〕 발달하다, 발전시키다: 工业～～. 공업이 발달하다./交通～～. 교통이 발달하다. 〔发展〕 발전하다, 발전시키다, 확대하다: /～～生产. 생산을 발전시키다. 〔发育〕 자라다, 발육하다: 身体～～正常. 신체가 정상적으로 발육하다. ⑥드러내다, 열어제끼다, 폭로하다: ～掘潜力. 예비를 찾아내다./揭～敌人的阴谋. 적의 음모를 폭로하다. 〔发明〕 발명하다: 印刷术是中国首先～～的. 인쇄술은 중국에서 제일 먼저 발명한것이다. 〔发现〕 발견하다: ～～问题. 문제를 발견하다. ⑦뚜렷이 나타나다. 1. (빛을) 내다, 띠다: 脸上～黄. 얼굴이 누른빛을 띠다. 2. 트다, 나다: ～芽. 싹이 트다./～病. 병이 나다. 3. 느끼다: ～麻. 저리다./～烧. 열이 나다. ⑧시작하다: ～端. 발단하다, 실머리, 첫시작, 발단./朝～夕至. 아침에 떠나서 저녁에 도착하다./～动机器. 기계에 시동을 걸다, 기계를 돌리기 시작하다./队伍出～. 대오가 떠나다. (2) fā →본 페지.

乏 fá (핍) ①부족하다, 모자라다(련缺-): ～味. 재미가 없다./不～其人. 그런 사람이 적지 않다. ②피곤하다, 지치다(련疲-): 人困马～. 사람도 말도 다 지치다./跑了一天,身上有点～. 하루동안 나다니니 몸에 맥이 없다.

伐 fá (벌) ①찍다, 베다, 채벌하다: ～树. 나무를 찍다./采～木材. 목재를 채벌하다. ②징벌하다, 토벌하다(련讨-): 北～. 북벌.

垡 fá (벌) ①밭을 갈다: 秋～地. 가을갈이. *갈아엎은 땅의 흙덩이를 가리킴: 晒～. 땅을 갈아엎어 해빛에 쪼이다. ②단위명사. 번, 차례(회수를 나타냄).

阀 fá (벌) ①봉건사회에서 세력이나 권력을 가진 가정이 사회에서 차지한 지위: 门～. 문벌./～阅之家. (봉건사회에서) 공훈을 세운 집. ②특수한 세력이나 권력을 가진 개인 혹은 집단, 파벌: 军～. 군벌./财～. 재벌. ③기계의 변, 발브: 吸气～. 흡기변.

筏(栰) fá (벌) (-子) 떼, 떼목.

罚(罸) fá (벌) 벌을 주다, 처벌하다(련惩-): 他受了～. 그는 처벌을 받았다.

法 fǎ (법) ①법, 법률: 婚姻～. 혼인법./犯～. 법에 걸리다, 법에 저촉되다./合～. 합법적. 〔法院〕 법원. ②법가(전국(战国)시대 학파의 하나). ③(-子、-儿) 방법, 방식: 写～. 쓰기법./办～. 방법. ④본따다, 모방하다: 效～. 모방하다. ⑤표준, 모범, 본보기: ～书. 본보기글씨책, 법률에 관한 책. 법서./～绘. (당신이) 그린 그림./～贴. 본보기글씨책, 법서, 법첩. 〔法宝〕 [유]보배, 보물, 신통한 물건. ⑥법술, 교리: 佛～. 불교의 교리./～术. 법술. 〔法西斯〕 〈외〉파쑈, 파시스트.

砝 fǎ (잡) 〔砝码〕(-mǎ) (천평의) 분동, 저울추(금속으로 만듬). 〈法马〉라고도 함.

发(髮) (2) fà (발) 머리카락, 머리털, 머리: 理～. 리발하다, 머리를 깎다, 리발./脱～. 머리가 빠지다./令人～指. 치가 떨릴 지경으로 사람을 격분시키다, 치가 떨리게 하다, 소름이 끼치게 하다. (1) fā →110페지.

珐(琺) fà (법) 〔珐琅〕(-láng) 법랑.

FAN

帆(颿) fān (범) 돛: 一～风顺. 순풍에 돛을 단것처럼 순조롭다.

番 (1) fān (번) ①번, 차례, 바탕: 三～五次. 여러번./费了一～心思. 애를 한바탕 썼다./解说一～. 한바탕 해설하다. ②외국 또는 다른 민족의것. ～茄. 일년감./～薯. 고구마./～椒. 고추. (2) pān →333페지.

蕃 (2) fān (번) 〈番(fān)②〉와 같음. (1) fán →112페지.

幡(旛) fān (번) 내리드리우는 기발, 기치.

藩 fān (번) 울타리. [유](옛날) 예속국, 예속국지역: ～属. 예속지역이나 예속국./～国. 예속국.

F

翻(飜) fān (번) ①뒤집다, 뒤집히다, 고쳐만들다, (책장을) 번지다, 넘기다, 뒤지다: 车～了. 수레가 뒤집히다./～修马路. 대통로를 수리하다./把桌上的书都～乱了. 책상우에 있는 책들을 어지럽게 번져놓았다. 〔翻身〕 1. 몸을 뒤번지다. 2. 신세를 고치다, 처지가 개변되다. 〔翻砂〕 주조하다, 주물, 주조. ②뒤집어엎다, 뒤집다: ～供. (죄인이 자기) 진술을 부인하다./～案. 판결을 뒤집어엎다, 이미 결정된 문제를 뒤집어엎다. ③배로 되다, 곱절이 되다: 生产～一番. 생산량이 곱절이 되다. ④번역하다: 把英文～成中文. 영문을 중문으로 번역하다.

凡(凢) fán (범) ①평범하다, 보통이다: 平～人. 평범한 사람./在平～的工作中做出惊人的成绩. 평범한 사업에서 놀라운 성과를 내다. ②모든, 다: ～事要跟群众商量. 모든 일은 군중과 의논하여야 한다. ③대체적으로, 무릇: 大～. 대체로. 〔凡例〕 일러두기, 범례. ④옛날 악보에서의 소리표의 하나, 〈화〉와 같음.

矾(礬) fán (번) 반류, 금속의 류산염.

钒 fán 바나디움(원소기호 V).

烦 fán (번) ①번거롭다: 心～意乱. 마음이 번거롭고 정신이 산란하다./心里有点～. 마음이 좀 번거롭다. ②지질하다, 시끄럽다, 귀찮다, 성가시다: 要言不～. 요점을 잡아 말하기때문에 지루하지 않다./话多真絮～. 말이 많아서 정말 싫증이 난다. 〔烦琐〕 번잡하고 자질구레하다, 번쇄하다. ③존경어투. 수고를 끼치다, 폐를 끼치다: ～你做点事. 수고스럽지만 일을 좀 해주시오.

蕃 (1) fán (번) 무성하다, 우거지다: 草木～盛. 초목이 무성하다. ⓤ많아지다, 붇고 퍼져서 많아지다, 번식하다: ～衍. 자손이 많아지다, 붇고 퍼져서 많아지다, 번식하다. (2) fān →111페지.

璠 fán (번) 아름다운 옥, 귀한 옥돌, 보옥.

膰 fán (번) (옛날) 제사에 쓰던 익힌 고기.

燔 fán (번) ①불태우다, 불사르다. ②불에 굽다, 불에 쪼이다.

蹯 fán (번) 짐승의 발: 熊～. 곰발바닥.

樊 fán (번) 울바자, 울타리. 〔樊篱〕 울타리. ⓤ자유롭지 못한 처지.

繁(緐) (1) fán (번) ①복잡하다, 번잡하다(ⓡ-杂): 删～就简. 복잡한 부분을 빼버리고 간단하게 하다, 군더더기를 없애고 간단명료하게 하다. ②많다, 적지 않다: 实～有徒. 이런 사람이 참으로 많다./～殖. 많이 퍼지다, 번식하다. 〔繁华〕 번화하다. 〔繁荣〕 번영하다, 번창하다, 발전시키다: 市场～～. 시장이 번창하다./～～经济. 경제를 발전시키다. (2) pó →347페지.

反 fǎn (반) ①뒤집어놓다, 바꾸어놓다, 번져놓다. ～败为胜. 실패를 승리로 바꾸어놓다, 패국을 만회하여 승리하다./～守为攻. 방어로부터 공격으로 넘어가다./易如～掌.

식은 죽 먹기, 누운 소 타기, 여반장. [파]↔〈正〉. 뒤, 뒤집어입다, 꺼꾸로 놓다: 这纸看不出～面正面. 이 종이는 앞뒤면을 가릴수 없다. /～穿皮袄. 가죽옷을 뒤집어입다. /放～了. 거꾸로 놓다. /图章上刻的字是～的. 도장에 새긴 글은 거꾸로 된것이다. 〔反复〕 1. 이랬다저랬다하다, 변덕스럽게 놀다: ～～无常. 변덕이 심하다. 2. 거듭하다, 반복하다: ～～练习. 거듭 련습하다. 〔反间〕(-jiàn) 간첩을 역리용하다, 리간을 붙이다. 〔反正〕 1. (혼란된 국면이 원상태로) 돌아서다: 拨乱～～. 어지러운 세상을 바로잡다. 2. 바른데로 돌아서다, 정의의 편으로 넘어오다. 3. 어쨌든, 여하간, 좌우간: ～～我要去, 你不去也行了. 어쨌든 내가 가겠는데 당신은 가지 않아도 되오. 〔反刍〕 새김질. ②오히려, 도리여, 반대로: ～常. 이상하다, 비정상적이다. /画虎不成～类犬. 호랑이를 그린다는것이 개를 그리다, 잘못 모방하여 망태기가 되다. /我一劝, 他～而更生气了. 내가 권하니까 그는 오히려 더 성을 냈다. 〔反倒〕 오히려, 도리여: 希望他走, 他～～坐下了. 그가 갔으면 하니까 오히려 들어앉는다. ③반대하다, 항거하다: ～封建. 반봉건. /～法西斯. 반파쑈. 〔反对〕 반대하다: 坚决～～贪污、盗窃. 탐오와 절도를 단호히 반대하다. 〔反动〕 반동. 1. 사상상 또는 행동상에서 낡은 제도를 수호하고 새로운 제도를 반대하는것: ～～行为. 반동행위. 2. 서로 반대하는 작용. ④돌아가다, 돌리다, 돌이켜보다: ～攻. 반공격하다. /～求诸已. (잘못을) 자기에게서 찾다. 〔反省〕(-xǐng) 자기의 사상행위에 대하여 검사하다, 반성하다.

返 fǎn (반) 돌아오다: 往～. 오가다. /一去不复～. 한번 가고 다시 돌아오지 않는다, 영원히 지나가다. 〔返工〕 일을 잘하지 못하여 다시 하다, 다시 만들다, 반복시공하다.

犯 fàn (범) ①저촉되다, 위반하다: ～法. 법에 걸리다, 법을 위반하다. /～规. 규칙을 위반하다, 반칙, 규칙위반. ②범죄자, 법인: 战～. 전쟁범죄자. /要～. 중요범인, 엄중한 범죄자. /贪污～. 탐오범. ③침범하다, 건드리다, 침해하다, 진공하다: 人不～我, 我不～人, 人若～我, 我必～人. 남이 나를 건드리지 않으면 나는 남을 건드리지 않고 남이 나를 건드리면 나도 남을 꼭 건드린다. ④재발하다, 발작하다, 되살아나다, 도지다: ～病. 병이 재발하다. /～脾气. 지랄을 부리다, 나쁜 버릇이 나오다. 〔犯不着〕(--zháo) 〔犯不上〕 …할 가치(필요)가 없다, …할만한것이 못되다: 你～～～和他生气. 당신이 그와 노발대발할 필요가 없소. ⑤(착오를) 범하다, 저지르다: ～了官僚主义. 관료주의를 범하였다. /不再～同样的错误. 같은 오유를 다시는 범하지 않는다.

范(範) fàn (범) ①모형: 钱～. 돈모형. 〔范畴〕 1. 범주. 2. 류형, 범위. 〔范围〕 범위: 责任的～～. 책임범위. /活动～～. 활동범위. ②본보기, 모범, 규

칙: 示～. 모범을 보이다./师～ 사범./～例. 범례.

饭 fàn (반) ①밥, 쌀밥. ②식사, 밥: 午～. 점심밥./开～. 식사를 시작하다./～厅. 식당.

贩 fàn (판) ①물건을 사서 팔다, 장사하다, 사들이다, 구입하다: ～货. 물건을 팔다./～了一群羊来. 양 한무리를 사왔다. ②(-子) 옛날의 행상인, 장사군: 菜～子. 남새장사군./摊～. 이동매대장사군, 로점상인.

畈 fàn (판) 〈방〉밭, 땅. 진과 마을 이름에 많이 씀.

泛(汎、氾) fàn (범) ①(물우에) 뜨다: ～舟. 배가 뜨다. [파]나타나다. ②떠돌다, (정이) 깊지 않다, 현실에 부합되지 않다, 평범하다[첩]: ～～之交. 깊지 못한 사이./这文章做得浮～不切实. 이 글은 내용이 없고 현실에 부합되지 않는다. ③데면데면하다, 대강대강하다, 대충하다, 범범하다, 일반적이다: ～览. 대강대강 훑어보다./～问. 두루 묻다./～论. 범론./～称. 범칭, 일반적명칭. ④넘어가다, 범람하다, 물이 지다: 黄～区. 황하가 범람하는 지구.

梵 fàn (범) 범어, 싼스크리트, 맑고 조용하다, 때때로 불사를 가리킴: ～官. 절, 사원./～刹. 불사. 〔梵语〕 범어, 싼스크리트어(인도 고대언어의 하나).

FANG

方 fāng (방) ①모나다: 正～. 네모반듯한것./长～. 장방형, 구형./见～. 정방형./平～尺. 평방자./立～尺. 립방자. [파]루승: 平～. 두제곱, 자승./立～. 세제곱, 삼승. 〔方寸〕 [유]마음, 가슴속: ～～已乱 마음이 산란해지다. 〔方圆〕 주위: 这个城～～有四五十里. 이 도시의 주위가 사오십리나 된다. ②정직하다, 바르다: ～正. 정직하다. ③쪽, 켠, 편, 측: 对～. 상대방./前～. 앞쪽,전방./四～. 사방./四面八～. 사면팔방. [파]곳, 지방: ～言. 방언, 사투리./～志. 지방지. 〔方向〕 1. 방향: 航行的～～. 항행하는 방향. 2. 정세, 형편, 목표: 做事要认清～～. 일을 하자면 목표를 똑똑히 알아야 한다. ④방법: 教导有～. 가르치는 방법이 좋다./千～百计. 모든 방법을 다하여 백방으로, 천방백계. [파]〔-子、-儿〕 약처방: 偏～. 민간처방./秘～. 비밀처방./开～子. 처방을 떼다. 〔方式〕 방식, 방법. ⑤비로소: 书到用时～恨少. 책들을 보자니 적은것이 한이 된다. ⑥단위명사. 평방메터, 립방메터, 개, 장: 一～砚台. 벼루 한개./一～砖石. 벽돌 한장.

邡 fāng (방) 〔什邡〕 십방, 현이름, 사천성에 있음.

坊 (1) fāng (방) ①골목거리(골목이나 거리 이름에 많이 씀). [파]거리, 점방: ～间. (책방)거리. ②(봉건사회에서) 공적과 덕성을 평가하기 위해 세운 건축물: 忠孝牌～. 충효기념문. (2) fáng →115 페지.

芳 fāng (방) 향기롭다. [유]아름다운 품성, 높은 명성, 영예: 流～百世. 훌륭한 명성이 길이 전해지다.

妨(2) fāng (방) 방해하다, 지장을 주다, (미신) 나쁘다, 해롭다: ～主. 주인에게 해롭다./～家. 집에 해롭다. 〔不妨〕 방해될것이 없다: ～～试试. 해볼수 있지 않는가. 〔何妨〕 무엇이 잘못 되겠는가, 무슨 방해가 되겠는가, …해도 무방하다: 你何妨去看看. 자네가 가서 보는것도 무방하다. (1) fáng →본 페지.

枋 fāng (방) 각재, 각재목. 〔枋子〕 널, 관.

钫 fāng (방) ①프란시움(원소기호 Fr). ②주둥이가 못나게 생긴 옛날 주전자.

防 fáng (방) ①방비하다, 막다, 경계하다: ～御. 방어하다./～守. 지키다, 방어하다./预～. 예방하다./军民联～. 군민이 련합하여 방위하다./冷不～. 별안간. 〔国防〕 국방: ～～军. 국방군./～～要地. 국방요새. ②제방, 뚝, 언제, 동뚝.

坊(2) fáng (방) (규모가 크지 않은) 일간, 일터, 작업장: 染～. 물들이는 집, 염색소./油～. 기름짜는 공장./粉～. 가루방아간, 제분소, 마른국수집./磨～. 방아간. (1) fāng →114페지.

妨(1) fáng (방) 방해하다, 지장을 주다, 저애하다, 장애를 주다(㉠-碍): 这样做倒无～. 이렇게 해도 방해되지 않는다./开会太多反而～害生产. 회의가 너무 많으면 오히려 생산에 지장을 준다. (2) fāng→본 페지.

肪 fáng (방) 기름, 지방(㉠脂-).

房 fáng (방) ①(～子) 집, 방(㉠-屋): 楼～. 층집, 아빠트./瓦～. 기와집./库～. 고간. ②집이나 방 같이 생긴것: 蜂～. 벌둥지, 벌집./莲～. 련송이./心～. 심방. ③세간난 집안식구: 大～. 큰집(맏아들의 집)./长(zhǎng)～. 맏아들집 또는 큰집.

鲂 fáng (방) 방어.

仿(倣、彷、髣) fǎng (방) ①본받다, 본따다, 모방하다(㉠-效): ～造. 본따서 만들다./～制. 본따서 만들다. ②본따서 쓴 글: 写了一张～. 본따서 한장 썼다. ③〔仿佛〕(彷佛、髣髴)(-fú) 1. 마치 …과 같다, 마치 …듯하다: 这个字我～～在哪里见过. 이 글자는 내가 어디서 본것 같다. 2. 비슷하다: 弟兄俩长得相～～. 두 형제가 아주 비슷하게 생겼다. 〈彷〉páng →334페지.

访 fǎng (방) ①조사하다, 탐문하다: ～查. 현지조사를 하다, 찾아가 조사하다./～贫问苦. 가난한 집을 찾아서 곤난한 점을 알아보다./采～新闻. 새 소식을 취재하다. ②방문하다, 찾아보다: ～友. 친구를 찾아보다./～古. 고적을 찾아보다. 〔访问〕 방문하다, 찾아보다: ～～劳动模范. 로력모범을 방문하다./出国～～. 출국방문을 하다.

纺 fǎng (방) ①실을 뽑다, 실을 켜다: ～纱. 실을 뽑다./～棉花. 솜을 자아서 실을 뽑다. ②견직물(비단의 한가지). 杭(杭州)～. 항주포플린.

昉 fǎng (방) ①밝다, 환하다. ②시작하다.

舫 fǎng (방) 배: 画～. 곱게 장식한 배.

放 fàng (방) ①놓아주다: 释～. 석방하다./～行. 놓아보내다. ㉠ 1. 놓아먹이다, 방목하다: ～牛. 소를 놓아먹이다. 소를 방목하다./～羊. 양을 놓아먹이다, 양을 방목하다./～鸭子. 오리를 놓아먹이다. 2. 헤여지다, 그만두고 쉬다: ～工. 일을 끝마치고 쉬다./～学. 하루공부를 끝마치다, 하학하다. 〔放晴〕(흐리였던 날이) 개이다. ②구속하지 않다, 마음대로 하게 하다: ～任. 내버려두다, 방임하다./～纵. 제멋대로 하게 내버려두다, 제멋대로 행동하다, 방종하다./～肆. 제마음대로 행동하다, 방종하다. ③쏘다, 내보내다, 내다: ～枪. 총을 쏘다./～光. 빛을 내다./～电. 방전하다. ㉢꿔주다: ～款. 돈을 꿔주다, 대부하다. ④넓히다, 늘이다: ～大. 크게 하다, 사진을 확대하다./～宽. (폭을) 넓히다, 마음을 놓다, 늦추다./把领子～出半寸. 옷깃을 반치 늘이다. ㉠피여나다: 芦花～, 稻谷香. 갈꽃이 피여나고 벼가 향기를 풍긴다./心花怒～. 마음속에 웃음꽃이 활짝 피다. ⑤놓다, 놓이다, 내리우다: 存～. 맡겨두다./手～下. 손을 내리우다. 〔放心〕 안심하다, 마음을 놓다: ～～吧, 一切都准备好了. 안심하십시오, 모든것을 다 준비해 놓았습니다. ⑥(낡은 사회에서) 추방하다, 정배 보내다: 流～. 추방하다.

FEI

飞(飛) fēi (비) ①날다: ～行. 날다, 비행하다./～鸟. 날새, 날짐승./～虫. 날벌레, 날아다니는 곤충. ㉠휘날리다, 날리다, 나붓기다, 움직이다, 떠다니다: ～砂走石. 모래가 날리고 돌이 딩굴다./飞机向东～. 비행기가 동쪽으로 날다. ②빠르다, 나는듯하다: ～奔. 빨리 달려가다./～报. 급한 소식, 급보, 급히 알리다. ③극히, 특별히, 아주, 매우: 这把刀～快. 이 칼은 아주 잘 든다. ④이외의, 뜻밖의, 근거없이, 터무니없다: ～语. 근거없이 떠도는 말./～灾. 뜻밖의 재해.

妃 fēi (비) (봉건사회) 왕의 첩.

非 fēi (비) ① ↔〈是〉. 1. 아니다: 莫～. 혹시 …이 아닐가./～卖品. 팔지 않는 상품, 비매품./～但要生产得多, 而且要提高质量. 많이 생산할뿐만아니라 질도 제고하여야 한다. 2. 잘못, 나쁜것, 못된것. 그른것, 약한것: 明辨是～. 옳고그름을 명확히 가르다./为～作歹. 못된짓을 다하다./～刑. 비법적인 형벌./～分(fèn). 본분에 맞지 않다, 본질에 어울리지 않다. 〔非常〕 1. 비상, 특수: ～～时期. 비상시기. 2. 매우, 아주, 몹시, 비상히, 특별히, 류달리: ～～光荣. 매우 영광스럽다./～～高兴. 매우 기쁘다. ②(〈不〉와 조응하여) 반드시, 꼭, 기어이, …않으면 안된다, …않으면 없다: 非组织起来不能发挥力量. 조직하지 않으면 힘을 발휘할수 없다./他

～去不可. 그가 가지 않으면 안된다. /不让他去，他～去. 가지 말라고 하는데도 그는 기어이 가겠다고 한다. ③나무라다, 반대하다, 비난하다, 비방하다: ～笑. 비웃다. /～议. 나무라다. 〔非难〕(-nàn) 비난하다. ④아프리카주(세계 7대주의 하나).

菲 (1) fēi (비) (꽃이) 아름답고 향기롭다: 芳～. 꽃이 향기롭다. (2) fěi →본 페지.

啡 fēi (비) →295페지 〈吗〉의 〈吗啡〉(mǎfēi). 233페지 〈咖〉의 〈咖啡〉(kāfēi).

骈 fēi (비) 곁마(사두마차에서 량쪽의 바깥말).

绯 fēi (비) 붉은색: 两颊～红. 량볼이 빨갛다.

扉 fēi (비) 문, 문짝, 책표지의 다음장, 속표지: 柴～. 사립문. /～页. 속표지. /～画. 책의 본문앞에 있는 삽화.

蜚 (1) fēi (비) 〈고〉〈飞〉와 같음. 지금 〈流言飞语〉에서 〈飞〉를 〈蜚〉로도 씀. (2) fěi →118페지.

霏 fēi (비) 나붓기다, 휘날리다: 烟～云敛. 연기도 구름도 사라지다. 〔霏霏〕(비가) 주룩주룩(내리다), (눈이) 펑펑 (퍼붓다), (내굴, 구름이) 뭉게뭉게 (오르다): 雨雪～～. 진눈까비가 펑펑 내리다. /淫雨～～. 장마비가 쭈룩쭈룩 내리다.

鲱 fēi (비) 청어.

肥 féi (비) ①살지다. ↔〈瘦〉: ～猪. 살진 돼지. /～肉. 비계. /牛～马壮. 소와 말이 살지고 건실하다. ②기름지다, 비옥하다: 地很～. 땅이 아주 기름지다. /土地～沃. 땅이 기름지다, 땅이 비옥하다. ③거름, 비료: 上～. 거름을 주다. /施～. 비료를 주다. /追～. 덧거름, 추비. /基～. 밑거름, 기비. ④기름지게 하다, 걸게 하다, 비옥하게 하다: 用草灰～田. 재거름으로 밭을 걸게 하다. ⑤(옷의 품, 신발의 크기 등이) 너르다, 크다: 袖子太～了. 소매통이 너무 너르다.

淝 féi (비) 〔淝水〕 비수, 강이름, 안휘성에 있음. (肥水)라고도 함: ～水之战. 비수의 싸움, 비수전역.

蜰 féi (비) 빈대.

腓 féi (비) 장딴지. 〔腓骨〕 종아리뼈, 비골.

匪 fěi (비) ①강도, 비적, 토비: 惯～. 상습적인 강도. /土～. 토비. ②아니다, …하지 않다: 获益～浅. 리득이 적지 않다. /～夷所思. 보통사람의 생각이 아니다, 보통으로는 생각할수 없다.

诽 fěi (비) 헐뜯다, 비방하다(㊀-谤): 腹～心谤. 속으로 비난하다, 혹독하게 비방하다.

菲 (2) fěi (비) ①보잘것없다, 얼마 되지 않다(㊀-薄): ～礼. 보잘것없는 선물. /～材. (자기를 낮추어서) 변변치 못한 사람, 둔재. ②(옛책에서) 무우같은 남새, 순무우. (1) fēi →본 페지.

悱 fěi (비) 뜻은 알지만 딱 들어맞게 표현할수 없다, 말하려고 해도 어떻게 말하면 좋을지 모르다.

棐 fěi (비) 돕다. 〈고〉〈榧〉, 〈篚〉와 같음.

斐 fěi (비) 문장이 아름답다, 현저하다, 뛰여나다: ～然成章. 문장이 아름답다./成绩～然. 성적이 현저하다, 성적이 뛰여나다.

榧 fěi (비) 바자나무.

蜚 (2) fěi (비) 〔蜚蠊〕(-lián) 바퀴. (1) fēi →117페지.

翡 fěi (비) 〔翡翠〕(-cuì) 1. 쵸새, 물쵸새, 물새. 2. 비취, 비취옥.

篚 fěi (비) (옛날) 참대로 만든 광주리 같은 용기.

芾 (1) fèi (비) 작은 나무가지와 작은 나무잎. (2) fú →124페지.

肺 fèi (폐) 폐, 허파. 〔肺腑〕㊄ 속심, 속마음: ～～之言. 속심의 말, 진심으로 하는 말.

吠 fèi (폐) (개가) 짖다: 狂～. 몹시 짖다./蜀犬～日. 해보고 짖는 개, 식견이 좁아 대수롭지 않은 일을 보고도 신기한것으로 여기다, 달보고 짖는 개.

狒 fèi (비) 〔狒狒〕 비비(원숭이의 한가지).

佛 fèi (비) →124페지의 (fú).

沸 fèi (비) 끓다: 在标准大气压下水的～点是摄氏表一百度. 표준대기압하에서 물의 비등점은 섭씨 백도이다./热血～腾. 더운 피가 끓다, 피가 끓어넘치다.

费 fèi (비) ①쓰다, 소비하다, 들이다, 헤프다, 많이 소모하다: ～力. 힘을 들이다, 힘들다./～心. 마음을 쓰다, 념려하다./～事. 품이 먹다./～工夫. 시간이 걸리다, 시간을 들이다./反浪～. 랑비하는것을 반대하다./这孩子穿鞋太～. 이 애는 신을 너무 헤프게 신는다. ②비용, 비: 学～. 학비./办公～. 사무비용. ③费县. 비현, 현이름, 산동성에 있음.

镄 fèi 페르미움 (원소기호 Fm).

废(廢) fèi (폐) 폐기하다, 폐지하다, 버리다, 없애다, 중지하다, 그만두다: ～除不平等条约. 불평등조약을 페기하다./半途而～. 중도에서 그만두다./～寝忘食. 잠도 휴식도 잊다, 침식을 잊다. ㊀못쓰게 되다, 쓸모없이 되다: ～纸. 못쓸 종이, 파지, 헌종이./～物利用. 못쓰게 된 물건을 리용하다, 페물리용.

剕 fèi (비) 옛날 발목을 짜르는 형벌.

痱(疿) fèi (비) (-子) 땀띠.

FEN

分 (1) fēn (분) ①나누다, 가르다. ↔〈合〉: ～工合作. 분담하고 협조하다./～类. 분류하다./～别处理. (실정에 맞게) 따로따로 처리하다. ㊀ 1. 전체에서 일부분을 가지다: 他～到了一千斤粮食. 그는 량식 천근을 탔다. 2. 분, 부분. ～会. 분회./～队. 분대./～局. 분국./～社. 분사. 〔分化〕 갈라지다, 분화되다: "他"字～～成"他"、"她"、"它". 〈他〉자가 〈他〉, 〈她〉, 〈它〉로 분화되다. 〔分解〕 1. 분해하다. 2. 해설하다, 설명하다: 且听下回～～. 다음회의 설명을 들

어라. 〔分析〕 분석, 분석하다: 化学～～. 화학분석. /～～问题. 문제를 분석하다. ②가리다, 가려내다, 식별하다, 분별하다(㊞-辨): 不～青红皂白. 시비를 가리지 않다, 여하를 불문하다, 불문곡절. /～清敌我. 적아를 똑똑히 가리다. ③구획한 부분: 二～之一. 2분의 1. 〔分数〕 분수. 〔分子〕 1. 분자: 水的一个～～, 含有两个氢原子和一个氧原子. 물의 한개 분자에는 수소원자 두개와 산소원자 하나가 들어있다. 2. 수학 분수에서의 분자. ④단위명사. 1. 푼(길이의 단위, 10푼은 한치이다). 2. 분(면적의 단위, 10분은 한무(亩)이다). 3. 푼(무게의 단위, 10푼은 한돈이다). 4. 전, 푼(화폐의 단위). 5. 분(시간의 단위, 60분은 한시간이다). 6. 분(원주 또는 각도의 단위, 60분은 1도이다). 7. (-儿) 점(성적채점의 단위): 赛篮球赢了三～. 롱구경기에서 3점을 이겼다. 8. 푼(달변의 리자중에서 1프로), 할(년변의 리자단위로서 10프로). 〔分寸〕(-cùn)분수: 说话要有～～. 말할 때 분수가 있어야 한다. (2) fèn →120페지.

芬 fēn (분) 화초의 향기.

吩 fēn (분) 〔吩咐〕(-fu) 분부하다, 말씀하다. 〈分付〉라고도 함: 母亲～～他早去早回. 어머니는 그에게 빨리 갔다가 빨리 오라고 분부하였다.

纷 fēn (분) 많다, 란잡하다(㊞-乱、-杂)(첩): ～纭. 시끄럽고 복잡하다. /大雪～飞. 눈이 부실부실 내리다. /议论～～. 의론이 분분하다.

玢 fēn (분) →28페지의 (bīn).

氛(雰) fēn (분) 기분. ㊞분위기, 정황: 战～. 전투정황. /会场充满团结的气～. 회장은 단결의 분위기로 가득 차있었다.

棻 fēn (분) 향목, 향나무.

酚 fēn 페놀. 〈石炭酸〉(석탄산)이라고도 함.

雰 fēn (분) 안개. 〔雰雰〕(눈이) 펑펑 내리다.

帉 fēn 〈방〉…한적이 없다. …안하다, …지 아니하다, 아직 하지 않다.

坟(墳) fén (분) 무덤(㊞-墓).

汾 fén (분) 〔汾河〕 분하, 강이름, 산서성에 있음.

棼 fén (분) 문란하다, 헝클어지다, 뒤숭숭하고 어지럽다: 治丝益～. 실을 정리하려다가 더 헝클어뜨리다, 일을 점점 더 망쳐버리다.

鼢(蚡) fén (분) 두더지.

焚 fén (분) 불타다, 불태우다, 피우다: ～毁. 불태워버리다. /玩火自～. 불장난을 즐기는자는 제 불에 타죽는다, 제 도끼로 제 발등을 찍는다.

濆 fén (분) 물가, 강변.

豮 fén (분) 〈방〉집짐승의 수컷: ～猪. 수퇘지.

粉 fěn (분) ①가루, 분: 药～. 가루약. /藕～. 련뿌리앙금. /漂白～. 표백분 *화장에 쓰는 분을

가리킴：涂脂抹～．　미화분식하다．②회칠하다：这墙是才～的．이 벽은 갓 회칠한것이다．〔粉饰〕㊇거짓으로 사실을 가리우고 꾸미다，분식하다：～～太平．　아주 평화로운 세상같이 꾸미다．③가루가 되다，가루가 되게 하다，분쇄하다．～身碎骨．몸이 가루가 되고 뼈가 부서지다．　분신쇄골．④분홍색：这朵花是～的．이 꽃은 분홍색이다．⑤흰색을 띠였거나 가루가 붙어있는것．～蝶．　흰나비．/～墙．흰벽．⑥가루로 만든 음식：～条．당면，분탕．/凉～．　녹두묵，청포묵．/米～．　입쌀가루．

分 (2) fèn（분）①직책과 권리의 한도，책임：～所当然．직무상(책임상) 마땅한 일．/身～．　신분．/本～．　본분．②성분：水～．　수분．/糖～．　당분．③〈份〉과 같음．〔分子〕(fènzǐ) 분자(전체를 구성하는 개체)：积极～～．열성분자．(fēnzǐ → ‘分’fēn)．(1) fēn →118페지．

份(分) fèn（분）①몫：分成三～．세몫으로 나누다．/每人一～．　매 사람이 한몫씩이다．②단위명사．(밥) 한상，한조，한부，한통：一～报．신문 한부．〈고〉〈彬(bīn)〉과 같음．

忿 fèn（분）성나다，분노하다，증오하다(㊞-怒)：～～不平．투덜거리며 불평하다．〔不忿〕수그러들지 않다，불평하다．〔气不忿儿〕불평한 일을 보고 속으로 수그러들지 않는다，분개하다．

奋(奮) fèn（분）기운내다，분발하다，활개치다：～翅．　날개치다，　나래치다，　활개치다．/～斗．　분투하다．/兴～．　흥분되다．/～不顾身．생명을 무릅쓰고 앞으로 나아가다．/～发图强．　부강을 위해 떨쳐일어나다．

偾 fèn（분）파괴하다，망치다，못쓰게 하다，마스다，망가뜨리다：～事．일을 망치다．/～军之将．몹쓸 군대의 장군，군사를 망친 장군．

愤 fèn（분）성내다，결내다，분노하다：气～．　분개하다．/～～不平．투덜투덜 불평을 부리다．〔发愤〕분발하다：～～图强．나라의 부강을 위해 분발하다．〈发奋〉이라고도 함．

粪(糞) fèn（분）①똥，똥거름，분토．②똥거름을 주다：～地．똥거름을 주다．/～田．논밭에 똥거름을 주다．③청소하다(㊞-除)．

FENG

丰(豐) fēng（풍）①용모가 아름답다．②풍부하다，많다(㊞-盛)：～年．　풍년．/～衣足食．먹을것과 입을것이 풍족하다．〔丰采〕〔丰资〕→120페지〈风〉의〈风采〉〈风资〉．

沣(灃) fēng（풍）沣水．풍수，강이름，섬서성에 있음．

风(風) fēng（풍）①바람：北～．　북풍．/旋(xuàn-)～．돌개바람．/刮一阵～．바람이 한참 불다．㊇바람처럼 그렇게 빠르고 보편적이다：～行．　류행되다．〔风头〕1．정세，동태，동향：不要看～～办事．동향을 보아가면서 일을 처리하지 말라．2．자기를 내세우

는것：～～主义对工作是有害的. 공명주의는 사업에 해롭다./出～～. 자기를 내세우다. 〔风化〕 1. (교육하여) 감화시키다. 2. 풍화(지질학에서의 개념). 3. 풍화(화학에서의 개념). ②소식, 기별, 비밀：闻～而至. 소식을 듣고 오다. ③떠도는 말, 소문：～传. 떠도는 소문, 뜬소문./～闻. 떠도는 소문, 풍문. ④풍경, 경치, 태도, 작풍. ～景. 풍경./～光. 경치./作～. 작풍./～度. 풍채, 태도. 〔风采〕 풍채, 풍모. 〈丰采〉라고도 함. 〔风资〕 용모와 자태. 〈丰资〉라고도 함. ⑤기풍, 기백：世～. 세상의 기풍./转变～气. 기풍이 전변되다, 기풍을 개변시키다./勤俭成～. 부지런하고 검박한 기풍이 서다. ⑥(중의)풍：抽～. 풍을 일으키다./羊痫(xián)～. 지랄병. ⑦민가：国～. (중국의) 옛날 15개 나라의 민가./采～. 민가를 수집하다. 〈고〉〈沨〉과 같음.

沨 fēng (풍) 물소리.

枫 fēng (풍) 풍향나무, 단풍나무, 신나무.

砜 fēng 술폰 (유기화합물).

疯 fēng (풍) ①정신병. ② 미치다(㊀-癫、-狂). ㊄ 1. 농작물이 가지만 자라고 열매를 맺지 않다：长～杈. 긴 헛가지만 자라다./棉花长～了. 목화가 가지만 자라고 다래가 열리지 않다. 2. 언행이 분별없다：～言～语. 분별없는 말, 미친소리./打退敌人的～狂进攻. 적들의 발광적인 공격을 물리치다.

封 fēng (봉) ①붙이다, 막다, 봉쇄하다, 밀폐하다：～瓶口. 병아가리를 막다./～河. 강물이 얼어붙다. 〔封锁〕 봉쇄하다, 폐쇄하다：～～港口. 항만을 봉쇄하다./军事～～线. 군사봉쇄선./～～消息. 소식을 봉쇄하다. ②(봉건사회에서 제왕이 신하에게) 벼슬을 주다, 직위를 주다, 후작으로 봉하다：～侯. (봉건사회에서) 제후로 봉하다. 〔封建社会〕 봉건사회.

葑 (1) fēng (봉) 순무우. 〈蔓菁〉이라고도 함. (2) fèng →122페지.

犎 fēng (봉) 들소의 한가지.

峰(峯) fēng (봉) 산봉우리：山～. 산봉우리./顶～. 산꼭대기, 절정./～峦. 높고 낮은 봉우리, 련봉.

烽 fēng (봉) 봉화, 홰불.

锋 fēng (봉) 날(㊀-刃)：交～. 겨루다, 맞붙다, 싸우다./刀～. 칼날. ㊁필봉：笔～. 붓끝, 필봉. 2. 선봉, 선두, 앞장：先～. 선봉./前～. 공격수.

蜂(蠭) fēng (봉) 벌, 꿀벌：～糖. 꿀./～蜡. 밀, 밀랍./～蜜. 꿀. ㊄벌떼같다, 사람이 많이 모이다.

酆 fēng (풍) 〔酆都〕 풍도, 현이름, 사천성에 있음. 지금은 〈丰都〉라고 함.

冯 féng (풍) 사람의 성. 〈고〉〈凭〉(píng)과 같음.

逢 féng (봉) ①만나다：～人便说. 사람을 만나면 말한다./每

～星期三开会. 매주 수요일이 돌아오면 회의를 한다. ②비위를 맞추다. 〔逢迎〕 남의 비위를 맞추다, 아첨하다, 알랑거리다.

缝 (1) féng (봉) 바느질하다, 꿰매다, 깁다: 把衣服的破口～上. 옷의 해진데를 깁다. 〔缝纫〕 재봉하다, 바느질하다: 学习～～. 재봉을 배우다. (2) fèng →본 페지.

讽 fěng (풍) (옛음 fèng) ①외우다(㉠-诵). ②풍자하다, 조소하다, 비웃다(㉠讥-): ～刺. 풍자하다./冷嘲热～. 음으로 양으로 비웃다, 풍자조소하다.

唪 fěng (봉) 큰소리로 경을 읽다.

凤(鳳) fèng (봉) 봉황새, 봉황: ～毛麟角. 봉황의 털과 기린의 뿔, 매우 신기하고 귀중한것, 아주 희귀한것.

奉 fèng (봉) ①(공손하게) 받쳐들다. ㉻존중하다, 준수하다, 지키다: ～公守法. 공무에 충실하고 법을 잘 지키다./～行. 명령을 받들어 집행하다. ＊존경어투: ～陪. 동반하다, 자리를 같이하다, 모시다./～劝. 권고하다, 충고하다./～送. (웃사람에게) 드리다, 선물을 올리다./～还. 돌려드리다. 〔奉承〕 아첨하다, 알랑거리다. ②드리다, 바치다: 双手～上. 두손으로 드리다. ③받다, 접수하다: ～命. 명령을 접수하다./昨～手书. 어제 당신의 친필서한을 받아보았습니다. ④믿다, 신봉하다. ⑤모시다(㉠-养、供-、侍-).

俸 fèng (봉) (낡은 사회에서) 벼슬아치들에게 주는 봉급: ～禄. (낡은 사회) 봉록./薪～. 봉급.

甮 fèng 〈방〉…말라, …는 필요가 없다.

葑 (2) fèng (봉) (옛책에서) 줄뿌리. (1) fēng →121페지.

赗 fèng (봉) (옛날) 상가에 부조하다: 赙(fù)～. 부조금.

缝 (2) fèng (봉) ①(-子、-儿) 틈새, 틈, 금: 裂～. 틈, 금./墙～. 벽의 틈새. ②(-儿) 이은 짬, 혼솔: 这道～儿不直 이 혼솔은 곧지 않다. (1) féng →본 페지.

FO

佛 (1) fó (불) 부처. (불교의 창시자) 석가모니. 〔佛教〕 불교. (2) fú →123페지.

FOU

缶 fǒu (부) 장군(배가 불룩하고 아가리가 작은 옛날 토기의 한 가지).

否 (1) fǒu (부) ①1. (부정을 나타내는)…않는가, 한가: 是～? 그런가 그렇지 않은가? /可～. 될수 있는가 없는가? 2. 아니, 아니다(부정할 때): ～, 此非吾意. 아니, 이것은 나의 의사가 아니다. 〔否定〕 부정하다. 〔否决〕 부결하다. ②그렇지 않으면: 必须确定计划～则无法施工. 반드시 계획을 확정해야지 그렇지 않으면 시공할수 없다. (2) pǐ →341페지.

FU

夫 (1) fū (부) ①사나이, 남자: 农～. 농부./渔～. 어부. ㉻(낡은 사회) 인부, 〈伕〉라고도 합

([련]-役). ②남편. ↔〈妻〉,〈妇〉: ～妻. 부부. /姐～. 매형. /姑～. 고모부. /新～妇. 신혼부부. 〔夫人〕 부인(남을 높이여 그의 안해를 이르는 말). 〔夫子〕 1. (옛날) 선생, 스승. 2. (옛날) 남편. (2) fú →본페지.

伕 fū (부) 〈夫(1)①[파]〉과 같음.

呋 fū 〔呋喃〕 푸란. 〔呋喃西林〕 푸라실린.

肤(膚) fū (부) 피부, 살갗, 살결: ～色. 피부색. /肌～. 근육과 피부. /切～之痛. 살을 에이는듯한 아픔. [유]천박하다: 理论～浅. 리론이 깊지 못하다.

铁 fū (부) ①작두. ②〈斧〉와 같음.

麸(麫) fū (부) (-子) 밀기울, 기울.

趺 fū (부) 〈跗〉와 같음, 발등, 발잔등.

跗 fū (부) 발등, 발잔등: ～骨. 발목뼈, 부골. /～面. 발등. 〈趺〉라고도 함.

稃 fū (부) 겨: 内～. 속겨. /外～. 겉겨.

孵 fū (부) (알을) 까다.

鄜 fū (부) 〔鄜县〕 부현, 섬서성에 있음. 지금은 〈富县〉이라고 함.

敷 fū (부) ①바르다, 칠하다: ～粉. (얼굴에) 분을 바르다. /外～药. 거충에 바르는 약, 외용약. ②설치하다, 부설하다, 깔다, 놓다: ～设路轨. 철길을 놓다, 레루를 부설하다. ③넉넉하다, 충분하다: ～用. 충족하다. /入不～出. 지출에 대하여 수입이 부족하다, 수입보다 지출이 많다. 〔敷衍〕(-yǎn) 일을 실속있게 하지 않고 겉치레만 하다, 어물어물 해치우다, 대강대강 해치우다, 진실하게 대하지 않고 건성건성 대하다: ～～了(liǎo)事. 겉치레로 대강대강 해치우다, 어물쩍어물쩍 해치우다. /这人不诚恳, 对人总是～～. 이 사람은 성실하지 못하기에 언제나 사람들을 건성건성 대한다.

夫 (2) fú (부) ①(문언문의) 시작어투: ～天地者: 천지는. ②(문언문의) 조사: 逝者如斯～. 지나간 일은 이(강물)와 같구나(흘러가면 돌아오지 못한다). (1) fū→122페지.

芙 fú (부) 〔芙蓉〕(-róng) 1. 부용. 〈木芙蓉〉이라고도 함. 2. 련꽃.

扶 fú (부) ①부축하다: ～老携幼. 늙은이를 부축하고 어린것을 거느리다. /～犁. 보습을 잡다, 보잡이를 하다. [파]돕다, 원조하다: 救死～伤. 죽어가는 사람을 구원하고 부상당한 사람을 돌보다. /～危济困. 위험에 처한 사람을 도와주고 곤경에 빠진 사람을 구제하다. ②짚다, 붙잡다, 의지하다: ～墙. 벽을 짚다. /～栏杆. 란간을 붙잡다. 〔扶手〕 몸을 의지하기 위한 물건(지팡이, 란간, 손잡이따위).

蚨 fú (부) 나비, 파란강충이, 청부. 옛날에 구리돈을 가리켰음.

弗 fú (불) 아니, …지 않다: ～去. 가지 않는다. /～许. 허락하지 않다.

佛(彿、髴) (2) fú (불) →115페지 〈仿〉의

〈仿佛〉(fǎngfú). (1) fó →122페지.

茀 fú (불) (길에) 풀이 무성하다.

拂 fú (불) ①털다, 바람이 스치다: ～尘. 먼지를 털다./春风～面. 봄바람이 얼굴을 스치다. 〔拂晓〕 이른새벽, 날이 밝을 때. 〔拂袖〕 옷소매를 뿌리치다, 성을 내다. ②어기다, 거역하다: ～意. 뜻대로 되지 않다. 〈고〉〈弼(bì)〉와 같음.

佛 fú,fèi (불, 비) 발끈, 발칵(성을 내는 모양): ～郁. 우울하다./～然作色. 발끈 성내다.

绋 fú (불) ①큰 바줄. ②(옛날) 상여를 메는 바줄, 상여줄: 执～ 장례하다, 출빈하다.

氟 fú (불) 불소(원소기호 F).

艴 fú (불, 발) 발끈, 발칵(성을 내는 모양).

伏 fú (복) ① 엎드리다: ～在地上. 땅에 엎드리다./～案读书: 책상에 마주앉아 공부하다. ②굴복하다, 잘못을 인정하다, 징벌을 받다: ～罪. 죄를 인정하다./～法. (범죄자가) 사형을 당하다. ③내려가다, 낮아지다: 此起彼～. 련이어 일어나다, 꼬리에 꼬리를 물고 일어나다./时起时～. 때때로 일어났다 잦아졌다 하다. ④숨다, 매복하다: ～兵. 매복한 군대./～击. 매복습격하다./潜～期. 잠복기. ⑤(절기)복: 三～天. 삼복철.

茯 fú (복) 〔茯苓〕(-líng) 복령(약재).

洑 (1) fú (복) ①소용돌이치는 모양. ②소용돌이. (2) fù →129페지.

栿 fú (복) (옛책에서) 들보.

袱(幞、襆) fú (복) (-子) 보, 보자기. 〔包袱〕 1. 보, 보자기. 2. 보따리: 白布～～. 흰보따리. ㊌무거운 짐, 부담, 사상고민: 放下～～, 轻装前进. 무거운 짐을 벗어던지고 몸이 거뿐하게 앞으로 나아가다.

凫(鳧) fú (부) 물오리. 〈野鸭〉라고도 함.

芾 (2) fú (불) ①우거지다, 무성하다. ②〈韍〉와 같음. (1) fèi →118페지.

苤 fú (부) 〔苤苢〕(-yǐ)(옛책에서) 질경이, 차전초, 차전자.

罘 fú (부) 〔罘罳〕〔罦罳〕(-sī)(새들이 처마밑에 둥지를 틀지 못하게 하는) 쇠그물, (나무를 파서 만든) 병풍. 〔芝罘〕〔之罘〕 芝罘山. 지부산. 산이름, 산동성 연태시에 있음.

孚 fú (부) ①참되다, 미덥다, 진실하다. ②신임이 가다, 믿게 하다: 深～众望. 대중의 신임을 받다, 대중이 믿고 따르다.

俘 fú (부) ①포로(㊀-虏): 战～. 전쟁포로./遣～. 전쟁포로를 돌려보내다. ②포로하다, 사로잡다(㊀-虏): 被～. 사로잡히다./～获. 사로잡다.

郛 fú (부) (옛날) 바깥성벽, 외성.

莩 (1) fú (부) 갈청. (2) piǎo →343페지.

浮 fú (부) ① 뜨다(㊀漂-). ↔〈沉〉: ～力. 뜰힘, 부력./～桥. 배다리, 부교./～在水面上.

물우에 뜨다. ②바깥면, 겉면, 표면: ～面. 바깥면./～皮. 바깥껍질./～土. 겉면의 흙. 〔浮雕〕돋을새김, 부각. ③림시적이다: ～记. 림시로 딴데 기록하다./～支. 일시지출, 림시지불. ④침착하지 못하다, 들뜨다, 경솔하다: 心粗气～. 마음이 거칠고 들뜨다./心～气躁. 침착하지 못하고 성급하다. ⑤실속이 없다: ～名. 빈이름./～华. 실속없이 겉만 화려하다./～泛. 절실하지 않다, 확실성이 없다. ⑥초과하다, 남다: 人～于事. 일감보다 사람이 더 많다./～额. 초과액수. 〔浮屠〕〔浮图〕 1. 부처. 2. 불교도, 중. 3. 불탑: 七级～～. 7층불탑.

桴(枹) fú (부) ①작은 떼목, 참대떼목. ②북채, 북자루.

罘 fú (부) (옛책에서) 새잡이그물, 새그물. 〔罘罳〕는 〈罘罳〉과 같음. →〈罘〉(fú).

蜉 fú (부) 〔蜉蝣〕(-yóu) 하루살이.

苻 fú (부) 〈莩(1)〉과 같음.

符 fú (부) ①(옛날) 부절, 부신, 신표: 兵～. 병부./虎～. 범모양의 병부. ②기호, 부호: 音～. 음부./星～. 별기호, 성부. 〔符号〕 1. 〈符②〉와 같음. 2. 몸에 달아서 직별, 신분따위를 표시하는 표기. ③서로 맞다, 부합되다, 일치하다([련]-合): 言行相～. 말과 행동이 일치하다. /这完全～合人民的利益. 이것은 인민의 리익에 완전히 부합된다. ④(미신)부작, 부적.

服 (1) fú (복) ①옷, 의복, 의상([련]-装): 制～. 제복./～装整齐. 옷차림이 한결같다. *(옛날) 상복을 가리켰음. ②(옷을) 입다. ③맡다, 담당하다, 일하다, 복무하다: ～兵役. 군대에 복무하다. ④따르다, 순종하다, 복종하다([련]-从): 说～. 설복하다./心悦诚～. 마음속으로 기꺼이 따르다./心里不～. 마음속으로 불복하다./～软. 잘못을 인정하다./～从党的领导. 당의 령도에 복종하다. ⑤습관되다, 적응하다: 不～水土. 풍토에 적응되지 않다. ⑥(약을) 먹다: ～药. 약을 먹다. (2) fù →128페지.

菔 fú (복) 〔莱菔〕(lái-) 무우.

箙 fú (복) (옛날) 전통, 화살통.

绂 fú (불) ①(옛날) 도장끈. ②〈黻〉와 같음, (옛날) 례복에 수놓은 무늬.

韨(韍) fú (불) (옛날) 제사를 지낼 때 입는 옷. 〈芾〉〈黻〉라고도 함.

祓 fú (불) (옛날 미신에서 목욕, 재계 등 방법으로) 재난을 물리쳐 없애다, 푸닥거리를 하다. [파] 없애버리다, 제거하다.

黻 fú (불) ①(옛날) 례복에 수놓은 무늬. ②〈韨〉와 같음.

匐 fú (복) →349페지 〈匍〉의 〈匍匐〉(púfú).

幅 fú (폭) ①(～儿, fúr 로 발음). (천의) 너비, 폭: 这块布的～面宽. 이 천은 폭이 넓다./这种布是双～的. 이런 천은 쌍폭이다.

〔幅员〕 너비와 둘레. [전]국토의 면적, 땅의 넓이: 我国～～广大. 우리 나라의 땅면적은 넓고 크다. 〔振幅〕 진폭. ②(-儿, 이때 발음은 fǔr 로 된다) 단위명사. 폭: 一～画: 한폭의 그림.

辐 fú (복) 바퀴살. 〔辐射〕 복사, 방사. 〔辐辏〕〔辐凑〕(-còu) 바퀴살이 바퀴통에 모이다. [유](사람 또는 물건들이 한곳으로) 모여들다.

福 fú (복) 행복. ↔〈祸〉: 为人类造～. 인류에게 행복을 마련해주다. 〔福利〕 복리, 후생: 职工的～～. 종업원의 복리. /～～事业. 복리사업.

蝠 fú (복) →24페지 〈蝙〉의 〈蝙蝠〉(biānfú).

涪 fú (부) 〔涪江〕 부강, 강이름, 사천성에 있음.

幞(襆) fú (복) 〈袱〉와 같음. 〔幞头〕 (옛날 남자들의) 머리수건.

父 (2) fǔ (부) ①늙은이: 田～. 농촌늙은이. /渔～. 늙은 어부. ②〈甫①〉와 같음. (1) fù →127페지.

斧 fǔ (부) ①(-子、-头) 도끼. ②옛무기의 하나.

釜(鬴) fǔ (부) ①(옛날) 가마, 솥: ～底抽薪. 솥는 가마밑에서 나무를 끄집어내다, (문제를) 근본적으로 해결하다. /破～沉舟. 가마를 깨뜨리고 배를 침몰시키다, 필사적으로 싸울 결심을 다지다. ②(옛날) 부, 계량기의 이름, 체적의 단위로도 썼음.

滏 fǔ (부) 〔滏阳河〕 부양하, 강이름, 하북성에 있음.

甫 fǔ (보) ①(옛날) 남자의 이름뒤에 붙이는 존칭. 〈父〉라고도 함. 〔台甫〕 당신의 성함은 무엇이라고 부릅니까? ②막, 방금, 이제, 바야흐로: ～入门. 막 문에 들어서다. /年～十岁. 나이가 이제 열살이다.

辅 fǔ (보) 돕다, 보좌하다([련]-助): ～导. 지도하다. 보도. /相～而行. 서로 도와나가다. 〔辅音〕 (언어)자음.

脯 (1) fǔ (포) ①양념을 쳐서 말린 고기: 鹿～. 말린 사슴고기. ②꿀에 재워 말린 과일: 桃～. 꿀에 재워 말린 복숭아. /杏～. 꿀에 재워 말린 살구. (2) pú →349페지.

蜅 fǔ 〔螟蜅鲞〕 (míng-xiǎng) 말린 오징어.

簠 fǔ (보) (옛날) 제사를 지낼 때 곡식이나 음식을 담는 그릇, 보궤.

黼 fǔ (보) (옛날) 례복에 수놓은 절반 검고 절반 흰 무늬.

抚(撫) fǔ (무) ① 위로하다, 위안하다, 위문하다: ～恤. 위로하고 물질적으로 돕다, 무휼. /～慰. 위안하다. ② 보살피다, 보호하다, 귀여워하며 기르다: ～养成人. 어른이 되게 키우다. /～育孤儿. 고아를 키우다. ③쓰다듬다, 어루만지다: ～摩. 쓰다듬다. ④〈拊〉와 같음.

拊 fǔ (부) 두드리다. (손벽을) 치다. 〈抚〉라고도 함: ～掌大笑. 손벽을 치며 크게 웃다.

府 fǔ (부) ①서류나 재물을 넣어 두는 곳([련]-库)：～库. 국고, 국가문헌고./～库充实. 국가문헌고가 충족하다./天～. 땅이 기름져서 생산물이 많이 나는 곳. ②(낡은 사회) 귀족 또는 벼슬아치의 집, 관저, 관청, 행정기관：王～. 왕궁./公～. (지난날) 총통부./相～. 재상의 집. 〔府上〕(～shang) 댁, 귀댁(다른 사람의 집 또는 가족을 높이여 이르는 말). ③부(옛날 성과 현사이의 행정구역이름).

俯(頫、俛) fǔ (부) 숙이다, 수그리다, 굽히다. ↔〈仰〉：～视山下. 산아래를 굽어보다./～仰之间. 순식간, 순간.

腑 fǔ (부) 내장. 위, 열, 대장, 소장, 방광의 총칭.

腐 fǔ (부) 썩다, 변질하다([련]-烂、-朽)：流水不～. 흐르는 물은 썩지 않는다./鱼～肉败. 고기가 다 썩다./这块木头已经～朽不堪了. 이 나무는 이미 여지없이 썩었다. [파]부패하다, 케케묵고 낡다, (사상이) 뒤떨어지다, (행동이) 타락되다：他的思想陈～. 그의 사상은 케케묵고 낡았다. 〔腐蚀〕 부식하다, 좀먹다：～～剂. 부식제. [유] 부식하다, 나쁜 사상작풍이 침습하여 사람이 점점 변하고 타락하다. 〔豆腐〕(-fu) 두부. 략칭하여 〈腐〉라고도 말함：～～皮. 콩국에 뜨는 단백질막./～～乳. 발효시킨 두부, 절인 두부.

父 (1) fù (부) ①아버지. ②아버지항렬의 남자：叔～. 작은아버지, 숙부./姨～. 이모부./师～. 스승./～老. 로인님. (2) fǔ →126 폐지.

讣 fù (부) 사망을 알리다, 사망을 알리는 통지：～闻. 친우에게 알리는 사망통지./～告. 부고.

赴 fù (부) …로(으로) 가다：～北京. 북경으로 가다./～宴. 연회에 가다./～汤蹈火. 물불을 가리지 않다.

付 fù (부) ①주다, 부여하다, 넘겨주다, 바치다, 붙이다, 물다, 지불하다：～款. 돈을 물다./～印. 인쇄에 넘겨주다./～表决. 표결에 붙이다./～诸实施. 실시하다./～出了辛勤的劳动. 몹시 애써 부지런히 일하였다. ②단위명사. 첩(첩약을 가리킴). 〈服②〉와 같음.

附(坿) fù (부) ① 덧붙이다, 껴붙여보내다： ～ 录. 부록./～设. 덧붙여 설치하다, 부설하다./～注. 덧붙인 주해./信里面～着一张相片. 편지에 사진 한장을 넣어보내다. 〔附和〕(-hè) 맹목적으로 따르다, 맞장구를 치다：不要随声～～. 남의 장단에 맞춰 맞장구를 치지 마오, 주견없이 남이 말하는대로 따라하지 마오. 〔附会〕 억지로 끌어붙이다. 〈傅会〉라고도 함：牵强～～. 가당치 않은 말을 억지로 끌어다가 조건에 맞추려 하다. 〔附议〕 남의 의견 또는 제의에 찬성하다. 〔附庸〕 예속되다, 종속되다. [파]예속적지위 또는 의거하는 관계. ②가까이하다, 접근하다：～近. 부근./～耳交谈. 귀속말로 말하다, 귀에 대고 소곤소곤하다.

驸 fù (부) 결마. 〔驸马〕(옛날) 임금의 사위, 부마.

鲋 fù (부) (옛책에서) 붕어: 涸(hé)辙之～. 물이 마른 수레바퀴자리에 든 붕어, 궁지에 빠져 구원을 바라는 사람, 곤경에 처하다.

负 fù (부) ①(짐을) 지다: ～米. 쌀을 지다./如释重～. 무거운 짐을 벗어놓은것 같다. ㉮맡다, 책임지다: ～责. 책임지다. 〔负担〕 1. 담당하다, 부담하다, 맡다. 2. 부담: 减轻～～. 부담을 덜어주다. ㉴고통스럽고 쉽게 해결할수 없는 사상문제. ②의거하다, 등을 대다: ～险固守. 험한 지형물에 의거하여 굳게 지키다./～嵎顽抗. 요해지에 의거하여 완강하게 반항하다. 〔负气〕 벌컥 화를 내다, 분이 가라앉지 않다. 〔自负〕 자기를 대단히 여기다, 자부하다. ③당하다, 입다: ～伤. 부상을 입다./～屈. 억울함을 당하다. ④가지다, 누리다, 떨치다: ～有名望. 명성을 떨치다./素～盛名. 명성이 자자하다. ⑤빚지다. ～债. 빚을 지다. ⑥부(령보다 작은 수): ～数. 부수. ⑦음. ↔〈正〉: ～极. 음극./～电. 음전기. ⑧저버리다, 어기다, 위반하다: ～盟. 동맹을 위반하다./忘恩～义. 은혜를 잊고 의리를 저버리다./不～人民的希望. 인민의 희망을 저버리지 않다. ⑨지다, 실패하다. ↔〈胜〉: 不分胜～. 승부를 가리지 못하다.

妇(婦) fù (부) ①부녀, 부인, 녀성(이미 결혼한 녀자). ㉮녀성의 통칭: ～科. 산부인과./～女翻身. 부녀들이 신세를 고치다. ②안해, 처. ↔〈夫〉: 新夫～. 갓 결혼한 부부, 신혼부부. ③며느리: 长～. 큰며느리./媳～. 며느리.

服 (2) fù (복) 단위명사. 첩, 제(첩약을 가리킴), 〈付〉라고도 함: 吃～药就好了. 약 한첩 먹으면 곧 낫는다. (1) fú →125페지.

阜 fù (부) ①흙산. ②많다, 성하다: 物～民丰. 물건이 많고 인민생활이 넉넉하다.

复(復、複) fù (복) ①돌아오다, 돌아가다, 겹치다: 循环往～. 왔다갔다하며 순환하다./翻来～去. 엎치락뒤치락하다. ②갚다, 대답하다, 회답하다: ～仇. 복수하다./～命. 명령을 집행하다./函～. 편지로 회답하다. ③되돌아오다, 회복되다, 환원하다: 身体～原. 몸이 회복되다./～员军人. 제대군인./光～. 나라를 도로 찾다, 광복. ④다시, 또: ～习. 복습하다./旧病～发. 병이 다시 도지다./～诊. 다시 진찰하다. 복진. ⑤많다, 복잡하다, 번잡하다: ～分数. 복분수./～式簿记. 복식부기./～利. 복리, 겹리, 중리./～杂. 복잡하다.

腹 fù (복) 배: ～部. 복부./～背(前后)受敌. 앞뒤에서 공격을 받다. 〔腹地〕 내지, 중부지역.

蝮 fù (복) 살모사.

鳆 fù (복) 전복. 〈石决明〉〈鲍鱼〉라고도 함.

覆 fù (복) ①덮다, 쓰다, 덮어쓰다: 天～地载. 하늘은 모든것을 덮고 땅은 만물을 싣다./大地被一层白雪～盖着. 대지는 흰눈으로 한벌 덮여있다. ②뒤집히다, 엎지르다, 꺼꾸러지다, 엎어지다, 전복되다: ～舟. 뒤집힌 배./天翻地～.

하늘땅이 뒤집히다, 천지개벽. 〔覆没〕(-mò)(배가) 뒤집혀져 가라앉다. ㊥군대가 전멸되다. 〔覆辙〕수레가 뒤집힌 길. ㊥실패한 길, 전철, 실패한 방법. 〔颠覆〕차가 뒤집어지다. ㊥전복하다, 뒤집어엎다(정권이 뒤집어지는것도 가리킴). ③〈复 ①②〉와 같음.

馥 fù (복) 향기. 〔馥郁〕향기 그윽하다.

洑 (2) fù (복) 헤염치다: ~水. 헤염치다. (1) fú →124페지.

副 fù (부) ①다음, 둘째, 부(〈正〉 또는 〈主〉와 구별됨): ~主席. 부주석./~排长. 부패장, 부소대장. ②부대적인것, 부차적인것: ~业. 부업./~作用. 부작용./~产品. 부산물./~食. 부식물. 〔副本〕1. 원고를 베껴쓴 책. 2. 부본, 사본. 〔副词〕부사. ③어울리다, 부합되다: 名不~实. 이름이 사실에 부합되지 않다./名实相~. 명성과 실제가 부합되다. ④단위명사: 1. 틀, 조, 켤레, 채, 쌍: 一~对联. 한쌍의 주련./一~担架. 담가 한채./全~武装. 완전무장하다. 2. 표정, 행동, 태도를 나타낼 때 쓰는 단위명사: 一~笑容. 웃는 얼굴./一~庄严而和蔼的面孔. 엄하고 부드러운 얼굴.

富 fù (부) ①(재산이) 많다, 잘 산다, 부유하다. ↔〈贫〉、〈穷〉: 开发~源. 부원을 개발하다./走向繁荣~强. 번영하고 부강하는 길로 나아간다. 〔富丽〕화려하다, 웅대하고 아름답다: ~~堂皇. 화려하고 웅장하다. ②풍부하다, 넉넉하다(㊀-足、-饶、丰-): 我国人民~于创造精神. 우리 나라 인민은 창조적 정신이 풍부하다./西红柿的丙种维生素很丰~. 도마도의 비타민C는 아주 풍부하다.

赋 fù (부) ①(낡은 사회) 논밭세: 田~. 밭세. 〔赋税〕(낡은 사회) 논밭세와 물건세, 조세, 가렴잡세. ②부(중국 고전문학의 한가지 문체). ③(시를) 읊다, (시를) 짓다: 登高~诗. 높은 곳에 올라 시를 짓다. ④주다, 부여하다: 完成党~予的任务. 당에서 준 과업을 수행하다.

傅 fù (부) ①보좌하다, 가르치다, 거들어주다, 도와주다. ②스승. ③붙다, 붙이다, 바르다, 칠하다: ~粉. 분을 바르다.

缚 fù (박) 비끄러매다, 묶다, 동이다: 束~. 속박하다, 얽어매다.

赙 fú (박) (초상난 집에) 부조하다, 부의하다: ~金. (초상난 집에 보내는) 부조./~仪. 부의금.

咐 fu (부) →119페지 〈吩〉의 〈吩咐〉(fēnfu).

G

GA

夹(夾) (3) gā (협) 〔夹肢窝〕(-zhīwō) 겨드랑. (1) jiā →196페지. (2) jiá →197페지.

旮 gā 〔旮旯〕(-lá) (-子、-儿) 구석, 모퉁이: 墙~~. 담모퉁이./门~~. 문구석. ㊥구석진 곳, 외진 곳: 山~~. 산골짜기./背~儿. 뒤구석.

G

咖 (1) gā (가) 〔咖喱〕(-lí) 카레(강황, 후추, 새앙, 마늘 등으로만든 노랗고 매운 서양료리에 쓰는 양념). (2) kā →233페지.

嘎 (1) gā (알) 소리본딴말. 〔嘎吧〕〔嘎叭〕(-bā) 소리본딴말. 빨락빨락. 〔嘎吱〕(-zhi) 삐걱삐걱. 〔嘎巴〕(-ba) 1. (차진것이 그릇같은데)말라붙다. 2. (-儿) 말라붙은 딱지, 더데, 더뎅이: 衣裳上有好多～～. 옷에 말라붙은 딱지가 많다. 〔嘎渣〕(-zha) 1. 헌데딱지, 더뎅이. 2. (～儿) 눌은밥, 가마치: 饭～～. 눌은밥./饼子～～儿. 떡가마치. (2) gá →본 페지의 〈尜〉. (3) gǎ →본 페지.

轧 (3) gá (알) 〈방〉①밀치다, 붐비다. ②사귀다. ③(장부를) 대조하다, 검사하다. (1) yà →502페지. (2) zhá →556페지.

钆 gá 가돌리니움(원소기호 Gd).

尜(嘎) gá (알) 〔尜尜〕(-ga) 1. (량쪽끝이 뾰족한) 팽이, 〈尜儿〉라고도 함. 2. (량쪽끝이 뾰족한) 팽이처럼 생긴 물건: ～～枣. 닭알대추./～～汤. 새알심죽. 〈嘎〉gā →본 페지. gǎ →본 페지.

噶 gá (갈) 발음대로 번역할 때 쓰는 글자.

生 gǎ 〈방〉①괴벽하다. ②까불다, 장난을 좋아하다, 롱담을 좋아하다.

尕 gǎ 〈방〉작다: ～娃. 어린애, 꼬마./～李. 리꼬마(한어에서 어린이를 부르는 칭호법의 하나).

嘎 (3) gǎ (알) 〈生〉(gǎ)와 같음. (1) gā →본 페지. (2) gá →본 페지의 〈尜〉.

尬 gà (개) →132페지 〈尴〉의 〈尴尬〉(gāngà).

GAI

该 gāi (해) ①마땅히 …해야 한다([련]应-): ～做的一定要做. 할것은 반드시 해야 한다. ②(리치상 그렇게 될수밖에 없다는 뜻을 나태내여)…ㄹ겠다, ㄹ것이다: 不学习,思想就～落后了. 학습하지 않으면 사상이 락후할것이다. ③이, 그, 저: ～地. 그곳./～员. 이 사람./～书. 이 책. ④빚지다: ～他几块钱. 그에게 몇원을 빚지다. ⑤〈赅〉와 같음. ⑥차례: 这回～你了. 이번은 네차례다.

陔 gāi (해) ①계단에서 가까운 곳. ②계단, 층계. ③밭둔덕.

垓 gāi (해) ①〔垓下〕해하, 옛지명, 안휘성 령벽현 동남쪽에 있었음. ②〈고〉경〈京〉의 만배, 해.

荄 gāi (해) 풀뿌리.

赅 gāi (해) 다 갖추다, 완비하다: 言简意～. 말은 짧아도 뜻은 다 있다.

改 gǎi (개) ①달라지다, 변모되다, 개변되다([련]-革、-变、更-): ～天换地. 천지개벽, 대자연을 정복하다. ②수정하다, 고치다: ～文章. 문장을 수정하다./～衣服. 옷을 고치다. ③시정하다, 고치다: 知过必～. 잘못을 알면 반드시 고쳐야 한다.

丐 gài (개) ①구걸하다, 비렁질하다. (갈) ②얻어먹는 사람, 거지.

钙 gài 칼시움(원소기호 Ca).

芥 (2) gài (개) 芥菜. 개채(겨자채의 일종). 〈盖菜〉라고도 함. 〔芥蓝菜〕 동갓(잎은 상추와 비슷하고 담청색이며 습지에 심는 남새). (1) jiè →214페지.

盖(蓋) (1) gài (개) ①(-子、-儿) 덮개, 뚜껑, 마개: 锅～. 솥뚜껑./瓶～. 병마개. ②양산, 우산: 华～. (옛날) 수레우에 친 큰 양산. ③덮다, 씌우다(㊀覆-): ～上锅. 솥을 덮다./～被. 이불을 덮다. ㊁ 1. 압도하다, 릉가하다, 짓누르다, 초과하다: ～世无双. 온 세상에 둘도 없다. 2. (도장을) 찍다: ～章. 도장을 찍다./～印. 도장을 찍다. ④(집을) 짓다, 세우다, 건축하다: ～楼. 층집을 짓다./～房子. 집을 짓다. ⑤문언문허사: 1. 시작어투: ～闻. 듣자니./～有年矣. 몇해 되다. 2. 대개, 대략, 대체: ～近之矣. 대체로 그와 가깝다. 3. 접속사. 리유와 원인을 나타냄: 有所不知,～未学也. 좀 모르는데 그것은 배우지 않았기때문이다. 〈고〉〈盍〉(hé)와 같음. (2) gě →138페지.

溉 gài (개) 물을 대다(㊀灌-).

概 gài (개) ①대략, 대개, 일률적으로: ～论. 개론./大～. 대개./不能一～而论. 일률적으로 보면 안된다. 〔概念〕 개념. ②대체적인 정형, 현상, 정황: 胜～. 승리한 정황. ③기개: 气～. 기개.

戤 gài (개) (지난날) 간판 또는 상표를 도용하여 리속을 보다.

GAN

干(乾) (1) gān (간) ①련루하다, 관련되다, 관계되다: 不相～. 상관없다. /这事与你何～? 이 일은 너와 무슨 관계가 있는가? ②저촉되다, 범하다: 有～禁例. 금지령에 저촉되다. 〔干涉〕 간섭하다, 참여하다: 互不～～内政. 내정에 서로 간섭하지 않다. ③추구하다, 요구하다: ～禄. (낡은 사회) 벼슬자리를 구하다. ④방패: 动～戈. 싸우다. 〔干城〕 ㊁보위자. ⑤天干. 천간(륙십갑자의 웃부분을 이루는 요소로《甲, 乙, 丙, 丁, 戊, 己, 庚, 辛, 壬, 癸》이다.), 순서를 짜는데도 쓴다. 〔干支〕 (천간과 지지를 통털어 이르는) 간지, 력법에서 이 두조의 글을 결합하여 날자와 년분을 표시함. ⑥물가, 강가, 기슭: 江～. 강기슭. /河～. 강기슭. ⑦건조하다, 마르다. ↔〈湿〉(㊀-燥): ～柴. 마른 땔나무./～粮. 마른 음식, 가루음식. 〔干脆〕 ㊄시원시원하다, 간단하고 시원시원하다: 说话～～, 做事也～～. 말하는것이나 일하는것이 모두 시원시원하다. ⑧(-儿) 말린음식: 饼～. 과자./豆腐～儿. 마른두부, 건두부. ⑨(원천이) 마르다, 비다, 아무 내용도 없다: 大河没水小河～. 큰강에 물이 없으면 작은 강도 마른다. /～杯. 축배를 들다, 잔을 내다. /外强中～. 걸보기에는 강대해도 속은 텅 비다. ⑩공연히, 헛되이, 쓸데없이, 맹탕, 그저: ～着急. 공연히 안달아하다. /～等. 쓸데없이 기다리다. /～看着. 그저 보기만 하다. ⑪(사회에서 맺는 친족관계) 양: ～娘. 양어머니. 〔干将〕(gānjiāng)(옛날의) 보검이름. (2) gàn →133페지. 〈乾〉qián →358페지.

玕 gān (간) 〔琅玕〕(láng-) 아름다운 옥돌.

杆 (1) gān (간) (-子、-儿) 장대, 막대기: 旗～. 기대. /电线～子. 전선대. /栏～儿. 란간. (2) gǎn →본 페지.

肝 gān (간) 간, 간장. 〔肝胆〕㊥ 1. 진심: ～～相照. 진심으로 대면하다, 진심으로 사귀다. 2. 용기, 혈기.

矸 gān (안) 석탄버력.

竿 gān (간) (-子、-儿) 참대장대.

酐 gān (항) 산무수물.

甘 gān (감) ①달다, 달콤하다, 맛이 좋다: ～苦. 쓰고단것, 고락. /～泉. 단 샘물. /苦尽～来. 고생끝에 락이 오다, 고진감래. ㊥좋다: ～雨. 단비, 약비. ②원하다, 달가와하다: ～心情愿. 진심으로 원하다. /不～失败. 실패를 달가와하지 않다.

坩 gān (감) 질그릇. 〔坩埚〕(-guō) 도가니.

苷 gān (감) 글리코시드, 배당체.

泔 gān (감) 뜨물. ㊥구정물, 가시물.

柑 gān (감) 감자나무.

疳 gān (감) 병이름: 1. 감적, 감병(중의에서 어린이의 위장병을 말함). 2. 주마감(어린애가 이런 병을 얻기 쉽다). 3. 하감창(성병의 한가지).

尴(尷、尲) gān (감) 〔尴尬〕(-gà) 어색하다, 난처하다, 거북하다, 딱하다, 일이 뒤엉켜 처리하기 어렵다.

杆(桿) (2) gǎn (간) ①(-子、-儿) 대: 笔～儿. 붓대. /枪～儿. 총대. /烟袋～儿. 담배설대, 담배대. ②단위명사. 자루, 대(대가 있는 물건에 씀): 一～枪. 총 한자루. /一～笔. 붓 한자루. (1) gān →본 페지.

秆(稈) gǎn (간) (-子、-儿) 줄기, 대: 高粱～儿. 수수대. /高～作物. 키 큰 작물.

赶(趕) gǎn (간) ①따라가다, 쫓아가다, 따라잡다, 제시간에 가닿다: ～集. 장보러 가다, 장보다. /～火车. 기차시간에 가닿다. /学先进, ～先进. 선진을 따라배우고 선진을 따라잡다. ㊥다그치다, 다우치다: ～写文章. 글을 다그쳐 쓰다. /～任务. 임무를 다그치다. /～活. 일을 다그치다. ②몰다, 쫓다, 내몰다: ～羊. 양을 몰다. /～马车. 마차를 몰다. ③…에 이르러, …에 가서, …때가 되여: ～明儿再说. 후날 다시 이야기합시다. /～年下再回家. 년말에 가서 집에 다시 돌아가다. ④(때마침) 만나다,

부딪치다, (기회를) 얻다, 타다: 正～上他不在家. 때마침 그가 집에 없었다.

擀 gǎn (간) ①(반죽한 밀가루를 밀방망이로) 얇게 밀다: ～刀削面. 칼국수 반죽을 얇게 밀다. ②문지르다, 문대다: 先用水把玻璃擦净, 然后再～一过儿. 먼저 물로 유리를 깨끗이 닦은 다음 한번 다시 문대시오.

敢 gǎn (감) ①대담하게, 감히: ～于斗争. 대담하게 투쟁하다./～负责任. 대담히 책임을 지다. *(겸손한 말) 실례이지만, 미안하지만: ～问. 미안하지만 좀 물읍시다./～请. 미안하지만 어서. ②혹시, 아마, 어쩌면: ～是哥哥来了? 혹시 형이 돌아왔을가? 〔敢情〕(qing) 〔敢自〕(-zi) 1. 알고보니, 원래: ～～是你. 알고보니 자네구만. 2. 물론, 그야말로, 정말: 那～～好了. 그러면 정말 좋구만./～～你不冷了, 穿上了新棉袄. 새 솜옷을 입었으니 당신이야 물론 춥지 않지요.

澉 gǎn (감) 〔澉浦〕 감포, 땅이름, 절강성에 있음.

橄 gǎn (감) 〔橄榄〕(-lǎn) 1. 감람나무, 올리브나무 2. 유감람. 〈齐墩界〉라고도 함.

感 gǎn (감) ①느끼다, 생각하다: ～想. 감상, 느낌, 소감./～到很温暖. 따뜻한감을 느끼다. 〔感冒〕 감기. 〔感觉〕 1. 느낌, 감각. 2. 느끼다, 깨닫다, 생각되다: 我～～事情还顺手. 나는 일이 순조롭다고 생각된다. 〔感性〕 감성(인식의 초급단계이다): ～～认识. 감성적인식. ②감동되다, 감격하다: 深受～动. 몹시 감동되다./用事实～化他. 사실로 그를 감화시키다. ③느낌, 심정, 감정, 감상: 百～交集. 다감하다, 착잡한 생각에 잡히다./自豪～. 자부심, 긍지감. ④감사하다: 深～厚谊. 두터운 우정에 깊은 감사를 드리다./请寄来为～. 부쳐주면 감사하겠습니다.

干(幹、榦) (2) gàn (간) ①줄기, 기둥, 중요한 부분: 树～. 나무줄기./躯～. 몸뚱이./～线. 간선, 본선. 〔干部〕 1. (기관, 단체의 지도일군) 간부. 2. 간부(일반 공무인원). ②하다: ～革命. 혁명을 하다./你在～什么? 당신은 무엇을 합니까? ㉠재능이 있다, 잘하다: ～才. 유능한 인재./～员. (낡은 사회) 재간있는 관리. 〔干练〕 재능있고 숙련되다, 솜씨있다, 재치있다. 〔干事〕(-shi) 간사(일부 일들을 책임진 사람): 宣教～～. 선전교양간사. ③〈방〉잘못되다, 실패하다, 죽다: 事情要～. 일이 잘못된다./～了. 잘못되였다. (1) gān →131페지.

旰 gàn (간) 늦어지다, 저물다: ～食. 늦게 밥을 먹다.

骭 gàn (한) ①종아리뼈. ②갈비뼈.

绀 gàn (감) 검붉은 빛.

淦 gàn (감) 〔淦水〕 감수, 강이름, 강서성에 있음.

赣(贑、灨) gàn (공) ①〔赣江〕 공강, 강이름, 강서성에 있음. ②강서성의 별칭.

GANG

冈(岡、崗) gāng (강) 언덕, 산등성이. 〈岗〉이라고도 함: 山～. 산등성이./景阳～. 경양강./井～山. 정강산.

刚(剛) gāng (강) ① 굳세다(㉻-强). ↔〈柔〉: 性情～正. 성미가 굳세고 바르다. ②(jiāng) 마침, 딱, 꼭㉾: ～合适. 꼭 맞다./～好一杯. 마침 한 고뿌다. ③방금, 금시, 지금, 막: ～来就走. 방금 오자마자 가버리다./～说了一句话. 방금 말 한마디를 하였다.

纲(綱) gāng (강) ①(그물의) 벼리. ㉶중심고리, 사물의 관건적부분: 路线是个～, ～举目张. 로선은 중심고리이고 로선만 틀어쥐면 모든 문제가 다 풀린다./大～. 대강./～目. 강목./～领. 강령. ②옛날의 화물수송조직: 盐～. 소금집중수송./茶～. 차집중수송./花石～. 화강암집중수송.

㭎(棡) gāng (강) 떡갈나무. 〈槲栎〉라고도 함.

钢(鋼) (1) gāng (강) 강철. 〔钢铁〕 ㉷(강철같이) 억세다, 굳세다: ～～意志. 강철같은 의지. 〔钢精〕〔钢种〕(-zhǒng) (일용품을 만드는) 알루미니움. (2) gàng →본 페지.

扛(掆、摃) (2) gāng (강) ①두손으로 추켜들다, 쳐들다: ～鼎. (세발)솥을 두손으로 추켜들다. ②〈방〉물건을 들다. (1) káng →237페지.

肛 gāng (항) 항문.

缸(瓬) gāng (항) 독, 단지, 항아리.

罡 gāng (강) 〔天罡星〕 북두칠성.

堽 gāng 〔堽城屯〕 곳이름, 산동성 녕양현에 있음.

岗(崗) (1) gǎng (강) ①(-子、-儿) 둔덕, 언덕: 黄土～儿. 황토둔덕. ②(-子、-儿) 불룩하게 도드라진것, 도드리: 肉～子. 고기도드리. ③초소, 망, 보초: 站～. 보초를 서다./门～. 정문보초./布～. 보초를 설치하다. 〔岗位〕 보초소, 초소, 일터: 工作～～. 일터, 직장. (2) gāng →본 페지의 〈冈〉.

港 gǎng (항) ①큰강의 지류. ②항구: 军～. 군항./塘沽新～能容万吨轮船出入. 당고의 신항구는 만톤급륜선이 드나들수 있다. ③향항의 략칭: ～澳同胞. 향항과 오문의 동포.

杠(槓) gàng (강, 공) (-子) 굵은 막대기, 멜대, 철봉, 평행봉따위의 운동기구: 铁～. 쇠막대기, 철봉./木～. 나무막대기./双～. 평행봉. 〔杠杆〕 지레, 지레대.

钢(鋼) (2) gàng (강) (칼을 천이나 가죽, 돌에) 문지르다, 갈다: 这把刀钝了,要～一～. 이 칼이 무디였으니 좀 갈아야겠다. (1) gāng →본 페지.

筻 gàng (경) 〔筻口〕 경구, 곳이름, 호남성에 있음.

戇 (2) gàng (당) 〈방〉거칠다, 투박하다: ～头～脑. 텁벙텁벙하다. (1) zhuàng →587페지.

GAO

皋(臯) gāo (고) 강언덕: 汉～. 한수언덕./江～. 강언덕.

槔(橰) gāo (고) →212페지 〈桔〉의 〈桔槔〉(jiégāo).

高 gāo (고) ①↔〈低〉: 1. (높이가) 높다: ～山. 높은 산./～楼大厦. 고층건물. 2. 등급이 높은 것: ～年级学生. 고급학년학생./～等学校. 고등학교, 대학교. 3. (어떤 기준이나 정도보다) 높다, 훌륭하다, 우수하다, 고상하다: 质量～. 질이 높다./～速度. 고속도./～价. 비싼 값. 4. (소리가) 높다: ～声. 높은 소리. 〔高低〕1. 높낮이, 고저. 2. 좋고나쁜 정도, 높고낮은 정도. 3. 분수: 不知～～. 분수를 가리지 못하다. 4. 끝내, 결국: ～～做好了. 끝내 다했다. 5. 어쨌든, 아무튼, 여하튼: 他～～不答应. 그는 여하튼 대답하지 않았다. 〔高山族〕고산족, 중국 소수민족의 하나. ②존경어: ～见. (당신의) 고귀한 의견, 고견./～寿. (로인의 나이를 묻는 말) 년세가 어떻게 되십니까.

膏 (1) gāo (고) ①살지다, 기름지다, 비옥하다: ～粱. 기름진 고기와 차진 곡식, 맛좋은 음식. 〔膏腴〕(-yú) 기름진 땅. ②지방, 기름. ③고약, 즙, 연고: 梨～. 배즙./牙～. 치약./～药. 고약. (2) gào →136페지.

篙 gāo (고) 상앗대, 삿대.

羔 gāo (고) (-子、-儿)새끼양: ～儿皮. 새끼양가죽. *일반적으로 짐승의 새끼를 가리킴.

糕(餻) gāo (고) 쌀가루나 그 밖의 가루를 쪄서 만든 떡(설기, 증편 같은것): 鸡蛋～. 카스텔라./年～. 설떡.

睾 gāo (고) 〔睾丸〕불알, 고환. 〈精巢〉 또는 〈外肾〉이라고도 함.

杲 gǎo (고) 밝다: ～～出日. (해가) 밝게 떠오르다.

搞 gǎo (고) 하다, 처리하다, 전공하다, 종사하다: ～工作. 사업을 하다./～通思想. 사상적으로 납득시키다./～清问题. 문제를 똑똑히 밝히다.

缟 gǎo (호) 흰 생견, (생사로 짠) 흰 견직: ～衣. 흰 비단옷. 〔缟素〕(옛날의) 흰빛의 상복, 흰옷.

槁(槀) gǎo (고) 마르다, 시들다(㊞枯-): ～木. (선채로) 말라죽은 나무, 고목나무, 고목.

镐 (1) gǎo (호) 괭이, 곡괭이. (2) hào →164페지.

稿(稾) gǎo (고) ①짚: ～荐. 돗자리, (벼짚으로 만든) 침대깔개, 침대요, 마다라스. ②(-子、-儿)원고: 文～儿. 원고./打～儿. 원고를 쓰다. ㊒계획, 궁리, 생각: 做事没有准～子不成. 일을 하자면 정해진 계획이 없으면 안된다.

藁 gǎo (고) 〔藁城县〕고성현, 하북성에 있음.

告 gào (고) ① 알리다, 말하다 (㊀-诉): 报～. 보고하다./你～诉我. 나에게 알려주오. 〔告白〕(지난날) 광고, 성명, 공시, 알리다, 설명하다. 〔忠告〕 진심으로 타이르다, 충고. ②신고하다, 신소하다(㊀控-): ～发. 고발하다./原～. 원고./被～. 피고. ③신청하다, 요구하다: ～假. 휴가를 신청하다, 휴가를 받다./～饶. 용서를 바라다. ④표명하다, 설명하다:～辞. 작별하다, 헤여지다./自～奋勇. 자진하여 말아나서다.

诰 gào (고) 임금의 명령: ～命. (봉건사회에서 오품이상의 벼슬아치들에게 땅이나 작위를 주는) 임금의 명령, 작위를 받은 부녀./～封. (봉건사회에서 오품이상의 벼슬아치들의 가족에게) 땅이나 작위를 주는것.

郜 gào (고) 사람의 성.

锆 gào 지르코니움(원소기호 Zr).

膏 (2) gào (고) ①(기름을) 바르다: ～油. 기름을 바르다./～车. 차에 구리스를 바르다. ②(붓에 먹을 묻혀 벼루에 대고) 다스리다, 문지르다: ～笔. 붓에 먹을 묻혀 다스리다./～墨. 먹을 찍다. (1) gāo →135페지.

GE

戈 gē (과) (옛날 쌍날칼을 꽂은) 창. 〔戈壁〕 사막지대.

仡 gē (흘) 〔仡佬〕(-lǎo) 仡佬族 거로족, 중국 소수민족의 하나.

圪 gē (을) 〔圪垯〕(-da) 1. 〈疙瘩2〉와 같음. 2. 작은 흙언덕, 곳이름에 많이 씀. 〔圪节〕(-jie)는 〈骨节2, 3〉과 같음.

纥 (2) gē (흘) 〔纥繨〕(-da)〈疙瘩2〉와 같음, 천짜는 실 또는 직물에 많이 씀, 매듭: 线～～. 실매듭./解开头巾上的～～. 머리수건의 매듭을 풀다. (1) hé →165페지.

疙 gē (흘) 〔疙瘩〕(-da) 1. 부스럼, 종기, 뽀두라지: 头上起了个～～. 머리에 뽀두라지 하나가 생겼다. 2. 덩어리, 덩이: 土～～. 흙덩이./冰～～. 얼음덩이. 3. 마음속에 맺힌것, 근심, 걱정, 쉽게 해결할수 없는 문제: 思想～～. 사상문제./这件事有点儿～～. 이 일은 문제가 좀 있다. 4. 어색하다, 시끄럽다: 文字上有些～～. 어구에 어색한 점이 있다. 5. 〈방〉단위명사. 덩어리, 덩이: 一～～石头. 돌덩이 하나./一～～糕. 떡 한덩이.

咯 (3) gē (각) 〔咯噔〕(-dēng) 소리본딴말. 뚜벅뚜벅(구두소리): ～～～～的皮鞋声. 뚜벅뚜벅하는 구두소리. 〔咯吱〕(-zhī) 소리본딴말. 찌걱, 삐걱: ～～～～响. 삐걱삐걱하는 소리가 나다. 〔咯嗒〕(-da)는 〈疙瘩2〉와 같음: 面～～. 뜨더국(반죽한 밀가루를 국에 뜯어넣어 만든 음식)./芥菜～～. 겨자뿌리짠지. (1) kǎ →233페지. (2) lo →283페지.

胳(骼、肐) gē (흘, 각) ①〔胳膊〕(-bo)〔胳臂〕(-bei) 팔. ②〈骼〉와 같음.

袼 gē (각) 〔袼褙〕(-bei) 종이 또는 헝겊따위를 여러겹으로 배접한것, 헝겊을 겹붙인 신바닥감.

搁 (1) gē (각) 놓다, (조미료같은것을) 넣다: 把书～下. 책을 놓다./盐～在水里就化了. 소금은 물에 넣자마자 녹는다. [파]내버려두다: 这事～了一个月. 이 일은 한달동안 내버려두었다. 〔搁浅〕(배가) 여울에 걸려서 가지 못하다. [유]일이 진척되지 않다, 난관에 봉착하다. (2) gé →138페지.

哥 gē (가) ①형[칭]: 大～. 큰형, 맏형./表～. 내(외)종사촌형, 외사촌형. ②자기와 나이가 비슷한 남자에 대하여 높이여 부르는 말: 张大～. 장형.

歌 gē (가) ①(～儿) 노래, 가요: 诗～. 시가./山～. 산노래. ②노래하다, 노래부르다([련]-唱、-咏): 高～. 높이 노래부르다./～咏队. 합창대, 가창대. 〔歌颂〕 노래하다, 칭송하다: ～～伟大的祖国. 위대한 조국을 노래하다.

鸽 gē (합) (-子) 비둘기.

割 gē (할) (칼로) 자르다, 베다: ～麦. 밀보리가을을 하다./～草. 풀을 베다./～阑尾. 충양돌기(맹장)를 잘라버리다. [파]버리다, 포기하다: ～舍. 끊어버리다, 내놓다./～爱. 아끼고 사랑하는것을 내놓다, 미련을 끊다. 〔割据〕 할거하다. 〔割线〕 가름선, 할선. 〔交割〕 분할하여 넘기다, 넘겨받다, 량측에서 수속이 깨끗이 되다. 〔收割〕 가을하다, 거두어들이다.

革 (1) gé (혁) ①가죽(이긴 가죽)([련]皮-): 制～. 가죽을 이기다, 제혁. ②개변하다, 고치다, 혁신하다, 바꾸다([련]改-): ～新. 혁신하다./洗心～面. 잘못을 철저히 시정하다. [파]제명하다, 그만두게 하다, 철직시키다. 〔革命〕 혁명: 十月～～. 10월혁명./思想～～. 사상혁명./产业～～. 산업혁명. (2) jí →190페지.

阁 (2) gé (합) 작은 문, 옆문. (1) hé →165페지.

颌 (1) gé (합) 입. (2) hé →165페지.

蛤 (1) gé (합) 〔蛤蜊〕 바지락조개, 대합조개. 〔蛤蚧〕(-jiè) 합개. (2) há →158페지.

阁(閤) gé (각) 다락집, 정각, 루각: 亭台楼～. 정자루각. 〔阁子〕 작은 판자집. 〔内阁〕 내각. 〈阁〉라고 략칭함: 组～. 내각을 구성하다./入～. 내각에 들다. 〔阁下〕 각하(사람에 대한 존칭, 지금 외교장소에서 많이 씀). 〈閤〉 hé →165페지.

格(挌) gé (격) ①(-子、-儿) 네모나게 긋거나 친 줄: 方～儿布. 네모줄이 난 천./～子纸. 네모줄칸종이./打～子. 네모줄칸을 치다./架子上有四个～. 틀에 네개 층이 있다. ②기준, 표준, 규격, 격: ～言. 격언./合～. 합격하다. [파]사람의 품성([련]品-): 人～. 인격, 인품. 〔格外〕 특별히, 류달리, 각별히: ～～小心. 특별히 조심하다. /～～帮忙. 각별히 방조하다. ③가로막다, 얽매다, 제지하다, 구애되다, (감정이나 사상의) 간격, 매듭: ～～不入. 조금도 어울리지 않다, 도무지 맞지 않다. ④치다, 싸우다: ～斗(dòu).

격투하다./～杀. 사람을 쳐죽이다. ⑤(문제를) 파고들다, 구명하다: ～物. 사물의 리치를 따지고 파고들다.

搁 (2) gé (각) 참다, 견디다: ～不住这么沉. 이만큼 무거운것을 이겨내지 못하다./～不住揉搓. 주무르는것을 견딜수 없다. (1) gē →137페지.

骼 gé (격) 뼈: 骨～. 골격. 지금은 〈胳〉라고 함.

鬲 (2) gé (격) 〔鬲津河〕 격진하, 옛날의 강이름. 하북, 산동 두성의 경계로 되는 강임. (1) lì →269페지

隔(隔) gé (격) ①막다, 막히다: ～着一条河. 강 하나를 사이두고있다. /～靴搔痒. 버선신고 발바닥긁기, 문제의 본질을 해결하지 못하다. 〔隔膜〕 1. 알륵. 2. 모르다, 생소하다: 我对于这种技术实在～～. 이런 기술을 난 정말 모른다. 3. 〔隔阂〕(-hé)는 〈隔膜(1)〉과 같음. 〔隔离〕 격리하다, 떼여놓다, 단절시키다. ②간격을 두다, 떨어지다, 사이두다: 相～很远. 매우 멀리 떨어져있다.

嗝 gé (격) (-儿) 딸꾹질, 폐기.

滆 gé (격) 〔滆湖〕 격호, 호수이름, 강소성에 있음.

膈 gé (격) 횡격막.

镉 gé 카드미움(원소기호 Cd).

葛 (1) gé (갈) 칡. (2) gě →본 페지.

个(個) (2) gě (개) 〔自个儿〕은 〈自各儿〉과 같음, 자기자신. (1) gè →본 페지.

合 (2) gě (갑) ①10분의 1리터(체적단위). ②(옛날) 한홉짜리 되박. (1) hé →165페지.

各 (2) gě (각) 특별하다, 류별나다, 류다르다. 〔自各儿〕 자기, 자신. (1) gè →본 페지.

舸 gě (가) 큰 배

葛 (2) gě (갈) 사람의 성. (1) gé →본 페지.

盖(蓋) (2) gě (개) 사람의 성. (1) gài → 131페지.

个(個、箇) (1) gè (개) ①단위명사: 洗～澡. 목욕을 하다./一天走～百儿八十里. 하루에 백리쯤 걷는다./一～人. 한사람./一～不留神. 조심하지 않다, 잠간 정신을 다른 곳에 팔다./打他～落花流水. 여지없이 까부시다, 놈들을 모조리 쳐부시다. ②단독적인것: ～人. 개인./～体. 개체. ③(-子、-儿)(물건의) 크기,(사람의)키: 高～子. 키다리./小～儿. 키가 작은 사람, 작다리./馒头～儿不小. 증기빵들이 작지 않다. (2) gě →본 페지.

各 (1) gè (각) 매개, 여러가지, 각가지, 각각, 각, 각기, 각자: ～种职业. 여러가지 직업./～处都有. 각곳에 다 있다./～不相同. 서로 다르다. (2) gě →본 페지.

硌 (2) gè (락) (두드러지고 단단한것이 받치여) 배기다, 마치다, 썹히다: ～脚. 발이 배기다./～

牙. 돌이 씹히다, 이가 마치다. (1) luò→293페지.

铬 gè 크롬(원소기호 Cr).

虼 gè (흘) 〔虼蚤〕(-zao) →552페지의 〈蚤〉(zǎo).

GEI

给 (1) gěi (급) ①주다: ～他一本书. 그에게 책 한권을 주다./是谁～你的? (그것은) 누가 당신에게 준것이요? [파]동작이나 태도를 대방에게 가하다: ～他一顿批评. 그를 한바탕 비판하다. ②위하여, 대신하여: 请你～看看. 좀 보아주십시오./～大家帮忙. 여러분을 도와주다. ③피동을 나타냄: ～火烧掉了. 불에 타버렸다./后来一下子～拉走了. 후에 별안간 끌려갔다. ④앞에 놓인 〈让〉、〈叫〉와 조응하여 쓰이는데 있어도 되고 없어도 됨: 窗户叫风(～)吹开了. 창문이 바람에 열렸다./羊让狼(～)吃了. 양이 승냥이한테 먹히웠다. ⑤〈방〉개사. 〈把〉〈将〉에 해당함: 你随手～门关上. 들어오는(나가는)길에 문을 닫으시오. ⑥앞에 놓인 〈把〉와 조응하여 쓰이는데 있어도 되고 없어도 됨: 风把窗户(～)吹开了. 바람이 불어 창문이 열리였다. (2) jǐ →192페지.

GEN

根 gēn (근) ①뿌리([련]-柢): 树～. 나무뿌리./草～. 풀뿌리./直～. 곧은뿌리,직근./须～. 수염뿌리, 수염의 뿌리부분./块～. 덩이뿌리. [파](-儿) 1. 물체의 아래부분([련]-基): 耳～. 귀뿌리./舌～. 혀뿌리./墙～儿. 담장밑, 담기슭. 2. 내막, 유래, 근원: 祸～. 화근./斩断穷～. 가난의 뿌리를 찍어버리다. 3. 철저히, 근본적으로: ～绝. 뿌리 빼다, 근절하다./～治. 철저히 다스리다, 근치하다. 〔根据〕 근거하다, 의거하다, 근거: ～～什么? 무엇에 근거하였는가? /有什么～～? 무슨 근거가 있는가. ②단위명사. 대, 오리, 가닥, 가락, 뿌리, 가치: 一～木料. 재목 한대./两～麻绳. (삼)바 두오리. ③(수학방정식의)근, 뿌리. 〔方根〕 평방근. ④(화학의) 기, 원자단. 氢～. 수소기./硫酸～. 류산기.

跟 gēn (근) ①(-儿) 발뒤축, 발꿈치: 脚后～. 발뒤축. [파]신뒤축, 양말뒤축: 袜后～. 양말뒤축, 보선뒤축. ②따르다, 잇따르다: ～着他. 그를 따르다./开完会～着就游行. 회의가 끝나자 잇따라 시위행진을 하다. [파]따라잡다: 后进队也～上来了. 락후한 대도 따라오다. ③와, 과: 我～他在一起工作. 나는 그와 함께 사업한다. ④에게, 에게서, 향하여: 已经～他说过了. 이미 그에게 말하였다. 〔跟头〕(-tou) 1. 자빠지다, 꺼꾸러지다, 곤두박질하다: 摔～～. 곤두박질하다, 넘어지다./栽～～. 꺼꾸러지다. 2. 곤두박질, 공중제비: 翻～～. 곤두박질하다.

哏 gén 〈방〉우습강스럽다, 익살스럽다, 귀엽고 재미스럽다: 逗～. 웃기다, 놀리다, 얼리다./这话真～. 이 말은 참 우습강스럽다.

艮 (2) gěn (간) 〈방〉(음식물이) 질기다, 굳다: ～萝卜不好吃. 굳은 무우는 맛이 없다. (1) gèn → 본 페지.

亘(亙) gèn (궁) (시간적으로나 공간적으로) 멀리 뻗치다, 련결되다: 绵～数十里. 수십리에 뻗치다./～古及今. 옛적부터 오늘에 이르기까지.

艮 (1) gèn (간) 8괘의 하나, 부호는 ☶, 산을 대표함. (2) gěn →본 페지.

莨 gèn (간) 참바구지, 모간.

GENG

更 (1) gēng (경) ①고치다 (련-改、-换、变-): ～动. 고치다, 변경시키다, 변동시키다./万象～新. 모든것이 변하고 새로운 기상이 나타나다, 만물이 새롭게 변하다./～番. 번갈아 바꾸다./～正错误. 오유를 시정하다. ②겪다, 경력: ～事. 경험을 쌓다, 본래 있은 일. ③옛날에 하루밤을 7시부터 2시간씩 끊어서 5경(更)으로 나누었음: 三～半夜. 야밤삼경./打～. 야경을 서다, 야경딱따기를 치다. (2) gèng →141페지.

庚 gēng (경) ①천간의 일곱번째, 일곱번째. ②나이: 同～. 같은 나이, 동갑.

赓 gēng (갱) 계속되다(련-续). 〈고〉〈续〉(xù)와 같음.

鹒 gēng (경) →38페지 〈鸧〉의 〈鸧鹒〉(cānggēng).

耕 gēng (경) (밭을) 갈다: 深～细作. 깊이 갈고 알뜰하게 가꾸다.

羹 gēng (갱) 걸죽한 국: 鸡蛋～. 닭알국./肉～. 고기국./豆腐～. 두부국./橘子～. 귤국. 〔调羹〕(tiáo-) (국)숟가락, 〈羹匙〉(-chí)라고도 함.

埂 gěng (경) ①(-子、-儿) 밭두렁: 田～儿. 밭두렁, 논두렁./地～子. 밭두렁. ②둔덕.

哽 gěng (경) (격동되여) 흐느끼다, 목이 메다: ～咽(-yè). 흐느껴울다, 흐느끼다, 목메여 울다.

绠 gěng (경) 드레박줄: ～短汲深. 짧은 드레박줄로 깊은 우물의 물을 긷는다, 능력과 힘이 모자라다.

梗 gěng (경) ①(-子、-儿)(식물의) 가지, 줄기, 대: 花～. 꽃줄기./荷～. 련꽃줄기. /高粱～. 수수대. 〔梗概〕(이야기의)경개, 줄거리. ②곧추 서다, 곧다: ～着脖子. 목을 꼿꼿이 세우다. 〔梗直〕〔鲠直〕〔耿直〕 시원시원하다, 정직하다, 솔직하다. ③저애하다, 가로막히우다, 방해하다(련-塞): 从中作～. 방해하다, 훼방놓다.

鲠(骾) gěng (경) ①물고기뼈. ②뼈가 목에 걸리다. 〔骨鲠〕 정직하다.

耿 gěng (경) ①밝다, 밝게 빛나다. ②정직하다, 바르다, 강직하다: ～介. 강직하다, 주대가 있다, 대바르다, 올곧다./～直. (성격이) 올곧다, 대바르다, 강직하다. 〔耿耿〕 언제나 생각하고 잊지 않다, 충성스럽다, 직심스럽다: 忠心～～. 충성스럽다./～～于怀. 마음속으로 늘 생각하다.

更 (2) gèng (갱) ①또, 다시: ～上一层楼. 또 한층 더 오르다, 더욱 진보하다. ②더욱, 더, 더더욱: ～好. 더욱 좋다./～明显了. 더 뚜렷하다. (1) gēng →140페지.

GONG

工 gōng (공) ①로동자: 矿～. 광부./技～. 기능공, 숙련공. 〔工人〕로동자. ②공업: 化工. 화학공업./～商界. 공상업계. ③일, 로동, 공작, 작업, 공사: 做～. 로동하다./～具. 도구, 공구./手～. 수공./兴～. 공사를 시작하다, 착공하다. 〔工程〕공사: 土木～～. 토목공사./水利～～. 수리공사. ④공수, 로력; 这件工程需要二十个～才能完成. 이 공사는 20개 공수가 들어야 완수할수 있다. ⑤세밀하다, 정교롭다: ～笔画. 섬세한 그림법으로 그린 그림. ⑥잘하다, 우수하다: ～书善画. 글자를 잘 쓰고 그림을 잘 그린다. ⑦한족음악의 음계부호의 하나. 〈미〉에 해당함. 〈工尺〉(-chě)옛날 음악음계부호의 총칭. 〔工夫〕〔功夫〕(-fu) 1. 시간, 여가, 짬(〈工夫〉를 많이 씀): 有～～来一趟. 시간이 있으면 한번 오시오. 2. 조예, 솜씨, 노력, 품(〈功夫〉를 많이 씀): 下～～. 로력을 들이다, 품을 들이다./～～深. 조예가 깊다.

功 gōng (공) ①공로, 공훈: 记大～一次. 대공을 일차 기입하다./立～. 공을 세우다. 〔功臣〕공신, 공로자. ②로력, 품. 用～. 로력을 들이다./下苦～. 애써 힘을 들이다. ③성과, 효과, 보람: 成～. 성공하다./徒劳无～. 헛노력을 하여 보람이 없다. ④(물리학에서의) 일.

红 (2) gōng (공) 〔女红〕옛날 녀자들이 한 바느질, 수놓이, 녀자로동자. 〈女工〉이라고도 함. (1) hóng →169페지.

攻 gōng (공) ①공격하다, 들이치다. ↔〈守〉: ～守同盟. 공수동맹./～势. 공세./～城. 성을 들이치다. ㊥남의 오유를 지적하다, 질책하다, 책망하다, 론박하다: ～人之短. 남의 약점을 지적하다. ②힘들이여 연구하다: ～读. 정력을 다하여 공부하다, 열심히 공부하다./专～化学. 화학을 전공하다.

弓 gōng (궁) ①활, 활처럼 탄력있는 물건: 弹～. 고무총./～箭. 활과 화살. ②(-子) 활처럼 휘여든 용구: 胡琴～子. 해금활. ③옛날 토지면적을 재는 도량형단위. 5자를 1궁이라 함. 240평방궁은 1무에 해당함. ④굽히다. ～腰. 허리를 굽히다.

躬(躳) gōng (궁) ①몸, 신체. ㊥스스로, 몸소, 친히: ～行. 자신이 실천하다./～耕. 친히 농사를 짓다. ②굽히다: ～身. 허리를 굽혀 절하다(인사하다).

公 gōng (공) ①↔〈私〉. 사심없다: 大～无私. 오로지 대중을 위하고 사심이 전혀 없다./立党为～. 대중을 위하여 당을 세우다. ②공평하다, 공정하다: 买卖～平. 팔고사는것이 공평하다, 매매가 공정하다./办事～道. 공정하게 일을 처리하다. ③대중에게 알리다: ～开. 공개하다./～告. 공중에게 알리다, 공시하다, 공시./～布. 공포하다. ④공통적인것, 공인하는것: ～海. 공해./爱国～约. 애국공약./几何～理. 기하공리. 〔公司〕 공사, 회사, 상사: 百货～～. 백화점./煤气～～. 가스회사. ⑤ 국제도량형단위: ～里. 킬로메터./～尺. 메터./～斤. 킬로그람. ⑥나라의 일, 집단의 일: ～文. 공문./办～. 사무를 보다./因～出差. 공무로 출장가다. ⑦수컷: ～鸡. 수탉./～羊. 수양. ⑧할아버지벌과 늙은 남자에 대한 칭호 ㊅: 外～. 외할아버지./老～～. 할아버지, 령감님, 시아버님. ⑨시아버지(첩): ～婆. 시아버지와 시어머니. ⑩공작. 고대 5등작위(公、侯、伯、子、男)의 첫째.

蚣 gōng (공) →464페지 〈蜈〉의 〈蜈蚣〉(wúgong).

供 (1) gōng (공) 공급하다: ～养. 부양하다./提～. 제공하다./～销. 공급판매하다./～求相应. 공급과 수요가 서로 맞아떨어지다. 〔供给(jǐ)制〕 공급제. (2) gòng →143페지.

龚(龔) gōng (굉) 사람의 성.

肱 gōng (광) 팔, 팔죽지, 웃팔: 曲～. 팔을 굽히다. 〔股肱〕 유력한 조수.

宫 gōng (궁) ①큰집, 궁전, 궁궐: 故～. 옛궁전. 고궁. ②신화에서 나오는 신령이 사는 집이나 절당. ③궁, 궁전(일부 오락장소의 명칭에 붙여 씀): 少年～. 소년궁전./文化～. 문화궁전. ④궁형(옛날 생식기를 까는 참혹한 형벌). ⑤고대 다섯가지 음계(宫、商、角、徵(zhǐ)、羽—도, 레, 미, 쏘, 라)의 첫째.

恭 gōng (공) 공손하다 (㊊-敬): ～贺. 삼가 축하하다. 〔出恭〕 대소변을 보다. 〔恭〕 이라고 략칭함: ～桶. 변기.

㳟 gōng (공) 사람의 이름자에 쓰임.

觥 gōng (굉) (옛날) 뿔로 만든 술잔.

巩(鞏) gǒng (공) 굳다, 튼튼하다, 공고하다: 要把学习成果～固起来. 학습성과를 공고히 해야 한다.

汞(銾) gǒng (홍) 수은 (원소기호 Hg). 일반적으로 〈水银〉이라고도 함.

拱 gǒng (공) ①두손을 맞잡아 가슴까지 올려 인사하다. ②두손으로 안다: ～抱. 둘러싸다, 감돌아싸다./～木. 아름드리나무. ㊖둘러싸다, 에워싸다: ～卫. 둘러싸고 지키다, 호위하다. ③(어깨를) 쭈그리다: ～肩膀. 어깨를 쭈그리다. ④아치형, 궁륭식: ～门. 아치형문, 홍예문, 반달문./～桥. 무지개다리, 궁륭식다리, 아치형다리./连～坝. 아치형련결제방. ⑤떠밀다, 뚜지다, 헤집다: ～芽. 싹이 흙을 떠밀고 나오다./虫子～土. 벌레가 흙을 헤집다./猪用嘴～地. 돼지가 땅을 뚜지다.

珙 gǒng (공) 〔珙县〕 공현, 현이름, 사천성에 있음.

栱 gǒng (공) 〔枓栱〕은 〈斗拱〉과 같음. →97페지의 〈斗(1)〉.

共 gòng (공) ①같이, 함께, 공동으로(⑭-同): 和平～处五项原则. 평화공존5항원칙./老师和学生同甘～苦. 선생과 학생이 고락을 같이하다. 〔共和国〕 공화국./〔共存〕 공존하다./〔共性〕 공통성. ②모두, 도합 (⑭-总): 一～二十人. 도합 20명./～计. 합계. 〈고〉〈恭〉(gōng)과 같음. 〈고〉〈供〉(gōng)과 같음.

供 (2) gòng (공) ①제물을 드리다: ～佛. 불공을 드리다. ②제물: 上～. 제물을 올리다. ③자백하다: ～状. 자백서, 진술서, 고백서./～认. 자백하다, 공술하다, 고백하다. (1) gōng →142페지.

贡 gòng (공) ①공물을 바치다. 〔贡献〕 1. 공헌하다, 이바지하다, 기여하다: ～～出自己的一切. 자신의 모든것을 이바지하다. 2. 기여, 공헌: 作出巨大的～～. 거대한 기여를 하다. ②공물: 进～. 공물을 바치다.

唝 gòng (공) 〔唝吥〕(-bù) 꽁부, 지명, 캄보쟈에 있음.

GOU

勾 (1) gōu (구) ①지워버리다, 그어버리다, 취소하다, 줄을 긋다: ～了这笔帐. 이 명세를 지워버리다./一笔～销. 일소해버리다, 취소하다./把精彩的文句～出来. 정채로운 문구에 줄을 긋다. ②선으로 그리다: ～图样. 도안을 그리다. ㉠(틈을) 발라 메우다: ～墙缝. 담벽 틈을 메꾸다./用灰～抹房顶. 회가루를 이겨 지붕을 발라 메우다. ③결탁하다, 이끌다(⑭-引): ～结. 결탁하다./～通. 내통하다./～搭. 결탁하다, 달콤한 말로 유혹하다, 내통하다./这一问～起他的话来了. 이 물음에 그는 말주머니를 터뜨렸다. ④직각삼각형의 짧은 변. 〔勾留〕 머무르다: 在那里～～几天. 거기에 며칠 머무르다. (2) gòu →144페지.

沟(溝) gōu (구) ①도랑, 개천, 하수도: 阴～. 땅속의 도랑, 하수도, 암거./阳～. (우를 덮지 않은) 하수도. 〔沟通〕 서로 통하다, 서로 통하게 하다: ～～文化. 문화교류를 하다. ②고랑, 골짜기, 홈: 车～. 홈처럼 패인 수레바퀴자리, 수레바퀴홈.

钩(鉤) gōu (구) ①(-子、-儿) 갈구리, 낚시, 걸개: 秤～儿. 저울갈구리. /钓鱼～儿. 낚시./挂～儿. 련결하다, 걸다./火～子. 불갈구리. ②(-子、-儿) 갈구리와 비슷한것: 蝎子的～子. 전갈(동물)의 갈구리. ③한자획의 하나(乛乚 등). ④걸어서 끌어내다: 把床底下那本书～出来. 침대밑의 저 책을 끌어내여라. ⑤〈勾(1)②〉와 같음. ⑥꿰매다, (바늘로) 호다: ～贴边. 떤 단을 대고 마주 호다.

句 (2) gōu (구)〈勾〉와 같음. 〔高句骊〕 고구려. 〔句践〕 구천, 춘추시대 월왕(越王)의 이름. (1) jù →227페지.

佝 gōu (구, 후) 〔佝偻〕(-lóu) 구루병, 곱새.

枸 (1) gōu (구) 〔枸橘〕(-jú) →574페지의 〈枳〉(zhǐ)와 같음. (2) gǒu →144페지. (3) jǔ →227페지.

缑 gōu (구) 검, 칼 등의 자루에 감는 끈.

耩(鞲) gōu (구) (옛날) 토시.

篝 gōu (구) 배롱, 홰불피우는 쇠바구니. 〔篝火〕 우둥불, 모닥불, 홰불.

鞲 gōu (구) 〔鞲鞴〕(-bèi) 피스톤.

苟 gǒu (구) 사람의 성.

苟 gǒu (구) ①림시로, 되는대로, 함부로, 실없이, 대강: 1. 잠시: ～安. 일시적인 안일을 탐내다./～延残喘. 남은 목숨을 겨우 부지해나가다. 2. (남녀가) 사통하다: ～且之事. (남녀사이에) 풍기문란한 짓. 3. 대강, 되는대로: 一丝不～. 조금도 빈틈없다. ②가령, 만약, 만일: ～非其人. 만약 그 사람이 아니면.

岣 gǒu (구) (岣嵝)(-嵝)(-lǒu) 구루, 산이름, 즉 형산(衡山), 호남성에 있음.

狗 gǒu (구) 개. 〔狗腿子〕 [유]앞잡이, 주구, 개다리.

枸 (2) gǒu (구) 〔枸杞〕(-qǐ) 구기자나무, 구기자. (1) gōu →143페지. (3) jǔ →227페지.

笱 gǒu (구) (물고기를 잡는) 통발.

勾 (2) gòu (구) ①勾当(dang) 일, 사건(주로 나쁜 일에 쓰임). ②〈够②〉와 같음. ③사람의 성. (1) gōu →143페지.

构(構、搆) gòu (구) ①짓다, 만들다, 구성하다: ～屋. 집을 짓다./～图. 구도, 그림의 구상./～词. 단어만들기, 단어조성. 〔构造〕 구조, 구성: 人体～～. 인체구조./飞机的～～. 비행기구조./句子的～～. 문장의 구조(구성). ②맺다, 이루다(추상적사물에 쓰임): ～怨. 원쑤지다./虚～. 허구, 허구를 하다. 〔构思〕 구상하다. ③(문예)작품: 佳～. 좋은 작품, 가작./杰～. 걸작. ④닥나무.

购(購) gòu (구) 사다, 사들이다, 구입하다 ([련]-买): 统～统销. 통일적으로 사들이고 통일적으로 팔다./～买力强. 구매력이 강하다./采～原料. 원료를 구입하다.

诟 gòu (구) ①수치, 치욕. ②수치를 주다, 꾸짖다, 욕하다.

垢 gòu (구, 후) ①때: 油～. 기름때./牙～. 이똥, 이돌./藏污纳～. 너절한것을 숨겨주고 감싸주다, 나쁜놈과 나쁜일을 감싸주다. ②치욕, 수치. 〈诟〉로도 쓰임.

够(夠) gòu (구) ①충분하다, 다되다, 자라다, 넉넉하다: ～数. 자라다, 다되다./～用. 넉넉하다, 충분하다, 쓸만하다./～多. 그만하면 많다, 그만하면 충분하다./～好. 그만하면 괜찮다. [전]실컷, 마음껏, 충분히, 싫증나도록: 这个话我真听～了. 이 말은 싫증날 정도로 들었다. ②이르다, 되다, 미치다, 닿다: ～得着. 닿을수 있다. /～格. 자격이 되다, 합격되다.

遘 gòu (구) 서로 만나다, 상봉하다.

媾 gòu (구) 혼인하다, 결합하다, 맞붙다: 婚～. 혼인하다, 사돈간이 되다./交～. 성교하다, 쌍붙임하다./～和. 화해하다, 강화하다.

觏 gòu (구) 만나다: 罕～. 드물게 만나다, 드물게 보다, 오래간만에 만나다.

彀 gòu (구) ①〈够〉와 같음. ②활을 힘껏 잡아당기다. 〔彀中〕(화살이) 미칠수 있는 범위. ㊥올가미, 우리, 외양간, 감옥; 구속하다. 〔入彀〕 ㊥구속되다, 꾀임에 들다, 올가미에 걸리다.

GU

估 (1) gū (고) 짐작하다, 추측하다, 평가하다: ～计. 짐작하다, 평가하다./～量. 짐작하다, 대략 계산하다./～价. 가격을 쳐보다, 평가하다./不要低～了群众的力量. 군중의 힘을 낮게 평가하지 말라./你～一～他能来不? 그가 올수 있는가 짐작해보아라. (2) gù →147페지.

咕 gū (고) 소리본딴말. 뻐꾹: 布谷鸟～～地叫. 뻐꾹새가 뻐꾹뻐꾹하고 운다. 〔咕咚〕(-dōng) 쿵, 텀벙, 덜컥, 덜거덕. 〔咕嘟〕(-dū) 1. 소리본딴말. 꿀꺽꿀꺽. 2. 부글부글: 东西～～烂了吃, 容易消化. 부글부글 푹 삶아먹으면 소화가 잘된다. 3. 입을 삐죽 내밀다: 他气得把嘴～～起来. 그는 성이 나서 입을 삐죽 내밀었다. 〔咕唧〕(-jī) 소곤소곤, 소곤거리다. 〔咕噜〕(-lū) 중얼중얼하다, 중얼거리다. 〔咕哝〕(-nong) 소곤거리다.

沽 gū (고) ①사다: ～酒. 술을 사다./～名钓誉. 명예를 탐내다, 명예를 추구하다. ②팔다: 待价而～. 값이 오르기를 기다려 팔다, 값을 봐서 팔다, 과거에 자기의 몸값을 높여 주인이 중히 쓸것을 기다리는 행위를 비유하였음.

姑 gū (고) ①고모. ②시누이: ～嫂. 시누이와 올케./大～子. 큰시누이. ③시어머니: 翁～. 시부모. ④잠시, 림시, 우선: ～妄言之. (허튼소리인지 모르겠으나) 먼저 말해두다, 적당하게 말해두다./～置勿论. 우선 둬두고 론의하지 않다./～且试一试. 우선 시험해보다. 〔姑息〕 무원칙적으로 용허하다, 그럭저럭 지내다: 对错误的行为绝不～～. 그릇된 행위에 대하여 절대 용허할수 없다.

轱 gū (고) 〔轱辘〕(-lu) 1. 바퀴, 차륜. 2. 굴다, 돌다: 别让球～～. 공이 굴지 않게 하여라.

鸪 gū (고) →565페지 〈鹧〉의 〈鹧鸪〉(zhègū). →32페지 〈鹁〉의 〈鹁鸪〉(bógū).

菇(菰) gū (고) 버섯: 香～. 표고./冬～. 겨울버섯.

蛄 gū (고) →285페지 〈蝼〉의 〈蝼蛄〉(lóugū). →183페지 〈蟪〉의 〈蟪蛄〉(huìgū).

酤 gū (고) ①술을 사다. ②술을 팔다.

辜 gū (고) ①죄: 无～. 무고하다, 죄가 없다. 死有余～. 죽어도 그 죄를 씻을수 없다. ②저버리다. (의리에) 어긋나다: ～负了他的一番好意. 그의 호의를 저버리였다.

呱 (2) gū (고) 〔呱呱〕(고서에서) 어린아이의 울음소리. 앙앙, 엉엉. (1) guā →148페지. (3) guǎ →149페지.

孤 gū (고) ①고아. ②외롭다, 고독하다: ～雁. 외로운 기러기./～掌难鸣. 독불장군./～立. 고립되다. ③고대 제왕의 자칭: ～家. 과인(왕이 자기를 가리켜 이르던 말)./～王. (옛날) 왕이나 제후가 자기에 대하여 이르던 말. ④〈辜②〉와 같음: ～负. 은혜를 저버리다, 배반하다.

軱 gū (고) 〈고〉큰뼈, 대골.

菰(苽) gū (고) ①고미. ②〈菇〉와 같음.

觚 gū (고) ①(옛날) 술그릇. ②(옛날) 글자를 쓰는 판자: 操～. 문필활동에 종사하다, 글을 짓다. ③모, 각, 모서리.

骨 (3) gū (골) 〔骨朵〕(-duo)(-儿) 꽃봉오리, 꽃망울. 〔骨碌〕(-lu)떼구르르 굴다, 데굴데굴 굴다, 딩굴다. (1) gǔ →147페지. (2) gú →본 페지.

蓇 gū (골) 〔蓇葖〕(-tū) 1. 함박꽃따위의 열매. 2. 꽃방울, 꽃망울.

箍 gū (고) ①테를 메우다, 두르다: ～木盆. 함지에 테를 메우다. ②(～儿) 테: 铁～. 쇠테.

骨 (2) gú (골) 〔骨头〕 뼈. 〈骨(1)①〉과 같음. [유]품질, 품성, 기개, 주대. (3) gū →본 페지. (1) gǔ →147페지.

古 gǔ (고) 옛날, 고대, 예([련]-老). ↔〈今〉: ～书. 옛책, 고서./～板. 낡은것을 고집하다, 융통성이 없다./～为今用. 옛것을 오늘의 현실에 맞게 받아들이다. 〔古怪〕 괴상하다, 이상하다. 〔古董〕〔骨董〕 골동, 골동품. [유]보수통, 낡은 사상을 가진 사람.

诂 gǔ (고) 고어에 주석을 달다, 주해하다: 训～. 주해, 옛글의 뜻풀이./解～. 고문에 현대어주석을 달다./字～. 글자에 풀이를 하다.

牯 gǔ (고) 암소, 거세한 수소.

罟 gǔ (고) 〈고〉 고기그물.

钴 gǔ 코발트(원소기호 Co). 〔钴鉧〕(-鉧)(-mǔ) 인두, 다리미.

嘏 (1) gǔ (가) 복, 행복. (2) jiǎ →198페지.

盬 gǔ (고) (-子) 질솥, 옹기솥: 瓷～子. 자배기./沙～子. 옹기솥.

谷(穀) (1) gǔ (곡) ①골짜기, 산골: 万丈深～. 깊고깊은 골짜기. ②곡식, 낟알, 알곡, 곡물: 五～. 오곡. ③(-子) 조. ④〈방〉벼, 벼알: 糯～. 찰벼./粳～. 메벼./轧～机. 탈곡기의 일종. (2) yù →539페지.

汩 gǔ (골) 콸콸. 물 흐르는 소리 혹은 모양[첩].

股 gǔ (고) ①허벅다리, 넓적다리. ②사물의 한 부분: 1. 주권, 출자금, 몫: ～东. 주주./～票. 주권. 2. 고〔과(科)보다 낮은 행정단위〕: 总务～. 총무고. /卫生～. 위생고. 3. 가닥: 合～线. 여러 오리로 꼰 실./三～绳. 세가닥 노끈. ③직각3각형에서 직각을 이루는 두 변중의 긴 변. ④단위명사: 1. 갈래, 오리, 줄기: 一～道路. 한갈래의 길./一～线. 한오리의 실./一～泉水. 한줄기의 샘물. 2. 냄새나 힘

의 단위명사：一～香味. 풍겨오는 향기, 향기로운 냄새./一～劲. 한결같이, 줄곧, 한달음에, 단숨에. 3. 무리(흔히 비적이나 적군을 가리킴)：一～残匪. 한무리의 잔당.

羖(羖) gǔ (고) 수양.

骨 (1) gǔ (골) ①뼈：脊椎～. 척추골, 등골뼈. 〔骨格〕 골격. 〔骨节〕：1. 뼈마디, 관절. 2. 두 뼈마디사이의 한 부분, 길죽하게 생긴 물건의 한 부분을 두루 가리킴. 〔骨干〕(-gàn)[유]골간, 중견, 핵심：～～分子. 골간분자./～～作用. 핵심적역할, 골간작용. 〔骨肉〕 뼈와 살. [유]혈육, 겨레. ②뼈와 같은 물건. 钢～水泥. 철근콩크리트. (2) gú →146페지. (3) gū →146페지.

馉 gǔ 〔馉饳〕(-duò)(-儿)(기름에 튀긴) 혼돈자.

榾 gǔ (골) 〔榾柮〕(-duò) 토막나무.

鹘 (2) gǔ (골) 〔鹘鸼〕(-zhōu) 옛책에 나오는 새(까치와 비슷하나 그보다는 좀 작으며 검푸르고 꼬리가 짧음). (1) hú →173페지.

贾 (2) gǔ (고) ①장사군, 상인([련]商-). 옛날에는 특히 앉아파는 장사군을 가리켰음. ②팔다：余勇可～. 아직 혈기가 왕성하다, 용기가 끓어넘치다. (1) jiǎ →197페지.

蛊(蠱) gǔ (고) (독벌레가운데서도) 가장 독한 독벌레(전설에 많은 독벌레를 한그릇에 넣어 서로 잡아먹게 하여 맨마지막에 남은것을 〈蛊〉라고 하였는데 그것으로 사람을 해쳤다고 함). 〔蛊惑〕 미혹시키다, 해치다.

鹄 (1) gǔ (곡) 과녁, 과녁판. 〔鹄的〕(-dì)과녁, 과녁의 중심, 사격련습의 목표. (2) hú →173페지.

鼓 gǔ (고) ①북. 〔大鼓〕〔大鼓书〕〔鼓儿词〕 설창식예술의 일종. (한사람이 북을 치며 이야기하고 다른 한사람이 현악기를 타며 반주함.)②북을 치다：一～作气. 용기가 버쩍 나다, 사기가 바짝 나다, 단김에 해제끼다. [파] 1. 치다, 타다：～掌. 손벽치다./～琴. 거문고를 타다. 2. 북돋우다, 격동시키다, 고무하다：～足干劲. 열의를 북돋우다./～励. 고무격려하다./～动. 선동하다./～舞. 고무하다. 〔鼓吹〕：1. 악기를 불고 치며 합주하다. 2. 고취하다(부정적의미에 씀). ③불룩하여지다, 부풀어오르다[첩]：口袋装得～～的. 주머니에 불룩하게 넣었다.

臌 gǔ (고) 배가 불어나는 병. 〈鼓〉라고도 함.

瞽 gǔ (고) 눈이 멀다：～者. 소경, 맹인.

毂 gǔ (곡) 바퀴통, 살통.

縠 gǔ (곡) 닥나무. 〈构〉혹은 〈楮〉(chǔ)라고도 함.

瀔 gǔ (곡) 〔瀔水〕 곡수, 지명, 호남성 상향현에 있음. (谷水)라고도 함.

估 (2) gù (고) 〔估衣〕(과거에) 파는 낡은 옷, 넝마. (1) gū →145페지.

故 gù (고) ①사고. (생각밖의) 일：变～. 생각밖의 일, 재난./事～. 사고. 〔故障〕 고장. ②연

고, 영문, 원인, 까닭, 리유: 不知何～. 무슨 영문인지 모르다. /无缘无～. 아무 원인도 없다. ③고의적으로, 의식적으로, 짐짓, 일부러: 明知～犯. 번연히 알면서도 범하다. /～意为难. 일부러 까박을 붙이다, 일부러 괴롭히다. ④낡다, 늙다: ～书. 낡은 책. /～人. 옛친구. /～宫. 옛궁전, 고궁. ⑤본래, 원래: ～乡. 고향. ⑥사람이 죽다, 돌아가다: ～去. 세상 뜨다. /病～. 앓아죽다. 〔物故〕 사람이 죽다, 돌아가다. ⑦때문에, 고로, 그러므로: 他有坚强的意志,～能克服困难. 그는 견강한 의지가 있기때문에 곤난을 극복할수 있다.

固 gù (고) ①단단하다, 든든하다, 튼튼하다, 견고하다([련]坚-): 稳～. 든든하다. ②단호히, 굳건히, 견결히, 굳게, 굳이: ～守阵地. 진지를 굳게 지키다, 진지를 고수하다. /～体. 고체. ③원래, 본래: ～有. 고유하다, 원래 있다. 〔固然〕 물론…만, 비록…ㄹ지라도, 두말할것도 없거니와: 这项工作～～有困难,但是一定能完成. 이 과업은 물론 곤난이 있겠지만 꼭 완수할수 있다.

堌 gù (고) 뚝, 제방. 지명에도 씀. 하남성에 우왕고가 있고 산동성에 청고집이 있음.

崮 gù (고) (사방이 강파롭고 꼭대기가 평평한) 산, 지명에 많이 쓰임(례하면 산동성에 맹량고, 포독고가 있음).

锢 gù (고) ①쇠붙이를 녹여 틈새를 때다. ②가두다, 나오지 못하게 하다.

痼 gù (고) 고질병, 고치기 어려운 병. [파]폐기 어려운 버릇: ～习. 고질적인 습성(버릇). /～癖. 뿌리 깊이 박힌 인, 고치기 어려운 버릇.

顾(顧) gù (고) ①돌이켜보다, 회고하다, 돌아보다: ～视左右. 좌우를 돌아보다. *두루 보는 동작을 가리킴: 回～. 돌이켜보다. /环～. 빙 돌아보다. ②돌보다, 관심하다, 념려하다, 고려하다: ～全大局. 전반적국면을 돌보다. /奋不～身. 헌신적으로 분투하다. 惠～. 어서 오십시오. /～客. (물건을 사는) 손님, 고객. /主～. 고객, 손님. 〔照顾〕 1. 돌보다: ～～群众的生活. 대중의 생활을 돌보다. 2. (과거 상점각도에서 하는 말) 와 사다. ③(문언문에서) 그러나, 오히려, 도리여.

梏 gù (곡) 수갑(옛날 죄인의 손에 채우는 형구).

雇(僱) gù (고) ①고용하다: ～工. 로동자를 고용하다. /～佣. 고용하다. ②삯내다. ③세내다: ～车 차를 세내다. /～牲口. 부림짐승을 세내다.

GUA

瓜 guā (과) 오이, 참외, 호박, 고구마 등을 통털어 이르는 말. 〔瓜分〕 쪼개서 나누다, 분할하다. 〔瓜葛〕 덩굴풀. [유]친분, 친척관계, 관계, 련루.

呱 (1) guā (고) 〔呱哒〕 소리본딴말. 떨거덕, 달가닥. 〈呱哒板儿〉 1. 박자를 맞추는 딱따기. 2. 나무끌신, 나막신. 〔呱呱〕 소리본딴

말. 박박, 개굴개굴(오리, 개구리 등의 울음소리). [전]좋다, 훌륭하다: ～～叫. 아주 훌륭하다, 유능하다./顶～～. 아주 훌륭하다, 아주 유능하다. (2) gū →145페지. (3) guǎ →본 페지.

胍 guā 구아니딘(유기화합물).

刮(颳) guā (괄) ①(칼날로) 밀다, 깎다: ～脸. 면도하다. 贪官污吏只会～地皮. 탐관오리들은 인민의 피땀을 짜낼줄밖에 모른다(백성의 재물을 긁어감을 비유함). ②(바람이) 불다: ～倒了一棵树. 나무가 바람이 부는통에 넘어졌다.

括 (2) guā (괄) ①착취하다: 搜～(《搜刮》라고도 씀). 착취하다. ②〈방〉통털어, 밀몰아서: 一塌～子. 한꺼번에, 전부, 몽땅. (1) kuò →252페지.

栝(苦) guā (괄) ① 전나무. 〔栝楼〕(-楼、苦蒌)(-lóu) 하눌타리, 하눌타리열매.

䯄(緺) guā (왜) 푸른색 금띠, 푸른색 도장끈.

騧(騧) guā (왜) 주둥이가 검은 누른말, 고라말, 공골말.

鸹 guā (괄) 까마귀의 속칭.

呱 (3) guǎ (고) (拉呱儿)(lá--) 〈방〉한담하다. (1) guā →148페지. (2) gū →145페지.

剐(剮) guǎ (과) ①할키우다, 긁히다, 찢기다: 把手～破了. 손을 긁히다./裤子上～了个口子. 바지가 찢기여 구멍이 났다. ②사람의 각을 떠서 죽이는 봉건시대의 극형.

寡 guǎ (과) ①적다: ～言. 말이 적다./优柔～断. 우유부단하다, 결단성이 없다./多～不等. 수량이 같지 않다. 〔寡人〕 과인(옛날 임금의 자칭). ②남편이 죽다: ～妇. 과부.

卦 guà (괘) 괘, 점괘(점을 칠 때 각종 자연현상을 상징하는 부호, 모두 여덟가지로 되여있음). 〔变卦〕 [유](결정한 일을) 갑자기 변동시키다(부정적으로 씀).

诖 guà (괘) 속이다, 기만하다. 〔诖误〕 1. (죄가) 련루되다: 为人～～. 남의 죄에 련루되다. 2. 철직당하거나 관직을 잃다.

挂(掛、罣) guà (괘) ①걸다, 달다. [련](悬-): 红灯高～. 붉은 초롱을 높이 달다./～图. 그림을 걸다, 괘도. ②련관되다([련]牵-): ～念. 념려하다, 걱정하다. /～虑. 우려하다, 근심하다./记～. 마음에 간직하다. ③등기하다./～号. 등기하다, 등록하다, 접수하다./～失. 분실보고서, 분실계, 분실등록을 하다, 분실계를 내다. ④단위명사. 꿰미, 줄, 타래: 一～鞭. 한타래의 폭죽: /一～珠子. 한꿰미의 구슬.

褂 guà (괘) (-子、-儿): 웃옷, 저고리: 大～子. 두루마기./小～儿. 저고리.

GUAI

乖 guāi (괴) ①까다롭다, 어울리지 않다, 상반되다, 맞지 않다

(㊀～僻). ②령리하다, 역바르다, 약다, 귀엽다, 순하다(㊀-巧): 这孩子真～. 이 애는 참 귀엽다.

掴(摑) guāi、guó (괵) 빰을 치다.

拐(柺) guǎi (괴, 괘) ①굽히다, 구부리다, (방향을) 꺾다, 돌다: ～过去就是大街. 굽이를 돌면 큰거리이다./～弯抹角. 이리저리 에돌아가다, 빙빙 돌아가다, 꼬불꼬불 돌다, 말을 빙빙 에돌아하다./～角. 굽인돌이, 모퉁이. ②(속임수로) 꾀여내다. ③절다, 절룩거리다: 走道一瘸(qué)一～. 절룩거리다. ④지팡이: ～杖. 지팡이./～棍. 지팡이./架～. 지팡이, 쌍지팡이, 지팡이를 짚다.

怪(恠) guài (괴) ①괴상하다, 이상하다, 괴이하다(㊀奇-): ～事. 괴상한 일./～模～样. 괴상한 모양, 괴상한 꼴, 이상한 꼬락서니. ㊂놀라다: 大惊小～. 하찮은 일에 크게 놀라다. ②괴물, 도깨비(㊀妖-). ㊃성질이 괴벽하고 모양이 이상한 사람. ③매우, 아주, 퍽, 몹시: ～好的天气. 아주 좋은 날씨./这孩子～讨人喜欢的. 이 애는 퍽 남에게 사랑을 받는다. ④원망하다, 책망하다, 나무라다, 탓하다: 这不能～他. 이건 그를 원망할것이 못된다./你没有告诉他,难～他不知道. 그에게 알려주지 않았으니 그가 모른다고 나무랄수 없다.

GUAN

关(關、関) guān (관) ①(문을) 닫다: ～门. 문을 닫다./～上箱子. 상자를 닫다. ㊂가두다. ②지키는 목이나 국경선에 설립한 경비소: ～口. 관문./山海～. 산해관. ㊂세관: 海～. 해관, 세관. ③난관, 어려운 고비: 度过难～. 어려운 고비를 겪다./紧要～头. 요긴한 대목, 긴급한 고비. ④전환점 또는 련결시키는 부분: ～节. 관절./～键. 관건. ⑤관련되다, 관계되다(㊀-连): 毫不相～. 아무런 관계도 없다./～心. 관심하다./无～紧要. 요긴한 일이 아니다. 〔关系〕 1. 관계: 这个电门和那盏灯没有～～. 이 스위치는 저 전등과 관계없다. 2. 인사적련계: 同志～～. 동지적관계./亲戚～～. 친척관계. 3. 관계되다, 관련되다: 这件事～～太大. 이 일은 아주 중요하다. 〔关于〕 …에 관하여, …에 대하여: ～～这个问题. 이 문제에 관하여./～～养蜂的书. 양봉에 관한 책. ⑥(지난날) 로임을 내주거나 받다.

观(觀) (1) guān (관) ①보다, 구경하다(㊀-看): 坐井～天. 우물에 앉아 하늘을 보다, 우물안의 개구리, 바늘구멍으로 하늘보기./～摩. 견학하고 연구하다, 보고배우다./走马～花. 말타고 꽃구경. 〔观光〕 관광하다, 유람하다. 〔观察〕 관찰하다: 细心～～一切客观现象. 모든 객관현상들을 자세히 관찰하다. ②모습, 경치, 풍모: 奇～. 기관, 기이한 광경./壮～. 장관. ③체계화된 관점, 견해: 乐～. 락관적이다./人生～. 인생관./宇宙～. 우주관. 〔世界观〕 세계관. 〔观念〕 관념. (2) guàn →152페지.

纶(綸) (2) guān (륜) 푸른 명주띠. 〔纶巾〕 푸른 명주실띠가 붙은 머리수건(전설에 제갈량이 평시에 이런 수건을 머리에 썼다 함). (1) lún →291페지.

官 guān (관) ①벼슬, 벼슬아치, 관리. ②간부: ～兵一致. 관병이 일치하다. /外交～员. 외교관원. ③(지난날) 관청, 국가에 속하는것: ～办. 관청에서 경영하다. /～款. 국가의 금액. 〔官话〕 1. (지난날) 공용어, 표준어. 2. 무책임한 말: 打～～. 무책임한 말을 하다. ④(인체의) 기관: 五～. 오관. /感～. 감각기관. /消化器～. 소화기관.

倌 guān (관) ①-군, -쟁이: 牛～. 소몰이군. ②(지난날의) 심부름군: 堂～. (이전에 다방, 술집, 식당 등에서 일하는) 심부름군.

棺 guān (관) 관.

冠 (1) guān (관) ①관, 모자: 衣～整齐. 의관이 단정하다. ②(-子)볏: 鸡～子. 닭의 볏. (2) guàn →152페지.

矜 (2) guān (환) 〈고〉①〈鳏〉과 같음. ②〈瘝〉과 같음. (1) jīn →215페지. (3) qín →365페지.

瘝 guān (관) 병, 탈, 아픔, 괴로움.

鳏 guān (환) 홀아비: ～寡孤独. 홀아비, 홀어미, 고아, 의지할 곳 없는 늙은이, 의지가지 없는 사람.

莞 (1) guǎn (관) 〔东莞县〕 동관현, 현이름, 광동성에 있음. (2) wǎn →452페지.

馆(館) guǎn (관) ①려관, 호텔, 초대소: 宾～. 호텔. /旅～. 려관. ②외국외교관원의 상설기관: 大使～. 대사관. /领事～. 령사관. ③영업하는 집, 식당 등: 照相～. 사진관. /理发～. 리발관. /饭～儿. 식당. ④문화사업터: 文化～. 문화관. /体育～. 체육관. /图书～. 도서관. /博物～. 박물관. ⑤(옛날의) 글방, 서당: 家～. 가정글방. /蒙～. 초학서당.

琯 guǎn (관) 옥퉁소, 옥저.

管(筦) guǎn (관) ①취주악기: 丝竹～弦. 관현악기. /～乐器. 관악기. ②(-子、-儿) 관, 대통, 호스: 竹～儿. 참대통. /无缝钢～. 통짜관, 인발관. /～见. 좁은 소견(자기의 견해). /～道. 도관, 수송관. ③관리하다, 관할하다, 책임지다: 好～家. 알뜰한 살림군. /～帐. 장부를 맡아보다. /～伙食. 화식을 맡아보다. [파]1. 간섭하다, 참여하다: 革命工作大家～. 혁명사업은 여러 사람이 참여해야 한다. /这事我们不能不～. 이 일은 우리가 간섭하지 않을수 없다. 2. 대주다, 책임지고 마련해주다: ～吃～住. 먹고 자는것을 책임지고 마련해주다. /生活用品都～. 생활용품을 모두 책임지고 공급하다. ④단속하다, 다스리다: ～山山低头. 산을 다스리면 산이 머리를 숙이다. 〔管制〕 1. 관리통제하다, 관제하다. 2. 통제하고 감시하다. 〔不管〕 …(이)라도, …든지, … 막론하고: ～～多大困难, 我们都能克服. 아무리 큰 곤난이라도 우리는 다 극복할수 있다. ⑤담보하다: ～用. 쓸만하다,쓸모있다, 물품의 질을 담보하다. /不好～换. 좋지 못한것은 책임지고 바꿔준다. /～保来回. 상품의 발송이나 바꾸는것을 담보하다. ⑥…을(를)…라고 부르다: 有的地区～玉米叫苞谷. 어떤 곳에서는 강냉이를 〈苞谷〉라고 부른다.

观(觀) (2) guàn (관) 〔도교(道教)에서〕 절당. (1) guān →150페지.

贯 guàn (관) ①꿰뚫다, 관통하다: 精神～注. 정신을 집중하다. /一直～串下去. 줄곧 관통해내려가다. /融会～通. 여러가지 도리를 융합하여 관통시키다. 〔贯彻〕 관철하다: ～～执行. 관철집행하다. /～～国家政策和决议. 국가의 정책과 결의를 관철하다. 〔一贯〕 일관적이다, 일관하다: 艰苦朴素是他的～～作风. 간고하고 소박하게 보내는것이 그의 일관적인 작풍이다. ②관(엽전 천잎). ③원적, 출생지: 籍～. 본적.

掼 guàn (관) 〈방〉내던지다, 버리다, 팽개치다: 往地下一～. 땅에 훌 내던지다.

惯 guàn (관) ①버릇되다, 습관되다, 익숙해지다: ～技. 항상 쓰는 수단, 상투적수법. /～例. 관례. /穿～了短装. 짧은 옷을 입는데 습관되였다. 〔惯性〕 관성, 타성, 습성화된 성질. ②습성을 기르다, 버릇이 들다, 버릇이 붙다: ～坏了脾气. 나쁜 버릇이 들었다. /娇生～养. 응석받이로 키우다, 어루만지며 호강스레 키우다.

冠 (2) guàn (관) ①모자를 쓰다. ②우승하다, 첫자리를 차지하다: 勇～三军. 전체 군대에서 제일 용감하다, 용감무쌍하다, 당할자 없다. 〔冠军〕 1등, 1위, 우승자. (1) guān →151페지.

盥 guàn (관) (손과 얼굴을) 씻다: ～洗室. 세면실, 목욕칸.

灌 guàn (관) (액체를) 부어넣다, 쏟아넣다, (물을) 대다, 주다: 引水～田. 물을 끌어 밭에 대다. /～一瓶水. 물을 한병 넣다. 〔灌木〕 관목, 떨기나무.

瓘 guàn (관) (옛날) 옥그릇.

鹳 guàn (관) 황새.

罐(鑵、鏆) guàn (관) (-子、-儿) 둥근 통모양의 쇠 또는 도자기그릇: 洋铁～. 양철통. 〔罐头〕(-tou) 통졸임.

GUANG

光 guāng (광) ①빛. 〔光明〕 밝다, 광명하다, 환하다. ㊀솔직하고 사심없다. ②영예롭다: 为国增～. 나라를 위하여 영예를 빛내다. /～荣之家. 영광스러운 집. *존경어: ～临. 오시다, 광림하시다. /～顾. 오시여 돌봐주다. ③풍경, 경치: 春光. 봄풍경. /风光. 풍광. /观～. 참관하다, 관광하다. 〔光景〕 1. 〈光③〉과 같음. 2. (생활)형편: ～～一年好似一年. 형편이 해마다 좋아지다. ④빤질빤질하다, 매끌매끌하다: 磨～. 반들반들하게 갈다. /～溜. 매끌매끌하다. ⑤모조리, 깡그리, 죄다, 몽

땅：把敌人消灭～. 원쑤들을 깡그리소멸하다. ⑥벗겨지다, 벌거벗다：～头. 막머리./～膀子. 어깨를 드러내놓다, 웃통을 벗다. ⑦단지, 다만 …뿐：大家都走了，～剩下他一个人了. 다들 가고 단지 그만이 남았다.

洸 guāng (광) →160페지 〈浛〉의 〈浛洸〉(hánguāng).

桄 (2) guāng (광) 〔桄榔〕(-láng) 광랑(야자과에 속하는 사철푸른 키나무). (1) guàng →본 페지.

胱 guāng (광) →335페지 〈膀〉의 〈膀胱〉(pángguāng).

广(廣) (1) guǎng (광) ①넓이：长五丈，～三丈. 길이가 5장이고 넓이가 3장이다. 〔广袤〕(-mào)땅의 넓이(동서를 〈广〉이라 하고 남북을 〈袤〉라 함). ②넓다：天安门～场. 천안문광장./地～人多. 땅이 넓고 사람이 많다. 〔广泛〕 광범하다, 폭넓다：～～宣传. 널리 선전하다./意义～～. 의의가 광범하다. ③많다, 풍부하다：大庭～众. 많은 사람이 모인 장소. ④넓히다, 확대하다：～播. 방송하다./推～先进经验. 선진경험을 보급하다. (2) ān →3페지.

犷(獷) guǎng (광) 거칠고 조잡하다：粗～. 거칠다./～悍. 횡포하다, 포악무도하다.

桄 (1) guàng (광) ①실꾸리, 실톳, 실토리. ②단위명사. 토리：一～线. 실 한토리. (2) guāng →본 페지.

逛 guàng (광) 놀러다니다, 산보하다, 거닐다：～公园. 공원에 놀러다니다.

GUI

归(歸) guī (귀) ①돌아오다, 돌아가다：～家. 집으로 돌아가다(오다)./～国. 조국으로 돌아오다(가다). [파]돌려주다, 갚아주다：物～原主. 물건을 주인에게 돌려주다./～本还原. 본전만 돌려주다, 근본으로 돌아오다. ②…에 쏠리다, …에로 기울어지다：殊途同～. 길은 달라도 같은 목적에 이르다./众望所～. 대중의 희망이 (그에게로) 쏠려지다. ③합치다, 병합하다, 모으다：把书～在一起. 책을 한곳에 모으다./这两个机构～并成一个. 이 두 기구를 합쳐 하나로 만들다./～里包堆(zuī). 통털어, 모두, 합쳐, 몽땅. 〔归纳〕 귀납하다. ④맡기다, 속하다, 귀속시키다：这事～我办. 이 일은 내가 처리할 일이다. ⑤주산에서 첫자리수의 나누기법：九～. 아홉이내 수의 제법.

圭(珪) guī (규) ①옥(옛날 제왕과 제후들이 례식에 참가할 때 손에 드는 우가 둥글거나 뾰족하고 아래가 네모난 길죽한것). ②해시계(옛날 해의 그림자를 측정하는 기구). 〔圭臬〕(-niè) 표준, 규정. ③옛날 도량형단위, 한되(升)의 10만분의 1.

邽 guī (규) 〔下邽〕 하규, 지명, 섬서성의 위남현에 있음.

闺 guī (규) ①궁릉식의 작은 문. ②안방, 골방, 녀자방：深～. 젊은 녀자들이 거처하는 방, 안방. 〔闺女〕 1. 처녀. 2. 딸자식, 딸.

硅 guī (규) 규소(원소기호 Si), 옛이름은 〈矽〉(xī)임.

鲑 guī (해) 연어, 복어, 복생선.

龟(龜) (1) guī (귀) 거북, (옛날 거북의 껍데기로) 점을 치다: ～卜. 점을 치다./蓍(shī)～. (蓍. 가새풀, 시초) 시초와 거북(모두 점치는 도구임). 〔龟鉴〕〔龟镜〕 거북의 껍데기로 점치다, 거울로 비쳐보다(참고로 삼다, 거울로 삼다의 비유). (2) jūn →232페지. (3) qiū →369페지.

妫(媯、嬀) guī (규) 〔妫河〕 규하, 강이름, 북경시 연경현에 있음.

规 guī (규) ①콤파스, 파스, 재개, 측정기: 两脚～. 원그리개, 콤파스. ②규칙, 규정, 규범(⑱-则): 成～. 기존규칙, 기존규정, 기존방식, 전날의 규범, 관례./常～. 일반적규범, 일반규칙. 〔规模〕 규모: 略具～～. 초보적인 규모를 갖추다./这座工厂～～很大. 이 공장은 규모가 매우 크다./大～～的经济建设. 대규모적인 경제건설. 〔规格〕 규격: 合～～. 규격에 맞다. 〔规矩〕(-ju) 1. 법칙, 규칙, 규범, 습관, 규률: 守～～. 규칙을 지키다./循～蹈～. 규범을 잘 지키다, 규범대로 하다, 낡은 틀에 구애되여있다. 2. 정직하다, 온순하고 점잖다. ～～老实. 정직하고 온순하다. ③권고하다, 충고하다: ～劝. 권고하다, 타이르다./～勉. 권고하다, 격려하다. ④타산하다, 마음속으로 생각하다: ～定. 규정하다, 확정하다./～避. 교묘하게 피하려하다, 방법을 대여 회피하다. 〔规划〕 (비교적 장기적인) 계획을 세우다: 农业发展～～. 농업발전의 전망계획.

皈 guī (귀) 〔皈依〕 종교신자가 되다. 〈归依〉라고도 함.

瑰 guī (괴) 진귀하다, 특이하다: ～丽. 매우 아름답다, 류달리 아름답다./～异. 기이하다, 진귀하다.

瓌 guī (괴) ①옥과 같은 돌. ②〈瑰〉와 같음.

氿 guǐ (궤) 〔氿泉〕 샘, 샘물(옆으로 뿜어나오는 샘).

宄 guǐ (궤) 나쁜놈.

轨 guǐ (궤) ①수레바퀴자리. ②레루, 궤도: 火车～道. 기차궤도. *레루를 가리킴: 钢～. 레루./铁～. 레루./铺～. 레루를 놓다. ㊀지켜야 할 규칙, 규범, 질서: 步入正～. 제 궤도에 들어서다./～外行动. 규범에서 벗어난 행동, 탈선행동.

匦 guǐ (궤) 상자, 함, 궤짝: 票～. 투표함.

庋 guǐ (기) ①시렁, 시렁대. ②거두어두다, 간직하여두다: ～藏. 간직하여두다.

诡 guǐ (궤) ①속이다, 기만하다, 허위적이다: ～辩. 궤변./～计多端. 여러가지 간계를 부리다. ②괴상하다, 이상하다, 기괴하다. ～秘. 괴상야릇하다, 능청맞다.

姽 guǐ (궤) 〔姽婳〕(-huà) (지난날) 얌전하고 어여쁘다.

鬼 guǐ (귀) ①귀신, 도깨비, 망령, 유령: 妖魔～怪. 요귀와 악마. ②못된짓, 작간, 꿍꿍이: ～话. 거짓말, 허튼소리./～胎. 꿍꿍이, 앙심, 남에게 말못할 못된 생각. ③령리하다, 똑똑하다, 눈치빠르다, 약빠르다(흔히 애들을 가리켜 말함): 这孩子真～. 이 애는 참말로 령리하다. ④어린이에 대한 애칭: 小～. 꼬맹이, 꼬마. ⑤중독자, 미치광이, …쟁이, …뱅이: 酒～. 주정뱅이, 술군, 술독./吸血～. 흡혈귀.

癸 guǐ (계) 천간의 열번째, 순서의 열번째.

晷 guǐ (귀) 해그림자. [전]시간: 日无暇～. 날마다 짬이 없다. 〔日晷〕 해시계, 〈日规〉라고도 함.

簋 guǐ (궤) 옛날 음식을 담는데 쓰던 아구리가 둥글고 두 귀가 달린 나무그릇.

柜(櫃) (1) guì (궤) (-子) 궤, 궤짝: 衣～. 옷장, 옷궤. (2) jǔ →226페지.

炅 (2) guì (귀) 사람의 성. (1) jiǒng →222페지.

刿(劌) guì (귀) (찔러) 부상당하다, 부상을 입다.

刽(劊) guì (회) 자르다, 끊다. 〔刽子手〕 교형리. [파]원흉, 하수인, 인간백정, 살인귀.

桧(檜) (1) guì (회) 전나무. (2) huì →182페지.

贵 guì (귀) ①비싸다: 这本书不～. 이 책은 비싸지 않다./钢比铁～. 강철은 선철보다 비싸다. ②낡은 사회에서 지위가 높음을 가리켰음: ～族. 귀족./达官～人. 높은 벼슬을 가진 사람. *존경어투로 쓰임: ～姓. 당신의 성씨를 어떻게 쓰십니까? /～处. 당신이 계시는 곳./～校. 당신의 학교, 귀교./～宾. 귀빈. ③귀하다, 귀중하다([련]宝-、-重): 珍～的产品. 진귀한 제품./宝～的意见. 귀중한 의견. ④중요하다: ～精不～多. 알맹이가 중요하지 많은 수자가 중요한것이 아니다./这种见义勇为的精神是可～的. 이같이 정의를 위해 용감히 나서 싸우는 정신은 매우 귀중한 것이다.

桂 guì (계) ① 1. 계피나무. 〈锡兰肉桂〉라고도 함. 2. 육계. 3. 월계수. 4. 계화나무. (木犀)라고도 함. ②광서쫭족자치구의 별칭.

跪 guì (궤) 꿇어앉다, 꿇다: ～下射击. 꿇어앉아 사격하다.

鳜 guì (궤, 궐) 쏘가리.

GUN

衮(袞) gǔn (곤) 곤룡포(옛날 왕의 례복): ～服. 곤룡포.

滚(滾) gǔn (곤) ①설레이다: 白浪翻～. 파도가 설레이다./大江～～东去. 강물은 동으로 도도히 흘러간다. [파]물이 펄펄 끓다: 水～了. 물이 펄펄 끓는다. ②굴다, 굴리다: 小球～来～去. 작은 공이 굴러갔다 굴러왔다 한다./～铁环. 굴렁쇠를 굴리다./打～. 딩굴다. ③물러가라, 물러서라: ～出去! 물러가라! ④몹시: ～烫. 몹시 따갑다./～圆. 몹시 동그랗다.

磙(磙) gǔn (곤) (-子) 굴림돌.

绲 gǔn (곤) ①실로 짠 띠. ②노끈.

辊 gǔn (곤) 로라, 굴대, 통의 테: 皮～花. 정방기의 실밥./～轴. 로라축.

鲧(鮌) gǔn (곤) ①(옛책에서) 큰고기. ②옛날 하우(夏禹)의 아버지.

棍 gùn (곤) ①(-子、-儿) 몽둥이, 막대기. ②악한, 나쁜놈: 赌～. 도박군./恶～ 악당.

GUO

过(過) (2) guō (과) ①분에 넘다, 지나치다. 〔过福〕 지나치게 호강하다. 〔过费〕〈방〉 지나치게 허비하다. 〔过逾〕(-yu) 지나치다, 분에 넘다: 小心没～～. 지나치지 않도록 조심하여라. ②사람의 성. (1) guò →157페지.

彍(彍) guō (확) 활시위를 당기다.

埚(堝) guō (과) →132페지〈坩〉의〈坩埚〉(gān guō).

涡(渦) (2) guō (와) 〔涡河〕. 와하, 강이름, 하남성에서 발원하여 안휘성을 거쳐 회하에로 흘러들어감. (1) wō →461페지.

锅(鍋) guō (과) ①솥, 가마, 남비. 〔锅炉〕 1. 물끓이는 큰솥. 2. 보이라. ②(-儿) 통(솥같이 생긴것): 烟袋～. 대통.

郭 guō (곽) 바깥성 ([련]城-).

崞 guō (곽) 〔崞县〕 곽현, 산동성에 있음, 1958년에 원평현이라 고쳤음.

啯(嘓) guō (괵) 소리본딴말 [첩].

蝈(蟈) guō (귁) 〔蝈蝈〕(-guo)(-儿) 여치, 씨르레기, 베짱이.

聒 guō (괄) 떠들썩하다, 시끄럽다, 소란하다: ～耳. 소란스럽다, 떠들썩하다./～噪. 소란스럽다, 떠들썩하다.

国(國、囯) guó (국) ①국가, 나라: ～内. 국내./祖～. 조국./外～. 외국./～土. 국토. 〔国家〕 국가, 나라. 〔国际主义〕 국제주의. ②자기 나라, 본국: ～货. 국산품, 국산./～产. 국산제, 국산품./～歌. 국가.

掴(摑) guó (귁) →150페지의(guāi).

帼(幗) guó (귁) (옛날) 녀자의 머리수건: 巾～英雄. 녀성영웅.

漍(漍) guó 하류, 강하천, 땅이름자.

腘(膕) guó (괵) 오금.

虢 guó (괵) 괵(주나라 제후국의 이름): 1. 지금의 섬서성 보계현 동쪽에 있었는데 후에 하남성 섬현 동남쪽으로 천이하였음. 2. 하남성 정주시 서북쪽에 있었음.

馘(聝) guó (괵) (옛날 싸움에서) 수효에 따라 상을 받기 위해 적의 왼쪽 귀를 베다.

果(菓) guǒ (과) ①(-子)과일, 열매: 水～. 과

실./干～. 마른 과일, 알이 딱딱한 과일; 건과, 협과, 견과, 영과, 수과의 총칭(땅콩, 밤 등). ②결과, 일의 결말, 성과: 成～. 성과, 열매./前因后果. 원인과 결말, 전후사연./结～圆满. 결과적으로 원만하게 되였다. ③단호하다, 결단성이 있다([련]-决): ～敢. 과감하다./他处理事情很～断. 그는 일을 매우 결단성있게 처리한다. ④과연, 정말, 가령: ～不出所料. 과연 예상했던 그대로이다./他～真来了吗? 그가 정말 왔단 말인가? 그가 과연 왔단 말인가?

馃 guǒ (과) (-子) 기름에 튀긴 가루음식, 기름과자.

蜾 guǒ (과) 〔蜾蠃〕(-luǒ) 나나니벌, 나나니.

裹 guǒ (과) 싸다, 싸매다: ～伤口. 상처를 싸매다./用纸～上. 종이로 싸매시오./～足不前. 앞으로 나가지 않고 멈추어서다, 제자리걸음하다, 우물쭈물하다, 소심하고 보수적이다. [유]그속에 끼여들다, 이것저것 뒤섞이다.

椁(槨) guǒ (곽) 관의 겉널, 외관.

过(過) (1) guò (과) ①건느다, 옮기다: ～江. 강을 건느다./没有～不去的河. 건늘수 없는 강이 없다./～户. (일정한 수속을 밟아) 소유권이 넘어가다./～帐. 다른 장부에 옮겨 적다, 전표를 장부에 올리다. [파] 1. 통하다. ～电. 전기가 통하다, 감전되다, 전류가 흐르다. 2. 사귀다, 교제하다: ～从. 서로 오가다, 서로 의좋게 지내다, 교제하다. 〔过去〕 1. 지나다, (이곳에서 저곳으로) 가다. 2. 지난날, 과거, 이전. ②지나다, 살아가다, 생활하다, 쇠다: ～冬. 겨울을 나다, 겨울나이하다./～节. 명절을 쇠다, 명절놀이./日子越～越好. 생활이 날이 갈수록 좋아만 간다. [파]어떤 처리방법을 거치다: ～秤. 저울을 달다./～目. 훑어보다(읽다)./～一～数. 수량을 한번 세여보세요, 한번 수자를 대조해보시오./把菜～一～油. 기름에 남새를 살짝 닦으시오. 〔过年〕(-nian) 1. 설을 쇠다, 설이 지나가다. 2. 다음해, 오는해, 래년, 명년. ③초과하다: 1. 수량이 초과하다, 넘다: ～半数. 반수가 넘다, 절반이상, 태반, 과반수./～了一百年. 백년을 초과하였다. 2. 일정한 정도를 넘다, 지나치다: ～分. 지나치다, 분에 넘치다, 과분하다./～火. 너무 지나치다, 도수가 넘다, 과격하다./未免太～. 좀 너무 지나친것 같습니다. 지내한것 같습니다. ④(-儿) 번, 차: 把文件看了好几～儿. 문건을 여러번 보았다./衣服洗了好几～儿. 옷을 여러번(수차) 씻었다. ⑤잘못, 오유, 과오([련]-错): 改～自新. 잘못을 고치고 새로 출발하다./知～必改. 잘못을 알면 반드시 고쳐야 한다. ⑥(guo) 1. 동사뒤에 놓여 행동이 이미 끝났음을 표시함: 看～. 보았다, 본적이 있다./听～. 들었다, 들은적이 있다, 들어보았다./用～了. 써보았다, 써본적이 있다. 2. 동사우에서 〈来〉〈去〉와 함께 쓰이여 방향을 표시함: 拿～来. 가져오다./转～去. 돌아서다, 돌려세우다. (2) guō →156페지.

H

HA

哈(鰕) (1) hā (합) ①(입김을) 하 불다. 〔哈哈〕 하하(웃는 소리). ②허리를 굽히다: ～腰. 허리를 굽히다. 〔哈喇〕(-la) 1. 기름이 들어있는 변한 음식물의 맛. 2. 죽이다, 살해하다. 〔哈尼族〕 하니족, 중국 소수민족의 하나. 〔哈萨克族〕 까자크족: 1. 중국 소수민족의 하나. 2. 까자크스탄 민족의 하나. (2) hǎ →본 페지. (3) hà →본 페지.

铪 hā 하프니움(원소기호 Hf).

虾(蝦) (2) há (하) 〔虾蟆〕 〈蛤蟆〉와 같음. (1) xiā→471페지.

蛤 (2) há (합) 〔蛤蟆〕(-ma) 개구리, 개구리와 두꺼비를 두루 이르는 말. (1) gé →137페지.

哈 (2) hǎ (합) 사람의 성. 〔哈达〕 하다(장족 또는 몽골족들이 존경과 축하의 뜻으로 주는 명주수건). 〔哈巴狗〕(hǎbāgǒu) 발바리, 삽살개, 〈狮子狗〉〈巴儿狗〉라고도 함. 흔히 반동통치계급에 의하여 길러진 온순한 노복, 졸개를 비유하여 이름. (1) hā →본 페지. (3) hà →본 페지.

哈 (3) hà (합) 〔哈什蚂〕(-shimǎ) 기름개구리. (1) hā →본 페지. (2) hǎ →본 페지.

HAI

咳 (2) hāi (해) ①탄식하다, 한숨짓다: ～声叹气. 땅이 꺼지게 한숨을 짓다, 탄식하다. ②감탄사. 1. 아이참, 하(아쉽거나 뉘우침을 나타내는 소리): ～, 我为什么这么糊涂! 하, 내가 왜 이렇게 멀멀한가! 2. 어, 자(남을 부르거나 남을 주의하도록 일깨워줌을 나타내는 소리): ～, 到这里来. 자, 이리 오라구. (1) ké →239페지.

嗨 (1) hāi (해) ①소리본딴말. ②감탄사. 〈咳〉와 같음. (2) hēi →167페지의 〈嘿〉.

还(還) (2) hái (환) ①그냥, 여전히, 계속: 你～那样. 넌 그냥 그 모양이구나./这件事～没有做完. 이 일은 여전히 다 마무리짓지 못하였다. ②더, 더욱: 今天比昨天～热. 오늘은 어제보다 더 덥다. ③또: 另外～有一件事要做. 그밖에 해야 할 일이 또 한가지 있다./提高产量, ～要保证质量. 생산량을 높여야 할뿐만아니라 또 질도 담보해야 한다. ④아직, 가까스로, 그럭저럭, 그래도, 그만하면: 身体～好. 몸은 아직 괜찮다./工作进展得～不算慢. 사업의 진전이 아직 느린편은 아니다. ⑤조차, 까지도: 他那么大的年纪～这么干,咱们更应该加油干了. 년세가 저렇게 많은분까지도 이렇게 일하시는데 우리야 더욱더 힘내서 해야 할게 아닌가. 〔还是〕(-shi) 1. 그래도, 아무래도: 咱们～～出去吧. 우리는 그래도 나가보자꾸나. 2. 아니면, 혹은 (의론문에서 선택적관계를 나타냄): 是你去呢,

～～他来? 당신이 가는가 아니면 그가 오는가? ⑥뜻밖에: 他～真有办法. 뜻밖에 그에게는 정말 방법이 있었던것이다. (1) huán →177 페지.

孩 hái (해) (-子、-儿) 어린애, 어린이. ㊥자녀: 他有两个～子. 그에게는 자녀가 둘이 있다.

骸 hái (해) ①뼈 (㊞-骨): 尸～. 해골, 유골. ②몸, 신체: 病～. 앓는 몸./残～. 썩거나 타다가 남은 뼈, 잔해.

胲 hǎi 히드록실아민.

海 hǎi (해) ①바다: 黄～. 황해./渤～. 발해./～岸. 바다가, 해안. ②큰 호수: 青～. 청해./洱～. 이해. ③용량이 큰 그릇: 墨～. 큰 벼루. ④사람이나 물건의 수효가 많음을 비유: 人～. 인해, 사람천지./文～. 문해, 글바다. ⑤엄청나게 큰것, 큰소리: ～碗. 큰사발./～量. 도량이 넓다, 주량이 크다./夸下～口. 큰소리로 떠벌이다, 호언장담. 〔海报〕(문예 또는 체육활동 등의) 광고.

醢 hǎi (해) (고) ①육장, 칼탕친 고기. ②옛날 혹형의 한가지, 사람을 죽이고 칼탕치다.

亥 hài (해) ①해, 십이지(十二支)의 마지막. ②해시(밤 9 시부터 11 시까지).

骇 hài (해) 크게 놀라다, 몹시 겁나다: 惊涛～浪. 성난 파도, 무서운 파도./～人听闻. 사람을 놀라게 하는 소문, 무시무시하다, 몸서리치게 하다.

氦 hài 헬리움(원소기호 He).

害 hài (해) ①해롭다, 해로운것, 손해: ～虫. 해충./～鸟. 해로운 새. ②화, 재화, 나쁜 점: 为民除～. 백성을 위하여 화를 제거하다./喝酒过多对身体有～. 술을 지나치게 마시면 몸에 해롭다. ③재해, 재난: 虫～. 벌레피해, 충해. ④해치다, 해하다. ～人不浅. 남을 몹시 해치다./危～国家. 나라에 손해를 끼치다. ⑤병에 걸리다, 앓다: ～病. 병에 걸리다. /～眼. 눈앓이를 하다. ⑥격정하다, 불안한 마음이 생기다. ～羞. 부끄러워하다./～臊. 수집어하다./～怕. 무서워하다. 〈고〉〈曷〉(hé)와 같음.

嗐 hài (해) 감탄사. 아, 허(속상하거나 아쉬워할 때): ～! 想不到他病得这么重! 허! 그의 병이 이렇게 중할줄 몰랐다.

HAN

犴 (1) hān (한) 누렁이, 말사슴. 〈堪达罕〉이라고 함. (2) àn →4 페지.

顸 hān (한, 안) 굵다: 这线太～. 이 실은 너무 굵다./拿根～杆子来抬. 굵은 장대를 하나 가져다 들다.

鼾 hān (한) 코고는 소리: ～声如雷. 코고는 소리 우뢰와 같다, 코를 드렁드렁 골다.

蚶 hān (감) (-子) 살조개, 강요주. 〈瓦垄子〉, 〈魁蛤〉라고도 함.

酣 hān (감) 거나하다, 얼근하다: ～饮. 거나하게 마시다. ㊥통쾌하게, 마음껏, 실컷, 푹: ～睡. 푹 자다./～战. 한창 치렬하게 싸우다.

H

憨 hān (감) 어리석다, 미련하다, 머저리같다, 순박하다, 천진하다, 솔직하다: ～笑. 머저리처럼 웃다. /～态. 어리석은 태도, 천진한 모양. 〔憨厚〕 정직하고 무던하다, 성실하고 고지식하다.

邗 hán (한) 〔邗江〕 한강, 현이름, 강소성에 있음.

汗 (2) hán (한) 〈可汗〉을 가리킴. →240 폐지 〈可〉의 〈可汗〉 (kèhán). (1) hàn →161페지.

邯 hán (한) 〔邯郸〕(-dān) 한단, 시의 이름, 하북성에 있음.

含 hán (함) ①입에 물다: 嘴里～着块糖. 입에 알사탕을 한알 물다. [파]머금다, 어리다: ～泪. 눈물을 머금다. ②(어떤 사상감정 등을)품다: ～怒. 노기를 띠다. /～羞. 수집은 기색을 띠다. /～笑. 웃음을 짓다. ③속에 포함되여있다. ～水分. 수분을 갖고있다. /～养分. 양분을 포함하고있다. 〔含糊〕(-hu) 1. 똑똑치 않다, 모호하다. 2. 두려워하다, 위축되다(흔히 〈不〉와 이어 쓰임): 真不～～. 정말 두려워하지 않다, (재간이) 이만저만이 아니다.

浛 hán (함) 〔浛洸〕(-guāng) 함광, 지명, 광동성 영덕현에 있음.

晗 hán (함) 동이 트다, 날이 밝다.

焓 hán (함) 함열량, 엔탈피.

函(圅) hán (함) ①함, 통, 봉투: 石～. 돌로 만든 함, 석함. /镜～. 화장함. /全书共四～. 이 책은 모두 네 함이다. [전]편지, 서한: ～件. 우편물, 서한, 편지. /来～. 편지가 오다, 래신. /公～. 공문. /～授. 통신수업, 통신교수. ②포함하다, 포괄하다, 포섭하다.

涵 hán (함) ①포섭하다, 포함하다, 포괄하다. ②용서하다, 용납하다: 海～. 너그럽게 용서하다.

韩(韓) hán (한) 전국시대 나라의 이름. 지금의 하남성중부와 산서성동남쪽 일대에 있었음.

寒 hán (한) ①춥다, 차다([련]-冷): 御～. 추위를 막다. /天～. 날씨가 차다. 〔寒噤〕 몸서리, 진저리. 〔寒心〕 1. 무섭다. (마음이) 떨리다, 전률하다. 2. 기가 막히다, 한심하다, 실망하다, 락심하다. 〔胆寒〕 간담이 서늘하다, 마음이 떨리다, 두렵다. ②가난하다, 빈곤하다: 家里很贫～. 집살림이 몹시 빈한하다. *옛날 겸손한 인사말로 쓰임: ～门. 루추한 집, 저의 집. /～舍. 루추한 집, 저의 집.

罕 hǎn (한) 드물다, 적다([련]稀-): ～见. 보기 드물다. /～闻. 듣기 드문 일, 자주 듣지 못하는 소식. /～物. 보기 드문 물건, 희귀한 물건.

喊 hǎn (함) 웨치다, 고함지르다, 부르다: ～口号. 구호를 웨치다. /～他一声. 그를 (한번) 부르다.

阚 (2) hǎn (함) 으르렁으르렁(범의 울부짖는 소리). (1)kàn →236페지.

㘎 hǎn (함) 〈阚(2)〉와 같음.

汉(漢) hàn (한) ①한수(汉水), 강이름. 상류는

섬서성 남쪽에서 흘러 한구에 이르러 장강에 흘러들어감. 〔银汉〕 은하수. ②한나라. 1. 류방이 건립한 나라(기원전 206～기원 220년). 2. 5대(五代)의 하나, 류지원이 기원 947～950년에 건립한 나라. ③사나이: 老～. 늙은이, 령감./好～. 훌륭한 사나이, 호걸./英雄～. 영웅호걸. ④한민족. 〔汉奸〕 한간, 주구, 매국노.

汗 (1) hàn (한) 땀. (2) hán →160페지.

闬 hàn (한) ①마을어구의 문, 리문. ②담.

旱 hàn (한) ①가물다. ↔〈涝〉: 防～. 가물방지./天～. 가물이 들다, 날씨가 가물다. ②륙지, 뭍, 물이 없는 땅: ～路. 륙로, 뭍길./～田. 밭, 한전./～稻. 밭벼.

捍(扞) hàn (한) 보위하다, 저항하다, 지키다, 막다: ～卫祖国. 조국을 보위하다./～海堰. 방파제. 〔捍格〕 서로 저촉하다: ～～不入. 서로 저촉되면서 조금도 어울리지 않는다.

悍(猂) hàn (한) ①용감하다, 용맹하다, 날래다: 强～. 억세고 용감하다./短小精～. 몸집은 작아도 영특하고 재주있다, 짧고 세련되다, 작지만 힘있다. ②사납다, 횡포하다, 흉악하다(⑫凶-): ～然不顾. 서슴없이, 꺼리낌없이, 기탄없이, 제멋대로, 마구, 란폭하게.

焊(銲、釬) hàn (한) 때다, 땜하다, 용접하다: 电～. 전기용접./铜～. 구리땜, 동으로 용접하다.

菡 hàn (함) 〔菡萏〕(-dàn) 련꽃의 다른 이름.

颔 hàn (함) ①아래턱. (암)②고개를 끄덕이다: ～之而已. 고개를 끄덕였을뿐이다.

撖 hàn (감) 사람의 성.

翰 hàn (한) 새의 칼깃 (옛날에 깃으로 글을 썼음). ⑳1. 붓: ～墨. 붓과 먹; 글이나 그림 등의 총칭./染～. 붓에 먹을 찍다. 2. 글, 편지, 서한, 시: 文～. 글, 문장, 공문./华～. 편지, 서한./瑶～. 편지, 서한.

瀚 hàn (한) 넓다, 광대하다: 浩～. 넓고도 많다.

撼 hàn (감) 뒤흔들다: 震～天地. 하늘땅을 뒤흔들다.

憾 hàn (감) 불만족스럽다, 섭섭하다, 유감스럽다: ～事. 유감스러운 일, 섭섭한 일./遗～. 유감, 유감스럽다.

HANG

夯(碎) (1) hāng (항) ①달구, 다짐봉. ②다지다, 달구질하다: ～地. 땅을 다지다. (2) bèn →19페지.

行 (2) háng (항) ①줄: 单～. 한줄, 외줄./双～. 두줄, 쌍줄. ②직업, 사업부문: 咱们是同～. 우리는 동업자이다. 〔行家〕 능수, 전문가. ③상점, 경영하는 곳: 车～. 자전거수리소, 차를 팔거나 대출하는 상점./电料～. 전기자재상점. 〔行市〕(-shi)시장가격, 시세, 시장형세. ④형제간의 항렬: 排～. 항렬./您～几? 당신은 몇째입니까? /我～三. 나

는 셋째입니다. (1) xíng →488페지.

绗 háng (행) 솜이나 이불따위를 누비다, 꾸미다.

吭 (1) háng (항) 목구멍, 목청, 성대: 引～高歌. 목청을 돋구어 노래부르다. (2) kēng →242페지.

迒 háng (항) ①짐승이나 달구지가 지나간 길 혹은 자국. ②길.

杭 háng (항) 항주시, 절강성에 있음.

颃 háng(항) →484페지의 〈颉颃〉(xiéháng).

航 háng (항) 배가 다니다, 항행하다: ～海. 항해하다, 배타고 바다를 다니다. [파]공중에서 비행하다: ～空. 항공, 공중을 날아다니다.

沆 hàng (항) 큰물. 〔沆瀣〕(-xiè) 밤이슬. 〔沆瀣一气〕 [유]나쁜짓에 서로 뜻이 맞고 감정이 통한다, 배짱이 맞다, 뜻이 맞아 단짝이 되다, 한배속.

巷 (2) hàng (항) 〈巷(1)〉과 같음. 〔巷道〕 갱도, 굴길. (1) xiàng →479페지.

HAO

蒿 hāo (호) 쑥, 다북떡쑥.

嚆 hāo (효) 부르짖다, 고함치다. 〔嚆矢〕 소리나는 화살. [유]첫시작, 발단, 선행자.

薅 hāo (호) 뽑다, 잡아당기다: ～草. 풀을 뽑다, 김을 매다.

号(號) (2) háo (호) ①소리지르다([련]呼-). ②큰 소리로 울다. (1) hào →163페지.

嗥(嘷) háo (호) (승냥이가) 울부짖다: 狼～. 승냥이가 울부짖다.

蚝(蠔) háo (호) 굴, 굴조개: ～油. 굴조개기름(조미료로 씀).

毫 háo (호) ①(길고 뾰족한 짐승의) 털: 狼～笔. 족제비털붓, 황모필. ②저울끈: 头～. 저울안끈./二～. 저울바깥끈. ③밀리, 호(무게, 길이의 단위). ④〈방〉십전. ⑤털끝만큼도, 조금도, 전혀, 아무런: ～无诚意. 조금도 성의없다, 아무런 성의도 없다./～不费力. 조금도 힘들지 않다, 식은죽먹기.

貉 (2) háo (학) 〈貉(1)〉과 같음. 〈貉子〉 〈貉绒〉에 쓰임. (1)hé →166페지.

豪 háo (호) ①뛰여난 사람([련]-杰): 文～. 문호./英雄～杰. 영웅호걸. 〔自豪〕 긍지를 느끼다, 자랑으로 생각하다, 자부하다: 我们以有这样的科学技术而～～. 우리는 이런 과학기술이 있음으로 하여 긍지를 느낀다. ②기백있다, 활달하다, 시원시원하다, 소탈하다: ～放. 개방적이다, 걸걸하고 소탈하다, 호방하다./性情～爽. 성격이 활달하고 소탈하다./～迈的事业. 보람찬 사업. ③횡포하다, 포악하다, 특수세력이 있다: ～门. 권세가 있는 집안./土～劣绅. 토호렬신, 토호나 악질지방유지./巧取～夺. 교활한 수단으로 긁어내고 강제로 략탈하다.

壕 háo (호) 길게 파낸 구뎅이: 战～. 전호.

嚎 háo (호) 크게 소리내여 울다. 〔嚎咷〕〔嚎啕〕(号咷)(-táo) 큰소리로 울다, 대성통곡하다.

濠 háo (호) ①〈壕〉와 같음. ②호수(濠水). 강이름, 안휘성에 있음.

好 (1) hǎo (호) ①좋다, 훌륭하다. ↔〈坏〉: ～人. 좋은 사람, 훌륭한 사람./～汉. 훌륭한 사나이, 사내대장부, 호걸./～马. 좋은 말./～东西. 좋은 물건./～事. 좋은 일. ㊥좋아지다: 您～哇! 안녕하십니까./他的病完全～了. 그의 병은 다 나았다. 〔好手〕 재간군, 능수, 명수. ②의가 좋다, 가깝다, 친근하다, 화목하다: 相～. 서로 친하다./我跟他～. 나는 그와 사이가 좋다./友～. 친선, 의가 좋다. ③쉽다, 편리하다: 这件事情～办. 이 일은 하기 쉽다./请你闪开点，我～过去. 제가 건너갈수 있도록 좀 비켜주십시오. ④(동사뒤에 놓이여) 다 되다, 끝나다: 我们的计划已经订～了. 우리의 계획은 이미 다 세워졌다./我穿～衣服就去. 내가 옷을 다 입고 곧 떠나겠다. 预备～了没有? 차비가 다 되였는가? ⑤매우, 아주, 퍽, 꽤: ～冷. 몹시 춥다./～快. 아주 빠르다./～大的风. 모진바람, 세찬 바람. 〔好不〕 몹시, 매우, 아주: ～～高兴. 여간 기뻐하지 않았다. ⑥좋소, 됐소: ～, 你真不愧是劳动英雄! 훌륭합니다, 당신은 참말 로동영웅답습니다! /～, 就照你的意见做吧! /좋소, 자네 의견대로 하오! /～, 不要再讨论了! 됐소, 더 토론하지 마오.

(2) hào →본 페지.

郝 hǎo (학) 사람의 성.

号(號) (1) hào (호) ①이름, 명칭: 国～. 국호./别～. 별호./牌～. 상표. ㊥상점: 本～. 본점./分～. 분점. ②기호표식, 부호: 暗～. 암호./信～灯. 신호등. /做记～. 기호로 삼다. 기호를 하다. ③순서, 번호, 순번, 등급, 호수: 挂～. 등기하다, 접수하다, 등록하다./第一号. 제1번./大～. 큰 호수./中～. 중간호수. 〔号码〕 수자, 호수, 번호. 〔号外〕 (신문 또는 출판물의) 특간. ④번호를 쓰다, 표식하다: 把这件东西～上. 이 물건에 번호를 쓰시오. ⑤명령, 호령: 发～施令. 호령하고 명령하다, 호통질하다. 〔号召〕 호소하다, 호소: 坚决响应～～. 호소에 견결히 호응하다. 〔口号〕 구호. ⑥나팔, 나팔소리: 吹～. 나팔을 불다./～兵. 나팔수. (2) háo →162페지.

好 (2) hào (호) 좋아하다, 즐기다, 애호하다(㊀爱-): ～学. 배우기 좋아하다./～劳动. 로동을 즐기다./这孩子不～哭. 이 애는 자주 울지 않는다. (1) hǎo →본 페지.

昊 hào (호) ①넓은 하늘, 가없이 넓다, 끝없다.

耗 hào (모) ①써서 없애다, 소모하다(㊀-费、消-): 消～品. 소모품./别～灯油了. 등잔기름을 없이지 말아라. ②질질 끌다, 늦잡다, 지연시키다: ～时间. 시간을 질질 끌다./别～着了，快走吧! 꾸물거리지 말고 빨리 가거라! ③

(불길한) 소식, 기별: 噩～. 불길한소식, 부고.

浩 hào (호) 넓고 크다, 많다㊀(㊁-大): 声势～大. 기세가 드높다./大队人马～～荡荡. 큰 병력이 호호탕탕하다.

皓(皜、暠) hào (호) 희다, 깨끗하다, 밝다: ～齿. 흰 이발./～首. 흰머리./～月当空. 휘영청 밝은 달이 하늘에 떠있다.

鄗 hào (호) 〔鄗县〕 호현, 지금의 하북성 백향현에 있음.

滈 hào (호) 강이름, 섬서성에 있음.

镐 (2) hào (호) 서주의 도읍. 지금의 섬서성 장안현 서북쪽에 있었음. (1) gǎo →135페지.

皞 hào (호) 밝다, 티없이 맑다.

颢 hào (호) (하늘빛이) 희다, 희고 빛나다.

灏 hào (호) 물살이 세다, 넓고 크다.

HE

诃 hē (가) 〈呵①〉과 같음. 〔诃子〕 가리륵, 가려륵(상록교목으로서 열매는 감람과 비슷한데 가자라고 한다).

呵(嗬、诃) (1)hē (가) ① 꾸짖다(㊁-斥): ～禁. 꾸짖으며 못하게 하다, 큰소리로 말리다. ②입김을 불다: ～冻. 입김을 불어 언것을 녹이다./～欠. 하품. 〔呵呵〕 소리본딴말. 껄껄, 하하(웃는소리): 笑～～. 껄껄 웃다. ③감탄사. 허: ～, 真不得了! 하, 대단하군! (2) a →1페지.

喝(欱) (1)hē (갈) 마시다: ～水. 물을 마시다./～酒. 술을 마시다. ～粥. 죽을 먹다. (2) hè →166페지.

蓋 hē (학) 〈방〉(벌레가) 쏘다.

禾 hé (화) ①곡식. ②(옛날) 조.

和(龢) (1) hé (화) ① 의가 좋다, 화목하다, 잘 어울리다, 고르롭다, 평화롭다: ～睦. 화목하다. ㊂평온하다, 부드럽다, 따뜻하다, 고요하다, 잔잔하다: 温～. 온화하고 따뜻하다./心平气～. 마음이 가라앉고 태도가 부드럽다./风～日暖. 바람이 잔잔하고 날씨가 따뜻하다. 〔和平〕 1. 평화: ～～环境. 평화적환경. 2. 순하다, 부드럽다: 药性～～. 약성이 독하지 않다. 〔和气〕(-qi) 화목하다, (태도가) 부드럽다: 他说话真～～. 그의 말은 참말 부드러웠다. ②화해하다, 화해시키다: 讲～. 평화담판을 하다, 서로 화해하다./～解. 좋게 풀다, 화해하다. ③화, 합: 二跟三的～是五. 2와 3의 합은 5이다. ④…채로: ～盘托出. 고스란히, 그대로 내놓다, 조금도 숨김없이 털어놓다./～衣而卧. 옷을 입은채로 눕다. ⑤…와, …과: 我～他意见相同. 나와 그의 의견은 같다, 나는 그와 같은 의견이다. ⑥…에게, …에, …에게서, …향하여: 你～孩子讲话要讲得通俗些. 아이들에게 통속적으로 이야기하시오. 〔和尚〕 중, 승려. (2) hè →166페지. (3) huó →185페지.

(4) huò →186페지. (5) hú →172페지.

盉 hé (화) (옛날 술을 데우는데 쓰던) 세발주전자.

合 (1) hé (합) ①닫다, 덮다, 감다, 다물다: ~眼. 눈을 감다./~抱. 아름, 아름드리. /~围. 사면포위, 아름드리. 〔合龙〕 서로 이어지다, 련결되다. 〔合口呼〕 합구호, 한어에서 〈u〉거나 〈u〉가 운두로 된 운모를 가리킴. ②모으다, 합치다: ~力. 힘을 합치다./~办. 합쳐서 하다, 공동경영하다./~唱. 합창. 〔合同〕 계약, 계약서: 产销~~. 생산판매계약. 〔合作〕 합작하다, 협동하다. 〔合作社〕 합작사, 협동조합. ③도합, 총계, 온, 전, 모두: ~计. 합계./~村. 온 마을. ④맞다, 부합되다. ~格. 합격하다, 규격에 맞다./~法. 법에 맞다, 합법적이다./~理. 리치에 맞다, 합리적이다. ㉠마땅하다: 理~声明. 마땅히 성명해야 한다. ⑤맞먹다, 해당하다: 这件衣服做成了~多少钱? 이 옷을 만들자면 값이 얼마입니까?/一公尺~多少市尺? /1메터는 몇자에 맞먹는가? ⑥(지난날) 악보기호의 하나, 지금 악보기호의 저음 〈쏘〉에 해당됨. (2) gě →138페지.

郃 hé (합) 〔郃阳〕 합양, 현이름, 섬서성에 있음. 지금은 〈合阳〉으로 씀.

饸 hé (협) 〔饸饹〕(-le). 메밀국수, 어떤 지방에서는 〈河漏〉라고도 함.

阖 (1) hé (합) 〈阖(1)〉와 같음. (2) gé →137페지.

盒 hé (합) (-子、-儿) 곽, 통, 합, 합: 饭~儿. 밥곽./墨~儿. 먹통.

颌 (2) hé (합) 입안의 아래우뼈와 근육조직. (1) gé →137페지.

纥 (1) hé (흘) →181페지 〈回〉의 〈回纥〉(huíhé). (2) gē →136페지.

龁 hé (흘) 물다, 씹다, 먹다.

何 hé (하) 1. 무엇, 무슨, 어느, 어떤: ~人? 무슨 사람인가? 어떤 사람인가? /~事? 무슨 일인가? /为~? 무엇때문에? 2. 무엇때문에: ~必如此. 무엇때문에 그래야 하는가? 3. 어떻게, 어떤, 어찌, 아무런: ~不? 어찌하여 …지 않는가?/~如? 어떠한가? 如何? 어떤가? 4. 어찌하여, 어째: 他学习好久, ~至于一点进步没有? 그가 배운지 아주 오랜데 어찌하여 약간의 발전도 없게 되였는가? 5. 어디, 어느: 欲~往? 어디로 가려는가? 〈고〉〈荷〉(hè)와 같음.

河 hé (하) ①강, 하천, 운하: 运~. 운하./淮~. 회하. 〔河汉〕 은하수. 〈天河〉라고도 함. ②황하(黄河): ~西. 황하 서쪽./~套. 황하가 녕하, 섬서 접경일대를 굽이굽이 흐르는 곳./江淮~汉. 장강, 회하, 황하, 한수.

荷 (1) hé (하) 련꽃, 련. (2) hè →166페지.

菏 hé (가) 〔菏泽〕 가택, 현이름, 산동성에 있음.

劾 hé (핵) 죄상을 적발폭로하다, 규탄하다([련]弹-).

阂 hé (애) (사이가) 막히다, 통하지 않다, 간격이 있다: 隔～. 간격.

核(覈) (1) hé (핵, 홀) ①과일의 씨. ②씨와 같은 것: 细胞～. 세포핵./原子～. 원자핵. 〔核心〕 핵심: 领导～～. 령도적 핵심./～～作用. 핵심적역할. 〔结核〕 결핵. ③상세히 대조, 고찰하다, 상세히 따지다, 다시 검토해보다: ～算. 상세히 따져 계산하다./～实. 실태를 조사하다, 사실을 확인하다. (2) hú →173페지.

曷 hé (갈) ①어찌하여, 어째서. ②언제, 어느때.

饸 (2) hé (애) 기름에 튀운 밀가루음식의 한가지. (1) ài →3페지.

鹖 hé (갈) (옛책에 나오는) 싸움을 잘하는 새, 할단새.

鞨 hé (갈) →314페지 〈靺〉의 〈靺鞨〉(mòhé).

盍(盇) hé (합) 어찌, 어찌 … 아니하겠는가: ～往观之. 어찌 가보지 아니하겠는가.

阖 hé (합) ①모두, 전체, 온, 모든, 전: ～家. 온 집안./～城. 온 도시. ②닫다: ～户. 문을 닫다./～口. 입을 다물다.

涸 hé (학, 후) 물이 마르다: ～辙. 물이 마른 수레바퀴자리.

貉 (1) hé (학) 담비: 一丘之～. 그놈이 그놈이다, 꼭같은 놈들이다, 한짝이다. 〈고〉〈貊〉(mò)와 같음. (2) háo →162페지.

翮 hé (핵) ①새깃의 줄기, 깃축. ②날개: 奋～高飞. 높이 나래쳐오르다.

吓(嚇) (2) hè (하, 혁) ①놀래우다, 위협하다, 공갈하다. ②감탄사. 흥(불만을 표시함): ～!怎么能这样呢! 흥, 어찌 그렇게 할수 있단 말이요! (1) xià →473페지.

和 (2) hè (화) (화음이 되게) 따라하다, 맞추다: ～诗. 남의 시에 맞추어 (그 운으로) 시를 짓다. (1) hé →164페지. (3) huó →185페지. (4) huò →186페지. (5) hú →172페지.

贺 hè (하) 축하하다([련]庆-): ～年. 새해를 축하하다./～喜. 경사를 축하하다./～功. 공로를 축하하다./～电. 축전.

荷 (2) hè (하) ①(어깨에) 메다, 짊어지다, 맡다, 부담하다: ～锄. 호미를 메다. 〔电荷〕 전하: 正～～. 정전하./负～～. 부전하. ②은혜를 입다, 신세를 지다: 感～. 신세를 진데 대하여 감사드리다, 감사하다, 고맙게 여기다./为～. …하여주시기 바랍니다, …하여주시면 감사하겠습니다. (1) hé →165페지.

喝 (2) hè (갈) 크게 소리치다, 고함지르다: 呼～. 고함치다, 호통치다./大～一声. 크게 소리치다. 〔喝采〕〔喝彩〕 갈채를 보내다. (1) hē →164페지.

褐 hè (갈) ①토스레천, 토스레옷. ②갈색.

赫 hè (혁) 뚜렷하다, 대단하다, 성대하다[첩]: 显～. (이름이) 날리다, 떨치다, 아주 뚜렷하다,

대단하다./声势～～. 기세가 대단하다. 〔赫哲族〕 허저족, 중국 소수민족의 하나.

熇 hè (혹, 학) 〔熇熇〕 활활(불이 타번지는 모양).

翯 hè (혹) 〔翯翯〕 깃털이 희고 함치르르하다.

鹤 hè (학) 두루미, 학. 〈仙鹤〉、〈白鹤〉、〈丹顶鹤〉라고도 함.

壑 hè (학) 산골짜기: 沟～. 골짜기, 계곡.

HEI

黑 hēi (흑) ①검다. ↔〈白〉: ～布. 검은천./～头发. 검은머리카락. ②어둡다: 天～了. 날이 어두워지다, 날이 저물다./那间屋子太～. 그 방안은 너무 어둡다. ③반동적이고 음폐적이다, 은밀하다, 비밀적이다: ～话. 은어. ④나쁘다, 음흉하다, 악독하다: ～心. 검은 마음, 나쁜 심보, 음흉한 속심.

嘿(嗨) (1) hēi 감탄사: 1. 허, 하, 야(놀라움 또는 경탄을 나타내는 소리): ～, 这个真好! 하, 이건 정말 훌륭하군!/～, 你倒有理啦! 허, 오히려 자네에게 도리가 있구려! 〔嘿嘿〕 허허, 하하(코웃음치는 소리). 2. 어이, 여보(부르거나 주의를 환기시키는 소리): ～, 老张, 快走吧! 어이, 장동무, 빨리 가자구!/～, 你小心点, 别滑倒! 여보, 조심하오, 미끌어 넘어지지 말구! (2) mò →315페지의 〈默〉. 〈嗨〉hāi →158페지.

HEN

痕 hén (흔) 자리, 자욱, 자국, 자취, 흔적: 水～. 물자리./泪～. 눈물자국./伤～. 상한 자리, 상처자국.

很 hěn (흔) 매우, 아주, 대단히: ～好. 매우 좋다./好得～. 아주 훌륭하다.

狠 hěn (한) ①모질다, 흉악하다, 잔인하다: 心～. 마음이 잔인하다./～毒. 지독하다. ㉦(마음을) 다잡다, 다지다, 억제하다: ～着心把泪止住. 마음을 다잡고 눈물을 거두었다. ②호되게, 억세게, 무섭게: ～～打击敌人. 호되게 원쑤를 타격하다. 〔狠命〕 발악적이다, 필사적이다: ～～地跑. 죽어라고 달리다. ③모든 힘, 전력: ～抓科学研究. 모든 힘을 다하여 과학연구를 하다. ④〈很〉과 같음.

恨 hèn (한) ①미워하다, 증오하다, 원망하다(㊄怨-): ～入骨髓. 원한이 뼈에 사무치다. ②뉘우치다, 유감스럽게 생각하다, 후회하다. 遗～. 유감, 유감스럽게 생각되다.

HENG

亨 hēng (형) 거침없다, 순조롭다(㊄-通): 万事～通. 모든 일이 거침없이 잘되다. 〈고〉〈烹〉(pēng)과 같음.

哼 (1) hēng (형) ①끙, 응(몸이 괴로와 신음하는 소리): 他病得很重, 却不～一声. 그는 병이 매우 위중하지만 앓음소리 한번도 내지 않았다. ②흥얼흥얼하다, 흥흥하다:

他一面走一面～着歌. 그는 걸으면서 흥얼흥얼 노래를 불렀다. (2) hng →본 페지.

脝 hēng (형) 〔膨脝〕(péng-) 배가 불룩하다.

啈 hēng (행) 감탄사. 아(무엇을 하지 못하게 알릴 때 하는 소리).

恒(恆) héng (항) ①오래다, 오래오래 변함없다, 꾸준하다, 장구하다, 영원하다: ～心. 꾸준한 마음, 변함없는 마음. 行之有～. 꾸준하다. ②늘, 항상, 꾸준히, 흔히: ～言. 늘 하는 말.

姮 héng (항) 〔姮娥〕 항아, 상아(달속의 미인).

珩 héng (형) 패옥우에 가로놓인 구슬, 옛날 허리에 차는 옥, 패옥.

桁 héng (형) 도리.

鸻 héng (헹) 도요새, 알도요.

衡 héng (형) ①저울. ②저울질하다, 가늠하다, 헤아리다: ～其轻重. 무게를 가늠하다, 경중을 헤아리다. 〔衡量〕 1. 무게를 달다. 2. 가늠하다, 평정하다, 타산하다, 헤아리다, 짐작하다, 고려하다: 测验只是～～学习成绩的一种方法. 시험은 학습성적을 평가하는 한가지 방법일 따름이다.

蘅 héng (형) 〔杜蘅〕 족두리풀, 세신.

横 (1) héng (횡) ①가로, 횡. ↔〈竖〉〈直〉: ～额. 가로놓는 액자, 가로 단 현판, 편액. /～梁. 대들보, 보장. ②동서행, 횡적, 가로. ↔〈纵〉: ～渡大西洋. 대서양을 가로 건느다. ③왼쪽에서 오른쪽으로, 오른쪽에서 왼쪽으로, 가로. ↔〈竖〉〈直〉〈纵〉: ～写. 가로쓰다, 가로쓰기. ④횡단하다: ～剖面. 가로자름면, 횡단면. /人行～道. 횡단보도, 건늠길. ⑤가로놓다, 가로놓이다: 把扁担～过来. 멜대를 가로놓아라. ⑥란잡하다, 너저분하다, 뒤죽박죽이다: 蔓草～生. 덩굴풀이 무성하다, 잡초가 무성하다. ⑦무리하다, 부당하다: ～加阻拦. 무리하게 막다. ⑧한자의 가로획: '王'字是三～一竖. 〈王〉자는 가로획이 셋이고 세로획이 하나이다. 〔横竖〕 어쨌든, 여하튼: ～～我要去. 여하튼 나는 가겠다. (2) hèng →본 페지.

横 (2) hèng (횡) ①거칠다, 횡포하다, 억지쓰다, 리치를 따지지 않다(련蛮-): 这个人说话很～. 이 사람의 말은 아주 거칠다. ②뜻밖이다, 정상이 아니다: ～事. 뜻밖의 사고, 의외의 사고. /～死. 횡사하다, 뜻밖의 사고로 죽다. (1) héng →본 페지.

HM

噷 hm 흠, 허(남을 책망하거나 제지시킬 때 못마땅하다고 내는 소리): ～,你还闹哇! 허, 아직도 떠들겠는가? /～, 你骗得了我! 흠, 네가 나를 속여넘길것 같으냐!

HNG

哼 (2) hng (형) 흥, 응(만족스럽지 못하거나 믿음성이 없을 때 나타내는 소리): ～, 你信他的. 흥, 그의것을 믿어! 흥, 그를 믿어! (1)

hēng →167페지.

HONG

吽 hōng (음) 불교에서 저주할 때 쓰는 글자.

轰(轟,揈) hōng (굉) ①소리본딴말. 쿵, 꽝, 우르릉, 따르릉. 〔轰动〕 파문을 일으키다, 떠들썩하다, 뒤흔들다: ～～全国. 온 나라를 뒤흔들다. 〔轰轰烈烈〕 줄기차다, 기세드높다: 职工们展开了～～～～的劳动竞赛. 종업원들은 기세드높은 로동경쟁을 벌리였다. ②대포를 쏘다, 포격하다, 폭격하다, 폭파하다(련—击): ～炸. 폭격하다. /炮～. 포격하다. ③쫓다, 몰아내다: 把猫～出去. 고양이를 쫓아내다.

哄 (1) hōng (홍) 와 (여러 사람이 웃거나 떠드는 소리): ～传. 많은 사람들이 서로 전하다, 소문이 떠돌다. /～堂大笑. 집이 떠들썩하게 웃다, 웃음보를 터뜨리다. (2) hǒng →170페지. (3) hòng →170페지.

烘 hōng (홍) (불에) 쪼이다, 말리다, 굽다: 衣裳湿透了, ～一～. 옷이 젖었으니 좀 말리라구. 〔烘托〕 안받침하여 두드러지게 하다, 부각시키다.

訇 hōng (굉) 쿵, 둥, 쏴(큰소리).

薨 hōng (홍) (옛날) 제후나 큰벼슬아치가 죽다.

弘 hóng (홍) 크다, 넓다: ～愿. 큰뜻, 크나큰 념원, 큰 소원.

泓 hóng (홍) 물이 깊고 넓다.

红 (1) hóng (홍) ①붉다, 빨갛다. ㉠1. 경사스럽다: 办～事. 잔치를 치르다. 2. 혁명적이다: ～军. 홍군. /～色政权. 홍색정권. /又～又专. 혁명성도 강하고 기술에도 정통하다. 3. 순리롭다, 성공적이다: 开门～. 일의 첫시작부터 순리롭게 잘 되여가다. ②신임과 사랑을 받다, 중요시하다: ～人. 총애와 신임을 받는 사람, 인기있고 신망있는 사람. (2) gōng →141페지.

荭 hóng (홍) 여뀌꽃, 료화.

虹 (1) hóng (홍) 무지개. (2) jiàng →206페지.

鸿 hóng (홍) ①큰기러기. 〔鸿毛〕 기러기털. ㉤가볍다: 轻于～～. 홍모보다 더 가볍다. ②크다, 넓다: ～图. 웅대한 설계도. 〔鸿沟〕 초나라와 한나라사이를 흐르는 강. ㉤(뚜렷한) 계선, 간격.

闳 hóng (굉) ①골목어구문. ②크다, 널직하다, 휑하다.

宏 hóng (굉) 넓고 크다: 要建立一支～大的科技队伍. 방대한 과학기술대오를 창건해야 한다.

纮 hóng (굉) (옛날) 갓끈.

竑 hóng (횡) 넓고 크다, 광대하다.

洪 hóng (홍) ①크다: ～水. 홍수, 큰물. ②큰물: 山～. 산사태. /～峰. 큰물의 제일 높은 수위. /溢～道. 무넘이길.

蕻 hóng (홍) 〈荭〉(hóng)과 같음.

蕻 (2) hóng (홍) 갓. 〈雪里红〉〈雪里蕻〉이라고도 함. (1) hòng→본 페지.

黉(黌) hóng (횡) 옛날의 서당, 학교.

哄 (2) hǒng (홍) ①(말로) 속이다, 기만하다, 얼려넘기다(㊀-骗): 你不要～我. 나를 속이지 말라. ②달래다, 얼리다: 他很会～孩子. 그는 어린애를 매우 잘 달랜다. (1) hōng →169페지. (3) hòng →본 페지.

讧 hòng (홍) 혼란, 붕괴: 内～. 내란.

澒 hòng (홍) 〔澒洞〕 아득하다, 일망무제하다.

哄(閧) (3) hòng (홍) 떠들썩하다, 왁자그르 떠들다, 방해하다: 一～而散. 와 하고 뿔뿔이 흩어지다. /起～. 와그르르 떠들어대다. (1) hōng → 169 페지. (2) hǒng →본 페지.

蕻 (1) hòng (홍) ①무성하다, 우거지다. ②〈방〉장다리: 菜～. 남새장다리. (2) hóng →본 페지.

HOU

齁 hōu (후) ①쿨쿨(코고는 소리). ②몹시, 매우(흔히 불만을 표시함): ～咸. 몹시 짜다. /～苦. 대단히 쓰다. /～冷. 매우 춥다.

侯 (1) hóu (후) 후, 후작 (옛날 중국 귀족 5등급의 두번째): 封～. 후작으로 봉하다. (2) hòu → 171페지.

喉 hóu (후) 목구멍, 후두. 〈嗓子〉〈喉咙〉이라고도 함. 〔白喉〕 디프테리아.

猴 hóu (후) (-子、-儿) 원숭이.

瘊 hóu (후) (-子、-儿) 무사마귀, (살에 돋는) 거미.

篌 hóu (후) → 243 페지 〈箜〉의 〈箜篌〉(kōnghóu).

糇(餱) hóu (후) 〈고〉 마른 음식.

骺 hóu (후) 긴 뼈의 두끝.

吼 hǒu (후) ①(짐승이) 울부짖다: 牛～. 소가 울다. /狮子～. 사자가 울부짖다. ②(성이 나서) 부르짖다, 노호하다: 怒～. 노호하다.

后(後) hòu (후) ①(옛날) 임금: 商之先～. 상나라의 첫 임금. ②왕후, 황후. ③↔〈前〉. 1. 뒤(장소): ～门. 뒤문. /村～. 마을뒤. 2. 다음, 후(시간): ～天. 모레. /日～. 후날, 후일. /先来～到. 온 차례, 도착한 차례, 선후차. 3. 뒤, 후(차례): /～排. 뒤줄. /～十名. 뒤로부터 열번째, 뒤로부터 열번째까지. 〔后备〕 후비: ～～军. 후비군. ④후대, 자손: ～嗣. 후예.

郈 hòu (후) 사람의 성.

垕 hòu (후) 〔神垕〕 신후, 지명, 하남성 우현에 있음.

茩 hòu (후) → 485 페지 〈薢〉의 〈薢茩〉(xièhòu).

逅 hòu (후) →486페지의 〈邂〉의 〈邂逅〉(xièhòu).

厚 hòu (후) ①두께: 长宽～. 길이, 너비, 두께. /五分～的木板. 오푼두께의 판자, 오푼널. /下了

二寸～的雪. 두푼깊이나 되는 눈이 내리다. ②두텁다, 두껍다. ↔〈薄〉: ～纸. 두꺼운 종이./～棉袄. 두터운 솜저고리. ③(감정이) 깊다, 무접다, 질다, 크다, 많다, 넓다: ～望. 큰 기대./～礼. 많은 선물, 후한 선물./～情. 두터운 정, 깊은 정./～味. 진한 맛과 냄새./深～的友谊. 깊은 친선. ④너그럽다, 후하다: ～道. 너그럽다, 친절하다. ⑤중요시하다, 치중하다, 우대하다, 떠받들다: ～今薄古. 현대의것을 중요시하고 옛날의것을 차요시하다, 파거보다 현재를 중요시하다.

侯 (2) hòu (후) 〔闽侯〕 민후, 현 이름, 복건성에 있음. (1) hóu →170페지.

候 hòu (후) ① 기다리다(㊀等-): ～车室. 대합실, 대기실./你先在这儿～一～,他就来. 먼저 여기서 좀 기다리오, 그가 곧 올터이니. ②찾아가다, 방문하다. ㊁안부를 묻다. ③때, 철: 时～. 때./气～. 기후./季～风. 계절풍. 〔候鸟〕 철새, 후조. ④(사물의 변화, 진행) 상태, 정도, 정형: 症～. 증상, 증세./火～. 불의 세기, 시기, 때.

堠 hòu (후) (옛날) 적정을 살피기 위해 흙으로 쌓은 화점.

鲎(鱟) hòu (후) ①투구게. ②〈방〉무지개.

HU

乎 hū (호) ①의문을 나타내는 문언문조사: 1. …는가, 하오. 〈吗〉와 같음: 天雨～? 비가 내리는가? 2. …ㄴ가, 소. 〈呢〉와 같음: 然～? 그런가? /否～? 안그런가? 3. …ㄴ가, …ㄹ가. 〈吧〉와 같음: 日食饮得无衰～. 식사가 이전과 다름없는가? ②문언문감탄사. …구나, …워라, …도다. 현대한어의 〈啊〉와 같음: 天～? 하느님이시여! ③동사, 형용사 뒤에서 …에(에게), 와(과) 〈于〉와 같음: 异～寻常. 여느때와 다르다, 심상치 않다./合～情理. 사리에 맞는다./不在～好看, 在～实用. 보기 좋은데 있는것이 아니라 쓸모있는데 있다.

呼(嘑、戏) hū (호) ①큰 소리로 웨치다, 소리치다: 高～万岁! 만세를 높이 부르다./欢～. 환호하다. ②오라고 하다, 부르다: ～之即来. 부르면 곧 온다./～应. 부름에 대답하다, 호응하다. 〔呼声〕 고함소리, 웨침, (대중의 의사를 반영하는) 목소리. 〔呼吁〕(-yù) 도와줄것을 요청하다, 호소하다. ③(숨을) 내쉬다. ↔〈吸〉. ④→463페지 〈呜〉의 〈呜呼〉(wūhū). 〈戏〉xì →470페지.

轷 hū (호) 사람의 성.

烀 hū (호) 삶다, 찌다: ～白薯. 고구마를 찌다./～玉米. 강냉이를 삶다.

滹 hū (호) 〔滹沱河〕 호타하, 강 이름, 산서성에서 하북성으로 흘러들어감.

戏(戲、戱) (2) hū (희, 호) 〔於戏〕 아아 (한탄의 목소리). →463페지의 〈呜呼〉. (1) xì →470페지.

昒 hū (홀,물) 〔昒析〕〔昒爽〕 날밝을무렵, 새벽.

曶(啚) hū (홀) 옛사람의 이름. ～鼎. 홀정(홀이 만든 솥으로서 우에 서주시기의 중요한 사료가 씌여있음).

忽 hū (홀) ①데면데면하다, 소홀히 하다, 대수로와하지 않는다: ～略. 소홀히 하다, 대수롭지 않게 여기다./～视. 홀시하다./疏～. 소홀히 하다. ②갑자기, 문득: 工作情绪不要～高～低. 사업정서는 높아졌다 낮아졌다 하지 말아야 한다. ③단위명사. 홀(푼의 만분의 1). 10홀은 1사(丝)이고 10사는 1호(毫)이다.

唿 hū (홀) 〔唿哨〕 → 394페지 〈哨〉의 〈呼哨〉.

惚 hū (홀) →180페지 〈恍〉의 〈恍惚〉(huǎnghū).

滹 hū (홀) 〔滹浴〕 〈방〉 목욕하다.

糊 (3) hū (호) 바르다, 막다, 메우다: 用泥把墙缝～上. 진흙으로 벽에 난 짬을 메워버리오. (1) hú →본 페지. (2) hù →174페지.

囫 hú (홀) 〔囫囵〕(-圇)(-lún) 완전한것, 옹근것, 통것: ～～吞枣. 대추를 통채로 삼키다, 통채로 삼키다, 기계적으로 모방하다.

和 (5) hú (화) 이기다 (도박에서 쓰이는 말). (1) hé →164페지. (2) hè →166페지. (3) huó →185페지. (4) huò →186페지.

狐 hú (호) 여우. 〔狐媚〕 알랑거리다, 아첨하다. 〔狐肷〕(-qiǎn) 여우의 가슴, 배, 겨드랑이의 가죽. 〔狐疑〕 의심이 많다, 몹시 의심하다.

弧 hú (호) ①나무로 만든 활. ②호(원주의 한 부분): ～形. 호형./～线. 호선.

胡(鬍、衚) hú (호) ①호족(고대 중국의 북방에 있었던 소수민족에 대한 총칭): ～人. 호족./～服. 호족의 옷. *외국이나 외국의것: ～椒. 후추. 〔胡萝卜〕(-luóbo)홍당무우. 〔胡琴〕(-qin)호금. ②함부로, 허투루, 제멋대로, 엉터리없이, 마구: ～来. 되는대로 하다, 함부로 하다./～闹. 마구 떠들어대다, 터무니없이 굴다./～说. 허튼소리, 엉터리없는 소리./说～话. 허튼소리를 하다. ③문언문 의문사. 무엇때문에, 어찌하여: ～不归? 왜 돌아가지 않는가? ④(-子、-儿) 수염. ⑤〔胡同〕 골목, 사이길.

葫 hú (호) 〔葫芦〕(-蘆)(-lú) 조롱박, 표주박.

猢 hú (호) 〔猢狲〕(-sūn) 원숭이.

湖 hú (호) 호수, 늪, 못: 洞庭～. 동정호./太～. 태호. 〔湖色〕 연두색, 담록색.

瑚 hú (호) →389페지 〈珊〉의 〈珊瑚〉(shānhú).

煳 hú (호) 눋다, 타다: 馒头～了. 빵이 눌었다./饭～了. 밥이 탔다.

鹕 hú (호) →433페지 〈鹈〉의 〈鹈鹕〉(tíhú).

蝴 hú (호) 〔蝴蝶〕 →93페지의 〈蝶〉(dié).

糊(餬) (1) hú (호) ①(풀로) 붙이다, 바르다: 拿纸～窗户. 종이로 창문을 바르다./裱～. 도배하다. 〔糊涂〕(-tu)

어리석다, 얼떨떨하다. ②죽, 풀따위. 〔糊口〕 입에 풀칠하다, 간신히 살아나가다. ③〈煳〉와 같음. (2) hù →174페지. (3) hū →172페지.

醐 hú (호) →434페지 〈醍〉의 〈醍醐〉(tíhú).

壶(壺) hú (호) 주전자, 단지: 酒～. 술주전자./茶～. 차관.

核 (2) hú (홀) (-儿)〈核(1)①②〉와 같음, 어떤 입말에 쓰임: 杏～. 살구씨./煤～. (석탄재에 섞여있는 채 타지 않은) 석탄덩어리. (1) hé →166페지.

斛 hú (곡) 휘, 곡(곡식을 되는 그릇의 하나, 옛날에는 열말들이였는데 후에는 다섯말들이로 되였음).

槲 hú (곡) 떡갈나무.

鹄 (2) hú (혹) 고니: ～立. 똑바로 서있다. (1) gǔ →147페지.

鹘 (1) hú (골) 새매. (2) gǔ →147페지.

縠 hú (곡) 저사(주름이 간 견직물).

觳 hú (곡) 〔觳觫〕(-sù) 무서워 벌벌 떨다.

虎 hǔ (호) ①범, 호랑이. [유]용맹하다, 위풍있다: 一员～将. 용감한 장군. 〔虎口〕 범아가리, 위험한곳: 1. [유]위험한 곳: ～～余生. 범아가리에서 목숨을 남기다, 구사일생. 2. 손아귀. ②〈唬〉와 같음.

唬 (1) hǔ (호) 놀래우다, 어리둥절하게 만들다, 속이다, 얼려넘기다. 你别～人了. 남을 놀래우지 마오. (2) xià →473페지.

琥 hǔ (호) 〔琥珀〕(-pò) 호박(광물의 한가지).

浒 (1) hǔ (호) 물가. (2) xǔ →494페지.

户 hù (호) ①문 한짝. [파]문: 夜不闭～. 밤에도 문을 닫아걸지 않는다. ②집, 가정, 세대: 千家万～. 수천수만의 세대. 〔户口〕 호적, 주민대장: 报～～. 주민대장에 올리다./～～簿. 호적부, 주민대장.

护(護) hù (호) 보호하다, 호위하다, 지키다([련]保-): 爱～. 애호하다./～路. 철도(길)를 지키다. [파]감싸주다, 비호하다: ～短. 결함을 감싸주다, 비호하다./不要一味地～着他. 덮어놓고 그를 감싸주지 말라. 〔护照〕 1. 려권. 2. 면허증, 화물수송증명서. 〔护士〕 간호원.

沪(滬) hù (호) ①호독(沪渎), 송강의 하류, 지금의 상해에 있음. ②상해의 별칭: ～杭铁路. 상해—항주철도, 호항철도.

戽 hù (호) ①수차에 달린 작은 물바가지, 용드레. ②용드레로 물을 푸다, 용드레질하다.

扈 hù (호) 동행자, 수원.

互 hù (호) 서로: ～助. 협조하다, 서로 돕다. 〔互生〕 (식물에서) 호생.

冱(沍) hù (호) 얼다, 얼어붙다, 매우 춥다.

岵 hù (호) 나무와 풀이 우거진 산.

怙 hù (호) 의지하다, 의거하다, 믿다: ～恶不悛(quān) 잘못을

알면서도 고치려 하지 않는다, 악행을일삼다.

祜 hù (호) 복, 행운, 행복.

糊 (2) hù (호) 풀(죽같이 묽은 음식물): 辣椒～. 고추즙. 〔糊弄〕(nong) 1. 대강대강하다, 건성건성하다: 做事～～是不负责任的态度. 일을 대강대강하는것은 책임지지 않는 태도이다. 2. 속이다: 你不要～～人. 사람을 속이지 마오. (1) hú →172페지. (3) hū →172페지.

笏 hù (홀) 홀(신하가 조회때 손에 드는 나무패쪽).

瓠 hù (호) (-子) 박.

鄠 hù (호) 〔鄠县〕 호현, 섬서성에 있음, 지금 〈户县〉이라고 씀.

HUA

华(華) (3) huā (화) 〈고〉 〈花〉와 같음. (1) huá →본 페지. (2) huà →175페지.

哗(嘩) (2) huā (화) 소리본딴말. 콸콸(물이 흐르는 소리), 와(크게 웃는 소리), 와르릉: 水～～地流. 물이 콸콸 흐르다. (1) huá →175페지.

花(化) huā (화) ①(-儿) 꽃. ㊇관상용식물. ②(-儿) 꽃모양의 물건: 雪～儿. 눈송이./浪～. 물보라, 물바래./火～儿. 불꽃./葱～儿. 파꽃, 잘게 썬 파./印～. 천에다 꽃무늬를 찍다. 〔天花〕 천연두, 마마꽃. 〔挂花〕 (전선에서) 부상을 입다. ③꽃무늬, 얼룩얼룩하다, 알락달락하다: ～布. 꽃천./头发～白. (머리가) 희슥희슥하다(희끗희끗하다)./～边. 꽃무늬로된 테두리, 꽃가장자리, 화변./那只猫是～的. 그 고양이는 얼룩이다. 〔花哨〕(-shao) 색갈이 산뜻하다, 양식이 다양하다, 변화가 많다: 这块布真～～. 이 천은 참 색갈이 산뜻하다. ④섞다, 뒤섞이다: 粗粮细粮～搭着吃. 입쌀이나 밀가루같은 알곡에 잡곡을 섞어서 먹는다. 〔花甲〕 환갑. ⑤허위적이다, 미혹적이다, 걸만 번지르르하다: 耍～招. 잔꾀를 부리다, 속임수를 쓰다./～言巧语. 감언리설, 달콤한 말로 홀리다. ⑥어슴푸레하다, (눈이) 흐리다: ～眼. 늙어서 어두워진 눈, 로안./眼～了. 눈이 잘 보이지 않다, 희미하다. ⑦소비하다, 쓰다: ～钱. 돈을 쓰다./～一年工夫. 일년이라는 시간을 들이다. 〔花销〕(-xiāo) 비용, 용돈. 〈化〉huà →175페지.

砉 (2) huā (획) 소리본딴말. 푸드득(빠르게 움직일 때 나는 소리): 乌鸦～的一声飞了. 까마귀가 푸드득 하더니 날아갔다. (1) xū →492페지.

划(劃) (2) huá (획) ①쪼개다, 째다, 오리다, 긋다: 把这个西瓜用刀～开. 이 수박을 칼로 쪼개라./～了一道口子. 베여졌다, 긁혀서 상처가 생겼다./～火柴. 성냥을 긋다. ②젓다: ～船. 배를 젓다. 〔划子〕(-zi) 쪽배, 매생이. ③셈이 맞다, 수지가 맞다: ～不来. 수지가 맞지 않다. (1) huà →175페지. (3) huai →176페지.

华(華) (1) huá (화) ①아름답고 빛나다, 찬란하다(㊊-丽): ～灯. 장식등./光～.

빛나고 화려하다. *존경어: ～诞. 탄생일./～函. 서한. ②중화민족, 중국: ～夏. 중국./～侨. 화교./～北. 화북. (2) huà →본 페지. (3) huā →174페지.

哗(嘩、譁) (1) huá (화) 떠들다, 떠들썩하다, 왁작거리다, 고아대다, 와글와글하다(련喧-): 全体大～. 모두들 크게 떠들어대다./～众取宠. 뭇사람을 웃기여 환심을 사다, 말재주를 부려 환심을 사다. (2) huā →174페지.

骅(驊) huá (화) 〔骅骝〕(-liú) 붉은 빛갈의 좋은 말, 적토마.

铧(鏵) huá (화) 보습날, 보습.

猾 huá (활) 〈滑③〉과 같음. 교활하다.

滑 huá (활) ①미끄럽다, 반들반들하다: 下雨以后地很～. 비내린 뒤는 땅이 몹시 미끄럽다./桌面很光～. 책상은 아주 반들반들하다. ②미끌어지다, 지치다: ～了一跤. 미끄러져 한번 넘어졌다./～雪. 스키를 타다./～冰. 스케트를 타다. 〔滑翔〕 활공하다, 떠다니다: ～～机. 활공기. 글라이더. ③매끄럽다, 교활하다: ～头. 교활한 사람./狡～. 교활하다./这个人很～. 이 사람은 아주 교활하다, 이 사람은 너무 매끄럽다. 〔滑稽〕(-ji) 익살스럽다, 우습다: 他说话很～～. 그의 말은 아주 우습다. (옛책에서는 gǔjī 로 읽었음.)

揩 huá (할) (揩拳) 술먹이내기, (돌, 가위, 보나 같은 방법으로)술먹이내기를 하다. 〈划拳〉이라고도 함.

化 (1) huà (화) ①변하다, 개변시키다, 되다, 녹다, 풀리다, 삭이다, 감화시키다, 없애다, 소화되다: ～整为零. 집중된것을 분산하다, 하나를 여럿으로 나누다./变～. 변화시키다./感～. 감화시키다./开～. 개화되다, 문명해지다./冰都～了. 얼음이 모두 녹았다. 〔化合〕 화합, 결합. 〔化学〕 화학. 〔化石〕 화석. ②(중이) 동냥하다: ～缘. 동냥하다./～斋. 동냥하다. ③…화: 革命～. 혁명화./农业机械～. 농업기계화./工业现代～. 공업현대화./科学～. 과학화./绿～. 록화. (2) huā →174페지의 〈花〉.

华(華) (2) huà (화) ①사람의 성. ②화산(华山), 섬서성에 있음. (1) huá →174페지. (3) huā →174페지.

桦(樺) huà (화) 봇나무, 자작나무.

划(劃) (1) huà (획) ①나누다, 구분하다, 가르다: ～分行政区域. 행정구역을 획분하다./～清界限. 계선을 똑똑히 가르다. 〔划时代〕 획기적인 시대, 획기적이다. ②설계하다, 계획하다(련计-、筹-): 工作计～. 사업계획./你去筹～筹～这件事. 자네가 이 일을 계획해보오. 〔划一〕 가지런하게 하다, 가쯘하게 하다, 일률적이다: ～～制度. 제도를 일치하게 하다, 일률적인 제도. (2) huá →174페지. (3) huai →176페지.

画(畫) huà (화) ①(-儿)그림(련图-): 一张～儿.

그림 한폭./年～儿. 설그림./～报. 화보. ②(그림을) 그리다: ～画儿. 그림을 그리다./～个圈. 동그라미를 치다./～十字. 십자를 긋다./～押. 수표하다. ③(글자의) 획: '人'字是两～. 〈人〉자는 두획이다./'天'字是四～. 〈天〉자는 네획이다. ④〈划(1)〉과 같음.

嫿(嫿) huà (획) →154페지 〈娗〉의 〈娗嫿〉(guǐ huà).

话 huà (화) ①말, 이야기: 说～. 말을 하다./谈了几句～. 이야기를 몇마디 나누었다. 〔话剧〕 연극. ②말하다, 이야기하다: ～别. 작별인사를 하다./茶～. 마시며 이야기하다./～旧. 지나간 때의 일을 이야기하다, 옛 회포를 나누다.

HUAI

怀(懷) huái (회) ① 생각하다, 그리워하다([련]-念): ～友. 벗을 그리다./～念伟大的祖国. 위대한 조국을 그리워하다. ②임신하다, 품다, 마음속에 간직하다: ～胎. 아이를 배다, 임신하다./～疑. 의심을 품다./～恨. 원한을 품다, 앙심을 먹다./胸～壮志. 장한 뜻을 가슴에 품다. ③품, 가슴: 把小孩抱在～里. 어린애를 품에 안다. ④마음, 뜻, 생각, 속: 无介于～. 마음속에 두지 않다./正中(zhòng)下～. 생각에 꼭 맞다, 마음에 꼭 들다.

徊 huái (회) →332페지 〈徘〉의 〈徘徊〉(páihuái).

淮 huái (회) 회하(淮河).

槐 huái (괴) 괴나무.

踝 huái (과) 복사뼈.

耲 huái 땅을 갈아엎다. 〔耲耙〕(-bà) 나무호리.

坏(壞) (1) huài (회, 괴) ① 나쁘다, 못되다, 내숭스럽다: 坚决向～人～事作斗争. 나쁜 사람, 나쁜 일과 견결히 싸우자. ②마사지다, 망치다, 못쓰게 되다, 파괴되다, 망가지다, 고장나다: 自行车～了. 자전거가 고장났다. ③몹시, 아주, 매우: 真把我忙～了. 나를 몹시 바삐 굴었다, 정말 몹시 바빴다./气～了. 몹시 골나다, 매우 성나다. (2) pī →339페지의 〈坯〉.

划(劃) (3) huai (획) →8페지 〈刵〉의 〈刵划〉(bāi huai). (1) huà →175페지. (2) huá →174페지.

HUAN

欢(歡、懽、驩、讙) huān (환) ①즐거워하다, 기뻐하다, 좋아하다([련]-喜、喜-): ～庆胜利. 승리를 경축하다./～呼声经久不息. 환호소리는 오래동안 그칠줄 모르다./～天喜地. 몹시 기뻐하다./～迎贵宾. 귀빈을 환영하다. ②흥겹다, 성수나다, 신나다, 활약적이다: 孩子们真～. 어린이들은 정말 기뻐했다, 어린이들은 매우 기뻐했다. /机器转得很～. 기계는 매우 힘차게 잘 돌아간다, 기계가 잘 돌아간다. [파]왕성하다, 세차다: 炉子里的火很～. 난로안의 불은 세차게 타오른다, 난로의 불이 이글이글 타다.

獾(貛) huān (환) 오소리.

还(還) (1) huán (환) ①돌아오다, 돌아가다: ～家. 집에 돌아오다./～原. 원래대로 돌아가다, 환원하다. ②갚다: ～礼. 답례./～手. 맞손질하다, 되받아치다, 반격하다./以眼～眼,以牙～牙. 피는 피로써 갚다, 폭력은 폭력으로 갚다. ③돌려주다, 물다(㊀归-、偿-): ～钱. 돈을 물다, 돈을 돌려주다. (2) hái →158페지.

环(環) huán (환) ①(-儿) 가락지, 고리(둥글게 생긴 물건): 连～. 잇달려있는 고리, 잇달리다, 련관되다./铁～. 쇠고리. ②둘러싸다, 에워싸다: ～城马路. 륜환선./～视. 둘러보다. 〔环境〕 환경: 优美的～～. 아름다운 환경.

郇 (2) huán (순) 사람의 성. (1) xún →499페지.

洹 huán (원) 〔洹水〕 원수, 강이름, 하남성에 있음. 〈안양하(安阳河)〉라고도 함.

桓 huán (환) 사람의 성.

貆 huán (훤) 새끼담비.

萑 huán (환) 갈대류의 식물.

锾 huán (환) (옛날) 무게의 단위, 화폐의 단위.

圜 (1) huán (환) 둘러싸다. (2) yuán →544페지.

阛 huán (환) 〔阛阓〕(-huì) 시가지, 거리, 가두.

澴 huán (환) 〔澴水〕 환수, 강이름, 호북성에 있음.

寰 huán (환) 넓은 지역: 〔寰球〕〈寰宇〉 전세계. 〈环球〉〈环宇〉라고도 씀.

嬛 huán (현) →257페지 〈嫏〉의 〈嫏嬛〉(lánghuán).

缳 huán (현) ①올가미: 投～. 올가미에 넣다, 목을 매다. ②목을 매여 죽이다, 교살하다: ～首. 목을 매여 죽이다, 교살하다.

镮 huán (환) 고리.

鬟 huán (환) (옛날 녀자들의) 쪽찐머리, 트레머리. 〔丫鬟〕〔小鬟〕 하녀, 몸종.

皖 huǎn (환) ① 밝다. ② 아름답다.

缓 huǎn (완) ①느리다, 느릿느릿하다, 천천하다. ↔〈急〉: 轻重～急. 중요한것과 중요치 않은것, 급한것과 급하지 않은것, 일의 중심고리와 선후차./～步而行. 천천한 걸음으로 걷다, 천천히 걷다./～不济急. 늦어져서 급한데 도움이 안된다, 성복뒤의 약방문. ②늦추다, 미루다, 오래 끌다: ～兵之计. 싸움을 늦추는 계책, 일시 숨을 돌리기 위한 계책./～刑. 집행유예, 형을 늦추어 집행하다./～两天再办. 며칠 미루었다가 하다. 〔缓和〕 완화시키다. 〔缓冲〕 충돌을 완화시키다, 완충하다: ～～地带. 완충지대. ③되살아나다, 소생하다, 회복되다: 病人昏过去又～过来. 환자는 까무러쳤다가 되살아났다. /下过雨, 花都～过来了. 비가 오니 꽃들이 모두 되살아났다./～～气再往前走. 숨을 돌려가지고 다시 앞으로 나가다.

幻 huàn (환) ①환영, 허깨비, 환상, 허황한것, 진실하지 않은 것: ～境. 환상적인 경지. /打消一切～想. 모든 환상을 없애다. 〔幻灭〕 환멸. 〔幻灯〕 환등기, 환등. ②기이한 변화(㊀变-).

奂(奐) huàn (환) ①많다, 무성하다, 성하다. ②(무늬, 빛갈, 광채 등이) 선명하다, 환하다, 아름답다.

换 huàn (환) ①바꾸다, 갈다: 互～. 서로 바꾸다. /交～条件. 교환조건. ②고치다, 변경시키다: ～衣服. 옷을 갈아입다. /～汤不～药. 약물은 바꿨으나 약은 바꾸지 않았다, 형식은 바꿨어도 실질은 마찬가지다.

唤 huàn (환) 부르다, 웨치다: ～鸡. 닭을 불러들이다. /～狗. 개를 부르다.

涣 huàn (환) 흩어지다, 풀리다: 士气～散. 사기가 떨어지다. /～然冰释. 시원히 확 풀리다. 〔涣涣〕 물의 흐름이 세차다.

焕 huàn (환) 밝다, 환하다: ～然一新. 면모가 일신하다, 면모가 몰라보게 달라지다. 〔焕发〕 빛내다, 빛뿌리다, 환하게 빛나다, 왕성하다, 팔팔하다, 싱싱하다: 精神～～. 원기가 왕성하다.

痪 huàn (탄) 〔瘫痪〕 →427페지의 〈瘫〉.

宦 huàn (환) 벼슬아치, 관리(㊀官-、仕-). 〔宦官〕 환관, 내시, 벼슬아치. 〈太监〉이라고도 함.

浣(澣) huàn (완) ①씻다, 빨다: ～衣. 옷을 빨다. /～纱. 가제를 씻다. ②순(旬): 上～. 상순. /下～. 하순.

鲩(鯶) huàn (혼) 초어(草鱼).

患 huàn (환) ①재해, 재난, 걱정, 근심(㊀-难、灾-、祸-): 有备无～. 준비가 되여있으면 걱정이 없다. /防～未然: 재난이 일어나기전에 미리 방비해야 한다, 화를 미리 막다. /免除水～. 물피해를 면하다, 수해를 없애다. /～难之交. 고락을 같이한 벗. ②근심하다, 걱정하다: 不要～得～失. 리해타산만 하지 말라. ③앓다, 병에 걸리다: ～病. 병에 걸리다. /～脚气. 각기병에 걸리다.

漶 huàn (환) 〔漫漶〕 (젖거나 누기가 들어 글자나 그림이) 희미해지다, 어슴푸레해지다, 똑똑치 않다.

逭 huàn (환) 달아나다, 도피하다, 벗어나다, 빠져나가다, 회피하다.

豢 huàn (환) (집짐승을) 기르다, 치다(㊀-养).

擐 huàn (환) 입다: ～甲执兵. 갑옷을 입고 무기를 들다, 무장을 하다.

轘 huàn (환) 환형(수레로 사람을 찢어죽이는 형벌).

HUANG

肓 huāng (황) 〔膏肓〕 명치끝: 病入～～. 명치끝에 병이 들다, 고치기 어렵게 병들다, 골병이 들다.

荒 huāng (황) ①흉년, 흉작, 기근. 备～. 흉년에 대처하기 위하여 준비하다. ㊁(물자가 없는것으로 인한) 공황, 난: 煤～. 석탄난./房～. 주택난, 주택공황. ②거친 땅, 묵밭. ([련]-芜): ～地. 묵밭, 황무지./垦～. 황무지를 개간하다./开～. 묵밭을 일구다, 황무지를 개간하다. [파] 1. 버리다: ～废. 황페하다, 전페하다, 랑비하다. 2. 령락되다, 편벽하다, 쓸쓸하다: ～村. 벽촌, 쓸쓸한 마을./～郊. 거친 들판. 〔荒疏〕 서투르다, 생소해지다, 거칠다, 미숙하다: 学的功课还没～～. 배운 학과들은 아직 잊혀지지 않았다. ③헛된것, 얼토당토않은것, 실속없는것: ～谬. 터무니없다, 엉터리없다, 황당무계하다./～诞. 황당하다, 엉터리없다, 허황하다. 〔荒唐〕 1. 황당하다, 터무니없다: 这话真～～. 이 말은 실로 터무니없다. 2. 방탕하다, 방종하다.

塃 huāng 〈방〉캐낸 광석.

慌 huāng (황) ①당황하다, 덤비다, 서두르다([련]-忙): 他做事太～. 그는 일할 때 너무 덤빈다./～里～张. 너무 당황해하다, 허둥지둥하다, 갈팡질팡하다. ②두려워하다, 안달아하다, 갈팡질팡하다: 心里发～. 마음속으로 두려워하다./惊～. 놀라다, 질겁하다, 당황망조하다. ③참기 어렵다, 견디기 어렵다: 累得～. 지쳐서 참기 어렵다, 몹시 지치다./闷得～. 몹시 답답하다, 아주 답답하다.

皇 huáng (황) ①임금, 왕, 황제([련]-帝). ②위대하다, 휘황하다, 당당하다[첩]: ～～巨著. 당당한 대작. ③〈고〉〈遑〉과 같음. ④〈고〉〈惶〉과 같음.

凰 huáng (황) ①〔凤凰〕 →122페지의 〈凤〉(fèng). ②봉황새의 암컷.

隍 huáng (황) (물이 없는) 성호.

喤 huáng (황) 소리본딴말[첩]. 1. (북이나 종 치는 소리) 댕댕, 둥둥. 2. (어린애 우는 소리) 으앙으앙.

徨 huáng (황) →334페지 〈彷〉의 〈彷徨〉(pánghuáng).

惶 huáng (황) 두려워하다, 놀라다, 겁에 질리다([련]-恐): 人心～～. 민심이 뒤숭숭하다./～恐不安. 공포에 떨다, 불안에 떨다.

湟 huáng (황) 〔湟水〕 황수, 강이름, 청해성에 있음.

遑 huáng (황) ①한가롭다: 不～. 사이없다, 겨를이 없다. ②바삐 돌다, 총망하다[첩].

煌 huáng (황) 밝다, 빛나다[첩]: 星火～～. 불꽃이 아주 밝다./灯火辉～. 등불이 휘황하다.

锽 huáng (굉) 맹맹, 뎅뎅(종소리)[첩].

蝗 huáng (황) 누리, 황충. 〈蚂蚱〉(màzha)라고도 함.

篁 huáng (황) 대숲, 죽림, 대.

艎 huáng (황) →536페지 〈艅〉의 〈艅艎〉(yúhuáng)

鳇 huáng (황) 철갑상어.

黄 huáng (황) ①누르다, 노랗다. ②누른 빛갈, 황색. 〔黄色〕 1. 누른색, 황색. 2. 황색적인것, 부화

타락적인것, 색정적인것: ～～小说. 황색소설, 색정소설. ③황색소설. ④틀어지다, 잘못되다: 这件事～不了. 이 일은 잘못될수 없다.

潢 huáng (황) ①물주머니, 굴포. ②색종이. 〔装潢〕〔装璜〕 장정하다, 장식하다. [파]포장하다, 꾸리다.

璜 huáng (황) (반달모양의) 구슬.

磺 huáng (황) 류황: 硝～. 초산과 류황.

镄 huáng (황) ①큰 종. ②땡땡(종소리).

癀 huáng (황) (집짐승의) 탄저병, 비탈저.

蟥 huáng (황) →295페지 〈蚂〉의 〈蚂蟥〉(mǎhuáng).

簧 huáng (황) ① (취주악기의) 혀: 笙～. 생황의 혀. /～乐器. 클라리네트따위의 악기. ②용수철: 锁～. 자물쇠의 용수철. /弹～. 용수철.

恍(怳) huǎng (황) ① 언듯, 문득, 갑자기: ～然大悟. 문득 깨닫다. ②방불하다, 마치…것 같다: ～若置身其境. 마치 그 경지에 들어간듯하다. 〔恍惚〕(-hū) 얼떨떨하다, 황홀하다. 1. 흐리멍텅하다: 精神～～. 정신이 흐리멍텅하다. 2. 어렴풋하다, 아리송하다: 我～～看见他了. 나는 그를 어렴풋하게 본것 같다.

晃 (1)huǎng (황) ①밝다, 빛나다, 눈부시다[친]: 明～～的刺刀. 서리발치는 날창. ②비치다: ～眼. 눈이 부시다. ③얼씬하다: 窗户上有一个人影, 一～就不见了. 창문에 웬 사람의 그림자가 얼씬하더니 보이지 않는다. (2) huàng →본 페지.

幌 huǎng (황) 휘장, 막. 〔幌子〕(-zi)(식당, 상점 문앞에 내건) 영업표시물. [유]미명, 허울, 간판.

谎 huǎng (황) 거짓말: 撒～. 거짓말을 하다. [파]에누리: 要～. 에누리하다.

晃(愰) (2) huàng (황) 흔들다, 흔들리다([련]摇-): 树枝来回～. 나무가지가 이리저리 흔들리다. (1) huǎng →본 페지.

滉 huàng (황) 〔滉瀁〕(-yǎng) 물이 깊고 넓다.

皝 huàng (황) 사람의 이름자로 쓰임.

HUI

灰 huī (회) ①재: 炉～. 난로재. /烟～. 담배재, 그슬음. /～肥. 재거름. 〔灰心〕 락심하다, 실망하다: 不要～～. 락심하지 말라. 〔石灰〕 석회. 〈白灰〉〈生石灰〉라고도 함. 〔青灰〕 잡질이 섞인 석묵, 푸른 석회. ②먼지. ③재빛, 회색.

诙 huī (회) 익살을 피우다.

咴 huī 〔咴儿咴儿〕 소리본딴말. 호호응(말의 울부짖는 소리).

恢 huī (회) 크다, 넓다([련]-弘): ～～有余. 여저가 대단히 많다. 〔恢复〕 회복하다, 복구하다. ～～健康. 건강을 회복하다.

㧑(撝) huī (휘) 지휘하다.

挥 huī (휘) ①휘두르다, 흔들다: ～刀. 칼을 휘두르다. /～手.

손을 젓다, 손을 흔들다./大笔一～. 큰붓을 한번 놀리다, 붓을 놀려 글을 쓰다. 〔指挥〕 지휘하다. ②흘리다, 휘뿌리다, 확산되여나오다, 씻다, 훔치다: ～金如土. 돈을 물쓰듯하다./～汗如雨. 땀이 비오듯하다. 〔挥发〕 휘발하다, 날다. 〔挥霍〕 (돈따위를) 함부로 써버리다, 물쓰듯하다.

珲 (2) huī (혼) →3페지 〈瑷〉의 〈瑷珲〉(àihuī). (1) hún →184 페지.

晖 huī (휘) 해빛: 春～. 봄볕./朝～. 아침해빛.

辉(輝、煇) huī (휘) ①빛, 빛발. ② 빛나다. 환하다(㉠光-): 落日余～. 석양, 저녁볕./光～四射. 빛발치다. 〔辉煌〕 눈부시다, 휘황하다, 빛발치다: 金碧～～. 금빛찬란하다. ㊄ 훌륭하다, 뛰여나다: ～～的成绩. 빛나는 성적. 〔辉映〕 비추다, 비치다. ㊁대조되다, 어울려서 빛나다: 前后互相～～. 앞뒤가 서로 잘 어울리다.

翚 huī (휘) ①나래치다, 날다. ②(옛날책에서 나오는) 다섯가지 색을 가진 꿩.

袆(褘) huī (휘) (옛날) 황후의 제복(제사지낼 때 입는 옷).

豗 huī (회) 마주 부딪치다, 뚜드리다. 〔喧豗〕 요란한 소리, 떠들썩하다.

麾 huī (휘) (옛날) 지휘용기발. ㊁지휘하다: ～军. 군사를 지휘하다.

徽 huī (휘) 표식, 기호, 휘장: 国～. 국장./校～. 학교의 휘장.

隳 huī (휴) 파괴되다, 허물어지다, 무너지다.

回(囬、迴、廻) huí (회) ① 돌아오다, 돌아가다: ～家. 집으로 가다, 집에 오다./～国. 귀국하다./～到原单位工作. 본래 있던 단위에 돌아가 사업하다. ②돌리다: ～过身来. 몸을 (이쪽으로) 되돌리다. 〔回头〕 머리를 돌리다. 1. 잠간 기다리다, 이후: ～～再说吧. 후에 다시 말하자. 2. 뉘우치다, 깨닫다, 회개하다: 现在～～还不晚. 지금 뉘우쳐도 늦지 않다. ③구부러지다, 에돌다, 돌다: ～形针. 종이끼우개, 그리쁘./巡～. 순회하다. 〔回避〕 회피하다, 피하다. ④답복하다, 대답하다: ～信. 회답편지를 하다./～话. 대답을 하다./～敬. 답례하다, 답례, 술을 권하다. ⑤단위명사. 회, 회수, 번: 两～. 두번./他来过一～. 그는 한번 왔댔다. ㊀(장편소설의 장절) 회: 《红楼梦》一共一百二十～. 《홍루몽》은 모두 120회로 되여있다. ⑥회족, 중국 소수민족의 하나. 〔回纥〕(-hé)회흘, 옛날민족의 하나, 후에 〈回鹘〉(-hú)라고 고침.

茴 huí (회) 회향, 회향풀.

洄 huí (회) 소용돌이치며 흐르다.

蛔(蛕) huí (회) 회충, 거위.

虺 huǐ (훼) 독사, 살모사. 〔虺虺〕 우르릉, 꽈르릉(우뢰소리).

悔 huǐ (회) 뉘우치다, 후회하다: ～过. 오유를 뉘우치다./～之已晚. 후회해도 이미 늦었다.

毁(燬、譭) huǐ (훼) ①불태워버리다: 烧～. 불태워버리다. ②파괴하다, 훼손되다, 마스다, 망그러뜨리다: 这把椅子谁～的? 이 걸상은 누가 못쓰게 만들었는가?/那家伙(他)不知～了多少好人. 그놈은 좋은 사람들을 얼마나 많이 못쓰게 만들었는지 모른다. 〔毁灭〕 훼멸하다, 파멸시키다, 섬멸하다: 给敌人以～～性的打击. 원쑤들에게 섬멸적인 타격을 주다. ③〈방〉고쳐만들다: 这两个小凳是一张旧桌子～的. 이 작은 걸상 두개는 낡은 책상을 하나 뜯어서 만든것이다. ④훼방하다, 헐뜯다, 비방하다, 욕하다(⑮诋-、-谤).

卉 huì (훼) 풀, 풀의 총칭: 花～. 화초.

汇(滙、匯、彙) huì (회, 휘) ①(돈을) 부치다: ～款. 돈을 부치다./～兑. 송금, 위체. ②(물이) 합류하다, 합치다. ③끼리끼리 모이다, 한데 모이다, 집결하다: 字～. 자휘, 자전류의 참고서./～集. 모으다, 집중하다. 〔汇报〕 총화하여 보고하다, 묶어서 보고하다.

会(會) (1) huì (회) ①모으다, 모이다: 在哪儿～合? 어디서 회합하는가?/就在这里～齐吧. 여기서 다 모이자./～审. 공동심문, 합동심판하다, 공동심문하다, 합평회를 가지다./～话. 회화. 〔会师〕 부대가 회합하다. ②모임. 1. 회의, 집회: 纪念～. 기념회./群众大～. 군중대회./开个～. 회의를 열다, 회의를 하다. 2. 조직, 단체: 工～. 공회./学生～. 학생회. ③주요한 도시, 도회지: 都～. 도시, 도회지./省～. 성소재지. ④만나다: ～客. 손님을 만나다./～一～面. 면회하다./你～过他没有? 너는 그를 만나보았느냐? ⑤돈을 물다, 지불하다: ～帐. 돈을 물다./饭钱我～过了. 밥값은 내가 물었다. ⑥리해하다, 체득하다, 알다: 误～. 오해하다./～意. 뜻을 리해하다./领～. 리해하다, 알아맞히다. ⑦…ㄹ수 있다, …줄 알다: 他～游泳. 그는 헤염칠줄 안다./我想他不～不懂. 나는 그가 알지 못할수 없다고 생각한다./科学实验一定～成功. 과학실험은 꼭 성공할수 있다./能说～道. 말주변이 매우 좋다. ⑧고비, 시기, 기회, 때: 适逢其～. 때마침 기회를 만나다./趁着这个机～. 이 기회를 타서. ⑨(-儿)잠시, 잠간: 一～儿. 한동안, 잠시./这～儿. 이동안, 이즈음./那～儿. 그동안./多～儿. 언제, 어느때./用不了多大～儿. 얼마 안가서, 시간이 얼마 들지 않는다. (2) kuài →246페지.

荟(薈) huì (회) 우거지다, 무성하다, 울창하다. 〔荟萃〕 한곳에 모이다: 人才～～. 인재들이 모이다.

绘(繪) huì (회) 그리다: ～图. 지도를 그리다, 도면을 그리다, 제도하다, 도면./～形～声. 아주 생동하게 그리다, 아주 실감이 있다.

桧(檜) (2) huì (회) 〔秦桧〕 진회, 남송(南宋)의 간신. (1) guì →155페지.

烩(燴) huì (회) 볶은후에 물과 전분을 약간 두다

(료리방법의 하나): ～豆腐. 두부를 볶다./～饭. 비빔밥, 볶음밥./杂～. 잡채.

讳(諱) huì (휘) ①꺼리다, 꺼리끼다: ～疾忌医. 자기 병을 감추고 치료하지 않다, (비판을 받을가봐 두려워) 잘못을 감추다./直言不～. 꺼리지 않고 그대로 말하다./忌～. 꺼리다. ②(봉건사회) 죽은 황제나 이상분의 이름.

诲 huì (회) 가르치다, 깨우치다, 타이르다(련教-): ～人不倦. 꾸준히 남을 교양하다, 부지런히 가르치다.

晦 huì (회) ①어둡다, 컴컴하다. 〔晦气〕 일이 순조롭지 못하다, 재수없다, 운수 사납다. ②밤: 风雨如～. 비바람이 휘몰아쳐 앞이 캄캄하다, 비바람이 휘몰아쳐 밤같이 캄캄하다. ③음력, 그믐.

恚 huì (에) 분노하다, 원망하다.

贿 huì (회) ①재물, 뢰물 ②뢰물을 주다, 매수하다.

彗(篲) huì (혜, 세) (옛음 suì) 비자루, 비. 〔彗星〕 살별, 혜성.

篲 huì (혜) (옛음 suì) 대싸리, 지부자.

槥 huì (혜) 〈고〉작은 관.

慧 huì (혜) 총명하다, 똑똑하다(련智-): 发挥工人的智～. 로동자들의 지혜를 발휘시키다.

硊 huì (위) 〔石硊〕 석위, 지명, 안휘성 무호현에 있음.

秽(穢) huì (예) 더럽다, 어지럽다: ～土. 쓰레기. 유더럽다, 너절하다, 추잡하다: ～行. 너절한 행위.

翙(翽) huì (홰) 〔翙翙〕 푸르르(새 나는 소리).

惠 huì (혜) 은혜, 혜택: 根据互～的原则,建立贸易关系. 호혜의 원칙에 따라 무역관계를 건립하다. ※존경어: ～赠. (선물을) 드리다, 올리다./～临. 오시다, 왕림하시다, 찾아주시다.

僡 huì (혜) 〈惠〉와 같음.

蕙 huì (혜) 혜란.

憓 huì (혜) 〈惠〉와 같음.

蟪 huì (혜) 〔蟪蛄〕(-gū) 털매미, 쓰르라미. 〈伏天儿〉이라고도 함.

喙 huì (훼) 입, 부리: 无庸置～. 말참견을 할 필요가 없다, 더 말할 필요가 없다.

阓 huì (궤) →177페지 〈阛〉의 〈阛阓〉(huánhuì).

缋 huì (회) 〈绘〉(huì)와 같음.

殨(溃) huì (궤, 회) 곪다: ～脓. 곪다. 〈溃〉kuì →251페지.

HUN

昏 hūn (혼) ①황혼, 해질녘, 어두워질무렵: 晨～. 아침과 저녁. ②어둡다, 컴컴하다(련-暗): 天～地暗. 온하늘땅이 컴컴하다./～暗不明. 어둡컴컴하다. ③어지럽다, 어리어리하다: 发～. 어지러워지다, 아찔해나다./病人整天～

～沉沉的. 환자는 온하루동안 혼미상태에 처해있다. [전]의식을 잃다, 까무러치다, 기절하다: 他～过去了. 그는 까무러쳤다. ④〈고〉〈婚〉과 같음.

惛 hūn (혼) 얼떨떨하다, 어리석다, 어리숙하다.

阍 hūn (혼) ①궁문. ②문지기.

婚 hūn (혼) 결혼하다: 已～. 이미 결혼하다./未～. 결혼하지 않다./结～证. 결혼증명서. 〔婚姻〕혼인: ～～自主. 혼인자주.

荤 hūn (훈) ①고기붙이나 짐승기름으로 만든 료리, 고기료리: ～素. 고기료리와 남새료리./～菜. 고기료리./不吃～. 고기붙이를 먹지 않는다. ②파나 마늘 같은 특수한 냄새가 나는 료리: 五～. 부추, 마늘, 기름남새(유채), 고수, 염부추.

浑 hún (혼) ①물이 흐리다: ～水坑. 흐린 물구뎅이. ②똑똑치 못하다, 멍텅구리같다(남을 욕하는 말): ～人. 바보, 머저리, 멍텅구리./～话. 허튼소리. ③온, 온통, 전부, 모두:～身是汗. 온몸이 땀투성이다.

珲 (1) hún (훈)〔珲春〕훈춘, 시 이름, 길림성에 있음. (2) huī →181페지.

馄 hún (혼)〔馄饨〕(-tun) 만두국, 혼돈자.

混 (2) hún (혼) 〈浑①②〉와 같음. (1) hùn →본 페지.

魂 hún (혼) 혼([련]-魄): ～不附体. 넋을 잃다, 혼비백산하다. 〔灵魂〕령혼.

诨 hùn (원) 우스개소리, 롱담: 打～. 우스개소리를 하다./～名. 별명.

混 (1) hùn (혼) ①섞다, 뒤섞이다, 혼합하다: ～合物. 혼합물./～入. 혼입하다, 끼여들다./～充. (…인체) 가장하다./～为一谈. 혼돈하여 말하다, 뒤섞어 말하다. ②되는대로 살아가다, 그럭저럭 살아가다: ～日子. 하루하루 그럭저럭 살아가다. 〔混沌〕(-dùn) 1. 혼돈. 2. 아무것도 모르다, 무지몽매하다, 똑똑치 못하다. (2) hún →본 페지.

溷(圂) hùn (혼) ①더럽다, 어지럽다([련]-浊). ②변소. ③돼지우리.

HUO

耠 huō 〔합〕①〔-子〕후치, 쟁기, 가대기. ②후치질하다: ～地. 후치질하다./～个二三寸深就够了. 두세치 깊이로 후치면 된다.

騞(剨) huō (획) 찍, 획, 썩(칼로 물건을 가를 때 나는 소리).

劐 huō (확) ①(칼, 보습, 가위 등으로) 째다, 가르다, 짜개다: 铧是～地用的. 보습은 땅을 가는데 쓰는것이다./用剪刀～开. 가위로 째다. ②〈耠〉와 같음.

嚄 (1) huō 〔획〕감탄사. 허, 야(놀람을 나타냄): ～, 好大的水库! 야, 굉장히 큰 저수지로구나! 허, 굉장히 큰 저수지인데. (2) ǒ →330페지.

豁 (1) huō (활) ①이지러지다, 갈라져나가다, 터지다, 째지다: ～口. 이빠진 곳, 깨여진 곳,

트인 곳. /～了一个口子. 깨여져 이 빠진 자리가 생겼다. /～唇. 언청이, 째보. 〔豁子〕(-zi) 그릇에 이빠진 곳, 깨여진 곳: 碗上有个～～. 사발이 이가 빠졌다. /城墙拆了一个～～. 성벽을 허물어 통로를 뻬다, 성벽 한곳을 터쳐놓다. ②내바치다, 내걸다, 희생하다: ～出性命. 목숨을 내걸다. /～着几天的时间. 며칠간의 시간을 몽땅 내바치다. (2) huò → 186페지.

攉 huō (확) 퍼옮기다: ～土. 흙을 퍼옮기다. /～煤机. 엑스까와또르, 채탄기.

和 (3) huó (화) 이기다, 반죽하다: ～面. 밀가루를 반죽하다. /～泥. 흙을 이기다. (1) hé → 164페지. (2) hè →166페지. (4) huò →본 페지. (5) hú →172페지.

活 huó (활) ①살다. ↔〈死〉: 鱼在水里才能～. 고기는 물에서야 살수 있다. /新栽的这棵树～了. 갓 심은 이 나무는 살았다. ㊀비슷하다, 생동하다: ～象一只老虎. 신통히 범같다. /神气～现. 신바람나다, 득의양양하다, 제 잘난체하고 뽐내다. ②고정적이 아니다, 활동적이다, 자유스럽다: ～期存款. 보통저금. /～页本. 매지 않고 종이장을 끼웠다 뺐다 할수 있게 한 학습장이나 책. /方法要～用. 방법은 활용하여야 한다. /～塞. 피스톤. /～扣. 풀매듭(인차 풀수 있게 맨 매듭). 〔活泼〕 활발하다. 활기를 띠다: 孩子们很～～. 어린이들은 매우 활발하다. ③(-儿) 일: 做～儿. 일을 하다. /这～儿做得很好. 이 일은 매우 훌륭히 하였다. 〔活该〕 그래 싸다, 마땅하여 아쉬운것이 없다: ～～如此. 그래 싸다.

火 huǒ (화) ①불. ㊀긴급하다, 신속하다: ～速. 신속하다. /～急. 긴급하다. ②무기, 탄약: 军～. 군수무기, 군수품. /～器. 화력무기, 화력기재. /开～. 싸움이 붙다, 전투가 시작되다, 사격하다, 불질하다, 쏘다. 〔火药〕 화약. 〔火线〕 화선, 최전선. ③붉다: ～狐. 불여우. /～鸡. 칠면조. ④옛날 군사조직에서 10명을 단위로 한 조직. 〔火伴〕 〈伙伴〉과 같음. → 〈伙〉. ⑤(중의에서) 국부적인 염증 혹은 변비 등으로 나타나는 증세, 열: 上～. 열이 나다. /败～. 열을 제거하다. ⑥(-儿)성, 화: 好大的～儿! 대단한 노여움! ⑦(-儿)성을 내다, 화를 내다: 他～儿了. 그는 성이 났다.

伙(夥) huǒ (화) ①(-儿) 동료, 친구, 짝패, 패, 무리: 同～儿. 동료, 같은 무리. 〔伙伴〕〔火伴〕 동료, 친구, 동반자, 짝패. ②점원. 店～. 점원. ③공동적으로 하다, 합작하다. 련합하다. ～办. 합작하여 하다. /～同. 공동적으로 하다, 합작하다.

钬 huǒ 홀미움(원소기호 Ho).

漷 huǒ (곽) 〔漷县〕 곽현, 지명, 북경시 통현에 있음.

夥 huǒ (과) ① 많다: 获益甚～. 리익이 실로 많다. ②〈伙〉와 같음.

或 huò (혹) ①혹시, 아마, 혹은, 또는, …거나: ～远～近. 멀거

나 가깝거나./～者你去,～者我去. 네가 가든지 내가 가든지 하자. ②어떤 사람, 아무개: ～告之曰. 어떤 사람이 그에게 알려주기를.

惑 huò (혹) ①의심하다, 의혹하다: 大～不解. 큰 의혹이 풀리지 않다, 몹시 의심스럽다, 도무지 리해되지 않다./我很疑～. 나는 매우 의심스럽다. ②미혹시키다, 홀리다, 미혹되다([련]迷-): ～乱人心. 인심을 미혹시킨다./谣言～众. 요언은 민중을 미혹시킨다, 요언을 퍼뜨려 사람들을 미혹시켰다.

和 (4) huò (화) ①섞다, 혼합하다, 배합하다: ～药. 약을 배합하다. ②물,번(옷따위를 빤 차수): 衣裳已经洗了两～. 옷을 벌써 두번이나 빨았다. ③약을 달일 때 물을 탄 차수: 头～药. 처음 달인 약./二～药. 재약. (1) hé →164페지. (2) hè →166페지. (3) huó →185페지. (5) hú →172페지.

货 huò (화) ①물품, 화물, 상품: 进～. 상품을 들여오다./订～. 상품을 주문하다. 〔货郎〕(지난날) 황아장사, 농촌류동판매원. ②돈, 화폐: 通～. 통화, 화폐. 〔货币〕 화폐. ③팔다.

获(獲、穫) huò (획, 확) ①얻다, 거두다, 이룩하다: 俘～. 로획하다./不～全胜,决不收兵. 전면적승리를 이룩하지 않고서는 절대 군사를 거두어들이지 않는다. [파]기회를 얻다, 짬을 얻다: 不～面辞. 작별할 기회를 얻지 못하다. ②거두어들이다, 수확하다. 〔收获〕 수확하다; 수확, 성과: 这次学习有很大的～～. 이번 학습은 매우 큰 수확이 있다.

祸(禍) huò (화) ↔〈福〉 ①화, 재난, 사고: 大～临头. 큰 재난이 눈앞에 떨어지다./闯～. 사고를 내다, 일을 저지르다. ②손해를 보게 하다, 화를 입게 하다, 해치다: ～国殃民. 나라와 백성들에게 화를 입히다.

谍 huò (획) 뼈와 살을 갈라내는 소리.

霍 huò (곽) 빠르다, 신속하다, 갑자기, 문득, 불시에: ～然病愈. 병이 갑자기 나았다. 〔霍乱〕 콜레라. 〔霍霍〕 썩썩(칼가는 소리): 磨刀～～. 칼을 썩썩 갈다.

藿 huò (곽) 곽향.

豁 (2) huò (활) ①활짝 열리다, 확 트이다: ～达. 활짝 열리다,확 트이다, 활달하다./～然开朗. 탁 트이다, 마음이 확 트이다. ②면제하다([련]-免). (1) huō →184페지

镬 huò (확) ①〈방〉〔-子〕 가마, 솥: ～盖. 가마뚜껑 ②(옛날) 큰 가마: 鼎～. 큰 가마 (흔히 사람을 삶아죽이는데 사용했음).

蠖 huò (확) 자벌레.

J

JI

几(幾) (2) jī (궤) ①(-儿) 작은 상: 茶～. 차잔을 놓는 상 ②거의: ～为所害. 하마트면 살해될번하였다./我～乎忘了.

나는 거의 잊어버렸다. (1) jǐ →192페지.

讥(譏) jī (기) 비웃다, 비꼬다, 조롱하다(㉺-讽): 冷～热嘲. 몹시 조롱하다./～笑. 비웃다.

叽(嘰) jī (기) 소리본딴말. 짹짹, 찍찍, 찌륵찌륵 (벌레나 새들이 우는 소리)㉾: 小鸟～～地叫. 새가 짹짹거리다. 〔叽咕〕(-gu)소곤거리다, 수군거리다.

饥(饑) jī (기) ① 배고프다, 굶주리다(㉺-饿): ～不择食. 배가 고프면 먹는것을 가리지 않는다, 기갈이 감식./～寒交迫. 헐벗고 굶주리다. ②흉년: ～馑. 기근, 흉년.

玑(璣) jī (기) ①둥글지 않은 구슬. ②(옛날) 천문관측기구의 하나.

机(機) jī (기) ①중요한 고리, 사건발전의 중추부: 生～. 생기, 살아갈 길./危～. 위기./转～. (전환의) 계기. ㉾1. 중심고리, 기밀, 비밀: 军～. 군사기밀./～密. 기밀, 중요한 비밀./～要. 기요, 중요한 기밀. 2. 기회, 계기: 随～应变. 림기응변하다./勿失良～. 좋은 기회를 놓지지 말라./好时～. 좋은 기회, 알맞는 때. 〔机体〕〔有机体〕 유기체. 〔机能〕 기능, 역할, 작용: ～～障碍. 기능장애. 〔动机〕 동기: 行动对不对,要把效果和～～结合起来看. 행동이 옳은가 그른가는 효과와 동기를 결부시켜 보아야 한다. ②령민하다, 기민하다, 기발하다: ～巧. 기발하고 교묘하다./～智. 기지, 꾀, 기민하고 슬기롭다./～警. 눈치빠르다, 날쌔고 재치있다, 기민하고 민첩하다. 〔机动〕 기동하다: ～～处理. 기동처리, 원활하게 처리하다. /～～作战. 기동작전. 〔机灵〕 약다, 령리하다, 기민하다. ③기계: 织布～. 직포기./发电～. 발전기./收音～. 라지오./拖拉～. 뜨락또르. 〔机关〕 기관, 사무기관: 行政～～. 행정기관./军事～～. 군사기관./～～工作. 기관사업. 〔机械〕 기계, 기계적으로: ～～化. 기계화./～～工业. 기계공업./～～地工作. 기계적으로 사업하다./～～唯物论. 기계적유물론. 〔飞机〕 비행기, 항공기. 〈机〉로도 략칭함: ～群. 비행기떼./客～. 려객기./战斗～. 전투기.

肌 jī (기) 힘살, 근육: 心～. 염통살, 심근. /平滑～. 평활근.

矶(磯) jī (기) 강변에서 강안으로 쭉 뻗어들어간 바위나 자갈밭: 采石～. 채석장./燕子～. 제비바위.

击(擊) jī (격) ①치다, 두드리다: ～鼓. 북을 치다./～柝(tuò). 딱따기를 두드리다. ②때리다, 공격하다: 迎头痛～. 맞받아 호되게 치다, 불벼락을 안기다./游～. 유격. ③부딪치다: 撞～. 부딪치다./肩摩毂(gǔ)～. 사람과 차가 많이 다니다, 오가는 사람과 수레로 붐비다. ㉾마주닿다, 마주치다, 접촉하다: 目～. 목격하다, 친히 보다.

圾 jī (급) →252페지 〈垃〉의 〈垃圾〉(lājī).

J

芨 jī (급) 〔白芨〕 백급풀.

乩 jī (계) ①무꾸리하다. ②무꾸리.

鸡(雞、鷄) jī (계) 닭.

奇 (2) jī (기) 홀수, 기수. ↔〈偶〉. (1) qí →352페지.

剞 jī (기) 〔剞劂〕(-jué) 1. 조각칼. 2. 조각판.

犄 jī (의) 〔犄角〕 1. (-jiǎo)(-儿) 모서리: 桌子～～儿. 책상모서리. 2. (-jiǎo)(-儿) 모퉁이, 구석: 墙～～儿. 벽모퉁이, 벽구석. 3. (-jiǎo)뿔: 牛～～. 소뿔.

畸 jī (기) ① 기형적이다: ～形. 기형. ②수자의 끄트머리. ～零. 소소한 수자. ③치우치다: ～轻～重. 너무 가볍거나 너무 무겁다.

唧 jī (즉, 즐) ①(물로) 쏘다, 뿜다: ～筒. 뽐프. /～他一身水. 그의 온몸에 물을 끼얹다. ②소리본딴말. 찍찍, 찌르륵찌르륵(벌레가 우는 소리)[첩]. 〔唧咕〕(-gu) 소곤거리다, 중얼거리다, 씨부렁거리다.

积(積) jī (적) ①쌓다, 쌓이다, 모으다, 모이다: ～少成多. 티끌 모아 태산. /～年累月. 오랜 세월이 흐르다, 여러해. /～习. 오랜 관습, 버릇된 습관. /～劳. 피로가 쌓이다, 일에 지치다. 〔积极〕 적극적이다, 열성적이다: 工作～～. 사업에 열성적이다. /～～分子. 열성분자, 적극분자, 열성자. ②적(곱하여 얻은 수).

笄 jī (계) (옛날 머리를 쪽찔 때 쓰던) 비녀.

屐 jī (극) 나막신, 신.

姬 jī (희) ①(옛날) 녀성에 대한 아름다운 칭호. ②(옛날의) 첩.

基 jī (기) ①기초, 터: 地～. 집터. /墙～. 담장기초, 벽기초. [유]근본적인것: ～数. 옹근수, 수량수사, 기초수사. /～层组织. 기층조직. 〔基金〕 기금. 消费～～. 소비기금. /生产～～. 생산기금. /托儿所～～. 탁아소기금. /福利～～. 복리기금. 〔基础〕 기초, 토대, 근본: 钢铁是工业的～～. 강철은 공업의 기초이다. ②기(화학명사): 氨～. 아미노기. ③근거: ～于上述理由. 상술한 리유에 근거하여…. 〔基诺族〕 지눠족, 중국 소수민족의 하나. 〔基督〕(외)예수. 〔基督教〕 기독교, 예수교.

期(朞) (2) jī (기) 돐. (1) qī →350페지.

箕 jī (기) ①키. ②키형지문, 키형손가락무늬.

绩(勣) jī (적) ①(실을) 자아서 뽑다, 잣다, (삼을) 삼다. ②성과, 공적, 공로: 成～. 성적. /战～. 전적, 전투성과. /伟大的功～. 위대한 공적.

赍(齎、賫) jī (제) ①품다, 지니다: ～志而没(mò). 뜻을 품었으나 이루지 못하다. /～恨. 원한을 품다. ②물건을 주다, 선사하다.

嵇 jī (혜) 사람의 성.

稽 (1) jī (계) ①머물다, 끌다, 지연하다: ～留. 머물다, 체류하다. /～迟. 지체하다, 지연시키

다. /不得～延时日. 시일을 지연시키지못한다, 날자를 미루지 못한다. ②조사하다([련]-核): ～查. 조사하다; 검사. /无～之谈. 부질없는 소리, 터무니없는 소리, 황당무계한 말. ③다투다, 따지다: 反唇相～. 도리여 남을 조롱하다, 빈정거리다. (2) qī →355페지.

缉 (1) jī (집) 잡다, 수사체포하다: ～私. 밀수업자를 잡다, 밀수행위를 단속하다. /通～. 수사망을 늘여 잡다. (2) qī →351페지.

跻(躋) jī (제) 오르다, 올라가다.

齑(齏) jī (제) ①생강, 마늘, 부추 등을 빻은 가루. ②부스레기: 化为～粉. 가루로 되다.

畿 jī (기) (옛날) 수도부근의 지방: 京～. 경기, 서울부근.

墼 jī (격) 굽지 않은 벽돌, 흙벽돌. 〔炭墼〕 숯덩이, 주먹탄.

激 jī (격) ①(물이) 솟구치다, (격랑이) 일다, 세차게 부딪치다: ～起浪花. 물결을 일으키다. /他被雨～病了. 그는 비를 맞아 병들었다. [파](감정충돌을) 일으키다, 격동되다: 刺～. 자극하다. /用话～他. 말로 그를 자극하다. 〔激昂〕 감정이 북받치다, 격조가 높아지다, 의기가 북받치다. ②급격하다, 강렬하다, 세차다: ～变. 급격히 변하다. /～战. 격전, 치렬한 전투.

羁(羈) jī (기) ①말굴레. ②구속하다, 머물다, 머무르다: ～押. 구류하다. /～留. 머물다, 구류하다. 〔羁旅〕 객지생활을 하다.

及 jí (급) ①이르다: 1. 따라잡다: 来得～. 늦지 않다. /赶不～. 따라잡을수 없다. [파]비길수 있다: 我不～他. 나는 그보다 못하다. 2. 이르다, 달하다, 도달하다: 由表～里. 겉으로부터 안에 이르기까지. /将～十载. 십년이 되여간다. /～格. 합격하다. ②(틈을) 타다, 때가 되다, 시간적으로 맞다: ～时. 제때에. /～早. 일찌기, 빨리, 일찌감치. ③접속사. 와, 과, 및: 烟、酒～其他有刺激性的东西对儿童的身体都是有害的. 담배, 술 및 기타 자극성을 가지고있는 물건은 아동들의 신체에 모두 해로운것이다. 〔以及〕 와, 과, 및: 花园里种着状元红、矢车菊、夹竹桃～～各色的花木. 화원에는 말리꽃, 수레국화꽃, 협죽도 및 가지각색 꽃나무들이 심어져있었다.

伋 jí (급) 사람의 이름자에 쓰임.

岌 jí (급) 〔岌岌〕 산이 높고 험하다. [유]위태롭다, 아슬아슬하다, 위험하다.

汲 jí (급) 물을 긷다, 퍼올리다: ～水. 물을 긷다. 〔汲引〕 (지난날) 인재를 등용하다.

级 jí (급) ①층, 계단, 단: 那台阶有十多～. 그 층대는 십여계단으로 되였다. /七～浮屠. 7층탑. ②등급: 高～. 고급. /低～. 저급. /初～. 초급. /上～. 상급. /下～. 하급. ③학년: 同～不同班. 같은 학년의 다른 학급. /三年～. 3학년. /高年～. 고급학년.

极(極) jí (극) ①맨, 끝, 극단, 절정, 최고봉, 극도, 지구의 량극: 登峰造～. 조예가 절정에 달하다, 최고봉에 오르다, 극도에 이르다./南～. 남극./北～. 북극./阳～. 양극./阴～. 음극. 〔南极洲〕 남극주. ②극히, 매우, 몹시, 아주, 가장: 大～了. 아주 크다./～好. 매우 훌륭하다./穷奢～侈. 극도로 사치하다./穷凶～恶. 흉악무도하다. ③다하다: ～力. 극력, 힘껏./～目. 눈길이 닿는데까지.

笈 jí (급) 책궤.

吉 jí (길) 행복하다, 상서롭다, 좋다([련]-祥、-庆): ～日. 상서로운 날, 길일./～期. 경사스러운 날, 결혼식날.

佶 jí (길) 건강하다, 씩씩하다. 〔佶屈〕〔诘屈〕 까다롭다, 굴곡적이다: ～～聱(áo)牙. 읽기가 까다롭다. (글이) 까다롭다, 읽기 바쁘다.

诘 (2) jí (힐) 〔诘屈〕는 〈佶屈〉와 같음. →본 페지의 〈佶〉 (jí). (1) jié →212페지.

即 jí (즉) ①바로…이다, 곧…이다: 团结～力量. 단결은 곧 힘이다. ②지금, 눈앞: ～日. 그날, 당일./～刻. 즉시, 곧./～席发表讲话. 즉석에서 연설을 발표하다./～景生情. 눈앞의 풍경이나 정경에 따라 여러가지 생각이 떠오르다, 즉흥적으로 어떤 감정이 떠오르다. ③곧, 즉시: 胜利～在眼前. 승리는 눈앞에 있다./用毕～行奉还. 다 쓰고는 인차 돌리다. 〔即使〕 접속사. 설사, 가령 …더라도(흔히 〈也〉와 어울려 쓰임): ～～我们的工作取得了很大的成绩,也不能骄傲自满. 설사 우리가 사업에서 매우 큰 성적을 따냈다 하더라도 교오자만해서는 안된다. ④가까이 가다, 접근하다: 不～不离. 가까이 하지도 않고 멀리 하지도 않는다. 〔即位〕 즉위하다, 자리에 앉다.

亟 (1) jí (극) 급하다, 절박하다, 긴급하다: ～待解决. 긴급히 해결하여야 한다./缺点～应纠正. 결함을 시급히 시정해야 한다. (2) qì →355페지.

殛 jí (극) 죽이다, 살해하다: 雷～. 벼락맞아 죽다.

革 (2) jí (극) 급하다. 病～. 병이 위급하다. (1) gé →137페지.

急 jí (급) ①조급해하다, 초조해하다, 서두르다, 급해맞다([련]焦-): 真～死人了. 간이 마른다, 오장이 다 탄다, 안타까와 죽을 지경이다./不要着～. 조급해 말라. [파]성을 내다: 没想到他～了. 그가 성을 내리라고는 생각지 못하였다. ②바쁘다: ～～忙忙. 급급히, 매우 바쁘다./～就. 바삐 만들다, 급히 이루다./～于完成任务. 과업을 완수하기 위하여 급급하다, 과업을 완수하려고 급급히 서두르다. [파]빠르다, 급하다, 세차다: 水流得～. 물살이 급하다./～病. 급병, 갑작병. ③절박하다, 긴박하다, 요긴하다: ～事. 긴박한 일, 급한 일./不～之务. 긴박하지 않은 일./～件. 긴급문건, 급한 일. [파]엄중하다, 위험하다, 위급하다: 情况紧～ 정세가 긴급하다./告～. 위험을 알리다./病～乱投医. 병이 위급하면 아무 의사에게나 보인다, 급하다고 막 덤벼치면 일을 그르치게 된다. ④남을 도와나서다: ～公好义. 대중의 리익을 위하여 열성을 다하다, 의협심이 강하다./～难. 남을 도와 재난에서 구원하다.

疾 jí (질) ①병〔[련]-病〕: 目～. 눈병./积劳成～. 피로가 쌓이면 병이 된다, 지쳐 병들다. [파]아픔, 고통: 关心群众的～苦. 군중의 질고에 관심을 돌리다. ②미워하다, 증오하다: ～恶如仇. 나쁜것을 원쑤처럼 미워하다, 극도로 증오하다. ③빠르다: ～走. 빨리 달리다, 질주하다./～风知劲草. 억센 풀만이 세찬 바람에도 꺾이지 않는다, 어려운 시련속에서만이 굽히지 않는 굳은 절개를 알아볼수 있다./～言厉色. (성이 나서) 말이 거칠고 얼굴색이 사나와지다, 엄하게 꾸짖다. ④아파하다, 근심하다, 고통을 느끼다: 痛心～首. 몹시 증오하다, 몹시 안타까와하다.

蒺 jí (질) 〔蒺藜〕(-li) 1. 남가새, 백질려. 2. 남가새모양으로 만든 물건: 铁～～. 마름쇠./～～骨朵. 쇠나 나무로 남가새열매처럼 만든 옛날무기.

嫉 jí (질) 질투하다, 시기하다, 미워하다, 증오하다([련]-妒、妒-): ～才. 남의 재간을 시기하다./他很羡慕你,但并不～妒你. 그는 임자를 부러워하지만 질투하지는 않는다네.

脊 (2) jí (척) 〈脊(1)〉과 같음. 〔脊梁〕 1. 〈脊(1)①〉과 같음. 2. 등, 등어리, 잔등: 光着～～. 잔등을 다 드러내놓다. (1)~ jǐ →192페지.

嵴 jí (척) 산등성이.

鹡 jí (척) 〔鹡鸰〕(-líng) 할미새.

瘠 jí (척) ①여위다, 수척하다. ②메마르다. (땅이) 척박하다: ～土. 메마른 땅, 척박한 땅./把贫～的土地变成良田. 메마른 땅을 비옥한 밭으로 만들다.

蹐 jí (척) 잔걸음.

棘 jí (극) ①살맹이나무, 메대추나무. ②가시: ～皮动物. 극피동물. 〔棘手〕 가시가 손을 찌르다. [유]일이 난처하다, 처리하기 어렵다.

集 jí (집) ①모이다, 모여들다, 모으다, 집결시키다, 수집하다, 종합하다([련]聚-): ～思广益. 대중의 지혜를 모으고 좋은 의견을 널리 받아들이다./～会. 집회, 모임을 가지다./～中. 집중하다, 한데 모으다. 〔集体〕 집단, 집체: ～～利益. 집단리익. ②묶음: 诗～. 시집./文～. 문집./选～. 선집 ③장, 장마당: 赶～. 장보러 가다.

楫(檝) jí (즙, 집) 노.

辑 jí (집) ①수집하다, 종합하다: ～录. 수집하여 편집하다./纂～. 편집하다. ②집, 분책: 丛书第一～. 총서의 제1집.

戢 jí (집) 거두다, 걷다, 움추리다: ～翼. 날개를 걷다, 날개를 움추리다./载～干戈. 무기를 거둬들이다. [파]멈추다, 정지하다, 그

만두다: ～怒. 노여움을 가시다.

蕺 jí (즙) 즙채. 〈鱼腥草〉라고도 함.

踖 jí (적) 〔踧踖〕(cù-) 어려워하다.

藉 (2) jí (적) 〔狼藉〕 어지럽다, 너저분하다, 랑자하다: 杯盘～～. (음식을 다 먹은 다음) 잔접시, 그릇따위들이 지저분하게 널려있다. (1) jiè →215페지

籍 jí (적) ①책, 서적, 장부(련书-): 六～. 륙경(六经)./古～. 고서적. ②(사람의 출생지, 거주지, 신분, 소속 등을 밝히는) 적: 户～. 호적./国～. 국적./党～. 당적./学～. 학적. 〔籍贯〕 본적지, 본적.

几(幾) (1) jǐ (기) ① 얼마, 몇: ～个人? 몇사람인가?/来～天了? 온지 며칠되는가? 〔几何〕 1. 얼마. 2. 기하학. ②(하나보다는 많고 열보다는 적은 대체적인 수자를 나타내여) 몇, 얼마: 他才十～岁. 그는 겨우 여라문살밖에 안된다./所剩无～. 얼마 남지 않았다. (2) jī →186페지.

虮(蟣) jǐ (기) (-子) 서캐.

己 jǐ (기) ①자기, 자신: 舍～为人. 남을 위하여 자신을 희생하다./反求诸～. (잘못을) 자기에게서 찾다. ②천간의 여섯번째.

纪 (2) jǐ (기) (속음 jì) 사람의 성. (1) jì →193페지.

挤(擠) jǐ (제) ①짜다: ～牛奶. 소젖을 짜다./～牙膏. 치약을 짜다. ②밀다, 붐비다, 밀어젖히다, 비집다, 조이다: 人多～不过去. 사람이 많아 비집고 지나갈수 없다./～进会场. 회장에 비집고 들어가다. ㉻배척하다(련排-): 互相排～. 서로 배척하다. ③비좁다: 一间屋子住十多个人, 太～了. 한칸 방에 열몇사람이나 들었으니 너무 비좁다.

济(濟) (2) jǐ (제) 〔济南〕 제남, 〔济宁〕 제녕은 모두 산동성에 있는 도시 이름. 〔济济〕 가득하다, 많다: 人才～～. 인재가 가득하다. (1) jì →194페지.

给 (2) jǐ (급) ①공급하다: 自～自足. 자급자족하다./补～. 보충공급하다, 보급하다./～养. (군대에 대한) 공급, 공급물자, 급양. ②넉넉하다, 풍족하다: 家～人足. 집집마다 사람마다 넉넉하다. (1) gěi →139페지.

脊 (1) jǐ (척) ①등골뼈, 사둥이뼈: ～椎骨. 척추골, 등골뼈./～髓. 척수. ②등성이, 마루: 屋～. 지붕마루./山～. 산등성이. (2) jí →191페지.

掎 jǐ (기) (뒤에서) 당기다, 잡아당기다, 끌다, 끌어당기다.

戟(戟) jǐ (극) 랑지창, 미늘창(옛무기의 한가지).

计 jì (계) ①계산하다, 헤아리다(련-算): 不～其数. 그 수효를 헤아릴수 없이 많다, 부지기수. ②계기: 时～. 시계./体温～. 체온계. ③꾀, 수, 계책, 묘안(련-策): 妙～. 묘안, 묘한 계책./百年大～. 백년대계. ④계획하다, 타산하다, 책동하다: 咱们先～划一下. 우선 계획해봅시다./为工作方便～. 사업의 편리를 위해 타산

하다. 〔计较〕(-jiào) 1. 타산하다, 생각하다, 협상하다: 来,咱们~~一下. 자, 우리 협상해봅시다. 2. 따지다, 옥신각신하다, 쟁론하다: 大家都没有和她~~. 아무도 그와 옥신각신하지 않았다.

痱 jì 기미, 주근깨.

记 jì (기) ①기억하다, 명심하다: 牢~阶级苦,不忘血泪仇. 계급의 쓰라림을 깊이 새겨두고 피눈물의 원한을 잊지 말자. ②적어두다, 기록하다, 아로새기다: ~录. 기록하다./~帐. 장부에 기입하다, 장부에 적어두다./把这件事~在笔记本上. 이 일을 필기장에 적어놓다. 〔记者〕 기자. ③(사물을 기록하거나 묘사한) 책 또는 글: 游~. 유람기, 기행문./日~. 일기./大事~. 대사기. ④기호, 표식, 도장:以红色为~. 붉은색을 표식으로 하다./戳~. 도장.

纪 (1) jì (기) ①기록하다, 기재하다: ~事. 기사, 사건을 기록하다. 〔纪念〕 기념하다. ②시간의 단위. 옛날에는 12년을 1기로 하였음. 〔世纪〕 세기. ③규률, 질서, 법: 军~. 군사규률./违法乱~. 법을 위반하고 규률을 문란시키다. 〔纪律〕 규률: 遵守劳动~~. 로동규률을 지키다. (2) jǐ →192페지.

忌 jì (기) ①질투하다, 새암하다, 시기하다, 미워하다, 증오하다:猜~. 꺼리고 미워하다, 의심하고 싫어하다, 시기하다, 새암하다./~才. 남의 재간을 시기하다, 자기보다 나은 사람을 질투하다. ②겁내다, 꺼리다: 肆无~惮. 꺼리낌없다. 뻔뻔스럽다. 〔顾忌〕 꺼리다, 꺼리낌, 망설이다: 有话尽管说不要有什么~~. 할 말이 있으면 망설이지 말고 맘대로 말하시오. ③그만두다, 끊다, 삼가하다: ~酒. 술을 끊다./~口. (치료상요구로) 음식을 가리다./~食生冷. 날것과 찬 음식을 가리다. 〔忌讳〕 꺼리다, 금하다.

跽 jì (기) 꿇어앉다.

伎 jì (기) ①재능, 기교, 기량, 솜씨. 〔伎俩〕(-liǎng) (부정당한) 수단, 수법, 속임수. ②(옛날) 가무를 업으로 하는 녀자.

芰 jì (기) 마름, 세발마름.

技 jì (기) 재능, 재간, 재치, 기술, 기교, 솜씨(㊀-艺、-能): ~巧. 기교./口~. 입재주./~师. 기사, 기술자/一~之长(cháng). 한가지 재간, 장끼. 〔技术〕 기술.

妓 jì (기) 기생.

系(繫) (2) jì (계) 매다, 묶다: 把鞋带~上. 신끈을 매다. (1) xì →470페지.

际(際) jì (제) ①끝, 가, 기슭, 한계, 갈림점: 林~. 숲, 언저리./水~. 물가./天~. 하늘가./春夏之~. 봄과 여름이 바뀔 때. ②호상간, 서로의 사이: 国~. 국제./厂~竞赛. 공장과 공장 사이의 경쟁. ③때, 즈음, 무렵./当祖国进行社会主义建设之~. 조국에서 사회주의건설을 진행하고있는 이때. ④즈음하다: ~此盛会. 이 성대한 모임에 즈음하여.

季 jì (계) ①형제의 항렬순서를 〈伯、仲、叔、季〉등 네글자로 나타낼 때 〈季〉는 막내임：～弟. 막내동생./～父. 막내삼촌. [파]맨마지막, 맨끝：～世. 세기말./～春. 봄철의 마지막달. ②분기, 석달을 가리킴：一年分春、夏、秋、冬四～. 1년을 봄, 여름, 가을, 겨울 4계절로 나눈다. [파](-子、-儿) 계절, 철, 절기：西瓜～儿. 수박철./这一～子很忙. 이 철에는 매우 바쁘다.

悸 jì (계) (놀라서) 가슴이 두근거리다, 놀라움：惊～. 놀라서 가슴이 두근거리다./～栗. 가슴이 두근거리다, 떨다./犹有余～. 가슴이 아직도 두근거리다.

剂(劑) jì (제) ①조제한 약제：药～. 약제./清凉～. 청량제, 해열제. 〔调剂〕 1. 약을 조합하다, 조제하다. 2. 적당히 조절하다. ②단위명사. 제：一～药. 약 한제.

荠(薺) (1) jì (제) 냉이.
(2) qí →356페지.

济(濟) (1) jì (제) ①구제하다, 돕다：救～金. 구제금./～困扶危. 가난한 사람을 구제하고 위급한 사람을 도와주다. ②리로운 점, 좋은 점, 쓸모, 소용：无～于事. 아무 소용도 없다. ③(강을) 건느다：同舟共～. 한배를 타고 강을 건느다, 고락을 같이하다. (2) jǐ →192페지.

霁(霽) jì (제) ①비나 눈이 그치고 날이 개이다：雪初～. 눈이 멎고 날이 개이기 시작한다. ②노기가 사라지다, 노여움이 가시다：色～. 노여움이 가시다.

鲚(鱭) jì (제) 싱어.

垍 jì (계) 굳은 땅.

洎 jì (계) 이르다, 다닫다, 미치다：自古～今. 예로부터 오늘에 이르다.

迹(跡、蹟) jì (적) 발자국([련]踪-)：足～. 발자국./兽蹄鸟～. 길짐승과 날짐승의 자취. [파] 1. 자국, 자취, 흔적([련]痕-)：～象. 흔적, 자취, 현상; 눈치, 기미, 기색. 2. 유물：古～. 고적./陈～. 지나온 자취, 지난 일.

既 jì (기) ①이미：霜露～降. 서리가 이미 내렸다./～往不咎. 과거의 잘못을 묻지 않는다./保持～有的荣誉. 이미 얻은 영예를 보전하다. 〔既而〕 이윽고, 그뒤, 이후, 잠간후에, 얼마 안가서, 곧：起初以为困难多,～～看出这些困难都是可以克服的. 처음에는 곤난이 매우 많다고 여겼는데 얼마 안되여 이런 곤난들은 모두 극복할수 있다는것을 알았다. 〔食既〕 일식이나 월식에서의 앞단계 가림. ②…바에야, …이상(흔히 〈就〉 또는 〈则〉와 어울려쓰임)：～说就做. 말을 한 이상 해야 한다./～来之则安之. 기왕 온바에는 안착해야 한다, 기왕 왔으니 마음을 푹 놓아야 한다. /问题～然提到眼前, 就需要解决. 문제가 이미 제기된 이상 해결해야 한다. ③…뿐더러, …도 하다 (흔히 〈且〉 또는 〈又〉와 어울려쓰임)：～高且大. 높기도 하거니와 크기도 하다./～快又好. 빠르고도 좋다.

暨 jì (기) 와, 과, 및.

鲫 jì (즉) 붕어.

觊(覬) jì (기) 〔觊觎〕(-yú): 분에 넘는 희망 또는 시도, 분에 넘치는것을 바라보다.

继(繼) jì (계) 계속하다, 잇다, 뒤를 잇다, 계승하다(⑪-续): ～任. 후임, 임무를 넘겨받다. /～往开来. 지난날의것을 이어받아 앞길을 개척하다. 〔继承〕 이어받다, 계승하다.

偈 (1) jì (게) 불경의 노래가사, 중의 글귀. (2) jié →213페지.

徛 jì (기) 〈방〉서다, 일어서다.

寄 jì (기) ①부탁하다, 맡기다: ～放. 림시 맡겨두다. ②의지하다, 의탁하다, 붙이다: ～居. 기숙하다, 얹혀살다. /～生. 기생하다, 붙어살다. /～宿. 기숙하다, 림시 거주하다. ③(남에게 맡겨) 전달하게 하다, (우편으로) 부치다: ～信. 편지를 부치다. /～钱. 돈을 부치다. /～包裹. 소포를 부치다. /～语. 말을 전하다.

祭 jì (제) ①죽은 사람에 대한 추모와 경의를 표시하는 의식, 추모하다(⑪-奠): 公～烈士. 렬사들을 추모하다. ②제사를 지내다: ～祖. 조상들에게 제사를 지내다. /～天. 하늘에 제사를 지내다.

穄 jì (제) (-子) 메기장〈糜(méi)子〉라고도 함.

寂 jì (적) 고요하다(⑪-静): ～然无声. 소리 하나없이 조용하다. 〔寂寞〕(-mò) 적막하다, 쓸쓸하다, 외롭다, 적적하다.

惎 jì (기) ①해독을 끼치다, 해독. ②시기하다, 질투하다, 미워하다, 원망하다.

蓟 jì (계) 엉겅퀴, 항가새.

稷 jì (직) ①기장, 서숙. ②오곡의 신. 〔社稷〕 ㊥나라, 국가: 执干戈以卫～～. 병장기를 들고 나라를 보위하다.

髻 jì (계) 쪽(녀자의 머리단장): 高～. 높이 쪽찐 머리.

冀 jì (기) ①희망하다, 바라다. ②하북성의 별칭.

骥 jì (기) 좋은 말, 준마.

罽 jì (계) 양탄자, 모직담요.

檵 jì (계) 구기자.

JIA

加 jiā (가) ①더하다, 가하다(⑪增-): ～价. 값을 올리다. /三个数相～. 세수를 서로 더하다, 세수의 합. /增～工资. 로임을 인상시키다. 〔加法〕 가법, 더하기. 〔加工〕 가공하다, 처리하다. 〔加油儿〕 ㊃힘쓰다, 힘을 더 내다, 북돋우다. ②(어떤 행동을) 하다: 特～注意. 특히 주의하다, 각별히 주의를 돌리다. /不～思索. 사색을 하지 않다, 생각하지 않다. /～以保护. 보호하다, 보호해주다. ③보태다, 더 많게 하다, 증가하다: ～引号. 인용부호를 치다.

伽 (2) jiā (가) 〔伽倻(-yē)琴〕 가야금. 〔伽利略〕 갈릴레이(이딸리아의 천문학자, 물리학자). (1)

qié →363폐지.

茄 (2) jiā (가) 〈고〉련꽃줄기. 〔雪茄〕 려송연, 엽권연. (1) qié →363폐지.

迦 jiā (가) 음역에 쓰이는 글자. 〔释迦〕 석가(석가모니).

珈 jiā (가) 멸잠(옛날 녀자의 머리장식품, 비녀의 일종).

枷 jiā (가) 칼, 항쇄(목에 씌우는 형구). 〔枷锁〕 ㊊멍에, 속박, 구속: 砸碎～～. 멍에를 짓부시다.

痂 jiā (가) 부스럼딱지, 헌데딱지.

耞 jiā (가) →269폐지 〈连〉의 〈连枷〉(liánjiā), 도리깨.

笳 jiā (가) 갈잎피리, 갈피리.

袈 jiā (가) 〔袈裟〕(-shā) 가사, 중의 옷.

跏 jiā (가) 올방자, 가부좌. 〔跏趺〕 (-fū) 좌선의 올방자, 가부좌.

嘉 jiā (가) ①아름답다, 좋다: ～宾. 귀빈. ②찬미하다, 찬양하다, 자랑하다: ～许. 칭찬하다./精神可～. 찬양할만한 정신.

夹(夾、挟) (1) jiā (협) ①집다, 끼우다: ～菜. 반찬을 집다. ㊋1. 량쪽에서 제한하다: ～道. 길량쪽에 빼곡이 늘어서다./两山～一水. 두 산이 한줄기 강을 끼고있다. 2. 량쪽에서 죄여들다: ～攻. 협공하다, 량쪽으로 들이치다. ②끼다./～着书包. 책가방을 끼다./手指间～着一枝雪茄烟. 손가락사이에 려송연 한대를 끼고있다. ③뒤섞이다, 혼합되다(㊄-杂): ～七杂八. 이것저것 뒤섞이다, 뒤죽박죽이 되다./～生. 설익다. ④(-子、-儿) 가축지갑, 집게, 끼우개. (2) jiá →197폐지. (3) gā →129폐지.

浃(浹) jiā (협) 축축히 젖다, 누기차다: 汗流～背. 등이 땀에 축축하게 젖다.

佳 jiā (가) 아름답다, 좋다, 훌륭하다: ～音. 기쁜 소식, 좋은 소식./～句. 좋은 글귀, 아름다운 구절./～作. 가작, 좋은 작품.

家 (1) jiā (가) ①집, 가정: 勤俭持～. 검소하게 살림을 꾸리다./张～有五口人. 장씨네 집에는 다섯식솔이 있다. ＊자기 집 이상분을 남에게 이야기할 때 존중해 이르는 말: ～兄. 저의 형. ～父. 아버님, 우리 아버지. 〔家(傢)伙〕(-huo) 1. 잡은것, 도구. 2. 무기, 형구. 3. 녀석, 자식, 놈, 새끼(사람 또는 짐승을 박대할 때거나 롱담할 때). 〔家常〕 늘 있는 집안일, 가정의 일상생활: ～～便饭. 평소에 먹는 간단한 음식, 아주 평범한 일, 일상적인 일./叙～～. 일상생활적인 이야기를 하다. 〔家畜〕(-chù): 가축, 집짐승. ②가정의 소재지: 回～. 고향에 돌아오다(가다), 집에 돌아가다(오다)./这儿是我的～. 여기가 우리 집입니다. ③그 집의 직종 또는 사람의 신분: 农～. 농사집./酒～. 술장사집, 술집. /船～. 배군. ④전문적인 기술, 기능, 지식을 가진 사람: 科学～. 과학가./水稻专家. 벼전문가./政治～. 정치가. ⑤(jia)어떤 년령이나 성별에 속하는 사람임을 나타냄: 姑娘～. 처녀애./孩子～. 아

이. ⑥단위명사. 집, 호: 一～人家. 살림집 하나./两～饭馆. 두 음식점. (2) jie →215페지.

傢 jiā (가) →196페지의 〈家〉를 다르게 쓰는 글자.

镓 jiā 갈리움(원소기호 Ga).

葭 jiā (가) 갓 돋아난 갈대. 〔葭莩〕(-fú)갈청, 갈대청. ㊥관계가 멀어진 친척: ～～之亲. 관계가 멀어진 친척.

豭 jiā (가) 수퇘지.

夹(夾、裌、袷) (2) jiá (협, 겹) 겹으로 된 이불, 옷따위: ～裤. 겹바지./～被. 겹이불. (1) jiā →196페지. (3) gā →129페지. 〈袷〉qiā →356페지.

郏(郟) jiá (겹) 〔郏县〕 겹현, 하남성에 있음.

荚(莢) jiá (협) 꼬투리: 豆～(豆角). 콩꼬투리. /皂～. 주염나무꼬투리./槐树～. 아카시아나무꼬투리.

铗(鋏) jiá (협) ①부집게. ②검, 칼. ③검의 자루.

颊(頰) jiá (협) 뺨, 볼: 两～绯红. 두볼이 상기되다.

蛱(蛺) jiá (겹,협) 〔蛱蝶〕(-dié) 호랑나비.

恝 jiá (개, 괄) 심드렁하다, 아무 근심도 없다, 무심하다, 무표정하다, 본체만체하다. 〔恝置〕 내버려두다, 본체만체하다.

戛(戞) jiá (알) ①두드리다, 치다. ② 소리본딴말. 딱, 뚝(쇠나 돌이 부딪치는 소리): ～然而止. 뚝 멈춰섰다, 딱 멎었다. 〔戛戛〕 어려운 모양, 힘겨운 모양: ～～乎难哉. 아, 참으로 힘겹구나.

甲 jiǎ (갑) ①천간의 첫번째, 배렬순서의 첫째, 제1위. ㊥으뜸가다, 첫자리: 桂林山水～天下. 계림산수는 천하제일경이다. 〔甲子〕 갑자(중국에서 세월을 계산할 때 사용하는 단위, 60년을 한 갑자라고 부름). 〔甲子年〕 갑자년, 60년이 되는 해. ②갑옷: 盔～. 투구. ③껍질: 龟～. 거북의 껍질./～虫. 갑충, 딱정벌레. 〔甲鱼〕 자라. 〔甲骨文〕 갑골문. ④각질: 指～. 손톱. ⑤보호하기 위하여 씌운 철판: 装～车. 장갑차. 〔甲板〕 갑판. ⑥갑(지난날 보갑제도에서 100호를 〈甲〉이라 하였음). →14페지의 〈保③〉.

岬 jiǎ (갑) ①곶, 갑: 成山～. 성산갑, 산동성에 있음. ②두 산 사이의 골짜기.

胛 jiǎ (갑) 어깨죽지. 〔肩胛骨〕 견갑골, 어깨뼈.

钾 jiǎ 칼리움(원소기호 K).

蚦 jiǎ (갑) 갑충, 갑충의 총칭.

贾 (1) jiǎ (가) ①사람의 성. ②(옛날)이름자에 많이 씌였음. 〈고〉〈价(價)〉(jià)와 같음. (2) gǔ →147페지.

槚 jiǎ (가) ①향오동나무, 노나무. ②(옛날) 차나무.

假(叚) (1) jiǎ (가) ①거짓, 가짜, 속임: ～头发. 가발./～话. 거짓말. 〔假如〕〔假使〕 만약, 가령, 만일. ②빌다, 꾸

다, 리용하다([련]-借)：～手于人. 남의 손을 빌다./～公济私. 공적인 명의를 빌어 사복을 채우다. (2) jià → 본 페지.

椵 jiǎ (가) →146페지의 (gǔ).

瘕 jiǎ (가) 괴벨, 적병(오랜 체증으로 생기는 병).

斝 jiǎ (가) 세발옥잔.

价(價) (1) jià (가) 가격, 값：～目. 값, 물가, 가격./物～稳定. 물가가 온정되다./减～. 값을 덜다, 감가하다, 값을 낮추다.〔价格〕가격, 값.〔价值〕가치, (쓸모있는) 가치：有～～. 가치가 있다.〔原子价〕원자가.〈价〉라고도 략칭함. (2) jiè →214페지. (3) jie →215페지.

驾 jià (가) ①수레채를 메우다：～辕. 멍에를 메우다./～轻就熟. 짐 가벼운 수레에 아는 길, 식은죽 먹기, 아는 일이여서 하기 쉽다. ②(옛날) 차량의 총칭. *존경어(상대방의 행동 또는 오고감을 높이여 이름)：劳～. 수고합니다, 미안합니다, 페를 끼치겠습니다. ③몰다, 부리다, 끌다, 운전하다, 조종하다：～飞机. 비행기를 조종하다./～驶员. 조종사, 운전수.〔驾驭〕(-yù) 부리다, 몰다. [파]1. (지난날 사람에 대한) 관리, 사용. 2. 길들이다, 쥐락펴락하다.

架 jià (가) ①(-子、-儿) 대, 틀, 시렁, 걸개, 덕, 받치개：书～儿. 책시렁, 책꽂이./房～子. 집틀./车～子. 수레틀./笔～儿. 붓걸이, 붓, 펜 등을 놓는 대, 필가./葡萄～. 포도덕.〔担架〕담가, 들것. ②가설하다, 세우다. 1. 늘이다, 괴다, 놓다：～电线. 전선줄을 늘이다./把枪～住. 총을 괴워놓다./～桥. 다리를 놓다. 2. 부축하다：他受伤了,～着他走. 그 사람이 부상을 당했으니 부축해가시오.〔架不住〕막을수 없다, 견디지 못하다, 버티지 못하다, 지탱하지 못하다. ③싸우다：打了一～. 싸움질을 한바탕 하다./劝～. 싸움을 말리다. ④단위명사. 대, 틀, 정, 시렁：五～飞机. 비행기 다섯대. /一～机器. 기계 한대./一～葡萄. 포도 한덕.〔架次〕(비행기가) 련이어 뜬 대수.

假 (2) jià (가) 쉼, 휴가：例～. 정해놓고 쉬는 날, 정기휴가, 달거리, 달거리기간./寒～. 겨울방학./～期. 휴가기간, 방학기간./请～. 청가. (1) jiǎ →197페지.

嫁 jià (가) ①시집가다, 시집보내다：出～. 시집가다, 출가하다./～娶. 시집가고 장가들다.〔嫁接〕접붙이다. ②뒤집어씌우다, 넘겨씌우다, 들씌우다, 전가하다：～怨. 원한을 전가하다, 제가 미워하면서 남이 미워하는것처럼 말하다./～祸于人. 남에게 화를 뒤집어씌우다.

稼 jià (가) 심다, 씨붙임을 하다.〔稼穑〕(-sè) 씨붙임과 수확, 농사.〔庄稼〕농작물, 오곡：种～～. 농사를 짓다, 농작물을 심다.

JIAN

戋(戔) jiān (잔) 작다, 적다 [첩].

浅(濺) (2) jiān (천) 〔浅浅〕 졸졸, 돌돌(물 흐르는 소리). (1) qiǎn →358페지. 〈濺〉jiàn →203페지.

笺(箋、牋、椾) jiān (전) ① 주석을 주다. ②편지종이: 便～. 편지지, 쪽지./信～. 편지지. ㊔서신, 편지, 서한: 华～. 편지, 서한(지난날 남의 편지를 높여이르는 말).

尖 jiān (첨) ① (-儿) (뾰족한) 끝, 끝부분; 笔～. 붓끝, 펜촉./刀～儿. 칼끝./针～儿. 바늘끝./塔～儿. 탑꼭대기. 〔尖锐〕 날카롭다, 예리하다, 첨예하다; 째는듯하다, 쨍쨍하다: ～～的声音. 쨍쨍한 소리./～～的批评. 예리한 비평./矛盾的～～化. 모순의 첨예화. 〔打尖〕 1. 순을 치다. 2. 길손이 식사하다. ②끄트머리가 가늘다, 뾰족하다: 把铅笔削～了. 연필끝을 가느다랗게 깎다. ③(감각이) 예민하다: 眼～. 눈이 예민하다, 눈치 빠르다./耳朵～. 귀가 밝다.

奸(姦) jiān (간) ①간사하다, 교활하다, 간교하다, 능갈하다:～雄. 못된 꾀를 잘 쓰는 사람, 속이 검은 놈, 야심가./～笑. 간사한 웃음./不藏～, 不耍滑. 간사한 마음을 품지 않고 교활한 수작을 부리지 않는다. ②반역자, 역적: 汉～. 한간./锄～. 역적을 없애다. 〔奸细〕 간첩, 정탐, 끄나불, 간사한 놈. ③간통하다, 간음하다: 通～. 간통하다./～污. 간음하다, 릉욕하다, 몸을 더럽히다.

歼(殲) jiān (섬) (속음 qiān) 섬멸하다(㉠-灭): 围～. 포위섬멸하다. /全～入侵之敌. 침입한 적들을 모조리 섬멸하다.

坚(堅) jiān (견) 굳다, 굳세다, 단단하다, 견고하다(㉠-固): ～不可破. 견고하여 깨뜨릴수 없다./～壁清野. 적들이 가져가지 못하게 물건과 량식을 죄다 파묻고 소개시키다, 청야전술. ㊁확고부동하다, 꿋꿋하다, 튼튼하다, 굳세다: ～决. 견결하다, 단호하다./～持. 견지하다, 굳게 지키다, 고수하다./～守. 굳게 지키다. 〔中坚〕 중견: ～～分子. 중견일군.

鲣(鰹) jiān (견) 강고등어, 물치.

间(間) (1) jiān (간) ①사이, 간, 어간: 彼此～的差别. 피차간의 차별. ②(일정한 시간이나 공간을 나타내는) 곳, 때: 田～. 논밭./人～. 인간, 사람들속에./晚～. 밤. ③단위명사. 간, 칸: 一～房. 집 한칸./广厦千～. 천칸이나 되는 큰 청사, 큰 고층건물. (2) jiàn →202페지. 〈間〉xián →474페지의 〈闲〉.

肩 jiān (견) ① 어깨. ② 떠메다, 지다, 걸머지다: 身～重任. 중책을 몸에 걸머지다, 중책을 지다.

艰(艱) jiān (간) 어렵다, 간고하다 (㉠-难): ～辛. 어렵다, 간고하다, 간난신고하다./～苦. 간고하다./文字～深. 글이 까다롭고 어렵다.

监(監) (1) jiān (감) ①감시하다, 감독하다, 살피다: ～察. 감찰하다, 감시하다, 감독하다. ②감옥, 형무소(㊌-牢、-狱): 收～. 감옥에 가두다./坐～. 감옥생활을 하다. 〔监禁〕 감금하다, 투옥하다. (2) jiàn →203페지.

兼 jiān (겸) ①곱하다, 배하다: ～旬. 스무날동안./～程. 속도를 배로 높여서 나아가다. 〔兼并〕 합치다, 한데 합쳐가지다, 병탐하다, 겸병. ②겸하다: ～任. 겸임하다./德才～备. 덕성과 재질을 겸비하다.

蒹 jiān (겸) 이삭이 나오지 않은 갈대.

搛 jiān (렴) 집다: 用筷子～菜. 저가락으로 반찬을 집다.

缣 jiān (겸) 발이 가는 비단.

鹣 jiān (겸) 비익조(전설에 나오는 새).

鳒 jiān (겸) 가재미, 넙치.

菅 jiān (관) 왕골. 〔草菅〕 ㊌경시하다: ～～人命. 사람을 풀베듯 죽이다, 닥치는대로 죽이다.

渐 (2) jiān (점) ①스며들다, 담그다, 잠그다: ～染. 점점 물들다, 서서히 옮다, 감화하다. ②흘러들다: 东～于海. 동쪽으로 흘러 바다에 들어가다. (1) jiàn →204페지.

犍 (1) jiān (건) 거세한 소, 불친소. (2) qián →358페지.

鞬 jiān (건) 말등에 단 동개.

湔 jiān (전) 씻다, 빨다.

煎 jiān (전) ①달이다, 졸이다: ～药. 약을 달이다. ②기름에 지지다: ～鱼. 지진 물고기, 물고기를 지지다./～豆腐. 두부전, 두부를 지지다.

缄 jiān (함) 봉이다, 다물다, 봉하다: ～口. 입을 다물다, 말하지 않다. 〔缄默〕 입을 다물다, 침묵을 지키다.

瑊 jiān (감) 〔瑊石〕 옥돌.

鞯(韉) jiān (천) 언치, 말언치: 鞍～. 언치.

櫼 jiān (첨) 쐐기.

囝 (1) jiǎn (건) 〈방〉아들, 아들딸. (2) nān → 319 페지의 〈囡〉.

拣(揀) jiǎn (간) ①고르다, 선택하다(㊌挑-): ～好的交纳公粮. 좋은것으로 골라 공량(현물세)을 바치다. ②〈捡〉과 같음.

枧 jiǎn (견) 〈방〉비누: 香～. 세수비누.

笕 jiǎn (견) 홈통, 수채.

茧(繭、絸) jiǎn (견) ①(-子、-儿) 누에고치. ②〈趼〉과 같음.

柬 jiǎn (간) 서한, 명찰, 글쪽지, 초대장: 请～. 청첩, 초대장.

俭(儉) jiǎn (검) 아끼다, 검박하다, 절약하다: ～朴. 검박하다, 검소하다./省吃～用. 아껴 먹고 아껴 쓰다./勤～办学. 근검하게 학교를 꾸리다./勤～办事. 부지런하고 검박하게 일하다.

捡(撿) jiǎn (검) 줏다: ～柴. 나무를 줏다./把笔～起来. (떨어진) 붓을 줏다./～了一

张画片. 그림엽서 한장을 주었다.

检(檢) jiǎn (검) 검사하다, 점검하다, 검열하다([련]-查): ～字. 글자를 찾다, 단어를 찾아보다./～验. 검사하다, 검증하다, 검열하다. 〔检点〕 1. 하나하나 자세히 검사하다, 하나씩 세여보다, 점검하다. 2. 단속하다, 주의하다: 失于～～. 단속하지 않다, 주의하지 않다. 〔检讨〕 검토하다. 〔检举〕 신고하다, 고발하다. 〔检察〕 검찰, 범죄사실을 조사하여 증거를 찾다.

睑(瞼) jiǎn (검) 눈까풀, 눈시울.

趼 jiǎn (견) (손발의) 굳은살: 老～. 굳은살, (손 또는 발에 박힌) 못.

减(減) jiǎn (감) ①덜다, 줄이다, 감하다: 三～二是一. 셋에서 둘을 덜면 하나다./～价. 값을 내리다, 감가하다. 〔减法〕 덜기, 감법. ②(정도가) 낮아지다, 못해지다, 쇠퇴되다: ～色. 색이 날다, 색이 못해지다, (값이나 질이) 떨어지다, 낮아지다, 손색있다.

碱(堿、硷、礆、鹼、鹻) jiǎn (감, 함) ①소다, 알카리. ② 염기. ③소금이 내돋다, 소금에 절다: 好好的罐子,怎么～了? 생생한 독에 어찌 소금이 내돋는가?/那堵墙全～了. 저 벽은 온통 소금이 내돋았다.

剪 jiǎn (전) (-子) ①가위. ②가위모양으로 된것: 火～. 부집게, 파마집게./夹～. 가위, 집게. ③베다, 자르다, 오리다: ～断. 가위로 끊다./～开. 가위로 자르다, 베다, 오리다. 〔剪影〕 사람의 얼굴이나 인체의 륜곽에 근거하여 오려낸것, 륜곽, 대체적인 테두리. [유]사물의 일부분, 개황. ④제거하다, 잘라버리다, 없애버리다: ～灭. 없애버리다./～除. 잘라버리다, 없애버리다, 제거하다.

谫(譾) jiǎn (전) 얕다, 밭다: 学识～陋. 학식이 얕다, 지식이 얕다.

翦 jiǎn (전) ①〈剪〉과 같음. ②사람의 성.

锏 (2) jiǎn (간) 네모난 쇠메, 구리몽둥이(옛날 무기의 한가지). (1) jiàn →203페지.

裥 jiǎn (간) 옷주름.

简 jiǎn (간) ①(옛날 글자를 쓰는데 쓰이던) 참대쪽. [전]서한, 서신. ②간소화하다: ～写. 략자, 략자를 쓰다, 간략해 쓰다./删繁就～. 군더더기를 없애고 간단명료하게 하다, 복잡한 부분을 빼버리고 간단하게 하다./精兵～政. 군대를 정예화하고 행정을 간소화하다, 행정기관을 간소화하고 행정인원을 줄이다, 기구를 축소하다. 〔简直〕 그야말로, 실로,정말, 곧바로, 숨김없이, 명확히, 아예, 차라리: 你若不提这件事, 我～～想不起来. 네가 이 일을 꺼내지 않았더라면 나는 실로 생각도 못하였겠다. ③선택하다, 선발하다: ～拔. 선발하다.

戬 jiǎn (전) ①없애버리다, 제거하다. ②복, 상서로움.

蹇 jiǎn (건) ①다리를 절다. ②느리고 둔하다, 지둔하다, 순조롭지 못하다: ～涩. 가는 길이 험난하다./～滞. 일이 순조롭지 못하다. ③좋지 못한 말, 나귀.

謇 jiǎn (건) ①말을 더듬다, 발음이 똑똑치 못하다. ②정직하다.

瀽 jiǎn 물을 뿌리다, 퍼붓다, 쏟다.

劗 jiǎn (찬, 전) 끊어버리다, 잘라버리다.

见(見) (1) jiàn (견) ①보다, 보이다: 眼～是实. 눈에 보이는것이여야 사실이다. [파]접촉하다, 만나다: ～风. 바람을 맞다./这种药怕～光. 이런 약은 해빛을 꺼린다. 〔见习〕 견습하다: ～～技术员. 견습기술원. ②나타나다, 드러나다, 보여지다, 알려지다: 病已～好. 병이 호전된것이 알린다, 병세가 호전되였다./～分晓. 명백해지다, 밝히다, 결정하다./～效. 효력을 나타내다, 효험을 보다. ③명사의 앞에 붙어서 그의 출처나 참고할것을 가리켜줌: ～上. 우를 볼것. /～下. 아래를 볼것. ④동사의 뒤에 붙어서《알다》,《보다》,《만나다》 등의 뜻을 보태줌: 接～. 접견하다, 만나보다./看望多年未～的老战友. 여러해동안 만나보지 못했던 옛전우를 만나보았다. ⑤견해, 생각, 의견(련-识): ～地. 견지, 견해, 의견./远～. 원견./不能固执己～. 자기의 의견을 고집할수 없다. ⑥조사: 1. 동사앞에 붙어서 피동을 나타냄: ～笑. 비웃음을 자아내다./～怪. 탓하다, 나무라다, 언짢게 여기다, 노여워하다. 2. 동사의 앞에 붙어서 겸손성을 나타냄: ～谅. 량해를 빌다, 량해를 구하다./～告. 알리다./～教. 가르침을 받다. ⑦〈听〉〈看〉〈闻〉 등 글자의 뒤에 붙어 그 효과를 나타냄: 看～. 보인다./听不～. 들리지 않는다. (2) xiàn →476페지.

舰(艦) jiàn (함) 군함, 함선: ～队. 함대./巡洋～. 순양함.

件 jiàn (건) ①단위명사. 가지, 벌, 건: 一～事. 한가지 일./两～衣服. 옷 두벌./～数. 건수. ②(-儿) 하나하나 헤아릴수 있는 사물: 1. 배합되는것: 零～儿. 부속품. 2. 문서, 서류따위: 文～. 문건./来～. 문건이 오다, 온 문건.

牮 jiàn (천) ①(비뚤어진것을) 버티다: 打～拨正. 기울어지는 집을 버티여 바로세우다. ②흙이나 돌로 물을 막다, 뚝을 쌓다.

间(間) (2) jiàn (간, 한) ①(-儿)틈, 짬, 사이, 공간: 当～儿. 한가운데, 중간./团结无～. 굳게 단합하다. ②사이를 두다, 떨어지다: ～断. 중간에서 끊어지다, 중단되다./～隔. 간격./黑白相～. 검은것과 흰것이 서로 뒤섞이다./晴～多云. 개인 날씨에 이따금 구름이 많이 낀다. 〔间接〕 간접적이다: ～～经验. 간접적경험. (1) jiān →199페지. 〈閒〉xián →474페지의 〈闲〉.

涧 jiàn (간) 산골짜기의 물곬: ～溪. 산골짜기에서 흐르는 시내.

锏 (1) jiàn (간) (축받이) 토시. (2) jiǎn →201페지.

饯(餞) jiàn (전) (주연을 베풀어) 송별하다. 〔蜜饯〕 꿀에 재운 과실, 사탕에 절이다, 짬, 과실졸임.

贱(賤) jiàn (천) ①싸다, 값이 눅다, 헐하다: 这布真～. 이 천은 정말 싸다. ②천하다([련]卑-): 贫～. 가난하고 천하다. *자기를 낮추어 하는 말: ～姓. 저의 성./～恙. 저의 병. ③경시하다, 깔보다, 업신여기다, 천하게 여기다.

践(踐) jiàn (천) ①밟다, 디디다, 짓밟다([련]-踏). 〔作践〕(zuòjian) 못쓰게 만들다, 망치다, 랑비하다, 못살게 굴다, 학대하다: ～～东西. 물건을 못쓰게 만들다./～～钱. 돈을 랑비하다. ②실천하다, 실행하다, 행동에 옮기다: ～约. 언약을 지키다, 약속을 실행하다./～言. 약속을 실행하다, 말한것을 실천하다./实～. 실천하다.

溅(濺) (1) jiàn (천) (물방울이나 진흙따위가) 튀다: ～了一脸水. 온낯에 물방울이 튕겼다./水花四～. 물방울이 사방으로 튀다. (2) 〈濺〉jiān →199페지의 〈浅〉.

建 jiàn (건) 세우다, 짓다, 건축하다, 창건하다, 창립하다: ～军节. 건군절./～都. 수도를 세우다, 수도로 정하다./～筑铁路. 철도를 부설하다. 〔建设〕 건설하다: ～～国家. 나라를 건설하다./经济～～. 경제건설./文化～～. 문화건설. 〔建议〕 건의하다, 제의하다, 제기하다, 건의, 제의, 방안.

健 jiàn (건) ①건강하다, 건전하다([련]-康、强-): ～儿. 건아, 든든한 사람./保～. 보건./身体～康. 신체가 건강하다. 〔健全〕 건전하다, 건전하게 하다: ～～组织. 조직을 건전하게 하다./制度很～～. 제도가 아주 건전하다. ②잘하다, 즐기다: ～步. 온당한 걸음, 잘 걷다./～谈. 말을 잘하다./～饭. 많이 먹는 사람, 대식가. 〔健忘〕 잘 잊어버리다, 잊기를 잘하다, 건망증이 심하다.

楗 jiàn (건) 문빗장.

毽 jiàn (건) (-子、-儿) 제기.

腱 jiàn (건) 힘줄의 밑둥, 건. 〔腱子〕 힘줄, (소나 말의) 종아리살.

键 jiàn (건) ①비녀장, 바퀴비녀장. 〈辖〉라고도 함. 〔关键〕 관건, 고리. ②쇠빗장. ③(피아노와 풍금의) 누르개, 건반.

荐(薦) jiàn (천) ①추천하다, 소개하다, 알선하다([련]举-、推-): ～人. 사람을 추천하다. ②풀, 돗자리.

剑(劍、劒) jiàn (검) 검.

监(監) (2) jiàn (감) 환관, 옛날 관청의 이름: 太～. 태감./国子～. 국자감./钦天～. 옛날의 천문대. (1) jiān →199페지.

鉴(鑒、鑑) jiàn (감) ①거울. [파]교훈, 거

울: 前车之覆,后车之～. 앞수레의 뒤집힘은 뒤수레의 교훈이다, 앞사람의 실패에서 뒤사람의 교훈을 찾는다, 지난날의 실패를 교훈으로 삼다./引以为～. 거울로 삼다, 교훈으로 삼다.〔鉴戒〕교훈,거울. ②비치다: 光可～人. 얼굴이 비칠 정도로 반들반들하다. ③자세히 살펴보다, 조사하다, 심사하다: ～定. 감정하다, 평정하다./～赏. 감상하다./～别真伪. 진짜와 가짜를 감별하다./某某先生台～. ××선생님앞(지난날 편지에서 쓰임).〔鉴于〕…에 비추어, …에 따라: ～～旧的工作方法不能适应新的需要,于是创造了新的工作方法. 낡은 사업방법이 새로운 수요에 적응되지 못하는데에 비추어 새로운 사업방법을 창조했다.

槛(檻) (1) jiàn (함) ①란간. ②우리.〔槛车〕1. 짐승우리차. 2. (옛날) 죄수차, 함거. (2) kǎn →236페지.

渐 (1) jiàn (점) 천천히, 점차적으로, 점차, 점점: 逐～. 점차적으로./～进. 점차적으로 나아가다, 점차 발전하다./～入佳境. 점차 아름다운 경지에로 들어가다. (2) jiān →200페지.

谏 jiàn (간) (지난날 임금이나 웃사람에게 바른말로) 충고하다, 권고하다.

僭 jiàn (참) 분에 넘치다, 분수에 지나치다, 주제넘다, 아래사람이 웃사람의 명예, 례의, 물품을 쓰다: ～越. 주제넘게 웃사람의 행세를 하다, 웃사람의 명예나 소지품을 사용하다.

箭 jiàn (전) 화살.

JIANG

江 jiāng (강) ①강: 黑龙～. 흑룡강./松花～. 송화강. ②장강, 양자강.

茳 jiāng (강)〔茳芏〕(-dù) 방동사니, 강호풀(왕골의 한가지).

豇 jiāng (강)〔豇豆〕광저기, 광정이.

将(將) (1) jiāng (장) ①방금, 막, 곧, 인차, 오래지 않아, 바야흐로: 天～明. 오래지 않아 날이 밝는다.〔将来〕장래, 앞으로: 我们的劳动是为更美好的～～. 우리의 로동은 더욱 아름다운 미래를 위해서이다. ②…를(을): ～革命进行到底. 혁명을 끝까지 진행하자. ③장군을 부르다, 궁지에 몰아넣다, 억누르다, 도발하다: ～军. 장군, 장군을 부르다. ④말로 격동시키다: 别把他～急了. 그를 격동시키지 말라. ⑤데리고 가다, 부축하다: ～雏. 새끼를 데리고가다./扶～. 부축하다.〔将军〕장군. ⑥조리하다, 보양하다: ～养. 병을 조리하다, 정양하다, 휴양하다./～息. 몸조리를 하다, 휴식하다, 휴양하다. ⑦〈방〉짐승이 새끼를 낳다: ～驹. 망아지를 낳다./～小猪. 돼지새끼를 낳다. ⑧조사. 동사와 추향동사(趋向动词) 사이에 끼여 행동의 지속을 나타냄: 走～出来. 걸어나오다./叫～起来. 부르다, 웨치다./赶～上去. 따라가다.〔将就〕그런대로 참을수 있다, 불만족스러우나 그대로 하다, 아쉬운대로 하다. (2) jiàng →206페지.

浆(漿) (1) jiāng (장) ①걸죽한 물, 팔프:纸～. 종이팔프./豆腐～. 콩물./泥～. 흙탕물. ②풀을 먹이다:～衣裳. 옷에 풀을 먹이다. (2) jiàng →206페지의〈糨〉.

姜(薑) jiāng (강) 생강.

僵(殭) jiāng (강) ①굳어지다, 꿋꿋해지다, 꿋꿋해지다, 뻣뻣해지다:～尸. 송장, 시체, 주검./～蚕. (고치를 짓기전에) 죽은 누에./手冻～了. 손이 얼어서 꿋꿋해지다. ②정체되다, 동결상태에 이르다. 교착상태에 빠지다:闹～了. 관계가 악화되다./～局. 타개하기 어렵게 굳어진 국면, 첨예하게 대치된 상태, 난국./～持不下. 서로 맞서며 물러서지 않다, 서로 엇서면서 양보하려 하지 않다.

缰(韁) jiāng (강) 고삐:信马由～. 내버려두다, 방임하다.

礓(姜) jiāng (강) ①사강(물이 새지 않는 덩어리 또는 립자로 된 광석으로서 건축재료에 쓰임). ②〔礓礤〕(姜-)(-cā) 층계, 층대, 계단, 디딤돌.

疆 jiāng (강) 국경, 경계:～土. 강토, 국가의 령토./～域. 령토의 크기, 강역. /边～. 변경, 변강. ㉮한계, 끝:万寿无～. 만수무강. 〔疆场〕(-chǎng) 싸움터, 전쟁터. 〔疆埸〕(-yì) 변강, 변경.

讲(講) jiǎng (강) ①이야기하다, 말하다, 연설하다:～话. 연설하다./他对你～了没有? 그가 너에게 말하던? ②설명하다, 해설하다, 강의하다, 해석하다(㉠-解):～书. 강의하다, 글을 해석하다./这话没～. 이 말은 해석하지 않았다. 〔讲究〕1. 연구하다, 강구하다, 관심하다, 주의하다, 중시하다. 2. (-jiu)정교롭고 아름답다, 정밀하고 보기 좋다, 꼼꼼히 하다, 멋있게 하다, 잘하다:这房子盖得真～～. 이 집은 참 잘 지었다. 3. (--儿) 리치, 도리, 의미, 내용:写春联有写春联的～～儿. 주련은 그 쓰는 법이 따로 있다. 〔讲义〕강의, 강의록, 교과서. 〔讲演〕〔演讲〕강연하다, 연설하다, 보고하다, 웅변. ③도모하다, 주의를 돌리다, 중시하다:～卫生. 위생에 주의하다.

奖(獎) jiǎng (장) ①고무하다, 장려하다:～励. 장려하다. ②칭찬하다, 표창하다(㉠夸-、褒-):有功者～. 공이 있는자를 표창한다. ③표창, 수훈, 상:～状. 상장./发～. 상을 주다. ④경쟁이나 도박에서 딴 돈, 돈을 붙인 구멍을 맞힌 상금:～券. 채권./中～. 당첨되다, 입상하다.

桨(槳) jiǎng (장) 노, 노대.

蒋(蔣) jiǎng (장) 사람의 성.

耩 jiǎng (강) (축력파종기로) 씨를 뿌리다:～地. 씨를 뿌리다./～棉花. 목화씨를 뿌리다.

膙 jiǎng (강) (-子)(손, 발에 생긴) 굳은살, 못. 〈趼〉(jiǎn)과 같음.

匠 jiàng (장) 장공, 쟁이(손재간이 있는 사람):木～. 목수./瓦～. 기와공, 벽돌공./铁～. 대장쟁이./能工巧～. 재간있는 로동자.

降 (1) jiàng (강) ①내리다, 내려가다, 떨어지다(㊄-落): ～雨. 비 내리다, 비가 오다./温度下～. 온도가 내려가다./～落伞. 락하산. ②내리게 하다, 떨구다: ～级. 급이 떨어지다, 급을 떨구다, 락제시키다./～格. 급을 낮추다./～低物价. 물가를 낮추다. (2) xiáng →478페지.

绛 jiàng (강) ①새빨갛다. ②진홍색, 다홍색.

虹 (2) jiàng (홍) 뜻은 〈虹〉(hóng)과 같으나 단음절단어로 될 때에만 쓰임. (1) hóng →169페지.

将(將) (2) jiàng (장) ①장령, 장군. 〔将领〕 장령. ②지휘하다, 통솔하다, 령솔하다, 거느리다:～兵. 군대를 거느리다. (1) jiāng →204페지.

酱(醬) jiàng (장) ①된장. ②된장이나 간장에 절이다: 把萝卜～一～. 무우를 절이다. ③된장모양으로 된 음식물: 芝麻～. 참깨를 짓찧은것, 참깨장./果子～. 과일단졸임:/虾～. 새우젓.

弶 jiàng (강) ①창애, 덫. ②창애로 잡다, 덫으로 잡다.

强(強、彊) (3) jiàng (강) 고집스럽다, 완고하다: 倔～. 굳세다, 고집스럽다, 외고집이 있다./你别～嘴. 말대꾸를 하지 말아라, 고집하지 말라. (1) qiáng →360페지. (2) qiǎng →361페지.

犟(勥) jiàng (강) 〈强〉(jiàng)과 같음.

糨(糡、浆) jiàng (강, 장) 걸죽하다, 되다: 粥太～了. 죽이 너무 되다. 〔糨糊〕(-hu) 풀. 〈浆〉jiāng →205페지.

JIAO

艽 jiāo (교, 규) 〔秦艽〕 진교, 오독도기.

交 jiāo (교) ①주다, 내다, 바치다, 맡기다, 부탁하다: 这事～给我办. 이 일은 저에게 맡기십시오./货已经～齐了. 물건은 이미 다 바치였다. 〔交代〕 1. 인계하다: 他正在办～～. 그는 한창 인계수속을 하고있다. 2. 설명하다: ～～问题. 문제를 설명하다, 문제를 솔직하게 고백하다. ②교차되다, 사귀다, 서로 맞대다, 접근하다, 가까이하다: ～界. 린접점, 경계, 접경, 린접하다, 경계선이 맞닿다./目不～睫(jié). 눈을 붙이지 못하다, 한잠도 못자다./～叉. 서로 엇갈리다, 사귀다, 교차하다. ㊇사귀는 점: 春夏之～. 봄과 여름이 바뀌는 때, 봄과 여름 사이. ③서로 래왕하며 련계를 맺다: ～流经验. 경험을 교류하다./～换意见. 의견을 교환하다. /公平～易. 공평한 매매, 공평하게 사고 팔다./打～道. 교섭하다, 사귀다, 상종하다. 〔交通〕 1. 교통: ～～方便. 교통이 편리하다. 2. 련락원. 〔交通员〕 (지하)련락원. 〔交际〕 교제하다. 〔交涉〕 교섭하다: 我去跟他～～一下. 내가 가서 그와 교섭해보겠다./那件事还没有～～好. 그 일은 아직 채 교섭되지 않았다. ④함께, 일제히, 동시에:风雨～加. 바람이 불고 비가 온다. 비바람이 몰아치다./饥寒～迫. 굶주림과 추위에 시달리다. 헐벗고 굶주리다. ⑤〈跤〉(jiāo)와 같음.

郊 jiāo (교) 성밖, 교외, 시외: 西～. 서교, 서쪽교외./～游. 들놀이, 야유회, 들놀이하다, 교외에 나가 유람하다.

茭 jiāo (교) 〔茭白〕 줄풀줄기나물, 고미, 고백, 고채.

峧 jiāo (교) 땅이름자.

姣 jiāo (교) 아름답다, 귀엽다.

胶(膠) jiāo (교) ①갖풀, 아교, 풀, 나무진, 젤라틴:鹿角～. 록각교(사슴뿔을 달여서 만든 약)./鳔(biào)～. 부레풀./桃～. 복숭아나무진./万能～. 만능교. ②고무: ～鞋. 고무신./～皮. 고무. ③찰기가 있다, 찐득찐득하다:～泥. 점토. ④교착되다, 달라붙다: ～柱鼓瑟. 본래의 방법에만 매달리다, 고집스럽고 융통성이 없다.

䴔 jiāo (교) 〔䴔䴖〕(-jīng) 교청새, 푸른 해오라기.

蛟 jiāo (교) (고대전설에서 큰물이 지게 하는) 룡, 교룡.

跤 jiāo (교) 곤두박질, 넘어지다. 〈交〉라고도 씀: 跌了一～. 넘어지다, 곤두박질을 하다./摔～. 씨름을 하다, 씨름.

鲛 jiāo (교) 상어(옛이름)→388페지의 〈鲨〉.

浇(澆) jiāo (요) ①적시다, 물을 뿌리다, 물을 주다, 관개하다:～地. 땅을 적시다, 밭에 물을 대다. ②(비나 물을) 맞다: ～了一身水. 온몸에 물을 맞다, 온몸에 물이 뿌리우다. ③판을 뜨다, 연판을 만들다, 부어만들다, 붓다, 쏟다:～版. 판을 만들다./～铅字. 활자를 만들다. ④인정머리 없다, 경박하다.

娇(嬌) jiāo (교) ①(녀자, 어린애, 꽃 등이) 아름답다, 사랑스럽다, 귀엽다, 가냘프고 귀엽다: ～娆. 요염하다, 아름답다, 예쁘다. ②응석받이로 키우다. (지나치게) 아끼고 어루만지다: ～生惯养. 응석받이로 키우다, 어루만지며 호강스럽게 키우다./小孩子别太～了. 아이들을 너무 응석받이로 키우지 말라.

骄(驕) jiāo (교) ①자만하다, 거만하다, 교만하다, 교오하다:戒～戒躁. 교만성과 조급성을 경계하다./～兵必败. 교만한 군대는 반드시 패전한다. 교오하는 자는 실패하기 마련이다. 〔骄傲〕 1. 교오하다, 교만하다: ～～自满一定要失败的. 교만하고 자만하면 꼭 실패한다. 2. 자호하다, 자랑하다. 자랑스럽다, 긍지에 차다: 这些伟大的成就是我们的光荣和～～. 이렇듯 위대한 성과는 우리의 영광이며 자랑이다./光荣的历史传统是值得我们～～的. 영광스러운 력사적전통은 우리가 자랑할만한것이다. ②강하다, 심하다, 맹렬하다: ～阳似火. 뙤약볕이 불같다.

教 (2) jiāo (교) 가르치다, 배워주다: ～书. 글을 배워주다./我～给你做. 내가 너에게 배워주마. (1)jiào →210페지.

椒 jiāo (초) (산초나무, 후추나무, 고추나무 등의) 매운 열매.

焦 jiāo (초) ①불에 타다, 타고 그슬리다: 饭烧～了. 밥이 탔다./～头烂额. 머리는 불에 타고 이마는 데서 몰골이 사납다, 묵사발이 되다, 볼꼴없이 패하다. ②콕스: 煤～. 콕스./炼～. 콕스를 만들다. ③바삭바삭하게 굽다: 麻花炸得真～. 꽈배기를 바삭바삭하게 튀겼다. ㊉바싹 마르다, 몹시 마르다: 柴火晒得～干了. 땔나무가 바싹 말랐다. ④조급하다, 초조하다, 애타다: 心～. 초조하다, 애타다./～急. 조급하다./万分～灼. 몹시 초조해하다.

僬 jiāo (초) 〔僬侥〕(-僥)(-yáo) (고대전설에 나오는) 난쟁이.

蕉 jiāo (초) ①바나나. ②→6페지 〈芭〉의 〈芭蕉〉(bājiāo).

礁 jiāo (초) 암초: 暗～. 암초.

鷦 jiāo (초) 〔鷦鷯〕(-liáo) 굴뚝새. 〈巧妇鸟〉라고도 함.

嚼 (1) jiáo (작) 씹다. 〔嚼舌〕 이러쿵저러쿵 지껄이다, 함부로 지껄이다, 허튼소리를 하다, 쓸데없이 론쟁하다, 쓸데없는 말공부를 하다. (2) jué →232페지. (3) jiào →210페지.

角 (1) jiǎo (각) ①뿔. 〔画角〕 (옛날 군대안에서 불던) 날라리. ②뿔같은것: 菱～. 마름./皂～. 주엽나무꼬투리. ③각, 각도: 直～. 직각./锐～. 예각. ④(-儿) 모서리, 모퉁이: 桌子～儿. 책상모서리./墙～儿. 담모퉁이. ⑤곶: 成山～. 성산곶(산동성에 있음). ⑥돈의 단위. 1원의 10분의 1, 10전. ⑦단위명사. 쪽, 조박, 건: 一～饼. 떡 한조박./一～公文. 한건의 공문. (2) jué →230페지.

侥(僥、儌、徼) (1) jiǎo (요, 교) 〔侥幸〕(徼幸)(-xìng) 요행, 요행수, 요행히, 다행히. (2) yáo →511페지.

佼 jiǎo (교) 아름답다, 어여쁘다.

狡 jiǎo (교) 교활하다, 간사하다.

饺 jiǎo (교) (-子、-儿) 만두, 교자.

绞 jiǎo (교) ①꼬다, 비틀다, 꼬이다, 뒤엉키다. ②(목을) 매다. ③단위명사. 타래: 一～毛线. 털실 한타래.

铰 jiǎo (교) ①(가위로) 자르다, 베다: 把绳子～开. 끈을 가위로 베다. ②다듬송곳(리머)으로 가공하다: ～孔. 구멍을 내다./～刀. 가위, 다듬송곳, 리머.

皎 jiǎo (교) 희고 밝다㊉: ～～白驹. 새하얀 망아지./～洁的月亮. 휘영청 밝은 달.

筊 jiǎo (효, 교) 참대바줄.

挢(撟) jiǎo (교) ①손을 올리다, 들다, 쳐들다: 舌～不下. (쳐든 혀를 내리지 못한다는 뜻으로) 놀라서 말이 굳어지다, 어안이 벙벙하다. ②바로잡다, 시정하다: ～邪防非. 그릇된것을 바로잡고 오유를 범하지 않도록 하다.

矫(矯) (교) jiǎo ①바로잡다, 시정하다: /～正. 고

치다, 바로잡다, 시정하다. /～枉过正. 편향을 시정하려면 지나치다 할 정도로 시정해야 한다, 오유에 대한 시정이 너무 지나치다. /～揉造作. 부자연스럽다, 어색하다, 지나치게 억지갑이 나다. 〔矫情〕 인정머리없이 무리하게 내리누르다, 상식에서 벗어나는짓을 하면서도 자기밖에 없는체하다. ②빗대다, 핑게하다, 구실삼다, 꾸며대다, 위조하다: ～命. 명령을 꾸며대다, 꾸며낸 명령, 거짓 명령. ③굳세다, 씩씩하다, 용맹하고 름름하다. 〔～捷〕 용감하고 날쌔다, 힘차고도 민첩하다.

脚(腳) (1) jiǎo (각) ① 발. ②물체의 밑둥, 맨아래 부분: 山～. 산기슭. /墙～. 담장밑. 〔脚本〕 각본. (2) jué →230페지의 〈角(2)②〉와 같음.

搅(攪) jiǎo (교) ① 방해하다, 혼란을 주다, 훼방을 놓다(련～扰): ～乱. 혼란시키다, 교란하다, 복잡하게 만들다, 뚤라닥거리다. /他睡了,不要～他. 그가 잠들었으니 방해하지 마시오. ② 섞다, 반죽하다, 젓다, 이기다: 把锅～一～. 가마안의것을 좀 저으시오. /～拌机. 미끼샤, 혼합기, 교반기. /～匀了. 골고루 섞다.

湫 (2) jiǎo (초) 웅뎅이지다, 움푹 패이다. 〔湫隘〕 (땅 생김이) 움푹 패이고 좁다. (1) qiū→369페지.

敫 jiǎo (교) 사람의 성.

徼 (1) jiǎo (요) ①요구하다, 청구하다. ②〈侥幸〉의 〈侥〉와 같음. (2) jiào →210페지.

缴 (1) jiǎo (교) ①물다, 바치다: ～公粮. 공량을 바치다. /～款. 현금을 물다, 돈을 바치다. ② 바치도록 하다, 로획하다, 입수하다: ～敌人的械. 적들의 무기를 로획하다. (2) zhuó →590페지.

剿(勦) (1) jiǎo (초) 토벌하다, 소탕하다, 섬멸하다: ～匪. 비적을 토벌하다. (2) chāo →47페지.

叫(呌) jiào (규) ①부르짖다, 소리치다: 大～一声. 크게 한번 소리치다. ②울다, 짖다: 鸡～. 닭이 울다. ③…라고 부르다, 칭하다: 他～什么名字? 그의 이름은 무엇이라고 부릅니까? /这～机关枪. 이것을 기관총이라고 합니다. ④부르다: ～他明天来. 그를 래일 오라고 하여라. /请你把他～来. 그를 불러오시오. /～人不容易懂. 쉽게 알지 못하게 하다, 리해하기 까다롭다. ⑤ …으로 하여금 …도록 하다: 这件事应该～他知道. 이 일은 그가 알게 해야 한다, 그로 하여금 이 일을 알게 해야 한다. ⑥에게, …에 의하여: 敌人～我们打得落花流水. 적들은 우리들에게 여지없이 얻어맞았다.

峤(嶠) (1) jiào (교) 산길. (2) qiáo →362페지.

轿(轎) jiào (교) (-子) 가마.

觉(覺) (2) jiào (각) 잠, 수면. (1) jué→230페지.

校 (2) jiào (교) ①비교하다: ～场. (옛날) 무예시합장소, 군사훈련장. ②교정하다: ～订. 대조검열하여 고치다. /～稿子. 원고를 교정하다. (1) xiào →483페지.

较 jiào (교) ①비교하다, 겨루다(련比-): ～量. 겨루어보다,

대조해보다, 맞서다./两者相～, 截然不同. 량자를 서로 비교해보니 확연히 다르다./斤斤计～. 옴니암니 따지다. ㊄비교적, 보다: 中国应当对于人类有～大的贡献. 중국은 인류에게 보다 큰 공헌이 있어야 한다./成绩～佳. 성적이 비교적 좋다. ②현저하다, 뚜렷하다: 彰明～著. 아주 뚜렷하다, 아주 명백하다./～然不同. 현저히 다르다.

教 (1) jiào (교) ①가르치다, 배워주다, 지도하다(㊀-导): 施～. 가르치다, 교육하다./受～. 교양받다, 교육받다./指～. 지도하고 가르치다. 〔教育〕 교육하다, 교양하다: ～～干部. 간부를 교육하다. ②…으로 하여금 …도록 하다: 风能～船走. 바람은 배를 밀어갈수 있다. ③종교: 佛～. 불교./～会. 교회. 〔宗教〕 종교. 〔教条主义〕 교조주의. (2) jiāo →207페지.

酵 jiào (효) (속음 xiào) 삭히다, 뜨다, 띄우다, 괴다, 발효하다.

漖 jiào (교) 〈滘〉와 같음. 〔东漖〕 동교, 지명, 광주시 교외에 있음.

窖 jiào (교) ①움: 地～. 움./白菜～. 배추움. ②저장하다: ～萝卜. 무우를 움에 저장하다.

滘 jiào (교) 지명에 쓰이는 글자. 〔双滘〕 쌍교, 〔沙滘〕 사교, 모두 광동성에 있음.

斠 jiào (각) ①쌀을 되는 휘나 말을 고르게 하는 도구, 평미레. ②대조검열하여 고치다.

㬭 jiào (요) 〈방〉…기만 하면…

噍 jiào (초) 씹다, 먹다. 〔噍类〕 살아있는 사람, 생존하고있는 사람. 〔倒噍〕 〔倒嚼〕 (dǎojiào) 새김질하다.

醮 jiào (초) ①옛날 결혼할 때 술로 신에게 제사를 지내는 례식. ②도사들이 제단을 만들어놓고 지내는 제.

徼 (2) jiào (요) ①경계, 변경의 한계, 국경. ②순찰하다. (1) jiǎo →209페지.

藠 jiào (교) (-子、-头)는 〈薤〉 (xiè)와 같음.

嚼 (3) jiào (작) 〔倒嚼〕 새김질하다. (1) jiáo →208페지. (2) jué →232페지.

爝 jiào (초, 작) → 232 페지의 〈jué〉.

JIE

节(節) (2) jiē (절) 〔节骨眼(儿)〕 (-gu-) 요긴한 대목, 결정적순간, 중요한 시기, 중요한 고비. (1) jié →211페지.

疖(癤) jiē (절) (-子) 부스럼, 종처.

阶(階、堦) jiē (계) 층층대, 층대. 〔阶梯〕 층층대와 사다리, (실력 등을) 높일수 있는 방도. 〔阶段〕 단계, 계단: 球赛已经进入最后～～. 구기경기가 최후단계에 들어섰다. 〔阶级〕 계급. 〔阶层〕 계층. 〔阶级分析〕 계급적분석.

皆 jiē (개) 모두, 전부: ～大欢喜. 모두다 기뻐하다./人人～知. 사람마다 다 알다.

喈 jiē (개) ㊂①소리가 잘 조화되다: 鼓钟～～. 둥둥 뎅뎅 북소리, 종소리가 울리다. ②지지배배(새소리), 꼬꼬(닭소리): 鸡鸣～～. 닭이 꼬꼬 하고 울다.

楷 (2) jiē (해) 해나무. 〈黄连木〉라고도 함. (1) kǎi →235페지.

结 (2) jiē (결) 열매맺다, 열리다: 树上～了许多苹果. 사과나무에는 많은 사과가 열리였다. 〔结实〕 1. 열매맺다: 开花～～. 꽃이 피고 열매가 맺다. 2. (-shi)질기다, 견고하다: 这双鞋很～～. 이 신이 매우 질기다. 3. 건장하다, 건실하다, 튼튼하다, 든든하다, 단단하다: 他的身体很～～. 그의 몸은 아주 튼튼하다. (1) jié →212페지.

秸(稭) jiē (개, 갈) (곡식을 거둔 뒤의) 줄거리, 대, 짚: 麦～. 밀짚./秫～. 수수대./豆～. 콩대.

接 jiē (접) ①잇다, 련접하다(㊀-连, 连-): ～电线. 전기줄을 잇다./～纱头. 실끝을 잇다. ②계속하다, 련속하다: ～着往下讲. 계속 이야기하다. ③이어받다, 교체하다: ～好革命的班. 혁명의 대를 이어받다. ④가까이하다, 접촉하다, 접근하다: ～洽. 협의하다, 교섭하다./交头～耳. 귀에 대고 소곤거리다, 귀속말로 속삭이다. ⑤받다, 접촉하다, 가지다: ～到一封信. 편지 한통을 받다./～受群众的意见. 대중의 의견을 접수하다. ⑥마중하다, 맞아들이다, 맞다: ～待宾客. 손님을 접대하다./～家眷. 가족을 맞이하다, 가족을 데려오다./到车站～朋友. 역에 가서 벗을 맞이하다.

揭(楬) jiē (게) ①(씌워져있는 것을) 벗기다, 열다, (붙여놓은것을) 떼다: ～锅盖. 솥뚜껑을 열다./把这张膏药～下来. 이 고약을 떼여버려라. ②까밝히다, 폭로하다, 공개하다: ～短. 결함을 지적하다, 남의 약점을 들추다./～发. 적발하다, 까밝히다, 발가놓다./～露. 폭로하다, 까밝히다./～穿阴谋. 음모를 폭로하다. ③높이 들다, 추켜들다: ～竿而起. 봉기를 일으키다, 반기를 들다. ④〔揭櫫〕(揭橥)(-zhū) 표시하다, 제시하다.

痎 jiē (해) 학질의 한가지.

嗟 jiē, juē (차) 문언문감탄사. 아아, 오오: ～乎. 아아, 오오.

街 jiē (가) 거리, 시가지. 〔街坊〕(-fang)이웃, 이웃집.

孑 jié (혈) 외롭다, 홀로: ～立. 고립되다, 홀로되다, 홀로 서있다./～然一身. 외롭게 홀몸으로 되다, 혼자몸, 외톨, 혈혈단신.

节(節) (1) jié (절) ①(-儿)마디, 관절. ②(-儿)물체의 분단된 부분이 이어지는 곳: 骨～. 뼈마디./两～火车. 두 차바곤. ③단락, 절, 계절: 季～. 계절./时～. 시절./章～. 장과 절. 〔节气〕 절기. ④명절, 기념일: 五一国际劳动～. 5. 1국제로동절./春～. 음력설. ⑤례절, 법절, 절도: 礼～. 례절. ⑥소리의 높낮이와 속도, 흐름새, 음률: ～奏. 절주./～拍. 박자, 장단, 가락. ⑦절약하다, 제한하다: ～制. 통제하다, 절도있다./精简～约. 간소화하고 절약하다./～衣缩

食. 아껴 입고 아껴 먹다, 먹고 쓰는것을 아끼다, 푼전을 아끼다. ㉮ 생략하다, 줄이다: ～录. 발취하다, 요점을 따서 적다./～译. 요지번역, 줄거리번역, 중심개괄번역. ⑧절개, 지조(㊀-操): 晚～. 만년의 절개./守～. 절개를 지키다, 수절하다. ⑨(옛날) 외교인원이 가지고다니는 증명서따위. 〔使节〕사절. (2) jiē →210페지.

讦 jié (알) 남의 약점을 까밝아놓다, 들추어내다: 攻～. 남의 잘못을 들추어내여 공격하다.

劫(刦、刼) jié (겁) ①강제로 빼앗다, 강탈하다(㊀抢-): 趁火打～. 남의 집에 불이 난 틈을 타서 도적질하다, 남이 위험에 처한 틈을 타서 공격하다. ②위협하다, 협박하다: ～持. 위협하여 복종시키다. ③재난, 화: 遭～. 재난을 당하다, 화를 입다./浩～. 큰 재난.

杰(傑) jié (걸) ①뛰여난 사람, 호걸(㊀豪-): 英雄豪～. 영웅호걸. ②뛰여나다, 돌출하다, 걸출하다: ～作. 걸작./～出的人材. 걸출한 인재, 뛰여난 인재.

桀 jié (걸) ①흉포하다, 잔인하다. ②〈고〉〈杰(傑)〉와 같음. ③걸, 하(夏)나라 말기의 임금, 폭군이라고 전해짐.

诘 (1) jié (힐) 따져묻다: 反～. 반문하다./盘～. 따지며 묻다, 심문하다. (2) jí →190페지.

劼 jié (할) ①굳다, 견고하다. ②신중하다, 삼가하다. ③노력하다, 힘쓰다, 부지런하다.

拮 jié (길) 〔拮据〕(-jū)(경제형편이) 곤난하다, 옹색하다, 군색하다, 경제에 쪼들리다.

洁(潔) jié (결) 깨끗하다(㊀-净): 街道清～. 거리가 깨끗하다./～白. 새하얗다, 결백하다. ㊌탐오가 없다, 청백하다: 廉～. 청렴하다.

结 (1) jié (결) ①매다, 엮다, 짜다, 틀다, 뜨다: ～网. 그물을 뜨다./～绳. 노끈을 매다./张灯～彩. 등불을 내걸고 꽃천장식을 하다. 〔结舌〕(말문이) 막히다, 혀가 굳어지다: 问得他张口～～. 물음에 말문이 막혔다. 〔结构〕꾸밈새, 짜임새, 구성, 구조, 구조물: 文章～～. 글의 짜임새, 문장구성./钢筋混凝土～～. 철근콩크리트구조물. ②(-子)매듭, 코: 打～. 매듭을 짓다./活～. 풀매듭. ③엉키다, 얼다, 결성하다, 맺다, 뭇다: ～冰. 얼음이 얼다./～晶. 결정, 열매./～婚. 결혼하다./～交. 사귀다./集会～社. 집회와 결사. ④끝맺다, 아퀴짓다, 결속짓다: ～帐. 결산하다./～局. 결말, 종말, 결국. 〔结论〕결론. ⑤보증서: 具～. 보증서를 만들다, 보증서. (2) jiē →211페지.

桔(橰) (1) jié (길) ①〔桔梗〕(-gěng) 도라지, 길경. ②〔桔槔〕(-gāo) 타래박. (2) jú →226페지.

袺 jié (결) 옷자락으로 물건을 싸다.

颉 (1) jié (힐) 〔仓颉〕창힐, 옛사람의 이름. (2) xié →484페지.

鲒 jié (길) 대합조개, 백합. 〔鲒埼亭〕길기정, 옛지명, 지금의 절강성 인현에 있음.

契 jié (결) 〈洁〉와 같음. 사람의 이름자에 흔히 쓰임.

捷(捷) jié (첩) ①싸워이기다, 승리하다: 我军大～. 우리 군대가 싸움에서 큰 승리를 거두었다./～报. 첩보, 승리의 소식. ②빠르다, 민활하다, 민첩하다([련]敏-): 动作敏～. 동작이 민첩하다./～径. 지름길./～足先登. 날랜 사람이 남먼저 목적을 달성한다, 선손을 써야 먼저 얻는다.

婕 jié (첩) 〔婕妤〕(-yú) 첩여(한나라 궁중에 있었던 녀자의 관직이름).

睫 jié (첩) 속눈섭, 살눈섭: 目不交～. 눈을 붙이지 못하다, 한잠도 자지 못하다.

偈 (2) jié (걸) ①용감하다, 씩씩하다. ②빨리 달리다, 질풍같다. (1) jì →195페지.

碣 jié (갈) (우가 둥근) 비돌, 돌비석: 残碑断～. 황폐한 무덤.

竭 jié (갈, 걸) 다하다, 다 없어지다, 진하다: ～力. 있는 힘을 다하다./力～声嘶. 맥도 빠지고 목도 쉬다, 기진맥진하다./取之不尽,用之不～. 아무리 써도 다 쓸수 없다, 무궁무진하다, 무진장하다.

羯 jié (갈) ①불친양, 거세한 양. ②갈족(중국 고대의 북방민족).

截 jié (절) ①자르다, 끊다: ～开这根木料. 이 재목을 자르다./～长补短. 좋은 점을 취하여 부족한 점을 미봉하다. 〔截然〕 뚜렷이, 판연히: ～～不同. 판연히 다르다. ②(-子、-儿) 토막: 上半～儿. 상단, 웃토막./一～儿木头. 나무 한토막./一～路. 길 한구간. ③가로막다: ～住. 막다. 〔截止〕 (…까지) 마감하다: ～～报名. 신청을 마감하다./到月底～～. 월말까지 마감을 짓다.

姐 jiě (저) ①누님, 누나, 언니[첩]: 表～. 내(외)종사촌누님, 내(외)종사촌언니. ②(자기보다 나이가 얼마간 우인 녀자를) 친근하게 이르는 말. 〔小姐〕 아가씨, 아씨.

虬 jiě (좌) → 2페지의 〈娭虬〉(āijiě).

解(觧) (1) jiě (해) ①갈라놓다, 나눠놓다, 분리시키다([련]分-): 尸体～剖. 시체해부./难分难～. 갈라놓기 힘들다, 갈라지기 아쉬워하다./瓦～. 와해하다, 와해되다. ②벗기다, 풀다: ～扣. 단추를 벗기다./～衣服. 옷을 벗다. 〔解放〕 해방하다, 해방시키다: ～～生产力. 생산력을 해방하다. ③없애다, 제거하다, 해임하다, 페지하다: ～恨. 원한을 풀다./～渴. 갈증을 풀다./～职. 해임, 해임하다./～约. 계약을 취소하다. ④해석하다, 풀다(-释、注-): ～答: 해답하다, 대답하다./～劝. 잘 타이르다./～几何题. 기하문제를 풀다. ⑤알다, 리해하다: 令人不～. 알기 힘들다, 도무지 알수가 없다./通俗易～. 통속적이고 알기 쉽다. ⑥(수학)미지수의 치, 답. ⑦대소변을 보다, 뒤를 보다: 大～. 대변을 보다, 대변./小～. 소변을 보다, 소변. (2) jiè →215페지. (3) xiè →485페지.

廨 jiě (해) 솔고갱이.

介 jiè (개) ①끼우다, 끼이다, 두 사이에 놓이다: ～乎两者之间. 두사이에 끼우다. 〔介绍〕 소개하다. ～～人. 소개자./～～工作. 사업을 소개하다, 일감을 알선하다. 〔介词〕 개사, 전치사. 례하면 〈从, 向, 在, 以, 对于〉 등. 〔介音〕 한어의 주요모음앞에 오는 〈i〉〈u〉〈ü〉 등을 가리킴. ②마음에 두다, 신경을 쓰다, 개의하다: 不必～意. 개의할 필요가 없다. ③정직하다, 강직하다, 주대있다: 耿～. 강직하다, 대바르다, 주대있다. ④갑옷, 껍데기, 깍대기: ～虫. 갑충, 딱정벌레. ⑤보잘것없다: 一～书生. 한 보잘것없는 선비. ⑥(무대)동작: 打～. 때리는 동작./饮酒～. 술마시는 동작.

价 (2) jiè (개) (지난날) 심부름군. (1) jià →198페지. (3) jie →215페지.

芥 (1) jiè (개) 겨자. (2) gài →131페지.

玠 jiè (개) 옛날 례를 베풀 때 쓰던 옥, 큰 서옥. 〈大圭〉라고도 함.

界 jiè (계) ①경계: 边～. 변경의 한계, 경계, 국경./～碑. 경계 패말, 경계비./国～. 국경선./省～. 성경계선. ②범위, 분야, 계: 眼～. 안계./管～. 관할분야, 관할범위./教育～. 교육계./科学～. 과학계./妇女～. 녀성계.

疥 jiè (개) 옴.

蚧 jiè (개) →137페지 〈蛤〉의 〈蛤蚧〉(géjiè).

戒 jiè (계) ①경계하다, 방비하다: ～心. 주의, 조심, 경계심./～备森严. 경계가 삼엄하다. 〔戒严〕 계엄을 실시하다, 계엄. ②(무엇을 하지 않도록, 범하지 않도록) 경계하다, 주의를 환기시키다: ～骄～躁. 교만성과 조급성을 경계하다. ③(인을) 떼다, 끊다: ～酒. 술을 끊다./～烟. 담배를 끊다. ④(종교의) 계률, 행동규칙: 五～. 다섯가지 계률, 5계. /清规～律. 까다롭고 불합리한 규정.

诫 jiè (계) 경고하다, 경계하다, 권고하다, 훈계하다: 告～. 경계하다, 권고하다.

届(屆) jiè (계) ①이르다, 다닫다./～时. 시간이 되다, 기일이 되다./～期. 기한이 되다. ②차수, 회, 차, 기: 第一～. 제1기, 제1회./上～. 지난 기. 〔应届〕(yīng-) 본기.

借 jiè (차) ①빌리다, 꾸다: ～钱. 돈을 꾸다./～车. 차를 빌리다./～用. 빌려쓰다, 꿔쓰다. 〔借光〕 남의 덕을 보다, 신세를 지다; (인사말로) 미안하지만. ②빌려주다, 꿔주다: ～给他几块钱. 그에게 돈 몇원을 꿔주다. ③핑게하다, 구실삼다, 둥대다: ～端. 어떤 일을 구실삼다, 어떤 사실에 핑게하다./～故. 어떤 원인에 빙자하다, 어떤 일을 핑게삼다./～题发挥. 어떤 말건덕지를 잡아서 자기의 의사를 발표하다, 다른 제목을 빌어 자기 말을 하다. ④의거하다.

唶 jiè (차) 찬양하며 감탄하는 소리.

藉 (1) jiè (자) ①깔개, 거적. ②깔다, 받치다: 枕～. (많은 사람이 서로) 이리저리 누워 베고있다. ③〈借③④〉와 같음. (2) jí →192페지.

解(鲜) (2) jiè (해) 호송하다, 압송하다: ～款. 현금을 호송하다./起～. 죄인을 압송하다. 〔解元〕(지난날 성에서 치는 과거시험의) 1등합격자. (1) jiě →213페지. (3) xiè →485페지.

犗 jiè (개) 거세한 소.

褯 jiè (석, 자) (-子) 기저귀.

价(價) (3) jie (개) 접미사: 震天～响. 온 하늘이 무너지는듯 소리가 크게 나다./成天～闹. 종일 떠들어대다. (1) jià →198페지. (2) jiè →214페지.

家 (2) jie (가) 접미사: 整天～. 진종일./成年～. 일년내내. (1) jiā →196페지.

JIN

巾 jīn (건) 수건따위를 두루 이르는 말: 手～. 수건./头～. 머리수건.

斤(觔) jīn (근) ①근(무게의 단위). 〔斤斤〕 사소한 리익에 지나친 주의를 돌리는것: ～～计较. 옴니암니 따지다, 저울질하다. ②(옛날) 도끼, 자귀.

今 jīn (금) 지금, 오늘, 현재: ～天. 오늘./～年. 금년, 올해./～昔. 현재와 과거, 오늘과 지난날./从～以后. 이제부터.

衿 jīn (금) ①옷섶: 青～. 검은 섶, 옷, 옛 학생복. ②옷고름.

矜 (1) jīn (긍) ①불쌍히 여기다, 가엽게 여기다, 동정하다. ②자고자대하다, 뽐내다, 자랑하다: 自～其功. 스스로 제 공로를 자랑하다. ③신중하다, 엄숙하다, 자유롭지 못하다, 소심하다: ～持. 소심하다, 조심스럽다, 자유롭지 못하다. (2) guān →151페지. (3) qín →365페지.

金 jīn (금) ①금(원소기호 Au). ②금속, 쇠붙이: 五～. 금, 은, 동, 철, 석 등을 통털어 이르는 말, 철물./合～. 합금. ③돈: 现～. 현금./奖～. 상금./基～. 기금.

津 jīn (진) ①나루터: 问～. 나루터를 묻다, 탐문하다. 〔津梁〕 다리, 교량. ㊌이끌어들이거나 안내하는데 쓰이는 물건. ②침, 타액: ～液. 타액. 〔津津〕 재미있다: ～～有味. 재미있다, 흥미진진하다./～～乐道. 흥미있고 즐겁게 말하다. ③합초롬하다, 축축하다. 〔津贴〕 1. 보조하여주다. 2. 보조비, 가급금, 생활보조금.

琎(璡) jīn (진) 옥돌.

筋(觔) jīn (근) ①근육, 살. ②피줄, 눈에 보이는 정맥혈관. ③힘줄: ～骨. 힘살과 뼈./牛蹄～. 소발쪽힘줄(료리감). ④힘줄같이 생긴 물건: 钢～. 철근./铁～. 철근. 〔筋斗〕 곤두박질. 〈跟头〉라고도 함.

禁 (2) jīn (금) ①감당하다, 이겨내다, 겪어내다: ～得起考验. 시련을 겪어내다./这种布～穿. 이런 천은 질기다. ②참다: 他不～笑起

来. 그는 참다 못해 웃었다, 그는 웃음을 참지 못하였다. (1) jìn → 218페지.

襟 jīn (금) 옷섶: 大~. 앞섶./小~. 안섶./底~. 안섶(小襟과 같음)./对~. 맞섶. 〔连襟〕 남자동서. 〈襟〉이라고 략칭함: ~兄. 처형의 남편./~弟. 처제의 남편, 동서. 〔襟怀〕 마음속에 품은 생각, 흉금, 회포.

仅(僅、廑) (1) jǐn (근) 다만, 단지, 뿐이다, 겨우, 가까스로[첩]: 他不~认字, 还能写文章了. 그는 글자를 알뿐만 아니라 문장도 쓸수 있게 되였다./这些意见~供参考. 이런 의견을 다만 참고로 제기할뿐이다. (2) jìn →217페지.

尽(侭、儘) (2) jǐn (진) ① 가장, 맨, 제일: ~底下. 맨밑./~里头. 맨앞쪽./~先录用. 맨먼저 채용하다. ② 될수록, 힘닿는대로, 극력: ~量. 힘껏./~着力气做. 힘자라는대로 하다, 힘 다하여 하다. 〔尽管〕 1. …하더라도, …에도 불구하고: ~~他不接受这个意见, 我还是要向他提. 그가 이 의견을 접수하지 않는다 하더라도 나는 그에게 제기하겠다. 2. 얼마든지, 마음놓고: 有话~~说吧! 할 말이 있으면 터놓고 말하시오. ③ 우선적, 먼저: 座位先~着请来的客人坐. 자리는 모셔온 손님들께서 우선적으로 앉으시도록 합시다./先~着旧衣服穿. 먼저 입던 옷부터 입다. (1) jìn →217페지.

巹 jǐn (근) 바가지, (옛날 혼사때 쓰던) 술잔. 〔合巹〕 (옛날) 성례를 갖추다.

紧(緊) jǐn (긴) ① 빽빽하다, 단단하다, 든든하다: 捆~. 단단히 묶다. [파]매우 가깝다, 바싹, 착: ~邻. 가까운 이웃./~靠着. 바싹 기대다. ②팽팽하다: 鼓面绷得非常~. 북은 매우 팽팽하게 메워졌다. 〔紧张〕 긴장하다: 精神~~. 정신이 긴장되다./工作~~. 사업이 긴장하다. ③죄다, 죄이다, 시위를 켕기다: 一~腰带. 허리띠를 죄이다. ④바쁘다, 겨를이 없다: 功课很~. 수업이 매우 바쁘다./抓~时间. 시간을 틀어쥐다. [파]다그치다, 다우치다: ~走. 걸음을 다그치다, 바삐 걷다./手~点就能多出活. 손을 좀 더 다그치면 일을 더 많이 할수 있다. ⑤엄중하다, 요긴하다, 긴급하다, 긴박하다: ~要关头. 긴급한 시각, 요긴한 고비, 긴박한 대목./事情~急. 일이 긴급하다. ⑥(생활이) 넉넉치 못하다, 어렵다, 가난하다: 解放前他家日子很~. 해방전 그의 집 살림은 매우 어려웠었다.

堇 jǐn (근) ①제비꽃, 오랑캐꽃. ②오두(독초), 자주불꽃.

谨 jǐn (근) ①신중하다, 삼가하다 ([련]-慎): ~守规程. 규정을 엄수하다. ②삼가: ~启. 삼가 말씀드립니다./~向您表示祝贺. 삼가 당신께 축하를 드립니다.

馑 jǐn (근) 흉년, 흉작, 기근 ([련]饥-).

瑾 jǐn (근) 아름다운 옥.

槿 jǐn (근) 무궁화.

锦 jǐn (금) ①비단: ~旗. 우승기, 축기./~标. 우승컵, 우승기./~绣河山. 금수강산./~上添花. 비단에 꽃, 더더욱 빛나게 하다. ②아름답다: ~霞. 아름다운 노을./~鸡. 금계.

仅(僅) (2) jìn (근) 거의, 근, 불과: 山城~百层. 산성이 근 백여겹으로 되였다./士卒~万人. 병졸이 거의 만명이나 된다, 병사는 불과 만명이다. (1) jǐn →216페지.

尽(盡) (1) jìn (진) ①다하다: 用~力气. 힘을 다하다./说不~的好处. 좋은 점을 다 말할수 없다. ㉻절정에 달하다, 극도에 이르다: ~善~美. 완전무결하다, (훌륭하여) 흠잡을데 없다./~头. 맨끝, 맨마지막, 막바지. 〔自尽〕 자살하다. ②힘껏 하다: ~心. 마음껏 하다, 성의를 다하다./~力. 힘껏 하다, 힘 다하다./仁至义~. 모든 성의를 다하다, 의로운 도리를 다하다, 최선을 다하다. ㉻힘껏 하다: ~职. 책임을 다하다. ③모두, 다: 到会的~是战斗英雄. 회의에 온 사람은 다 전투영웅들이다. (2) jǐn →216페지.

荩(藎) jìn (신) ①조개풀. ②충성을 하다, 충실하다.

浕(濜) jìn (진) 〔浕水〕 진수, 강이름,호북성에 있음.

赆(贐) jìn (신) 송별선물: ~仪. (송별할 때 주는) 선물.

烬(燼) jìn (신) 재, 불탄 나머지 (㉻灰-): 化为灰~. 재더미로 되였다./烛~. 타다남은 초대.

进(進) jìn (진) ①(앞으로) 나가다, 오르다: 前~. 전진하다, 나아가다. /~军. 진군하다./更~一层. 한층 더 오르다./~一步提高产品质量. 제품의 질을 한층 높이다. 〔进步〕 1. 발전하다 2. 진보하다: ~~思想. 진보적사상. 〔进化〕 진화하다. ②(안으로) 들어가다, 넣다: ~工厂. 공장에 들어가다./~学校. 학교에 들어가다. ③받아들이다, 사들이다: ~款. 수입, 수입금, 현금수입./~项. 수입, 현금수입./~货. 상품을 사들이다, 구입하다. ④번째, 벌, 개(집이나 뜨락의 차례): 这房子是两~院子. 이 집에는 두개 뜨락이 있다.

近 jìn (근) ①(거리나 시간이) 가깝다: 路很~. 길이 매우 가깝다./天津离北京很~. 천진은 북경과 매우 가깝다./~几天. 요며칠./~来. 근간, 요사이. ②(친척관계가) 가깝다, 친근하다, 가까운 사이: 亲~. 친근하다, 가깝다./他们是~亲. 그들은 가까운 친척이다. ③비슷하다, 접근하다, 가깝다: 相~. 비슷하다, 거의 같다./~似. 근사하다, 비슷하다./年~五十. 나이가 쉰에 가깝다. ④쉽다, 열다: 言~旨远. 말은 알기 쉬우나 뜻은 깊다.

妗 jìn (금) ①외삼촌댁, 외숙모. ②(-子)처남댁: 大~子. 큰처남댁./小~子. 작은처남댁.

劲(勁) (1) jìn (경) (-儿) 힘, 기운, 맥, 맥살:

有多大～使多大～. 있는 힘을 다하다. ㉻ 1. 정신, 정서, 흥취, 재미, 흥, 사기: 干活儿起～. 흥에 겨워 일하다. /一股子～头. 북받치는 사기, 북받치는 힘. /一个～地做. 시종일관하게 하다, 변함없이 하다, 줄곧 하다. 2. …맛, …정도, …성: 你瞧这块布这个白～儿. 이 천의 흰 정도를 보오. /咸～儿. 짠맛. /香～儿. 향기로운 냄새. (2) jìng →221페지.

晋(晉) jìn (진) ① 나아가다, 오르다: ～见. 뵈옵다. /～级. 승급하다. ②진나라, 주나라 제후국의 이름, 지금의 산서성과 하북성의 남쪽, 하남성의 북쪽, 섬서성의 동쪽에 있었음. ③산서성의 별칭. ④진나라. 1. 사마염에 의하여 창건됨(기원 265～420년). 2. 5대(五代)의 하나로서 석경당에 의하여 창건됨(기원 936～946년).

搢(搢) jìn (진) 끼우다, 꽂다. 〔搢绅〕 벼슬아치, 신사, 관리. 진신〈缙绅〉이라고도 함.

缙(縉) jìn (진) 붉은 비단. 〔缙绅〕 벼슬아치, 신사. 〈搢绅〉이라고도 함.

浸 jìn (침) 불구다, 담그다, 잠그다: ～透. 스며들다, 침투되다. /～入. 점차 스며들다, 침투되다. /把种子放在水里～一～. 종자를 물에 불구다.

祲 jìn (침) 미신을 믿는 사람들이 이르는 상서롭지 못한 징조, 요사스럽다, 불길하다.

靳 jìn (근) 린색하다, 아까와하다.

禁 (1) jìn (금) ①못하게 하다, 제지시키다: ～止攀折花木. 꽃을 꺾거나 나무에 오르는것을 금지하다. ②금지령, 법적으로나 습관상 금지하는것. /入国问～. 다른 나라에 가면 먼저 그 나라의 금지령부터 잘 알아야 한다. /犯～. 금지령을 위반하다. ③가두다, 구류하다, 억류하다, 감금하다: ～闭. 가두어두다, 감금하다. /监～. 감금하다, 가두다. ④왕이 사는 곳: 紫～城. 왕궁, 궁전, 대궐. ㉻함부로 들어갈수 없는 곳: ～地. 통행금지구역. (2) jīn →215페지.

噤 jìn (금) 입을 다물다, 침묵을 지키다, 말하지 않다: ～若寒蝉. 입이 얼어붙은듯 찍소리 못하다, 찍소리 못하다, 한마디 말도 못하다.

殣 jìn (근) ①묻다, 매장하다. ②굶어죽다.

觐 jìn (근) (임금을) 만나뵙다, 성지를 찾아가 례배하다.

JING

茎(莖) jīng (경) ① 식물의 줄기. ②단위명사. 오리, 대: 数～小草. 몇대의 풀. /数～白发. 몇오리의 흰머리칼.

泾(涇) jīng (경) 〔泾水〕 경수, 강이름, 감숙성에서 발원하여 섬서성에 흘러들어가 위수(渭水)와 합침. 〔泾渭分明〕 시비가 똑똑히 갈라지다, 확연히 다르다, 계선이 명백하다.

经(經) jīng (경) ①날, 세로 놓인 날, 세로 그은 선, 종선. ②지리학상의 경도, 자오선. 영국의 그리니치천문대를 중심으로 그 동쪽의것을 동경이라 하고 서쪽의것을 서경이라 함. ③로작: ～典著作. 고전적로작. ④경전, 경서(종교의 교리를 서술한 책): 佛～. 불경./圣～. 성경./古兰～. 코란경, 회교성전. ⑤다스리다, 관리하다: ～商. 상업을 경영하다, 장사하다. 〔经理〕 1. 경영하다: 他很会～～事业. 그는 사업의 운영에 능하다. 2. 지배인, 사장. 경리. 〔经济〕 경제, 경제적이다, 절약하다: ～～富裕. 경제가 유족하다./这样做不～～. 이렇게 하면 경제적이 못된다. 〔经纪〕 1. (상업을) 경영하다: 买卖～～. 상점경영. 2. 거간군, 거간. 〔经营〕 경영하다, 운영하다, 다루다, 취급하다. 〔经济危机〕 경제위기. ⑥견디다, 겪다, 감당하다, 이겨내다: ～风雨,见世面. 시련을 겪어 세상물정을 알다, 시련을 겪다. ⑦지나다, 거치다, 통과하다, 경유하다, 경과하다: ～他一说我才明白. 그의 말을 듣고서야 나는 깨닫게 되였다./久～考验. 오랜 시련을 겪다./道～上海. 상해를 지나가다. 〔经验〕 경험, 겪다, 체험하다. ⑧이미 …하다, 이미 …되다, …적이 있다. 〈曾〉, 〈已〉와 함께 쓰이여 부사로 됨: 曾～说过. 말한적이 있다./他已～是个很得力的干部. 그는 이미 유능한 간부로 되였다. ⑨(중의)경락: ～络. 경락. ⑩월경, 달거리: ～期. 월경기, 달거리때./停～. 달거리가 멎다.

京 jīng (경) ①서울, 수도, 북경: ～广铁路. 북경-광주철도선, 경광선./～剧. 경극. ②경(옛날의 천만). ③〔京族〕 징족, 중국 소수민족의 하나.

猄 jīng (경) (黄猄) 사슴의 일종.

惊(驚) jīng (경) ①(말이나 노새따위가) 놀라다, 놀라서 달아나다: 马～了. 말이 놀라서 달아나다./～了车. 마차의 말이 놀라 갈갬질을 하다. ②무섭다, 겁나다, 놀라다: 受～. 놀라다./吃～. 놀라다./～心动魄. 심금을 울리다, 짜릿하다, 손에 땀을 쥐다, 아슬아슬하고 감동적이다./十分～慌. 놀라서 어쩔바를 모르다, 몹시 당황해하다, 몹시 질겁하다. 〔惊风〕 경풍. 〈惊〉으로도 략칭함. 〔惊动〕 시끄럽게 굴다, 괴롭히다, 놀래우다.

鲸 jīng (경) 고래. 〔鲸吞〕 삼키다, 병탄하다.

荆 jīng (형) ①꿀싸리, 광대싸리, 엉겅퀴. ＊옛날에 싸리채로 사람을 때려 형벌을 주었다, 곤장, 매: 负～请罪. 찾아가 사죄하다, 회초리를 지고 가서 잘못을 빌다. 〔荆棘〕 (-jí)가시, 가시덤불. ㊥난관, 곤난, 장애. ②춘추시기 초나라의 별칭.

菁 jīng (청, 정) 초목이 우거지다, 무성하다㊢. 〔菁华〕 알맹이, 알짜, 정화.

睛 jīng (정) 눈, 눈동자: 目不转～. 눈을 깜박하지 않다, 눈 한번 깜박하지 않다./画龙点～. 룡의 그림에 눈알 그리기, 중점을 찍어 말하다.

鶄 jīng (청) →207페지 〈䴔〉의 〈䴔鶄〉(jiāojīng).

精 jīng (정) ①세밀하다, 세심하다, 곰곰하다, 자세하다. ↔〈粗〉: ～制. 정제하다, 다시 가공하여 만들다./～选. 알뜰히 고르다,

정밀하게 선택하다, 정선하다. /～打细算. 세밀하게 타산하다, 꼼꼼히 따지다. ②역다, 똑똑하다, 총명하다, 알뜰하다：这孩子真～. 이 애는 참으로 총명하다. /他是个～明强干的人. 그는 똑똑하고 깐깐한 사람이다. ③정화, 정수, 알맹이, 알짜, 정제한것：这是其中的～华. 이것이 곧 그중의 알맹이다. /麦～. 맥정. /酒～. 알콜. /炭～. 탄소, 카본. 〔精神〕정신, 기력, 원기, 기분, 정력적이다, 생기발랄하다, 정기있다：物质可以变成～～,～～可以变成物质. 물질이 정신으로 변화될수 있고 정신이 물질로 변화될수 있다. /文件～～. 문건의 정신. /他的～～很好. 그는 기력이 아주 좋다. /做事有～～. 일을 정력적으로 한다. ④정액. ⑤정통하다, 능하다, 깊이 파고들다, 전공하다：～通. 정통하다. /博而不～. 지식은 많지만 어느 하나를 정통한것이 없다. /他～于针炙. 그는 침구에 능하다. ⑥매우, 아주, 극히：～湿. 흠뻑 젖다. /～瘦. 바싹 여위다. /～光. 매우 반반하다, 아무것도 없이 말끔하다. ⑦요귀, 마귀：妖～. 요귀. /狐狸～. 여우귀신, 요귀.

旌 jīng (정) ①(옛날) 깃을 단 기발, 기발. ②표창하다. 〔旌表〕(봉건사회에서 통치계급들이 봉건적 도덕을 지킨자를) 표창하다.

晶 jīng (정) 반짝이다, 빛나다, 맑다㉝：～莹. 투명하고 아름답다. /亮～～. 반짝반짝 빛나다. 〔晶体管〕반도체전자관, 트랜지스터. 〔结晶〕1. 결정 2. 알맹이. ㊒ 성과, 열매：这本著作是他多年研究的～～. 이 저서는 그가 다년간 연구한 열매이다. 〔水晶〕수정.

粳(秔、稉) jīng (갱) 메벼, 벼.

兢 jīng (긍) 〔兢兢〕조심하다, 신중하다：战战～～. 전전긍긍하다. /～～业业. 꼼꼼하고 착실하다, 신중하고 부지런하다.

腈 jīng 니트릴(유기화합물의 일종).

井 jǐng (정) ①우물. ②우물처럼 생긴것：天～. 빛이 들어오게 천정에 낸 구멍, 안뜨락. /盐～. 염정. /矿～. (광산의) 굴, 갱. ③정연하다㉝：～～有条. 조리정연하다. /秩序～然. 질서정연하다. 〔井冈山〕정강산, 강서, 호남 두 성 경계의 라소산맥중부에 있음.

阱(穽) jǐng (정) 함정.

肼 jǐng 히드라진(유기화합물의 일종).

刭(剄) jǐng (경) 칼로 목을 베다.

颈(頸) jǐng (경) 목.

景 jǐng (경) ①풍경, 경치, 풍치：良辰美～. 호시절, 좋은 날, 좋은 때와 아름다운 경치. /～致真好. 경치가 참으로 훌륭하다. /风～美丽. 풍경이 아름답다. ②형편, 정황, 광경：盛～. 성황. /晚～. 야경. /幸福生活的远～. 행복한 생활의 전망. ③우러러보다, 존경하다, 탄복하다：～慕. 우러러보다, 경모하다. 〔景颇族〕징퍼족, 중국 소수민족의 하나. 〈고〉〈影〉(yǐng)과 같음.

憬 jǐng (경) 깨닫다, 각성하다.

璟 jǐng (경) 구슬의 빛갈, 옥의 광택.

儆 jǐng (경) 타이르다, 깨우쳐주다, 경계하다, 삼가하다: ～戒. 경계하다, 깨우쳐주다. 삼가하다./惩(chéng)一～百. 한사람을 징벌하여 백사람을 경계하다, 하나를 징계하여 여럿을 혼뜨겁내다.

警 jǐng (경) ①경계하다, 주의시키다: ～戒. 경계하다./～备. 경비하다./～告. 경고하다. 〔警察〕 경찰. 〈警〉으로도 략칭함: 人民～～. 인민경찰./民～. 민경, 인민경찰. ②경비해야 할 위험한 일, 위험한 소식: 火～. 화재경보./告～. 위급함을 알리는 경보./～报. 경보. ③민감하다, 예민하다: ～觉. 민감하게 느끼다./～醒. 잠귀가 빠르다, 인차 깨나다, 경계하다, 각성하다.

劲(勁) (2) jìng (경) 강하다, 힘차다, 세다, 걸싸다, 억세다: ～旅. 정예부대, 강팀./～敌. 강적, 강한 적수./疾风知～草. 억센 풀만이 세찬 바람에도 꺾이지 않는다, 시련속에서만이 사람의 본색을 알수 있다. (1) jìn →217페지.

径(徑、逕) jìng (경) ①오솔길: 山～. 산길. ㊀방법: 捷～. 지름길. /门～. 방법, 방도. 〔径庭〕 심한 차이, 큰 차이: 大有～～. 차이가 아주 심하다, 큰 차이가 있다. 〔径赛〕 달리기경기. ②직경: 半～. 반경./口～. 구경. ③직접, 곧바로: ～启者. 직접 말씀드림./～向有关单位联系. 관계단위와 직접 련계하다.

胫(脛、踁) jìng (경) 정갱이. 〔胫骨〕 정갱이뼈, 경골.

痉(痙) jìng (경) 경련. 〈抽筋〉이라고도 속되게 이름.

净(淨、淨) jìng (정) ①깨끗하다, 맑다, 정갈하다: ～水. 깨끗한 물, 정수./脸要洗～. 얼굴을 깨끗하게 씻어야 한다. ②씻다, 깨끗하게 하다: ～面. 얼굴을 씻다, 얼굴을 닦다, 얼굴을 문지르다./～手. 손을 씻다. ③아무것도 없다, 텅 비다, 빤빤하다, 없어지다: 钱用～了. 돈을 깡그리 다 써버렸다. ④단순하다: 1. 순수한것: ～利. 순리익./～重. 알속무게. 2. 다만, 오직: ～剩下棉花了. 목화만 남았다. 3. 온통, 모두, 전부: 满地～是树叶. 온 땅이 나무잎천지다. ⑤(중국 고전극에서) 조폭하고 무사다운 남배역.

竞(競) jìng (경) 겨루다, 경쟁하다, 경기하다, 시합하다: ～走. 걷기경기, 경보./～渡. 강건느기경기, 도강경기. 〔竞争〕 경쟁하다. 〔竞赛〕 경쟁하다, 경기하다, 시합하다: 劳动～～. 로동경쟁.

竟 jìng (경) ①끝나다, 다하다, 아퀴짓다: 读～. 다 읽다./继承先烈未～的事业. 선렬들이 다하지 못한 사업을 계승하다. ㊀ 1. 드디여, 결국, 끝내, 끝끝내, 마침내, 종내: 有志者事～成. 뜻있는 사람은 끝내 성공한다, 포부만 있으면 꼭 성공한다./他的话毕～不错. 그의 말은 결국 틀리지 않았다. 2. 처음부터 끝까지, 전부, 온, 옹근: ～日. 온하루, 하루종일. ②뜻밖에, 꿈밖에, 의외에, 상상외에：这样巨大的工程，～在短短半年中就完成了. 이렇게 거대한 공사를 짧디짧은 반년동안에 끝마쳤다는것은 실로 뜻밖이다.

境 jìng（경）①경계（[련]边-）：国～. 국경./入～. 입국하다. ②곳，경지，구역：如入无人之～. 무인지경에 들어선듯하다. [파] 1. 품행과 학업의 정도：学有进～. 학습에서 발전이 있다. 2. 경우，처지，형편：处～不同. 처지가 다르다，경우가 다르다.

獍 jìng（경）（옛책에서 나오는）표범비슷한 사나운 짐승인데 나자마자 어미를 잡아먹는다고 함.

镜 jìng（경）①（-子）거울. ②렌즈：显微～. 현미경./望远～. 망원경./眼～. 안경./凸透～. 볼록렌즈./三棱～. 프리즘.

靓 （1）jìng（정）장식，차림，치장，화장，꾸밈새.（2）liàng →273페지

靖 jìng（정）①편안하다，조용하다. ②안정시키다，평정하다，진압하다. →420페지의〈绥①〉.

静 jìng（정）①정지하다，멎다. ↔〈动〉：～止. 정지하다，움직이지 않다./安～地坐着. 가만히 앉아있다./风平浪～. 바람이 수그러지고 물살이 잔잔해지다. ②고요하다：这个地方很清～. 이곳은 매우 고요하다./更深夜～. 밤도 이슥하고 인적도 끊다，고요한 밤중./～悄悄的. 아주 조용하다，고요하다.

敬 jìng（경）①존경하다（[련]尊-）：～客. 손님을 존경하다./～之以礼. 례로써 그를 존경하다，그에게 경례를 드리다./～赠. 드리다，올리다./～献. 올리다，드리다. ②선물：喜～. 결혼선물. ③올리다，드리다：～酒. 술을 권하다./～茶. 차를 부어드리다.

JIONG

坰 jiōng（경）교외，야외，들.

扃 jiōng（경）문빗장，문걸쇠. [전] 1. 문. 2. 문을 닫다，문을 걸다.

冏 jiǒng（경）①빛. ②밝다.

炅 （1）jiǒng（경）불빛.（2）guì →155페지.

⿱目火 jiǒng（경）①불. ②해빛，별.

泂 jiǒng（형）멀다.

迥 jiǒng（형）멀다：～异. 차이가 현저하다.〔迥然〕분명히，현저히，아주：～～不同. 현저히 다르다，확연히 다르다.

絅（褧）jiǒng（경）홑옷.

炯 jiǒng（형）밝다，빛나다，빛이 반짝이다[첩]：目光炯炯. 눈에 영채가 돌다.

窘 jiǒng（군）①가난하다，궁핍하다，구차하다，어렵다：解放前人民的生活很～. 해방전에 인민들의 생활은 매우 어려웠다. ②난처하게 하다，딱딱하게 굴다，궁지에 빠지다，난처하다，딱하다：你一言，我一语，～得他满脸通红. 저저마다 한마디씩 하는 바람에 그는 난처해서 얼굴이 화끈 달아올랐다.

JIU

纠 jiū (규) ①칭칭 감기다, 엉키다 ([련]-缠): ～缠不清. 뒤엉켜 똑똑하지 못하다. 〔纠纷〕 알륵, 분쟁. ②바로잡다, 고치다, 시정하다: ～偏救弊. 편향을 바로잡고 폐단을 없애다. 〔纠正〕 바로잡다, 시정하다: ～～工作中的偏向. 사업가운데서의 편향을 시정하다. 〔纠察〕 감독하다, 사회질서를 유지하고 통제하다. ③그러모으다, 규합하다: ～合众人. 여러 사람을 그러모으다.

赳 jiū (규) 〔赳赳〕 건장하고 름름하다, 씩씩하다, 위용이 있다: 雄～～. 씩씩하다, 힘차다.

鸠 jiū (구) ①비둘기. ②그러모으다, 규합하다: ～合. 그러모으다.

究 jiū (구) (옛음 jiù) 캐다, 따지다, 추궁하다: ～办. 조사하여 처벌하다, 구명하여 처분하다./追～. 추궁하다./推～. 캐여묻다, 따져밝히다, 구명하다./必须深～. 자상히 따져야 한다. 〔究竟〕 1. 도대체, 대체, 대관절, 어쨌든, 필경, 구경: ～～是怎么回事? 대관절 어떻게 된 일인가? 2. 결과, 결말: 大家都想知道～～. 모두들 그 결과를 알려고 하다. 〔终究〕 어디까지나, 끝내, 결국, 필경, 구경: 问题～～会弄清楚的. 문제는 필경 똑똑히 밝혀질것이다.

阄(鬮) jiū (구) (-儿) 제비: 抓～儿. 제비를 뽑다.

揪 jiū (추) ①틀어쥐다, 잡아끌어내다, 잡아당기다: 赶快～住他. 빨리 그를 붙잡아라./～断了绳子. 끈을 잡아당겨 끊다./～下一块面. 이긴 밀가루에서 한덩이쯤 뜯어내다. ②〔揪心〕 마음을 조이다, 몹시 근심하다.

啾 jiū (추) 〔啾啾〕 소리본딴말. 찍찍, 짹짹, 찌르륵, 짜르륵 (새나 벌레의 울음소리).

鬏 jiū (머리) 쪽, 낭자.

九 jiǔ (구) ①아홉, 구. 〔数九〕 (shǔ-) 동지(冬至)후 81일간, 9일간을 단위로 하여 〈1.9〉로부터 〈9.9〉까지 헤아림, 한겨울, 오동지 섣달. ②다수 또는 많은것: ～死一生. 구사일생, 죽을 고비를 겪다./～霄. 하늘.

久 jiǔ (구) 오래다: 年深日～. 오랜 세월이 흐르다, 세월이 오래다.

玖 jiǔ (구) ①검은 옥돌. ②〈九〉자의 큰글자.

灸 jiǔ (구) 뜸: 针～. 침구, 침과 뜸.

韭(韮) jiǔ (구) 부추.

酒 jiǔ (주) 술. 〔酒精〕 알콜, 주정.

旧(舊) jiù (구) ①낡다, 오래다: 守～. 낡은것을 고집하다, 낡은것에 매달리다./～社会. 낡은 사회./衣服～了. 옷이 낡아졌다. ②오랜 사이, 오랜 우정, 오랜 벗, 옛친구: 有～. 오래전부터 아는 사이./故～. 옛친구, 옛벗.

臼 jiù (구) ①절구. ②절구모양으로 생긴것: ～齿. 어금이, 구치.

柏 jiù (구) 아구나무.

舅 jiù (구) ①외삼촌㊟. ②(-子) 처남: 妻～. 처남./小～子. 작은처남. ③시아버지: ～姑. 시아버지와 시어머니, 시부모.

咎 jiù (구) ①잘못, 과오, 오유, 죄과: ～由自取. 스스로 잘못을 저지르다, 제발등을 찍다. ②나무라다, 책망하다, 책벌하다, 처분하다: 既往不～. 과거를 따지지 않다, 과거를 묻지 않다. ③사납다, 불길하다: 休～. 좋은 일과 불길한 일, 길흉.

疚 jiù (구) 고질, 고질병, 오랜 질병. ㉠근심하다, 고초를 느끼다, 정신적고통을 느끼다, 괴로와하다: 负～. 괴로움을 느끼다./内～. 후회하여 마음속에 옹이나 매듭이 맺힌것, 가책.

柩 jiù (구) 관, 령구: 灵～. 령구.

救(捄) jiù (구) 건지다, 구원하다, 구제하다, 원호하다: ～济. 구제하다./～援. 구원하다./～命. 목숨을 건지다, 생명을 구원하다./～火. 불을 끄다./～生圈. 구명대, 구명환./求～. 구원을 바라다, 구제해주기를 요구하다. 〔救星〕 구성, 곤난에서 구원해주는 사람.

厩(廄) jiù (구) 마구간, 외양간: ～肥. 두엄.

就 jiù (취) ①가까이하다, 다가서다, 다가붙다, 접근하다: ～着灯光看书. 등불을 가까이하고 책을 보다. ②종사하다, 직업을 가지다, 다니게 되다, 붙다, 취직하다: ～学. 학교에 붙다, 공부하게 되다./～业. 직장에 들어가다, 직장에 붙다, 취직하다. ③주어진 형편에 따르다. …김에 …하다, 편에 서다, (어떤 행동 또는 상태에) 이르다, 틈을 타다, 그 자리에서 …하다: ～近. 가까운데서, 근방에서, 근처에서./～地解决. 제자리에서 해결하다, 현지에서 해결을 보다./～事论事. 사실을 가지고 옳고그름을 평가하다, 사실의 표면적현상에만 국한되고 본질적인것을 회피하다. ④반찬을 해서 먹다, 안주를 갖추어 먹다, 함께 먹다: 炒鸡子儿～饭. 닭알볶음반찬에 밥을 먹다. ⑤이루다, 끝내다, 완수하다: 培养和造～接班人. 후계자를 육성하다 ⑥긍정적어투를 나타내는 단어: 1. 강조의 뜻: 这么一来～好办了. 그렇게 되면 문제가 풀린다. 2. …지 않으면 …ㄴ다: 不是你去, ～是我去. 네가 가지 않으면 내가 간다. ⑦곧, 즉시, 인차: 他一来, 我～去. 그가 오면 내가 곧 간다./他～要参军了. 그는 곧 입대하게 된다. ⑧설사, 비록, …하더라도, …다 해도: ～是不增加人,也能完成任务. 사람을 더 늘이지 않는다 하더라도 과업을 완수할수 있다./你～是送来,我也不要. 당신이 보내온다 하더라도 나는 받지 않겠소. ⑨다만, 오직, 단지, 공교롭게, 좀체로, 한사코, 기어코: 他～爱看书. 그는 (다만) 책만 보기 좋아한다./怎么～是我不能去? 왜 공교롭게 나만 갈수 없는가?

僦 jiù (추) 세를 내다, 세말다: ～屋. 집을 세내다

鹫 jiù (취) 독수리.

JU

车(車) (2) jū (차) (장기쪽) 차. (1) chē →47페지.

且 (2) jū (저) 〈고〉①문언문조사. 구나, 로다: 狂童之狂也～. 불량한 애의 불량한 행위로다. ②사람의 이름자에 쓰임. (1) qiě →363페지.

苴 jū (저) 암삼.

岨 jū (저) 흙이 섞인 돌산.

狙 jū (저) (옛책에서 나오는) 원숭이의 한가지. 〔狙击〕저격하다, 불의의 습격을 하다.

疽 jū (저) (속음 zǔ) 악질종기, 종창, 등창.

趄 (2) jū (저) →591페지 〈趑〉의 〈趑趄〉(zījū). (1) qiè →364페지.

雎 jū (저) 증경이, 저구, 원앙: 雎鸠(-jiū)저구, 원앙, 증경이. 〈王雎〉라고도 함.

拘 jū (구) ①붙들다, 붙잡다, 체포하다, 잡아가두다, 구류하다, 구금하다: ～票. 구인장. /～留. 잡아가두다, 구류하다. /～禁. 가두다, 구금하다. ②제한하다, 구속하다: ～束. 구속하다, 속박하다, 구속받다, 자연스럽지 못하다. /不～多少. 얼마든 제한하지 않는다. ③변통이 없다, 고집스럽다, 기계적이다, 융통성이 없다: ～谨. 지나치게 조심스럽다, 소심하다. /别太～. 너무 고지식해선 안되오. /～泥成法. 기성된 법에 구애되다, 기성된 법을 고집하다. 〔拘挛〕1. (-luán)경련을 일으키다. 2. (-儿、-luan) 곱아들다: 手冻～～. 손이 얼어 곱아들다.

泃 jū (구) 〔泃河〕구하, 강이름, 하북성에 있음.

驹 jū (구) ①어리고 힘센 말: 千里～. 천리마. ②(-子) 망아지: 马～子. 망아지 *노새와 당나귀 새끼도 가리킴: 驴～子. 새끼당나귀.

居 jū (거) ①살다, 거주하다: 分～. 갈라져 살다, 세간나서 살다, 따로 살다. /久～乡间. 오래동안 농촌에서 살다. ②사는 곳, 집, 거처: 新～. 새집, 새로운 거처. /鲁迅故～. 로신의 옛집. ③…에 서다, 자리잡다, 차지하다, 자처하다: ～中. 가운데 있다. /～间. 가운데 서다, 중간립장을 취하다, 가운데서 조절하다, 거간군, 조절자. /以前辈自～. 선배로 자처하다. ④(마음에) 두다, 품다, 먹다: 是何～心? 어떤 생각을 품었는가? ⑤저축하다, 축적하다, 모아두다: 奇货可～. 희귀한 물건은 모아둘만하다. /囤积～奇. 물건을 사서 쌓아두었다가 값이 오를 때 팔다. 〔居然〕뜻밖에, 생각밖에, 갑자기: 他～～来了. 그가 갑자기 왔다.

据 (2) jū (거) →212페지 〈拮〉의 〈拮据〉(jiéjū). (1) jù →228페지.

崌 jū (거) →266페지 〈岍〉의 〈岍崌山〉(lìjūshān).

琚 jū (거) (옛사람들이 차고다니던) 패옥.

腒 jū (거) 절여 말린 새고기.

裾 jū (거) 옷섶. ㉦옷의 앞뒤자락.

掬 jū (국) 두손으로 움켜쥐다, 량손바닥으로 떠서 올리다: 以手～水. 손을 움켜쥐고 물을 뜨다./笑容可～. 얼굴에 웃음꽃을 피우다.

鞠 jū (국) ①기르다, 부양하다. ②(옛날에 가죽으로 만든) 공: 蹴(cù)～. 축국. 〔鞠躬〕(허리를 굽혀) 절하다, 인사말을 하다.

娵 jū (추) 〔娵隅〕 옛날 중국 남방 소수민족이 물고기를 이르던 말.

锔(鋸) (2) jū (국) 거멀장을 대다, 깨진 그릇을 거멀못으로 겹치거나 때다: ～碗. 사발에 거멀장을 대다./～锅. 가마를 때다. 〔锔子〕(-zi) 거멀못, 거멀장. (1) jú →본 페지. 〈锯〉jù →228페지.

鞫 jū (국) 심문하다.

局(跼、侷) jú (국) ①부분: ～部麻醉. 국부마취. ②국: 教育～. 교육국./公安～. 공안국./邮电～. 우전국, 체신소. ③상점: 书～. 책방, 서점. ④(장기 또는 바둑) 판, 장기 한판을 두다: 一～棋. 장기 한판. ⑤장기를 두는 형세. ㊌일의 형세, 형편, 정세; 结～. 결국./大～. 큰 국면./时～. 시국. 〔局面〕 1. 한 시기의 일의 상태, 사태, 정세, 형편, 국면: 稳定的～～. 온정된 국면. 2. 〈방〉규모. ⑥구불다, 곱슬곱슬하다. ⑦〔局蹐〕(跼-)(-jí) 구속을 받다, 움츠리다. ⑧〔局促〕(侷-) 1. 좁다, 옹졸하다, 옹색하다, 협소하다, 짧다. 2. 구속스럽다, 불안스럽다, 어색하다: 他初到这里,感到有些～～. 그는 여기에 처음 온지라 좀 어색함을 느꼈다.

锔 (1) jú 큐리움(원소기호 Cm). (2) jū →본 페지.

桔 (2) jú (귤) 〈橘〉의 속자. (1) jié →212페지.

菊 jú (국) 국화, 국화꽃.

湨 jú (격) 〔湨水〕 격수, 강이름, 하남성에 있음.

鶪 jú (격) 왜가리, 왁새.

橘 jú (귤) 귤.

柜 (2) jǔ (궤) 개버들, 고리버들; 느티나무. (1) guì →155페지.

矩(榘) jǔ (구) ①곱자: ～尺. 곱자, 곡척./不以规～不能成方圆. 콤파스와 곱자를 쓰지않고서는 모난것, 둥근것을 그릴수 없다. ②규칙, 법칙; 循规蹈～. 규범을 잘 지키다, 규률을 엄격히 지키다.

咀 (1) jǔ (저) (입에 넣고) 씹다: 含英～华. 문장의 정화를 음미하다. 〔咀嚼〕(-jué) 씹다, 새기다. ㊌맛보다, 따져보다. (2) zuǐ →597페지.

沮 (1) jǔ (저) ①저지하다, 가로막다, 밀막다. ②락심하다, 상심하다, 망치다, 훼손보다. 〔沮丧〕(-sàng) 기가 꺾이다, 풀이 죽다, 실망하다. (2) jù →228페지.

龃 jǔ (저) 〔龃龉〕(-yǔ)(아래우의) 이가 맞지 않다. ㉾의견이 맞지 않다, 어긋나다.

莒 jǔ (거) 주나라 제후국의 이름, 지금의 산동성 거현일대에 있었음.

筥(篆) jǔ (거) 둥근 대나무광주리.

枸 (3) jǔ (구) 〔枸橼〕(-yuán)구연, 레몬. (1) gōu →143페지. (2) gǒu →144페지.

蒟 jǔ (구) 구장. 〔蒟蒻〕 구약. 〔蒟酱〕 구장.

举(舉、擧) jǔ (거) ①쳐들다, 추켜들다: ～手. 손을 들다. /高～红旗. 붉은기를 높이 들다. ㉺1. 동작, 행위: ～止. 행동, 동작, 행동거지, 거동. /一～一动. 일거일동. 2. 일으키다, 들고일어나다: ～义. 봉기하다, 거사하다, 들고일어나다, 폭동을 일으키다. /～事. 무장폭동을 일으키다. /～办工农业余学校. 로농과외학교를 세우다. ②들다, 제기하다: ～例说明. 례를 들어 설명하다. /～出一件事实来. 한가지 사실을 들다. ③추천하다, 선거하다: 大家～他做代表. 대중은 그를 대표로 추천하였다. ④온, 전: ～国. 온 나라, 전국. /～世闻名. 세상에 널리 이름나다, 온 세상이 다 알다.

榉(櫸) jǔ (거) ①느티나무. ②졸참나무.

踽 jǔ (우) 〔踽踽〕 타달타달하다, 타달거리다: ～～独行. 외로이 타달타달 걸어가다.

巨(鉅) jù (거) 크다, 많다: ～人. 거인. /～型飞机. 대형비행기. /～款. 많은 돈, 거액의 현금.

讵 jù (거) 어찌, 어떻게: ～料. 어떻게 알겠는가? 어찌 알랴. /～知. 어떻게 알겠는가? 어찌 알랴.

拒 jù (거) 막다, 저항하다, 대항하다, 항거하다, 거절하다, 거역하다 (㉤抗-): ～敌. 적을 막다, 적과 대항하다. /～捕. 체포를 거절하다, 체포에 항거하다. /～腐蚀,永不沾. 부식을 막고 영원히 물들지 않다. 〔拒绝〕 거절하다, 거부하다, 저버리다, 마다하다.

苣 (1) jù (거) →461페지 〈莴〉의 〈莴苣〉(wōjù). (2) qǔ →372페지.

炬 jù (거) 홰불.

距 jù (거) ①떨어지다, 사이를 두다: 相～数里. 서로 몇리사이를 두다. /～今已数年. 지금으로부터 벌써 몇년이 지났다, 지금으로부터 이미 여러해 되였다. ②며느리발톱.

句 (1) jù (구) (-子)구절. (2) gōu →143페지

具 jù (구) ①기구, 도구, 공구: 工～. 도구, 공구. /家～. 가구. /文～. 문방구. /农～. 농기구. ②가지다, 갖추다, 구비하다: ～备. 갖추다, 구비하다. /～有. 가지고있다, 갖추고있다, 구비하다. /略～规模. 약간한 규모를 갖추고있다. 〔具体〕 구체적이다: 这个计划订得很～～. 이 계획은 아주 구체적으로 작성되였다. /～～的人. 구체적인 사람. /～～的工作. 구체적인 사업.

俱 jù (구) (옛음 jū) 다, 모두, 전부: 父母～存. 부모님들이 다 생존해계시다./面面～到. 모든 분야를 다 돌보다, 없는것없이 갖추어지다, 빈틈없이 모두다 돌보다. 〔俱乐部〕 구락부.

惧(懼) jù (구) 두려워하다, 무서워하다(㊞恐～): 临危不～. 위험에 처해서도 두려워하지 않다.

椇 jù (구) 짝, 겨리, 조(가대기나 써레를 메운 부림짐승을 헤아리는 단위).

飓 jù (구) 태풍, 바다의 회오리바람, 하리켄.

沮 (2) jù (저) 〔沮洳〕(-rù) (식물이 썩어서 된) 진펄, 질고 움푹한 땅. (1) jǔ →226페지.

剧(劇) jù (극) ① 격렬하다, 치렬하다, 극심하다, 심하다: ～痛. 모진 아픔, 몹시 아프다./～病. 몹시 앓다, 심한 병./争论很～烈. 론쟁이 매우 격렬하다. ②극, 연극.

倨 jù (거) 교만하다, 거만하다: 前～后恭. 처음엔 거만하던것이 후에 공손해졌다.

据(據) (1) jù (거) ①의거하다, 근거하다: ～理力争. 리치를 따지며 끝까지 론쟁하다./～说是这样. 듣는 말에 의하면 이렇다. ②차지하다, 점유하다(㊞占-): 盘～. 둥지를 틀고앉다./～为己有. 자기것으로 만들다, 자기의 소유로 만들다. 〔据点〕 거점. ③근거, 증거, 증명문건, 확인문건(㊞凭-, 证-): 收～. 령수증./字～. 증거문건, 증서./票～. 유가증권, 증표./真凭实～. 확실한 근거, 철의 근거./无凭无～. 아무런 근거도 없다. (2) jū →225페지.

锯 (1) jù (거) ①톱: 拉～. 톱질하다./手～. 손톱./电～. 전기톱. ②켜다, 톱질하다, 톱으로 자르다: ～木头. 나무를 켜다./～树. 나무를 자르다. (2) jū →226페지의 〈锔(2)〉.

踞 jù (거) (쭈크리고) 앉다: 龙蟠(pán)虎～. 룡이 서리고있고 범이 버티고앉다, 지세가 험악하다./箕～. 다리를 쭉 펴고 앉다.

聚 jù (취) 모으다, 모이다(㊞-集): 大家～在一起谈话. 여럿이 한데 모여 이야기를 나누다./～少成多. 티끌모아 태산./欢～. 즐겁게 한자리에 모이다.

窭(窶) jù (구) 가난하다, 빈곤하다.

屦(屨) jù (구) (옛날의) 짚신.

澽 jù (거) 〔澽水〕 거수, 강이름, 섬서성에 있음.

遽 jù (거) 급히, 바삐, 서둘러, 갑자기, 빨리: 不敢～下断语. 감히 서둘러 단언할수 없다.

醵 jù (거) ①여러 사람이 돈을 모아 술을 마시다, 추렴하다. ②여러 사람이 돈을 모으다: ～资. 자금을 모으다, 돈을 모으다.

JUAN

捐 juān (연) ①부조하다, 기부하다, 헌납하다, 바치다, 희생하다: ～钱. 돈을 기부하다, 돈을 바치다./～棉衣. 솜옷을 바치다./～躯. 몸을 바치다, 헌신하다./～献.

헌납하다. ②세금: 房～. 집세./苛～杂税. 가렴잡세.

涓 juān (연) 졸졸 흐르는 물. 〔涓滴〕아주 작은 물, 물방울. ㊥ 극히 적은 량, 아주 사소한것: ～～归公. 공동의것은 일전도 가지지 않다, 집단의것이라면 아주 사소한것이라도 다 집단에 바치다.

娟 juān (연) 아름답다, 아릿답다, 요염하다, 곱다, 예쁘다, 어여쁘다: ～秀. (생김새가) 아름답다, 예쁘다, 어여쁘다, 곱다.

鹃 juān (견) →100페지 〈杜〉의 〈杜鹃〉.

圈 (3) juān (권) (집짐승을) 가두다: 把小鸡～起来. 병아리를 가두다. (1) quān →373페지. (2) juàn →본 페지.

朘 juān (최) 줄어들다, 감소되다.

镌(鐫) juān (전) 새기다, 조각하다: ～刻图章. 도장을 새기다./～碑. 비문을 새기다.

蠲 juān (견) 없애다, 면제하다: ～免. 면제하다, 없애다, 제거하다.

卷(捲) (2) juǎn (권) ①감다, 말다, 걷다: ～行李. 행장을 걷다, 짐을 꾸리다./～帘子. 문발을 말아올리다. ②휩쓸다, 휘몰다, 휘날리다: 风～着雨点劈面打来. 바람이 비를 휘몰아 얼굴에 퍼붓는다./～入旋涡. 소용돌이속에 휘말려들어가다, 사건에 끌려들어가다. ③(-儿)원통형으로 감은것, 만것, 퉁구리: 烟～儿. 만담배, 가치담배./行李～儿. 짐퉁구리, 행장꾸레미./纸～儿. 두루마리. (1) juàn →본 페지.

锩 juǎn (권) 칼날이 구부러지다.

卷 juàn (권) ①(-儿)두루마리로 된 족자나 그림: 手～. 두루마리로 된 글씨나 그림, 서화의 두루마리./长～. 긴 두루마리로 된 글씨나 그림. ②권: 第一～. 제1권./上～. 상권./～二. 2권. ③(-子、-儿) 시험지: 试～. 시험지./交～. 답안지를 내다./历史～子. 력사시험지. ④문서, 문건, 문건철: ～宗(기관에서 분류하여 보관하는) 공문, 문건./查一查底～. 원문건을 찾아보다. (2) juǎn →본 페지.

倦 juàn (권) 지치다, 피곤하다, 피로하다, 싫증나다, 권태를 느끼다 (련疲-): 诲人不～. 남을 꾸준히 가르치다./厌～. 싫증나다, 진저리나다.

圈 (2) juàn (권) 가두는 곳, 우리, 외양간: 猪～. 돼지우리./羊～. 양우리. (1) quān →373페지. (3) juān →본 페지.

隽(雋) (1) juàn (전) 비계. (글이나 이야기의) 뜻이 깊다. 〔隽永〕글뜻이 매우 깊다. (2) jùn →233페지.

狷(獧) juàn (견) ①도량이 좁다, 옹졸하다; 성미가 급하다, 조급하다: ～急. 성미가 급하다, 조급하다. ②대바르다, 정직하다.

绢 juàn (견) 견, 깁. 〔手绢〕손수건.

罥 juàn (견) 걸리다.

桊 juàn (권) 코뚜레: 牛鼻～儿. 소코뚜레.

眷(睠) juàn (권) ① 그리워하다, 사모하다: 一点也不～恋过去. 지난날을 조금도 그리워하지 않는다, 지난날에 아무런 미련도 없다. ②가족, 친척, 집안사람: 亲～. 친척./～属. 가족, 친척./家～. 식구, 가족.

鄄 juàn (견) 〔鄄城〕 견성, 현이름, 산동성에 있음.

JUE

嗟 juē (차) →211페지의 (jiē).

孱(屩、蹻) juē (각) 짚신, 초신. 〈 跻 〉 qiāo →361페지 〈跷〉.

撅(噘) juē (궤, 궐) ① 쳐들다, (입을) 삐죽 내밀다: ～嘴. 입을 삐죽 내밀다./～着尾巴. 꼬리를 쳐들다./小辫～着. 작은 머리태를 쳐들다. ②분지르다, 꺾다, 부러뜨리다: 把竿子～断了. 참대막대기를 부러뜨렸다.

孓 jué (궐) 〔孑孓〕(jié-) 모기의 유충.

决(決) jué (결) ①(뚝이) 터지다: 堵塞～口. 뚝의 터진 곳을 막다. 〔决裂〕 결렬하다: 谈判～～. 담판이 결렬되다. ②결정짓다, 확정하다, 결심하다, 단정하다: ～心. 결심하다./迟疑不～. 결심을 내리지 못하다, 우물쭈물하다, 우유부단하다. ㉮결코, 꼭, 절대로: 他～不会失败. 그는 절대 실패하지 않을것이다. 〔决议〕 결정하다, 채택하다, 결의, 결정서. ③사형하다: 枪～. 총살하다.

诀 jué (결) ①방법, 묘한 방법, 비결./秘～. 비결./妙～. 묘한 방법, 묘책. ②외우기 쉽도록 만든 글이나 노래: 口～. 외우는 비결./歌～. 외우기 쉽게 만든 노래. ③갈라지다, 작별하다: 永～. 영결하다.

抉 jué (결) 골라내다, 후벼내다, 파내다 〔～择〕 골라내다, 갈라내다, 골라잡다, 선택하다.

驶 jué (결) 〔驶騠〕(-tí) 1. 버새. 2. (옛책에 나오는) 준마, 좋은 말.

玦 jué (결) (한 부분이 이지러진 고리모양의) 옥패.

鴃 jué (격) 개구마리, 백설조.

觖 jué (결) 〔觖望〕 기대에 만족되지 않아 원망하고 증오하다.

角 (2) jué (각) ①다투다, 겨루다, 경쟁하다: ～斗. 격투하다./～逐. 무력으로 승부를 다투다, 무력으로 겨루다./口～. 말다툼을 하다. ②(-儿) 배우, 역, 배역: 主～. 주역./他去什么～? 그는 무슨 배역을 맡았는가? 〔角色〕 〔脚色〕 역, 배역. ③(옛날) 오음계의 하나 (宫、商、角、徵、羽). (1) jiǎo → 208페지.

桷 jué (각) 각재, 서까래.

珏 jué (각) 한쌍의 구슬, 쌍옥.

觉(覺) (1) jué (각) ①감각: 视～. 시각./听～. 청각. ②느끼다, 여기다: 他～得这本书很好. 그는 이 책이 매우 훌륭하다

고 여긴다./不知不～. 저도 모르게, 무의식중에, 저도 모르는 사이에. ③깨닫다, 각성하다: 提高～悟. 각성을 높이다./如梦初～. 꿈에서 방금 깨여난듯하다. (2) jiào →209페지.

绝 jué (절) ①끊다, 끊어지다, 단절하다: ～望. 절망하다./络绎不～. 끊임없이 오가다, 그칠줄 모르다, 끊임없이, 락역부절. 〔绝句〕(옛시의) 절귀, 절구. ②다하다, 하나도 없다, 다 없어지다: 气～. 숨지다, 기절하다, 죽다./法子都想～了. 방법을 다 강구해보았다, 수를 다 썼다. 〔绝境〕 막다른 지경, 막다른 골목, 절망적인 상태, 궁지. ③매우, 몹시, 가장, 아주: ～妙. 아주 묘하다, 더없이 훌륭하다, 절묘하다./～密. 극비. [파]비길데 없다, 따를 사람이 없다, 짝이 없다: ～技. 특기, 뛰여난 재주./这幅画真叫～了. 이 그림은 정말 절찬할만하다. 〔绝顶〕 1. 최고봉, 절정: 泰山～～. 태산의 최고봉. 2. 더없이, 아주, 몹시: ～～巧妙. 아주 교묘하다. 〔绝对〕 절대적이다, 꼭, 반드시: ～～可以胜利. 절대적으로 승리한다, 꼭 이길수 있다./～～可以办到. 꼭 해낼수 있다./物质世界的存在是～～的. 물질세계의 존재는 절대적이다. ④결코, 절대로, 반드시: ～不允许受贿. 뢰물받는것을 결코 허락하지 않는다.

倔 (1) jué (굴) 꿋꿋하다, 굳세다, 고집스럽다: 人很直爽,就是性情～强. 매우 시원시원한 사람인데 성미가 고집스러운것이 흠이다. (2) juè →232페지.

掘 jué (굴) 파다: ～地. 땅을 파다./临渴～井. 목이 말라야 우물을 판다, 일이 급하게 되여야 허둥지둥 서두른다, 발등에 불이 떨어져야 서두른다.

崛 jué (굴) 높이 솟다, 우뚝 솟다: ～起. (봉우리가) 우뚝 솟다, 일어나다, 들고일어나다.

厥 jué (궐) ①기절하다, 까무러치다, 졸도하다, 정신잃다: 晕～. 까무러치다./痰～. (중의)담궐. ②그, 그의: ～父. 그의 아버지, 그의 부친./～后. 그후.

劂 jué (궐) →188페지 〈剞〉의 〈剞劂〉(jījué).

蕨 jué (궐) 고사리.

獗 jué (궐) 〔猖獗〕(chāng-) 미쳐날뛰다, 제멋대로 날뛰다, 창궐하다: ～～一时. 한때 미쳐날뛰다, 한때 창궐하였다.

潏 jué (궐) 〔潏水〕 궐수, 강이름, 호북성에 있음.

橛 jué(궐) (-子、-儿) 작은 말뚝.

蹶(蹷) (1) jué (궐) 넘어지다, 자빠지다. [유]좌절되다, 실패하다: 一～不振. 한번 좌절되더니 다시 일어나지 못하다. (2) juě →232페지.

傕 jué (각) 사람의 이름자.

谲 jué (휼) 속이다, 거짓말하다, 기만하다: 诡～. 간교하다, 교활하다, 거짓.

鐍 jué (휼) 궤짝에 달린 자물쇠를 잠그는 고리.

噱 (1) jué (갹) 크게 웃다. (2) xué →498페지.

爵 jué (작) ①(옛날의) 술잔. ②봉건귀족의 등급, 작위: 侯～. 후작./封～. 작위를 봉하다.

嚼 (2) jué (작) 〈嚼(1)〉와 뜻이 같음: 咀～(jǔ～). 씹다, 새기다, 맛보다, 따져보다. (1) jiáo →208페지. (3) jiào →210페지.

爝 jué、jiào (초, 작) 홰불.

矍 jué (확) 〔矍铄〕(-shuò) 정정하다, 왕성하다.

攫 jué (확) 움키다, 움켜잡다. [파] 가로채다, 빼앗다([련]-夺).

镢(鐝) jué (곽) (-头) 괭이.

蹶 (2) juě (궐) 〔尥蹶子〕(liàojuězi) (말 또는 노새가) 뒤발질하다. (1) jué →231페지.

倔 (2) juè (굴) 퉁명스럽다, 무뚝뚝하다, 말투가 거칠다, 괴벽스럽다, 불손하다: 那老头子真～. 저 령감이 정말 괴벽스럽다. (1) jué →231페지.

JUN

军 jūn (군) ①군대: ～队. 군대./空～. 공군./海～. 해군. ②군, 군단. ③조직을 갖고있는 집단: 劳动大～. 로동대군.

皲 jūn (군) 살결이 트다. 〈龟〉(jūn)이라고도 함.

均 jūn (균) ①고르다, 고르롭다. ([련]-匀、平-): ～分. 고르게 나누다, 고루고루 나누다./平～数. 평균수./势～力敌. 실력이 비슷하다. ②모두, 다: 老少～安. 집안식구가 다 편안하다./～已布置就绪. 다 포치되다, 계획대로 이미 다 포치하였다. 〈고〉〈韵〉(yùn)과 같음.

钧 jūn (균) ①30근(옛날 무게의 단위): 千～一发. 위기일발, 극히 위험하다. ②질그릇을 만드는 기구: 陶～. 돌림판, 갈이틀, 록로. ③존경어. 당신, 귀하: ～命. 당신의 명령./～安. 안녕을 빕니다./～鉴. 보여주십시오.

筠 (2) jūn (균) 〔筠连〕 균련, 현 이름, 사천성에 있음. (1) yún →547페지.

龟(龜) (2) jūn (균) 〈皲〉과 같음. (1) guī →154페지. (3) qiū →369페지.

君 jūn (군) (봉건사회) 임금, 황제, 제왕, 국왕, 군주. *(남성에 대한 존칭으로) 군: 张～. 장군. 〔君子〕(지난날) 군자.

莙 jūn (군) 근대. 〈厚皮菜〉, 〈牛皮菜〉라고도 함.

菌 (2) jūn (균) 균, 세균. (1) jùn →233페지.

麇 (1) jūn (균,군) 노루. (2) qún →375페지.

俊 jùn (준) ①(재주와 지혜가) 뛰여난 사람: ～杰. 재간이 뛰여난 사람./～士. 뛰여난 사람. ②(생김새가) 아름답다, 예쁘다, 곱다, 잘나다, 끌밋하다: 那个小姑娘真～. 그 처녀애는 정말 예쁘다.

峻 jùn (준) (산이) 높고 가파롭다: 高山～岭. 높고 가파로운 산, 험산준령. [유] 엄하다, 모질다: 严刑～法. 가혹한 형벌, 엄벌.

馂 jùn (준) 먹다남은 음식, 턱찌끼, 대궁밥.

浚(濬) (1) jùn (준) 깊이 파다, 파내다, 치다, 쳐내다: ～井. 우물을 치다./～河. 강바닥을 깊이 파내다. (2) xùn →500 페지.

骏 jùn (준) 좋은 말, 준마.

焌 (2) jùn (준) 불태우다, 불로 태우다. (1) qū →371 페지.

畯 jùn (준) (옛날) 권농관, 농노를 관리하는 벼슬.

竣 jùn (준) (일을) 다 끝내다, 준공하다: ～事. 공사를 끝내다, 완공하다./大工告～. 큰일을 다 끝내다, 대공사를 끝내다.

郡 jùn (군) 군(옛날의 행정단위).

捃 jùn (군) 줏다, 모으다, 주어모으다: ～摭(zhí). 주어모으다.

珺 jùn (군) 아름다운 옥의 하나.

隽(雋) (2) jùn (준) 〈俊①〉과 같음. (1) juàn →229 페지.

菌 (1) jùn (균) 〈蕈〉(xùn)과 같음. (2) jūn →232 페지.

K

KA

咖 (2) kā (가) 〔咖啡〕(-fēi)〈외〉커피, 커피나무. (1) gā →130 페지.

喀 kā (객) 소리본딴말. 뚝, 딱, 쿵: 〔喀嚓〕(-chā)딱, 뚝, 쿵, 찰까닥, 철꺼덕. 〔喀斯特〕 카르스트(석회석, 석고 등이 오랜 비바람의 침식으로 이루어진 기괴한 지형).

揢 kā (갈) (칼로) 깎다, 벗기다.

卡 (2) kǎ (잡) ①화물자동차: 十轮～车. 열바퀴 화물자동차. ②〈외〉카드: 资料～. 자료카드./图书～片. 도서카드. ③〈외〉칼로리. (1) qiǎ →356 페지.

佧 kǎ 〔佧佤〕(-wǎ) 카와족의 옛이름.

咔 kǎ 〔咔叽〕(-jī) 〈외〉캬바진.

胩 kǎ 이소니트릴, 이소시안화물, 카르빌아민.

咯 (1) kǎ (각) (목구멍에 걸린것을) 내뱉다, 토하다: 把鱼刺～出来. 목구멍에 걸린 고기뼈를 내뱉다./～血. 피를 토하다, 각혈하다./～痰. 가래를 뱉다. (2) lo →283 페지. (3) gē →136 페지.

KAI

开(開) kāi (개) ① 열다: ～门. 문을 열다./～幕. 막을 올리다, 막을 열다, 개막하다./～口说话. 입을 열다, 말하다. ㉮1. 피다. ～花. 꽃이 피다./～颜. 웃다, 웃음을 띠우다. 2. 절(인쇄에서 옹근장에 대한 종이크기의 단위): 三十二～本. 32 절지책. 3. 녹다, 풀리다: ～冻. 얼음이 녹다, 언것이 녹다, 얼음이 풀리다./～河. 강이 풀리다. 〔开刀〕 수술하다: 这病得～～. 이 병은 꼭 수술해야 한다. 〔开关〕 개폐기, 스위치. 〔开口呼〕 한어모음 네가지

발음법의 하나, 개구호. 〔开交〕 가르다, 떼여내다, 빼내다: 忙得不能~~. 바빠서 몸을 뺄수가 없다. /闹得不可~~. 들볶는통에 눈코뜰새 없다. ②트다, 트이다, 통하다: ~眼. 눈이 트이다, 세상물정을 알게 되다, 눈을 뜨게 하다. /想不~. 납득되지 않는다. /~路先锋. 나아갈 길을 개척하는 선봉, 선봉대. 〔开通〕 개명하다, 깨다, 진보적이다, 속이 트이다. ③캐다, 채굴하다, 나타나게 하다, 드러나게 하다: ~矿. 광산을 개발하다, 광석을 캐내다. /~采石油. 원유를 채취하다. 〔开发〕 캐다, 개발하다, 개간하다, 개척하다. ④늘이다, 확대하다, 발전시키다: ~拓(tuò). 개척하다. /~源节流. 수입을 늘이고 지출을 줄이다. /~展工作. 사업을 전개하다, 사업을 벌리다, 일을 벌려놓다. ⑤돌리다, 몰다; 쏘다, 발동하다: ~车. 차를 몰다. /~炮. 대포를 쏘다. /~船. 배를 몰다. /~动脑筋. 머리를 쓰다. 〔开火〕 불질하다, 사격하다, 총 또는 포를 쏘다, 싸움이 붙다, 전투가 시작되다. ⑥시작하다, 시작되다, 개설하다: ~端. 시작, 발단. /~春. 봄이 되다, 초봄. /~学. 개학하다, 개학. /~工. 공사를 시작하다, 착공하다. /戏~演了. 연극공연을 시작하다, 연극공연이 시작되다. ⑦세우다, 꾸리다, 설치하다, 창설하다: ~医院. 병원을 세우다, 병원을 창설하다. 〔开国〕 나라를 세우다, 건국, 개국. ⑧(쪽지형식으로) 써주다, 하나하나 늘어놓다, 렬거하다: ~方子. 처방을 떼다. /计~. 계산하다, 하나하나 헤아리다. ㊥돈을 치러주다: ~支. 지출하다, 로임을 주다, 지출비용. /~销. 지출, 지출비, 지출하다, 지불하다. ⑨끓다, 펄펄 끓다: ~水. 끓인 물. /水~了. 물이 끓었다. ⑩동사의 뒤에 놓여 그 효과를 나타냄: 这话传~了. 이 말이 널리 퍼졌다. /屋子小,坐不~. 방이 비좁아 다 앉을수 없다. /睁~眼. 눈을 뜨다. /打~窗子. 창문을 열어제끼다, 창문을 활짝 열다. /张~嘴. 입을 벌리다. ⑪〈외〉카라트 (K) (금의 순도를 나타내는 단위). 24K 이면 순금이다.

锎 kāi 칼리포르니움(원소기호 Cf).

揩 kāi (개) 닦다, 문지르다: ~鼻涕. 코를 씻다, 코를 닦다. /~背. 등을 문지르다. /~油. 남을 속여서 리득을 보다, 공짜로 리득을 보다, 부당하게 자기것으로 만들다, 갉아먹다.

剀(剴) kāi (개) 〔剀切〕(-qiè) 1. 사리에 맞다, 적절하다: ~~中理. 사리에 딱 들어맞다. 2. 적절히, 적실히, 성실히, 진심으로: ~~教导. 적절한 가르침.

凯(凱) kǎi (개) 승리의 노래, 전승의 환호, 개가, 개선가: 奏~. 개가를 울리다, 개선하다. /~旋. 개선하다.

垲(塏) kǎi (개) (지대가) 높고 건조하다.

恺(愷) kǎi (개) 즐겁다, 평온하고 즐겁다.

闿(闓) kǎi (개) 열다.

铠(鎧) kǎi 갑옷.

蒈 kǎi 카란.

楷 (1) kǎi (해) ①모범, 본보기, 규범(㊀-模). ②또박또박 정하게 쓴 글씨, 해서: 小～. 작은 글씨의 해서./正～. 정자해서. (2) jiē →211 페지.

锴 kǎi (개) 좋은 철, 정제한 철, 흔히 사람의 이름자로 쓰임.

慨(嘅) kǎi (개) ①분격하다, 분개하다: 慷～激昂. 감정이 북받쳐오르다, 격조높다. ②한숨짓다, 한탄하다, 개탄하다: 感～. 느끼고 개탄하다, 마음속 깊이 느끼다. ③시원시원하다, 마음씨가 좋다, 인심이 후하다, 아낌없다: ～允. 쾌히 승낙하다, 시원스레 대답하다./～然相赠. 시원스레 서로 드리다, 시원스레 서로 증정하다.

忾(愾) kài (개) 분노하다, 미워하다, 증오하다: 同仇敌～. 모두 함께 원쑤를 증오하다, 원쑤를 한결같이 미워하다.

欬 kài (해) 기침.

KAN

刊 kān (간) ①새기다: ～石. 돌에 새기다./～印. 인쇄하다, 출판하다, 새겨서 찍다. ㉑출판하다, 간행하다: ～行. 간행하다, 출판물을 발행하다./停～. 간행을 중지하다, 정간하다. 〔刊物〕 출판물, 간행물. 〈刊〉이라고도 략칭함: 周～. 주간./双月～. 격월간. ②삭제하다, 고치다, 지워버리다, 수정하다: 不～之论. 달리 고칠수 없는 정확한 말./～误表. 정오표.

看 (2) kān (간) 지키다, 돌보다, 간호하다: ～门. 문을 지키다./～家. 집을 지키다./～守. 지키다, 감시하다, 망을 보다. ㉑감시하다, 간수: 把他～起来. 그를 감시하다. 〔看护〕 1. 간호하다, 시중하다, 보살피다. 2. (지난날) 간호부, 간호원. (1) kàn →236 페지.

勘 kān (감) ①교정하다, 대조하다(㊀校-): ～误. 교정하다./～正. 교정하다. ②자세히 조사하다, 답사하다, 탐사하다: ～探. 탐사하다./～验. 대조하여 검사하다./～测. 측량조사하다./推～. 죄인을 취조하다./实地～查. 현지 조사하다.

堪 kān (감) ①능히 …할만하다, 할수 있다: ～以告慰. 위안할수 있다./不～设想. 상상조차 할수 없다. ②견디어내다, 견디다, 이겨내다, 참다: 难～. 난처하다, 거북하다, 딱하다, 참기 어렵다./狼狈不～. 말할수 없는 궁지에 빠지다, 꼴불견이다, 볼꼴없이 되다.

戡 kān (감) 진압하다, 평정하다.

龛(龕) kān (감) 부처를 놓아두는 자그마한 집, 감실, 닫집.

坎 kǎn (감) ①구뎅이지고 울퉁불퉁한 곳, 구뎅이. ②팔괘의 하나로서 물을 대표함. 부호 〈☵〉. ③〈槛②〉와 같음. 〔坎坷〕(-kě)1. (길이) 울퉁불퉁하다. 2. 뜻대로 되지 않다. 뜻을 이루지 못하다.

砍 kǎn (감) (도끼나 칼로) 찍다, 패다: ～柴. 나무를 하다./把树枝～下. 나무가지를 찍어내다.

莰 kǎn 캄판.

侃 kǎn (간) 〔侃侃〕 몃몃하다, 강직하다, 의젓하다, 태연자약하다: ～～而谈. 몃몃하게 말하다, 침착하고 태연하게 말하다.

槛(檻) (2) kǎn (함) 문턱. 〈坎〉이라고도 씀. (1) jiàn →204 페지.

顑 kǎn (함) 〔顑颔〕(-hàn) 굶주리다, 얼굴이 누렇고 살이 여위다.

看 (1) kàn (간) ①보다: ～书. 책을 보다./～电影. 영화를 보다, 영화구경을 하다. ②관찰하다 (련察-): ～脉. 맥을 보다./～透. 꿰뚫어보다, 환히 보다, 간파하다. 파(병을) 고치다, 진찰하다: ～病. 병을 고치다, 치료하다, 병을 보이다./大夫把我的病～好了. 의사는 나의 병을 다 치료해주었다. ③방문하다, 찾아가보다(련-望): 到医院里去～病人. 병원에 가서 병자를 방문하다. ④대하다, 상대하다, 응대하다: 另眼相～. 달리 대하다./～重. 중하게 여기다. ⑤생각하다, 여기다, 인정하다: 我～应该这么办. 내 생각엔 마땅히 이렇게 해야 할것 같다. 나는 이렇게 해야 한다고 여긴다. ⑥…해보다: 问一声～. 한마디 물어봅시다./做做～. 시험삼아 해봅시다. ⑦방지하다, 주의하다, 조심하다: 别跑,～摔着. 뛰지 말라, 그러다 넘어질라. (2) kān →235 페지.

衎 kàn (간) ①쾌활하다. ②강직하다.

墈 kàn (감) 〔赤墈〕 적감, 지명, 대만성 고웅현에 있음.

墈 kàn (감) 〈방〉높은 뚝. 〔墈上〕 감상, 지명, 강서성에 있음.

礛 kàn 낭떠러지, 산벼랑.

阚 (1) kàn (감) 사람의 성. (2) hǎn →160 페지.

瞰(矙) kàn (감) 굽어보다, 내려다보다. 〔鸟瞰〕 1. 굽어보다, 내려다보다, 조감하다, 부감하다. 2. 대체적인 관찰, 개관: 世界大势～～. 세계정세개관.

KANG

康 kāng (강) ①편안하다, 탈이 없다: 身体健～. 몸이 건강하다, 튼튼하다./～乐. 안락하다, 편안하고 안락하다. ②비다. 萝卜～了. 무우가 속이 비였다. 〔康庄〕 평탄하고 넓다, 광활하다: ～～大道. 광활한 길, 탄탄대로.

慷(忼) kāng (강) 〔慷慨〕 1. 비분강개하다, 의기가 북받치다: ～～陈词. 격정에 차서 말하다, 비분강개하여 말하다. 2. 마음씨가 좋다, 인심이 후하다, 아낌없다: 他待人很～～. 그는 남을 후하게 대한다.

槺 kāng (강) →257 페지 〈榔〉의 〈榔槺〉(lángkang).

糠(穅) kāng (강) 겨.

扛 (1) káng (강) (어깨에) 메다, (목마를) 태우다: ～粮食. 식량을 메다./～着一杆枪. 총 한자루를 메다./～活. 머슴살이하다, 고용살이하다. (2) gāng →134 페지.

亢 kàng (항) ①높다. [파]거만하다, 오만하다, 높은 자세를 취하다: 不卑不～. 비굴하지도 않고 오만하지도 않다. ②심하다, 지나치다: ～旱. 심한 가물, 왕가물.

伉 kàng (항) 〔伉俪〕(-lì) 부부, 부처.

抗 kàng (항) ①막다, 맞서다, 저항하다, 싸우다([련]抵-): ～日战争. 항일전쟁./～旱. 가물을 막다, 가물과 싸우다./～涝. 수재를 막다, 수재와 싸우다. [파]1. 타협하지 않다, 굽히지 않다: ～辩. 항거하여 변론하다, 항변하다, 변명하다. 2. 거절하다, 거역하다, 반대하다, 대들다, 항거하다([련]-拒): ～命. 명령을 거스르다, 명령에 반항하다, 명령에 거역하다/～税. 세금 바치기를 거절하다, 세금납부를 반대하다. 〔抗菌素〕 항생소. 〔抗议〕 항의하다. ②대하다, 맞서다, 대립하다: ～衡. 서로 지려 하지 않다, 서로 비슷하다./分庭～礼. 대등한 지위에서 맞서다, 대등한 신분으로 맞서다.

炕 kàng (항) ①구들, 온돌. ②〈방〉덥히다, 말리우다, 쪼이다, 그슬다: 把湿衣服～一～. 젖은 옷을 불에 쪼여 말리우다.

钪 kàng 스칸디움(원소기호 Sc).

KAO

尻 kāo (고) 궁둥이.

考(攷) kǎo (고) ①시험을 치다([련]-试): 期～. 학기말시험./～语文. 어문과시험을 치다. ②조사하다, 검사하다, 살펴서 알아내다, 밝히다([련]-察、查-): ～勤. 출근상태를 검토하고 조사하다, 근무정형을 조사하고 평정하다./～绩. 일군들의 사업정형을 검토하여 평정하다, 근무정형을 평정하다; 시험성적. 〔考验〕 검증하다, 검열하다; 시련. 〔考语〕 (지난날) 성적평정서, 사업평정서. ③연구하다, 고증하다: ～古. 력사적 유적과 유물에 의하여 고대의 력사사실을 연구하다./～古学. 고고학./～证. 고증하다. 〔考虑〕 고려하다, 생각하여 헤아리다: ～～一下再决定. 고려한 다음에 결정짓다, 생각해보고 결정하다./～～问题. 문제를 고려하다. 〔考究〕(-jiu) 1. 고찰하고 연구하다, 조사하여 알아내다. 2. 맵시를 보다, 열중하다, 따지다. ④나이 많다, 늙다([련]寿-). ⑤돌아간 아버지: ～妣. 돌아간 부모.

拷 kǎo (고) 때리다, 치다([련]-打): ～问. 고문하다, 고문. 〔拷贝〕 사본; 복사, 복사필림.

栲 kǎo (고) 붉나무. 〔栲栳〕(-lǎo)(대 또는 버들로 엮은) 고리짝.

烤 kǎo (고) ①(불에) 쬐여 말리다, 굽다: ～烟叶子. 잎담배를 불에 말리다./～白薯. 고구마를 굽다. ②불에 말리다, (불을) 쪼이다,

쬐다: ～手. 손을 불에 쬐우다./围炉～火. 난로를 둘러싸고 불을 쬐다.

铐 kào ①(-子) 손에 채우는 고랑, 쇠고랑, 수갑. ②쇠고랑을 채우다, 수갑을 채우다: 把犯人～起来. 범인에게 수갑을 채우다.

犒 kào (호) 음식이나 재물로 위로하다, 위안하다: ～劳. 수고에 대하여 위로하다. 대접하다.

靠 kào (고) ①기대다, 접근하다, 닿다, 대다([련]倚-): ～着墙站着. 벽에 기대여서다./船～岸了. 배가 기슭에 닿았다. ②의거하다, 의지하다: 要创造人类的幸福,全～我们自己. 인류의 행복을 마련하자면 오직 우리자신에게 의거해야 한다./依～群众. 군중에 의거하다. 〔靠山〕[유]믿고 의지할 사람, 후원자, 보호자. ③믿다, 신뢰하다: 可～. 믿을만하다./～得住. 믿음직하다, 믿을수 있다. 〔牢靠〕(láo-) 1. 듬직하다, 든든하다. 2. 믿음직하다: 这人做事最～～. 이 사람은 일을 아주 믿음직하게 한다.

KE

坷 (1) kē (가) 〔坷垃〕(-la) 흙덩이. (2) kě →240 페지.

苛 kē (가) ①가혹하다, 지나치다: ～求. 심하게 요구하다, 혹독하게 요구하다./～责. 혹독한 추궁, 지나친 꾸지람. ②번거롭다, 성가시다, 까다롭다, 박하다, 각박하다: ～政. 가혹한 정치, 학정./～捐杂税. 가렴잡세.

珂 kē (가) 흰마노(구슬이름). 〔珂罗版〕〈외〉 콜로타이프(미술, 인쇄용 특수유리판).

柯 kē (가) ①(도끼)자루. ②풀대, 나무가지. 〔柯尔克孜族〕 끼르기즈족, 중국 소수민족의 하나.

轲 kē (가) 사람의 이름자.

牁 kē (가) 〔牂牁〕(zāng-) 강가, 강기슭. 배닻줄을 매는 말뚝. 1. 옛 강이름 2. 옛 지명.

砢 kē (가) 〈방〉〔砢碜〕(-chen) 1. 몰골이 사납다, 꼴불견이다. 2. 수치를 당하다, 망신하다.

钶 kē 콜룸비움, 니오비움(원소기호 Nb).

疴 kē (아) (옛음 ē) 병, 탈: 沉～. 중한 병, 중병./染～. 병들다.

匼 kē (암) 〔匼河〕 암하, 지명, 산서성 예성현에 있음.

科 kē (과) ①과: 狮子属于食肉类的猫～. 사자는 육식류의 고양이과에 속한다./槐树是豆～植物. 홰나무는 콩과식물이다./文书～. 문서과./总务～. 총무과, 경리과./文～. 문과. /理～. 리과. /内～. 내과. /外～. 외과. 〔科举〕(봉건사회)과거. 〔科学〕 1. 과학. 2. 과학적이다: 这种做法不～～. 이런 처사는 과학적이 못된다. ②(죄를) 판결하다, (죄에) 처하다, (세금을) 부과하다, 물게 하다: ～以徒刑. 징역에 언도하다, 징역에 처하다./～以罚金. 벌금을 안기다. ③(옛극에서) 배우의 동작과 표정, 연기: ～白. (배우의) 동작과 대사.

蝌 kē (과) 〔蝌蚪〕(-dǒu)올챙이. 〈科斗〉라고도 씀.

棵 kē (과) 단위명사. 포기, 그루: 一～树. 나무 한그루. 〔棵儿〕 식물의 줄기나 포기의 크기, 통의 크기: 这棵树～～很大. 이 나무는 통이 매우 크다. 〔青棵子〕 푸른 곡식, 푸른 풀 등을 가리킴.

稞 kē (과) 쌀보리.

窠 kē (과) 둥지, 보금자리. 〔窠臼〕 ㊀(글이나 예술작품의)낡은 틀, 기존격식.

颗 kē (과) 단위명사, 알, 방울: 一～珠子. 구슬 한알./一～红心. 일편단심.

髁 kē (과) 뼈의 두드러진 곳(흔히 뼈의 두끝에 많이 남): 他的手指～很大. 그는 손가락마디가 굵다.

颏 kē (해) 턱, 아래턱.

搕 kē (갑) 두드리다, 부딪치다, 털다: ～烟袋锅子. 대통을 털다, 대통을 두드리다.

磕 kē (갑, 개) (단단한 물건에) 부딪치다, 마주치다, 맞쬫다, 맞쫓다, 부딪쳐 이지러지다: ～破了头. 부딪쳐 머리가 터지다./碗～掉了一块. 사발이 부딪쳐 이가 빠지다./～头. (이마를 땅에 조아리며) 절하다.

榼 kē (합) (옛날) 술 담는 나무그릇. 술그릇.

瞌 kē (갑) 〔瞌睡〕 졸다, 졸리다: 打～～. 앉아서 끄덕끄덕 졸다, 앉은잠을 자다.

壳(殼) (1) ké (각) (-儿) 딴딴한 껍데기: 核桃～儿. 호두껍데기./鸡蛋～儿. 닭알껍질. (2) qiào →362 페지.

咳 (1) ké (해) 기침하다, 기침. (2) hāi →158 페지.

揢 ké (객) 〈방〉①걸리다, 끼이다, 꽂히다, 박히다: 抽屉～住了,拉不开. 서랍이 꽉 끼여서 뽑히지 않는다./鞋小了～脚. 신이 작아서 발이 꼭 끼인다. ②트집잡다, 생트집을 걸다, 일부러 난처하게 만들다: ～人. 남에게 생트집을 걸다./你别拿这事来～我. 이 일을 가지고 나에게 생트집을 걸지 마오.

可 (1) kě (가) ①찬동하다, 찬성하다, 승낙하다: 许～. 승낙하다, 허락하다, 허가하다./认～. 허락하다, 승낙하다./不加～否. 옳고 그름을 결정짓지 않다, 가부를 말하지 않다. 〔可以〕 1. 하여도 된다, 좋다: ～～,你去吧! 좋소, 가보오. 2. 적당하다, …ㄹ수 있다: 现在～～穿棉衣. 이제는 솜옷을 입을수 있다. 3. 지나치다, 너무하다, 심하다: 这几天冷得真～～. 요즘은 꽤 춥다. 4. 괜찮다, 비슷하다: 这篇文章还～～. 이 글이 괜찮다. 〔小可〕 1. 예사롭다, 일반적이다, 사소하다, 보잘것없다./非同～～. 보통일이 아니다. 2. 저, 자신을 낮추어 이름. ②…수 있다: 牢不～破的友谊. 깨뜨릴수 없는 친선./～大～小. 클수도 있고 작을수도 있다, 큰것도 되고 작은것도 된다. 〔可能〕 가능하다, …ㄹ지 모른다: 这个计划～～提前实现. 이 계획은 앞당겨 실현될수 있을것이다. ③…만하다, …직하다,

…스럽다, …롭다: ～怜. 불쌍하다, 가련하다, 가엾다, 불쌍히 여기다, 볼품없다. /～爱. 사랑스럽다. /～恶(-wù). 밉살스럽다, 가증하다, 괘씸하다. ④맞다, 들어맞다, 마음에 들다: ～心. 마음에 들다. /这碗茶还～口. 이 차는 뜨겁지도 차지도 않고 딱 알맞춤하다. [파]딱 알맞다, 크지도 작지도 않다, 많지도 적지도 않다: ～着钱花. 돈이 자라는대로 쓰다. /～着脑袋做帽子. 머리에 딱 맞게 모자를 만들다. ⑤그러나, 도리여, …지만, …ㄴ데: 大家很累(lèi), ～都很愉快. 모두들 몹시 지쳤지만 매우 유쾌하였다. ⑥꽤, 아주, 절대, 매우, 정말, 끝내, 드디여: 这工具使着～得劲. 이 도구는 쓰기 매우 좋다. /他写字～快. 그는 글씨를 꽤 빨리 쓴다. /这篇文章～写完了. 이 글은 끝끝내 다 쓴 셈이요. ⑦그래, 도대체, 대관절: 你～知道? 그래 너는 아느냐? /这话～是真的? 이 말이 그래 정말인가? ⑧어찌, 어떻게: ～不是吗! 그렇구말구, 그렇지 않구. /～不就糟了吗! 이렇게 되면 글러먹지 않나? ⑨대략, 아마, 가량: 年～三十许. 서른살가량 된다. /长～六尺. 길이가 여섯자쯤 된다. ⑩〈可以 2,4〉의 뜻과 같음: 根～食. 뿌리를 먹을수 있다. /尚～. 아직 괜찮다. (2) kè →본 페지.

坷 (2) kě (가) →232페지 〈坎〉의 〈坎坷〉(kǎnkě). (1) kē →238 페지.

岢 kě (가) 〔岢岚〕(-lán) 가람, 현이름, 산서성에 있음.

渴 kě (갈) 목이 마른다: 我～了. 나는 목이 마른다. [유]절박하다, 간절하다, 절실하다: ～望. 갈망하다, 목마르게 바라다, 간절히 바라다.

可 (2) kè (가) 〔可汗〕(-hán) (옛날 따따르, 몽골, 토이기 등지에서 부르던) 임금. (1) kě →239페지.

克(剋、尅) kè (극) ①…ㄹ수 있다: 不～分身. 몸을 뺄수 없다. ②이기다, 타승하다, 승리하다: ～敌. 적을 타승하다. [전]싸워서 거점을 빼앗다, 점령하다, 함락하다: 攻无不～. 들이쳐서 점령하지 못할 곳이 없다. /连～数城. 련속 여러 도시를 점령하다. 〔克复〕(싸워서) 잃었던 땅을 되찾다, 탈환하다, 수복하다. ③가라앉히다, 억누르다, 극복하다, 억제하다: ～己奉公. 집단의 리익을 위하여 개인의 리익을 희생시키다. /以柔～刚. 약한것으로 강한것을 억누르다. ④제한하다, 한정하다: ～期. 기한을 정하다. /～日完成. 날자를 정하여 다그쳐 끝내다. 〔克扣〕(돈 같은 것을 남몰래) 잘라먹다, 떼여먹다: 旧社会工头经常～～工人的工资. 낡은 사회의 십장놈은 늘 로동자의 로임을 떼먹군 하였다. ⑤서장의 용적의 단위. 1극(克)의 쌀보리는 12.5그람에 해당함; 면적의 단위. 1극의 종자를 파종한 땅을 1극의 땅이라고 하는데 약 1무에 해당됨. ⑥〈외〉그람(무게의 단위). 〈剋(尅)〉kēi →241페지.

氪 kè 크립톤(원소기호 Kr).

刻 kè (각) ①새기다, 조각하다(〔련〕雕-): ～图章. 도장을 새

기다. 〔深刻〕 심각하다, 깊다: ～～的检讨. 심각한 반성./批判得很～～. 매우 심각히 비판하다. ②15분, 각. ③시간, 시각: 即～. 즉시./顷～. 잠간동안, 잠간사이. ④야박하다, 혹독하다, 가혹하다(㊔-薄): 待人太～. 사람을 너무 야박하게 대하다. 〔刻苦〕 고생을 이겨내다, 무진애를 쓰다, 아득바득하다, 힘쓰다, 아글타글 애쓰다; 검박하다: ～～用功. 공부를 열심히 하다./生活很～～. 생활이 아주 검박하다.

恪 kè (각) 공손하다, 신중하다, 성실하다: ～遵. 성실히 지키다.

客 kè (객) ①손님. ↔主(㊔宾-): 来～了. 손님이 왔다./招待～人. 손님을 접대하다. 〔客观〕 객관, 객관적이다, 공평하다, 공정하다: 人类意识属于主观, 物质属于～～. 인류의 의식은 주관에 속하고 물질은 객관에 속한다./他看问题很～～. 그는 매우 객관적으로 문제를 본다. 〔客观主义〕 객관주의. 〔客家〕 학카스(옛날, 복건과 광동에 이주하여간 중원인(中原人)의 후예). 〔客气〕 ㉠사양하다, 체면을 차리다, 점잖다, 정중하다, 례절바르다. ②길 떠난 사람, 나그네, 길손; 타고장에서 오다: 旅～. 길손, 려객, 려인./～居. 외지에 와서(가서) 살다, 해외에서 살다, 손님으로 머무르다./～籍. 림시로 거주하여 살다, 림시로 동거하다, 림시거주지, 림시로 기숙하는 곳; 림시동거자, 타고장에 자리잡은 거주지, 이주민./～商. 행상, 객상. 〔客岁〕 지난해, 작년.

课 kè (과) ①수업, 학과, 강의: 上～. 수업하다./今天没～. 오늘은 수업이 없다. 〔课题〕 과제. ②(지난날) 가르치다: ～徒. 제자를 가르치다./～读. 독법을 가르치다. ③세금. ④세금을 물리다, 부과하다, 세금을 바치다: ～以重税. 무거운 세금을 부과하다. ⑤과, 부(행정단위): 会计～. 회계과, 부기과./教务～. 교무과 ⑥점(미신): 起～. 점을 치다.

骒 kè (과) (말, 노새 등의) 암컷.

锞 kè (과) (-子)(옛날 화폐로 쓰던) 작은 금덩이나 은덩이.

缂 kè (격) 수놓은듯이 무늬를 놓은 견직물의 한가지. 〈刻丝〉라고도 함.

嗑 kè (합) 이발로 까다: ～瓜子. (해바라기, 수박, 호박 등의) 씨를 까다.

溘 kè (합) 갑자기, 문득, 돌연히: ～逝. 갑자기 죽다.

KEI

剋(尅) (1) kēi (극) ①때리다. 〔剋架〕 〈방〉싸우다, 다투다. ②책망하다, 욕하다. (2) kè →240페지.

KEN

肯 kěn (긍) ①원하다, 하려고 하다; 승낙하다, 허락하다, 수긍하다, 동의하다: 他不～来. 그는 오려고 하지 않는다. 그는 오기 싫어한다./只要你～做就能成功. 당신이 하려고 마음만 먹으면 꼭 성공할수 있습니다./首～. 머리를 끄덕여 승낙하다. 〔肯定〕 1. 긍정하다: ～～成绩，指出缺点. 성적을 긍정하고 결함을 지적하다. 2. 틀림없다，어김없다，확실하다，확정적이다，긍정적이다: 我们的计划～～能超额完成. 우리의 계획은 어김없이 넘쳐 완수할 수 있다. ②뼈에 붙어있는 살고기. 〔肯綮〕(-qìng) 뼈와 살이 맞붙는 곳. 〔中肯〕 말이 꼭 맞다，정통을 찌르다: 说话～～. 옳게 말하다，말을 적절하게 하다.

啃(齦) kěn (삽,간) (이발로) 갉다，물어뜯다，쏠다: ～老玉米. 여문 옥수수를 뜯어먹다./老鼠把抽屉～坏了. 쥐가 서랍을 쏠아 못쓰게 만들었다. 〈齦〉yín →525페지.

垦(墾) kěn (간) ①힘을 써 땅을 갈아번지다. ②개간하다，황무지를 일구다: ～荒. 황무지를 일구다./～殖. 황무지를 개간하여 농사를 짓다./～区. 개간구역，개간지구역.

恳(懇) kěn (간) 지성스럽다，간절하다，정중하다，친숙하다，친절하다: ～求. 간절히 요구하다，간청하다./～托. 간절히 부탁하다.

掯 kèn (긍) 억누르다，강박하다，무리로 강요하다，억지로 하게 하다: 勒(lēi)～. 얽매다，일부러 애를 먹이다，구속하다，강박하다，억압하다，못살게 굴다.

裉(褃) kèn (옷의) 겨드랑밑 솔기，어깨에 붙는 소매의 솔기: 杀～. 겨드랑밑의 솔기를 깁다./抬～. 겨드랑밑에서부터 어깨까지의 치수.

KENG

坑(阬) kēng (갱) ①(-子、-儿) 구뎅이，웅뎅이，구멍: 水～. 물웅뎅이./泥～. 흙구뎅이. ②생매장하다: ～杀. 산채로 파묻어죽이다. ③모해하다，꾀여서 해치다，속여서 빼앗다，호리다: ～人. 모함하다; 죽여주다，야단이다. ④굴，땅굴，굴길，갱도: ～道. 굴길，갱의 통로，갱도./矿～. (광산의) 굴길，갱도.

吭 (2) kēng (항) 소리를 내다，말하다: 问他什么他也不～声. 아무리 물어도 그는 대꾸하지 않는다./一声也不～. 한마디도 말이 없다. (1) háng →162페지.

硁(硜、礰) kēng (갱) 딱딱 (돌멩이를 두드리는 소리).

铿(鏗) kēng (갱) 소리본딴말. 쟁강쟁강，댕강댕강，뗑그렁뗑그렁(쇠붙이가 서로 부딪치는 소리). 〔铿锵〕 둥둥，쟁쟁(북과 징소리)，쟁쟁하다: ～～悦耳. 소리가 맑고 또렷하여 귀맛이 있다.

KONG

空 (1) kōng (공) ①비다，텅 비다: ～房子. 빈집./～碗. 빈 사발./～话. 빈말，빈소리./～想. 공상./～谈. (현실에 맞지 않는) 빈말，빈소리，공담. 〔空洞〕 텅 비다，내용이 없다，실속이 없다: 他说的话都很～～. 그의 말은 모두 실속이 없다. 〔空头〕(내용없이) 텅 비다，허울좋다，유명무실하다: ～～支票.

현금이 지불될수 없는 행표; 실현될수없는 빈말, 거짓약속. 〔凭空〕 터무니없다, 근거없다: ～～捏造. 근거없이 날조하다. 〔真空〕 진공: ～～管. 진공관. /～～地带. 진공지대, 전쟁시기 쌍방에서 다 병력을 배치하지 않은 곳. ②헛되이, 부질없이, 공연히: ～跑了一趟. 한번 헛되이 달렸다, 헛걸음을 하였다. ③하늘, 공중: ～军. 공군. /航～. 항공. 〔空间〕 공간. 〔空气〕 공기. [유]분위기, 정세: ～～紧张. 정세가 긴장하다, 분위기가 긴장되다. (2) kòng →본 페지.

崆 kōng (공) 〔崆峒〕(-tóng) 공동: 1. 산이름, 감숙성에 있음. 2. 섬이름, 산동성 연태시에 있음.

箜 kōng (공) 〔箜篌〕(-hóu) 공후(옛날현악기).

孔 kǒng (공)①구멍: 鼻～. 코구멍. /针～. 바늘구멍, 바늘귀. ②매우, 대단히: 需款～急. 쓸 돈이 매우 급하다, 돈쓸데가 매우 급하다. ③통하다: 交通～道. 교통이 사방으로 통하는 길, 교통요도.

恐 kǒng (공) ①두려워하다, 무서워하다, 저어하다, 우려하다, 겨정하다([련]-惧、-怖): 唯～完成不了任务. 과업을 완수하지 못할가봐 두려워하다. 〔恐吓〕(-hè) 놀래우다, 위협하다, 공갈하다, 위협공갈하다. 〔恐慌〕 1. 겁나다, 두렵다, 무섭다. 2. 공황, 위기: 经济～～. 경제공황. ②아마, 대체로…ㄹ것이다: ～不可信. 아마 믿을바가 못될것이다.

倥 kǒng (공) 〔倥偬〕(-zǒng)1. 긴박하고 바쁘다, 분주하다. 2. 빈곤하다, 가난하다, 구차하다.

空 (2) kòng (공) ①비우다, 내다: ～一个格. 란을 하나 비우다, 줄칸 하나를 비우다. /～出一间房子. 집을 한칸 내다. /想法～出一些时间来. 시간을 짜내려고 방법을 강구하다. ②쓰이지 않는다, 놀리다, 비여있다: ～房. 빈방, 빈집. /～地. 빈곳, 공지. 〔空子〕(-zi) 1. 빈곳, 빈자리, 틈새, 사이, 겨를. 2. 기회, 틈: 钻～～. 기회를 타다, 틈타다. ③(-儿) 짬, 틈, 겨를, 여가: 有～儿再来. 짬이 있으면 또 오겠다. /利用假期的～隙(xì). 휴가기간의 틈을 리용하다. ④손해, 손실, 결손. (1) kōng →242페지.

控 kòng (공) ①고발하다, 하소연하다, 말하다([련]-诉) 1. 신소하다, 고소하다. 2. 범죄자를 규탄하다, 성토하다, 죄상을 까밝히다. ②제압하다, 제어하다, 강다짐으로 멈추다, 억누르다, 조종하다, 장악하다. 〔控制〕 통제하다, 지배하다, 장악하다, 제어하다, 제압하다, 조절하다.

鞚 kòng (공) 말굴레.

KOU

扣 kōu (규) ①파의 옛이름. ②맥이 허하다.

抠(摳) kōu (구) ①(손가락, 손톱 또는 가는 꼬챙이로) 후비다, 우벼내다, 파내다: ～了个小洞. 작은 구멍을 팠다. /把掉在砖缝里的豆粒～出来. 벽돌틈에

멸어진 콩알을 우벼내다. ㉻따지다, 캐다, 파고들다: ～字眼. 글귀만 꼬치꼬치 따지다./死～书本. 책만 파고든다. ②(꽃무늬를) 새기다. ③〈방〉린색하다, 째째하다, 쩨쩨하다, 좀스럽다.

眍(瞘) kōu (구) 〔眍䁖〕(-lou) (눈이) 움푹 들어가다, 퀭해지다: ～～眼. 오목눈, 움펑눈, 우묵눈./他病了一场,眼睛都～～了. 그는 한번 앓고나더니 눈까지 움푹 들어갔다.

口 kǒu (구) ①입. 〔口舌〕1. 말다툼, 싱갱이질, 시비, 말썽. 2. (설복하거나 교섭하거나 말썽부릴 때의) 말, 입심. 〔口吻〕말투, 말씨, 말버릇. ②(-儿) 드나드는 곳, 어구, 어귀: 门～儿. 문어귀./胡同～儿. 골목어구. /河～. 하구, 강어구./海～. (만내에 있는) 항구./关～. 관문; 요소, 고비, 세관, 중요한 대목. *만리장성의 어떤 관문을 가리키기도 함: ～北. 만리장성이북의 지방./～蘑. (북방에서 나는) 참나무버섯./～马. (북방에서 나는) 말. ③(-子、-儿) 깨진데, 터진데, 헤여진데, 상처: 衣服撕了个～儿. 옷이 한군데 찢어졌다./伤～. 상처./決～. 터진 곳. ④(칼, 가위, 낫 등의) 날: 刀还没有开～. 칼은 아직 날을 세우지 않았다. ⑤(말, 노새, 당나귀 등) 집짐승의 나이: 这匹马～还轻. 이 말은 아직 어리다./六岁～. 여섯살 먹었다. ⑥단위명사. 1. 식구: 一家五～人. 일가 다섯식구, 한집안 다섯식구. 2. (짐승) 마리: 一～猪. 돼지 한마리. 3. (물건) 개, 자루: 一～锅. 가마 한개./一～钟. 종 한개./一～刀. 칼 한자루.

叩 kòu (고) ①두드리다, 치다: ～门. 문을 두드리다. ②(정중히) 절하다. ③묻다: ～问. 묻다.

扣(釦) kòu (구) ①(걸개, 고리, 단추, 문걸쇠, 손잡이쇠 등을) 채우다, 걸다, 끼우다: 把门～上. 문을 걸다./把钮子～好. 단추를 잘 채우다. ②(-子、-儿) 단추: 衣～. 옷단추. ③(-子、-儿) 매듭, 맺힌것, 엉킨것, 불화: 活～儿. 풀매듭. ④뒤집어놓다, 엎어놓다, 덮다, 가리다, 씌우다: 把碗～在桌上. 사발을 상우에 엎어놓다./用盆把鱼～上. 대야로 물고기를 덮어놓다. ㉻맞물리다, 부합되게 하다, 어울리다: 这句话～在题上了. 이 말은 제목에 들어맞는다. ⑤잡아가두다, 구류하다, 억류하다, 차압하다, 압수하다: ～起来. 압수하다, 억류하다, 잡아가두다. ⑥제하다, 삭감하다, 빼다, 덜다, 떼다, 깎다: 九～. 백분의 십을 제하다; 1할을 던것, 10프로를 깎은것, 90프로 가격./七折八～. 이리 제하고 저리 제하다, 크게 삭감하다, 거듭 삭감하다.

筘(簆) kòu (구) 바디.

寇 kòu (구) ①강도, 도적, 침략자. ②침략하다, 침범하다: ～边. 변경을 침범하다.

蔻 kòu (구) (식물) 손톱연지.

彀 kòu (구) 햇새새끼.

KU

矻 kū (굴) 〔矻矻〕 수걱수걱 (일하다), 부지런히 하다 (쉬임없이 하다).

刳 kū (고) 가르다, 도려내다, 깎아내다: ～木为舟. 나무속을 파서 배를 만들다, 나무를 깎아내여 배를 만들다.

枯 kū (고) 마르다, 시들다([련]-干、干-): ～树. 마른나무, 고목./～草. 마른풀./～井. 물이 마른 우물. 〔枯燥〕 메마르다: ～～乏味. 무미건조하다./这种游戏太～～. 이 유희는 너무 무미건조하다.

骷 kū (고) 〔骷髅〕(-髏) 해골.

哭 kū (곡) 울다: 痛～流涕. 눈물을 흘리며 통곡하다./～～啼啼. 울며불며하다, 굴찍굴찍 울다.

圐 kū (만) 〔薛圐囵〕 설만륜, 지명, 산서성의 산음현에 있음.

窟 kū (굴) 굴: 石～. 석굴, 바위굴./狡兔三～. 약은 토끼는 굴이 세개다, 교활한자는 발뺄 구멍을 빈틈없이 마련한다. 〔窟窿〕(-long) 구멍. [유]손실, 결손, 빚: 拉～～. 빚을 지다.

苦 kǔ (고) ①쓰다. ↔〈甜〉〈甘〉: ～胆. 열, 쓸개, 담./良药～口利于病. 좋은 약은 쓰지만 병에는 리롭다. 〔苦水〕 맛이 나쁜 물: ～～井. 맛이 나쁜 우물. [유]괴로움, 고통, 많이는 낡은 사회의 고통을 가리킴: 吐～～. 고통을 토로하다. ②고통스럽다, 괴롭다, 고달프다, 고되다, 고생스럽다: ～境. 고통스럽고 어려운 처지./～日子过去了. 고생스럽던 나날은 지나갔다./吃～耐劳. 어려운 생활과 고된 일에 견디여내다, 갖은 고생을 이겨내다. 〔苦主〕 피해자, 피해자의 가족. ③시달리다, 고생시키다, 괴로와하다, 가슴 아파하다, 고생하다: ～雨. 장마, 장마비, 쓸데없는 비, 귀찮은 비, 비에 시달리다./～旱. 모진 가물, 가물을 타다./～夏. 여름을 타다./从前他～于不识字. 그는 지난날 글을 몰라 고생하였다. ④극력, 열심히, 꾸준히, 인내성있게, 근기있게: ～劝. 극력 권하다, 근기있게 타이르다./～学. 애써 배우다./～战. 악전고투하다./～求. 간절히 원하다, 애걸하다, 사정하다.

库 kù (고) 창고, 고간([련]仓-): 入～. 창고에 넣다. 입고./水～. 저수지, 물주머니.

裤(袴、絝) kù (고) 바지.

喾(嚳) kù (곡) (전설에 이르는) 상고의 제왕이름.

酷 kù (혹) ①잔혹하다, 잔인하다, 혹독하다, 지독하다, 모질다: ～刑. 혹독한 형벌, 악형. ②아주, 매우, 몹시: ～暑. 모진 더위./～似. 아주 비슷하다./～爱. 열렬히 사랑하다, 몹시 사랑하다.

KUA

夸(誇) kuā (과) ① 큰소리치다, 과장하여 말하다, 허풍치다, 나발불다, 흰소리치다: ～口. 허풍치다, 거짓말을 하다, 스스로 자랑하다, 제자랑하다. /不要～大成就. 성과를 과장하지 말아야 한다. /～～其谈. 큰소리치다, 대포를 놓다, 허풍을 치다, 흰소리치다, 호언장담하다. 〔夸张〕 과장하다. ②칭찬하다, 추어주다: 人人都～他进步快. 모두들 그가 발전이 빠르다고 칭찬하였다.

侉(咵) kuǎ (과) (말씨가) 듣기 우습다, 우습강스럽다(말씨가 제 고장 말씨가 아닐 때 비웃는 말): 他说话有点～. 그의 말투는 어딘가 좀 듣기 우습다.

垮 kuǎ (과) 무너지다 : 房子～了. 집이 무너지다. ㊇일이 그릇되다, 실패하다, 거꾸러지다, 뒤집혀지다, 못쓰게 되다: 这件事让他搞～了. 이 일은 그가 그르쳤다, 이 일은 그에 의하여 잘못되였다.

挎 kuà (고) ①(팔에) 걸다, 끼다: 他胳膊上～着篮子. 그는 팔에 바구니를 걸고있었다. ②(어깨에) 메다, (허리에) 차다: 肩上～着文件包. 어깨에 문건가방을 메고있었다, 어깨에는 문건가방이 메워져있었다.

胯 kuà (과) 살, 사타구니.

跨 kuà (과) ①뛰여넘다, 타고넘다, 건느다, 걸음을 크게 내디디다: 一步～过. 한걸음에 뛰여넘다. /～着大步. 큰걸음을 내디디다, 걸음을 크게 내디디다. ②(두다리를 벌리고) 타다, 가로타다, 걸치다: ～在马上. 말을 타다. /小孩～着门槛. 어린이는 문턱을 가로타고있었다. ③(시간이나 공간의 계선을) 초월하다: ～年. 두해동안 걸리다, 해를 넘기다. /～两省. 두 성을 끼다, 두 성을 가로타다. ④결달리다, 덧붙이다: ～院. 곁뜨락. /旁边～着一行(háng)小字. 곁에 작은 글자 한줄을 덧붙였다.

KUAI

㧟(擓) kuǎi (회) ①(손톱으로) 긁다: ～痒. 가려운데를 긁다. ②(팔에) 걸다, 끼다: ～着篮子. 바구니를 팔에 걸고있었다.

蒯 kuǎi (괴) (식물) 그령.

会(會) (2) kuài (회) 합계. 〔会计〕 1. 회계하다, 통계를 내다. 2. 회계원, 부기원. (1) huì →182페지.

侩(儈) kuài (괴) 거간군. 〔市侩〕 거간군, 간상배, 시정배.

郐(鄶) kuài (회) 회, 주나라시기 제후국의 이름, 지금의 하남성 밀현 동북쪽에 있었음: ～风. 회나라민요. /自～以下. 나머지 좀 못한 부분.

哙(噲) kuài (쾌) 삼키다.

狯(獪) kuài (회) 교활하다.

浍(澮) kuài (회) 밭의 물도랑, 보도랑.

脍(膾) kuài (회) 잘게 썬 고기 또는 물고기, 회: ～炙人口. 누구나 다 칭찬하여 마지않다, 칭찬이 자자하다, 널리 알려져있다, 감칠맛이 있다.

鲙(鱠) kuài (회) 준치.

块(塊) kuài (괴) ①(-儿)덩이, 덩어리: 糖～儿. 사탕덩이, 사탕알, 엿덩이./土～儿. 흙덩이./～根. 덩이뿌리, 괴근./～茎. 덩이줄기. 괴경. 〔一块儿〕 함께, 같이: 我们天天～～～工作. 우리는 날마다 함께 일합니다. ②단위명사: 덩이, 덩어리, 개, 장, 뙈기, 점, 쪼각, 모: 一～地. 한뙈기 땅./一～钱. 일원, 돈 일원./一～布. 천 한쪼각. /一～肥皂. 비누 한장.

快 kuài (쾌) ①빠르다. ↔〈慢〉: ～车. 급행차, 급행렬차./进步很～. 발전이 매우 빠르다. ②빨리, 어서: ～上学吧! 어서 학교로 가거라./～回去吧! 어서 돌아가십시오! ③오래지 않아, 인차, 곧, 바야흐로: 天～亮了. 날이 곧 밝는다./他～五十岁了. 그는 오래지 않아 쉰살이 된다./我～毕业了. 나는 곧 졸업하게 된다. ④날카롭다, 잘 들다: 刀不～了,该磨一磨. 칼이 잘 들지 않는데 좀 갈아야 하겠다./～刀斩乱麻. 복잡한 문제를 결단성있게 시원시원히 처리하다, 복잡한 일을 칼로 베듯 척척 해제끼다. ⑤시원스럽다, 단도직입적이다: ～人～语. 시원한 사람이 시원하게 하는 말./这人真爽～. 이 사람은 정말 시원시원한 사람이다, 이분은 정말 시원시원하다. ⑥기쁘다, 즐겁다, 상쾌하다, 편안하다: ～乐. 즐겁다, 즐거움, 기쁨, 쾌락. /～活. 쾌활하다, 즐겁다, 즐거워하다, 즐겁게 살다./～事. 통쾌한 일, 상쾌한 일. /大～人心. 사람들의 마음을 몹시 기쁘게 하다, 속이 시원하게 하다./身子不～. 몸이 불편하다.

筷 kuài (쾌) 저가락.

KUAN

宽(寬) kuān (관) ①넓다(㊀-广、-阔). ↔〈窄〉: 马路很～. 길이 아주 넓다. 〔宽绰〕(-chuo) 1. 넓다, 너르다, 널직하다. 2. 넉넉하다, 풍족하다, 부유하다, 여유가 있다. ②늦추다, 느른하게 하다: ～心. 마음을 놓다, 마음을 넓게 먹다, 안심하다. ㊁ 1. 풀다, 벗다: 请～了大衣吧! 외투를 벗으십시오. 2. 늘이다, 연장시키다: ～限. 기한을 늘이다. 3. 관대하다, 너그럽다: ～容. 너그럽게 용납하다, 관대하게 용서하다, 관용하다./从～处理. 관대하게 처리하다. ③너비, 넓이, 폭: 长方形的面积是长乘～. 장방형의 면적은 길이에 너비를 곱한것이다.

髋(髖) kuān (관) 엉뎅이.

款(欵) kuǎn (관) ①항목, 조항, 조목: 第几条第几～. 제 몇조 제 몇항. ②(-子) 돈, 금액, 비용, 경비(㊀-项): 存～. 저금, 저금하다./拨～. (정부 또는 상급에서) 돈을 내주다, 돈을 지출하다, 투자하다, 지불금, 지출금. ③물건에 새긴 글: 钟鼎～识(zhì). 옛날 종 또는 세발솥에 새긴 글. ㊁(-儿)(글이나 그림따위에서) 서명한것, 도장 찍은것: 上～. (물건이나 그림을 다른 사람에게 선물로 줄 때 그 선물 웃부분에) 받는 사람의 이름을 쓴것./下～. (글이나 그림따위의 끝에 다는) 작자의 이름, 선물하는 사람의 이름./落～. 락관, 수표하다, 수표, 서명. 〔款式〕 양식, 본보기, 모양. ④정성스럽다, 성실하다, 진실하다: ～待. 정중히 대접하다./～留. 손님을 진심으로 만류하다, 환대하여 머무르게 하다. ⑤두드리다: ～门. 문을 두드리다, 방문하다./～关而入. 문을 두드리고 들어가다, 방문하다. ⑥느리다, 더디다, 완만하다: ～步. 천천히 걷다. /点水蜻蜓～～飞. 잠자리가 물을 차고 천천히 난다.

窾 kuǎn (관) 비다, 텅 비다.

KUANG

匡 kuāng (광) ①바로잡다, 시정하다: ～谬(miù). 틀린것을 바로잡다./～正. 바로잡다, 바로고치다. ②거들어주다, 구해주다, 보좌하다, 도와주다: ～救. 바른길로 돌려세우다, 바로잡다./～助. 거들어주다, 도와주다, 방조하다.

诓 kuāng (광) 속이다, 꾀다, 기만하다([련]-骗).

劻 kuāng (광) 〔劻勷〕(-ráng) 초조하다, 안절부절을 못하다.

哐 kuāng 소리본딴말. 쾅, 쟁강(부딪쳐 나는 소리): ～啷(lāng). 쟁그랑, 쾅./～的一声脸盆掉在地上. 쟁그랑 하고 세수대야가 땅바닥에 떨어졌다.

洭 kuāng (광) 〔洭水〕 광수, 강이름, 광동성에 있음.

框 (2) kuāng (광) 〔框框〕(-kuang) 둘레, 가장자리, 변두리, 테. [유]틀. (1) kuàng →249페지.

筐 kuāng (광) (-子、-儿) 광주리, 바구니.

狂 kuáng (광) ①미치다, 미쳐날뛰다([련]疯-): ～人. 미친 사람, 미치광이./发～. 미치다, 미쳐날뛰다. ②분별없다, 망녕스럽다, 허망하다: ～放不拘. 기탄없이 제멋대로 하다, 아무 꺼리낌없이 되는대로 하다./～言. 미친 소리, 터무니없는 소리, 제멋대로 줴치는 소리./～欢. 미칠듯이 기뻐하다, 기뻐날뛰다. 〔狂妄〕 분별없다, 망녕스럽다; 오만하다, 교만하다. ③사납다, 몹시 세차다, 심하다, 모질다, 맹렬하다: ～风暴雨. 폭풍우; 가로막을수 없는 거세찬 기세./～澜. 사나운 파도, 거센 물결./～飙. 폭풍, 광풍, 질풍.

诳 kuáng (광) 속이다, 호리다, 기만하다: ～语. 거짓말.

夼 kuǎng (천) 〈방〉웅뎅이, 진땅, 움푹 들어간 땅. 지명에 많이 쓰임. 대천, 류가천, 마초천은 모두 산동성에 있음.

邝(鄺) kuàng (광) 사람의 성.

圹(壙) kuàng (광) ①무덤구뎅이, 뫼구뎅이. ②광야, 넓은 들판, 가없는 들판. 〔圹埌〕(-làng) 일망무제하다, 가없이 넓다, 드넓다.

纩(纊) kuàng (광) 명주솜.

旷(曠) kuàng (광) ①텅 비고 넓다, 가없이 넓다, 드넓다(㊉空-): ～野. 광야, 드넓은 들판./地～人稀. 땅이 넓고 인연이 희소하다. 〔旷世〕 세상에 드물다, 당대에 비할데 없다: ～～功勋. 세상에 드문 공훈. ②속이 넓고 활달하다: 心～神怡. 마음이 후련하고 기분이 상쾌하다./～达. 활달하다. ③빠지다, 결석하다, 쉬다: ～工. 무단결근하다./～课. 무단결석을 하다.

矿(礦、鑛) kuàng (광) (옛음 gǒng) ①광산: 铁～. 철광산, 철광석./煤～. 탄광./油～. 유전./～井. (광산의) 굴, 갱./～坑. (광산의) 굴길, 갱도./下～. (광산의) 갱에 들어가다, 광산에 내려가다. ②광물, 광석: 磁铁～. 자철광./采～. 광석을 캐다.

况(況) kuàng (황) ①형편, 정황, 상황: 近～. 최근 형편. ②비기다, 비유하다, 비교하다: 以古～今. 옛것으로 오늘을 비기다. ③더구나, 더군다나, 하물며, 황차: ～仓卒吐言,安能皆是? 더구나 창졸히 말했은즉 어찌 다 옳을수 있겠는가? /此事成人尚不能为,～幼童乎? 이 일은 어른도 아직 할수 없거늘 하물며 아이들이야! 〔况且〕 게다가, 더군다나, 하물며: 这本书内容很好,～～也很便宜,买一本吧. 이 책은 내용도 아주 좋거니와 게다가 값도 아주 헐한데 한권 사십시오. 〔何况〕 하물며 …더 말할것이 있는가: 小孩都能办得到, ～～是我呢? 어린이도 다 해낼수 있는데 하물며 내야 더 말할것이 있는가?

贶 kuàng (황) 주다, 선사하다.

框 (1) kuàng (광) ①문틀. ②(-子、-儿) 테, 액틀: 镜～儿. 거울틀./眼镜～子. 안경테. (2) kuāng →248페지.

眶 kuàng (광) (-子、-儿) 눈시울, 눈자위, 눈언저리: 眼泪夺～而出. 눈물이 쏟아져내리다.

KUI

亏(虧) kuī (휴) ①모자라다, 이지러지다, 부족하다, 기울다: 月有盈～. 달은 둥그러졌다가 이지러진다./气衰血～. 기가 쇠약해지고 피가 부족하다./营业～本. 영업에서 본전을 밑지다. ㉺1. 적어지다, 부족해지다, 빚지다: 功～一篑. 한삼태기 흙이 모자라 산을 다 쌓지 못하다, 기와장 한장 아껴 대들보 썩인다, 공들여 한 일을 마지막까지 못하여 실패하다, 성공을 눈앞에 두고 실패하다./～秤. 근수가 모자라다./理～. 리치가 안된다, 도리가 없다. 2. 손실을 보다, 손해를 보다, 밑지다: 吃～. 손실을 보다. ②저버리다, 어기다: 人不～地,地不～人. 사람이 땅을 안저버리면 땅도 사람을 안저버린다./～负人的好意. 남의 호의를 저버리다. ③다행히, 덕분에: ～了你提醒我,我才想起来. 당신이 나를 일깨와준 덕택에 나는 비로소 생각해낼수 있었습니다. ④유감스럽게도, 흥, 체(빈정거리는 말투): ～你还学过算术,连这么简单的帐都不会算. 흥, 산수를 배웠다는 사람이 원 이런 간단한 장부도 맞추지 못한단 말인가!

刲 kuī (규) 베다, 끊다.

岿(巋) kuī (규, 귀) 높고 크다, 우뚝하다.

悝 kuī (회, 리) 〔李悝〕 리회, 전국시대의 법가.

盔 kuī (회) ①투구, 철갑모: ～甲. 투구와 갑옷./钢～. 철갑모. ②배뚜리: 瓦～. 오지배뚜리.

窥(闚) kuī (규) 엿보다: ～探. 엿보다, 몰래 살피다, 몰래 탐지하다./～伺. (틈을) 엿보다, 노리다./～见真相. 진상을 엿보다./管～蠡测. 참대구멍으로 하늘을 보고 조갑지로 바다물을 되여본다, 사물관찰이 일면적이다.

奎 kuí (규) 규성(奎星), 28수의 하나.

喹 kuí 〔喹啉〕(-lín) 키놀린.

蝰 kuí (규) 불살모사 (독사의 한가지).

逵 kuí (규) (사방으로 통하는) 길.

馗 kuí (규) 〈逵〉와 같음.

隗 (2) kuí (외) 사람의 성. (1) wěi →458페지.

魁 kuí (괴) ①우두머리, 두목, 두령, 괴수, 장본인, 주모자, 원흉(련-首): 罪～祸首. 범죄자들의 우두머리, 두목, 괴수, 장본인. ②(키가) 크다: 身～力壮. 키크고 힘세다, 몸집이 크고 힘이 장사다. 〔魁梧〕〔魁伟〕 기골이 장대하다. ③북두칠성가운데의 첫별 또는 첫별부터 네번째 별까지의 총칭.

葵 kuí (규) 식물의 이름. 1. 해바라기. 2. 부채종려, 포규(蒲葵).

揆 kuí (규) ①추측하다, 헤아리다, 짐작하다: ～情度理. 인정과 도리를 헤아리다. ②도리, 리치. ③사무, 정무, 정사: 百～. 여러가지 정사. ㊥(옛날 책임진) 재상, 내각총리 등: 阁～. 내각총리.

骙 kuí (규) 〔骙骙〕 말이 튼튼하고 힘이 세다.

暌(睽) kuí (규) 떨어지다, 헤여지다, 리별하다, 사이를 두다, 격리하다(련-违、-离).

睽 kuí (규) 〔睽睽〕 눈을 크게 뜨고 주시하다: 众目～～. 모든 사람들이 주시하고있다, 많은 사람이 주시하다.

夔 kuí (기) ①외발짐승(고대전설에 나오는 룡과 같은 동물의 한가지). ②〔夔州〕 기주, 옛지명, 지금의 사천성 봉절현에 있었음.

傀 kuǐ (괴) 〔傀儡〕(-lěi) 꼭두각시, 괴뢰, 허수아비: ～～政府. 괴뢰정부.

跬 kuǐ (규) 〈고〉반걸음: ～步不离. 한걸음도 떨어지지 않는다, 바싹 따르다.

匮 kuì (궤) 모자라다, 결핍되다, 써버리여 없어지다(련-乏). 〈고〉〈柜〉(guì)와 같음.

蒉 kuì (궤) 둥구미, 멱둥구미(흙을 담는 그릇).

愦 kuì (궤) 혼란하다, 어지럽다; 어리석다, 멍청하다(련昏-).

馈(餽) kuì (궤) 드리다, 선사하다, 증정하다.

溃 (1) kuì (궤) ①(큰물에) 뚝이 터지다. ②(패배한 적들이) 뿔뿔이 흩어지다, 무너지다, 붕괴되다, 패배하다: ～散. 뿔뿔이 흩어지다./敌军～败. 적군이 패배하다./～不成军. 군대가 뿔뿔이 흩어져 다시 수습할수 없을 정도로 참패하다, 여지없이 참패하다./经济崩～. 경제가 붕괴되다. 〔溃围〕 포위망을 뚫고나가다. ③(몸의 한 부분이) 썩어 구멍이 뚫리다, 썩어 문드러지다: ～烂. 살이 곪아서 썩다. 〔溃疡〕(-yáng) 궤양. (2) huì →183페지의 〈殨〉.

禬 kuì (귀) 〈방〉 ① (-儿)매듭: 活～儿. 풀매듭./死～儿. 옭매듭. ②매다, 매듭을 짓다: ～个禬儿. 매듭을 짓다./把牲口～上. 부림짐승을 매놓다.

聩 kuì (외) 귀가 먹다, 어리석고 멍청하다: 昏～. 어리석어 리치를 모르다.

篑 kuì (궤) (흙 담는) 광주리: 功亏一～. 일이 거의 되여갈 무렵에 견지하지 못하여 성공 못하다, 한광주리 흙이 모자라 산을 다 쌓지 못하다, 기와 한장 아껴 대들보 썩인다.

喟 kuì (위) 한숨짓다, 탄식하다: ～然长叹. 후유 하고 긴 한숨을 짓다, 땅이 꺼지도록 한숨을 짓다.

愧(媿) kuì (괴) 부끄러워하다, 부끄럽다(㊀惭-): 问心无～. 량심에 가책을 받을것이 없다, 떳떳하다./他真不～是劳动模范. 그는 정말 로력모범으로서 손색없다. 그는 참말로 어엿한 로동모범이다.

KUN

坤(堃) kūn (곤) ①팔괘중의 하나, 부호는 〈☷〉, 땅을 대표함. ②녀자, 녀성적인것: ～鞋. 녀자신./～车. 녀자용자전거.

堃 kūn (곤) 〈坤〉과 같음.

昆(崑) kūn (곤) ①많다. 〔昆虫〕 곤충. ②자손, 후대, 후손: 后～. 후대. ③형, 오빠: ～弟. 형제/～仲. 형제분. ④〔昆仑山〕(崑崙山)(-lún-) 곤륜산, 중국에서 제일 큰 산맥. 파미르고원에서 시작하여 동으로 세갈래로 뻗어져 분포되여있다.

琨 kūn (곤) 옥의 한가지.

焜 kūn (혼) 환하다, 훤하다, 밝다.

锟 kūn (곤) 사람의 이름자에 쓰임.

鹍(鵾) kūn (곤) 〔鹍鸡〕 곤계 (옛글에서 나오는 두루미와 같은 새).

醌 kūn 키논.

鲲 kūn (곤) (전설에 나오는) 큰 물고기.

裈 kūn (곤) (옛날) 바지, 잠뱅이.

髡(髠) kūn (곤) (옛날) 머리를 깎는 형벌.

捆(綑) kǔn (곤) ①묶다, 동이다, 꾸리다: 把行李～上. 행장을 묶다, 짐을 동이다, 짐을 꾸리다. ②(-子、-儿) 단위명사. 묶음, 단: 一~儿柴火. 땔나무 한 단. /一~儿竹竿. 참대막대기 한묶음.

悃 kǔn (곤) ①성실하다. ②진심, 정성, 성의.

阃 kǔn (곤) (지난날) 녀자방.

壸(壼) kǔn (곤) 궁전안의 길.

困(睏) kùn (곤) ①시달리다, 곤경에 빠지다, 궁지에 빠지다, 고생하다: 为病所~. 병에 시달리다. [파]포위하다, 가두어 넣다: 把敌人~在城里. 적들을 성안에 가두어놓다. ②가난하다, 어렵다, 곤난하다: ~难. 곤난하다, 어렵다. /~境. 곤경, 어려운 처지. ③고단하다, 피곤하다: 孩子~了,该睡觉了. 애가 지쳤으니 잘 때가 되였다, 애가 지쳤으니 재워야 하겠다. ④〈방〉자다: ~觉. (잠을) 자다.

KUO

扩(擴) kuò (확) 넓히다, 확대하다, 확장하다, 크게 하다: ~音机. 확성기, 마이크, 고성기. /~充机构. 기구를 확충하다. /~大范围. 범위를 확대하다.

括 (1) kuò (괄) ①매다, 묶다: ~发. 머리를 한데 매다. /~约肌. 오무림살, 괄약근. ②한데 모으다, 한데 합치다, 에워싸다, 모으다 ([련]包-): 总~. 총괄하다. (2)guā →149페지.

蛞 kuò (활) 〔蛞蝼〕(-lóu) 도루래, 땅강아지, 하늘밥도둑. 〔蛞蝓〕(-yú) 달팽이.

适(适) kuò (괄) 사람의 이름자에 쓰임. 〈适〉(shì) →405페지.

阔(濶) kuò (활) ①넓다([련]广-): 广~的天地. 광활한 천지. /高谈~论. 빈말만 떠벌이다, 실속없는 리론을 장황하게 늘어놓다, 고담준론. [파](시간이) 오래다, (거리가) 멀다: ~别. 오래동안 리별하다, 멀리 서로 갈라지다. ②부유하다, 넉넉하다, 사치스럽다: ~气. 호화롭다, 번지레하다, 생활이 유족하다. /~人. 부자, 돈있는 사람, 부유한 사람.

廓 kuò (곽) ①두리, 둘레, 륜곽: 轮~. 륜곽, 테두리. /耳~. 귀바퀴. ②넓다, 크다: 寥~. 넓다, 크다, 광활하다. ③넓히다, 확대하다. 〔廓清〕 말끔히 없애다, 숙청하다: 残余土匪已经~~. 나머지 토비들을 이미 말끔히 숙청하였다.

L

LA

垃 lā (랄) 〔垃圾〕(-jī) 쓰레기, 찌꺼기, 오물.

拉 (1) lā (랍) ①당기다, 끌다: ~车. 차를 끌다. /把鱼网~上来. 고기그물을 잡아당기다. [파]1. 길게 빼다, 연장시키다, 늘이다, 끌다: ~长声儿. 소리를 길게 빼다. 2. 롱락하다, 끌어들이다, 관계를 맺다, 서로 끌어당기다, 교제하다, 사이를 좋게 하다: ~关系. 관계를 맺다. 〔拉倒〕(-dǎo) 그만두다, 중지하다, 말다, 걷어치

우다, 내버려두다: 他不来～～. 그가 안오면 말라지. 〔拉杂〕 문란하다, 조리가 없다, 란잡하다, 갈피를 잡을수 없다, 뒤죽박죽되다. ②배설하다, 누다, 싸다: ～屎. 똥을 누다, 뒤를 보다. ③(la)단음절동사의 뒤에 붙어서 복합동사를 만든다: 扒～. 밀어 헤치다, 손끝으로 튀기다. /趿～. 신을 끌다. /拨～. 밀어제끼다, 손가락으로 튀기다. 〔拉祜族〕 라후족, 중국 소수민족의 하나. 〔拉美〕〈외〉라틴아메리카. (2) lá →본 페지.

邋 lā (랍) 〔邋遢〕(-ta) 더럽다, 깨끗하지 못하다, 게잘사하다, 지저분하다, 질서없이 혼란하다: 他收拾得很整齐, 不象过去那样～～. 그는 이전처럼 게잘사하지 않고 옷차림을 아주 단정히 한다.

旯 lá →129페지 (旮)의 〈旮旯〉(gālá).

拉(剌、啦) (2) lá (랍) ① 베다, 베여내다, 끊다, 상하다: ～下一块肉. 고기 한점이를 베여내다. /～了一口子. 베여져 한곳이 터졌다, 베여져 상처가 하나 생겼다. ②한담을 하다, 심심풀이로 이야기하다: ～话. 한담을 하다. /～家常. 일상생활적인 이야기를 하다, 한담하다. (1) lā →252페지. 〈剌〉là →본 페지. 〈啦〉la →본 페지.

砬(磖) lá (립) 〈방〉큰돌, 바위. 지명에 많이 쓰임.

喇 lǎ (라) 〔喇叭〕(-ba) 1. 나팔. 2. 나팔같은것: 汽车～～. 자동차경적. /扩音～～. 고성기, 확성기. 〔喇嘛〕(-ma) 〈장〉라마교의 중, 원래는 상등인이라는 뜻임.

剌 (1) là (랄) 〈고〉성격이 거칠고 까다롭다, 괴벽하다: 乖～. 어울리지 않다, 의가 좋지 않다, 인정과 도리에 어그러지다, 류다르다, 성미가 괴벽하다. /～谬. 황당하다, 터무니없다, 괴벽하고 완고하다. (2) lá →본 페지의 〈拉〉.

辣 là (랄) 맵다, 얼얼하다. ㊌잔인하다, 모질다, 지독하다, 악랄하다: 手段～. 수단이 악독하다.

瘌(鬎) là (랄) 〔瘌痢〕(鬎鬁) (-lì)〈방〉 독두병.

落 (3) là (락) 빠뜨리다, 루락되다, 빼놓다, 빠지다, 놓아두고 잊어버리다, 잊어버리고 가져오지 않다: 丢三～四. 이것저것 잘 빠뜨리다, 잘 잊어버리다, 미친년 달래캐듯. /～了一个字. 글자 한자를 빼놓다. /大家走得快,把他～下了. 모두들 빨리 걷다나니 그를 떨궈놓았다. (1) luò →293페지. (2) lào →259페지.

腊(臘) (1) là (랍) 옛날 12월에 지내던 제사의 한가지. ㉷섣달: ～八. 섣달 초여드레날. /～肉. 섣달 또는 겨울에 절였다가 바람에 말리거나 불에 그슬린 고기. (2) xī →467페지.

蜡(蠟) (1) là (랍) ①밀, 밀랍. ②초. (2) zhà →557페지.

镴 là (랍) 땜납. 〈白镴〉 또는 〈锡镴〉라고도 함.

啦 (1) la (랍) 조사 〈了〉(le)와 〈啊〉(a)의 합성음. 뜻은 〈了〉(le) ②〉와 같음, …다, …이다: 他

已经来～. 그는 이미 왔다. /他早就走～. 그는 언녕 갔습니다. (2) lá →253페지의 〈拉〉.

鞡 la →465페지〈靰〉의 〈靰鞡〉(wùla).

蓝(藍) (2) la (람) →344페지 〈苤〉의 〈苤蓝〉(piěla). (1) lán →256페지.

LAI

来(來) lái (래) ① 오다. ↔ 〈去〉〈往〉: 我～北京三年了. 내가 북경에 온지 3년이나 된다. /～信. 편지가 오다, 온 편지. /～源. 래원. 〔来往〕 오가다, 래왕하다, 거래하다, 교제하다, 사귀다. ②시간의 경과를 표시함: 1. …동안, …이래: 自古以～. 예로부터, 옛날부터. /从～. 여태껏, 원래, 이전부터 오늘까지, 종래로. /向～. 종래로, 여태껏, 줄곧, 본래부터. /这一年～他的进步很大. 이 일년동안에 그의 발전은 매우 크다. 2. 미래, 장래, 앞으로: 未～. 미래, 앞으로. /～年. 래년, 명년, 다음해, 이듬해. ③가량, 남짓, …여(개략적인 수를 표시함): 十～个. 여라문개. /三尺～长. 석자가량의 길이, 석자 남짓이 길다. /五十～岁. 쉰살가량, 쉰살 남짓하다, 쉰살좌우, 쉬나문살. ④하다(앞의 동사를 대신함): 再～一个! 또 한번 하시오! 또 하나 하시오! /这样可～不得! 이러면 할수 없다, 이러면 하지 말아야 한다. /我办不了,你～吧! 나는 하지 못하겠으니 당신이 하오! 내가 할수 없으니 네가 해라! /我们打球, 你～不? 우리는 공을 치는데 너는 치지 않겠니? ⑤…려 하다, …겠다(동사앞에서 어떤것을 할것을 나타냄): 我～问你. 너에게 묻겠다, 너에게 물으련다. /大家～想想办法. 여러분께서 방법을 생각해보시오. /我～念一遍吧! 내가 한번 읽어보겠습니다! ⑥동사뒤에서 어떤 움직임을 한적이 있음을 나타냄: 昨天开会你跟谁辩论～? 어제 모임에서 당신은 누구하고 변론하였습니까? /这话我哪儿说～. 이런 말을 내 어디서 한적이 있는가? 〔来着〕(-zhe) 문장의 맨마지막에 붙어서 어떤 일이 발생한적이 있음을 나타냄: 刚才我们在这儿开会～～. 우리는 방금 여기서 모임을 가졌댔다. /我昨天上天津去～～. 나는 어제 천진에 갔댔어. ⑦동사뒤에 놓여 움직임의 추향을 나타냄: 一只燕子飞过～. 제비 한마리가 날아왔다. /大哥托人捎～了一封信. 큰형님께서 인편에 편지 한통을 보내왔다, 큰오빠께서 남에게 부탁하여 편지 한통을 보내왔다. /拿～. 가져오다. /进～. 들어오다. /上～. 올라오다. ⑧수자〈一〉〈二〉〈三〉등의 뒤에 붙어 렬거함을 나타냄. 째, 번: 一～领导正确, 二～自已努力,所以能胜利地完成任务. 첫째로 정확한 지도가 있었고 둘째로 자신의 노력이 있었기때문에 승리적으로 과업을 완수할수 있었다. ⑨시와 가사에서 글자를 맞추거나 음절수를 조절하기 위하여 보탬자로 쓰임: 正月里～是新春. 정월이라 새봄이 왔다네.

莱(萊) lái (래) 명아주. 〔莱菔〕(-fú) 무우.

崃(崍) lái (래) →368페지 〈邛〉의 〈邛崃〉(qióng

lái).

徕(徠) lái (래) 〔招徕〕(사람을 자기에게로) 끌다, 끌어오다, 불러오다, 불러들이다: 以广～～. 범위 넓게 끌어들이다.

涞(淶) lái (래) 〔涞源县〕 래원현, 하북성에 있음.

铼 lái 레니움(원소기호 Re).

赉(賚) lài (뢰) (상을) 주다, (은혜를) 베풀다.

睐(睞) lài (래) ①눈부처가 바르지 않다. ②보다, 가로보다: 青～. 중요시하다, 호의를 표시하다, 친절한 눈으로 보다, 보살펴주다.

赖 lài (뢰) ①의지하다, 의거하다, 의뢰하다: 不要存着依～的心理. 의뢰하려는 마음을 가지지 말아야 한다./任务的提前完成有～于共同努力. 과업을 앞당겨 완수하는것은 공동적인 노력에 달렸다. ②떼를 쓰다, 생억지를 쓰다, 자기의 과오나 범죄를 부인하다: 事实俱在, ～是～不掉的. 사실이 다 있으므로 떼를 쓸래야 쓸수 없는것이다. ③무함하다, 중상하다, (죄나 잘못을) 남에게 들씌우다: 自己做错了不能～别人. 자신이 잘못했으면 남에게 잘못을 들씌우지 말아야 한다. ④탓하다, 책망하다, 나무람하다: 学习不进步只能～自己不努力. 학습에서 진보하지 못하는것은 자신의 노력이 부족함을 탓할수밖에 없다. ⑤나쁘다: 今年庄稼长得真不～. 올해 농사는 정말 괜찮다.

濑 lài (뢰) 여울물, 급히 흐르는 물.

癞 lài (라) ①문둥병. 〈麻风〉이라고도 함. ②문둥병같은것: 1. 비루먹다: ～狗. 비루먹은 개. 2. 겉이 울퉁불퉁하거나 얼룩점이 있는 것: ～蛤蟆. 두꺼비./～瓜. 여주.

籁 lài (뢰) (옛날)퉁소. ㊥(구멍으로 나오는) 소리, 소리를 두루 이름: 万～无声. 모든것이 조용하고 아무 소리도 없다, 쥐죽은듯 고요하다, 물뿌린듯 조용하다.

LAN

兰(蘭) lán (란) 식물이름. 1. 란초꽃. 2. 란초.

拦(攔) lán (란) 가로막다, 못하게 하다, 말리다, 누르다, 방해하다(㊞-挡、阻-): ～住他,不要让他进来. 그를 들어오지 못하도록 막으십시오.

栏(欄) lán (란) ①란간, 란간같이 된것: 木～. 나무란간./花～. 곱게 단장된 란간, 장식란간. 〔栏杆〕 란간. 〈阑干〉이라고도 함: 桥～～. 다리란간. ②우리: 牛～. 외양간. ③신문, 책 등의 란: 新闻～. 소식란./广告～. 광고란./每页分两～. 페지마다 두개의 란으로 가르다.

岚 lán (람) 산속의 수증기, 이내.

婪 lán (람) 탐내다(㊞贪-): 贪～成性. 욕심이 끝없는것이 고질화되다, 욕심이 끝없다.

阑 lán (란) ①〈栏①〉파 같음. 〔阑干〕 1. 가로세로 엇갈리다, 이리저리 얽히다, 착잡하게 얽히다, 가지런하지 않다, 들쑹날쑹하다, 산만하게 흩어지다, 어수선하다: 星斗

～～. 별이 드문드문 보인다. 2. 〈栏杆〉과 같음. ②〈拦〉과 같음. ③끝나가다, 저물어가다, 다하다: 夜～人静. 밤이 깊어 인기척이 없다. 〔阑珊〕 시들다, 때가 지나다, 조락되여가다, 끝나가다. 〔阑入〕 함부로 들어오다, 끼여들어오다, 끼워놓다, 혼입하다: 无入场券不得～～. 입장권이 없으면 함부로 들어오지 못한다.

谰 lán (란) 모해하는 말, 헐뜯는 말; 터무니없는 소리, 허튼소리, 망발: 驳斥无耻～言. 뻔뻔스러운 허튼소리를 론박하다.

澜 lán (란) 큰 물결, 큰 파도([련]波-).

斓 lán (란) 〔斑斓〕 알록알록하다, 얼룩얼룩하다, 알룩달룩하다, 알락달락하다: 五色～～. 오색찬연하다, 다섯가지 빛갈이 아롱지다, 울긋불긋하다.

镧 lán (란) 란탄(원소기호 La).

襕 lán (란) 저고리와 치마가 한데 붙은 옛옷.

蓝(藍) (1) lán (람) ① 대청(식물). ②남빛, 쪽빛. 〔蓝本〕 원본, 대본. (2) la → 254페지.

褴(襤) lán (람) 〔褴褛〕(襤褸)(-lǚ) 람루하다. 〈蓝缕〉라고도 씀.

篮(籃) lán (람) (-子、-儿)바구니: 菜～. 남새바구니. /网～. 그물망태, 구럭.

览(覽) lǎn (람) 보다, 열람하다([련]阅-): 游～. 유람하다. /书报阅～室. 도서열람실. /一～表. 일람표.

揽(攬、擥) lǎn (람) ①독점하다, 잡다, 틀어쥐다: 大权独～. 대권을 독점하다. ②끌어당기다, 모아오다, 도맡다: 包～. 도맡아하다. /推功～过. 공로를 남에게 돌리고 잘못은 자신에게서 찾는다. ③그러안다; 묶다, 동이다: 母亲～着孩子睡觉. 어머니는 아이를 꼭 그러안고 재운다. /用绳子把柴火～上点儿. 끈으로 땔나무를 좀 묶어놓으시오.

缆(纜) lǎn (람) (배를 매여놓는) 바줄, 철사: 解～. 바줄을 풀다, 출항하다. [파]여러 오리로 꼰 굵은 바줄, 굵은 쇠줄: 钢～. 쇠바줄, 쇠바, 와이야줄. 〔电缆〕 케블, 케블선.

榄(欖) lǎn (람) → 133 페지 〈橄〉의 〈橄榄〉(gǎn lǎn).

罱 lǎn (남) ①(고기를 잡거나 물풀을 건지거나 개바닥흙을 파내는) 반두. ②반두질하다, 건지다, 파내다: ～河泥肥田. 개바닥흙을 파내서 밭에 내다.

漤(灠) lǎn (람) ①(감을) 담그다, 우리다. ②소금물에 담그다, 절이다.

壈 lǎn (람) 〔坎壈〕 생활처지가 곤난하다, 뜻을 이루지 못하다, 뜻대로 되지 않다.

懒(嬾) lǎn (라) 게으르다([련]-惰): 好吃～做要不得. 먹기는 좋아하고 일하기 싫어해서는 안된다. /～汉. 게으름뱅이. 〔懒得〕 …하기 싫다, 싫어하다, 귀찮다, 귀찮아하다: 我都～

～说了. 나는 말하기조차 싫다.

烂(爛) làn (란) ① 물크러지다, 물렁하다: 稀粥～饭. 멀건 죽과 푹 퍼진 밥; 거친 생활, 가난한 생활./蚕豆煮得真～. 잠두콩이 잘 물크러지도록 삶겼다. [파] 아주, 푹, 몹시: 台词背得～熟. 대사를 아주 잘 외우다. ②썩다, 곪다([런]腐-): 桃和葡萄容易～. 복숭아와 포도는 썩기 쉽다. [유]무너지다, 부패해지다, 망치다, 문란하다: 敌人一天天～下去,我们一天天好起来. 적들은 날마다 부패타락해지고 우리는 날마다 흥성해진다. ③낡고 헐다, 낡고 해지다, 람루해지다([런]破-): 破铜～铁. 파동과 파철./～纸. 파지./衣服穿～了. 옷이 (오래 입어) 해여지다. 〔烂漫〕〔烂熳〕〔烂缦〕1. 빛이 찬란하다: 山花～～. 산꽃들이 산뜻하다: 2. 꾸밈새 없다, 순진하다: 天真～～. 천진란만하다.

滥(濫) làn (람) ①(물이) 넘어나다, 범람하다: 河水泛～. 강물이 범람하다. 〔滥觞〕(-shāng) [전]시작, 기원. ②함부로, 지나치게, 망탕, 분별없이: ～交. 마구 사귀다, 되는대로 교제하다./～用. 되는대로 쓰다, 망탕 쓰다, 람용하다./宁缺毋～. 모자랄지언정 람용하지는 않는다. [파] 들뜨고 실속없다, 진실하지 않다, 내용이 텅 비다, 사실과 맞지 않다: ～调. 마구 지껄이는 소리, 허튼소리, 빈소리.

LANG

啷 lāng →79페지 〈当〉의 〈当啷〉(dānglāng).

郎 láng (랑) ①젊은 사나이, 남자. ②남편. ③랑, 옛날 벼슬이름: 侍～. 시랑. 〔郎中〕1. 〈방〉의사. 2. 랑중, 옛날 벼슬이름.

廊 láng (랑) ①(-子) 복도: 游～. 긴 복도./长～. 긴 복도. ②(-子) 처마.

嫏 láng (랑) 〔嫏嬛〕(-huán)(신화에서) 하느님의 서고(书库).

榔 láng (랑) 〔榔头〕(-tou)마치. 〔榔槺〕(-kang)(길고 크고 육중하여) 쓰기에 불편하다.

锒 láng (랑) 〔锒头〕〈榔头〉와 같음. 마치.

螂(蜋) láng (랑) →429페지 〈螳〉의 〈螳螂〉(tángláng); 359페지 〈蜣〉의 〈蜣螂〉(qiāngláng); 560페지〈蟑〉의〈蟑螂〉(zhānglang); 294페지 〈蚂〉의 〈蚂螂〉(mālang).

狼 láng (랑) 승냥이, 이리. 〔狼狈〕1. 운수사납다, 재수없다, 어렵다, 곤난하다, 볼꼴없이 되다, 궁지에 빠지다: ～～不堪. 말할수 없는 궁지에 빠지다. 2. 공모결탁하다: ～～为奸. 서로 결탁하여 나쁜 짓을 하다, 공모결탁하다, 악렬한 책동을 하다, 짝패가 되여 나쁜짓을 하다. 〔狼烟〕(옛날 승냥이똥으로 지피는) 봉화, 홰불. [유]전쟁, 란리. 〔狼藉〕(-jí) 어지럽다, 랑자하다, 너저분하다. 〈狼籍〉라고도 씀: 杯盘～～. (음식을 다 먹고난 다음) 잔, 접시, 그릇따위들이 란잡하게 흩어져있다, 지저분하다./声名～～. 명성이 나쁘다, 위신이 납작하게 되다.

琅(瑯) láng (랑)〔琅琅〕소리 본딴말. 댕그랑댕그랑(쇠붙이가 부딪치는 소리), 또랑또랑, 랑랑(글읽는 소리): 书声～～. 랑랑한 글읽는 소리. 〔琅玕〕(-gān) 구슬같이 고운 돌.

锒 láng (랑)〔锒铛〕(-dāng) 1. (옛날 죄인에게 채운) 쇠사슬. 2. 잘랑잘랑, 잘그랑(쇠붙이에서 나는 소리).

稂 láng (랑) (옛책에서) 강아지풀.

朗 lǎng (랑) ①밝다, 산뜻하다, 명랑하다, 시원하다, 훤칠하다: 晴～. 맑다, 말끔히 개이다, 명랑하다./豁(huò)然开～. 앞이 탁 트이여 시원하다./天～气清. 날이 개이고 기분이 상쾌하다. ②랑랑하다, 소리가 맑고 크다, 쟁쟁하다: ～诵. 랑송하다./～读. 랑독하다.

塱(㙟) lǎng (랑)〔元塱〕원랑, 지명, 광동성에 있음.

㮾 lǎng (랑)〔㮾梨〕랑리, 지명, 호남성 장사현에 있음.

烺 lǎng (랑) 명랑하다.

埌 làng (랑) →248페지〈圹〉의〈圹埌〉(kuànglàng).

莨 làng (랑)〔莨菪〕(-dàng) 독뿌리풀.

崀 làng (랑)〔崀山〕랑산, 지명, 호남성 신녕현에 있음.

阆 làng (랑)〔阆中〕랑중, 현이름, 사천성에 있음.

浪 làng (랑) ①큰 물결, 파도(㊄波-): 海～打在岩石上. 파도가 바위에 부딪치다, 바다물결이 바위를 들부시다. ②물결처럼 출렁이는것: 声～. 음파, 사람의 목소리, 대중의 목소리./麦～. 밀보리의 파도. ③방종하다, 제멋대로 하다, 구속이 없다: ～游. 여기저기 떠돌아다니다, 방랑하다./～费. 랑비하다, 허투루 쓰다.

蒗 làng (랑)〔宁蒗〕녕랑, 운남성의 이족자치현.

LAO

捞(撈) lāo (로) ①건지다, 잡다: 打～. (물속에서) 건지다. ②(부정당한 방법으로) 한몫보다, 얻다: ～一把. 한몫 보다, 한턱 얻어먹다, 횡재를 하다.

劳(勞) láo (로) ①일하다, 로동하다: 按～分配. 로동에 따라 분배하다./体力～动. 육체로동./脑力～动. 정신로동. ②피로하다, 지치다, 수고를 끼치다, 부지런하다. 〔劳驾〕(수고를 끼치거나 말을 물을 때의) 수고하셨습니다, 수고하십니다, 미안합니다: ～～开门. 미안하지만 문을 열어주십시오. ③위로하다, 위문하다: ～军. 군대를 위문하다. ④공훈, 공로: 汗马之～. 큰 공로.

崂(嶗) láo (로)〔崂山〕로산, 산동성에 있음. 〈劳山〉이라고도 씀.

铹(鐒) láo 로렌시움 (원소기호 Lr).

痨(癆) láo (로) 결핵, 폐병.

牢 láo (로) ①우리, 외양간: 亡羊补～. 양 잃고 외양간 고친다，도적맞고 빈지 고친다，도적맞고 사립 고친다. ㉷제사때 잡는 집짐승：太～. 제물로 바치는 소./少～. 제물로 바치는 양. ②감옥(㉸监-)：坐～. 감옥살이를 하다. ③튼튼하다，굳다，견고하다，단단하다：～不可破. 깨뜨릴수 없이 견고하다./～记教训. 교훈을 잊지 말자.〔牢骚〕불평，불만：发～～. 불평을 부리다.

醪 láo (료) ①막걸리，탁주. ②진한 술.

老 lǎo (로) ①나이 먹다，오래다：1. 늙다，늙은이. ↔〈少〉〈幼〉：～人. 늙은이. *존경어. 할아버지，로인님，할아버님，령감님：吴～. 오할아버지，오로인님./陈～. 진할아버지，진로인님. 2. 낡다，묵다：～房子. 낡은 집. 3. 익숙하다，로련하다，경험이 많다：～手. 숙련공，경험이 많은 사람，능수./～干部. 오랜 간부，로간부. 4. 쇠다，딴딴하다，질기다. ↔〈嫩〉：～笋. 쇤 참대순./菠菜～了. 시금치가 쇠다./～绿. 파랗다，시퍼렇다，5. 오래되다：～没见面了. 오래동안 만나뵈지 못하다. 6. 늘，늘상，언제나，그냥，항상：人家怎么～能提前完成任务呢? 남들은 어떻게 되여 늘 임무를 앞당겨 완수할수 있었는가? ②아주，매우，상당히，너무，퍽그나，훨씬：～早. 매우 일찍하다，아주 이르게./～远. 아주 멀다，훨씬 멀다. 너무 멀리. ③막내. ～儿子. 막내아들./～妹子. 막내누이동생. ④접두사. 1. 부름말앞에 붙음：～弟. 동생./～师. 선생님./～张. 장동무. 2. 항렬의 차례앞에 붙음：～大. 맏이，맏분./～二. 둘째，둘째분. 3. 어떤 동물의 이름앞에 붙음：～虎. 범，호랑이./～鼠. 쥐.

佬 lǎo (료) 사나이(깔보는 뜻이 있음)，놈.

荖 lǎo (로)〔荖浓溪〕로농계，강 이름，대만성에 있음.

姥 (2) lǎo (로)〔姥姥〕〔老老〕(-lao) 1. 외할머니. 2. (지난날) 산파，조산원. (1) mǔ →316페지.

栳 lǎo (로) →237페지〈栲〉의〈栲栳〉(kǎolǎo).

铑 lǎo 로디움(원소기호 Rh).

潦 (1) lǎo (로) ①큰비. ②길바닥물，고인 물. (2) liǎo →275페지.

络 (2) lào (락)〈络(1)①〉과 같음. 일부 입말에 쓰임.〔络子〕(-zi) 1. 그물망태，망태기，구럭. 2. 실감개. (1) luò →293페지.

烙 (1) lào (락) ①지지다，다리다：～衣服. 옷을 다리다.〔烙印〕락인，불도장. ㉹지워지지 않는 흔적：艺术～～. 예술적락인. ②떡을 굽다：～饼. 군떡，떡을 굽다. (2) luò →293페지.

落 (2) lào (락)〈落山〉과 같음，일부 입말에 쓰이는데 례하면〈落炕〉(앓아서 눕다)，〈落枕〉(잘 때 베개를 잘못 베거나 바람을 맞아 목이 아프거나 곧은 목이 되다) 등이다. (1) luò →293페지. (3) là →253페지.

酪 lào (락) ①젖기름，빠다，치즈：奶～. 젖산유. ②과일묵：杏仁～. 살구씨묵，행인전락，행인치즈./核桃～. 호두묵.

唠(嘮) lào (로)〈방〉말하다，이야기하다：来，咱们

～一～. 어서 와요, 우리 이야기나 해봅시다.

涝(澇) lào (로) 비가 많이 오다, 장마지다, 큰물이 지다, 물에 잠기다. ↔〈旱〉: 防旱防～. 가물피해와 큰물피해를 막다.

耢(橯) lào (로) ①번지, 고무래(농기구의 한가지). 〈耱〉,〈盖〉 또는 〈盖擦〉라고도 함. ②번지나 고무래로 땅을 공그르다.

嫪 lào (로) 사람의 성.

LE

肋 (2) lē (륵) 〔肋賦〕 (-de) 옷이 훌렁훌렁하고 지저분하다, 게잘사하다: 瞧你穿得这个～～. 봐라, 게잘사하게 입은 너의 꼴을! (1) lèi →262페지.

仂 lè (륵) 〈고〉우수리, 나머지.

叻 lè 〔石叻〕 싱가포르(화교들이 싱가포르를 이르는 말), 〈叻埠〉라고도 함.

泐 lè (륵) ①돌에 금이 가다, (물결의 충격에 의해) 돌에 생긴 무늬. ②〈勒(1)④〉와 같음: 手～. 베껴쓰다, 손수 쓰다(편지끝에 쓰는 말).

艻 lè (륵) ①참대뿌리. ②가시있는 참대.

勒 (1) lè (륵) ①자갈이 붙은 말굴레. ②(고삐를) 당겨 멈춰세우다: 悬崖～马. 벼랑에 이르러 말을 멈춰세우다, 극히 위험하게 된 고비에 정신을 차리고 돌아서다. ③강압하다, 강요하다, 강제적으로: ～令. 칙령, (자기의 명령을 집행하도록) 강요하다, 강제로 …하게 하다. /～索. 강제로 빼앗다, 재물을 강요하다. ④(글을) 새기다, 조각하다: ～石. 돌에 글을 새기다. /～碑. 비석에 글을 새기다. (2) lēi →261페지.

簕 lè 〔簕竹〕 〈방〉참대의 한가지, 가시가 있는 참대.

鳓 lè (륵) 준치. 〈鳓鱼〉 〈曹白鱼〉라고도 함.

乐(樂) (1) lè (락) ①즐겁다, 기쁘다, 즐기다, 좋아하다: ～趣. 즐거움, 재미, 락. /～事. 기쁜 일, 즐거운 일. 〔乐得〕 즐겨 …하다, 기꺼이 …하다, 마침 …할것을 바라다, …하는것이 마음에 꼭 맞다: ～～这样做. 이렇게 할것을 바라다. ②(-子、-儿) 즐거움, 쾌락, 락: 取～. 즐거움을 찾다, 향락을 누리다, 재미를 보다, 재미나게 놀다, 심심풀이하다. /逗～儿. 우스운 말로 사람을 웃기다. ③웃다, 웃기다: 可～. 우습다, 우습강스럽다, 가소롭다. /把一屋子人都逗～了. 온 집안사람들을 웃기였다. /你～什么? 너 왜 웃느냐? 너 웃을게 뭐냐? 너 웃기는 왜 웃어? ④사람의 성. (2) yuè →545페지.

了 (3) le (료) ①동사뒤에 붙어 행동 또는 변화가 이미 일어났음을 나타냄: 买～一本书. 책 한권을 샀다. /水位低～两尺. 수위가 두자 내려갔다. ②조사. 문장의 끝이나 문장안의 일정한 단어끝에 붙어서 변화를 나타내거나 또는 새로운 일이 생김을 알림. 1. 이미 나타났거나 곧 나타나게 될 일을 가리킴: 下雨～. 비가 내린다. /明天就是星期日～.

래일 곧 일요일이 된다. 2. 인식, 생각, 주장, 행동 등이 변화되였음을 가리킴: 我现在明白他的意思~. 이제야 나는 그의 뜻을 알게 되였다./他今年暑假不回家~. 그는 올여름 방학에 집으로 가지 않는다./我本来没打算去, 后来还是去~. 나는 원래 가려고 하지 않았는데 후에 역시 갔던것이다. 3. 가설의 조건에 따라 전이됨을 가리킴: 你早来一天就见着他~. 당신이 하루 일찍 왔더라면 그를 봤을것입니다. 4. 일정한 행동에 대하여 재촉하거나 권유함을 가리킴: 走~, 走~, 不能再等~! 갑시다, 갑시다, 더는 기다리지 맙시다!/算~,不要老说这些事~! 걷어치워요, 이런 일을 가지고 자꾸 이야기하지 말자요! (1) liǎo →274페지. (2) liào →275페지.

饹 le→165페지 〈饸〉의 〈饸饹〉(héle).

LEI

勒 (2) lēi (륵) (끈으로) 팍 조이다, 졸라매다, 동이다, 묶다: ~紧点,免得散了. 흩어지지 않게 좀 팍 조여매시오. (1) lè→260페지.

擂 (3) lēi (뢰) 때리다, 치다: 用拳头~. 주먹으로 때리다. (1) lèi→262페지. (2) léi →본 페지.

累(纍) (3) léi (루) 주렁지다, 주렁주렁 달리다; 바로 묶다: 〔累累〕 주렁지다, 주렁주렁 달리다: 果实~~. 파일이 주렁지다. 〔累赘〕(-zhui) 거치장스럽다, 귀찮다, 시끄럽다, 부담이 되다: 这事多~~. 이 일은 얼마나 시끄러운가. (1) lěi →262페지. (2) lèi →262 페지.

嫘 léi (류) 〔嫘祖〕 류조, 황제의 첩으로서 누에치기를 발명했다고 전함.

缧 léi (류) 〔缧绁〕(-xiè) (옛날)죄인을 묶는 검은 바, 포승.

罍 léi (뢰) 두루미(옛날 주전자 비슷한 술병).

虆 léi (류) ①바줄. ②감다, 둘러매다, 동이다.

雷 léi (뢰) ①우뢰, 천둥: 打~. 우뢰가 울다./春~. 봄우뢰. 〔雷霆〕(귀청이 째지는듯한) 우뢰소리: ~~万钧之势. 막아낼수 없는 거세찬 기세. ㊥엄하게 꾸짖다, 노발대발하다: 大发~~. 노발대발하다. 〔雷同〕 우뢰가 울 때 많은 것들이 동시에 호응하다; (주견없이) 덩달아 찬성하다, 맞장구를 치다, 같지 않아야 할것이 같다. ②(군사상에 쓰이는) 폭발물: 地~. 지뢰. /鱼~. 어뢰.

擂 (2) léi (뢰) 찧다, 가루내다: ~钵. 약절구. (1) lèi →262페지. (3) lēi →본 페지.

檑 léi (뢰) 굴림나무(옛날 성벽을 지킬 때 무기로 쓰는 통나무, 성벽우에서 아래로 굴려 진공하는 적을 무찌름).

礌 léi (뢰) 〔礌石〕 뢰석(옛날 성벽을 지킬 때 무기로 쓰는 큰 돌, 성벽우에서 아래로 굴려뜨려 쳐들어오는 적을 무찌름).

镭 léi (뢰) 라디움(원소기호 Ra).

羸 léi (리) 여위고 쇠약하다, 허약하다, 파리하다: 身体~弱. 몸이 허약하다.

耒 lěi (뢰) 옛날의 따비자루, 보습자루. 〔耒耜〕(-sì) 따비(농기구).

诔 lěi (뢰) 옛날의 애도의 표시로 죽은 사람의 업적을 서술하다, 추도사, 애도사.

垒(壘) lěi (루) ①(옛날 군사 방어를 위한) 성벽, 성새, 담, 보루: 两军对~. 두편의 군대가 대처하다./深沟高~. 깊은 도랑과 높은 보루. ②(돌, 벽돌따위를) 쌓다: ~墙. 담을 쌓다./把井口~高一些. 우물아가리를 좀 높이 쌓다.

累 (1) lěi (루) ①첩첩히 쌓다, 겹겹이 쌓이다; 거듭되다: 危如~卵. 닭알을 쌓은것과 같이 위태롭다, 곧 허물어질듯이 아주 위태로운 형편. /积年~月. 해가 가고 달이 바뀌다, 해와 달이 거듭되다, 세월이 흐르다, 일구월심. 〔累累〕 1. 여러번, 여러차례. 2. 쌓이고 쌓이다. (구멍이) 숭숭하다: 罪行~~. 죄를 많이 짓다. 〔累进〕 루진: ~~率. 루진률. /~~税. 루진세, 루진적소득세. ②련루되다, 관계되다: ~及. 미치다, 관련되다, 련루되다./受~. 련루되다./~你操心. 당신께 근심을 끼쳤습니다, 당신을 시름스럽게 하였습니다. (2) lèi →본 페지. (3) léi →261페지.

磊 lěi (뢰) (돌이) 많다. 〔磊落〕 (마음이) 청백하다, 명백하다, 똑똑하다, 정정당당하다, 공명정대하다.

蕾 lěi (뢰) 꽃망울, 꽃봉오리: 蓓~. 꽃봉오리, 꽃망울./花~. 꽃봉오리, 꽃망울.

儡 lěi (뢰) →250페지 〈傀〉의 〈傀儡〉(kuǐlěi).

肋 (1) lèi (륵) 옆구리: 两~. 량옆구리. ~骨. 갈비뼈, 륵골. (2) lē →260페지.

泪(淚) lèi (루) 눈물.

类(類) lèi (류) ①갈래, 종류, 가지, 가지수, 같은 종류, 따위: 分~. 분류하다./~型. 류형./以此~推. 이것으로 류추하다. ②같다, 류사하다, 비슷하다: 画虎~犬. 범을 그린다는것이 개와 비슷하게 되였다, 잘못 모방하여 망태기가 되다.

颣 lèi (뢰) 결함, 흠집.

累 (2) lèi (루) 지치다, 피곤하다, 피로하다: 我今天~了! 오늘 나는 피곤하다! 나는 오늘 몹시 지쳤다! (1) lěi →본 페지. (3) léi →261페지.

擂 lèi (1) (뢰) 치다, 두드리다: ~鼓. 북을 치다./自吹自~. 자기 자랑을 하다, 자신을 내세우다. 〔擂台〕 옛날 무술경기를 위해서 만든 무대: 摆~~. 시합을 벌리다, 경쟁을 벌리다. (2) léi →261페지. (3) lěi →261페지.

酹 lèi (뢰) 옛날 술을 땅에 뿌리다(땅에 제를 지냄을 표시).

嘞 lei (륵) 조사. …습니다, …ㅂ니다, …아요, 〈喽〉와 비슷함: 雨不下了, 走~! 비가 오지 않아요, 갑시다.

LENG

塄 léng 밭두둑, 두둑. 〈地塄〉이라고도 함.

楞 léng (릉) 〈棱〉과 같음.

棱(稜) (1) léng (릉) (-子、-儿) ①모서리: 见～见角. 네모반듯하다; (행동이) 매우 딱딱하다, 매우 단정하다, 모가 나다. ②(물체의) 두드러진 부분: 瓦～. 기와골, 기와고랑./搓板的～儿. 빨래판의 두들두들한 부분. (2) líng →280페지.

冷 lěng (랭) ①춥다, 차다, 시리다. ↔〈热〉(㊀寒-): 昨天下了雪,今天真～. 어제 눈이 내려서 오늘은 참 춥다. ②조용하다, 쓸쓸하다: ～～清清. 아주 조용하다, 아주 쓸쓸하다, 매우 한적하다, 스산하다./～落. 쌀쌀하다, 랭정하다, 쓸쓸하다, 허전하다. ③보기 드물다(㊀-僻): ～字. 보기 드문 글자, 흔히 쓰이지 않는 글자, 벽자./～货. 류행되지 않거나 잘 팔리지 않는 물건. ④쌀쌀하다, 랭정하다: ～脸子. 쌀쌀한 얼굴, 차디찬 얼굴, 엄하고 무서운 얼굴./～言～语. 비꼬는 말, 쌀쌀하게 하는 말, 가시 돋친 말./～酷无情. 랭혹하고 무정하다, 야멸스럽다. 〔冷静〕 랭정하다, 감정에 사로잡히지 않다, 침착하다: 头脑应该～～. 머리는 랭정해야 한다, 정신을 똑바로 차려야 한다, 감정에 사로잡히지 말아야 한다. 〔冷笑〕 쌀쌀하게 웃다, 비웃다, 코웃음치다. ⑤갑자기, 뜻밖에./～枪. 숨어서 불시에 쏘는 총, 드문드문 쏘는 총; 비방, 중상.

堎 lèng (릉) 〔长堎〕 장릉, 지명, 강서성 신건현에 있음.

睖 lèng (릉) 〔睖睁〕(-zheng) 눈이 꼿꼿해지다, 눈이 휘둥그래지다, 어리둥절해지다.

愣 lèng ①어리둥절하다, 멍청하다, 우두커니 보다, 멍청히 보다, 멍청해지다: 两眼发～. 두눈은 멍청해졌다./吓得他一～. 그는 놀라서 어리둥절해졌다, 그는 겁에 질려 얼떨떨해졌다. ②(성미가) 거칠다, 데설데설하다, 덤벙덤벙하다, 덤벙이다, 우뚤거리다, 당돌하다: ～头～脑. 덤벙덤벙하다, 조심성이 없이 경솔하다./他说话做事太～. 그는 말하거나 일할 때 너무 덤벙거린다. ㊥ 무분별하게, 무턱대고, 마구, 아랑곳없이, 억지로, 당돌하게, 되는대로, 생각없이: ～干. 무턱대고 하다, 마구 해제끼다./明知不对,他～那么说. 옳지 않다는것을 뻔히 알면서도 그는 억지로 그렇게 말하였다.

LI

哩 (3) lī (리) 〔哩哩啦啦〕 질금질금, 찔끔찔끔, 질질, 연해연송, 끊임없이: 瓶子漏了～～～～地洒了一地. 병사리가 새여서 질질 온 땅바닥에 흘리였다./雨～～～～下了一天. 비가 찔금찔금 온하루 왔다. (1) li →269페지. (2) lǐ →265페지.

丽(麗) (2) lí (려) 〔高丽〕 고려. 〔丽水〕 려수, 현 이름, 절강성에 있음. (1) lì →267페지.

骊(驪) lí (려, 리) 검은 말, 가라말.

鹂(鸝) lí (려) 꾀꼴새, 꾀꼬리. 〈黄鹂〉라고도 함.

鲡(鱺) lí (려) →297페지 〈鳗〉의 〈鳗鲡〕(mán lí).

厘(釐) lí (리) ① 단위명사. 1. (길이의 단위)리; 한자의 천분의 일. 2. (무게의 단위) 리; 한량의 천분의 일. 3. (면적의 단위) 리; 한무의 백분의 일. ②소수(小数)의 이름. 리: 1. 하나의 백분의 일. 2. 년리률, 본전의 백분의 일; 월리률, 본전의 천분의 일. ③ 정리하다, 고치다, 시정하다: ～正. 수정하다, 고치다, 바로 고치다./～定. 정리하여 고치다, 고쳐 정리하다.

喱 lí (리) →130페지 〈咖〉의 〈咖喱〉(gālí).

狸 lí (리) ①담비. ②(-子)삵, 삵괭이.

离(離) lí (리) ① 떨어져있다, 거리를 두고있다(㊀距-): 北京～天津二百多里. 북경은 천진에서 200여리 떨어져있다./～国庆节很近了. 국경절은 이제 얼마 남지 않았다, 국경절까지는 오래지 않다. ②떠나다, 헤여지다, 갈라지다: ～家. 집을 떠나다./～婚. 리혼하다./～散. 흩어지다, 갈라지다. 〔离间〕(-jiàn) 리간하다, 리간을 놓다. 〔离子〕 이온. ③모자라다, 없다: 发展工业～不了(liǎo)钢铁. 공업을 발전시키자면 강철이 없어서는 안된다. ④8괘의 하나, 부호는 〈☲〉, 불을 대표함. 〔离奇〕 괴이하다, 괴상하다, 이상야릇하다.

漓(灕) lí (리) ① →277페지 〈淋〉의 〈淋漓〉. ②〔漓江〕 리강, 강이름, 광서쫭족자치구에 있음.

缡(縭) lí (리) 면사포: 结～. (옛날) 시집가다.

篱(籬) lí (리) 울바자, 바자: 竹～茅舍. 참대울타리에 초가집.

醨 lí (리) 술맛이 독하지 않은 술.

梨(棃) lí (리) 배나무, 배.

犁(犂) lí (려) ①보습, 후치, 연장. ②(보습으로) 밭을 갈다: 用新式犁～地. 신식보습으로 밭을 갈다.

嫠 lí (리) 과부.

犛 lí (리) 털소, 야크.

漦 lí (시) →54페지의 chí.

黎 lí (려) ①사람무리: ～民. 백성, 일반백성./～庶. 백성. ②〔黎族〕 리족, 중국 소수민족의 하나. 〔黎明〕 날이 밝을녘, 려명, 새벽, 동틀무렵.

藜(蔾) lí (려) 능쟁이, 명아주, 남가새, 백질려.

黧 lí (려, 리). 검누렇다.

罹 lí (리) ①(곤난이나 불행을) 당하다, 만나다: ～难(nàn). 재난을 당하다. ②근심걱정, 우환, 고통.

蠡 (2) lí (려) (조가비로 만든) 바가지: 以～测海. 바가지로 바다물을 헤아리다, 식견이 좁다.

(1) lí →266페지.

劙 lǐ (리) 베내다, 찔리다, 긁히다.

礼(禮) lǐ (례) ①례의, 례절, 례식, 의식: 典～. 의식./婚～. 혼례, 결혼식. ②주나라 례의를 가리킴. ③절, 인사, 경례: 敬～. 경례를 드리다. 인사를 올리다./有～貌. 례절이 있다, 인사성이 밝다, 례절이 바르다. ④헌례: 五一献～. 5. 1헌례./一份～. 선물 한몫.

李 lǐ (리) 추리나무, 추리, 오얏.

里(裏、裡) lǐ (리) ①리(거리의 단위), 1리는 150장(丈), 500m 에 해당함, 즉 1km 의 2분의 1. ②마을, 고향: 故～. 고향./返～. 고향에 돌아오다./同～. 한고향사람. ③이웃; 골목, 오솔길: 邻～. 아웃. /～弄. 골목. ④(-子、-儿) (옷, 이불따위의) 안, 안감, 안면; (종이나 베의) 거친면. ↔〈表〉〈面〉: 衣裳～儿. 옷안감./被～. 이불안./鞋～子. 신의 안, 신발안./箱子～儿. 상자안. ⑤안쪽, 속, 내부. ↔〈外〉: 屋子～. 집안./手～. 손안./碗～. 사발안./箱子～面. 상자안, 상자속. ㊥(일정한 시간, 장소, 범위를 나타낼 때의) 속안, 안쪽, 가운데: 夜～. 밤에, 밤동안, 밤중에./这～. 여기./哪～? 어디? 〔里手〕 1. (-儿) (조종하게 된 기계의) 왼켠, 안쪽. 2. 〈방〉 그 일에 정통한 사람, 전문가, 능수.

俚 lǐ (리) 속되다, 촌스럽다, 통속적이다: ～歌. 민요, 민간의 속된 가요./～语. 속된 말, 촌스러운 말, 사투리.

哩 (2) lǐ (리) 〈英哩〉(yīnglǐ) 마일(영국, 미국의 길이의 단위. 1마일은 약 1,609m). 지금 〈英里〉 라고 씀. (1) li →269페지. (3) lī →263페지.

浬 lǐ (리) 〈海浬〉(hǎilǐ) 마일(바다의 거리를 헤아리는 단위. 1마일은 약 1852m). 지금 〈海里〉라고 씀.

娌 lǐ (리) →580페지 〈妯〉의 〈妯娌〉(zhóuli).

理 lǐ (리) ①무늬: 肌～. 살결./木～. 나무의 무늬. ②도리, 리치, 사리, 법칙: 讲～. 도리를 따지다./合～. 합리하다. * 따로 자연과학을 가리킴: ～科. 리과./～学院. 자연과학원. 〔理论〕 1. 리론: ～～基础. 리론적기초. 2. 리치를 따지며 론쟁하다. 〔理性〕 리성. ③다루다, 꾸리다, 관리하다, 취급하다, 처리하다, 다스리다: ～家. 집살림을 꾸리다./管～工厂. 공장을 관리하다. ㊥정리하다, 다듬다: ～发. 머리를 깎다, 리발하다./把书～一～. 책을 정리하다. ④아랑곳하다, 응대하다, 돌보다, 상관하다: 答～. 알은체를 하다, 아랑곳하다, 응대하다./～睬. 아랑곳하다, 거들떠보다, 관심하다, 상관하다, 돌보다./置之不～. 내버려두고 아랑곳하지 않다, 거들떠보지 않다, 본체만체하다. 〔理会〕(-huì)주의를 돌리다, 개의하다, 관심하다,상대하다: 这两天只顾开会,也没～～这件事. 요사이 회의만 하다나니 이 일에 주의를 돌리지 못했다.

锂 lǐ 리티움(원소기호 Li).

鲤 lǐ (리) 잉어.

逦(邐) lǐ (리) → 519 페지 〈迤〉의 〈迤逦〉(yǐlǐ).

澧 lǐ (례) 〔澧水〕 례수, 강이름, 호남성북부에서 동정호에 흘러 들어감.

醴 lǐ (례) 단술, 감주.

鳢 lǐ (례) 가물치. 〈黑鱼〉라고도 함.

蠡 (1) lǐ (려) 려현(蠡县), 현이름, 하북성에 있음. (2) lí → 264페지.

力 lì (력) ①힘, 맥, 력량: 身强~壮. 몸이 튼튼하다, 몸이 건강하다, 억대우같다. ㊕1. 신체기관의 효능: 目~. 시력. /脑~. 뇌력. 2. 모든 사물의 효능: 电~. 전력. /药~. 약효과. /浮~. 부력. /说服~. 설복력. /生产~. 생산력. ②힘껏, 극력: ~战. 분발하여 싸우다. /据理~争. 리치를 따지며 극력 론쟁하다. /~争上游. 부단히 전진하기 위하여 힘쓰다, 앞장서기에 힘쓰다.

荔(茘) lì (려, 례) 〔荔枝〕 려지.

历(厤、曆、歷) lì (력) ① 겪다, 지내보다: ~尽甘苦. 고충을 맛볼대로 맛보다, 간난신고를 다 겪다, 풍상을 겪을대로 겪다. /~时十年. 십년을 겪다, 십년이란 시간이 지나다. ②(세월이) 지나가다: ~年. (지난 여러해동안) 해마다, 매년, 매해, 년년이. /~代. 지난 여러대, 력대. /~史. 력사. 〔历来〕 력대로, 종래로, 예로부터: 这里~~就是有这种习惯. 이 고장에는 예로부터 이런 풍속이 있다. 〔历历〕 력력하다, 분명하다, 선하다, 생생하다: ~~在目. 눈에 선하다, 눈앞에 삼삼히 떠오르다. ③골고루, 빠짐없이, 낱낱이, 다, 온통, 일일이: ~览. 빠짐없이 하나하나 다 보다. ④력법: 阴~. 음력. /阳~. 양력. ㊕력서: 日~. 일력. /~书. 력서.

坜(壢) lì (력) 구뎅이, 구멍, 웅뎅이.

苈(藶) lì (력) → 439 페지 〈葶〉의 〈葶苈〉(tíng lì).

呖(嚦) lì (력) 〔呖呖〕 소리본딴말. 구슬을 굴리는듯한 소리: ~~莺声. 구슬을 굴리는듯한 꾀꼴새소리.

岖(巁) lì (력) 〔岖崌山〕(-jūshān) 력거산, 산이름, 강서성 락평현에 있음.

沥(瀝) lì (력) ①액체가 뚝뚝 떨어지다, (방울져) 떨어지다. 〔沥青〕 력청, 콜타르, 피치, 아스팔트. ②려파하다, 거르다, 밭다.

枥(櫪) lì (력) 말구유.

疬(癧) lì (력) → 292 페지 〈瘰〉의 〈瘰疬〉(luǒlì).

雳(靂) lì (력) → 340 페지 〈霹〉의 〈霹雳〉(pīlì).

厉(厲) lì (려) ① 엄격하다: ～行节约. 절약을 엄격하게 하다./～禁. 엄금하다. ②엄숙하다, 엄하다: 正言～色. 엄숙한 태도로 말하다, 태도가 엄숙하고 말이 준절하다. ③사납다, 세차다, 맵짜다. 〔厉害〕〔利害〕(-hai) 1. 사납다, 모질다, 무섭다, 혹심하다: 老虎很～～. 범은 몹시 사납다. 2. 지나치게, 몹시, 매우, 대단히 본때있게: 痛得～～. 몹시 아프다./闹得～～. 대단히 소란을 피우다, 몹시 떠들어대다. 〈고〉〈砺〉와 같음. 〈고〉〈癞〉(lài)와 같음.

励(勵) lì (려) 고무하다, 북돋아주다, 부추기다, 격려하다, 힘쓰다, 애쓰다: ～志. 자신을 고무하다./奖～. 장려하다.

砺(礪) lì (려) ①숫돌. ②(칼을) 갈다.

蛎(蠣) lì (려) 굴(연체동물), 모려. 〈蚝〉(háo)라고도 함.

粝(糲) lì (려) 매조미쌀, 현미.

立 lì (립) ①서다: ～正. 차렷자세로 서다, 바로서다, 차렷. ㉣세우다: ～柜. 옷장, 장농./把伞～在门后头. 양(우)산을 문뒤에 세워놓다. 〔立方〕1. 정륙면체. 2. 세제곱, 삼승, 립방메터, 립방. 〔立体〕립체. 〔立场〕립장, 견지: ～～坚定. 립장이 확고하다. ②해내다, 마련하다: 1. 건립하다, 창설하다, 건설하다, 세우다: ～学校. 학교를 세우다./建～工厂. 공장을 창설하다. 2. 공훈을 세우다: ～功. 공을 세우다, 립공하다. 3. 제정하다, 만들다, 체결하다, 맺다: ～合同. 계약을 맺다. 4. (마음을) 먹다, 품다, 결심하다: ～志. 뜻을 품다, 포부를 가지다. ③있다, 존재하다, 살아나가다, 생존하다: 自～. 자립하다./独～. 독립하다, 독립. ④당장, 즉시, 인차, 곧: ～行停止. 즉시 정지시키다./～即去做. 곧 가서 하다.

莅(蒞、涖) lì (리) 이르다, 다닫다, 오다(련-临): ～会. 회의에 오다.

粒 lì (립) ①(-儿) 알, 알갱이: 米～儿. 쌀알./豆～儿. 콩알./盐～儿. 소금알. ②단위명사. 알, 발: 一～米. 쌀 한알./两～丸药. 환약 두알./三～子弹. 총알 세발.

笠 lì (립) 삿갓.

吏 lì (리) 벼슬아치, 관리, 아전: 贪官污～. 탐관오리.

丽(麗) (1) lì (려) ①아름답다, 이쁘다, 곱다, 아릿답다, 어여쁘다: 美～. 아름답다./秀～. 뛰여나게 아름답다, 수려하다./壮～. 웅장하고 아름답다./富～. 화려하다, 웅대하고 아름답다./风和日～. 해볕이 따사롭다, 화창하다. ②붙다(련附-). (2) lí →263페지.

俪(儷) lì (려) 짝: ～词. 대구./～句. 짝을 이룬 문구. ㉣부부.

郦(酈) lì (력) 사람의 성.

利 lì (리) ①리로움, 리익(련-益) ↔〈害〉,〈弊〉: 这件事对人民有～. 이 일은 인민에게 리롭다.

②리롭다, 리롭게 하다, 유리하게 하다：毫不～己,专门～人. 조금도 리기적이 아니고 오로지 남을 위하다. 〔利用〕 리용하다：废物～～. 페물리용./～～他的长处. 그의 우점을 리용하다./～～这个机会. 이 기회를 리용하다. ③순조롭다：屡战不～. 여러차의 싸움에서 순조롭지 못하다. ④리자：本～两清. 본전과 리자 두가지를 다 청산하다./～息. 리자. ⑤리윤. ⑥잘 들다, 날카롭다, 예리하다：～刃. 잘 드는 칼, 예리한 칼./～剑. 날이 시퍼렇게 선 검. ㊅말주변이 좋다：～口. 말주변이 좋다, 말재주가 있다, 입재간이 좋다. 〔利落〕(-luo)、〔利索〕(-suo) 1. 시원스럽다, 산뜻하다：他做事很～～. 그는 일을 매우 시원스레 한다. 2. 알뜰하다, 깨끗하다：东西收拾～～了. 물건을 알뜰히 거두었다. 〔利害〕 1. (-hài) 리익과 손해, 리해：不计～～. 리익과 손해를 헤아리지 않다, 리해관계를 따지지 않는다. 2. (-hai)〈厉害〉와 같음.

俐 lì (리) →279페지 〈伶〉의 〈伶俐〉(línglì).

莉 lì (리) 사람의 이름자.

猁 lì (리) →394페지 〈猞〉의 〈猞猁〉(shēlì).

痢(𩬈) lì (리) ①리질. ②→253 페지 〈瘌〉의 〈瘌痢〉(làlì).

例 lì (례) ①(-子) 례, 실례：举一个～子. 실례를 하나 들다./史无前～. 력사에 류례가 없다, 전례없다. ②규정, 법규, 규칙：条～. 조례./发凡起～. 요지와 범례, 대의와 격식; 요지를 설명하고 범례를 들다. 〔例外〕 례외：全体参加,没有一个～～. 하나도 례외없이 모두 참가하다./遇到～～的事就得机动处理. 례외적인 일을 만나면 령활하게 처리해야 한다. ③본보기, 전례, 관례：～会. 정기회의./～行公事. 일상사무, 공식적인 일, 일반적인 행사.

疠(癘) lì (려) ①돌림병, 전염병. ②악성부스럼(종기). 〈고〉〈癞〉와 같음.

戾 lì (려) ①죄, 죄과. ②흉악하다, (성미가) 까다롭다：暴～. 횡포하다.

唳 lì (려) (새의) 울음소리：鹤～. 두루미의 울음소리.

隶(隸、隷) lì (예) ①속하다, 부속되다, 예속되다, 종속되다(㊊-属)：直～中央. 중앙에 직속되다. ②노예：奴～. 노예./～卒. 하졸. ③예서(한자글씨체의 한가지).

栎(櫟) (1) lì (력) 도토리나무, 떡갈나무. 〈柞(zuò)树〉 또는 〈麻栎〉라고도 속되게 이름. (2) yuè →545페지.

轹(轢) lì (력) 차바퀴에 깔리다, 차에 치이다. ㊅(사람을) 억누르다, 기편하고 억압하다.

砾(礫) lì (력) 자갈, 조약돌, 부스러진 돌：砂～. 모래와 자갈, 자갈모래./瓦～. 기와쪼각과 벽돌쪼각.

跞(躒) (1) lì (력) 움직이다, 행동하다：骐骥一～,

不能千里. 준마도 한걸음에 천리를 갈수 없다, 첫술에 배부를가. (2) luò →292페지.

鬲(䰛) (1) lì (력) 가마, 솥. (2) gé →138페지.

栗(慄) lì (률) ①밤나무, 밤. ②벌벌 떨다. 不寒而～. (무서워) 벌벌 떨다, 소름이 끼치다, 부들부들 떨다.

傈 lì (리) 〔傈僳族〕 리수족, 중국 소수민족의 하나.

溧 lì (률) 〔溧水〕 률수, 〔溧阳〕 률양, 현이름, 강소성에 있음.

篥 lì (률) →24페지 〈觱〉의 〈觱篥〉(bìlì).

詈 lì (리) 꾸짖다, 욕하다.

哩 (1) li (리) 조사. 〈呢(2)〉와 같음. (2) lī →265페지. (3) lǐ →263페지.

蜊 li (리) →137페지 〈蛤〉의 〈蛤蜊〉(gélì).

璃(瓈) li (리) →30페지 〈玻〉의 〈玻璃〉(bōli); 282페지 〈琉〉의 〈琉璃〉(liúli).

LIA

俩(倆) (1) liǎ (량) 둘, 두개, 두사람(〈俩〉뒤에는 단위명사를 붙이지 않는다): 夫妇～. 부부 두사람./买～馒头. 찐빵 두개를 사다. (2) liǎng →272페지.

LIAN

奁(奩、匳、匲) lián (렴) (옛날녀자들의) 화장함. 〔妆奁〕 (녀자의) 혜장.

连 lián (련) ①잇다, 잇닿이다, 련결되다, 련접되다(㊞-接): 天～水,水～天. 하늘은 물에 잇닿고 물은 하늘에 잇닿이다./骨肉相～. 뼈와 살처럼 밀접히 련결되다, 피줄이 잇달리다, 혈연적인 련계, 뼈와 살 같다./把土地～成片. 땅을 넓게 이어놓다./接～不断. 끊임없다, 련속되다, 끊임없이 잇달다./～年. 해마다 계속, 여러해 계속. 〔连忙〕 바삐, 급히, 황급히, 재빨리, 시급히: ～～让坐. 바삐 자리를 내여주다. 〔连词〕 접속사. 〔连枷〕〔连耞〕(-jiā) 도리깨. 〔连夜〕 밤도와, 밤새껏: ～～赶造. 밤새껏 다그쳐 만들어내다. ②련달리다, 달려있다, 포함하다, 더하다, 합치다(두 대상, 두가지 동작을 이어준다)(㊞-带): ～说带笑. 말하기도 하고 웃기도 하다. ～根拔. 뿌리채로 뽑다, 송두리채 뽑다. ③…조차, …마저도, …까지도(흔히 뒤의 부사 〈都〉,〈也〉와 어울려 〈…连…也〉、〈…连…都〉 등의 격식을 이룬다): 他从前～字都不认得,现在会写信了. 그전에 그는 글자조차 모르던 것이 지금은 편지를 쓸수 있게 되였다./精耕细作,～荒地也能变成良田. 알뜰하고 깐지게 가꾸면 황무지도 옥토로 만들수 있다. ④련, 중대, 군사의 편제단위: ～长. 련장, 중대장./模范～. 모범련, 모범중대.

莲 lián (련) 련꽃, 련밥. 〈荷〉、〈芙蕖〉(fúqú)、〈菡萏〉(hàodàn) 이라고도 함.

涟 lián (련) 물결, 파문.

鲢 lián（련）백련어，련어.

怜（憐） lián（련）①가엾다，불쌍하다，불쌍히 여기다，동정하다：我们决不～惜坏人. 우리는 절대 나쁜 사람을 동정하지 않는다. ②사랑하다.

帘（簾） lián（렴）①이전에 상점표식으로 단 기발. ②문발，문장，창가림，카텐.

联（聯） lián（련）①련결되다，결합되다，련합하다：～合会. 련합회. /～席会议. 련석회의. 〔联绵〕잇달리다. 그치지 않다. 끊임없다，죽 잇달리다. 〔联络〕련락하다，련계를 맺다. 〔联合国〕련합국，유엔. ②(-儿)주련，짝：上～. 웃귀，오른쪽 주련. /下～. 아래귀，왼쪽 주련. /挽～. 만장주련. /春～. 음력설주련.

廉 lián（렴）①재물을 탐내지 않다，청백하다：～洁、朴素的工作作风. 청렴하고 소박한 사업작풍. ②눅다，값이 싸다([련]低-)：～价. 눅은 값，헐값，싼값.

濂 lián（렴）〔濂江〕렴강，강이름，강서성남부에 있음.

臁 lián（렴）정갱이의 량쪽：～骨. 정갱이뼈. /～疮. 정갱이에 난 부스럼，종아리에 난 부스럼.

镰（鐮） lián（렴）낫.

蠊 lián（렴）→118페지〈蜚〉의〈蜚蠊〉(fěilián).

琏 liǎn（련）(옛날에 기장，조 등을 담아서 절간에 드리는) 제사그릇.

敛（斂） liǎn（렴）모으다，거두다，거두어들이다，징수하다([련]收-)：～足. 발을 멈추다，앞으로 나가지 않다. /～钱. 돈을 긁어모으다.

脸（臉） liǎn（검）(-儿) 얼굴，낯. [파]1. 물체의 앞부분：鞋～儿. 신등，신울의 겉면. /门～儿. 문앞，성문부근，상점앞면. 2. 체면，면목，안면([련]-面)：有错改正就好，不怕丢～. 낯이 깎이울가봐 두려워하지 말고 잘못이 있으면 고치는것이 좋다.

裣（襝） liǎn（첨）〔裣衽〕(-rèn)(옛날에 부녀자들이) 절을 하다.

蔹（蘞） liǎn（렴）가위톱，백렴.

练（練） liàn（련）①흰 비단：江平如～. 강이 흰 명주필같다. ②(명주실을) 삶아 바래다. ③익히다，련습하다，훈련하다：～兵. 군사훈련을 하다. /～本领. 기량을 닦다，재주를 익히다. ④익숙하다，능숙하다，경험이 많다：～达. 들고뀄다，숙달하다. /老～. 로련하다. /熟～. 익숙하다，숙련되다.

炼（煉、鍊） liàn（련）①제련하다，정련하다，단련하다：～钢. 강철을 만들다，제강하다. /～焦. 콕스를 구워내다. /锻～. 단련하다. ②다듬다：～字. 글을 다듬다. /～句. 문장을 다듬다.

恋（戀） liàn（련）그리워하다，잊지 못하다，떨어지기 아쉬워하다：留～. 그리워하다. 떠나기 서운해하다，잊지 못하다. /～

～不舍. 떨어지기 몹시 아쉬워하다. 〔恋栈〕 말이 구유에서 떨어지기 아쉬워하다, 봉급과 벼슬에 미련을 두다. 〔恋爱〕 련애, 사랑.

殓(殮) liàn (렴) 시체를 관속에 넣다: 入～. 입관하다./大～. 죽은 사람에게 옷을 입혀 관속에 넣다, 대렴하다.

潋(瀲) liàn (렴) 〔潋滟〕〔瀲灩〕(-yàn)(물결이) 찰랑거리다, 물살이 세다.

链(鏈) liàn (련) (-子、-儿) 사슬, 쇠사슬, 줄: 表～. 시계줄./铁～. 쇠사슬.

楝 liàn (련) 소태나무, 밀구슬나무.

裢 lian →73페지 〈褡〉의 〈褡裢〉(dālian).

LIANG

良 liáng (량) ①좋다, 훌륭하다, 선량하다(㊀-好、优-、善-): ～药. 좋은 약./～田. 좋은 밭, 옥답./品质优～. 품성이 아주 아름답다. /消化不～. 소화불량. ②매우, 아주, 자못, 정말, 참말, 과연: ～久. 아주 오래다, 아주 오랜 시간, 오래동안./获益～多. 얻는것이 참말 많다.

粮(糧) liáng (량) ①식량, 곡식, 량식: 食～. 량식./杂～. 잡곡. ②농업세로 바치는 량식, 농업현물세: 交公～. 농업현물세를 바치다, 공량을 바치다.

踉 (1) liáng (량) 〔跳踉〕 뜀을 뛰다, 도약하다. (2) liàng →273페지.

凉(涼) (1) liáng (량) 선선하다, 서늘하다, 차다, 식다: 饭～了. 밥이 식다./立秋之后天气～了. 립추가 지나면 날씨는 서늘해진다. ㊄섬뜩하다, 싸늘하다, 실망하다, 락심하다: 听了这消息,我心里就～了. 이 소식을 듣고 나는 가슴이 섬뜩하였다. 〔凉快〕(-kuai) 1. 서늘하다, 시원하다. 2. (시원하게) 바람을 쏘이다: 到外头～～～～去. 밖에 바람쏘이러 나가다. (2) liàng →273페지.

椋 liáng (량) 박달나무.

梁(樑) liáng (량) ①들보: 上～. 들보를 올리다. ②다리, 교량(㊀桥-): 石～. 돌다리./开山挑土架桥～. 산을 파고 흙을 날라 다리를 놓다. ③(-子、-儿)(그릇웃쪽에 가로건너 붙인) 손잡이: 茶壶～儿. 주전자손잡이./篮子的提～儿坏了. 바구니의 손잡이가 마사졌다. ④(-子、-儿) 마루, 등, 등성이: 山～. 산마루, 산등성이./鼻～. 코등, 코마루. ⑤량나라. 1. (기원 502～557년) 소연이 건립한 남조의 하나. 2. (기원 907～923년) 주온이 건립한 5대의 하나.

粱 liáng (량) 조, 좁쌀; 좋은 식량, 좋은 량식. 〔高粱〕 수수.

量 (1) liáng (량) ①재다, 되다, 뜨다, 달다: 用斗～米. 말로 쌀을 되다./用尺～布. 자로 천을 재다. ②짐작하다, 가늠하다: 思～. 짐작하다, 생각하다./打～. 가늠해보다, 훑어보다. (2) liàng →273페지.

两(兩) liǎng (량) ①둘. 흔히 단위명사거나 〈半、千、万、亿〉 등의 앞에 쓰임: ～本书. 책 두권./～匹马. 말 두필./～个月. 두달./～半. 두쪼각, 절반./～万. 2만. 〈两〉과 〈二〉의 사용법은 다 같은것이 아니다. 수자에는 〈二〉만 쓰이고 〈两〉은 쓰이지 않는다. 례를 들면 〈一、二、三、四; 二、四、六、八〉 등이다. 소수와 분수에도 〈二〉만 쓰이고 〈两〉은 쓰이지 않는다. 례를 들면 〈零点二(0.2)、三分之二、二分之一〉 등이다. 차례수도 〈二〉만 쓰인다. 례를 들면 〈第二、二哥〉 등이다. 일반적인 단위명사앞에는 〈两〉이 쓰이고 〈二〉은 쓰이지 않는다. 례: 〈两个人用两种方法〉, 〈两条路通两个地方〉. 전통적인 단위명사앞에는 일반적으로 〈两〉과 〈二〉이 다 쓰일수 있는데 〈二〉이 더 많이 쓰인다. (〈二两〉을 〈两两〉이라 할수 없다.) 새로운 도량형앞에는 일반적으로 〈两〉이 쓰인다. 례를 들면 〈两吨、两公里〉 등이다. 여러자리수 가운데서 〈百、十、个〉의 자리에는 〈二〉이 쓰이고 〈两〉은 쓰이지 않는다. 례: 〈二百二十个〉, 〈千、万、亿〉의 앞에는 일반적으로 〈两〉과 〈二〉이 다 쓰일수 있으나 〈三万二千〉, 〈两亿二千万〉과 같이 〈千〉이 〈万、亿〉의 뒤에 놓일 경우에는 〈二〉이 쓰이는것이 보통이다. ②량켠, 량쪽, 쌍방: ～便. 쌍방이 다 편리하다, 량편에 다 좋다./～可. 이래도 좋고 저래도 좋다, 량쪽의 어느쪽에도 치우치지 않다./～全. 량쪽이 다 원만하다, 량쪽이 다 손해없다. /～相情愿. 쌍방이 다 원하다. ③(십이내의 개략수를 나타냄) 몇, 약간: 过～天再说吧. 며칠후에 봅시다./他真有～下子. 그의 솜씨는 이만저만하지 않다, 그는 정말 훌륭한 솜씨를 가지고있다. ④량(무게의 단위, 한근의 10분의 1).

俩(倆) (2) liǎng (량) 〔伎俩〕 수단, 수법, 속임수, 수완, 술책. (1) liǎ →269페지.

啢(兩) liǎng 〈英啢〉(yīngliǎng) 온스(영국 무게의 단위). 〈英两〉, 〈盎斯〉라고도 하는데 지금은 〈盎斯〉만 쓰임.

緉(緉) liǎng (량) (옛날)(신) 한켤레.

魉(魎) liǎng (량) → 454 페지 〈魍〉의 〈魍魉〉(wǎng liǎng).

亮 liàng (량) ①밝다, 환하다, 빛나다, 번쩍번쩍하다, 환해지다, (날이) 밝다, 빛을 내다: 天～了. 날이 밝다./敞～. 넓고 훤하다, 탁 트이고 환하다; 마음이 시원하다./刀磨得真～. 칼을 번쩍번쩍하게 갈았다. ②(-儿) 빛, 광선: 屋里一点～儿都没有. 집안에 빛이라고는 전혀 없다. ㉶등불: 拿个～儿来. 등불을 가져오너라. ③드러내다: ～相. (옛극에서 배우가 마지막에)제 얼굴을 한참 보이다; (간부가) 태도를 표시하거나 자기의 관점을 밝히다. ④똑똑하다, 명랑하다, 환하다: 你这一说,我心里头就～了. 자네의 말을 들으니 내 마음이 탁 트이네./打开窗子说～话. 툭 털어놓고 이야기하다. ⑤(목소리가) 우렁차다: 洪～. 우렁차다.

喨 liàng (량) 〔嘹喨〕은 〈嘹亮〉과 같음. →274페지의 〈嘹〉(liáo).

凉(涼) (2) liàng (량) 식히다: ～一～再吃. 식혀먹다. (1) liáng →271페지.

谅 liàng (량) ①용서하다, 량해하다, 리해하다: 体～. 알아주다, 리해하다, 량해하다, 동정하다./请多原～. 많이 량해하여주시기를 바랍니다. 〔谅解〕 량해하다, 리해하여주다. ②믿다, 생각하다. ③짐작하다, 추측하다: ～他不能来. 그가 오지 못하리라고 짐작된다.

晾 liàng (량) (해볕에 쪼이거나 바람이 통하는 곳에 널어놓고) 말리우다: ～衣服. 옷을 말리우다.

辆(輛) liàng (량) 단위명사. 대: 一～汽车. 자동차 한대.

靓 (2) liàng (정) 〈방〉아릿답다, 곱다, 아름답다, 어여쁘다. (1) jìng →222페지.

量 (2) liàng (량) ①(되, 말 등) 부피를 재는 기구. 〔量词〕 단위명사, 량사. ②채울수 있는 한도량: 酒～. 주량./气～. 너그러운 품성, 도량, 포용력./饭～. 식량, 밥먹는 량./胆～. 담, 담기, 담력, 배짱, 배심. ③수효량: 质～并重. 질과 량을 다 중요시하다./大～生产新式农具. 신식농기구를 대량적으로 생산하다. 〔分量〕(fènliàng) 무게, 분량: 不够～～. 무게가 자라지 않는다./～～分配均匀. 분량을 골고루 분배하다. ④가늠하다, 짐작하다, 자세히 따져보다: ～力而行. 힘에 알맞게 일을 하다./～入为出. 수입에 맞게 지출하다. (1) liáng →271페지.

踉 (2) liàng 〔踉跄〕(-qiàng) 비틀거리다, 비트적거리다, 허우적거리다. (1) liáng →271페지.

LIAO

撩 (1) liāo (료) ①(옷자락, 옷소매, 카텐따위를) 쳐들다, 걷어올리다: 跑的时候要把长衣服～起来. 달릴 때에는 긴 옷을 걷어올려야 한다./把帘子～起来. 문발을 쳐들다. ②(손으로) 물을 뿌리다: 先～上点水再扫. 먼저 (손으로) 물을 뿌린 다음에 쓸다. (2) liáo →274페지.

蹽 liāo 〈방〉빨리 걷다, 달리다, 가다: 他一气～了二十多里路. 그는 단숨에 20여리길을 달렸다.

辽(遼) liáo (료) 아득히 멀다(㉠-远): ～阔. 광활하다, 넓고 아득하다, 넓고 넓다, 탁 트이다, 가없다, 무연하다.

疗(療) liáo (료) (병을) 고치다, 치료하다(㉠医-、治-): ～病. 병을 치료하다./诊～. 진찰하고 치료하다. ㊥고통을 없애다, 낫게 하다: ～饥. 요기하다./～贫. 가난을 구제하다.

窌 liáo (교, 료) 침구혈자리의 이름.

聊 liáo (료) ①얼마간, 약간, 잠간, 좀: ～胜一筹. 비교적 뛰여나다, 좀 낫다. /～胜于无. 없는것보다 좀 낫다. ②의지하여 생활하다: 反动统治时代,民不～生. 반동통치시대에 인민들은 살아갈 길이 없었다. 〔无聊〕 1. 흥취없다, 재미없다, 심심하다, 열적다, 지루하다, 무료하다, 멋적다. 2. 보람없다, 의의가 없다, 가치없다, 무의미하다, 너절하다, 시시하다. ③〈방〉한담하다, 잡담하다: 别～啦，赶快干吧! 잡담을 그만두고 어서 빨리 해치웁시다!

僚 liáo (료) ① 벼슬아치, 관료. 〔官僚〕 관료배. ②(옛날에 함께 벼슬하는 사람을 가리켰음) 벗, 동료, 친구. 〔僚机〕(항공대에서) 대렬기.

撩 (2) liáo (료) 건드리다, 집적거리다, 놀리다, 말썽을 일으키다, 구슬리다: ～人生事. 남을 집적거려 말썽을 일으키다. (1) liāo → 273페지.

嘹 liáo (료) 〔嘹亮〕 소리가 맑고 곱다, 맑고 또렷하다, 쟁쟁하다.

獠 liáo (료) (얼굴이) 흉하다, 흉하게 생기다: ～面. 흉하게 생긴 얼굴. 〔獠牙〕 밖으로 흉하게 쑥 나온 긴 이발, 버드렁이발.

寮 liáo (료) 작은 집.

缭 liáo (료) ① 감돌다, 빙빙 돌다, 맴돌다, 휘감다, 휘말리다, 피여오르다: ～乱. 서리서리 엉키다, 어수선하다, 란잡하다, 뒤섞이다, 어리어리하다./炊烟～绕. 밥짓는 연기가 피여오르다. ②감치다: ～缝(fèng). 솔기를 감치다./～贴边. 가장자리를 감치다.

燎 (1) liáo (료) (불이) 번지다, 타다: 星星之火，可以～原. 한점의 불꽃이 료원의 불길로 타오른다. (2) liǎo →275페지.

鹩 liáo (료) → 208 페지 〈鷦〉〈鷦鹩〉(jiāoliáo).

寥 liáo (료) 드물다, 성기다, 텅비다; 조용하다, 호젓하다, 쓸쓸하다㊢: ～若晨星. 새벽별처럼 드물다, 매우 드물다./～～无几. 얼마 되지 않다, 아주 드물다.

飂 (2) liáo (료, 류) 〔飂戾〕 1. 바람소리. 2. 재빠르다, 씽하니, 신속하다. (1) liù →283페지.

髎 liáo (료) 침구혈자리의 이름. 〈窌〉와 같음, 뼈마디사이.

了(瞭) (1) liǎo (료) ①똑똑하다, 분명하다, 알다: 明～. 명백하다, 명료하다./一目～然. 한눈에 알아볼수 있게 환하다, 일목료연하다./不甚～～. 똑똑히 알지 못하다. 〔了解〕 료해하다, 조사하다, 리해하다, 똑똑히 알다: ～～情况. 정황을 료해하다, 정황을 조사하다. ②끝내다, 끝마치다, 마치다, 마무리다, 결속짓다, 아퀴짓다, 이루다: 事情已经～了(le). 일은 이미 끝났다./话犹未～. 말은 채 끝나지 않았다./以不～～之. 일을 끝내지 않고 내버려두다./说起话来没完没～. 말을 할라치면 끝이 없다./不能敷衍～事. 어물쩍어물쩍 해치울수 없다, 일을 대강대강 해치워서는 안된다. 〔了当〕 명확하다, 곧바르다, 시원스럽다: 直截～～. 단도직입적이다, 시원스럽다. ③동사뒤에 〈不〉또는 〈得〉와 함께 쓰이면서 불가능과 가능을 나타냄: 这本书我看不～. 이 책은 내가 볼수 없다./这件事你办得～. 이 일은 네가 할수 있다. 〔了不得〕(-bude) 대단하다, 굉장하다, 간단치 않다, 훌륭하다, 상당하다; 심하다, 지독하다, 견딜수 없다, 큰일이다, 엄중하다, 야단나다: 他的本事真～～～. 그의 재간은 참 대단하다./～～～了，着了火了! 큰일 났어, 불이 났네! 疼得～～～. 아파 견딜수 없다. 〔了得〕(-de) 1. 될 말인가(흔히 반문에 쓰이며 불만이나 엄중성을 나타냄): 这还～～. 그게 어디 될 말인가! 그래서야 되겠는가! 2. 일솜씨가 있다, 재간있다, 훌륭하다, 대단하다: 真～～. 참 대단하다, 정말 재간있다. (2) liào →본 페지. (3) le →260페지.

钌 (1) liǎo 루테니움 (원소기호 Ru). (2) liào →본 페지.

蓼 liǎo (료) 여뀌.

潦 (2) liǎo (로) 〔潦倒〕 령락되다, 가난하게 되다, (투쟁, 생활 등의) 의욕을 잃다, 타락되다, 자포자기하다. 〔潦草〕 거칠다, 조잡하다, 란잡하다, 되는대로 하다, 아무렇게나 하다: 工作不能～～. 사업을 거칠게 할수 없다. /字写得太～～. 글을 너무 란잡하게 쓰다. (1) lǎo →259페지.

燎 (2) liǎo (료) (불에) 그슬다: 把头～了. 머리카락이 그슬다. (1) liáo →274페지.

了(瞭) (2) liào (료) (높은 곳에서) 멀리 바라보다: 你在远处～着点儿. 좀 먼데서 바라보시오. /～望台. 감시대, 전망대, 망루. (1) liǎo →274페지. (3) le →260페지.

钌 (2) liào (조) 〔钌铞儿〕(-diàor) 걸쇠: 门～～～. 문걸쇠. (1) liǎo →본 페지.

尥 liào (료) 〔尥蹶子〕(-juězi) (말, 노새 등이) 뒤발질하다, 뒤발로 차다.

料 liào (료) ①짐작하다, 예상하다, 가늠하다, 미루어 헤아리다, 추측하다: 预～. 예상하다, 짐작하다. /不出所～. 아니나 다를가, 예상한대로 되다. /他～事～得很准. 그는 앞일을 아주 정확하게 예견한다. ②(-子、-儿) 재료감: 原～. 원료. /木～. 목재, 재목. /衣裳～子. 옷감. /肥～. 비료. /燃～. 연료. /这种丸药是加～的. 이런 환약은 특제약이다. ③먹이(곡식사료): ～豆儿. 먹이콩, 콩사료. /草～. 먹이풀, 꼴. /牲口得喂～才能肥. 부림짐승도 알곡먹이를 먹여야 살찐다. ④반투명체, 유리제품, 흐린유리제품, (장식품과 그릇을 만드는) 유리질재료. 〔料理〕 처리하다, 돌보다: ～～家务. 집일을 돌보다. /～～丧事. 상사를 처리하다. 〔照料〕 돌보다, 보살펴주다, 거들어주다: 病人需要～～. 병자는 간호해주어야 한다.

撂 liào (료) 내려놓다, 놓아두다: 把碗～在桌子上. 사발을 상우에 놓아두다.

廖 liào (료) 사람의 성.

镣 liào (료) 족쇠.

LIE

咧 (2) lié (렬) 〔咧咧〕(-lie) 〈방〉 마구 지껄이다, 수다스럽게 지껄이다, 씨벌이다: 瞎～～. 마구 지껄이다. (1) liě →본 페지. (3) lie →277페지.

咧 (1) liě (렬) 입을 헤벌리다, 비쭉거리다: ～嘴. 입을 헤벌리다, 입을 비쭉거리다. /～着嘴笑.

입을 헤벌리고 웃다, 헤벌쭉이 웃다. (2) lié →275페지. (3) lie →277페지.

裂 (2) liě (렬) 〈방〉열리다, 헤쳐지다, 벌어지다: 衣服没有扣好,～着怀. 옷단추를 잘 채우지 않아 가슴을 드러내놓다. (1) liè →본 페지.

列 liè (렬) ①줄, 렬, 행렬: 站在前～. 앞줄에 서다. ②늘어놓다, 배렬하다, 진렬하다: 姓名～后. 이름을 뒤에다 렬거하여 쓰다, 이름은 다음과 같다./～队. 대렬을 짓다, 줄을 서다./开～帐目. 장부의 항목을 렬거하다. [파] 1. 부류속에 넣다: ～入甲等. 일등에 넣다. 2. 부류, 류, 종류, 따위: 不在讨论之～. 토론하는 류에 속하지 않다. 〔列席〕 렬석, 방청, 방청으로 참가하다. ③여러: ～国. 여러 나라./～位. 여러분. ④단위명사. 줄(줄로 된 사물에 쓰임): 一～火车. 렬차 한대.

冽 liè (렬) 차다, 맵짜다, 매섭다([련]凜-): 北风凜～. 북풍이 맵짜다, 하늬바람이 맵짜게 불다.

洌 liè (렬) ①물이 맑다. ②술이 맑다.

烈 liè (렬) ①세다, 사납다, 심하다, 맹렬하다: ～火. 사나운 불길, 세찬 불길, 렬화./～日. 쨍쨍내리쪼이는 따가운 해, 몹시 따가운 해. ②기세드높다, 성대하다, 줄기차다, 열렬하다[첩]: 轰轰～～. 줄기차다, 기세드높다, 부글부글 끓다, 뒤흔들다. ③렬사: 向～士们学习. 렬사들을 따라배우자./先～. 선렬.

䴕 liè (렬) 딱따구리.

裂 (1) liè (렬) (사이가) 벌어지다, 터지다, 트다, 틈이 생기다, 깨여지다, 갈라지다, 틀려지다: ～痕. 짬, 틈, (감정의) 금./～缝. 틈, 짬, 균렬, 금; 터지다, 갈라지다, 금이 가다, 금이 나다, /手冻～了. 손이 얼어터지다./感情破～. 감정에 금이 가다, 감정이 깨지다./四分五～. 여러갈래로 갈기갈기 찢기다, 사분오렬. (2) liě →본 페지.

趔 liè (렬) 〔趔趄〕(-qie) 비틀거리다, 비칠거리다.

劣 liè (렬) 나쁘다, 좋지 못하다, 렬등이다([련]恶-). ↔〈优〉: 不分优～. 좋고나쁨을 가리지 않다./土豪～绅. 토호와 악질신사, 토호와 지방유지 나부래기, 토호렬신./品质恶～. 품성이 아주 나쁘다.

埒 liè (랄) ①낮은 담. ②같다, 동등하다.

捩 liè (렬) 돌리다, 비틀다: 转～点. 전환점.

猎(獵) liè (렵) ① 사냥하다, 잡다: ～虎. 범을 잡다./渔～. 고기잡이를 하다. ②사냥하는것: ～人. 사냥군./～狗. 사냥개.

躐 liè (렵) ①(등급이나 차례를) 뛰여넘다: ～等. 등급을 뛰여넘다./～进. (차례로 나가지 않고) 뛰여넘다, 차례를 뛰여넘어 진급하다. ②디디다, 밟다, 짓밟다.

鬣 liè (렵) 갈기: 马～. 말갈기.

咧 (3) lie (렬) 〈방〉조사. 뜻은 〈了〉, 〈啦〉와 같음: 好～. 됐소./他来～. 그가 왔다. (1) liě →275페지. (2) lié →275페지.

LIN

邻(鄰、隣) lín (린) ① 이웃: 东～. 이웃./四～. 이웃. ②이웃하다, 가까이하다, 접근하다: ～国. 이웃나라./～居. 이웃, 이웃집, 이웃한 곳./～舍. 이웃, 이웃집, 이웃한 곳. ③옛날에 다섯집을 일린이라 하였음.

林 lín (림) 숲: 树～. 나무숲, 수림. /竹～. 참대숲./防护～. 보호림./～立. 숲을 이루고 서있다, 빼곡히 들어서있다, 줄느런히 서있다. [유]집단, 집합체: 民族之～. 민족의 대가정, 민족의 대렬./著作之～. 로작의 바다. 〔林檎〕(-qín) 능금나무, 〈花红〉이라고도 함.

啉 lín (림) →250페지 〈喹〉의 〈喹啉〉(kuílín).

淋 (1) lín (림) (물을) 뿌리다, (비를) 맞다, (비에) 젖다: 花蔫了, ～上点水吧. 꽃이 시들었으니 물을 좀 뿌리시오. 〔淋巴〕〈외〉 림파. 〔淋漓〕(-lí) 질벅하다, 흥건하다, 흠뻑하다, 뚝뚝 떨어지다: 墨迹～～. 먹자국이 질벅하다./大汗～～. 땀이 흠뻑하다. [전]아주 통쾌하다, 구김없다, 아주 힘있다: ～～尽致. (말이나 글이) 투철하다, 매우 철저하다, 아주 통쾌하다./痛快～～. 아주 통쾌하다. (2) lìn →278페지.

琳 lín (림) 아름다운 옥돌. 〔琳琅〕1. 아름다운 옥돌: ～～满目. (전람회, 진렬장, 도서관 등에) 아름답고 귀중한 물건들이 쌓여있다, 아름다운것이 많다. 2. 뎅강, 쟁강(옥돌이 부딪칠 때 나는 소리).

霖 lín (림) 장마. 〔甘霖〕 단비, 약비. [전]은혜, 혜택, 덕분.

临(臨) lín (림) ①이르다, 오다: 喜事～门. 기쁜일이 닥쳐오다./身～其境. 자신이 몸소 그곳에 이르다. [파]부닥치다, 부딪치다: ～渴掘井. 목이 말라서야 우물을 파다, 일이 급하게 되여서야 허둥지둥 서두르다, 발등에 불이 떨어져서야 서두르다. 〔临时〕1. 때에 이르다, 그때에 가서: 事先有准备, ～～就不会乱. 미리 준비하면 어떤 일을 당해도 당황하지 않게 된다. 2. 림시, 당분간, 잠시: 你～～代理一下. 당신이 당분간 대리하십시오./～～会议. 림시회의. ②잇닿이다, 다닫다, 가까이하다, 접근하다. 1. 곳을 가리키는데 흔히 높은데가 낮은데에 잇닿임을 말함: ～河. 강을 끼다./～街. 거리에 접하다, 거리에 가까이하다. 2. 시간을 가리킴: ～走. 떠날무렵, 떠나기에 앞서, 떠날 때./～别. 헤여질무렵, 갈라질 때. 〔临盆〕(지난날) 해산하다, 몸을 풀다. 〔临床〕 림상. ③(봉건시대 황제가) 나라정사를 보다: ～朝. 황제가 나라정사를 보다./～政. 나라정사를 보다. ④(글씨나 그림을) 모방하다, 본을 뜨다: ～帖. (이름난 사람의 글씨를) 본따서 글씨련습을 하다. /～画. (그림을) 본따서 그리다, 모방하여 그리다.

粼 lín (린) 〔粼粼〕 (물이) 맑다: ～～碧波. 맑고 푸른 파도.

嶙 lín (린) 〔嶙峋〕(-xún) 산이 첩첩하다.

遴 lín (린) 선출하다, 뽑다([련]-选): ～选人材. 인재를 선발하다. 〈고〉〈吝〉(lìn)과 같음.

璘 lín (린) 옥의 빛갈, 광택.

辚 lín (린) 〔辚辚〕 (수레가 굴러가는 소리) 덜거덕덜거덕, 덜커덩덜커덩, 삐걱삐걱: 车～～, 马萧萧. 수레가 덜커덩거리고 말이 호옹하고 울다.

磷(燐、粦) lín (린) 린(원소기호 P). 〔磷火〕 도깨비불, 린화, 귀화. 〈鬼火〉라고도 속되게 이름.

瞵 lín (린) 노려보다, 주시하다.

鳞 lín (린) ①비늘. 〔鳞爪〕[유] 1. 사소한 일. 2. 일의 한 부분, 물건의 쪼각. ②물고기비늘같은것: ～茎. 비늘줄기, 린경(나리뿌리같은 땅속줄기의 한가지). /芽～. 린아(비늘모양의 잎쪼각에 싸여있는 싹눈), 겨울눈. /遍体～伤. 온몸에 상처를 입다, 만신창이 되다.

麟(麐) lín (린) 기린(전설에서 상상적인 동물의 한가지): 凤毛～角. 봉황의 털과 기린의 뿔, 아주 희귀한것, 매우 신기하고 귀중한것.

凛(凜) lǐn (름) ①춥다, 몹시 차다([련]-冽): 北风～冽. 북풍이 몹시 맵짜다, 하늬바람이 살을 에이는듯하다. ②서리발같다, 름름하다, 엄숙하다([서]): 威风～～. 위풍이 름름하다. /～遵. 엄숙히 지키다, 삼가 준수하다. /大义～然. 의롭고 숭엄하다, 의롭고 름름하다.

廪(廩) lǐn (름) 쌀광, 쌀창고([련]仓-).

懔(懍) lǐn (름) 두려워하다, 무서워하다.

檩(檁) lǐn (름) 도리.

吝(悋) lìn (린) 린색하다, 쩨쩨하다, 너무 아끼다([련]-啬): ～惜. 지나치게 아끼다. /他一点也不～啬. 그는 조금도 린색하지 않다.

赁 lìn (임) 세를 내다, 값을 주고 물건을 빌어쓰다([련]租-): ～车. 차를 세내다, 세낸 차. /出～. 세를 주다, 빌려주다, 꾸어주다, 삯을 주다.

淋 (2) lìn (림) ①거르다, 려과하다: ～盐. 소금을 거르다, 거른 소금. /～硝. 박초를 거르다, 거른 박초. ②림질. 〈白浊〉이라고도 함. (1) lín →277페지.

蔺 lìn (린) 〔马蔺〕 골풀, 타래붓꽃. 어떤 곳에서는 〈马兰〉이라고도 함.

躏 lìn (린) → 381 페지 〈蹂〉의 〈蹂躏〉(róulìn).

膦 lìn 포스핀의 탄화수소유도체.

LING

拎 līng (령) 〈방〉(손에) 들다: ～着一篮子菜. 남새 한바구니를

들다.

〇 líng (령) 공(수자를 기록할 때 빈자리수를 나타냄): 三～六号. 306호./一九七～年. 1970년./一百～八人. 108명.

伶 líng (령) (지난날)배우, 광대([련]优-): 坤(女的)～. 녀자배우. 〔伶仃〕(-dīng) 외롭다, 의지가지가 없다: 孤苦～～. 외롭다, 의기가지없다. 〔伶俐〕(-lì) 령리하다, 깜찍스럽다, 총명하다, 약삭빠르다: 很～～的孩子. 매우 령리한 아이./～牙～齿. 말재주가 좋다, 말주변이 있다. 〔伶俜〕(-pīng) 외롭다, 의지가지없다.

苓 líng (령) ①복령. ②옛책에 나오는 식물의 한가지.

呤 líng (령) →343페지 〈嘌〉의 〈嘌呤〉(piàolíng).

囹 líng (령) 〔囹圄〕(-圉)(-yǔ) 감옥, 령어.

泠 líng (령) 시원하다, 선들선들하다: ～风. 시원한 바람, 선들바람. 〔泠泠〕 1. 시원하다, 선들선들하다. 2. (목소리가) 맑다, 명랑하다.

玲 líng (령) 쟁강쟁강(옥돌이 부딪칠 때 나는 소리)[첩]: ～～盈耳. 댕강댕강 옥돌이 부딪치는 소리가 귀가에 쟁쟁 울린다. 〔玲珑〕(-lóng) 1. (옥돌, 금속따위의 소리가) 맑고 쟁쟁하다. 2. (물건이) 정밀하고 교묘하다, 정교하다. 3. 령활하고 민첩하다: ～～活泼. 깜찍하고 활발하다.

瓴 líng (령) 옛날 귀가 달린 물병의 한가지: 高层建～. 지붕꼭대기에서 아래로 물을 쏟아붓다, 유리한 지대를 차지하다, 유리한 정세에 처하다.

铃 líng (령) (-儿)방울, 종: 摇～上班. 종을 치면 출근한다./车～儿. 자전거방울, 자전차종./电～儿. 전기종, 벨, 초인종.

鸰 líng (령) →191페지 〈鹡〉의 〈鹡鸰〉(jílíng).

聆 líng (령) 듣다: ～教. 가르침을 듣다.

蛉 líng (령) 〔白蛉子〕 눈에놀이.

笭 líng (령) 〔笭箵〕(-xīng)(고기를 잡을 때 쓰는) 종다래끼, 다래끼, 작은 바구니, 작은 조롱.

羚 líng (령) 령양, 산양.

翎 líng (령) 새의 깃, 새털: 雁～. 기러기깃./野鸡～. 꿩깃, 꿩털.

零 líng (령) ①(식물따위가) 시들어 떨어지다: 1. 식물이 시들어 잎지다, 꽃지다([련]-落、凋-). 2. (액체가) 떨어지다: 感激涕～. 감격하여 눈물을 흘리다. ②나머지, (옹근수에 달린) 우수리: ～数. 옹근수외의 우수리, 나머지./一千挂～儿. 천에 우수리가 달린다./一年～三天. 일년 하고도 사흘이 더 남는다. ③사소한것, 적은것, 자질구레한것; 낱개([련]-碎). ↔〈整〉: ～件. 부분품, 부속품. /～钱. 잔돈, 거스름돈, 용돈./～用. 소소한데 쓰다, 조금씩 쓰다./～活. 잔일,부스러일, 잡일, 잔손질. 〔零丁〕은 〈伶仃〉과 같음. ④수자 〈0〉. 령, 공. [파]없다: 一减一得～. 일에서 일을 덜면 령이 된다./

他的计划等于～. 그의 계획은 령과같다. ⑤온도상의 령도: ～下五度. 령하 5도.

龄 líng (령) ①나이, 살, 세([련]年-): 高～. 많은 나이, 고령. ②년한: 工～. 근무년한, 사업년한./党～. 당년한, 당령.

灵(靈) líng (령) ①효력이 있다, 잘 듣다, 신통하다([련]-验): 这种药吃下去很～. 이 약은 먹으면 효과가 아주 좋다(잘 듣는다). ②약빠르다, 재다, 령리하고 재빠르다, 날래다, 예민하다([련]-敏): 这个孩子心很～. 이 아이는 매우 약빠르다./心～手巧. 약고 솜씨가 있다./耳朵很～. 귀가 아주 밝다. ③예민한 심리활동: ～机. 기발한 생각, 기지. [파]활동이 신속하다, 매우 예민하다: 这个机器最～. 이 기계가 가장 말을 잘 듣는다. ④(지난날) 신선 또는 신선에 관한것. ⑤죽은 사람을 넣은 관: 移～. 관을 옮기다, 령구를 옮기다.

棂(欞、櫺) líng (령) 창살, 살창.

凌 líng (릉) ①얼음: 河里的～都化了. 강의 얼음이 다 녹았다./滴水成～. 떨어지는 물방울이 얼음된다, 박달나무가 얼어터질 지경이다. ②억압하다, 위압하다, 업신여기다, 깔보다: ～辱. 릉욕하다, 모욕하다./盛气～人. 거만하게 거들먹거리다, 사람을 깔보다, 거만하기 짝이 없다. ③오르다, 올라가다: ～云. 기세가 하늘을 찌르다, 다른 사람을 릉가하다./～空而过. 하늘높이 날아가다. ④가까와오다, 닥쳐오다, 다가오다: ～晨. 이른새벽, 신새벽, 날샐녘, 동틀무렵.

陵 líng (릉) ①언덕, 구릉, 릉([련]丘-). 〔陵谷〕 언덕과 골짜기의 자리가 달라지다. [유]세상이 변하다, 강산이 변하다. ②큰 무덤, 큰 묘: 黄帝～. 황제릉./中山～. 중산릉.

菱 líng (릉) 마름, 마름열매. 〔菱形〕 릉형, 마름형.

崚 líng (릉) 〔崚嶒〕(-céng) 산이 높다.

淩 líng (릉) 〈凌②③〉과 같음.

绫 líng (릉) (-子) 릉 (얇은 비단의 한가지): ～罗绸缎. 릉단과 비단.

棱(稜) (2) líng (릉) 〔穆棱〕 목릉, 현이름, 흑룡강성에 있음. (1) léng →263페지.

鲮 líng (령) 〔鲮鱼〕 잉어. 〈土鲮鱼〉라고도 함. 〔鲮鲤〕 천산갑.

酃 líng (령) 〔酃县〕 령현, 현이름, 호남성에 있음.

醽 líng (령) 〔醽醁〕(-lù) (옛날) 좋은 술, 고급술.

令 (2) lǐng (령) 〈외〉종이를 세는 단위. 련(옹근장 500장에 해당함). (1) lìng →281페지.

岭(嶺) lǐng (령) 재, 고개, 령, 산맥: 五～. 다섯개 령./秦～. 진령./翻山越～. 산과 령을 넘다.

领 lǐng (령) ①목, 목덜미: 引～而望. 목을 빼여들고 바라보다, 고대하다. ②(-子、-儿) 옷깃. [파](사물 등의) 요점, 중요부분: 不得要～. 요령을 틀어쥐지 못했다. 〔领袖〕 수령, 수령님. ③앞장서다, 앞세우다, 인도하다, 인솔하다, 이끌다, 안내하다, 거느리다, 데리다(㊀带-、率-)：～队. 대렬을 인솔하다, 인솔자./～头. 앞장서다, 선두에 서다. ④다스리는, 관할하는：～海. 령해./～空. 령공.〔领土〕령토, 국토. ⑤받다, 타다：～教. 가르침을 받다, 배우다, 잘 배웠습니다, 잘 알았습니다.(감사의 인사말)./～款. 돈을 타다. ⑥알다, 깨닫다：～会. 깨닫다, 체득하다, 리해하다, 파악하다./～悟. 깨닫다, 납득하다, 터득하다. ⑦단위명사：1. 벌(옷을 세는 단위)：一～青衫. 검은 적삼 한벌. 2. 잎(삿자리따위를 세는 단위)：一～席. 삿자리 한잎./一～箔. 발 한잎.

另 lìng (령) ①다르다, 따다：那是～一件事. 그것은 다른 일이다. ②따로, 다르게, 달리, 별도로：～买一个. 하나를 따로 사다.

令 (1) lìng (령) ①명령, 공문：明～规定. 명백한 명령으로 규정짓다./遵守法～. 법령을 지키다. ②명령하다：～全国人民认真执行. 참답게 집행할것을 전국인민들에게 명령하다. ③ 옛날벼슬이름：县～. 현령. ④…하여금 …게 하다, …을 …게 하다：～人起敬. 사람으로 하여금 존경심을 일으키게 하다./～人兴奋. 사람들을 기쁘게 하다. ⑤철, 때：月～. 달의 절기, 계절, 철, 때./夏～. 여름철. ⑥좋다, 아름답다：～名. 좋은 평판, 높은 명성, 출중한 명성. * 지난날 존칭을 나타냄：～兄. 형님(남의 형님에 대한 존칭)./～尊. 아버님(남의 아버지에 대한 존칭)./～爱. (댁의) 따님, 당신의 따님. (2) lǐng →280페지.

LIU

溜 (1) liū (류) ①지치기를 하다, 미끄러지다, 미끌다, 미끄럼을 타다：～冰. 얼음을 지치다, 얼음타기하다./从滑梯上～下来. 미끄럼대에서 미끄러져 내려오다. ㊁매끈매끈하다, 미끈미끈하다, 미끄럽다, 매끄럽다, 반들반들하다：这块石头很滑～. 이 돌은 매우 반들반들하다. ②빽소니 치다, 꼬리를 빼다, 꽁무니를 빼다, 가만히 도망치다：一眼不见他就～了. 한번 살피지 않았더니 그는 도망쳐버렸다. ③〈熘〉와 같음. (2) liù →283페지.

熘 liū (류) (전분을 넣어서) 볶다：～肉片. 편육볶음. 〈溜〉라고도 함.

刘(劉) liú (류) 사람의 성.

浏(瀏) liú (류) 맑다, 맑고 깨끗하다. 〔浏览〕 대수보다, 대강대강 보다, 건성건성 읽어보다, 대강 훑어보다, 스쳐보다.

留 liú (류) ①머물다, 묵다(㊀停-)：他～在天津了. 그는 천진에 머물러있다. /～学. 류학하다. ㊁주의하다, 류의하다：～心. 조심하다, 주의하다./～神. 주의하다, 조심하다, 류의하다.〔留连〕〔流连〕(놀음에 팔려) 돌아갈 생각을 하지 않다, 계속 묵다, 떠나기 아쉬워하다. ②떠나게 못하다, 붙잡아두다, 붙들어두다, 말리다, 만류하다：慰～. 얼려서 만류하다. /他一定要走,我～不住他. 그가 꼭 가겠다고 하니 나는 말리지 못하겠다./～难. 남을 고의적으로 난처하게 만들다, 까박을 붙이다. ③받다, 접수하다([련]收-)：把礼物～下. 선물을 받아놓다. ④남겨두다, 보존하다：～余地. 여지를 남겨두다./～胡子. 수염을 기르다./今天请给我～饭. 오늘 나한테 밥을 남겨주십시오.

馏 (2) liú (류) 증류하다. (1) liù →283페지.

骝 liú (류) 말총이 검은 붉은 말.

榴 liú (류) 석류.

飗 liú (류) 〔飗飗〕 솔솔, 살살(산들바람이 부는 모양).

镏 (1) liú (류) ①중국의 독특한 도금법. ②도금하다. (2) liù →283페지.

瘤 liú (류) (-子) 혹, 종양, 암종.

流 liú (류) ①흐르다, 흘리다：水往低处～. 물은 낮은 곳으로 흐른다./～水不腐. 흐르는 물은 썩지 않는다./～汗. 땀을 흘리다./～血. 피를 흘리다. 〔流浪〕 정처없이 떠돌아다니다, 류랑하다, 방랑하다. 〔流利〕 술술 잘하다, 류창하다, 미끈하다, 재빨리 움직이다：他的钢笔字写得很～～. 그는 만년필글씨를 아주 익숙하게 쓴다./他说一口～～的普通话. 그는 표준말을 류창하게 한다. 〔流线型〕 류선형. ②류통하다：货币～通. 화폐류통./空气的对～现象. 공기의 대류현상. [파]1. 고정되지 않고 이동하다, 떠돌아다니다. ～星. 류성, 별찌. 2. 쉼없이 돌아가다, 빨리 지나가다：～光. (빨리 흘러가는) 세월./～年. (흐르는 물처럼) 빨리 지나가는 세월. 3. 난데없이 날아오다：～矢. 난데없이 날아오는 화살./～弹. 난데없이 날아오는 탄알, 눈먼 총알. 4. 퍼지다, 전파되다, 전하여가다：～行. 류행되다, 돌림, 류행./～传. (세상에) 널리 퍼지다. 〔流产〕 류산하다. ③흐름, 물결：河～. 강의 흐름, 강하천, 하류./电～. 전기의 흐름, 전류./寒～. 한류./气～. 공기의 흐름, 기류. ④(나쁜 방향으로) 전변되다：开会不要～于形式. 회의가 형식적으로 되여서는 안된다. ⑤품종, 종류, 가지수：1. 파벌：九～. 전국시대의 9개 학파. 2. 등급：第一～产品. 일등급의 제품, 일류의 제품. ⑥(지난날 형법의 한가지로) 추방하다：～放. 추방하다, 귀양보내다, 류배보내다.

琉 liú (류) 〔琉璃〕(-璨)(-li) 유리：～～瓦. 청기와, 오지기와.

硫 liú (류) 류황(원소기호 S).

旒 liú (류) ①(기발의) 댕기. ②왕관앞뒤에 드리운 구슬.

鎏 liú (류) ①순금. ②〈镏〉와 같음.

镠 liú (류) 순금.

柳 liǔ (류) 버드나무.

绺 liǔ (류) (-儿) (실따위의) 묶음, 가락, 타래, 토리：两～儿

线. 실 두타래./五～儿须. 수염 다섯가락./一～儿头发. 머리카락 한가락.

锍 liǔ 유색금속의 제련과정에서 산생된 각종 금속류화물의 혼합체.

六 (1) liù (륙) ①여섯, 륙. ②옛날악보의 소리표의 하나 (음계의 다섯째소리 〈쏘〉에 해당함). (2) lù →287페지.

陆(陸) (2) liù (륙) 〈六〉의 큰글자. (1) lù →287페지.

碌(磟) (2) liù (록) 〔碌碡〕(-zhou) 굴림돌(땅을 다지거나 낟알을 털 때 쓰임). (1) lù →287페지.

馏 (1) liù (류) 찌다, 덥히다, 데우다: 把馒头～一～. 빵을 찌다(덥히다). (2) liú →282페지.

溜(霤) (2) liù (류) ①(물의) 세찬 흐름: 大～. 아주 세찬 물살./今天河水～很大. 오늘은 강의 물살이 매우 세다. ②기스락물, 락수물: 檐～. (처마의) 락수물. ③기스락물받이, 락수물받이. ④(-儿) 줄: 一～三间房. 한줄에 집이 세채씩이다. (1) liū →281페지.

遛(蹓) liù (류) ①거닐다, 산보하다. ②(부림짐승을 운동시키기 위하여) 천천히 끌고다니다: 他～马去了. 그는 말을 운동시키기 위해서 끌고나갔다.

镏 (2) liù (류) 〈방〉가락지, 반지. (1) liú →282페지.

飂 (1) liù (료, 류) 서풍. (2) liáo →274페지.

鹨 liù (류) 종다리, 종달새.

LO

咯 (2) lo 조사. 좀 강한 어감을 나타냄: 那倒好～! 그것은 차라리 잘된것이다! (1) kǎ →233페지. (3) gē →136페지.

LONG

龙(龍) lóng (룡) ①룡: 恐～. 공룡./翼手～. 익수룡. 〔龙头〕 수도꼭지. ②왕: ～袍. 왕의 례복, 룡포./～床. 룡상. 〔龙钟〕 (늙어서) 휘청휘청하다, 지척지척하다. 〈고〉〈垄〉(lǒng)과 같음.

茏(蘢) lóng (룡) 〔茏葱〕 무성하다.

咙(嚨) lóng (룡) 목구멍, 인후. →170페지의 〈喉〉(hóu).

泷(瀧) (1) lóng (룡) 급한 물살, 급류. 〔七里泷〕 칠리롱, 지명, 절강성에 있음. (2) shuāng →412페지.

珑(瓏) lóng (룡) →279페지 〈玲〉의 〈玲珑〉(líng lóng).

栊(櫳) lóng (룡) ①창문. ②집짐승우리.

昽(曨) lóng (룡) 〔曚昽〕 (méng-) 해빛이 흐릿하다, 어스레하다, 몽롱하다.

胧(朧) lóng (룡) →304페지 〈朦〉의 〈朦胧〉(méng lóng).

砻(礱) lóng (룡) ① 연자매, 연자방아, 망, 매돌. ②벼껍질을 벗기다, 벼를 찧다: ～谷舂米. 쌀을 찧다.

眬（矓）lóng （롱）〔蒙眬〕（méng-） 어렴풋하다, 흐리멍텅하다, 몽롱하다：睡眼～～. 잠이 채 깨지 않아 눈앞이 흐리멍텅하다, 어렴풋이 잠들다.

聋（聾）lóng （롱）（귀가） 먹다, 어둡다：他耳朵～了. 그는 귀가 먹었다.

笼（籠）（1） lóng （롱） ①（-子、-儿）（새, 벌레따위를 기르는） 장：鸟～子. 새장, 조롱./鸡～. 닭장./蝈蝈～. 여치장. [파]（옛날 죄인을 가두는） 나무우리：囚～. 죄인을 압송하는 나무우리（중한 죄인을 압송할 때 씀）. ②시루：蒸～. 시루./～屉. 시루. （2） lǒng →본 페지.

隆 lóng （룽） ①성대하다, 두텁다, 심하다：～冬. 몹시 추운 겨울./～寒. 모진 추위, 된추위./～重的典礼. 성대한 의식. ②흥성하다, 왕성하다, 륭성하다（[련]-盛、兴-）③두두룩하다：～起. 두드러져나오다, 불룩하게 두드러져나오다.

癃 lóng （룽） ①（옛책에서） 늙어서 쇠약하고 병이 많다, 파리하고 병이 많다. ②산증.

窿 lóng （룽）〈방〉 갱, 굴길.

陇（隴）lóng （롱） 감숙성의 별칭：～海铁路. 롱해선.

垄（壟、壠）lǒng （롱） ①밭경계. 〔垄断〕 독점하다, 독차지하다. ②밭이랑：宽～密植. 밭이랑을 넓히고 배게 심다. ③고랑처럼 생긴것：瓦～. 기와골, 기와고랑.

拢（攏）lǒng （롱） ①모으다, 모이다, 한데 합하다：～共. 합계하다, 도합./～总. 한데 합하다, 합계하다, 도합. ②접근하다, 다가가다（[련]靠-）：靠～组织. 조직에 접근하다./～岸. 강기슭에 닿다./拉～. 끌어들이다, 롱락하다, 관계를 맺다./他们俩总谈不～. 그들 둘은 늘 의견이 맞지 않는다. ③묶다, 동이다：～紧. 꼭 묶다, 꼭 동이다./用绳子把柴火～住. 새끼로 땔나무를 묶다. ④（머리를） 빗다, 다듬다：～一～头发. 머리를 빗다.

笼（籠、儱）（2） lǒng （롱） ①뒤덮다, 덮씌우다, 자욱하다, 엉키여 서리다：黑云～罩着天空. 검은 구름이 하늘을 뒤덮고있다. ②（약간 큰） 상자：箱～. 옷궤, 농. ③〔笼统〕（儱侗）（-tǒng） 두리뭉실하다, 구별이 없다：话太～～了,不能表明确切的意思. 말이 너무 두리뭉실하여 똑똑한 뜻을 나타내지 못한다. （1） lóng →본 페지.

弄（衖）（2） lòng （롱）〈방〉작은 거리, 골목. （1） nòng →328페지.

㟖 lòng （롱）〈광〉돌산사이에 끼워있는 자그마한 평지.

LOU

搂（摟）（2） lōu （루） ①그러모으다, 긁어모으다：～柴火. 나무를 그러모으다. [유]욕심사납게 긁어모으다, 욕심사납다, 탐내다, 집어넣다：贪官污吏专会～钱. 탐관오리들은 욕심사납게 돈만 긁어모은다. ②（손가락을 구부리며 앞으로) 당기다: ～枪机. 방아쇠를 당기다. (1) lǒu →본 페지.

瞜(瞜) lōu (루) 〈방〉보다: 让我～一～. 제가 좀 봅시다.

剅(剅) lóu (루) 〈방〉물이 나오는 곳, 물구멍: ～口. 물구멍./～嘴. 수도꼭지.

娄(婁) lóu (루) 사람의 성.

偻(僂) (2) lóu (루) →143페지 〈佝〉의 〈佝偻〉(gōulóu). (1) lǚ →289페지.

蒌(蔞) lóu (루) 물쑥.

喽(嘍) (2) lóu (루) 〔喽罗〕(嘍囉、僂儸)(-luo) 졸개. (1) lou →286페지.

溇(漊) lóu (루) 〔溇水〕 루강, 강이름, 호남성에 있음.

楼(樓、蔞) lóu (루) ①여러층으로 된 집: ～房. 층집, 아빠트./大～. 고층건물, 큰 건물. ②층집의 한층: 一～. 일층./三～. 삼층. ③ →149페지 〈栝〉의 〈栝楼〉(guālóu).

耧(耬) lóu (루) 루거(씨뿌리는 농기구).

蝼(螻) lóu (루) 〔蝼蛄〕(-gū) 도루래, 하늘밥도둑. 〈喇喇蛄〉, 〈土狗子〉라고도 함.

髅(髏) lóu (루) →245페지 〈骷〉의 〈骷髅〉(kūlóu). →100페지 〈髑〉의 〈髑髅〉(dúlóu).

搂(摟) (1) lǒu (루) (두팔로) 끌어안다, 그러안다 (㊔-抱): 把孩子～在怀里. 아이를 품에 끌어안다. (2) lōu →284페지.

嵝(嶁) lǒu (루) →144페지 〈岣〉의 〈岣嵝〉(gǒulǒu).

篓(簍) lǒu (루) (-子、-儿) 채롱, 광주리: 纸～儿. 휴지광주리./油～. 기름채롱, 기름통.

陋 lòu (루) ①밉다, 못나다, 루추하다, 문명스럽지 못하다; 나쁘다, 낡아빠지다, 케케묵다: ～规. 나쁜 규칙, 나쁜 습성, 낡은 유습./～习. 나쁜 습성, 케케묵은 낡은 풍속. ②좁다: ～室. 초라한 방./～巷. 좁은 골목. ③(식견이) 얕고 좁다, 초라하다: 学识浅～. 학식이 얕고 좁다./因～就简. 초라하나마 그대로 리용하다, 될수록 있는 설비를 리용하다, 그런대로 굼때다, 본래부터 써오던 간단한 방법에 의거하다./孤～寡闻. 식견이 좁다, 한치앞을 못보다.

镂(鏤) lòu (루) 새기다, 조각하다: ～花. 꽃을 새기다./～骨铭心. 가슴속 깊이 아로새기다.

瘘(瘻、瘺) lòu (루) 루관, 치루(의학).

漏 lòu (루) ①새다: 水壶～了. 물주전자가 새다./油箱～了. 기름땅크가 새다. 〔漏斗〕 깔때기. 〔漏洞〕 빈틈, 구멍; 실수, 약점, 흠, 부족점: 堵塞～～. 구멍을 틀어막다. ②루설되다, (비밀이) 새다: ～了风声. 소문이 새나가다./走～消息. 소식이 루설되다. ③(부주의로) 빠지다, 루락되다: 这一项可千万不能～掉. 이 조목만은 절대 빠뜨려서는 안된다. ④(옛날) 물시계.

露(2) lòu (로) 〈露(1)③〉과 뜻이 같은데 입말에 쓰임. 례: 露怯(웃음을 자아내다), 露马脚(진상이 드러나다). (1) lù →288페지.

喽(嘍) (1) lou (루) 조사. 〈啦〉와 뜻이 같음: 够～, 别说～! 됐네, 말하지 말게! 됐어, 그만 말하라구! (2) lóu →285페지.

LU

噜 lū (로) 〔噜苏〕(-蘇)(-su)는 〈罗唆〉(luōsuo)와 뜻이 같음 → 291페지 〈啰〉의 (3).

卢(盧) lú (로) 사람의 성. 〔卢比〕〈외〉 루비(파키스탄, 네팔, 스리랑카 등 나라의 화폐단위). 〔卢布〕〈외〉 루블(로씨야의 화폐단위).

垆(壚、罏) lú (로) ① 검은 흙. ②(지난날) 술독을 올려놓는 흙으로 쌓은 대. 술집도 가리켰음.

泸(瀘) lú (로) 〔泸州〕 로주, 시이름, 사천성에 있음.

栌(櫨) lú (로) 검양옻나무.

胪(臚) lú (려) 순서있게 벌려놓다, 진렬하다, 차려놓다, 쭉 이야기하다, 진술하다: ～情. 사정을 말하다, 심정을 이야기하다.

鸬(鸕) lú (로) 〔鸬鹚〕(-鶿)(-cí) 가마우지. 〈鱼鹰〉이라고도 함.

颅(顱) lú (로) 머리부, 꼭두, 정수리, 머리: ～骨. 머리뼈.

舻(艫) lú (로) → 583 페지 〈舳〉의 〈舳舻〉(zhúlú).

鲈(鱸) lú (로) 농어.

芦(蘆) lú (로) 갈, 갈대.

庐(廬) lú (려) 초가집, 오막살이: 茅～. 초가집, 오막살이(집).

炉(爐、鑪) lú (로) (-子) 로, 화로, 난로: 电～. 전기난로, 전기로, 전기곤로. /煤气～. 가스로. /煤球～子. 알탄난로. /炼钢～. 강철로, 제강로.

卤(鹵、滷) lǔ (로) ①서슬. 〈苦汁〉 또는 〈盐卤〉라고도 함. 〔卤素〕 할로겐. ②걸죽한 국물, 걸죽한 즙: 茶～. 걸죽한 차. /打～面. (걸죽한 국을 놓아먹는) 국수를 만들다. ③걸죽한 즙을 넣고 만든 식료품: ～鸡. 양념감을 넣고 삶은 닭. /～煮豆腐. 양념감을 넣고 끓인 두부.

硇(磠) lǔ (노) 〔硇砂〕 염화암모니움.

虏(虜) lǔ (로) ① 사로잡다, 포로하다, 생포하다(련俘-): ～获甚众. 많이 생포하다, 많이 로획하다. /俘～敌军十万人. 적군 10만명을 포로하다. ②포로(련俘-): 优待俘～. 포로를 우대한다.

掳(擄) lǔ (로) 빼앗다, 로략질하다, 〈虏〉라고도 함(련-掠): 烧杀～掠. 불사르고 죽이고 빼앗다.

鲁 lǔ (로) ①우둔하다, 아둔하다, 어리석다, 미련하다, 거칠다: 粗～. (성미가) 거칠다. 〔鲁莽〕(성미가) 거칠다, 조폭하다, 경솔하다, 꼼꼼하지 못하다, 무모하다. 〈卤莽〉이라고도 함. ②로나라, 주나라 때 제후국의 이름, 지금의 산동성 남부 일대에 있었음. ③로, 산동성의 별칭.

橹(樐、艪、艣) lǔ (로) 노: 摇～. 노를 젓다.

镥 lǔ 루테시움(원소기호 Lu).

六(2) lù (룩) 〔六安〕 룩안. 1. 산이름과 현이름, 모두 안휘성에 있음. 2. 룩안산(六安山)에서 나는 차. 〔六合〕 룩합, 현이름, 강소성에 있음. (1) liù →283페지.

甪(角) lù (록) 〔甪直〕 록직, 지명, 강소성 소주시에 있음. 〔甪里堰〕 록리언, 지명, 절강성 해염현에 있음.

陆(陸) (1) lù (룩) 땅, 뭍, 룩지: 登～. 상륙하다. /～路. 뭍길, 룩로. /～军. 룩군. 〔陆离〕(빛갈이) 얼룩덜룩하다, 알락달락하다, 빛나다, 눈부시다: 光怪～～. 해괴망측하다, 기이하고 괴상하다. 〔陆续〕 끊임없이, 잇달아, 계속, 련이어, 연해연송, 연해연방: 开会的人～～地到了. 모임에 오는 사람들은 잇달아 도착하였다. (2) liù →283페지.

录(錄) lù (록) ①적다, 등록하다, 기록하다. 베끼다, 옮겨쓰다: ～音. 록음하다. /把这份公文～下来. 이 공문을 적어놓으십시오. 〔录取〕 입학하다. 합격하다. ②기록된 책: 语～. 어록. /备忘～. 비망록. /回忆～. 회상기.

崀 lù (평) 흙산사이에 있는 자그마한 평지.

渌 lù (록) 〔渌水〕 록수, 강이름, 호남성에 있음.

逯 lù (록) 사람의 성.

绿(綠) (2) lù (록) 〈绿(1)〉과 뜻이 같음. 〔绿林〕 1. 원래는 서한말년에 호북성 록림산(绿林山)속에 모여 거사한 농민봉기군을 가리켰는데 후에는 깊은 산속에 모여 봉건통치배들을 반항하여 싸우는 사람들을 가리켰음. 2. 옛날에 산림속에 모여 재물을 빼앗는 비적들을 가리킴. (1) lǜ →290페지.

禄 lù (록) (낡은 사회에서 벼슬아치들에게 주는) 봉급, 록: 高官厚～. 높은 벼슬에 후한 봉급.

碌 (1) lù (록) ①평범하다, 례사롭다: 庸～. 평범하다. 〔碌碌〕 평범하다, 보통이다, 뛰여난데 없다: 庸庸～～. 매우 평범하다, 패기가 없다. ②바삐 서둘다, 번잡하다: 忙～. 바삐 서둘다, 분망하다. (2) liù →283페지.

盝 lù (록) ①옛날 함의 한가지. ②거르다, 려과시키다.

簶(籙) lù (록) ①책, 대장. ②부작, 부적(미신).

醁 lù (록) →280페지 〈醽〉의 〈醽醁〉(línglù).

辂 lù (핵, 로) ①(옛날) 수레의 앞에 가로댄 나무. ②(옛날) 큰 수레.

赂 lù (뢰) ①뢰물을 먹이다. ②뢰물, 재물.

鹿 lù (록) 사슴.

漉 lù (록) 물이 천천히 스며들다, 점차 잦아들다; 거르다, 려과하다.

辘 lù (록) 〔辘轳〕(-轤)(-lu) 1. 고패(드레박을 감아올리는 활차). 2. 권양기, 윈치.

簏 lù (록) 대상자, 참대광주리, 참대함.

麓 lù (록) 산기슭: 泰山之～. 태산기슭.

路 lù (로) ①길, 도로([련]-途、-径、道-): 公～. 신작로, 도로./津浦～. 천진-포구도로, 진포선. [파]사상 또는 행동의 방향, 도경: 思～. 사색의 곬, 생각./生～. 살길, 살아가는 길. 〔路线〕 로선. ②방면, 지구, 지역: 南～货. 남쪽지구의 물건(상품)./外～货. 외지의 상품. ③종류, 가지수: 两～货. 두가지 종류의 상품(물건).

蕗 lù (로) 감초의 별칭.

潞 lù (로) 〔潞西〕 로서, 현이름, 운남성에 있음.

璐 lù (로) 아름다운 옥돌.

鹭 lù (로) 해오라기, 백로. 〔鹭鸶〕(-sī) 해오라기, 백로.

露 (1) lù (로) ①이슬. [파]한데, 바깥, 한지: 风餐～宿. 바람과 이슬을 맞으며 한데서 먹고 자고 한다, 풍찬로숙하다./～营. 야영하다, 숙영하다. ②시럽, 단물: 枇杷～. 비파시럽./果子～. 과일시럽./玫瑰～. 장미술. ③드러나다, 나타나다([련]显-): 暴～思想. 사상을 폭로하다./揭～敌人丑恶的面貌. 원쑤들의 추악한 면모를 까밝혀놓다./不～面. 얼굴을 보이지 않다, 얼굴을 내밀지 않다. (2) lòu →286페지.

僇 lù (륙) ①모욕하다, 헐뜯다, 중상하다, 치욕을 주다. ②〈戮〉와 같음.

戮(勠) lù (륙) 죽이다, 살해하다, 살륙하다([련]杀-). 〔戮力〕 힘을 합치다: ～～同心. 한마음으로 힘을 합치다, 힘을 합치고 마음을 같이하다.

轳(轤) lu (로) →본 페지 〈辘〉의 〈辘轳〉(lùlu).

氇 lu (로) →349페지 〈氆〉의 〈氆氇〉(pǔlu).

Lü

驴(驢) lǘ (로) 당나귀, 나귀.

闾 lǘ (려) ①마을어구, 마을의 문, 동구; 이웃, 오래. ②려(옛날 25집을 한려라고 하였음).

榈 lǘ (려) →29페지 〈栟〉의 〈栟榈〉(bīnglǘ); →594페지 〈棕〉의 〈棕榈〉(zōnglǘ).

吕 lǚ (려) 우리 나라 음악 12률(律)가운데의 음률(阴律)을 가리킴. 모두 여섯가지가 있는데 통털어 〈6려〉라고 함.

侣 lǚ (려) 동반자, 벗, 동료, 짝([련]伴-).

铝 lǚ 알루미늄(원소기호 Al).

稆(穭) lǚ（려）（곡식따위가）저절로 나다：～生. 저절로 나다.〈旅〉라고도 함.

捋 (2) lǚ（랄）훑다, 쓰다듬다, 어루만지다：～胡子. 수염을 쓰다듬다. (1) luō →291페지.

旅 lǚ（려）①먼길을 가다, 외출하다, 려행하다, 외지에 나가 손님질하다：～行. 려행하다./～馆. 려관./～途. 려행로정, 려행길./～居. 외지에서 살다; 해외에서 살다./～客. 길손, 려객,（려행하는）손님, 려행자. ②（군사）려, 려단. ③군대, 부대：军～. 군대./强兵劲～. 강한 군대, 정예부대. ④함께, 공동으로：～进～退. 함께 전진하고 함께 퇴각하다. ⑤〈稆〉와 같음：～生. 저절로 나다./～葵. 저절로 난 해바라기, 해바라기가 저절로 나다.

膂 lǚ（려）사등뼈, 등골뼈, 등심뼈. 〔膂力〕육체적인 힘, 체력, 완력：～～过人. 힘이 장사다, 남달리 힘이 세다.

偻(僂) (1) lǚ（루）①（등이）굽다, 휘다, 구부정하다. ②빠르다, 신속하다：不能～指. 재빨리 가리킬수 없다. (2) lóu → 285페지.

屡(屢) lǚ（루）여러번, 연거퍼, 련이어, 여러차례：～见不鲜. 늘 보아서 새롭지 않다, 흔히 볼수 있다./～战～胜. 련전련승하다.

缕(縷) lǚ（루）①실：一丝一～. 한오리의 실. ②차근차근, 상세하게, 조리있게：～述. 자세하게 말하다, 차근차근 이야기하다./～析. 자세히 분석하다. ③단위명사. 오리, 가락：一～炊烟. 한 가닥의 밥짓는 연기./一～线. 한 오리의 실, 실 한가닥.

褛(褸) lǚ（루）→ 256 페지〈褴〉의〈褴褛〉(lánlǚ).

履 lǚ（리）①신：革～. 가죽신, 구두./削足适～. 발을 깎아 신에 맞추다, 억지로 들어맞추다. ②밟다, 디디다, 밟고 지나가다：如～薄冰. 살얼음을 디디는것처럼 위험하다. ㊥실행하다, 리행하다, 실천하다：～约. 약속을 실행하다./～行合同. 계약을 리행하다. 〔履历〕1. 리력, 경력. 2. 리력서.

律 lǜ（률）①법률, 법, 규칙, 법칙. 〔律诗〕률시（옛시의 한가지）. 〔规律〕법칙.〈法规〉라고도 함. 〔一律〕일률로, 일률적으로. ②단속하다：～己严. 자기를 엄격히 단속하다. ③음률, 률（중국 옛음악의 소리 높낮이를 시정하는 표준임. 소리를 6률(阳律)과 6려(吕)(阴律)로 나누었는데 통털어 12률이라고 하였음）.

葎 lǜ（률）한삼덩굴.

虑(慮) lǜ（려）① 고려하다, 타산하다, 생각하다, 사고하다：深思远～. 심사숙고하다. ②근심하다, 념려하다, 걱정하다. 〔顾虑〕근심하다, 이모저모 생각하다, 우려하다, 걱정하다, 념려하다, 불안, 우려, 근심, 걱정.

滤(濾) lǜ（려）거르다, 밭다, 려과하다.

率 (2) lǜ（률）비률：速～. 속도./增长～. 증가률./出勤～. 출근률. (1) shuài →412페지.

绿(綠) (1) lǜ (록) ①푸르다. ②푸른빛, 풀빛, 록색: 红花～叶. 붉은 꽃에 푸른 잎. (2) lù →287페지.

氯 lǜ 염소 (원소기호 Cl).

LUAN

峦(巒) luán (만) ①작고 뾰족한 산. ②련봉: 山～起伏. 크고작은 산들로 기복을 이루다.

孪(孿) luán (산, 련) 쌍둥이: ～生子. 쌍둥이아들.

娈(孌) luán (련) 아름답다, 어여쁘다, 곱다, 훌륭하다.

栾(欒) luán (란) 모감주나무.

挛(攣) luán (련) (손발이) 오그라들다, 꼬부라지다; 경련이 일다: 痉～. 경련이 일다.

鸾(鸞) luán (란) (전설에서) 란새 (봉황새의 한가지).

脔(臠) luán (련) (옛음 luǎn) 저민 고기: ～割. 고기를 잘게 썰다, 분할하다.

滦(灤) luán (란) 〔滦河〕 란하, 하북성에 있음.

銮(鑾) luán (란) 말방울, 워낭.

卵 luǎn (란) (동물의) 알; (동식물의) 란자: 鸟～. 새알./鸡～. 닭알./～生. 란생.

乱(亂) luàn (란) ① 어지럽다, 무질서하다, 란잡하다 (㊀纷-): 不要～说. 함부로 말하지 말라./这篇稿子写得太～. 이 원고는 너무 어지럽게 썼다. ②전쟁, 란리, 소란, 변: 叛～. 반란./兵～. 전란, 병란./避～. 피난하다. ③뒤섞이다, 뒤범벅으로 만들다: 以假～真. 가짜와 진짜를 뒤섞어 구별하지 못하게 하다, 가짜를 가지고 진짜인것처럼 하다. ④함부로, 되는대로, 망탕: ～吃. 망탕 먹다./～跑. 함부로 뛰여다니다.

Lüe

掠 lüè (략) ①빼앗다, 탈취하다, 략탈하다(㊀-夺): ～取. 빼앗다, 략탈하다, 탈취하다./～人之美. 남의 좋은것을 자기것이라고 말하다, 남의 성과를 가로채다. ②스치다: 燕子～檐而过. 제비가 처마를 스쳐 지나가다.

略(畧) lüè (략) ① 간단하다, 단순하다, 대략적이다. ～图. 략도./～表. 간략표./叙述过～. 서술이 너무 간단하다. ②생략하다, 간략하다. ～去. 생략하다./忽～. 홀시하다. ③요약한것: 史～. 략사. /要～. 줄거리, 개요. ④계획, 계책: 方～. 전반적인 계획과 책략./策～. 책략, 전술./战～. 전략./雄才大～. 뛰여난 재질과 큰 계략, 뛰여난 재질과 비상한 묘략. ⑤빼앗다, 략탈하다, 침략하다: 攻城～地. 성을 치고 땅을 빼앗다. ⑥대략, 대강, 약간: ～有所闻. 대강 들었다./～述大意. 대의를 대강 이야기하다./～知一二. 대략 한두가지를 알다.

LUN

抡(掄) (1) lūn (륜) 휘두르다, 내젓다: ～刀. 칼

을 휘두르다./～拳. 주먹을 휘두르다.(2) lūn →본 페지.

仑(侖、崙、崘) lún (륜) ① 순서, 질서, 조리. ②→251페지〈昆〉의〈昆仑〉.

伦(倫) lún (륜) ①같은 또래, 같은 류: 无与～比. 대비할만한것이 없다, 뛰여나다, 비할바 없다. ②인륜: ～常. 사람들이 지켜야 할 도덕, 인륜상의 도덕. 〔伦次〕 순서, 질서, 조리: 语无～～. 조리없이 말하다.

论(論) (2) lún (론) 론어(论语)(책이름). (1) lùn →본 페지.

抡(掄) (2) lún (륜) 고르다, 선택하다, 선발하다: ～材. 인재를 선발하다. (1) lūn →290페지.

囵(圇) lún (륜) → 172 페지〈囫〉의〈囫囵〉(húlún).

沦(淪) lún (륜) ①파문. ②가라앉다, 굴러떨어지다, 전락하다, 함락되다(련-陷、沉-): ～亡. 령락되다, 멸망하다.

纶(綸) (1) lún (륜) ① 낚시줄: 垂～. 낚시질하다. ②인조섬유의 이름: 锦～. 카프론. /涤～. 데트론, 데릴렌. (2) guān →151페지.

轮(輪) lún (륜) ①(-子、-儿) 수레바퀴: 三～车. 세바퀴차. ㉮(기계)바퀴: 齿～儿. 이바퀴치륜./飞～. 관성바퀴./偏心～儿. 크랑크. ②바퀴처럼 둥근것: 日～. 해./年～. 년륜. 〔轮廓〕(-kuò)륜곽, 테두리. ③…차례가 되다, 차례로, 교대로: ～班. 차례로 당번을 서다, 겨끔내기로 하다. /～值. 번갈아(돌림차례로) 직일을 서다, 순번, 돌림차례./这回～到我了. 이번에 내 차례가 되였다.

论(論) (1) lùn (론) ①(사물의 도리를) 분석하다, 판단하다; 말하다, 설명하다, 의론하다, 인정하다(련评-、议-): 不能一概而～. 일률적으로 말할수 없다./大家讨～一下吧! 여러분이 토론해보십시오! ②사상, 진리 등을 론하는 글이나 말(리론, 주의, 학설): 实践～. 실천론./辩证唯物～. 변증법적유물론./历史唯物～. 력사적유물론./舆～. 여론. 〔认识论〕 인식론. ③좇다, 따르다, 따지다, 헤아리다, 평정하다: ～理. 도리를 따지다, 도리에 좇다./～件. 가지수를 헤아리다, 가지수에 따르다./～天. 날자를 따지다, 날수에 좇아 계산하다. (2) lún →본 페지.

LUO

啰(囉) (3) luō (라) 〔啰唆〕(囉-)〔囉嗦〕(-suo) 1. 말이 많다, 시끄럽게 지껄이다. 수다스럽다. 2. 시끄럽다, 귀찮다, 자질구레하다, 번잡하다. (1) luó →292페지. (2) luo →294페지.

捋 (1) luō (랄) 훑다, 걷어올리다, 밀어올리다, 쓰다듬어올리다: ～榆树钱. 느릅나무열매를 훑다./～虎须. 범의 수염을 쓸다, 모험을 하다. (2) lǚ →289페지.

罗(羅) luó (라) ① 새그물(련-网): 天～地网.

물샐틈없는 수사망을 펴다. ②그물을 쳐서 잡다, 수사망을 펴다: 门可～雀. 문앞에 새그물을 칠만하다, 찾아오는 손님 없어 조용하고도 쓸쓸하다, 찾아오는 손님 없어 한적하다. 〔罗致〕(인재를) 모아들이다, 초청하다, 물색하다. ③벌리다, 흩어놓다, 분포되다: 星～棋布. (별이나 바둑처럼) 사방에 총총하게 널려있다. /～列事实. 사실을 렬거하다. ④가는 채. ⑤(채로) 치다: ～面. 가루를 치다. ⑥얇고 성기게 짠 명주: ～衣. 명주옷. /～扇. 명주부채. ⑦〈외〉그로스(12타스, 144개). ⑧〈脶〉와 같음. ⑨떠들썩하다, 매우 소란스럽다. 〔罗盘〕 라침판, 지남침, 〈罗盘针〉이라고도 함. 〔罗汉〕 라한, 부처의 제자들, 〈阿罗汉〉의 략칭.

萝(蘿) luó (라) ①겨우살이과에 속하는 식물: 茑～. 담쟁이, 담쟁이덩굴. /女～. 소나무겨우살이. ②〔萝卜〕(蘿卜)(-bo) 무우.

啰(囉) (1) luó (라) 〔啰唣〕(-zào) 떠들썩하다. 매우 소란스럽다. (2) luo →294페지. (3) luō →291페지.

猡(玀) luó (라) 〈방〉돼지.

逻(邏) luó (라) 순찰하다. 〔逻辑〕 론리, 론리학: 这句话不合～～. 이 몇마디 말은 론리에 맞지 않는다. 〈论理学〉라고도 함.

椤(欏) luó (라) → 422 페지 〈桫〉의 〈桫椤〉(suō luó).

锣(鑼) luó (라) 징: ～鼓喧天. 징소리, 북소리 요란하다, 북소리 둥둥 울리다.

箩(籮) luó (라) 광주리, 가는 채.

觏(覼、覶) luó (라) 〔觏缕〕(覼縷)(覶縷)(-lǚ)(처음부터 끝까지) 자세히 말하다.

脶(腡) luó (라) 손가락무늬, 지문, 손무늬.

骡(蠃) luó (라) (-子) 노새.

螺 luó (라) ①우렝이, 소라: 田～. 우렝이. /海～. 소라. 〔螺蛳〕(-sī) 소라. 〔螺旋〕 1. 라선, 타래날개, 라선추진기(스크류). 2. 라선형적인것: ～～桨. (비행기의) 프로펠러, (기계배의 라선) 추진기. 〔螺丝〕 나사. ②〈脶〉와 같음.

倮 luǒ (라) 〈裸〉와 같음.

裸(臝) luǒ (라) 벌거숭이, 알몸: ～体. 알몸, 벌거숭이, 라체. /赤～～的. 적라라하다. [파]싸지 않은것: ～线. 라선. /～子植物. 라자식물.

蓏 luǒ (옛책에서) 수박, 오이따위.

瘰 luǒ (라) 〔瘰疬〕(-癧)(-lì) 림파선결핵. 〈老鼠疮〉이라고도 함.

蠃 luǒ (라) → 157 페지 〈蜾〉의 〈蜾蠃〉(guǒluǒ).

泺(濼) (1) luò (락, 록) 〔泺水〕 락수, 강이름, 산동성에 있음. (2) pō →346페지.

跞(躒) (2) luò (력) 〔卓跞〕 탁월하다. (1) lì →

268페지.

荦(犖) luò (락) 〔荦荦〕(犖犖) 뚜렷하다, 분명하다, 사리에 밝다: 举出的都是～～大端. 든것은 모두 큰 줄거리가 뚜렷하다.

洛 luò (락) ①〔洛河〕 락하, 강이름, 섬서성에 있음. ②락수(洛水), 강이름, 섬서성 락남현에서 발원하여 동으로 하남성을 흘러지나 황하에 들어감. 옛적에는 〈雒〉라고도 썼음.

骆 luò (락) 사람의 성. 〔骆驼〕(-tuo) 락타, 약대. 〈橐驼〉,〈驼〉라고도 함.

络 (1) luò (락) ① 그물모양으로 분포되여있는것: 脉～. 맥락, 혈관계통./橘～. 귤의 속과 껍질사이의 섬유질./丝瓜～. 수세미오이속. ②(꾸레미따위를) 씌우다: 用络(lào)子～住. 꾸레미를 씌우다. 〔笼络〕 롱락하다. ③감다: ～纱. 실을 감다./～线. 실을 감다. 〔络绎〕 그칠줄 모르다, 끊임없이 오가다: 参观的人～～不绝. 참관을 하는 사람들이 끊임없이 오가다. (2) lào → 259페지.

珞 luò (락) → 527페지 〈璎〉의 〈璎珞〉(yīngluò). 〔珞巴族〕 러바족, 중국 소수민족의 하나.

烙 (2) luò (락) → 335페지 〈炮〉의 〈炮烙〉(páoluò). (1) lào → 259페지.

硌 (1) luò (락) 산에 있는 큰돌(바위). (2) gè → 138페지.

落 (1) luò (락) ①떨어지다, (해가) 지다: ～价. 값이 떨어지다./飞机降～. 비행기가 내리다./太阳～了. 해가 지다. ②쇠퇴하다, 령락되다. 没～地主. 몰락지주./破～户. 파산된 집, 령락된 집. ③뒤에 남다, 뒤떨어지다: ～后. 뒤떨어지다, 락후하다. /～伍. 대오에서 떨어지다./～选. 락선되다, 선거에서 떨어지다. ④묵다, 머무르다: 插队～户. 생산대에 내려가 집을 잡다./～脚. 머물다, 다리쉼을 하다, 발을 붙이다, 립각하다./小鸟在树上～着. 새가 나무우에 앉다. ㊉남기다: ～款. 이름쓰기, 수표, 서명./不～痕迹. 흔적을 남기지 않다. ⑤마을, 부락, 머무르는 곳: 村～. 마을. /下～. 간 곳, 행방, 행처./着～. 행처, 행방, 나올 곳; (결국)돌아오다. 〔部落〕 1. 마을, 부락, 국가를 형성하지 못한 민족. 2. (옛책에서) 소수민족. ⑥귀속되다, 속하다, 넘어가다, 넘어오다: 那个东西～在他手里了. 저 물건은 그의 손에 들어갔다. ㊉얻다, 차례지다: ～不是. 잘못이 차례지다, 잘못을 빚어내다./～埋怨. 원망을 받다./～了个好名誉. 훌륭한 명예를 얻다. ⑦건축물이 락성되다: 新屋～成. 새집이 락성되였다. ⑧〔落泊〕(-魄)(-bó) 가난하게 되다, 뜻을 이루지 못하게 되다, 타락되다, 령락되다. ⑨〔落拓〕(-魄)(-tuò) 자유산만하다, 타락하다; 구속을 받지 않다, 호매하다. (2) lào → 259페지. (3) là → 253페지.

摞 luò (라) ①덧쌓다, 쌓아놓다: 把书～起来. 책을 쌓아놓다. ②무데기, 무지, 더미: 砖～. 벽돌무지.

漯 (1) luò (탑) 〔漯河〕 탑하, 도시이름, 하남성에 있음. (2) tà

→425페지.

雒 luò (락) 〈洛〉의 옛글자. 〔雒南〕 락남, 현이름, 섬서성에 있음. 지금 〈洛南〉이라고 씀.

啰(囉) (2) luo (라) ①조사 〈了(le)②〉와 같게 쓰임: 你去就成～. 네가 가기만 하면 된다. ② →285페지 〈喽〉의 〈喽罗〉(lóuluo). (1) luó →292페지. (3) luō →291페지.

M

M

呒(嘸) ḿ (무) 〈방〉없다.

呣 (1) ḿ 감탄사. 의문을 나타냄. 응, 예: ～, 什么? 응, 무엇이? 응, 뭐라구?

呣 (2) m̀ 감탄사. 대답을 나타냄. 응: ～, 我知道了. 응, 알았어.

MA

妈 mā (마) ①어머니. ②손우이거나 나이가 많은 결혼한 녀자를 부르는 말: 大～. 큰어머니./姑～. 고모./姨～. 이모.

蚂 (2) mā (마) 〔蚂螂〕(-lang) 〈방〉잠자리. (1) mǎ →295페지. (3) mà →295페지.

孖 (2) mā (자) 〈방〉쌍, 쌍을 짓다, 쌍을 이루다. (1) zī →590페지.

抹 (3) mā (말) ①닦다: ～桌子. 책상을 닦다. ②멜구다, 내리우다: 把帽子～下来. 모자를 푹 내리쓰다./～不下脸来. 체면에 구애되다. (1) mǒ →313페지. (2) mò →314페지.

摩 (2) mā (마) 〔摩挲〕(-抄)(-sa)(손으로 가볍게) 쓰다듬다, 매만지다. (1) mó →313페지.

嬷 mā (마) 〔嬷嬷〕(-ma)(지난날) 젖어머니, 유모.

吗 (2) má (마) 〈방〉무엇: 干～. 무엇하는가, 뭘 그래. (1) ma →295페지. (3) mǎ →295페지.

麻(蔴) má (마) ①삼, 삼섬유. 〔麻烦〕(-fan) 귀찮다, 성가시다, 시끄럽다; 성가시게 굴다, 페를 끼치다, 괴로움을 끼치다, 부담을 주다: 这事真～～. 이 일은 참 시끄럽다. 〔脂麻〕〔芝麻〕 깨. ②저리다: 腿～了. 다리가 저려나다./手发～. 손이 저려나다. ③마비되다(련-木). 〔麻痹〕 1. 마비되다. 2. 경각성을 잃다: ～～大意. 각성이 무디다, 해이되다. 〔麻风〕 문둥병. 〔麻醉〕 마취시키다, 마취되다. ④거칠다, 깔깔하다: 这张纸一面光一面～. 이 종이는 한쪽은 반드럽고 한쪽은 깔깔하다. 〔麻子〕(-zi) 1. 얽은자리. 2. 곰보. 〔麻疹〕 홍역, 홍진.

痳 má (마) 〈麻③〉과 같음. 〈麻痹〉를 〈痳痹〉; 〈麻风〉을 〈痳风〉으로도 씀.

马(馬) mǎ (마) 말. 〔马力〕 마력. 〔马脚〕 꼬리, 내막, 약점: 露出～～来了. 내막이 드러나다. 〔马上〕 인차, 즉시, 빨리: 我～～就到. 곧 가겠다. 〔马达〕〈외〉모터, 발동기. 〔马虎〕(-hu) 소홀히 하다, 건성건성하다, 되는대

로 하다：这事可不能～～. 이 일은 소홀히 해서는 안된다.

吗 (3) mǎ (마) 〔吗啡〕(-fēi)〈외〉모르핀. (1) ma →본 페지. (2) má →294페지.

犸 mǎ 〔猛犸〕 맘모스, 털코끼리.

玛 mǎ (마) 〔玛瑙〕(-nǎo) 마노.

码 mǎ (마) ①(-子、-儿) 수자를 표시하는 부호：苏州～子(丨、刂、川、㐅、8 등). 소주지방에서 쓰는 수자. /明～儿售货. 가격표값으로 팔다. ②(-子) 수자를 표시하는 도구：砝～. 분동./筹～. 산가지; 돈표, 행표. ③가지, 종류：这是两～事. 이것은 두가지 같지 않은 일이다, 이것은 전혀 딴 일이다. ④마(길이의 단위, 0.914 메터에 해당됨), 〈외〉야드(영국,미국의 길이의 단위, 0. 914 메터에 해당됨). ⑤〈방〉쌓다：～砖头. 벽돌을 쌓다./小孩～积木. 어린이가 집짓기놀이를 하다. 〔码头〕(-tou) 부두. ㉺바다나 강을 끼고있는 도시.

蚂 (1) mǎ (마) 〔蚂蟥〕(-huáng) 거마리. 〔蚂蚁〕(-yǐ) 개미 →519페지〈蚁〉. (2) mā →294페지. (3) mà →본 페지.

祃 mà (마) 옛날 진지에서 지내는 제사, 부대가 주둔지에서 지내는 제사.

蚂 (3) mà (마) 〔蚂蚱〕(-zha)메뚜기, 황충. (1) mǎ →본 페지. (2) mā →294페지.

骂(罵) mà (매) ①욕하다, 욕설하다：不要～人. 남을 욕하지 말라. ②〈방〉질책하다, 꾸짖다.

唛(嘜) mà 음역에 쓰이는 글자, 출입국화물의 포장에 표시하는 기호.

吗(么) (1) ma (마) 조사. ①…ㅂ니까? …는가? …인가?(의문을 나타냄)：你听明白了～? 당신은 똑똑히 알아들었는가? ②앞음절의 뒤에 붙어서 중간휴식을 나타냄：天要下雨～,我就坐车去. 비가 오면 나는 차를 타고 가겠다. (2) má →294페지. (3) mǎ →본 페지. 〈么〉me →300페지. 〈么〉yāo →511페지.

嘛 ma (마) 조사. …시오, …라구(뚜렷한 사실을 강조할 때 쓰임)：有意见就提～. 의견이 있으면 제기하시오./不会不要紧，边干边学～，一定可以学会. 익숙하지 못해도 괜찮소, 일하면서 배우기만 하면 꼭 배워낼것이요.

蟆 ma (마) →158페지〈蛤〉의〈蛤蟆〉(háma).

MAI

埋 (1) mái (매) 묻다, 파묻다：～地雷. 지뢰를 묻다. ㉺숨기다, 감추다：隐姓～名. 본성명을 숨기다, 변성명하다. 〔埋没〕(-mò) 묻다, 매몰하다：不要～～人才. 인재를 매몰시키지 말아야 한다. 〔埋伏〕 매복하다. 〔埋头〕 [유]몰두하다：～～苦干. 꾸준하게 일하다,열성스레 일에 몰두하다, 이악스레 일하다. (2) mán →296페지.

霾 mái (매) 흐리다.

M

买(買) mǎi (매) 사다([련]购-). ↔〈卖〉. ～戏票. 극표를 사다./～了一头牛. 소 한 마리를 사다. [파] 매수하다: ～通. 뢰물을 주고 매수하다. 〔买办〕 1. 물건을 사들이는 사람. 2. 매판자본가, 예속자본가. 〔买卖〕(-mài) 사고팔다, 매매하다, 장사를 하다: 做～～. 장사를 하다. [파]상점.

劢(勱) mài (매) 힘쓰다, 애쓰다, 노력하다.

迈(邁) mài (매) ①내디디다: ～过去. 걸어 지나가다./～了一大步. 한걸음을 크게 내디디다./向前～进. 앞으로 힘차게 전진하다. ②늙다 ([련]老-): 年～. 나이 많다, 늙다.

麦(麥) mài (맥) (-子)보리, 밀, 귀밀 등을 이르는 말. 흔히 밀을 가리킴.

卖(賣) mài (매) ①팔다. ↔〈买〉. [파]팔아먹다: ～国贼. 매국역적, 매국노. ②힘을 다하다, 힘껏 하다: ～力. 힘껏 하다./～劲儿. 힘다하다, 힘을 아끼지 않다. ③자기를 나타내다, 뽐내다: ～功. 공로를 뽐내다, 자기를 내세우기 좋아하다./～乖. 똑똑하다고 뽐내다, 령리한체하다./～弄才能. 재능을 자랑하다.

脉(脈、衇) (1) mài (맥) ①피줄, 피줄기, 혈맥: 动～. 동맥./静～. 정맥. ②맥박, 맥: 诊～. 맥을 보다. ③(혈관처럼 분포된) 줄기: 山～. 산맥, 산줄기./矿～. 광맥./叶～. 나무잎줄기, 엽맥. (2) mò →314페지.

霡 mài (맥) 〔霡霂〕(-mù) 가랑비.

荬(蕒) mai (매) →372페지 〈苣〉의 〈苣荬菜〉(qǔ maicài).

MAN

颟(顢) mān (만) 〔颟顸〕(-han) 1. 어리숙하다, 멍청하다, 사리에 밝지 못하다: 糊涂～～. 얼떨떨하다. 2. 전혀 아랑곳하지 않다, 조금도 마음에 두지 않다, 무심히 대하다: 那人太～～, 作什么事都靠不住. 그 사람은 너무 둥한하여 무슨 일을 하나 믿음성이 없다.

埋 (2) mán (매) 〔埋怨〕(-yuàn) 원망하다: 他自己不小心, 还～～别人. 그는 제가 조심하지 않고서는 도리여 남을 원망한다. (1) mái →295페지.

蛮(蠻) mán (만) ①깨지 못하다, 거칠다; 란폭하다, 야만적이다 ([련]-横、野-): ～不讲理. 전혀 사리를 가리지 않고 횡포하게 행동하다, 경위없이 놀다, 막무가내로 행동하다./胡搅～缠. 생떼를 쓰며 애를 먹이다, 엉터리없이 애를 먹이다, 도리없이 생떼를 쓰다. [파]우악스럽다, 억세고 사납다, 무턱대고 하다: ～劲不小. 우악스러운 성미가 적지 않다./只是～干. 그저 망탕 해제낀다. ②옛날 남방의 소수민족을 가리켰음. ③〈방〉매우, 아주, 전혀: ～好. 아주 훌륭하다./～快. 매우 빠르다.

谩 (2) mán (만) 속이다, 기만하다, 감추다. (1) màn →297페

지.

蔓 (3) mán (만) 〔蔓菁〕(-jing) 순무우. (1) wàn →453페지. (2) màn →본 페지.

馒 mán (만) [馒头](-tou) 증기빵, 찐빵.

鳗 mán (만) 〔鳗鲡〕(-lí) 뱀장어. 〈鳗〉이라고도 함.

鬘 mán (만) (머리카락이) 반지르르하다.

瞒(瞞) mán (만) 속이다, 숨기다, 기만하다: 这事不必~他. 이 일은 그를 속일 필요가 없다.

满(滿) mǎn (만) ①차다, 가득차다, 가득하다: 会场里人都~了. 회장에 사람이 가득찼다./~地都是绿油油的庄稼. 온 밭이(여기저기) 모두 푸르싱싱한 곡식이다. 〔满足〕1. 만족하다: 他并不~~于现有的成绩. 그는 결코 지금의 성적에 만족하지 않는다. 2. 만족시키다: ~~人民的需要. 인민의 수요를 만족시키다. 〔满意〕 만족해하다, 흡족해하다: 这样办, 他很~~. 이렇게 하니 그는 매우 흡족해한다. 〔自满〕 자만하다. ②기한이 되다, 일정한 정도에 이르다: 假期已~. 휴가기간이 이미 끝났다./~了一年. 만 일년이 되다. ③온, 전혀, 전부: ~不在乎. 전혀 대수로와하지 않다, 조금도 마음에 두지 않다./~口答应. 두말없이 승낙하다. ④〔满族〕 만족, 중국 소수민족의 하나.

螨(蟎) mǎn 진드기.

曼 màn (만) ①길게 늘이다, 길게 뽑다: ~声而歌. 소리를 길게 뽑으며 노래하다. ②부드럽다: ~舞. (부드럽게 추는) 만보춤.

谩 (1) màn (만) 예절없다, 거만하다: ~骂. 마구 욕하다. (2) mán →296페지.

墁 màn (만) (벽돌같은것을) 땅에 깔다: 花砖~地. 꽃타일을 바닥에 깔다: ~瓦. 기와를 펴다(얹다).

蔓 (2) màn (만) 〈蔓(1)〉과 같은데 일부 글말에 쓰임. 〔蔓草〕 덩굴풀. 〔蔓延〕 널리 번지여 퍼지다, 만연되다. (3) mán →본 페지. (1) wàn →453페지.

幔 màn (만) (-子)막, 장막, 휘장: ~帐. 장막, 막.

慢 màn (만) ①늦다, 느리다, 굼뜨다, 천천히, 서서히. ↔〈快〉: ~车. 완행차, 보통차./~~地走. 천천히 가다./我的表~五分钟. 내 시계는 5분이나 늦다. 〔慢条斯里〕 덤비지 않고 침착하다, 태연자약하다. ②(태도가) 쌀쌀하다, 차다, 랭정하다: 怠~. 게으르고 거칠다, 태만을 부리다./傲~. 오만하다.

漫 màn (만) ①(물이) 넘어나다, 넘쳐흐르다: 河水~出来了. 강물이 넘어나다. ㉠잠기다, 묻히다: 水不深, 只~到脚面. 물이 얕아서 발등밖에 잠기지 않는다./大水~过房子. 큰물에 집이 잠기였다. ②가득차다, 어디에나 다 있다: ~山遍野. 온 산과 들, 산과 들에 가득차다./大雾~天. 안개가 자욱하다. ③제한이 없다, 자유자재, 자유롭다: ~谈. (형식과 내용에 구애됨이 없이) 생각나는대로 말하다, 자유로이 의논하다. /

～不经心. 전혀 아랑곳하지 않다, 조금도 마음에 두지 않다, 무심히 대하다. /～无边际. 일망무제하다, 아득하다, 가없이 넓다. 〔漫画〕 만화. 〔漫长〕 (시간이나 길따위가) 길다, 지루하다, 멀다: ～～的岁月. 기나긴 세월, 지루한 세월. /～～的道路. 기나긴 길.

嫚 màn (만) 업신여기다, 깔보다, 경멸하다, 모독하다: ～骂. 깔보고 욕하다. /～戏. 깔보고 희롱하다.

缦 màn (만) 무늬없는 비단천.

熳 màn (만) 〔烂熳〕은 〈烂漫〉과 같음.

镘 màn (만) 흙손, 흙칼: ～刀. 흙칼.

MANG

牤(𤛟) māng (망) 〈방〉수소, 황소: ～牛. 수소.

邙 máng (망) 〔北邙〕(běi-) 북망, 산이름, 하남성 락양시 북쪽에 있음.

芒 (1) máng (망) ①까끄라기: ～刺. 까끄라기. ②까끄라기와 같이 날카로운것; 빛발: 光～. 빛발 /～角. 뾰족한 끝. ③참억새. (2) wáng →453페지.

忙 máng (망) ①바쁘다: 白天黑夜工作～. 밤낮으로 일이 바쁘다. /～～碌碌. 매우 바쁘다. ②서두르다, 다그치다: 大家都～生产. 모두들 생산에 바삐 서두르다.

杧 máng (망) 〔杧果〕 망과.

盲 máng (맹) 눈이 멀다, 눈이 어둡다. [유]가리지 못하다, 분간하지 못하다: 文～. 문맹. /色～. 색맹. /扫～运动. 문맹퇴치운동. 〔盲目〕 [유]맹목적이다: ～～的行动是不会有好结果的. 맹목적인 행동은 좋은 결과를 가져올수 없는것이다. 〔盲从〕 [유] 맹목적으로 따르다, 남의 풍에 놀다, 맹종하다.

氓 (2) máng (맹) 〔流氓〕 건달, 건달뱅이, 건달군. (1) méng →303페지.

茫 máng (망) 막연하다, 깜깜하다: ～然无知. 막연해서 전혀 알수 없다. /～无头绪 . 전혀 갈피를 잡을수 없다. 아주 막연하여 앞뒤를 가려낼수 없다. 〔茫茫〕 망망하다, 아득하다, 희미하다: 大海～～. 바다가 아득하다. /雾气～～. 안개가 자욱하다.

硭 máng (망) 〔硭硝〕 류산나트리움.

铓 máng (망) 칼끝, 날카로운것. 〈芒〉이라고도 씀.

駹 máng (망) 얼룩말.

牻 máng (망) 〈방〉얼룩소.

莽 mǎng (망) ①떨기진 풀, 더부룩하게 난 풀, 우거진 풀: 草～. 풀이 우거지다. ②거칠다, 우악스럽다, 조폭하다, 꼼꼼하지 못하다: 这人太～. 이 사람은 너무 우악스럽다. /～汉. 행동이 거친 사나이, 헐러리.

漭 mǎng (망) 〔漭漭〕 가없다, 끝없다, 넓고 아득하다.

蟒 mǎng (망) 구렝이, 이무기: ～蛇. 이무기.

MAO

猫(貓) (1) māo (묘) 고양이. (2) máo →본 페지.

毛 máo (모) ① 털. ②털같은것: 1. 곡식, 풀: 不～(不长植物)之地. 곡식이 자라지 않는 땅, 불모의 땅. 2. 곰팽이: 老没有见太阳都长～了. 오래동안 해빛을 보지 못해서 곰팽이가 꼈다. ③ 거칠다, 조잡하다, 가공하지 않은것: ～坯. 굽지 않은 그릇, 가공하지 않은 토피. ④ 침착하지 못하다, 경솔하다, 찬찬하지 못하다: ～～腾腾. 경망스럽다, 덤비다, 침착하지 못하다./～手～脚. 일손이 매우 거칠다, 데면데면하다. ⑤순수한것이 아니다: ～重十斤. 전체 무게(포장 또는 상자채로)가 열근이다./～利. 리윤 (총수입에서 원가를 제외한 부분). ⑥당황하다, 경황실색하다, 허둥지둥하다: 把他吓～了. 그를 놀래여 당황하게 하였다. ⑦작다, 어리다: ～孩子. 애숭이, 철부지./～雨. 가랑비. ⑧(돈가치가) 떨어지다. ⑨一～. 10전. 〔毛难族〕(-nán-) 모난족, 중국 소수민족의 하나.

牦(犛) máo (모) 〔牦牛〕 털소, 야크(서장에서 나는 부림소).

旄 máo (모) (옛날) 털소꼬리로 장식한 기발, 소꼬리기발. 〈고〉〈耄〉(mào)와 같음.

酕 máo (모) 〔酕醄〕(-táo) 술에 푹 취하다, 곤드레만드레 취하다.

髦 máo (모) 다팔머리. 〔时髦〕 시체적이다, 최신적이다, 현대적이다, 멋지다.

矛 máo (모) 창. 〔矛盾〕 모순.

茅 máo (모) 띠: ～草. 띠./～房. 변소.

蝥 máo (모) 가뢰.

蟊 máo (모) 누리. 〔蟊贼〕 (나라와 인민을 해치는) 악당, 나쁜놈.

茆 máo (묘) 〈茅〉와 같음.

猫(貓) (2) máo (묘) 〔猫腰〕 등을 굽히다, 몸을 굽히다. (1) māo →본 페지.

锚 máo (묘) 닻: 抛～. 닻을 내리다./起～. 닻을 올리다.

冇 mǎo 〈방〉없다.

卯 mǎo (묘) ①묘(12지의 네번째). ②묘시(아침 5～7시). ③(-子、-儿)홈: 对～眼. 홈에 맞추다./凿个～儿. 홈을 파다.

峁 mǎo 〈방〉작은 산꼭대기, 황토구릉: 下了一道坡又上了一道～. 비탈길을 내려가서는 또 작은 산꼭대기에 올랐다.

泖 mǎo (묘) 〔泖湖〕 묘호, 옛호수의 이름, 지금의 상해시 송강현 서쪽에 있었음. 〔泖桥〕 묘교, 지명, 상해시에 있음.

昴 mǎo (묘) 묘성(28수의 하나).

铆 mǎo (류) 리베트를 치다, 거멀못을 박다: ～钉. 리베트./～眼. 맞머리못구멍./～接. 리베트치기, 리베트련결./～工. 리베트공.

茂 mào (무) 무성하다, 우거지다: 根深叶～. 뿌리가 깊고 잎이 무성하다.

眊 mào (모) 눈이 잘 보이지 않다, 눈이 흐리다.

耄 mào (모) (80～90세사이의) 늙은이, 늙은 나이.

冒 (1) mào (모) ①뿜어나오다, 나다, 솟아오르다, 일다: ～泡. 거품이 일다, 물방울이 올라오다./～烟. 연기가 나다./～火. 불이 뿜어나오다. ②무릅쓰다, 맞받아나가다./～雨. 비를 무릅쓰다, 비를 맞다./～险. 위험을 무릅쓰다, 모험하다. ③조심성이 없다, 당돌하다, 무모하다, 우악스럽다, 덤비다, 경망하다: ～昧. 분별없다, 무모하다, 당돌하다, 외람스럽다./～犯. 남에게 죄를 짓다, 실례하다; 마구 대들다, 건드리다, 남을 성나게 굴다. 〔冒进〕 모험적으로 나아가다, 분별없이 나아가다. 〔冒失〕 경망하다, 더펄더펄하다, 너무 덤비다. ④거짓을 꾸미다, 가장하다: ～牌. 남의 상표를 도용하다, 남의 간판을 도용하다;가짜상품, 위조상품./～名. 남의 이름으로 가장하다, 남의 이름을 훔쳐쓰다. (2) mò →314페지.

帽 mào (모) ①모자. ②(-儿)뚜껑(모자처럼 생긴것): 螺丝～儿. 암나사, 나트./～钉. 머리가 둥글고 대가 둘인 못(물체에 박은 뒤 빠지지 않게 대를 량쪽으로 굽혀놓음)./笔～儿. 붓두겁, 만년필뚜껑.

瑁 mào (모) → 75페지 〈玳〉의 〈玳瑁〉(dàimào).

贸 mào (무) ①재물을 바꾸다, 교환하다, 무역하다: 抱布～丝. 화폐로 물건을 바꾸다, 무역하다, 장사하다, 녀인과 가까이하다. 〔贸易〕 무역: 国际～～. 국제무역. ②경솔하다[첩]: ～然参加. 경솔히 참가하다./～～然来. 경솔히 오다.

袤 mào (무) 남북거리의 길이: 广～数千里. 사방(동서거리의 길이를《广》이라고 함) 수천리.

瞀 mào (무) ①눈부시다, 황홀하다. ②(정신이) 어지럽다, 헛갈리다, 얼떨떨하다, (마음이) 뒤숭숭하다 ([련]-乱).

懋 mào (무) 성대하다, 대단하다, 크다: ～功. 큰 공로./～绩. 거대한 업적./～赏. 큰 상.

鄚 mào (막) (옛음 mò). 〔鄚州〕 막주, 지명, 하북성 임구현에 있음.

貌(皃) mào (모) ① 생김새, 면모, 용모([련]容-): 不能以～取人. 생김새만 보고 사람을 선택할수 없다. ②표정, 태도: ～合神离. 겉으로는 좋게 지내면서도 속으로는 등지다, 겉보기에는 사이가 좋은것 같지만 속은 딴판이다./有礼～. 례절이 밝다, 례의가 바르다. ③모양: 工厂的全～. 공장의 전경. ④…ㄴ(는)모양을 형용하다(옛책 주석에서 쓰이는 말).

ME

么(麼) (1) me (마) ①일부 대명사의 뒤붙이: 怎～. 어찌, 왜./那～. 그렇게, 그러면./多～. 얼마./这～. 이렇게./什

～. 무엇, 무슨. ②조사. 앞구절뒤에 붙어서 함축된 의미와 중간휴식을 나타냄: 不让你去～,你又要去. 가지 말라는데도 기어코 가려 한다. (2) yāo →511페지. (3) ma →295페지 〈吗〉. 〈麼〉mó →313페지.

嚜 me (묵) 조사. 〈嘛〉와 같음.

MEI

没 (1) méi (몰) ① 1. 없다: 他～哥哥. 그는 형님이 없다./我～那本书. 나는 그 책이 없다. 2. 모자라다, …만 못하다, …만큼 되지 않다: 他～(不够)五尺高. 그의 키는 5자가 못되다./汽车～(不如)飞机快. 자동차는 비행기만큼 빠르지 못하다. ②아니, 못, …는적이 없다: 他们～做完. 그들은 다하지 못했다, 그들은 다하지 않았다./你去过上海～有? 상해에 가본적이 없는가? 상해에 가본적이 있는가? (2) mò →314페지.

玫 méi (매) 〔玫瑰〕(-gui) 장미.

枚 méi (매) 단위명사. 잎, 알, 개, 대: 三～勋章. 훈장 세개. * 옛날에 동전을 가리켰음: 一大～. 동전(엽전) 한잎. 〔枚举〕하나하나 들다, 일일이 렬거하다: 不胜～～. 이루 헤아릴수 없다.

眉 méi (미) ①눈섭: ～飞色舞. 희색이 만면하다, 으쓱하다, 우쭐하다, 득의양양하다./～开眼笑. 눈웃음을 치다, 히쭉벌쭉하다, 매우 기뻐하다, 싱글벙글하며 좋아하다. 〔眉目〕㊌ 요점, 조리, 체계, 회망, 두서, 갈피, 용모: 有点～～了. 두서가 좀 잡히다./～～不清楚. 체계가 뚜렷하지 않다. ②여백: ～批. 협서.

郿 méi (미) 〔郿县〕 미현, 현이름, 섬서성에 있음, 지금은 〈眉县〉이라고 씀.

嵋 méi (미) → 106 페지 〈峨〉의 〈峨嵋〉(éméi).

猸 méi (-子) (게를 잡아먹는) 몽구스. 〈蟹獴〉이라고도 함.

湄 méi (미) 강기슭, 물가, 강변.

楣 méi (미) 문틀보, 문비, 문웃틀.

镅 méi 아메리시움 (원소기호 Am).

鹛 méi (미) 티말리아 (새이름).

莓 méi (매) 딸기.

梅(楳、槑) méi (매) 매화나무, 매화꽃, 매화열매: ～花. 매화./～雨. 매우.

脢 méi (매) (-子) 〈방〉등심, 등심살. 〈里脊〉라고도 함: ～子肉. 등심살.

酶 méi (매) 효소. 〈酵素〉라고도 함.

霉(黴) méi (매) ① 곰팡이가 끼다: ～烂. 썩어서 곰팡이가 끼다./发～. 곰팡이가 쓸다. ②곰팡이.

媒 méi (매) 중매, 중매자(㊊-妁 shuò). 〔媒介〕 매개자, 매개물: 蚊子是传染疟疾的～～. 모기는 학질을 전염시키는 매개물이다.

煤 méi (매) ①석탄〈煤炭〉. 〈石炭〉이라고도 함. 〔煤油〕 석유. ② 〈방〉(-子) 그을음: 锅~子 가마 그을음, 솥검댕이.

糜(糜) (2) méi (미) (-子) 메기장. 〈穄〉이라고도 함. (1) mí →305페지.

每 měi (매) ①매, 매개, 개개: ~人. 매인, 매사람마다. /~回. 매번. /~次. 매차, 매번, 번마다. /~三天. 사흘마다. /~一分钱. 매 일전마다. ②…때마다, …때면, 매번: ~战必胜. 싸울 때마다 꼭 이긴다, 백전백승하다. /~逢十五日出版. 매달 15일에 출판한다. 〔每每〕 늘쌍, 항상, 언제나, 매번, 늘.

美 měi (미) ①아름답다, 곱다, 예쁘다; 좋다, 훌륭하다: ~德. 아름다운 도덕, 미덕. /尽善尽~. 완전완미하다, 완전무결하다. /~貌. 아름다운 용모, 예쁜 얼굴, 미모, 용모가 아름답다. /~景. 아름다운 경치. /物~价廉. 물건이 좋고 값이 눅다. ② 〈방〉우쭐하다, 으쓱하다, 득의양양하다, 기뻐하다, 좋아하다: ~滋滋的. 매우 기뻐하다, 흐뭇해하다. ③찬미하다, 칭찬하다, 좋게 여기다. ④ 〈외〉아메리카주. ⑤미국.

镁 měi 마그네시움(원소기호 Mg).

浼 měi (매) ①더럽게 물들다, 오염되다. ②부탁하다: ~托. 부탁하다.

妹 mèi (매) ①(-子) 누이동생, 손아래누이, 녀동생㊈. ②(친척중에) 같은 항렬의 녀동생: 表~. 외사촌녀동생.

昧 mèi (매) ①어둡다, 어리석다, 똑똑하지 못하다: 愚~. 우매하다. /蒙~. 몽매하다. /冒~. 당돌하다. ② 감추다, 숨기다: 拾金不~. 돈을 주어도 감추지 않는다.

寐 mèi (매) 자다, 잠들다: 夜不能~. 밤이 되여도 잘수 없다, 밤에 자지 못한다. /夙兴夜~. 아침에는 일찍 일어나고 밤에는 늦게 잔다. /根治黄河是中国人民多年来梦~以求的事情. 황하를 다스리는것은 중국인민들이 여러해동안 오매에도 그리던 일이다.

魅(鬽) mèi (매) 도깨비, 귀신, 괴물: 鬼~. 도깨비, 귀신. 〔魅力〕 매혹시키는 힘, 매력. 〔魑魅〕(chi-) (전설에 나오는) 사람을 해치는 숲속의 괴물, 도깨비, 산중의 요귀.

袂 mèi (메) 옷소매, 소매: 联~(结伴)赴津. 함께 천진으로 가다. 〔分袂〕 리별하다, 갈라지다.

媚 mèi (미) ①아첨하다, 아부하다: ~人. 남에게 아첨하다. ② 아름답다, 사랑스럽다: 春光明~. 봄경치가 아름답다, 화창한 봄날. /~好. 아름답다.

MEN

闷 (2) mēn (민) ①숨막히다, 답답하다: 天气~热. 날씨가 숨막히게 덥다, 날씨가 무덥다. /这屋子又矮, 又没有窗子, 太~了. 이 집은 낮은데다가 창문까지 없어 너무 숨막힌다. ②꼭 닫다, 꼭 막다, 밀폐하다: 茶刚泡上, ~一会儿再喝. 차를 금방 풀었으니 한참 꼭 닫아두었다가 마시시오. ③ 〈방〉말소리가

똑똑하지 못하다: 这人说话～声～气. 이 사람은 말소리가 똑똑하지 못하다. (1) mèn →본 폐지.

门(門) mén (문) ① (-儿) 문. ㊌비결, 실머리, 단서: 摸不着～儿. 비결을 찾지 못하다, 실머리를 얻지 못하다./找窍～儿. 비결을 찾다. ②(-儿) 문처럼 생겼거나 그와 같은 역할을 하는것: 电～. 스위치./水～. 수문. ③집안, 가문: 一～老小. 한집안의 모든 식구./长～长子. (한집안에서) 큰집의 맏아들. ④부문, 분류, 종류: 分～别类. 부문별로 나누다./专～. 전문 ⑤(학술사상 또는 종교의) 파: 佛～. 불교./教～. 이슬람교, 회교. ⑥단위명사. 문, 가지: 一～大炮. 포 한문./一～功课. 한가지 과목. 〔门巴族〕 먼바족, 중국 소수민족의 하나.

扪 mén (문) 만지다, 누르다: ～心自问. 가슴에 손을 대고 반성하다, 스스로 반성해보다.

钔 mén 멘델레비움(원소기호 Md).

亹 mén (문) 〔亹源〕 문원, 청해성에 있음. 지금은 〈门源〉이라고 씀.

闷 (1) mèn (민) ①(마음이) 초조하고 괴롭다, 번거롭다, 울적하다: ～得慌. 속이 몹시 답답하다, 속이 타서 안달복달하다./～～不乐. 몹시 울울해나다, 울적하다, 앙앙불락. ②꼭 닫다, 밀폐하다: ～子车. 유개화차. (2) mēn →302페지.

焖 mèn 뜸을 들이다, 띄우다: ～饭. 밥을 띄우다. 뜸이 든 밥.

懑(懣) mèn (만) 골머리를 앓다, 골치를 앓다, 고민하다, 속을 썩이다, 번민하다, 번뇌하다: 愤～. 분개하고 고민하다.

们 men (문) 들(사람에 관한 복수): 你～. 당신들, 너희들./咱～. 우리들./他～的. 그들의./学生～. 학생들./师徒～. 스승과 제자들, 사제들.

MENG

蒙(矇) (2) mēng (몽) ①속이다, 기만하다: 别～人. 사람을 속이지 말라./谁也～不住他. 누구도 그를 속이지 못한다. ②까무러치다, 정신을 잃다: 他被球打～了. 그는 뽈에 맞아 까무러쳤다. ③(짐작대로) 알아맞추다: 这回叫你～对了. 이번에는 동무의 짐작이 맞았소. (1) méng →304페지. (3) měng →304페지.

氓(甿) (1) méng (맹) 〈고〉 백성, 인민(주로 다른 고장에서 온 사람들). 〈萌〉이라고도 함. (2) máng →298페지.

虻(蝱) méng (맹) 등에.

萌 méng (맹) ① 싹. ② 싹트다, 움트다. ㊌일어나기 시작하다: 知者(有见识的人)见于未～. 식견이 있는 사람은 사전에 멀리 내다본다./故态复～. 옛버릇이 다시 살아나다, 옛모습이 다시 살아나다(주로 부정적의미로 쓰임). 〈고〉〈氓〉(méng)과 같음.

盟 (1) méng (맹) ①동맹: 工农联～. 로농동맹, 로농련맹./缔

结友好同～互助条约. 친선동맹 호조조약을 맺다. ②맹(내몽골자치구의 행정단위). (2) míng →311페지.

蒙(濛) (1) méng (몽) ①몽매하다, 우매하다: 启～. 계몽하다./发～. 계몽하다./～昧. 몽매하다. ②가리우다: ～头盖脑. 머리에 덮어쓰다./～上一张纸. 종이장으로 가리우다. 〔蒙蔽〕(사실을) 감추다, 가리우다; 속이다, 기만하다. ③받다: 承～招待感谢之至. 초대를 받아 매우 감사합니다./～难(nàn). 박해를 당하다, 조난당하다. ④비방울이 매우 작다㊀: ～～细雨. 보슬비. (2) mēng →303페지. (3) měng →본 페지.

幪 méng (몽) →346페지 〈帡〉의 〈帡幪〉(píngméng).

獴 méng (몽) 몽구스(동물).

濛 méng (몽) (〈蒙(1)④〉와 같음). 〔空濛〕 희미하다, 뿌옇다: 山色～～. 산빛이 희미하다, 산이 몽롱하다

檬 méng (몽) →327페지 〈柠〉의 〈柠檬〉(níngméng).

曚 méng (몽) (-昽)(-lóng) 흐릿하다, 흐리마리하다, 몽롱하다.

朦 méng (몽) 〔朦胧〕(-朧)(-lóng) 1. (달빛이) 희미하다. 2. (의식이) 어렴풋하다, 몽롱하다.

礞 méng (몽) 〔礞石〕 몽석; 청몽석(담을 없애는 약재의 한가지).

艨(蒙) méng (몽) 〔艨艟〕(蒙艟)(-chōng)(옛날) 싸움배. 〈蒙〉mēng →303페지. měng →본 페지.

甍 méng (맹) 지붕마루.

勐 měng (맹) ①용감하다, 용맹하다. ②땅이름자에 많이 씀.

猛 měng (맹) ①용감스럽다, 용맹하다; 사납다, 흉악하다; 힘이 세다; 맹렬하다: ～将. 용맹한 장수, 맹장./～虎. 사나운 범, 맹호./用力过～. 힘을 지나치게 쓰다./药力～. 약기운이 세다./火力～. 화력이 세다. ②갑자기, 돌연히, 급히: ～然惊醒. 갑자기 놀라 깨다./突飞～进. 비약적으로 발전하다.

锰 měng 망간(원소기호 Mn).

蜢 měng (맹) →556페지 〈蚱〉의 〈蚱蜢〉(zhà-).

艋 měng (맹) 〔舴艋〕(zé-) 매생이, 단정.

蒙 (3) měng (몽) 〔蒙古族〕 몽골족, 중국 소수민족의 하나. 〔内蒙古〕 내몽골, 중국 소수민족자치구. (1) méng →본 페지. (2) mēng →303페지.

蠓 měng (몽) 눈에놀이, 겨모기.

懵(懜) měng (몽) 〔懵懂〕(懜懂)(-dǒng) 흐리멍텅하다, 사리에 밝지 못하다.

孟 mèng (맹) ①(지난날) 맏이: ～兄. 맏형./～孙. 맏손자. ②(음력 첫계절의) 맨 첫달: ～春. (음력)정월. 〔孟浪〕 거칠다; 경망하다, 경솔하다: 此事不可～～. 이 일을 경솔히 대하여서는 안되오.

梦(夢) mèng (몽) 꿈.

MI

咪 mī (미) ①야옹(고양이 우는 소리). ②빙그레 웃다[첩]: 笑~~. 빙그레 웃다, 방실 웃다, 싱글벙글 웃다.

眯(瞇) (1) mī (미) ①눈을 잠간 붙이다, 끄덕끄덕 졸다, 졸다: 在床上~一会儿. 침대우에서 잠간 눈을 붙이다. ②눈을 슬며시 감다, 쪼프리다, 실눈을 짓다: 他~起眼睛看了半天. 그는 눈을 쪼프리고 한참동안이나 보았다./~着眼笑. 실눈을 지으며 웃다. (2) mǐ →본 페지.

弥(彌、瀰) mí (미) ①차다, 가득차다: ~月. 아이가 난지 만 한달이 되다./~天大罪. 크나큰 죄악, 하늘에 사무치는 죄행, 천추에 용서못할 큰 죄악. ②채우다, 부충하다([련]-补). ③더욱, 더한층: ~坚. 더욱 든든하다./欲盖~彰. 덮을수록 더욱 드러나다. ④〔弥漫〕1. (물이) 가득차다. 2. 자욱하다: 硝烟~~. 자욱하다.

祢(禰) mí (니) (옛음 nǐ) 사람의 성.

猕(獼) mí (미) 미후, 원숭이: ~猴. 미후.

迷 mí (미) ①(길을) 헛갈리다, 혼돈하다: ~了路. 길을 잃다. 〔迷信〕 미신, 덮어놓고 믿다. ②홀리다, 반하다, 매혹되다([련]-惑): ~恋不舍. 미련을 두다, 아쉽다, 섭섭하다. ③애호가: 棋~. 장기애호가./球~. 구기애호가.

谜(謎) mí (미) 수수께끼: 灯~. 등불수수께끼./~底. 수수께끼답안. [유]진상, 수수께끼.

醚 mí (미) 에테르(의학상의 마취제).

糜 (1) mí (미) ①죽: ~粥. 죽. ②썩다: ~烂不堪. 그지없이 부패하다. ③랑비하다, 헤프게 쓰다, 마구 쓰다: ~费钱财. 돈을 랑비하다. (2) méi →302페지.

縻 mí (미) ①고삐. ②매다, 동이다, 묶다. 〔羁縻〕 [유]롱락하다, 예속시키다; 얽매놓다, 속박하다.

靡 (1) mí (미) 랑비하다, 허투루 쓰다, 망탕 쓰다([련]奢-): 不要~费公共财物. 공동재물을 랑비하지 말아야 한다. (2) mǐ →306페지.

蘼 mí (미) 〔蘼芜〕(-蕪)(-wú) 궁궁이싹.

醾 mí (미) 〔酴醾〕(tú-) 두번 빚은 술.

麋 mí (미) 고라니. 〈四不像〉이라고 함.

米 mǐ (미) ①쌀, 껍질을 벗긴 알맹이: 小~. 좁쌀./花生~. 땅콩알. *입쌀: 买十斤~. 입쌀 열근을 사다. 〔虾米〕 말린새우살, 새우. ②〈외〉메터(길이의 단위).

眯(瞇) (2) mǐ (미) 눈에 티가 들어가 뜰수 없다. (1) mī →본 페지.

敉 mǐ (미) 위안하다, 안정시키다: ~平. 평정하다.

脒 mǐ 〈외〉아미딘.

芈 mǐ (미) 사람의 성.

弭 mǐ (미) 멎다, 멈추다, 없애다, 소멸하다: 水患消～. 물피해를 가시다.

靡 (2) mǐ (미) ①없다: ～日不思. 생각하지 않는 날이 없다. ②(바람 부는대로) 넘어지다: 望风披～. 소문만 듣고도 겁나서 뿔뿔이 달아나다. (1) mí →305페지.

汨 mì (멱) 〔汨罗江〕 멱라강, 강이름, 호남성에 있음.

觅(覔) mì (멱) 찾다(㊀寻-): ～食. 먹을것을 찾다./～路. 길을 찾다.

泌 (1) mì (비) 배설하다, 분비하다: ～尿. 오줌을 누다, 비뇨. (2) bì →21페지.

宓 mì (복) 편안하다, 조용하다.

秘(祕) (1) mì (비) 비밀, 비밀을 지키다(㊀-密): ～方. 비밀처방, 비방./～诀. 비결. 〔秘书〕 비서. (2) bì →22페지.

密 mì (밀) ①배다, 빽빽하다(㊀稠-). ↔〈稀〉〈疏〉: 小株～植. 어린 포기를 배게 심다(밀식하다)./我国沿海人口稠～. 우리 나라 연해는 인구밀도가 높다(조밀하다)./枪声越来越～. 총소리가 갈수록 잦아지다. ㉠세밀하다, 섬세하다: 精～. 정밀하다, 주밀하다./细～. 세밀하다 ②친하다, 가깝다(㊀亲-): ～友. 친한 동무, 친우./他们两个人很亲～. 그들 둘은 매우 친하다. 〔密切〕 밀접하다: ～～地配合. 밀접하게 배합하다. ③비밀리: ～谋. 비밀계획, 음모책동./～码电报. 암호전보. ㉡비밀: 保～. 비밀을 지키다.

谧 mì (밀) 고요하다, 편안하다.

嘧 mì 〔嘧啶〕(-dìng) 피리미딘(화학).

蜜 mì (밀) ①꿀: 蜂～. 꿀. ②달콤하다: 甜言～语. 감언리설, 달콤한 말.

幂(冪) mì (멱) ①(물건을 덮는) 보; 덮다, 씌우다. ②제곱, 루승. 〔乘幂〕 승멱답, 루승답, 멱답. 〈乘方〉이라고도 함.

MIAN

眠 mián (면) ①자다(㊀睡-): 安～. 편안히 잠자다, 고요히 잠들다./失～. 잠을 자지 못하다, 잠을 이루지 못하다. 실면./长～. 영원히 잠들다, 고이 잠들다, 서거하다. ②(누에가) 잠자다: 初～. (누에의) 첫잠./蚕～三～了. 누에가 석잠을 잤다. 〔冬眠〕 겨울잠, 동면, 동면하다. 〈入蛰〉(zhé) 라고도 함.

绵(緜) mián (면) ①(-子)풀솜, 명주솜. 〈丝绵〉이라고도 함. ②풀솜같은것. 1. 약하다, 부족하다: ～薄. (겸손한 말로 힘이나 재능이) 미약하다. 2. 련속되다: ～延. 끊임없이 길게 뻗다.

棉 mián (면) ①목화. 〔木棉〕 목면. ②솜: ～衣. 솜옷./～线. 무명실.

丏 miǎn (면) 가리우다; 보이지 않다.

沔 miǎn (면) 〔沔水〕 면수, 강이름, 섬서성에 있음. 한수의 상류임.

免 miǎn (면) ①면제하다; 벗기다, 해임하다; 용서하다, 면제시키다: ～冠. 모자를 벗다; 사죄하다, 경의를 표시하다./～职. 직무에서 해임하다, 철직시키다./～费. 값을 면제하다, 무료로 하다, 무료, 무상, 면비./～税. 세금을 면제하다. ②벗어나다, 면하다: ～疫. 면역./事前做好准备, 以～临时抓瞎. 일에 부닥친 뒤 급해서 볶아치지 않도록 미리 준비를 잘해야 한다. ③할수 없다, 안된다: 闲人～进. 볼일 없는 사람은 들어올수 없다, 볼일이 없는 사람은 들어오지 마시오.

勉 miǎn (면) ①애쓰다, 노력하다: ～为其难. 못할 일을 마지못해 하다, 어려운 일을 힘껏 해내다, 애써 어려운 일을 감당하다. 〔勉强〕(-qiǎng) 1. 겨우, 간신히, 가까스로; 안깐힘을 다하다, 모든 힘을 다하다: ～～支持下去. 가까스로 지탱해나가다. 2. 불충족하다, 억지스럽다: 这种说法很～～. 이런 론조는 리유가 불충족하다, 이것은 억지스러운 론조이다. 3. 마지못해, 억지로: ～～答应. 마지못해 대답하다. 4. 내리먹이다, 강요하다: 不要～～他. 그에게 강요하지 마시오. ②고무격려하다: 互～. 서로 고무격려하다./有则改之,无则加～. (남의 비판을 들을 때) 있으면 고치고 없으면 더욱 노력한다.

娩 miǎn (만) 아이를 낳다, 해산하다, 몸을 풀다.

冕 miǎn (면) (옛날) 높은 벼슬아치들의 례모. ＊왕관: 加～. (군주국가에서) 왕위에 오르다, 왕위에 취임하다./～服. 례복.

鮸 miǎn (면) 민어. 〈鳘(mǐn)鱼〉라고도 함.

勔 miǎn (면) 부지런하다, 근면하다.

沔 miǎn (면) 〔沉湎〕(좋지 않은 일에) 깊이 빠져들어가다, 곯아빠지다, 곯아떨어지다(흔히 술마시는것을 가리킴): ～～于酒. 술에 폭 빠지다.

缅 miǎn (면) 아득히 멀다: ～怀. 지난 일을 생각하다, 추억하다./～想. 지난 일을 생각하다, 추억하다.

腼(靦) miǎn (전) 〔腼腆〕(靦覥)(-tian) 수집어하다, 낯가림을 하다, 부끄러워하다, 어색해하다: 这孩子太～～. 이 아이는 너무 낯가림을 한다, 이 아이는 너무 수집어한다. 〈靦〉tiǎn →436페지.

渑(澠) (1) miǎn (면) 〔渑池〕 면지, 현이름, 하남성에 있음. (2) shéng →399페지.

面(靣、麵、麪) miàn (면) ① 얼굴, 낯(⊜脸-、颜-): ～前. 앞, 면전./～带笑容. 얼굴에 웃음을 띠다, 희색이 만면하다. 〔面子〕(-zi) 1. 체면, 면목, 낯보기: 爱～～. 체면을 차리다./丢～～. 체면을 잃다, 창피를 당하다, 망신하다. 2. 정의, 의리, 안면: 大公无私,不讲～～. 리기심이 없고 대단히 공평하며 안면을 돌보지 않다. ②향하다: 背山～水. 산을 등지고 강을 향하다. ③얼굴을 맞대다: ～谈. 면담, 만나서 이야기하다./～议. 직접 만나서 의논하다. ④(-子、-儿) 표면, 면. ↔〈里〉: 地～. 지면./水～. 물면. 수면./被～儿. 이불거죽. ⑤(기하학상의) 면: 平～. 평면./～积. 면적. ⑥(위치나 방향) 쪽, 면, 켠, 편: 正～. 정면./反～. 반면./上～. 우쪽./下～. 아래쪽./～～俱到. 없는것없이 다 갖추어지다, 구석구석에 이르기까지 샅샅이 고려되다, 빈틈없이 모두 돌보다. ⑦단위명사. 넙적한 면을 가진 물건의 수량: 一～旗. 한폭의 기발./一～镜子. 거울 하나./一～锣. 징 하나. ⑧가루: 大麦～. 보리가루./小米～. 좁쌀가루./玉米～. 강냉이가루, 옥수수가루. *특히 밀가루를 가리킴. ⑨(-子、-儿) 가루: 药～儿. 약가루./粉笔～儿. 분필가루. ⑩국수: 冷～. 랭면./炸酱～. 짜장면./一碗～. 국수 한사발./杂～. 녹두, 팥 등의 잡곡가루, 잡곡가루로 만든 국수./汤～. 온면. ⑪허벅허벅하다, 푸석푸석하다, 바삭바삭하다: 这种香瓜很～. 이런 참외는 매우 사각사각하다.

眄 miàn (면) 흘겨보다, 가로보다: 顾～. 뒤를 돌아다보다.

MIAO

喵 miāo 야옹(고양이 우는 소리).

苗 miáo (묘) ①(-儿)싹: 麦～. 밀싹./树～. 묘목. 〔苗条〕(녀자의 몸매가) 날씬하고 아름답다, 호리호리하다. ②(-儿)(모양이) 싹처럼 생긴것, 불꽃, 불씨: 笤帚～儿. 비자루감./火～儿. 불씨. 〔矿苗〕 광석싹, 로두. 〈露头〉라고도 함. ③새끼, 갓난것: 鱼～. 고기새끼. ④접종약: 牛痘～. 우두약. ⑤자손, 후대(㊀-裔). ⑥〔苗族〕 묘족, 중국 소수민족의 하나.

描 miáo (묘) 본을 따서 그리다(㊀-摹): ～花. 꽃을 본따서 그리다. 〔描写〕 그리다, 묘사하다: 他很会～～劳动人民. 그는 근로인민을 썩 잘 묘사한다.

瞄 miáo (묘) 주시하다, 묘준하다, 겨냥하다: 枪～得准. (총) 묘준이 정확하다. 〔瞄准〕 묘준하다, 겨냥하다.

鹋 miáo (묘) →109페지 〈鸸〉의 〈鸸鹋〉(érmiáo).

杪 miǎo (초) 우죽, 나무가지끝. ㉠년, 월, 일 혹은 사철의 마지막: 岁～. 년말./月～. 월말./秋～. 늦가을.

眇 miǎo (묘) ①눈이 멀다: 左目～. 왼눈이 멀다./～公. 애꾸눈. ②극히 작다: ～乎其小. 아주 작다.

秒 miǎo (묘, 초) ①까끄라기. ②단위명사. 1. 초(원주단위). 2. 초(위도의 단위). 3. 초(시간의 단위): ～表. 초시계, 스톱워치.

渺(淼) miǎo (묘) ①극히 작다: ～小. 매우 작다, 아주 작다, 보잘것없다. ②망망하다, 아득하다: 浩～. 망망하다, 가없이 넓고 아득하다. 〔渺茫〕 까마득하다, 아득하다, 막막하다. ㊥막연하다, 감감하다: 这件事～～得很. 이 일은 아주 막연하다.

緲 miǎo (묘) →343페지 〈缥〉의 〈缥緲〉(piāo-).

藐 miǎo (묘) 작다(㊀-小): ～视. 깔보다, 얕보다, 멸시하다./～

法. 법을 무시하다.

邈 miǎo (막) 멀다, 아득하다: ～远. 아득하다

妙(玅) miào (묘) ①아름답다, 좋다, 훌륭하다: ～品. 훌륭한 물건. /～不可言. 이루 말할수 없이 훌륭하다. ②묘하다, 신기하다(㊀(巧-): ～计. 묘한 계책, 묘한 수, 좋은 수. /～诀. 묘한 방법, 교묘한 수단, 교묘한 비결. /～用. 교묘하게 사용하다.

庙(廟) miào (묘) ①사당. 家～. 선조의 제를 지내는 사당. ②절간, 묘: 龙王～. 룡왕묘, 룡왕절. ③(절간이나 그 부근에서 보는) 장: 赶～. (파일에) 장보러 가다.

缪 (1) miào (묵) 사람의 성. (2) móu →316페지. (3) miù →312페지.

MIE

乜 (2) miē (먀) 〔乜斜〕(-xie) 1. 피로하여 눈까풀이 내리감기다, 졸음이 와서 실눈을 짓다: ～～睡眼. 졸음이 실려 가느스름하게 뜬 눈. 2. 흘겨보다, 가로보다. (1) niè →326페지.

咩(哶) miē (미) 매(양의 울음소리).

灭(滅) miè (멸) ①없애다, 소멸하다(㊀消-): 消～敌人. 원쑤를 소멸하다. /功绩不会磨～. 공적은 없어지지 않을것이다(마멸되지 않을것이다). /长自己的志气～敌人的威风. 자기의 패기를 키워 원쑤의 위풍을 꺾어놓다. ②불을 끄다, 불이 꺼지다(㊀熄-): ～火器. 소화기. /～灯. 등불을 끄다. /火～了. 불이 꺼지다. ③(물에) 잠기다: ～顶. 머리까지 물에 잠기다.

蔑(衊) miè (멸) ①없다: ～以复加. 더 보탤것이 없다, 완벽하다. ②작다: ～视. 멸시하다, 깔보다. ③중상하다. 〔诬蔑〕〔污蔑〕 비방중상하다, 모독하다, 허위날조하여 사람을 헐뜯다.

篾 miè (멸) (-子、-儿)(대, 수수, 갈대 등의) 오리, 쪽: 竹～子. 참대쪽. /苇～儿. 갈대오리.

蠛 miè (멸) 〔蠛蠓〕(-měng) 눈에놀이. →304페지의 〈蠓〉.

MIN

民 mín (민) ①인민. 〔民主〕 민주, 민주주의: 作风～～. 작풍이 민주주의적이다. /既要有～～,又要有集中. 민주도 있어야 하며 집중도 있어야 한다. 〔公民〕 공민. 〔国民〕 국민, 인민. ②백성, (어떤 민족에 속한) 사람. 〔民族〕 민족. 〔居民〕 주민. ③근로대중: ～间文学. 민간문학. /～歌. 민요. ④〈苠〉과 같음.

苠 mín (민) (곡식이) 늦게 되다. 〈民〉이라고도 함: ～䅉子. 늦피. /～高粱. 늦수수. /黄谷子比白谷子～. 노랑조는 흰조보다 늦게 여문다.

岷 (민) 〔岷山〕 민산, 사천성북쪽에서 사천, 감숙 두 성 변경에 뻗어져있다.

珉 mín (민) 옥과 비슷한 돌.

缗 mín (민) ①(옛날) 엽전을 꿰는 노끈. ②낚시줄.

旻 mín (민) ①하늘: ～天. 하늘./苍～. 푸른 하늘. ②가을.

皿 mǐn (명) 그릇.

闵 mǐn (민) ①근심, 걱정, 우환(사람의 질병이나 상사를 많이 가리킴). ②사람의 성.

闽 mǐn (민) 복건성의 별칭.

悯 mǐn (민) ①불쌍하다, 가련하다(㊥怜-): 其情可～. 그 정상이 가련하다./～惜. 애석하다. ②근심스럽다, 걱정스럽다. 〈愍〉이라고도 함.

抿 mǐn (문) ①(솔에 물이나 머리기름을 발라서 머리를) 쓰다듬어 넘기다, 빗어넘기다: ～头发. 머리를 쓰다듬어 붙이다. ②오무리다, 움츠리다: ～着嘴笑. 입을 오무리고 웃다./水鸟一～翅,往水里一扎. 물새가 날개를 움츠리더니 물속으로 자맥질해 들어갔다. ㊥입술을 오무리고 조금 마시다: 他真不喝酒,连～都不～. 그는 정말 술을 마시지 않는다, 애당초 입에 대지도 않는다.

泯 mǐn (민) 없애버리다, 소멸하다(㊥-灭): ～绝. 멸망하다./～除成见. 선입견을 없애다.

湣 mǐn (민) 옛날 벼슬아치가 죽은 뒤에 주는 칭호(시호)에 쓰이던 글자.

愍(惽) mǐn (민) 〈悯②〉와 같음.

黾(黽) mǐn (민) 〔黾勉〕(-miǎn) 애쓰다, 노력하다.

敏 mǐn (민) 민첩하다, 민활하다, 민감하다(㊥-捷、灵-): ～感. 민감하다./～锐. 예민하다./感觉灵～. 감각이 예민하다./敬谢不～. 황송하나 사절합니다.

鳘 mǐn (민) 민어. 〈鳘鱼〉임.

MING

名 míng (명) ①(-儿) 이름: 给他起个～儿吧. 그에게 이름을 지어주시오. 〔名词〕 명사. ②말하다: 无以～之. 무엇이라 말할수 없다./莫～其妙. 무슨 영문인지 알수 없다. ③영예, 평판: 有～. 유명하다./出～. 이름나다, 유명하다, 이름을 걸다, 명의를 내걸다./不为～, 不为利. 사리와 공명을 따지지 않는다, 개인의 명예와 리익을 위하지 않는다. ㊥이름이 있다, 유명하다: ～医. 이름있는 의사, 명망이 높은 의사. 명의./～将. 유명한 장군, 명장./～胜. 명승지, 명승./～言. 아주 값이 있는 말, 명언./～产. 명산, 명산물, 특산물. ④단위명사. 사람에 쓰임. 명: 学生四～. 학생 네명.

茗 míng (명) ①차나무싹. ②차: 香～. 향기로운 차./品～. 차맛을 보다.

洺 míng (명) 〔洺河〕 명하, 강이름, 하북성에 있음.

铭 míng (명) ①(글을) 새기다, 새긴 글자: 墓志～. 묘지명./座右～. 좌우명. ②(마음에) 새기다, 간직하다: ～诸肺腑. 심장속에 깊이 간직하다, 영원히 아로새기다.

明 míng (명) ①밝다, 환하다: 天～了. 날이 밝았다./～晃晃的刺刀. 번쩍번쩍한 총창(날창). ②명백하다, 똑똑하다: 说～. 똑똑히 말하다, 설명하다./表～. 똑똑히 표시하다, 표명하다./黑白分～. 흑백이 분명하다, 시비가 명백하다./情况不～. 정황이 똑똑하지 않다, 정황이 불명하다./～～是他搞的. 분명히 그가 한것이다. [전]알다: 深～大义. 큰 도리를 심각하게 알다. ③드러내놓다, 감추지 않고 내놓다. ↔〈暗〉: 有话～说. 할 말이 있으면 내놓고 말하시오./～码售货. 가격표값으로 물건을 팔다./～讲. 내놓고 말하다, 명확히 말하다, 사실대로 말하다./～枪易躲, 暗箭难防. 정면공격은 피하기 쉬우나 암암리에 하는 공격은 막기 어렵다. ④(올해나 오늘의) 다음: ～日. 래일, 명일./～年. 다음해, 명년, 래년, 오는해. ⑤시력, 시각: 失～. 눈이 멀다, 시력을 잃다. ⑥정확하게 보다, 똑똑히 보다: 眼～手快. 눈치가 빠르고 솜씨가 날래다, 눈썰미 좋고 솜씨 재다, 일을 날파람있게 해치우다. /英～. 영명하다./聪～. 총명하다, 똑똑하다, 령리하다./精～. 총명하다, 역빠르다. ⑦(미신) 천지신명, 신, 신령. 〔明器〕〔冥器〕(전날 장사지낼 때) 무덤속에 함께 묻는 그릇, 순장물. ⑧명나라. 명왕조가 통치한 시대, 주원장이 창건했음(기원 1368～1644년).

盟 (2) míng (맹) 맹세하다: ～个誓. 맹세하다. (1) méng → 303페지.

鸣 míng (명) ①울다: 鸟～. 새가 울다./驴～. 나귀가 울다./蝉～. 매미가 울다. ②소리를 내다, 울리다: 自～钟. 자명종./孤掌难～. 독불장군./～炮. 포성을 울리다, 포를 쏘다; 폭죽을 터뜨리다, 폭죽소리를 내다. ③나타내다, 표시하다: ～谢. 사의를 표시하다, 감사의 뜻을 나타내다./大～大放. 누구나 다 자기 견해를 마음대로 말하다.

冥 míng (명) ①어둡다. [파]우매하다: ～顽不灵. 우매하고 완고하여 융통성이 없다. ②깊다, 심오하다: ～思苦想. 깊이 사색하다, 골똘히 생각하다. ③(미신) 저승.

蓂 míng (명) 〔蓂荚〕(-jiá)(옛날 전설에서) 상서로운 풀.

溟 míng (명) ①바다: 北～有鱼. 북해에 고기가 있다. ②〔溟濛〕 어렴풋하다, (안개나 연기가) 자욱하다.

暝 míng (명) ①어둡다, 저물다, 해가 지다. ②땅거미, 황혼.

瞑 míng (명) (눈을) 감다: ～目. (죽을 때 시름이 없어) 눈을 감다.

螟 míng (명) 마디벌레, 명충이. 〔螟蛉〕(-líng) 배추흰나비. [전]양아들. 〈螟子〉라고도 함. →157페지 〈蜾〉의 〈蜾蠃〉(guǒluǒ).

酩 mǐng (명) 〔酩酊〕 술에 푹 취하다, 곤드레만드레 취하다: ～～大醉. 곤드레만드레 취하다./～～无所知. 술에 푹 취하여 아무것도 모르다.

命 mìng (명) ①목숨, 생명, 수명: 救～. 목숨을 구하다, 목숨을 살리다./拼～. 목숨을 내걸다, 결사적으로 하다, 필사적으로 하다, 기를 쓰다. ②운명, 운수: 算～打卦瞎胡说. 점을 치면서 허튼소리를 줴치다. ③명령(련-令): 奉～. 명령을 받다, 명령을 접수하다./遵～. 명령대로 하다, 명령에 복종하다./～令大军前进. 대군을 전진하라 명령하다. ④이름을 짓다, 이름을 달다: ～名. 이름을 짓다(달다)./～题. 제목을 달아주다, 명제. 〔命中〕(-zhòng) 명중하다, 들어맞다.

MIU

谬 miù (류) ①그릇되다, 틀리다, 옳지 않다, 사리에 맞지 않다: ～论. 그릇된 론조, 허황한 리론, 황당무계한 론조./荒～. 황당하다, 당찮다, 터무니없다, 엉터리없다. ②오유, 착오, 잘못: 失之毫厘, ～以千里. 조그마한 실수가 커다란 잘못을 빚어낸다, 한푼의 차가 천리차로 된다.

缪 (3) miù (류) 〔纰缪〕(pī-) 잘못, 착오, 오유. (1) miào →309페지. (2) móu →316페지.

MO

摸 (1) mō (모) ①(손으로) 만지다, 쓰다듬다, 짚어보다, 어루만지다: ～小孩儿的头. 어린아이의 머리를 쓰다듬다./～～多光滑. 얼마나 매끄러운가(반들반들한가) 만져보다. ②(손으로) 더듬다: 由口袋里～出一张钞票来. 호주머니에서 돈을 한장 더듬어 꺼냈다./～鱼. 고기를 더듬어 잡다. ㉺1. 짐작하다, 알아맞추다: ～底. 비밀을 알아내다, 내막을 탐지하다, 뒤를 캐다./我～准了他的脾气了. 나는 그의 성미를 잘 안다./～不清他是什么意思. 그가 말한것이 무슨 뜻인지 똑똑히 알수 없다. 2. 남몰래하다, 기습하다, 더듬어 나가다: ～营. 숙영지를 더듬어 찾아가다./～到敌人阵地. 감쪽같이 적의 진지에 쳐들어가다, 남몰래 적의 병영에 쳐들어가다./～黑. 어둠속을 더듬어 나가다./～了半夜才到家. 밤중까지 더듬어서야 집에 이르렀다. 〔摸索〕 더듬어찾다, 모색하다: 工作经验靠大家～～. 여러분들에게 의거하여 사업경험을 찾아내다. (2) mó →본 페지.

谟 mó (모) 계획, 계책: 宏～. 웅대한 계획.

摸 (2) mó (모) 〈摹〉와 같음. 〔摸棱〕은 〈模棱〉과 같음. (1) mō →본 페지.

馍(饝) mó 증기빵, 찐빵㊉.

嫫 mó (모) 〔嫫母〕 전설에 나오는 못생긴 녀자.

模 (1) mó (모) ①본보기, 표준, 규범: 楷～. 본보기, 모범, 표준. 〔模型〕 모형, 주물모형. ②본따다, 모방하다(련-仿): 儿童常～仿成人的举止动作. 어린이들은 늘 어른들의 행동거지를 본딴다./～古. 옛것을 본따다. 〔模棱〕(-léng) (의견, 언어 또는 태도 등이) 명확하지 않다, 애매하다, 모호하다: ～～两可. 이래도 좋고 저래도 좋다, 일정한 주견이 없다, 애매하다. 〔模糊〕(-hu) 똑똑하지 않다, 흐리터분하다, 모호

하다. (2) mú →316페지.

摹 mó (모) 본따다, 모방하다: 把这个字～下来. 이 글자를 본따쓰시오.

膜 mó (막) ①(-儿)막: 肋～. 륵막./耳～. 귀청, 고막./横膈～. 횡격막./苇～. 갈대막, 갈청. ②(-儿) 막처럼 생긴 얇고 납작한 물건: 橡皮～儿. 고무껍질.

麼 (1) mó (마) 〔幺麼〕(yāo-) 적다, 미세하다: ～～小丑. 하찮은 나쁜놈. (2) me →300페지 〈么〉.

摩 (1) mó (마) ①쓸치다, 스치다, 마찰하다: ～拳擦掌. 두주먹을 불끈 쥐다, 한바탕 해보려고 단단히 벼르다. 〔摩挲〕(-抄)(-suō) 손으로 매만지다 ②어루만지다, 쓰다듬다: ～弄. 만지다, 어루만지다. ③서로 연구하다, 좋은 점을 받아들이면서 연구하다. 〔观摩〕 잘 보고 연구하여 남의 우점을 본받다, 보고 배우다, 참관하고 연구하다: ～～教学. 공개수업, 연구수업. 〔摩托〕 발동기, 〈외〉모터: ～～车. 모터찌클./～～船. 발동선./～～化部队. 모터찌클부대. (2) mā →294페지.

磨 (1) mó (마) ①쓸치다, 문대다, 마찰하다, 갈다: ～刀. 칼을 갈다./～墨. 먹을 갈다. 〔磨炼〕 련마하다, 단련하다. ②시달리다, 고통을 받다, 애로가 있다, 장애가 있다(련-难、折-): 好(hǎo)事多～. 좋은 일에는 장애가 많다, 좋은 일은 파란곡절을 겪어야 성사된다. ㉣성가시게 굴다, 귀찮게 굴다: 小孩子～人. 어린애가 성가시게 굴다. ③시간을 끌다: ～工夫. 시간을 끌다. ④소멸하다, 없어지다: 百世不～. 영원히 없어지지 않는다./这是永不～灭的真理. 이것은 영원히 마멸할수 없는 진리이다. 〔消磨〕 1. 없애다, 소멸하다. 2. (시간을) 보내다, 소모하다: 大好光阴不能白白～～掉. 천금같은 세월을 헛되이 보낼수 없다. (2) mò →315페지.

蘑 mó (모) 〔蘑菇〕 버섯.

魔 mó (마) ①마귀, 악마: 妖～鬼怪. 요귀와 악마, 악당들./恶～. 악마. 〔入魔〕 정신이 팔리다, 홀딱 반하다: 他搞无线电入了～了. 그는 라지오를 전공하는데 정신이 팔리였다. ②괴상하다, 이상하다: ～力. 마술의 힘, 마력./～术. 마술.

劘 mó (마) 깎다, 썰다.

抹 (1) mǒ (말) ①바르다(련涂-): 伤口上～上点药. 상처에 약을 좀 바르다./～上石灰. 석회를 바르다. ②닦다, 씻다, 문지르다: 一～一手灰. 한번 문지르니 온손에 먼지였다./～眼泪. 눈물을 닦다. ③지워버리다, 없애버리다; 계산하지 않다, 없애다: ～零儿. 나머지를 없애다, 우수리를 계산에 넣지 않다. 〔抹煞〕 지워버리다, 말살하다: 一笔～～. 단마디로 말살해버리다, 경솔하게 말살하다. (2) mò →314페지. (3) mā →294페지.

万 (2) mò (묵) 〔万俟〕(-qí) 묵기, 두자 성. (1) wàn →453페지.

末 mò (말) ①끝, 맨끝. ↔〈本〉: 本～倒置. 중요한것과 부차적

인것을 뒤바꾸다, 주차를 전도하다, 본말을 전도하다./秋毫之～. 털끝만한것, 아주 작은 물건./～节. 사소한 일, 부차적인 일. ②마지막, 맨마지막(㊀-尾). ↔〈始〉: 十二月三十一日是一年的最～一天. 12월 31일은 일년의 마지막 하루이다. ③(-子、-儿) 가루, 부스레기(㊀粉-): 粉笔～儿. 분필가루./茶叶～儿. 차부스레기./把药材研成～儿. 약재를 가루내다. ④(경극에서 중년 남자역).

茉 mò (말) 〔茉莉〕(-li) 1. 말리, 말리꽃. 2. 분꽃, 자말리. 〈紫茉莉〉〈草茉莉〉라고도 함.

抹 (2) mò (말) 바르다, 칠하다: 他正在往墙上～石灰. 그는 지금 벽에다 회칠을 하고있다. (1) mǒ →313페지. (3) mā →294페지.

沫 mò (말) (-子、-儿) 거품(㊀泡-): 肥皂～儿. 비누거품./唾～(mo). 침.

妹 mò (말) (옛날) 사람이름자.

秣 mò (말) ①(집짐승의) 먹이, 사료: 粮～. 식량과 말먹이. ②(먹이를) 먹이다: ～马. 말을 먹이다./～马厉兵. 만단의 준비를 갖추다, 전투준비를 갖추다.

靺 mò (말) 〔靺鞨〕(-hé) 말갈(중국 고대 동북방의 민족).

没 (2) mò (몰) ①(물에) 잠기다: ～入水中. 물에 잠기다. ㊁숨다, 사라지다: 深山有猛虎出～. 깊은 산속에 사나운 범이 나오군 한다. 〔没落〕 쇠퇴하다, 몰락하다: 正处于～～时期. 바야흐로 몰락시기에 처하고있다./～～阶级. 몰락계급. ②치다, 넘다: 水～了头顶. 물이 머리(키)를 넘다./庄稼都长得～人了. 곡식이 키가 넘게 자랐다. ③몰수하다: ～收赃款. 부정축적금을 몰수하다. ④죽다, 끝장나다: ～世. 세상을 떠났다. (1) méi →301페지.

殁 mò (몰) 죽다: 病～. 병으로 죽다. 〈没〉라고도 함.

陌 mò (맥) 밭길, 논두렁길(㊀阡-): ～头杨柳. 길가의 버드나무. 〔陌生〕 낯설다, 생소하다.

貊 mò (맥) 맥(중국 고대 동북방의 민족).

冒 (2) mò (묵) 〔冒顿〕(-dú) 묵돈(한〈汉〉나라초기 흉노족의 추장). (1) mào →300페지.

脉(脈、脈) (2) mò (맥) 〔脉脉〕(눈길이나 행동으로) 말없이 은근한 정을 나타냄: ～～含情. 말없이 은근한 정을 품다. (1) mài →296페지.

莫(鏌) mò (막) ①…하지 말라, …하여서는 안된다: 闲人～入. 볼일없는 사람은 들어오지 마시오. ②없다: ～不欣喜. 기뻐하지 않는 사람이 없다, 모두 기뻐하다./～大的光荣. 더없는 영광. 〔莫非〕 혹시 …이 아닐가: ～～是他回来了吗? 혹시 그가 돌아온것이 아닐가. 〔莫逆〕 아주 친하다, 아주 가깝다: ～～之交. 마음과 뜻이 맞는 친한 친구, 허물없는 사이, 막역한 친구, 단짝. 〔莫须有〕 혹시 있을수 있다, 아마 그럴것이다; 있지도 않는 것을 고의로 날조하다(지금 많이 쓰는 뜻). ③…만 못하다, …수 없다: 变化～测. (종잡을수 없게) 변화가

심하다, 변덕이 많아 예측할수 없다. ④〔莫邪〕(鏌鋣)(-yé) 막야. 옛날 유명한 검의 이름. 〈고〉〈暮〉와 같음.

漠 mò (막) ①사막. ②〔广漠〕 끝없이 넓다, 넓고 아득하다, 광막하다. ③차디차다, 무관심하다: ～视. 쌀쌀하게 대하다, 홀시하다./～不关心. 전혀 아랑곳하지 않다, 도무지 무관심하다, 소 닭 보듯.

寞 mò (막) 고요하다, 쓸쓸하다 ([련]寂-): ～～. 막막하다, 쓸쓸하다./～然. 막연하다.

蓦 mò (맥) 갑자기, 돌연히, 불시에, 느닷없이: 他～地站起来. 그는 불쑥 일어났다, 그가 후닥닥 일어섰다./～然. 갑자기, 저도 모르게.

瘼 mò (막) 아픔, 고통: 民～. 인민의 고통.

貘 mò (맥) 맥(열대지방의 동물).

墨 mò (묵) ①먹: 一锭～. 먹 한 자루./～汁. 먹, 먹즙. ②색감, 안료: 红～. 붉은 안료. /篮～. 남색물감. ③검다: ～晶. 검은 수정./～菊. 검은 국화. ④탐욕스럽다, 결백하지 못하다, 탐오하다: ～吏. 탐관오리. ⑤고대형벌의 한가지(죄인의 낯에다 먹을 묵힌 바늘로 글자를 새기였음).

默(嘿) mò (묵) 아무 말도 하지 않다, 잠잠하다, 묵묵하다[첩]: 沉～. 침묵하다./～～不语. 묵묵히 침묵을 지키다, 입을 다물고 말하지 않다./～读. 묵독하다, 소리를 내지 않고 읽다./～写. 외워쓰다, 받아쓰다./～认. 묵인하다. 〈嘿〉hēi →167페지.

磨 (2) mò (마) ①망, 매돌: 石～. 망, 매돌./电～. 제분기. ②망질을 하다, 망으로 갈다: ～豆腐. 두부망질을 하다./～面. 가루를 내다. ③뒤로 돌려세우다: 小胡同不能～车. 작은 골목에서 차를 뒤로 돌릴수 없다. (1) mó →313페지.

礳 mò (마) 〔礳石渠〕 마석거, 지명, 산서성에 있음.

耱 mò (마) 갈아놓은 땅을 고루는데 쓰는 버들가지로 결은 농기구의 한가지. 耢(lào)(번지, 고무래)라고도 함.

MOU

哞 mōu 음매(소가 우는 소리).

牟 (1) móu (모) 얻다, 손에 넣다, 취하다: 投机商哄抬物价, ～取暴利. 투기상들은 물가를 끄드기여 올리고 폭리를 얻다. (2) mù →317페지.

侔 móu (모) 서로 같다, 비등하다; 가지런하다, 가쯘하다: 相～. 서로 같다.

眸 móu (모) (-子) 눈동자, 눈망울, 눈: 凝～远望. 눈하나 까닥하지 않고 멀리 내다보다.

蛑 móu (모) →534페지 〈蝤〉의 〈蝤蛑〉(yóumóu).

谋 móu (모) ①계획, 계책, 계략([련]-略、计-): 有勇无～. 용감하나 계략이 없다. ②꾀하다, 마련하다, 도모하다: 为人民～幸福. 인민을 위하여 행복을 마련한다. ③의논하다, 토론하다: 不～而合. 의논없이도 딱 맞아떨어지다, 약속이나 한듯이 의견이 합치되다.

缪 (2) móu (무) 〔绸缪〕(chóu-) 1. 수리하다: 未雨～～. 비가 오기전에 수리하다, 미리 준비하다. 2. (사랑이) 살뜰하다, 아기자기하다: 情意～～. 정이 살뜰하다. (1) miào →309페지. (3) miù →312페지.

鍪 móu (무) 옛날 솥의 한가지. 〔兜鍪〕(dōu-) 투구.

某 mǒu (모) 어느, 아무, 어떤, 한: ～人. 어떤 사람, 아무개./～国. 어떤 나라./～天. 어느 날. ./张～. 장아무개./～～学校. 아무아무 학교.

MU

毪 mú 서장에서 나는 모직.

模 (2) mú (모) (-儿) 본, 형, 형타, 거푸집: 字～儿. 활자접, 활자모형./铜～儿. 구리거푸집. 〔模子〕(-zi) 본, 형, 형타, 거푸집. 〔模样〕 모양, 생김새, 형상. (1) mó →312페지.

母 mǔ (모) ①어머니: ～系. 어머니계통./～性. 모성애(어머니가 자식을 사랑하는 본성). ②(가족이나 친척중에서) 손우의 녀자: 姑～. 고모./舅～. 외숙모./姨～. 이모. ③동물의 암컷: ～鸡. 암탉./这口猪是～的. 이 돼지는 암컷이다. ④모체로 되는것: ～校. 모교./～株. 어미나무, 어미그루./工作～机. 공작기계./失败为成功之～. 실패는 성공의 어머니이다. ㉮짝으로 된 물건의 오목한것: 子～环. 큰 고리에 작은 고리를 꿰뚫어서 조립한 것./子～扣. 맞단추, 〈외〉호크./螺丝～. 나트. 〔母音〕 →542페지 〈元〉의 〈元音〉.

拇 mǔ (무) 〔拇指〕 엄지, 엄지가락.

姆 mǔ (모) 〔保姆〕 보육원, 보모.

牳 mǔ 소이름.

牡 (모) 수컷. ↔〈牝〉. *식물의 수포기도 표시함: ～麻. 대마의 수포기.

亩(畝) mǔ (무) 무(중국 땅면적단위, 한무는 200평에 해당함).

姥 (1) mǔ (모) 할미, 할머니. (2) lǎo →259페지.

木 mù (목) ①나무. 〔木本植物〕 목본식물. ②(-头) 목재: ～器. 나무로 만든 기구, 나무그릇, (나무로 만든) 가구, 가장집물, 세간./～犁. 가대기. ③관: 棺～. 널, 관./行将就～. 오래지 않아 관속에 들어가게 되다, 죽을 날이 멀지 않다. ④마비되다, 저리다(㊀麻-): 手脚麻～. 손발이 저리다./舌头发～. 혀가 저리다.

沐 mù (목) (머리를) 씻다, 감다: 栉(zhì)风～雨. 비바람을 무릅쓰고 줄곧 돌아다니다, 폭풍에 시달리며 객지로 돌아다니다, 풍찬로숙하다. 〔沐浴〕 목욕하다, (해빛을) 담뿍 받다.

霂 mù (목) → 296페지 〈霡〉의 〈霡霂〉(màimù).

目 mù (목) ①눈: ～瞪口呆. 너무 놀라서 어안이 벙벙하다, 눈이 휘둥그래지다, 어리둥절하다,

아연실색하다. /～空一切. 아무것도 눈안에 두지 않다, 오만하다, 안하무인. 〔目标〕 목표: 这是我们奋斗的～～. 이것은 우리의 분투목표이다. /对准～～射击. 목표를 겨누어 사격하다, 목표를 묘준하여 쏘다. /不要暴露～～. 목표를 폭로하지 말아야 한다. 〔目前〕〔目下〕 지금, 현시기, 눈앞, 코앞, 현재. ②보다: 一～了然. 한눈에 다 안겨오다, 척 보기만 해도 다 안다, 일목료연하다. ③작은 조목, 조항: 大纲细～. 큰 항목과 작은 조목.

苜 mù (목) 〔苜蓿〕(-xu) 거여목.

睦 mù (목) 화목하다(㊀和-): ～邻. 이웃(이웃 나라)과 화목하게 지내다.

钼 mù 몰리브덴(원소기호 Mo).

仫 mù (무) 〔仫佬族〕 무로족, 중국 소수민족의 하나.

牟 (2) mù (모) 〔牟平〕 모평, 현 이름, 산동성에 있음. (1) móu →315페지.

牧 mù (목) 놓아먹이다, 놓아기르다, 치다, 방목하다: ～羊. 양을 방목하다. /～童. 목동. /～场. 목장, 방목장. /～畜业. 목축업. /游～. 유목. 〔牧师〕 (기독교에서) 목사.

募 mù (모) 모집하다: ～捐. 기부금을 모으다, 의연금을 모집하다. /～了一笔款. 돈을 모집하였다.

墓 mù (묘) 무덤, 뫼(㊀坟-): 公～. 공동묘지. /烈士～. 렬사묘지.

幕 mù (막) ①막(㊀帐-): 银～. 영사막. /开～. 막을 열다, 개막하다. 〔内幕〕 내막, 속내. 〔黑幕〕 음흉한 내막, 검은 속. ②(연극 또는 가극의 비교적 완정한 단락) 막: 独～剧. 단막극. 〈고〉〈沙漠〉(사막)의 〈漠〉와 같음.

暮 mù (모) ①해질무렵, 저녁: 朝(zhāo)～. 아침저녁. 〔暮气〕 ㊗늙은 티, 원기를 잃다, 로쇠하다, 고리타분하다. ②늦다, 저물다: ～春. 늦은봄. /～年. 늘그막, 만년. /天寒岁～. 해가 저물고 날씨가 춥다, 년말추위.

慕 mù (모) ①부러워하다, 좋아하다, 사랑하다: ～名. 명성을 부러워하다, 명성을 흠모(사모)하다. ②그리워하다, 사모하다: ～念. 그리워하다.

穆 mù (목) ①온화하다, 따사롭다: ～和. 화목하다. ②공손하다, 공경스럽다, 례의범절이 밝고 정중하다.

N

N

嗯(唔) (1) ń → 323 페지의 ńg.

嗯(呒) (2) ň → 323 페지의 ňg.

嗯(呃) (3) ǹ → 323 페지의 ǹg.

NA

那 (3) nā (나) 사람의 성. (1) nà →318페지. (2) nèi →322페

지.

拿(拏) ná (나) ①(손에) 쥐다, 들다, 잡다: ～笔. 붓을 들다./～枪. 총을 들다, 총을 잡다./～张纸来. 종이를 가져오시오./～着镰刀割麦子. 낫을 쥐고 보리(밀)를 베다. ②틀어쥐다, 가지다, 파악하다: ～主意. 주견을 확고히 가지다./做好做不好，我可～不稳. 잘되겠는지 못되겠는지 나에겐 확고한 파악이 없다. 〔拿手〕 장기, 재간: ～～好戏. 제일 잘하는 재주, 훌륭한 장기, 뛰여난 특기(솜씨)./做这样的事，他很～～. 이런 일에는 그가 아주 재간이 있다. ③을러메다, 협박하다: 这样的事～不住人. 이런 일로써는 남을 협박할수 없다. ④먹어들어가다, 침식하다, 침해하다: 这块木头让药水～白了. 이 나무쪼각은 약물에 새하얗게 침식되였다. ⑤체포하다, 붙잡다, 붙들다([련]捉-): ～获. (범인을) 붙잡다, 체포하다, 나포하다./猫～老鼠. 고양이가 쥐를 잡다. ⑥…을(를): 我～你当朋友看待. 나는 당신을 친구로 대한다. ⑦으로, 으로써: ～这笔钱做身制服. 이 돈으로 제복 한벌을 짓다.

镎 ná 넵투니움(원소기호 Np).

哪 (1) nǎ (나) 의문대명사. 어느, 어떤: 你喜欢读～种书? 당신은 어떤 책을 읽기 좋아합니까? 〔哪儿〕 어디: 你在～～住? 당신은 어디에서 사십니까?/～～有困难，就到～～去. 어디에 곤난이 있으면 곧 그리로 간다. [전]어찌, 어째서, 어찌하여, 어떻게: 我～～知道? 내가 어떻게 알수 있겠는가? /他～～笨啊? 그가 어찌하여 둔하다고 하는가? /这项工作一个人～～能做好? 이 사업은 어찌 혼자서 할수 있는가? (2) něi →322페지. (3) na →319페지. (4) né →321페지.

那 (1) nà (나) 그, 저. ↔〈这〉: ～里. 그곳./～个. 그것./～样. 그런, 저런, 그렇게, 저렇게./～些. 그런, 저런; 그만큼, 그만한./～时. 그때. 〔那么〕〔那末〕(-me) 1. 그렇게, 저렇게: 就～～办吧. 그렇게 합시다./要不了～～多. 그렇게 많이 요구되지 않습니다, 저렇게 많이 필요없습니다./～～个人. 그런 사람입니다./～～个脾气. 그런 성미. 2. 그러면, 그렇다면(앞에 〈如果〉, 〈若是〉가 놓여 함께 쓰임): 如果敌人不投降,～～就消灭他. 만약 원쑤들이 투항하지 않는다면 소멸해야 한다. (2) nèi →322페지. (3) nā →317페지.

娜 (1) nà (나) 사람이름자. (2) nuó →329페지.

呐 nà (눌, 열) 〔呐喊〕 웨치다, 큰 소리를 지르다, 고함치다: ～吃. 말을 더듬다.

纳 nà (납) ①넣다, 받아넣다: 出～. 출납./吐故～新. 낡은것을 버리고 새것을 받아들이다. [파] 1. 접수하다, 받아들이다: 采～建议. 제의를 받아들이다. 2. 누리다, 쐬다, 쏘이다: ～凉. 땀을 들이다, 바람을 쐬다. ②바치다: ～税. 세금을 바치다./缴～公粮. 공량을 바치다. ③누비다, 촘촘히 박다: ～鞋底. 신창을 촘촘히 박다. 〔纳西族〕 나시족, 중국 소수민족의 하나.

肭 nà (눌) →450페지 〈腽〉의 〈腽肭〉(wànà).

钠 nà 나트리움(원소기호 Na).

衲 nà (납) ①중의 웃옷, 장삼. [전]중, 승려: 老～. 늙은 중. ②〈纳③〉과 같음.

捺 nà (날) ①손으로 누르다. ②(-儿) (한자의) 오른쪽삐침(㇏): '人'字是一撇一～. 〈人〉자는 왼쪽삐침(丿)과 오른쪽삐침(㇏)으로 되였다.

哪 (3) na (나) 문장의 끝에서 경탄을 나타내는 조사: 同志们, 加油干～! 동무들 일손을 다그칩시다! (1) nǎ →318페지. (2) něi →322페지. (4) né →321페지.

NAI

乃(迺、廼) nǎi (내) ①너, 당신: ～父. 너의 아버지./～兄. 너의 형. ②마침내, 비로소, 드디여, 결국: 吾求之久矣,今～得之. 내가 얻으려고 한지 오래 되였는데 이제야 얻었다. ③결국: ～至如此. 결국 이렇게 되였다. ④…이다, 으로 된다: 失败～成功之母. 실패는 성공의 어머니이다.

艿 nǎi (잉) 〔芋艿〕 토란.

奶(嬭) nǎi (내) ①젖몸, 유방. ②젖: 牛～. 소젖, 우유./～油. 크림. /～粉. 젖가루, 우유가루. ③(아이에게) 젖을 먹이다: ～孩子. 아이에게 젖을 먹이다. 〔奶奶〕 1. 할머니. 2. 년세가 많은 부인의 존칭. 老～～. 할머니, 증조할머니.

氖 nǎi 네온(원소기호 Ne). 〔氖灯〕 네온등.

奈 nài (내) 어찌, 어떻게: 无～. 어찌할수 없다./怎～. 어찌하랴./无～何(无可如何). 어찌할수 없다, 무가내하.

柰 nài (내) (-子) 사과의 한가지.

萘 nài 나프탈린.

佴 (2) nài (이) 사람의 성. (1) èr →110페지.

耐 nài (내) 참다, 견디다, 버티다: ～劳. 괴로움을 참다./～用. 질기다, 오래 쓸수 있다./～火砖. 내화벽돌. 〔耐心〕 참을성, 인내성, 참을성있다, 인내성있다: ～～说服. 참을성있게 설복하다.

鼐 nài (내) 가마, 솥, 큰솥.

褦 nài (내) 〔褦襶〕(-dài) 철없다, 세상물정을 모르다.

NAN

囡(囝) nān (건) 〈방〉어린아이: /女小～. 어린 처녀애. 〈囝〉jiǎn →200페지.

男 nán (남) ①사나이, 남자: ～女平等. 남녀평등./～学生. 남학생. ②아들: 长～. 맏아들. ③남작(男爵).

南 nán (남) 남쪽. ↔〈北〉: ～方. 남쪽, 남방./～风. 남풍./指～针. 지남침.

喃 nán (남) 〔喃喃〕 중얼중얼, 중얼중얼: ～～自语. 혼자 중얼거리다.

楠(枏、柟) nán (남) 녹나무.

难(難) (1) nán (난) ①어렵다, 힘들다; 곤난하다, 조련찮다: ～事. 어려운 일./～题. 어려운 문제./～写. 쓰기 어렵다./～产. 난산./～得. 드물다, 얻기 어렵다. ②…할수 없다, …하기 어렵다: ～免. 면할수 없다./～保. 담보하기 어렵다. 〔难道〕 설마 …하겠는가, 그래 …이란 말인가: 河水～～会倒流吗? 설마 강물이 거꾸로 흐를수 있겠는가./他们能完成任务, ～～我们就不能吗? 그들이 임무를 완수할수 있는데 그래 우리가 할수 없단 말인가. ③어렵게 하다, 난처하게 하다: 这可真～住他了. 이건 참말 그를 난처하게 만들었다. 〔难为〕(wei). 1. 남을 괴롭히다, 딱하게 만들다. 2. 다행히, 신통히, 용하게: 这么冷天～～你还来看我. 이처럼 추운 날에 나보려 용케도 찾아왔다./～～你把机器修好了. 다행히 네가 기계를 수리했구나. ④좋지 않다: ～听. 듣기 싫다./～看. 보기 흉하다, 밉다. 〈傩〉(nuó)와 같음. (2) nàn →본 페지.

赧 nǎn (난) 부끄러워 얼굴을 붉히다: ～愧. 부끄러워하다.

腩 nǎn (남) 〈방〉소배때기의 살진 고기.

蝻 nǎn (남) (-子、-儿) 누리의 새끼벌레.

难(難) (2) nàn (난) ①재난, 란리, 도탄(㊐灾-、患-): ～民. 난민./遭～. 재난을 당하다./逃～. 피난하다. ②나무라다, 꾸짖다, 책망하다, 따져묻다: 非～. 비난하다./责～. 나무라다. (1) nán →본 페지.

NANG

囊 (1) nāng (낭) 〔囊膪〕(-chuài) 돼지의 젖가슴고기. (2) náng →본 페지.

囔 nāng (낭) 〔囔囔〕(-nang) 수군거리다, 속삭이다, 소곤소곤하다.

囊 (2) náng (낭) 주머니: 探～取物. 주머니의 물건을 끄집어내듯 일이 매우 쉽다./胆～. 담낭, 열주머니. 〔囊括〕 전체를 포괄하다: ～～四海. 온 세계를 포괄하다. (1) nāng →본 페지.

馕 (2) náng (까자흐족, 위글족들이 주식으로 먹는) 구운 가루떡의 한가지. (1) nǎng →본 페지.

曩 nǎng (낭) 지난날의, 이전의: ～日. 지난날./～者. 지난날.

攮 nǎng (낭) (칼로) 찌르다: 一刺刀～死了敌人. 총창으로 적을 단번에 찔러죽였다. 〔攮子〕(-zi) 단도, 비수.

馕 (1) nǎng (향) (음식을) 목이 메지게 먹다, 실컷 먹다. (2) náng →본 페지.

齉(㒄) nàng (낭) (코가 메여) 맹맹하다: ～鼻子. 코맹맹이.

NAO

孬 nāo (와) 〈방〉①나쁘다, 좋지 않다: 吃的～, 穿的～. 잘 먹지도 못하고 잘 입지도 못하였다. ②비겁하다, 용기가 없다: 这个人太～. 이 사람은 매우 비겁하다./～

种. 비겁쟁이.

呶 náo (노) 그냥 지부럭거리다 [첩]: ～～不休. 지부럭지부럭 하다, 귀찮게 그냥 말하다.

挠(撓) náo (요) ①방해하다, 가로막다: 阻～. 방해하다. ②굽히다, 굴복하다: 不屈不～. 불요불굴, 굴복하지 않다./百折不～. 백절불굴. ③긁다, 긁적거리다: ～痒痒. 가려운데를 긁다./～败. 마구 허벼놓다.

铙(鐃) náo (요) ①큰 바라, 자바라. ②징(옛날 군대에서 쓰던 작은 징).

蛲(蟯) náo (요) 요충.

侬(憹) náo (노) 후회하다, 원통히 여기다, 뉘우치다.

猺(巙) náo (기) 옛 산이름, 지금의 산동성 림치현 부근에 있음.

猱 náo (노) (옛책에서 나오는) 긴팔원숭이.

硇(磠、硇) náo (노) 〔硇砂〕 염화암모니아. 〔硇洲〕 노주, 광동성 담강시에 있는 섬이름.

巙 náo (기) 〈猺〉와 같음. 사람이름자.

垴 nǎo 작은 산언덕, 땅이름자.

恼(惱) nǎo (뇌) ①성내다, 골을 내다, 화내다, 원망하다: ～羞成怒. 방귀 뀌고 성내다, 부끄러운 나머지 화를 내다./你别～我. 나를 원망하지 마시오. ②고민하다, 번민하다, 속을 앓다([련]烦-、苦-).

瑙 nǎo (노) →295페지 〈玛〉의 〈玛瑙〉(mǎnǎo).

脑(腦) nǎo (뇌) ①〔脑子〕 뇌. 〔脑筋〕〔脑子〕 머리, 골. [전]사고 또는 기억하는 능력: 开动～～. 머리를 쓰다. ②(-儿) 뇌와 같은 물건: 豆腐～儿. 순두부.

闹(鬧) nào (뇨) ① 떠들썩하다: 1. 소란스럽다: ～市. 번화한 거리. 2. 소란을 피우다: 不要～了. 떠들지 말라. [파]놀다, 장난하다: ～着玩儿. 장난하다. ②(질병이나 재난이) 나다, 생기다: ～眼睛. 눈병이 나다, 눈앓이 하다. /～嗓子. 목탈이 나다./～蝗虫. 충재가 생기다. ③(불평을) 늘어놓다, 부리다, (발작을) 일으키다: ～情绪. 기분이 상해하다, 불평을 부리다./～脾气. 골을 내다. ④열정적으로 하다: ～生产. 생산에 열중하다./～革命. 혁명을 하다./把问题～清楚再发言. 문제를 밝히고 토론하다.

淖 nào (뇨) 진창, 진흙. 〔淖尔〕 (몽골말) 호수, 호: 达里～～. 따리호(내몽골자치구에 있음). 库库～～. 쿠쿠호(청해). 罗布～～. 뤄부호(신강위글자치구에 있음).

臑 nào (노) 짐승의 앞다리.

NE

哪 (4) né (나) 〔哪吒〕(-zha) 나타(신화에서 나오는 신선의 이름). (1) nǎ →318페지. (2) něi →322페지. (3) na →319페지.

讷 nè (눌) 말을 더듬다, 떠듬떠듬 말하다, 말이 굳다: 口～. 말을 더듬다.

呢 (2) ne (니) 조사. ①의문을 표시함: 你到哪儿去～? 당신은 어디로 가십니까? /怎么办～? 어떻게 할것인가? ②확정적인 말투를 나타냄: 早着～. 아직 이른데요. /还没有来～. 아직 오지 않았는데요. ③동작이 진행됨을 표시함: 他睡觉～. 그는 자고있다. ④말의 중간휴식에 씀: 喜欢呢,就买下; 不喜欢～,就不买. 마음에 들면 사고 안들면 사지 말아요. (1) ní →323페지.

NEI

哪 (2) něi (나) (〈哪〉(nǎ)와 〈一〉가 합친 소리다. 수량을 가리킬 때 〈一〉에만 국한되지 않는다). 어느: ～个. 어느것. /～些. 어떤것들. /～年. 어느해. (1) nǎ →318페지. (3) na →319페지. (4) né →321페지.

馁 něi (뇌) ① 굶주리다: 冻～. 헐벗고 굶주리다. ㈜맥이 빠지다, 사기가 떨어지다, 용기를 잃다: 气～. 맥이 풀리다, 사기가 떨어지다. /胜不骄,败不～. 이겼다고 뽐내지 않고 졌다고 용기를 잃지 않는다. ②(물고기가) 썩다.

内 nèi (내) ①안, 속, 내부. ↔〈外〉: ～室. 안방. /～衣. 속옷. /～科. 내과. /～情. 내부의 사정. /国～. 국내. /党～. 당내. 〔内行〕(-háng) 전문가, 능수, 오랜 경험자. 〔内务〕 1. 집단생활에서의 일상사무, 내무: 整理～～. 내무정돈. 2. 국가의 내부사업, 내정: ～～部. 내부사업부, 내무부. ②가시집친척: ～兄. 손우처남. /～侄. 처조카. 〈고〉〈纳〉(nà)와 같다.

那 (2) nèi (나) 〈那〉(nà)와 〈一〉가 합친 소리다, 수량을 가리킬 때 〈一〉에만 국한되지 않는다: ～个. 저것, 그것. /～些. 그런것들, 저것들. /～年. 그해. (1) nà →318페지. (3) nā →317페지.

NEN

恁 nèn (님) 〈방〉①그리, 그렇게, 그처럼, 그만큼, 그토록: ～大. 그처럼 크다. /～高. 그처럼 높다. /要不了～些. 그렇게 많이 필요치 않다. ②그, 저: ～时. 그때. /～时节. 그 시절.

嫩 nèn (눈) ① 어리다, 여리다, 야들야들하다, 연하다, 말랑말랑하다. ↔〈老〉: ～芽. 야들야들한 싹, 새싹, 애순, 갓 싹이 튼 눈. /肉皮～. (료리에 쓰이는) 돼지가죽이 만문하다. ㉤(음식이) 만문하다: 鸡蛋煮得～. 닭알을 만문하게 삶았다. ②(빛갈이) 연하다, 엷다: ～黄. 연한 누른색, 누르스름하다. /～绿. 연록색, 파르스름하다.

NENG

能 néng (능) ①능력, 재간, 재능: 各尽其～. 저마다 자기의 재능을 다 발휘하다. /他很有～力. 그는 아주 재간이 있다. 〔能耐〕 기능, 능력, 수완. ②재간이 있다. ～人. 재간둥이, 재간있는 사람. /～者多劳. 능한자가 수고를 더한다, 일 잘하는 사람이 좀 더 수고하기 마련이다. /～手. 능수. ③능히 …할수 있다, …줄 알다: 他～耕地. 그는 밭갈이할줄 안다./～完成任务. 과업을 완수할수 있다. 〔能动〕 능동적, 주동적: 主观～～性. 주관능동성./～～地争取胜利. 능동적으로 승리를 쟁취하다. ④될수 있다, …것 같다, 가능하다: 他还～不去吗? 그가 가지 않을수 있겠습니까? ⑤응당 …해야 한다: 你不～这样不负责任. 너는 그렇게 무책임해서는 안된다. ⑥에네르기: 电～. 전기에네르기./原子～. 원자에네르기.

NG

嗯(唔) (1) ńg 감탄사. 응(의문을 표시): ～? 你说什么? 응? 뭣이라구?

嗯(呒) (2) ňg 감탄사. 으응(그렇지 아니함을 표시). 응(뜻밖임을 표시): ～! 我看不一定是那么回事. 으응, 내 생각엔 꼭 그렇다고 할수 없어./～! 怎么还没去? 응? 왜 아직도 안갔니?

嗯(叽) (3) ǹg 감탄사. 예, 응(대답을 표시): ～! 就这么办吧. 응, 그렇게 하자구.

NI

妮 nī (니) (-子、-儿) 처녀애, 계집애.

尼 ní (니) 녀자중, 녀승. 흔히 〈尼姑〉라고 함.

坭 ní (니) ①진흙. 〈泥〉와 같음. 〔红毛坭〕 〈방〉세멘트. ②니, 땅이름자. 〈白坭〉백니, 광동성에 있음.

呢 (1) ní (니) (-子) 라사천. 〔呢喃〕(-nán) 소리본딴말. 지지배배(제비가 지저귀는 소리). (2) ne →322페지.

怩 ní (니) →328페지 〈忸〉의 〈忸怩〉(niǔní).

泥 (1) ní (니) ①진흙. ②진흙처럼 생긴것: 印～(印色). 도장밥, 인즙./枣～. 대추로 만든 떡소./山药～. 감자로 만든 떡소. (2) nì →본 페지.

铌 ní 니오비움(원소기호 Nb). 옛 이름은 〈钶〉(kē)임.

倪 ní (예) 끝, 가, 가장자리. 〔端倪〕 실머리, 단서: 已略有～～. 이미 약간한 단서가 잡혔다.

猊 ní (예) →420페지 〈狻〉의 〈狻猊〉(suānní). 전설에 나오는 맹수.

霓 ní (예) 무지개. →169페지의 虹〉. 〔霓虹灯〕 네온등.

鲵 ní (예) 도롱룡.

麑 ní (예) 어린 사슴.

拟(擬) nǐ (의) ①…하려고 하다: ～往上海. 상해로 가려고 한다. ②(초보적으로) 만들다: ～定计划. 초보적으로 계획을 세우다./～稿. 초고를 만들다./这是一个～议. 이것은 초안이다. ③본따다, 모방하다: ～作. 본따서 만들다; 본딴 작품, 모방작품.

你 nǐ (니) 당신, 자네, 너, 네, 여보.

旎 nǐ (니) 〔旖旎〕(yǐ-) 부드럽고 아름답다, 부드럽다, 아름답다.

泥 (2) nì (니) ①바르다, 칠하다: ～墙. 벽에 회칠하다./～炉子. 부뚜막을 바르다, 벽난로를 바르다. ②고집하다, 고집부리다(㉻

拘-). (1) ní →323페지.

昵(暱) nì (닐) 친근하다, 애틋하다, 다정하다: ～友. 친근한 벗.

逆 nì (역) ①거스르다. ↔〈顺〉: ～水行舟. 물을 거슬러 배를 몰다./～风. 거슬러 부는 바람, 맞바람, 역풍./～境. 역경./倒行～施. 시대의 흐름에 역행하다, 도리에 맞지 않는 일을 억지로 내밀다. ②거슬리다: 忠言～耳利于行. 충고의 말이 귀에는 거슬리나 행동에는 리롭다. ③반역자: ～产. 반역자의 재산. ④맞이하다: ～之于途. 그를 길에서 맞이했다. ㉠미리, 사전에: ～料. 예측하다, 예견하다.

匿 nì (닉) 감추다, 숨기다(㊀隐-、藏-): ～名信. 닉명편지.

睨 nì (예) →23페지 〈睥〉의 〈睥睨〉(bìnì) 흘겨보다.

腻 nì (니) ①느끼하다, 기름지다: 油～. 느끼하다./肥～. 너무 기름지다. 〔细腻〕 1. 미끈미끈하다, 미끄럽다. 2. 섬세하다, 세밀하다. ②싫증나다, 물리다, 진저리나다: 玩～了. 실컷 놀아서 싫증나다./听～了. 너무 들어서 싫증나다. ③때.

溺 (1) nì (닉) ①물에 빠지다: ～死. 물에 빠져죽다. ②(어떤 일에) 정신 빠지다, 골똘하다, 열중하다: ～信. 너무 믿다./～爱. 너무 사랑하다, 무원칙하게 사랑하다. (2) niào →326페지.

NIA

嗐 niā 〈방〉문장끝의 어투조사. 희망을 나타냄: 来～. 오십시오.

NIAN

拈 niān (점) 손가락으로 집다, 따다, 비비다, 쓰다듬다: 从罐子里～出一块糖. 통에서 사탕 한알을 집어냈다./～花. 꽃을 따다, 꽃을 꺾다./～须. 수염을 쓰다듬다./～阄. 제비를 뽑다.

蔫 niān (언) (식물이) 시들다, 오그라지다: 花～了. 꽃이 시들다./菜～了. 남새가 시들다. ㉭기운이 없다, 활기가 없다, 풀이 죽다, 활발하지 못하다, 주눅이 들다, 소침하다.

年(秊) nián (년) ①해, 년. ㉭1. 설, 새해: 过～. 설을 쇠다./～画. 설그림. 2. 시기, 시대: 光绪～间. 광서년간./民国初～. 민국초년. 〔年头儿〕 1. 해, 한해: 看看已经三个～～～了. 벌써 세해나 되였군. 2. 시대, 세월, 세상: 那～～～生活可真苦哇. 그 시대에 정말 고생을 했었지. 3. (농사에서) 수확정형, 작황: 今年～～～真好,比去年多收一倍. 금년은 작황이 좋아 작년보다 갑절 더 거두었다. ②나이, 년령(㊀-龄、-岁): ～老. 나이 많다./～轻. 나이 젊다. ㉭일생의 한시기: 青～. 청년./壮～. 장년. ③(농사의) 수확, 작황: 丰～. 풍년./～成好. 풍년을 이루었다, 작황이 좋다.

粘(黏) (2) nián (점) 찐득찐득하다, 끈적끈적하다, 풀기가 있다, 풀기가 있다, 진득진득 붙다./～液. 점액./～米. 찹쌀./这江米很～. 이 찹쌀은 매우 풀기가 있다. (1) zhān →558페지.

鲇(鲶) nián (점) 메기.

捻(撚) niǎn (년) ①(손가락으로) 비비다, 비틀다, 꼬다: ～线. 실을 뽑다./～麻绳. 노끈을 꼬다. ②(-子、-儿). 꼬아서 만든 물건: 纸～儿. 종이노끈./药～儿. 도화선, 심지./灯～儿. 등잔심지.

辇 niǎn (련) (옛음 liǎn)(옛날) 사람이 끄는 수레, 왕이 타는 수레.

撵 niǎn (련) ①쫓아내다, 쫓아버리다: ～出去. 쫓아내다. ②따르다, 따라잡다, 뒤쫓아가다: 他～不上我. 그는 나를 따라잡지 못한다.

碾 niǎn (년) ①(-子) 굴대, 굴개, 로라: 石～. 연자방아./汽～. 증기로라식다짐기. ②빻다, 찧다, 가루를 내다: ～米. 쌀을 찧다.

蹍 niǎn (전) 〈방〉밟다.

廿 niàn (입) 스물: ～四史. 이십사사.

念(唸) niàn (념) ①늘 생각하다, 그리워하다([련]惦-): 我们深切怀～他们. 우리는 절절한 심정으로 그들을 그린다. 〔念头〕 생각, 마음, 의사: 不该有这种～～. 이런 생각이 있어서는 안된다. ②(글을) 읽다: ～书. 책을 읽다./～诗. 시를 읊다. ③스물(〈廿〉의 큰자).

埝 niàn (흙으로 쌓은) 작은 뚝: 堤～. 뚝.

NIANG

娘(孃) niáng (랑) ①젊은 녀자: 渔～. 고기잡이처녀./新～. 색시, 신부. 〔姑娘〕 처녀. 〔娘子〕 1. (지난날) 젊은 녀자를 통털어 이르던 말. 2. (지난날) 안해, 처. ②어머니. ③손우녀자 또는 나이 많은 녀자: 大～. 어머니, 큰어머니./婶～. 아주머니.

酿(釀) niàng (양) ①(술을) 빚다, 담그다: ～酒. 술을 담그다./～造. 술을 빚다. [파] 1. (꿀벌이) 꿀을 만들다: 蜜蜂～蜜. 꿀벌이 꿀을 만들다. 2. 점차 이루다, 이루어지다: ～成水灾. 점차 큰물피해가 오다, 수재를 빚어내다. ②술: 佳～. 좋은 술.

NIAO

鸟(鳥) niǎo (조) 새: ～类. 조류.

茑 niǎo (조) 담쟁이, 담쟁이덩굴. 〔茑萝〕 담쟁이, 담쟁이덩굴.

袅(嫋、嬝) niǎo (뇨) 〔袅袅〕 1. 모락모락, 몰몰: 炊烟～～. 밥짓는 연기가 모락모락 피여오른다. 2. 하느적거리다: 垂杨～～. 수양버들이 하느적거리다. 3. (소리가) 길고 가늘다: 余音～～. 여운이 가늘고 길게 울리다. 〔袅娜〕(-nuó) 초목이 가늘고 부드럽다.

嬲 niǎo (뇨) 희롱하다, 노리개로 삼다, 시시덕거리거나 집적거리면서 성가시게 굴다, 못살게 굴다: ～恼. 성가시게 굴다, 못살게 굴다.

尿 (1) niào (뇨) ①오줌, 소변. ②오줌을 누다, 소변을 보다: ～床. 침대에 오줌을 싸다. (2) suī →420페지.

脲 niào (뇨) 뇨소(尿素), 카르바미드.

溺 (2) niào (뇨) 〈尿〉와 같음. (1) nì →324페지.

NIE

捏(揑) niē (날) ①(손가락으로) 집다: ～着一粒糖. 사탕 한알을 집다. ②(손가락으로) 빚다, 빚어만들다: ～饺子. 만두를 빚다./～泥人儿. 흙인형을 빚다. ③꾸며내다, 조작하다, 날조하다: ～造. 날조하다./～报. 거짓보고, 허위보고, 거짓보고를 하다, 허위보고를 하다.

苶 nié (날) 〈방〉나른하다, 고달프다, 기운이 없다, 녹작지근하다: 发～. 나른해지다, 맥이 탁 풀리다./～呆呆的. 녹작지근하다.

乜 (1) niè (먀) 사람의 성. (2) miē →309페지.

陧 niè (열) 〔杌陧〕(wù-) 불안스럽다, 위태하다, 위험하다.

涅 niè ① (날, 녈) (검정물감을 만드는) 알루미나. ②검게 물들이다: ～齿. 이를 검게 물들이다. 〔涅白〕 젖빛.

聂(聶) niè (섭) 사람의 성.

嗫(囁) niè (섭) 〔嗫嚅〕(-rú) (옛음 rèrú) 말을 얼버무려버리다.

镊(鑷) niè (섭) 〔镊子〕 동집게, 핀셋트.

颞(顳) niè (섭) 〔颞颥〕(-rú) 관자노리.

蹑(躡) niè (섭) ①밟다, 디디다: ～足其间. 발을 들여놓다. 〔蹑手蹑脚〕 살금살금, 사뿐사뿐. ②뒤따르다, 뒤쫓다, 쫓아가다, 미행하다, 추격하다: ～踪. 뒤를 따르다, 미행하다.

臬 niè (얼) ①과녁, 목표. ②표준, 규칙, 규범: 圭～. 표준, 규정.

嵲 niè (얼) →93페지 〈嵽〉의 〈嵽嵲〉(dié-).

镍 niè 니켈(원소기호 Ni).

啮(齧、囓) niè (설) (쥐, 토끼 등이) 물다, 깨물다, 씹다, 쏠다: 虫咬鼠～. 벌레는 물고 쥐는 쏜다: ～齿. 설치./～牙. 이를 갈다.

孽(孼) niè (얼) 나쁜짓, 악한짓, 죄, 죄악: 造～. 죄를 짓다./罪～. 죄악, 못된짓, 잘못.

蘖(蘗) niè (얼) 나무그루터기에 돋은 새싹: 萌～. 그루터기에서 새싹이 나다. 〔分蘖〕 아지치기.

糵(糱) niè (얼) 누룩: 媒～. 매개물.

NIN

您 nín (니) 당신(상대방을 높여 부르는 말).

NING

宁(寧、甯) (1) níng (녕) ①편안하다, 평

온하다, 안정되다. ～静: 고요하다. 〔归宁〕 친정에 돌아가 부모께 문안을 드리다. (녀자가 결혼후 친정에 찾아 가는 일.) ②남경시의 별칭. (2) nìng →본 페지.

苧(薴) (1) níng 리모넨. (2) zhù →583페지의 〈苎〉.

拧(擰) (2) níng (녕) 짜다, 비틀다, 꼬다, 꼬집다: ～毛巾. 수건을 짜다, 수건을 비틀다. /～绳子. 새끼를 꼬다. /～了他一把. 그를 살짝 꼬집어주었다. (1) nǐng →본 페지. (3) nìng →본 페지.

咛(嚀) níng (녕) → 94 페지 〈丁〉의 〈丁宁〉.

狞(獰) níng (녕) → 569 페지 〈狰〉의 〈狰狞〉(zhēng-).

柠(檸) níng (녕) 〔柠檬〕 레몬.

聍(聹) níng (녕) 〔耵聍〕 (dīng-) 귀지, 귀에지.

凝 níng (응) ①엉기다, 엉키다, 엉켜붙다, 응결되다: 油还没有～住. 기름이 아직 엉키지 않았다. ②(정신을) 한데 모으다, 집중하다: ～神. 정신을 가다듬다. /～视. 눈여겨보다, 뚫어지게 바라보다, 주시하다. /独坐～思. 홀로 앉아 깊은 생각에 잠기다.

拧(擰) (1) nǐng (녕) ①틀다, 돌리다: ～螺丝钉. 나사를 틀다. /～墨水瓶盖. 잉크병마개를 돌리다. /～开. 비틀어 열다. ②〈방〉반대되다, 잘못되다, 틀리다, 맞지 않다, 엇나다: 我弄～了. 내가 잘못되게 했다. /别让他俩闹～了. 그들 둘사이가 나빠지지 않도록 해라. (2) níng →본 페지. (3) nìng →본 페지.

宁(寧、甯) (2) nìng (녕) ①차라리, …지언정, …ㄹ망정: ～死不屈. 죽을지언정 굽히지 않는다. /～缺毋滥. 없을망정 아무거나 마구 쓰지 않는다, 질을 고려하지 않고 수자만 채워서는 안된다. ②녕, 사람의 성. (1) níng →326페지.

拧(擰) (3) nìng (녕) (성미가) 고집스럽다, 까다롭다, 비꼬이다: ～脾气. 비꼬인 성미, 괴벽한 성격, 까다로운 성미. /～性. 엇나가는 성미. (1) nǐng →본 페지. (2) níng →본 페지.

泞(濘) nìng (녕) 〔泥泞〕 ①질다, 질퍽질퍽하다: 道路～～. 길이 질다. ②진창, 진탕: 陷入～～. 진창에 빠지다.

佞 nìng (녕) ①재간있다, 지혜롭다: 不～. 별로 재간이 없습니다(자기를 낮추어하는 말). ②발라맞추다, 아첨하다, 알랑거리다, 비나리를 치다: ～口. 교묘한 말로 아첨하다. /～人. 잘 발라맞추는 사람, 아첨쟁이.

NIU

妞 niū (뉴) (-儿) 처녀애, 녀자아이, 소녀, 계집애: ～儿. 처녀애.

牛 niú (우) 소: ～倌. 소먹이군.

扭 niǔ (뉴) 돌리다, 비틀다: ～过脸来. 얼굴을 돌리다. /～转身子. 몸을 돌리다. [파] 1. 몸을 흔들거리며 걷다, 간드러진 걸음걸이로 걷다, 흐느적흐느적 걷다: ～秧歌. 양걸춤을 추다./一～一～地走. 흐느적흐느적하며 걷다. 2. 삐다, 접질리다: ～了筋. 힘줄이 삐다./～了腰. 허리를 삐다. 3. (정세를) 돌려세우다, 전환시키다: ～转局面. 국면을 전환시키다.

狃 niǔ (뉴) 습관되다, 구애되다, 사로잡히다: ～于成见. 선입견에 사로잡히다.

忸 niǔ (뉵) 〔忸怩〕(-ní) 부끄러워하다, 수집어하다, 우물쭈물하다.

纽 niǔ (뉴) ①손잡이, 끈, 꼭지: 秤～. 저울손잡이./印～. 도장손잡이. ②(-子) 단추: 衣～. 옷단추. ③중심, 중심고리, 중추: ～带. 뉴대.

钮 niǔ (뉴) 〈纽②〉와 같음.

拗(抝) (3) niù (요) 고집스럽다, 순종하지 않다, 고분고분하지 않다: 执～. 고집통, 고집을 쓰다./脾气很～. 성미가 매우 고집스럽다. (1) ǎo →5페지. (2) ào →5페지.

NONG

农(農、辳) nóng (농) ①농사, 농업: 务～. 농사를 짓다./～业. 농업. ②농민, 농사군: 老～. 실농군, 로농./工～联盟. 로농동맹.

侬(儂) nóng (농) ①〈방〉너, 자네, 당신. ②나, 내 (옛시에 많이 쓰임).

哝(噥) nóng (농) 〔哝哝〕(-nong) (혼자) 중얼거리다. 〔嘟哝〕 중얼거리다.

浓(濃) nóng (농) ① 진하다, 질다. ↔〈淡〉: ～茶. 진한 차./～烟. 짙은 연기. ②정도가 깊고 두텁다, 농후하다: 兴趣正～. 흥미진진하다./感情～厚. 감정이 농후하다.

脓(膿) nóng (농) 고름: 化～. 곪다.

秾(穠) nóng (농) 초목이 무성하다.

弄 (1) nòng (롱) (옛음 lòng) ① 가지고 놀다, 장난하다(㊊玩-、戏-): 不要～火. 불장난을 하지 말라. ②하다, 만들다: ～好. 잘 만들다./～点水喝. 물을 좀 얻어마시다./～饭. 밥을 짓다. (2) lòng → 284페지.

NOU

耨(鎒) nòu (누) ① 옛날호미. ② 김을 매다: 深耕易～. 깊이 갈면 김매기가 쉽다.

NU

奴 nú (노) 노예, 종: 农～. 농노./家～. 종. 〔奴隶〕 노예. 〔奴役〕 노예로 부려먹다, 노예화하다. 〔奴才〕 1. 명(明), 청(清) 시기의 부관이나 만족의 벼슬아치들이 황제거나 주인을 대할 때 자기를 이르던 말. 2. (남의 나쁜짓을 도와주는) 사람답지 못한 놈, 졸개, 노복.

孥 nú (노) ① 아들딸. ② 안해와 자식, 처자: 妻～. 처자.

驽 nú (노) 둔한 말, 느린 말. ㊥ 우둔하다, 미련하다, 어리석

다：～钝. 미련하다, 둔하다.

努(㧯) nǔ (노) ①힘쓰다, 노력하다, 애쓰다：～力. 노력하다, 힘쓰다, 애쓰다. ②삐죽 내밀다, 툭 튀여나오다, 삐여져나오다：～嘴. 입을 삐죽 내밀다. ③(가까스로 힘을 쓰다가) 몸을 상하다：箱子太重, 你别扛, 看～着. 상자가 너무 무거워 상할수 있으니 혼자 들지 마시오.

弩 nǔ (노) 쇠뇌：～弓. 쇠뇌./～箭. 쇠뇌화살.

胬 nǔ〔胬肉〕결막에 살아난 군살(군살이 각막을 덮지 않은것).

怒 nù (노) ①성내다, 노하다, 화내다, 분개하다：发～. 성을 내다./～发冲冠. 화가 머리끝까지 치밀어오르다, 노기등등하다, 노발대발하다./～容满面. 노기등등하다. ②기세충천하다, 기세차다, 매우 싱싱하다：～涛. 성난 파도, 노한 파도, 노도./草木～生. 초목이 싱싱자라다. ③〔怒族〕누족, 중국 소수민족의 하나.

Nü

女 nǚ (녀) ①녀자, 녀인, 부녀：～士. 녀사./～工. 녀성로동자, 녀직공, (바느질, 수놓이 등) 녀자들의 일, (바느질, 수놓이 등으로 만들어낸) 물건./男～平等. 남녀평등. ②딸：一儿一～. 아들 하나 딸 하나. 〈고〉〈汝〉(rǔ)와 갈음.

钕 nǚ 네오딤(원소기호 Nd).

恧 nǜ (뉵) 부끄럽다, 창피하다, 면구스럽다.

衄(䶊、衂) nǜ (뉵) ①코피가 나다：鼻～. 코피가 나다. ②싸움에서 지다, 패하다：败～. 패전하다.

朒 nǜ (뉵) 모자라다, 부족하다.

NUAN

暖(煖) nuǎn (난) 따뜻하다, 온화하다(㊀温-)：风和日～. 바람은 부드럽고 날씨는 따뜻하다. ㊁따뜻하게 하다, 덥히다：～一～手. 손을 따뜻하게 하다, 손을 녹이다.

NüE

疟(瘧) (1) nüè (학) 학질, 말라리아, 고금：～疾. 학질. (2) yào →513폐지.

虐 nüè (학) 참혹하다, 잔인하고 포악하다(㊀暴-)：～待. 학대하다./～王. 폭군.

NUO

挪 nuó (나) 옮기다, 이동하다：把桌子～一～. 상을 좀 옮겨놓다./～用公款. 공금을 돌려쓰다.

娜 (2) nuó (나)〔袅娜〕(niǎo-) (나무나 풀이) 가늘고 부드럽다. (1) nà →318폐지.

傩(儺) nuó (나) (지난날) 굿을 하여 잡귀신을 쫓다.

诺 nuò (낙) ①응, 예, 그래그래, 좋아좋아(대답하는 소리)：唯唯～～. 예예 하고 대답하다. ②승낙하다, 허락하다：～言. 승낙하는 말, 낙언./慨～. 시원스럽게 승낙하다.

喏 (2) nuò (야) ①감탄사. 자, 여보시오! 이것 좀 보오(상대방에게 말을 걸 때 주의를 환기시키는 말): ～, 这不就是你的那把伞? 자, 이게 당신의 양산이 아니요? ②〈诺〉와 같음. (1) rě →377페지.

锘 nuò 노벨리움(원소기호 No).

搦 nuò (닉) 쥐다, 잡다, 들다, 가지다: ～管. 붓을 들다.

懦 nuò (나) 나약하다, 겁이 많다 (㊀-弱): ～夫. 겁쟁이, 비겁한 사람.

糯(穤、稬) nuò (나) 찰곡식: ～米. 찹쌀.

O

O

喔 (1) ō (악) 감탄사. 오 (깨달음을 나타냄): ～, 就是他! 오, 그였구만. /～, 我懂了. 오, 알았어. 〔喔唷〕〔喔哟〕(-yō) 감탄사. 어이쿠, 아이구, 아이고, 아야(아픔과 놀람을 나타냄): ～～, 这么大的西瓜! 아이구, 수박이 크기도 하네. /～～, 好痛! 아이고 아파죽겠네. (2) wō →462페지.

噢 ō (오) 〈喔〉(ō)와 같음.

哦 (1) ó (아) 감탄사. 오, 뭐, 응, 아(의문, 경탄을 나타냄): ～, 是这样吗? 아, 이런것인가. /～, 是那么一回事. 아, 그렇게 된 일이구만. (2) ò →본 페지. (3) é →106페지.

嚄 (2) ǒ (획) 감탄사. 오, 아(놀람을 나타냄). (1) huō →184페지.

哦 (2) ò (아) 감탄사. 오, 아(깨달음과 납득됨을 나타냄): ～, 我明白了. 아, 알았습니다. (1) ó →본 페지. (3) é →106페지.

OU

区(區) (2) ōu (구) 사람의 성. (1) qū →370페지.

讴(謳) ōu (구) 노래하다. 〔讴歌〕 노래하다, 찬양하다.

沤(漚) (2) ōu (구) 물거품: 浮～. 물우에 뜬 거품. (1) òu →331페지.

瓯(甌) ōu (구) ①작은 자배기. ②잔, 종지: 茶～. 차잔. ③〔瓯江〕 구강, 강이름, 절강성에 있음.

欧(歐) ōu (구) ①사람의 성. ②〈외〉구라파주: ～式. 구라파식.

殴(毆) ōu (구) 때리다, 구타하다, 치다(㊀-打): ～伤. 때려서 상처를 내다.

鸥(鷗) ōu (구) 갈매기: ～鸟. 갈매기.

呕(嘔) ǒu (구) 게우다, 토하다 (㊀-吐): ～血. 피를 토하다. 〔作呕〕(zuò-) (태도나 행동 같은것이) 비위에 거슬리게 눈꼴사납다, 구역이 나다, 구역질이 나다, 메스껍다.

偶 ǒu (우) ①우상, 인형, 꼭두각시, 허수아비. ②쌍, 짝. ↔

〈奇〉：～数．짝수，우수．/无独有～．（못된자 또는 못된 일）하나만 있는것이 아니라 짝지여있다，못된 놈이 하나만 있는것이 아니라 그와 어울리는 짝패도 있다，혼자가 아니라 단짝이 있다．〔对偶〕대구(문학작품에서 음조가 서로 조화되고 뜻이 서로 상대되며 글자수가 같은 문절끼리 짝을 이루는것)．③우연히：～发事件．우발적인 사건．〔偶然〕우연히，이따금，우연하다：～～去一次．우연히 한번 갔다．/他们取得了的成就绝不是～～的．그들이 취득한 성과는 결코 우연한것이 아니다．

耦 ǒu（우）①〔耦耕〕두사람이 나란히 서서 밭갈이하다．②〈偶②〉과 같음．

藕 ǒu（우）련뿌리：～粉．련뿌리가루，련뿌리전분．〔藕荷〕〔藕合〕연한 자주빛，자주빛을 띤 남색．

怄（慪） òu（구）놀리다，희롱하다，화내게 하다：你别～人了．남을 놀리지 마시오．/～得他直冒火．희롱받은 그는 발끈 성을 냈다．〔怄气〕화를 내다，쓸데없이 다투다，골을 내다，성을 내다：不要～～．성을 내지 마오．

沤（漚）（1）òu（구）물에 오래 담그다，우리다：～麻．삼을 물에 담그다．/～粪．인분을 썩이다．（2）ōu →330 페지．

P

PA

趴 pā（팔）①엎드리다：～下放枪．엎드려 총을 쏘다．②(어떤 물건에 몸을 앞으로) 대다，기대다：～在桌子上写字．책상에 다가앉아 글을 쓰다．/～炕．앓아눕다．

啪 pā 소리본딴말．땅땅，짝짝，딱딱(총소리，박수소리，물건이 부딪치는 소리)．

葩 pā（파）꽃：奇～异草．신기한 화초．

扒（2）pá（배）①(손이나 갈퀴로) 긁어모으다：～草．풀을 긁어모으다．～土．흙을 긁어모으다．②긁다：～痒．가려운데를 긁다．③푹 삶다，고다，푹 끓이다：～猪头．돼지대가리를 고다．（1）bā →6 페지．

爬 pá（파）①기다：小孩子学～．어린아이가 기기 시작했다．/不要吃苍蝇～过的东西．파리가 앉았던 음식을 먹지 말라．〔爬虫〕파충．②기여오르다，톺다：～山．산을 톺다．/～树．나무에 기여오르다．/猴子～竿．원숭이가 장대에 기여오르다．

耙（鈀）（2）pá（파）（-子）고무래，쇠스랑，긁개，써레．（1）bà →8 페지．〈钯〉bǎ →8 페지．

筢 pá（파）（-子）참대갈퀴．

潖 pá（파）〔潖江口〕파강구，지명，광동성 청원현에 있음．

掱 pá〔掱手〕따기군，소매치기．〈扒手〉라고도 함．

帕 pà（파）（-子）수건：首～．머리수건．/手～．손수건．

怕 pà（파）①무서워하다，두려워하다，무섭다，두렵다：老鼠～猫．쥐는 고양이를 무서워한다．②아마，아마 …것이다，혹시：他～不

OP

来了. 그는 아마 오지 않을것이다./恐～他别有用意. 아마 그는 딴궁리가 있을것이다.

杷 pa (파) →340 페지 〈枇〉의 〈枇杷〉(pípa).

琶 pa (파) →340 페지 〈琵〉의 〈琵琶〉(pípa).

PAI

拍 pāi (박) ①(손바닥으로) 치다: ～球. 공을 치다./～手. 손벽을 치다. [파](-子) 박자([련]节-): 这首歌每节有四～. 이 노래는 매 소절에 4 박자씩이다. ②(-子、-儿) 채: 蝇～子. 파리채./球～子. 공채, 라케트. ③(사진을) 찍다: ～照片. 사진을 찍다. ④(전보를) 치다: ～电报. 전보를 치다.

俳 pái (배) (옛날) 어리광대놀음, 어리광대극 또는 광대. [전]웃음거리, 롱담: ～笑. 롱담하다.

排 (1) pái (배) ①(줄을) 짓다([련]-列): ～队. 대렬을 짓다. 〔排行〕(-háng) 항렬. 〔排场〕(-chang) 겉치레, 허례허식. ②줄: 我坐在前～. 나는 앞줄에 앉았다. ③〈簰〉와 같음. ④(군대의) 패, 소대. ⑤내보내다, 밀어내다, 뽑아버리다, 배설하다: ～水. 물을 뽑아버리다./～山倒海. 산을 옮기고 바다를 메우다, 기세충천하다./～难(nàn). 재난을 물리치다. 〔排泄〕 내보내다, 배설하다, 배출하다. ⑥무대연습을 하다: ～戏. 극을 연습하다./彩～. 시연을 하다. (2) pǎi →본 페지.

徘 pái (배) 〔徘徊〕(-huái) 이리저리 거닐다, 바장이다, 배회하다: 他在那里～～了很久. 그는 거기서 바장인지 오래다. [유]망설이다, 머뭇거리다, 우유부단하다: 左右～～. 이리저리 생각하면서 망설이다.

棑 pái (패) 〈簰〉와 같음.

牌 pái (패) ①(-子、-儿) 패, 패쪽, 판: 招～. 간판./指路～. 길지시패말, 리정표./存车～子. 자전거보관패쪽. [파]상표, 표: 解放～汽车. 해방표자동차. 〔牌楼〕(-lou) 기념문, 기념아치, 아치. 〔牌价〕 공정가격, 시장가격, 제정된 가격. ②패, 방패: 挡箭～. 방패./藤～. 등나무로 만든 방패. ③놀이감, 놀음감: 扑克～. 트럼프. ④곡조의 이름: 词～. 사의 격조의 이름./曲～. 곡의 이름.

簰(篺) pái (패) 떼, 떼목. 〈排〉〈棑〉라고도 함.

迫(廹) (2) pǎi (박) 〔迫击炮〕 박격포. (1) pò →347 페지.

排 (2) pǎi (배) 〔排子车〕〈방〉(사람이 끄는) 짐수레, 손수레. (1) pái →본 페지.

哌 pài 〔哌嗪〕(-qín) 피페라진.

派 pài (파) ①강물의 지류. ②(학술 또는 문학예술 분야에서의) 류파, 파벌([련]-系): 流～. 류파./～生. 파생하다, 갈라져나오다. ③(정치적사회집단의) 파벌, 파: 各～. 각파. ④작풍, 태도: 正～. (품행이) 바르다, 단정하다, 정직하다./官僚～. 관료주의적작풍./气～. 기개, 패기, 기백. ⑤분배하다, 파견하다, 지정하다, 분공하다, 할당하다: ～人去办. 사람을 파견하여 처리하게 하다./～定工作. 사업분공을 하다.

蒎 pài 피넨.

湃 pài (배) 〔澎湃〕(pēng-)(물결이) 솟구치다, 설레이다.

PAN

番 (2) pān (반) 〔番禺〕(-yú) 반우, 현이름, 광동성에 있음. (1) fān →111 페지.

潘 pān (반) 사람의 성.

攀 pān (반) ①기여오르다, 바라오르다, 톺아오르다: ～登. 기여오르다./～树. 나무에 기여오르다. ②(사람을) 끌다, 친하게 지내다(㊀-扯): ～谈. 많은 사람들과 친분관계를 맺다, 구면인듯하다.

爿 pán (장) ①장작, 널쪽, 참대쪽. ②〈방〉단위명사. 개(상점, 공장을 세는 단위): 一～水果店. 과일상점 하나.

胖 (2) pán (반) 편안하다: 心广体～. 마음이 편안하여 몸이 나다. (1) pàng →335 페지.

盘(盤) pán (반) ①(-子、-儿) 쟁반: 茶～儿. 차쟁반./和～托出. 통채로 내놓다, 깡그리 내놓다. 〔通盘〕 전면적, 전반적, 전부, 몽땅, 전체: ～～打算. 총체적으로 타산하다. ②(-儿) 쟁반과 같이 생긴 판: 脸～儿. 얼굴./磨～. 망돌함지./棋～. 장기판./算～. 주산./字～. 문자판, 글자판. ③빙빙 돌다: ～香. (둥글게 빙빙 탈아놓은) 뙤리향./～杠子. 철봉을 하다./把绳子～起来. 새끼를 돌돌 감다./～山公路. 산을 감돌아오르는 신작로, 에돌이길./～根错节. 나무뿌리나 나무가지가 뒤엉키다, (문제가) 얼기설기 뒤얽히다, (낡은 세력이) 깊이 뿌리를 내려 소멸하기 힘들다. 〔盘剥〕 여러가지 방법으로 착취하다. 〔盘旋〕 빙빙 돌다, 에돌다, 선회하다. ④(부뚜막을) 쌓거나 (구들을) 놓다: ～炕. 구들을 놓다./～灶. 부뚜막을 쌓다. ⑤캐여묻다, 자세하게 실사하다: ～帐. 장부를 검사하다./～货. 상품을 실사하다./～问. 자세히 따져묻다, 캐여묻다, 심문하다./～算. 자세히 타산하다. ⑥(-儿) 물건시세, 금새, 시장형편, 넘겨주다, 양도하다: 开～儿. 팔고사기 시작하다, 거래하기 시작하다, 취인소의 첫시세./收～儿. 문을 닫다, 장사를 끝내다, 파장하다, 취인소에서 알리는 마지막 시세, 파장시세. ⑦둥근 물건의 단위. 一～机器. 기계 한대./一～磨. 망돌 한짝. 〔盘费〕〔盘缠〕 려비, 로자. 〔盘桓〕 머무르다, 체류하다, 동그랗게 빙빙 돌다, 구불구불하다.

槃 pán (반) 〈盘①③〉과 같음.

磐 pán (반) 큰돌, 반석: 安如～石. 반석마냥 든든하다./～安. 반석같이 든든하다.

磻 pán (반) 〔磻溪〕 반계, 옛 강물의 이름, 지금 섬서성 보계시의 동남쪽에 있음.

蟠 pán (반) 사리다, 감돌다: ～龙. 사리고있는 룡.

蹒(蹣) pán (반) 〔蹒跚〕(-shān) 1. 비틀거리다.

2. 어기적거리다. 〈盘跚〉이라고도 함.

判 pàn (판) ①갈라내다, 가려내다, 식별하다([련]-断): ～别是非. 시비를 가르다. 〔批判〕 비판하다, 비판: 揭发～～. 폭로비판하다. ②갈라지다. [전]전혀 다르다: ～若两人. 전혀 딴 사람 같다. ③판결하다: ～案. 판결하다./～处徒刑. 판결하여 처형하다.

泮 pàn (반) ①흩어지다, 풀리다: ～涣. 흩어지다./冰～. 얼음이 풀리다. ②옛날학교.

叛 pàn (반) 배반하다, 변절하다, 반역하다: ～国分子. 나라를 배반한 놈./～徒. 반역자.

畔 pàn (반) 논발의 경계. [파](강이나 호수, 길따위의) 가, 곁: 河～. 강가, 강변, 강반./篱～. 울타리곁. 〈고〉〈叛〉과 같음.

袢 pàn (반) 〈襻〉과 같음.

拚 (1) pàn (분) 서슴없이 버리다: ～命. 서슴없이 목숨을 내걸다. (2) pīn →344 페지.

盼 pàn (반) ①바라다, 희망하다: ～望. 바라다. ②보다, 살피다([련]顾-): 左顾右～. 두리번거리다, 좌우를 살펴보다.

鋬 pàn (옛날 그릇의) 손잡이.

襻(袢) pàn (반) ①(-儿)(천으로 만든) 단추고리: 扣～. 단추고리. ②고리모양으로 생긴것이나 그런 기능을 하는것: 鞋～儿. 신끈고리. ③매다, 두르다, 동이다: ～上几针. 어지간히 박음질을 하다.

PANG

乓 pāng 소리본딴말. 땅(총소리); 땅, 쾅(문닫는 소리); 탕, 퉁탕(물건이 부딪쳐 깨여지는 소리): ～的一声. 땅하고 소리가 났다.

雱 pāng (방) 눈이 펑펑 내리다.

滂 pàng (방) 물이 콸콸 솟아오르다. 〔滂湃〕(-pài) 물살이 세다, 줄기차다. 〔滂沱〕(-tuó) (비가) 쫙쫙 내리다, 억수로 쏟아지다: 大雨～～. 큰비가 쫙쫙 내리다. [유](눈물이) 줄줄 흐르다: 涕泗～～. 눈물이 줄줄 흐르다.

膀(胮) (2) pāng (방) 붓다: 他肾脏有病, 脸有点～. 그는 신장병이 있어서 얼굴이 좀 부었다. (1) bǎng →12 페지. (3) páng →335 페지.

彷(徬) (1) páng (방) 〔彷徨〕(-huáng) 헤매다, 방황하다. 〈旁皇〉으로도 씀. (2) fǎng →115 페지.

庞(龐、龎) páng (방) ①크다, 방대하다: 数字～大. 수자가 방대하다./～然大物. 크고 육중한 물건, 큼직한 물건, 거물. ②란잡하다([련]-杂). ③얼굴: 面～. 얼굴.

逄 páng (방) 사람의 성.

旁 páng (방) ①옆, 곁: 两～都是大楼. 량옆은 모두 큰 층집이다./站在两～. 량옆에 서있다./～观. 옆에서 보다, 방관하다./～若无人. 제 혼자 잘난것처럼 우쭐거리다, 방약무인격이다. ②딴, 다른: ～人.

딴 사람./～的话. 다른 말. 〈고〉〈傍〉(bàng)과 같음.

膀 (3) páng (방) 〔膀胱〕(-guāng) 오줌깨, 방광. 통속적으로 〈尿脬〉(suīpāo)라고도 함. (1) bǎng →12 페지. (2) pāng →334 페지.

磅 (2) páng (방) 〔磅礴〕(-bó) 1. 끝없이 넓다, 망망하다, 무연하다. (기세가) 드높다: 大气～～. 기세가 당당하다. 2. 확 퍼지다, 가득차다, 충만되다. 전세계에 널리 확대되다./热情～～. 열정으로 충만되다. (1) bàng →13 페지.

螃 páng (방) 〔螃蟹〕(-xiè) 게. →486 페지의 〈蟹〉.

鳑 páng 〔鳑鲏〕(-pí) 망성어.

嗙 pǎng (방) 〈방〉제 자랑하다, 나발을 불다, 되는대로 말하다, 마구 말하다: 你别听他瞎～. 그가 되는대로 지껄이는 말을 곧이듣지 말라./他一向是好(hào)胡吹乱～的. 그는 늘 나발을 불며 제 자랑하기를 좋아한다.

耪 pǎng 김을 매고 북을 주다: ～地. 김을 매고 북을 주다.

胖(胖) (1) pàng (반) 뚱뚱하다, 똥똥하다, 포동포동하다: 他长得很～. 그는 아주 뚱뚱하다, 그는 매우 포동포동하다./～子. 뚱뚱보. (2) pán →333 페지.

PAO

抛(拋) pāo (포) ① 던지다: ～球. 공을 던지다. 〔抛锚〕 닻을 내리다. [전] 1. (차가 고장나서) 중도에서 멎다. 2. 진행중의 일들이 사정에 의해 중지되다. 〔抛售〕 많은 물건을 헐값으로 팔다, 마구 팔다, 방매하다. ②내버리다, 포기하다([련]-弃).

泡 (2) pāo (포) ①(-儿) 부풀어나서 허분허분한것: 豆腐～儿. 허분허분한 두부. ② 허벅허벅하다, 푸석푸석하다: 这块木料发～. 이 목재는 견고하지 못하다. ③단위명사. 〈脬〉와 같음. 〔泡子〕 작은 호수. (1) pào →336 페지.

脬 pāo (포) ①오줌깨, 방광. ②단위명사. 번(똥오줌을 누는 단위), 무지: 一～屎. 똥 한번 (누다).

刨 (1) páo (포) ①파다: ～花生. 땅콩을 파다./～坑. 구뎅이를 파다. ②덜다, 빼다, 제하다, 떼여내다, 내놓다: ～去他还有俩人. 그를 내놓고도 두사람이 있다./十五天～去五天, 只剩下十天了. 열닷새에서 닷새를 떼여내면 열흘밖에 남지 않는다. (2) bào →15 페지.

咆 páo (포) 〔咆哮〕(-xiāo) (짐승이) 으르렁거리다, 울부짖다. [전](성이 나서) 고래고래 소리를 치다, 노호하다: 黄河在～～. 황하가 노호한다./～～如雷. 성이 나서 벼락같이 소리친다.

狍(麅) páo (포) (-子) 노루.

庖 páo (포) 부엌: ～人. (옛날에) 료리사. 〔庖代〕〔代庖〕 [전]일을 대신하여 맡아보다, 대리하다.

炮 (1) páo (포) 튀기다, 닦다. 초약을 닦는 방법의 하나로서 초약을 가마에 넣고 튀도록 닦는다.

〔炮烙〕(-luò, 옛음 -gé)〔炮格〕(고대의) 혹형의 한가지. 〔炮制〕(초약을) 정제하다, 만들어내다, 조작하다: 如法～～. 옛방법대로 약을 짓다, 그대로 만들어내다, 그대로 본따다, 틀에 맞추다. (2) bāo →13 페지. (3) pào →본 페지.

袍 páo (포) (-子、-儿) (한족식) 두루마기: 棉～儿. 솜두루마기./～笏登场. 무대공연을 하다, 정계에 등장하여 관리로 되다(비꼬는 말).

匏 páo (포) 조롱박. 〈瓢葫芦〉라고도 함.

跑 (2) páo (포) 짐승이 발로 땅을 헤집다: ～槽. (말이나 소가) 구유밑을 헤집다./虎～泉. 호포천, 항주에 있음. (1) pǎo →본 페지.

跑 (1) pǎo (포) ①달리다, 뛰다: 赛～. 달리기경기./～步. (일정한 자세로) 달음박질하여 가는것, 구보. ㉠아주 빨리 이동하다: 飞～. 쏜살같이 달리다. ②달아나다, 도망치다: ～不了. 달아날수 없다. ㉡새다, 없어지다: ～电. 전기가 새다, 루전하다. ③(일을 위하여) 분주히 다니다: ～外的. 바깥일을 보는 사람. (2) páo →본 페지.

奅 pào (포) 크다, 흰소리치다, 대포를 놓다.

泡 (1) pào (포) ①(-儿) 거품(㉢-沫): 冒～儿. 거품이 일다. ②(-儿) 거품처럼 생긴것: 脚上起了一个～. 발에 물집이 생겼다./电灯～儿. 전구. ③물속에 잠그다: ～茶. 차를 담그다./～饭. 밥을 물에 말다. (2) pāo →335 페지.

炮(砲、礮) (3) pào (포) ①포. ②폭죽: 鞭～. 폭죽. (1) páo →335 페지. (2) bāo →13 페지.

疱(皰) pào (포) 여드름. 〈泡〉라고도 함.

PEI

呸 pēi (비) 감탄사. 퉤(책망하거나 침을 뱉을 때 내는 소리): ～! 胡说八道. 퉤, 개나발같은 소리.

胚 pēi (배) 눈, 배아. 〔胚胞〕 배태. ㊀일의 시작: ～芽. 눈, 갓 생겨난 사물, 발단.

衃 pēi (배) 어혈, 멍.

醅 pēi (배) 거르지 않은 술.

陪 péi (배) 모시다, 동반하다, 동무하다(㉢-伴): 我～你去. 내가 동무해서 함께 갑시다./～客人. 손님을 모시다. 〔陪衬〕 곁에서 받쳐주다, 안받침하다.

培 péi (배) ①북을 주다, 북을 돋구다. ②기르다, 키우다, 번식하다. 〔培养〕 배양하다, 양성하다, 육성하다: ～～干部. 간부를 양성하다. 〔培育〕 배육하다: ～～树苗. 묘목을 키우다.

赔 péi (배) ①물어주다, 배상하다(㉢-偿): ～款. 배상하다, 배상금./照价～偿. 원가대로 배상하다./～礼(道歉). 사죄하다, 사과하다(미안함을 표시하다). ②밑지다, 손해보다: ～钱. 밑지다, 손해보다./～本. 본전을 밑지다.

锫 péi 베르켈리움(원소기호 BK).

裴 péi (배) 사람의 성.

沛 pèi (패) 왕성하다, 세차다, 힘차다, 크다: 精力充～. 정력이 왕성하다(차고넘치다).

旆 pèi (패) 기발에 여러가지 빛갈로 제비꼬리같이 장식한 가장자리 또는 이런 기발을 두루 가리킴.

霈 pèi (패) ①큰비. ②비가 좍좍 내리다, 비가 쏟아지다.

帔 pèi (패) (옛날 녀자들이) 어깨에 걸치는 장식용수건, 배자: ～裙. 옛날 녀자들의 주름치마.

佩(珮) pèi (패) ①(허리에) 차다, (가슴에) 달다: 腰间～着一支手枪. 허리에 권총 한 자루를 찼다. /～带勋章. 훈장을 달다. ②탄복하다, 감탄하다: 这种精神十分可～. 이런 정신에는 몹시 탄복된다. /我真～服他能干. 그가 일을 잘하는데 대해서 나는 진심으로 탄복하고있다. ③(옛날 옷고름 등에 다는) 치레감, 장식품: ～玉. 허리띠를 장식하는 구슬, 구슬을 차다.

配 pèi (배) ①이성결합. 1. 결혼하다: 婚～. 결혼하다. 2. 쌍을 붙이다: ～种. 집짐승을 쌍붙이다. /～猪. 돼지를 쌍붙이다. 〔配偶〕 배필, 배우자. ②배합하다: ～颜色. 색갈을 배합하다. /～药. 약을 배합하다. ③계획적으로 배치하다: 分～. 분배하다, 배치하다. /～备人力. 사람을 배치하다. ④채워넣다, 끼워넣다: ～零件. 부속품을 맞추다. /～把钥匙. 열쇠를 만들다. /～一块玻璃. 유리 한장을 맞춰넣다. 〔配套〕 (부분품을) 맞추다, 설비나 기구를 다 갖추다. ⑤안받침하다, 받쳐주다: 红花～绿叶. 붉은 꽃에 푸른 잎을 받쳐주다. /～角. (영화, 연극 등에서) 상대역, 보조역, 부차적인 역. ⑥자격이 되다, 적합하다, …에 알맞다: 他～称为先进工作者. 그는 선진사업일군으로 불리울만하다.

辔(轡) pèi (비) 자갈과 고삐, 굴레: 鞍～. 안장과 굴레. 〔辔头〕 자갈과 고삐, 굴레.

PEN

喷 (1) pēn (분) (액체, 기체, 분말 등을) 내뿜다, 뿜다: ～壶. 물뿌리개. 〈외〉죠로. /～泉. 세차게 솟아오르는 샘, 분천. /～气式飞机. 분사식비행기. /火山～火. 화산이 불을 내뿜다. 〔喷嚏〕(-tì) 재치기. (2) pèn →본 페지.

盆 pén (분) (-子、-儿) 버치, 소래, 대야: 花～. 화분. /脸～. 세수대야. 〔盆地〕 분지.

湓 pén (분) 〔湓水〕 분수, 강이름, 강서성에 있음.

喷 (2) pèn (분) ①(향기가) 코를 찌르다: ～鼻儿香. 향기가 그윽하다, 향기가 코를 찌르다. ②(남새, 과실, 물고기 등이) 한창 팔리는 철: 西瓜～儿. 수박철. /对虾正在～儿上. 왕새우가 시장에 많이 나오는 철이다. ③벌, 물(열매를 맺거나 수확하는것을 세는 단위): 麦子开头～儿花了. 밀이 첫물꽃이 피였다. /头～棉花. 첫물목화. (1) pēn→본 페지.

PENG

抨 pēng (평) 남의 약점을 찌르다: ～击. 규탄하다.

怦 pēng (평) (가슴이) 쿵쿵, 두근두근.

砰 pēng (팽) 소리본딴말. 쾅, 쿵.

烹 pēng (팽) ①삶다, 끓이다: ～调. 음식을 만들다, 료리를 만들다. ②기름에 슬쩍 볶은 다음 조미료를 넣어서 휘젓는다(료리하는 방법): ～对吓. 왕새우를 볶다.

澎 (1) pēng (팽) 튀다: ～了一身水. 온몸에 물이 튀였다. 〔澎湃〕(-pài) (물결이) 솟구치다, 설레이다. (2) péng →본 페지.

芃 péng (봉) 〔芃芃〕 (식물이) 푸르싱싱하다, 무성하다.

朋 péng (붕) 벗, 동무, 친구([련]-友): 要认清谁是敌人, 谁是～友. 벗과 원쑤를 똑똑히 갈라보아야 한다. /～党. 패거리, 당파.

堋 péng (붕) 물갈림뚝.

棚 péng (붕) (-子、-儿) 막: 天～. 천정, 차일, 천막. /凉～. 해빛막이막, 차일. /牲口～. 외양간, 마구간. /窝～. 움집, 초막. /帐～. 장막.

硼 péng 붕소(원소기호 B).

鹏 péng (붕) (전설) 붕새. 〔鹏程〕 [유]원대한 전도, 양양한 전도.

鬅 péng (붕) 〔鬅松〕 (머리가) 터부룩하다, 헝클어지다.

彭 péng (팽) 사람의 성.

澎 (2) péng (팽) 〔澎湖列岛〕 팽호렬도. 대만성과 복건성사이에 있음. 모두 64개 섬으로 이루어져있다. (1) pēng →본 페지.

膨 péng (팽) 〔膨脝〕(-hēng) 불어나다. 〔膨胀〕(-zhàng) 팽창하다, 부풀어오르다: 空气遇热～～. 공기는 더워지면 팽창한다. [유]수량의 증가: 通货～～. 통화팽창.

蟛 péng (팽) 〔蟛蜞〕(-qí) 방게의 일종.

蓬 péng (봉) ①쑥: 飞～. 쑥. ②흩어지다, 흐트러지다[첩]: ～头散发. 흐트러진 머리카락. /乱～～的茅草. 흐트러진 띠. 〔蓬松〕 (머리카락, 띠 등이) 더부룩하다, 텁수룩하다, 헝클어지다. 〔蓬勃〕(-bó) 기세드높다, 생기발랄하다, 줄기차다: ～～发展. 줄기차게 발전하다. /朝气～～. 생기발랄하다.

篷 péng (봉) ①막, 뜸, 덮개, 풍: ～车. 유개차. ②돛: 扯起～来. 돛을 달다, 돛을 올리다.

搒 (2) péng (방) 막대기나 대쪼각으로 때리다: ～掠. 매질하다. (1) bàng →13페지.

捧 pěng (봉) ①받들다, 두손으로 받쳐들다: ～着一个坛子. 단지를 받쳐들다. 〔捧腹〕 너무 우스워서 배를 그러안다: 令人～～. 너무 우스워서 배를 그러안게 하다. ②추어올리다, 아첨하다: 用好话～他. 좋은 말로 그를 추어올리다. /～场. 추어주다, 기세를 돋구어주다. ③단위명사. 웅큼: 一～花生. 땅콩 한웅큼.

碰(掽) pèng (팽) ①부딪치다, 쫗다: ～杯. 잔을 마주 쫗다, 축배를 들다. /～破了皮. 부딪쳐 살가죽이 벗겨지다. /～钉子. 난관에 부딪치다, 코를 떼우다, 거절당하다. /～壁. 난관에 부딪치다, 실패를 당하다, 퇴짜를 맞다. ②(우연히) 만나다: 我在半路上～见他. 나는 길가다가 우연히 그를 만났다. ③시험해보다: ～一～机会. 기회를 엿보다.

PI

丕 pī (비) 크다: ～业. 큰 사업. /～变. 큰 변화.

伾 pī (비) 〔伾伾〕 힘있다.

邳 pī (비) 〔邳县〕 비현, 현이름, 강소성에 있음.

坯(坏) pī (배) ①굽지 않은 기와나 벽돌, 질그릇. *특히 토피를 가리킴: 打～. 토피를 만들다. /土～墙. 토피담장. ②(-子、-儿) 반제품, 소재: 酱～子. 된장반제품. /面～儿. (삶아내여 아직 양념을 치지 않은) 맨국수. 〈坏〉huài →176페지.

狉 pī (비) (산짐승이) 어슬렁거리다, 드나들다㊀: 鹿豕～～. 사슴, 메돼지들이 어슬렁거리다.

批 pī (비) ①(글을 써서) 시비, 우렬, 가부 등을 가르다, 바로잡다, 고치다: ～示. 지시하다, 결재하다, 지시, 결재. /～准. 비준하다, 비준. /～驳. 론박하다, 반박하다. /～改作文. 작문을 고치다. ②(-儿) 의견 또는 주의사항: 眉～. 웃여백에 적은 의견 또는 주의사항. /在文后加了一条小～儿. 글뒤에 간단한 의견을 적었다. ③단위명사. 무데기, 무리: 大～货. 많은 짐(또는 물품). /一～人. 많은 사람. 〔批发〕 도매.

纰 pī (비) (천이) 삭거나 실이 오리오리 풀리다, 흩어지다. 〔纰缪〕(-miù) 잘못, 오유, 착오. 〔纰漏〕 잘못, 작은 사고, 실수.

砒 pī (비) ①비소. ②백비, 비상, 삼이산화비소: ～霜. 비상.

钳 pī (비) 촉이 얇고 넓으며 대가 긴 화살.

披 pī (피) ①걸치다: ～红. (축하의 뜻으로) 비단을 걸쳐주다. /～着大衣. 외투를 걸치다. /～星戴月. 별을 이고 나갔다가 달을 지고 들어오다, 새벽에 나가 밤늦게까지 부지런히 일하다. ②헤치다: ～襟. 옷섶을 헤치다. /～卷. 책을 펼치다. /～肝沥胆. 속을 터놓고 말하다, 충성을 다하다. 〔披靡〕(-mǐ) 풀과 나무들이 바람에 쓰러지다. ㊅(적들이 패배하여) 허둥지둥 달아나다, 뿔뿔이 도망치다: 所向～～. 바람이 부는대로 풀대가 쓰러지다, 가는 곳마다 당할자 없다, 무적의 기세. 〔披露〕 발표하다, 공포하다. ③트다, 터지다, 빠개지다: 竹竿～了. 참대장대가 터지다. /指甲～了. 손톱이 빠개지다. ④패다, 짜개다, 헤치다: ～荆斩棘. 가시덤불을 헤치다, 곤난을 극복하다, 장애를 물리치다.

劈(噼) (1) pī (벽) ①패다, 짜개다: ～木头. 장작을 패다. ②정면으로, 맞바로, 면바로: ～脸. 맞바로. /大雨～头浇下来. 큰비가 머리우로 막 쏟아지다. ③벼락맞다: 大树让雷～了. 큰 나무가 벼락을 맞다. ④쐐기. ⑤〔劈啪〕

(噼啪) 소리본딴말. 탕탕, 땅땅(작렬하거나 두드리는 소리), 짝짝(박수치는 소리). (2) pǐ →341페지.

霹 pī (벽) (霹雳)(-lì) 벼락, 벽력.

皮 pí (피) ①가죽, 살가죽, 껍질, 껍데기: 牛～. 소가죽./～箱. 트렁크./～鞋. 가죽구두./树～. 나무껍질./荞麦～. 메밀껍데기. ②거죽, 겉을 싸는 물건: 包～. 보자기./书～. 책가위./封～. 봉투. ③얇고 납작한 물건: 铅～. 연도금판./粉～. 얇은 녹두묵, 청포./海蜇～. 해파리의 몸뚱이. ④질기다, 진득진득하다: ～糖. 껌./饼～了. 떡이 질기다. ⑤까불다, 장난이 심하다: 这孩子真～. 이 아이는 장난이 심하다. ⑥고무: 橡～. 고무지우개, 고무./～筋. 고무줄.

陂 (2) pí (파) 〔黄陂〕 황파, 현이름, 호북성에 있음. (1) bēi →16페지. (3) pō →346페지.

铍 pí 베릴리움(원소기호 Be).

疲 pí (피) 피로하다, 피곤하다 ([련]-乏、-倦): 精～力尽. 기진맥진하다./～于奔命. 눈코 뜰새없이 분주히 돌아치다. 〔疲塌〕 해이되다, 늦추면서 질질 끌다: 消除工作中的～～现象. 사업에서 질질 끄는 현상을 없애야 한다. 〔疲癃〕(-lóng) 늙고 병이 많다.

鲏 pí →335페지 〈鳑〉의 〈鳑鲏〉 (pángpí).

枇 pí (비) 〔枇杷〕(-pa) 비파나무.

毗(毘) pí (비) 잇닿다: ～邻. 잇닿다, 이웃하다./～补. 도와주다, 돕다.

蚍 pí (비) 〔蚍蜉〕(-fú) 왕개미.

琵 pí (파) 〔琵琶〕(-pa) 비파(악기).

郫 pí (비) 〔郫县〕 비현, 현이름, 사천성에 있음.

陴 pí (비) 성가퀴.

埤 pí (비) 더하다, 증가하다: ～益. 많이 증가하다.

啤 pí (비) 맥주: ～酒. 맥주./鲜～酒. 생맥주./瓶装～酒. 병맥주.

脾 pí (비) 비장, 지라. 〔脾气〕(-qi) 1. 성미: ～～好. 성미가 좋다. 2. 성, 화, 역정, 성화: 发～～. 화를 내다. 〔脾胃〕 비위, 기호: 不合他的～～. 그의 비위에 맞지 않는다./两人～～相投. 두사람은 의가 맞는다, 두사람은 기호가 맞는다.

裨 (2) pí (비) 부차적, 보조적; (사람의 사업을) 돕다, 보좌하다([련]偏-): ～将. 비장(대장을 돕는 장군). (1) bì →23페지.

蜱 pí (비) 진드기.

鼙 pí (비) (옛날) 군대가 말우에서 치던 북: ～鼓. (옛날) 군대에서 쓰던 작은 북.

罴(羆) pí (비) 큰곰, 말곰. 〈马熊〉 또는 〈人熊〉이라고도 함.

貔 pí (비) 전설에서 나오는 산짐승의 한가지로서 곰처럼 생겼다고 함. 〔貔子〕(-zi)〈방〉 족제비. 〔貔子窝〕 비자와, 어항의 이름. 료녕성 신금현에 있음. 지금 피구(皮口)라고 함. 〔貔貅〕(-xiū) 비휴(전설의 맹수). ㊌용맹한 군대.

匹(疋) pǐ (필) ① 단위명사. 1. 필, 마리: 三～马. 말 세필, 말 세마리. 2. 필: 一～红布. 붉은 천 한필. ②상대가 되다, 적수가 되다, 비길만하다. 〔匹配〕 배필로 되다, 결혼하다. 〔匹敌〕 어슷비슷하다, 대등하다.

苉 pǐ 피센.

庀 pǐ (비) 갖추다, 준비하다, 다스리다.

圮 pǐ (비) 무너지다, 허물어지다.

仳 pǐ (비) 〔仳离〕 (부부가) 흩어지다, 갈라지다, 리별하다.

否 (2) pǐ (비) 악하다, 나쁘다: 臧～人物. 사람의 좋고나쁨을 평가하다. /～运. 신수가 나쁨. (1) fǒu →122페지.

痞 pǐ (비) ①만성비장비대증. ② 악질분자, 불량배, 악당: 地～. 지방의 악질불량배, 지방깡패. /～棍. 악질분자.

嚭(噽) pǐ (비) 크다.

劈 (2) pǐ (벽) 가르다, 나누다: ～柴. 장작을 패다. /～成两份儿. 두몫으로 나누다. /～一半给你. 절반을 나누어 너에게 주겠다. (1) pī →339페지.

擗 pǐ (벽) 따다, 꺾다: ～棒子. 강냉이를 따다. /把树枝～下来. 나무가지를 꺾다.

癖 pǐ (벽) 버릇, 인: 烟～. 담배인. /酒～. 술에 인이 박히다. /～病. 나쁜 습성.

屁 pì (비) 방귀: ～话. 허튼소리.

淠 pì (비) 〔淠河〕 비하, 강이름, 안휘성에 있음.

辟(闢) (2) pì (벽) ① 일구다, 개간하다, 개척하다: 开天～地. 천지개벽, 전례없다. /在那里开～一片新园地. 그곳에다 새 식물재배원을 개척하였다. ② 반박하다, 물리치다: ～邪说. 그릇된 주장을 물리치다. /～谣. 요언을 폭로규탄하다. ③형벌, 법률, 법. 〔大辟〕 (옛날의) 극형, 사형. (1) bì →23페지.

僻 pì (벽) ①궁벽하다, 구석지다: ～静. 으슥하다, 쓸쓸하고 고요하다, 외지다. /穷乡～壤. 궁벽한 두메산골, 산간벽지, 외진곳. ② 보기 드물다: 冷～. 외지다, 궁벽하다, 인적이 드물다, 쓸쓸하다, 보기 드물다. ③(성미가) 괴벽하다(㊊乖-): 孤～. 괴벽하다.

澼 pì (벽) →346페지 〈洴〉의 〈洴澼〉(píngpì).

甓 pì (벽) 벽돌.

䴙 pì (벽) 〔䴙䴘〕(-tī) 되강오리, 농병아리.

譬 pì (비) 비유 (㊊-喻): ～如. 이를테면, 례를 들면, 례컨대.

媲 pì (비) 비기다, 겨루다: ～美. 아름다움을 비기나(견주다).

PIAN

片 (2) piān (편) (-子、-儿) 〈片(1)①〉과 같음. 사진, 그림장,

영화, 필림따위에 쓰임. (1) piàn → 본 페지.

扁 (2) piān (편) 쪽배, 작은배: 一叶～舟. 쪽배 한척, 일엽편주. (1) biǎn →25페지.

偏 piān (편) ①비뚤다, 기울다: 镜子挂～了. 거울을 비뚤게 걸었다./太阳～西了. 해가 서쪽으로 기울었다. ㉠전면적이 못되다, 정확하지 못하다, 치우치다: ～于一端. 한쪽에 치우치다. 〔偏向〕 1. 편향, 공정하지 못하다. 2. 방침, 정책을 집행함에 정확하지 못하거나 전면적이 못되다, 편향: 纠正～～. 편향을 시정하다. 〔偏差〕 편차: 掌握政策不出～～. 정책을 장악하면 편차가 생기지 않는다. ②뜻밖에, 공교롭게㉮: ～不凑巧. 공교롭다.

犏 piān (편) 편우(황소와 털암소의 교잡종).

篇 piān (편) ①편, 완성된 문장 또는 장, 절, 편으로 나눈 문장: 孙子十三～. 손자 13편. ②단위명사. 1. 편(문장의 단위): 一～论文. 론문 한편. 2. 장(종이, 종이장, 책장, 책페지. 1편은 2페지). 〔篇幅〕 (글의) 길이, 지면, 편폭.

翩 piān (편) 훨훨(나는 모양). 〔翩翩〕 훨훨 날다, 너울너울 춤추다. ㉦(행동이나 태도가) 멋지다, 풍류스럽다, 소탈하다, 시원스럽다.

便 (2) pián (편) 〔便便〕 뚱뚱하다, 피둥피둥하다: 大腹～～. 피둥피둥 살찌다. 〔便宜〕(-yi) (값이) 눅다, 싸다, 헐하다: 这些花布都很～～. 이 꽃천들은 모두 눅다. ㉠공짜, 자그마한 리익: 不要占～～. 공짜를 먹지 말라. (1) biàn → 25페지.

骈 pián (변) 나란히 하다, 쌍을 이루다, 짝을 짓다(㉥-俪): ～句. 대귀, 짝을 맞춘 글귀. 〔骈文〕 (지난날) 짝을 맞추어 지은 글, 사륙문, 변려문.

胼 pián (변) 〔胼胝〕(-zhī) 굳은살, 못. 속칭 〈膙(jiǎng)子〉라고 함.

蹁 pián (편) 〔蹁跹〕 (-躚)(-xiān) 훨훨 (춤추다), 너울너울 (춤추다). 〈翩跹〉이라고도 함.

谝 piǎn (편) 뽐내다, 제 자랑하다, 으스대다, 자만하다, 득의양양하다, 뻐기다: ～能. 재능을 뽐내다./～嘴. 허풍치다.

片 (1) piàn (편) ①(-子、-儿) 쪼각, 편, 판: 明信～. 엽서./铁～子. 쇠쪼각. ②얇게 썰다, 베다, 저미다: ～肉片. 고기를 얇게 썰다./把豆腐干～一～. 말린 두부를 얇게 저미다. ③적다: ～言. 토막말, 몇마디 말, 간단한 말, 일언반구./～纸只字. 짤막한 글, 짤막한 몇마디 말./～刻. 잠간, 잠시. 〔片面〕 한쪽, 일방, 편면: 不要～～看问题. 일방적으로 문제를 보지 말라. ④차지하는 면적 또는 범위: 分～儿开会. 지역을 나누어 회의를 열다. ⑤단위명사. 차지한 면적 또는 범위: 一大～绿油油的庄稼. 큰 면적의 푸르싱싱한 농작물./一～草地. 넓은 풀밭./两～儿药. 약 두알. (2) piān →341페지.

骗 piàn（편）①속이다, 기만하다(㉣欺-)：～人. 남을 속이다. ②속임수로 재물을 빼앗다(㉣诓-)：～钱. 남을 속여 돈을 빼앗다./～局. 꿍꿍이, 꼬임수, 속임수, 광대놀음, 사기판국. 〔骗子〕(-zi) 사기군, 사기한. ③옆으로 다리를 들며 훌쩍 차에 오르다.

PIAO

剽(慓) piāo（표）① 빼앗다, 략탈하다(㉣-掠). 〔剽窃〕㊌남의 글을 몰래 따쓰다, 표절하다. ②날쌔다, 가볍다, 민첩하다：性情～悍. 성격이 강하고 사납다./～疾. 날쌔다.

漂 (1) piāo（표）(물이나 액체우에) 뜨다, 떠돌다：浮萍在水上～着. 부평초가 물우에 떠있다. 〔漂泊〕(-bó) ㊌떠돌아다니다, 류랑하다：～～在外. 밖에서 떠돌아다니다. (2) piǎo →본 페지. (3) piào →344페지.

缥 (2) piāo（표）〔缥缈〕〔飘渺〕(-miǎo) 멀고 어렴풋하다：虚无～～. 어렴풋하다. (1) piǎo →본 페지.

飘(飃、飈) piāo（표）나붓기다, 휘날리다, 흩날리다, 둥둥 떠돌다：大红旗迎风～扬. 큰 붉은기가 바람에 나붓긴다./～雪花. 눈송이가 흩날린다./～起了炊烟. 밥짓는 연기가 피여오르다. 〔飘零〕(나무잎이) 우수수 떨어지다. ㊌(생활이) 령락되다, 의지할 곳이 없게 되다. 〔飘摇〕〔飘飖〕(-yáo) (바람에) 나붓기다, 하느작거리다：白杨在微风中～～. 백양나무가 미풍에 흔들린다.

薸 piāo（표）부평. 〈水浮莲〉이라고도 함.

螵 piāo（표）〔螵蛸〕(-xiāo) 버마재비의 알집.

朴 (4) piáo（박）사람의 성. (1) pò →347페지. (2) pǔ →349페지. (3) pō →346페지.

嫖(闝) piáo（표）(낡은 사회) 기생집에 드나들다, 기생놀이하다：～赌. 오입과 도박.

瓢 piáo（표）(-儿) 바가지, 쪽박：水～. 물바가지./～泼.（비가）억수로 퍼붓다.

莩 (2) piǎo（부, 표）〈殍〉와 같음. (1) fú →124페지.

殍 piǎo（표）〔饿殍〕굶어죽다. 굶어죽은 사람. 〈莩〉라고도 함.

漂 (2) piǎo（표）①바래다, 표백하다：～白. 표백하다, 바래다. ②일다, 헹구다：用水～一～. 물에 헹구다./～硃砂. 주사를 일다. (1) piāo →본 페지. (3) piào →344페지.

缥 (1) piǎo（표）새하얀 색, 옥색. (2) piāo →본 페지.

瞟 piǎo（표）힐끔 보다, 한눈으로 훔쳐보다, 곁눈으로 보다：～了他一眼. 그를 한번 훌끔 보다./～视. 훔쳐보다.

票 piào（표）①(-子、-儿) 종이돈, 지폐. ②표：车～. 차표./股～. (주식회사의) 주권./选举～. 선거표. ③(지난날) 비전문연극배우들의 연극：～友. (지난날) 비전문배우./玩～. (장난으로) 연극을 놀다.

嘌 piào（표）〔嘌呤〕푸린.

漂 (3) piào (표) 〔漂亮〕(-liang) 1. (보기가) 아름답다, 곱다, 이쁘다. 2. (하는것이) 멋지다, 뛰여나다, 훌륭하다, 번쩍하다. (1) piāo →343페지. (2) piǎo →343페지.

骠 (1) piào (표) ①용맹스럽다: ～勇. 용맹스럽다. ②말이 번개같이 달리는 모양. 〔骠骑〕 표기(옛날 장군직함의 일종). (2) biāo →26페지.

PIE

氕 piē 프로티움(수소의 동위원소. 원소기호 ¹H).

撇 (1) piē (별) ①버리다, 돌보지 않다: ～开. 던져버리다, 내버리다, 제쳐놓다. 〔撇脱〕 〈방〉 1. 간결하다, 간편하다. 2. 상쾌하다, 자연스럽다, 구속을 받지 않다, 시원스럽다, 소탈하다. ②(액체표면에서) 뜨다, 건지다: ～油. 기름을 떠내다. (2)piě →본 페지.

瞥 piē (별) 피뜩 보다, 얼핏 보다: 只是～了一眼. 얼핏 한번 보았을뿐이다. /～见. 얼핏 보다.

苤 piě (비) 〔苤蓝〕(-藍)(-la) 순무우.

撇 (2) piě (별) ①던지다, 뿌리다: ～砖头. 벽돌을 던지다. /～球. 공을 던지다. ②(-儿): 삐침(丿)(한자부수): 八字先写一～儿. 〈八〉자는 먼저 삐침부터 쓴다. (1) piē →본 페지.

锹 piě (별) 땅이름자. 〔曹锹〕 조별, 지명, 강소성 동대현에 있음.

PIN

拚 (2) pīn (병) 〈拼〉과 같음. (1) pàn →334페지.

拼 pīn (병) ①끌어모으다, 합치다, 맞붙이다(련-凑): 东～西凑. 여기저기서 끌어모으다. /把两块板子～起来. 판자 두쪽을 맞붙이다. /～音. 철음, 철음하다. ②목숨을 내걸다, 모든것을 다 바쳐 투쟁하다: ～命. 목숨을 내걸다, 결사적으로 하다, 필사적으로 하다, 기를 쓰다. /～到底. 목숨을 내걸고 끝까지 싸우다.

姘 pīn (평) 부부가 아닌 남녀가 비법적으로 같이 살다, 남녀가 밀통하다: ～居. 결혼하지 않고 같이 살다. 사통동거.

玭 pín (빈) 진주조개.

贫 pín (빈) ①가난하다, 빈궁하다(련-穷). ↔〈富〉: 过着～困的生活. 빈곤한 생활을 하였다. ②모자라다, 부족하다, 결핍하다: ～血. 피가 부족하다, 빈혈. 〔贫乏〕 많지 못하다, 모자라다, 부족하다, 빈약하다: 经验～～. 경험이 부족하다. ③(귀찮을 정도로) 수다를 떨다, 수다스럽다: 要～嘴. 수다스럽게 입을 놀리다, 수다를 피우다. /他的嘴太～. 그는 입이 너무 수다스럽다.

频 pín (빈) 자주, 여러번, 루차(련-繁、-数 shuò)첩: 捷报～传. 첩보가 빈번하게 전해오다. 〔频率〕(-lǜ) 빈도, 주파수.

蘋 (1) pín (빈) 네가래. 〈田字草〉라고도 함. (2) píng →346페지의 〈苹〉.

颦 pín (빈) 량미간을 찌프리다, 눈살을 찌프리다: ～蹙. 얼굴을 찌프리다. 〔效颦〕 전 서투르게 본따다.

嫔(嬪) pín (빈) (봉건사회) 궁중녀관.

品 pǐn (품) ①물품, 물건: ～名. 물건이름, 품명./商～. 상품./非卖～. 팔지 않는 물건. 비매품./赠～. 선물. ②등급, 종류: 上～. 상등품./下～. 하등품. ③품, 품질: 人～. 인품./～质. 품질, 품성. ④좋고나쁨을 가려내다, 품평하다: ～茶. 차를 품평하다, 차맛을 보다, 차의 좋고나쁨을 알아내다./我～出他的为人来了. 그 사람이 어떠한가를 품평해냈다.

榀 pǐn (품) 단위명사(건물의 뼈대구조에 쓰임): 一～房架. 집 한채의 뼈대구조.

牝 pìn (빈) 암짐승, 암컷. ↔ (牡): ～马. 암말./～鸡. 암탉.

聘 pìn (빙) ①초빙하다: ～书. 초빙서./～请他当顾问. 그를 고문으로 초빙하다. ②녀자가 약혼하거나 시집가다: ～姑娘. 딸을 시집보내다.

PING

乒 pīng ①소리본딴말. 땅, 탕. ②탁구: ～赛. 탁구경기./～队. 탁구팀. 〔乒乓〕(-pāng) 1. 소리본딴말. 똑딱, 또닥또닥, 툭닥툭닥. 2. 탁구. /～～球. 탁구공, 탁구알.

俜 pīng (빙) 〔伶俜〕(líng-) 외롭다, 의지할데 없다.

娉 pīng (빙) 〔娉婷〕(-tíng) (녀자의 몸매가) 아름답다, 어여쁘다.

平 píng (평) ①평평하다, 평탄하다, 반반하다: ～地. 평평한 땅, 평지./象水面一样～. 수면처럼 반듯하다./把纸铺～了. 종이를 반듯하게 펴라. ㉶꼭같다, 똑같다, 공평하다, 균등하다: ～分. 똑같이 나누다./公～合理. 공평하고 합리하다. 〔平行〕 1. 평행. ～～线. 평행선./～～面. 평행면. 2. 동급: ～～机关. 동급기관. 〔天平〕 약저울, 천평. ②조용하다, 잠잠하다: ～心静气. 마음을 가라앉히고 감정을 누잦히다, 셈평이 좋다, 침착하다./风～浪静. 바람이 자고 물결이 잔잔해지다, 잠잠하다. ③진압하다, 평정하다, 평평하게 만들다, 평평하게 고르다: 把地～一～. 땅을 평평하게 고르다. ④평범하다, 일상적이다, 보통이다: ～日. 평소./～淡无奇. 특이함이 없이 평범하다. ⑤평성(한자문의 성조): ～声. 평성(1성과 2성).

评 píng (평) 평하다, 론평하다, 평가하다, (점수를) 매기다(㉣-论、-议): 时～. 시사론평./～语. 평하는 말, 평언./～理. 옳고 그른것을 밝히다, 시비를 가르다./～比. 비교하여 평가하다, 대비평가하다. 〔评价〕 평가하다: 予以新的～～. 새로운 평가를 주다. 〔批评〕 1. 비판하다: ～～和自我～～. 비판과 자기비판./～～了保守思想. 보수사상을 비판하다. 2. 론평(하다), 평론(하다): 文学～～. 문학론평. 〔评介〕 평론소개하다. 〔评判〕 심판을 보다. 〔评阅〕 책을 읽고 평을 내리다. (시험답안을 보고) 점수를 매기다.

坪 píng (평) 평지: 草～. 잔디밭, 풀밭.

苹(蘋) píng (평) 〔苹果〕 사과. 〈蘋〉pín →344페지.

枰 píng (평) 장기판, 바둑판.

萍 píng (평) 개구리밥, 부평초: ～踪. 정처없이 떠다니는 모양, 정처없다./～水相逢. 우연한 상봉, 우연히 알게 되다.

鲆 píng (평) 넙치.

凭(憑、凴) píng (빙) ①기대다: ～栏. 란간에 기대다./～几. 책상에 기대다. ②의지하다, 의거하다: 光～武器不能打胜仗. 무기에만 의거해서는 전쟁에서 승리할수 없다. ③근거하다: ～票入场. 입장권에 따라 입장하다./～大家的意见作出决定. 여러 사람들의 의사에 따라 결정하다. ④근거, 증거(련 -证、-据): 真～实据. 확실한 증거, 철의 근거.

帡 píng (병) 〔帡幪〕(-méng) 장막.

洴 píng (병) 〔洴澼〕(-pì) 물에 헹구다.

屏 (1) píng (병) ①막다, 가리우다. ～风. 병풍. 〔屏障〕(병풍처럼 바람을 가리울수 있는) 깎아지른듯한 산봉우리. ②(글씨나 그림의) 족자: 四扇～. 네폭짜리 족자. (2) bǐng →29페지.

瓶(缾) píng (병) (-子、-儿) 병: 酒～子. 술병./花～儿. 꽃병./一～子油. 기름 한병.

幈 píng (병) 〈屏〉과 같음.

PO

朴 (3) pō (박) 〔朴刀〕 칼, 장검(날이 좁고 길며 자루가 짧은 옛날무기). (1) pò →347페지. (2) pǔ →349페지. (4) piáo →343페지.

钋 pō 폴로니움(원소기호 Po).

陂 (3) pō (피) 〔陂陀〕(-tuó) 평탄하지 않다, 험하다. (1) bēi →16페지. (2) pí →340페지.

坡 pō (파) (-子、-儿) 비탈, 언덕: 山～. 산비탈./高～. 높은 언덕./上～. 올리막./下～. 내리막. 〔坡度〕 물매도, 비탈도, 경사도.

颇 pō (파) ①기울다, 치우치다, 반듯하지 못하다: 偏～. 한쪽으로 치우치다. ②매우, 몹시, 자못, 상당히, 퍽: ～久. 매우 오래다./～不易. 상당히 어렵다.

泊(泺) (2) pō (박) 호수, 못, 늪: 湖～. 호수./血～. 피못, 피바다. (1) bó →31페지. 〈泺〉luò →292페지.

泼(潑) pō (발) ①(물을) 뿌리다. ～水. 물을 뿌리다./～街. 거리에 물을 뿌리다. ②무지막지하다, 란폭하다, 야만적이다: 撒～. 울며불며 행패를 부리다, 강떼를 쓰다. 〔泼辣〕 악착스럽다, 악랄하다, 횡포하다. [전]억세다, 억척스럽다: 他做事很～～. 그는 억척스럽게 일을 한다.

钹(鏺) pō (발) ①〈방〉 낫으로 베다. ②낫의 한가

지.

酦(醱) pō (발) ①(술을) 빚다, 고다, 담그다: ~醅. 술을 빚다.

婆 pó (파) 늙은 녀인, 할머니㊉: 老太~. 할머니./苦口~心. (할머니와 같은) 인자한 마음으로 타이르다. ㊈1. 시어머니: ~母. 시어머니. 2. 할머니, 조모. 〔老婆〕1. (-子、-儿) 늙은 녀인. 2. (-po)안해, 로친네. 〔婆娑〕(-suō) 흔들리다, 빙글빙글 돌다: ~~起舞. 빙글빙글 돌며 춤을 추다.

鄱 pó (파)〔鄱阳〕파양. 1. 호수의 이름, 강서성에 있음. 2. 현의 이름, 강서성에 있음. 지금 〈波阳〉이라 함.

皤 pó (파) 희다, 새하얗다: 白发~然. 머리가 새하얗다, 백발이 성성하다.

繁 (2) pó (번) 사람의 성. (1) fán →112페지.

叵 pǒ (파) …할수 없다: ~耐. (밉살스러워) 견딜수 없다, 가증스럽다./居心~测. 속심을 알수 없다.

钷 pǒ 프로메티움(원소기호 Pm).

笸 pǒ〔笸箩〕(-luo) 소쿠리.

朴 (1) pò (박) (2) pǔ →349페지. (3) pō →346페지. (4) piáo →343페지.

迫(廹) (1) pò (박) ①억누르다, 억압하다, 강박하다(㊀逼-): ~害. 박해하다./饥寒交~. 굶주림과 추위에 시달리다./~使敌人投降(xiáng). 적들로 하여금 투항하게 하다. ②박두하다. ③긴급하다, 절박하다, 급하다(㊀急-): ~切需要. 절박하게 요구되다./从容不~. 태연하다./~不及待. 매우 절박하다, 한시도 지체할수 없다, 절절하게 희망하다. (2) pǎi →332페지.

珀 pò (박) →173페지 〈琥〉의 〈琥珀〉(hǔpò).

粕 pò (박) 무거리, 쌀찌끼. →551페지 〈糟〉(zāo)의 〔糟粕〕.

魄 (1) pò (백) ①넋(㊀魂-): 丢魂落~. 넋을 잃다, 혼이 나가다, 실신하다, 혼비백산하다. ②정력, 패기, 박력: 气~. 기백./体~健全. 신체가 건강하고 정력이 왕성하다. (2) tuò →293페지 〈落〉의 〈落拓〉(luòtuò). (3)bó →293페지 〈落〉의 〈落泊〉(luòbó).

破 pò (파) ①해지다, 찢어지다, 상하다, 깨지다: 碗打~了. 사발이 깨지다./衣服~了. 옷이 해지다./手~了. 손을 상하다./牢不可~. 깨뜨릴수 없다. 〔破绽〕(-zhàn) (옷의) 해진 곳. ㊅(일이나 말에서) 결함, 병집, 오유, 빈틈, 약점, 모순: 他话里有~~. 그의 말에 모순이 있다. ②가르다, 쪼개다, 터지다(㊀-裂): 势如~竹. 파죽지세./一~两半. 두쪽으로 쪼개다. ㊈(옹근것을) 쪼개여 잘게 만들다, 부수다: 一元的票子~成两张五角的. 1원짜리를 50전짜리 두장으로 바꾸다. ③마스다(㊈-坏): ~釜沉舟. 최후결전을 다짐하다, 끝까지 싸울 결심을 다지다, 결사전에 떨쳐나서다. ㊅없애버리다, 제거하다, 타파하다, 비

판하다: ～旧立新. 낡은것을 타파하고 새것을 수립하다./不～不立. 낡은것을 마스지 않고서는 새것을 세울수 없다, 낡은것을 철저히 때려부셔야 새것을 창조할수 있다. ④초과하다, 돌파하다, 깨뜨리다: ～例. 관습을 깨뜨리다./～格. 전례를 깨뜨리다./打～纪录. 기록을 돌파하다./突～定额. 기준량을 돌파하다. ⑤쓰다, 랑비하다, 아끼지 않다: ～费. 돈을 쓰다, 돈을 랑비하다./～工夫. 시간을 랑비하다. 〔破产〕 파산, 파산하다. ㉺전부의 재산을 잃다. ㉾남김없이 파멸되다: 敌人的阴谋～～了. 적들의 음모가 파탄되다. ⑥격파하다, 돌파하다, 쳐물리치다, 싸워 이기다: ～阵. 적진을 격파하다./大～敌军. 적군과 싸워 이기다. ⑦폭로하다, 발가놓다: ～案. 사건을 조사하여 발가놓다, 사건해명./说～. 비밀을 드러내다, 폭로하다./～除迷信. 미신을 타파하다.

桲 po (발) →460페지 〈榅〉의 〈榅桲〉(wēnpo).

POU

剖 pōu (부) ①(칼로) 쪼개다, 가르다, 짜개다, 타다: 把西瓜～开. 수박을 쪼개다. 〔剖面〕 자름면, 절단면: 横～～. 가로자름면./纵～～. 세로자름면. ②분석하다, 분별하다: ～析. 분석하다./～明事理. 사리를 해명하다./～白. 까밝히다.

抔 póu (부) 움키다, 받쳐들다.

裒 póu (부) ①모으다, 수집하다: ～辑. 자료를 모아 편집하다. ②덜다, 덜어내다: ～多益寡. 많은데서 덜어 적은것을 보충하다.

掊 pǒu (부) 치다, 때리다, 쪼개다: ～击. 공격하다, 규탄하다.

PU

仆 (1) pū (부) 엎어지다, 쓰러지다: 前～后继. 앞사람이 쓰러지면 뒤사람이 이어나간다./～倒. 넘어지다. (2) pú →본 페지.

扑(撲) pū (박) ①털다./～打 ～打衣服上的土. 옷의 흙을 탁탁 털다. ②돌격하다, 덮쳐들다, 달려들다, (코를) 찌르다: 向敌人猛～. 원쑤를 향해 날쌔게 덮쳐들다./香气～鼻. 향기가 코를 찌르다./～空. 헛물 켜다.

铺 (1) pū (포) 깔다, 펴다, 놓다: ～轨. 철길을 놓다./平～直叙. (글 또는 이야기가) 두드러지지 못하고 평범하다, 수식이 없이 간단하다./～平道路. 길을 닦다./～开. 펼쳐놓다, 펴다. 〔铺张〕 지나치게 겉치레하다, 굉장히 차려놓다: 反对～～浪费. 요란하게 차려 랑비하는것을 반대한다. (2) pù →349페지.

噗 pū (복) 소리본딴말. 〔噗哧〕(-chī). 〈扑嗤〉라고도 씀. 픽, 피, 쏴, 후(김이 나가는 소리), 키드득(웃는 소리), 찍, 쫙(물이 뿜어나오는 소리).

仆(僕) (2) pú (복) ①종: ～人. 종./女～. 녀자종. 〔仆从〕 종, 하인. ㉾추종하다: ～～国. 예속국가, 추종국가. ②(옛날)자기를 낮추어 이르는 말. 저, 소인. (1) pū →본 페지.

匍 pú (포)〔匍匐〕(-fú) 기다, 배밀이하다: ～～前进. 배밀이로 전진하다, 포복전진. 〈匍伏〉라고도 씀.

葡 pú (포)〔葡萄〕(-tao) 포도.

莆 pú (보)〔莆田〕보전, 현이름, 복건성에 있음.

脯 (2) pú (포) (-子、-儿) 가슴: 挺着胸～子. 가슴을 쭉 펴다. (1) fǔ →126페지.

蒲 pú (포) 부들, 향포.

酺 pú (포) 〈고〉한데 모여 술을 먹다, 술놀이하다: ～宴. 연회를 차려놓고 술을 마시다.

菩 pú (보)〔菩萨〕(-薩)(-sà) 보살.

璞 pú (박) 다듬지 않은 옥: ～玉浑金. 자연 그대로의 아름다움, 성품이 순결하다, 행실이 검박하다.

镤 pú (박) 프로트악티니움 (원소기호 Pa).

濮 pú (복)〔濮阳〕복양, 현이름, 하남성에 있음.

朴(樸) (2) pǔ (박) 다듬지 않은 나무. [유]소박하다, 수수하다, 꾸밈새없다. (1) pò →347페지. (3) pō →346페지. (4) piáo →343페지.

埔 (1) pǔ (포)〔黄埔〕황포, 땅이름, 광동성 광주시에 있음. (2) bù →34페지.

圃 pǔ (포) (남새, 꽃, 과일을 심는) 밭: 花～. 꽃밭.

浦 pǔ (포) 강가, 강어구, 개어구.

溥 pǔ (부) ①넓다, 크다, 광범하다. ②보편적이다, 일반적이다.

普 pǔ (보) 보편적, 전면적, 일반적: ～天同庆. 온 세상 사람이 함께 즐거워하다(경축하다). /～查. 전면조사, 전반조사. /～遍. 보편적이다. 〔普通〕보통, 일반적: ～～读物. 보통도서. 〔普及〕보급, 일반화: ～～教育. 보급교육. 〔普米族〕푸미족, 중국 소수민족의 하나.

谱 pǔ (보) ①(사물을 종류나 계통별로 분류하여 만든) 표: 年～. 년대표. /家～. 가계표, 족보. /食～. 식사안내표. ②악보 또는 장기, 바둑의 수풀이책: 歌～. 악보. /乐(yuè)～. 악보. /棋～. 장기, 바둑의 수풀이책. ③작곡하다: ～曲. 작곡하다. ④(-儿)(대체적인) 준칙, 기준, 계획, 타산: 他做事有～儿. 그는 일하는데 일정한 타산이 있다.

氆 pǔ (방)〔氆氇〕(-lu) 푸루직 (서장에서 나는 털실천).

镨 pǔ 프라세오딤(원소기호 Pr).

蹼 pǔ (복) 발가락사이막, 지간막: ～板. 노.

铺(舖) (2) pù (포) ①(-子、-儿) 가게방: 饭～. 료리집. /杂货～. 잡화상점. ②침대, 잠자리([련]床-): 临时搭～. 림시로 잠자리를 꾸리다. ③(옛날) 역참 (지금 땅이름에 쓰임): 三十里～. 30리포. (1) pū →348페지.

堡 (3) pù (보) 땅이름자: 十里～. 10리보. (1) bǎo →15페지. (2) bǔ →33페지.

瀑 (1) pù (폭) 폭포: ～布. 폭포. (2) bào →16페지.

曝(暴) pù (포, 폭) 해빛을 쪼이다, 말리다: ～光. 로출./一～十寒. 일을 하다말다하다, 하는둥마는둥하다, 하며말며하다.

Q

QI

七 qī (칠) 일곱, 칠.

柒 qī (칠) 칠의 큰자 (부기에 쓰임).

沏 qī (절) (차를) 타다, 풀다: ～茶. 차를 풀다, 차를 우리다.

漆 qī (칠) ①칠감: 油～. 뺑끼. 〔漆树〕 옻나무. ②칠하다, 색갈을 내다, 색칠하다: ～红色. 붉은 칠을 하다.

妻 (1) qī (처) (-子)안해, 처. ↔〈夫〉. (2) qì →355페지.

凄(淒、悽) qī (처) ① 차다, 싸늘하다: ～风苦雨. 찬바람과 궂은비, 비바람이 몰아치다, 참담하다. ②쓸쓸하다, 처량하다, 슬프다, 처참하다, 참혹하다(련-惨): ～凉. 처량하다.

郪 qī (처) 〔郪江〕 처강, 강이름, 사천성에 있음.

萋 qī (처) 〔萋萋〕 우거지다, 무성하다.

栖(棲) (1) qī (서) 머물다, 자리잡다, 깃들다: ～息. 쉬다, 깃들이다. ㉶머물다, 거주하다: 两～. 량서./～身之处. 몸을 의지하는 곳. 〔栖霞县〕 서하현, 산동성에 있음. (2) xī →466페지.

桤(榿) qī (기) 가나무.

戚(慼) qī (척) ① 친척: 亲～. 친척. ②슬픔, 걱정, 시름, 근심: 休～相关. 생사고락을 같이하다.

嘁 qī (축) 〔嘁嘁〕 소리본딴말: ～～喳喳地说话. 지절지절 말하다.

槭 qī (축) 단풍나무.

期 (1) qī (기) ①시기, 기일, 기한, 날자: 定～举行. 정기적으로 거행하다./如～完成任务. 제 기한에 과업을 수행하다./分～付款. 분기지불하다./～末. 학기말. ㉶정기간행물의 호수: 第一～. 제1호. ②바라다, 기대하다, 희망하다(련-望): 决不辜负大家的～望. 여러분들의 기대를 절대 저버리지 않겠습니다./～待. 바라다, 기대하다. (2) jī →188페지.

欺 qī (기) ①속이다, 기만하다, 거짓말하다: 自～～人. 자신도 속이고 남도 속이다. /～骗. 속이다, 기편. ②깔보다, 억누르다, 무시하다, 업신여기다, 모욕하다(련-侮): 仗势～人. 권세를 믿고 남을 업신여기다, 세력을 턱대고 남을 억누르다./～压. 억누르다./～负. 업신여기다.

颀 qī (기) 〔颀头〕 (굿을 할 때의) 귀신탈.

攲 qī (기) 기울어지다, 비뚤다: ～侧. 한쪽으로 기울어지다./～倾. 기울다, 기울어지다.

缉 (2) qī (집) (바느질에서) 박다: ～鞋口. 신코를 박다. (1) jī →189페지.

溪 qī (계) →468페지의 (xī).

蹊 (2) qī (계) 〔蹊跷〕(-qiāo) 〈방〉괴상하다, 괴이하다. (1) xī →468페지.

嘁 qī (급) 〈방〉①꺼덕꺼덕하다, 까닥까닥하다: 雨过了，太阳出来一晒，路上就渐渐～了. 비가 온뒤 해가 좀 비치자 길은 점점 꺼덕꺼덕해졌다. ②(모래따위에) 물이 잦아들게 하다: 地上有水，铺上点儿沙子～一～. 땅바닥에 물이 있으니 모래를 좀 깔아 잦아들게 하다.

亓 qí (기) 사람의 성.

齐(齊) qí (제) ①정연하다, 가지런하다, 가쯘하다: 庄稼长得很～. 곡식이 가쯘히 자랐다./队形整～. 대오가 정연하다./纸叠得很～. 종이를 가쯘히 접었다. 〔齐截〕(-jié) 1. 정연하다. 字写得～～. 글씨를 정연하게 썼다. 2. 빠짐없다: 东西都预备～～了. 물건이 빠짐없이 다 준비되였다. 〔齐齿呼〕 제치호, 한어에서 i가 첫소리로 된 운모(초성자음을 제외한 나머지 음) 또는 i로 된 운모. 〔看齐〕 나란히. ㊟본받다, 따라배우다: 大家向劳动模范～～. 모두들 로력모범을 따라배우다. ②이르다, 다달으다: 河水～腰深. 강물이 허리를 친다. ③같다, 일치하다: 百花～放，推陈出新. 백화를 만발시키며 낡은것을 밀어버리고 새것을 창조하다./～声高唱. 일제히 소리높이 노래하다./～心. 한마음, 한마음한뜻./一～用力. 함께 힘을 쓰다. ④완전하다, 빠짐없다(㊀-全): 材料都预备～了. 재료가 빠짐없이 다 준비되였다./代表都到～了. 대표들이 빠짐없이 다 왔다. ⑤제나라, 주나라 때 제후국의 이름(지금의 산동성 북부, 동부와 하북성 동남쪽에 위치해있었음). ⑥왕조시대의 이름. 1. 남조의 하나, 소도성이 건립하였음(기원 479～502년). 2. 북조의 하나, 고양이 건립하였음(기원 550～577년). 〈고〉〈斋戒〉의 〈斋〉자와 같음.

脐(臍) qí (제) ①배꼽: 肚～. 배꼽. ②게의 배딱지: 尖～. 수게의 배딱지./团～. 암게의 배딱지.

蛴(蠐) qí (제) 〔蛴螬〕(-cáo) 굼벵이.

祁 qí (기) 요란하다, 대단하다: ～寒. 대단히 춥다.

圻 qí (기) 땅의 경계: 疆～. 국경. 〈고〉〈垠〉과 같음.

祈 qí (기) 빌다, 기도하다(㊀-祷): ～雨. 비를 빌다. ㊁간청하다, 바라다: 敬～照准. 그대로 비준하기 바랍니다./～请. 간청하다.

颀 qí (기) 키가 후리후리하다, 늘씬하다㊂: ～长. (키가) 후리후리하다.

蕲(蘄) qí (기) 〔蕲春〕 기춘, 현이름, 호북성에 있음.

芪 qí (기) 단너삼, 황기.

Q

祇 (1) qí (기) 지신. (2)zhǐ → 574페지의〈只〉.

岐 qí (기) ①〔岐山〕기산, 산이름, 섬서성에 있음. ②〈歧〉와 같음.

歧 qí (기) ①가닥, 갈래, 갈림: ～路亡羊. 갈림길에서 양을 잃다, 갈림길에서 방향을 잃다, 갈림길에서 헤매다. 〔歧途〕갈림길, 기로, 그릇된 길: 误入～～. 그릇된 길에 들어서다. ②다르다, 갈라지다, 일치하지 않다: ～视. 차별시하다, 차별대우하다. /～义. 다른 뜻, 같지 않은 뜻.

跂 (1) qí (기) 륙발이. (2) qì →355페지.

其 qí (기) ①대명사. 1. 그, 그들: 不能任～自流. 그를 제멋대로 내버려둘수 없다. /劝～努力学习. 공부를 잘하라고 그에게 권고하다. 2. 그의, 그들의, 자기의: 各得～所. 자기 있을 자리에 있다, 모두가 자기 수요대로 제자리를 얻다, (물건이) 다 적당한 자리에 놓이다. /人尽～才,物尽～用. 사람마다 자기의 재능을 다하게 하고 물건마다 모두 자기 쓸모에 쓰이게 하다. ②그, 그런: ～他. 기타, 그 나머지. /～次. 그다음, 다음. /本无～事. 원래 그런 일이 없다. /～中有个原因. 거기에는 원인이 있다. 〔其实〕기실, 사실상, 실지로: 他故意说不懂,～～他懂得. 그가 일부러 모른다고 하지만 기실은 다 알고있다. ③문언문조사: 1. 추측 또는 반문을 표시함: 岂～然乎? 어찌 그럴수 있단 말인가?/～奈我何? 나를 어쩔수 있는가? 2. 명령 또는 권유를 표시함: 子～勉之. 자네는 노력해야 하네. ④부사뒤에 오는 어미: 极～快乐. 몹시 즐겁다. /尤～伟大. 더욱 위대하다.

萁 qí (기) 〈방〉콩대.

淇 qí (기) 〔淇水〕기수, 강이름, 하남성 림현에서 발원하여 위하로 흘러들어감.

骐 qí (기) 검푸른 말.

琪 qí (기) ①아름다운 옥. ②귀하다, 진귀하다: ～花. 진귀한 꽃.

棋(棊、碁) qí (기) 장기, 바둑.

祺 qí (기) 상서롭다, 좋다.

蜞 qí (기) →338페지 〈蟛〉의 〈蟛蜞〉(péngqí).

綦 qí (기) ①검푸른빛: ～巾. 검푸른빛의 녀자옷. ②매우, 아주: ～难. 매우 곤난하다.

麒 qí (기)〔麒麟〕기린. →278페지의 〈麟〉.

奇 (1) qí (기) ①드물다, 기이하다, 신기하다, 특이하다, 특수하다: ～事. 기이한 일, 이상한 일. /～闻. 드문 소문, 이상한 소문. ㉶갑작스럽다, 뜻밖이다: ～兵. 기습병, 기습하는 군대. /～计. 기묘한 계략(꾀). /～袭. 기습하다. /出～制胜. 기습으로 승리를 쟁취하다. ②놀라다, 이상히 여기다: 世人～之. 세상사람이 이상히 여기다. (2) jī →188페지.

埼(碕) qí (기) 구불구불한 강기슭.

蓍 qí (기) 〔蓍莱主山〕 기래주산, 산이름, 대만성에 있음.

崎 qí (기) 〔崎岖〕(-嶇) (산길이) 울퉁불퉁하다, 험하다.

骑 qí (기) ①타다: ～马. 말을 타다./～自行车. 자전거를 타다. ㊥량쪽에 걸치다: ～缝盖章. 이음새에 도장을 찍다. ②(옛음 jì) 기병, 말탄 사람: 车～. 수레와 말./轻～. 가볍게 차린 기마병, 경기병./铁～. 용맹한 정예기병대, 철기.

琦 qí (기) 아름다운 옥. ㊞귀하다, 진귀하다, 아름답다.

锜 qí (기) ①(옛날) 세발솥. ②(옛날) 끌.

俟 (2) qí (기) 〔万俟〕(mò-) 사람의 복성. (1) sì →416페지.

耆 qí (기) 예순이 넘는 사람: ～老. 늙은이.

鳍 qí (기) 지느러미: 脊～. 등지느러미.

鬐 qí (기) 말갈기. 〈马鬃〉、〈马鬣〉라고도 함.

旂 qí (기) ①(옛날) 방울이 달린 기. ②〈旗①〉과 같음.

旗(旂) qí (기) ①(-子、-儿) 기, 기발: 国～. 국기./校～. 교기. ②기(청나라시기의 만족군대 또는 호적의 편제). ㊥ 8기(八旗)에 속하거나 만족에 속하는것을 가리킴: ～人. (청나라때) 만족출신의 사람./～袍. 녀자의 긴 두루마기. /～装. 만족복장. ③내몽골자치구 지방행정구역의 하나, 현에 해당함.

畦 qí (휴) 뙈기: 种一～菜. 남새 한뙈기를 심다./～道. 두렁길./～田. 뙈기밭.

乞 qǐ (걸, 기) 빌다, 구걸하다, 애걸하다, 동냥하다: 恕～怜. 동정을 바라다./～恕. 용서를 빌다./～食. 걸식하다, 밥을 빌어먹다.

芑 qǐ (기) 옛날책에 나오는 식물의 하나.

屺 qǐ (기) 벌거숭이산, 민둥산.

岂(豈) qǐ (기) 반문을 표시하는 조사: ①어찌, 어디: ～敢! 어찌 감히 그럴수 있겠는가!/～有此理. 어디 이런 법이 있느냐, 이런 법도 있단 말인가. ②그래 (…이란 말인가): ～有意乎? 그래 의식적이란 말인가? 〈고〉〈恺〉〈凯〉(kǎi)와 같음.

玘 qǐ (기) (옛날) 허리띠를 장식하는 구슬.

杞 qǐ (기) ①식물의 이름: 1. 구기자나무. 2. 내버들. ②주나라때 제후국의 이름. 지금의 하남성 기현에 있었음: ～人忧天. 하늘이 무너질가봐 걱정하다, 쓸데없는 근심.

企 qǐ (기) 발꿈치를 들고 바라보다, 발돋움하다, 희망하다, 바라다, 기대하다: ～望. 희망하다, 바라다./～待. 기대하다./～盼. 바라다, 기대하다. 〔企图〕 노리다, 기도하다, 시도하다. 〔企业〕 기업, 기업소.

启(啓、唘) qǐ (계) ①열다: ～封. 봉투를 열다, 편지를 뜯어보다./～门. 문을 열다. ㊥깨우쳐주다: ～蒙. 깨우쳐주다, 계몽하다. 〔启发〕 깨우쳐주다, 계발하다: ～～教育. 계발교육./～～群众的积极性. 군중의 적극성을 불러일으키다. 〔启示〕 깨우쳐주다, 일깨와주다. ②시작하다: ～用. (기관도장을) 쓰기 시작하다. ③여쭈다, 알리다, 진술하다: 敬～者. 삼가 말씀드립니다./某某～. ×× 올림(서신용어). 〔启事〕 알림, 공시, 광고. ④편지, 서신: 书～. 편지, 서신./小～. 간단한 편지.

棨 qǐ (계) 표신(옛날 나무로 만든 통행증). 〔棨戟〕 창 (옛날 벼슬아치가 나다닐 때의 의장).

綮 qǐ (계) 장딴지.

起 qǐ (기) ①일어나다: ～床. 일어나다, 기상하다./～立致敬. 일어서서 경례하다. ㉠원래의 자리를 뜨다. 1. 옮기다, 나르다: ～身. 길을 떠나다, 출발하다, (잠자리에서) 일어나다./～运. 운반하다, 나르다. 2. 빼다, 뽑다: ～钉子. 못을 빼다./～货. 짐을 부리다. 〔起居〕 일상생활: ～～有恒. 일상생활이 변함없다. ②(높이) 뜨다, 오르다, 부풀어오르다: 一～一落. 올랐다내렸다하다./～劲. 힘쓰다, 노력하다./面～了. 밀가루반죽이 부풀어오르다. 〔起色〕 나아지는 기미, 좋아지는 기미, 호전되는 기색: 病有～～. 병이 나아지는 기색이 보인다. ③시작하다: ～笔. (글쓰기에서) 붓대기, 글자의 첫획./～点. 시발점. 〔起码〕 적어도, 최저한도로: ～～要十天才能完工. 적어도 열흘은 걸려야 완공될것이다. ④생기다, 일다, 일으키다: ～疑. 의심을 일으키다, 의심이 생기다./～意. 속셈, 심산; (나쁜) 생각이 나다, 생각이 떠오르다./～火. 불을 달다, 불이 일다./～风. 바람이 일다(불다). 〔起义〕 봉기(하다), 의거(하다), 의병을 일으키다. ⑤작성하다: ～草. 초고를 작성하다. ⑥(집을) 짓다: ～房子. 집을 짓다./白手～家. 맨주먹으로 건설하다, 빈손으로 살림을 꾸리다. ⑦부터. 1. 명사뒤에 놓인다: 今天～. 오늘부터./从这里～. 여기서부터. 2. 명사앞에 놓인다: ～南到北. 남쪽에서 북쪽까지./～这里剪开. 여기서부터 베여나간다. ⑧번, 차례, 무리, 떼, 패거리: 一～人走了,又来一～. 한패거리가 가니 또 한패거리가 온다. ⑨건, 안, 가지: 三～案件. 세가지 사건./两～事故. 두건의 사고. ⑩동사뒤에 놓여 동작의 추향을 나타냄: 抱～. 끌어안다./拿～. 쥐다./扛～大旗. 큰 기발을 높이들다./提～精神. 정신을 차리다./引～大家注意. 사람들의 주의를 환기시키다./想不～什么地方见过他. 그를 어디서 보았던지 생각나지 않는다. ⑪동사뒤에서 〈来〉와 같이 쓰이여 동작이 시작됨을 나타냄: 大声念～来. 큰소리로 읽기 시작하다. ⑫흔히 동사뒤에 붙는 〈不〉〈得〉와 함께 쓰인다. 1. 감당할 자격을 나타낸다: 买不～. 살수 없다./经得～考验. 시련을 이겨내다. 2. 도달할 표준을 나타냄: 看不～. 업신여기다./瞧得～. 중시하다.

绮 qǐ (기) ①무늬있는 비단: ~罗. 고운 비단. ②아름답다, 곱다, 훌륭하다: ~丽. 아름답다./~思. 훌륭한 생각.

稽 (2) qǐ (계) 절하다: ~首. 조아리다, 머리가 땅에 닿도록 절하다. (1) jī →188페지.

气(氣) qì (기) ①기체, 가스: 煤~. 가스./蒸~. 김, 증기. *공기, 바람: ~压. 기압./给自行车打~. 자전거에 바람을 넣다. ②(-儿) 숨: 没~了. 숨이 죽다./上~不接下~. 몹시 헐떡이다, 몹시 숨가빠하다. ③기후: 天~. 날씨./节~. 절기. ④내, 냄새: 香~. 향기./臭~. 더러운 냄새./烟~. 담배내. ⑤기백, 정신상태: 勇~. 용기./朝~. 생기. 〔气势〕 기세. ⑥성, 화; 화를 내다, 성을 내다, 약을 올리다, 성내게 하다: 他生~了. 그가 성을 내다./不要~我了. 약을 올리지 말라. ⑦천대, 압박: 受~. 천대받다. ⑧원기, 기운: ~血. 혈기./~虚. 허약하다, 쇠약하다./元~. 원기. ⑨병적증상: 湿~. 습진 등의 피부병./脚~. 각기, 무좀./痰~. 신경병, 지랄병, 중풍.

汽 qì (기) 김, 증기. *수증기: ~船. 발동선, 기선.

讫 qì (글) 끝내다, 끝나다: 收~. 접수완료./验~. 검사완료./付~. 지불완료.

汔 qì (흘) 비로소, 거의.

迄 qì (흘) ①…에 이르기까지: ~今未至. 지금까지 오지 않았다. ②끝내, 줄곧: ~为成功. 끝내 성공하지 못했다.

弃(棄) qì (기) 던지다, 내버리다: 抛~. 포기하다, 버리다./遗~. 잊어버리다./~权. 기권하다./~置不顾. 내버려두고 돌보지 않다.

妻 (2) qì (처) 〈고〉딸을 시집보내다. (1) qī →350페지.

炁 qì (기) 〈气〉와 같음.

泣 qì (읍) ①흐느끼다: ~不成声. 몹시 흐느끼다. ②눈물: 饮~. 눈물을 삼키다.

亟 (2) qì (기) 잦다, 빈번하다, 여러번, 루차: ~来问讯. 여러번 와서 물어보다. (1) jí →190페지.

契(栔) (1) qì (계) ①계약서, 문서: 地~. 토지문서./房~. 집문서./卖身~. 몸을 파는 계약서. ②뜻이 통하다, 마음이 맞다: 默~. 말없이 서로 마음이 통하다./~友. 마음이 맞는 벗./相~. 서로 마음이 맞다. ③칼로 새기다. ④칼로 새긴 문자: 殷~. 은나라때의 갑골문자. (2) xiè →485페지.

砌 qì (체) 쌓다, 쌓아올리다: ~墙. 담을 쌓다./~炕. 구들을 놓다./~砖. 벽돌을 쌓다.

碛 qì (적) 모래톱. 〔沙碛〕 사막.

跂 (2) qì (기) 발돋움하다: ~望. 발돋움하고 바라보다, 학수고대하다. (1) qí →352페지.

葺 qì (즙) 이영을 잇다, 집수리하다: 修~房屋. 집을 보수하다.

器(噐) qì (기) ①그릇, 기구, 도구: 武~. 무

기./容～. 용기. 〔器官〕 기관. 〈器〉라고도 략칭함: 消化～. 소화기./生殖～. 생식기. ②도량, 재간, 인재, 인물: ～量. 도량, 포용력./成～. 쓸모있는 물건, 인재가 되다, 좋은 물건. ③중요시하다: ～重. 중시하다.

憩(憇) qì (게) 쉬다, 휴식하다: 少～. 잠간 휴식하다./～息. 휴식하다.

荠(薺) (2) qi (제) →20페지 〈荸〉의 〈荸荠〉(bíqi). (1) jì →194페지.

QIA

掐 qiā (겹) ①움켜쥐다, 누르다, 꼬집다: ～脖子. 목을 누르다. [파]꺾다, 끊다: ～电线. 전선을 끊다. ②(-子、-儿) 단위명사. 줌, 웅큼: 一小～韭菜. 부추 한줌./一大～子青菜. 남새 한줌.

袷 (1) qiā (겹) 〔袷袢〕(-pàn) (위글족, 따지크족들이 입는) 깃 없는 두루마기. (2) jiá →197페지의 〈夹〉.

葜 qiā →7페지 〈菝〉의 〈菝葜〉(báqiā).

卡 (1) qiǎ (잡) ①(-子) 검열초소: 关～. 검열초소. ②(-子) 〈외〉핀: 头发～子. 머리핀. ③걸리다, 끼이다: 鱼刺～在嗓子里. 고기뼈가 목에 걸렸다./～在里边拿不出来了. 안에 끼여서 꺼내지 못하다. (2) kǎ →233페지.

恰 qià (흡) ①바로, 면바로, 때마침, 꼭: ～到好处. 안성맞춤하다, 꼭 들어맞는다. /～巧. 마침, 때마침, 바로./～好他来了. 때마침 그가 왔다. ②적당하다: 这里有几个字不～当. 여기 이 몇글자는 적합하지 못하다./～如其分(fèn). 꼭 맞다, 정도에 맞다.

洽 qià (흡) ①의논하다, 토의하다, 합의하다: 接～事情. 일을 토의하다./和他商～. 그와 의논하다. ②잘 어울리다, 잘 맞다, 융합되다, 화목하다: 感情融～. 감정이 잘 어울리다.

髂 qià (가) 〔髂骨〕 장골.

QIAN

千(韆) qiān (천) ①천. ②매우 많음을 나타냄: ～言万语. 천만마디의 말, 하도 많은 이야기./～军万马. 천군만마, 기세충천하다./～锤百炼. 온갖 시련을 다 겪다, 세련되다, 단련되다. 〔千万〕 절대로, 제발: ～～不要铺张浪费. 절대 요란하게 차려 랑비하지 말아야 한다. ③→369페지 〈秋〉의 〈秋千〉.

仟 qiān (천) 천의 큰글자.

阡 qiān (천) ①전야에 가로세로 뻗은 밭길 ([련]-陌 mò). ②묘지로 통하는 길.

芊 qiān (천) (나무와 풀이) 무성하다[첩]: 郁郁～～. 매우 무성하다, 울창하다. 〔芊绵〕〔芊眠〕 초목이 무성하다.

扦 qiān (천) ①(-子、-儿) 꼬챙이. ②〈방〉꽂다: ～花. 꽃을 꽂다./用针～住. 바늘을 꽂아 고정하다.

迁(遷) qiān (천) ① 옮기다, 이사하다 ([련]-移): ～

都. 수도를 옮기다./～居. 집을 옮기다, 거처를 옮기다, 이사하다. 〔迁就〕주견을 버리고 융화하다, 타협하다, 양보하다, 남을 따르다, 그럭저럭 지내보내다: 不能～～. 타협할수 없다./～～应该是有原则的. 양보함에는 원칙이 있어야 한다. 〔迁延〕(시간을) 끌다, 미루다, 지연시키다: 已经～～了一个多月了. 이미 한달 더 끌었다. ②변하다, 변동되다(ⓔ变-): 事过境～. 사정도 달라지고 환경도 변하였다, 세월이 흘러 옛일로 되여버렸다.

瓩 qiān (천) 〈瓩瓦〉(qiānwǎ) 킬로볼트암페아. 지금은 〈千瓦〉로 씀.

钎 qiān (-子) 정, 정대.

岍 qiān (견) 〔岍山〕견산, 산이름, 섬서성에 있음.

汧 qiān (견) 〔汧阳〕견양, 현이름, 섬서성에 있음. 지금은 〈千阳〉이라고 씀.

佥(僉) qiān (첨) 〈고〉모두, 전부, 다: ～同. 모두 찬성하다.

签(簽、籤、籖) qiān (첨) ①수표하다, 서명하다: ～名. 수표하다, 서명하다./请你～个字. 수표를 해주시오. ②간단하게 몇자 쓰다: ～注. 주해를 달다, 주석을 주다. ③(-子、-儿) 작은 꼬챙이: 牙～儿. 이쑤시개./竹～儿. 작은 대꼬챙이. ④(-儿) 표적, 표식: 书～. 책장끼우개./标～. (품명, 용도, 가격 등을 써서 물품에다 붙이는) 상표. 꼬리표, 가격표./浮～. (책, 문건, 시험지 등에 붙이는) 작은 쪽지, 부전지. ⑤(바느질에서) 호다.

牵(牽) qiān (견) ①끌다, 이끌다: ～着一条牛. 소 한마리를 끌다./～牲口. 집짐승을 끌다./手～着手. 손에 손을 잡고 이끌다. ②끌어들이다: 不要～扯别的问题. 다른 문제를 끌어들이지 말아야 한다./受～累. 련루되다, 언걸을 입다./～制敌人. 적을 견제하다. 〔牵强〕(-qiǎng) 억지스럽다, 억지로 끌어붙이다: 这话太～～. 이 말은 너무 억지로 둘러맞춘것이다.

铅 (1) qiān (연) ①연(원소기호 Pb). 〔铅铁〕아연, 아연도박판. 〔铅字〕활자. ②흑연: ～笔. 연필. (2) yán →505페지.

悭(慳) qiān (간) 린색하다, 좀스럽다.

谦 qiān (겸) 겸손하다: ～虚. 겸손하고 허심하다./～让. 사양하다./～词. 겸손하게 사양하다, 겸손한 말.

愆 qiān (건) ①과오, 죄과: ～过. 잘못, 과오. ②(시간을) 어기다, 놓치다: ～期. 기한을 어기다.

鹐 qiān (각) (새가 물건을) 쫏다, 쪼아먹다: 乌鸦把瓜～了. 까마귀가 호박을 쪼았다.

骞 qiān (건) 높이 들다, 추켜들다: ～举. 높이 들다.

搴 qiān (건) ①빼내다, 빼앗다: 斩将～旗. 적의 장수를 죽이고 군기를 빼앗다. ②〈褰〉과 같음.

褰 qiān (건) (옷이나 천막을) 걷어올리다, 말아올리다: ～裳.

옷을 걷어올리다.

荨(蕁、薟) qián, xún (담) 〔荨麻〕 쐐기풀.

钤 qián (검) (도장을) 찍다: ～印. 도장을 찍다. /～章. (도장을) 찍다. 〔钤记〕 옛날도장의 일종. (봉건사회) 기관도장, 단체도장.

黔 qián (검, 금) ① 검은빛: ～首. (옛날) 백성. ② 귀주성의 별칭.

前 qián (전) ① 1. 앞. ↔〈后〉: 天安门～. 천안문앞. /大楼～面. 큰 층집앞. /床～. 침대앞. /～面. 앞면, 전면. /向～走. 앞으로 가다. 2. 전, 이전, 종전: ～天. 그저께. /史无～例. 력사상 전례가 없다, 전대미문. 3. 차례, 앞으로: ～五名. 5등. ② 앞으로 나아가다: 勇往直～. 용감히 앞으로 나아가다. /畏缩不～. 위축되여 앞으로 나가지 못한다.

虔 qián (건) 경건하다: ～诚. 경건하다. /～心. 참된 마음, 경건한 마음.

钱(錢) qián (전) ①돈: 铜～. 동전, 구리돈. ㊇값, 비용: 车～. 차비. /饭～. 밥값. ② 엽전처럼 동그란 물건: 榆～. 비술나무씨. ③돈(무게의 단위, 1량의 10분의 1).

钳(箝、拑) qián (겸) ①(집게로) 집다. 〔钳制〕 견제하다. ②(-子) 집게, 뻰찌: 老虎～. 바이스. 〔钳工〕 기계조립공.

乾 (1) qián (건) ①건(팔괘의 하나), 부호는 ☰, 하늘을 대표함. ②〔乾县〕 건현, 섬서성에 있음. (2) gān →131페지의 〈干〉.

掮 qián (견) (어깨에) 메다. 〔掮客〕 거간군.

犍 (2) qián (건) 〔犍为县〕(-wéi-) 건위현, 사천성에 있음. (1) jiān →200페지.

潜(濳) qián (잠) ①(물속에) 숨다: ～水艇. 잠수함. /鱼～鸟飞. 고기는 물속에 숨고 새는 하늘로 날아간다. ②숨기다, 감추다, 드러내지 않다: ～伏. 잠복하다. /挖掘～在力量. 예비를 찾아내다. 〔潜心〕 전심전력으로 하다, 몰두하다: ～～研究. 전심전력으로 연구하다. ③남몰래, 살그머니, 소문없이: ～行. 숨어가다. /～逃. 살그머니 꼬리빼다, 몰래 도망치다.

肷(膁) qiǎn (겸) 옆구리: ～窝. 옆구리.

浅(淺) (1) qiǎn (천) ①얕다, 엳다, 좁다. ↔〈深〉: 这条河很～. 이 강물은 매우 얕다. /这个院子太～. 이 뜨락은 아주 좁다. ②(시일이) 짧다: 年代～. 해수가 짧다. /相处的日子还～. 서로 사귄 시간이 짧다. ③빈약하다, 간단하다: 这篇文章很～. 이 글은 내용이 빈약하다. /～近的理论. 깊지 않은 리론. /～见. 얕은 생각, 얕은 식견. /阅历～. 경력이 짧다. /功夫～. 재주가 얕다. /交情～. 우정이 깊지 않다. ④(빛이) 연하다: ～红. 연분홍색. /～绿. 연록색, 연두색. (2) jiān →199페지.

遣 qiǎn (견) ①보내다, 띄우다, 파견하다(㊞派-): 特～. 특별히 파견하다, 특파하다. /～送. 돌려보내다, 송환하다. ②쫓아버리다, 덜어버리다, 풀다: ～闷. 갑갑증을 풀다./消～. 심심풀이하다.

谴 qiǎn (견) 꾸짖다, 질책하다, 책망하다, 규탄하다([련]-责): ～罚. 단죄하다.

缱 qiǎn (견) 〔缱绻〕(-quǎn) 헤여지기 아쉬워하다, 정들어 떨어지기 아쉬워하다.

嗛 qiǎn (겸) 볼주머니 (원숭이의 볼안에 있는 먹이주머니). 〈고〉〈谦〉(qiān)〈歉〉(qiàn)과 같음.

欠 qiàn (흠) ①빚지다: 我～他十块钱. 나는 그의 돈 10원을 빚졌다. ②모자라다, 부족하다: 文章～通. 글이 순통하지 않다./身体～安. 몸이 편치않다, 몸이 거북하다. ③(몸을) 굽히다, 발돋움하다: ～身. 몸을 굽히다./～脚. 발끝을 돋우다, 발돋움하다. ④하품하다: 打呵～. 하품하다./～伸. 기지개를 켜다, 하품하다.

芡 qiàn (검) ①가시련, 가시련꽃. ②(풀처럼 만든) 전분: 勾～. 전분을 풀어넣어 걸죽하게 하다./汤里加点～. 국에 전분을 좀 넣다.

嵌 qiàn (감) 틈새에 끼워넣다, 사이에 박다: 镶～. 끼워넣다, 박아넣다./～入. 물리다, 끼워넣다, 박아넣다./匣子上～着象牙雕的花. 함에 상아로 조각한 꽃이 박혀있다.

纤(縴) (1) qiàn (견) 배줄, 배끄는 줄: ～夫. 배끄는 사람. 〔纤手〕 거간군. 〔拉纤〕 1. 배를 끌다. 2. 거간하다, 흥정을 붙여주다. (2) xiān →474페지.

茜(蒨) (1) qiàn (천) ①꼭두선이. ②붉은빛, 빨간빛. (2) xī →466페지.

倩 qiàn (천) ①아름답다, 곱다, 어여쁘다: ～影. 아름다운 모습. ②부탁하다: ～人代笔. 대신 써줄것을 부탁하다.

堑 qiàn (참) 성지, 성호, 해자: 天～. 천연물웅뎅이, 자연요새, 천험. [유]좌절, 실패: 吃一～长一智. 실패하면 그만큼 교훈을 얻는다.

椠 qiàn (참) ①(옛날) 글을 쓰는 나무판. ②(책의) 판본(나무로 된것): ～本. (책의) 판본./古～. 옛날판본./宋～. 송나라판본.

慊 (1) qiàn (겸) 불만스럽다, 한스럽다. (2) qiè →364페지.

歉 qiàn (겸) ①미안해하다, 미안쩍다: 抱～. 미안해하다, 미안하다./道～. 사죄하다./深致～意. 깊이 사죄하다. ②수확이 높지 못하다, 작황이 나쁘다: ～收. 흉작./～年. 흉년.

QIANG

羌 qiāng (강) ①〔羌族〕 창족, 중국 소수민족의 하나. ②옛날 중국 서부에 살던 민족.

蜣 qiāng (강) 〔蜣螂〕(-láng) 말똥구리, 소똥구리.

抢(搶) (2) qiāng (창) 〈戗(qiāng)①〉과 같음. (1) qiǎng →360페지.

呛(嗆) (1) qiāng (창) ①사레가 들리다: 喝水～着了. 물을 마시다가 사레가 들렸다./吃饭吃～了. 밥을 먹다가 사레가 들렸다. ②〈방〉기침. (2) qiàng →361페지.

玱(瑲) qiāng (창) 땔랑, 땡랑 땔랑(옥이 부딪치는 소리).

枪(槍、鎗) qiāng (창) ①창: 长～. 장창. ②총: 手～. 권총./机关～. 기관총. ㊥무장력량.

戗(戧) (1) qiāng (창) ①거스르다, 맞받아나가다: ～风. 바람을 거스르다./～水. 물을 거스르다. ②충돌하다, 맞다들다: 说～了. 말다툼하다. (2) qiàng →361페지.

戕 qiāng (장) 죽이다, 살해하다: 自～. 자살하다. 〔戕贼〕(몸을) 상하게 하다, 손상시키다, 해치다.

斨 qiāng (장) (옛날) 도끼.

腔 qiāng (강) ①(-子)(동물의) 몸의 안: 胸～. 가슴안, 흉강./口～. 입안, 구강. ㊥물건의 안: 炉～. 로안./锅台～子. 부뚜막안. ②(-儿) 가락, 곡조: 离～走板. 조화되지 않다, 장단이 맞지 않다, 사리에 맞지 않다, 왕청같다./梆子～. 딱따기를 두드려 률동을 나타내는 타령극의 곡조. ㊥말, 말투, 말씨: 开～. 말하다, 말을 시작하다./南～北调. 여러가지 사투리가 뒤섞인 말씨, (말이) 표준이 못되다. 〔京腔〕 북경말씨: 一口～～. 순 북경말씨.

锖 qiāng (청) 〔锖色〕 녹빛(광물의 겉면이 산화되여 나타나는 빛갈).

锵(鏘) qiāng (장) 소리본딴 말. 쟁강, 댕그랑(구슬이나 쇠붙이가 서로 부딪치는 소리), 땡땡, 딩딩당당(거문고소리)㊥.

镪 (2) qiāng (강) 〔镪水〕 강산: 硝～～. 질산. (1) qiǎng →361페지.

强(強、彊) (1) qiáng (강) ①건장하다, 힘이 세다, 강하다(㊥-壮、-健). ↔〈弱〉: 身～力壮. 몸이 건장하고 힘이 세다./～大. 강대하다. ㊥남짓하다, 남음이 있다: 四分之一～. 4분의 1 하고 남음이 있다. 〔强调〕 강조하다, 힘주어 말하다. 〔强梁〕 횡포하다, 오만무례하다. ②(정도가) 낫다, 강하다: 责任心～. 책임심이 강하다. ③좋다, 낫다: 要～. 승벽을 부리다./庄稼很～. 곡식이 아주 좋다./他写得字比你的～. 그의 글씨가 네 글씨만 낫다. (2) qiǎng →361페지. (3) jiàng →206페지.

墙(墻、牆) qiáng (장) 벽, 담: 砖～. 벽돌담(벽): 城～. 성벽./～报. 벽보.

蔷(薔) qiáng (장) 〔蔷薇〕(-wēi) 장미, 장미꽃.

嫱(嬙) qiáng (장) (옛날) 궁정의 녀자관직 이름.

樯(檣、艢) qiáng (장) 돛대, 마스트.

抢(搶) (1) qiǎng (창) ①빼앗다, 략탈하다(㊥-夺): ～球. 공을 빼앗다./～劫. 빼앗다, 략탈하다, 강탈하다./他把我的信～去了. 그가 나의 편지를 빼앗아갔다. ②급히 …하다, 다그치다, 앞을 다투다: ～修河坝. 강뚝을 다그쳐 쌓다. ③갈다, 닦다,

벗기다, 벗겨지다: 磨剪子～刀子. 가위와 칼을 갈다./跌了一跤,把肉皮～去一大块. 넘어져서 살가죽이 벗겨졌다. (2) qiāng →359페지.

羟(羥) qiǎng (간, 경) 〔羟基〕 수산기, 히드록실기.

强(強、彊) (2) qiǎng (강) ①강박하다, 강제로 시키다: ～迫. 강박하다./～占. 강점하다./～求. 강요하다. ②억지로, 가까스로, 겨우: 不能～人所难. 남이 싫어하는 일을 억지로 시켜서는 안된다, 남을 딱하게 굴어서는 안된다. (1) qiáng →360페지. (3) jiàng →206페지.

镪 (1) qiǎng (강) (옛날) 돈꿰미. 〔白镪〕 은전꿰미. (2) qiāng →360페지.

襁(繦) qiǎng (강) 〔襁褓〕(-bǎo) 애기포대기, 강보: 在～～中. 강보에 싸여있다.

呛(嗆) (2) qiàng (창) 갑시다: 烟～嗓子. 연기에 갑시다./辣椒味～得难过. 고추냄새에 갑시여 견디기 어렵다./～人. (냄새가) 코나 목구멍에 자극을 몹시 주다. (1) qiāng →359페지.

戗(戧) (2) qiàng (창) 버티다, 지지하다, 지탱하다: 墙要倒,拿杠子～住. 무너지려는 담벽을 나무로 버텨놓다. 〔够戗〕 견딜수 없다, 죽겠다: 他忙得真～～. 그는 바빠서 눈코뜰새없다./他病得～～. 그는 몹시 앓고있다. (1) qiāng →360페지.

炝(熗) qiàng (료리법에서) 데쳐서 무치다.

跄(蹌、蹡) qiàng (창) 〔踉跄〕(liàng-) 비틀거리다.

QIAO

悄 (2) qiāo (초) 가만가만, 살금살금, 살그머니 [첩]: 静～～. 아주 조용하다, 아주 고요하다./部队～～地出动. 부대는 소리없이 출동하였다. (1) qiǎo →362페지.

硗(磽) qiāo (교) 메마르다, 척박하다 ([련]-薄、-瘠、-确): 肥～. (땅의) 비옥도.

跷(蹺、蹻) qiāo (교) ①발돋움하다: ～脚. 발돋움하다. 〔高跷〕 나무다리춤, 나무다리. ②(다리, 손가락을) 쳐들다: ～起大拇指称赞. 엄지손가락을 쳐들고 칭찬하다./～腿. 다리를 쳐들다. 〔跷蹊〕(-qi) 이상하다, 괴상하다, 의문스럽다: 这事有点～～. 이 일은 좀 이상하다.

雀 (2) qiāo (작) 주근깨([련]-子). (1) què →375페지. (3) qiǎo →362페지.

锹(鍫) qiāo (초) 삽: 铁～. 삽.

劁 qiāo (초) (집짐승을) 거세하다, 불치기하다: ～猪. 돼지를 거세하다./～羊. 양을 거세하다.

敲 qiāo (고) ①치다, 두드리다: ～锣. 징을 치다./～边鼓. 역성을 들다, 두둔하다, 편을 들다, 부추기다. ②사기협잡하다.

橇 qiāo (교) ①(옛날) 진흙길을 걸을 때 쓰던 도구. ②썰매: 雪～. 눈썰매.

缲(**幧**) (1) qiāo (조, 소) (바느질에서) 감치다, 공그르다: ～一根带子. 띠를 감치다./～边. 혼솔을 공그르다. (2) sāo →386페지의 〈缫〉.

乔(**喬**) qiáo (교) ①높다. 〔乔木〕 교목, 키나무. 〔乔迁〕 집을 이사하다(남이 이사하는것을 높여서 이르는 말). ②가장하다, 변장하다. 〔乔妆〕〔乔装〕 변장하다, 가장하다.

侨(**僑**) qiáo (교) ① 외국에서 살다: ～居. 다른 나라에서 살다, 해외에 거주하다. ②해외동포, 교포: 华～. 화교.

荞(**蕎**) qiáo (교) 메밀: ～麦. 메밀.

峤(**嶠**) (2) qiáo (교) 산이 높고 가파롭다. (1) jiào →209페지.

桥(**橋**) qiáo (교) 다리: 南京长江大～. 남경장강대교./天～. 구름다리, 굴다리, 륙교, 공중다리, 고가교./独木～. 외나무다리.

硚(**礄**) qiáo (교) 〔硚头〕 교두, 지명, 사천성에 있음.

轿(**轎**) qiáo (교) 말안장턱.

荍 qiáo (교) 당아욱, 전규.

翘(**翹**) (1) qiáo (교) ① 쳐들다: ～首四望. 머리를 쳐들고 사방을 바라보다./～望. 간절히 바라다, 고대하다. ②휘다, 굽다, 우그러들다: 桌面～棱了. 상판이 우그러들다, 상판이 구부러지다. (2) qiào →363페지.

谯 qiáo (초) 〔谯楼〕 성문우의 다락집.

憔(**顦**) qiáo (초) 〔憔悴〕(-cuì) (얼굴이) 파리하다, 수척하다, 해쓱하다: 面容～～. 얼굴이 해쓱하다.

樵 qiáo (초) ①나무. ②나무를 하다: ～夫. 나무군.

瞧 qiáo (초) 보다, 구경하다: ～书. 책을 보다./～得起. 중시하다, 우러러보다./～不起. 깔보다, 업신여기다, 경멸시하다.

巧 qiǎo (교) ①기교, 기술, 재주: 技～. 기교. ②재치있다, 재주있다, 령민하다: 心灵手～. 령리하고 손재주있다./他很～. 그는 아주 령민하다. ③(말이) 거짓이다, 허위적이다: 花言～语. 달콤한 거짓말. ④꼭 맞다, 적절하다: 凑～. 때마침, 공교롭게도./碰～. 때마침, 신통히도.

悄 (1) qiǎo (초) ①우울하다, 근심스럽다, 시름겹다. ②고요하다, 조용하다: (목소리가) 아주 낮다: 低声～语. 소곤소곤 말하다./～然无声. 쥐죽은듯 조용하다. (2) qiāo →361페지.

愀 qiǎo (초) (근심과 두려움에) 낯빛이 달라지다, 낯색이 변하다: ～然作色. 낯빛이 달라지다.

雀 (3) qiǎo (작) 뜻이 〈雀(1)〉과 같음. 입말에 쓰인다. (1) què →375페지. (2) qiāo →361페지.

壳(**殼**) (2) qiào (각) 껍데기, 딱지: 甲～. 껍데기./地～. 땅껍데기, 지각. (1) ké →239페지.

俏 qiào (초) ①곱다, 아름답다, 예쁘다, 맵시나다, 멋지다: 俊～.(생김새가) 아름답다, 예쁘다, 끌밋하다. ②(상품이) 시세나다, 경기가 좋다, 잘 팔리다: ～货. 잘 팔리는 물건, 시세있는 물품. ③〈방〉(료리할 때 맛과 빛을 돋구기 위해 푸른 마늘, 고수풀, 참나무버섯따위의) 양념을 놓거나 섞다.

诮 qiào (초) 꾸짖다, 책망하다, 풍자하다, 비웃다: 讥～. 비꼬다, 조롱하다, 비방하다.

峭(陗) qiào (초) 산이 높고 가파롭다: ～壁. 낭떠러지, 절벽, 벼랑. [유]엄하다, 엄격하다, 맵짜다: ～直. (성미가) 엄하고 곧다, 강직하다.

鞘 (1) qiào (초) 칼집: 刀～. 칼집. (2) shāo →393페지.

窍(竅) qiào (규) ①구멍: 七～. (귀, 눈, 입, 코 등) 일곱구멍./一～不通. 전혀 통하지 않다, 전혀 모르다. ②(-儿) 중요고리, 중심고리, 비결, 묘리: 诀～儿. 비결./～门儿. 비결, 묘리, 구멍수.

翘(翹、蹺) (2) qiào (교) 쳐들리다, 휘다: 板凳～起来了. 걸상이 쳐들리다. 〔翘尾巴〕 꼬리를 쳐들다, 자고자대하다, 코대를 쳐들다. (1) qiáo →362페지.

撬 qiào (효) (몽둥이따위로) 떠밀다, 지레질하다; (열쇠, 문따위를) 우격다짐으로 열다: 把门～开. 문을 우격다짐으로 열다./～杠. 지레대.

QIE

切 (1) qiē (절) ①자르다, 저미다, 베다, (칼로) 끊다, 짜개다, 썰다: ～成片. (칼로) 쪼각쪼각 썰다, 편으로 저미다./把西瓜～开. 수박을 짜개다. 〔切磋〕 [유]서로 의논하다, 연구토론하다. ②(기하학에서) 맞붙다, 서로 접하다: 两圆相～. 원이 서로 접하다./～线. 접선./～点. 접점. (2) qiè →본 페지.

伽 (1) qié (가) 〔伽南香〕 침향. 〔伽蓝〕 절, 절간, 사원. (2) jiā →195페지.

茄 (1) qié (가) (-子) 가지. 〔番茄〕 도마도, 일년감. (2) jiā →196페지.

且 (1) qiě (차) ①뿐 아니라, …기도 하다, …기도 하고…기도 하다./既高～大. 높기도 하고 크기도 하다. ②잠간, 잠시: ～慢. 가만, 잠간만, 서둘지 말라./～住. 잠시 멈추다. ③…하면서 …하다: ～走～说. 걸으면서 말하다./～行～想. 가면서 생각하다. ④오래, 오래동안: 这双鞋～穿呢. 이 신은 오래 견딘다. (2) jū →225페지.

切 (2) qiè (절, 체) ①가깝다, 맞물리다, 꽉 물리다: ～邻. 가까운 이웃./～身利益. 절실한 리익./不～实际. 실제에 맞지 않다. 〔切齿〕 이를 갈다. ②급하다, 절박하다: 迫～需要. 절박히 요구된다./回国心～. 귀국할 마음이 간절하다./急～不能等待. 한시 급하다. ③간절하다, 절절하다; 제발, 절대로: 言辞恳～. 언사가 간절하다./～

记. 잘 기억해두다./～忌. 극력 피하다. ④반절(反切)(옛날 한자발음 표기법의 한가지). 〔一切〕 모든, 온갖, 전부, 온갖것, 모든것, 일체. (1) qiē →363페지.

窃(竊) qiè (절) ①훔치다, 도적질하다: ～案. 절도사건, 도난사건. [유]비법적인 수단으로 취하여 가짐: ～位. (일은 안하고) 로임만 타먹다, 자리지킴만 하고 로임을 타먹다./～国. 국가정권을 탈취하다. ②남몰래, 가만히./～笑. 남몰래 비웃다, 뒤에서 비웃다, 슬그머니 키득키득 웃다. ③자신, 저, 소인(지난날 자기를 낮추어 하는 말): ～谓. 저의 의견./～以为. 자신의 생각.

郄 qiè (각) 사람의 성. 〈고〉〈郤(xì)〉와 같음.

妾 qiè (첩) ①첩, 작은마누라. ②소녀, 이 천한 몸(지난날 부녀자들이 자기를 낮추어 이르던 말).

怯 qiè (겁) 담이 작다, 비겁하다(련-懦): 胆～. 담이 작다./～场(사람이 많은 곳에서) 주눅이 들다. (긴장하거나 겁이 나서) 부자연스럽다.

朅 qiè (걸) ①가다, 떠나다. ②씩씩하다, 름름하다, 영용하다.

挈 qiè (설) ①들다, 잡다: 提纲～领. 요령을 잡다. ②이끌다, 거느리다, 데리고 가다: ～眷. 가족을 거느리고 가다./～带. 거느리다.

锲 qiè (계) 새기다, 파다, 조각하다: ～金玉. 구슬을 새기다.

惬(愜、㥦) qiè (협) 흐뭇하다, 만족하다: ～意. 흐뭇하다, 만족하다, 흡족하다./～心. 흐뭇하다, 만족하다, 흡족하다. 〔惬当〕 알맞다.

箧(篋) qiè (협) 작은 상자.

趄 (1) qiè (저) 기울다, 기울어지다: ～坡儿. 비탈진 곳./～着身子. 몸을 기울이다. (2) jū →225페지.

慊 (2) qiè (협) 만족하다, 흐뭇하다: 不～. 불만하다. (1) qiàn →359페지.

QIN

钦 qīn (흠) ①존경하다: ～佩. 경모하다, 우러러 탄복하다./～仰. 흠모하다, 경모하다. ②봉건사회에서 황제가 직접하는것: ～定. (봉건사회에서) 황제의 저술 또는 황제의 명령으로 결정된것./～赐. (봉건사회) 황제의 선물./～差大臣. (봉건사회) 황제가 직접 파견한 대신, 흠차대신.

嵚 qīn (금) 〔嵚崟〕(-崟)(-yín) (산이) 높다, 아아하다, 아스라하다.

侵 qīn (침) ①침범하다, 침해하다: ～害. 침해하다, 침략하다./～吞. (남의 재물을) 삼키다, 횡령하다. 〔侵略〕 침략하다. ②차츰 가까와지다, 다가오다: ～晨. 날밝을무렵, 동틀무렵.

骎 qīn (침) 〔骎骎〕 (말이) 빨리 달리다. [유]재빨리 진행되다: ～～日上. 재빨리 진행되다.

亲(親) (1) qīn (친) ①일가친척, 혈육, 부처간: ～人. 가까운 친척, 육친, 일가친족./～兄弟. 친형제. *특히 부모를 가리킴./双～. 량친, 부모./养～. 양부모, 양어버이. ②혼인: 定～. 약혼하다./～事. 혼사, 혼인. ③혼인관계로 맺어진 친척: 姑表～. 고종사촌, 외사촌. ④친히, 자기 손으로, 몸소: ～笔信. 친서, 친히 쓴 편지./～眼见的. 친히 본것./～手做的. 자기 손으로 만든것. ⑤친하다, 사이좋다: 他们很～密. 그들은 아주 친밀하다./兄弟相～. 형제간에 사이가 좋다. ⑥입을 맞추다: ～孩子的小脸蛋. 아이의 볼에 입을 맞추다. (2) qìng →368페지.

衾 qīn (금) 이불: ～枕. 이불과 베개.

芹 qín (근) 〔芹菜〕 미나리.

芩 qín (금) ①사슴밥풀. ②속썩은풀, 황금초.

矜(獾) (3) qín (근) (옛날) 창자루. (1) jīn →215페지. (2) guān →151페지.

琴 qín (금) ①거문고. ②악기: 风～. 풍금. /钢～. 피아노./胡～. 해금, 깽깽이.

秦 qín (진) ①주나라시기 제후국의 이름. ②진나라, 중국 고대의 나라이름. ③섬서성의 별칭.

溱 (2) qín (진) 〔溱潼〕 진동, 지명, 강소성 태현에 있음. (1) zhēn →567페지.

嗪 qín →332페지 〈哌〉의 〈哌嗪〉 (pàiqín).

螓 qín (진) (옛책에서) 작은 매미.

覃 (2) qín (담) 사람의 성. (1) tán →427페지.

禽 qín (금) ①새: 家～. 가금./飞～. 날새, 날짐승. ②(옛날) 날짐승과 길짐승의 총칭.

擒 qín (금) 사로잡다, 생포하다: ～拿. 붙잡다, 체포하다: ～贼先～王. 도적은 우두머리부터 잡아야 한다, 주되는 적을 없애치워야 한다.

噙 qín 머금다: 嘴里～了一口水. 물을 한모금 머금었다./眼里～着眼泪. 눈에 눈물이 글썽하다.

檎 qín (금) →277페지 〈林〉의 〈林檎〉.

勤(廑、懃) qín (근) ①꾸준하다, 부지런하다, 근면하다: ～劳. 부지런히 일하다, 근로하다./～快. 부지런하다, 일손이 부지런하고 깨끗하다./～俭. 부지런하고 검박하다./～学. 꾸준히 배우다, 열심히 공부하다. ㉮잦다, 빈번하다: 房子要～打扫. 집은 자주 청소하여야 한다./～洗澡. 자주 목욕하다./夏天雨～. 여름에는 비가 잦다. ②근무: 内～. 내부근무, 내근./外～. 외부근무, 외근./出～. 출근./缺～. 결근. 〔后勤〕 1. 후방사업. 2. 경리사업, 총무사업. ③ →524페지 〈殷〉의 〈殷勤〉.

梫 qǐn (침) 계수나무. →155페지의 〈桂〉.

锓 qǐn (침) 새기다, 조각하다: ～版. 나무판에 글을 새기다.

寝(寢) qǐn (침) ①잠자다: 废～忘食. 침식을 잊다, 불면불휴./就～. 취침하다./寿终正～. 생애를 마치다, 세상을 뜨다, 사물이 멸망하다. ②중지하다, 끝나

다: 事～. 일이 끝나다. ③(얼굴이) 못생기다, 밉게 생기다, 험상궂다: 貌～. 생김새가 험상궂다.

吣(唚、𠴠) qìn (심) (고양이나 개가) 토하다.

沁 qìn (심) ①스며들다, 파고들다, 쏙쏙 들어가다: ～人心脾. (노래나 글이) 가슴속에 파고들다, 시원하다. ②〈방〉(물속에) 집어넣다. ③〈방〉(머리를) 수그리다: ～着头. 머리를 수그리다. ④〔沁水〕 심수, 강이름, 산서성 심원현에서 발원하여 동남쪽으로 흘러 하남성에서 황하로 들어감.

揿(撳) qìn (금) 〈방〉(손으로) 누르다: ～电铃. 전기종을 누르다.

QING

青 qīng (청) ①1. 푸르다: ～草. 푸른 풀./～天. 푸른 하늘. 2. 검다: ～布. 검은천./～线. 검은실. ②풋곡식, 풋것: 看～. 풋곡식을 지키다, 밭을 지키다./～黄不接. 묵은 곡식이 떨어지고 햇곡식이 아직 나오지 않은 때를 가리켜 이름, 보리고개, 뒤를 잇는 인력과 재력이 잠시 끊어진것을 비유함. ③젊다: 共～团. 공청단./老中～相结合. 로년, 중년, 청년이 서로 결합하다.

圊 qīng (청) 변소: ～土. 변소흙./～肥. 똥거름, 두엄.

清 qīng (청) ①맑다, 깨끗하다: ～水. 맑은 물./天朗气～. 하늘이 개이고 공기가 맑다. ㊥ 1. 단순하다: ～唱. (공연복도 입지 않고 반주도 없이) 노래만 부르다. 2. 조용하다, 고요하다(㉠-静): ～夜. 고요한 밤. ②똑똑하다, 뚜렷하다, 명백하다: 分～. 똑똑히 분간하다./～楚. 똑똑하다, 명백하다./说不～. 똑똑히 말할수 없다. ③말끔하다, 남김없다: ～除. 깨끗이 제거하다, 뿌리 빼다. ④청렴하다: ～官. (지난날) 청렴한 관리. ⑤청나라, 누르하치가 세웠음.

蜻 qīng (청) 〔蜻蜓〕(-tíng) 잠자리.

鲭 qīng (청) 고등어, 담수청어.

轻(輕) qīng (경) ①가볍다. ↔〈重〉: 这块木头很～. 이 나무는 매우 가볍다. 〔轻工业〕 경공업. ②정도가 얕다: 口～. (말, 노새 등의) 나이 어리다, 맛이 싱겁다, 싱겁게 먹는다./～伤不下火线. 경상정도로는 화선에서 물러나지 않는다. ③젊다, 어리다; (일이) 적다, 쉽다, 헐하다: 年纪～. 나이 젊다./他的工作很～. 그의 사업은 매우 헐하다. ④살짝, 가볍게: 注意～放. 주의하여 살짝 놓다./手～一点儿. 손을 가볍게 쓰다. ⑤업신여긴다, 깔보다, 얕보다: ～视. 업신여기다, 경시하다./～敌. 적을 경시하다./人皆～之. 사람들은 모두 그를 업신여긴다. ⑥함부로, 제멋대로: ～薄. 경박하다, 모욕하다. (남을) 얕보다, 깔보다, 경솔하다, 경망하다./～率. 경솔하다. /～举妄动. 경솔하고 분수없이 행동하다, 함부로 덤비다, 경거망동하다. 〔轻易〕(-yi) 손쉽다, 헐하다: 他不～～下结论. 그는 함부로 결론을 내리지 않는다.

氢(氫) qīng 수소(원소기호 H).

倾 qīng (경) ①기울다, 기우뚱하다([련]-斜): 身体稍向前~. 몸이 앞으로 좀 기울다. ②치우치다, 쏠리다: ~心. 마음이 쏠리다. 〔左倾〕좌경. 〔右倾〕우경. ③무너지다, 넘어지다: ~颓. 무너지다, 넘어지다. 〔倾轧〕(-yà) 서로 배척하다, 새암하여 배척하다; 알륵, 갈등. ④쏟다, 퍼붓다: ~盆大雨. 큰 소낙비, 억수로 퍼붓는 비. /~箱倒箧. 집안을 뒤지다, 발칵 뒤지며 조사하다, 살살이 뒤지다, 있는것을 다 내놓다. [파]깡그리 털어내다: ~家荡产. 가정이 파산되다, 가산이 탕진되다, 집안이 망하다, 재산을 다 불어먹다. /~吐. 털어놓고 말하다, 토로하다. 〔倾销〕모조리 털어내여 팔다, 방매하다.

卿 qīng (경) ①경, 옛날의 고급 관직이름: 上~. 상경. /三公九~. 3공9경. ②경, 그대(옛 임금이 신하를 부르거나 남편이 안해를 부르던 말).

勍 qíng (경) 억세다, 강하다, 힘이 세다. ~敌. 강한 적수, 강적.

黥(剠) qíng (경) (옛날) 묵형(이마에 죄인이라는 표시를 먹실로 새기는것), 자자, 자문.

情 qíng (정) ①정, 감정, 정서: 感~. 감정. ②사랑, 애정: ~爱. 사랑. ③호의, 은정, 우애심: 说~. 청을 넣다, 통사정하다, 용서를 빌다. /求~. 사정하다, 인정에 매달리다, 용서나 도움을 바라다. ④정형, 형편, 상태: 实~. 실정, 실지형편. /真~. 실정, 실태. /军~. 군사형편, 군사정보. 〔情报〕정보. 〔情况〕정황: 报告大会~~. 대회의 정황을 보고하다. 〔情形〕정형, 형편: 根据实际~~逐步解决. 실제 정형에 따라 점차적으로 해결하다.

[贝青] qíng (청) (재산을) 물려받다([련]-受).

氰 qíng 시안.

晴 qíng (청) 개이다: 天~了. 하늘이 개이다. /~天. 개인 날씨.

檠(橄) qíng (경) ①초대, 등잔대, 등. ②도지개(뒤틀린 활을 바로잡는 틀).

擎 qíng (경) 떠받들다, 들어올리다: 众~易举. 많은 사람이 들면 들어올리기 쉽다. /~天柱. 나라의 중책을 한몸에 걸머지다.

苘(檾、蘔) qǐng (경) 어저귀, 백마.

顷 qǐng (경) ①경(땅면적의 단위, 1경은 100무 즉 2만여평). ②잠간사이: 有~. 한참동안. /俄~即去. 잠간사이면 간다. /~刻之间大雨倾盆. 잠간사이에 소나기가 억수로 퍼부었다. [파]방금, 이제, 막: ~闻. 금방 듣다. /~接来信. 방금 보내주신 편지를 받았습니다, 방금 편지를 받다. 〈고〉〈倾〉(qīng)과 같음.

庼(廎) qǐng 작은 마루방, 작은 대청.

请 qǐng (청) ①요구하다, 청구하다, 신청하다(㊊-求): ～假. 휴가를 맡다./～示. 상급에 물어보다, 지시를 바라다. ＊무엇을 권하거나 부탁할 때 존경하여 이르는 말: ～坐. 앉으십시오./～教. 가르침을 바라다./～问. 말 좀 물어봅시다, 말 좀 여쭙시다./～进来. 어서 들어오십시오. ②초청하다, 초빙하다, 모시다: ～专家作报告. 전문가를 초빙하여 보고를 듣다./～医生. 의사를 청하다.

謦 qǐng (경) 기침. 〔謦欬〕(-kài) 말과 웃음, 롱./亲聆～～. 롱을 받아주다.

庆(慶) qìng (경) ①경축하다, 축하하다(㊊-贺): ～功大会. 공로를 축하하는 대회, 훈장수여식./～祝五一劳动节. 5.1로동절을 경축하다. ②경사: 国～. 국경절, 전국기념./大～. 큰 경사.

亲(親) (2) qìng (친) 〔亲家〕 사돈. (1) qīn →364페지.

箐 qìng (정) 〈방〉나무가 우거진 산골짜기.

綮 qìng (경) ①맞붙은 자리, 이음새. →242페지 〈肯②〉의 〈肯綮〉.

磬 qìng (경) ①경쇠(옥이나 돌로 만든 옛날 타악기). ②중들이 흔드는 동으로 만든 작은 종.

罄 qìng (경) 다 써버리다, 없어지다, 텅 비다: 告～. 다 없어졌다./售～. 다 팔아버리다./～竹难书. (옛날에는 종이가 없어 대쪽에 글을 새기거나 썼다.) 대란 대를 다 가져다 글을 써도 하많은 사연을 다 써낼수 없다, 죄상을 이루다 적을수 없다.

QIONG

邛 qióng (공) ①흙무지, 산, 언덕. ②〔邛崃〕(-崃)(-lái) 공래, 산이름, 사천성에 있음. 〈래산(崃山)〉이라고도 함.

筇 qióng (공) 지팽이를 만들수 있는 참대.

穷(窮) qióng (궁) ① 가난하다, 생활이 어렵다(㊊贫-): ～人大翻身. 가난한 사람들이 몰라보게 신세를 고쳤다./他过去很～. 그는 지난날 생활이 매우 어려웠다. ②출로가 없다, 곤경에 처하다: ～困. 곤궁하다, 빈곤하다, 구차하다. ③극심하다, 절정에 이르다: ～凶极恶. 극악무도하다. ④끝장나다: 理屈辞～. 말문이 막히다./无～无尽. 무궁무진하다./日暮途～. 막다른골목에 이르다. ⑤캐다, 탐구하다: ～物之理. 사물의 리치를 따지다.

藭(藭) qióng (궁) →490페지 〈芎〉의 〈芎藭〉(xiōng qióng).

茕(煢、惸) qióng (경) (형제가 없어) 고독하다, 외롭다: ～～孑立. 고독하다, 혈혈무의.

穹 qióng (궁) 둥글고 높다: ～苍. 푸른 하늘, 창공.

琼(瓊) qióng (경) 아름다운 옥: ～杯. 옥으로 만든 술잔. ㊐아름답다, 좋다: ～浆. 좋은 술.

蛩 qióng (공) 〈고〉 ①귀뚜라미. ②메뚜기, 황충.

跫 qióng (공) 소리본딴말. 쿵쿵, 터벅터벅, 뚜벅뚜벅(발걸음소리): 足音～然. 터벅터벅 발걸음소리가 나다.

QIU

丘(坵、邱) qiū (구) ①둔덕, 언덕, 구릉: 土～. 흙언덕./～陵地带. 구릉지대. ②무덤, 뫼: ～墓. 무덤. ③〈방〉배미: 一～五亩大的稻田. 한배미가 5무나 되는 논. ④벽돌을 쌓아 관을 림시로 묻다.

邱 qiū (구) 사람의 성. 옛날 〈丘〉라고도 하였음.

蚯 qiū (구) 〔蚯蚓〕(-yǐn) 지렁이.

龟(龜) (3) qiū (구) 〔龟兹〕(-cí) 구자, 한나라시기 서쪽지방의 나라이름. 지금의 신강위글자치구 쿠처현일대에 있었음. (1) guī →154페지. (2) jūn →232페지.

秋(秌、鞦) qiū (추) ①가을, 가을철. 〔三秋〕 1. 가을걷이, 가을갈이, 가을철 씨뿌리기를 통털어 이르는 말. 2. 3년. ②곡식이 익을 때, 가을걷이할 철: 麦～. 밀가을철. ③해, 년, 추: 千～万岁. 천추만대. ④때, 시기: 多事之～. 변고가 많은 세월. ⑤〔秋千〕〔鞦韆〕(-qiān) 그네.

萩 qiū (추) (옛글에서의) 쑥.

湫 (1) qiū (추) 못, 늪. 〔大龙湫〕 대룡추, 폭포이름, 절강성 북안탕산에 있음. (2) jiǎo →209페지.

楸 qiū (추) 가래나무, 추목.

鹙 qiū (추) 독추(옛글에 나오는 물새의 한가지, 번대머리에 성미가 사납고 뱀을 잡아먹는다고 하였음).

鳅(鰌) qiū (추) 미꾸라지, 추어.

鞧(鞦) qiū (추) 〔后鞧〕 후걸이, 밀치.

仇 (2) qiú (구) 사람의 성. (1) chóu →57페지.

犰 qiú (구) 〔犰狳〕(-yú) 천산갑.

扈 qiú (구) 핍박하다, 강박하다, 강요하다.

囚 qiú (수) ①구금하다, 가두다: ～车. 죄수차. ②갇힌 사람, 구금자, 죄수, 수인: ～犯. 죄수.

泅 qiú (수) 헤염치다: ～水. 헤염치다./～渡. 헤염쳐 건느다.

求 qiú (구) ①구하다, 얻다, 찾아내다, 바치다: 不～名. 명예를 바라지 않는다./不～利. 리익을 도모하지 않는다./供不应～. 공급이 수요를 따르지 못하다./～学. 학교에서 공부하다./～出百分比. 프로를 구하다(계산하다). ②간청하다, 부탁하다, 바라다: ～教. 가르침을 바라다./～人. 남에게 요구하다, 사정하다.

俅 qiú (구) ①공순하다, 고분고분하다㊀. ②두룽족의 옛이름.

逑 qiú (구) 배필, 배우자, 부부.

球(毬) qiú (구) (-儿) ①둥근 물체: 气～. 고무풍

선. ②공, 뽈: 足～. 축구뽈./乒乓～儿. 탁구공. ③지구, 별세계, 별천체: 全～. 전세계./北半～. 북반구./星～. 별천체./月～. 달

赇 qiú (구) 뢰물을 주다, 뢰물을 먹이다.

裘 qiú (구) 갖옷, 가죽옷: 集腋成～. 쪼박가죽도 모으면 갖옷을 지을수 있다, 티끌모아 태산.

虬(虯) qiú (규) 뿔난 작은 룡.

酋 qiú (추) ①추장, 부락의 우두머리. ②(강도의) 우두머리, 두목: 匪～. 비적의 두목./敌～. 적의 두목.

遒 qiú (주) 건장하다, 힘있다(㊊-劲、-健).

蝤 (1) qiú (추) 〔蝤蛴〕(-蛴)(-qí) 하늘소, 굼벵이, 하늘소의 유충. (2) yóu →534페지.

巯(巰) qiú 메르캅토기.

璆 qiú (구) 아름다운 구슬: ～琳. 아름다운 구슬.

糗 qiǔ (구) ①건량, 마른 음식, 미시가루. ②(밥 또는 가루음식의) 쉐기.

QU

区(區) (1) qū (구) ①나누다, 구분하다, 구별하다(㊊-别、-分). ②지대, 지역, 지구: 工业～. 공업구. ③구, 구역(행정구역단위). 〔区区〕 적다, 얼마되지 않다, 보잘것없다. (2) ōu →330페지.

岖(嶇) qū (구) 〔崎岖〕(qī-) (산길이) 울퉁불퉁하다, 험하다.

驱(驅、敺) qū (구) ①몰다: ～马前进. 말을 몰아 앞으로 나가다. ㊋쫓아버리다, 몰아내다, 구축하다(㊊-逐): ～逐敌人出境. 적을 국경밖으로 몰아내다. 〔驱使〕 부추기다, 부려먹다. ②빨리 달리다(㊊驰-): 并驾齐～. 가지런히 나가다, 병진하다./前～. 길잡이, 선구자.

躯(軀) qū (구) 몸, 체구(㊊身-): 七尺之～. 칠척되는 몸./为国捐～. 나라를 위하여 몸을 바치다./～体. 신체.

曲(麯、粬、麴) (1) qū (곡) ①굽다, 곧지 않다(㊊弯-). ↔〈直〉: ～线. 곡선, 굽은 선./山间小路～～弯弯. 산간의 오솔길은 오불고불하다. ㊌공정하지 않다, 불합리하다: ～解. 곡해하다, 오해하다, 잘못 해석하다./理～. 리치에 어긋나다./是非～直. 시비곡직, 옳고그른것. ②굽이: 河～. 강굽이. ③궁벽한 곳, 구석진 곳: 乡～. 시골구석. ④사람의 성. ⑤누룩: ～霉. 누룩곰팽이. (2) qǔ →372페지.

蛐 qū (곡) ①〔蛐蛐儿〕(～qur) 귀뚜라미. ②〔蛐蟮〕(-shan) 지렁이.

诎 qū (굴) ①구부리다. ②굴복하다, 굽히다.

屈 qū (굴) ①굽히다, 구부리다. ↔〈伸〉: ～指可数. 손가락으로 셀수 있다, 손꼽아 헤아릴수 있다. 〔屈戌〕(-xū)〔屈戌儿〕(-qur) (문이나 상자따위의) 고리. ②굴복하다,

굴종하다, 항복하다: ～服. 굴복하다,항복하다./威武不能～. 위엄과 무력으로는 굴복시키지 못한다./宁死不～. 죽을지언정 굴복하지 않는다. ③억울하다: 受～. 억울함을 당하다. [파]원통하다([련]冤-): 叫～. 억울하다고 웨치다.

胠 qū (거) ①옆으로 열다: ～箧. 훔치다, 도적질하다. ② 겨드랑이.

祛 qū (거) 제거하다, 쫓아버리다, 구축하다, 없애버리다: ～疑. (남의) 의심을 없애버리다./～痰剂. 거담제.

袪 qū (거) ①옷소매, 소매부리. ②〈祛〉와 같음.

蛆 qū (저) 구데기.

焌 (1) qū (준) ①불을 끄다, 불을 꺼버리다. ②불길이 없는 불에 볶다. ③(료리법에서 기름을 닦다가 양념을 넣은 다음 남새를 넣어) 볶다, 닦다: ～锅儿. 남비볶음. (2) jùn →233페지.

黢 qū (출) 검다, 캄캄하다: ～黑的头发. 새까만 머리카락./屋子里黑～～的什么也看不见. 방안이 캄캄하여 아무것도 보이지 않는다.

趋(趨) qū (추) ①빨리 가다: ～而迎之. 빨리 가서 마중하다. ②쏠리다, 향하다: ～势. 추세, 경향./大势所～. 대세의 흐름./意见～于一致. 의견이 일치하게 되다. ③(게사니나 뱀이) 목을 빼들고 물다. 〈고〉〈促〉(cù)와 같음.

麹 qū (국) 사람의 성.

劬 qú (구) ①일에 지치다([련]-劳). ②부지런하다: ～学. 부지런히 배우다.

朐 qú (구) 〔临朐〕 림구, 현이름, 산동성에 있음.

鸲 qú (구) 팔가. 〔鸲鹆〕(-yù) 팔가. 〈八哥儿〉라고도 함.

鼩 qú (구) 〔鼱鼩〕 사향쥐. 〈麝香鼠〉라고도 함.

渠(佢) qú (거) ①물길, 개천, 물도랑, 수로: 挖～. 물도랑을 빼다./水到～成. 물이 흐르면 물길이 이루어진다, 조건이 성숙되면 일이 저절로 이루어진다. ②그 사람, 저 사람: 不知～为何人. 그가 어떤 사람인지 모르겠다. ③크다: ～帅. 우두머리, 두령./～魁. 도적의 우두머리.

蕖 qú (거) 〔芙蕖〕(fú-) 련꽃.

磲 qú (거) →47페지 〈砗〉의 〈砗磲〉(chēqú).

璩 qú (거) 옛날 귀걸이.

蘧 qú (거) ①귀밀. ②놀라는 모양. ③사람의 성.

籧 qú (거) 〔籧篨〕(-chú) 옛날 삿자리, 대자리.

瞿 qú (구) 사람의 성.

氍 qú (구) 〔氍毹〕(-shū) 털주단, (옛날) 무대.

臞 qú (구) 여위다, 수척하다.

癯 qú (구) 여위다, 수척하다: 清～. 수척하다, 여위다.

蠼(蠷) qú (구) 〔蠼螋〕(-sōu) 가위벌레.

衢 qú (구) 한길, 대통로, 사통팔달한 길. 通～. 사방으로 통하는 길, 대통로.

曲 (2) qǔ (곡) (-子、-儿) ①노래(㉤歌-): 唱～儿. 노래를 부르다. /戏～. 희곡. /小～儿. 민요곡, 민요, 류행가. ②곡, 악곡: 这支歌是他作～的. 이 노래는 그가 작곡한것이다. (1) qū →370페지.

苣 (2) qǔ (거) 〔苣荬菜〕(-mai-) 부루, 상추. (1) jù →227페지.

取 qǔ (취) ①가지다, 찾다, 찾아가지다: ～书. 책을 가지다. /到银行～款. 은행에 가서 돈을 찾다. 〔取消〕 취소하다, 없애다. ②취하다: 1. 고르다, 선발하다: 录～. (입학시험따위에) 합격하다, 입학하다. /～道天津. 천진을 거쳐가다. 2. 얻다, 받다: ～暖. 뜨뜻하게 하다, 온기를 받다. 〔取暖费〕 난방비. /～笑. 놀리다. 3. 접수하다: 听～群众的意见. 군중의 의견을 받아들이다. /吸～经验. 경험을 흡수하다. ③일정한 근거나 조건에 따라 …하다: ～决. 결정된다, 달려있다. /～齐. 맞추다, 기준하다, 집합하다, 모이다.

娶 qǔ (취) 장가가다, 장가들다: ～妻. 장가가다.

龋 qǔ (우) 〔龋齿〕 삭은이, 충치.

去 qù (거) ①가다, 보내다. ↔〈来〉: 我要～工厂. 나는 공장으로 가려 한다. /马上就～. 인차 가겠다. /给他～封信. 그에게 편지를 보내다. /已经～了一个电报. 이미 전보 한통을 보냈다. ②상거하다, 떨어져있다: 相～不远. 멀리 떨어져있지 않다. ③(시간이) 지나다: ～年. 지난해, 작년. ④없애버리다, 덜어버리다, 잘라버리다: ～皮. 가죽을 벗기다. 껍질을 벗기다. /～病. 병을 고치다, 병을 떼다. /太长了, ～一段. 너무 길어서 한토막 잘라버리다. ⑤(연극에서) 배역을 맡다. ⑥(동사뒤에서 추향을 표시함) …가다: 进～. 들어가다. /上～. 올라가다. ⑦(동사뒤에 놓이여) 계속 …하다, …하고있다: 信步走～. 발길이 내키는대로 걷다. /让他说～. 그더러 말을 계속하게 하다. ⑧거성(去声), 4성, 한어 4성의 하나.

阒 qù (격) 고요하다, 조용하다: ～无一人. 인기척 하나없다, 쥐죽은듯 고요하다.

趣 qù (취) ①마음이 쏠리는 방향: 旨～. 취지, 의향. ②흥미, 취미, 재미: 有～. 재미있다. /～味. 취미. /～事. 재미있는 일, 우스운 일. /讨没～. 멋적은 일을 하다, 모처럼 한 일이 잘못되다. 〈고〉〈促〉(cù)와 같음.

觑(覰、覻) qù (처) 보다, 쳐다보다: 偷～. 몰래 보다, 슬며시 보다. /面面相～. 서로 말없이 얼굴만 쳐다보다. 〔小觑〕 얕보다, 깔보다, 경시하다. 〔觑空〕 기회를 엿보다, 틈을 타다.

QUAN

悛 quān (전) 고치다, 시정하다: 怙(hù)恶不～. 잘못을 고집하고 시정하지 않는다. /～改. 잘못을 뉘우치고 시정하다.

圈 (1) quān (권) ①(-子、-儿) 동그라미, 원, 고리, 테: 画一个～儿. 동그라미 하나를 그리다./铁～. 쇠고리. ㊄ 1. 둘레, 바퀴주위: 跑了一～儿. 한바퀴 달렸다./兜了一个大～子. 한바퀴 돌다. 2. 범위, 권: 这话说得出～儿了. 이 말은 범위를 벗어났다. ②동그라미를 치다, 원을 그리다: ～个红圈作记号. 붉은 동그라미를 그려 표식하다. ③테를 두르다, 주위를 둘러싸다, 포위하다: 打一道墙把这块～起来. 담벽을 쌓아 이곳을 둘러싸다. (2) juàn →229페지. (3) juān →229페지.

权(權) quán (권) ①권력, 권한, 권세: 政～. 정권./有～处理这件事. 이 사건을 처리할 권한이 있다. ②권리: 选举～. 선거권. ③잠시, 당분간, 잠간, 우선: ～且让他住下. 잠시간 그를 류숙시키다. ④저울질하다, 달다, 헤아리다: ～其轻重. 무게를 달다, 저울질하다, 경중을 따져보다./～衡. 무게를 달다, 따져보다. ⑤〈고〉저울추.

全 quán (전) ①완전하다, 원만하다, 다 갖추어지다, 모자라지 않다(㊀齐-): 百货商店的货很～. 백화상점에는 상품이 없는것이 없다./这部书不～了. 이 책은 완전하지 못하다. ②온, 전, 전체, 빠짐없이: ～国. 전국./～校. 전교. 〔全面〕 전면, 전면적: ～～规划. 전면적계획./看问题要～～. 문제를 전면적으로 관찰해야 한다. ③모두, 전부, 다: 代表们～来了. 대표들이 다 왔다./～部. 전부, 다. ④보존하게 하다, 유지하게 하다, 원만하게 하다, 훼손시키지 않다: 两～其美. 쌍방이 다 좋게 하다, 누이 좋고 매부 좋다.

佺 quán (전) 사람이름자.

诠 quán (전) ①해석하다, 자세히 설명하다, 풀이하다(㊀-释): ～注. 해석하다, 주석하다. ②진리: 真～. 진리, 진실한 해석.

荃 quán (전) (옛책에서) 향초의 한가지.

辁 quán (전) ①살이 없는 수레바퀴. ②천박하다, 빈약하다: ～才. 재능이 없는 사람.

牷 quán (전) (옛날) 제물로 쓰는 소.

铨 quán (전) ①저울에 달다, 무게를 달다. ②뽑다, 선발하다: ～选. (사람을) 뽑다, 선발하다. 〔铨叙〕(옛날) 관리를 선발하여 임명하다, 자격을 심사하고 관직을 주다.

痊 quán (전) 병이 낫다, 병이 떨어지다, 건강이 회복되다(㊀-愈): ～可. 병이 나았다.

筌 quán (전) 가리: 得鱼忘～. 고기를 잡고는 가리를 잊다, 성공한 뒤에는 그것이 어떻게 이루어졌는가를 잊어버리다.

醛 quán (철) 알데히드.

泉 quán (천) ①샘, 샘물(㊀-源). 〔黄泉〕 황천, 저승. 〔九泉〕 황천, 저승. ②(옛날) 돈.

鳈 quán 담수어류의 일종.

拳 quán (권) ①(-头) 주먹: 双手握～. 두주먹을 쥐다. ②권법,

권술：打～. 권술을 련마하다./太极～. 태극권. ③팔다리를 꼬부리다, 구부리다：～起腿来. 다리를 구부리다.

惓 quán (권)〔惓惓〕간절하다.〈拳拳〉이라고도 함：～～之忱. 간절한 마음.

蜷(踡) quán (권) (몸을) 구부리다, 웅크리다.〔蜷局〕(-jú) 웅크리다, 웅크리다, 굽히다.

鬈 quán (권) ①머리카락이 곱고 보기 좋다. ②머리카락이 곱슬곱슬하다.

颧 quán (관)〔颧骨〕관골.

犬 quǎn (견) 개.〔犬齿〕송곳이, 견치.

畎 quǎn (견) 밭사이도랑, 밭도랑.〔畎亩〕밭, 포전, 전야.

绻 quǎn (권) →359페지〈缱〉의〈缱绻〉(qiǎn-).

劝(勸) quàn (권) ①타이르다, 권고하다, 설복하다：～留. 만류하다./～他不要喝酒. 그에게 술을 마시지 말라고 권고하다. ②고무격려하다([련]-勉)：～勉一番. 한바탕 고무격려해주다.

券 (1) quàn (권) 증권, 권, 표：公债～. 공채증권./入场～. 입장권. (2) xuàn →497페지.

QUE

炔 quē (혈) 아세틸렌.

缺 quē (결) ①적다, 부족하다, 모자라다([련]-乏)：东西准备齐全,什么也不～了. 물건이 빠짐없이 준비되여 부족한것이 없다. ②깨여지다, 파손되다([련]残-)：～口. (그릇따위에) 이빠진 곳, 깨여진 곳, 터진 곳./残～不全. 깨여져 온전하지 못하다.〔缺点〕결함, 결점, 단점, 부족점.〔缺陷〕결함, 흠. ③(직무상의) 빈자리, 결원：补～. 빈자리를 채우다.

阙 (2) quē (궐) ①옛날에는〈缺〉자로 썼음.〔阙疑〕의심나는 일을 잠시 결론 내리지 않고 보류하여 조사하게 하다, 경솔하게 판단하지 않다.〔阙如〕결여되다：尚付～～. 아직도 결여되는 부분을 지불해야 한다. ②잘못, 과오, 과실：～失. 과실. (1) què →375페지.

瘸 qué (가) 다리를 절다, 절룩절룩거리다：一～一拐. 절룩거리다./他是摔～的. 그는 넘어져 절룩거린다./～腿. 다리를 절다, 절름뱅이.

却(卻) què (각) ①물러서다, 뒤걸음하다, 퇴각하다([련]退-)：打得敌人连夜退～. 적들은 얻어맞고 밤도와 퇴각해버렸다./望而～步(위험하거나 해낼수 없는 일을) 보고 물러서다, 뒤걸음질치다. ②사절하다：推～. 사절하다./盛情难～. 두터운 정에 사절할수 없다. ③도리여, 오히려, 반대로：这个道理大家都明白,他～不知道. 이 도리는 누구나 다 잘 아는데 그만은 모른다. ④버리다, 없어지다, 덜다：了～一件心事. 한가지 근심을 덜었다./失～力量. 힘을 잃어버리다./忘～. 잊어버리다.

埆 què (각) 땅이 메마르다, 척박하다.

确(確、塙、碻) què (확) ①확실하다, 믿음직하다, 진짜다(련-实): 千真万～. 매우 정확하다, 조금도 틀림없다./正～. 정확하다./他～是进步很快. 그는 확실히 발전이 빠르다. ②튼튼하다, 굳세다, 확고하다, 견고하다: ～定不移. 확고부동하다./～保丰收. 풍수를 확보하다.

悫(愨、慤) què (각) 성실하다. (몸가짐이) 단정하다, 신중하다.

雀 (1) què (작) 참새: 麻～. 참새. 〔雀斑〕 주근깨. 〔雀盲〕〔雀盲眼〕 밤눈이 어둡다, 야맹안. 〔雀跃〕 ㊥기뻐서 깡충깡충 뛰다. (2) qiāo →361페지. (3) qiǎo →362페지.

阕 què (결) ①(복상이) 끝나다. ②종식시키다, 끝내다: 乐～. 주악이 끝나다. ③단위명사. 곡, 수.

阙 (1) què (궐) ①궁문앞 량쪽의 망루. 〔宫阙〕 궁궐. ②묘지의 옆에 세운 비석. (2) quē →374페지.

鹊 què (작) 까치: 喜～. 까치./～桥. 오작교.

搉 què (각) 두드리다, 치다.

榷(搉) què (각) ①리익을 독점하다, 전매하다, 독점으로 생산판매하다. ②의논하다, 토의하다(련商-).

QUN

囷 qūn (균) (옛날) 모양이 둥글게 생긴 곡식창고.

逡 qūn (준) 물러서다, 뒤걸음치다. 〔逡巡〕 머뭇거리다, 주저주저하다.

裙(帬) qún (군) (-子、-儿) 치마.

群(羣) qún (군) ①무리, 패: 人～. 사람무리./一～羊. 한무리의 양./～岛. 군도. ②군중, 대중: ～策～力. 함께 대책을 연구하고 함께 힘을 내다, 대중의 지혜와 힘을 합치다./～起而攻之. 여러 사람이 들고일어나 공격하다, 대중적으로 공격하고 배격하다./～众. 군중, 대중.

麇(麕) (2) qún (군) 무리를 짓다, 떼를 짓다. 〔麇集〕 (많은 사람 또는 물건이) 한데 모이다, 군집하다. (1) jūn →232페지.

R

RAN

蚺 rán (염) 〔蚺蛇〕 구렁이, 이무기.

髯 rán (염) 볼수염, 수염.

然 rán (연) ①옳다, 그렇다: 不以为～. 시답게 여기지 않다, 못마땅하게 생각하다. ②그와 같다, 이와 같다: 当～. 당연하다./所以～. 그 원인 또는 리치./快走吧,不～就迟到了. 빨리 가자, 그렇지 않으면 늦어지겠다. 〔然后〕 그런 다음에，그뒤에，그후에：先通知他，～～再去请他．먼저 그에게 알리고 그다음에 그를 모시러 가시오．〔然则〕그러면，그렇다면，그러한즉：～～如之何而后可？그렇다면 어떻게 하는것이 좋겠는가？〔然而〕그러나，그렇지만，그런데：他虽然失败了多次，～～并不灰心．그는 여러번 실패하였지만 결코 락심하지 않는다．③뒤붙이．상태를 나타냄：突～．돌연히，갑자기．/忽～．홀연，갑자기．/显～．뚜렷이，명백히．/欣～．흔연히，기꺼이，달갑게，쾌히．〈고〉〈燃〉과 같음．

燃 rán（연）①（불이）붙다，일다，타다（[련]-烧）：～料．연료．/自～．저절로 타다．②（불을）붙이다，태우다，켜다：～灯．등불을 켜다．/～放花炮．축포를 쏘아올리다．

冉（冄） rǎn（염）사람의 성．〔冉冉〕천천히，서서히，느릿느릿：太阳～～升起．해가 서서히 떠오른다．

苒 rǎn（염）〔荏苒〕（rěn-）（세월이）덧없이 흘러가다：光阴～～．세월이 덧없이 흘러가다．

染 rǎn（염）①물들이다：～布．천에 물감을 들이다，날염하다．②옮다，묻다，물들다：传～．전염되다．/～病．병이 옮다，병에 걸리다．/一尘不～．티끌 하나 묻지 않는다，조금도 나쁜 버릇에 물젖지 않다．〔染指〕[유]부정당한 리익에 손을 대다，부당한 리익을 꾀하다．

RANG

嚷 （2）rāng（양）〔嚷嚷〕（-rang）①떠들썩하다，와자지껄이다，고아대다：闹～～的许多人．많은 사람들이 떠들썩하고 고아대다．/大家乱～～．모두들 떠들썩한다．②소문을 퍼뜨리다：别～～出去．소문을 내지 말아라．（1）rǎng →본 페지．

勷 ráng（양）→248페지〈劻〉의〈劻勷〉（kuāngráng）．

蘘 ráng（양）〔蘘荷〕（식물）양하．

禳 ráng（양）（재앙을 없애달라고）빌다，기도하다．

穰 ráng（양）①（벼，보리 등의）줄기，짚．②풍부하다，많다，풍성하다，중요하다[첩]：五谷蕃熟，～～满仓．오곡이 풍작을 이루어 고간에 가득가득 차고넘치다．③（瓤）과 같음．

瓤 ráng（양）（-子、-儿）（오이，수박，귤따위의）살，속：西瓜～儿．수박살．/橘子～儿．귤쪽．[파]（떡，과자，물건 등의）소，속，내부：秫秸～儿．수수대속．/信～儿．（봉투안의）편지．

纕 ráng（옷이）더럽다，어지럽다．

壤 rǎng（양）①토양，흙．〔土壤〕토양．②땅：天～之别．하늘과 땅의 차이，천양지차．

攘 rǎng（양）①빼앗다（[련]-夺）．②밀어내다，배척하다：～除．배제하다，제거하다．③훔치다，도적질하다：～窃．훔치다．〔攘攘〕무질서하다，문란하다．

嚷 （1）rǎng（양）와자지껄하다，큰소리로 웨치다，떠들다：大～大叫．와자지껄하며 고아대다．/你别～了，大家都睡觉了．모두들 잠들었는데 떠들지 마시오．（2）rāng

→376페지.

让(讓) ràng (양) ①양보하다, 사양하다: ～步. 양보하다./谦～. 사양하다. [파]권하다, 안내하다: 把他～进屋里来. 그를 방안으로 안내하다. ②넘겨주다, 양도하다: 出～. (물건이나 부동산 등을) 남에게 팔아넘기다./转～. (물건이나 권한을) 넘겨주다, 양도하다. ③하여금 …하게 하다, 더러 …게 하다: 不～他来. 그더러 오지 못하게 하시오./～他去取. 그 사람더러 가서 찾아오도록 하시오. [파]내버려두다: ～他闹去. 떠들게 그를 내버려두다. ④…에게, …에 의하여: 那个碗～他摔了. 그 사발은 그가 깼다./笔～给弄坏了. 그가 붓을 못쓰게 만들었다.

RAO

荛(蕘) ráo (요) 새, 섶나무: 刍～. 땔나무를 하다, 나무군.

饶(饒) ráo (요) ①많다, 풍부하다, 풍족하다: 物产丰～. 물산이 풍부하다./～舌. 말이 많다, 입이 질다. ②용서하다([련]-恕): ～了他吧. 그를 용서해줍시다./不可～恕. 용서할수 없다. ③〈방〉아무리 …해도, 설사 …하더라도: ～这么检查还有漏洞呢. 그렇게 검사하여도 아직 구멍이 있다.

娆(嬈) (1) ráo (요) 〔妖娆〕〔娇娆〕 매우 아름답다. (2)rǎo →본 페지.

桡(橈) ráo (요) 〈방〉(배젓는) 노. 〔桡骨〕 노뼈, 요골.

扰(擾) rǎo (요) 어지럽히다, 교란하다, 문란하게 하다([련]搅-): 骚～. 소동을 일으키다.

娆(嬈) (2) rǎo (뇨) 시끄럽게 굴다, 귀찮게 굴다, 성가시게 굴다. (1) ráo →본 페지.

绕(繞) (2) rǎo (요) 〈绕(1)〉과 같음. 围绕, 缠绕, 缭绕 등에 쓰임. (1) rào →본 페지.

绕(繞、遶) (1) rào (요) ①감다, 휘감다, 동이다: ～线. 실을 감다. [파]엉키다, 얼떨떨하게 하다, 어리둥절하게 하다, 모호하게 하다, 갈피를 잡을수 없게 하다: 这句话一下子把他～住了. 이 말은 단번에 그를 어리둥절하게 만들었다. ②돌다, 에돌다, 우회하다: ～到敌人后方. 적의 후방으로 에돌아 들어갔다./～远. 멀리 돌다. /～了一个大圈子. 멀리 한바퀴 돌았다. ③빙빙 돌다, 감돌다: 鸟～着树飞. 새가 나무우를 감돌아 날다./运动员～场一周. 선수들이 운동장을 한바퀴 돌았다. (2) rǎo →본 페지.

RE

喏 (1) rě (야) 옛날 웃사람들에게 인사드릴 때 경의를 표하는 소리: 唱～. 읍을 하다, 읍을 하며 인사말을 올리다. (2) nuò →330페지.

惹 rě (야) 건드리다, 불러일으키다, 야기시키다, 저지르다: ～

事. 일을 저지르다, 사단을 일으키다. /～人注意. 남의 주의를 끌다.

热(熱) rè (열) ①열. ②덥다, 뜨겁다: 天～. 날씨가 덥다. /～饭. 뜨거운 밥, 더운밥. ③데우다, 덥히다: 把菜～一～. 반찬을 좀 덥히다. ④정이 깊다, 열렬하다: 亲～. 다정하다. /～情. 열정, 정열, 열의, 열정적이다, 친절하다. /～心. 열성적이다, 열심하다.

REN

人 rén (인) ①사람. 〔人们〕 사람들. 〔军人〕 군인. ②남, 다른 사람: 助～为乐. 남을 돕는것을 락으로 삼는다. ③사람의 품성, 사람됨됨이: 这位同志～不错. 이 동무는 품성이 좋다. [파]낯, 체면, 명예: 丢～. 체면을 잃다, 망신하다. ④몸, 건강: 我今天～不大舒服. 나는 오늘 몸이 좀 편치않다.

壬 rén (임) 임(천간의 아홉째), 아홉째.

任 (2) rén (임) ①사람의 성. ②〔任县〕 임현, 하북성에 있음. 〔任丘〕 임구, 지명, 하북성에 있음. (1)rèn →379페지.

仁 rén (인) ①동정, 우애, 어진 마음: ～慈. 인자하다. ②과실씨의 속살. 杏～儿. 살구씨의 속살. 〔麻木不仁〕 감각이 무디다, 감각이 둔하다.

忍 rěn (인) ①참다, 견디다([련]-耐): ～痛. 아픔을 참다. /～受. 참다, 견디여내다, 이겨내다. /实在不能容～. 정말 용인할수 없다. 〔忍俊不禁〕 웃음을 참을수 없다, 웃지 않을수 없다. ②지독하다, 잔혹하다([련]残-): ～心. 모진 마음, 잔인한 마음, 마음을 모질게 먹다.

荏 rěn (임) ①들깨. ②연약하다: 色厉内～. 겉보기에는 강한것 같으나 속은 약하다, 겉보기에는 무서우나 실속은 없다.

稔 rěn (임) ①곡식이 익다, 곡식이 여물다. [전]해, 년: 凡五～. 무릇 5년. ②잘 익다, 익숙하다: ～知. 잘 알다. /素～. 본래 잘 알다.

刃(刄) rèn (인) ①(-儿) 날: 这刀～儿有缺口了. 이 칼은 날이 떨어졌다. ②칼: 手持利～. 손에 날이 선 칼을 들다. /白～战. 창격전, 백병전, 육박전.

仞 rèn (인) (옛날) 길이의 단위(8자 혹은 7자).

纫 rèn (인) ①바늘귀에 실을 꿰다: ～针. 바늘귀에 실을 꿰다. ②바늘로 꿰매다, 바느질하다: 缝～. 바느질.

韧(靭、韌) rèn (인) 질기다, 부드럽고 질기다, 끈질기다: ～性. 견인성. /坚～. 단단하고 끈질기다, 굳세고 끈기있다.

轫 rèn (인) 바퀴굄목(바퀴가 굴지 못하도록 괴는 나무). 〔发轫〕 굄목을 빼거나 늦추어 수레를 움직이게 하다. [유]시작하다, 첫출발을 하다, 첫발을 내디디다: 根治黄河的伟大事业已经～～. 황하를 근본적으로 다스릴 위대한 사업이 이미 시작되였다.

牣 rèn (인) 차다, 충만되다([련]充-).

认(認) rèn (인) ①알다, 인식하다, 가려보다, 식별하다: ～字. 글자를 알다./～明. 똑똑히 알다./～不出. 알아내지 못하다. 〔认真〕 착실하다, 진실하다, 참답다, 진지하다. ②인정하다, 승인하다: ～可. 허락하다./～错. 잘못을 인정하다. /公～. 공인하다. /否～. 부인하다. rèn

任 (1) rèn (임) ① 믿다([련]信-). ②임명하다, 직무를 맡기다: ～用. 직무를 맡기다, 위임하다, 임용하다. ③맡다, 담당하다, 걸머지다, 받다([련]担-): ～课. 학과목을 담당하다./连选连～. 연거퍼 당선되다./～劳～怨. 고생과 원망을 달게 받아들이다, 고생과 원망을 다 두려워하지 않다. ④직무, 임무, 책임: 到～. 부임하다./接受～务. 임무를 맡다./一身而二～. 한몸에 두가지 책임을 지다. ⑤(제멋대로) 내버려두다, 내맡기다, 마음대로 하게 하다: ～意. 제뜻대로, 제멋대로, 제마음대로./～性. 밸대로 하다, 제멋대로 하게 하다./放～. 내버려두다, 방임하다./不能～其自然发展. 자연적발전에 내맡길수 없다. ⑥막론하고, 어쨌든: ～何困难也不怕. 아무런 곤난도 두렵지 않다./～什么都不懂. 아무것도 모른다. [전]어떠한, 모든, 무엇이든지, 어느것이든지: ～人皆知. 어떤 사람이든다 안다. (2) rén →378페지.

饪(飪) rèn (임) 음식을 만들다: 烹～. 료리를 만들다.

妊(姙) rèn (임) 〈고〉임신하다, 아이를 배다: ～妇. 임신부.

纴(紝) rèn (임) 〈고〉 ①천짜는 실. ②천을 짜다.

衽(袵) rèn (임) 〈고〉 ①옷섶. ②(잘 때 까는 자리) 깔개, 잠자리: ～席. 잠자리.

葚 (2) rèn (심) 〔葚儿〕 오디(뽕나무열매). (1) shèn →398페지.

RENG

扔 rēng (잉) ①던지다, 뿌리다: ～球. 공을 던지다./～砖. 벽돌을 던지다. ②내버리다, 내던지다, 걷어치우다, 포기하다: 把这些破烂东西～了. 이런 너저분한것들은 버립시다.

仍 rēng (잉) 여전히, 의연히, 아직도: ～须努力. 여전히 노력해야 한다./他虽然有病,～不肯放下工作. 그는 병이 있지만 여전히 사업에서 손을 떼지 않는다.

礽 réng (잉) 복, 복이 많은것.

RI

日 rì (일) ①해, 태양. 〔日食〕 일식, 해가림. ②낮. ↔〈夜〉: ～班. 낮교대./～场. 낮공연, 낮상연. ③하루, 날, 일주야: 阳历平年一年三百六十五～. 양력으로 평년의 한해는 365일이다. [파](어느)날, 일: 纪念～. 기념일./生～. 생일. 〔日子〕(-zi) 기간, 날수, 날자, 날, 기일, 생일. 1. 날: 这些～～工作很忙. 이 며칠동안은 일이 아

주 바쁘다. 2. 정해진 날자: 今天是过节的～～. 오늘은 명절날이다. 3. 생활, 살림: 美好的～～万年长. 복된 살림이 영원하리라. 〔工作日〕 로동일(사업시간을 계산하는 단위). ④때, 시기, 철: 春～. 봄철./往～. 지난날./来～方长. 앞길이 구만리같다, 앞날이 멀다, 앞으로도 기회가 많다, 앞으로도 시일이 충분하다.

RONG

戎 rónɡ (융) ①군대, 군사: 从～. 군대에 복무하다, 군대에 종사하다./～装. 군복. ②(옛날) 중국 서부의 민족이름.

绒(羢、毧) rónɡ (융) ①솜털, 부드럽고 가는 털: ～毛. 솜털, 융모./驼～. 락타털./棉～. 부드러운 솜. ②융, 모달리.

茸 rónɡ (용) (풀이) 여리고 부드럽다, 야들야들하다: 绿～～(rōnɡrōnɡ)的草地. 파란 초지, 새싹이 파릇파릇 돋아난 풀밭. 〔鹿茸〕 록용.

荣(榮) rónɡ (영) ①(초목이) 무성하다, 싱싱하다, 푸르싱싱하다: 欣欣向～. 나무가 무성하게 자라다, 생기발랄하게 발전하다. ㉶흥성하다, 번영하다. ②영광스럽다, 영예롭다: ～誉. 영예./～军. 영예군인.

嵘(嶸) rónɡ (영) →569페지 〈峥〉의 〈峥嵘〉(zhēnɡ rónɡ).

蝾(蠑) rónɡ (영) 〔蝾螈〕(-yuán) 도롱룡.

容 rónɡ (용) ①넣다, 담다, 두다, 포함하다, 받아들이다, 수용하다: ～器. 그릇, 용기./～量. 용량, 용적./屋子小,～不下. 방이 작아 다 들어가지 못하다. ②너그럽게 대하다, 용서하다: ～忍. 너그럽게 참다, 용인하다./不能宽～. 관대하게 용서할수 없다. ③허락하다, 허용하다: 不～人说话. 말못하게 하다./决不能～他这样做. 그가 이렇게 하는것을 용허할수 없다. ④얼굴, 용모, 표정, 기색(㉠-貌): 笑～满面. 얼굴에 웃음이 활짝 피다. ㉶모양, 상태, 모습: 军～. (군대의 외모, 규률, 전위 등의) 군사적풍모./市～. 도시의 외관, 시내모습. ⑤혹시, 아마, 어쩌면(㉠-或): ～或有之. 혹시 있을수 있다.

蓉 rónɡ (용) ①→123페지 〈芙〉의 〈芙蓉〉(fúrónɡ). →66페지 〈苁〉의 〈苁蓉〉(cōnɡrónɡ). ②성도시의 별칭.

溶 rónɡ (용) 녹다, 풀리다, 용해되다(㉠-化): 樟脑～于酒精而不～于水. 장뇌가 알콜에는 녹지만 물에는 녹지 않는다./～解. 녹다.

榕 rónɡ (용) ①용나무. ②복주시의 별칭.

熔(鎔) rónɡ (용) 녹이다(㉠-化): ～点. 용점./～解. 녹이다.

融 rónɡ (융) ①녹다, 풀리다(㉠-化): 太阳一晒, 雪就～了. 해빛이 쬐이자 눈은 곧 녹아버렸다./蜡烛遇热就要～. 초는 뜨거우면 녹는다. ②융합되다, 조화되다: ～洽. 어울리다./水乳交～. 잘 어울리다, 한덩어리가 되다./

～会贯通. (온갖 지식과 사리에) 정통하다, 통달하다. ③류통하다, 융통하다. 〔金融〕 금융.

冗(宂) rǒng (용) ①쓸데없이 많다, 산만하다: 文词～长. 글이 너저분하고 길다./～员. 필요없는 인원. ②바쁘다, 번거롭다: 拨～. 바쁜 가운데서 시간을 짜내다.

酕(𣯽) rǒng (용) (짐승의) 부드럽고 가는 털, 솜털: ～毛. 솜털.

ROU

柔 róu (유) ①여리다, 연하고 약하다(㊀-软): ～枝. 어린 가지./～软体操. 유연체조. ②부드럽다. ↔〈刚〉: 性情温～. 성미가 부드럽다, 상냥하다./刚～相济. 배짱도 있어야 하지만 굽어들 때도 있어야 한다.

揉 róu (유) (손으로) 주무르다, 문지르다, 비비다, 빚다, 이기다, 반죽하다: ～一～腿. 다리를 주무르다./～面. 가루를 반죽하다.

𫐓 róu (유) ①수레바퀴의 테. ②구부리다, 휘다.

煣 róu (유) 나무를 불에 구워 휘다.

糅 róu (유) 뒤섞이다, 혼합되다: ～合. 뒤섞다, 혼합되다./真伪杂～. 진짜와 가짜가 뒤섞이다.

蹂 róu (유) 〔蹂躏〕(-lìn) 짓밟다, 유린하다: ～～人权. 인권을 유린하다.

鞣 róu (유) 가죽을 이기다, 가죽을 다루다: ～皮子. 가죽을 이기다./这皮子～得不够熟. 이 가죽은 잘 이겨지지 않았다.

肉 ròu (육) ①살, 근육, 고기. 〔肉搏〕 육박하다, 육박전을 하다: 跟敌人～～. 적들과 육박전을 하다. ②과실의 살: 桂圆～. 룡안열매살. ③사각사각하지 않다. 〈방〉～瓤西瓜. 속이 사각사각하지 않는 수박. ④느릿느릿하다: 做事真～. 일하는것이 꾸물꾸물하다./～脾气. 느릿느릿한 성미.

RU

如 rú (여) ①…대로, …을 따르다: ～法炮制. 옛방법대로 약을 만든다, 기존형태와 같게 만든다, 그대로 만들어내다./～期完成. 기한대로 끝내다. ②…과 같다: ～此. 이와 같다./坚强～钢. 강철같이 굳다./整旧～新. 새것처럼 고쳤다. 〔如今〕 지금, 현재, 오늘. ③따르다, 하다: 我不～他. 나는 그를 따르지 못한다, 나는 그만 못하다./自以为不～. 못하다고 자인하다./与其这样, 不～那样. 이렇게 하는것은 그렇게 하는것만 못하다. ④가다, 이르다: 舟之所～. 배가 가는대로 말겨두다. ⑤만일, 만약: ～不同意, 可提意见. 만일 동의하지 않으면 의견을 제기할수 있다. ⑥정황을 나타내는 뒤붙이: 突～其来. 갑자기 나타나다.

茹 rú (여) 먹다: ～素. 고기를 먹지 않다, 소식하다./～毛饮血. 털과 피가 있는 그대로 먹다, 날것을 그대로 먹다, 날고기를 먹다. ㊒견디다, 참다: ～痛. 아픔을 참다./含辛～苦. 고생을 참고 견디다, 고생을 겪다.

铷 rú 루비디움(원소기호 Rb).

儒 rú (유) ①선비, 학자: ～生. 유생, 유학을 배우는 서생./腐～. 쓸모없는 선비 또는 학자. ②유교, 유학파: ～家. 유가, 유학파.

薷 rú (유) 〔香薷〕 향유, 노야기.

嚅 rú (유) →326페지 〈嗫〉의 〈嗫嚅〉(nièrú).

濡 rú (유) ①젖다, 적시다, 스며들다, 찍다: ～笔. 붓에 먹을 찍다: 耳～目染. 귀에 젖고 눈에 익어 모르는 사이에 영향을 받다, 저도 모르게 물젖다. ②머무르다, 지체되다, 정체되다: ～滞. 정체되다.

孺 rú (유) 어린애: 妇～. 녀성과 어린이.

襦 rú (유) 짧은 저고리. (어린아이의) 턱받기.

颥 rú (유) →326페지 〈颞〉의 〈颞颥〉(nièrú).

蠕(蝡) rú (유,연) (옛음 ruǎn) 꿈틀꿈틀하다, 우물꾸물하다: ～动. 꿈틀거리다. 〔蠕形动物〕 연형동물.

汝 rǔ (여) 너, 너네, 당신: ～等. 너희들, 그대들./～将何往. 너는 장차 어디로 가려느냐.

乳 rǔ (유) ①젖몸, 젖통. ②젖. ③젖과 같은 물건. 1. 젖같은 즙: 豆～. 콩물. 2. 젖꼭지모양으로 생긴것: 钟～石. 돌고드름, 종유석. ④낳아기르다, 생식하다: 孳～. 번식하다. ⑤갓난것, 새끼: ～燕. 새끼제비./～鸭. 새끼오리.

辱 rǔ (욕) ①수치, 치욕: 奇耻大～. 크나큰 수치. ②모욕하다, 창피를 주다: ～骂. 욕설을 퍼붓다, 모욕을 주다. ③황송하다, 죄송하다: ～承. 황송하게도 …하다. 〔辱蒙〕 황송하게도 …하다: ～～指教. 황송하게도 가르쳐주시여 감사합니다, 가르침을 받다.

擩 rǔ (유) 꽂다, 찌르다, 빠지다, 집어넣다: 把棍子～在草堆里. 막대기를 풀더미속에 꽂았다.

入 rù (입) ①들다, 들어가다, 들어오다. ↔〈出〉. 1. 바깥에서 안으로 들어가다: ～场. 입장하다./～夜. 밤이 되다, 밤이 들다./～会. 입회하다./纳～轨道. 궤도에 들어서다. 2. 수입: 量～为出. 수입에 맞추어 지출하다./～不敷出. 수입보다 지출이 많다, 수지가 맞지 않다. ②맞다, 일치하다, 합치되다: ～情～理. 인정도리에 맞다, 리치에 맞다./～时. 때에 알맞다, 철에 맞다, 시기에 맞다, 추세에 맞다. ③입성(入声), 고대한어성조의 하나.

洳 rù (여) 〔沮洳〕(jù-) 질고 움푹한 땅.

蓐 rù (욕) 자리, 깔개, 산모의 자리. 〔坐蓐〕 몸풀게 되다.

溽 rù (욕) 누지다, 습하다, 축축하다: ～暑. 무덥다.

缛 rù (욕) 빈번하다, 번잡하다: ～礼. 귀찮게 번거로운 의식, 번다한 의식./繁文～节. 잡다한 례의범절, 허례허식.

褥 rù (욕) (-子) 요.

RUA

挼 (2) ruá (뇌) 꾸겨지다: 那张纸～了. 그 종이가 꾸겨졌다.

(1) ruó →384페지.

RUAN

阮 ruǎn (원) 사람의 성.

朊 ruǎn 단백질.

软(輭) ruǎn (연) ①보드랍다, 부드럽다(련柔-). ↔〈硬〉: 绸子比布～. 명주는 면직물보다 부드럽다. ②나약하다, 연약하다(련-弱): ～弱无能. 연약하고 무능하다./不要欺～怕硬. 약자를 업신여기고 강자를 무서워하는 일이 없어야 한다. ㊥1. 무르다: 心～. 마음이 무르다./耳朵～. 귀가 여리다, 남의 말을 잘 곧이듣다. 2. 온화하다, 강경하지 않다: ～磨(mó). 검질기게 달라붙어 부탁하다, 찰거마리처럼 달라붙어 보채다, 애걸복걸하다./～求. 온순하게 요구하다, 부드럽게 요구하다. ③나른하다, 노곳하다: 两腿发～. 두다리가 노곳하다. ④질이 좋지 않다, 보잘것없다, 변변치 못하다: 工夫～. 재간이 변변치 못하다.

RUI

蕤 ruí (유) 〔葳蕤〕(wēi-) 초목이 무성하다.

蕊(蘂、蕋) ruǐ (예) 꽃술: 花～. 꽃술, 화예./雄～. 수꽃술, 웅예./雌～. 암꽃술, 자예.

芮 ruì (예) ①예, 주나라시기 제후국의 이름, 지금의 섬서성 대려현 동남쪽에 있었음. ②사람의 성.

汭 ruì (예) 합수목, 강물이 합치는 곳, 물돌이, 물굽이.

枘 ruì (예) 〈고〉장부, 장부촉. 〔枘凿〕(-zuò) 어울리지 않다, 서로 모순되다.

蚋 ruì (예) 눈에놀이, 깔따구.

锐 ruì (예) ①날카롭다, 예리하다(련-利、尖-). ↔〈钝〉: 其锋甚～. 그 날이 매우 예리하다. ②날쌔다, 예민하다, 민감하다: 感觉敏～. 감각이 예민하다./眼光～利. 안광이 예리하다. ③용기, 기개, 기세: 养精蓄～. 력량을 축적하다, 정신적, 물질적 준비를 하다.

瑞 ruì (서) 좋은 징조: ～雪兆丰年. 풍년눈이 내리다./祥～. 상서롭다.

睿(叡) ruì (예) 지혜롭다, 슬기롭다, 총명하다: 聪明～智. 총명하고 지혜롭다.

RUN

闰 rùn (윤) 윤달, 윤년: ～月. 윤달.

润 rùn (윤) ①마르지 않고 눅눅하다: 湿～. 축축하게 젖다. ②추기다, 적시다: ～肠. 영양물을 섭취케 하는 위장치료법./～嗓子. 목을 추기다. ③번지르르하다, 윤택이 나다, 윤이 나다: ～泽. 윤택, 윤택나다, 기름기 돌다./他脸上很光～. 그의 낯은 아주 번지르르하게 윤이 돈다. ④다듬다, 꾸미다, 손질하다(련-饰): ～色. 윤색하다, 다듬다. ⑤리익: 分～. 리익을 나누다./利

～. 리윤.

RUO

挼 (1) ruó (죄) 주무르다, 비비다, 구기적거리다: 把纸条～成团. 종이쪽지를 꾸기적거려 뭉그리다. (2) ruá →382페지.

若 ruò (약) ①만약, 만일: ～不努力学习就要落后. 학습에 노력하지 않으면 뒤떨어지게 된다. ②…과 같다, …듯하다: 年相～. 나이가 서로 비슷하다./～有～无. 있는것 같기도 하고 없는것 같기도 하다. ③너, 당신네: ～辈. 너희들. 〔若干〕(-gān) 얼마, 조금, 약간, 좀, 일부.

偌 ruò (야) 그렇게, 이렇게, 저렇게, 저러한, 이러한. 〔偌大〕 이렇게 크다(많다): ～大年纪. 그렇게(이렇게) 많은 년세.

婼 ruò (이) 〔婼羌〕(-qiāng) 이강, 현이름, 신강위글자치구에 있음. 지금 〈若羌〉이라고 씀.

箬(篛) ruò (약) ①산죽(대나무의 한가지). ②산죽잎, 대껍질: ～帽. 대껍질로 만든 삿갓.

弱 ruò (약) ①약하다: 身体～. 신체가 약하다./～小. 약소하다, 약하고 작다. ㉯모자라다, 약하다, 빠듯하다: 三分之二～. 3분의 2가 빠듯하다. ②(나이가) 어리다: 老～. 늙은이와 어린이. ③잃다, 죽다: 又～一个. 또 한사람을 잃었다, 또 한사람 줄었다.

蒻 ruò (약) 어린 부들: ～席. 부들자리.

爇 ruò (열) 불을 달다, 불붙이다, 불지르다, 불사르다, 태우다: ～烛. 초불을 켜다.

S

SA

仨 sā 셋, 세개(뒤에 단위명사 개〈个〉거나 기타 단위명사를 붙이지 못한다): 他们哥儿～. 그들 3형제, 그들은 형제 셋이다.

撒 (1) sā (살) ①놓다, 늦추다, 개방하다, 치다: ～网. 그물을 치다./～手. 손을 놓다./～腿跑. 내빼다, 달아나다. ②마음껏…, 할대로 하다, 부리다: ～娇. 애교를 부리다. 〔撒拉族〕 쌀라족, 중국 소수민족의 하나. (2) sǎ →본 페지.

洒(灑) sǎ (새) ①물을 뿌리다: 扫地先～些水. 청소하기전에 먼저 물을 좀 뿌리시오. ②쏟아지다, 쏟뜨리다, 널려있다: ～了一地粮食. 낟알을 땅에 쫙 쏟뜨리다. 〔洒家〕 나, 저. 〔洒脱〕 소탈하다, 시원스럽다. (어떤 장애나 구속에서) 빠지다, 빼다.

靸 sǎ (삽) 〈방〉(신을) 지르더디다, 끌신을 신다. 〔靸鞋〕 1. 짚으로 만든 끌신. 2. (신울을 촘촘히 누비고 신코에 가죽을 댄) 헝겊신.

撒 (2) sǎ (살) 뿌리다, 치다, 살포하다: ～种. 씨를 뿌리다. (1) sā →본 페지.

潵 sǎ (산) 〔潵河桥〕 산하교, 땅이름, 하북성 천서현에 있음.

卅 sà (삽) 삼십.

飒 sà (삽) (바람소리) 설렁설렁, 선들선들㊢: 秋风~~. 가을 바람이 불어오다. 〔飒爽〕 씩씩하고 름름하다: ~~英姿. 씩씩하고 름름한 자태.

脎 sà (화학) 오싸존.

撒 sà (살) 후려치다.

萨(薩) sà (살) 인명, 지명에 많이 쓰이는 글자, 사람의 성.

挲(抄) (2) sa (사) 〔摩挲〕 (mā-) 손으로 가볍게 쓰다듬다. (1) suō →422페지. (3) sha →389페지.

SAI

揌(攓) sāi (새) 〈塞〉(sāi)와 같음.

腮(顋) sāi (시) 볼, 빰: ~巴. 턱./~帮子. 볼, 빰.

鳃 sāi (새) 아가미.

塞 (1) sāi (색) ①막다, 틀어막다: 把窟窿~住. 구멍을 틀어막다./堵~漏洞. 구멍을 막다. ②(-子、-儿) 마개: 瓶子~儿. 병마개./软木~儿. 코르크마개. (2) sè →387페지. (3) sài →본 페지.

噻 sāi 〔噻唑〕(-zuò) 티아졸.

塞 (3) sài (새) 변경지대의 요지: 要~. 요새./~外. 국경바깥, 요새밖(옛날 만리장성이북). (1) sāi →본 페지. (2) sè →387페지.

赛 sài (새) ①비기다, 내기하다: ~跑. 달리기경기, 달음질, 경주./田径~. 륙상경기. ②낫다, 월등하다, 훌륭하다: 一个~一个. 모두 훌륭하다. ㉽비길수 있다, 비길 만하다: ~真的. 진짜나 다름없다. 〔赛璐珞〕(-lùluò) 〈외〉 셀룰로이드.

SAN

三 sān (삼) ①셋, 세번. ②여러번, 재삼, 거듭: ~令五申. 재삼 명령을 내리다./~番五次. 수삼차, 재삼, 거듭거듭, 여러번.

叁(弎) sān (삼) 삼(三)의 큰 글자.

毵(毿) sān (삼) 〔毵毵〕 털이 길다, 가늘고 길다.

伞(傘、繖) sǎn (산) ①우산, 양산: 雨~. 우산. ②우산처럼 생긴것: 降落~. 락하산.

散 (2) sǎn (산) ①흩어지다, 헤여지다: 披~着头发. 머리가 흩어지다./绳子~了. 바가 흩어졌다. ㉶분산되다: ~居. 흩어져살다./队伍~了. 대오가 분산되다. 〔散漫〕 산만하다: 自由~~. 자유산만하다./生活~~. 생활이 산만하다. 〔散文〕 산문. ②흩어져있다, 령세하다. 〔~装〕 병에 넣어 포장하지 않고 통에 담아놓고 근을 떼서 파는것, 근들이: ~~白酒. 통백주./~~啤酒. 통맥주. ③가루약: 丸~. 알약과 가루약./健胃~. 건위산. (1) sàn →386페지.

S

馓 sǎn（산）〔馓子〕꽈배기.

糁(糝) (2) sǎn（삼）〈방〉익힌 쌀알. (1) shēn →396페지.

散 (1) sàn（산）①흩어지다, 분산되다: ～会. 회의를 끝맺다./云彩～了. 구름이 흩어졌다. ②뿌리다, 나누어주다: ～传单. 삐라를 뿌리다./撒种～粪. 씨를 뿌리고 거름을 주다. ③달래다, 풀다: ～心. 마음을 달래다, 마음을 위로하다./～闷. 울적한 마음을 풀다. ④그만두게 하다, 해고하다: 随便～工人. 제멋대로 로동자들을 해고하다. (2) sǎn →385페지.

SANG

丧(喪、丧) (1) sāng（상）상사: ～事. 상사, 장의./治～委员会. 장의위원회. (2) sàng →본 페지.

桑 sāng（상）뽕나무: ～田. 뽕나무밭./～葚儿. 오디.

搡 sǎng（상）콱 밀치다: 用力一～, 把他～一个跟头. 콱 밀어 그를 넘어뜨렸다.

嗓 sǎng（상）①(-子) 목구멍. ②목청, 목소리: 哑～儿. 쉰 목소리.

磉 sǎng（상）주추돌.

颡 sǎng（상）이마.

丧(喪、丧) (2) sàng（상）잃다, 상실하다(련-失): ～命. 목숨을 잃다./～失立场. 립장을 상실하다.〔丧气〕(-qi) 운수가 사납다, 재수가 없다. (1) sāng →본 페지.

SAO

搔 sāo（소）긁다: ～痒. 가려운 데를 긁다.

骚 sāo（소）①떠들다, 소란하다, 소란스럽다(련-扰): ～动. 소란스럽게 떠들어대다, 소동. ②〈臊(1)〉과 같음. ③굴원(屈原)의 시《리소(离骚)》를 이르는 말.〔骚人〕시인.〔骚体〕리소체, 리소형시.〔风骚〕1. 문학. 2. (녀자의 행실이) 경솔하다, 경망하다.

缫(繅) sāo（소）누에고치에서 실을 뽑다, 고치실을 켜다: ～丝. 고치실을 켜다, 실을 뽑다./～车. 물레.〈缲〉qiāo →362페지.

臊 (1) sāo（조）누리다, 비리다, 지리다: 尿～气. 지린내./狐～. 노린내, 암내. (2) sào →387페지.

扫(掃) (1) sǎo（소）①쓸다: ～地. 땅을 쓸다. ②쓰는 동작, 작용과 비슷한것. 1. 제거하다, 소멸하다, 퇴치하다: ～兴. 흥취가 사라지다, 흥이 깨지다, 사기가 죽다./～除文盲. 문맹을 퇴치하다. 2. 동작이 각처에 미치다: ～射. 소사하다, 쏘다./眼睛四下里一～. 사방을 휙 훑어보다. 3. 모조리 끌어모으다: ～数归还. 모조리 끌어모아서 돌려주다. (2) sào →387페지.

嫂 sǎo（수）(-子) 아주머니, 형수.

扫(掃) (2) sào (소) 〔扫帚〕 비자루, 비. (1) sǎo →386페지.

埽 sào (소) ①(뚝을 보호하는데 쓰는) 일정한 나무틀에 돌같은 것을 채워서 만든 구조물, 돌두지. ②돌두지로 쌓은 뚝.

瘙 sào (소) 음: ～痒. 피부가 가렵다.

臊 (2) sào (조) 부끄럽다: ～得脸通红. 부끄러워 낯이 빨개지다./不知羞～. 부끄러운줄 모르다. (1) sāo →386페지.

SE

色 (1) sè (색) ①빛, 빛갈, 색, 색갈: 日光有七～. 해빛은 일곱가지 빛갈이다./红～. 붉은빛, 홍색. ②낯빛, 낯색, 얼굴빛, 얼굴색: 和颜悦～. 상냥스럽게 웃는 얼굴./喜形于～. 얼굴에 기쁨이 어리다. ③정경, 경치, 행색: 行～匆匆. 행색이 매우 총망하다. ④가지수, 종류: 各～用品. 각가지 용품. ⑤품질: 足～纹银. 질이 매우 순수한 은./这货成～很好. 이 물건은 질이 매우 좋다. ⑥정욕. (2) shǎi →389페지.

铯 sè 세시움(원소기호 Cs).

涩(澀、澁) sè (삽) ①매끄럽지 않다, 빡빡하다, 꺼칠꺼칠하다: 轮轴发～该上点油了. 굴대가 빡빡해서 기름을 좀 쳐야겠다. ②떫다: 这柿子很～. 이 감은 아주 떫다. ③글이 난삽하다: 文字艰～. 글이 어렵고 딱딱하다.

啬(嗇) sè (색) 린색하다(ⓗ吝-): 不浪费也不吝～. 랑비도 안하고 린색하지도 않다./这个人太～刻. 이 사람은 너무 각박하다(린색하다).

穑(穡) sè (색) 가을걷이하다, 곡식을 걷어들이다: ～夫. 농부./～事. 농사

瑟 sè (슬) 대금. 〔瑟瑟〕 (바람소리) 설렁설렁.

塞 (2) sè (색) 〈塞 sāi(1)〉와 같음. (1) sāi →385페지. (3) sài →385페지.

SEN

森 sēn (삼) 숲, 수풀: ～林. 삼림. 〔森森〕 나무가 우거지다, 나무가 무성하다. ㊉어둡침침하다, 무시무시하다, 오싹하다, 아슬아슬하다: 阴～～的. 어둡침침하고 무시무시하다. 〔森严〕 삼엄하다: 戒备～～. 경계가 삼엄하다.

SENG

僧 sēng (승) 중, 승려: ～刹. 절간.

SHA

杀(殺) shā (살) ①죽이다, 잡다, 살해하다: ～敌立功. 원쑤를 죽이고 공을 세우다./～虫药. 살충약./～鸡焉用牛刀. 닭을 잡는데 어찌 소잡는 칼을 쓸수 있으랴. ②싸우다: ～出重围. 겹겹한 포위망을 뚫고나가다. ③낮추다, 줄이다, 깎다, 누르다, 누그러지다, 즘즘해지다: ～风景. 살풍경./～暑气. 더위가 누그러지다./拿别人～气. 남

에게 화풀이하다. ④몹시 쑤시며 아프다, 쓰리다: 这药上在疮口上～得慌. 이 약을 종처에 바르니 몹시 쓰려났다. ⑤끝을 맺다, 결속짓다: ～尾. 끝을 맺다. /～帐. 셈을 끝맺다, 결산하다. ⑥꽁꽁 동이다, 짝 조르다: ～车. 차에 실은 짐을 짝 동이다. /～一～腰带. 허리띠를 짝 조르다. ⑦동사뒤에 붙어서 정도가 심함을 나타냄: 气～人. 기가 차서 죽겠다. /笑～人. 우스워 죽겠다.

刹 (2) shā (찰) (차나 기계따위를) 멈추다, 멈춰세우다: ～车. 차를 멈춰세우다. (1) chà →41페지.

铩(鎩) shā (쇄) ①긴창(옛날 무기). ②상하다, 상처를 입다: ～羽之鸟. 날개를 상한 새.

杉 (2) shā (삼) 〈杉(1)〉과 같음. 〈杉木、杉篙〉 등에 쓰임. (1) shān →389페지.

沙 (1) shā (사) ①(-子) 모래: ～土. 모래흙. /～滩. 모래톱, 모래불. ②모래알처럼 생긴것: ～糖. 사탕. /豆～. 팥소. /～瓤西瓜. 속이 사박사박한 수박. ③(목소리가) 쉬다: ～哑. 목이 쉬다. (2) shà →본 페지.

莎 (2) shā (사) 사람이름, 땅이름에 많이 쓰임. 〔莎车县〕 사차현, 신강위글자치구에 있음. (1) suō →422페지.

痧 shā (사) 곽란, 호렬자, 콜레라, 일사병, 홍역 등을 이름: ～子. 홍역.

裟 shā (사) →196페지 〈袈〉의 〈袈裟〉(jiāshā).

鲨 shā (사) 상어.

纱 shā (사) ①천을 짜는 실. ②성글게 짠 천: 羽～. 카시미야. /窗～. 창문휘장, 창가림. /～布. 가제. [파]가제같이 짜인것: 铁～. 쇠그물, 코가 작은 쇠그물.

砂 shā (사) 〈沙①②〉과 같음: ～石. 모래와 돌. /～糖. 사탕. /～布. 연마포.

煞 (2) shā (쇄) ①〈杀③⑤⑥⑦〉과 같음. ②〈刹〉(shā)와 같음. (1) shà →389페지.

傻(儍) shǎ (사) 어리석다, 멸멸하다: 说～话. 어리석은 말을 하다. /吓～了. 깜짝 놀라 얼멸멸해지다.

沙 (2) shà (사) (키로) 까부르다: 把小米里的沙子～一～. (키로) 좁쌀에 섞인 모래를 까불러내다. (2) shā →본 페지.

啥 shà 〈방〉 무엇, 무슨, 어디, 어느, 어떤, 웬: 你姓～? 너의 성은 무엇이냐. /他是～地方人? 저 사람은 어느 고장 사람인가?

唼 shà (삽) 삭삭(물고기나 새따위가 먹는 소리): ～喋. 삭삭 먹이를 먹는 소리.

厦(廈) (1) shà (하) ①높은 집, 큰집: 高楼大～. 고층건물, 빌딩. ②(집의) 뒤처마: 前廊后～. 앞뒤처마. (2) xià →473페지.

嗄 (1) shà (애, 사) 목이 쉬다. (2) á →1페지의 〈啊〉.

歃 shà (삽) 입으로 빨다, 입에 바르다. 〔歃血〕 짐승의 피를 입술에 바르다, 짐승의 피를 빨다(옛날에 맹세를 다질 때 하던 풍습).

煞 (1) shà (살) ①몹시, 매우, 극히: ～费苦心. 몹시 고심하다, 심혈을 기울이다. ②흉악한 마귀, 매우 불길한 운수: ～气. 흉악한 기색, 살기./凶～. 흉악한 귀신. (2) shā →388페지.

箑 shà (삽) 부채.

霎 shà (삽) 매우 짧은 시간, 삽시, 순식간, 찰나. 〔霎时〕 삽시, 순식간, 찰나.

挲(挱) (3) sha (사) 〔挓挲〕(-挱)(zhā-) 펴다: ～～着手. 손을 펴다. (1) suō →422페지. (2) sa →385페지.

SHAI

筛(篩) shāi (사) ①(-子) 채, 어레미. ②(채로) 치다: ～米. 쌀을 치다./～煤. 석탄을 치다. ③(징, 꽹과리따위를) 치다, 울리다: ～了三下锣. 징을 세번 울리다. ④(술을) 따르다, 붓다, 데우다. 〔筛酒〕 1. 술을 따르다, 술을 붓다. 2. 술을 데우다.

酾(釃) shāi (서, 시) →401페지의 shī.

色 (2) shǎi (색) (-儿) 〈色(1)〉과 같음. 구두어에 쓰임. (1) sè →387페지.

晒(曬) shài (쇄) 말리다, 볕을 쪼이다: ～衣服. 옷을 말리다./～太阳. 볕을 쪼이다, 해바라기하다.

SHAN

山 shān (산) ①산: 深～. 깊은 산, 심산./～高水深. 산 높고 물 깊다./人～人海. 인산인해, 사람이 매우 많다. ②산같이 생긴것. 1. 누에섶: 蚕上～了. 누에가 섶에 올랐다. 2. (집량옆의) 벽: ～墙. 집량옆의 벽.

舢 shān (산) 〔舢板〕 삼판, 삼판선, 매생이.

芟 shān (삼) 풀을 베다. ㉠없애버리다, 없애치우다, 삭제해버리다: ～除. 없애버리다.

杉 (1) shān (삼) 삼나무. 〔水杉〕 수삼나무. (2) shā →388페지.

钐 (1) shān 사마리움(원소기호 Sm). (2) shàn →390페지.

衫 shān (삼) 적삼, 홑옷: 长～. 홑두루마기./衬～. 와이샤쯔.

删(刪) shān (산) (글자나 글을) 지우다, 빼버리다, 줄이다, 삭제하다: ～掉. 지워버리다./～改. (글을) 고치다, 고쳐다듬다, 수정하다./这个字应～去. 이 글자는 삭제해야 한다.

姗 shān (선) (옛날 녀성들의 느리고 점잖은 걸음걸이) 아장아장, 하늘하늘, 한들한들, 어정어정 ㉢: ～～来迟. 어물어물하며 늦게 오다.

珊 shān (산) 〔珊瑚〕 산호.

栅 (2) shān (책) 〔栅极〕(전자) 그리드. (1) zhà →556페지.

跚 shān (산) →333페지 〈蹒〉의 〈蹒跚〉(pánshān).

苫 (1) shān (점) 나래, 거적. (2) shàn →390페지.

痁 shān (점) 학질, 말라리아.

扇(搧) (2) shān (선) ①부채질하다, 부채로 부치다:用扇子～. 부채질하다. ②부추기다, 선동하다: ～动. 부추기다, 선동하다./～惑. 남을 부추기고 꾀이다, 선동하고 유혹하다. (1) shàn →본 페지.

煽 shān (선) 〈扇(2)②〉와 같음.

潸(潸) shān (산) 눈물이 줄줄 흐르는 모양: ～然泪下. 눈물이 줄줄 흐르다, 눈물이 하염없이 흐르다.

膻(羶) shān (전) 노린내.

闪 shǎn (섬) ①번개: 打～. 번개가 치다. ②번쩍이다: 灯光一～. 등불이 번쩍하다./～得眼发花. 번쩍이는통에 눈이 얼른거리다. ③재빨리 피하다(비키다): ～开. 비키다, 피하다. ④접질리다, 곱질리다, 삐다: ～了腰. 허리를 접질리다.

陕(陝) shǎn (섬) 섬서성의 별칭.

睒(睒) shǎn (섬) 눈을 깜박하다: 飞机飞得很快,一～眼就不见了. 비행기가 어떻게 빠른지 눈깜박할 사이에 사라졌다.

讪(訕) shàn (산) ① 비웃다: ～笑. 비웃다. ②(搭讪)(-訕)(dā-) 난처하다, 미안쩍다, 게면쩍다, 치근거리다: 他～～着问道. 그는 게면쩍게 물었다.

汕 shàn (산) 〔汕头〕 산두, 시이름, 광동성에 있음.

疝 shàn (산) 〔疝气〕 탈장.

苫 (2) shàn (점) (나래나 거적따위로) 가리우다, 덮다: 拿席～上点. 삿자리로 덮어라./～布. 가림천, 휘장, 풍. (1) shān →389페지.

钐(鐥、鏾) (2) shàn (삼) 낫으로 베다: ～草. 풀을 베다. 〔钐镰〕〔钐刀〕 벌낫(자루가 긴 큰낫). (1) shān →389페지.

单(單) (2) shàn (선) ①사람의 성. ②〔单县〕 선현,산동성에 있음. (1) dān →77페지. (3) chán →42페지.

墠(墠) shàn (선) 옛날 제사지낼 때에 리용하던 평지.

掸(撣) (2) shàn (선) ①중국력사책에서 따이족(傣族)을 이르던 말. ②버마민족의 하나. 〔掸邦〕 버마 자치방의 하나. (1) dǎn →78페지.

禅(禪) (2) shàn (선) (봉건사회에서) 왕위를 넘겨주다, 왕의 자리를 내주다: ～位. 왕위를 물려주다. (1) chán →42페지.

剡 (2) shàn (섬) 〔剡溪〕 섬계, 강이름, 절강성에 있음. (1) yǎn →506페지.

掞 shàn (섬) 펼쳐놓다, 늘어놓다.

扇 (1) shàn (선) ①(-子) 부채: 折～. 접부채./蒲～. 부들부채. ②단위명사. 짝, 틀, 폭: 一～门. 문 한짝./两～窗子. 창문 두짝./一～磨. 매돌 한틀. (2) shān →본 페지.

骟 shàn (선) 짐승의 불을 치다, 거세하다: ～马. 말을 거세하다, 거세한 말. /～猪. 돼지를 거세하다.

善 shàn (선) ①착하다, 어질다, 선량하다: 与人为～. 남을 도와 좋은 일을 하다. ②사이좋다, 화목하다: 友～. 친선적이다. /相～. 의가 좋다. [파]낯익다, 구면이다: 面～. 낯익다. ③좋다, 훌륭하다: ～策. 훌륭한 계책. 〔善后〕 뒤수습, 뒤갈망. ④잘하다: 勇敢～战. 용감하게 잘 싸우다. /～辞令. 말을 잘하다. [파]잘, 좋게: ～为说辞. 변명을 잘하다. ⑤쉽다, 용이하다: ～变. 잘 변하다, 변하기 쉽다. /～疑. 쉽게 의심하다.

鄯 shàn (선) 〔鄯善〕 선선: ①옛날 중국서역에 있던 나라이름. ②현의 이름, 신강위글자치구에 있음.

墡 shàn (선) 흰흙, 백토.

缮 shàn (선) ①수리하다, 보수하다: 修～. 수리하다. ②베껴쓰다, 필사하다: ～写. 베끼다, 베껴쓰다, 필사하다.

膳(饍) shàn (선) 밥, 식사: 晚～. 저녁밥, 저녁식사. /～费. 식비, 밥값. /～夫. 료리사.

鳝(鱓) shàn (선) 두렁허리.

擅 shàn (천) ①제멋대로 하다, 함부로 하다, 독단적으로 하다: ～自处理. 독단적으로 처리하다. ②잘하다, 능숙하다, 능란하다: ～长数学. 수학에 능하다. /～武. 무술에 능하다.

嬗 shàn (선) 바뀌다, 변천하다.

赡 shàn (섬) ①먹여살리다, 부양하다: ～养亲属. 일가친족을 부양하다. ②넉넉하다, 유족하다, 풍부하다: 详～. 아주 상세하다.

蟮 shan (선) 〔蛐蟮〕(qū-) 지렁이.

SHANG

伤(傷) shāng (상) ①상처, 부상: 腿上有一块枪～. 다리에 총상이 있다. /轻～不下火线. 경상쯤 해서는 화선에서 물러서지 않는다. ②파손하다, 상하다, 다치다, 해를 끼치다: ～了筋骨. 힘살과 뼈를 상하다. /～脑筋. 속상하다, 애를 먹다. ③앓다, 걸리다: ～风. 감기에 걸리다. /～寒. 장티브스를 앓다. ④싫증이 나다, 물리다: 吃糖吃～了. 사탕에 물리다. ⑤방해되다: 无～大体. 크게 방해되지 않는다. ⑥슬퍼하다([련]悲-): ～感. 슬퍼하다, 비애에 잠기다. /～心. 슬퍼하다, 속상하다. ⑦남의 감정을 상하게 하다: ～众. 많은 사람앞에 죄를 짓다, 많은 사람에게 미움을 받다. /开口～人. 몹쓸말로 남의 감정을 상하게 하다.

殇(殤) shāng (상) 젊어서 죽다, 요절하다.

觞(觴) shāng (상) (옛날의) 술잔: 举～称赞. 잔을 들어 축하하다, 축배를 들다.

商 shāng (상) ①상의하다, 토의하다, 의논하다: 有要事相～. 긴히 의논할 일이 있다. /面～. 서로 만나 토의하다. ②상업, 장사: ～业. 상업./通～. 통상하다./经～. 장사를 하다. 〔商品〕 상품. ③장사군, 상인: ～人. 상인./布～. 천장사./富～. 부유한 상인, 밑천이 많은 장사치. ④나누어서 얻은 수, 상: 八被二除～就是四. 8을 2로 나눈 상은 4이다. ⑤상나라(약 기원전 16세기～기원전 1066년). ⑥옛날음악 5음계의 하나. ⑦심수(28수의 하나).

墒(暘) shāng (상) 땅의 누기, 땅의 습도: 够～. 누기가 자라다./验～. 누기검사./抢～. 땅이 눅눅할 때 씨붙임을 하다./保～. (일정한) 습도를 보존하다./～情. 땅습도의 상태(정도).

熵 shāng 엔트로피(열력학에서의 추상적인 량의 단위).

上 (2) shǎng (상) 〔上声〕 한어의 제3성. (1) shàng →본 페지.

垧 shǎng (상) 땅면적을 재는 단위(한상은 동북지방에서는 1헥타르에 해당함).

晌 shǎng (상) ①반나절, 한겻, 한참, 잠시: 工作了半～. 반나절쯤 일을 하였다./停了一～. 한겻이나 멈추었다. ②점심때, 한낮: 睡～觉. 낮잠 자다./歇～. 점심시간에 쉬다, 낮잠을 자다./～午. 점심때.

赏 shǎng (상) ①상을 주다([련]-赐): ～给他一匹马. 그에게 말 한필을 상으로 주었다./～光. 참석하다, 왕림하다. ②상: ～罚分明. 상벌이 엄격하고 분명하다. ③감상하다, 구경하다: 欣～. 감상하다./鉴～. 감상하다. 〔赏识〕 알아주다, 찬양하다.

上 (1) shàng (상) ①우, 웃부분. ↔〈下〉: 山～. 산우./～面. 우, 웃쪽. [파]1. 순서에서 앞의것: ～篇. 상편, 첫째편, 첫편./～星期. 지난 주일. 2. 등급에서 높은 것: ～等. 상등, 고등, 고급./～级. 상급. 3. 질적으로 높은것, 좋은것: ～策. 상책./～等货. 상등품. 〔上层建筑〕 상부구조. ②(높은 곳으로) 오르다: ～山. 산에 오르다./～楼. 다락에 오르다. [파]1. 가다: 你～哪儿. 너는 어디로 가느냐./～北京. 북경으로 가다./～街去. 거리로 가다. 2. 앞으로 나가다: 同志们快～啊. 동무들, 어서 앞으로. 3. 올리다, 드리다, 바치다: ～书. 글을 올리다./谨～. 삼가 드리다. ③증가하다, 더하다. 1. 보태다: ～水. 물을 넣다./～货. 새 상품을 사들이다. 2. 맞추다, 꽂다, 박다, 설치하다: ～刺刀. 총창을 꽂다./～螺丝. 나사못을 박다. 3. 바르다, 칠하다: ～颜色. 색칠하다./～药. 약을 바르다. 4. 게재되다: ～报. 신문에 싣다, 신문에 게재되다./～帐. 장부에 올리다. ④출근하여 사업하거나 학습하다: ～课. 강의하다, 강의를 받다./～班. 출근하다. ⑤(태엽을) 감다, 주다, 틀다: ～弦. (시계에) 태엽을 주다. ⑥명사뒤에 쓰이여. 1. 사물의 범위를 나타냄: 半路～. 도중에, 중도에./心～. 마음속에. 2. 일정한 분야를 나타냄: 领导～. 지도부에서./理论～. 리론적으로. ⑦동사뒤에 쓰이여 동작의 목적이 이루어졌음을 나타냄: 选～代表. 대표

로 선거되다, 대표로 당선되다./排～队. 대열을 지었다. ⑧동사뒤에서 〈来〉〈去〉와 같이 쓰이여 동작의 추향을 나타낸다: 骑～去. 올라타다./爬～来. 기여오르다. ⑨일정한 정도 또는 수양에 도달함을 나타냄: 成千～万. 수천수만. ⑩지난날 음계의 하나. 〈도〉에 해당함. (2) shǎng→392페지.

尚 shàng (상) ①아직: 年纪～小. 아직 나이가 어리다./～不可知. 아직 알수 없다. 〔尚且〕…거늘(〈何况〉과 함께 쓰임): 你～～不行,何况是我. 자네도 되지 않거늘 하물며 내야./细心～～难免出错,何况粗枝大叶. 세심하여도 오유를 피면하기 어렵거늘 하물며 데면데면한다면야. ②높이 받들다, 숭상하다, 존중하다: 崇～. 숭상하다. 〔高尚〕고상하다.

绱(鞝) shàng (창) 〔绱鞋〕신바닥을 신운두에 붙여 한데 꿰매다.

裳 (2) shang (상) 〔衣裳〕옷, 의복. (1) cháng →45페지.

SHAO

捎 shāo (소) 인편에 보내다, 가는 길에 가져가다(오다): ～封信去. 편지를 인편에 보내다./～话. 안부를 전하다.

梢 shāo (소) (-儿) 나무초리, 나무우듬지: 树～. 나무초리. ㊥끝, 초리: 眉～. 눈섭초리.

稍 (1) shāo (초) 좀, 조금, 약간, 잠간, 잠시(㊀-微): ～有不同. 좀 다르다. (2) shào →394페지.

蛸 (2) shāo (소) 〔蟏蛸〕(xiāo-) 갈거미. (1) xiāo →481페지.

筲 shāo (소) ①〔筲箕〕참대이남박, 참대함지. ②물통, 물초롱: 水～. 물통.

艄 shāo (소) 고물, 선미: 船～. 배고물. 〔艄公〕사공, 배군, 키잡이. ㊥배를 관리하는 사람.

鞘 (2) shāo (초) 채찍초리, 회초리끝: 鞭～. 채찍초리. 〔乌鞘岭〕오초령, 감숙성에 있음. (1) qiào →363페지.

烧(燒) shāo (소) ①태우다, 불태우다, 불사르다(㊀燃-). ②굽다, 끓이다: ～水. 물을 끓이다./～砖. 벽돌을 굽다./～炭. 숯을 굽다. ③볶다: ～茄子. 가지를 볶다, 가지볶음. ④열, 열이 나다: 不～了. 열이 안나다./～退了. 열이 내리다.

勺 sháo (작) ①(-子、-儿) 주걱, 국자: 饭～. 밥주걱./铁～. 쇠국자. ②작(한작은 한되의 100분의 1).

芍 sháo (작) 〔芍药〕(-藥) 함박꽃, 작약.

杓 sháo (작) (勺①)과 같음.

苕 (2) sháo (초) 고구마. (1) tiáo →437페지.

韶 sháo (소) ①고대의 악곡이름. ②아름답다: ～光. 아름다운 봄경치, 아름다운 젊은 시절./～华. 청춘시절, 아름다운 젊은 시절. 〔韶山〕소산, 지명, 호남성 상담현에 있음.

少 (1) shǎo (소) ① 적다. ↔〈多〉. 1. 수량이 적다: ～数服从多数. 소수는 다수에 복종하다. 2. 없다([련]缺-): ～头无尾. 꼬리대가리 없다./文娱活动～不了他. 문화오락활동에 그가 없어서는 안된다. 3. 모자라다, 부족하다, 결핍하다: ～一半. 절반이 모자라다. 4. 드물다, 흔하지 않다: ～有. 드물다./～见多怪. 보고들은것이 적어 모든것이 신기해보인다. ② 잠간, 잠시: ～等. 잠간 기다리다./～待. 잠간 기다리다. ③ 잃다, 잃어버리다, 잃어지다: 屋里～了东西. 방안의 물건이 잃어졌다. (2) shào →본 페지.

少 (2) shào (소) 젊다, 어리다. ↔〈老〉: ～年人. 소년, 소년시기의 사람./～女. 소녀. /男女老～. 남녀로소. (1) shǎo →본 페지.

召 (2) shào (소) 사람의 성. (1) zhào →563페지.

邵 shào (소) 사람의 성.

劭(卲) shào (초, 소) ①권하다, 권유하다, 장려하다, 격려하다. ②(덕행이) 아름답다.

绍 shào (소) 잇다, 이어받다, 계승하다.

哨 shào (초) ① 보초, 초소: 放～. 보초를 서다./～兵. 초병./前～. 전초, 전방경계부대. ② (-子、-儿) 호루래기: 吹～集合. 호르래기를 불면 집합한다. 〔呼哨〕〔唿哨〕(손가락을 입안에 넣고 부는) 휘파람소리: 打～～. 휘파람을 불다. ③(새가) 우짖다, 지저귀다.

稍 (2) shào (초) 〔稍息〕(구령) 쉬엿! (1) shāo →393페지.

潲 shào (소) ①(비가) 옆으로 들이치다, 비스듬히 뿌리다: 雨往南～. 비가 남쪽으로 뿌리다. [파] 물을 뿌리다. ～水. 물을 뿌리다. ②〈방〉뜨물: ～水. 뜨물./猪～. 돼지뜨물.

SHE

畬 shē (사) 〈畲〉와 같음.

奢 shē (사) ①돈을 물같이 쓰다(-侈): ～华. 호화롭다, 사치하고 화려하다./～侈品. 사치품. ② 지나치다, 과분하다, 분에 넘치다: ～望. 지나친 욕망, 분에 넘치게 바라다.

赊 shē (사) 외상으로 사다, 외상으로 팔다: ～帐. 외상으로 사다, 외상으로 팔다./～购. 외상으로 사들이다.

畲 shē 〔畲族〕 써족, 중국 소수민족의 하나.

猞 shē (사) 〔猞猁〕(-lì) 시라소니.

畬 (2) shē (사) 밭의 잡풀을 불태워 그 재로 거름하다. (1) yú →536페지.

舌 shé (설) ①(-头) 혀. 〔舌锋〕[전]날카로운 말, 예리한 언론. ②방울혼들이, 방울추.

折 (2) shé (설) ①끊어지다, 꺾어지다, 부러지다: 绳子～了. 바줄이 끊어지다./棍子～了. 몽둥이가 부러지다. ②밑지다, 손해보다: ～本. 본전을 밑지다, 손해를 보다. 〔折耗〕손해보다, 밑지다, 손실, 감

모, 축: 青菜～～太大. 남새는 손실이 너무 크다. ③사람의 성. (1) zhé →564페지. (3) zhē →564페지.

佘 shé (사) 사람의 성.

蛇(虵) (1) shé (사) 뱀. 속칭〈长虫〉. (2) yí →518페지.

阇 (2) shé (사) 〔阇梨〕 중. (1) dū →98페지.

舍(捨) (2) shě (사) ① 버리다: ～己救人. 죽음을 무릅쓰고 남을 구하다./～近求远. 가까운데것을 버리고 먼데것을 구하다, 현실을 떠나 먼 앞날것만 찾다./四～五入. 사사오입. ②희사하다, 기부하다: 施～. 재물을 회사하다. (1) shè →본 페지.

厍 shè (사) 농촌마을(주로 마을이름에 쓰임).

设 shè (설) ①세우다, 두다, 설치하다, 차리다: ～立学校. 학교를 세우다./～宴. 연회를 차리다. 〔设备〕 설비: 这个工厂～～很完善. 이 공장의 설비는 아주 완전하다. 〔设计〕 설계. ②가령, 만약(㊔-若).

社 shè (사) ①토지신을 제사하는 의식, 장소, 날자. 〔社火〕 (사자춤, 등불놀이 등의) 명절놀이. ②단체, 기구: 合作～. 합작사./通讯～. 통신사./集会结～. 집회와 결사. 〔社会〕 사회: 人类～～. 인류사회./社会主义～～. 사회주의사회./贵族～～. 귀족사회./上层～～. 상층사회. 〔社交〕 사회적교제, 사교.

舍 (1) shè (사) ①집: 旅～. 려관./宿～. 기숙사. ②옛날 30리를 〈一舍〉라 하였음: 退辞三～. 사양하여 물러서다, 멀리 피하여버리다. (2) shě →본 페지.

射 shè (사) ①쏘다, 사격하다: ～箭. 활을 쏘다./扫～. 소사하다./高～炮. 고사포. ②(액체물질을) 내뿜다: 喷～. 내뿜다./注～. 주사를 놓다. ③(빛이나 열을) 내보내다: 反～. 반사하다./光芒四～. 사방에 빛을 뿌리다. ④몰래 가리키다: 暗～. 은근히 가리키다, 에둘러 말하다./影～. 은근히 가리키다.

麝 shè (사) 사향노루, 사향.

涉 shè (섭) ①물을 건느다: 跋山～水. 산을 넘고 물을 건느다. ②겪다: ～险. 위험을 겪다./～世. 세상물정을 겪다. ③판련되다, 관계되다, 미치다: 这件事牵～到很多方面. 이 일은 여러 면에 관련된다./不要～及其他问题. 다른 문제들을 관련시키지 말라.

赦 shè (사) (죄를) 용서하다, 벗겨주다: 大～. 대사하다./～罪. 죄를 용서하다.

摄(攝) shè (섭) ① 받아들이다, 취하다, 섭취하다: ～影. 사진을 찍다, 촬영./～取养分. 자양분을 섭취하다. ②섭생하다, 양생하다, 보양하다: 珍～. 보양하다. ③대리하다: ～政. 섭정하다.

慑(慴、懾) shè (섭) 두려워하다, 무서워하다: ～服. 두려워서 굴복하다, 무서워서 순종하다. 〔威慑〕 무력으로 위협하다.

滠(灄) shè (섭) 〔滠水〕 섭수, 강이름, 호북성에 있

음.

歙 (2) shè (섭) 〔歙县〕 섭현, 안휘성에 있음. (1) xī →468페지.

SHEI

谁 shéi (수) →413페지의 shuí.

SHEN

申 shēn (신) ①12지의 아홉번째. ②오후 3시부터 5시까지. ③진술하다, 설명하다, 천명하다, 피력하다: ～请. 신청하다./～明理由. 리유를 밝히다./～辩. 변명하다. 〔申斥〕 꾸짖다, 책망하다, 질책하다. ④상해시의 별칭. ⑤사람의 성.

伸 shēn (신) ①펴다, 펼치다, 내밀다: ～手. 손을 내밀다./～缩. 늘였다줄였다하다, 신축하다. ②말하다, 하소연하다, 피력하다: ～冤. 원한을 풀다.

呻 shēn (신) 〔呻吟〕(-yín) 신음하다, 끙끙 앓다: 无病～～. 병이 없이 끙끙하다, 무병신음.

绅 shēn (신) ①(옛날 벼슬아치들이 떤) 큰 띠. ②신사(퇴직관료, 신사나부랭이): 乡～. (낡은 사회) 시골신사, 촌신사./土豪劣～. 토호와 악질신사, 악질지주./开明士～. 개명신사.

珅 shēn (곤) 옥의 한가지.

砷 shēn 비소 (원소기호 As).

身 shēn (신) ①(-子) 몸, 몸뚱이, 신체([련]-体、-躯): 全～. 온몸, 전신./上～. 웃몸, 상반신, 웃도리./～体健康. 신체가 건강하다, 신체건강./人～自由. 인신자유. [파]물체의 중요부분: 船～. 배몸, 선체./河～. 강바닥, 하상./树～. 나무줄기. ②목숨, 생명: 以～殉职. 목숨을 국가사업에 바치다, 순직하다./舍～炸碉堡. 목숨바쳐 또치까를 폭파하다. ③친히, 몸소, 자신: ～临其境. 자신이 그 경지에 이르다./～体力行. 자신이 직접 체험하고 힘써 실천하다./以～作则. 이신작칙하다, 자신이 모범적으로 하다. ④지위: ～败名裂. 지위와 명예가 땅바닥에 떨어지다, 철저히 실패하다. 〔身分〕 신분. ⑤임신: 有了～子. 임신하다. ⑥(-儿)옷 한벌: 我做了一～新衣服. 나는 새옷 한벌을 만들었다.

参(參、蓡、葠) (2) shēn (삼) ①28수의 하나. 〔参商〕 동쪽의 상성과 서쪽의 삼성. [유]사이가 나쁜 형제, 사이가 영원히 갈라져있는것, 두 사람이 멀리 떨어져 서로 만나지 못하는것. ②인삼: 人～. 인삼. (1) cān →36페지. (3) cēn →39페지.

糁(糝、籸) (1) shēn (삼) (-儿) 싸래기: 玉米～儿. 강냉이싸래기. (2) sǎn →386페지.

莘 (1) shēn (신) 〔莘县〕 신현, 산동성에 있음. 〔莘莘〕 매우 많다. (2) xīn →486페지.

娠 shēn (신) 아이를 배다, 임신하다, 잉태하다: 妊～. 임신하다.

深 shēn (심) ①깊다. ↔〈浅〉: ～水. 깊은 물./这条河很～. 이 강은 아주 깊다./～山. 심산./这个院子很～. 이 뜨락은 아주 깊다. 〔深浅〕1. 깊이, 심도. 2. 분별, 분수, 정도: 他说话不知道～～. 저 사람은 말이 분수없다. ②깊이: 这口井两丈～. 이 우물은 깊이가 스무자나 된다. ③시간이 많이 흐르다, 시간이 오래되다: ～夜. 깊은 밤./～更半夜. 야밤삼경, 깊은 밤./年～日久. 오랜 세월이 흐르다. ④(정도가) 깊다, 심각하다, 투철하다: ～信. 굳게 믿다, 확신하다./～谋远虑. 멀리 내다보고 깊이 타산하다./情谊～. 정의가 깊다./这本书太～. 이 책은 내용이 너무 심오하다./讲理论应该～入浅出. 응당히 깊은 내용을 알기 쉽게 말해야 한다. ⑤색갈이 진하다: ～红. 질은 붉은색./颜色太～. 빛갈이 너무 진하다.

燊 shēn (신, 화) 불이 활활 타오르다, 활활 붙다.

什(甚) (2) shén (심) 〔什么〕(-me) 1. 무엇, 무슨, 어느: 想～～. 무엇을 생각하느냐./～～人. 무슨 사람. 2. 무엇이든지, 무엇이나, 아무것이나, 아무런: 没有～～困难. 아무런 곤난도 없다./～～事都难不住他. 아무런 일도 그를 난처하게 할수 없다. (1) shí →401페지. 〈甚〉shèn →398페지.

神 shén (신) ①신, 귀신: 无～论. 무신론./不信鬼～. 귀신을 믿지 않는다. [파] 1. 뛰여나다, 특출하다, 비범하다: ～力. 신기한 힘./～医. 의술이 높은 의사, 명의. 2. 기묘하다, 신비롭다([련]-秘): 故～其说. 그 말을 일부러 신비화하다. 〔神通〕신통하다, 신통한 재간, 솜씨, 수완: 大显～～. 뛰여난 재간을 발휘하다./～～广大. 특출한 재간을 갖고있다. 〔神话〕신화. [유]허튼소리, 황당무계한 말. ②정신, 정기, 마음: 劳～. 정력을 들이다, 걱정을 끼치다./留～. 조심하다./聚精会～. 정신을 가다듬다. 〔神经〕신경. ③(-儿)낯빛, 기색, 표정: 你瞧他这个～儿. 그의 기색을 보게./～色. 낯빛, 기색, 표정.

沈(瀋) (1) shěn (심) ①사람의 성. ②〔沈阳〕심양, 시이름, 료녕성에 있음. (2) chén →49페지.

审(審) shěn (심) ①상세하다, 세밀하다: ～慎. 세밀하고 신중하다. /精～. 세밀하다, 상세하다. [파]사고하다, 분석하다, 연구하다, 심사하다: ～查. 심사하다./～核. 상세히 연구하고 심사하다./这份稿子～完了. 이 원고는 심사가 끝났다. 〔审定〕심사결정하다. ②심문하다, 심의하다: ～案. 사건을 심의하다./～判. 심판하다, 재판하다./公～. 공개재판. ③알다: 不～近况如何. 요즘 형편이 어떤지 알지 못하다, 요즘 형편이 어떠하신지요. ④과연, 확실히, 참말로: ～如其言. 과연 그 말과 같다.

谉(讅) shěn (심) 〈审③〉와 같음.

渖(瀋) shěn (심) ①즙, 물: 墨～未干. 먹물이 마르지 않다. ②〈沈②〉와 같음.

婶(嬸) shěn (심) (-子、-儿) ①삼촌어머니, 작은어머니, 숙모: ～母. 숙모. ②아주머니.

哂 shěn (신) 방긋 웃다, 살짝 웃다, 미소하다: ～存. 기꺼이 받아주십시오(선물을 보낼 때 겸손하게 하는 말). /～纳. 기꺼이 받아주시오. /聊博一～. 잠시 웃음을 사다.

矧 shěn (신) 하물며, 더군다나.

谂 shěn (심) ①〈审③〉과 같음. ②권고하다, 충고하다.

肾(腎) shèn (신) 신장, 콩팥.

甚 (1) shèn (심) ①매우, 극히: 进步～快. 발전이 매우 빠르다. ②지나치다: 他说得未免过～. 그의 말은 너무 지나치다고 하지 않을수 없다. 〔甚至〕〔甚至于〕 심지어, 지어: 不学习就会落后,～～会犯错误. 학습하지 않으면 뒤떨어지게 되며 지어는 과오를 범하게 된다. ③더하다, 초과하다: 更有～者. 더욱 심한것은…. /日～一日. 나날이 더하다. ④〈什么〉와 같음: 要它作～. 그것을 갖다 뭘하니. /姓～名谁. 성은 무엇이고 이름은 무엇인가. (2) shén →397페지의 (什).

葚 (1) shèn (심) 오디. (2) rèn →379페지.

椹 (2) shèn (심) 〈葚〉과 같음. (1) zhēn →567페지.

胂 shèn 아르신, 수소화비소.

渗(滲) shèn (삼) 스며들다, 배여나오다: 水～到土地里去了. 물이 땅속으로 스며들었다. /天很热,汗～透了衣服. 날씨가 더워 땀이 옷에 흠뻑 배였다.

瘆(瘮) shèn (침) 놀래우다, 으쓸하다: ～人. 사람을 놀래우다. /～得慌. 몹시 놀라다.

蜃 shèn (신) 바지락조개, 대합조개. 〔蜃景〕 신기루, 신기루현상.

慎 shèn (신) 신중하다, 조심하다 ([련]谨-): 不～. 주의하지 않다, 신중치 못하다, 부주의. /办事要～重. 일을 신중히 해야 한다. /谦虚谨～. 겸손하고 신중하다.

SHENG

升(昇、陞) shēng (승) ①되: 十～是一斗. 10되는 1말이다. ②리터: 公～. 리터. /毫～. 밀리리터. ③오르다, 올리다, 뜨다, 떠오르다: ～旗. 기를 올리다. /太阳～. 해가 솟는다. ④(등급이) 오르다: ～级. 급이 오르다.

生 shēng (생) ①낳다, 태여나다: ～辰. 생일. ②생기다, 나다: 种子～芽. 씨에서 싹이 나다. /～根. 뿌리가 나다. [파] 1. 일으키다, 일어나다, 더하다, 증가하다: ～事. 일을 야기시키다. 2. 생기다, 발생하다: ～病. 병이 생기다. /～疮. 부스럼이 생기다. 〔生产〕 1. 생산하다. 2. 낳다. 〔生产力〕 생산력. ③산것: ～擒. 사로잡다, 생포하다. /～龙活虎. 팔팔하다, 혈기왕성하다. [파]1. 생계: 谋～. 생계를 도모하다. /营～. 직업, 일, 세상살이, 생활해나가다. 2. 생명: 杀～. 목숨을 빼앗다. /丧～. 목숨을 잃다. 3. 생물: 众～. 생물체. 4. 생애: 平～. 평생./一～. 일생. ④(불을) 피우다, 지피다, 사르다, 때다: ～火. 불을 피우다./～炉子. 난로에 불을 피우다. ⑤설다, 날것, 덜 익다: ～饭. 밥이 설다, 선밥./～肉. 날고기./不可以喝～水. 랭수를 마시지 못한다. ⑥익지 않은것: ～瓜. 익지 않은 과일(수박, 참외따위). ⑦낯설다, 생소하다(⑪-疏): 陌～. 낯이 설다, 초면이다./～人. 낯선 사람./～字. 생소한 글자, 모르는 글자. ⑧서투다: ～手. 서툰 솜씨. ⑨제련하지 않은것: ～皮子. 생가죽./～药. 생약. ⑩강다짐으로, 억지로: ～拉硬拽. 강다짐으로 끌어당기다./～不承认. 한사코 승인하지 않다. ⑪매우, 몹시, 대단히: ～疼. 몹시 아프다./～怕. 매우 두렵다. ⑫부사의 뒤붙이: 好～. 아주, 잘./怎～是好. 어떻게 하면 좋을가. ⑬학업에 종사하는 사람: 学～. 학생./进修～. 연수생./见习～. 견습생. 〔书生〕 옛날 글배우는 사람, 서생, 선비. ⑭옛극에서 남자배역의 한가지: 老～. 늙은 남자역./小～. 젊은 남자역.

牲 shēng (생) ①집짐승, 가축: ～口. 가축. ②옛날 제사에 쓰는 소, 양, 돼지: ～礼. 제상에 오른 집짐승.

胜 (2) shēng 펩티드. (1) shèng →본 페지.

笙 shēng (생) 생황(취주악기의 한가지).

甥 shēng (생) 외조카.

声(聲) shēng (성) ①소리, 목소리: ～如洪钟. 목소리가 우렁우렁하다./大～说话. 큰소리로 말하다. 〔声气〕 소식: 不通～～. 소식이 통하지 않는다. ②자음. ③성조→〈调(2)③〉. ④말하다, 떠벌이다: ～明. 성명./～讨. 죄상을 폭로규탄하다, 성토하다./～张. 소문을 퍼뜨리다./～东击西. 동쪽에서 소리를 내고 서쪽을 치다, 동쪽을 치는척하면서 서쪽을 치다. ⑤명예: ～望. 명성.

渑(澠) (2) shéng (승) 옛날 강이름, 지금 산동성 림치부근에 있음. (1) miǎn →307페지.

绳(繩) shéng (승) (-儿) 새끼, 노끈, 바: 草～. 새끼. 〔绳墨〕 먹줄. ㊞표준, 준칙, 규칙, 규범.

省 (1) shěng (성) ①성(제1급 지방행정구역). (생)②절약하다, 아끼다: ～钱. 돈을 아끼다./～工夫. 시간을 절약하다./～事. 품을 적게 들이다, 수고를 덜다. ③생략하다, 간략하다(⑪-略): ～称. 략칭./～写. 간략하여 쓰다. (2) xǐng →489페지.

眚 shěng (생) 잘못, 과오.

圣(聖) shèng (성) ①성스럽다, 신성하다: ～地. 성지. ②학문이나 기술이 높은 사람: ～手. 능수. ③옛날 임금에 대한 존칭: ～旨. 임금의 명령, 임금의 뜻, 성지. 〔圣人〕 성인. shèng

胜(勝) (1) shèng (승) ①이기다, 승리하다. ↔〈败〉:

打～仗. 싸워이기다./得～. 승리하다./以少～多. 적은것으로 많은것을 이기다. ②낫다, 우월하다, 초월하다, 릉가하다: 今～于昔. 지금이 옛날을 초월하다./一个～似一个. 하나하나가 더 우월하다. ③아름답다, 훌륭하다: ～地. 명승지./～景. 아름다운 경치, 절승. ④능히 감당하다: ～任. (맡은 직책을) 능히 감당하다./不～其烦. 시끄럽기 짝이 없다. ⑤(shēng)이라고도 읽음. 다하다: 不～感激. 감격함을 금치 못하다./不～枚举. 일일이 다 들수 없다. (2) shēng →399페지.

晟 shèng (성) 밝다, 환하다, 광명하다.　shèng

盛 (1) shèng (성) ①흥성하다, 번성하다: 繁荣昌～. 륭성번영하다./梅花～开. 매화꽃이 활짝 피다./旺～. 왕성하다./茂～. 무성하다. ②풍부하다, 화려하다, 성대하다: ～宴. 성대한 연회./～装. 화려한 옷차림. ③열렬하다, 대단하다: ～会. 성대한 집회./～况. 성황, 성대한 분위기. ④두텁다, 깊다: ～意. 두터운 정. ⑤사람의 성. (2) chéng →51페지.

乘 (2) shèng (승) (옛날 말 4필이 끄는 마차의) 대: 千～之国. 마차 천대를 가지고있는 큰 나라. (1) chéng →52페지.

剩(賸) shèng (잉) 남다, 쓰다가 남다, 길다([련]-余): ～饭. 남은 밥, 먹다남은 밥, 길은 밥./～货. 남은 물건, 팔다남은 물건.

嵊 shèng (승) 〔嵊县〕 승현, 절강성에 있음.

SHI

尸(屍) shī (시) ①주검, 송장, 시체. ②옛날 제사때 죽은 사람대신 제사를 받는 사람. ③일을 하지 않고 자리만 차지하다: ～位. (옛날) 벼슬아치들이 일을 하지 않고 나라의 봉록만 타먹는 일, 놀고 먹다.

鸤 shī (시) 〔鸤鸠〕 (옛책에서) 뻐꾹새, 뻐꾸기.

失 shī (실) ①잃다, 놓치다([련]遗-): ～物招领. 잃은 물건을 찾아가라고 알리다./机不可～. 기회를 놓치지 말아야 한다. [파] 1. 어기다, 위반하다: ～信. 신용을 잃다./～约. 약속을 어기다. 2. 찾지 못하다: ～群之雁. 떼잃은 기러기./迷～. 헛갈리다. (방향을) 잃다. ②실수하다, 잘못하다: ～足. 발을 잘못 디디다, 길을 잘못 들다./～言. 말을 잘못하다./～火. 잘못하여 불이 나다, 화재나다. ③목적을 이루지 못하다: ～意. 뜻을 이루지 못하다./～望. 실망하다./～着(zhāo). 실책하다, 계책을 잘못 꾸미다. 〔失败〕 실패하다. ④잘못, 실수, 과오: 千虑一～. 슬기로운 사람도 여러가지 생각속에는 잘못되는것이 있다, 천번에 한번은 실수할 때가 있다. ⑤변하다, 달라지다: ～色. 겁에 질려 기색이 변하다./～声痛哭. 목이 메도록 통곡하다.

师(師) shī (사) ①스승, 선생. [파]본보기, 모범: 前事不忘,后事之～. 지난일을 잊지 않으면 그것이 뒤일의 거울로 된다, 지난날의 경험은 앞날의 교훈으로 된다. 〔师傅〕 1. 스승, 선생. 2. 기술기능을 가진 사람, 숙련공, 기능공. ②어떤 기술과 재주를 가진 사람: 工程~. 기사, 공정사./医~. 의사./理发~. 리발사. ③따라배우다, 본받다. ④군대: 百万雄~. 백만대군. ⑤사단, 사.

狮(獅) shī (사) 사자.

䴓 shī 동고비.

浉(溮) shī (사) 〔浉河〕 사하, 강이름, 하남성에서 회하로 흘러들어감.

诗 shī (시) 시: 抒情~. 서정시.

虱(蝨) shī (슬) (-子) 이.

絁 shī (시) (옛날) 거칠게 짠 비단.

施 shī (시) ①실시하다, 실행하다: ~工. 시공하다./无计可~. 할 방도가 없다./倒行逆~. 도리에 맞지 않는 일을 하다, 역행하다. 〔施展〕 (재간을) 부리다, (능력을) 발휘하다. ②주다, 치다: ~肥. 거름을 주다./~粉. 분칠하다. ③(은혜를) 베풀다([련]-恩).

湿(濕、溼) shī (습) 습하다, 질벅하다, 축축하다. ↔〈干〉: 地很~. 땅이 매우 질벅하다./手~了. 손이 젖었다.

蓍 shī (시) 가새풀, 시초. 〈蚰蜒草〉〈锯齿草〉라고도 함.

酾(釃) shī、shāi (시) ①술을 거르다. ②술을 따르다, 술을 붓다.

嘘 (2) shī (허) 감탄사 (반대하거나 제지시킴을 나타냄). (1) xū →493페지.

十 shí (십) ①열. ②절정에 달하다: ~全~美. 완전무결하다./~分好看. 아주 곱다./~足. 충족하다, 대단하다. [파]순전한: ~~的奴才相. 순전한 노복의 꼬락서니.

什 (1) shí (십) ①열, 십. 〈十①〉과 같음(주로 분수와 배수에 많이 쓰임): ~一. 10분의 1./~百. 10배, 100배. ②여러가지, 가지각색, 다종다양한것, 잡다한것: ~物. 가장집물./家~. 가장집물. 〔什锦〕 여러가지 재료로 다양하게 섞은 음식물: ~~糖. 갖가지 사탕./素~~. 고기와 비린내 나는것을 넣지 않은 료리. (2) shén →397페지.

石 (1) shí (석) (-头) 돌. (2) dàn →78페지.

祏 shí (석) (옛날) 돌로 만든 감실.

鼫 shí (석) (옛책에서) 날다람쥐, 하늘다람쥐.

时(時、旹) shí (시) ①시간, 사물현상의 운동, 발전의 계기성과 지속성을 특징짓는 물질의 객관적존재형식. ②시대, 시각. 1. 비교적 긴 시간([련]-代): 古~. 옛날, 고대./唐~. 당나라때. 2. 1년중의 한계절: 四~. 4계절. 3. 시진, (옛날의) 시간단위, 하루를 12로 나눈 시간: 子~. 자시(23시부터 1시사이). 4. 시간, 하루를 24로 나눈 시간. 5. 때: 平~. 평시./盛极一~. 한때 대성황을 이루다. 6. 시: 八~上班. 여덟시에 출근하다. 〔不时〕 1. 불시에: ～～之需. 급하게 필요한것, 불시의 수요. 2. 때때로: ～～照顾. 때때로 돌보다. ③현재, 현시기: ～髦. 류행식, 최신식, 멋지다, 현대적이다. /～事. 시사. ④늘, 자주㊍: 学而～习之. 배우고 시시로 복습하다. /～～发生. 자주 발생하다, 시시로 나타나다. ⑤때로: 天气～阴～晴. 날씨가 때로 흐렸다가도 때로 개인다, 날씨가 흐렸다 개였다 하다.

埘(塒) shí (시) (벽에 있는) 닭의 홰.

鲥(鰣) shí (시) 준치, 전어.

识(識) (1) shí (식) ①알다, 가려내다: ～字. 글자를 알다. ②지식: 常～. 상식. /知～丰富. 지식이 풍부하다. ③견식, 식별능력: 卓～. 뛰여난 식견. (2) zhì →576페지.

实(實、寔) shí (실) ①가득하다, 가득차다: 虚～. 거짓과 진실, 내막. /～心的铁球. 속이 찬 쇠덩이. /～足年龄. 옹근나이. ②참되다, 진실하다: ～心～意. 진심으로, 성심성의. /～话～说. 사실대로 말하다. /～事求是. 사실대로, 실사구시. 〔实际〕 실지적, 현실적, 실제. /联系～～. 실제와 련계하다. /～～调查. 현실적조사, 실지적조사. 〔实践〕 실천. 1. (자기주장을) 실행하다. (승낙한 말을) 리행하다. 2. 실천하다. 〔实在〕 1. 확실히, 진짜로: ～～好. 확실히 좋다. 2. (-zài) 가득차다, 실속이 있다: 这车货装得～～. 이 차에는 짐을 가득차게 실었다. /他的学问很～～. 그의 학문은 실속있다. 〔实词〕 실사. 〔老实〕 (lǎoshi) 성실하다, 정직하다, 솔직하다: ～～人说～～话. 성실한 사람은 정직한 말을 한다. ③종자, 과일: 开花结～. 꽃이 피고 열매를 맺다.

拾 shí (습) ①줏다, 모으다, 얻다: ～麦. 밀(이삭)을 줏다. /～了一枝铅笔. 연필 한자루를 주었다. ②열(十의 큰글자). 〔拾掇〕 (-duo) 1. 정리하다, 거두다, 치우다: 把屋子～～一下. 방을 정리하다. /把书架～～～～. 책꽂이를 정리하다. 2. 수리하다, 고치다, 손질하다: ～～钟表. 시계를 수리하다. /～～机器. 기계를 수리하다. /～～房. 집을 손질하다.

食 (1) shí (식) ①먹다: ～肉. 고기를 먹다. 〔食指〕 식지, 둘째손가락. ㊌식구, 식솔: ～～众多. 식구가 많다. 〔食言〕 약속을 어기다, 약속한대로 하지 않다: 决不～～. 절대로 약속을 어기지 않는다. ②먹을것, 음식: 素～. 소식, 식물성음식. /零～. 군음식. /面～. 가루음식. /丰衣足～. 잘먹고 잘 입다, 먹고입는것이 넉넉하다. (2) sì →416페지.

蚀 shí (식) 벌레먹다, 침식하다, 손상되다, 밑지다, 손해보다: 侵～. 침식하다. /腐～. 부식하다.

湜 shí (식) 물이 맑다㊍.

寔 shí (식) 두다, 내버려두다.

史 shǐ (사) ①력사. ②옛날에 력사사실을 기록하는 관리: ～

官. 사관.

驶 shǐ (사) ①빨리 달리다. ②몰다, 운전하다, 조종하다: 驾～拖拉机. 뜨락또르를 몰다. /轮船～入港口. 기선이 항구에 들어오다.

矢 shǐ (시) ①화살: 有的(dì)放～. 과녁을 겨냥하여 활을 쏘다, 목적성(지향성)있게 일하다. ②맹세하다: ～口抵赖. 한사코 부인하다. ③옛날 〈屎〉로 썼음. 똥: 遗～. 대변을 보다.

豕 shǐ (시) 돼지.

使 shǐ (사) ①쓰다, 사용하다: ～劲. 힘을 쓰다. /～用拖拉机耕种. 뜨락또르로 농사짓다. /这支钢笔很好～. 이 만년필은 쓰기 좋다. ②시키다, 파견하다: 支～. (심부름을) 시키다, 보내다, 파견하다. /～人前往. 사람을 보내다. ③…하여금 …하게 하다, …을 하게 하다: ～人高兴. 사람을 기쁘게 하다. /迫～敌人放下武器. 적으로 하여금 손을 들게 하다. ④만일, 만약, 가령. ⑤외교사절: 大～. 대사. /公～. 공사. 〔使命〕 사명: 他有特殊～～. 그는 특수사명을 맡고있다.

始 shǐ (시) ①처음, 시작, 시초: 开～报告. 보고를 시작하다. /自～至终. 처음부터 마지막까지, 자초지종. /～祖. 시조. /原～社会. 원시사회. 〔未始〕 …라고 말할수 없다: ～～不可. 안된다고 말할수 없다. ②비로소: 游行至下午五时～毕. 시위행진은 오후 5시에야 비로소 끝났다.

屎 shǐ (시) 똥, 대변. [파]눈곱, 귀지, 귀에지: 眼～. 눈곱. /耳～. 귀지.

士 shì (사) ①옛날 경대부(卿大夫) 다음에 가는 계층. ②글 읽는 사람, 선비: 学～. 선비, 학자, 학사. /～农工商. 선비, 농민, 로동자, 상인. ③장가가지 않은 남자, 총각: ～女. 처녀총각. ④사람에 대한 존칭: 志～. 지사, 투사. /壮～. 장사, 용사. /烈～. 렬사. ⑤군대의 하사관, 군인: 上～. 상사. /中～. 중사. /～气. 사기. ⑥직무를 나타내는 뒤붙이: 护～. 간호원. /助产～. 조산원, 조산사.

仕 shì (사) (낡은 사회) 벼슬을 하다: 出～. 벼슬을 하다. /～途. 벼슬길.

氏 (1) shì (씨) ①씨. 〔氏族〕 씨족. ②결혼한 녀자에 대한 존칭: 王～. 왕씨. /张～. 장씨. ③(옛날) 명인, 대가들에 대한 존칭: 神农～. 신농씨. /太史～. 태사씨. /摄～寒暑表. 섭씨한난계(온도계). (2) zhī →572페지.

舐 shì (지) 핥다: 老牛～犊. 어미소가 송아지를 핥아주다(옛날 아들딸을 귀여워함을 비겨 일렀음).

示 shì (시) 나타내다, 알리다, 보여주다: ～众. 대중에게 알리다, 조리를 돌리다, 조리돌림하다. /～威 시위하다. /表～意见. 의견을 표시하다. /～范作用. 시범작용. /以目～意. 눈짓으로 의사를 나타내다. 〔暗示〕 암시하다.

胨 shì 프로테오즈, 알부모즈.

世(卋) shì (세) ①시대: 近～. 근대, 근세. ②대대로 전해오는것: ～袭. 대대로 물려받다, 세습하다. /～医. 대대로 이어가는 의사의 직업. ③세계, 세상, 우주: ～上. 세상. /～人. 세상사람.

贳 shì (세) ①빌려주다, 그릇에 담아 빌려주다. ②외상으로 주다, 외상으로 팔다. ③(죄를) 용서하다.

市 shì (시) ①장, 장마당, 시장: 开～. 장을 벌리다, 영업을 시작하다, 마수걸이를 하다. /菜～. 남새시장, 부식물시장. /牲口～. 가축시장. ②도시: 城～. 도시. /都～. 도시. ③시(행정구역단위): 北京～. 북경시. /唐山～. 당산시. ④도량형단위: ～尺. 자. /～升. 되. /～斤. 근.

柿 shì (시) 감, 감나무: ～子. 감.

铈 shì 세리움(원소기호 Ce).

式 shì (식) ①양식, 모양, 식: 新～. 신식. /形～. 형식. ②규격, 격식: 格～. 격식. /程～. 규정된 식, 일정한 격식, 양식. ③의식, 례식: 开幕～. 개막식. /阅兵～. 열병식. ④공식: 方程～. 방정식. /分子～. 분자식. 〔公式〕 공식: 代数～～. 대수공식. /经济学上的～～. 경제학의 공식.

试 shì (시) ①시험하다, 시험삼아 해보다: ～用. 시험적으로 써보다, 시험삼아 쓰다. /～一～看. 시험해보다. ②시험(련考-): ～题. 시험문제. /口～. 구답시험.

拭 shì (식) 닦다, 씻다, 훔치다, 지우다: ～泪. 눈물을 닦다. /～目以待. 몹시 기다리다, 간절하게 기다리다, 고대하다.

轼 shì (식) (옛날) 수레앞턱나무.

弑 shì (시) (낡은 사회) 신하가 임금을 죽이거나 아들이 부모를 죽이다: ～君. 임금을 죽이다. /～父. 아버지를 죽이다.

似 (2) shì (사) 〔似的〕〔是的〕(-de) 비슷하다, …과 같다: 雪～～那么白. 눈과 같이 희다, 눈처럼 새하얗다. /瓢泼～～大雨. 억수로 퍼붓는 비. (1) sì →416페지.

僿 shì (사) 성근하지 않다.

势(勢) shì (세) ①세력, 권리, 위력: 倚～欺人. 권세를 믿고 남을 업신여기다. ②나타난 정황, 상태. 1. 자연계에 속하는것, 상태: 地～. 지세. /山～险峻. 산세가 험준하다. 2. 동작에 속하는것, 자태: 姿～. 자세. /手～. 손짓. 3. 정치, 군사 또는 기타 분야에 속하는것, 정세, 기회: 时～. 시대의 추세, 그 당시의 정세. /大～所趋. 전반적인 추세, 대세의 흐름. /乘～追击逃敌. 유리한 기회를 리용하여 도망치는 적을 추격하다. ③수컷의 생식기: 去～. 불을 치다, 거세하다.

事 shì (사) ①(-儿) 일, 사건, 사변, 사태. 〔事变〕 사변: 七七～～. 7. 7사변. 〔事态〕 사태: ～～严重. 사태가 엄중하다. ②직업: 他现在做什么～. 그는 지금 무슨 일을 하고있는가. ③관계, 책임: 你回去吧, 没有你的～了. 자네는 돌아가게, 자네와는 상관없으니까. ④사고: 出～. 사고나다. /平安无～. 평안하다, 무사하다. 〔事故〕 사고, 사닥, 탈. ⑤일을 하다, 종사하다:改造不～生产的二流子. 생산에 종사하지 않는 건달군을 개조하다. ⑥모시다, 섬기다.

侍 shì (시) 모시다, 섬기다, 시중들다: ～立. 곁에서 시중들다, 시립하다./服～病人. 환자의 시중을 들다.

峙 (2) shì (치)〔繁峙〕번치, 현 이름, 산서성에 있음. (1) zhì →577페지.

恃 shì (시) 의지하다, 믿다, 등을 대다: 有～无恐. 믿을데가 있어 무서워하지 않다.

饰 shì (식) ①꾸미다, 수식하다, 장식하다, 단장하다: 油～门面. 문에 기름칠하다. ㊄가짜로 대신하다, 가리우다, 숨기다: ～辞. 발라맞추는 말./文过～非. 허위적인 언사로 과오를 감추다, 잘못을 숨기다. ②장식품: 首～. (녀자의) 머리장식품, 장식품. ③분장하다.

视(眎) shì (시) ①보다: 近～眼. 근시안./～而不见. 보고도 못본체하다. ②살피다: 巡～一周. 한바퀴 살펴보다, 한바퀴 순시하다./监～. 감시하다. ③대하다, 여기다: 重～. 중시하다, 중요시하다./～死如归. 희생을 두려워하지 않다.

是 shì (시) ①…는(은) …이다, 란 …다, …이 …이다: 他～工人. 그는 로동자이다./这朵花～红的. 이 꽃은 붉은것이다. ②온통 …이다: 浑身～汗. 온몸이 땀투성이다. ③긍정의 뜻으로 쓰임. …긴, …은: 东西旧～旧, 可是还能用. 물건이 낡긴 낡았지만 아직 쓸수 있다./话～说得很对, 可是得认真去做. 말은 아주 잘했지만 참답게 해야 한다. ④알맞다, 적합하다, 적당하다: 来的～时候. 마침 잘 왔다./放的～地方. 제자리에 잘 놓였다. ⑤모든, 어떤, 무릇: ～活儿他都肯干. 어떤 일이든지 그는 다 한다./～毒草就必须批判. 무릇 독초라면 반드시 비판해야 한다. ⑥…는가 …는가: 你～坐轮船～坐火车? 자네는 기선을 타겠는가 기차를 타겠는가. ⑦강조를 나타냄: ～谁告诉你的. 누가 알려주던가./天气～冷. 날씨가 확실히 춥다. ⑧옳다. ↔〈非〉: 懂得～非. 옳고그름을 알다./他说的～. 그의 말이 옳다. ㊄옳다고 인정하다: ～其所是. 그것이 옳다고 인정하다. 〔是非〕말썽: 挑拨～～. 말썽을 부리다./惹～～. 말썽을 일으키다. ⑨이, 이것: 如～. 이렇다, 이와 같다./～日天气晴朗. 그날 날씨는 개였다.

适(適) (1) shì (적) ①맞다, 알맞다, 적합하다(㊀-合): ～宜. 알맞다, 적당하다, 적합하다./～意. 마음에 맞다, 마음에 들다./～用. 적용하다, 적합하다. ②편안하다: 稍觉不～. 좀 거북하다, 좀 편치않다. ③바로, 때마침: ～逢其会. 마침 기회를 만나다. ④방금: ～从何处来. 방금 어데서 오는가. ⑤가다, 이르다: 无所～从. 갈데가 없다, 어떻게 했으면 좋을지 모르겠다. ㊄시집가다, 출가하다: ～嫁. 시집가다. ～人. 시집가다. (2) kuò →252페지의 〈逜〉.

室 shì (실) ①집, 방, 실: ～内. 방안, 실내./教～. 교실. ②기관단체내의 부문: 人事～. 인사실.

莳(蒔) shì (시) 모를 내다, 심다: ～秧. 모종내다, 모를 내다./～花. 꽃을 심다.

逝 shì (서) ①가다, 지나가다: 光阴易～. 세월이 빨리 흐르다. ②죽다, 돌아가다: 不幸病～. 불행히 병으로 돌아가다.

誓 shì (서) ① 맹세하다: ～死. 죽기를 맹세하다. ②맹세: 宣～. 선서하다.

释(釋) shì (석) ①풀다, 설명하다, 해석하다(㊎解-、注-): 解～字句. 글귀를 해석하다./古诗浅～. 고시를 알기 쉽게 해석하다. ②풀리다, 풀다: 冰～. (의심이나 오해 등이) 완전히 풀리다, 완전히 풀려 흔적이 없게 되다./～疑. 의심이 풀리다, 의심을 풀다. ③풀어놓다, 석방하다, 놓다, 버리다, 떼다: ～放. 석방하다./手不～卷. 손에서 책을 놓지 않다./如～重负. 무거운 짐을 내려놓은듯하다, 무거운 짐을 벗어버린듯 거뿐하다. ④석가모니의 략칭, 불교에 관한것을 두루 이르는 말: ～氏. 불교에 종사하는 사람, 중, 승려./～子. 중, 불교도./～教. 불교.

谥(謚) shì (시) 시호 (봉건사회에서) 죽은 사람에게 주는 칭호: ～号. 시호.

嗜 shì (기) 즐기다, 좋아하다: ～学. 공부하기 좋아하다. 〔嗜好〕(-hào) 기호, 취미, 도락.

筮 shì (서) (옛날) 점을 치다, 가새풀로 점을 치다.

噬 shì (서) 물다, 씹다: 吞～. 물어삼키다, 씹어삼키다./～脐莫及. 후회해도 소용이 없다, 행차후 나발.

奭 shì (석) 성대하다.

襫 shì (석) →32페지 〈袯〉의 〈袯襫〉(bóshì).

螫 shì (석) (벌레가) 쏘다. 〈螫〉와 〈蜇〉는 뜻이 같고 음이 다름. 지금은 흔히 〈螫〉를 〈蜇〉(zhé)로 발음함.

匙 (2) shi (시) 〔钥匙〕(yào-) 열쇠. (1) chí →54페지.

殖 (2) shi (식) 〔骨殖〕(gǔ-) 유골. (1) zhí →573페지.

SHOU

收(収) shōu (수) ①받다, 접수하다: ～发. (편지나 물건을) 받거나 보내다./～～室. 접수실./～信. 편지를 받다./～到. 받다./～条. 령수증, 인수증. /接～物资. 물자를 접수하다./招～新生. 신입생을 모집하다./～帐. 돈을 받아들이다. ②거두어두다, 건사하다: 这是重要东西,要～好了. 이것은 중요한 물건이니 잘 건사해두어야 한다. ③거두어들이다, 가을하다: 秋～. 가을걷이./～麦子. 밀가을하다. ④철수하다: ～兵. 군대를 철수하다. ⑤한데 모으다, 합치다, 아물다: 疮～口了. 종처가 아물다. ⑥끝맺다, 그만두다: ～尾. 끝맺다./～工. 일을 끝내다./～场. 끝장, 결말, 말로, 그치다, 수습하다, 결말짓다.

熟 shóu (숙) →409페지의 shú.

手 shǒu (수) ①손. 〔手足〕 손과 발, 수족. ㊐형제. ②손에 들다, 가지다: 人～一册. 사람마다 한책씩 가지다. ③(-儿) 재간, 솜씨: 有两～儿. 솜씨가 좋다, 재간이 이만저만이 아니다. ④친히, 손수, 몸소: ～书. 친필편지, 친필서./～植. 손수 심다. ⑤어떤 일에 종사하거나 어떤 기술을 가진 사람: 选～. 선수./生产能～. 생산능수, 생산혁신자./水～. 수부, 선원./神枪～. 명사수. 〔手段〕 수단, 방법, 수법.

守 shǒu (수) ①지키다, 수호하다, 방위하다, 보위하다: ～城. 성을 지키다./坚～阵地. 진지를 굳게 지키다. 〔墨守〕 낡은것을 고집하다: ～～成规. 규정을 고수하다. ②돌보다, 지켜보다, 간호하다: ～门. 문을 지키다./～着病人. 환자를 간호하다. ③지키다, 준수하다: 反对因循～旧. 낡은것을 답습하는것을 반대한다./～时间. 시간을 지키다./爱国～法. 나라를 사랑하며 법을 지키다./～纪律. 규률을 준수하다. ④가까이하다, 가까이에 있다: ～着水的地方,要多种水稻. 물이 가까운 곳에는 벼를 많이 심어야 한다.

首 shǒu (수) ①머리: 〔昂首〕 머리를 들다./～饰. 머리장식품. 〔首领〕 머리와 목. ㊐수령, 두목, 지도자, 책임자. ②최고령도자, 지도자, 우두머리: ～长. 책임자, 지도자. ③첫째, 최고: ～要任务. 첫째가는 임무, 가장 중요한 과업./～席代表. 수석대표. ④제일 먼저, 최초, 처음: ～次. 첫번째./～创. 제일 먼저 창조하다, 처음으로 주장하다, 창시하다. ⑤죄를 고백하다: 自～. 자수하다./出～. 자수하다, 저절로 탄백하다. ⑥단위명사. 수: 一～诗. 시 한수.

寿(壽) shòu (수) ①나이 많은것, 년로한것, 장수: 人～年丰. 사람마다 장수하고 해마다 풍년 든다, 살기 좋은 세상. ②나이, 수명: ～命. 수명. ③생일, 탄생일: ～辰. 생일.

受 shòu (수) ①받다, 받아들이다, 접수하다: ～信人. 편지를 받는 사람./接～别人的意见. 남의 의견을 접수하다. ②참다, 견디다: 忍～痛苦. 고통을 참다./～不了. 견딜수 없다, 참을수 없다./～罪. 고생하다, 학대받다, 혼이 나다, 시달리다. ③당하다, 입다, 맞다: ～批评. 비판을 받다./～害. 피해를 입다./～风. 바람을 맞다./～暑. 더위를 먹다. ④마음에 들다, 적합하다: 他这话倒是很～听. 그의 말은 그래도 들을만하다.

授 shòu (수) ①주다, 수여하다: ～旗. 기발을 수여하다./～奖. 상을 주다./～意. 의견을 주다(자기의 뜻대로 남을 하게 하다). ②가르치다, 배워주다: ～课. 수업하다, 강의하다, 교수하다.

绶 shòu (수) (옛날)색실끈, 금줄, 도장끈: ～带. 금줄, 금띠.

狩 shòu (수) 사냥하다, 겨울사냥을 하다: ～猎. 사냥하다, 수렵하다.

售 shòu (수) 팔다, 판매하다: ～票. 표를 팔다, 입장권을 팔다./零～. 소매하다./销～. 판매하다, 팔다.

兽(獸) shòu (수) 짐승: ～医. 수의.

瘦 shòu (수) ①여위다. ↔〈肥〉: 身体很～. 몸이 몹시 여위다. ②좁다, 솔다, 작다: 这件衣裳穿着～了. 이 옷은 입으면 솔다.

SHU

殳 shū (수) 팔모대창(옛날무기의 한가지).

书(書) shū (서) ①책. ②편지 ([련]-信): 家～. 집에서 온 편지, 집으로 보내는 편지./来～已悉. 보내준 편지를 잘 받아보았습니다./上～. 글월을 올리다, 편지를 올리다. ③문건: 证明～. 증명서./申请～. 신청서. ④쓰다([련]-写): ～法. 서예, 글씨 쓰는 법. [파]글씨체: ～法家. 서예가. [전]글씨체: 楷～. 바른글씨, 해서./隶～. 예서.

抒 shū (서) 나타내다, 토로하다, 표현하다, 진술하다: ～情诗. 서정시./各～己见. 각기 자기 의견을 진술하다.

纾 shū (서) 없애다, 풀다, 덜다, 제거하다, 늦추다: ～难(nàn) 위험을 제거하다, 어려움을 없애다.

舒 shū (서) ①펴다, 늘이다, 늦추다: ～眉展眼. 근심걱정이 없고 마음이 푸근하다, 걱정이 없고 기분이 좋다, 시름을 놓다. 〔舒服〕〔舒坦〕 기분이 좋다, 편안하다, 거뿐하다. ②느리다, 완만하다.

枢(樞) shū (추) 문지도리: 户～不蠹. 문지도리는 좀먹지 않는다. 〔枢纽〕 주축, 중심, 중추, 중요한 고리: 运输的～～. 수송중심, 교통요지. 〔中枢〕 중추, 중심, 중앙: 神经～～. 신경중추.

叔 shū (숙) ①형제중의 셋째(형제의 항렬은 늘 伯、仲、叔、季로 쓴다). ②작은아버지, 삼촌, 숙부: 大～. 아저씨.

菽(尗) shū (숙) 콩종류의 총칭.

淑 shū (숙) 착하다, 음전하다, 아름답다, 곱다.

姝 shū (주) 아름답다, 이쁘다: ～丽. 이쁘다.

殊 shū (수) ①다르다, 같지 않다: 特～情况. 특수정황./～途同归. 길은 다르지만 결국은 한가지다, 방법은 달라도 결과는 같다. ②극히, 매우: ～佳. 매우 좋다./～乐. 매우 즐겁다./～可钦佩. 매우 경모할만하다. ③목숨이 끊어지다, 죽다: ～死战. 결사전.

倏(倐、儵) shū (숙) 별안간, 갑자기, 어느덧, 어느새, 홀연: ～忽. 별안간, 어언간./～尔而逝. 갑자기 죽다, 갑자기 사라지다.

梳 shū (소) ①(-子) 빗. ②빗다: ～头. 머리를 빗다.

疏(疎) shū (소) ①소통하다, 통하게 하다: ～导. (강바닥을 깊이 파거나 도랑을 새로 내여) 막혔던 물을 흐르게 하다, 물곬을 빼다, 물을 끌어들이다, 소통시키다. ②헤쳐놓다, 흩어놓다, 분산시키다: ～散. 흩어지다, 분산시키다,

헤쳐놓다, 소개하다. ③성글다, 드물다(㊀稀-). ↔〈密〉: ～密不均. 성글고 밴것이 고르지 않다. /稀～的枪声. 드문드문 나는 총소리. 1. 친밀치 않다, 사이가 멀다: 亲～远近. 친근한것과 버성긴것, 가까운것과 먼것./他们一向很～远. 그들은 이전부터 사이가 멀다. 2. 세밀치 못하다, 거칠다, 소홀하다: ～神. 소홀히 하다, 부주의하다, 등한시하다, 멍하니 정신을 팔다./这个人太～忽了. 이 사람은 너무 소홀하다. ④낯설다: 生～. 낯설다, 생소하다./人生地～. 낯설고 물설다. ⑤해석한 글, 주석, 주해: 注～. 주석. /奏～. (봉건사회) 신하가 임금에게 사실을 진술하여 올리는 글.

蔬 shū (소) 남새: ～食. 남새음식, 좋지 않은 음식./～菜. 남새, 채소.

摅(攄) shū (터) 말하다, 발표하다, 표시하다: 各～己见. 각자가 자기 의견을 말하다.

输 shū (수) ①나르다, 보내다, 운반하다(㊀运-): ～出. 수출하다./～血. 수혈하다. ②바치다, 헌납하다. ③지다, 패배하다: ～了两个球. 꼴 두개를 먹다, 공 두개를 적게 넣다.

毹 shū (유) →371페지 〈氍〉의 〈氍毹〉(qúshū).

秫 shú (출) 수수, 찰수수: ～米. 수수쌀./～秸. 수수대, 수수깽이, 수수짚.

孰 shú (숙) ①누구, 뉘: ～谓不可? 누가 안된다고 하는가. ②무엇, 어느: 是可忍,～不可忍? 이것을 참을수 있다면 무엇을 참을수 없겠는가. ③어느것: ～胜～负. 어느것이 이기고 어느것이 지는가.

塾 shú (숙) (지난날 개인이 세운) 서당, 글방: 私～. 개인글방, 서당./村～. 마을서당.

熟 shú、shóu (숙) ①(끓여) 익다, 푹 삶다: 饭～了. 밥이 익었다./～菜. 익힌 반찬. ②(곡식이) 익다, 여물다: 麦子～了. 밀이 여물었다. ③깊다: 深思～虑. 깊이 생각하다, 심사숙고하다./～睡. 깊이 잠들다. ④익숙하다, 잘 알다: ～悉. 잘 알다./～人. 잘 아는 사람, 친한 사람, 구면./这条路我很～. 이 길은 내가 잘 안다. ⑤숙련되다, 능숙하다: ～手. 능수, 숙련된 사람./～能生巧. 손에 익으면 묘리가 생긴다, 숙련되면 묘안이 생긴다. ⑥가공하다, 정제하다, 이기다: ～铁. 시우쇠, 숙철./～皮. 이긴 가죽.

赎(贖) shú (속) ① 저당물을 되찾다: ～当(dàng). 저당물을 찾다. ②죄를 때우다, 속죄하다: 立功～罪. 공을 세워 죄를 때우다, 립공속죄하다.

暑 shǔ (서) 더위: 中～. 더위를 먹다./～天. 더운 날, 무더운 날.

署 shǔ (서) ①사무보는 곳, 행정사무기관. ②포치하다, 배치하다: 部～. 포치하다. ③쓰다, 적다: 签～. 서명하다, 조인하다./～名. 이름을 쓰다, 서명하다. ④잠시 대리하다: ～理. 직무를 잠시 대리하다.

薯(藷) shǔ (서) 감자류의 총칭. 1. 고구마. 〈红薯〉 〈白薯〉 〈番薯〉라고도 함. 2. 감자.

〈土豆〉〈山药蛋〉이라고도 함. 〔薯蓣〕(-yù) 마.

曙 shǔ (서) 해뜰무렵: ～色. 해뜰무렵의 하늘빛, 새벽빛./～光. 서광.

黍 shǔ (서) 기장. 〔蜀黍〕 수수. 〔玉蜀黍〕 강냉이, 옥수수.

属(屬) (1) shǔ (속) ①가족, 한집안: 家～. 가족. ②같은 부류, 종류: 金～. 금속. ③소속관계: 直～. 직속./～局. 관할국./～员. 하급관리. ④속하다, 소속되다: ～于自然科学. 자연과학에 속하다. ⑤…에게 속하다: 这本书～你. 이 책은 너의것이다. ⑥띠: 甲子、丙子等子年生的～鼠. 갑자년, 병자년 등 자년에 난 사람은 모두 쥐띠다. (2) zhǔ →583페지.

蜀 shǔ (촉) ①촉한, 삼국시기의 나라이름. ②사천성의 별칭.

鼠 shǔ (서) 쥐. 〔鼠疫〕 페스트, 흑사병. 〈黑死病〉이라고도 함.

数 (2) shǔ (수) ①헤아리다, 세다: ～一～. 세여보다, 손꼽다./就～他有本领. 재간을 말하면 그가 첫손 꼽힌다. ②(죄상을) 늘어놓다, 나무라다, 책망하다: ～落(luò). 나무라다, 꾸짖다, 책망하다, 수다스레 늘어놓다./～说. 실례를 들어가며 말하다, 꾸지람하다. (1) shù →411페지. (3) shuò →414페지.

术(術) (1) shù (술) ①기술, 기교: 武～. 무술./技～. 기술./美～. 미술. 〔术语〕 술어, 전문용어, 학술용어. ②방법, 수단: 战～. 전술. (2) zhú →582페지.

沭 shù (술) 〔沭河〕 술하, 강이름, 산동성에서 발원하여 강소성을 거쳐 신기하에 흘러들어감.

述 shù (술) 말하다, 진술하다: 口～. 구술하다, 말하다.

钬 shù (술) ①돗바늘. ②(침으로) 찌르다. ③이끌다, 인도하다.

戍 shù (술) 지키다, 보위하다, 수호하다: 卫～. 위수, 보위하다./～边. 국경을 지키다.

束 shù (속) ①묶다, 동이다, 땋다, 매다: ～发. 머리를 땋다./～手～脚. 손발을 얽어매다, 꼼짝할수 없다. 〔束缚〕 얽매다, 속박하다, 구속하다. [유]제한받다: 官僚主义如不克服就会～～群众的创造性. 관료주의를 극복하지 않으면 군중의 창발성을 구속하게 된다. ②묶음: 一～鲜花. 생화 한묶음. ③단속하다, 속박하다([련]约-): 拘～. 구속하다, 속박하다.

树(樹) shù (수) ①나무. ②심다. ③세우다, 수립하다([련]-立): ～雄心,立壮志. 원대한 포부를 품고 큰뜻을 세우다.

竖(豎、竪) shù (수) ①(세로) 세우다: 把棍子～起来. 막대기를 세우시오. ②세로, 수직: ～着写. 세로 쓰다./～着挖道沟. 세로 물도랑을 파다. ③한자부수, 뚫을신변, 내리금〈丨〉: 十字是一横一～. 한어의 십자는 건너금과 내리금으로 되였다. ④(-子) (옛날 남을 멸시하는 말) 못난 자식, 아이새끼. ⑤(옛글에서) 젊은 심부름군, 젊은 종.

恕 shù (서) 용서하다, 량해하다: 饶～. 용서하다./～罪. 죄를 용서하다.

庶 shù (서) ①많다, 풍성하다: ～民. 서민, 백성./富～. 살림이 넉넉하다, 생활이 유족하다. ②대체로, 대략, 거의: ～乎可行. 대체로 그만하면 될수 있다.

裋 shù (수) 〔裋褐〕(옛날) 무명옷.

腧(俞) shù (수) 수도, 수혈, 침혈: 肺～. 폐혈./胃～. 위혈. yú →537페지의 〈俞〉.

数(數) (1) shù (수) ①수, 수자: 基～. 기수./序～. 차례수사, 순서수사./岁～. 나이./次～. 차수./人～太多坐不下. 사람이 너무 많아 다 앉지 못한다. 〔数词〕 수사. ②몇, 여러, 수: ～次. 여러번,수차./～日. 수일, 여러날./～人. 몇사람. (2) shǔ →410페지. (3) shuò →414페지.

墅 shù (서) 별장: 别～. 별장.

漱 shù (수) 양치질하다, 입을 가시다: ～口. 양치질하다, 입을 가시다.

澍 shù (주) 제때에 온 비, 단비, 약비.

SHUA

刷 (1) shuā (쇄) ①(-子、-儿) 솔. ②솔로 닦다; 가시다, 씻다; 칠하다, 바르다: ～牙. 이를 닦다./～鞋. 신을 닦다./～锅. 솥을 가시다./用石灰～墙. 회칠하다. [파] 도태하다, 없애치우다, 제거하다, 파면하다, 떨어지다: 在第一轮比赛,就被～掉了. 첫번째 경기에서 떨어졌다. ③〈唰〉와 같음. (2) shuà →본 페지.

唰 shuā (쇄) 소리본딴말. 쏴, 쏴쏴, 쫙쫙.

耍 shuǎ (솨) ①놀다, 장난하다 ([련]玩-): 孩子们在院子里～. 아이들이 뜨락에서 논다. ②놀리다, 휘두르다: ～猴. 원숭이를 놀리다./～大刀. 칼을 휘두르다. ③희롱하다: 别～人. 남을 희롱하지 말게. ④피우다, 부리다, 쓰다, 내다: ～手艺. 재간을 피우다. /～手腕. 수단을 부리다.

刷 (2) shuà (쇄) 〔刷白〕 푸르스름하다, 희푸르다, 새파래지다, 새파랗게 질리다. (1) shuā →본 페지.

SHUAI

衰 (1) shuāi (쇠) 쇠약하다, 약하다([련]-微): ～败. 쇠퇴하다./～老. 늙어서 쇠약해지다, 로쇠하다./神经～弱. 신경쇠약. 〔衰变〕 붕괴(화학). (2) cuī →69페지.

摔(踤) shuāi (솔) ①내던지다, 메여치다, 내동댕이치다: 把帽子往床上一～. 모자를 침대우에 내던지다. ②내리꼰지다, 내리꽂히다: 上树要小心,别～下来. 나무에 올라갈 때 조심해라, 내리꼰지지 말구. ③땅에 떨구어 깨뜨리다: 把碗～了. 공기를 떨구어 깨뜨리다. ④넘어지다, 엎어지다: 他～倒了. 그가 넘어졌다./～了一跤. 땅에 엎어졌다.

甩 shuǎi (솔) ①뿌리치다, 내젖다, 휘두르다, 흔들다, 뿌리다, 던지다: ～袖子. 소매를 뿌리치다./～手榴弹. 수류탄을 뿌리다. ②떼다, 떼버리다, 떼여놓다, 떨구다: ～车. 기관차가 바곤을 떼여놓다.

帅(帥) shuài (수) ①최고지휘관: 元～. 원수./统～. 령장, 통수. ②〈率⑤〉와 같음.

率 (1) shuài (솔) ①거느리다, 령솔하다, 인솔하다(련-领): ～队. 대오를 거느리다./～师. 군대를 거느리다, 군대를 령솔하다. ②경솔하다(련轻-、草-): 不要轻～地处理问题. 문제를 경솔하게 처리하지 말라. ③솔직하다(련-直). ④대략, 대체, 대개: ～皆如此. 대체로 다 그러하다. ⑤〈방〉훌륭하다, 멋지다: 这字写得真～. 이 글자는 정말 멋지게 썼다. 〈帅〉라고도 함. (2) lǜ →289페지.

蟀 shuài (솔) →468페지 〈蟋〉의 〈蟋蟀〉(xīshuài).

SHUAN

闩(櫄) shuān (산) ①빗장. ②빗장을 지르다: 把门～上. 문에 빗장을 지르다.

拴 shuān (전) ①매다, 묶다: ～马. 말을 매다. ②사들이다, 구입하다: ～车. 차를 사다, 달구지나 마차따위를 사서 쓰다.

栓 shuān (전) 개폐기, 스위치: 枪～. 격발기./消火～. 소화전.

涮 shuàn. (쇄) ①물에 씻다, 헹구다, 가시다: ～～手. 손을 씻다./把衣服～一～. 옷을 헹구다. ②(고기를) 데치다: ～锅子. 고기를 잘게 저며 살짝 데쳐서 양념을 찍어 먹는 료리./～羊肉. 데친 양고기, 양고기를 데쳐서 양념을 찍어먹는것.

SHUANG

双(雙、雙) shuāng (쌍) ①두개, 한쌍, 컬레: 一～鞋. 신 한컬레./～管齐下. (두자루 붓으로 동시에 그림을 그린다는 뜻) 두가지 일을 동시에 하다./取得～方的同意. 쌍방의 동의를 얻다. 〔双簧〕 앞사람은 입만 벌리고 뒤에 숨은 사람이 말하는 무대예술. 〔双生儿〕 쌍둥이. ②짝, 쌍. ↔〈单〉: ～数. 짝수, 우수. ③두배의 것: ～料货. 두곱의 원자재로 만든 것, 특제품(주로 비유할 때 씀).

泷(瀧) (2) shuāng (상) 〔泷水〕 상수, 땅이름, 광동성 신회현에 있음. (1) lóng →283페지.

霜 shuāng (상) ①서리. ㊀흰빛, 흰색: ～鬓. 흰 귀밑머리. ②서리같이 흰 가루: 柿～. 곶감가루, 시설.

孀 shuāng (상) 홀어미, 과부: ～妇. 과부.

骦 shuāng (상) →419페지 〈骕〉의 〈骕骦〉(sùshuāng).

礵 shuāng (상) 〔北礵〕 북상, 섬이름, 복건성 하포현에 있음.

鹴 shuāng (상) →419페지〈鹔〉의 〈鹔鹴〉(sùshuāng).

爽 shuǎng (상) ①맑다, 밝다: ～目. 맑은 눈. ②시원하다, 상쾌하다: 清～. 시원하다./凉～. 서늘하다./秋高气～. 하늘은 높고 날씨는 상쾌하다. ③통쾌하다, 시원스럽다, 솔직하다: 豪～. 매우 시원스렵다. /直～. 솔직하다. /这人很～快. 이 사람은 매우 시원시원하다. 〔爽性〕 차라리, 아예, 시원스럽게, 그럴바에는, 내킨김에, 어차피, …할바에야: 既然晚了, ～～不去吧. 늦었을바에는 차라리 가지 맙시다. ④틀리다, 어기다: ～约. 언약을 어기다. /毫厘不～. 추호도 틀리지 않다.

SHUI

谁 shuí、shéi (수) ①누구, 뉘: ～来啦. 누가 왔는가? ②누구나, 아무나, 누구든지: ～都可以做. 누구나 다 할수 있다.

水 shuǐ (수) ①물. ②강, 내: 湘～. 상강. /汉～. 한수. ③강하천, 호수, 바다의 총칭: ～陆交通. 수륙교통. /～旱码头. 무역항. 〔水平〕 1. 수평. 2. 수준: 文化～～. 문화수준. ④과즙, 용액: 药～. 약물. /橘子～. 귤과즙. ⑤〔水族〕 수이족, 중국 소수민족의 하나.

说 (2) shuì (세) 설복하다, 설득시키다: 游～. 돌아다니면서 선전을 하다, 유세, 유세하다. (1) shuō →본 페지. (3) yuè →545페지.

帨 shuì (세) (옛날)수건, 손수건.

税 shuì (세) 세금: 纳～. 세금을 바치다, 납세하다. /营业～. 영업세.

睡 shuì (수) 자다([련]-眠): ～着(zháo)了. 잠이 들었다. /～午觉. 낮잠을 자다.

SHUN

吮 shǔn (전) 입으로 빨다: ～乳. 젖을 빨다.

楯 (1) shǔn (순) 란간. (2) dùn →104페지.

顺 shùn (순) ①같은 방향으로 따르다, 거역하지 않다. ↔〈逆〉: ～风. 순풍. /～水. 흐르는 물을 따라 (내려가다). /通～. (문맥이) 순조롭다, 순탄하다. ②따라: ～河边走. 강기슭을 따라가다. [파]차례로: 遇雨～延. 비가 오면 차례로 뒤로 미룬다. ③…는(은)김에 겸하여: ～手关门. 드나드는김에 문을 닫다. /～口说出来. 말하는김에 말이 나왔다. ④다듬다, 손질하다: ～一～头发. 머리를 다듬다. /文章太乱,得～一～. 문장이 순탄하지 못하여 잘 다듬어야 하겠다. ⑤순종하다, 복종하다. ⑥알맞다, 맞다: ～心. 눈에 맞다. /～眼. 보기 좋다, 눈에 들다.

瞤 shùn (순) 눈시울이 푸들거리다.

舜 shùn (순) 순, (고대전설) 제왕의 이름.

瞬 shùn (순) 눈을 깜박이다: ～息万变. 순식간에 많은 변화를 일으키다, 잠간사이에 많은 변화가 일어나다. /转～即逝. 눈한번 깜박하는 사이에 사라졌다.

SHUO

说 (1) shuō (설) ①말하다: ～服. 설복하다. ②중매하다: ～亲. 중매하다. ③언론, 주장: 学～. 학설. /著书立～. 글로 자기 주장을 내세우다. ④나무라다, 꾸짖다: 他挨～了. 그가 말을 들었다. /～了他一顿. 그를 한바탕 꾸짖다. (2) shuì →본 페지. (3) yuè →545페지.

妁 shuò (작) 중매인, 중매자, 중매군.

烁(爍) shuò (삭) 빛나다, 반짝이다: 闪～. 반짝이다.

铄(鑠) shuò (삭) ①쇠붙이를 녹이다: ～金. 쇠붙이를 녹이다./～石流金. 돌도 녹고 쇠붙이도 녹아 흘러내리다, 날씨가 몹시 덥다. ②없애버리다, 손상되다. ③〈烁〉와 같음.

朔 shuò (삭) ①(음력) 매달 초하루. ②북쪽: ～风. 하늬바람, 북풍./～方. 북쪽, 북방.

蒴 shuò (삭) 튀는 열매, 삭과.

搠 shuò (삭) 찌르다.

槊 shuò (삭) 창, 긴창(옛날무기의 한가지).

硕 shuò (석) 크다: ～果. 큰 과실./～大无朋. 크기가 비할데 없다, 비할바 없이 크다. 〔硕士〕 석사, 준박사.

数(數) (3) shuò (삭) 자주, 여러번([련]频-): ～见不鲜(xiān). 늘상 보아 신기하지 않다, 흔히 보다. (1) shù →411페지. (2) shǔ →410페지.

SI

厶 sī (사) 〈私〉의 옛글자.

私 sī (사) ①개인적인것, 사적인것. ↔〈公〉: ～事. 개인의 일, 사사./～信. 개인의 편지, 사신. [파]리기적인것: ～心. 리기심, 사심./自～. 리기주의적이다./破～立公. 리기적인것을 타파하고 공적인것을 세우다./大公无～. 매우 공정하고 리기적인것이 없다, 대공무사하다. ②부정당한것, 비법적인것: ～自拿走了. 사사로이 가져갔다./～货. 밀수품, 금지품.

司 sī (사) ①맡아보다, 관리하다, 담당하다: ～帐. 회계원, 부기원./～令. 사령, 사령관./～法. 사법. ②사(중앙행정기관의 부서이름): 外交部礼宾～. 외교부 례빈사./～长. 사장.

丝(絲) sī (사) ①명주실. [유]조금, 약간, 한점: 纹～不动. 조금도 움직이지 않다, 까딱 움직이지 않다, 끄떡하지 않다./脸上没有一～笑容. 얼굴에 약간의 웃음빛도 보이지 않는다. ②(-儿) 줄, 선: 铁～. 쇠줄, 철사./萝卜～儿. 무우오가리. ③사(길이, 무게의 단위, 푼의 만분의 1): 十～是一毫, 十毫是一厘. 10사는 1호, 10호는 1리이다. 〔丝毫〕 조금도, 털끝만치도, 추호도: ～～不错. 추호도 틀리지 않는다.

咝(噝) sī 소리본딴말, 뿡, 잉잉: 子弹～～地飞过. 총알이 잉잉 날아가다.

鸶(鷥) sī (사) → 288 페지 〈鷺〉의 〈鷺鷥〉(lùsī).

思 sī (사) ①생각하다, 고려하다: 事要三～. 재삼 고려해야 한다./不加～索. 사색을 하지 않는다, 깊은 생각없이, 별로 생각없이./～前想后. 앞뒤를 생각하다. 〔思想〕 1. 리성적인 인식, 사상, 의식. 2. 일정한 계급의 관점, 개념, 관념의 체계, 사상: ～～改造. 사상개조./

工人阶级的～～. 로동계급의 사상. 3. 사고하다. 4. 생각, 마음, 의사. 〔思维〕 사유. ②그리다, 걱정하다, 그리워하다, 념려하다: ～念亲友. 벗을 그리다. ③구상: 文～. 글의 구상./构～. 구상.

偲 (2) sī (시) 〔偲偲〕 서로 의논하고 서로 독촉하다. (1) cāi →35페지.

缌 sī (시) 가는 삼베, 가는 베천.

飔 sī (시) 찬바람, 서늘한 바람, 선들바람.

罳 sī (시) →124페지 〈罘〉의 〈罘罳〉(fúsī).

锶 sī (송) 스트론티움(원소기호 Sr).

虒 sī (사) 〔虒亭〕 사정, 지명, 산동성 양원현에 있음.

斯 sī (사) ①이, 이것, 여기: ～人. 이 사람./～时. 이때./生于～, 长于～. 여기서 나서 여기서 자라다. ②그래서, 비로소, 곧: 有备～可以无患矣. 준비가 있어야 (비로소) 후환이 없을수 있다.

厮(廝) sī (시) ①심부름군아이, 하인. [전]녀석, 자식, 놈(욕하는 말): 这～. 이 녀석./那～. 그 녀석. ②서로, 상호: ～守. 서로 지키다./～打. 서로 때리며 싸우다.

凘 sī (시) 녹아흐르는 얼음장.

撕 sī (시) 찢다, 째다: 把布～成两块. 천을 두쪼박으로 찢다./～碎. 갈기갈기 찢다.

嘶 sī (시) ①말이 울다: 人喊马～. 사람이 웨치고 말이 울부짖다. ②목이 쉬다: 声～力竭. 목도 쉬고 맥도 풀리다, 고래고래 웨치다.

澌 sī (시) 없어지다, 다하다, 끝장나다: ～灭. 다 없어지다, 끝장나다, 소멸되다.

蛳(螄) sī (사) 〔螺蛳〕(luó-) 소라.

死 sǐ (사) ①죽다([련]-亡). ↔ 〈活〉. [파] 1. 생사를 헤아리지 않고, 견결히: ～守. 굳게 지키다, 사수하다./～战. 결사적으로 싸우다. 2. 극도에 달함을 비유: 乐～了. 기뻐 죽겠다. ②움직이지 않다, 고정되다, 생기없다, 융통성이 없다: ～心眼. 고지식하다, 융통성이 없다./～水. 흐르지 않는 물, 고인물, 갇힌 물./把门钉～了. 문에 못을 쳐서 (다니지 못하게) 고정시키다. [전]통하지 못하다: ～胡同. 막다른 골목, 한쪽이 막힌 골목./把洞堵～了. 구멍을 막아버리다.

巳(巳) sì (사) ①사(12지의 여섯번째). ②사시(오전 9～11시).

祀(禩) sì (사) ①제사지내다. ②(옛날)해, 년: 十有三～. 10년 하고 또 3년, 13년.

汜 sì (사) 〔汜水〕 사수, 강이름, 하남성에 있음.

四 sì (사) ①넷. ②(옛날) 악보에서 음부의 하나, 저음 〈6̣〉에 해당하다.

泗 sì (사) 코물: 涕～. 눈물과 코물.

驷 sì (사) (옛날) 사두마차(한수레에 메우는 4필의 말 또는 4필의 말이 끄는 수레): 一言既出, ～马难追. 말이 입밖을 나가면 사두마차도 따라잡지 못한다, 말은 한번 하면수습하지 못한다, 쌀은 쏟고 주어도 말은 하고 못줏는다.

寺 sì (시) ①(옛날) 관청이름: 太常～. 종묘의식을 맡아보는 부서. (사) ②절, 절간. 〔清真寺〕 이슬람교도들이 례배하는 곳, 회회교례배당, 회회교절간.

似 (1) sì (사) ①비슷하다, 닮다(⑩类-): 相～. 비슷하다, 류사하다, 닮다./～是而非. 비슷하긴 하나 같지 않다, 옳은것 같지만 실상은 옳지 않다, 사이비하다. ②마치 …과 같다, …듯하다: ～应再行研究. 다시 연구해야 할것 같다./这个建议～乎有理. 이 제의는 일리가 있는것 같다. ③…보다, …더하다: 一个高～一个. 점점 더 높다./人民生活一天好～一天. 인민생활이 나날이 더 좋아지다. (2) shì →404페지.

姒 sì (사) (옛날) 남편의 형수, 동서: 娣～. (녀자)동서.

兕 sì (시) (옛날책에서) 암외뿔소, 암서우.

伺 (1) sì (사) 엿보다, 살피다, 정찰하다: ～敌. 적을 살피다./～隙进击敌人. 기회를 타서 적을 치다. (2) cì →66페지.

饲 sì (사) 기르다, 키우다, 치다, 먹이다: ～鸡. 닭을 치다./～蚕. 누에를 치다.

觇 sì (사) 엿보다.

笥 sì (사) 대바구니, 대나무그릇따위.

嗣 sì (사) ①뒤를 잇다, 이어 받다, 계승하다. ②자손: 后～. 후손.

俟(竢) (1) sì (사) 기다리다: ～机. 기회를 엿보다./～该书出版后即寄去. 그 책이 출판되면 곧 부쳐주겠다. (2) qí →353페지.

涘 sì (사) 물가, 강가, 강변.

食 (2) sì (사) (남을)먹이다, 기르다. (1) shí →402페지.

耜(枱) sì (사) (옛날) 보습.

肆 sì (사) ①마음대로 하다, 제멋대로 하다, 방자하다: ～无忌惮. 거리낌없이, 서슴없이, 마음내키는대로./～意妄为. 분별없이 날뛰다, 함부로 날뛰다. ②점방, 가게: 茶坊酒～. 다방과 술집. ③〈四〉의 큰글자.

厕 (2) si (치) 〔茅厕〕 변소. (1) cè →39페지.

SONG

忪 (1) sōng (종) →488페지 〈惺〉의 〈惺忪〉(xīngsōng). (2) zhōng →579페지.

松(鬆) sōng (송) ①소나무, 솔. ②느슨하다. ↔〈紧〉: 捆得太～. 너무 느슨하게 묶었다./土质～. 땅이 푸석푸석하다, 토질이 부드럽다. ③허수하다, 관대하다, 엄하지 않다: 规矩太～. 규칙이 엄하지 않다./决不～懈. 절대로 해이하지 않는다. ④놓다, 풀다, 늦추다: ～手. 잡았던 손을 놓다./～绑. 묶은것을 풀다. (포승을) 풀다./～一～马肚带. 말의 배띠를 좀 늦추다. ⑤고기가루: 肉～. 고기가루, 고기를 말려서 실같이 가늘게 찢은것, 실전육.

凇 sōng (송) 〔雾凇〕 상고대.

菘 sōng (숭) 배추.

淞 sōng (송) 〔淞江〕 송강. 오송강이라고도 함. 태호에서 발원하여 상해시에 이르러 황포강과 합쳐 바다로 들어감.

嵩(崧) sōng (숭) ①숭산. 〈숭고(嵩高)〉라고도 함. 〈오악(五岳)〉중의 중악으로서 하남성 등봉현 북쪽에 있음. ②높다.

㧐(㩳) sǒng (송) ① 쳐들다, 들어올리다. ②(두손으로) 밀다.

怂(慫) sǒng (종) 사촉하다, 무서워하다. 〔怂恿〕(-yǒng) 추기다, 사촉하다.

耸(聳) sǒng (용) ①우뚝 솟다, 곧게 서다: 高～. 높이 솟다. /～立. 우뚝 솟다, 높이 솟다. ②놀래우다, 두려워하다: ～人听闻. 사람을 놀래우다. ③으쓱하다: ～一～肩膀. 어깨를 으쓱하다.

悚 sǒng (송) 무서워하다, 두려워하다: ～然. 소름이 끼치다.

竦 sǒng (송) ①존경하다. ②〈悚〉과 같음.

讼 sòng (송) ①소송하다, 재판하다: ～事. 소송을 하는 일, 재판을 거는 일, 송사. /成～. 소송하다. ②론쟁하다: 聚～纷纭. 떠들썩하게 론쟁을 하다.

颂 sòng (송) ①칭찬하다, 찬양하다, 노래하다: 歌～. 노래하다. ②송가, 찬가.

宋 sòng (송) ①송, 주나라때 제후국의 이름, 지금의 하남성 상구시일대에 있었음. ②송나라: 1. 남조의 하나, 류유가 세웠음(기원 420～479년). 2. 조광윤이 세웠음(기원 960～1279년).

送 sòng (송) ① 보내다, 가져가다, 전하다, 바치다: ～信. 편지를 보내다, 소식을 전하다. /～公粮. 공량(농업세로 바치는 량곡)을 바치다. ②선물하다, 증정하다, 선사하다, 주다: 他～了我一支钢笔. 그는 나에게 만년필 한대를 주었다. ③바래주다, 배웅하다, 데려다주다: ～孩子上学去. 어린아이를 학교에 데려다주다. /把客人～到门口. 손님을 문밖에까지 바래였다. /开欢～会. 환송회를 열다, 환송모임을 가지다.

诵 sòng (송) ①읊다, 랑송하다: 朗～. 랑송하다. /～诗. 시를 읊다, 시를 랑송하다. ②말하다, 진술하다.

SOU

鄋 sōu (수) 〔鄋瞒〕 수만, 춘추(春秋)시대의 작은 나라, 지금의 산동성 제남시 북쪽에 있었음. 산동성 고청현에 있었다는 일설도 있음.

搜(蒐) sōu (수) ① 찾다: ～集. 수집하다. /～罗. 찾아모으다. ②수색하다: ～身. 몸을 수색하다.

嗖 sōu 소리본딴말. 쌩, 윙, 휙: 汽车～的一声过去了. 자동차가 쌩하고 지나갔다. /子弹～～地飞过. 총알이 윙윙 날아지나가다.

馊 sōu (수) 쉬다: 饭～了. 밥이 쉬였다.

廋 sōu (수) 숨기다, 감추다.

溲 sōu (수) ①똥오줌, 오줌. ②담그다, 물에 풀다.

飕 sōu (수) ①바람이 불다(마르거나 춥게 하다): 洗的衣服被风～干了. 빤 옷이 바람에 말랐다. ②〈嗖〉와 같음.

锼 sōu (수) (나무에) 새기다: 椅背的花纹是～出来的. 의자등받이의 꽃무늬는 칼로 새긴것이다.

螋 sōu (수) →371페지 〈蠼〉의 〈蠼螋〉(qúsōu).

艘 sōu (소) 단위명사. 척: 大船五～. 큰배 다섯척./十～军舰. 열척의 군함.

叟 sǒu (수) (바깥) 늙은이, 로인.

瞍 sǒu (수) 소경.

嗾 sǒu (수) ①축축(개를 추기는 소리). ②추기다.

薮(藪) sǒu (수) ①풀이 우거진 호수, 소택지, 진펄. ②사람 또는 물건의 집결체: 渊～. (인재들이) 많이 모인 곳.

擞(擻) (2) sǒu (수) 〔抖擞〕(dǒu-) 정신을 차리다, 원기를 내다, 정신을 가다듬다: ～～精神. 정신을 가다듬다./精神～～. 원기 왕성하다. (1) sòu →본 페지.

嗽 sòu (수) 기침하다. →239페지의 〈咳 ké(1)〉.

擞 (1) sòu (수) 재를 털다: 把炉子～一～. 난로의 재를 털다. (2) sǒu →본 페지.

SU

苏(蘇、甦、囌) sū (소) ① 차조기, 들깨. ②되살아나다, 소생하다: 死而复～. 죽었다가 되살아나다, 소생하다. ③ →286페지 〈噜〉의 〈噜苏〉. 〔苏维埃〕〈외〉 쏘베트.

酥 sū (소) ①수유(소젖, 양젖을 졸여서 만든 기름). ②바삭바삭하다: ～糖. 바삭사탕, (엿을 늘쿠어 만든) 엿사탕. ③바삭과자: 桃～. 호두바삭과자.

稣 sū (소) 〈苏②〉와 같음.

窣 sū (솔) 〔窸窣〕(xī-) 사르륵사르륵, 바스락바스락.

俗 sú (속) ①풍속, 습관: 移风易～. 낡은 풍습을 고치다. ②일반적이다, 대중적이다, 통속적이다: ～语. 속담./通～读物. 통속적인 도서, 대중도서. ③상스럽다, 속되다, 저속하다: 这张画画得太～. 이 그림은 너무 저속하다. 〔庸俗〕 평범하고 속되다, 저속하다.

夙 sù (숙) ①이른아침: ～兴夜寐. 아침 일찍 일어나고 밤늦게 자다, 부지런히 일하다. ②평소, 원래, 이미부터: ～愿. 숙원, 숙망./～志. 일찍부터 품고있던 지망, 소망.

诉(愬) sù (소) ①하소연하다, 호소하다, 털어놓다: 告～. 알리다./～苦. 고통을 하소연하다, 괴로움을 하소연하다. ②신소하다, 고소하다(㉻-讼): 起～. 기소하다./上～. 상소하다./控～. 죄상을 까밝히다, 성토하다.

肃(肅) sù (숙) ①공손하다, 숙연하다: ～立. 공손하게 서있다./～然起敬. 경건한 마음으로 옷깃을 여미다, 숙연히 머리 숙이고 존경을 표시하다. ②엄숙하다, 엄하다, 엄격하고 공정하다. 〔肃清〕 숙청하다: ～～土匪. 토비들을 숙청하다.

骕 sù (숙) 〔骕骦〕 (옛날) 준마의 이름.

鹔 sù (숙) 〔鹔鹴〕(-shuāng) 옛책에 나오는 숙상(물새의 일종).

素 sù (소) ①원래의 빛, 흰빛: ～服. 흰옷, 소복./～丝. 흰실. [파]빛갈이 단순한것: 这块布很～净. 이 천은 매우 새하얗다, 이 천은 색갈이 수수하다. ②본래의 것: ～性. 본성, 천성, 타고난 품성. [파]사물의 기본성분: 色～. 색소./毒～. 독소./因～. 요소, 요인. ③식물성음식: ～食. 소식./吃～. 소식하다. ④평소, 원래, 전부터, 종래: ～日. 평소, 평상시./～不相识. 평소에 서로 모르는 사이, 전혀 안면이 없다. ⑤흰명주: 尺～. (옛날) 흰명주에 쓴 편지.

嗉(膆) sù (소) ①(-子) 멀떠구니, 날짐승의 위: 鸡～子. 닭의 멀떠구니. ②(-子) (석이나 사기따위로 만든) 작은 술병.

愫 sù (소) 진실한 심정, 참된 마음.

涑 sù (속) 〔涑水〕 속수, 강이름, 산서성에 있음.

速 sù (속) ①빠르다([련]迅-): ～成. 속성, 빨리 이루어지다./火～. 빨리, 급히. 〔速度〕 속도, 속력. 〈速〉로 략칭함: 加～进行. 속도를 내여 진행하다. 〔速记〕 속기. ②청하다, 초청하다: 不～之客. 불청객.

觫 sù (속) →173 페지 〈觳〉의 〈觳觫〉(húsù).

宿 (1) sù (숙) ①묵다, 숙박하다, 잠자다: 住～. 묵다, 류숙하다./～舍. 기숙사, 합숙. ②경험이 많고 경력이 오래다, 로련하다: ～将. 로련한 장군. ③평소, 평상시: ～愿得偿. 소원성취하다, 평소 소원이 성취되다. (2) xiǔ →492 페지. (3) xiù →492 페지.

缩 (2) sù (축) 〔缩砂密〕 축사밀. (1) suō →422 페지.

粟 sù (속) 조.

傈 sù →269 페지 〈傈〉의 〈傈傈〉(lìsù).

谡 sù (속) 우뚝 솟다, 일어나다.

塑 sù (소) (흙으로) 빚다: ～像. 인형을 만들다, 형상하다, 조각상, 석고상./泥～木雕. 흙으로 빚고 나무로 조각하다. 〔塑料〕 염화비닐, 비닐, 수지.

溯(泝、遡) sù (소) 물을 거슬러오르다: ～河而上. 강물을 거슬러오르다. [파]근원을 찾다, 돌이켜보다, 회상하다, 소급하다: 推本～源. 근본을 따지고 근원을 찾다./不～既往. 지나간 일은 따지지 않는다.

蔌 sù (수) 남새, 푸성귀: 山肴野～. 산짐승고기와 들나물.

簌 sù (속) 〔簌簌〕 ①소리본딴말. 사락사락, 바스락바스락: 忽然

听见芦苇里～～地响. 갑자기 갈밭속에서 바스락바스락 소리가 들려온다. ②주르륵, 뚝뚝, 줄줄: 热泪～～地往下落. 눈물이 줄줄 흘러내리다.

SUAN

狻 suān (산) 〔狻猊〕(-ní) 산예, 전설에서 나오는 사나운 짐승.

痠 suān (산) 〈酸③〉과 같음.

酸 suān (산) ①산: 盐～. 염산./硝～. 질산./苹果～. 사과산. ②시다, 시큼하다: ～菜. 뜨거운 물에 데쳐서 시큼하게 절군 배추./这个梨真～. 이 배는 정말 시다. ③시큰거리다, 시큰하다: 腰～腿痛. 허리가 시큰하고 다리가 아프다./腰有点发～. 허리가 좀 시큰거린다. ④슬프다, 쓰리다: 心～. 마음이 쓰리다./十分悲～. 몹시 슬프다. ⑤옹색하다, 옹졸하다, 졸되다: ～秀才. 옹색한 선비. 〔寒酸〕 궁상맞다, 가난하고 쓰라리다.

蒜 suàn (산) 마늘.

筭 suàn (산) ①산가지, 산대. ②〈算〉과 같음.

算(祘) suàn (산) ①셈을 하다, 계산하다: ～多少钱. 얼만가 계산하여보게./～帐. 셈을 하다, 회계하다, 결판을 내다(보복의 뜻). ②타산하다, 계획하다: 失～. 오산하다, 잘못 타산하다. ㊥짐작하다, 추측하다: 我～着他今天该来. 나는 그가 오늘 오리라고 짐작했다. ③인정하다, 간주하다: 这个～我的. 이건 내것으로 친다. ㊥승인하다, …셈 치다: 不能说了不～. 말하고 승인하지 않아서는 안된다, 한 말은 책임져야 한다.

SUI

尿 (2) suī (뇨) 오줌, 소변. 〔尿脬〕(-pāo) 방광, 오줌깨. (1) niào →326 페지.

虽(雖、䧺) suī (수) 비록, 설사(늘 可是、但是、却와 호응하여 쓰임): 为人民而死, ～死犹生. 인민을 위하여 희생되는것은 설사 죽어도 영생하는것이다./工作～然忙,可是学习决不能放松. 사업이 바쁘더라도 학습을 늦춰서는 결코 안된다.

荽 suī (유) 〔胡荽〕 고수, 고수풀, 곽향.

眭 suī (휴) 사람의 성.

睢 suī (수) 〔睢县〕 수현, 하남성에 있음.

濉 suī (수) 〔濉河〕 수하, 강이름, 안휘성에 있음.

绥 suí (수) ①안정시키다, 편안하게 하다: ～靖. 평정시키다, 안정시키다, 진정시키다. ②편안하다, 안녕하다, 무사하다: 顺颂台～. (낡은 편지틀에서) 끝으로 당신께서 편안하시기를 바랍니다.

隋 suí (수) 수나라, 양견이 세웠음(기원 581～618 년).

随(隨) suí (수) ①뒤를 따르다: 我～着大家一起走. 나는 여럿의 뒤를 따라 함께 갔다./～说～记. 말하면서 기록하다, 말하는대로 따라 받아쓰다. 〔随即〕 곧, 인차, 이어서. ②마음대로 하

다: ～他的便. 마음대로 하게 하다./～意. 마음대로, 제멋대로. 〔随和〕 1. 유순하다. 2. 맞장구를 치다. ③…김에: ～手关门. 나가는김에 문을 닫다. ④〈방〉닮다, 비슷하다: 他长(zhǎng)得～他父亲. 그의 모습은 아버지를 닮았다.

遂 (2) suí (수) 뜻이 〈遂(suì) ①〉과 같음. 〈半身不遂〉(반신불수)일 때에 씀. (1) suì →본 페지.

髓 suǐ (수) ①뼈속, 골수: 敲骨吸～. 고혈을 짜내다, 등골을 빨아먹다, 피땀을 빨아먹다. 〔精髓〕 진수, 정수, 알짜, 알맹이. ②뼈속과 같은 물건: 脑～. 뇌수.

岁(歲、嵗、歳) suì (세) ①살(나이): 三～的孩子. 세살짜리 아이. ②해: 去～. 지난해, 작년./～月. 세월. ③작황: 歉～. 흉작, 흉년./富～. 풍작, 풍년.

谇 suì (수) ①꾸짖다, 책망하다. ②묻다. ③충고하다, 타이르다.

碎 suì (쇄) ①부시다, 마스다, 바수다, 깨뜨리다, 깨여지다: 粉～. 분쇄하다./碗打～了. 공기를 깨뜨렸다. ②자질구레하다, 온전치 않다: ～布. 쪼박천./～米. 싸래기./事情琐～. 일이 자질구레하다.

祟 suì (수) (미신) 귀신이 사람에게 재앙을 끼치는것. 〔鬼祟〕〔鬼鬼祟祟〕 뒤에서 쑥덕거리다, 음흉한짓을 하다, 살금살금 못된짓을 하다: 行动～～. 행동이 음흉하다. 〔作祟〕 작간하다, 쏠라닥거리다: 从中～～. 작간하다.

遂 (1) suì (수) ①뜻대로 되다, 순조롭게 되다: ～心. 뜻대로 되다, 마음대로 되다./～愿. 소원대로 되다. ②그리하여, 곧: 服药后腹痛～止. 약을 먹자마자 아픈 배가 곧 낫는다. ③성공하다, 실현되다: 未～. 성공하지 못하다. (2) suí →본 페지.

隧 suì (수) 차굴, 턴넬: ～道. 차굴, 턴넬.

燧 suì (수) ①부시: ～石. 부시돌. ②(옛날의) 홰불, 봉화.

邃 suì (수) ①깊숙하고 멀다, 심원하다(㊀深-). ②오래다: ～古. 오랜 옛날. ③(정도가) 깊다: 精～. 매우 깊다.

禭 suì (수) ①죽은 사람에게 주는 옷. ②(산사람에게) 선물로 주는 옷.

缍 suì (쇄) 고치실을 켜다, 실을 뽑다.

穗(繐) suì (수) ①(-儿) 이삭: 高粱～儿. 수수이삭./麦～儿. 밀이삭. ②(-子、-儿)술(장식물): 红旗上满挂着金黄的～子. 붉은기에 금빛 나는 술이 가득 달렸다. ③광주시의 별칭.

SUN

孙(孫) sūn (손) ①(-子) 손자. ②손자이후의 여러대 자손, 후손: 玄～. 현손(손자의 손자). 〔子孙〕 자손, 후손. ③손자와 같은 항렬의 사람: 外～. 외손자. /侄～. 형제의 손자. ④식물의 재생 또는 파생한것: 稻～. 벼그루에서 다시 난 벼./～竹. 대뿌리에서 다시 난 참대아지. 〈고〉〈逊(xùn)〉과 같음.

荪(蓀) sūn (손) 창포(옛시에 나오는 향초의 한가지).

猻(猻) sūn (손) →172 페지 〈猢〉의 〈猢猻〉(hú sūn).

飧(飧) sūn (손) 저녁밥, 저녁식사.

损 sǔn (손) ①손해, 손실, 해로운것: ～益. 손해와 리익, 증가와 감소, 증감./增～. 증가와 손실. 〔损失〕 손실, 손해: 避免意外～～. 의외의 손실을 피면하다. ②손상을 주다, 손해를 주다, 파손하다, 해를 끼치다: ～人利己. 남에게 해를 끼치고 자기에게 리롭게 하다. ③야박한 말로 약을 올리다: 别～人啦. 야박스러운 말로 남의 약을 올리지 말라! ④야박하다, 지독하다, 혹독하다: 说话不要太～. 너무 야박하게 말하지 말라./这法子真～. 이건 대단히 혹독한 수단이다.

笋(筍) sǔn (순) 참대순, 죽순.

隼 sǔn (준) 새매, 꿩매, 푸른매.

榫 sǔn (순) (-子、-儿、-头) 사개, 장부, 촉.

SUO

莎 (1) suō (사) 사초, 향부자. (2) shā →388 페지.

娑 suō (사) →347 페지 〈婆〉의 〈婆娑〉(pósuō).

桫 suō (사) 〔桫椤〕 사라나무.

挲(挱) (1) suō (사) 〔摩挲〕 (mó-) 손으로 매만지다. (2) sa →385 페지. (3) sha →389 페지.

唆 suō (사) 부추기다, 사촉하다: ～使. 부추기다, 사촉하다./～讼. 남을 부추겨 송사를 일으키게 하다./受人调～. 남의 부추김을 받다.

梭 suō (사) (-子) 북.

睃 suō (준) 훑겨보다.

羧 suō 카르복실기(화학).

蓑(簑) suō (사) 도롱이.

嗍 suō 입으로 빨다

趖 suō (좌) 빨리 걷다.

缩 (1) suō (축) ①뒤걸음치다, 물러서다: 不要畏～. 뒤걸음치지 말라./遇到困难决不退～. 곤난에 부딪쳐도 결코 물러서지 않다. ②줄어들다, 줄다, 짧게 되다: 热胀冷～. 더우면 늘어나고 추우면 줄어든다./～了半尺. 반자 줄다./～短战线. 전선을 줄이다. 〔缩影〕 축소판, 전형. ③움추리다, 쪼그리다: ～肩. 어깨를 움추리다. (2) sù →419 페지.

所(㪽) suǒ (소) ①곳, 장소: 住～. 사는 곳, 주소./各得其～. 각기 자기가 있을 곳에 있다, 제자리에 배치하다. ②소(기관이나 기타 사무보는 곳): 研究～. 연구소./派出～. 파출소./诊疗～. 진료소. ③단위명사. 채: 两～房子. 집 두채. ④동사앞에 놓이여 동작을 받는 사물을 대표함: 1. 동사뒤에 동작을 받는 사물이 나타나지 않는것: 耳～闻，目～见. 귀로 들은 것, 눈으로 본것./我们对人民要有～贡献. 우리는 인민에게 얼마만이라도 공헌을 해야 한다./各尽～能，按劳分配. 각자는 능력에 따라 일하고 일한데 따라 분배받는다. 2. 동사뒤에 〈者〉나 〈的〉를 써서 사물을 대표하는것: 吾家～寡者. 우리 집에 모자라는것: /这是我们～反对的. 이것은 우리들이 반대하는바이다. 3. 동사뒤에 사물을 나타내는 단어가 있는것: 他～提的意见. 그가 제기한 의견. ⑤〈为〉와 호응하여 쓰이면서 피동을 나타냄: 为人～笑. 웃음가마리가 되다. 〔所以〕 1. 그러므로, 때문에(늘 〈因为〉와 호응하여 쓰이면서 원인과 결과의 관계를 나타냄): 他有要紧的事,～～不能等你了. 그는 요긴한 일이 있어 너를 기다릴수 없게 되였다./他～～进步得这样快，是因为他肯学习的缘故. 그의 발전이 이처럼 빠른 까닭은 학습에 노력하였기때문이다. 2. 이것으로써, 이렇게 함으로써: ～～自责者严,～～责人者宽. 이렇게 함으로써 자신을 엄하게 꾸짖고 남을 너그럽게 대한다.

索 suǒ (삭) ①(-子)동아줄, 굵은 바줄, 쇠바, 사슬: 麻～. 삼바줄./船～. 배줄./铁～桥. 쇠사슬다리, 허궁다리. (색) ②찾다, 들추어내다(㊁搜-): 进行搜～. 수색하다./遍～不得. 샅샅이 찾아보았으나 찾아내지 못하다. 〔索引〕 찾아보기, 색인. ③요구하다, 달라고 하다, 값을 부르다: ～钱. 돈을 요구하다./～价. 값을 부르다./～欠. 빚을 달라고 요구하다. (삭) ④쓸쓸하다, 적막하다, 재미없다, 흥취가 없다: ～然无味. 아무런 흥취도 없다, 재미가 없다. ⑤혼자, 홀로: 离群～居. 무리를 떠나 홀로 살다. 〔索性〕 아예, 차라리, 시원스럽게: ～～走了. 아예 가버렸다.

唢 suǒ (쇄) 〔唢呐〕(-nà) 새납.

琐 suǒ (쇄) 자질구레하다, 사소하다(㊁-碎): ～事. 하찮은 일, 자질구레한 일./繁～. 번잡하고 자질구레하다./这些事很～碎. 이런 일은 매우 자질구레하다.

锁 suǒ (쇄) ①자물쇠: 门上上～. 문에 자물쇠를 채우다. ②잠그다, 채우다: 把门～上. 문을 잠그다./拿锁～上箱子. 상자에 자물쇠를 채우다. ③쇠사슬: 枷～. 칼, 족쇠./～镣. 족쇠. ④감치다: ～扣眼. 단추구멍을 감치다./～边. 가장자리를 감치다.

嗦 suo →105 페지 〈哆〉의 〈哆嗦〉(duōsuo). →291 페지 〈啰〉의 〈啰唆〉(luōsuo).

T

TA

他 tā (타) ①그, 그 사람, 제 3 자(흔히 남성을 가리킴, 때로는 성별을 가리지 않음). ②다른, 남: ～人. 다른 사람, 남./～乡. 타향, 딴 고장. 〔其他〕 기타.

她 tā (타) 그녀, 그 사람, 제 3 자(녀성을 가리킴).

T

它(牠) tā (타) 그, 그것(사물이나 동물을 가리킴). 〔其它〕 기타. 〈其他〉와 같음.

铊 (1) tā 탈리움(원소기호 Tl). (2) tuó →449 페지의 〈砣〉.

趿 tā (삽) 〔趿拉〕(la) (신을) 끌다, 〔趿拉儿〕(-lar) 끌신.

踏 (2) tā (답) 〔踏实〕(-shi) 1. 착실하다, 알뜰하다: 工作很～～. 일솜씨가 알뜰하다. 2. 마음이 놓이다, 마음이 가라앉다: 事情办完就～～了. 일이 다 끝나니 마음이 놓인다. (1) tà →본 페지.

塌 tā (탑) ①무너지다, 내려앉다(㉠坍-): 房顶子～了. 지붕이 내려앉다./墙～了. 담벽이 무너지다./人瘦了两腮都～下去了. (사람이) 살이 빠져서 두뺨이 홀쭉하게 되였다. ②처지다, 늘어지다: 这棵花晒得～秧了. 이 꽃은 볕에 시들었다. ③가라앉다, 안정하다, 진정하다: ～下心来. 마음이 가라앉다.

溻 tā (탑) 땀이 배다, 땀에 젖다: 天太热,我的衣服都～了. 날씨가 너무 더워 나의 옷이 땀에 흠뻑 젖었다.

褟 tā (답) (레스를) 달다: ～一道绦(tāo)子. 레스를 달다. 〔汗褟儿〕 땀받이, 속적삼.

塔 tǎ (탑) ①탑(불교의 특유한 건축물). ②탑모양으로 생긴 건축물: 水～. 수탑./灯～. 등대./纪念～. 기념탑. 〔塔塔尔族〕 따따르족, 중국 소수민족의 하나. 〔塔吉克族〕 따지크족, 중국 소수민족의 하나.

溚 tǎ (답) 〈외〉타르, 타르기름.

獭 tǎ (달) 수달.

鳎 tǎ (탑) ①서대. ②넙치. ③산가물치.

拓(搨) (2) tà (탑) (비석에 새긴 그림이나 글을 그대로) 박아내다, 탁본하다, 탑본하다. (1) tuò →449 페지.

沓 (1) tà (답) 겹치다, 거듭되다, 중복되다, 많다: 杂～. 번잡하다, 잡다하다./纷至～来. 끊임없이 많이 오다, 련속 전해오다. (2) dá →73 페지.

踏 (1) tà (답) 밟다, 디디다: 大～步地前进. 큰걸음으로 전진하다. ㉯실지로 답사하다, 친히 현지로 나가다: ～看. 직접 답사하다, 현지를 답사하다, 현지를 측량하다./～勘. 현지를 답사하다, 현지를 조사하다, 현지를 측량하다. (2) tā →본 페지.

佒(㒓) tà (달) → 436 페지 〈佻〉의 〈佻佒〉(tiāo tà).

挞(撻) tà (달) (채찍이나 몽둥이로) 때리다, 갈기다, 치다: 鞭～. 채찍으로 때리다, 채찍질하다, 편달하다.

闼(闥) tà (달) 문, 작은 문: 排～直入. 문을 열어제끼고 곧장 들어가다.

汏(澾) tà (달) 미끄럽다, 매끄럽다.

嗒 (1) tà (탑) (뜻을 잃은 모양) 매우 락망하다, 멍하다: ～丧. 의기가 꺾이다, 락망하다./～然若

失. 얼빠진것처럼 멍하다. (2) dā →72 페지.

逻 tà (답) 뒤섞이다. 〔杂逻〕(다니는 사람이 많아) 혼란하다, 란잡하다.

阘 tà (탑) 〔阘茸〕 무능하다, 비천하다, 졸렬하다.

榻 tà (탑) (좁고 긴) 침대.

蹋 tà (답) →551 페지 〈糟〉의 〈糟蹋〉(zāota).

漯 (2) tà (탑) 〔漯河〕 탑하, 강 이름, 산동성에 있음. (1) luò →293 페지.

遢 ta (탑) →253 페지 〈邋〉의 〈邋遢〉(lāta).

TAI

台 (2) tāi (태) 〔天台〕 천태, 산 이름, 절강성에 있음. (1) tái →본 페지.

苔 (2) tāi (태) 설태. (1) tái →본 페지.

胎 tāi (태) ①배다: 怀～. 아이를 배다, 잉태하다./～儿. 태아./～生. 태생. ㉶(일의) 시작, 근원: 祸～. 화의 근원, 화근. ②(-儿) (옷이나 이부자리 등의) 속, 심: 这个帽子是软～儿的. 이 모자는 속에 부드러운것을 넣었다. ③(-儿) 생도자기, 굽지 않은 도자기: 泥～. 굽지 않은 도자기./铜～. 생도자기, 구워내지 않은 도자기. ④고무바퀴: 内～. 내피./外～. 외피./轮～. 다이야.

台(臺、檯、颱) (1) tái (대) ①무대, 단: 戏～. 무대./讲～. 강단, 연단./主席～. 주석대. ㉶1. 무대, 단처럼 생긴것: 井～. 우물방틀, 우물귀틀./窗～儿. 창문턱. 2. 기물을 세우는 자리: 灯～. 등잔대./蜡～. 초대. ②대방을 높이 이르는 말./～签. 앞, 친전, 대람./～启. 앞, 친전. ③단위명사. 번, 대: 唱一～戏. 가극을 한번 공연하다./一～机器. 기계 한대. ④책상, 탁자: 写字～. 사무책상./柜～. 매대. ⑤태풍: ～风. 태풍. 〔台湾〕 대만, 중국의 한개 성. (2) tāi →본 페지.

邰 tái (태) 사람의 성

苔 (1) tái (태) 이끼, 매태, 선태. (2) tāi →본 페지.

抬(擡) tái (대) ① 쳐들다: ～起头来. 머리를 쳐들다./～手. 손을 쳐들다./～脚. 발을 들다. ㉶(값을) 올리다, 높이다: ～价. 값을 높이다, 값을 올리다. 〔抬头〕 1. ㉮학대받거나 억눌리지 않다, 머리를 쳐들다, 대두하다: 实现男女平等,妇女才能～～. 남녀평등을 실현하여야만 부녀들이 천대받지 않게 된다. 2. 편지에서 줄을 바꾸거나 자리를 비우고 쓰는것으로써 존경을 표시하는것. 3. 령수증에 있는 수표란. ②힘을 합쳐 들다, 맞들다, 메다: 一个人搬不动两个人～. 한 사람이 들지 못하면 두사람이 맞들다./把桌子～过来. 책상을 맞들어오시오. 〔抬杠〕 ㉮말다툼하다, 언쟁하다.

骀 tái (태) 나쁜 말, 둔한 말, 노둔한 말. 〔驽骀〕(nú-) 나쁜

말. [유]우둔한 사람.

炱 tái (태) 그을음, 철매, 검댕이: 煤～. 석탄그을음./松～. 소나무그을음.

鲐 tái (태) 고등어.

薹 tái (대) ①삼각풀, 왕골. ②부추, 유채, 마늘따위 남새의 종대, 장다리.

太 tài (태) ①너무, 지나치게, 몹시: ～长. 너무 길다./～热. 너무 덥다. ②매우, 아주, 대단히, 참, 극히, 제일: ～好. 매우 좋다./～古. 머나먼 옛날, 태고, 상고./～伟大了. 극히 위대하다. 〔太平〕 태평무사하다, 태평하다. 〔太阳〕 1. 해, 태양. 2. 태양혈, 관자놀이. ③신분이 가장 높거나 항렬이 두벌 높은 사람에 대한 존칭: ～老伯. 할아버님.

汰 tài (태) (필요없는것을) 도태하다, 씻어버리다, 제거하다.

肽 tài 펩티드.

态(態) tài (태) 생김새, 모양, 형태, 꼴(련形-、状-、姿-): 丑～. 추태, 사나운 꼴, 더러운 모양./变～. 변태. [파]정형, 형편: 事～扩大. 사태가 확대발전되다. 〔态度〕 태도: 1. 사람의 행동거지: ～～大方. 태도가 대범하다. 2. 사리에 대한 립장과 견해: ～～鲜明. 태도가 선명하다./表明～～. 태도를 표명하다.

钛 tài 티탄(원소기호 Ti).

酞 tài 프탈레인.

泰 tài (태) ①편안하고 태평하다: ～然处之. 태연하다, 태연스럽다. ②매우 심하다, 극심하다: ～西. 매우 먼 서북, 서양. (옛) 구라파를 가리킴. 〔泰山〕 1. 태산, 5악중의 동악, 산동성에 있음. 2. [전]장인, 가시아버지.

TAN

坍 tān (담) 무너지다, 허물어지다, 내려앉다: 墙～了. 담장이 무너졌다.

贪 tān (탐) 탐내다, 추구하다, 욕심을 부리다: ～玩. 놀음을 탐내다./～便(pián)宜. 리득만 탐내다, 리속을 탐내다, 공것만 바라다./～得无厌. 욕심이 그지없다, 주접스럽기 그지없다, 욕심사납다, 욕심이 밑빠진 항아리같다. 〔贪污〕 탐오, 탐오하다.

憻 tān 〈방〉 〈他〉의 존칭.

摊(攤) tān (탄) ①펴다, 펼쳐놓다, 벌리다, 벌려놓다: ～场. 탈곡장에 곡식을 널어말리다./把问题～到桌子上来. 문제를 상정시키다, 문제가 일정에 올랐다. [파](료리법에서) 부치다: ～鸡蛋. 닭알을 부치다, 닭알부치개./～煎饼. 지짐떡을 부치다. ②(-子、-儿) 난전, 로점: ～子. 난전, 로점./水果～儿. 과실로점. ③몫으로 나누다, 분담하다: ～派. 몫으로 나누다, 고루 분담하다./每人～五元. 한사람이 5원씩 분담하다.

滩(灘) tān (탄) ①강가나 바다가의 평지 또는 물속의 모래불. ②여울, 여울목: 险

~. 위험한 여울. 〔滩簧〕 옛이야기나시사를 운문으로 노래하는 민간예술형식의 한가지(절강성북부와 강소성 남부에 류행함).

瘫(癱) tān (탄) 중풍, 반신불수.

坛(壇、壜、罎、罈) tán (단) ①단(옛날 제사, 선서 또는 기타 큰 행사에 쓰는 대): 先农~. 선농단./天~. 천단. ㉺(문예계, 체육계 또는 여론진지) 단, 계: 文~. 문단./乒~. 탁구계./论~. 언론계, 평론계, 여론계, 론단. ②흙으로 쌓은 단: 花~. 화단. ③(-子) 도자기로 된 단지.

昙(曇) tán (담) 구름이 많이 낀 날씨, 흐린 날씨. 〔昙花〕 우담화, 인차 사라져 없어지는 희귀한 사물. 〔昙花一现〕 희귀한 사물이 한번 얼핏 나타났다가 인차 사라지는 현상.

谈 tán (담) ①말하다, 이야기하다: 面~. 만나서 이야기하다, 면담하다./请你来~一~经过. 경과를 좀 말해주십시오./~天. 한담하다, 잡담하다. ②말, 언론: 无稽之~. 허황하고 터무니없는 말, 황당무계한 말.

郯 tán (담) 〔郯城〕 담성, 현이름, 산동성에 있음.

锬 tán (담) 긴창.

痰 tán (담) 가래, 담.

弹(彈) (2) tán (탄) ①튀기다, 털다, 튕기다: 用手指~他一下. 손가락으로 그를 한번 튕겨라./把帽子上的土~下去. 모자의 흙을 털어라. ②(악기를) 타다, 치다 또는 이와 비슷한 동작: ~弦子. 삼현금을 타다./~琵琶. 비파를 타다./~棉花. 솜을 타다. 〔弹词〕 비파나 현악기를 타면서 이야기를 노래하는것 또는 그 대본. ③사출하다: ~射. 사출하다. 〔弹性〕 탄성. ㉺사물의 신축성. ④규탄하다([련]-劾). (1) dàn →79 페지.

覃 (1) tán (담) ①깊다: ~思. 깊이 생각하다. ②사람의 성. (2) qín →365 페지.

谭 tán (담) ①〈谈①②〉와 같음. ②사람의 성.

潭 tán (담) 깊은 못, 못: 泥~. 진창구뎅이, 감탕구뎅이. ㉺깊다: ~渊. 깊은 못.

⿱林田 tán 〈방〉 못.

澹 (2) tán (담) 〔澹台〕(-臺)(-tái) 사람의 복성. (1) dàn →79 페지.

檀 tán (단) ①박달나무. ②자단나무. ③단향나무.

忐 tǎn (담) 〔忐忑〕(-tè) 마음이 불안하다, 가슴이 두근거리다, 안절부절 못하다: ~~不安. 안절부절 못하다.

坦 tǎn (탄) ①넓고 평평하다, 평탄하다: ~途. 평탄한 길, 탄탄대로. ②마음 편안하다. 〔坦白〕 1. 솔직하다: 襟怀~~. 숨김이 없다, 솔직하다. 2. 솔직하게 말하다, 숨김없이 고백하다. 〔坦克〕〈외〉 땅크.

钽 tǎn 탄탈(원소기호 Ta).

袒 tǎn (단) (옷을 벗고 몸의 일부를) 드러내다: ～胸露臂. 가슴을 헤치고 팔뚝을 드러내다. 〔袒护〕 비호하다.

菼 tǎn (담) 달, 달풀.

毯 tǎn (담) (-子) 담요, 모포: 地～. 주단./毛～. 털담요, 모포.

黮 tǎn (담) 새까만 빛.

叹(嘆、歎) tàn (탄) ①한숨쉬다, 탄식하다, 한탄하다: ～了一口气. 휴— 하고 한숨을 쉬다./咳声～气. 탄식하다, 길게 탄식하다. ②감탄하다, 찬양하다: 欢喜赞～. 기뻐서 환성을 올리며 찬양하다. 〔叹词〕 감탄사.

炭(炭) tàn (탄) ①숯, 목탄. ②숯같이 만든것: 焦～. 콕스./骨～. 골탄. ③석탄: 阳泉大～. 양천석탄.

碳 tàn 탄소 (원소기호 C). 〔碳水化合物〕 탄수화물.

探 tàn (탐) ①찾다: ～源. 원천을 찾다./～矿. 광맥을 찾다. ②정찰하다, 정탐하다: ～案子. 사건을 탐지하다./～听消息. 소식을 알아보다./先～一～口气. 먼저 어떻게 나오는가를 떠보다. ③정탐하거나 탐지하다: 密～. 밀탐하다. ④방문하다: ～亲. 친척을 방문하다, 부모를 찾아가 뵙다./好久没有～望您了. 오래동안 당신을 찾아뵙지 못하였습니다. ⑤(머리나 웃몸을) 내밀다: ～出头来. 머리를 내밀다./车行时不要～身车外. 차가 달릴 때 몸을 차창밖으로 내밀지 마시오.

TANG

汤(湯) tāng (탕) ①더운물, 끓인 물, 뜨거운 물: 赴～蹈火. 물불을 헤아리지 않고 뛰여들다. ②국물: 米～. 미음./～药. 탕약, 탕제. ③국, 탕: 白菜～. 배추국.

铴(鐋) tāng (탕) 쨍과리.

嘡 tāng 소리본딴말. 땅, 탕, 뗑, 둥둥: ～的一声,锣响了. 뗑하고 징소리가 한번 울렸다.

镗 (1) tāng (당) 소리본딴말. 둥둥, 뗑뗑(북소리 또는 징소리). (2) táng →429 페지.

趟(蹚、踼) (1) tāng (당) ①(물 또는 풀밭을) 건너가다: 他～着水过去了. 그는 물을 건너갔다. ②후치질하다: ～地. 후치질하다. (2) tàng →430 페지.

羰 tāng 카르보닐기, 케톤기.

唐 táng (당) 당나라. 1. 리연이 세움(기원 618～907 년). 2. 후당(后唐) 리존욱이 세움 (기원 923～936 년). 〔唐突〕 당돌하다.

鄌 táng (당) 〔鄌郚〕(-wú) 당오, 땅이름, 산동성 창락현에 있음.

塘 táng (당) ①뚝, 제방: 河～. 강뚝. /海～. 물결막이뚝, 방파제. ②못, 늪(ⓔ池-): 荷～. 련못./苇～. 갈밭.

搪 táng (당) ①막다, 항거하다, 저항하다: ～饥. 요기하다. ②어물거려 넘기다: ～差事. 어물쩍해서 책임을 굼때버리다. 〔搪塞〕(-sè) 대강대강 해치우다, 둘러맞춰대다: 做事要认真,不要～～. 일은 참답게 해야 하지 대강대강 해서는 안된다. ③바르다, 칠하다, 매질하다: ～炉子. 화로안을 바르다. 〔搪瓷〕 법랑, 법랑철기. ④보링반에 있는 구멍: ～床. 내면선삭반, 보링반.

溏 táng (당) 흙탕. ㉻굳어지지 않다, 응고되지 않다: ～心鸡蛋. 절반 익힌 닭알, 반숙계란.

瑭 táng (당) 옥의 한가지.

螗 táng (당) 쓰르라미.

糖(醣) táng (당) ①사탕. ②탄수화물.

赯 táng (당) 붉은빛, 불그스레한 빛(사람얼굴빛을 가리킴): 紫～脸. 검붉은 얼굴.

堂 táng (당) ①큰채, 안채: ～屋. 큰채의 가운데 방, 응접실./课～. 교실./礼～. 강당. 〔令堂〕 당신의 어머님, 자당(다른 사람의 어머니를 존경하여 이르는 말). ②(지난날) 벼슬아치들이 사무보고 재판하는 곳: 大～. (지난날의) 법정./过～. 심문하다. ③같은 조상의 친족: ～兄弟. 사촌 (혹은 륙촌)형제./～姐妹. 사촌(혹은 륙촌)자매. 〔堂堂〕 용모나 태도가 도도하고 름름하다, 장엄하고 대범하다, 당당하다: 相貌～～. 의젓하게 생기다. 〔堂皇〕 화려하고 훌륭하다, 당당하다: 冠冕～～. 겉모양이 번지르르하다, 허울이 좋다./富丽～～. 화려하고 웅장하다.

樘 táng (탱) ①문틀, 창틀: 门～. 문틀./窗～. 창틀. ②단위명사. 짝: 一～玻璃窗. 유리창 한짝.

膛 táng (당) ①체강: 胸～. 흉강, 가슴팍./开～. 체강을 가르다, 배를 가르다. ②(-儿) 안, 속(기물의 속이 빈 곳): 炉～. 난로안./枪～. 약통실.

镗 (2) táng (당) 〈搪③〉과 같음. (1) tāng →428 페지.

螳 táng (당) 버마재비: ～臂当(dāng)车. 버마재비가 수레와 맞서려 한다, 제힘을 헤아리지 않고 덤벼들다, 하루강아지 범 무서운줄 모른다. 〔螳螂〕 버마재비.

棠 táng (당) ①팔배나무. ②때찔레, 해당화.

帑 tǎng (탕) (옛날) ①나라의 금고. ②나라의 돈, 공금. 〈고〉〈孥〉(nú)와 같음.

倘(儻) (1) tǎng (당) 만약…한다면, 만약: ～若努力,定能成功. 만약 노력한다면 꼭 성공할수 있다. (2) cháng →45 페지의 〈徜〉.

惝 tǎng、chǎng (창) 실망하다.

淌 tǎng (창) 흐르다, 나다: ～眼泪. 눈물을 흘리다./汗珠直往下～. 땀방울이 줄줄 흘러내리다.

耥 tǎng 벼제초기로 김을 매다. 〔耥耙〕 벼제초기.

躺 tǎng (당) 눕다: ～在床上. 침상에 눕다.

傥(儻) tǎng (당) 〈倘(1)〉과 같음.

镋(鎲) tǎng (당) 반달창 (옛날무기의 한가지).

烫(燙) tàng (탕) ①뜨겁다, 데우다：水很～. 물이매우 뜨겁다./～手. 손을 데우다, 손이 델 정도로 따갑다./小心～着. 데지 않도록 조심해라. ②데우다, 다리다：～酒. 술을 데우다./～衣服. 옷을 다리다.

趟 (2) tàng (쟁) ①차례, 번：他来了一～. 그는 한번 왔었다./这～火车是到上海去的. 이번 기차는 상해로 가는것이다. ②줄：屋里摆着两～桌子. 방안에 책상이 두줄로 놓여있다./用线把这件衣服缝上一～. 이 옷을 실로 한줄 꿰매시오. (1) tāng →428 페지.

TAO

叨 (1) tāo (도) (덕을) 받다, 입다：～光. 신세를 지다, 혜택을 받다./～教. 가르침을 받다, 지도를 받다. 〔叨扰〕 폐를 끼쳤습니다, 잘 먹었습니다, 고맙습니다. (2)dāo →81 페지.

涛(濤) tāo (도) 큰 물결, 파도([련]波-).

焘(燾) tāo (도) 이름자로 많이 쓰임. →83 페지의 (dào).

绦(縧、絛、縚) tāo (도) (-子)(실로 땋은) 노끈, 띠, 레스. 〔绦虫〕 촌백충.

掏(搯) tāo (도) ①파다：在墙上～一个洞. 벽에 구멍을 하나 파다(뚫다). ②꺼내다, 끄집어내다：把口袋里的钱～出来. 호주머니안의 돈을 꺼내다./～麻雀. 새둥지를 들추다.

滔 tāo (도) 차고넘치다, 가득하다, 도도히 흐르다：波浪～天. 큰 파도가 하늘을 뒤덮을듯하다./罪恶～天. 죄가 하늘에 차고넘치다(사무치다). 〔滔滔〕 1. 큰 물결이 출렁이다, 도도하다：海水～～. 바다물이 도도하다. 2. 끊임없이 말하는 모양, 말이 술술 쏟아져나오는 모양：～～不绝. 끊임없다./议论～～. 의론이 끝이 없다, 의론이 자자하다.

韬(韜、弢) tāo (도) ①활전대, 칼전대. 〔韬略〕 병서(兵书). [전]병법, 전법, 전략전술, 군사적인 책략. ②숨기다, 감추다.

饕 tāo (도) 〔饕餮〕(-tiè) 도철(옛날 전설에서의 흉악한 짐승). [유]1. 흉악한 놈. 2. 게걸스러운 사람.

啕(咷) táo (도) →163 페지 〈嚎〉의 〈嚎啕〉(háo táo).

洮 táo (조) 〔洮河〕 조하, 강이름, 감숙성에 있음.

逃(迯) táo (도) ①달아나다, 빠져나가다, 도망치다：追歼～敌. 도망치는 적을 추격하여 소멸하다. ②피하다：～荒. 흉년이 들어 피난가다：/～难. 피난하다.

桃 táo (도) ①복숭아, 복숭아나무. ②(-儿) 모양이 복숭아처럼 생긴것：棉花～儿. 목화송이, 목화다래.

秫 táo (도) 〔秫黍〕 수수. →431 페지의 〈稻〉(tǎo).

陶 (1) táo (도) ①질그릇. 〔陶土〕 (도자기를 만드는) 찰흙,

점토, 고령토, 도토. ②질그릇, 오지그릇을 만들다. 〔陶冶〕 질그릇을 굽거나 쇠붙이를 불에 달구어 두드리다. 사상을 단련하다, 정신수양을 하다. ③거나하다, 흐뭇하다: ～醉. 거나하게 취하다, 도취하다. (2) yáo →512 페지.

萄 táo (도) 포도: 葡～. 포도./葡～糖. 포도당.

淘 táo (도) ①(쌀을) 일다: ～米. 쌀을 일다./～金. 사금을 일다. 〔淘汰〕 도태하다: 自然～～. 자연도태. ②치다, 가시다, 부시다: ～井. 우물을 치다./～缸. 독을 가시다. ③장난이 심하다, 까불다, 말을 듣지 않다: 这孩子真～. 이 아이는 정말 까분다.

醄 táo (도) 〔酕醄〕 (máo-) 곤드레만드레 취하다.

梼(檮) táo (도) 〔梼杌〕 (-wù) 1. (전설에 나오는) 모진 짐승, 횡포한 짐승, 흉악한 사람. 2. 춘추시대 초사〈楚史〉의 이름.

鼗 táo (도) 딸랑이. 〈拨浪鼓〉라고도 함.

讨 tǎo (토) ①조사하다, 추궁하다, 처벌하다, 책벌주다. ㊟무력으로 치다, 토벌하다: 南征北～. 무력으로 남북을 치다, 남정북벌. 〔声讨〕 규탄하다, 성토하다. ②깊이 파고들다, 연구하다: 研～. 깊이 연구하다. ③요구하다, 청구하다, 달라고 요구하다: 向敌人～还血债. 적들에게서 피값을 받아내다. ④빌다, 바라다: ～饶. 용서를 빌다./～教. 가르침을 청하다. ⑤일으키다, 사다, 야기시키다: ～厌. 싫다, 성가시다, 귀찮다, 밉다./～人欢喜. 남의 환심을 사다.

韬 tǎo (도) 〔韬黍〕〈방〉수수 → 430 페지의 〈秫〉(táo).

套 tào (토) ①(-子、-儿) 걸에 씌우는것, 덧씌우개: 褥～. 요껍데기, 요씌우개./外～儿. 외투, 덧옷./手～儿. 장갑./书～. 덧씌우개. 〔河套〕 하투, 지역이름, 내몽골자치구와 녕하회족자치구 경내에 자리잡고있는데 황하가 삼면을 에돌아 흐름. ②덧씌우다: ～上一件毛背心. 털조끼를 덧입다 (더 껴입다)./～鞋. 덧신. ③(-子、-儿) 옷이나 이불안에 들어있는 솜: 被～. 이불안의 솜; 이불씌우개./袄～. 저고리안의 솜, 솜옷씌우개./棉花～子. 옷에 두는 솜, 이불솜. ④몇개로 조립된 옹근것: 一～制服. 제복 한벌./一～茶具. 차그릇 한조./全～新机器. 새 기계 한조./他说了一大～. 그는 한바탕 말을 늘어놓았다./他总是那一～. 그는 언제나 그 한본새이다. ⑤본따다, 따내다, 모방하다, 틀에 맞추다: 这是从那篇文章上～下来的. 이것은 그 글에서 따온것이다. 〔套语〕 인사말, 판박이말. ⑥(-儿) 올가미: 双～结. 겹고리매듭./用绳子做个活～儿. 노끈으로 풀매듭을 만들다./牲口～. 굴레./大车～. 마차메우개. 〔圈套〕 올가미, 음모, 술책: 他不小心,上了～～. 그는 부주의로 그만 올가미에 걸렸다. ⑦메우다: ～车. 수레를 메우다. ㊟홀리다, 끌어내다, 유인하다: 用话～他. 말로 그를 떠보다./～出他的话来. 그의 말을 유도해내다.

⑧거듭하다：～耕. 겹갈이./～种. 사이그루，간작.

TE

忑 tè (특) (忐忑)(tǎn-) 마음이 불안하다, 가슴이 두근거리다：～～不安. 안절부절을 못하다.

忒 (1) tè (특) 틀림, 착오, 오유：差～. 착오, 틀림. (2) tuī → 446 폐지.

铽 tè 테르비움(원소기호 Tb).

慝 tè (특) 간사하다, 간악하다, 간사하고 능갈치다：奸～. 간사하고 능갈치다.

特 tè (특) ①특수하다, 특이하다, 독특하다：～色. 특색./～效. 특효, 특별한 효과./～产. 특산물. 〔特别〕1. 특별하다, 특별히, 특히, 류달리. 2. 더우기. 〔特务〕1. (-wù) 군대에서 경비, 통신, 운수 등의 특별한 임무, 특수임무：～～连. 특무련. 2. (-wu) 특무, 간첩. ②특히, 일부러：～为. 특히, 일부러./～设. 특별히 설치하다./我～意来看你. 나는 일부러 당신을 만나러 왔습니다. ③다만 …뿐：不～此也. 이것뿐이 아니다.

TENG

熥 tēng (통) (음식을) 데우다, 덥히다：～馒头. 증기빵을 데우다.

鼟 tēng (등) 소리본딴말. 둥둥(북소리).

疼 téng (동) ① 아프다(련-痛)：肚子～. 배가 아프다./腿摔～了. 넘어져 다리가 아프다. ② 몹시 사랑하다, 귀여워하다：他奶奶最～他. 그의 할머니는 그를 몹시 사랑한다.

腾 téng (등) ① 힘차게 달리다, 펄쩍 뛰다(련奔-)：万马奔～. 뭇말이 앞을 다투어 달리다, 천군만마가 내달리듯하다./万众欢～. 수많은 사람들이 기뻐날뛰다, 만인이 기쁨에 들끓다. ②오르다：～空. 하늘로 오르다./～云驾雾. 구름을 타고 안개를 몰다, 구름과 안개를 잡아타고 날아가다. 〔腾腾〕(김따위가) 자욱히 피여오르다：热气～～. 김이 무럭무럭 오르다. ③비우다, 내다：～出两间房来. 방 두칸을 비우다./～不出空来. 짬을 탈수 없다. ④동사뒤에 놓여 동작의 반복적인 지속을 나타냄：倒～. 계속 이랬다저랬다 한다./翻～. 들끓다, 뒤지다./折～. 들볶다, 계속 분주하게 굴다./闹～. 계속 고아만 대다.

誊(謄) téng (등) 옮겨쓰다, 베끼다, 다시 쓰다, 정서하다：～清. 정서하다./这稿子太乱，要～一遍. 이 원고는 너무 어지러우니 정서해야겠다.

滕 téng (등) 주나라시대 제후국의 하나, 지금의 산동성 등현에 있었음.

螣 téng (등) (전설에) 날아다니는 뱀.

縢 téng (등) ①봉하다, 밀봉하다. ② 묶다, 단속하다, 구속하다.

鰧 téng (등) 쐐기, 쑤기미(바다고기의 한가지).

藤(籐) téng (등) ①등나무. ②덩굴, 넝쿨：葡萄～. 포도덩굴./顺～摸瓜. 넝쿨을 따

라 호박을 따다, 단서를 잡고 사실의 진상을 밝히다.

TI

体(體) (2) tī (체) 〔体己〕〔梯己〕(-ji): 1. (지난날) 혼자서 남몰래 저축해놓은 재물, 사천. 2. 친근한것, 허물없는 것: ～～话. 허물없는 사이에 하는 말, 마음속에 있는 말. (1) tǐ →434 페지.

剔 tī (척) ①(고기를) 발라내다: ～骨肉. 뼈에서 살을 발라내다./把肉～得干干净净. 고기를 깨끗이 발라내였다. ㉦우벼내다, 쑤셔내다: ～牙. 이발을 쑤시다./～指甲. 손톱에 낀 때를 우벼내다. ②골라내다(㊊-除): 把有伤的果子～出去. 상한 과일을 골라내다./～庄. 불량품을 골라내다.

踢 tī (척) 차다: ～球. 공을 차다./～毽子. 제기를 차다./—脚～开. 탁 차버리다.

梯 tī (제) ①(-子) 사다리, 사닥다리, 층층계, 계단: 楼～. 층층대./软～. 줄사닥다리./电～. 승강기. ②사다리처럼 생긴것: ～形. 사다리형, 제형. 〔梯田〕 다락밭, 다락논.

睇 tī ①스티빈. ②안티몬화수소.

锑 tī 안티몬(원소기호 Sb).

鷉 tī (제) →341 페지 〈䴙〉의 〈䴙鷉〉(pìtī).

荑 (2) tí (제) ①어린 싹, 새싹, 움. ②가라지나 돌피따위의 풀. (1) yí →517 페지.

绨 (1) tí (제) 두터운 비단. (2) tì →434 페지.

鹈 tí (제) (鹈鹕)(-hú) 사다새, 가람조, 도하, 제호, 오택.

提 (1) tí (제) ①들다: ～着一壶水. 물 한주전자를 들다./～着一个篮子. 바구니를 하나 들다./～心吊胆. 마음이 조마조마하다, 안절부절 못하다./～纲挈领. 문제의 중심고리를 잡아쥐다, 간단명료하다, 중점적으로. ②끌어올리다, 높이다: ～升. 끌어올리다./～高. 높이다, 제고하다. ③(앞으로) 끌어당기다, 시간을 앞당기다./～前. 앞당기다. ④말하다, 제기하다: 经他一～, 大家都想起来了. 그의 말을 듣자 모두들 생각이 났다./～意见. 의견을 제기하다./～供材料. 자료를 제공하다. 〔提醒〕 일깨우다, 깨우치다, 주의를 환기시키다: 幸亏～～, 不然我就忘了. 다행히 당신이 일깨와주었기에 말이지 그렇지 않았더라면 잊어버렸을것이요. 〔提倡〕 제창하다: 要～～顾全大局. 전반을 돌볼것을 제창하여야 한다. 〔提议〕 제의하다. ⑤(돈을) 찾다(㊊-取): 把款～出来. 돈을 찾아내다./～单. 물자출고증, 화물인수증. ⑥한자획의 올리비낀 획 〈㇀〉. (2) dī →86 페지.

缇 tí (제) 감빛.

騠 tí (제) →230 페지 〈駃〉의 〈駃騠〉(juétí).

啼(嗁) tí (제) ①울다, 소리내여 울다(㊊-哭): 悲～. 슬피 울다./用不着哭哭～～. 훌쩍훌쩍 울 필요는 없다. ②짐승이 울다: 鸡～. 닭이 울다./

猿～. 원숭이가 울다.

蹄(蹏) tí (제) (-子、-儿) 발굽: 牛～. 소발굽./马不停～. 말이 쉬임없이 달리다.

题 tí (제) ①제목, 문제: 命～. 명제./出～. 문제를 내다, 출제./难～. 어려운 문제, 난제. /离～太远. 제목과는 거리가 멀다. [파] 련습 또는 시험문제: 试～. 시험문제./算～. 계산문제./几何～. 기하문제./问答～. 문답문제. 〔题材〕 소재, 주제. ②쓰다, 수표하다, 서명하다, 적어넣다: ～名. 이름을 쓰다, 이름을 내붙이다./～字. 기념으로 수표하다, 제자./～词. 머리말, 친필교시, 제사.

醍 tí (제) 〔醍醐〕(-hú) 정제한 치즈.

鳀 tí (제) 멸치.

体(體) (1) tǐ (체) ①몸, 신체 ([련]身-): ～重. 몸무게, 체중./～温. 체온./～高. 키, 신장. [파]몸의 한 부분: 四～. 팔다리, 사지./上～. 웃몸./肢～. 팔다리. 〔体面〕(-mian) 1. 체면, 면목. 2. 영광, 영광스럽다, 명예스럽다. 3. 곱다, 보기 좋다, 맵시있다. 〔体育〕 체육: 发展体育运动,增强人民体质. 체육운동을 발전시켜 인민의 체질을 증진시키다. ②물체: 物～. 물체./全～. 전체./个～. 개체./～积. 체적. ③체, 체계, 형식, 규격: 文～. 문체./字～. 글자체./得～. 꼭 들어맞다, 아주 알맞다. ④체득하다, 체험하다: ～谅. 알아주다, 리해하다, 동정하다./～验. 체험하다./～味. 직접 느끼다, 체험하다. 〔体帖〕(-tie) 살뜰하게 굴다, 살뜰히 돌보다: ～～入微. 사소한데까지 살뜰히 돌보다. 〔体会〕 체득하다, 리해하다: 我～～到你的意思. 나는 당신의 뜻을 잘 알았습니다./对这个文件, 我的～～还很肤浅. 이 문건에 대한 저의 리해는 아주 피상적입니다. (2) tī →433 페지.

屜(屉) tì (체) 빼람, 서랍, 시루: 抽～. 빼람, 서랍./笼～. 시루.

剃(鬀、薙) tì (체) (칼로 털을) 깎다, 밀다: ～头. (면도칼로) 머리를 깎다./～光. 빤빤히 깎다, 막머리를 깎다.

悌 tì (제) (형에게) 순종하다, (형을) 존경하다.

涕 tì (체) ①눈물. ②코물.

绨 (2) tì (제) 질이 나쁜 두터운 천 (명주실과 무명실을 섞어서 짠 천). (1) tí →433 페지.

倜(俶) tì (척) 〔倜傥〕〔俶傥〕(-tǎng) 소탈하다, 시원스럽다, 구애되지 않다. 〈俶〉chù →60 페지.

逖(逷) tì (적) 멀다.

惕 tì (척) 근심하다, 조심하다, 걱정하다. 〔警惕〕 각성을 가지다, 경계하다: 提高～～,保卫祖国. 경각성을 높여 조국을 보위하자./～～腐败思想的侵蚀. 부패한 사상의 침식을 경계하다.

禘 (2) tì (체) 애기옷, 애기의 포대기. (1) xī →469 페지.

替 tì (체) ①대신하다(㊥-代、代-): 我～你洗衣服. 나는 너를 대신하여 옷을 빤다./～班. 교대를 대신하다, 당번을 대신하다. ②위하다, 때문에: 大家都～你高兴. 모두들 너때문에 기뻐한다. ③쇠퇴하다: 兴～. 흥망, 흥하는것과 쇠퇴하는 것./隆～. 흥성과 쇠퇴.

殢(殢) tì (체) 몹시 피곤하다, 몹시 지치다, 노곤하다, 녹작지근하다.

薙 tì (체) 김을 매다, 김을 잡다.

嚏 tì (체) 〔嚏喷〕(-pen) 재채기를 하다. 〈喷嚏〉(pēntì)라고도 함.

趯 tì (적) ①뛰여오르다. ②한자획의 올려비껴치기(亅), 지금은 〈钩〉라고 함.

TIAN

天 tiān (천) ①하늘. ㊤1. 웃부분, 꼭대기: ～头. 책페지의 웃빈자리, 여백./～桥. 구름다리, 륙교, 고가교. 2. 가장, 매우, 대단히: ～好, 也只能是这样. 아무리 좋아도 이렇게 하는수밖에 없다. 〔天文〕 천문. ②자연적, 천연적인것: ～生. 자연적이다, 선천적이다, 천성적이다./～险. 천연요새, 천연으로 된 험준한 곳./～然. 천연, 천연적. ③하루, 일, 낮: 今～. 오늘./一整～. 옹근 하루, 하루종일./白～黑夜工作忙. 밤낮 사업에 분망하다. ㊥하루의 시간, 날: ～不早了. 시간이 늦었다. ④기후, 날씨: ～冷. 날씨가 차다, 날씨가 춥다./～热. 날씨가 덥다. 〔天气〕 1. 날씨, 일기: ～～好. 날씨가 좋다./～～要变. 날씨가 변하겠다. 2. 시간: ～～不早了. 시간이 늦었다. ⑤계절, 철: 春～. 봄철, 봄./热～. 더운 계절, 더운 날. ⑥하느님 또는 하느님이 산다는 곳: ～堂. 천당./老～爷. 하느님. 〔天子〕 〈고〉임금, 천자, 황제.

添 tiān (첨) 보태다, 더하다, 덧붙이다, 증가하다(㊥增-): 再～几台机器. 기계 몇대를 더 증가하다./锦上～花. 비단에 꽃, 더더욱 빛나게 하다.

黇 tiān (첨) 〔黇鹿〕 넓은뿔사슴.

田 tián (전) ①밭, 논: 种～. 농사를 짓다. ㊥농사와 관계있는것: ～家. 농가, 농가집. 〔田地〕 1. 논밭, 부침땅. 2. (-di)지경, 처지, 경우, 형편: 怎么弄到这步～～了. 어찌하여 이 지경에 이르렀는가. 〔田赛〕 필드경기(륙상경기에서 높이뛰기, 너비뛰기, 던지기따위의 경기). ②〈畋〉과 같음.

佃 (2) tián (전) 밭을 가꾸다, 농사를 짓다. (1) diàn →91 페지.

畋 tián (전) 사냥하다.

畑 tián (전) ①부대기밭, 화전. ②(일본한자) 일본사람의 이름자에 쓰임.

鈿 (2) tián (전) 돈, 금속화페: 铜～. 동전, 엽전./洋～. 은전, 은화. (1) diàn →91 페지.

恬 tián (념) 편안하고 고요하다 ([련]-静). [파]태연하다, 버젓하다,뻔뻔스럽다：～不知耻. 뻔뻔스럽다./～不为怪. 별로 수치스러운 것 없다.

甜 tián (첨) 달다, 달콤하다. ↔〈苦〉：～言蜜语. 달콤한 말, 감언리설./睡得真～. 참 달콤하게 잤다.

湉 tián 〔湉湉〕 물이 고요히 흐르다, 잔잔하게 흐르다.

恭 tián (첨) 〔恭菜〕 사탕무우.

填 tián (전) ① 메우다, 채우다：～平洼地. 웅뎅이를 메우다. ②써넣다, 적어넣다：～志愿书. 지원서를 쓰다./～空白. 빈자리에 써넣기.

阗 tián (기) 〔和阗〕 허톈, 현이름, 신강위글자치구에 있음, 지금〈和田〉이라고 함.

忝 tiǎn (첨) 황송하게, 분에 넘치게, 송구스럽게.

舔 tiǎn (첨) 핥다, 빨다, 묻히다.

殄 tiǎn (진) 깡그리 없애치우다, 아끼지 않다：暴～天物. 물건을 마구 다루어 없애다, 재물을 되는대로 없애치우다.

怏 tiǎn (전) 부끄럽다, 창피하다.

觍 tiǎn (전) ①부끄럽다：～颜. 부끄러운 얼굴, 얼굴이 뜨겁다. ②렴치없다, 뻔뻔스럽다：～着脸. 낯가죽이 두껍다, 뻔뻔스럽다.

腆(觍) tiǎn (전) ① 후하다, 푼푼하다, 넉넉하다, 풍성하다. ②불룩 내밀다：～胸脯. 가슴을 쑥 내밀다./～着大肚子. 배를 불룩 내밀다. ③→307 페지 〈腼〉의 〈腼腆〉(miǎntian).

觍 (1) tiǎn (전) ①〈觍〉과 같음. ②사람의 얼굴을 형용함：～然人面. 사람의 얼굴을 형용하다. (2) →307 페지의 〈腼〉.

掭 tiǎn 먹문힌 붓끝을 고르다：～笔. 먹문힌 붓끝을 고르다.

TIAO

佻 tiāo (조) 까불다, 경솔하다, 경박하다. 〔佻仸〕(-tà) 가볍다, 경솔하다, 경박하다.

挑 (1) tiāo (조) ①(멜대로) 메다：～水. 물을 긷다./别人～一担,他～两担. 다른 사람이 한지게 지면 그는 두지게 진다. ②(-子、-儿) 멜대짐, 짐：挑着空～子. 빈 멜대짐을 메다. ③고르다, 찾다, 들추다([련]-选、-拣)：～好的送给他. 좋은것을 골라 그에게 주다. /～错. 잘못을 찾다./～毛病. 흠집을 찾다, 결함을 찾다, 결함을 들추다. 〔挑剔〕(-ti) 엄격하게 고르다. [전]고의적으로 흠집을 잡다, 트집잡다. (2) tiǎo →437 페지.

祧 tiāo (조) ①(옛날) 먼 선조의 사당. ②계승하다：承～. 아버지네 대를 계승하다.

条(條) tiáo (조) ①(-子、-儿) 나무가지：柳～儿. 버들가지./荆～. 싸리가지. ②(-子、-儿) 가늘고 길게 생긴것：面～儿. 밀국수./布～儿. 헝겊오래기./纸～儿. 종이쪼박. ③조항, 항목, 조：宪法第一～. 헌법 제1조./～例. 조례. 〔条件〕 조건：自然～

～. 자연조건./有利～～. 유리한 조건./一切事物都依着～～地点和时间起变化. 모든 사물은 모두 조건, 시간, 지점에 따라 변화한다.〔条约〕조약. ④갈피, 조리: 井井有～. 정연하다./有～不紊. 조리정연하다. ⑤단위명사. 1. 긴 모양으로 생긴 것: 一～河. 강 한줄기./两～大街. 두 거리./三～绳. 바 세오리./四～鱼. 물고기 네마리./一～腿. 다리 한짝. 2. 조항으로 나뉜것: 这一版上有五～新闻. 이 면에는 소식 다섯건이 있다.

鲦(鰷) tiáo (조) 피라미, 피리.

苕 (1) tiáo (초) ①릉소화. 〈紫葳〉라고도 함. ②비자루풀. ③갈대꽃. (2) sháo →393 페지.

岧 tiáo (초) 〔岧峣〕(-峣)(-yáo) 산이 높다, 아득하다.

迢 tiáo (초) 아득히 멀다: 千里～～. 아득히 멀다.

笤 tiáo (소) 〔笤帚〕(-zhou) 비, 비자루.

龆 tiáo (초) (아이들이) 이갈이하다: ～年. 어린 나이, 어린 시절, 유년.

髫 tiáo (초) (옛날 어린아이들의) 매여 드리운 짧은 머리: 垂～. (어린아이들이) 짧은 머리를 내리드리우다./～年. 어린 시절, 유년, 나이가 어릴 때.

调 (1) tiáo (조) ①고루 섞다, 배합하다: ～色. 색을 배합하다./～味. 맛을 알맞게 맞추다./风～雨顺. 때맞게 비가 오고 바람이 고르롭다, 날씨가 알맞다. ㉺화해시키다: ～解. 화해시키다./～整. 조절하다, 바로잡다.〔调停〕화해시키다, 중재하다.〔调剂〕1. 약을 짓다, 조제하다. 2. (-ji) 알맞게 조절하다: 组与组之间人力可以互相～～. 조와 조사이에 인력은 서로 조절할수 있다. ②도발하다, 건드리다, 희롱하다, 놀려주다: ～笑. 놀려주다./～戏. 희롱하다.〔调皮〕데설궂다, (장난이) 세다, (장난이) 심하다, (아이가) 말을 안듣다, 까불다, 갈개다. (2) diào →92 페지.

蜩 tiáo (조) (옛책에서의) 매미.

蓨 tiáo (조, 수) ①소리쟁이. ②옛지명.

挑 (2) tiǎo (조) ①(막대기따위로) 쳐들다, 받치다: ～起帘子来. (막대기따위로) 문발을 받치다./把旗子～起来. 기발을 쳐들다. ②돋구다, 헤쳐놓다, 찌르다: 把火～开. (난로아궁이따위의) 불을 쑤셔헤쳐놓다./～了～灯心. 등불심지를 돋구다./～刺. 찌르다. ③도발하다, 걸다, 일으키다(㉻-拨): ～衅. 도발하다./～拨是非. 시비를 걸다, 시비를 야기시키다.〔挑战〕도전하다. ④한자획의 우로 비낀 획〈㇀〉. (1) tiāo →436 페지.

朓 tiǎo (조) (옛날책에서) 그믐날, 달이 서쪽하늘에 걸리다, 사람의 이름자에 씀.

窕 tiǎo (조) →513 페지 〈窈〉의 〈窈窕〉(yǎotiǎo).

眺 tiào (조) 바라보다, 멀리 바라보다: 登高远～. 높은 곳에 올라 멀리 바라보다.

跳 tiào (조, 도) ①뛰다, 껑충 뛰다(㉻-跃): ～高. 높이뛰기./

～远. 너비뛰기./～绳. 줄뛰기. [파]건너뛰다, 뛰여넘다: 这篇课文～过去不学. 이 과문은 배우지 않고 뛰여넘는다. 〔跳板〕 발판. ② 가슴이 뛴다, 두근거리다: 心～. 가슴이 뛰다./眼～. 눈이 푸들푸들하다, 눈이 푸들거리다. ③춤을 추다: ～舞. 춤을 추다.

粜(糶) tiào (조) 낟알을 팔다: ～米. 쌀을 팔다.

TIE

帖 (3) tiē (첩) ①알맞춤하다, 타당하다: 妥～. 알맞춤하다, 타당하다./安～. 얌전하다, 평온하다. ②복종하다, 순종하다: ～伏. 고분고분하다, 순종하다./俯首～耳. 머리를 숙이고 복종하다, 굽신거리다. (1) tiè →본 페지. (2) tiě →본 페지.

怗 tiē (첩) 평정하다.

贴 tiē (첩) ①붙이다([련]粘-): ～布告. 포고를 붙이다./～邮票. 우표를 붙이다. ②바싹 붙다, 다가붙다: ～身衣服. 몸에 딱 붙는 옷, 체형옷./～着墙走. 벽에 붙어서 가다. 〔贴切〕 들어맞다, 알맞다, 적절하다, 적합하다. ③ 보태다, 보조하다([련]-补): 煤～. 석탄보조금./每月～给他一些钱. 달마다 그에게 돈을 보태주다. ④ 알맞춤하다, 타당하다. 〈贴(3)①〉과 같음.

萜 tiē 테르펜.

帖 (2) tiě (첩) ①(-儿) 글쪽지: 字～儿. 글쪽지. ②(-子) 초대장, 초청장: 请～. 초대장, 청첩./喜～. 결혼청첩. (1) tiè →본 페지. (3) tiē →본 페지.

铁(鐵、銕) tiě (철) 쇠, 철 (원소기호 Fe). [유] 1. 강하다, 굳세다, 억세다: ～蚕豆. 땅땅한 잠두콩./～拳. 무쇠주먹. 2. 강철같다, 확고부동하다, 확실하다, 틀림없다: ～的纪律. 강철같은 규률./～案如山. 근거가 틀림없이 똑똑하다, 근거가 확실하다.

帖 (1) tiè (첩) 글씨나 그림의 본보기책: 碑～. 비문을 그대로 박은 책, 탑본, 탁본./字～. 글씨본보기책. (2) tiě →본 페지. (3) tiē →본 페지.

餮 tiè (철) →430 페지 〈饕〉의 〈饕餮〉(tāotiè).

TING

厅(廳) tīng (청) ① 큰방, 홀: 客～. 객실, 응접실./餐～. 식당. ②(정부기관의 부서) 청: 办公～. 사무청.

汀 tīng (정) 물가의 평지. 〔汀线〕 바다물이 륙지와 맞닿은 선, 물가선, 정선.

听(聽) tīng (청) ①듣다: ～广播. 방송을 듣다./你～～外面有什么响声. 바깥에서 무슨 소리 나는가 들어보아라. ②(남의 말을) 듣다, 복종하다: 一切行动～指挥. 모든 행동은 지휘에 복종한다./我告诉他了,他不～. 그에게 일러주었지만 그가 듣지 않는다. ③제

멋대로 내버려두다: ～其自然. 제멋대로 내버려두다./～便. 좋을대로 하다./～凭你怎么办. 네 마음대로 하려무나. ④다스리다, 판단하다: ～政. (왕이나 섭정자가 신하들의) 보고를 듣고 나라일을 처리하다. ⑤단위명사. 통, 초롱, 곽: 一～烟. (양철통에 넣은) 담배 한통./一～煤油. 석유 한초롱./一～饼干. (양철통)과자 한곽.

烃(烴) tīng (형) 탄화수소의 총칭.

桯 tīng (정) ①송곳따위의 대: 锥～子. 송곳대. ②(옛날) 침대앞의 작은 책상, 침대앞상.

鞓 tīng (정) 가죽띠, 가죽허리띠.

廷 tíng (정) (봉건사회) 조정. 〔宫廷〕 궁정.

莛 tíng (정) (-儿) 식물의 줄기: 麦～儿. 밀대./油菜～儿. 유채줄기.

庭 tíng (정) ①뜰, 뜨락: 前～. 앞뜨락. 〔家庭〕 가정. ②법정: 开～. 재판을 시작하다, 법정을 열다./～长. 재판장.

蜓 tíng (정) →366 페지 〈蜻〉의 〈蜻蜓〉(qīng-). 506 페지 〈蝘〉의 〈蝘蜓〉(yǎn-).

霆 tíng (정) 우뢰, 벼락.

亭 tíng (정) ①(-子) 정자, 정각. ㊥(정자처럼) 간단하게 지은 집: 书～. 책가게방./邮～. 간이우편소, 간이체신소. ②고르롭다, 알맞다, 균형이 맞다: 调配得很～匀. 매우 고르롭게 배합되다. 〔亭当〕 끝내다, 완비되다. 〈停当〉이라고도 함. 〔亭午〕 한낮, 오전.

停 tíng (정) ①멎다, 서다, 끊다, 정지하다, 중지하다, 정박하다 (㊀-顿、-止): 一辆汽车～在门口. 자동차 한대가 문앞에 와 멎었다./钟～了. 시계가 섰다. ②(-儿) 몫, 할, 몇분의 몇: 三～儿的两～儿. 3 분의 2./十～儿有九～儿是好的. 10 분의 9 는 좋은것이다.

葶 tíng (정) 〔葶苈〕(-藶)(-lì) 두루미냉이.

渟 tíng (정) 물이 고이다: 渊～. (사람의 품성이) 깊은 못처럼 묵묵하고 산악처럼 듬직하다, 듬직하고 통이 크다.

婷 tíng (정) 〔婷婷〕 (녀자의 자태가) 아름답다, (사람, 풀, 나무 등이) 미끈하다, 어엿하다: ～～玉立的白桦. 어엿이 서있는 봇나무.

町 (1) tǐng (정) 밭지경. (2) dīng →94 페지.

侹 tǐng (정) 평평하고 꼿꼿하다.

挺 tǐng (정) ①곧다, 곧고 팽팽하다, 꼿꼿하다: 笔～. 꼿꼿하다./～进. 힘차게 나아가다./直～～地躺着不动. 꼿꼿하게 누워서 움직이지 않다. 〔挺拔〕 1. 우뚝 솟다, 곧추 솟다. 2. 굳세고 힘있다: 笔力～～. 필치가 굳세고 힘있다. ②곧추 펴다, 쭉 펴다: ～起腰来. 허리를 쭉 펴시오./～身而出. 용감하게 나서다, 자진하여 나서다. ㊀억지로 버티다, 참다, 견디다, 지탱하다: 他虽然受了伤,硬～着不下火线. 그는 부상을 입고서도 가까스로 참고 견디면서 화선에서 물러서지 않았다. ③아주, 대단히, 매우,

무척, 썩: ～好. 아주 좋다./～和气. 매우 화목하다./～爱学习. 공부하기 무척 좋아하다./这花～香. 이 꽃은 아주 향기롭다. ④단위명사. 자루, 정: 一～机枪. 기관총 한정.

珽 tǐng (정) 옥홀, 홀.

梃 (1) tǐng (정) 막대기, 곤봉. (2) tìng →본 페지.

铤 tǐng (정) 걸음걸이가 급하다, 급히 걷는 모양: ～而走险. (막다른 골목에 이르러) 모험적으로 행동하다, 자포자기하는 행동을 취하다, 될대로 되라 하고 행동하다.

逷 tǐng (정) 바르다, 정직하다.

艇 tǐng (정) 작은 배, 작고 경쾌한 배: 游～. 유람선./汽～. 발동선, 기계배, 모터뽀트. 〔潜水艇〕 잠수함.

梃 (2) tìng (정) ①〔梃猪〕 (돼지를 튀할 때 김을 불어넣기 위하여) 돼지다리 가죽에다 구멍을 내고 꼬챙이로 쑤시다. ②(돼지다리를 쑤시는) 꼬챙이 (-子). (1) tǐng →본 페지

TONG

通 (1) tōng (통) ①통하다, 지나가다, 통과하다, 거치다: ～行. 다니다, 통행하다./条条大路～北京. 길마다 모두 북경으로 통한다./四～八达. 사통팔달, 사통오달하다, 교통이 매우 편리하다./～车. 차가 통하다./～风. 바람이 통하다, 통풍하다. ㉮ 1. 순조롭다, 순탄하다, 통하다. 2. 알다, 잘 알다, 정통하다: 精～业务. 실무에 정통하다./他～三国文字. 그는 세나라 글을 안다. 3. 사통오달하고 폐쇄되지 않다: ～都大邑. 큰 도시, 교통중심지. 〔通过〕 1. 지나가다: 火车～～南京长江大桥. 기차가 남경장강대교를 지나간다. 2. …을 거쳐, …을 통하여: ～～学习提高觉悟. 학습을 거쳐 각성을 높이다. 3. (결의 등을) 채택하다: ～～一项议案. 의안을 채택하다. 〔通融〕 융통하다, 융통성있게 하다, 돈을 돌려쓰다, 꾸어쓰다, 변통하다. ㉮적당히 서로 도와 돌려쓰다: 新式农具不够,大家～～着用. 신식농기계가 부족하여 모두들 서로 돌려쓴다. ②전달하다: ～报. 알려주다, 통보하다./～告. 알리다, 통보하다, 알림, 통지, 게시./～信. 편지거래를 하다, 소식이 오가다. 〔通知〕 통지, 통지하다. ③오가다, 오가면서 교제한다: ～商. 통상하다./互～情报. 서로 정보를 알리다. ④전반적이다, 보편적이다: ～病. 일반적인 폐단, 일반적인 병집./～称. 일반적인 부름. ⑤모두, 온, 전체, 매우: ～共. 모두, 도합./～盘计划. 전반적으로 계획하다./～力合作. 모든 힘을 합쳐 일하다. 〔通俗〕 통속적이다: ～～读物. 대중도서, 통속적인 도서. (2) tòng →442 페지.

樋 tōng (통) 어름나무.

痌 tōng (통) 앓다, 아파하다: ～瘝(guān)在抱. 남의 고통을 자기 고통처럼 여기다.

仝 tóng (동) ①〈同〉과 같음. ② 사람의 성.

砼 tóng (동) 콩크리트.

同 (1) tóng (동) ①같다: ～等. 같다, 동등하다./～岁. 같은 나이, 동갑./～感. 동감하다./大～小异. 대부분이 같고 별로 차이가 없다, 대동소이하다. 〔同化〕 닮다, 동화하다. 〔同情〕 동정하다: 我们～～并支持你们. 우리는 당신들을 동정하고 지지한다. 〔同志〕 동지, 동무. 〔同时〕 1. 동시적, 동시에. 2. 할뿐만아니라: 修好淮河可以防止水灾, ～～还可以防止旱灾. 회하를 잘 다스리면 수재를 막을수 있을뿐만 아니라 한재도 피할수 있다. ②함께 하다: ～学. 동창./～事. 같이 일하는 사람, 같은 일에 종사하는 사람. ③…와, …과, …와 같이, …과 같이, …와 함께, …과 함께: 你～我一路去. 너는 나와 같이 가자. (2) tòng →442 페지.

侗 (2) tóng (동) 어리다, 철없다, 유치하다, 몰상식하다. (1) dòng →97 페지. (3) tǒng →본 페지의 〈统〉.

垌 (2) tóng (동) 〔垌冢〕 동총, 땅이름, 호북성 한천현에 있음. (1) dòng →97 페지.

茼 tóng (동) 〔茼蒿〕(-hāo) 쑥갓.

峒 (2) tóng (동) → 243 페지 〈崆〉의 〈崆峒〉. (1) dòng → 97 페지.

桐 tóng (동) ①오동나무. ②기름오동.

烔 tóng (동) 〔烔炀河〕 동양하, 땅이름, 안휘성 소현에 있음.

铜 tóng (동) 구리, 동(원소기호 Cu).

酮 tóng (동) 케톤.

鲖 tóng (동) 〔鲖城〕 동성, 땅이름, 안휘성 림천현에 있음.

佟 tóng (동) 사람의 성.

峂 tóng (동) 〔峂峪村〕 동욕촌, 북경시 해정구에 있음.

彤 tóng (동) 붉은빛.

童 tóng (동) 어린이: ～谣. 동요. ㉺ 1. 어린것: ～牛. (뿔이 나지 않은) 송아지. 2. 결혼하지 않은 사람. 3. 벌거숭이: ～山. (초목이 없는) 산, 벌거숭이산. 〔童话〕 동화.

僮 (2) tóng (동) 심부름하는 아이, 종: 书～. 서동, 심부름군 아이. 〈고〉〈童〉과 같음. (1) zhuàng →587 페지.

潼 tóng (동) 〔潼关〕 동관, 현이름, 섬서성에 있음.

曈 tóng (동) 〔曈昽〕(-lóng) 동트다, 날이 새다.

瞳 tóng (동) 눈동자, 동공.

统(侗) tǒng (통) ① 종합하다, 합치다, 모으다: ～率. 통일적으로 거느리고 지휘하다, 통솔하다./～一. 통일하다./～筹. 통일적으로 계획하다. ②이어가는것, 계속되는것, 계통(㉥系-): 血～. 혈통./传～. 전통. ③→284 페지 〈笼〉의 〈笼统〉(lǒngtǒng). 〈侗〉

dòng →97 페지. tóng →441 페지.

捅(摀) tǒng (통) 찌르다: 把窗户～破了. 창호지를 찔러 구멍내다./～马蜂窝. 불집을 건드리다, 분쟁을 일으키다. ⓤ폭로하다, 발가놓다, 적발하다: 把问题全～出来了. 문제를 전부 폭로하였다.

桶 tǒng (통) 통, 초롱: 水～. 물통./煤油～. 석유초롱. 〔皮桶子〕 갖옷의 털가죽안감, 털옷 옷감.

筒(筩) tǒng (통) 굵고 큰 참대통. ⓟ 1. 원통, 통: 烟～. 굴뚝, 연통./邮～. 우편함, 우체통./笔～. 붓꽂이, 연필통, 필통. 2. (-儿) (옷, 신따위에서) 통모양으로 된것: 袖～. 소매./袜～. 양말목./靴～. 장화목.

同(衕) (2) tòng (동) 〔胡同〕 (衚衕) 사이길, 골목, 작은 거리. (1) tóng →441 페지.

恸(慟) tòng (통) 몹시 슬퍼하다.

通 (2) tòng (통) 단위명사. 번, 한바탕: 打了三～鼓. 북을 세번 쳤다./说了一～. 한바탕 말했다. (1) tōng →440 페지.

痛 tòng (통) ①아프다(ⓡ疼-): 头～. 머리가 아프다, 두통./不～不痒. 아프지도 가렵지도 않다, 미지근하다, 따끔하지 않다, 흐지부지해버리다./～定思～. 고통을 돌이켜보다, 고통속에서 교훈을 찾다. 〔痛苦〕 고통스럽다, 괴롭다. ②슬퍼하다, 가슴아파하다(ⓡ悲-、哀-): ～心. 가슴아파하다, 마음아파하다. ③몹시, 기껏, 마음껏, 실컷, 깊이, 철저히: ～恨. 몹시 증오하다./～饮. 실컷 마시다./～惜. 몹시 아깝다./～改前非. 지난날의 잘못을 철저히 고치다. 〔痛快〕 (-kuai) 1. 시원스럽다, 시원시원하다: 他是个～～人. 그는 시원시원한 사람이다. 2. 기쁘다, 흐뭇하다, 통쾌하다: 这活干得真～～. 이 일을 정말 통쾌하게 하였다./看他的样子好象有点不～～. 그의 모양을 보니 어딘가 좀 좋지 못한것 같다.

TOU

偷(婾) tōu (투) ①도적질하다, 훔치다. 〔小偷(儿)〕 좀도적. ②슬며시 하다, 가만히 하다, 남몰래 하다ⓒ: ～看. 몰래 보다, 슬며시 보다./～～地走了. 가만히 가다./～懒. 꾀를 부리다, 게으름을 피우다. ③일시적인 안일을 탐내다, 안일을 꾀하다: ～安. 안일을 탐내다./～生. 그럭저럭 안일하게 살다. ④(틈을) 타다: ～空. 틈을 내다, 시간을 얻다, 틈을 타다./～闲. 시간을 얻다, 틈을 타다, 게으름을 피우다, 안일을 추구하다.

鍮 tōu (유) 놋쇠, 황동.

头(頭) tóu (두) ①머리, 골, 대가리(ⓡ-颅). ⓒ머리털, 머리카락, 머리: 他不想留～了. 그는 머리를 기르려고 하지 않는다. 〔头脑〕 1. 머리, 두뇌, 생각: 他～～清楚. 그는 두뇌가 명석하다./不要被胜利冲昏～～. 승리에 도취되여서는 안된다. 2. 갈피, 요

령: 这事我摸不着～～. 이 일은 나는갈피를 잡지 못하겠다. ②(-儿) 물체의 맨앞 또는 웃부분: 山～. 산마루./笔～. 붓끝, 펜촉./从～儿说起. 처음부터 말하다./提个～儿. 말을 시작하다, 말을 꺼내다, 단서를 제기하다. ㉠(-儿) 물품의 쓰고 남은 끄트머리, 꽁다리: 烟卷～儿. 담배꽁다리./蜡～儿. 초꽁다리./布～. 자투리, 자투리천, 천쪼박. 〔头绪〕 갈피, 단서, 실머리: 我找不出～～来. 나는 갈피를 잡지 못하겠다. ③이전, 앞: ～两年. 첫두해, 첫 2 년./我在～里走. 내가 앞서 가다. ④맨앞, 첫자리, 첫머리: ～等. 1등. /～号. 첫째, 첫번째./～班. 첫교대. ⑤(-子、-儿). 우두머리, 두목: 反动～子. 반동두목./特务～子. 특무두목./流氓～子. 건달뱅이두목. ⑥(-儿) 편, 쪽, 면: 他们两个是一～儿的. 그 둘은 다 한편이다. ⑦단위명사. 1. 마리. (소, 나귀따위의 짐승): 一～牛. 소 한마리./两～驴. 나귀 두마리. 2. 대가리(대가리처럼 생긴것): 两～蒜. 마늘 두대가리. ⑧내지, 얼마부터 …얼마까지: 十～八块. 10원 내지 8원. ⑨(tou) 명사의 뒤붙이. 1. 명사의 뒤에서: 木～. 나무./石～. 돌./拳～. 주먹. 2. 형용사어근뒤에서: 甜～儿. 단맛./苦～儿. 쓴맛. 3. 동사어근뒤에서: 有听～儿. 들을만한것이 있다./没个看～儿. 볼만한것이 없다. ⑩(tou) 방위사뒤붙이: 前～. 앞./上～. 우./外～. 바깥.

投 tóu (투) ①던지다: ～石. 돌을 던지다./～入江中. 강에 던지다. ㉮ 몸을 던지다: ～河. (죽으려고) 강에 몸을 던지다./～井. 우물에 몸을 던지다./～火. 불속에 뛰여들다. 〔投票〕 투표하다. 〔投资〕 자금을 넣다, 투자하다. ②비치다, 던지다: 影子～在窗户上. 창문에 그림자가 비치다. ③뛰여들다, 찾아가다, 들어가다, 참가하다: ～宿. (려관에) 들다, 숙박하다./弃暗～明. 암흑을 박차고 광명을 찾다, 잘못을 뉘우치고 옳은 길에 들어서다./～入战斗. 전투에 뛰여들다. 〔投奔〕(-bèn) (의지할 곳을) 찾아가다: ～～解放区. 해방구를 찾아가다./～～祖国. 조국을 찾아가다. ④(원고, 편지따위를) 보내다(㉠-递): ～书寄信. 편지를 부치다./～稿. 투고하다. ⑤마음이 맞다. 1. 마음이 서로 맞다: 情～意合. 배짱이 맞다, 마음과 뜻이 맞다. 2. 마음(비위)을 맞추다: ～其所好. 남의 마음(비위)을 맞추다. 〔投机〕 1. 의견(마음)이 서로 맞다: 他俩一见就很～～. 그들 둘은 만나자마자 서로 마음이 맞았다. 2. 투기하다: ～～取巧. 기회를 타서 묘하게 리득을 얻다./～～分子. 투기분자.

骰 tóu (투) 〔骰子〕 주사위. 〈色(shǎi)子〉라고도 함.

敨 tǒu 〈방〉풀어헤치다.

透 tòu (투) ①꿰뚫다, 통하다, 통과하다, 새다: 钉～了. 못이 꿰뚫고나가다./这块厚纸扎不～. 이 두터운 종이는 꿰뚫지 못한다./～光. 빛이 새다, 빛이 통하다./～气.

공기가 통하다, 김이 통하다, 바람이 새다 /~过现象看本质. 현상을 꿰뚫고 본질을 보다. [파]1. 철저하고 명백하다, 투철하다: 话说得十分~彻. 말을 아주 투철하게 하다./理讲~了. 사리를 투철하게 말했다. 2. 몰래 알려주다, 루설하다: ~信. 소식을 알려주다, 소식이 새나가다./~露风声. 소식을 루설하다. 〔透支〕 초과지불하다. ②몹시, 매우, 아주, 철저히: 恨~了. 몹시 미워하다. ③나타나다, 드러나다, 띠다: 他~着很老实. 그는 아주 성실한것 같다./这朵花白里~红. 이 꽃은 흰판에 붉은빛이 난다. ④흠뻑, 푹: 雨下~了. 비가 흠뻑 왔다.

TU

凸 tū (철, 돌) 불룩하다, 볼록하다, 두드러지다. ↔〈凹〉: ~出. 불룩 나오다./~透镜. 볼록렌즈.

秃 tū (독) ①머리가 벗어지다, 대머리가 되다: ~顶. 벗어진 머리, 대머리. ②(산이나 나무가) 벌거벗다: ~树. 앙상한 나무./山是~的. 산은 벌거숭이다. ③모지라지다, 끝이 빠지다, 끝이 닳다, 끝이 무디다: ~尾巴鸡. 꼬리 빠진 닭./~针. 끝이 무딘 바늘. ④모자라다, 온전치 못하다, 불원만하다: 这篇文章写得有点~. 이 글은 좀 불원만하다.

突 tū (돌) ①갑자기, 돌연히: ~变. 갑자기 변하다, 돌변하다./~然停止. 갑작스레 멈추다. 〔突击〕 돌격하다: ~~队. 돌격대./~~工作. 사업을 다그치다. ②뚫다, 돌파하다: 这是个~出的例子. 이것은 뚜렷한 실례이다./~破过去的纪录. 과거의 기록을 돌파하다./~围. 포위를 뚫다. ③굴뚝: 曲~徙薪. 굴뚝을 밖으로 구부리고 땔나무를 옮겨 화재를 방지하다, 위험을 미연에 방지하다. ④두드러지다, 뚜렷하다, 뛰여나다: 山势~兀. 산이 우뚝 솟다.

葖 tū (돌) →146페지 〈蓇〉의 〈蓇葖〉.

图(圖) tú (도) ①그림: ~画. 도화, 회화./地~. 지도./蓝~. 설계도./插~. 삽도. 〔图解〕 그림풀이, 도해. ②그리다: 画影~形. 모양을 그리고 본을 뜨다. ③꾸미다, 계획하다: 良~. 좋은 계획./鸿~. 웅대한 설계도, 큰 계획. ④바라다, 꾀하다([련]-谋): 唯利是~. 리익만을 추구하다, 돈이라면 무엇이든지 다 한다. 〔图腾〕 (민속) 토템, 토테미즘.

荼 tú (도) ①(옛책에 나오는) 씀바귀. 〔荼毒〕 해독을 끼치다. ②띠풀(삘기): 如火如~. 기세 높다, 기세차다.

涂(塗) tú (차, 도) ①바르다, 칠하다: ~上一层油. 기름을 한벌 칠하다. ②지우다: 写错了可以~掉. 잘못 썼으면 지울수 있다./~改. 지우고 고치다. (도) ③진창, 진흙. 〔涂炭〕 [유] 1. 도탄, 몹시 어려운 지경. 2. 더럽고 흐리다. ④〈途〉와 같음.

途 tú (도) 길([련]-径、道-、路-、-程): 坦~. 평탄한 길./道听~说. 항간에 떠도는 말./半~而废.

끝을 짓지 않고 도중에서 그만두다, 중도반단하다. 〔前途〕 전도. 〔用途〕 용도. 쓸모.

酴 tú (도) ①누룩, 술밑. ②두번 빚은 술.

徒 tú (도) ①걷다: ～行. 걸어가다. ②비다: ～手. 빈손. ㉤헛되이, 공연히: ～劳往返. 헛되이 왔다갔다하다./～劳无益. 헛수고만 하고 아무런 리득도 없다, 헛수고하다. ③다만, 한갖: ～托空言. 빈말만 하고 실천하지 않다, 빈말공부만 하다, 한갖 빈말만 일삼다./不～无益,反而有害. 리득이 없을뿐만아니라 해롭기만 하다. ④제자, 견습공: 学～. 학생, 학도, 실습생, 견습공. ⑤신자: 教～. 종교신자. ⑥망나니, 악당: 匪～. 강도, 비적, 도적./不法之～. 법을 위반하는 놈, 불법분자. ⑦징역.

菟 (2) tú (도) 〔於菟〕(wū-)〈고〉 범. (1) tù →본 페지.

屠 tú (도) 짐승을 잡다, 도살하다 (㉥-宰): ～狗. 개를 잡다./～户. 백정. ㉤대량적으로 죽이다, 학살하다, 살륙하다: 反对侵略者～杀殖民地人民. 침략자들이 식민지인민들을 학살하는것을 반대한다.

腯 tú (돌, 돈) (돼지가) 살찌다.

土 tǔ (토) ①흙(㉥-壤): 沙～. 모래흙, 사토./粘～. 점토, 찰흙./～山. 흙산. ②땅, 토지, 땅덩이: 国～. 국토./领～. 령토. ③고향, 본지방: 故～. 고향./～产. 지방산물, 토산물./～话. 토배기말, 사투리. ④재래식인것: ～专家. 재래식기술에 정통한 전문가, 토배기전문가./～布. 무명. ⑤〔土族〕 투족. 중국 소수민족의 하나. ⑥〔土家族〕 투쟈족. 중국 소수민족의 하나.

吐 (1) tǔ (토) 뱉다, 토하다, 게우다: 不要随地～痰. 아무곳에나 가래를 뱉지 마시오. ㉤ 1. 말하다, 털어놓다: ～露实情. 실정을 그대로 말하다./坚不～实. 실정을 절대로 말치 않다. 2. 패다, 나오다: 高粱～穗了. 수수이삭이 패다./蚕～丝. 누에가 고치를 짓다, 누에가 실을 토하다. (2) tù →본 페지.

钍 tǔ 토리움(원소기호 Th).

吐 (2) tù (토) 토하다, 게우다 (㉥呕-): 上～下泻. 토하고 설사하다./～血. 피를 토하다. (1) tǔ →본 페지.

兔(兎) tù (토) (-子、-儿) 토끼.

堍 tù 다리턱, 다리목: 桥～. 다리목.

菟 (1) tù (토) ①새삼의 씨, 토사자. ②너도바람꽃, 바위꽃. (2) tú →본 페지.

TUAN

湍 tuān (단) 급히 흐르는 물, 세차게 흐르는 물.

团(團、糰) tuán (단) ①둥글다㉥: ～扇. 둥근부채./雌蟹是～脐的. 암케는 배딱지가 둥글다. ②(-子、-儿) (둥글게 된) 덩어리, 룽구리, 뭉치: 饭～儿. 주먹밥./菜～子. 반

찬줴기. [파]덩어리(추상적인 사물을가리킴): 一～和气. 그저 좋게 지내다, 두리뭉실하다./一～糟. 그저 망태기가 되다. ③한자리에 모이다: ～聚. 한자리에 모이다./～圆. 한곳에 모이다, 흩어졌던 식구가 다시 모이다.〔团结〕단결하다, 단합하다: ～～起来, 争取更大的胜利. 단결하여 더욱 큰 승리를 따내자. ④단체: 文工～. 문공단./代表～. 대표단.〔团体〕단체: ～～操. 집단체조./～～票. 단체표, 단체권. ⑤단(중국에서 공산주의청년단을 가리킴). ⑥련대, 퇀(중국군대의 편제단위).

抟(摶) tuán (단) (손으로) 뭉치다, 빚다: ～饭团子. 주먹밥을 빚다./～泥球. 흙을 둥글게 빚다./～纸团儿. 종이를 둥글게 뭉치다.

疃 tuǎn (탄) ①짐승이 밟은 곳. ②마을, 부락(주로 땅이름에 많이 쓰임).

彖 tuàn (단) 단사(彖辭).《주역》에서 괘의 뜻풀이에 쓰이는 말.

TUI

忒 (2) tuī (특) 〈방〉너무, 지나치게, 매우, 몹시: 风～大. 바람이 너무 세다./路～滑. 길이 매우 미끄럽다. (1) tè→432페지.

推 tuī (추) ①밀다: ～车. 수레를 밀다, 달구지를 밀다, 밀차./～了他一把. 그를 한번 밀치다./～磨. 망질하다. [파]도구를 앞으로 밀치며 일하다: ～草. 풀을 깎다./用刨子～光. 대패로 반들반들하게 밀다./～头. 머리를 깎다.〔推敲〕글을 다듬다, 추고하다: 仔细～～. 자세히 다듬다, 곰곰히 생각하다./～～诗句. 시의 구절을 다듬다./一字费～～. 글자마다 잘 다듬어야 한다. ②일이 널리 펴지게 하다: ～广. 일반화하다, 보급하다./～销. (문건을) 팔다, 판로를 넓히다./～动. 추동하다. ③더 깊이 생각하다, 추리하다, 미루어 보다: ～求. 깊이 파다, 깊이 탐구하다./～测. 추측하다./～理. 추리하다./～算. 미루어 계산하다, 추산하다./类～. 비겨 알다, 류추하다. ④사양하다: ～辞. 사양하다, 거절하다./～让. 양보하다. ⑤구실을 삼고 회피하다, 핑계하다, 책임을 밀다: ～三阻四. 이 핑게 저 핑게 대며 회피하다(거절하다)./～病不到. 아프다고 핑게 대고 오지 않는다./～委给别人. 남에게 떠맡기다. ⑥(시간을) 미루다, 연기하다, 지연시키다: 再往后～几天. 뒤로 며칠 더 미루다. ⑦추천하다, 선거하다: 公～一个人做代表. 대표로 한사람을 추천하다. ⑧(사람, 사물의) 우점을 추어주다, 칭찬하다: ～许. 칭찬하다./～重. 중시하고 받들다./～崇. 떠받들다, 중시하다, 칭찬하다, 존경하다.

颓(穨) tuí (퇴) ①허물어지다, 무너지다: ～垣断壁. 허물어진 담장, 황폐하다.〔颓废〕퇴폐하다. ②더럽히다, 어지러워지다: ～风败俗. 풍속을 더럽히다, 더러워진 풍속.〔颓唐〕기운이 꺾이다, 기세가 뚝 떨어지다, 쇠퇴하다, 풀이 죽다, 위축되다.

魋 tuí (퇴) (옛책에 나오는 짐승) 퇴곰.

腿 tuǐ (퇴) ①다리: 大～. 허벅다리./前～. 앞다리./后～. 뒤다리. 〔火腿〕 염장하여 그슬린 돼지 뒤다리, 햄. ②(-儿) 물건의 다리: 桌子～儿. 상다리./凳子～儿. 걸상다리.

退 tuì (퇴) ①뒤로 물러서다, 후퇴하다. ↔〈进〉: 敌人已经～了. 적들은 이미 물러섰다. 〔退步〕 1. 퇴보하다, 뒤걸음치다, 뒤떨어지다: 工作积极，学习努力，才能不～～. 사업에 열성적이고 학습에 노력하여야만 뒤떨어지지 않는다. 2. 뒤걸음질할 여지, 물러설 여지, 물러설 자리: 话没有说死，留了～～. 말을 딱 잡아떼지 않고 물러설 여지를 남겼다. 〔退化〕 퇴화하다, 약화되다, 타락되다. ②그만두다, 물러나다, 탈퇴하다, 떠나오다, 걷어치우다: ～席. 좌석에서 물러나다./～职. 퇴직하다. ③돌려주다, 받지 않다, (샀던) 물건을 무르다, 물리다: ～货. 상품을 물리다./～票. 표를 물리다./～钱. 돈을 돌려주다. ④(색이) 날다: ～色. 색이 날다, 물이 날다.

煺(燂、捘) tuì (퇴) 튀하다.

褪 (2) tuì (퇴) 〔褪色〕 색이 날다, 물이 날다. (1) tùn →448페지.

蜕 tuì (세) ①(뱀, 매미따위의) 허물. ②(뱀, 매미따위가) 허물을 벗다, 탈피하다. 〔蜕化〕 허물을 벗다, 껍질을 벗다, 탈피하다. ㉠변질하다, 타락하다: ～～分子. 타락분자.

TUN

吞 tūn (탄) (통채로) 삼키다: 囫囵吞枣. 대추를 통채로 삼키다, 리해하지 못하고 어물어물해 넘기다, 개 약과 먹듯./狼～虎咽. 게걸스럽게 먹다, 꿀꺽 삼켜버리다. ㉮ 1. 참다: 忍气～声. 잠자코 참다. 2. (남의 재물이나 령토를) 강제로 자기에게 통합시키다: ～没. (남의것을) 제것으로 만들다, 가로채다, (물에) 잠기다, 파묻히다./～并. 병탄하다.

暾 tūn (돈) 방금 돋은 해: 朝～. 아침해.

黗 tūn (돈) 누른 색.

屯 (1) tún (둔) ①무지다, 가리다, 쌓아두다, 축적하다: ～粮. 식량을 무져두다. ㉮주둔하다, 주둔시키다: ～兵. 군대를 주둔시키다. ②(-子、-儿) 마을, 부락: 皇姑～. 황고툰. (2) zhūn →588페지.

囤 (2) tún (돈) (문건, 식량 등을) 쌓아두다, 무져두다, 저장하다: ～货. 상품을 쌓아두다. (1) dùn →104페지.

饨 tún (돈) →184 페지 〈馄〉의 〈馄饨〉.

鲀 tún (돈) 복쟁이, 복어, 복생선.

豚 tún (돈) 새끼돼지, 돼지.

臀 tún (둔) 엉뎅이, 엉치, 궁둥이: ～部. 엉뎅이, 엉치, 궁둥이, 둔부.

氽 tǔn (탄) 〈방〉 ①(물에) 뜨다: 木头在水上～. 통나무가 물우에 떠있다. ②(기름에) 튀기다: 油～花生米. 기름에 튀긴 땅콩, 땅콩을 기름에 튀기다.

褪 (1) tùn (퇴) 벗다: 把袖子～下来. 소매를 벗으시오. /狗～了套跑了. 개가 올가미에서 벗어나 도망쳤다. [파]움츠려넣다, 안으로 들이밀어넣다: 把手～在袖子里. 손을 소매속에 움츠려넣다, 팔장을 끼다. /袖子里～着一封信. 소매에 편지 한통을 넣고있다. (2) tuì →447페지.

TUO

托(託) tuō (탁) ①받쳐들다, 받치다, 고이다: ～着枪. 총을 받들어쥐다. ②손으로 받쳐 올리밀다, 두드러지게 안받침하다: 烘云～月. 구름이 안받침되여 달을 두드러지게 하다, 안받침하여 두드러지게 하다. ③(-儿) 받치개, 고이는것: 茶～儿. 차잔받치개. /花～儿. 꽃받치개. ④맡기다: ～儿所. 탁아소. ⑤부탁하다([련]委-): ～你买本书. 책 한권 사올것을 부탁하다. ⑥핑계하다, 빙자하다: ～病. 병을 빙자하다. /～故. 일을 핑계하다, 구실을 대다.

饦 tuō (탁) 〔馎饦〕(bó-) 옛날음식의 이름.

拖(拕) tuō (타) ①끌다, 당기다: ～车. 련결차, 도레라, 차를 끌다. /～泥带水. (일, 말, 글, 행동 등이) 지저분하다, 일을 맺고끊지 못하다. /～拉机. 뜨락또르. ②(시간을) 끌다, 미루다, 지연시키다: 这件事应赶快结束, 不能再～了. 이 일은 인차 끝맺어야지 더 미루어서는 안된다.

脱(侻) tuō (탈) ①벗겨지다, 빠지다: ～皮. 껍질이 벗어지다. /～毛. 털이 빠지다. /～节. 어긋나다, 뼈마디가 삐다. /～逃. 몸을 빼여 달아나다, 도망치다. /走～. 위험에서 벗어나다. [전]빠치다, 빠뜨리다, 루락하다: ～误. 빠진것과 틀린것, 탈자와 오자. /这中间～去了几个字. 이가운데 몇 글자가 빠졌다. 〔脱离〕 떠나다, 관계를 끊다, 리탈하다: 一刻也不～～群众. 한시각도 군중을 떠날수 없다. ②벗다: ～衣裳. 옷을 벗다. /～帽. 모자를 벗다. ③통이 크고 활달하다, 활달하고 대범하다. 〔通脱〕(通侻) 통이 크고 활달하다, 활달하고 대범하다.

驮 (1) tuó (타) ①등에 싣다: 那匹马～着两袋粮食. 저 말등에는 식량 두자루가 실렸다. (2) duò →105페지.

佗 tuó (타) ①걸리는 힘, 부하. ②〔华佗〕 화타(삼국시기 명의의 이름).

陀 tuó (타) 〔陀螺〕(-luó) 팽이.

坨 tuó (타) ①(-子、-儿) 덩어리, 무지: 泥～子. 흙덩어리. ②한지에 쌓아놓은 소금무지.

沱 tuó (타) 〔沱江〕 타강, 장강의 지류, 사천성에 있음.

驼 tuó (타) ①락타, 약대. ②등이 굽다: ～背. 곱사등, 곱새, 등이 굽다.

柁 (1) tuó (타) 들보, 상인방. (2) duò →106페지.

砣(铊) tuó (타) ① 저울추. ②연자방아의 굴림돌, 절구공이. 〈铊〉tā →424페지.

鸵 tuó (타) 타조.

酡 tuó (타) 술기운에 얼굴이 불그스레하다: ～颜. 술에 취해 붉어진 얼굴, 술기오른 벌건 얼굴.

跎 tuó (타) →71페지 〈蹉〉의 〈蹉跎〉(cuōtuó).

鼧 tuó (타) 〔鼧鼥〕(-bá) 모르모트, 〈旱獭〉라고도 함. 〈土拔鼠〉라고 속칭함.

橐(槖) tuó (탁) 전대, 가운데 아가리가 있고 좌우로 물건을 넣게 된 자루. 〔橐驼〕 락타.

鼍(鼉) tuó (타) 〔鼍龙〕 악어의 한가지.

妥 tuǒ (타) 적당하다, 타당하다(㉭-当): 已经商量～了. 이미 협상이 다 되였다./～为保存. 잘 보존되다./这样做不～当. 이렇게 하는것은 타당치 못하다. 〔妥协〕 타협하다: 在原则问题上决不能～～. 원칙적인 문제에서는 절대로 타협할수 없다.

庹 tuǒ (탁) 발(두팔을 벌려 잰 길이).

椭(橢) tuǒ (타) 〔椭圆〕 타원.

拓(魄) (1) tuò (척, 탁) ① 개척하다. ②→293페지 〈落〉의 〈落拓〉(-魄)(luòtuò). (2) tà →424페지. 〈魄〉pò →347페지. 〈魄〉bó →31페지.

柝(欜) tuò (탁) 〈고〉야경을 돌 때 두드리는 딱따기.

跅 tuò (척, 탁) 〔跅驰〕(chí) 방탕하다, 품행이 나쁘다.

萚(蘀) tuò (탁) (풀과 나무의) 떨어진 껍질과 잎사귀.

箨(籜) tuò (탁) 참대순의 껍질, 죽순껍질.

唾 tuò (타) ①침, 타액. ②뱉다: ～了唾沫. 침을 뱉다./～手可得. 쉽게 얻을수 있다./～弃. (업신여기거나 더럽게 생각하여) 돌아보지도 않고 버리다.

魄 (2) tuò (탁) →293페지 〈落〉의 〈落拓〉(luòtuò). (1) pò →347페지. (3) bó →31페지.

W

WA

挖(空) wā (알) 파다, 파내다, 발굴하다: ～个坑. 구뎅이를 파다, 함정을 파다./～战壕. 전호를 파다. 〔挖苦〕(-ku) 비꼬다, 놀리다, 빈정대다, 약을 올리다: ～～人. 남을 놀리다./这话真～～. 이 말은 정말 약을 올리는 말이다.

哇 (1) wā (와) 소리본딴말. ① (울음소리 등) 앙앙, 엉엉, 와: 哭得～～的. 엉엉 울다./～地一声吐了一地. 와 하고 가득 게웠다. ②시끄럽게 떠드는 소리: ～～地叫起来. 꽥꽥 고아대다. (2) wa

→450페지.

洼(窪) wā (와) ①(-儿)웅뎅이, 습지대, 지대가 낮고 물이 고인 곳, 움푹 꺼진 곳: 水～儿. 물웅뎅이. /这里有个～儿. 여기에 웅뎅이가 있다. ②움푹하다, 우묵하다, 지대가 낮다, 우묵해지다, 움푹 패이다, 푹 꺼져들어가다: ～地. 움푹 들어간 땅, 지대가 낮은 땅, 와지. /这地太～. 이 땅은 너무 움푹하다. /眼眶～进去. 눈이 움푹 들어가다.

蛙 wā (왜, 와) 개구리.

娲(媧) wā (와, 과) 〔女娲〕 녀와 (신화에서 나오는 녀신).

娃 wá (왜, 와) ①(-子、-儿) 갓난애기, 어린애: 女～儿. 계집애. /胖～～. 실한 애기. ②(지난날) 미녀를 이름.

瓦 (1) wǎ (와) ①진흙으로 구운 질그릇: ～盆. 질버치. /～器. 질그릇, 토기. ②기와: ～房. 기와집. 〔瓦解〕 와해되다, 붕괴되다, 무너지다. ③〈외〉와트. (2) wà →본 페지.

佤 wǎ 〔佤族〕 와족, 중국 소수민족의 하나.

瓦 (2) wà (와) (기와를) 잇다: ～瓦. 기와를 잇다(넣다). 〔瓦刀〕 벽돌을 쌓을 때 쓰는 흙칼. (1) wǎ →본 페지.

袜(襪、韤) wà (말) (-子) 버선, 양말.

腽 wà (올) 〔腽肭〕(-nà) 물개, 해구. 〈海熊〉〈海狗〉라고도 함.

哇 (2) wa (와) (u、ao、ou로 끝나는 음절뒤에서) 감탄, 권유의 뜻을 나타내는 어투조사: 你别哭～. 울지 말아라. /多好～. 얼마나 좋은가. /快走～. 어서 가자. (1) wā →449페지.

WAI

歪 wāi (왜) ①비뚤다, 비스듬하다, 기울이다, 기우뚱하다: ～着头. 머리를 기울이다. /这张画挂～了. 이 그림은 비뚤게 걸었다. 〔歪曲〕 외곡하다: ～～事实. 사실을 외곡하다. ②(행동이) 바르지 못하다. 그릇되다, 옳지 않다: ～门邪道. 부정당한 길, 나쁜 길. /～风. 그릇된 바람, 나쁜 기풍, 악습.

㖞(喎) wāi (패) (병적으로) 입이 비뚤다: 口眼～斜. 입과 코가 비뚤어지다, 면부신경이 마비되다.

崴(踒) (1) wǎi (외) ①(-子) 산굽이, 물굽이. ②곱디디다, 접질리다, 삐다. (2) wēi →455페지.

外 wài (외) ①밖, 바깥. ↔〈内〉〈里〉: 国～. 국외. /～伤. 외상, 다친 상처. 〔外行〕(-háng) 비전문가, 문외한. ②남, 다른 사람, 다른 곳: ～国. 외국, 다른 나라. /～乡. 타향, 먼 고장. /～人. 남, 낯모를 사람. ③외국. /对～贸易. 대외무역. /古今中～. 고금중외. /～宾. 외국손님. ④외가친척: ～祖母. 외할머니, 외조모. /～甥. 외조카. /～孙. 외손자. ⑤희곡에서의 령감역.

WAN

弯(彎) wān (만) ①굽다, 구불구불하다, 꼬불꼬불하다(㉺-曲)：～路. 굽이길. ②(-子,-儿) 굽이, 굽인돌이, 굽은 모서리：转～抹角. 둘러 말하다./这根竹杆有个～儿. 이 참대는 좀 굽었다. ③당기다, 켕기다：～弓. 활을 당기다.

湾(灣) wān (만) ①물굽이：汾河～. 분하만. ②만, 해만：胶州～. 교주만. /港～. 항만. ③배가 정박하다, 닻을 내리다：把船～在那边. 배를 저쪽에 정박시켰다.

剜 wān (완) (칼로) 우비다, 도려내다：～肉补疮. 제몸의 살을 떼내여 상처에 붙이다, 해로운 방법으로 눈앞의 일을 처리하다.

帵 wān (완) (-子) 자투리, 천쪼박.

蜿 wān (완, 원) 〔蜿蜒〕(-yán) 구불구불하다, 꿈틀꿈틀하다. ㉶구불구불, 고불고불：一条～～的小路. 고불고불한 오솔길.

豌 wān (완) 〔豌豆〕 완두.

丸 wán (환) (-子、-儿) 알：弹～. 탄알./药～儿. 알약./肉～子. 고기완자.

芄 wán (환) 〔芄兰〕(-lán) 박주가리.

汍 wán (환) 〔汍澜〕(-lán) 눈물을 줄줄 흘리는 모양.

纨 wán (환) 흰 깁, 발이 가늘고 고운 비단. 〔纨袴〕(-kù) 귀족자제들의 화려한 옷차림, 비단바지：～～子弟. 부자집자식.

完 wán (완) ①완전하다(㉺-整)：～美无缺. 완전무결하다./准备得很～善. 아주 원만하게 준비되다. ②다 써버리다, 없애버리다：用～了. 다 써버리다./卖～了. 다 팔아버리다. ③끝을 내다, 끝마치다, 마무리다, 마치다, 결속짓다, 이루다：～成任务. 임무를 완수하다./～工. 일을 끝내다./～婚. 혼사를 끝내다, 장가를 들다./事情做～了. 일을 끝냈다. ④다 바치다：～税. 세금을 다 바치다./～粮. 소작료를 다 바치다, 조세를 다 바치다.

玩(翫) wán (완) ①(-儿) 놀다, 장난하다(㉺-耍)：出去～. 나가 놀다./～皮球. 고무공을 갖고 놀다. 〔玩弄〕 1. 가지고 놀다, 만지작거리다：不要～～火柴. 성냥을 갖고 놀지 말아라. 2. 쓰다, 부리다, 피우다：～～手段. 수단을 부리다. 3. 희롱하다：～～女性. 녀성을 희롱하다. 〔玩笑〕 롱담하다：不要开～～. 롱담하지 말아라. 〔玩意儿〕 1. 놀이감, 완구. 2. (요술, 교예, 재담 등) 오락, 놀음, 놀이. 3. 물건, 사물따위. ②(-儿) 부리다, 피우다：～儿手腕. 수완을 쓰다, 수단을 부리다. ③구경하다, 감상하다：游～. 돌아다니며 놀다./～物丧志. 쓸데없는 놀음에 큰뜻을 잃다, 신선놀음에 도끼자루 썩는줄 모른다. ④놀이감, 감상감：古～. 골동품. ⑤업신여기다, 깔보다, 경시하다(㉺-忽)：～世不恭. 세상을 깔보고 불손하게 행동하다, 모든것을 하찮게 대하다./～视. 홀시하다, 업신여기다, 깔보다. 〔③～⑤는 전에 wàn 으로 읽었음〕.

顽 wán (완) ①미련하다, 어리석다, 우둔하다: ～石. 질이 나쁜 돌, 막돌./愚～. 우매하고 완고하다, 무지몽매하고 완고하다, 미련하다. ②고집이 세다, 완고하다: ～梗. 고집이 세다, 완고하다./～癣. 흰버짐, 백선. 〔顽固〕 완고하다. 〔顽强〕 완강하다, 억세다, 이악하다: ～～地工作着. 완강하게 일하고 있다./他很～～,并没有被困难吓倒. 그는 매우 이악하기에 결코 곤난앞에서 놀라 넘어지지 않았다. ③까불다, 장난이 심하다: ～童. 장난꾸러기. ④〈玩 ①②〉와 같음.

烷 wán 알칸.

宛 wǎn (완) ①구불다, 구부리다. 〔宛转〕 1. (말을) 에두르다, 완곡적이다, 부드럽고 점잖다. 2. 〈婉转〉과 같음. ②마치 …같다, …에 흡사하다: 音容～在. 그 모습과 말소리가 보이고 들리는듯하다, 마치 살아있는것 같다.

菀 wǎn (원) ①〔紫菀〕 개미취, 자완. ②숲이 우거지다, (풀이) 더부룩하다.

惋 wǎn (완) 놀라 탄식하다, 놀라 한숨짓다: ～惜. 애석해하다, 아수해하다.

婉 wǎn (완) ①부드럽다, 유순하다, 점잖다: ～言. 간곡한 말./委～. 완곡하다. 〔婉转〕 에두르다: 措词～～. 글이나 말이 완곡하다, (노래가) 구성지다. ②아름답다.

琬 wǎn (완) 〔琬圭〕 (모가 나지 않은) 아름다운 옥, 훌륭한 구슬.

碗(盌、椀) wǎn (완) ①사발, 그릇. ②사발모양으로 된 물건 (-子、-儿): 橡～子. 도토리깍지./轴～儿. 축받치개토시, 베아링토시.

畹 wǎn (원) 발면적단위. 1원은 30무. 〔畹町〕(-dīng) 원정, 진이름, 운남성에 있음.

莞 (2) wǎn (완) 〔莞尔〕 빙그레 웃는 모양. (1) guǎn →151페지.

脘 wǎn (완) 〔胃脘〕 (중의에서) 위속, 위안, 위강.

皖 wǎn (환) 안휘성의 별칭.

挽(輓) wǎn (만) ①끌다, 잡아당기다: ～弓. 활을 잡아당기다./手～着手. 손에 손을 잡다. ②돌이키다, 만회하다: ～救. 만회하다, 구출하다./力～狂澜. 흔들리는 정세를 힘껏 돌이키다, 위험한 국면을 바로잡다, 그릇된 경향을 애써 바로잡다. ③추도하다, 애도하다: ～歌. 상여소리, 추도가./～联. 추도하는 사람을 쓴 주련. ④〈绾〉과 같음.

晚 wǎn (만) ①밤, 저녁: 从早到～. 아침부터 저녁까지./吃了～饭. 저녁식사를 하였다./开～会. 야회를 가지다./昨天～上没睡好. 어제밤에 잘 자지 못하였다. ②때가 늦다, 마지막시기: 来～了. 늦게 왔다./时间～了. 시간이 늦었다./快走还不～. 아직 늦지 않으니 빨리 가자./赶快努力还不～. 아직 늦지 않으니 어서 힘쓰게./～年. 여생, 만년./～秋. 늦가을, 마가을. ③(세대 등의 순차가) 늦다, 뒤다: ～辈. 후배.

绾 wǎn (관) ①사려매다, 틀다, 매듭을 짓다: ~结. 매듭을 짓다./~个扣. 매듭을 짓다./把头发~起来. 머리를 틀다. ②걷어올리다: ~起袖子. 소매를 걷어올리다.

万(萬) (1) wàn (만) ①만. ㊌대단히 많다: ~物. 만물./气象~千. 천변만화하는 기상. 천태만상, 천태만변./~能铣床. 만능후라이스반. 〔万岁〕 만세. 〔万一〕 만일. ㊟뜻밖에, 뜻밖, 만일의 경우: 以防~~. 만일의 경우를 방지하다./~~失败. 뜻밖에 실패하면. ②극히, 대단히, 절대로: ~难. 극히 곤난하다, 매우 어렵다./~全. 매우 완전하다, 만전./~不能行. 절대로 할수 없다. (2) mò →313페지.

腕 wàn (완) 팔목, 손목, 발목.

蔓 (1) wàn (만) (-儿) 덩굴, 넝쿨: 黄瓜~儿. 오이넝쿨./瓜~儿. (오이, 수박, 호박따위의) 넝쿨./扁豆爬~儿了. 당콩넝쿨이 뻗었다. (2) màn →297페지. (3) mán →297페지.

WANG

尪(尩) wāng (왕) 절름발이.

汪 wāng (왕) ①물이 깊고도 넓다: ~洋大海. 넓고 깊은 바다. ②(물이) 고이다: 地上~着水. 땅우에 물이 고여있다. 〔汪汪〕 1. (눈물이) 글썽글썽하다: 泪~~. 눈물이 글썽글썽하다. 2. (개짖는 소리) 멍멍. ③(고여있는 액체의 단위명사)웅뎅이, 방울: 一~水. 한웅뎅이 물.

亡 (1) wáng (망) ①도망치다, 달아나다(㊊逃-): ~命. 망명하다; (나쁜 놈들이) 죽음을 두려워하지 않다, 목숨을 내걸다./流~. 망명하다. ㊎잃다: ~羊补牢. 양 잃고 우리 고친다, 소 잃고 외양간 고친다. ②죽다(㊊死-): 伤~很少. 사상자가 아주 적다. ㊎죽은것: ~弟. 죽은 동생. ③망하다, 멸망하다(㊊灭-): ~国. 나라가 망하다./唇~齿寒. 입술이 없으면 이가 시리다, 서로 긴밀한 련계를 가지고있다. (2) wú →463페지.

芒 (2) wáng (망) 까끄라기. (1) máng →298페지.

王 (1) wáng (왕) ①왕, 임금. ②우두머리, 으뜸가는것, 왕: 兽~. 짐승의 왕, 사자./蜂~. 왕벌./花中之~. 꽃가운데 제일 고운 꽃. ③크다, 높다: ~父. 할아버지./~母. 할머니. (2) wàng →454페지.

网(網) wǎng (망) ①그물: 鱼~. 고기그물. 〔网罗〕 찾아가 포함시키다, 그러모으다, 망라하다, 망라시키다: ~~人才. 인재를 망라하다, 인재를 받아들이다. ②그물처럼 생긴것: ~兜儿. 구럭./铁丝~. 철조망, 쇠그물. ③(그물처럼 된 조직 또는 계통) 조직, 망: 通信~. 통신망./宣传~. 선전망.

枉 wǎng (왕) ①굽다, 바르지 못하다: 矫~必须过正. 굽은것을 펴려면 반드시 한도를 벗어나야 한다. ②외곡하다, 어기다: ～法. 법을 어기다. ③억울하다(㉠冤-、屈-). ④헛되다: ～然. 무익하다, 헛되다, 공연히. /～费心机. 헛된 걱정을 하다, 공연한 걱정을 하다.

罔 wǎng (망) ①속이다, 근거없이 죄를 씌우다: 欺～. 속이다. ②…아니다, 그렇지 않다: 置若～闻. 못들은척하다.

惘 wǎng (망) 실망하다, 락심하다, 허전하다, 서운하다(㉠怅-): ～然. 실망하다, 맥이 풀려 멍해지다, 허전하다.

辋 wǎng (망) 달구지바퀴의 둥근 나무테, 달구지테.

魍 wǎng (망) 〔魍魉〕(-liǎng) (전설에서) 괴물, 두억시니, 도깨비.

往 (1) wǎng (왕) ①가다: ～返. 오가다, 왕복하다. /～北京开会. 북경에 회의하러 가다. /此车开～上海. 이 차는 상해로 간다. ②지나가다(㉠-昔): ～年. 지난해. /～事. 지나간 일. 〔往往〕 왕왕, 늘, 항상, 때때로, 흔히, 이따금: 这些小事情～～被人忽略了. 이런 사소한 일들은 늘 홀시된다. (2) wàng →본 페지.

王 (2) wàng (왕) 왕노릇을 하다, 천하를 다스리다. (1) wáng →453페지.

旺 wàng (왕) 왕성하다(㉠-盛、兴-): 火很～. 불이 이글거리다, 불이 활활 타오르다. /～季. 왕성한 철, 많이 나는 철, 한창때.

望 wàng (망) ①바라보다, 멀리 바라보다: 登高远～. 높은데 올라 멀리 바라보다. /～尘莫及. (앞선것이 너무 빨라) 미처 따르지 못한다. ②방문하다, 위문하다(㉠看-). ③바라다, 희망하다, 기대하다(㉠盼-、希-): 喜出～外. 뜻밖에 기쁜 일을 만나다, 생각지도 않았던 기쁨, 뜻밖의 기쁨. /丰收有～. 풍작이 내다보인다. ④명성, 덕망, 명망: 德高～重. 덕성과 명망이 높다. /威～. 위세와 명망, 위망. ⑤음력 보름. ⑥…로, …으로, …향하여: ～东走. 동쪽으로 가다. /～上瞧. 우로 보다.

妄 wàng (망) 망녕되다, 황당하다, 주제넘다: ～动. 함부로 행동하다, 망동하다. /～想. 허황한 생각을 하다, 망녕된 생각을 하다. /勿～言. 망녕된 말을 하지 말라, 황당한 말을 하지 말라.

忘 wàng (망) 잊다: 别～了拿书. 잊지 말고 책을 가져가라. /喝水不～掘井人. 물 마실 때 우물판이를 잊지 말라. /难～的一天. 잊을수 없는 하루. /不～他的恩情. 그의 은덕을 잊지 않는다.

往 (2) wàng (왕) 〈望⑥〉과 같음. …으로, …향하여: ～东走. 동쪽으로 가다. /～前看. 앞을 보다. (1) wǎng →본 페지.

WEI

危 wēi (위) ①위험하다, 위태롭다(㉠-险): 转～为安. 위험에서 벗어나 무사하게 되다. 〔危言〕 사람을 놀라게 하는 말: ～～耸听. 일부러 무서운 말을 하여 사람을 놀래우다. 〔临危〕 거의 죽게 되다, 죽음에 림박하다. ②위태롭게 하다, 해치다(㉠-害): ～及家

国. 위험이 집과 나라에 미치다. ③높다: ～楼. 높은 다락.

委 (2) wēi (위) 〔委蛇〕(-yí) 1. 성의없이 대하다, 적당히 처리해넘기다, 얼버무리다: 虚与～～. 건성으로 대하다. 2. 〈逶迤〉와 같음. (1) wěi →457페지.

萎 (1) wēi (위) 시들다, 쇠약해지다, 떨어지다: 气～. 기세가 떨어지다, 원기가 쇠약해지다./买卖～了. 장사가 불경기다./价钱～下来了. 값이 떨어지다. (2) wěi →457페지.

逶 wēi (위) 〔逶迤〕(-迆、-移)(-yí) (길, 강따위가) 구불구불하다: 山路～～. 산길이 구불구불하다.

巍 wēi (외) 높고 크다, 소소리 높다㊍: ～峨. 아아하다, 크고 높다, 우뚝 솟다.

威 wēi (위) ①위엄: 示～游行. 시위행진./～力. 위력./～望. 위세와 명망, 위망./权～. 권위. ②압력을 가하다: ～胁. 위협하다./～逼. 위협하다, 윽대기다, 협박하다.

葳 wēi (위) 〔葳蕤〕(-ruí) 나무가 우거지다, 초목이 무성하다.

崴 (2) wēi (외) 〔崴嵬〕(-wéi) 산이 높다, 아아하다. (1) wǎi →450페지.

偎 wēi (외) 바싹 의지하다, 포근히 안기다: 小孩儿～在母亲的怀里. 어린애가 어머니품에 포근히 안겨있다.

隈 wēi (외) (산, 물 등의) 굽이.

煨 wēi (외) ①(재불에) 굽다: ～白薯. 고구마를 굽다. ②약한 불에 천천히 고다: ～鸡. 닭을 고다./～牛肉. 소고기를 고다.

微 wēi (미) ①작다, 적다(㊞细-)㊍: 防～杜渐. 미연에 방지하다. ②약간, 조금(㊞稍-): ～笑. 빙그레 웃다, 방실 웃다./～感不适. 약간 불편하다. ③쇠약해지다, 쇠퇴되다, 떨어지다: 衰～. 쇠약해지다. ④미묘하다, 희미하다, 어렴풋하다: ～妙. 미묘하다.

溦 wēi (미) 보슬비, 가랑비.

薇 wēi (미) 고비.

韦(韋) wéi (위) 이긴 가죽, 숙피. 사람의 성.

围(圍) wéi (위) ①둘러싸다, 에워싸다: ～巾. 목수건, 목도리./～墙. 담장, 담./包～敌人. 적들을 포위하다. ②사방, 사위: 四～都是山. 사방이 모두 산이다./这块地方周～有多大. 이곳은 사위가 얼마나 됩니까? ③(-子) 울타리, 둘러친것: 土～子. 마을을 둘러싼 담장, 마을토성./床～子. 침대둘레에 친 천. ④단위명사. 1. 두손의 엄지손가락과 집게손가락을 댄 둘레만한 길이(〈一围〉의 길이는 두뼘에 근사하다): 腰大十～. 허리가 몹시 실하다: 2. 아름: 树大十～. 나무굵기가 열아름이나 된다.

帏(幃) wéi (위) 장막, 휘장, 포장.

闱(闈) wéi (위) ①옛날 궁실 옆에 있는 작은 문: 宫～. 궁전안. ②(옛날) 과거시험장.

涠(潿) wéi (위) 〔涠洲〕 위주, 섬이름, 광서쫭족자치구 북해시남쪽에 있음.

违(違) wéi (위) ① 어기다, 지키지 않다, 위반하다(련-背、-反): ～法. 법을 어기다./阳奉阴～. 앞에서는 받드는척하고 뒤에서는 반대하다, 양봉음위. ②만나지 않다, 떨어지다, 리별하다: 久～. 오래동안 만나지 못하다, 오래간만이다.

为(爲、為) (1) wéi (위) ①하다, 행동하다: 事在人～. 일이란 사람이 하기에 달렸다./所作所～. 하는 행위, 모든 행위, 행동거지. 㑊발전성이 있다: 青年有～. 청년은 발전성이 있다. ②…으로 되다, …하다, …으로 여기다: 他被选～人民代表大会的代表. 그는 인민대표대회 대표로 선거되였다./拜他～师. 그를 스승으로 모시다. ③…으로 변하다, …로 하다(되다): 一分～二. 하나가 둘로 나뉘다./高岸～谷,深谷～陵. 높은 언덕이 골짜기로 되고 깊은 골짜기가 구릉으로 되다. ④…이다: 十寸～一尺. 열치는 한자다. ⑤받다, …에 의하여 되다(피동을 나타냄): ～人所笑. 사람들의 조소를 받다. ⑥늘 〈何〉와 같이 쓰이여 의문을 나타냄: 何以家～. 무엇을 가지고 집이라 하는가? ⑦단음절형용사뒤에서 정도, 범위를 표시함: 大～增色. 더욱 빛을 내다./广～传播. 널리 전파되다. ⑧정도부사뒤에서 강조의 어투를 표시함: 极～重要. 아주 중요하다, 극히 중요하다. (2) wèi →458페지.

沩(潙、溈) wéi (규, 위) 〔沩水〕 규수, 강이름, 호남성에 있음.

圩 (1) wéi (우) ①(장강, 회하류역의 지대가 낮은 지역에서의) 제방, 뚝. ②뚝으로 둘러싸인 곳: ～田. 뚝으로 둘러싸인 논밭./盐～. 소금밭, 염전지역. ③(-子) (마을주위의) 울타리, 돌담, 토성. 〈围子〉라고도 함: 土～子. 토성./树～子. (마을 주위의) 나무울타리. (2) xū →492페지.

桅 wéi (외) 〔桅杆〕 돛대.

唯 (1) wéi (유) 〈惟①〉과 같음. (2) wěi →458페지.

帷 wéi (유) (-子) 휘장, 장막: 车～子. 수레휘장./运筹～幄. 전략전술을 짜고 지휘하다, 전략전술을 세우다.

惟 wéi (유) ①오직, 다만, 단지: ～有他因病不能去. 그만은 앓기때문에 갈수 없다./～恐落后. 뒤떨어질가봐 두렵다. ②그러나: 雨虽止, ～路途仍甚泥泞. 비는 멎었지만 길은 아직 매우 질다. ③년, 월, 일 앞에 쓰이는 고문조사: ～二月既望. 2월 16일. ④생각하다, 사고하다.

维 wéi (유) ① 잇다, 련결하다, 매다(련-系). 〔维护〕 보호하다, 수호하다, 돌보다. 〔维持〕 유지하다. ②고문조사: ～妙～肖(높은 예술적솜씨로서 실물처럼 생동하게 묘사하다) 신통하다, 생동하다. 〔维吾尔族〕 위글족, 중국 소수민족의 하나.

潍 wéi (유) 〔潍河〕 유하, 강이름, 산동성에 있음.

嵬 wéi (외) (산이) 크고 높다.

伟(偉) wěi (위) 크다, 거룩하다, 위대하다(련-大): 身体魁～. 몸집이 크다, 기골이 장대하다./～大的祖国. 위대한 조국./～人. 위인, 위대한 사람.

苇(葦) wěi (위) (-子) 갈, 갈대.

纬(緯) wěi (위) ①씨(천에 가로 짠 실). ②위도선.

玮(瑋) wěi (위) ①위옥. ②진귀하다, (구슬이) 진귀하고 아름답다.

炜(煒) wěi (위) 밝다. 사람의 이름자.

韡(韡) wěi (위) 환하다, 성하다.

韪(韙) wěi (위) 옳다: 冒大不～. 옳지 않음에도 불구하고, 온 세상이 반대함에도 불구하고.

伪(僞、偽) wěi (위) ①거짓, 가짜: 去～存真. 가짜를 버리고 진짜를 남기다, 거짓을 버리고 참된것을 남기다./～造. 위조하다, 날조하다./～装. 위장하다. ②괴뢰, 비합법적: ～政府. 괴뢰정부.

尾 (1) wěi (미) ①(-巴) 꼬리, 꽁지, 꽁무니: 猪～巴. 돼지꼬리. 〔交尾〕 쌍붙다, 쌍붙이다, 교미하다. ②(어떤 일의) 끝, 꼬리, 밑, 뒤, 끄트머리, 끝장: 排～. 대렬의 끝. ③꼬리를 따르다: ～其后. 그 뒤를 따르다. ④단위명사. 마리: 鲫鱼十～. 붕어 열마리. (2) yǐ →519페지.

娓 wěi (미) 〔娓娓〕 감칠맛이 있다, 귀맛이 있다, 흥미진진하다: ～～动听. (말이) 완곡하고 류창하여 듣기 좋다.

委 (1) wěi (위) ①맡기다, 위탁하다(련-任): ～以重任. 중책을 맡기다. ②버리다(련-弃): ～之于地. 땅에 버리다. ③(결함이나 책임을 남에게) 떠밀다, 전가하다: ～过于人. 잘못을 남에게 떠밀다./推～. 책임을 밀다. ④완곡하다: 话说得很～婉. 말을 아주 완곡하게 한다. 〔委屈〕(-qu) 억울함, 억울하다: 心里有～～又不肯说. 마음속에 억울한 생각이 있으나 말하려고 하지 않는다. ⑤끝: 原～. 시발, 자초지종. ⑥확실하다: ～系实情. 실정이 확실히 그러하다./～实不错. 확실히 괜찮다, 확실히 옳다. 〔委靡〕〔萎靡〕(-mǐ) 쇠퇴하여 느른해지다, 활기가 없다: 精神～～. 원기가 쇠퇴해지다, 시들하다. (2) wēi →455페지.

诿 wěi (위) 〈委③〉과 같음: 互相推～. 서로 책임을 밀다.

萎 (2) wěi (위) 시들다, 마르다, 말라죽다: 枯～. 시들다./～谢. 시들어 떨어지다. 〔萎缩〕 1. 위축되다, 기를 못펴다. 2. 쇠퇴되다: 日趋～～. 날로 쇠퇴되고있다. (1) wēi →455페지.

痿 wěi (위) 근육이 위축되여 움직이지 못하거나 기능을 잃는 병.

洧 wěi (유) 〔洧川〕 유천, 땅이름, 하남성 위씨현에 있음.

痏 wěi (유) 허물, 상처.

鲔 wěi (유) 다랑이, (옛날책에서) 철갑상어.

唯 (2) wěi (유) 예(대답하는 말) 첩: ～～诺诺. 예예 하면서 시키는대로 하다, 고분고분 명령에 순순히 응하다, 그저 예예 하다./～～否否. 애매한 태도를 취하다, 눈치를 보아가며 어물어물 넘기다. (1) wéi →456페지.

隗 (1) wěi (외) 사람의 성. (2) kuí →250페지.

颀 wěi (외) ①조용하다. ②사람의 성.

猥 wěi (외) ①천하다, 상스럽다 〔猥亵〕(-xiè) 음탕하다, 색정적이다: ～～语. 음탕한 말./～～行为. 음탕한 행동. ②잡다하다.

卫(衛、衞) wèi (위) ①지키다, 보위하다, 보호하다(련保-): 保家～国. 집과 나라를 지키다. /自～. 자위하다. 〔卫生〕 위생: 个人～～. 개인위생./环境～～. 환경위생. ②위, 주나라 제후국의 이름, 지금의 하남성 북부와 하북성남부 일대에 있었음.

为(為、爲) (2) wèi (위) ①에게: ～人民服务. 인민에게 복무하다. ②위하여: ～改革开放做贡献. 개혁, 개방을 위하여 공헌하다./～解放全人类而奋斗. 전 인류를 해방하기 위하여 분투하자. ③…에 대하여, …에 향하여: 且～诸君言之. 여러분들께 말씀드립니다. ④돕다, 수호하다. (1) wéi →456페지.

未 wèi (미) ①12지의 여덟째. ②미시(오후 1～3시사이). ③부정사: 1. 아직 …지 않다: ～知可否. 아직 가부를 알지 못하다. 2. …지 않았다, …적이 없다: 此人～来. 그 사람은 오지 않았다. 3. …는가, …는지, 않는지 (의문을 나타냄): 君知其意～? 당신은 그 뜻을 알만한가.

味 wèi (미) ①(-儿) 맛: 五～. 다섯가지 맛, 오미(단맛, 신맛, 쓴맛, 매운맛, 짠맛)./带甜～儿. 단맛이 있다. 〔口味〕: 1. 맛, 입맛, 식욕. 2. 비위: 这件事正合他的～～. 이 일은 그의 비위에 딱 맞는다. ②(-儿) 냄새: 香～儿. 향기, 향기로운 냄새./臭～儿. 구린내, 썩은 내. ③(-儿) 흥미, 재미: 趣～. 흥미, 재미, 취미./意～深长. 뜻이 깊다. ④체득하다, 맛보다, 음미하다: 细～其言. 그 말을 곰곰히 새겨야 그속에 든 리치를 알수 있다. ⑤단위명사. 가지, 종(약품의 종류): 这个方子共七～药. 이 처방에는 모두 일곱가지 약이 들어있다.

位 wèi (위) ①곳, 자리: 座～. 좌석, 앉는 자리. ②직위, 지위. ③단위명사. 분, 명: 诸位. 여러분./三～客人. 손님 세분.

畏 wèi (외) ①두려워하다, 무서워하다(련-惧): 大无～的精神. 두려움을 모르는 정신./～首～尾. 이러기도 무섭고 저러기도 무서워하다, 걱정이 많고 소극적이다, 앞뒤만 재다. ②감탄하다, 탄복하다: 后生可～. 후대가 탄복할만하다, 젊은 세대는 전망성이 있다.

喂(餵、餧) wèi (위) ①여보, 여보시오(부르는 말): ～, 你是谁? 여보시오, 당신은 누구십니까?/～, 快来呀. 여보시오, 어서 오십시오. ②(사람에게) 음식을 먹이다: ～小孩儿. 아이에게 먹이다, 아이 입에 떠넣어주다. ③먹이를 주다: ～牲口. 집짐승에게 먹이를 주다. [전]기르다, 치다: ～鸡. 닭을 기르다(사양하다)./～猪. 돼지를 기르다.

碨(磑) wèi (외) 〈방〉망, 망돌, 매돌.

胃 wèi (위) 위, 위장.

谓 wèi (위) ①말하다: 人～予曰. 다른 사람이 나에게 말하기를…. ②…라고 한다: 称～. (…라고) 부르다./何～人工呼吸法? 무엇을 인공호흡법이라고 하는가? 〔所谓〕 …라고 하는가, …라고 말하는것, 이른바: ～～分析, 就是分析事物的矛盾. 분석이라고 하는것은 사물의 모순을 분석하는것이다. 〔无谓〕 의의없다, 무의미하다: 这句话太～～了. 이 말은 너무 무의미하다.

猬(蝟) wèi (위) 고슴도치.

渭 wèi (위) 〔渭河〕 위하, 강이름, 감숙성에서 발원하여 섬서성에서 경수와 합쳐 황하로 흘러듬.

尉 (1) wèi (위) ①옛날 벼슬아치 이름: 太～. 태위. ②위급군관. ③〔尉氏〕 위씨, 현이름, 하남성에 있음. (2) yù →541페지.

蔚 (1) wèi (위) ①(초목이) 무성하다, 우거지다. [파]성대하다: ～为大观. 다채롭고 성대하다, 장관이다, 대성황을 이루다. 〔蔚蓝〕 진한 푸른빛, 하늘빛: ～～的天空. 푸른 하늘. ②빛갈이 아름답다: 云蒸霞～. 눈부시게 아름답다. (2) yù →541페지.

慰 wèi (위) ①위로하다, 위안하다: ～问伤员. 부상자를 위문하다./～劳矿工. 탄광로동자들을 위로하다. ②안심하다: 欣～. 기쁨과 위안을 느끼다./甚～. 매우 안심되다.

遗 (2) wèi (유) 선물하다: ～之以书. 책을 선물하다. (1) yí →518페지.

魏 wèi (위) ①위 (옛날나라이름): 1. 전국시대의 나라, 지금의 하남성북부와 산서성남부 일대에 있었음. 2. 삼국의 하나, 조비가 세움(기원 220～265년). 지금의 하북성, 하남성, 산동성, 산서성, 섬서성, 감숙성과 호북, 안휘, 강소 3성 북부 및 료녕성남부를 차지하고있었음. ②위, 북조의 하나, 탁발규가 세움(기원 386～534년). ③사람의 성.

WEN

温 wēn (온) ①따뜻하다, 미지근하다([련]-暖): ～水. 따뜻한 물. 〔温饱〕 입고먹는것이 넉넉하다. 〔温度〕 온도. 〈温〉이라고 략칭함: 气～. 기온./低～. 저온./体～. 체온. ②(성미가) 부드럽다, (성격이) 온순하다([련]-柔、-和). ③덥히다: ～酒. 술을 덥히다. ④배운것을 익히다, 복습하다: 时常～习学过的理论知识. 늘 이미 배운 리론지식을 복습하군 한다. ⑤열병, 돌림병: 春～. 봄철돌림병./冬～. 겨울철돌림병. ⑥〈瘟〉과 같음.

榅 wēn (올) 〔榅桲〕(-po) 말배, 마르멜로. 장미과에 속하는 락엽교목.

瘟 wēn (온) 열병, 급성돌림병: 防止～疫. 급성돌림병을 예방하다.

鳁 wēn (온) 〔鳁鲸〕 멸치고래.

文 wén (문) ①자연현상: 天～. 천문./地～. 지문. ②그림, 글 등을 몸에 새겨넣다, 자자하다: 断发～身. 머리를 짧게 깎고 몸에 그림, 글을 새겨넣다. ③글자, 문자: 甲骨～. 갑골문자./外～. 외국문자./扫除～盲. 문맹을 퇴치하다. 〔文献〕문헌. 〔文学〕문학. 〔文章〕글, 문장. 〈文〉이라고 략칭함: 作～. 작문, 글을 짓다./古～. 고문, 옛글. 〔文言〕 옛날글말, 문언. ④(지난날) 례절과 의식: 虚～. 형식적인 례절./繁～缛节. 번거로운 례절. 〔文明〕문명. 〔文化〕문화: ～～水平高. 문화수준이 높다, 지식수준이 높다./学～～. 문화를 배우다. 〔文物〕문화유물. ⑤외모, 용모: ～质彬彬. 사람됨이 고상하고 소박하다, 우아하고 례절이 있다. ⑥지난날 글공부를 한 사람, 지식인과 관계되거나 비군사적인것./～人. 문인, 문사./～臣武将. 문무대신. [전]점잖다: ～雅. (태도가) 점잖다, 고상하다./～绉绉. 점잖을 빼다. 〔文火〕 세지 않은 불길. ⑦단위명사. 잎, 푼(옛날 화폐단위): 一～钱. 돈 한푼./一～不值. 한푼어치도 못되다. ⑧(옛음 wèn)가리우다, 감추다, 장식하다: ～过饰非. 잘못을 숨기다, 잘못을 감추다.

纹 (1) wén (문) 무늬, 결([련]-理): 水～. 물결./木～. 나무결, 나무무늬./指～. 지문, 손가락무늬./这木头～理很好看. 이 나무는 무늬가 아주 곱다. (2) wèn →461페지.

炆 wén (문) 재불로 고다. 세지 않은 불로 오래 끓이다.

蚊 wén (문) (-子) 모기.

雯 wén (문) 꽃구름, 아름답게 피여난 구름.

闻 wén (문) ①듣다: 耳～不如目见. 들은것은 보는것보다 못하다. ②들은 일, 소식: 新～. 새소식./奇～. 신기한 소식. ③(옛음 wèn) 이름나다, 명성이 높다: ～人. 명성이 높은 사람, 이름난 사람. ④(냄새를) 맡다: 你～～这是什么味. 이것이 무슨 냄새인가 좀 맡아보게./我～见香味了. 난 향기를 맡았다.

阌 wén (문) 〔阌乡〕 문향, 땅이름, 하남성 령보현에 있음.

刎 wěn (문) (칼로) 목을 베다, 목을 자르다: 自～. (스스로 목을 베여) 자살하다.

吻(脗) wěn (문) ①입가, 입언저리: 接～. 입을 맞추다. 〔吻合〕 들어맞다, 부합되다. ②입을 대다, 입을 맞추다: 在他的手背上～了一下. 그의 손등에 입을 맞추었다.

抆 wěn (문) 닦다, 씻다, 훔치다: ～泪. 눈물을 훔치다.

紊 wěn (문) (옛음 wèn) 어지럽다, 문란하다(련-乱): 有条不～. 질서정연하다.

稳(穩) wěn (온) ①무겁다, 꿋꿋하다, 튼튼하다: 站～立场. 립장이 견정하다. /～步前进. 믿음직하게 전진하다. ㊄침착하다: ～重. 침착하다, 듬직하다. ②믿음직하다, 틀림없다, 안전하다: 十拿九～. 십상팔구는 믿음성이 있다.

问 wèn (문) ①묻다: 到～事处去～一～. 안내소에 가서 물어보시오. 〔问题〕 문제. ②위문하다, 문안하다: ～候. 인사를 드리다, 안부를 묻다, 문안하다. ③심문하다: ～口供. 자백을 받다. ㊄죄를 따지다, 추궁하다: 胁从不～. 추종자는 추궁하지 않는다. ④관계하다, 간섭하다, 문제시하다: 概不过～. 일률로 관계하지 않는다.

汶 wèn (문) 〔汶河〕 문하, 강이름, 산동성에 있음.

纹 (2) wèn (문) 〈璺〉와 같음. (1) wén →460폐지.

揾 wèn (온) 문지르다, 닦다, 훔치다.

璺 wèn (문) (그릇에 간) 금, 틈, 흠집: 这个碗有一道～. 이 공기에는 금이 한줄 갔다. /打破沙锅～到底. 미주알고주알 캐여묻다.

WENG

翁 wēng (옹) ①(남자) 늙은이, 령감: 渔～. 늙은 어부. /老～. 늙은이, 령감. ②아버지, 애비. ③시아버지, 가시아버지, 장인: ～姑. 시부모, 시아버지와 시어머니. /～婿. 장인과 사위.

嗡 wēng (옹) 소리본딴말. 앵앵, 윙윙, 웽웽㊅: 飞机～～响. 비행기소리가 윙윙 나다. /蜜蜂～～地飞. 꿀벌이 웽웽 날다.

滃 (2) wēng (옹) 〔滃江〕 옹강, 강이름, 광동성에 있음. (1) wěng →본 페지.

鹟 wēng (옹) 딱새.

鞥 wēng (옹) 장화목: ～靴. 장화.

蓊 wěng (옹) 숲이 무성하다, 울창하다, 우거지다: ～郁. 초목이 무성하다, 울창하다. /～茸. 무성하다.

滃 (1) wěng (옹) ①물이 콸콸 흐르다. ②구름이 뭉게뭉게 피여오르다. (2) wēng →본 페지.

瓮(甕) wèng (옹) 독, 단지, 항아리. 〔瓮城〕 옹성, 성문밖을 둘러쌓은 반달모양의 낡은 성, 반달성.

蕹 wèng (옹) 〔蕹菜〕 나팔꽃나물.

齆 wèng (옹) 코가 막히다: 他说话～声～气. 그가 말할 때 코맹맹이 소리를 낸다.

WO

挝(撾) (2) wō (과) 〔老挝〕 라오스, 나라이름, 인도지나반도에 있음. (1) zhuā →585페지.

莴(萵) wō (와) 〔莴苣〕(-jù) 상추, 부루.

涡(渦) (1) wō (와) 소용돌이: 卷入旋～. 소용

돌이에 휘말려들다, 분쟁에 끌려들다. (2) guō →156페지.

窝(窩) wō (와) ①(-儿) 둥지, 우리, 보금자리, 굴: 鸡～. 닭우리. /马蜂～. 나나니둥지, 나나니집. /狼～. 승냥이굴. ②(비법적인 물건이나 범인 등을) 감추다, 숨겨두다, 숨다: ～贼. 도적을 숨겨두다. /～赃. (비법적으로 얻은) 물건을 감추다. /～藏. (범인이나 비법적인 물건을) 감추다, 숨기다. ③(-儿) 몸의 오목진 곳: 酒～. 보조개. ④구부리다, 휘우다: 把铁丝～个圆圈. 쇠줄을 둥글게 굽히다. ⑤한자리에 머무르다, 지체되다, 묵다, 쌓이다, 힘과 역할을 나타내지 못하다: ～火. 속에서 화가 치밀어 오르다, 화를 잔뜩 참다. /～心. 원한을 품다, 울분이 쌓이다, 번민하다, 울분이나 안타까움을 품고 표현하지 못하다. 〔窝工〕 (로력조절이 합리적으로 되지 못하여) 로력이 랑비되다, 일감이 없어 놀다.

蜗(蝸) wō (와) 달팽이. 〔蜗居〕 (좁고 작은 거처 또는 루추한 집을 비겨 이르는 말) 너절한 집, 루추한 집.

倭 wō (위, 왜) 일본: ～寇. 일본해적, 왜구, 왜적.

踒 wō (위) (팔이나 다리가) 접질리다: 手～了. 손이 접질리다.

喔 (2) wō (악) 꼬끼요(닭우는 소리). (1) ō →330페지.

我 wǒ (아) 나, 내, 저, 자기, 우리: ～国. 우리 나라. /自～批评. 자기비판. /忘～精神. 자아희생정신, 헌신적인 정신.

肟 wò 옥심(유기화학물의 한가지).

沃 wò (옥) ①(땅이) 기름지다, 걸다, 비옥하다(㊀肥-): ～土. 비옥한 땅, 옥토. /～野. 기름진 벌, 옥야. ②물을 대다, 물을 붓다, 관개하다.

卧(臥) wò (와) ①눕다, 눕히다: 仰～. 반듯이 눕다. /～倒. 엎드리다, 엎드렷! /～病. 앓아눕다. *새나 짐승이 웅크리거나 엎드리다: 猫～在炉子旁边. 고양이가 난로곁에 엎디여있다. /鸡～在窝里. 닭이 우리안에 웅크리고있다. ②잠자는 곳: ～室. 침실. /～铺. (기차, 기선의) 침대칸.

偓 wò (악) 〔偓佺〕(-quán) (전설의) 신선.

握 wò (악) (손으로) 잡다, 틀어잡다: ～手. 악수하다. /掌～. 장악하다.

幄 wò (악) 장막.

渥 wò (악) 신세 지다, 덕 보다. 〔优渥〕 많은 신세를 지다.

龌 wò (악) 〔龌龊〕(-chuò) 〈방〉 더럽다.

涴 wò (와) 〈방〉 더럽히다, (그릇에) 흙이 묻다.

硪 wò (아) (-子) 달구: ～子. 달구. /打～. 달구질하다.

斡 wò (알) 빙빙 돌다. 〔斡旋〕 빙빙 돌다, 공전하다, 중간에서 조절하다, 화해시키다: 从中～～. 중간에서 화해시키다.

WU

乌(烏) wū (오) ① 까마귀, 〔乌合〕 ㊍조직성이

없이 무질서하게 모이다: ～～之众. 오합지중, 조직성이 없는 무질서한 무리. ②검다: ～云. 검은구름, 먹장구름. /～木. 오목, 흑단(검고 땐땐한 목재). ③어찌, 어떻게: ～足道哉? 어찌 그렇게 말할수 있겠는가? 〔乌孜别克族〕 우즈베크족. 중국 소수민족의 하나.

邬(鄔) wū (오) 사람의 성.

呜(嗚、乌、於) wū (오) ①소리본딴말. 빵빵, 뿡뿡(자동차 나팔소리), 붕(기적소리, 고동소리) [첩]: 工厂汽笛～～地叫. 공장의 고동소리가 붕 하고 났다. ②〔呜呼〕(烏-、於-、於戲)(-hū) 1. 고문의 감탄사. 2. 지난날 제문에서 늘 〈呜呼〉로 탄식을 나태내던 말, 지금은 죽었음을 의미함: 一命～～. 죽어버리다. 〈於〉yū →535페지. 〈於〉yú →536페지의 〈于〉.

钨(鎢) wū 월프람, 탕그스텐(원소기호 W): ～合金. 월프람합금, 탕그스텐합금.

圬(杇) wū (오) ①흙손. ②(흙손으로) 벽을 바르다, 흙손질하다.

污(汚、汙) wū (오) 더럽다([련]-秽): ～泥. 흙탕. [유]청렴하지 못하다: 贪～. 탐오하다. 〔污辱〕 모욕하다, 모독하다.

巫 wū (무) 무당.

诬 wū (무) 무함하다, 사실처럼 꾸며 헐뜯다([련]-赖): ～告. 헐뜯다, 무함하다. /～赖人. (죄나 잘못을) 남에게 들씌우다.

於 (3) wū (어) 아, 오(감탄하는 소리). 〔於菟〕(-tú)〈고〉 범. (1) yú →536페지 〈于〉. (2) yū →535페지.

屋 wū (옥) ①방([련]房-). [파]〈방〉 집. ②칸: 他住在东房的北～. 그는 동쪽채의 북쪽칸에 들었다.

恶(惡) (4) wū (오) 〈고〉① 〈乌③〉과 같음. ②감탄사. 아니, 이게, 아(놀라움을 나타냄): ～,晨鸡鸣矣. 아, 새벽닭이 우는구나. (1) è →107페지. (2) wù →465페지. (3) ě →107페지.

亡 (2) wú (무) 〈고〉〈无〉와 같음. (1) wáng →453페지.

无(無) wú (무) ①없다. ↔ 〈有〉: ～人. 사람이 없다. /从～到有. 없던데로부터 있는데로, …없던것이 있게 되다. ②않다, 아니다: ～须乎这样. 이럴 필요가 없다. /～妨试试. 해보는것도 무방하다. 〔无非〕 다름이 아니다, 틀림없이, 꼭 …에 지나지 않다: 他批评你～～是想帮助你进步. 그가 너를 비판한것은 틀림없이 너의 발전을 도와주려는것이다. 〔无论〕 물론하고, 막론하고, 어쨌든: ～～是谁, 都要遵守纪律. 어떤 사람을 막론하고 모두 규률을 지켜야 한다, 누구나 다 규률을 지켜야 한다.

芜(蕪) wú (무) (잡초가) 우거지다, 무성하다([련]荒-): ～城. 황폐한 도시. [유]란잡하다.

毋 wú (무) …서는 안된다, …지 말다: 宁缺～滥. 없을망정 아무거나 쓰지 않는다.

吾 wú (오) 나, 우리.

郚 wú (오) →428페지 〈鄌〉의 〈鄌郚〉(táng-).

浯 wú (오) 〔浯水〕 오수, 강이름, 산동성에 있음.

梧 wú (오) 오동나무.

鼯 wú (오) 〔鼯鼠〕 날다람쥐, 날다라미.

吴(吳) wú (오) ①오나라(옛날 나라이름). 1. 주나라 제후국이름, 지금의 강소성남부와 절강성북부, 후에는 회하하류일대까지 확대됨. 2. 3국의 하나, 손권이 세움(기원 222～280년). 지금의 장강중하류와 동남연해일대에 있었음. ②사람의 성.

蜈 wú (오) 〔蜈蚣〕 (-gong) 지네, 오공.

五 wǔ (오) ①다섯, 오. ②중국민족음악 음계의 하나, 〈6〉에 해당함.

伍 wǔ (오) ①옛날 군대의 편제, 다섯사람을 한〈伍〉라 하였음. [파]군대: 入～. 군대에 들어가다. ②동무, 동포, 짝패: 相与为～. 서로 동무가 되다. ③다섯. 〈五〉자의 큰글자.

午 wǔ (오) ①오, 12지(十二支)의 일곱째, 옛날 순위의 일곱째. ②오시 (낮 11시부터 1시): ～饭. 점심밥. *낮 12시를 가리킴: ～前. 오전./下～一点开会. 오후 한시에 회의를 한다. 〔午夜〕 밤 12시, 한밤중, 자정.

仵 wǔ (오) 사람의 성. 〔仵作〕 (지난날) 검시원, 검시관.

忤 wǔ (오) 거스르다, 복종하지 않다, 순종하지 않다.

迕 wǔ (오) ①만나다, 조우하다. ②위반하다, 순종하지 않다, 어기다, 거스르다, 배반하다: 违～. 위반하다, 배반하다, 거역하다, 돌아앉다.

庑(廡) wǔ (무) 곁채, 거느림채.

怃(憮) wǔ (무) ①실망하다, 락심하다. ②(불쌍히 여겨) 사랑하다.

泝(潕、瀩) wǔ (무) 〔泝水〕 무수, 강이름, 호남성에 있음.

妩(嫵、娬) wǔ (무) 〔妩媚〕 아름답다, 이쁘다, 곱다, 어여쁘다.

武 wǔ (무) ①군사, 무력, 무기, 완력, 폭력: ～装. 무장./～器. 무기./～术. 무술. ②용맹하다, 용감하다: 英～. 영용하다. 〔武断〕 1. 주관적이다, 독단적이다: 你这种看法太～～. 당신의 이런 견해는 너무나 주관적이다. 2. 무단적이다, 횡포하다. ③발자욱, 발자취, 발걸음: 行不数～. 몇걸음 걷지 못하다.

鹉 wǔ (무) →527페지 〈鹦〉의 〈鹦鹉〉(yīng-).

侮 wǔ (모) 모욕하다, 업신여기다 ([련]-辱、欺-): 劳动人民是不可～的. 로동인민은 모욕하지 못한다./抵御外～. 외래침략을 막아내다.

捂(摀) wǔ (오) 손으로 가리다, 막다, 덮다: 用手～着嘴. 손으로 입을 가리다./放在罐子里～起来免得走了味. 냄새가 나가지 않도록 단지에 넣고 덮어두다.

牾 wǔ (오) 어긋나다, 저촉되다, 충돌하다.

舞 wǔ (무) ①(춤)추다, 춤, 휘두르다: 手～足蹈. 너무 기뻐서 춤을 추다./～剑. 칼을 휘두르다./群～. 군무. 〔鼓舞〕 고무하다, 격려하다: ～～群众的热情. 군중의 열정을 고무하다. ②가지고 놀다, 조종하다, 작간을 피우다: ～弊. 부정행위를 하다./～文弄墨. 글재주를 부리다, 법률조항을 외곡하여 부정행위를 하다.

兀 wù (올) 우뚝 솟다, 우뚝하다.

杌(阢) wù (올) ①네모난 작은 걸상. ②〔杌陧〕(阢-)(-niè) 불안하다.

靰 wù 〔靰鞡〕(-la) 도로기.

勿 wù (물) …하지 마시오: 请～动手. 손을 대지 마시오./闻声～惊. 소리에 놀라지 마시오.

物 wù (물) ①물건, 물질: ～价. 물건값, 값, 물가./万～. 만물./新事～. 새 사물. [파]내용: 言之有～. 말이 내용이 있다. 〔物质〕 물질: ～～不灭定律. 물질보존의 법칙. 〔物色〕 물색하다. ②남, 다른 사람: 受～议. 대중(남)의 시비를 듣다. /待人接～. 사람을 대하다, 사람을 상대하다./～望所归. 대중의 념원대로 되다, (대중의 신망이 있어) 그가 어떤 일을 맡아볼것을 대중이 희망하다.

戊 wù (무) 무(천간의 다섯째). 다섯번째, 다섯째.

务(務) wù (무) ①일, 사무([련]事-): 任～. 임무./公～. 공무./医～工作者. 의료일군. ②힘쓰다, 노력하다, 종사하다: ～农. 농업에 종사하다. ③추구하다, 바라다: 不要好高～远. 허공에 들떠서 높은데만 쳐다보다, 이도 안난것이 콩밥 먹으려해서는 안된다. ④반드시, 꼭: ～请准时出席. 꼭 제때에 출석하여주십시오./除恶～尽. 나쁜것을 철저히 뿌리빼야 한다./你～必去一趟. 당신이 꼭 한번 가야 하오.

雾(霧) wù (무) ①안개. ②안개같은 물방울: 喷～器. 뿌무개, 분무기.

坞(塢、隖) wù (오) ①작은 토성. ②가운데가 우묵진 곳: 山～. 산의 움푹한 곳./花～. 꽃 재배하는 우묵한 곳. 〔船坞〕 도크, 선거.

误(悮) wù (오) ①틀리다([련]错-): ～解. 오해하다, 틀리게 리해하다./笔～. 글을 틀리게 쓰다. ②늦어지다, 지체하다, 지각하다: ～事. 일을 지체하다. /火车～点. 기차 시간이 늦었다, 연착되다./生产学习两不～. 생산과 학습을 다 지체시키지 않다. ③해를 끼치다, 지장을 주다: ～人子弟. 남의 자식에게 해가 미치게 하다, 남의 자식을 망치다.

恶(惡) (2) wù (오) 밉다, 미워하다, 싫다, 싫어하다: 可～. 역겹다, 밉살스럽다./

深～痛绝. 뼈에 사무치도록 증오하다. (1) è →107페지. (3) ě →107페지. (4) wū →463페지.

悟 wù (오) 체득하다, 깨닫다(㊟醒-): ～出这个道理来. 이 리치를 깨달았다./恍然大～. 문득 깨닫다. 〔觉悟〕 1. 깨닫다, 자각하다, 각성하다, 인식하다. 2. 각성, 의식, 각오: ～～高. 각오가 높다./政治～～. 정치적각성.

晤 wù (오) 만나다: ～面. 만나다, 면회하다./～谈. 면담하다./会～. 대면하다, 만나다, 상봉하다.

焐 wù (더운 물건에 가까이 대고) 덥히다, 녹이다: 用热水袋～一～手. 더운물주머니로 손을 녹이다.

痦(疬) wù 〔痦子〕 기미.

寤 wù (오) 깨여나다.

婺 wù (무) 〔婺水〕 무수, 강이름, 강서성에 있음.

骛 wù (무) ①마구 행동하다, 함부로 행동하다, 망탕 뛰놀다. ②〈务③〉과 같음.

鹜 wù (목) 오리: 趋之若～. 오리떼같이 몰려가다(흔히 부정적인것에 씀).

鋈 wù (옥) ①백색금속. ②도금하다.

X

XI

夕 xī (석) ①해질무렵, 저녁무렵: 朝(zhāo)～. 아침저녁, 조석./～照. 저녁별, 락조. ②밤: 前～. 전날밤.

汐 xī (석) 밤미세기, 밤의 밀물과 썰물.

矽 xī (석) 규소, (硅)의 낡은 이름.

穸 xī (석) 〔窀穸〕(zhūn-) 굿, 묘혈, 무덤.

兮 xī (혜) 옛시의 어투조사로서 지금의 〈啊〉 또는 〈呀〉에 해당함: 大风起～云飞扬. 큰바람이 부니 구름이 흩날리네.

西 xī (서) ①서쪽. ↔〈东〉: 由～往东. 서쪽으로부터 동쪽으로 가다./～房. 서쪽집. /～南角上. 서남쪽모퉁이. ②서양적인것: ～餐. 서양료리./～服. 양복.

茜 (2) xī (천) 흔히 사람이름자에 쓰임. (이름자일 때 〈qiàn〉이라고도 읽음. (1) qiàn →359페지.

恓 xī (서) 〔恓惶〕(-huáng) 당황하여 번뇌하다, 놀라 쩔쩔매다, 갈팡질팡하다.

栖 (2) xī (서) 〔栖栖〕 마음이 가라앉지 못하다. (1) qī →350페지.

氙 xī 〈氙〉의 낡은 일컬음.

牺(犧) xī (희) 옛날 제물로 쓰는 짐승. 〔牺牲〕 ㊟희생하다.

硒 xī 셀렌(원소기호 Se).

舾 xī 선박의 장비품. 〔舾装〕 선박의 장비품, 의장품, 의장.

粞 xī (서) 싸래기: 糠～. 겨와 싸래기.

吸 xī (흡) ①들이마시다, 들이쉬다. ↔〈呼〉: ～气. 공기를 들이마시다, 숨을 들이쉬다./～烟. 담배를 피우다. ②빨아들이다: 药棉花能～水. 약솜은 물을 빨아들인다./～墨纸. 잉크먹이종이, 흡수지./～铁石. 자석. 〔吸收〕 빨아들이다, 받아들이다, 흡수하다: 植物由根～～养分. 식물은 뿌리로 양분을 빨아들인다./～～先进经验. 선진경험을 받아들이다.

希 xī (희) ①희한하다, 드물다([련]-罕): 物以～为贵. 물건은 희한해야 귀중하다. ②바라다, 념원하다, 희망하다([련]-望): ～准时出席. 제때에 출석하기 바란다./～望你快点来. 빨리 오시기를 바랍니다.

郗 xī (치) (옛음 chī), 사람의 성.

唏 xī (희) 후(한숨짓는 소리). 〔唏嘘〕는 〈欷歔〉와 같음.

浠 xī (희) 〔浠水〕 희수, 강이름, 호북성에 있음.

晞 xī (희) 마르다, 건조하다: 晨露未～. 아침이슬이 마르지 않았다.

欷 xī (희) 〔欷歔〕(-xū) (되게 울고난 뒤) 흑흑 느끼다, 흐느끼다.

烯 xī (희) 〈외〉올레핀.

稀 xī (희) ①성글다, 드물다, 드문드문하다([련]-疏). ↔〈密〉: 棉花种得太～了不好. 면화는 너무 드물게 심으면 좋지 않다./～客. 귀한 손님, 보기 드문 손님. 〔稀松〕 중요하지 않다, 별치않다, 하찮다, 긴급하지 않다, 평범하다. ②멀겋다, 묽다([련]-薄): ～饭. 죽./～溜溜. (죽, 국 등이) 멀겋다./～泥. 진흙, 진창./～释. (농도를) 묽히다, 묽게 하다, 연하게 하다, 희석하다./～硫酸. 농도가 연한 류산, 희류산. ③적다, 드물다([련]-少、-罕): ～有金属. 희유금속.

豨 xī (희) (옛날책에서) 돼지. 〔豨莶〕(-xiān) 털진득찰(약재로 씀).

昔 xī (석) 어제날, 지난날, 이전, 옛날, 옛적: ～者. 어제날, 지난날, 옛날, 이전./～日. 어제날, 지난날, 옛날, 이전./今～对比. 오늘과 어제날의 대비.

惜 xī (석) ①아끼다, 귀중히 여기다: ～阴. 시간을 아끼다./爱～公物. 공동재산을 아끼다. 〔怜惜〕 동정하여 아끼다, 가엾게 여기다, 불쌍히 여기다. ②아수해하다, 아까와하다([련]吝-): ～别. 리별을 섭섭해하다, 석별하다./不～牺牲. 희생을 아끼지 않다./～指失掌. 손가락을 아끼다가 손바닥을 잃는다, 기와 한장 아끼다 들보를 썩인다. ③애석하다, 섭섭하다, 슬프다, 비통하다: ～未成功. 아수하게도 성공하지 못하였다.

腊 (2) xī (석) 말린고기(돼지고기). (1) là →253페지.

析 xī (석) 가르다, 나누다: 条分缕～. 세밀하게 가르다./分崩离～. 와해되다. [파]풀다, 해석하다, 분석하다: ～疑. 의문을 풀다./分～. 분석하다.

菥 xī (석) 〔菥蓂〕(-míng) 석명, 굵은냉이.

淅 xī（석）쌀을 일다.〔淅沥〕(-lì)（비, 눈이 오는 소리와 가랑잎이 떨어지는 소리）부슬부슬, 사락사락, 푸실푸실, 주룩주룩, 우수수, 산들산들, 솔솔.

晰（晳） xī（석）뚜렷하다, 똑똑하다, 명백하다：看得清～. 똑똑히 보이다./十分明～. 아주 명석하다.

皙 xī（석）（살결이）희다.

蜥 xī（석）〔蜥蜴〕(-yì) 도마뱀.

肸 xī（힐）흔히 이름자로 씀.

膝 xī（슬）（속음 qī）무릎.

饻 xī 로해방구에서 로임을 계산하는 단위.

息 xī（식）①숨：鼻～. 코숨./喘～. 숨을 쉬다, 숨을 헐떡이다. ②쉬다, 멈추다：～怒. 성을 가라앉히다./经久不～. 오래 그치지 않다, 오래 계속되다./按时作～. 제때에 일하고 쉬다. ③소식：信～. 소식, 정보. ④리자：年～. 년리자. ⑤아들딸：子～. 자식.

熄 xī（식）불이 꺼지다, 불을 끄다：～灯. 전등을 끄다, 불을 끄다./炉火已～. 화로불이 꺼지다.

螅 xī（슬）〔水螅〕히드라.

奚 xī（해）①（옛날）하인, 종. ②（옛글에서）의문을 나타냄：1. 왜, 어째서：～不去也？왜 가지 않느냐？2. 무엇：子将～先？당신은 무엇을 먼저 하려는가？3. 어디：水～自至. 물이 어디서 오는가？〔奚落〕（말로）놀려주다, 비웃다, 조소하다.

傒 xī（혜）〔傒倖〕번뇌하다, 초조해하다.

徯 xī（혜）①기다리다. ②〈蹊〉와 같음.

溪（谿） xī、qī（계）산골의 시내, 시내.〔溪卡〕(谿-)(-kǎ)（서장에서의 민주주의개혁이전의 관청, 사원, 귀족소유의）장원, 농장.

蹊 (1) xī（혜）오솔길, 작은길（㊀-径）. (2) qī →351페지.

鸂 xī（계）〔鸂鶒〕(-chì)（옛날）비오리.

鼷 xī（혜）〔鼷鼠〕(-shǔ) 생쥐, 새앙쥐.

悉 xī（실）①알다：获～. 알다./熟～此事. 이 일을 잘 알다. ②깡그리, 다：～心. 마음을 다하다./～数捐献. 있는 수량을 다 바치다, 몽땅 회사하다.

窸 xī（실）〔窸窣〕(-sū) 바스락바스락, 사르륵사르륵.

蟋 xī（실）〔蟋蟀〕(-shuài) 귀뚜라미.

翕 xī（흡）합하다, 닫히다, 모으다, 거두다; 순하다, 온순하다, 온화하다.

噏 xī（흡）〈吸〉와 같음.

歙 (1) xī（흡）숨을 들이쉬다. (2) shè →396페지.

犀 xī（서）①서우, 물소. ②굳다, 견고하다, 단단하다, 날카롭다：～利. 날카롭다, 예리하다.〔木犀〕계수나무, 계수나무꽃.

樨 xī (서) 〔木樨〕는 〈木犀〉와 같음.

锡 xī (석) ①석(원소기호 Sn). ②상을 주다. 〔锡伯族〕(-bó-) 시버족, 중국 소수민족의 하나.

裼 (1) xī (석) 웃도리를 벗고 상반신을 드러내다(ⓔ袒-). (2) tì →435페지.

熙 xī (희) ①밝다, 빛나다. ②기쁘다, 즐겁다㊕. 〔熙攘〕(-rǎng) 오가는 사람이 끓어번지다, 흥성흥성하다.

僖 xī (희) 즐겁다, 기쁘다, 유쾌하다.

嘻 xī (희) 히히, 헤헤, 생글생글, 생긋생긋, 빙긋빙긋, 벙글벙글(웃는 소리나 모양)㊕: 笑~~. 생글생글 웃다./~皮笑脸. 히히닥거리다, 히죽히죽하다, 히쭉거리다.

嬉 xī (희) 놀다, 장난치다.

熹 xī (희) 날이 밝다, 훤하다. 〔熹微〕 동녘이 약간 밝다, 훤하다.

巂 xī (수) 〔越巂〕 월수, 현이름, 사천성에 있음. 지금은 〈越西〉라고 함.

巇 xī (희) 〔险巇〕(xiǎn-) 산길이 험하다. ㉶길이 험하다.

羲 xī (희) 사람의 성.

曦 xī (희) 해빛: 晨~. 아침해빛.

爔 xī (희) 〈曦〉와 같음.

醯 xī (혜) ①초, 식초. ②아실(酰 xiān)의 옛이름.

习(習) xí (습) ①(배운것을) 익히다, 복습하다: 自~. 자습하다./复~. 복습하다./~字. 글자쓰기를 익히다, 습자./~题. 련습문제, 숙제. ②(어떤 일에) 익숙하다, 능하다, 잘 알다: ~兵. 군사에 능숙하다. ㉶늘, 항상, 언제나: ~见. 늘 보다, 눈에 익다./~闻. 늘 듣다. ③버릇, 습관: 积~. 오래된 버릇, 인습./铲除不良~气. 나쁜 습성을 고치다(없애다)./恶~. 악습.

嶍 xí (습) 〔嶍峨〕(-é) 습아, 산이름, 운남성에 있음.

鳛 xí (습) ①미꾸라지. ②〔鳛水〕 습수, 현이름, 귀주성에 있음. 지금은 〈习水〉라고 함.

席(蓆) xí (석) ①(-子、-儿) 노전, 삿자리, 삿, 돗자리, 깔개. ②(앉는) 자리, 좌석: 出~. 출석하다./缺~. 결석하다./入~. 자리에 들어앉다. ③연회: 摆了两桌~. 두상을 차리다.

觋 xí (격) 남자무당, 박수.

袭(襲) xí (습) ①습격하다: 夜~. 밤에 습격하다./空~. 공습, 공중습격. ②이전대로 하다, 전례를 따르다, 답습하다: 因~. 재래의 습관과 례절을 따르다. /沿~. 답습하다./世~. 세습. ③단위명사. 벌: 衣一~. 옷 한벌.

媳 xí (식) 며느리. 〔媳妇〕(-fù) 며느리. 〔媳妇儿〕(-fur) 1. 안해: 兄弟~~~. 동생의 처, 제수. 2. 색시.

隰 xí (습) 진펄, 낮고 습한 땅.

檄 xí (격) 〔檄文〕 격문.

洗 (1) xǐ (세) ①씻다, 빨다([련]-涤): ～衣服. 옷을 빨다./～脸. 세수를 하다. 〔洗手〕 손을 씻다. [유](도적질하는 등의) 나쁜짓에서 손을 떼다. ②말끔히 없애버리다, 숙청하다: 清～. 숙청하다. ③(필림을) 현상하다: ～胶卷. 필림을 현상하다. ④(침략자 또는 반동들이 점령한 지대의 주민들을) 모조리 죽이다, 살해하다: ～城. 도시주민들을 싹 쓸어 죽이다, 도시에 대해 대학살을 감행하다. 〔洗礼〕 1. 세례. 2. 어렵고 힘든 고비를 당하는것: 战斗的～～. 싸움의 어려운 고비를 겪다. (2) xiǎn →475페지.

铣 (2) xǐ (선) 후라이스로 깎다: ～床. 후라이스반./～刀. 후라이스./～汽缸. 나들개통을 깎다. (1) xiǎn →475페지.

枲 xǐ (시) (수꽃이 피는) 삼, 대마.

玺(璽) xǐ (새) 도장. 진나라 이후로부터 임금의 도장만 가리킴.

徙 xǐ (사) 옮기다, 이사하다, 이동하다.

蓰 xǐ (사) 다섯곱, 다섯배: 倍～. 몇배, 몇곱절.

屣 xǐ (사) 신, 신발.

喜 xǐ (희) ①기뻐하다, 즐거워하다([련]-欢、欢-): ～出望外. 기쁜 일이 뜻밖에 생기다, 생각지도 않았던 기쁨, 반가와서 어쩔줄 모르다. ②경사, 혼사: 要节约办～事. 혼사를 절약해서 치러야 한다. ③임신: 她有～了. 그녀가 잉태하였다, 그가 임신했다. ④좋아하다, 사랑하다: ～闻乐见. 듣기 좋아하고 보기 좋아하다, 즐겨 보고 즐겨 듣다.

禧 xǐ (희) ①(옛음 xī) 복, 행복. ②기쁜 일, 경사: 年～. 설명절./新～. 새해의 복, 새해의 즐거움.

蟢 xǐ (희) (-子) 갈거미.

葸 xǐ (사) 겁나다, 무섭다, 두렵다: 畏～不前. 두려워서 전진하지 못하다.

戏(戲) (1) xì (희) ①놀이, 장난, 유희: 集体游～. 집단유희./不要当做儿～. 아이들장난으로 간주하지 말아야 한다. ②놀려주다, 희롱하다, 조롱하다, 익살부리다, 롱질하다: ～言. 롱담. ③극, 교예: 看～. 극을 보다, 극을 구경하다./唱～. 가극 또는 지방극을 공연하다./听～. 가극을 구경하다./马～. 동물교예, 곡마. /皮影～. 인형극. (2) hū →171페지.

饩(餼) xì (희) ①(옛날) 제사에 쓰거나 선물로 주는 짐승. ②(알곡, 사료, 짐승 따위를) 선물로 주다.

系(係、繫) (1) xì (계) ①밀접히 련결된것, 계렬, 계통: ～统. 계통./一～列事实. 일련의 사실./水～. 물줄기, 수계./世～. 대대로 내려오는 혈통. ②학부: 中文～. 중문학부./

化学～. 화학학부. ③관계되다: 干～. 관련, 관계, 련루. ④매다, 매달다: ～马. 말을 매다./～船. 배를 매다. [파]걱정하다, 근심하다: ～念. 근심하다, 걱정하다. 〔联系〕련계하다: 时常和他～～. 늘 그와 련계하다. ⑤…이다: 确～实情. 사실이 틀림없다. ⑥매달다, 매여달아서 아래로 내리드리우다, 달아올리다, 달아내리다: 从房上把东西～下来. 지붕에서 물건을 아래로 달아내리다. (2) jì →193페지.

屃(屭) xì (희) → 23 페지 〈赑〉의 〈赑屃〉(bì-).

细 xì (세) ① 1. 작다, 사소하다, (알이) 잘다, 보드랍다. ↔〈粗〉: ～沙. 보드러운 모래./～末. 보드라운 가루. 2. 가늘다. (폭이) 좁다: ～竹竿. 가는 참대장대./～铅丝. 가는 연선, 가는 휴즈선. 3. (가공된것이) 섬세하다, 정밀하다, 매끈하다: 江西～瓷. 강서의 섬세한 도자기./这块布真～. 이 천은 아주 발이 가늘다. 4. (소리가) 가늘다, 약하다: 嗓音～. 목소리가 가늘다. 5. 세밀하다, 깐깐하다, 자세하다, 찬찬하다, 면밀하다: 胆大心～. 대담하고 찬찬하다./精打～算. 세밀히 타산하다, 꼼꼼히 계산하다./深耕～作. (논밭을) 깊이 갈고 알뜰하게 다루다. ②깐지다: 他过日子很～. 그는 살림을 아주 깐지게 꾸린다. ③자질구레하다: ～节. 사소한 부분, 사소한 고리, 사소한 경위, (문학의) 세부묘사.

盻 xì (혜) (성난 눈으로) 쏘아보다.

咥 (1) xì (질, 희) 몹시 웃다, 크게 웃다. (2) dié →93페지.

郤 xì (극) ①〈隙〉와 같음. ②사람의 성.

绤 xì (격) 칡섬유로 거칠게 짠 천, 칡베, 거칠게 짠 갈포.

阋(鬩) xì (혁) 말다툼하다, 싸우다. 〔阋墙〕형제끼리 말다툼하다. [유]서로 의가 맞지 않다.

舄 xì (석) ①신, 신발. ②〈潟〉와 같음.

潟 xì (석) 소금기가 많은 땅, 알칼리성토양, 간석지: ～卤. 알칼리성토양.

隙 xì (극) ①틈, 틈바구니, 틈서리, 짬: 墙～. 벽틈./门～. 문짬. [유] 1. (감정상의) 사이, 관계: 有～. 사이가 벌어지다. 2. 빈틈, 사이, 기회: 乘～. 빈틈을 타다, 기회를 타다. ②비다, 아무것도 없다: ～地. 빈자리, 빈땅, 공지.

禊 xì (계) (옛날) 봄철, 가을철에 강변에 가서 지내는 제사.

滃 xì (흡) 콸콸(물이 급하게 흐르는 소리).

XIA

呷 xiā (합) (조금씩) 마시다: ～茶. 차물을 마시다./～一口酒. 술을 한모금 마시다.

虾(蝦) (1) xiā (하) 새우. (2) há →158페지.

瞎 xiā (할) ①눈이 멀다, 보지 못하다. ②마구, 함부로, 허투로: ～忙. 헛수고하다, 공연히 바삐 돌아치다./～说八道. 허투루 말하다, 마구 지껄이다, 함부로 줴치다.

③헝클어지다, 뒤엉키다: 把线弄～了. 실을 헝클어놓았다.

匣 xiá (갑) (-子、-儿) 함, 작은 상자, 갑. 〔话匣子〕 1. 축음기를 속되게 이르는 말. 2. 말보, 말주머니, 이야기주머니.

狎 xiá (압) 스스럼없다, 무람없다, (친근하여) 버릇없다: ～侮. 버릇없이 놀다, 스스럼없이 장난하다.

柙 xiá (합) 사나운 짐승을 가두는 우리, 수인차, 함거(중한 죄수를 압송하는 수레).

侠(俠) xiá (협) 의협심이 있는 사람 또는 그런 행동: 武～. 협객, 의협심으로 불타는 사람. /～客. 협객, 의협심이 강한 사람.

峡(峽) xiá (협) 골짜기, 협곡: 三～. 3협. 〔地峡〕 지협: 马来半岛有克拉～～. 말레이반도에 크라지협이 있다. 〔海峡〕 해협: 台湾～～. 대만해협.

狭(狹、陜) xiá (협) 좁다 (㊃-窄、-隘): 地方太～. 장소가 너무 좁다, 자리가 너무 좁다, 지역이 너무 좁다. /～隘的爱国主义. 협애한 애국주의. /～路相逢. 원쑤를 외나무다리에서 만나다.

硖(硤) xiá (협) 〔硖石〕 협석, 땅이름, 절강성 해녕현에 있음.

遐 xiá (하) ①멀다: ～迩. 먼곳과 가까운 곳, 여기저기, 사방. /～方. 먼곳. ②오래다, 매우 길다, 유구하다: ～龄. 오래 살다, 나이가 많다, 고령.

瑕 xiá (하) 옥의 흠, 티. ㊀결함, 흠집(㊃-疵): ～瑜互见. 우점도 있고 결함도 있다.

暇 xiá (가) 한가한 시간, 겨를, 틈, 짬: 得～. 틈을 얻다. /无～. 짬이 없다. /自顾不～. 자기를 돌볼 짬도 없다.

霞 xiá (하) 노을: 朝(zhāo)～. 아침노을. /晚～. 저녁노을.

辖(鎋、舝) xiá (할) ①(바퀴의) 비녀장, 굴대비녀장. ②관리하다(㊃管-): 直～. 직접 관할하다, 직할. /统～. 통괄하다.

黠 xiá (힐) ①똑똑하다, 령리하다, 재치있다: 慧～. 령리하다. ②교활하다: 狡～. 교활하다.

下 xià (하) ①아래, 밑. ↔〈上〉: 楼～. 다락밑, 아래층. /山～. 산밑, 산아래. /～面. 아래. /～部. 아래부분, 하부. ㉠ 1. 다음차례, 뒤, 후: ～篇. 하편. /～卷. 하권. /～月. 다음달. 2. 급이 낮다: ～级服从上级. 하급이 상급에 복종하다. *겸손한 말: ～情. 나의 마음, 저의 사정. /正中(zhòng)～怀. 제 마음에 꼭 맞습니다. 3. 질이 낮다: ～品. 질이 낮은 물건, 하등품. /～策. 보잘것없는 꾀, 하책. ②(우에서 아래로) 내리다, 내려가다, 떨어지다: ～山. 산을 내리다. /～楼. 층층계를 내리다. ㉠1. (안으로) 들어가다: ～狱. 감옥에 들어가다. /～水. 물에 들어가다. 2. (일을 끝내고) 물러가다: ～班. 퇴근하다. /～课. 수업을 끝내다, 수업이 끝나다. 3. …로 가다: ～乡. 농촌으로 가다. /～江南.

강남으로 가다. 4. (편지를) 보내다, (명령을) 내리다: ～书. 편지를 보내다. /～令. 명령을 내리다. 5. 아래로 내려보내다: ～达. 아래로 내려보내다, 하달하다. /权力～放. 권력을 아래로 내려보내다. 6. 내리다: ～雨. 비가 내리다. /～雪. 눈이 내리다. ③덜다, 감하다: 1. 부리다: ～货. 짐을 부리다. 2. 제거하다: ～火. 열을 제거하다. /～泥. (옷의) 때를 씻다. ④(힘을) 쓰다, 대다: ～工夫. 노력하다, 공을 들이다. ⑤격파하다, 함락시키다: 连～数城. 연거퍼 여러 도시를 함락시키다. /攻～. 공격하여 함락시키다. ⑥양보하다: 各不相～. 서로 양보하지 않다. ⑦명사뒤에 쓰임. 1. 일정한 범위, 정황, 조건을 나타냄. 가운데, 속에: 言～. 말가운데. /意～. 마음속에, 생각에. /都～. 서울안에 2. 때, 시기, 시절을 나타냄: 年～. 새해에 들어서서 (음력설에서 보름사이). /节～. 명절때. ⑧동사뒤에 쓰임. 1. 관계를 나타냄. 밑에서, …로 하여: 培养～. 양성에 의하여. /指导之～. 지도밑에서. /鼓舞～. 고무로 하여. 2. 행동의 결속 또는 결과를 나타냄: 打～基础. 기초를 쌓다, 토대를 마련하다. /准备～材料. 재료를 준비하다. 3. 〈来〉〈去〉와 합쳐서 행동의 방향 또는 지속을 나타냄: 滑～去. 미끄러내려가다. /慢慢停～来. 천천히 멎다. /念～去 계속 읽다. ⑨(-子、-儿) 단위명사. 번, 회(동작의 회수): 打十～. 열번 치다. /把轮子转两～. 바퀴를 두번 돌리다. ⑩새끼를 낳다, 알을 낳다: 猫～小猫了. 고양이가 새끼를 낳았다. /鸡～蛋. 닭이 알을 낳다. ⑪(어떤 수에) 모자라다, 적다: 不～三百人. 300명이 잘되다.

吓(嚇) (1) xià (하) 놀라다, 무서워하다. 놀래우다, 무섭게 하다: 任何困难也～不倒英雄汉. 어떠한 곤난도 영웅호걸을 놀래울수 없다. 〔吓唬〕(-hu) 놀래우다, 위협하다, 무섭게 하다: 你别～～人. 사람을 위협하지 마시오, 놀래우지 마시오. (2) hè →166페지.

夏 xià (하) ①여름, 여름철. ②〔华夏〕 중국의 옛이름. ③하나라(중국의 옛 나라이름). 〔夏历〕 음력.

厦(廈) (2) xià (하) 〔厦门〕(-mén) 하문, 땅이름, 복건성에 있음. (1) shà →388페지.

唬 (2) xià (호) 〈吓〉와 같음. (1) hǔ →173페지.

罅 xià (하) ①틈, 틈바구니, 틈새, 짬: 云～. 구름사이. /老松生于石～. 큰 소나무가 바위짬에 솟아있다. ②〔罅漏〕 빈틈, 탈락, 빠짐.

XIAN

仙(僊) xiān (선) (전설의) 신선.

氙 xiān 크세논(원소기호 Xe).

籼(秈) xiān (선) 메벼: ～米. 멥쌀.

先 xiān (선) ①먼저, 앞서, 우선, 처음, 앞: 占～. 앞서 나가다, 앞장서다. /首～. 우선, 먼저, 처음. /抢～一步. 한걸음 앞서다. /争～

恐后. 뒤떨어질세라 앞을 다투다. 〔先天〕 선천적인것, 타고난것: ～～不足. 선천부족, 배안의 병신, 원래 기초가 약하다. 〔先进〕 선진적, 앞선 사람, 선진분자. 〔先生〕(-sheng) 1. 선생. 2. (자기 남편이나 다른 남자들을 존경하여) 주인님, 세대주. 3. 의사. ②선조, 조상, 웃대 ③죽은 사람에 대한 존칭: 革命～烈. 혁명선렬.

酰 xiān 아실기.

纤(纖) (2) xiān (섬) 매우 가늘고 작다, 털끝만하다, 세소하다. 〔纤维〕 섬유. 〔纤尘〕 먼지, 티: ～～不染. 티도 묻지 않다. (1) qiàn →359페지.

跹(躚) xiān (선) 〔蹁跹〕 (pián-) ① 너울거리다, 너울거리며 춤추다. ②비틀거리다. 〈翩跹〉이라고도 함.

忺 xiān (흔) 마음에 들다, 흐뭇하다.

掀 xiān (흔) 열다, 벗기다, 제끼다: ～锅盖. 가마뚜껑을 열다./～帘子. 문발을 제끼다(쳐들다). [파]일으키다, 불러일으키다: ～起高潮. 고조를 일으키다.

锨(杴、枚) xiān (험) 삽.

袄 xiān (천) 불을 섬기는 교, 배화교(拜火教).

莶(薟) xiān (렴) →467페지 〈豨〉의 〈豨莶〉(xī-).

铦 xiān (섬) ①옛날무기의 한가지. ②예리하다, 날카롭다.

鲜 (1) xiān (선) ①생생하다, 새롭다, 신선하다([련]新-): ～果. 신선한 과일./～花. 생생한 꽃, 생화./～肉. 신선한 고기, 갓 잡은 고기./～血. 선지피, 붉은피, 선혈. ②(맛이) 좋다, 산뜻하다, 달다: 这汤真～. 이 국은 참 달다, 이 국은 정말 시원하다. ③(빛갈이) 곱다, 눈부시다, 산뜻하다, 선명하다: ～红的旗帜. 새빨간 기발, 붉은기발./颜色十分～艳. 색갈이 매우 산뜻하고 아름답다. ④신선한 음식, 생생한 음식, 새 음식: 尝～. 새 음식을 맛보다. 〔鲜卑〕(-bēi) 선비, 옛날 중국 북방에 살던 민족이름. (2) xiǎn →476페지.

暹 xiān (섬) 〔暹罗〕 샴(오늘의 타이).

闲(閒) xián (한) ①할 일이 없다, 하는 일이 없다, 한가하다([련]-暇): 没有～工夫. 겨를이 없다, 한가한 시간이 없다. [파]쓰지 않고 놀리다, 내버려두다: ～房. 빈방, 빈집./机器别～着. 기계를 놀리지 마시오. ②(본신사업과) 관계없다, 쓸데없다: ～谈. 쓸데없는 말을 하다, 한담하다./～人免进. 볼일없는 사람은 들어오지 말것, 무용자출입금지. 〔闲话〕 1. 쓸데없는 말, 실없는 말, 잡담, 심심풀이하는 말, 한담. 2. 뒤에서 하는 불평, 뒤소리, 뒤시비: 不要讲别人的～～. 남의 뒤소리는 하지 말아야 한다, 남의 뒤시비질을 하지 말아야 한다. ③울타리. ④막다: 防～. 방비하고 제한하다, 막아나서다, 막아 금지하다.

娴(嫻) xián (한) ① 익숙하다, 능란하다(㊀-熟): 技术～熟. 기술이 능란하다. ②고상하다, 우아하다, 아담하다, 얌전하다.

鹇(鷳) xián (한) 백한.

痫(癇) xián (간) 癫(diān)～. 지랄병, 전간병, 간질.

贤(賢) xián (현) ① 어질고 덕망이 높다, 현명하다: ～明. 현명하다. /任人唯～. 덕성이 높은 사람을 쓴다. ②아래사람을 존대하여 이르는 말: ～弟. 아우님. /～侄. 조카님.

弦(絃) xián (현) ①활줄, 활시위. ②(활모양의) 반달: 下～. 그믐달. /上～. 초생달. ③수학명사. 활줄, 줄, 현. ④(-儿)(악기의) 줄, 현. 〔弦子〕(-zi) 〔三弦〕 삼현금. ⑤(시계의) 태엽: 表～断了. 시계태엽이 끊어졌다.

舷 xián (현) 배전.

挦(撏) xián (심) (털을) 쥐여뜯다, 잡아채다, 뽑다: ～鸡毛. 닭털을 뽑다. /～扯. 잡아뽑다, 잡아채다.

咸(鹹) xián (함) ① 모두, 다, 전부: 少长～集. 젊은이와 늙은이가 모두 모였다. /～知其不可. 그러면 안된다는것을 다 알고있다. ②짜다. ↔〈淡〉: ～菜. 짠지.

涎 xián (연) 침, 군침: 流～. 침을 흘리다. /垂～三尺. (탐내여) 군침을 흘리다, 군침을 삼키다.

衔(啣) xián (함) ①(말의) 자갈. ②(입에) 물다: 燕子～泥. 제비가 흙을 물어오다. ㊁1. (마음에) 품다: ～恨. 원한을 품다. 2. (명령을) 받다, 받들다: 〔衔接〕 서로 잇달리다, 맞물리다, 꼬리를 물다. ③(-儿)(행정, 군사, 학술 등 계통 사람의) 직위 또는 그 직위의 이름, 직함: 职～. 직함. /军～. 군사칭호. /学～. 학위.

嫌 xián (혐) ①의심, 혐의: 避～. 혐의를 피하다. ②역겨워하다, 싫어하다, 맞갖잖게 생각하다, 꺼리다, 미워하다, 나빠하다: 讨人～. 역겹다. /这种布很结实,就是～太厚. 이런 천이 질기기는 하지만 너무 두꺼운것이 흠이다.

狝(獮) xiǎn (선) (옛날) 가을철사냥.

冼 xiǎn (선) 사람의 성.

洗 (2) xiǎn (선) 〈冼〉과 같음. (1) xǐ →470페지.

铣 (1) xiǎn (선) 광택이 나는 금속. 〔铣铁〕 무쇠, 선철. (2) xǐ →470페지.

筅(箲) xiǎn (선) (참대로 만든) 솔솔.

跣 xiǎn (선) 발을 벗다, 맨발 벗다: ～足. 맨발.

显(顯) xiǎn (현) ① 뚜렷하다, 명백하다: ～而易见. 쉽게 볼수 있다, 뚜렷이 보이다, 분명히 알리다. /这个道理很～然的. 이 도리는 아주 뚜렷한것이다. ②보이다, 나타내다, 드러내다, 시위하다: ～示. 뚜렷이 보여주다, 과시하다. /～微镜. 현미경. /没有高山，不～平地. 높은 산이 없으면 평지가 뚜렷이 알리지 않는다. ③(지난날) 이름 높다, 지위가 높다: ～宦. 높은 벼슬아치. ④존경하는 말투: ～考. 돌아가신 아버지. /～妣. 돌아가신 어머니.

险(險) xiǎn (험) ① 위험하다, 위태롭다, 험하다: 冒～. 모험하다. /保～. 보험, 안전하다, 위험하지 않다, 실수하지 않다. /脱～. 위험에서 벗어나다. ② 위험: ～症. 위태로운 병세, 위험한 병증상. /～境. 위험한 지경, 위험지대. /好～. 몹시 위태하다. ③요새: 天～. 천연요새. ④음흉하다: 阴～. 음흉하다. /～诈. 음흉하고 교활하다. ⑤하마트면, 자칫하면. ～遭不幸. 자칫하면 불행한 일이 생길번했다. /～些掉在河里. 하마트면 강에 빠질번했다.

猃(獫、玁) xiǎn (험) 〔猃狁〕(-yǔn) 험윤, 옛날 중국 북방민족의 이름, 후에 〈흉노〉라고 불렀음.

蚬 xiǎn (현) 가막조개.

鲜(尟、尠) (2) xiǎn (선) 적다, 드물다: ～见. 보기 드물다. /～有. 희귀하다, 드물다. (1) xiān →474페지.

藓 xiǎn (선) 이끼.

燹 xiǎn (희, 선) 불, 들불, 산불: 兵～. 전쟁의 불길.

见(見) (2) xiàn (현) 〈现①②〉와 같음. (1) jiàn →202페지.

苋 xiàn (현) 비름.

岘 xiàn (현) 〔岘山〕 현산, 땅이름, 호북성에 있음.

现 xiàn (현) ①나타나다, 드러나다: 出～. 나타나다. /～了原形. 정체를 드러내다. 〔现象〕 현상. 〔实现〕 실현하다: 又一个五年计划～～了. 또 하나의 5개년계획이 실현되였다. ②지금, 현재: ～况. 지금 형편, 현상태. /～代化工业. 현대화공업. [파]그때, 당장: ～趸～卖. 그때그때 사다가 팔다. /～成的. 이미 만들어진것, 이미 다되여있는것. ③실지로 가지고있는것, 현재 가지고있는것: ～金. 현금. /～钱买～货. 현금을 주고 현물을 사다.

县(縣) xiàn (현) 현, 성급이하의 행정구역이름. 〈고〉〈悬〉(xuán)과 같음.

限 xiàn (한) ①기한, 말미, 끝: 给你三天～. 너에게 3일간의 말미를 준다. ②기한, 한도, 제한: ～三天完工. 3일동안에 일을 끝내야 한다. /作文不～字数. 작문은 글자수를 제한하지 않는다. 〔限制〕 제한하다.

线(綫) xiàn (선) ①실, 줄, 선: 绵～. 무명실. /电～. 전기줄. /毛～. 털실. [유]오리, 줄기, 가닥: 一～希望. 한가닥의 희망. 〔线索〕 [유]실머리, 실마리, 단서: 那件事情有了～～. 그 일은 실마리가 보인다, 그 일의 단서를 잡았다. ②선: 直～. 직선. /曲～. 곡선. ③길, 선, 선로: 光～. 광선. /航～. (비행기나 배의) 항로./京广～. 북경-광주선, 경광선./战～. 전선./生命～. 생명선./紫外～. 자외선.

宪(憲) xiàn (헌) ①법령: ～章. 헌장. ②헌법: 立～. 헌법을 세우다. 〔宪法〕1. 헌법. 2. 한 부문에서의 방침, 원칙, 규정: 八字～～. 8자헌법.

陷 xiàn (함) ①빠지다, 빠져들어가다: ～到泥里去了. 진탕속에 빠져들어가다. 〔陷阱〕함정. ㊄사람을 해치는 음모. ②꺼져들어가다: 两眼深～. 두눈이 푹 꺼져들어가다. ③모해하다, 죄를 들씌우다: ～害. 사람잡다, 모해하다./诬～. 무함하다. ④격파하다, 점령하다, 함락하다: 冲锋～阵. 돌격하여 적의 진지를 함락시키다.

馅 xiàn (함) (-子、-儿) (떡이나 빵속에 넣는) 소, 속: ～儿饼. 소를 넣은 군떡.

羡(羨) xiàn (선) 부러워하다, 탐내다: ～慕. 부러워하다, 흠모하다./～妒. 샘내다, 질투하다.

綫 xiàn (선) 〈线〉과 같음.

腺 xiàn (선) 선, 샘: 汗～. 땀샘./泪～. 눈물샘./扁桃～. 편도선./淋巴～. 림파선.

镍 xiàn 쇠줄.

献(獻) xiàn (헌) 드리다, 증정하다: ～花. 꽃다발을 드리다, 헌화하다./～礼. 선물을 드리다, 헌례하다./把青春～给祖国. 청춘을 조국에 바치다. ㊇나타내다, 보이다, 표현하다: ～技. 재주를 보이다./～殷勤. 정성스러움을 보이다, 잘 보이려 하다, 알랑거리다, 아첨하다.

霰 xiàn (선) 싸락눈.

XIANG

乡(鄉) xiāng (향) ①시골, 농촌, 향: 他下～了. 그는 농촌에 내려갔다./城～交流. 도시와 농촌간의 교류. ②고향: 故～. 고향./还～. 고향으로 돌아가다./同～. 한고향사람. 〔老乡〕한고장내기. ③향(행정구역의 단위, 현이하에 있음).

芗(薌) xiāng (향) ①맛을 돋구는 향초. ②〈香〉과 같음.

相 (1) xiāng (상) ①서로, 상호(㊅互-): ～助. 서로 돕다./～亲～爱. 서로 사랑하다./言行～符. 말과 행동이 서로 맞다. ㊇동사의 앞붙이(행동, 방향): ～信. 믿다, 신임하다. /～烦. (일을) 부탁하다, 폐를 끼치다. 〔相当〕1. 대등하다, 비슷하다: 年纪～～. 년령이 비슷하다. 2. 꽤, 퍽그나, 상당히: 这首诗写得～～好. 이 시는 꽤 잘 썼다. 〔相对〕↔〈绝对〉. 상대적이다. ②잘 보다, 직접 보다, 선보다: ～中. 마음에 들다./左～右看. 이리저리 잘 살펴보다. (2) xiàng → 480페지.

厢(廂) xiāng (상) ①곁채, 옆채, 사랑채: 东～房. 동쪽사랑채./西～. 서쪽사랑채. ㊇쪽, 켠, 편: 这～. 이쪽./两～.

량권. ②성문밖에 련결된 거리: 城～. 성안과 성밖의 거리./关～. 성바깥거리. ③(지난날) 극장의 특별좌석: ～座. 특별석./包～. 특별석. ④(사람을 태우는) 차간: 车～. 차간, 바곤.

湘 xiāng (상) ①〔湘江〕상강, 강이름, 광서쫭족자치구에서 발원하여 호남성을 거쳐 동정호로 흘러들어감. ②호남성의 별칭.

缃 xiāng (상) 연한 노란색, 노르스름한 색.

箱 xiāng (상) ①(-子)상자, 궤: 木～. 나무상자. ②트렁크, 통: 信～. 우편함, 우체통./皮～. 트렁크./风～. 풀무. ③〈厢④〉와 같음.

香 xiāng (향) ①향기롭다, 맛있다, 고소하다. ↔〈臭〉: ～花. 향기로운 꽃./饭～. 밥이 맛있다. [유]1. (잠을) 달게 자다, 편안하다: 睡得正～. 달게 자다./吃得～. 맛있게 먹었다, 잘 먹었다. 2. 인기가 있다. 평판이 좋다: 这种货在农村～得很. 이런 상품은 농촌에서 인기를 끈다(평판이 좋다). ②향, 향내: 檀～. 단향목. *특히 향을 가리킴: 线～. 선향./蚊～. 모기향.

襄 xiāng (양) 돕다, 방조하다: ～办. 도와서 처리하다, 처리하도록 도와주다./～理. 처리하도록 돕다, 도와서 처리하게 하다.

骧 xiāng (양) 말이 머리를 쳐들다, 내닫다.

瓖 xiāng (양) 〈镶〉과 같음.

镶 xiāng (양) 끼워박다, 박아넣다, 가에 선을 두르다: ～牙. 이를 해넣다./在衣服上～一道红边. 옷에 붉은 줄을 두르다./金～玉嵌. 금과 옥을 박아넣다.

详 xiáng (상) ①자세하다, 상세하다, 세밀하다([련]-细): ～谈. 상세하게 이야기하다./～解. 자세히 해석하다. 상세한 해석./不知～情. 자세한 형편을 모르다, 구체적인 사정을 모르다. ②잘 알다, 똑똑히 알다: 内容不～. 내용을 잘 모르다. ③해설하다, 설명하다: 余再～. 나머지는 다시 설명할것이다./内～. 속에 (설명이) 씌여있다.

庠 xiáng (상) (옛날의) 글방, 학교.

祥 xiáng (상) ①상서롭다([련]吉-): 吉～. 상서롭다. ②(좋은 일과 나쁜 일의) 기미, 조짐(미신에서): ～兆. 상서로운 징조.

降 (2) xiáng (항) ①항복하다, 투항하다: 宁死不～. 죽을지언정 항복하지 않는다. ②제압하다, 정복하다, 굽어들게 하다, 없애버리다, 박멸하다: ～龙伏虎. 그 어떤 강적도 굽어들게 하다. (1) jiàng →206페지.

翔 xiáng (상) (날개를 펼치고) 맴돌다, 맴돌아치다: 滑～. (공기의 힘을 리용하여) 떠다니다, 활공하다./飞～. 날아예다. 〔翔实〕상세하고 확실하다.

享 xiǎng (향) 누리다, 가지다, 향유하다, 혜택을 받다: ～福. 복을 누리다, 편안히 여생을 보내다./每个公民都～有选举权. 공민마다 모두 선거권이 있다.

响(響) xiǎng (향) ①(-儿) 소리: 听不见~儿了. 소리를 들을수 없다. ②소리가 나다, 울리다: 大炮~了. 포소리가 울리다./钟~了. 종소리가 나다./一声不~. 한마디도 하지 않다. ③쟁쟁하다, 우렁차다: 这个铃真~. 이 종은 소리가 매우 쟁쟁하다./声音~亮. 소리가 우렁차다. ④울림, 반응, 반향: 如~斯应. 반응이 매우 빠르다. 〔响应〕(-yìng) 응하다, 호응하다: ~~祖国的号召. 조국의 호소에 호응하다.

饷(饟) xiǎng (향) ①(낡은 사회에서 군대나 경찰 따위들의) 봉급: 领~. 봉급을 타다, 봉급을 받다./关~. 봉급을 받다. ②〈飨①〉와 같음.

蚃(蠁) xiǎng (향) 굼벵이. 〈地蛹〉이라고도 함.

飨(饗) xiǎng (향) ①(술이나 음식으로) 대접하다: ~贵宾. 귀빈을 대접하다./以~读者. 독자들의 요구에 만족을 드리려고 하다. ②〈享〉과 같음.

想 xiǎng (상) ①생각하다, 머리를 쓰다: 我~出一个办法来. 나는 한가지 방도를 생각해냈다. [파]1. 예측하다, 예상하다, …것 같다, 인정하다: 我~他不来了. 내 생각에는 그가 오지 않을것 같다./我~这么做才好. 내 생각에는 이렇게 하면 좋을것 같다. 2. …하려고 한다, …하고싶다, 바라다, 희망하다: 他~去学习. 그는 공부하려고 한다./要~学习好，就得努力. 공부를 잘하려면 노력을 해야 한다. ②그리워하다, 잊지 않고있다: 时常~着前方的战士. 늘 전방의 전사들을 잊지 않고있다, 항상 전방의 전사들을 그린다.

鲞(鮝) xiǎng (상) (밸을 따서) 말린 물고기.

向(嚮、曏) xiàng (향) ①(앞을) 향하다, …을 향하여, …에 대하여, …에 따라: 这间房子~东. 이 집은 동향으로 앉았다./~前看. 앞을 보다./~工农兵学习. 로농병을 따라배우다. 〔向导〕 인도하다, 길을 안내하다, 길안내자. ②방향, 목표: 我转(zhuàn)~(认错了方向)了. 나는 길을 잘못 들었다, 나는 방향을 잃었다./方~错了. 방향이 틀렸다. [파]의향, 지향: 志~. 지향./意~. 의향. ③두둔하다, 역성들다, 편들다: 偏~. 편향, 편역을 들다, 역성을 들다. ④이전, 종전: ~日. 이전, 종전, 그전./~者. 종전, 그전, 그전에. [파]처음부터 지금까지, 원래부터, 종래로, 여태까지: 本处~无此人. 여기에는 이런 사람이 (종래로) 없다. 〔向来〕〔一向〕 종래로, 여태까지, 원래부터: 他~~不喝酒. 그는 종래로 술을 마시지 않는다.

项 xiàng (항) ①목덜미, 목. ②(사물의) 종류, 가지, 조목, 조항, 항: 三大纪律，八~注意. 3대규률과 8항주의./事~. 사항./~目. 항목. [전]돈, 금액, 비용, 경비([련]款-): 用~. 경비, 비용./进~. 수입금/欠~. 빚.

巷 (1) xiàng (항) 골목, 골목길: 大街小~. 거리와 골목. (2)

hàng →162페지.

相 (2) xiàng (상) ①(-儿)걸모양, 생김새, 얼굴, 모양, 용모, 몰골, 꼴, 사진(련-貌): 长得很喜～. 매우 애교있게 생겼다./凶～. 흉악한 몰골./照～. 사진을 찍다. ②보다, 관찰하다, 살펴보다: ～马. 말의 좋고나쁨을 보고 구별하다, 말의 생김새를 보다./～机行事. 기회를 보아 행동하다./人不可貌～. 사람은 얼굴만 보아서는 안된다. ③돕다, 보좌하다.〔相声〕 재담.(1) xiāng →477페지.

象 xiàng (상) ①코끼리. ②모양, 형태, 현상(련形-): 景～. 모습, 현상, 정경, 과정./万～更新. 만가지 현상이 새롭게 갱신되다.〔象征〕 상징하다. ③〈像〉과 같음.

像 xiàng (상) ①닮다, 비슷하다, 상사하다: 他很～他的母亲. 그는 신통히도 그의 어머니를 닮았다.〔好像〕 마치 …과 같다: 我～～见过他. 나는 그를 본것 같다. ②초상: 画～. 초상을 그리다, 초상화./塑～. 조각상, 석고상. ③례컨대, 례하면, 비유한다면: ～这样的事是值得注意的. 례컨대 이러한 일은 주의를 돌려야 한다. 〈像〉은 이미 〈象〉으로 간소화하였음. 그러나 〈像〉과 〈象〉의 뜻이 혼돈될 때에는 여전히 〈像〉자를 씀.

橡 xiàng (상) ①도토리나무, 상수리나무.〔橡子〕 도토리, 상수리. ②고무나무.〔橡皮〕 1. 고무. 2. 고무지우개.〔橡胶〕 고무. 〈树胶〉라고도 함.

蟓 xiàng (상) 누에. 〈蚕〉의 옛이름.

XIAO

肖 (2) xiāo (소) 〈萧〉와 같음. 사람의 성. (1) xiào →482페지.

削 (1) xiāo (삭) (칼로) 깎다, 잘라내다: ～铅笔. 연필을 깎다./把梨皮～掉. 배껍질을 깎아버리다. (2) xuē →497페지.

消 xiāo (소) ①녹다, 풀리다, 사라지다, 없어지다, 소실되다: 冰～. 얼음이 풀리다, 얼음이 녹다./烟～火灭. 연기가 사라지고 불이 꺼지다.〔消化〕 소화하다, 소화. ㊥배운 지식을 리해하고 습득하다. ②없애다, 제거하다(련-灭): ～毒. 독을 없애다, 소독하다./～炎. 염증을 없애다, 소염하다, 소염./～灭害虫. 해충을 소멸하다.〔消费〕 소비하다, 소비.〔消极〕 소극적이다. ↔〈积极〉: ～～因素. 소극적인 요소./～～态度. 소극적인 태도.〔消息〕 소식, 기별. ③시간을 보내다: ～夜. 밤을 보내다./～夏. 여름을 보내다. ④필요하다, 수요하다: 不～说. 말할 필요가 없다.

宵 xiāo (소) 밤: 通～. 온밤.〔元宵〕 1. 정월보름날 밤. 2. 정월 대보름날에 먹는 오그랑이, 원소.

逍 xiāo (소) 〔逍遥〕(-yáo) 자유롭게 거닐다, 아무런 구속도 받지 않다: ～～自在. 자유롭게 행동하다, 아무런 구속도 받지 않다.

绡 xiāo (초) ①생명주실, 생실. ②생초(생명주실로 짠 천).

硝 xiāo (초) ①광물이름: 1. 초석. 2. 박초. ②박초로 가죽을 이기다: ～一块皮子. 박초로 가죽(한쪼박)을 이기다.

销 xiāo (소) ①(금속이) 녹다, 용해되다. 〔销毁〕 녹여 없애버리다, 파괴해버리다, 없애버리다. ②해제하다, 제거하다, 취소하다, 철퇴하다: ～假. 휴가를 취소하다, 휴가를 마치고 돌아와 책임자에게 보고하다. /报～. 청산하여 채권관계를 없애다, 청산하다, 결산하다. /撤～. 취소하다, 철소하다. /开～(비용을) 지출하다, 비용. ③팔다, 판매하다: 一天～了不少的货. 하루에 상품을 적지 않게 팔았다. /供～合作社. 공급판매합작사. /脱～. 절품되다. ④(-子)(기계조립에 쓰는) 핀. 〔插销〕 1. 꽂개, 접속두: 电灯～～. 전등꽂개. 2. 빗장, 문걸쇠. ⑤핀을 찌르다, 빗장을 찌르다.

蛸 (1) xiāo (소) 〔螵蛸〕(piāo-) (버마재비가 나무에 낳은 알) 버마재비의 알. (2) shāo →393페지.

霄 xiāo (소) ①구름(㊟云-). ②하늘: 重～. 높은 하늘. /九～. 하늘. /～壤. 하늘과 땅, 서로 멀리 떨어지다, 천양지차.

魈 xiāo (소) 〔山魈〕 1. 원숭이의 한가지. 2. (전설) 산도깨비.

枭(梟) xiāo (효) ①올빼미. ②사납고 야심이 있다 (유순하지 않음): ～将. 용맹한 장수. /～雄. 야심품은 사나운 장수.

枵 xiāo (효) ①속이 비다, 주리다: ～腹. 주린 배, 공복. ②천의 실오리가 성기고 얇다: ～薄. 성기고 얇다.

鸮 xiāo (효) → 53페지 〈鸱〉의 〈鸱鸮〉(chīxiāo).

哓(嘵) xiāo (효) 〔哓哓〕(두려워서 치는) 아우성소리, 아웅아웅 다투는 소리.

骁(驍) xiāo (효, 교) ①좋은 말, 준마. ②용맹하다, 사납고 날래다: ～勇. 용맹하다, 용감하고 날래다. /～将. 용맹한 장수.

哮 xiāo (효) 습관적으로 (xiào)라고 읽음. (짐승이) 울부짖다: 咆～. (짐승이) 으르렁거리다, 울부짖다. 〔哮喘〕 천식.

嚣 xiāo (효) 떠벌이다, 떠들썩하다: 叫～. 떠벌이다. 〔嚣张〕 (나쁜 세력, 부정현상이) 머리를 쳐들다, 판을 치다, 날치다.

虓 xiāo (효) 범이 크게 으르렁대다, 범이 울부짖다.

猇 xiāo (효) (범이 사람이나 다른 동물을 잡아먹으려고) 으르렁대다.

萧(蕭) xiāo (소) 쓸쓸하고 생기가 없다: ～然. 텅 비였다, 쓸쓸하다, 쓸쓸하고 적적하다. /～瑟. 쓸쓸하다. /～索. 스산하다, 쓸쓸하다. 〔萧条〕 1. 호젓하다, 스산하다. 2. 쇠퇴하다, 불경기. 〔萧萧〕 소리본딴말. 호응(말이 우는 소리), 쏴쏴, 쌩쌩(바람 부는 소리), 우수수(나무잎이 떨어지는 소리).

潇(瀟) xiāo (소) 물이 맑고 깊다. 〔潇洒〕(-sǎ) 소탈하다, 대범하고 자연스럽다.

蟏(蠨) xiāo (소) 〔蟏蛸〕(-shāo) 갈거미.

箫(簫) xiāo (소) 퉁소.

翛 xiāo (소) 〔翛翛〕 새깃이 모지라진 모양.

洨 xiáo (효) 〔洨河〕 효하, 강이름, 하북성에 있음.

淆(殽) xiáo (효) 뒤섞이다, 뒤엉키다: 混～不清. 범벅판이 되다, 뒤범벅이 되여 분간하지 못하다.

崤 xiáo (효) 〔崤山〕 효산, 산이름, 효릉〈崤陵〉이라고도 함. 하남성에 있음.

小 xiǎo (소) ①작다. ↔〈大〉: 1. (체적, 면적이) 작다: ～山. 작은 산./地方～. 지역이 작다. 2. (수량이) 적다: 数目～. 수효가 적다./一～半. 거의 절반, 한 절반, 근 절반, 절반 가까이. 3. (정도가) 얕다: 学问～. 학문이 얕다./～学. 소학교. 4. 소리가 낮다, 약하다: ～声说话. 낮은 소리로 말하다. 5. 나이가 어리다, 어린 자식, 어린아이, 막내: 他比你～. 그는 너보다 어리다./他是我的～弟弟. 그 애는 나의 막내동생이다. ②자기의 신분을 낮추어 겸손성을 나타냄: ～弟. (자기보다 웃사람에게) 저. 〔小看〕 얕보다, 깔보다, 경시하다: 别～～人. 남을 깔보지 마시오. 〔小说〕 소설. ③시간이 짧다, 잠간사이: ～坐. 잠간 앉다./～住. 당분간 거주하다.

晓(曉) xiǎo (효) ①새벽, 이른아침: ～行夜宿. 이른새벽에 길을 떠나 밤 늦게야 류숙하다./鸡鸣报～. 닭이 홰를 치며 새벽을 알리다. ②알다: 家喻户～. 집집마다 알다. ③똑똑히 알게 하다, 알려주다: ～以利害. 리해관계를 똑똑히 알려주다.

筱(篠) xiǎo (소) ①가는 참대. ②〈小〉와 같음. 주로 사람이름자에 많이 씀.

孝 xiào (효) ①부모를 공대하다, 부모에게 효도하다, 효성스럽다. ②(웃사람이 죽은후 일정한 기간 지키는) 상례. ③상복: 戴～. 상복을 입다, 고인을 추모하여 팔에 검은 댕기를 두르다.

肖 (1) xiào (초) 닮다, 비슷하다: 子～其父. 아들이 그의 아버지를 닮았다. 〔肖像〕 초상, 초상화, 사진, 화상(그림이나 조각으로 된 초상). (2) xiāo →480페지.

笑(咲) xiào (소) ①웃다, 웃음: 逗～. 웃기다, 롱지거리하다./眉开眼～. 생글생글 웃다./啼～皆非. 울지도 웃지도 못하다, 이러지도 못하고 저러지도 못하다. 〔笑话〕 1. 우스운 이야기, 웃음거리, 우스개소리, 롱담. 2. (-hua) 비웃다, 빈정거리다, 비꼬다, 비양거리다, 얕보다: 别～～人. 사람을 얕보지 마시오. ②비웃다, 조소하다: 见～. 조소를 받다./耻～. 비웃다./别嘲～人. 남을 비웃지 마오.

效(傚、効) xiào (효) ①본따다, 본받다, 모방하다: ～法. 본받다, 모방하다./仿～. 본따다, 모방하다./上行下～. 웃사람이 하는대로 아래사람이 따라하다, 웃물이 맑아야 아래물도 맑다. ②효과, 효력, 효험: 这药吃了很见～. 이 약을 먹으니 매우 효과가 좋다./～果良好. 효과 좋다./无～. 효과가 없다. 〔效率〕 1. 효률. 2. 능률: 生产～～. 생산능률./工作～～. 사업능률. ③다하다, 애쓰다: ～力. 힘을 다하다./～劳. 힘쓰다, 충성을 다하다, (충실하게) 복무하다.

校 (1) xiào (교) ①학교. ②(군사상의) 좌급. (2) jiào →209 페지.

啸(嘯) xiào (소) ①휘파람을 불다: 长～一声,山鸣谷应. 휘파람을 길게 부니 산이 울리고 골짜기가 메아리치다. ②울부짖다: 虎～. 호랑이가 울부짖다./猿～. 원숭이가 울부짖다.

斅(斆) xiào (효) 가르치다, 가르쳐 이끌다, 깨닫게 하다.

XIE

些 xiē (사) ①단위명사. (확정적이 아닌 수량을 표시할 때) 다소, 약간, 조금: 有～工人. 일부 로동자들./炉子里要添～煤. 난로에 석탄을 좀 떠넣어라./看～书. 책을 좀 보다./长(zhǎng)～见识. 식견을 좀 넓히다, 지식이 좀 늘어나다. ②〈好〉〈这么〉와 함께 쓰이여 많은 수량을 표시함: 好～人. 많은 사람./这么～天. 이렇게 여러날./制造出这么～个机器. 이렇게 많은 기계를 만들어냈다. ③형용사뒤에 쓰이여 비교의 정도를 나타냄: 病轻～了. 병이 조금 낫다./学习认真～,了解就深刻～. 좀 참답게 공부하면 리해도 좀 심각하게 될것이다. 〔些微〕 약간, 좀, 얼마간.

揳 xiē (설) 박다, 박아넣다: 在墙上～钉子. 벽에 못을 박다./把桌子～一～. 책상을 좀 박으시오.

楔 xiē (설) (-儿) 쐐기: 这个板凳腿活动了, 加个～儿吧. 이 걸상다리가 흔드니 쐐기를 박으시오. 〔楔子〕(-zi) 1. 〈楔〉와 같음. 2. 옛 가극의 서막, 소설의 머리글.

歇 xiē (헐) ①쉬다, 휴식하다: 坐下～一会儿. 앉아 잠간 쉬다. ②멈추다, 정지하다: ～工. 일을 쉬다./～业. 영업을 정지하다. 〔歇枝〕 파실이 잘 열린 다음해에 적게 열리는 현상, 파일이 잘 안되는 해, 파실이 한해 번지는 해. 〔歇斯底里〕 〈외〉히스테리.

蝎(蠍) xiē (갈) (-子) 전갈.

叶 (2) xié (협) 어울리다, 조화되다: ～韵. 운이 어울리다, 운이 맞다. (1) yè →515 페지.

协(協) xié (협) 힘을 합치다, 협력하다, 돕다, 협조하다: ～商问题. 문제를 협상하다./～办. 도와서 일하다, 협력하여 운영하다. 〔协会〕 협회: 对外友好～～. 대외친선협회.

胁(脇、脅) xié (협) ①옆구리: ～下. 옆구리. ②위협하다: 威～. 위협하다, 으름장을 놓다./～制. 위협하고 억누르다, 강박하여 굴복시키다. 〔胁从〕 위협에 굽어들다, 위협에 못이겨 추종하다: ～～分子. 추종분자. ③움츠리다, 으쓱하다: ～肩谄笑. 어깨를 으쓱 올리며 간사하게 웃다, 아첨하다.

邪 (1) xié (사) ①부정적이다, 그릇되다, 나쁘다: 歪风~气. 나쁜 습성과 그릇된 기풍./改~归正. 나쁜 버릇을 고치고 바른 길에 들어서다. ⑭괴상야릇하다, 이상하다: ~门. 괴상한 일, 비정상적인 일./一股~劲. 괴상야릇한 힘. ②(중의학에서 비정상적인 병의 원인을 말할 때) 기: 风~. 바람기, 풍기./寒~. 랭기. (2) yé →513 페지.

挟(挾) xié (협) ①(겨드랑이 밑에) 끼다: ~山跨海逞英雄. (산을 겨드랑이에 끼고 바다를 건너뛴다는 뜻으로서) 영웅인체 하다, 산도 떠멜수 있는 영웅. ②(어떤 힘을 믿고) 협박하다, 강박하다: 要(yāo)~. 협박하다./~制. (권세 또는 남의 약점을 리용하여) 억누르다, 협박하다. ③(원한을)품다: ~嫌. 원한을 품다, 앙심을 품다. /~恨. 원한을 품다. jiā →196 페지의 〈夹〉.

携(攜、擕) xié (휴) 거느리다, 데리다, 지니다, 가지고다니다, 휴대하다(⑭-带): ~眷. 가족을 거느리다./~带武器. 무기를 휴대하다. 〔携手〕 손을 이끌다, 손에 손을 잡다, 합작하다.

斜 xié (사) 기울다, 비뚤다: ~坡. 비탈./纸裁~了. 종이를 비뚤게 베였다./~对过. 비스듬한 맞은쪽, 건너편 옆쪽.

偕 xié (해) (옛음 jiē) 함께, 같이: ~老. (부부간이) 함께 늙다, 평생을 함께 살다./~行. 같이 가다, 함께 가다./~同贵宾参观. 귀빈들과 함께 참관하다.

谐 xié (해) ①어울리다, 조화되다(⑭和-): 音调和~. 음조가 조화되다. ②우습강스럽다, 익살스럽다: ~谈. 우스개소리./亦庄亦~. 정중하기도 하고 우습강스럽기도 하다.

絜 xié (혈) 재보다, 비교하다. 〈고〉〈洁〉(jié)와 같음.

颉 (2) xié (힐) 〔颉颃〕(-háng) 1. 새가 날아오르다, 새가 오르내리며 날다. 2. 어슷비슷하다, 비등비등하다: 他的书法与名家相~~. 그의 서예는 저명한 인물들과 비등비등하다. 3. 맞서다, 대항하다: ~~作用. 대항작용. (1) jié →212 페지.

撷 xié (힐) ①따다. ②옷자락에 (물건을) 싸다.

缬 xié (힐) 무늬있는 비단.

鞋(鞵) xié (혜) 신, 구두.

勰 xié (협) 〈协〉와 같음. 주로 사람이름자에 많이 쓰임.

写(寫) xiě (사) ①쓰다. ②묘사하다, 서술하다: ~生. 실물이나 실지경치를 본따서 그리다, 사생하다./~实. 사실대로 묘사하다.

血 (2) xiě (혈) 피〈血(1)〉의 뜻과 같음, 주로 구두어 (입말)에 쓰임. (1) xuè →498 페지.

炧(炨) xiè (사) 초꽁다리, 꽁다리초.

泄(洩) xiè (설) ①(액체나 공기가) 새다, 빠지다. ②물이 흘러내리다, (맥, 힘, 기세따위가) 없어지다, 사기가 떨어지다: ～漏秘密. 비밀이 루설되다. /～底. 밑바닥이 드러나다.

绁(紲) xiè (설) ①바줄, 고삐. ②매다, 비끄러매다, 묶다, 동이다.

渫 xiè (설) 제거하다, 없애다, 파내다.

泻(瀉) xiè (사) ①내리퍼붓다, 내리쏟아지다, 내리쏟다: 一～千里. 일사천리, 물이 콸콸 멀리 흘러가다. ②설사하다: ～肚. 설사하다.

瀣 xiè (해) 〔沆瀣〕(hàng-) 밤이슬.

契(偰) (2) xiè (설) 사람이름. 상나라의 선조, 전설에 의하면 순의 대신이라 함. (1) qì →355 페지.

卨(禼、离) xiè (설) 사람이름에 쓰임.

卸 xiè (사) ①(짐을) 부리다: ～货. 짐을 부리다. /～车. 차에서 짐을 부리다, 하차하다; 소나 말을 벗기다, 달구지를 벗기다. /大拆大～. 대수리하다. ②(책임을) 벗다, 벗기다, 면제하다: ～责. 책임을 벗기다. /～任. 직책에서 해임되다. /推～. (책임을) 밀어버리다.

屑 xiè (설) 부스레기, 찌끼: 煤～. 석탄부스레기. /竹头木～. 버린 참대쪽과 지저깨비따위, 다시 쓸수 없는 시시한 페물. 〔琐屑〕 자질구레하다, 세세하고 잡다하다, 사소하다. 〔不屑〕 하찮게 여기다, 보잘것없다고 여기다, …할 가치없다: 他～～于做这件事. 그는 이런 자질구레한 일을 하기 싫어한다.

械 xiè (계) ①기계, 기구. ②무기, 병기: 缴敌人的～. 적의 무장을 해제하다. /～斗. 무기를 가지고 싸우다. ③형구.

亵(褻) xiè (설) ①무람없다, 버릇없다: ～渎. 깔보다, 경멸하다, 모독하다, 버릇없다, 무람없다. ②(옛날에) 속옷, 내의.

谢 xiè (사) ①감사를 드리다: ～～你! 고맙습니다. ②사죄하다: ～罪. 사죄하다. ③사양하다, 거절하다: ～绝参观. 참관을 사절하다. ④시들다, 지다, 쇠퇴하다: 花～了. 꽃이 지다. /新陈代～. 신진대사, 낡은것이 없어지고 새것이 대신 생기다.

榭 xiè (사) 정자, 정각: 水～. 물우에 세운 정각.

解 (3) xiè (해) ①알다, 리해하다: ～不开这个道理. 이 리치를 리해할수 없다. ②사람의 성. ③땅이름자. 〔解县〕 해현, 산서성에 있음. 지금은 안읍현과 합병하여 운성현이라 함. (1) jiě →213 페지. (2) jiè →215 페지.

薢 xiè〔薢茩〕(-hòu) 마름, 마름열매.

獬 xiè (해) 〔獬豸〕(-zhì) 해지(전설에 나오는 상상적인 짐승). 나쁜 사람을 뿔로 받는다는 이상한 짐승.

廨 xiè (해) (옛날) 관청.

懈 xiè (해) 게으르다, 태만하다, 해이되다: ～怠. 게으르다, 태만하다. /始终不～. 처음부터 끝까지 해이되지 않다.

瀣 xiè (해) ①묽어지다: 糨糊～了. 풀이 묽어지다. ②묽게 하다: 粥太稠, 加点儿水～一～. 죽이 너무 걸므로 물을 타서 좀 묽게 만드시오. ③〔渤瀣〕(bó-) 〈고〉바다. 발해(渤海)도 가리켰음.

邂 xiè (해) 〔邂逅〕(-hòu) 우연히 만나다: ～～相遇. 우연히 서로 만나다, 뜻밖에 서로 상봉하다.

蟹(蠏) xiè (해) 게: 螃～. 게.

薤 xiè (해) 염부추, 염교. 〈藠(jiào)头〉라고도 함.

爕 xiè (섭) 어울리다, 조화되다.

躞 xiè (섭) →93 페지 〈蹀〉의 〈蹀躞〉(diéxiè).

XIN

心 xīn (심) ①심장, 염통. 〔心腹〕1. 가장 중요한것, 요진통: ～～之患. 내부의 병집, 속에 숨어있는 화근, 속에 숨어있는 우환거리. 2. 심복. 〔心胸〕마음, 도량, 포부, 진취심: ～～宽大. 포부가 크다, 도량이 넓다. ②생각, 마음, 지혜: ～思. 속심, 생각, 의사, 속궁리, 타산./～得. 느낌, 소감, 체득./用～. 마음을 쓰다, 노력하다./～情. 심정, 기분, 마음./开～. 유쾌하다./伤～. 상심하다./谈～. 마음속 이야기를 하다./全～全意. 일심전력하다. 〔心理〕심리: 这是特殊的～～现象. 이것은 특수한 심리상태이다./这是一般人的～～. 이것은 보통사람들의 심리상태이다. 〔小心〕조심하다, 주의하다: ～～火烛. 초불을 조심하다. ③가운데, 중심, 복판: 掌～. 손바닥./江～. 강복판./圆～. 원의 중심. 〔中心〕1. 중심, 가운데, 복판. 2. 주요한 부분, 중심: 政治～～. 정치적중심./文化～～. 문화의 중심./～～任务. 중심과업./～～环节. 중심고리. ④(천문) 28수의 하나, 상(商)이라고도 함.

芯 (1) xīn (심) 껍질을 벗긴 골풀; 등잔심지: 灯～. 등잔심지, 등심지. (2) xìn →487 페지.

辛 xīn (신) ①맵다. ②괴롭다, 고생스럽다, 고통스럽다: ～勤. 근면하다, 부지런하다, 수고스럽다. ③슬프고 가슴아프다, 애통하다: ～酸. 쓰라리다, 슬프고 괴롭다, 고통스럽다, 눈물겹다. ④천간의 여덟째, 차례의 여덟째.

莘 (2) xīn (신) 〔莘庄〕신장, 땅이름, 상해시에 있음. (1) shēn →396 페지.

锌 xīn (자) 아연(원소기호 Zn).

忻 xīn (흔) 〈欣〉과 같음.

昕 xīn (흔) 해돋을 무렵, 새벽.

欣(訢) xīn (흔) 즐겁다, 기쁘다: 欢～鼓舞. 몹시 기뻐하다./～然前往. 기꺼이 가다. 〔欣欣〕1. 기뻐하다. 2. 무성하다, 생기발랄하다, 줄기차다: ～～向荣. 초목이 무성하다, 무럭무럭 자라다, 줄기차다, 왕성하다, 약동하다.

焮 xīn (흔) 타다, 굽다, 지지다.

新 xīn (신) ①새롭다, 새것, 새로운것. ↔〈旧〉: ～办法. 새로운 방법./万象更～. 만가지 현상

이 새롭게 갱신되다, 모든것이 변하고새로운 기상이 나타나다./～事物. 새로운 사물, 신사물./～书. 새책, 새로 나온 책./～房子. 새집. 〔自新〕 잘못을 스스로 고치고 새 출발하다, 결함을 고치고 새 사람이 되다. ②신혼, 결혼과 관계되는것: ～郎. 신랑, 새서방./～房. 신혼부부의 방. ③신강위글자치구의 략칭.

薪 xīn (신) ①땔나무: 杯水车～. (한고뿌의 물로 한달구지의 장작에 달린 불을 끈다는 뜻으로) 힘이 적어 어려운 문제를 해결하지 못함을 가리킴, 어림도 없다. ②로임. 〔薪水〕〔薪金〕 로임, 봉금. 〈薪〉이라고도 함: 月～. 월로임, 월급./发～. 로임을 내주다.

歆 xīn (흠) 부러워하다: ～羡. 부러워하다.

馨 xīn (형) (멀리까지 풍기는) 꽃향기, 향기.

鑫 xīn (흠) 흥성하다(상점이나 사람의 이름에 많이 쓰임).

寻(尋) (2) xín (심) ①찾다. 〈寻(1)①〉과 같음. 구두어에 많이 쓰임. 〔寻思〕(-si) 곰곰히 생각하다, 이모저모로 궁리하다. 〔寻死〕 자살하다, 자살하려 하다. (1) xún →499 페지.

囟(顖) xìn (신) 숫구멍: ～门. 숫구멍. 〈脑门〉〈顶门〉이라고도 함.

芯(信) (2) xìn (신) ①(-子) 1. 심지, 도화선. 2. 물체의 속심, 기계의 중심. ②(-子) 뱀의 혀. (1) xīn →486 페지.

信 xìn (신) ①믿음, 신, 신용: ～用. 신용./失～. 신용을 잃다. ②믿다, 신임하다: ～赖. 믿고 의지하다, 신뢰하다./这话我不～. 이 말을 나는 믿지 않는다(믿지 못하겠다). [전]신봉하다: ～徒. 종교신자, 신봉자. ③(-儿)소식: 报～. 소식을 전하다, 소식을 알리다./喜～儿. 기쁜 소식. 〔信号〕 신호: 放～～枪. 신호총을 쏘다. ④편지: 书～. 편지, 서신./给他写封～. 그에게 편지를 쓰다. ⑤마음대로 하다, 제멋대로 하다: ～步. 발걸음이 내키는대로./～口开河. 되는대로 지껄이다. ⑥비상, 신석, 아비산. ⑦〈芯(2)〉와 같음. 〈고〉〈伸〉(shēn)과 같음.

衅(釁) xìn (흔) ①(옛날) 집짐승의 피로 그릇, 가구, 용구의 틈을 바르다: ～钟. 종에 집짐승의 피를 발라 제사를 지내다./～鼓. 북에 집짐승의 피를 발라 제사하다. ②틈, 짬, 간격; 다툼, 불화: 挑～. 도발하다./寻～. 말썽을 부리다, 시비거리를 찾다, 고의적으로 시비를 걸다.

XING

兴(興) (1) xīng (흥) ①시작하다: ～工. 공사를 시작하다./～利除弊. 리로운것을 장려하고 해로운것을 없애다./～修水利. 수리공사를 하다. ②일어나다, 일며나다: 夙～夜寐. 아침 일찍 일어나고 밤늦게 자다./闻风～起. 소문 듣고 인차 일며서다. ③왕성하다, 흥성하다, 흥하다([련]-盛、-旺). 〔兴奋〕 흥분하다, 감동되다. ④류행하다, 성행하다: 时～. 류행하다. ⑤(부정형에 많이 쓰이여) 허락하

다：不～胡闹. 마구 덤비지 마시오. ⑥〈방〉혹시, 어쩌면：他～来，～不来. 그가 어쩌면 올수도 있고 안올수도 있다. (2) xìng →489 페지.

星 xīng (성) ①별：人造地球卫～. 인공지구위성, 인공위성./～罗棋布. 별이나 바둑판같이 널려져있다, 사방에 널리 분포되여있다./月明～稀. 달이 밝으면 별이 드물게 보인다. ②(-子、-儿) 극히 미세한 것, 작은 방울：～火燎原. 한점의 불꽃이 온 들판을 태우다, 새싹은 처음 비록 작은것이라 해도 큰힘으로 자랄수 있다./火～儿. 불찌, 불티./唾沫～子. 침방울.

猩 xīng (성) 성성이. 〔猩红热〕 성홍열.

惺 xīng (성) 깨닫다. 〔惺惺〕 1. 똑똑하다, 총명하다. 2. 똑똑한 사람, 총명한 사람. 〔假惺惺〕 1. 총명한체하다, 똑똑한척하다. 2. 거짓으로, 위선으로, 위선적으로. 〔惺忪〕(-松) 1. 깨여나다, 정신을 차리다. 2. (잠에서 갓 깨여나) 눈이 뿌옇다, 정신을 차리지 못하다.

腥 xīng (성) ①비리다, 비린내나다：血～. 피비린내./～膻(shān). 비리고 노리다. ②날고기, 비린 음식：他不吃～. 그는 비린 음식을 먹지 않는다.

骍 xīng (성) 소, 말따위가 털이 붉은것.

箵 xīng (성) →279 페지 〈笭〉의 〈笭箵〉(língxīng).

刑 xíng (형) ①형벌, 형：死～. 사형./徒～. 도형, 징역./缓～. 형을 늦추어 집행하다. ②(낡은 사회) 법인에 대한 육체적인 형벌, 고문：受～. 고문을 받다, 형벌을 받다./动～. 형벌을 가하다, 고문하다.

邢 xíng (형) 사람의 성.

形 xíng (형) ①모양, 생김새, 형：三角～. 삼각형./地～. 지형./～式. 형식./～象. 형상, 모습, 모양. 〔形成〕 이루어지다, 형성되다：爱护公物已～～一种风气. 공동재산을 애호하는것이 이미 기풍으로 이루어졌다. 〔形势〕 1. 지세, 지형. 2. 형세, 정세：国际～～. 국제정세. ②형체, 본체：～影不离. 그림자처럼 따라다니다, 아주 친근하다. ③나타내다, 나타나다：喜怒不～于色. 즐거움과 노여움을 얼굴에 나타내지 않다, 내색을 내지 않다. 〔形容〕 1. 모습, 얼굴모습, 형태：～～枯槁. 말라깽이가 되다. 2. 형용하다, 묘사하다, 형상하다. 〔形容词〕 형용사. ④대비하다, 비교하다：相～之下. 대비하여보면, 대비해보면./相～见绌. 서로 대비해보면 못함을 알수 있다, 짝이 기울다.

型 xíng (형) ①본, 모형. ②모양, 류형：小～汽车. 소형자동차./新～. 신형.

钘 xíng (견, 형) (옛날의) 술그릇, 술병; 사람의 이름자에 쓰임.

硎 xíng (형) 숫돌.

铏 xíng (형) (옛날의) 국그릇.

行 (1) xíng (행) ①가다, 걷다：日～千里. 하루에 천리길을 걷

다./步～. 걸어가다, 도보로 가다. [파]려행과 관계되는것: ～装. 짐, 행장./～箧. 행낭. 〔一行〕일행, 동행. 〔行头〕(-tou) 무대옷과 도구, 옷차림, 복장. 〔行李〕짐, 행장. ②보내주다, 내보내다, 류통하다, 전달하다: ～销. 널리 판매하다./通～全国. 전국에 통용되다./发～报刊、书籍. 간행물과 서적을 발행하다. ③하다, 실행하다, 집행하다: ～礼. 인사하다, 경례하다./举～. 거행하다, 진행하다./实～. 실행하다. ④(옛음 xìng) 행동, 행위: 言～. 언행./品～. 품행./罪～. 죄행. ⑤된다, 좋다, 일없다: 不学习不～. 학습하지 않으면 안된다. ⑥훌륭하다, 대단하다, 장하다: 你真～. 너는 정말 장하다. ⑦멀지 않아, 곧: ～将毕业. 멀지 않아 졸업하게 된다. ⑧(옛날)악곡의 한가지. (2) háng →161 페지.

饧(餳) xíng (당) ①물엿. ②물렁물렁해지다: 糖～了. 사탕이 물렁물렁해지다. ③눈이 가슴츠레하다, 정신이 없다: 眼睛发～了. 눈이 가슴츠레하다, 흐리멍텅하다.

陉(陘) xíng (형) 산맥이 끊어진 곳, 산어구.

荥(滎) (1) xíng (형) 땅이름자. 〔荥阳〕형양, 현이름, 하남성에 있음. (2) yíng →527 페지.

省 (2) xǐng (성) ①돌이켜보다, 반성하다: 反～. 반성하다. ②알다: 不～人事. 정신을 잃다, 인사불성이 되다. ③깨닫다: 猛～前非. 이전의 잘못을 심각하게 깨닫다. ④부모나 웃사람의 안부를 묻다, 찾아가 뵙다: ～亲. 집에 돌아오거나 먼곳에 찾아가서 부모께 인사를 드리다. (1) shěng →399 페지.

醒 xǐng (성) ①(잠에서) 깨다, 깨여나다. ②깨닫다, 각성하다 ([련]-悟): 清～. 깨여나다, 정신을 차리다./惊～. 놀라 깨여나다, 놀래워 깨우다. 〔醒目〕〔醒眼〕주의를 끌다, 유표하다: 这一行字印得很～～. 이 줄의 글자는 퍽 주목을 끌게 (눈에 뜨이게) 찍었다. ③(술에서) 깨다, 깨여나다: 水果可以～酒. 과실은 술을 깨게 한다.

擤(擤) xǐng (형) (코를) 풀다: ～鼻涕. 코를 풀다.

兴(興) (2) xìng (흥) 재미, 흥미, 흥취, 취미: ～高采烈. 대단히 기뻐하다, 매우 즐거워하다, 신이 나다, 신바람이 나다. 〔高兴〕기뻐하다, 즐겁다, 기껍다, 흐뭇하다. (1) xīng →487 페지.

杏 xìng (행) 살구나무, 살구. 〔杏仁〕살구씨.

幸(倖) xìng (행) ①다행히: ～免于难. 다행히 난을 면하다. 〔幸亏〕〔幸而〕다행히, 요행: ～～你来了. 네가 오기 다행이다. ②행복: 荣～. 영광이며 행복이다. ③기뻐하다: 庆～. 기뻐하다./欣～. 기뻐하다. ④바라다, 희망하다: ～勿推却. 거절하지 말기 바랍니다. ⑤(옛날) 웃사람의 사랑, 총애: 宠～. 총애./得～. 웃사람의 사랑을 받다. ⑥(옛날) 임금이 행차하다: 巡～. 임금이 지방을 돌아보다.

悻 xìng (행) 원망하다, 성내다 [첩]: ～～而去. 성이 나서 가다.

婞 xìng (행) (성미가) 깔깔하고 괙하다, 고집이 세다, 강직하다, 강퍅하다.

性 xìng (성) ①성질, 성미, 성격: 硷～. 염성, 알카리성./弹(tán)性. 탄성./向日～. 향일성./药～. 약의 성질./斗争～. 투쟁성. 〔性命〕 목숨, 생명. 〔个性〕 개성. 〔性格〕 성격, 성미. 〔性子〕(-zi) 성미, 성질: 他的～～很急. 그는 성미가 급하다. ②성별: ～别. 성별./男～. 남성./女～. 녀성.

姓 xìng (성) (사람의 성): ～名. 이름, 성명.

荇(莕) xìng (행) 노랑머리련꽃.

XIONG

凶(兇) xiōng (흉) ① 불행하다, 불길하다. ↔〈吉〉: ～事. 불상사./吉～. 좋은 일과 불길한 일, 상서로운 일과 불길한 일. ②농사가 잘 안되다: ～年. 흉년. ③흉악하다, 포악하다: ～狠. 흉악하고 잔인하다./穷～极恶. 극악무도하다. ④살인, 사람을 해치는 일: 行～. 사람을 죽이다./～手. 흉수, 하수인. ⑤혹심하다, 세차다, 모질다, 지독하다, 지나치다: 你闹得太～了. 너는 장난이 너무 드세다, 너는 불평을 너무 과하게 부린다./雨来得很～. 비가 모질게 오다.

匈 xiōng (흉) 〈고〉〈胸〉과 같음. 〔匈奴〕 흉노(옛날 중국 북방의 민족).

讻(訩) xiōng (흉) 떠들썩하다, 웅성웅성하다. 〔讻讻〕 떠들썩하다, 웅성거리다.

汹(洶) xiōng (흉) 〔汹汹〕 1. 소리본딴말. 콸콸, 쏴쏴(세찬 물소리). 2. 왁작하다, 뒤숭숭하다. 3. (좋지 못한 의미로) 등등하다: 来势～～. 태세가 등등하다. 〔汹涌〕 (-yǒng) 물이 세차게 용솟다, 사품치다: 波涛～～. 파도가 사납게 사품치다.

胸(胷) xiōng (흉) ① 가슴. 〔胸襟〕 속생각, 흉금, 도량, 포부. ②마음, 도량, 뜻, 속: ～怀. 포부, 도량.

兄 xiōng (형) ①형, 형님: ～嫂. 형과 아주머니, 형님과 형수. ②(남자들이) 같은 또래에 대한 존칭: 老～. 로형, 형님./仁～. 형, 인형./家～. 저의 형님. 〔兄弟〕 1. (xiōngdi) 동생. 2. 형제. [파]친밀한 관계: ～～国家. 형제국가.

芎 xiōng (궁) 〔芎䓖〕 궁궁이, 천궁. 〈川芎〉이라고도 함.

雄 xióng (웅) ①수컷. ↔〈雌〉: ～鸡. 수탉./～蕊. 수꽃술. ②힘있다, 강유력하다: ～师. 용감하고 강대한 군대, 정예부대./～辩. 웅변./～赳赳. 씩씩하다, 용감하다, 보무당당하다. ③ 기백이 있다: ～心. 웅대한 뜻./～伟. 웅대하다, 우람차다.

熊 xióng (웅) 곰. 〔熊猫〕 참대곰. 〈大熊猫〉〈猫熊〉이라고도 함. 〔熊胆〕 곰열, 웅담. 〔熊熊〕 불길이 활활 타다, 불길이 세차다.

诇 xiòng (형) 남몰래 살펴보다, 렴탐하다, 정탐하다.

敻 xiòng (형) 멀다, 오래다, 넓다: ～古. 오랜 옛날.

XIU

休 xiū (휴) ①쉬다, 휴식하다: ～假. 휴가를 하다, 휴가./～养. 휴양하다. ②그만두다, 끝내다, 중지하다: ～业. 영업을 중지하다, 휴업하다./～学. 휴학하다, 휴학./～会. 휴회하다./争论不～. 끊임없이 계속 론쟁하다. [파]끝장나다, 실패하다, 숨이 끊어지다. ③(낡은 사회) 안해를 친정에 돌려보내다, 리혼하다: ～妻. 처를 버리다. ④…하지 않다, 그만두다: ～想. 생각하지 말라, 망상하지 말라./～要这样性急. 이렇게 성급해하지 말아야 한다. ⑤기쁜 일, 상서로운 일, 좋은 일, 기쁨: ～咎. 상서로운것과 불길한것./～戚相关. 기쁨과 슬픔을 함께 나누다, 고락을 같이하다.

咻 xiū (휴) 마구 떠들다, 왁자지껄하다, 고아대다.

庥 xiū (휴) 감싸주다, 비호하다, 보호하다.

鸺 xiū (휴) →53 페지 〈鸱〉의 〈鸱鸺〉(chīxiū).

貅 xiū (휴) →340 페지 〈貔〉의 〈貔貅〉(píxiū).

髹(髤) xiū (휴) 칠을 올리다.

修(脩) xiū (수) ①고치다, 수리하다, (글을) 다듬다, 수식하다: ～饰. 치레하다, 치장하다, 단장하다, 글을 다듬다, 수식하다./～理. 고치다, 수리하다./～辞. 글을 다듬다, 수사./～车. 차를 수리하다. ②건설하다, 부설하다. (만들어)놓다: ～铁路. 철도를 부설하다./～桥. 다리를 놓다. ③글을 쓰다, 편찬하다, 집필하다: ～书. 책을 편찬하다, 편지를 쓰다./～史. 력사를 편찬하다. ④배우다, 연구하다, 학문을 닦다: ～业. 학문을 닦다./自～. 자습하다. ⑤길게 자라다: 茂林～竹. 무성한 숲과 밋밋한 참대. ⑥수정주의의 략칭. 〔修正主义〕 수정주의.

脩 xiū (수) ①(옛날 학생들이 서당훈장을 처음 만나 선물하는) 말린고기. 〔束脩〕 한묶음의 말린고기. [전](옛날의) 수업료. ②〈修〉와 같음.

羞 xiū (수) ①부끄럽다, 수집다 ([련]-耻): ～与为伍. 상대방을 얕잡고 그와 한편이 되는것을 부끄럽게 여기다, 함께 일하는것을 수치로 생각하다./害～. 부끄러워하다./～得脸通红. 부끄러워 얼굴이 새빨갛게 되다. ②부끄럽게 하다, 무색하게 하다, 골려주다: 你别～我. 나를 무색하게 하지 마시오, 나를 골려주지 마시오. ③맛있는 음식, 진귀한 음식, 진수. ④수치, 치욕, 부끄러움: 遮～. 수치를 가리우다.

馐 xiū (수) 맛있는 음식 (〈羞〉로도 씀): 珍～. 진귀한 음식, 진수.

朽 xiǔ (후) ①(나무따위가) 썩다: 腐～. 썩다./～木. 썩은 나무. 〔不朽〕 죽어도 이름은 없어지지 않는다, 불후하다, 불멸하다: 永垂～～. 영생불멸하다, 영원히 전해지다. ②늙고 쇠약하다, 로쇠하다: 老～. 늙고 쇠약하다, 로쇠하다.

宿 (2) xiǔ (숙) 밤: 住了一～. 하루밤을 묵다. /谈了半～. 밤중까지 이야기하다. (1) sù →419 페지. (3) xiù →본 페지.

滫 xiǔ (수) 쌀뜨물.

秀 xiù (수) ①곡식이 꽃이 피고 이삭이 나오다, 이삭이 패다: 高粱～穗了. 수수이삭이 나오다(이삭이 패다). /六月六看谷～. 륙월 륙일까지 조이삭이 다 패다. ②뛰여나다, 특출하다(㊀优-): 挺～. 깨끗하다, 미끈하다, 아름답게 우뚝 서다, 늘씬하고 아름답다. /～拔. 글씨가 뛰여나게 우수하다. /优～学生. 우수학생. 〔秀才〕수재, 생원, 선비, 서생. ③아름답다, 깨끗하다(㊀-丽): 山明水～. 산좋고 물맑다. /祖国的河山分外～丽. 조국강산은 류달리 아름답다. 〔秀气〕(-qi) 1. 말쑥하고 아름답다. 2. (물건이) 산뜻하고 묘하다, 맵시있다, 깜찍하다: 这个东西做得很～～. 이건 아주 맵시있게 만들었다.

绣(繡) xiù (수) ①수를 놓다: ～花. 꽃을 수놓다. /～字. 글자를 수놓다. ②수예품: 湘～. 호남성의 수예품. /苏～. 소주지방수예품.

琇 xiù (수) 옥과 비슷한 돌, 옥돌.

锈(鏽) xiù (수) ①녹: 铁～. 쇠녹. /铜～. 동록. /这把刀子长(zhǎng)～了. 이 칼은 녹이 쓸었다. ②녹이 쓸다: 锁头～住了. 자물쇠가 녹이 쓸어 열리지 않다.

岫 xiù (수) ①산굴. ②산, 산봉우리.

袖 xiù (수) ①(-子、-儿) 소매. 〔袖珍〕 휴대용, 호주머니용, 소형: ～～字典. 휴대용자전. ②소매속에 감추다, 소매에 지르다: ～着手. 소매에 손을 지르다, 팔짱을 끼다. /～手旁观. 팔짱을 지르고 구경만 하다, 수수방관하다.

臭 (2) xiù (취) ①냄새. ②〈嗅〉와 같음. (1) chòu →58 페지.

嗅 xiù (후) 냄새를 맡다.

溴 xiù (취) 브롬(원소기호 Br).

宿 (3) xiù (수) 성수, 성차: 星～. 성수. /二十八～. 28 수. (1) sù →419 페지. (2) xiǔ →본 페지.

XU

圩(墟) (2) xū (허) ①복건, 광동 등 지역의 장, 장마당. ②장을 보다. (옛날책에는) 〈虚〉라고 씌여있음. (1) wéi →456 페지.

吁 (1) xū (우) ①한숨 쉬다, 탄식하다: 长～短叹. 긴 한숨을 쉬다, 장탄식하다. ②감탄사. 허, 아, 아니(놀라움과 의문을 표시함): ～! 是何言欤! 아니, 그건 무슨 말씀이요. (2) yù →539 페지.

盱 xū (우) 〔盱眙〕(-yí) 우이, 현이름, 강소성에 있음.

戌 xū (술) ①술(12 지의 열한번째). ②술시(오후 7 시부터 9 시까지).

砉 (1) xū (획) 뼈에서 살을 갈라내는 소리. (2) huā →174 페지.

须(鬚) xū (수) ①반드시 …하여야 한다, 응당 …하여야 한다: 这事～亲自动手. 이 일은 반드시 직접 손대야 한다./必～努力. 반드시 노력하여야 한다. ②기다리다. ③수염: 胡～. 수염. ④수염처럼 생긴것: 触～. 촉수./花～. 꽃술./～根. 수염뿌리. 〔须臾〕(-yú) 잠간동안, 잠시.

媭 xū (수) 옛날 초나라사람들이 누나에 대한 호칭, 누나.

胥 xū (서) ①(옛날) 벼슬아치, 서리, 아전: ～吏. 서리, 아전. 〔钞胥〕(지난날) 필사원, 필경원. ②모두, 다, 전부: 民～然矣. 백성들이 다 그러하다./万事～备. 모든 일이 다 준비되다.

谞 xū (서) ①예지, 지혜. ②슬기롭다,명철하다. ③계책을 꾸미다, 모략하다.

湑 (2) xū (서) 〔湑水〕 서수, 강이름, 섬서성에 있음. (1) xǔ →494 페지.

顼 xū (욱) →586 페지 〈颛〉의 〈颛顼〉(zhuānxū).

虚 xū (허) ①비다, 헛되다: 空～. 텅 비다, 공허하다./弹不～发. 총이 헛방 하나 없다./坐无～席. 빈자리가 없이 (손님이) 꽉 들어차다, 초만원을 이루다. 〔虚心〕 허심하다: ～～使人进步, 骄傲使人落后. 허심하면 발전하고 교만하면 락후해진다. ②진실하지 않다, 거짓이다: ～名. 헛되게 난 이름, 빈이름, 헛된 명성./～荣. 허영, 헛된 영화./～张声势. 실속없이 큰소리치다, 허장성세하다. 〔虚词〕 허사. ↔〈实词〉. ③(부끄럽거나 자신이 없어 마음이) 조마조마하다, 뜨끔하다, 켕기다, 허전하다, 기가 죽다: 做贼心～. 도적이 제 발이 저리다. ④쇠약하다, 허약하다: 身体～弱. 몸이 쇠약하다./他身体太～了. 그는 몸이 너무 쇠약하다.

墟 xū (허) ①빈터, 폐허: 废～. 폐허./殷～. 은나라의 도읍자리. 〔墟里〕〔墟落〕 마을, 촌락. ②〈방〉장, 장마당. 〈圩(2)〉와 같음.

嘘 (1) xū (허) ①숨을 천천히 내쉬다. ②한숨짓다, 탄식하다: 仰天而～. 하늘을 쳐다보며 탄식하다. 〔嘘唏〕는 〈歔欷〉(xūxī)와 같음. 흐느끼다, 훌쩍거리다. ③(불길 또는 김에) 데다, 데우다, 덥히다: 小心别～着手. 손을 데지 않게 주의하시오./把饭放在锅里～一～. 밥을 가마에 넣어 좀 덥히시오. (2) shī →401 페지.

歔 xū (허) 〔歔欷〕(-xī) 흐느끼다, 훌쩍거리다.

欻 (2) xū (훌) 갑자기, 느닷없이. (1) chuā →60 페지.

需 xū (수) ①필요하다, 요구되다: ～款. 필요한 돈./按～分配. 수요에 따라 분배하다. ②꼭 써야 할것, 수요: 军～. 군사상에 필요한것, 군수.

繻 xū (수) ①발이 가늘고 고운 비단. ②(옛날 관청출입에 쓴) 신분증명서.

魆 xū (훌) 어둡다, 새까맣다: 黑～～. 새까맣다.

徐 xú (서) 천천히, 서서히[첩]: ～步. 천천히 걸어가다, 느린 걸음./清风～来. 시원한 바람이 부드럽게 불어온다./火车～～开动

了. 기차는 서서히 움직인다.

许 xǔ (허) ①허가하다, 승낙하다, 허락하다(㊂允-、准-): 特～. 특별히 허가하다./不～不法分子乱说乱动. 불법분자들이 마구지껄이며 날뛰는것을 용허하지 않는다. ㊥칭찬하다: 赞～. 칭찬하다, 찬양하다./推～. 찬양하다./～为佳作. 훌륭한 작품이라고 칭찬하다. ②미리 약속하다, 주다: 我～给他一本书. 나는 그에게 책한권을 주기로 약속하였다./以身～国. 몸을 나라에 바치다. ③혹시: 也许. 혹시./或～. 혹시./他下午～来. 그는 혹시 오후에 올지 모른다. ④곳, 고장: 不知何～人. 어느 고장 사람인지 모르겠다. ⑤가량, 쯤, 정도: 几～. 어느 정도, 얼마쯤./少～. 조금./年三十～. 서른살쯤, 30 세가량. ⑥이렇게, 이처럼: 如～. 이러하다, 이와 같다. 〔许多〕 1. 매우 많다. 2. 꽤, 퍽, 퍼그나, 썩. 〔许久〕 1. 매우 오래다. 2. 오래동안.

浒 (2) xǔ (호) 〔浒墅关〕 호서관. 〔浒浦〕 호포, 땅이름, 모두 강소성에 있음. (1) hǔ →173 페지.

诩 xǔ (허) 큰소리치다, 뽐내다, 자랑하다: 自～. 자기를 자랑하다, 제 자랑을 하다.

栩 xǔ (허) 〔栩栩〕 살아있는것 같다, 생동하다: ～～如生. 산것처럼 생동하다.

姁 xǔ (후) ㊀즐겁다, 화기애애하다.

湑 (1) xǔ (서) ①거른 술. ㊥맑다. ②무성하다. (2) xū →493 페지.

糈 xǔ (서) ①알곡, 식량, 곡물. ②옛날 제사에 쓰는 알곡.

醑 xǔ (서) ①좋은 술, 맛있는 술. ②팅크: 樟脑～. 캄파팅크./氯仿～. 클로로포름팅크.

旭 xù (욱) ①(방금 솟은) 아침해. ②밝다, 환하다. 〔旭日〕 방금 솟은 해.

序 xù (서) ①차례, 순서: 次～. 차례, 순서, 순번, 순차./顺～. 차례, 순서./工～. 일의 차례, 공정./前后有～. 앞뒤차례가 있다, 전후순서가 있다. ②차례를 정하다: ～齿. 나이에 따라 차례를 정하다. ③머리말, 서문: ～文. 머리글, 서문./～曲. 서곡, 전주곡./～幕. 서막./写一篇～. 머리글을 쓰다. ④(옛날 지방에서 운영하던) 학교.

叙(敘、敍) xù (서) ①말하다, 이야기하다: ～述. 서술하다, 진술하다, 설명하다: 把事情经过～清楚. 일의 경과를 똑똑히 이야기하시오./～～家常. 일상생활에 대하여 이야기하다, 집안일에 대하여 이야기하다. ②〈序①②③〉과 같음.

溆 xù (서) 〔溆浦〕 서포, 현이름, 호남성에 있음.

恤(卹、賉) xù (휼) ①동정하다, 가엾게 생각하다, 불쌍해하다: 体～. 같은 립장에 서서 동정하다. ②구제하다: ～金. 위로금, 보조금, 구제금./抚～. 무휼하다. ③우려하다, 고려하다.

洫 xù (혁) (밭의) 물도랑, 물길.

畜 (1) xù (휵, 축) 집짐승을 기르다, 치다, 방목하다: ～产.

축산. /～牧业. 목축업. (2) chù → 60페지.

蓄 xù (축) ①쌓아두다, 모아두다, 저장하다: 储～. 저축하다, 저금하다. /～财. 재산을 모으다. /养精～锐. 력량을 축적하다. ②(마음속에) 품다: ～意已久. 마음속에 뜻을 품고있은지 오래다.

酗 xù (후) 주정하다: ～酒. 술주정을 부리다.

勖(勗) xù (욱) 고무하다, 격려하다 (㊞-勉).

绪 xù (서) ①실머리, 단서. ㊞첫시작, 발단, 두서: 千头万～. 뒤엉킨 실머리, 얼기설기 뒤엉키다, 천만갈래. 〔绪论〕 머리말, 서론. ②사업, 위업: 续未竟之～. 다하지 못한 위업을 계속하다. ③기분, 정서, 생각: 思～. 생각, 사고. /情～. 정서. ④나머지, 잔재.

续(續) xù (속) ①이어나가다, 계속하다: 继～. 계속하다. /～假(jià). 휴가를 연장하다, 연장휴가. /华盖集～编. 화개집 속편. ②더하다, 보태다: 把茶～上. 차를 더 부으시오. /炉子该～煤了. 난로에 석탄을 더 넣어야겠다. 〔手续〕 수속하다, 수속, 절차.

絮 xù (서) ①탄 솜, 솜: 被～. 이불솜. /吐～. 목화다래가 피다, 다래가 터지다. ②솜같은것: 柳～. 버들개지. /芦～. 갈꽃. ③솜을 펴놓다, 솜을 두다: ～被子. 이불에 솜을 두다. /～棉袄. 옷에 솜을 두다. ④말이 많다: ～烦. 귀찮게 잔소리하다, 싫증이 나도록 다사하다. 〔絮叨〕(-dao) 싫증이 나도록 잔소리하다, 귀찮게 잔소리하다, 말이 많다, 다사하다, 말이 시시콜콜하다.

婿(壻) xù (서) ①남편. ②사위: 女～. 사위.

煦(昫) xù (후) 따뜻하다, 훈훈하다: 春风和～. 봄바람이 따스하다.

蓿 xu (숙) → 317 페지 〈苜〉의 〈苜蓿〉(mùxu).

XUAN

轩 xuān (헌) ①초헌(옛날 지붕이 있고 앞턱이 높은 수레의 한가지). 〔轩昂〕 1. 높이 들다. 2. 위풍이 당당하다, 기세가 드높다: 气概～～. 기개가 름름하다. /态度～～. 위풍이 름름하다. 〔轩轾〕(-zhì) 수레의 앞이 높고 뒤가 낮은것을 〈轩〉이라 하고 뒤가 높고 앞이 낮은것을 〈轾〉라 함, 좋은것과 나쁜것: 不分～～. 좋고나쁨을 가리지 않다. ②창문이 있는 복도나 작은 방.

宣 xuān (선) 발표하다, 내놓고 말하다, 널리 알리다, 공개하다, 선포하다: ～誓. 맹세하다, 선서하다. /～告成立. 창립을 선언하다. /～布开会. 회의시작을 선포하다, 개회를 선언하다. 〔宣传〕 선전하다, 선전.

萱(蘐) xuān (훤) 원추리, 넘나물. 〔萱堂〕 남의 어머니를 존경하여 이르는 말.

揎 xuān (선) 소매를 걷어올리다: ～拳捋袖. 소매를 걷어올리다, 소매를 걷고 나서다.

喧(諠) xuān (훤) 큰소리로 말하다, 떠들썩하다, 왁자지껄이다, 소리가 요란하다: ～哗.

떠들다, 요란하게 떠들썩하다.

瑄 xuān (선) 도리옥(옛날 옥으로 만든 장식품의 한가지, 하늘에 제사지낼 때 썼음).

暄(煊) xuān (훤) ①해빛이 따뜻하다, 따사롭다. 〔寒暄〕 만나서 주고받는 인사말, 인사말을 주고받다. ②허벅허벅하다, 만문하다, 물렁물렁하다, 폭신폭신하다, 푹신푹신하다, 서벅서벅하다: ～土. 푹신푹신한 흙. /馒头又大又～. 증기빵이 크고 만문하다.

谖 xuān (훤) ①속이다, 기만하다. ②잊어버리다.

儇 xuān (현) ①경박하다, 소총명을 부리다, 까불다. ②령리하고 교활하다.

翾 xuān (현) 빙빙 돌며 날아예다.

檈 xuān (훤) 사람의 성.

玄 xuán (현) ①리해하기 힘들다, 심오하다: ～理. 심오한 도리, 미묘한 리치. /～妙. 심오하고 미묘하다. ②믿을수 없다, 허황하다: 那话太～了,不能信. 그 말은 너무 허황하여 믿을수 없다. 〔玄虚〕 1. 텅비고 허황하다, 진실하지 않다. 2. 이상야릇한 일, 교활한 수단, 잔꾀: 胡弄～～. 일부러 잔꾀를 부리다. ③검다: ～狐. 검은 여우. /～青. 진한 검은빛.

痃 xuán (현) 가래톳.

悬(懸) xuán (현) ①(허공에) 걸다, 달아매다, 드리우다: ～灯结彩. 초롱을 내걸고 오색띠를 드리우다. ②해결되지 못하다: ～案. 미결사건, 미해결문제, 현안. /那件事还～着呢. 그 일은 아직도 미해결로 남아있다. 〔悬念〕 1. 걱정하다, 념려하다, 근심하다, 념려, 걱정, 근심. 2. (극, 영화, 문예작품을 볼 때 사건발전과 주인공들의 운명에 대하여) 관심하다, 우려하다. ③멀리 떨어지다: ～隔. 멀리 사이두다, 멀리 떨어지다. /～殊. 차이가 심하다, 현저하다.

旋 (1) xuán (선) ①돌다, 회전하다, 돌리다: 螺～. 라선. /回～. 빙빙 돌다, 회전하다. ②돌아오다: ～里. 고향에 돌아오다. /凯～. 개선하다, 이기고 돌아오다. ③매우 빨리, 인차: ～即离去. 인차 떠나가다. (2) xuàn →497 페지.

漩 xuán (선) (-儿) 소용돌이.

璇(璿) xuán (선) 아름다운 구슬. 〔璇玑〕 혼천의(옛날의 천문관측기구).

选(選) xuǎn (선) ① 고르다, 선발하다, 선택하다(働挑-、-择): ～种(zhǒng). 종자를 고르다. 〔选举〕 선거하다, 선거: ～～代表. 대표를 선거하다. ②당선된것, 선발된것: 人～. 선출된 사람. /入～. 당선되다.

晅 xuǎn (훤) ①해빛. ②밝다. ③말리다.

烜 xuǎn (훤) ①불길이 성하다. ②밝다. 〔烜赫〕 이름이 나다, 명성이 자자하다. ③말리다.

癣 xuǎn (선) 버짐.

泫 xuàn (현) 물방울이 대롱대롱하다: ～然流涕. 눈물이 방울방울 떨어지다.

炫(衒) xuàn (현) ①밝다, 비치다: ~目. 부시다, 눈부시다. ②자랑하다, 뽐내다. 〔炫耀〕 1. 눈부시게 빛나다. 2. 자랑하다, 뽐내다.

眩 xuàn (현) ①눈이 어두워 똑똑히 못보다, 어렴풋이 보이다: 头晕目~. 머리가 어질어질하고 눈이 뿌옇다. ②정신이 빠지다, 홀리우다, 미혹되다, 눈이 어두워지다: ~于名利. 명예와 리익에 눈이 어두워지다.

铉 xuàn (현) 솥귀고리, 솥손잡이.

券 (2) xuàn 아치형, 궁륭식. (1) quàn →374 페지.

绚 xuàn (현) (무늬가) 알락달락하고 곱다, 색갈이 화려하다: ~烂. 눈부시다, 현란하다. /~丽. 눈부시게 아름답다.

旋(鏇) (2) xuàn (선) ①타래치며 돌다, 선회하다: ~风. 돌개바람, 회오리바람. ②가마: 他的头上有两个~. 그는 쌍가마이다. ③그때그때, 그 자리에서, 그 즉석에서: ~吃~做. 그때그때 만들어먹다. ④(-子) (손잡이가 달린) 술데우는 그릇. ⑤(선반이나 칼로) 빙빙 돌려 깎다: 用车床~零件. 기대로 부속품을 깎다. 〔旋床〕 선반. 〈车床〉이라고도 함. (1) xuán →496 페지.

碹 xuàn 아치형건물, 건물의 아치형부분.

渲 xuàn (선) 중국화그림법의 한가지, 바림, 선염법. 〔渲染〕 바림, 선염법, 여러가지 색갈을 칠하다. ㊌과장하다, 사실보다 크게 말하다.

楦(楥) xuàn (훤) ①(-子、-儿) 신, 모자따위의 골: 鞋~. 신골. ②빈곳을 팍 채우다: 用鞋楦~鞋. 신에 신골을 박아넣다. /把箱子~好. 상자를 팍 채우다. /把这个猫皮~起来. 이 고양이 가죽에 속을 팍 채워넣으시오.

XUE

削 (2) xuē (삭) 〈削(1)〉의 뜻과 같음. 일부 합성어에 쓰임. 깎다, 잘라내다: ~除. 깎아버리다, 제거하다. /~减. 깎아서 줄이다, 삭감하다. /~弱. 약화되다, 약화시키다. /剥~. 착취하다. (1) xiāo →480 페지.

靴(鞾) xuē (화) (-子) 목달이구두, 장화: 马~. 승마용장화. /皮~. 가죽장화. /雨~. 비신.

薛 xuē (설) ①주나라 제후국의 이름. 지금의 산동성 등현에 있었음. ②사람의 성.

穴 xué (혈) ①굴, 소굴: 不入虎~, 焉得虎子. 범의 굴에 들어가지 않고 어떻게 범을 잡겠는가. /~居野处. 산굴이나 들에서 살다, (낡은 사회) 은거자가 자기 생활을 겸손하게 이르는 말. ②침자리, 뜸자리, 혈. 〈穴道〉라고도 함: 太阳~. 태양혈.

茓 xué (-子) (노전가리를 지을 때 쓰는) 좁고 긴 노전. 〈踅〉라고도 함.

峃(嶨) xué (학) 〔峃口〕 학구, 땅이름, 절강성 무

성현에 있음.

学(學、斈) xué (학) ①배우다: 活到老, ～到老. 늙어 죽을 때까지 배우다. 〔学生〕1. 학생. 2. 후배자, 선배에 대하여 자기를 낮추어 이르는 말. 〔学徒〕(상점, 공장 등의) 실습생, 견습생, 학도, 학생. ②학문, 지식: 饱～. 학식이 많다, 박식하다./博～多能. 배운것도 많고 재능도 많다, 학문이 깊고 재질이 뛰여나다. 〔学术〕학술. 〔学士〕1. 학사(대학본과 졸업생의 학위). 2. 옛날벼슬이름. ③학과: 哲～. 철학./物理～. 물리학./语言～. 언어학. ④학교: 中～. 중학교./大～. 대학교./上～. 학교에 가다.

鸴(鷽) xué (학) 산까치, 비담참새.

踅 xué (예) ①중도에서 되돌아오다, 왔다갔다하다: ～来～去. 왔다갔다하다./这群鸟飞向东去又～回来落在树上了. 이 새들은 동쪽으로 날아가던것이 되돌아와서 나무에 앉았다. ②〈茓〉와 같음.

噱 (2) xué (갹) 웃다: 发～. 웃어대다, 웃음을 터뜨리다. 〔噱头〕〈방〉웃음거리, 우스개, 우스개소리, 우스개짓. (1) jué →232 페지.

雪 xuě (설) ①눈: ～花. 눈, 눈꽃, 눈송이./冰天～地. 엄동설한, 얼음과 눈으로 뒤덮인 곳, 몹시 추운 곳, 설한풍 휘몰아치는 곳. ②씻다, 풀다: ～耻. 치욕을 씻다./～恨. 원한을 풀다.

鳕 xuě (설) 대구. 〈大头鱼〉라고도 함.

血 (1) xuè (혈) ①피, 혈: ～压. 혈압./～泊. 피바다, 질벅하게 흘린 피./出～. 피를 흘리다, 출혈하다. ②피줄, 혈통: ～统. 혈통./～族. 혈족, 친족./～亲. 육친. (2) xiě →484 페지.

谑 xuè (학) 롱을 하다, 우습강스럽게 굴다, 롱지거리하다.

XUN

勋(勳) xūn (훈) 공훈, 공로: 功～. 공훈./～章. 훈장./屡建奇～. 특출한 공훈을 여러번 세우다.

埙(壎) xūn (훈) 흙으로 구워 만든 고대 취주악기의 한가지.

熏(燻、薰) (1) xūn (훈) ①그슬다, 내굴찜을 하다, 훈하다, 냄새를 쏘이다: ～豆腐. 훈제두부./～肉. 훈육./把墙～黑了. 연기에 벽이 검게 그슬리다./用茉莉花～茶叶. 차잎에 말리꽃 향기를 올리다. ②냄새가 코를 찌르다(풍기다): 臭气～人. 악취가 코를 찌르다. ③따뜻하다, 훈훈하다: ～风. (봄날에 부는) 훈훈한 바람, 따뜻한 바람, 훈풍. (2) xùn →500 페지.

薰 xūn (훈) 혜란, 혜초, 향초. ㉺화초의 향기.

獯 xūn (훈) 〔獯鬻〕(xūnyù) 훈육(옛날 중국 북방민족. 전국이후 〈흉노〉라 칭하였음).

曛 xūn (훈) 지는 해의 여광, 땅거미, 황혼: ～黄. 땅거미질무렵, 황혼.

醺 xūn (훈) 취하다. 〔醺醺〕 얼근하다, 거나하다: 喝得醉～～的. (술에) 얼근하게 취하다.

窨 (2) xūn (음) 〈熏〉과 같음. 차에 꽃향기가 오르다(말리꽃 등을 차잎에 넣어 꽃향기가 오르게 하다). (1) yìn →526 페지.

旬 xún (순) ①열흘, 순: 上～. 상순./中～. 중순./下～. 하순. ②(주로 로인의 년령계산에서) 열살단위, 순: 六～上下年纪. 륙순좌우./年过八～. 팔순이 넘다.

询 xún (순) 묻다, 의견을 묻다(㊀-问): 探～. 탐문하다./查～. 알아보다, 물어서 조사하다.

郇 (1) xún (순) ①순, 주나라때 제후국의 이름, 지금의 산서성 림기현 서남쪽에 있었음. ②사람의 성. (2) huán →177 페지.

荀 xún (순) 사람의 성.

峋 xún (순) →278 페지 〈嶙〉의 〈嶙峋〉(línxún).

恂 xún (순) ①성실하다, 공손하다. ②두려워하다, 무서워하다.

洵 xún (순) 참으로, 진실로: ～属可敬. 참으로 존경할만하다.

珣 xún (순) 순옥(옥의 한가지).

栒 xún (순) 〔栒邑〕 순읍, 현이름, 섬서성에 있음. 지금은 〈旬邑〉이라고 씀.

寻(尋) (1) xún (심) ①찾다, 탐구하다(㊀-找、-觅): ～人. 사람을 찾다./～求真理. 진리를 탐구하다. ②심(옛날 길이의 단위, 8 자). 〔寻常〕 보통이다, 평범하다, 례사롭다, 심상하다: 这不是～～的事情. 이것은 심상한 일이 아니다. (2) xín →487 페지.

㖊(噚) xún 베암(영국, 미국의 물깊이계산단위). 지금은 〈英寻〉이라고 씀. 한베암은 1,828 메터임.

浔(潯) xún (심) ①물가: 江～. 강가. ②강서성 구강시의 별칭.

鲟(鱘、鱏) xún (심) 철갑상어, 칼상어.

紃 xún (순) (옷이나 축기에 다는) 레스, 실로 엮은 긴 띠.

巡(廵) xún (순) ①왔다갔다하며 살피다, 돌아다니며 살피다, 순찰하다: ～夜. 밤에 순찰하다, 야간순찰을 하다./～哨. (경비임무를 수행하는 소부대가) 초소를 순찰하다. 〔巡回〕 (일정한 로정에 따라) 돌다, 순회하다: ～～医疗队. 순회의료대./～～演出. 순회공연. ②번, 바퀴, 돌림, 순배: 酒过三～. 술이 세순배 돌았다.

循 xún (순) 준수하다, 받들다, 따르다: ～规蹈矩. 규범을 잘 지키다, 규률을 엄격히 지키다./～序渐进. 차례대로 한걸음한걸음 앞으로 나아가다, 자기 단계를 다 거치며 점차적으로 심화시키다./有所遵～. (규정에 따라) 일해야 한다, 행동해야 한다. 〔循环〕 돌다, 순환하다: 血液～～. 혈액순환.

驯 xún (순) 길들이다, 다루다: ～马. 말을 길들이다, 길들인 말./～服. 길들이다, 순종하다./～养野兽. 산짐승을 길들여 기르다.

训 xùn (훈) ①가르치고 타이르다, 훈시하다: 接受教～. 교훈을 접수하다(받아들이다). /～练. 훈련하다. ②가르치는 말, 훈시의 말, 법칙, 준칙: 遗～. 유언으로 남긴 지침으로 될 말, 유훈. /不足为～. 준칙으로 삼을수 없다. ③뜻풀이하다, 해석하다: ～诂. 옛글의 뜻풀이, 주해.

讯 xùn (신) ①묻다, 알아보다, 심문하다: 审～. 심문하다. ②소식: 通～. 통신. /新华社～. 신화사통신, 신화사소식.

汛 xùn (신) 정기적으로 붇는 물, 철: 防～. 큰물을 막다. /秋～. 가을에 붇는 물(가을장마). /桃花～. 봄에 붇는 물(봄장마). /鱼～. 고기잡이한창철, 성어기.

迅 xùn (신) 빠르다: ～速. 매우 빠르다, 신속하다. /～雷不及掩耳. 미처 방지할 사이도 없이 사건이 돌발적으로 발생하다, 벼락같다, 어쩔 사이가 없다. /光阴～速. 세월이 빨리도 흐르다.

徇(狥) xùn (순) ①따르다, 좇다, 치우치다: 绝不～私舞弊. 절대로 사사로운 정에 얽매여 부정행위를 하지 않는다. ②〈殉①〉과 같음.

殉 xùn (순) ①…에 목숨을 바치다, …에 몸바치다, 순직하다: ～国. 나라에 몸바치다. /～难(nàn). 인민을 위하여 희생되다, 정의로운 위업을 위해 목숨을 바치다. ②(옛날 산 사람 또는 물품을 죽은 사람과 함께) 껴묻다, 순장하다: ～葬. 순장하다.

逊(遜) xùn (손) ①물러나다, 사양하다. ②공손하다: 出言不～. 말이 공손하지 못하다, 말이 곱지 않다. ③뒤지다, 떨어지다, 못하다: 稍～一筹. 좀 못하다.

浚(濬) (2) xùn (준) 〔浚县〕 준현, 하남성에 있음. (1) jùn →233 페지.

巽 xùn (손) (미신적관점에서) 팔괘의 하나. 부호는 ☴, 바람을 상징함.

噀(潠) xùn (손) 물을 뿜다: 含水～花. 물을 입에 물고 꽃에 뿜다.

熏 (2) xùn (훈) 〈방〉가스에 중독되다, 질식되다: 炉子安上烟筒,就不至于～着了. 난로에 연통을 달면 가스에 질식될수는 없다. (1) xūn →498 페지.

蕈 xùn (심) 버섯: 松～. 송이버섯. /香～. 참나무버섯.

Y

YA

丫(椏、極、枒) yā (아) ① 가닥, 아귀, 가장귀, 짝지발: ～杈. 가장귀, 짝지발. /树～巴. 가장귀. ②〔丫头〕(-tou) 1. 처녀애. 2. (낡은 사회) 시녀, 녀자종.

压(壓) yā (압) ①누르다: ～住. 누르다. /～碎. 눌러 박살내다. [파]깔아두다, 묵여두다, 쌓아두다, 사장하다: 积～资金. 자금을 묵여두다, 자금을 사장하다. ②억누르다, 탄압하다:

镇～. 진압하다, 탄압하다./～制. 억누르다, 압제하다, 억압하다. 〔压倒〕[전]압도하다, 우세하다. ③막다, 참다, 가라앉히다, 제지하다: ～咳嗽. 기침을 참다./～住气. 성을 가라앉히다, 마음을 진정시키다./～不住火. 성을 가라앉힐수 없다. ④다가오다, 가까이오다: ～境. 국경지대에 다가들다./太阳～树梢. 해가 서산에 기울다, 저녁때가 되다.

呀 (1) yā (하) ①감탄사. (놀람을 나타냄) 아니, 참: ～, 这怎么办! 참, 이걸 어쩐담! ②소리본딴말. 삐걱, 삐거덕(문소리): 门～的一声开了. 문이 삐걱하고 열렸다. (2) ya →502 페지.

鸦(鴉) yā (아) 까마귀: ～雀无声. 쥐죽은듯 고요하다, 물뿌린듯 조용하다. 〔鸦片〕아편. 〈大烟〉이라고 속칭 함.

押 yā (압) ①서명하다, 수표하다: 画～. (공문이나 계약서에) 수표하다. ②저당잡히다. ～金. 보증금. ③구류하다, 잡아가두다: 看～. 구류된 사람을 지키다./～起来. (사람을) 잡아가두다, 감금하다. ④호송하다: ～车. 차를 호송하다./～运货物. 화물을 호송하다.

鸭 yā (압) (-子) 오리.

哑(啞) (2) yā (아) →516 페지 〈咿〉의 〈咿哑〉(yīyā). (1) yǎ →502 페지.

牙 yá (아) ①이, 이발: ～齿. 이발. ②(-子) 가구나 기물에 불쑥 나오게 만든것: 抽屉～子. 서랍의 불룩하게 나온 부분. ③(낡은 사회) 거간군([련]-侩): ～行(háng). 거간집, 거간군, 중개인.

伢 yá 〈방〉(-儿、-子) 아이, 어린 아이.

芽 yá (아) ①싹, 눈, 움: 豆～儿. 콩나물./麦子发～了. 밀이 싹이 텄다./～茶. 여린 차잎. 〔萌芽〕[유]새싹, 움, 맹아, 싹이 나다, 움트다, (어떤 사물현상이) 싹트다, 일어나기 시작하다. ②싹 같은 물건, 광맥: 肉～. 새살./银～. 은광석싹, 은광로두.

岈 yá (하) →41 페지 〈嵖〉의 〈嵖岈山〉(cháyáshān).

玡(琊) yá (아) 〔琅玡〕(láng-) 랑아, 산이름, 산동성에 있음.

钘 yá 아인슈타이니움. 〈锿〉의 옛이름.

蚜 yá (아) 진디, 진디물. 〈腻虫〉이라 속칭함. 〈蜜虫〉이라고도 함.

崖(崕、厓) yá (애) (옛음 yái) 끝, 가, 낭떠러지, 절벽: 山～. 낭떠러지./悬～勒马. 낭떠러지에 이르러 말고삐를 잡아채다, 극히 위험한 지경에 이르러 정신을 차리고 돌아서다, 극히 위험하게 된 고비에 정신을 차리다.

涯 yá (애) 물가, 물녘, 변두리, 가, 끝: 天～海角. 아득히 멀고 구석진 곳, 머나먼 곳, 천애지각./一望无～. 무연하다, 일망무제하다.

睚 yá (애) 눈초리. 〔睚眦〕(-zì) (성이 나서) 눈을 부릅뜨다, 흘겨보다. [파]미워하다, 증오하다.

衙 yá (아) (옛날) 관청, 아문: 官～. 관청.

哑(啞) (1) yǎ (아) ①벙어리, 벙어리가 되다, 말 못하다: 聋～. 귀머거리와 벙어리, 롱아./～口无言. 말을 못하다, 말문이 막히다, 어안이 벙벙하다, 찍소리 못하다. ②(목이) 쉬다. 〔哑巴〕(-ba) 1. 〈哑①〉과 같음. 벙어리가 되다, 말 못하다. 2. 벙어리. ③소리가 없다, 말이 없다: ～剧. 무언극, 몸짓극./～铃. 아령. ④(옛음 è) 픽(웃음소리): ～然失笑. 픽 웃다, 웃음을 금치 못하다, 웃음보를 터뜨리다. (2) yā →501 페지.

痖(瘂) yǎ (아) 〈哑〉(yǎ)와 같음.

雅 yǎ (아) ①규범적이다, 표준적이다: ～声. 시가./～言. 바른말. ②고상하다, 우아하다, 인품이 있다, 풍류스럽다: ～致. (차림새, 기구, 건물 등이) 고상하다, 우아하다./～观. 보기 좋다, 우아하다, 고상하다, 얌전하다. ③(지난날) 존경을 나타내는 말의 첫머리(어두): ～鉴. 받아보십시오, 읽어보십시오./～教. 가르치심. ④평소, 보통때, 평상: ～善鼓琴. 평소에 악기를 잘 다룬다. ⑤매우, 극히, 아주: ～以为美. 아주 고와하다./～不欲为. 매우 하기 싫어하다. ⑥단어의 뜻을 해석한 책이름: 尔～. 이아./广～. 광아.

轧 (1) yà (알) (로라따위로) 다지다, 깔아뭉개다, 내리누르며 굴다: 把马路～平了. 도로를 평평하게 다졌다./～棉花. 씨아를 앗다, 조면하다./～花机. 씨아기계, 조면기. (2) zhá →556 페지. (3) gá →130 페지.

亚(亞) yà (아) ①다음(차례): ～军. 2등, 준우승./～热带. 아열대. ②아세아의 간칭. ～洲. 아세아주.

垭(埡) yà (오) 〈방〉두 산사이의 좁은 지대: 黄桷～. 황각오, 땅이름, 중경시에 있음.

掗(挜) yà (아) 〈방〉(물건을 남에게) 억지로 주다, 억지로 팔다.

娅(婭) yà (아) (남자) 동서.

氩(氬) yà 아르곤(원소기호 Ar 또는 A).

讶 yà (아) 의아해하다: 十分惊～. 아주 놀라다, 몹시 의아해하다.

迓 yà (아) 맞다, 맞이하다, 마중하다(㊀迎-): ～之于门. 문앞에서 그를 마중하다./未曾迎～. 마중하지 않았다.

砑 yà (아) 다지다, (천이나 가죽따위를 윤이 나게) 닦다, 연마하다.

揠 yà (알) 뽑다: ～苗助长. 빨리 자라라고 모를 우로 잡아뽑아놓다, 조급성에 사로잡혀 오히려 일을 망치다, 일을 강다짐으로 하다.

猰(貏) yà (알) 〔猰貐〕(-yǔ) (전설에 나오는) 사람을 잡아먹는 맹수.

呀 (2) ya (하) 조사(助词). 조사 〈啊〉와 같음, 앞글자의 모음 소리가 a, e, i, o, ü일 때 조사 〈啊〉의 음이 변화된것: 大家快来～.

여러분 빨리 오십시오./你怎么不学一学～? 너는 왜 배우지 않느냐./这个瓜～, 甜得很! 이 참외는요 아주 달지요. (1) yā →501 페지.

YAN

咽 (1) yān (인) 목구멍, 일반적으로 〈咽喉〉라고 함. (2) yàn →507 페지. (3) yè →515 페지.

胭(臙) yān (연) 〔胭脂〕(-zhi) 연지.

烟(煙、菸) yān (연) ①(-儿) 내굴, 내, 연기: 冒～. 연기가 나다./～筒. 굴뚝, 연통. 〔烟幕弹〕 1. 연막탄. 2. 연막, 눈가림. 〔烟火〕 1. 익힌 음식: 不食人间～～. 인간세상의 익힌 음식을 먹지 않는다. 2. 꽃불, 축포. ②(-子) 그을음, 철매, 그슬음: 松～. 송진그슬음./锅～子. 가마그슬음. ③내굴같은것: 过眼云～. 눈여겨보지 않아 인차 잊어버리다, 인차 사라져버리다./～霞. 연기같은 노을, (멀리 산중턱이나 공중에 피여오르는) 연기와 안개, 구름. ④(내굴이 눈을) 찌르다, 자극하다, 내굴다: 一屋子烟,～眼睛. 온 방이 연기여서 내굴에 눈물이 난다. ⑤담배. ⑥담배제품: 香～. 권연, 가치담배./旱～. 잎담배, 마른 담배./请勿吸～. 담배를 피우지 마십시오. ⑦아편: ～土. 생아편.

恹(懨、懕) yān (염) 〔恹恹〕 (아파서) 밸밸하다, 빌빌하다(아픈 모양).

殷 (2) yān (안) 검붉은 색, 진홍색: ～红. (색이) 검붉다./朱～. 검붉은 색. (1) yīn →524 페지.

焉 yān (언) ①이에, 이에서, 이보다: 心不在～. 생각이 여기에 있지 않다, 정신을 딴데 팔다, 주의를 돌리지 않다./乐莫大～. 이보다 더 큰 즐거움이 없다. ②비로소: 必知疾之所自起, ～能攻之. 병의 근원을 알아야 (비로소) 병을 고칠수 있다. ③어찌, 어떻게, 어디: ～能如此? 어떻게 그럴수 있겠는가./其子～往? 그이는 어디로 가는가? ④조사. 문장이 끝남을 나타냄: 因以为号～. 그러므로 그것을 호(号)로 삼았다./有厚望～. 큰 희망이 있다, 명망이 높다. ⑤무엇, 누구: 子能如此, 吾复～求. 당신이 이렇게 하는데 내가 무엇을 더 바라리오.

鄢 yān (언) 〔鄢陵〕 언릉, 현이름, 하남성에 있음.

嫣 yān (언) ①방긋, 생긋, 상긋(귀엽게 웃는 모양). ②요염하다, 곱다, 아릿답다.

阏 yān (연) 〔阏氏〕(-zhī) 연시. 한나라때 흉노왕의 안해.

崦 yān (엄) 〔崦嵫〕(-zi) 엄자, 산이름, 감숙성에 있음.

阉 yān (엄) ①불을 까다, 불을 치다, 거세하다: ～鸡. 불친 닭, 거세한 닭./～猪. 돼지불을 치다, 돼지새끼집을 들어내다, 불친 돼지. ②(옛날) 환관; 내시.

淹(渰、湮) yān (엄) ①물에 잠기다, 빠지다: 被水～了. 물에 잠기다. ②(액체가) 배다, 젖어들다, (살을) 적시다. ③깊고넓다: ～博. 학식이 깊고넓다, (조예가) 깊다. (湮)yǎn →506 페지.

腌(**醃**) (1) yān (업, 엄) 소금에 절구다, 사탕에 절이다: ～肉. 고기를 절이다, 절인 고기./～咸菜. 김치를 담그다. (2) ā →1 페지.

湮 (1) yān (인) 파묻다, 묻히다, 매장되다: ～没. 매몰되다, 파묻다./有的古迹已经～没了. 어떤 고적들은 이미 매몰되였다(파묻혔다). (2) yīn →524 페지의 〈洇〉.

燕 (2) yān (연) ①연, 주나라 제후국의 이름, 지금의 하북성 북부와 료녕성 남부에 있었음. ②사람의 성. (1) yàn →508 페지.

延 yán (연) ①늘이다, 늘구다, 연장하다: ～长. 연장하다./蔓(màn)～. 퍼지다, 만연되다. ②늦추다, 미루다: ～期. 기일을 미루다, 연기하다./遇雨顺～. 비가 오면 다음날로 미룬다. /迟～. 시간을 끌다, 지연시키다. ③부르다, 청하다, 초빙하다: ～师. 교원(스승)을 초빙하다./～聘. 초빙하다./～医. 의사를 청하다, 의사를 부르다. 〔延安〕 연안, 시이름, 섬서성 북부에 있음.

蜒 yán (연) → 533 페지 〈蚰〉의 〈蚰蜒〉(yóuyán). → 451 페지 〈蜿〉의 〈蜿蜒〉(wānyán).

筵 yán (연) ①대자리, 삿자리. ②술자리, 연회: 喜～. 결혼잔치, 결혼식축하연회.

芫 (2) yán (원) 〔芫荽〕(-suī) 고수풀. 속되게 〈香菜〉라 하며 〈胡荽〉(-suī)라고도 함. (1) yuán → 542 페지.

严(**嚴**) yán (엄) ①엄밀하다, 빈틈없다: 把罐子盖～了. 단지뚜껑을 꼭 덮으시오./房上的草都长(zhǎng)～了. 지붕에 풀이 빈틈없이 자랐다. ②엄하다, 엄엄하다, 엄격하다: 规矩～. 규칙이 엄격하다./～厉. 호되다, 준엄하다./～格. 엄격하다, 엄하다./～办. 엄중히 처리하다, 엄중히 처벌하다. [전] (지난날) 아버지를 가리킴, 아버지: 家～. 저의 아버지. 〔严肃〕 엄숙하다: 态度很～～. 태도가 매우 엄숙하다. ③심하다, 모질다: ～冬. 몹시 추운 겨울, 엄동./～寒. 모진 추위, 된추위. 〔严重〕 엄중하다, 심하다: 事态～～. 사태가 엄중하다./～～的错误. 엄중한 오유(착오).

言 yán (언) ①말, 언어, 이야기, 연설([련]语-): 发～. 말하다, 토론하다, 연설하다, 발언하다./格～. 격언./名～. 아주 값이 있는 말, 명언./谣～. 요언, 류언비어, 헛소문, 풍설./有～在先. 미리 말해주다, 미리 언명하다./一～为定. 한마디로 결정짓다, 굳게 약정하다./一～以蔽之. 한마디로 개괄하다, 한마디로 말하다. ②말하다, 이야기하다: ～语. 말하다, 소리치다, 부르다; 말, 언어, 언어행위./知无不～. 알고있는것을 다 말하다. ③글자: 五～诗. 오언시./七～绝句. 칠언절구./洋洋万～. 많은 말.

阽 yán (점) →91 페지의 (diàn).

妍(**姸**) (연) 아름답다, 곱다, 예쁘다: 百花争～. 백화가 아름다움을 다투다.

研(**硏**) yán (연) ① 보드랍게 갈다, 바수다, 갈다: ～药. 약을 갈아 바수다./～墨. 먹

을 갈다. ②깊이 파고들다, 깊이 연구하다: 钻～. 깊이 파고들다./～求. 연구하다. 〈고〉〈砚〉(yàn)과 같음.

岩(巖、嵒) yán (암) ①(높고 험한) 바위산. ②바위, 암석: 水成～. 수성암./火成～. 화성암.

炎 yán (염) ①무덥다, 뜨겁다: ～夏. 무더운 여름./～暑. 몹시 더운 여름, 한더위./～凉. 더위와 추위, (낡은 사회에서 세태나 인정이) 사람의 지위에 의하여 달라지다, 변덕스럽다. ②염중: 发～. 염증이 생기다./脑～. 뇌염./皮～. 피부염.

沿 (1) yán (연) ①좇다, 따르다: ～着社会主义道路胜利前进. 사회주의길을 따라 승리적으로 전진한다. ②뒤따르다, 답습하다: 积习相～. 오랜 습관이 그냥 계속되여 고쳐지지 않다, 세살적 버릇 여든까지 간다. 〔沿革〕(사물의 발전변화)래력, 연혁. ③(-儿) 가장자리, 변두리: 边～. 변두리, 가장자리./炕～儿. 온돌가장자리./缸～儿. 독변두리./盆～儿. 대야변두리, 소래가장자리. ④테두리에 줄을 치다, 테두리를 장식하다: ～鞋口. 신에 테두리를 대다./～个边. 가장자리를 장식하다, 테두리에 줄을 치다, 이불이나 옷의 가장자리를 꿰매다. (2) yàn →507 페지.

铅 (2) yán (연) 〔铅山〕 연산, 현이름, 강서성에 있음. (1) qiān →357 페지.

盐(鹽) yán (염) ①소금. 〈咸盐〉이라고도 함. ②염: 硝酸～. 질산염.

阎(閻) yán (염) 사람의 성.

颜 yán (안) ①얼굴, 낯, 면목: 无～见人. 사람들을 볼 면목이 없다./喜笑～开. 만면에 웃음을 띠다, 얼굴에 웃음꽃이 활짝 피다, 얼굴에 웃음을 담뿍 담다. ②빛갈, 색갈, 색채, 색: ～料. 물감, 색감, 안료, 도료./五～六色. 가지각색의 빛갈, 울긋불긋한 색채.

檐(簷) yán (첨) ①(-儿) 처마: 房～儿. 처마./前～. 앞처마. ②(-儿) 채양: 帽～儿. 모자채양.

奄 yǎn (엄) ①덮다, 싸다, 가리다, 씌우다. ②급히, 빨리, 갑자기, 문득, 즉시: ～忽. 갑자기, 빨리, 즉시. 〔奄奄〕 숨이 간들간들하다: ～～一息. 마지막숨을 모으다, 숨이 간들간들하다, 숨져가다, 죽음에 직면하다. 〈고〉〈阉〉(yān)과 같음.

掩(揜) yǎn (엄) ①막다, 가리다, 숨기다(㊀-盖、遮-): ～鼻. 코를 막다./不～饰自己的错误. 자기의 잘못을 숨기지 않는다. 〔掩护〕 1. 엄호하다. 2. 남몰래 보호하다. ②(빗장을 지르지 않고 그냥) 꼭 닫다, 덮다: 把门～上. 문을 꼭 닫다. /～卷. 책을 덮다. ③끼이다, 치이다: 关门～住手了. 문을 닫다가 손이 끼이다(치이다).

罨 yǎn (엄) ①덮다, 가리다, 찜질하다: 冷～法. 찬물찜질./热～法. 더운물찜질. ②(덮어씌워 새나 고기를 잡는) 그물.

兖 yǎn (연)〔兖州〕 연주, 현이름, 산동성에 있음.

奁(龑) yǎn (엄) 사람의 이름자.

俨(儼) yǎn (엄) 장엄하다, 엄엄하다. ㉮똑같다, 흡사하다: ～如白昼. 대낮같다.〔俨然〕 1. 장엄하다, 엄엄하다: 望之～～. 바라보니 아주 장엄하다. 2. 정연하다, 가지런하다. 3. 흡사하다, 꼭같다: ～～是个大人. 신통히도 어른같다.

弇 yǎn (엄) 덮다, 가리우다.

渰 (1) yǎn (엄) 구름이 일어나다, 떠오르다. (2) yān →503 폐지의〈淹〉.

衍 yǎn (연) ①번지다, 널리 퍼지다, 전개되다, 발휘하다: 推～. 널리 보급하다. ②(글자 또는 글에서의) 군더더기: ～文. (필사, 판각, 조판이 잘못되여) 더 들어간 글자나 문구.

剡 (1) yǎn (염)〈고〉①뾰족하다, 날카롭다, 첨예하다, 예리하다. ②뾰족하게 깎다, 자르다, 베다. (2) shàn →390 폐지.

厣(厴) yǎn 게배의 밑부분. (소라, 빗살조개, 우렁이따위의) 입뚜껑.

魇(魘) yǎn (염, 엽) ①꿈결에 놀라다, 가위 눌리다. ②잠꼬대.

黡(黶) yǎn (염) 검은기미.

眼 yǎn (안) ①눈.〔眼光〕 눈길, 시선, 안광, 안목, 시야, 식견: 把～～放远点. 시야가 넓어야한다. ②(-儿) 구멍, 눈, 귀: 炮～. 남포구멍, 발파구멍; 포아구리./耳朵～儿. 귀구멍./针～儿. 바늘귀. ③(-儿) 대목, 요점, 고리: 节骨～儿. 요긴한 대목./字～. (문장속에서의) 글자, 어휘, 글귀. ④(희곡중의) 박자: 一板一～. (음악의) 2 박자. ＊질서정연하다, 절도있다, 조리있다, 착실하다: 一板三～. (언행이) 조리있다, 절도있다.

偃 yǎn (언) ①나자빠지다, 뒤로 넘어지다: ～卧. 잠자리에 반듯이 눕다. ②그만두다, 중지하다: ～息. 그만두다./～旗息鼓. 기발을 거두고 전고를 울리지 않다, 싸움을 거두다.

郾 yǎn (언)〔郾城〕 언성, 현이름, 하남성에 있음.

蝘 yǎn (언) (옛책에서의) 매미따위의 벌레.〔蝘蜓〕(-tíng) 옛책에서의 집도마뱀, 수궁.

琰 yǎn (염) 아름다운 구슬.

扊 yǎn (염)〔扊扅〕(-yí) 빗장.

演 yǎn (연) ①공연하다, 상연하다, 출연하다: ～剧. 연극을 하다, 극을 공연하다./～奏. 연주하다./～唱. (출연하여) 노래하다, 노래부르다, 연극을 하다. ②서술하다, 체계를 잡아 말하다: ～说. 연설하다, 강연하다./～义. 연의(력사적사실에 근거하여 쓴 소설).〔演绎〕 연역하다, 연역. ③연습하다, 련습하다, 익히다: ～武. 무술을 련습하다./～算习题. 련습문제를 풀다. ④변화하다, 발전하다, 확대하다: ～变. 변화발전하다, 변천하다./～进.

진화하다, 점차 발전하다. /～化. 진화하다, 변천되다, 변화발전하다.

缜 yǎn (연, 인) 길게 하다, 길게 늘구다, 연장하다.

甗 yǎn (언) (옛날 도자기 혹은 청동으로 만든) 시루.

鼹(鼴) yǎn (언) 두더지. 〈地排(pái)子〉라고 속칭함.

厌(厭) yàn (염) ①싫어하다, 증오하다, 미워하다(⑫-恶): 讨～. 밉살스럽다, 성가시다, 귀찮다. /～弃. 싫어서 버리다. ②흐뭇하다, 만족하다, 배부르다: 贪得无～. 욕심이 끝이 없다.

餍(饜) yàn (염) 배부르게 먹다, 싫도록 먹다, 물리다. ⑪만족하다, 흐뭇하다.

觃 yàn (연) 〔觃口〕 연구, 땅이름, 절강성 부양현 남쪽에 있음.

砚 yàn (연) 벼루, 벼루돌.

沿 (2) yàn (연) (-儿) 물가: 河～儿. 강변. /井～儿. 우물가. (1) yán →505 페지.

咽(嚥) (2) yàn (연) (목구멍으로) 넘기다, 삼키다: 细嚼烂～. 오래오래 씹어 천천히 넘기다. /狼吞虎～. 게눈감추듯 삼켜버리다, 게걸스럽게 먹다(삼키다), 꿀꺽 삼켜버리다. 〔咽气〕 숨이 끊어지다, 죽다, 숨지다. (1) yān →503 페지. (3) yè →515 페지.

唁 yàn (언) 조문하다, 조상하다: 吊～. 조문하다. /～电. 조전.

彦 yàn (언) 지와 덕을 겸비한 사람, 뛰여난 사람.

谚 yàn (언) 속담, 리언: ～语. 속담.

艳(艶、豔) yàn (염) ①(색갈이) 아름답다, 곱다, 눈부시다: ～丽. 눈부시게 아름답다. /～阳天. 화창한 봄날, 양춘가절, 맑게 개인 하늘. ②(지난날) 사랑에 관한것. 〔艳羡〕 부러워하다.

滟(灧、灩) yàn (염) 〔滟滪堆〕(-yùduī) 염예퇴, 사천성 구당협어구에 있는 큰 바위돌(장강의 수상운수의 편리를 위하여 1958 년에 그 돌을 폭파하여 없애치웠음).

晏 yàn (안) ①늦다: ～起. 아침에 늦잠자다, 늦게 일어나다. ②〈宴③〉과 같음.

鷃(鴳) yàn (안) (옛책의) 작은 새.

宴(讌、醼) yàn (연) ①(손님을 청하여) 음식을 대접하다: ～客. 손님을 청하여 대접하다. ②연회: ～会. 연회. ③술좌석, 연회: 设～. 연회를 베풀다. ④편안하다, 즐겁다: ～安鸩毒. 향락을 일삼는것은 독술로 자살하는것과 같다.

堰 yàn (언) 제방, 뚝, 언제, 뗌, 동뚝.

验(驗、騐) yàn (험) ①검증하다, 검사하다, 시험하다: ～血. 피검사를 하다. /～收. 검사하여 받다, 검수하다. ②효과있다: 屡试屡～. 여러번 한 실험이 다 효과가 있다.

雁(鴈) yàn (안) 기러기. 주로 〈鸿雁〉을 가리킴.

贋(贗) yàn (안) 가짜품, 위조한것: ～品. 가짜품.

焰(燄) yàn (염) 불길, 불꽃, 화염: 火～. 불길, 화염. 〔气焰〕 기세, 위세: ～～万丈. 기세가 하늘을 찌르다, 기세가 도도하다, 기고만장, 기염만장.

焱 yàn (혁) 불꽃.

酽(釅) yàn (염) 진하다, 걸죽하다, 되직하다: 这碗茶太～. 이 (고뿌의) 차는 너무 진하다.

谳(讞) yàn (언) (죄를) 판결하다: 定～. 판결하다.

燕(鷰) (1) yàn (연) ①(-子) 제비. ②(고서에는) 때로 〈宴〉으로도 씌여있음. 편안히 살다: ～居. 편안히 살다./～好. 부부사이가 좋다./～乐. 즐기다. (2) yān →504 페지.

YANG

央 yāng (앙) ①중앙, 중심: 水中～. 강복판. ②간절히 바라다, 애원하다, 부탁하다, 원하다([련]-求): 只好～人去找. 찾아달라고 남에게 애원하는수밖에 없다./～告了半天, 他还是不去. 반나절이나 간청했지만 그는 그냥 가지 않는다. ③끝나다, 다하다: 夜未～. 아직도 날이 밝지 않았다.

泱 yāng (앙) 물이 넓고 깊다[첩]: 河水～～. 강물이 넓고 깊다./～～大国. 위엄있는 큰 나라.

殃 yāng (앙) ①화, 재난, 재앙: 灾～. 재앙./遭～. 재난을 당하다./城门失火, ～及池鱼. (불을 끄느라고 못물을 다 퍼갔기때문에) 성문에 불이 나니 그 화가 못속의 고기에 미치다, 다른 사람때문에 련루되여 화를 입다, 고래싸움에 새우등 터진다, 애매한 두꺼비 떡돌에 치였다. ②해를 끼치다, 재난을 들씌우다: 祸国～民. 나라와 인민에게 재난과 불행을 들씌우다.

秧 yāng (앙) ①(-儿) 모, 벼모: 树～儿. 나무모, 묘목./茄子～. 가지모./插～. 벼모를 꽂다. 〔秧歌〕 양걸춤, 양걸. ②(일부 식물의) 줄기, 대: 瓜～. (오이 따위의) 넝쿨./豆～. 콩대. ③(-子) 갓난 새끼: 鱼～子. 고기새끼./猪～子. 돼지새끼. ④기르다, 재배하다, 가꾸다: ～几棵树. 나무를 몇그루 재배하다./他～了一池鱼. 그는 못에 고기를 가득 길렀다.

鸯 yāng (앙) →542 페지 〈鸳〉의 〈鸳鸯〉(yuānyāng).

鞅 (1) yāng (앙) (옛날말의) 멍에끈. (2) yàng →510 페지.

扬(揚、敭、颺) yáng (양) ①높이들다, 추켜들다, 올리다: ～帆. 돛을 달다, 돛을 올리다./～手. 손을 쳐들다, 손을 내젓다./趾高气～. 자만하고 의기양양하다, 우쭐하다, 잘난체하다, 제밖에 없는듯이 뽐내다, 으쓱해서 거드름을 피우다. 〔扬汤止沸〕(fèi) (끓는 물을 퍼냈다 다시 부었다 하며 식힌다는 뜻), 방법이 철저하지 못하다, 바디로 물 막는 격, 일시적인 대책에만 매여달리다. 〔扬弃〕 포기하다. 〔扬扬〕 양양하다. ②휘날리다, 나붓기다: 飘～. 바람에 나붓기다, 휘날리다, 펄럭이다./飞～. 높이 휘날리다. ③(키로) 까부르다, 녀가래질하다: ～场. 녀가래질하다, (곡식을) 까붐질하다. ㉠ 1. 선전하다, 알리다, 퍼뜨리다(㉣宣-): ～名. 이름을 날리다, 명성을 떨치다. 2. 칭찬하다, 찬양하다: 赞～. 찬양하다./颂～. 찬양하다. ④오르다, 올라가다: 尘土飞～. 먼지가 흩날려오르다. 〔扬长而去〕 인사도 하지 않고 훌쩍 가버리다, 뒤돌아보지도 않고 성큼성큼 가버리다, 툭 털고 가버리다.

玚(瑒) yáng (창) (옛날) 제사에 쓰는 옥그릇.

杨(楊) yáng (양) 백양나무.

旸(暘) yáng (양) ① 해가 솟다, 해가 뜨다, 해가 돋다. ②개인 날씨, 개인 날.

炀(煬) yáng (양) ①쇠를 녹이다. ②(불길이) 세다, 활활 타오르다.

钖(鍚) yáng (양) 옛날 말이마에 대는 금속제의 장식품, 말이마치레.

疡(瘍) yáng (양) ① 부스럼. ② 궤양, 종기: 胃溃～. 위궤양.

羊 yáng (양) 양: 绵～. 면양./羚～. 령양. 〈고〉〈祥〉(xiáng)과 같음.

佯 yáng (양) 거짓을 꾸미다, 가장하다, …체하다: ～攻. 거짓공격하다./～作不知. 모르는체하다. 옛날에 〈阳〉으로도 쓰였음.

垟 yáng (양) 〈방〉논밭(땅이름자에 많이 쓰임): 翁～. 옹양./上家～. 상가양. (모두 절강성에 있음).

徉(徉) yáng (양) → 45페지 〈徜〉의 〈徜徉〉(cháng yáng).

洋 yáng (양) ①큰바다, 해양: 海～. 해양./太平～. 태평양. ②많다, 가득차다, 차고넘치다, 흘러넘치다 ㉢: ～溢. 차고넘치다, 흘러넘치다./～～大观. 매우 많아서 볼만하다. ③외국, 외국의것: ～为中用. 외국의것을 중국에 복무시키다, 외국의것을 중국에 맞게 받아들여 쓰다. ④현대적인것: 土～结合. 재래식과 현대식을 결합하다, 재래방법과 현대방법을 결합하다. ⑤은화, 은전.

烊 (1) yáng (양) ①(쇠붙이를) 녹이다. ②녹다: 糖～了. 사탕이 녹았다. (2) yàng →510페지.

蛘 yáng (양) 〈방〉쌀벌레, 쌀바구미.

阳(陽) yáng (양) ①밝다. ② ↔〈阴〉. 1. 양성, 남성. 2. 해, 태양: ～历. 양력./～光. 해빛. 3. 양: ～电. 양전기./～极. 양극. 4. 산의 남쪽; 물의 북쪽(흔히 땅이름에 많이 쓰임): 衡～. 형양, 현이름, 호남성 형산남쪽에 있음./洛～. 락양, 시이름, 하남성 락하북쪽에 있음. 5. 겉, 드러나는것, 표면, 뚜렷한것: ～沟. (우를 덮지 않은) 하수로./～奉阴违. 앞에서는 받드는척하고 뒤에서는 반대한다, 겉으로는 받드는척하고 뒤에 가서는 나쁜짓을 하다, 양봉음위. 6. 도드라진

옷: ～文图章. 글을 도드라지게 새긴 도장. 7. (미신) 산사람과 인간세상의것: ～间. 인간세상. ③남자생식기.

仰 yǎng (앙) ①머리를 쳐들다. ↔〈俯〉: ～起头来. 머리를 쳐들다./～天大笑. 앙천대소하다./人～马翻. 사람이 자빠지고 말이 나굴다, 수라장이 되다, 뒤죽박죽이 되여 수습하기 어렵다, 전쟁에서 참패하다. ②우러르다, 흠모하다, 경모하다, 우러러보다: 久～. (당신의 성함을) 오래전부터 들었습니다(처음 만나서 하는 인사)./信～. 신앙, 믿고 받들다, 신앙하다./敬～. 경모하다. ③의존하다, 의거하다, 의지하다(련-赖): ～人鼻息. 남의 눈치를 보며 행동하다, 비위를 맞추다, 눈치만 보다, 기분을 살피다.

养(養) yǎng (양) ①부양하다, 먹여살리다, 키우다(련-育): ～家. 가족을 부양하다, 식구를 먹여살리다./抚～子女. 자녀를 부양하다, 자녀를 먹여살리다. ②치다, 기르다, 사양하다, 먹이다, 재배하다, 가꾸다: ～鸡. 닭을 치다./～鱼. 고기를 기르다./～花. 꽃을 가꾸다. ③낳아 키우다. ④료양하다, 휴양하다, 양생하다: ～精神. 원기를 돋구다./～精蓄锐. (일을 위하여) 력량을 축적하다, 정신물질적준비를 갖추다, 정기를 양생하고 힘을 키우다./～病. 몸조리하다, 안정치료하다, 료양하다./休～. 휴양하다. ㉮관리하다, 보호하다: ～路. 도로를 보수하다. ⑤기르다: 他～成了劳动的习惯. 그는 로동습관을 길렀다. ⑥영양, 자양: 营～. 영양.

氧 yǎng 산소(원소기호 O).

痒(癢) yǎng (양) 가렵다, 근질근질하다㉠: 蚊子咬得身上直～～. 모기가 물어서 몸이 가렵다./痛～相关. 서로 깊은 관심을 돌리다, 리해관계가 밀접하다. 〔技痒〕 기술을 발휘하고싶어 안타까와하다, 한번 해보고싶어 손발이 근질거리다.

漾(瀁) yǎng (양) →180페지 〈滉〉의 〈滉漾〉(huàng yǎng).

怏 yàng (앙) (뜻대로 되지 않아) 시들하다, 불쾌하다, 재미없다, 만족스럽지 못하다, 즐겁지 않다: ～～不乐. 시쁘둥하다, 달갑게 여기지 않다, 아니꼽게 여기다./～然不悦. 즐거워하지 않다.

鞅 (2) yàng (앙) 소의 멍에끈. (1) yāng →508페지.

样(樣) yàng (양) ①(-子、-儿) 모양, 꼴: 模～. 모양, 꼴./这～. 이렇다, 이러하다./不象～儿. 꼴불견이다, 꼴이 말이 아니다. ②(-儿) 가지, 종류: 一～儿. 한가지./两～儿. 두가지./～～儿都行. 여러가지를 다 잘한다. ③(-子、-儿) 본보기, 견본, 표본: ～品. 견본, 본./货～. 물건견본./～本. 견본, 본, 견본책.

烊 (2) yàng (양) 〔打烊〕 〈방〉 저녁에 상점문을 닫고 영업하지 않다. (1) yáng →509페지.

恙 yàng (양) 병, 질병, 탈: 无～. 병이 없다, 무병하다, 안

녕하다./偶染微～. 우연히 좀 앓다./身有微～. 몸에 병이 좀 있다.

羕 yàng (양) 물줄기가 길다.

漾 yàng (양) ①(물이) 출렁이다. ②넘치다, 넘쳐흐르다, 물이 꼴딱 차다: ～奶. (젖을 너무 많이 먹여서 입에서) 젖이 꼴깍꼴깍 나오다, 젖을 게우다./～酸水. 신물을 토하다./汤太满都～出来了. 국을 가득 떠서 넘어나다.

YAO

幺(么) yāo (요) ①〈방〉막내: ～叔. 막내아저씨./～妹. 막내누이동생./～儿. 막내아들. ②하나, 일(전화걸 때 1을 다르게 이르는 말). 〈么〉me →300페지; ma〈吗〉→295페지.

吆(吆) yāo (요) 〔吆喝〕(-he) 웨치다, 고함치다, 꽥소리치다.

夭(殀) yāo (요) ①우거지다, 무성하다 ㉻: 桃之～～. 한창 꽃피는 처녀시절, 도요시절. ②어려서 죽다, 일찍 죽다: ～亡. 어려서 죽다./～折. 어려서 죽다, 젊어서 죽다, 요절하다.

妖 yāo (요) ①요물, 도깨비: ～魔鬼怪. 요귀와 악마, 악당들. ②(녀자의 차림새가) 요염하다, 망측하다: ～里～气. 요사스럽다, 간사하다. ③아름답다: ～娆. 황홀하게 아름답다.

约 (2) yāo (요) (저울로) 달다: 你～有多重. 얼마나 무거운가 한번 달아보시오. (1) yuē →544페지.

要 (2) yāo (요) ①요구하다. 〔要求〕 요구하다, 청구하다, 청원하다: ～～大家认真学习. 모두다 참답게 학습할것을 요구하다./～～入队. 입대할것을 청원하다(탄원하다). ②협박하다, 위협하다, 놀래우다: ～挟. 협박하다. ③〈고〉〈腰〉와 같음. (1) yào →513페지.

腰 yāo (요) ①허리. 〔腰子〕 콩팔, 신장. ②(바지, 치마 등의) 허리춤, 춤: 裤～. 바지허리춤, 바지춤. ③(사물의) 중간, 중턱, 허리: 山～. 산중턱. ④허리가 가늘게 된 지세: 土～. 중간이 잘룩한 륙지./海～. 중간이 잘룩한 바다.

邀 yāo (요) ①청하다, 부르다, 초대하다: ～他来谈谈. 그를 청하여 이야기를 나누다./特～代表. 특별히 초청한 대표. ②얻다, 받다: ～赏. 상을 받다./～准. 허가를 받다. ③가로막다: 中途～截. 도중에서 가로막다.

爻 yáo (효) (옛음 xiáo) 점패(8패중의 〈—〉〈--〉 등 부호를 가리킴).

肴(餚) yáo (효) (옛음 xiáo) 안주, (불고기 또는 고기로 만든) 료리: 佳～. 좋은 안주, 좋은 료리./酒～. 술과 안주, 술안주.

尧(堯) yáo (요) 요(전설에 나오는 옛날 황제이름).

侥(僥) (2) yáo (요) →208페지 〈僬〉의 〈僬侥〉(jiāo-). (1) jiǎo →208페지.

峣(嶢) yáo (요) 〔岧峣〕(tiáo-) 산이 높다, 높고 험하다.

垚 yáo 높다.

轺 yáo (초) (옛날) 작은 수레.

姚 yáo (요) 사람의 성.

珧 yáo (요) 살조개. 〈玉珧〉라고 도 함.

铫 (2) yáo (조) ①(옛날) 큰호미. ②요(사람의 성). (1) diào →93페지.

陶 (2) yáo (요) 〔皋陶〕 고요 (전설에 나오는 사람이름). (1) táo →430페지.

窑(窰、窯) yáo (요) ①(벽돌, 기와, 도자기 등을 굽는) 가마: 砖～. 벽돌가마. ②탄갱: 煤～. 탄갱. ③땅굴집: ～洞. 땅굴집.

谣 yáo (요) ①노래, 가요: 民～. 민요./童～. 동요. ②꾸며낸 말, 요언, 헛소문: 造～. 요언을 날조하다./辟～. 요언을 폭로규탄하다, 요언을 물리치다, (요언을) 반박하다.

摇 yáo (요) 흔들리다, 움직이다, 흔들다, 젓다(㊀-摆、-晃): ～头. 도리머리를 치다, 도리질하다./～船. 배를 젓다. 〔摇曳〕(-yè) 흔들흔들하다, 흔들거리다, 하느작거리다; (풀, 나무따위가) 설레다. 〔动摇〕 움직이다, 동요하다: 思想～～. 사상이 동요되다.

徭(繇、傜) yáo (요) (낡은 사회) 강제로동, 부역. 〈繇〉yóu →534페지.

遥 yáo (요) 멀다, 아득하다㊀: ～远. 아득히 멀다./～望. 멀리 바라보다./路～知马力, 日久见人心. 길이 멀어야 말의 힘을 알수 있고 세월이 흘러야 사람의 마음을 알수 있다, 말은 달려보아야 알고 사람은 지내봐야 안다./～～相对. 멀리서 서로 향하여있다, 저 멀리 서로 맞대고있다.

瑶 yáo (요) ①아름다운 구슬; 아름답다: ～函. 편지(남의 편지를 높여이르는 말). ②〔瑶族〕 요족, 중국 소수민족의 하나.

飖 yáo (요) 바람에 펄럭이다, 나붓기다. →343페지 〈飘〉의 〈飘飖〉(piāoyáo).

鳐 yáo (요) ①날치. ②가오리의 하나.

杳 yǎo (묘) 감감하다, 종적이 없다: ～无音信. 소식이 묘연하다, 감감무소식이다, 가뭇없다, 종무소식./音容已～. 말소리와 용모가 까맣게 잊어지다.

咬(齩、䶧) yǎo (교) ①(이발로) 물다, 갉아먹다, 쏠다, 깨물다, 뗴여먹다: ～了一口馒头. 찐빵을 한입 뗴여먹다. ②물어뜯다, 중상하다: 不许乱～好人. 좋은 사람을 함부로 중상하여서는 안된다. ③(개가) 짖다: 鸡叫狗～. 닭이 울고 개가 짖다. ④(글자를) 또박또박 읽다, (문구에) 매달리다: 这个字我～不准. 나는 이 글자를 정확하게 읽지 못한다.

舀 yǎo (요) (물바가지 또는 국자로) 푸다, 뜨다, 떠내다, 퍼내다: ～水. 물을 푸다./～汤. 국을 뜨다. 〔舀子〕(-zi) 물푸개, 물바가지.

窅 yǎo (요) ①눈이 푹 꺼지다, 눈이 쑥 들어가다. ②깊다, 심원하다.

窈 yǎo (요) 〔窈窕〕(-tiǎo) 1. 날씬하다, 얌전하고 곱다, 맵시있다. 2. (궁실, 산골짜기 등이) 그윽하다.

疟(瘧) (2) yào (학) 학질. 말라리아. (1) nüè →329페지.

药(藥) yào (약) ①약. ②화약, 독약: 火～. 화약./焊～. 용접용제. /杀虫～. 살충약. ③(약으로) 병을 고치다, 치료하다: 不可救～. 고칠수 없다, 구원할수 없다. ④(약으로) 죽이다: ～老鼠. 약으로 쥐를 잡다.

要 (1) yào (요) ①필요로 하다, 희망하다: 我～这一本书. 나에게는 이 책이 필요하다; 이 책을 주시오. 〔要强〕 승벽을 부리다. ②중대하다, 중요하다, 요긴하다: ～事. 중요한 일./～点. 요점; 중요한 거점. 〔要紧〕〔紧要〕 요긴하다, 중요하다. ③하여야 한다, 해야 된다: ～努力学习. 학습에 힘써야 한다. ④…하려고 하다, 할것 같다: 我们～去学习了. 우리는 학습하러 갈것 같다. ⑤만약 …면: 明天～下雨,我就不去了. 래일 (만약) 비가 오면 난 가지 않겠다./他～来了, 你就交给他. 그가 오게 되면 그에게 주시오. (2) yāo →511페지.

钥(鑰) (2) yào (약) 〈钥(1)〉과 같음. 〔钥匙〕(-shi) 열쇠. (1) yuè →545페지.

靿 yào (요) (장화나 양말의) 목: 高～靴子. 목구두, 장화.

鹞 yào (요) ①(-子) 새매. ②소리개. 〔纸鹞〕 연.

曜 yào (요) ①비추다, 비치다. ②요일.

耀(燿) yào (요) ①(빛이) 비치다, 번쩍하다: 照～. 눈부시게 비치다./～眼. 눈부시다. ②자랑하다, 나타내다, 나타내보이다, 드러내다: ～武扬威. 총칼을 휘두르며 위세를 부리다, 위풍을 부리며 우쭐대다, 거들먹거리다.

YE

耶 (2) yē (야, 예) 외국어를 발음대로 번역할 때 씀. (1) yé →514페지.

倻 yē (야) 〔伽倻琴〕(jiāyēqín) 가야금.

椰 yē (야) 야자나무. 〔椰枣〕 이라크대추. 〈海枣〉이라고도 함.

掖 (2) yē (액) 꽂아넣다, 끼워넣다, 찔러넣다, 끼다. (1) yè →515페지.

暍 yē (갈) 더위를 먹다.

噎 yē (열) (음식에) 목구멍이 메이다: 吃得太快～住了. 너무 빨리 먹어 목이 메였다. /因～废食. (목이 멜가봐 먹기를 그만둔다는 뜻으로) 사소한 실패로 하여 해야 할 일을 그만두다, 구데기 무서워 장 못 담글가.

邪(鎁) (2) yé (야) ①→314페지 〈莫〉의 〈莫邪〉. ②〈고〉의문사 〈耶〉와 같음. (1) xié →484페지.

爷(爺) yé (야) ①아버지: ～娘. 아버지와 어머니,

부모. ②할아버지㉟: ～～奶奶. 할아버지와 할머니. ③아바이, 로인님, 령감님: 张大～. 장아바이. ④(낡은 사회) 어른, 주인님, 나리님: 老～. 나리님, 나으리. /少～. 도련님. /李～. 리나으리. ⑤(미신) 신: 土地～. 토지신. /财神～. 재록신, 재신.

耶 (1) yé (야) 〈고〉①(옛글에서 의문을 나타내는 조사) …ㄴ(ㄹ)가: 是～非～. 옳은가 그른가. ②〈爷〉와 같음. (2) yē →513페지.

揶 yé (야) 〔揶揄〕(-yú) 놀리다, 야유하다, 조롱하다.

也 yě (야) ①부사. 도, 역시, 또한, 동시에: 你去, 我～去. 네가 가면 나도 가겠다. /～好, ～不好. 좋기도 하고 좋지 않기도 하다. /～不知道是谁拿走了. 글쎄 누가 가져갔는지 모르겠다. ②(부정문에서) 〈再〉 〈一点〉 〈连〉 등과 함께 쓰이여 그 뜻을 강조함: 再～不敢闹了. 다시는 장난을 치지 않겠다. /这话一点～不错. 이 말은 조금도 틀리지 않는다. /连一个人影～没找到. 사람그림자조차 찾지 못하였다. ③고문의 조사. 1. 판단의 말투를 나타냄: 故封建非圣人意～, 势～. 그러므로 봉건은 성인의 뜻이 아니라 형세가 조성한것이다. 2. 의문이나 감탄을 나타낸다: 何～? 무엇때문인가. /何为不去～? 왜 가지 않는가. /是何言～? 무슨 말인가. 3. 문장가운데서 휴식을 나타낸다: 向～不怒而今～怒, 何～? 종래로 노하지 않던것이 지금 노하는것은 무엇때문인가?

冶 yě (야) ①(쇠를) 불리다, 제련하다, 주조하다: ～炼. 제련하다. /～金. 야금하다, 야금. ②요염하다, 지나치게 단장하다: ～容. 요염하게 단장한 얼굴. /娇～. 요염하고 음탕하다.

野(埜) yě (야) ①들, 평야, 교외, 야외: ～营. 야영, 야영하다. /～地. 들, 들판, 거치른 벌, 황야. 〔野战军〕 야전군. ②범위, 한계. 〔分野〕 분야(범위, 한계). ③(옛날) 민간, 시골. ↔〈朝〉: 下～. (정계에서 물러나서) 민간인이 되다. /在～. 민간에 있다. ④거칠다, 상스럽다, 야비하다: 撒～. (사람들에게) 야비한 행동을 하다, 란폭한짓을 하다. /粗～. (행동거지가) 거칠고 몰상식하다, 상스럽고 천하다. ⑤굴레벗다, 탕개가 풀리다, 틀어쥘수 없게 되다, 제멋대로 놀다: 狼子～心. 승냥이새끼는 나면서부터 흉악하다, 흉악한 야심, 승냥이심보. ⑥야생: ～兽. 야수, 산짐승. /～草. 들풀, 야초.

业(業) yè (업) ①부문별사업, 일. 1. 국민경제중의 부문: 农～. 농업. /工～. 공업. /渔～. 어업. /交通事～. 교통사업. 2. 직업: 就～. 취업하다, 취직하다. 3. 학업: 毕～. 졸업, 졸업하다. ②(어떤 사업에) 종사하다, 경영하다, 업으로 하다: ～农. 농사를 짓다, 농업에 종사하다. /～商. 상업을 하다. ③재산, 부동산: ～主. 기업주, 부동산의 소유자. ④이미, 벌써: ～已. 이미, 벌써. /～经公布. 이미 공포하다.

邺(鄴) yè (업) 옛날 땅이름, 지금의 하북성 림장현 서쪽.

叶(葉) (1) yè (엽) ①(-子、-儿) 잎: 树~. 나무잎./菜~. 남새잎. ②얇은 판: 铜~. 동판./铁~. 철판. ③〈页〉와 같음. ④시기, 시대: 二十世纪中~. 20세기중엽. (2) xié →483페지.

咽 (3) yè (열) 흐느끼다, 목메여 울다. (1) yān →503페지. (2) yàn →507페지.

页(頁、叶、葉) yè (혈) ①(책, 그림종이 등의) 편, 장: 活~. 종이장을 마음대로 끼웠다 뺄수 있게 만든 학습장이나 책. ②페지. ③(옛날) 단위명사. 장(책의 두페지를 가리킴). 五~. 다섯장.

曳(抴、拽) yè (예) 끌다, 당기다, 힘껏 당기다: ~着车. 달구지를 끌다./弃甲~兵. 무기와 갑옷을 던지고 패주하다. 〔曳光弹〕 예광탄. 〈拽〉zhuāi →585페지; zhuài →585페지.

夜(亱) yè (야) 밤, 밤중. ↔〈日〉〈昼〉: 日日~~. 낮과 밤, 밤낮. /白天黑~. 대낮과 야밤./昼~不停. 낮에도 밤에도 쉬지 않다, 밤낮 쉬지 않다.

掖 (1) yè (액) ①부축하다. 〔奖掖〕 고무격려하다, 동용하다. ②〔掖县〕 액현, 산동성에 있음. (2) yē →513페지.

液 yè (액) 액체: 血~. 혈액./溶~. 용액.

腋 yè (액) 겨드랑이.

烨(燁、爗、晔、曄) yè (엽) ①(불빛이) 찬연하다, 찬란하다. ②불빛, 해빛.

谒 yè (알) 만나뵙다, 면회하다: ~见. 만나뵈옵다./拜~. 찾아가 뵙다, 찾아가 만나다, 배알.

靥(靨) yè (엽) 보조개, 볼우물: 脸上露出笑~. 얼굴에 보조개가 졌다.

YI

一 yī (일) ①하나, 일. 〔一分为二〕 하나는 두 측면으로 나누인다, 하나를 두 측면으로 갈라보다. ②한결같다, 순수하다: ~心~意. 한마음한뜻, 오직 한마음. 〔一定〕 1. 특정한것, 일정하다: ~~的数量. 일정한 수량. 2. 상당한것: 取得~~的成绩. 일정한 성과를 따내다. 3. 틀림없이, 꼭, 반드시, 기어이, 기어코: ~~按期完成. 틀림없이 제때에 완수한다. ③온, 온통: ~屋子人. 온 방안의 사람, 방안에 사람이 꽉 찼다./~冬. 온 겨울./~生. 일생, 평생. ④한, 같은: ~样. 같다, 한가지./大小不~. 크기가 같지 않다. ⑤다른, 따로; 그밖에, 또: 番茄~名西红柿. 일년감을 도마도라 달리 이른다./土豆~名马铃薯. 감자를 또 마령서라고도 한다. ⑥좀, 약간(중첩된 동사 한가운데 놓여서): 看~看. 좀 보다./听~听. 좀 들어보다. ⑦〈就〉와 서로 호응하여: 1. …자, 곧 …자마자: 天~亮他就起来. 그는 날이 밝자마자 일어난다. 2. …ㄹ때마다: ~想起祖国建设的突飞猛进,就觉着自己的努力太不够

了. 조국건설의 비약적인 발전을 생각할 때마다 자신의 노력이 너무나도 모자랐다는것이 느껴진다. ⑧(강조의 뜻으로) 마침내, 끝내, 드디여: ～至于此. 끝내 이렇게 되다. ⑨〈고〉(〈何〉앞에 놓여 심한 정도를 나타냄): ～何怒. 어찌하여 이렇게 노하는가. /～何悲. 어찌하여 이처럼 슬퍼하는가. ⑩지난날 중국 민족음악 음계의 한가지임, (낮은) 씨, 〈7〉.

伊 yī (이) ①그 사람, 그 녀자, 이, 그, 저. ②고문에서 말뜻을 돕는 조사: 下车～始. 차에서 내리자마자, 도착하자마자, 그곳에 가자마자. 〔伊斯兰教〕 이슬람교, 〈清真教〉〈回教〉라고도 함.

咿(吚) yī (이) 〔咿哑〕 소리본딴말. (어린아이가 말을 배울 때) 옹알옹알, 주얼주얼, (노젓는 소리) 비걱비걱, 삐걱삐걱.

衣 (1) yī (의) ①옷, 의복. 〔衣裳〕(-shang) 옷, 의복. ②씌우개, 싸개, 껍질: 炮～. 포씌우개. /糖～炮弹. 사탕포탄. (2) yì →521페지.

依 yī (의) ①의거하다, 의지하다(련-靠): 相～为命. 서로 의지하여 살다. /～靠群众. 대중에 의거하다. ②따르다, 좇다(련-照): ～次前进. 차례대로 나아가다. /～样画葫芦. (조롱박을 보고 바가지를 그린다는 뜻) 그대로 모방하다, 기계적으로 본따다. ③순종하다, 말을 듣다, 동의하다: 不～不饶. 절대 양보하지 않다, 용서하지 않다. 〔依依〕 1. 서운해하다, 섭섭해하다, 아쉬워하다: ～～不舍. 떨어지기 아쉬워하다, 갈라지기 서운해하다. 2. (연약한 나무가지가) 바람에 너울거리다: 杨柳～～. 수양버들이 하느적거리다.

铱 yī 이리디움(원소기호 Ir).

医(醫、毉) yī (의) ①의사: 中～. 중의, 한의. /西～. 서의, 신의. /军～. 군의. ②의학: 中～. 중의학. /西～. 서의학. /学～. 의학을 배우다. ③병을 고치다, 치료하다(련-疗、-治): 有病早～. 아프면 인차 치료해야 한다. /～疗器械. 의료기구.

祎(禕) yī (의) 아름답다, 사람의 이름자에 많이 쓰임.

猗 yī (의) 〈고〉조사. 〈兮〉와 같음: 河水清且涟～. 강물이 맑고도 잔잔하도다.

椅 (2) yī (의) 가래나무. 〈山桐子〉라고도 함. (1) yǐ →520페지.

漪 yī (의) 파문, 잔물결: 清～. 잔잔한 맑은 물결. /～澜. 잔물결.

壹(弌) yī (일) 일, 하나, 1의 큰자.

揖 yī (읍) 읍(두손을 모아 올렸다 내리는 절): 作～. 읍하다.

翳 yī (예) (고서에 나오는) 갈매기.

繄 yī (예) 고문조사. 다만, 오로지: ～我独无. 오직 나에게만 없다.

噫 yī (희, 애) 아아(고문에서 찬미, 애통, 탄식하는 소리). 〔噫嘻〕 비통, 한탄의 뜻을 나타낸다.

黟 yī (이) 〔黟县〕 이현, 안휘성에 있음.

匜 yí (이) 〈고〉①대야, 버치. ②술그릇.

仪(儀) yí (의) ①사람의 외모, 생김새, 태도, 거동: ～表. 풍채./～容. 풍채, 몸가짐./威～. 위엄있는 태도. ②의식, 례식, 례절: 司～. 사회자, 주례. ③선물, 례물: 贺～. 축하선물./谢～. 감사의 선물. ④(과학실험)계기: 浑天～. 혼천의./地动～. 지진계.

圯 yí (이) 다리.

夷 yí (이) ①옛날 중국 동부의 민족. ②(옛날) 외국, 외국인, 오랑캐. ③평온하다, 무사하다. 1. 무사하다, 편안하다: 化险为～. 위험에서 벗어나 무사하다. 2. 평탄하다. ④평탄하게 만들다, 반반하게 만들다: ～为平地. 평지로 만들다. [파] 모조리 죽이다, 소멸하다: ～灭. 모조리 죽이다, 소멸하다.

荑 (1) yí (이) 밭의 풀을 베다, 김매다. (2) tí →433페지.

咦 yí (이) 감탄사. 아이, 아이고, 아이구, 아이쿠, 어이쿠(놀람을 나타냄): ～! 这是怎么回事? 아이구, 이게 웬 일이냐? 아이쿠, 이게 어찌된 일이냐?

姨 yí (이) ①이모. ②(-子) 안해의 자매: 大～子. 처형./小～子. 처제.

胰 yí (이) 이자, 취장. 〔胰子〕 비누: 香～～. 세수비누./药～～. 약비누, 소독비누.

痍 yí (이) 상처: 疮～满目的旧中国一去不复返了. 상처투성이던 구중국은 영영 돌아오지 않는다.

沂 yí (기) 〔沂河〕 기하, 강이름, 산동성에서 발원하여 강소성을 거쳐 바다로 흘러들어감.

诒 yí (이) 남겨주다, 끼치다, 전하다: ～训. 남기는 교훈적인 말.

饴 yí (이) 물엿, 엿, 사탕: 甘之如～. 엿같이 달다./高粱～. 수수엿, 수수사탕.

怡 yí (이) 즐겁다, 유쾌하다, 기쁘다: 心旷神～. 마음이 시원하고 기분이 상쾌하다./～然自得. 기뻐서 어쩔줄 모르다.

贻 yí (이) ①선물하다. ②남겨주다, 끼치다, 전하다: ～害. 해를 끼치다./～笑大方. 유식한분들의 웃음거리로 되다, 전문가들의 웃음을 자아내다.

眙 yí (이) →492페지의 〈盱〉의 〈盱眙〉(xūyí).

迤(迆、移) (2) yí (이) →455페지 〈逶〉의 〈逶迤〉(wēiyí). (1) yǐ →519페지.

椸(箷) yí (이) 옷걸개.

宜 yí (의) ①알맞다, 적당하다, 적합하다([련]适-): 你做这样的工作很相～. 당신에겐 이런 사업이 딱 알맞습니다. ②당연하다, 마땅하다, 응당하다: 不～如此. 응당 이렇게 되지 말아야 한다./不～操之过急. 너무 급하게 하지 말아야 한다.

迻 yí (이) 〈移〉와 같음. 〔迻译〕 번역하다. 〔迻录〕 옮겨쓰다, 베끼다.

㢯 yí (이) →506페지 〈扊〉의 〈扊㢯〉(yǎnyí).

移 yí (이) ①옮기다, 이동하다: 迁～. 옮기다./～植. 옮겨심다, 이식하다./愚公～山. 우공이 산을 옮기다, 곤난을 무릅쓰고 꾸준히 노력하면 큰산도 떠옮길수 있다는 비유, 하려고 마음만 먹으면 못해낼 일이 없다./转～阵地. 진지를 옮기다. 〔移译〕 번역하다. ②고치다, 변동시키다, 개변시키다: ～风易俗. 낡은 풍속습관을 고치다./坚定不～. 확고부동하다.

簃 yí (이) 루각결채.

宧 yí (이) (옛날) 집안의 동북켠 모서리.

颐 yí (이) ①볼, 뺨. ②휴양하다, 보양하다: ～神. 정신을 안정시키다.

蛇 (2) yí (이) →455페지 〈委〉의 〈委蛇〉(wēiyí). (1) shé →395페지.

遗 (1) yí (유) ①잃다, 잃어버리다, 분실하다(㊀-失): ～失钢笔一枝. 만년필 한대를 잃어버리다(분실하다). ②놓치다, 빠지다, 빠뜨리다: ～漏. 빠뜨리다, 빠지다, 루락되다./～忘. 잊어버리다. ③잃은 물건, 떨어진 물건, 빠진것: 路不拾～. 길가에 떨어진 물건을 주어가지지 않는다./补～. 빠진것을 보충하다. ④남기다: ～憾. 유감./不～余力. 모든 힘을 다하다, 있는 힘을 다 쓰다./～嘱. 유언./～像. 생전의 사진. 〔遗传〕 유전, 유전하다. ⑤(저도 모르게 오줌 등을) 누다, 싸다, 흘리다: ～尿. 잠결에 오줌을 싸다./～精. 유정, 유정하다. (2) wèi →459페지.

疑 yí (의) ①믿지 않다, 의심하다: ～惑. 의혹, 의심하다, …이 아닌가고 생각하다. /可～. 의심스럽다./半信半～. 반신반의./～不能决. 의심스러워 결단을 내리지 못하다. ②의심쩍다, 의문스럽다, 수상쩍다: ～问. 의문./～案. 의심쩍은 사건./～义. 의심나는 곳, 의심나는 뜻./存～. 의심스러운 점을 남기다, 의문으로 남다.

嶷 yí (의) 〔九嶷〕 구의, 산이름, 호남성에 있음.

彝(彞) yí (이) ①(옛날) 술그릇, (옛날) 제사그릇: ～器. 제사그릇./鼎～. 세발형 제사그릇. ②변치않다: ～训. 늘 지켜야할 교훈./～宪. 변치않는 법칙. ③〔彝族〕 이족, 중국 소수민족의 하나.

乙 yǐ (을) ①을(천간의 둘째), 순서의 둘째. ②(옛날) 중국 악보의 소리부호로서 지금의 〈씨〉(7)에 해당함.

钇 yǐ 이트리움(원소기호 Y).

已 yǐ (이) ①그만두다, 그치다, 끝내다, 멎다: 学不可以～. 공부를 그만두어서는 안된다./争论不～. 론쟁을 그치지 않다./如此而～. 이러할따름이다. ②이미, 벌써: 时间～过. 시간은 이미 지났다. ③후에, 얼마후, 잠시후, 다음에: ～

忽不见. 얼마후에 갑자기 보이지 않다. ④너무, 심히, 극히: 其细～甚. 너무 세심하다. ⑤(옛날)〈以⑦〉과 같음. (방위를 나타내는 단어앞에 붙어서) 시간, 위치, 방향, 수량의 관계 등을 나타냄: ～上. 이상. /～下. 이하. /自汉～后. 한(汉)나라 이후부터.

以 yǐ (이) ①…로, …으로, …로써, …으로써: ～少胜多. 적은 사람으로 많은 사람을 이기다. /晓之～利害. 리해관계를 똑똑히 알려주다. /～身作则. 이신작칙하다, 솔선수범하다. ②…를, …을: ～理论为行动的指南. 리론을 행동의 지침으로 삼다. /～劳动为光荣. 로동을 영광으로 생각하다. 〔以为〕 알다, 여기다, 생각하다, 인정하다: 意～～未足. 속으로 충분하지 못하다고 여기다, 속으로 불만스럽게 생각하다. /～～应该这样做. 이렇게 해야 한다고 생각하다. ③…에 의하여, …에 따라, …대로: 众人～次就坐. 사람들은 차례대로 앉았다. /～时启闭. 시간에 따라 열고닫다. ④…때문에, …인하여, …까닭에: 不～失败自馁,不～成功自满. 실패했다고 락심하지 않고 성공하였다 하여 자만하지 않는다. ⑤…에, …때에(시간을 가리킴): 这个大学～1949年4月1日创建. 이 대학은 1949년 4월 1일에 창건되였다. ⑥그것을 가지고 …하다, 그렇게 하여, 위하여, …로써, …하도록(목적): 遵守安全制度,～免发生危险. 위험을 방지할수 있게 안전제도를 지켜야 한다. ⑦(고문에서) 련접사 〈而〉의 사용법과 같이 쓰임: 其责己也重～周,其待人也轻～约. 그 자신에 대한 책망은 엄격하고 자상하며 남의 결함에 대한 태도는 너그럽고 개략적이다. ⑧방위사앞에서 시간, 위치, 방향, 수량의 한계를 나타냄: 水平～上. 수준이상. /五岭～南,古称百粤. 오령이남을 옛날에 백월(百粤)이라고 하였다. /十天～后交货. 열흘후에 물건을 넘겨주다. /三日～内完成任务. 3일내로 임무를 완수하다.

苡 yǐ (이) →523페지 〈薏〉의 〈薏苡〉(yìyǐ).

尾 (2) yǐ (미) (-儿) ①말총: 马～罗. 말총으로 만든 채. ②귀뚜라미의 꼬리에 붙은 침: 三～儿. 암귀뚜라미. (1) wěi →457페지.

矣 yǐ (의) 문언조사. 1. 〈了(3)②〉와 같음, 종결의 말투: 险阻艰难,备尝之～. 간난신고를 다 겪다, 갖은 맛을 다 맛보다. 2. 감탄의 말투: 大～哉. 크도다. 3. 명령의 말투: 往～, 毋多言! 가거라! 잔말말고.

苢 yǐ (이) →124페지 〈芣〉의 〈芣苢〉(fúyǐ).

迤(迆) (1) yǐ (이) ①(지세가) 비스듬히 뻗어가다. ②방향과 위치를 가리킴: 天安门～东. 천안문의 동쪽지대. 〔迤逦〕(-lǐ) 구불구불 길게 뻗어가다: 沿着蜿蜒的山势～～而行. 에돌아 뻗은 산세를 따라 구부구불 줄을 지어가다. (2) yí →517페지.

蚁(蟻、螘) yǐ (의) 개미.

舣(艤、檥) yǐ (의) 배를 대다, 정박하다.

倚 yǐ (의) ①기대다, 의지하다: ~门. 문에 기대다. ②등대다, 의거하다: ~势欺人. 세력을 믿고 사람을 못살게 굴다, 권세를 믿고 남을 업신여기다. ③기울어지다, 편향이 있다, 치우치다: 不偏不~. 아무쪽에도 기울어지지 않다, 공정하다, 편향이 없다.

椅 (1) yǐ (의) (-子) 의자. (2) yī →516페지.

旖 yǐ (의) 〔旖旎〕(-nǐ) 부드럽고 아름답다, 부드럽다.

踦 yǐ (기) 힘껏 막다.

扆 yǐ (의) (옛날) 병풍의 한가지.

乂 yì (예) ①다스리다, 안정시키다: ~安. (잘 다스려) 편안하다. ②재능이 뛰여난 사람: 俊~. 뛰여난 인재.

义(義) yì (의) ①정의, 정의의 행동, 의로운 일: 正~. 정의./见~勇为. 정의를 위하여 용감히 싸우다, 성스러운 일에 선뜻 나서다./~不容辞. 도의상 거절할수 없다. ㊥의로운 일, 정의의 행동: ~举. 정의로운 행동, 의거. 〔义务〕 1. 의무. 2. 무보수: ~~劳动. 의무로동. ②의리, 우정: 朋友的情~. 벗의 우정, 친우로서의 우정. ③뜻, 의미: 定~. 정의./字~. 글자뜻./歧~. 같지 않은 뜻, 다른 뜻. ④(지난날) 의로 맺어진 친족같은 관계: ~父. 의로 맺은 아버지./~儿. 의로 맺은 아들. ㊥인공적인것, 가짜: ~齿. 의치, 틀이./~肢. 의수와 의족.

刈 yì (예) (풀이나 곡식을) 베다: ~除杂草. 잡풀을 베다.

艾 (2) yì (예) 다스리다. 〔自怨自艾〕 자기의 잘못을 후회하고 고치다, 스스로 자기를 원망하다. (1) ài →2페지.

议(議) yì (의) ①의견, 주장, 언론(㊞-论): 提~. 제의./建~. 건의, 제의./无异~. 다른 의견이 없다. ②토의하다, 협의하다, 의론하다: 会~. 회의하다, 회의./~定. 토의하여 결정하다.

弋 yì (익) 주살로 쏘다: ~凫与雁. 주살로 물오리와 기러기를 쏘아잡다.

杙 yì (익) 작은 말뚝.

亿(億) yì (억) 억, (옛날) 10만.

艺(藝) yì (예) 재간, 재능, 기량: 技~. 재간, 기술, 기교, 솜씨./工~. 공예. 〔艺术〕 1. 예술. 2. 예술적이다: 领导~~. 령도예술.

忆(憶) yì (억) ① 생각하다, 회상하다: 回~. 회상하다, 추억하다./~苦思甜. 쓰라린 과거를 회상하고 오늘의 행복을 생각하다, 행복하면 행복할수록 쓰라린 지난날을 잊지 않다./~故人. 옛친구를 회상하다. ②새겨듣다, 기억하다: 记~力. 기억력.

呓(囈、讛) yì (예) 잠꼬대, 헛소리: 梦~. 잠꼬대./~语. 헛소리, 허튼소리.

屹 yì (흘) 우뚝 솟다, 거연히 솟다: ~立. 우뚝 솟다, 거연히 솟다. /～然不动. 거연히 솟아 끄떡 없다.

亦 yì (역) 또, 또한, 역시: 反之～然. 뒤집어놓아도 역시 같다. /～步～趋. 다른 사람이 하는대로 따라 하다, 다른 사람을 모방하다, 남의 장단에 춤을 추다.

弈 yì (혁) ①(옛날) 바둑. ②바둑을 두다: 对～. 바둑을 두다.

奕 yì (혁) 생생하다, 싱싱하다, 아름답다. 〔奕奕〕 1. 생생하다, 싱싱하다: 神采～～. 정신이 또렷또렷하다, 원기왕성하다. 2. 여러번 겹치다: ～世. 대대손손, 여러 세대.

衣 (2) yì (의) 옷을 입다: ～布衣. 옷을 입다. /解衣～我. 옷을 벗어 나에게 입히다. (1) yī → 516페지.

裔 yì (예) ①후손, 후예. ②가, 변방: 四～. 사방의 변방.

异(異) yì (이) ①같지 않다, 다르다: 没有～议. 다른 의견이 없다. /～口同声. 이구동성, 여추일구. ②따로 하다, 갈라지다, 분리하다: 离～. 리혼하다, 갈라지다. /分居～爨(cuàn). 갈라져서 따로 살다. ③다르다, 따다: ～日. 다른 날. /～地. 타고장, 딴고장, 타향. ④특별하다, 류다르다, 뛰여나다: ～味. 별맛, 특별한 맛. /奇才～能. 남달리 뛰여난 재능. ⑤신기하다, 이상하다, 수상하다, 괴이하다: 惊～. 매우 이상하게 여기다. /深以为～. 매우 기이하게 여기다.

抑 yì (억) ① 억누르다, 억제하다: ～制. 억제하다. /～扬. 억양. 〔抑郁〕 우울하다, 울적하다. ②고문련접사. 1. 혹은, 그렇지 않으면: 行期定否, 本月～出月? 떠날 날자를 정했는지요, 이달입니까 아니면 다음달입니까? 2. …아니라, 그저, 그러나: 才非过人也, ～努力不懈而已. 재간이 남달리 뛰여난것이 아니라 끊임없는 노력을 경주했을따름입니다.

邑 yì (읍) ①도시, 읍. ②현.

挹 yì (읍) ①(액체를) 뜨다, 푸다. ②끌다, 당기다. 〔挹注〕 남는것을 모자라는데에 채워넣다.

悒 yì (읍) 근심하다, 우려하다, 불안해하다㉑: ～～不乐. 근심에 싸이다, 수심에 잠기다.

浥 yì (읍) 젖다, 스미다, 추기다.

佚 yì (일) 〈逸②③〉과 같음.

泆 yì (일) ①방종하다. ②〈溢〉와 같음.

轶 yì (질) ① 비범하다, 뛰여나다, 출중하다: ～群. 출중하다, 걸출하다. /～材. 비범한 사람, 뛰여난 인재. ②흩어져 없어지다, 잃어지다: ～事. 흩어져 없어진 력사적사실, 일화.

昳 (2) yì (질) 〔昳丽〕 아름답다: 形貌～～. 얼굴과 몸매가 아름답다. (1) dié →93페지.

役 yì (역) ①전역, 전쟁, 전투: 淮海战～. 회해전역. ②(지난날) 힘을 들이는 일, 로동: 服劳～. 부역을 하다. ③군대에 복무하다: 现～. 현역. /预备～. 예비역. ④부리다, 일을 시키다(㉠-使): 奴～. 노예와 같이 부리다. ⑤(지난날) 심부름군, 잡부, 로무자: 校～. 학교급사.

疫 yì (역) 돌림병, 류행병: 防～. 돌림병을 예방하다./鼠～. 페스트, 흑사병.

毅 yì (의) 굳세다, 강의하다: 刚～. 강의하다./～力. 굳센 의지, 강의성./～然决然. 의지가 굳세고 조금도 주저함이 없다, 결연하다.

译(譯) yì (역) 번역하다, 통역하다: 翻～. 번역하다./～文. 번역한 글, 번역문.

峄(嶧) yì (역) 〔峄县〕 역현, 옛 현이름, 산동성에 있었음. 1960년에 취소하고 조장시에 귀속시켰음.

怿(懌) yì (역) 기뻐하다: 不～. 불쾌하다.

驿(驛) yì (역) (옛날) 역참: ～站. 역참.

绎(繹) yì (역) 뽑아내다, 실머리를 찾아내다: 寻～. 실머리를 찾아내다.

易 yì (이) ①쉽다: 通俗～懂. 통속적이고 알기 쉽다./轻而～举. 매우 쉽다, 식은죽먹기. ②평온하다, 점잖다: 平～近人. 서글서글하여 접촉하기 쉽다, 가까이하기 쉽다. (역)③고치다, 개변하다: 移风～俗. 풍속습관을 고치다, 낡은 풍속습관을 고치다. ④바꾸다, 교환하다: 以物～物. 물물교환, 교환무역.

埸 yì (역) ①밭의 한계. ②변경: 疆～. 변경.

蜴 yì (석) →468페지 〈蜥〉의 〈蜥蜴〉(xīyì).

佾 yì (일) (옛날) 가무대오의 행렬.

诣 yì (예) (지난날) 찾아가 뵙다, 방문하다: ～前请教. 찾아가서 지도를 받다. 〔造诣〕 조예: 他对于医学～～深. 그는 의학에 조예가 깊다.

狁 yì (예) 〔林狁〕 시라소니. 〈猞猁〉(shēlì)와 같음.

羿 yì (예) 후예, 전설에 나오는 하나라 임금, 활쏘기를 잘하였다고 전함.

翊 yì (익) 돕다, 방조하다, 보태다.

翌 yì (익) (금년이나 오늘의) 다음: ～日. 이튿날, 래일./～年. 다음해, 이듬해./～晨. 다음날 아침.

翳 yì (예) ①가리우다, 덮이다, 막다: 树林荫～. 숲이 꽉 덮이다. ②(-子) 백태가 낀 눈, 예막.

翼 yì (익) ①날개: 双～飞机. 쌍날개비행기. ②익, 측, 곽, 켠: 侧～. 옆날개, 익측./左～. 좌익./右～. 우익. ③돕다, 방조하다.

益 yì (익) ①늘어나다, 증가하다: 进～. 학업에서 성과를 거두다./延年～寿. 수명을 연장하다, 오래오래 살다. ②리익이 있다, 유익하다, 좋다(㉤利-): ～处. 유익한 점, 좋은 점./～虫. 리로운 벌레, 익충./良师～友. 훌륭한 스승, 훌륭한 스승이며 좋은 벗. ③더욱더, 가일층: 日～壮大. 날로 장성해지다./如水～深, 如火～热. 물보다 더 깊고 불보다 더 뜨겁다.

嗌 (2) yì (익, 액) 목, 목구멍. (1) ài →3페지.

溢 yì (일) 차고넘치다, 넘쳐흐르다: 河水四～. 강물이 사방으로넘쳐흐르다./～美. 지나치게 찬미하다, 과분하게 찬양하다. [파]벗어나다, 초과하다: ～出此数. 이 수를 초과하다. 〈고〉〈镒〉와 같음.

缢 yì (의, 액) 목을 매여 죽다, 목을 매여 죽이다: ～杀. 목을 매여 죽이다./自～. 목을 매여 죽다.

镒 yì (일) (옛날무게단위) 20냥 또는 24냥. 〈溢〉로도 씀.

鹢 yì (익) (옛날책에 나오는) 해오라기 비슷한 큰 물새.

谊 yì (의) 우정, 우의, 친선: 友～. 우의, 친선./深情厚～. 두터운 우정.

勚 yì (예, 이) ①수고하다, 고생하다. ②닳다, 무디여지다: 螺丝扣～了. 나사산이 닳았다.

逸 yì (일) ①뛰다, 내빼다, 달아나다, 도망치다. ②(흩어져) 잃다, 없어지다([련]亡-): ～书. 흩어져 없어진 옛책. ③편안하다, 안일하다([련]安-): 不能一劳永～. 한번 수고하고 내내 락을 보려 해서는 안된다./劳～结合. 로동과 휴식을 결합하다.

意 yì (의) ①생각, 마음, 뜻, 의사, 념원: 同～. 동의하다./中～. 마음에 들다, 마음에 맞다./任～. 임의대로 하다, 마음대로 하다./好～. 호의. 〔意见〕 의견, 견해. ②뜻밖, 의외; 짐작하다, 예측하다: ～外. 뜻밖, 의외./出其不～. 뜻하지 않다, 뜻밖에, 불의에, 갑작스레, 아닌 밤중에 홍두깨 내밀듯. 〔意识形态〕 의식형태.

薏 yì (의) 〔薏苡〕(-yǐ) 율무.

臆(肊) yì (억) ①가슴. ②억측하다, 짐작하다: ～造. 억측하여 말을 만들다, 말을 꾸며내다, 날조하다./～测. 억측하다, 어림짐작하다./～断. 어림짐작으로 단정하다.

镱 yì 이테르비움 (원소기호 Yb).

癔 yì (억) 〔癔病〕 히스테리. 〈歇斯底里〉라고도 함.

肄 yì (이) 배우다, 공부하다, 학습하다: ～业. 학교에서 일정한 과정을 마치다, 수료하다.

蓺 yì (예) 심다: 树～五谷. 오곡을 심다./～菊. 국화꽃을 심다.

廙 yì (이) 공경하다.

瘗(瘞) yì (예) 묻다, 매장하다.

熠 yì (습) 빛나다, 선명하다.

燚 yì (일) 사람이름자에 쓰임.

殪 yì (에) 죽다, 죽이다.

懿 yì (의) (품행이) 아름답다, (성품이) 훌륭하다: ～行. 아름다운 행실./～德. 미덕.

劓 yì (의) (옛날) 코를 베는 형벌.

YIN

因 yīn (인) ①원인, 연고: 事出有～. 일이 생긴데는 원인이 있다./内～. 내적요소./外～. 외적

요인. ②때문에, 말미암아, 인하여, 까닭에: 会议～故改期. 사정으로 회의날자를 변경하다./生活～而改善. …이로 말미암아 생활이 개선되였다. 〔因为〕련접사. …기 때문에, …말미암아, …로 인하여, 왜냐 하면: ～～今天下雨,我没出门. 오늘 비가 오기때문에 나는 길을 떠나지 않았다. ③근거하다, 따르다, 답습하다, 의거하다: ～袭. 재래의 습관례절을 따르다, 모방하다, 인습./～势利导. 사물발전의 추세에 따라 잘 인도하다./～袭成规. 낡은 틀에 매달리다./～陋就简. 원래의 간단한 토대에 기초하다, 본래부터 써오던 방법에 의거하다, 그런대로 굼때다. 〔因循〕1. 답습하다, 낡은것을 고집하다. 2. 꾸물거리다, 그럭저럭 지내다.

茵 yīn (인) (옛날) 차의 깔개. ㉶방석, 깔개: ～褥. 요./绿草如～. 파란 풀이 주단같이 깔려 있다.

洇(湮) yīn (인) 피다, 번지다: 这种纸写起来有些～. 이런 종이는 글을 쓰면 좀 핀다. 〈湮〉yān →504페지.

姻(婣) yīn (인) 장가가다, 시집가다, 인연을 맺다, 결혼하다. 옛날에는 전적으로 사돈집을 가리켰음.

骃 yīn (인) (옛책에서 연한 검은 색에 흰점이 얼룩진) 얼룩말.

氤 yīn (인) 〔氤氲〕(-yūn) (연기, 안개 등이) 자욱하다, 자옥하다.

铟 yīn 인디움(원소기호 In).

裀 yīn (인) ①겹옷. ②요, 자리, 방석, 깔개.

阴(陰、隂) yīn (음) ①어둡다. ② 흐리다, 흐려지다, 내리다: 天～了. 날씨가 흐렸다. ③↔〈阳〉: 1. 음성, 녀성의것. 2. 달: ～历. 음력. 3. 음성, 음극: ～电. 음전기./～极. 음극. 4. 산의 북쪽 또는 강의 남쪽(주로 지명에 쓰임): 蒙～. 몽음, 현이름, 산동성 몽산북쪽에 있음. 5. 겉에 드러나지 않은것: ～沟. 시궁창, 땅속의 도랑, 하수도, 암거. 6. 그늘, 음달: 树～. 나무그늘./背～. 음달. 7. 움쑥하다, 움푹하다: ～文图章. 오목글자도장. 8. 저승: ～宅. 묘지, 무덤./～间. 저승. ④음흉하다: ～谋诡计. 음흉하고 간사한 꾀, 음모술책. 〔阴险〕음흉하다, 음험하다. ⑤녀자의 생식기.

荫(蔭) (1) yīn (음) 나무그늘: 浓～蔽日. 짙은 나무그늘이 해를 가리우다. 〔荫蔽〕감추다, 숨기다, 음폐하다. (2) yìn →526페지.

音 yīn (음) ①소리(㉣声-): 口～. 말투, 말씨./扩～器. 확성기. ②소식: 佳～. 좋은 소식./～信. 기별, 소식, 편지.

喑(瘖) yīn (음) ①목이 잠기다, 목이 메다. ②침묵을 지키다, 입을 다물다, 말이 없다.

愔 yīn (음) 〔愔愔〕1. 말없이 조용하다, 말없이 잠잠하다, 소리없이 고요하다. 2. 입이 무겁고 말이 적다.

殷(慇) (1) yīn (은) ① 풍부하다, 풍성하다, 깊다,

두텁다，크다，간절하다：情意甚～．정이 매우 두텁다./～切的期望 간절한 기대.〔殷实〕풍부하다，넉넉하다. ②〔殷勤〕빈틈없다，깐깐하다，세밀하다，열정적이며 친절하다：做事很～～．일을 아주 깐깐히 하다./～～招待．정성스레 접대하다. ③(옛날)은나라(기원전 1324～1066년). (2) yān →503페지.

溵 yīn (은)〔溵溜〕은류，땅이름，천진시 계현에 있음.

堙(陻) yīn (인) ①틀어막다，막히다. ②흙산.

闉 yīn (인) (옛날 성문밖에 반달형으로 쌓은) 성문.

禋 yīn (인) ①(옛날) 하늘제. ②제사.

吟(唫) yín (음) ①읊다：～诗．시를 읊다. ②(옛시가형식의 한가지)：梁甫～．량보음.

垠 yín (은) 끝，가장자리，한계：一望无～的田野．무연한 들판.

银 yín (은) ①은(원소기호 Ag). ②(-子) 은돈，돈.〔银行〕은행. ③은빛：～白色．은빛，은백색./～燕．은제비，은빛제비./～河．은하，은하수.

龈 (1) yín (간) 이몸. (2) kěn →242페지의〈啃〉.

狺 yín (은)〔狺狺〕멍멍(개짖는 소리).

訚 yín 론쟁할 때 태도가 좋다，상냥스레 웃는 얼굴로 론쟁하다[첩].

崟(崯) yín (음) →364페지〈嵚〉의〈嵚崟〉(qīn yín).

淫(婬) yín (음) ①지나치다，과하다，심하다：～威．지나친 권위./～雨．궂은비. ②남녀간의 부정당한 관계. ③제멋대로 행동하다，방종하다：骄奢～逸．부화방탕에 눈이 어둡다. ④홀리다，유혹하다：富贵不能～．재물과 직위로도 유혹할수 없다.

霪 yín (음) 궂은비，장마.

寅 yín (인) ① 12지의 셋째. ②인시(새벽 3시부터 5시까지의 사이).

夤 yín (인) 깊다：～夜．깊은 밤.〔夤缘〕빌붙다，아첨하다，달라붙다，매여달리다，의지하다.

龂 yín (은) ①〈龈〉(yín)과 같음. ②말다툼하다[첩].

鄞 yín (은)〔鄞县〕은현，절강성에 있음.

蟫 yín (담) (옛책에서) 반대좀.

嚚 yín (은) 어리석고 완고하다.

尹 yǐn (윤) 지사，윤(옛날벼슬이름)：令～．옛날 초나라의 군사와 정치를 다스리는 관리./府～．부윤，부지사./道～．도윤，도지사.

引 yǐn (인) ①이끌다，인도하다，안내하다：～导．이끌다，인도하다./～路．길을 안내하다./～火．불을 달다，불을 붙이다. [파] 옛날문체에서〈序〉와 비슷하게 쓰임.〔引子〕(-zi) 1. (가극이나 연극의) 첫대사 또는 첫노래. 2. 중의에서의 보조약：这剂药用姜做～～．이 첩약은 생강을 보조약으로 한다. ②잡아끌다, 잡아당기다, 잡아늘이다, 길게 빼다: ～弓. 활을 잡아당기다./～领. 목을 길게 빼들다, 간절히 바라다. 〔引申〕 다른 뜻을 내오다, 의미를 넓혀 말하다, 파생된 뜻. ③인용하다: ～书. 책에서 인용하다./～证. 례를 들어 증명하다./～以为荣. 영광으로 생각하다. ④떠나다, 그만두다, 물러서다: ～退. (직책에서) 물러서다, 벼슬을 그만두다, 사직하다./～避. 자리를 내주다. ⑤ 인(옛날 길이의 단위). 1인은 10장(十丈). ⑥상여줄: 发～. (령구를) 발인하다.

吲 yǐn (신) 〔吲哚〕(-duǒ) 인돌(단백질분해산물).

蚓 yǐn (인) 지렁이. 〔蚯蚓〕(qiū yǐn)지렁이.

饮 (1) yǐn (음) ①마시다: ～水思源. 물을 마실 때면 우물 판 사람을 생각한다, 은혜를 잊지 않다, 근본을 잊지 않다. ②마실것: 冷～. 청량음료. ③(마음속에) 품다: ～恨. 원한을 품다. (2) yìn →본 폐지.

隐(隱) yǐn (은) 숨기다, 감추다, 드러내지 않다(㊀-藏): ～痛. 숨은 아픔, 숨은 고통, 말할수 없는 고통./～患. 아직 드러나지 않은 화, 숨은 재난.

瘾(癮) yǐn (은) 인, 중독: 烟～. 담배인./看书看上～啦. 책을 보는데 인이 박히다.

缨 yǐn (은) 〈방〉 숨침질하다: ～棉袄. 솜옷을 숨침질하다./中间～一行. 가운데 한줄을 숨침질하다.

印 yìn (인) ①도장: 盖～. 도장을 찍다./钤(qián)～. 도장을 찍다. /～信. 옛날 관청도장을 통털어 이르는 말./～把子. (관청의) 도장손잡이, 정권, 권력. ②(-子、-儿) 자국, 자리, 흔적: 脚～儿. 발자국./烙～. 락인. ③찍다, 인쇄하다: ～书. 책을 찍다./翻～. 번각하다, 복각하다, 재판하다./排～. 조판인쇄하다. 〔印刷〕 인쇄하다, 찍다. ④맞다, 부합되다: ～证. 사실과 맞음을 검증하다, 검증./心心相～. 서로 감정이 통하다, 서로 잘 리해하다, 서로 마음이 맞다.

茚 yìn 인덴 (화학).

鲫 yìn (인) 빨반고기.

饮 (2) yìn (음) 물을 먹이다: ～马. 말에게 물을 먹이다./～牛. 소에게 물을 먹이다. (1) yǐn →본 페지.

荫(蔭、廕) (2) yìn (음) ①해빛이 들지 않다, 서늘하고 누긋하다, 누기차다: 这屋子很～. 이 집은 해빛이 들지 않아 매우 누기차다. ②(봉건시대 부모의 공로로 받는) 혜택, 특권. (1) yīn →524페지.

胤 yìn (윤) 후대, 후손, 후계자, 상속자.

窨 (1) yìn (음) 움, 지하실. (2) xūn →499페지.

慭 yìn (은) 〈고〉 ①원하다. ②상하다, 손상되다. ③〔慭慭〕 조심스럽다, 조심하다.

YING

应(應) (1) yīng (응) ①응당하다, 마땅하다 (-当、

-该)：～有尽有. 있어야 할것은 다 있다. ②대답하다, 응대하다, 승낙하다, 허락하다(㊞-许、-允)：～他十天之内完工. 그에게 열흘내로 완공하겠다고 대답하였다. ③응(사람의 성). (2) yìng →529페지.

英 yīng (영) ①꽃：落～. 지는 꽃. ②(재능이나 지혜가) 뛰여나다, 남달리 똑똑하다：～俊. 남달리 영특하다, 영준하다. *뛰여난 사람：群～大会. 영웅대회, 모범일군대회. 〔英明〕 영명하다, 현명하다. 〔英雄〕 1. 영웅. 2. 영웅적이다, 씩씩하고 사내답다.

瑛 yīng (영) ① 아름다운 구슬. ②옥빛, 옥의 광채.

莺(鶯、鸎) yīng (앵) 꾀꼴새, 꾀꼬리. 〔黄莺〕 꾀꼬리. 〈黄鹂〉(-lí)와 같음.

婴 yīng (영) ①갓난아이, 갓난애기. ②접촉하다, 감염되다：～疾. 병에 걸리다.

撄 yīng (영) 접촉하다, 접어들다, 부딪치다, 건드리다：～其锋. 정면으로 맞서다./～怒. (건드려) 성이 나게 하다, 노엽히다.

嘤 yīng (앵) 찍찍, 재잘재잘(새우는 소리) ㊟.

缨 yīng (영) ①(-子、-儿) 장식술：帽～子. 모자에 단 술./红～枪. 붉은 술을 단 창. ②(-子、-儿) 술처럼 생긴 잎사귀：萝卜～子. 무우잎./芥菜～儿 겨자잎. ③끈, 끈따위：长～. 긴 끈, 긴 끈.

璎 yīng (영) 〔璎珞〕(-luò) 영락(옛날장식품의 한가지).

樱 yīng (앵) ①양벗, 양벗나무. ②앵두, 앵두나무. 〔樱桃〕 앵두.

鹦 yīng (앵) 〔鹦鹉〕(-wǔ) 앵무새. 〈鹦哥〉라고도 함.

罂(甖) yīng (앵) 배가 부르고 아가리가 작은 병. 〔罂粟〕 아편꽃.

膺 yīng (응) ①가슴：义愤填～. 의분이 한가슴 그득히 차다, 의분이 북받치다. ② 수여받다：～选. 당선되다, 선거받다, 뽑히다./荣～劳动英雄称号. 영광스럽게도 로력영웅칭호를 수여받았다. ③토벌하다, 치다, 타격을 주다：～惩. 징벌하다.

鹰 yīng (응) 참매, 매.

迎 yíng (영) ① 맞다, 맞이하다：欢～. 환영하다. 〔迎合〕 환심을 사다, 비위를 맞추다. ② 향하다：～面. 맞은편./～头赶上. 앞선것을 따라잡다.

茔(塋) yíng (영) 무덤：～地. 묘지.

荥(滎) (2) yíng (형) 〔荥经〕 형경, 현이름, 사천성에 있음. (1) xíng →489페지.

荧(熒) yíng (형) 흐릿하다, 희미하다. 〔荧光〕 반디빛, 형광. 〔荧惑〕 미혹하다, 유혹하다.

莹(瑩) yíng (영) ①옥돌, 옥과 비슷한 돌. ②맑다, 투명하다, 눈부시다：晶～. 투명하고 아름답다.

萤(螢) yíng (형) 반디, 반디벌레.

营(營) yíng (영) ① 병영：军～. 병영./安～扎寨.

병영을 짓고 주둔하다./露～. 야영하다, 숙영하다. ②영: ～长. 영장, 대대장. ③운영하다, 경영하다([련]经-): ～业. 영업하다,영업./～造防风林. 바람막이숲을 조성하다, 방풍림을 조성하다. 〔营养〕1. 영양. 2. 영양분,영양물: 番茄、豆腐富于～～. 일년감, 두부는 영양분이 많다. ④추구하다, 도모하다, 강구하다: ～生. 살림을 꾸려나가다, 생계를 유지하다./～救. 구원하다.

萦(縈) yíng (영) 둘러싸다, 에워싸다, 얽매이다: ～怀. (어떤 일이) 항상 마음에서 떠나지 않다.

滢(瀅) yíng (영) 〔滢湾〕 영만, 땅이름, 호남성 장사시에 있음.

蓥(鎣) yíng (형) 〔华蓥〕 화형, 산이름, 사천성에 있음.

滢(瀅) yíng (형) 맑다, 정갈하다.

瑩(瑩) yíng (영) 사람의 이름자.

潆(瀠) yíng (형) 〔潆洄〕(-huí) (물흐름이) 소용돌이 치다.

盈 yíng (영) ①물이 가랑가랑하다, 물이 차넘치다, 가득차다: 恶贯满～. 못된짓을 다하다, 극악무도하다./热泪～眶. 눈물이 글썽하다. ②남다: ～余. 나머지돈./～利. 리익, 리윤.

楹 yíng (영) (방앞의 굵은) 기둥.

蝇(蠅) yíng (승) (-子) 파리.

羸 yíng (영) 사람의 성.

瀛 yíng (영) 큰바다: ～寰. 지구, 세계각국.

籯(籯) yíng (영) ①참대광주리, 참대상자. ②저가락통.

赢 yíng (영) ①남다: ～余. 잉여, 리익, 리득, 나머지돈. ②이기다: 那个篮球队～了. 그 롱구팀이 이겼다./～了三个球. 꼴 세개를 더 넣었다. ③받다, 얻다, 쟁취하다: ～得全场欢呼喝彩. 만장의 환호와 갈채를 받았다.

郢 yǐng (영) 〔郢都〕 영도, 초나라의 수도, 지금의 호북성 강릉현 북기남쪽.

颍 yǐng (영) 〔颍河〕 영하, 하남성 등봉현에서 발원하여 안휘성을 거쳐 회하에 흘러들어감.

颖 yǐng (영) ①이삭의 끝, 이삭. ②뾰족한 끝: 短～羊毫笔. 끝이 짧은 양털붓./锥处囊中, ～脱而出. 자루안에 송곳을 감추지 못하듯 재능있는 사람은 두각을 나타낸다, 재능있는자는 곧 두각을 나타낸다. [유] 재능이 뛰여나다, 총명하다: 聪～. 총명하다./～悟. 영민하다, 총명하다, 민첩하다. 〔新颖〕 류별나다, 새롭다, 새롭고 독특하다: 花样～～. 모양이 새롭다.

影 yǐng (영) ① (-子、-儿) 그림자, 영상, 모습, 인상: 这件事在我的脑子里没有一点～子了. 이 일은 나의 머리속에 조금도 인상이 없다. 〔影壁〕 (대문안 또는 밖에 세운) 가림벽, 가림막, 그림을 새긴 벽. 〔影响〕 영향을 주다, 영향. ②

본따다, 모방하다: ～宋本. 송나라 영인본. ③사진: 摄～. 사진을 찍다./剪～. 사람의 얼굴이나 인체의 륜곽에 근거하여 오려낸것. 〔影印〕 사진판인쇄, 영인. ④영화: ～评. 영화평론.

瘿 yǐng (영) 목에 난 혹.

应(應) (2) yìng (응) ①응답하다, 대답하다: ～声虫. (주견없이 남의 말에 맞장구만 치는) 추종분자, 주대없는 인간, 응성충./山鸣谷～. 반향이 빠르다./呼～. 호응하다. 〔反应〕 1. 반응. 〈化学反应〉이라고도 함. 2. 반응하다, 반응되다. 3. 반향, 반응, 메아리. ②응대하다, 대하다, 대응하다: ～战. 싸움에 응하다, 경쟁에 호응하다./随机～变. 림기응변하다./～接不暇. 접대하기에 겨를이 없다, 접대하느라고 눈코뜰새 없다, 미처 손 돌릴새 없다, (명승고적이 너무 많아) 이루 다 구경할수가 없다. 〔供应〕 공급하다. ③적응하다, 순응하다 ([련] 适-): ～时. 때에 맞다, 시기적절하다./～用. 쓰다, 적용하다, 응용하다, 응용./得心～手. 뜻대로 일이 순조롭게 되다, 마음먹은대로 잘되다. ④응하다, 접수하다: ～邀. 초청에 응하다, 초대에 응하다./有求必～. 요구하면 반드시 응한다. ⑤〔应县〕 응현, 산서성에 있음. (1) yīng →526페지.

映 yìng (영) 비치다, 비추다, 어리다, 반사하다: 影子倒～在水里. 그림자가 물에 어리다, 그림자가 물에 거꾸로 비치다./放～电影. 영화를 돌리다./夕阳把湖水～得通红. 석양이 호수에 붉게 비쳤다. 〔反映〕 반사되다, 반사하다. [파] 1. 나타나다, 반영하다: 文艺作品要真实地～～现实生活. 문예작품은 현실생활을 진실하게 반영하여야 한다. 2. 반영하다: 及时～～群众意见. 군중의 의견을 제때에 반영하다.

硬 yìng (경) ①굳다, 딴딴하다. ↔〈软〉: ～煤. 딴딴한 석탄./～木. 굳은 나무, 딴딴한 나무. ②강경하다, 견결하다, 완강하다, 굽히지 않다, 굳세다, 억세다: 欺软怕～. 약한자를 업신여기고 강한자를 두려워하다. [파] 1. 견강하다, 강경하다, 굽히지 않다([련] 强-): ～汉子. 강의한 사람, 대바른 사람, 굳센 사나이./态度强～. 태도가 강경하다. 2. 억지로, 무리하게: ～抢. 억지로 빼앗다./生拉～拽. 강다짐으로 끌어당기다, 억지로 끌어다 맞추다. ③한사코, 기어코: ～不承认. 기어코 승인하지 않다./他干不了～干(gàn). 그는 할수 없는것을 한사코 한다. ④실력이 있다, 질이 좋다: ～手. 능수./～货. 물건이 좋다.

媵 yìng (잉) ①(옛날) 시집갈 때 따라가는 사람. ②첩.

YO

哟 (1) yō (약) 〈唷〉와 같음. (2) yo →530페지.

唷 yō (욱) 감탄사. 아이쿠, 아이구머니, 아야, 아이고(놀라움과 의문의 감정을 나타냄): ～, 这是怎么了? 아니, 이것은 어찌된 셈

이야?

哟 (2) yo (약) 조사. 1. 문장속에서 휴지를 표시한다: 大家齐用力～! 다같이 힘을 씁시다./话剧～, 京剧～, 他都很喜欢. 그는 연극이랑 경극이랑 다 보기 좋아한다. 2. 가사의 조흥구에 쓰이는 글자: 呼儿嗨～! 에헤야. (1) yō →529페지.

YONG

佣(傭) (1) yōng (용) ①고용하다, 고용되다: ～工. 고용로동자. ②머슴, 하인: 女～. 녀하인. (2) yòng →531페지.

拥(擁) yōng (용) ①안다, 껴안다, 포옹하다(련 -抱). ②둘러싸다, 에워싸다: ～被而眠. 이불을 휘감고 자다./前呼后～. 앞뒤로 많은 사람들이 둘러싸다, 많은 사람들이 따르다. ③떠받들다, 지지하다, 옹호하다: 一致～护. 일제히 옹호하다./～军优属. 군대를 받들고 군인가족을 돌보다. 〔拥护〕 옹호하다: ～～这个决定. 이 결정을 옹호하다. ④한데 몰키다, 한데 모이다, 밀리다: ～挤. 몰키다, 몽키다, 붐비다, 밀치락닥치락하다./一～而入. 많은 사람들이 우르르 몰려들어오다, 왁 밀고 들어오다. ⑤가지고있다, 소유하고있다: ～有. (많은 것을) 가지고있다, 소유하다.

痈(癰) yōng (옹) 부스럼, 종기, 등창, 발찌.

邕 yōng (옹) 〔邕宁〕 옹녕, 현이름, 광서쫭족자치구에 있음.

滽 yōng (옹) 〔滽水〕 옹수, 강이름, 강서성에 있음.

庸 yōng (용) ①평범하다, 쑬쑬하다, 보통이다(련平-): ～言. 평범한 말, 평범하고 일반적인 언론./～俗. 평범하고 속되다, 저속하다. ②쓰다, 필요하다: 无～细述. 상세히 서술할 필요가 없다./毋～讳言. 말을 꺼릴것이 없다. ③어찌하여, 어떻게: ～可弃乎? 어떻게 버릴수가 있겠는가.

鄘 yōng (용) 주나라 제후국의 이름, 지금의 하남성 급현에 있었음.

墉(隴) yōng (용) ①성벽. ②높은 담.

慵 yōng (용) 노곤하다, 고달프다, 게으르다.

镛 yōng (용) 큰 쇠북, 큰 종(고대악기).

鳙 yōng (용) 용어. 〈胖头鱼〉라고도 함.

雍(雝) yōng (옹) 사이좋다, 화목하다, 다정하다. 〔雍容〕 점잖고 의젓하다, 름름하다.

壅 yōng (옹) ①막히우다, 가리우다: ～塞. 꽉 막히우다, 막혀서 통하지 않다./水道～塞. 수로가 막히다. ②곡식그루에 비료를 주다, 북을 돋우다.

臃 yōng (옹) 〔臃肿〕(-zhǒng) 몸이 너무 뚱뚱하다. ㊥1. 옷을 너무 많이 입다. 2. (일에 방해가 될 정도로) 기구가 너무 방대하다.

饔 yōng (옹) ①익힌 음식. ②아침밥, 조반.

喁 yóng (옹) 고기가 물우에 입을 내밀고 벌금거리다. 〔喁喁〕 1.

모든 사람이 우러러보다, 모든 사람이다 경모하다. 2. 소곤거리다: ～～私语. 소곤소곤하다, 낮은 소리로 속삭이다.

颙 yóng (옹) 머리가 크다. [파]크다.

永 yǒng (영) ①길다, 오래다: 江之～矣. 강이 길도다. ②영원히, 영구히 ([련]-久、-远): ～不掉队. 영원히 대오에서 떨어지지 않는다.

咏(詠) yǒng (영) ①읊다, 노래하다, 읊조리다: 歌～. 노래하다./吟～. 시를 읊다, 노래를 부르다. ②시를 써서 노래하다: ～梅. 매화꽃을 시로 노래하다./～雪. 눈을 시로써 노래하다.

泳 yǒng (영) 헤엄치다: 游～. 헤엄치다, 헤염, 수영./仰～. 누운헤염, 배영./俯～. 평영.

甬 yǒng (용) 녕파시의 별칭. 〔甬道〕 1. (뜨락에 벽돌따위를 깐) 가운데 길. 〈甬路〉라고도 함. 2. 복도.

俑 yǒng (용) (옛날) 주검과 함께 묻은 인형.

勇 yǒng (용) 용감하다, 대담하다, 담차다: ～敢. 용감하다./英～. 영용하다./很有～气. 매우 용기가 있다./奋～前进. 용감하게 전진하다. [파]대담하다, 대담하게, 대담히: ～于承认错误. 대담하게 잘못을 인정하다.

涌(湧) yǒng (용) ①물이 솟다, 솟아나다: ～泉. 샘물이 솟다, 솟는 샘물. ②밀려나오다, 불쑥 솟아오르다, 치밀어오르다: 许多人从里面～出来. 많은 사람들이 안에서 쏟아져나오다.

恿(慂) yǒng (용) → 417 페지 〈怂〉의 〈怂恿〉(sǒng yǒng).

蛹 yǒng (용) 번데기: 蚕～. 누에 번데기.

踊(踴) yǒng (용) 뛰다, 뛰여오르다, 솟구치다. 〔踊跃〕 기뻐서 깡충깡충 뛰다, 훌쩍 뛰여오르다, 용약, 앞을 다투어: ～～参军. 앞을 다투어 입대하다./～～发言. 앞을 다투어 말하다, 토론이 활발히 진행되다.

用 yòng (용) ①쓰다, 사용하다: ～电. 전기를 쓰다. ②…로, …으로(써): /～拖拉机耕田. 뜨락또르로 밭을 갈다./不同的矛盾要～不同的方法来解决. 같지 않는 모순은 같지 않는 방법으로 해결해야 한다./～笔写字. 붓으로 글을 쓰다. ③ 먹다, 마시다: ～茶. 차를 마시다./～饭. 밥을 먹다. ④비용: 家～. 가정용돈./零～. 용돈, 잡비. ⑤쓸모, 용도, 효과([련]功-、效-): 有～之材. 쓸모있는 인재. ⑥수요하다, 필요하다 (흔히 부정에 쓰임): 不～说. 말할 필요가 없다./还～你操心吗? 당신이 걱정할 필요가 있겠는가. ⑦인하여, 때문에: ～此. 이렇기때문이다./～特函达. 때문에 특별히 편지로 알립니다.

佣 (2) yòng (용) 거간군에게 주는 돈, 수수료, 구문. (1) yōng →530페지.

YOU

优(優) yōu (우) ①좋다, 우수하다, 훌륭하다, 넉넉하다, 유족하다: ～等. 우등./品质～良. 품성이 좋다, 좋은 품성./生活～裕. 생활이 유족하다. ②(옛날) 배우([련]俳-、-伶). 〔优柔〕1. 침착하다, 태연하다. 2. 우유부단하다, 주대가 없다: ～～寡断. 우유부단하다, 결단성이 없다.

忧(憂) yōu (우) ①걱정하다, 근심하다, 우려하다([련]-愁): 杞人～天. 하늘이 무너질가봐 걱정하다, 쓸데없는 근심. ②근심, 걱정, 우환, 시름: ～患. 우환.

攸 yōu (유) …는바: 责有～归. 책임이 자신에게 돌아가다, 죄는 지은데로 간다./性命～关. 생명에 관계되다.

悠 yōu (유) ①(아득히) 멀다, 오래다, 유구하다([련]-久): 历史～久. 력사가 유구하다. ②한가롭다, 유유하다: ～闲. 한가하고 편안하다, 한가하다./～然. 한가하고 편안한 모양. ③(매달려) 흔들다: 站在秋千上来回～. 그네우에 올라서 앞뒤로 흔들다. ④억누르다, 억제하다, 제어하다: ～着点劲. 힘을 지그시 쓰다. 〔悠悠〕1. 유유하다, 한가롭다, 제멋대로: 白云～～. 흰구름이 둥둥 떠돌다(유유히 떠돌다). 2. 근심스럽다, 시름없다: ～～我思. 나는 번민에 잠겼다, 나는 근심한다.

呦 yōu (유) 감탄사. 야, 에크, 저런, 아니(놀라움을 나타냄): ～, 你怎么也来了? 아니, 어떻게 당신도 왔소./～, 碗怎么破了! 저런, 사발이 왜 깨졌는가! 〔呦呦〕 매매(사슴이 우는 소리): ～～鹿鸣. 매매 사슴이 운다.

幽 yōu (유) ①깊숙하다, 으슥하다, 적적하다, 외지다, 어둡다, 컴컴하다: ～谷. 으슥한 골짜기./～林. 으늑한 수림속./～室. 어두운 방, 깊숙하고 조용한 방. [파]숨다, 남이 모르다: ～居. 숨어 살다, 은거하다, 은거./～会. (남녀가) 남모르게 만나다, 은밀한 상봉. ②그윽하다: ～香. 그윽한 향기./～美. 그윽하게 아름답다, 몹시 아름답다./～雅. 그윽하고 아담지다, 깊숙하고 우아하다. ③가두다, 감금하다: ～禁. 감금하다. ④저승: ～灵. 죽은 넋, 유령. ⑤유, 옛날땅이름, 지금의 하북성 북부와 료녕성남부: ～燕(yān). 유연. 〔幽默〕〈외〉 유모아.

麀 yōu (우) (옛책에서) 어미사슴.

耰 yōu (우) ①(옛날)곰방메. ②곰배(농기구의 한가지).

尤(尢) yóu (우) ①뛰여난것, 특이한것, 특출한것: 拔其～. 특출한 사람을 선발하다. ②더욱, 각별히, 특히: ～其好. 각별히 좋다. ③못된짓, 허물, 잘못, 부족점, 과오: 勿效～. 못된짓을 배우지 말라. ④원망하다, 책망하다, 탓하다: 怨天～人. 하늘을 원망하고 사람을 탓하다, 모든것을 원망하다.

犹(猶) yóu (유) ①마치 …과 같다: 虽死～生. 몸은 비록 죽었지만 살아있는 사람처럼 생생히 떠오른다./战士的意志～如钢铁. 전사의 의지는 마치 강철과 같이 굳세다. ②아직, 아직도: 记忆～新. 기억이 아직도 새롭다./话～未了.

말이 아직 끝나지 않았다. 〔犹豫〕(-yù) 망설이다, 주저하다.

疣(肬) yóu (우) 혹. 〈瘊子〉라고 속칭 함. 〔赘疣〕군더더기.

莸(蕕) yóu (유) ①(옛책에 나오는) 고약한 냄새가 나는 풀, (비유해서) 나쁜 사람: 薰～同器. 좋은 사람과 나쁜 사람이 한데 있다. ②누린내풀.

鱿 yóu (우) 낙지. 〈柔鱼〉라고도 함.

由 yóu (유) ①부터, …에서: ～哪儿来? 어디에서 오십니까?/～上到下. 우에서 아래까지. [파]지나가다, 거치다, 경유하다: 必～之路. 반드시 지나가야 하는 길, 반드시 거쳐야 할 길, 꼭 걸어야 할 길./观其所～. 그 경과를 보아야 한다, 경과를 관찰하다. ②원인([련]原-): 情～. (사건의) 내용과 원인./理～. 리유. 〔由于〕말미암아, …로 인하여, …때문에: ～～努力学习, 他的学习成绩提高得很快. 학습에 노력하였기에 그의 학습성적은 매우 빨리 제고되였다. ③따르다, …대로 하다: ～着性子. 마음이 내키는대로 하다./～不得自己. 제 뜻대로 되지 않다. [파]맡기다, 맡아하다: 此事应～你办理. 이 일은 당신이 맡아서 해야 합니다.

邮(郵) yóu (우) ①우편으로 보내다, 우편으로 부치다: ～信. 편지를 부치다. ②우편과 관계되는것: ～票. 우표./～费. 우편료금./～包. 소포.

油 yóu (유) ①기름: 猪～. 돼지기름./花生～. 락화생기름, 땅콩기름. ②기름, 유: 煤～. 석유./汽～. 휘발유. ③기름칠하다, 기름을 바르다: 用桐油一～就好了. 동유로 칠하면 된다. ④매끄럽다, 교활하다([련]-滑): ～腔滑调. (사람됨이) 경망하고 실속이 없다./这个人太～滑. 이 사람은 아주 매끄럽다. 〔油然〕뭉게뭉게, 무럭무럭: 天～～作云, 沛然下雨. 하늘에 구름이 뭉게뭉게 피여오르더니 비가 세차게 내린다.

柚 (1) yóu (유) 〔柚木〕유자나무. (2) yòu →535페지.

铀 yóu 우란, 우라니움(원소기호 U).

蚰 yóu (유) 〔蚰蜒〕(-yán) 그리마.

莜 yóu (유) 〔莜麦〕귀밀. 〈油麦〉라고도 함.

游(遊) yóu (유) ① 헤염치다([련]-泳): ～水. 헤염치다./～鱼可数. 헤염쳐다니는 고기를 다 셀수 있다(물이 매우 얕고 맑다). ②고정되지 않다, 늘 움직이다, 이리저리 다니다: ～资. 놀리는 자금, 유휴자금, 비고정자금; 유람경비./～牧. 옮겨다니며 짐승을 기르다, 유목하다, 유목./～击战. 유격전, 유격전투. 〔游移〕우물쭈물하다, 망설이다, 주저하다, 동요하다. ③강의 한 부분: 上～. 상류./下～. 하류. ④놀다, 한가하게 걸어다니다: ～历. 이곳저곳을 유람하다./～玩. 돌아다니며 놀다. ⑤〈圝〉(yóu)와 같음.

蝣 yóu (유) → 125 페지 〈蜉〉의 〈蜉蝣〉(fúyóu).

酞 yóu (유) 계획, 계략, 타산: 鸿～. 큰 계획.

輶 yóu (유) ①(옛날의) 가벼운 차. ②가볍다.

蝤 (2) yóu (유) 〔蝤蛑〕(móu) 꽃게. 〈梭子蟹〉라고도 함. (1) qiú →370페지.

繇 (1) yóu (유) (옛책에서)〈由〉와 같음. (2) yáo →512페지의 〈徭〉.

圝 yóu (유) (-子) 후림새: 鸟～子. 후림새. 〈游〉라고도 함.

友 yǒu (우) ①벗, 친우: 好～. 좋은 벗, 친한 벗./战～. 전우./分清敌我～. 적아와 벗을 똑똑히 가르다. [파]우호적이다: ～军. 우호적인 군대, 우군./～邦. 사이 좋은 나라, 우방. ②사귀다, 사랑하다: ～爱. 서로 사랑하다, 우애./～好往来. 친선래왕.

有 (1) yǒu (유) ①↔〈无〉. 1. (소속을 나타냄) 있다: 他～一本好书. 그에게 좋은 책 한권이 있다./我没～时间. 나는 시간이 없다. 2. (존재를 나타냄) 있다: 那里～十来个人. 그곳에 10명쯤 있다./～困难. 곤난이 있다./～办法. 방법이 있다./～意见. 의견이 있다. 3. (발생 또는 출현을 나타냄) 생기다, 나타나다: ～病了. 병이 생기다./形势～了新的发展. 정세는 새로운 발전을 가져왔다. 4. (짐작 또는 비교를 나타냄) …만하다, …에 비길만하다: 水～一丈多深. 물의 깊이가 한길 남짓하다./他～他哥哥那么高了. 그는 자기 형만큼 컸다. 5. (큰것과 많은것을 나타냄) 많이 있다: ～学问. 학문이 깊다./～经验. 경험이 풍부하다. 〔有的是〕 얼마든지 있다, 많이 있다. ②(어떤 동사의 앞에 붙어서) 존경이나 사양의 뜻을 나타냄: ～劳. 수고를 끼치겠습니다./～请. 들어오십시오. ③(〈某〉의 뜻과 비슷함) 어느, 어떤: ～一天晚上. 어느날 밤./～人不赞成. 어떤 사람은 찬성하지 않는다. ④고대한어의 앞붙이, 어떤 조대(朝代)의 앞에 붙어서 어감을 나타냄. ～夏. 하나라./～周. 주나라. (2) yòu →535페지.

铕 yǒu 유로피움(원소기호 Eu).

酉 yǒu (유) ①유(12지의 열번째). ②유시(오후 5시부터 7시사이).

卣 yǒu (유) (옛날) 술두루미(술을 담는 뚜껑있는 그릇).

羑 yǒu (유) 〔羑里〕 유리, 옛땅이름, 지금의 하남성 탕음현에 있었음.

莠 yǒu (유) (-子) 가라지. [유](품행이) 나쁜 사람: 良～不齐. 좋은 사람 나쁜 사람 다 있다, 별의별 사람이 다 있다.

牖 yǒu (유) 창문.

黝 yǒu (유) 검다, 거무스레하다, 거무스름하다: 一张～黑的脸. 거무스름한 얼굴, 거무접접한 얼굴.

又 yòu (우) ①(같은것의 중복과 련속을 표시하여) 또: 他～立功了. 그는 또 공을 세웠다./今天～下雨了. 오늘 또 비가 온다. ②(부정이나 반문하는 문장에 쓰이여 어감을 강하게 해주는것으로) …도 (아닌데): 他～不傻. 그는 머저리도 아닌데./你～不是不会. 너는 할줄 모르는것도 아니다. ③(몇가지 정황이나 성질이 동시에 존재함을 나타내여) 또한, 고도, …도 하고: ～高～大. 높고도 크다./我～高兴, ～着急. 나는 기쁘기도 하고 조급하기도 하다. ④(우수리를 나타내여) 과, …하고도, 더하여: 十～五年. 10년 하고도 5년./一～二分之一. 1과 1/2.

右 yòu (우) ①↔〈左〉. 오른쪽, 오른편: ～手. 오른손./～边. 오른쪽, 오른편. ㉠서쪽(남쪽을 기준으로 할 때): 江～. 강의 서쪽./山～. 산의 서쪽. ②(정치사상적으로 보수적이며 반동적인것을 나타내여) 우익, 우경: ～倾. 우경.

佑 yòu (우) 도와주다, 돕다, 보조하다.

祐 yòu (우) (미신에서 하느님이나 귀신이) 도와주다, 보호하다.

幼 yòu (유) (나이가) 어리다: ～儿. 어린이, 어린아이./～虫. 새끼벌레, 유충./～苗. 어린 싹, 어린 모. 〔幼稚〕(나이가) 어리다. ㊟(수준이) 어리다, 유치하다: 思想～～. 사상이 유치하다.

蚴 yòu (유) (촌백충, 거마리 등의) 새끼벌레: 毛～. 털벌레유충./尾～. 꼬리있는 유충.

有 (2) yòu (유) 〈고〉〈又④〉와 같음. (1) yǒu →534페지.

侑 yòu (유) (지난날 술자리에서 흥을) 돋구다, (음식을) 권하다: ～食. 음식을 권하다.

囿 yòu (유) ①(집짐승들을 기르는) 큰 우리: 鹿～. 사슴우리. ②국한되다, 구애되다, 사로잡히다: ～于成见. 선입견에 사로잡히다.

宥 yòu (유) ①용서하다, 량해하다: ～我. 나를 용서해주다./请原～. 량해하시오. ②방조하다.

狖 yòu (유) (옛책에 나오는) 검은 원숭이.

柚 (2) yòu (유) 유자나무, 유자. 〈文旦〉이라고도 함. (1) yóu →533페지.

釉 yòu (유) (-子、-儿) 사기물, 유약.

鼬 yòu (유) 〔黄鼬〕 족제비. 〈黄鼠狼〉이라 속칭함.

诱 yòu (유) (옛음 yǒu) ①이끌어주다, 가르치다, 유도해주다: 循循善～. 차근차근 유도해주다. ②꼬이다, 유인하다: ～敌. 적을 유인하다./利～. (사람을) 꼬이다, 유인하다, 홀리다, 재물로 사람을 모으다, 재물로 유인하다.

YU

迂 yū (우, 오) ①굽다, 굽어지다, 에돌다: ～回前进. 에돌아가다. ②(언행이나 견해가) 현실에 어둡고 시대에 떨어지다, 암둔하고 낡다(㉠-腐): ～论. 비현실적인 언론./～见. 현실을 떠난 견해, 현실에 맞지 않는 견해, 사실에 맞지 않는 견해.

纡 yū (우) 빙빙 감돌다, 구불구불하다.

於 (2) yū (어) 사람의 성. (1) yú →536페지의 〈于〉. (3) wū →463페지.

淤 yū (어) ①(물속의 모래나 감탕이) 쌓이다: ～了好些泥. 감탕이 적지 않게 쌓이다. ②감탕, 바닥흙, 쌓인 모래: 河～. 강바닥흙. /沟～. 개바닥흙. ③〈瘀〉와 같음.

瘀 yū (어) (피가) 엉키다, 어혈이 지다: ～血. 피가 엉키다, 어혈이 지다.

于(於) yú (우) ① 개사. 1. (장소, 시간을 나타내여) …에, …에서: 写～北京. 북경에서 쓰다. /生～1949年. 1949년에 태여나다. 2. (대상을 나타내여) 에, …에 대하여: ～人民有益. 인민에 유익하다. /忠～祖国. 조국에 충성하다. /勇～负责. 대담하게 책임지다. 3. …에(미치다), …에게 (미치다): 勿委过～人. 잘못을 남에게 넘겨씌우지 말라. /光荣归～祖国. 조국에 영광을 드리다. 4. (출발점을 나타내여) …부터, …에서: 出～自愿. 자원성의 원칙으로부터 흘러나오다. /取之～民. 인민에게서 취하다. 5. (어떤 대상을 향해) …에, …에게: 问道～盲. 소경에게 길을 묻다, 헛수고를 하다, 헛일을 하다. 6. (형용사뒤에 붙어서 비교를 표시하여) …보다 (더): 他们之间的情义重～泰山. 그들의 우정은 태산보다 더 무겁다. /霜叶红～映山红. 단풍잎이 영산홍보다 더 붉다. /人民利益高～一切. 인민의 리익은 그 무엇보다도 높다. 〈过〉와 같음. 7. (동사뒤에 붙어서 피동을 나타내여) …에게, …되다: 见笑～大方. 여러 사람에게 웃음거리로 되다. 〔于是〕 련접사. 그래서, 이리하여, 그리하여: 他听完这个报告, ～～就回去了. 그는 이 보고를 듣고나서 돌아갔다. ②사람의 성. 〈於〉yū →535페지. wū →463페지.

盂 yú (우) (액체를 담는) 그릇: 痰～. 가래통. /漱口～. 양치물그릇.

竽 yú (우) 큰저(생황 비슷한 관악기). 〔滥竽充数〕 재간이 없는 사람이 끼여들어 수자만 채우다.

与(與) (3) yú (여) 〈欤〉와 같음. (1) yǔ →538페지. (2) yù →539페지.

玙(璵) yú (여) 〈玙璠〉(-fán) 아름다운 옥. 〈璠玙〉라고도 함.

欤(歟) yú (여) 고문조사. (의문이나 반문을 나타내여) …는가, 말인가: 在齐～? 제나라에 있는가?

予 (1) yú (여) 나. (2) yǔ →538페지.

妤 yú (여) →213페지 〈婕〉의 〈婕妤〉(jiéyú).

余(餘) yú (여) ①남다, 남기다(⊕剩-): ～粮. 남은 식량, 여유곡. /～兴. 나머지 흥취, 여흥. /业～. 과외. /不遗～力. 힘을 (하나도 남기지 않고) 다하다, 힘껏. ②남짓한것, 여(10, 100, 1000 등 옹근수 또는 명사뒤에서): 十～人. 10여명. /三百～斤. 300여근. /两丈～. 두길 남짓한것. ③나, 나자신.

徐 yú (여) →369페지 〈犰〉의 〈犰徐〉(qiúyú).

畬 (1) yú (여) 일군지 두해되는 밭. (2) shē →394페지.

艅 yú (여) 〔艅艎〕 (옛날) 나루배, 여황.

臾 yú (유) 〔须臾〕 잠간동안, 잠시.

谀 yú (유) 아첨하다, 알랑거리다.

萸 yú (유) →582페지 〈茱〉의 〈茱萸〉(zhūyú).

腴 yú (유) ①(사람이) 뚱뚱하다, 포동포동하다, 살찌다: 丰～. 포동포동하다, 살찌다. ②걸다, 기름지다, 비옥하다.

鱼(魚) yú (어) 물고기.

渔(漁) yú (어) ①고기를 잡다: ～船. 고기배, 고기잡이배, 어선./～业. 어업. ②(부당한) 리익을 추구하다, 리득을 채우다: ～利. 리속을 채우다, 어부지리를 얻다.

禺 yú (우) →333페지 〈番〉의 〈番禺〉(pānyú).

隅 yú (우) ①모퉁이, 구석: 城～. 성모퉁이. 〔隅反〕 [유]하나를 알고 미루어 짐작하다, 하나로 열을 알다. 〔向隅〕 집단에서 혼자 떨어지다, 혼자만 빠져서 실망하다, 기회가 없어 실망하다. ②변두리, 가: 海～. 바다가. ③〈嵎〉와 같음.

嵎 yú (우) ①산굽이. ②〈隅〉와 같음.

愚 yú (우) ①어리석다, 우둔하다, 미욱하다([련]-蠢): ～人. 어리석은 사람, 멍텅구리, 바보./～昧无知. 무지몽매하다. [파]바보로 만들다, 우매화하다. 〔愚民政策〕 우민화정책, 우매화정책. ②저, 제(자기를 낮추어하는 말): ～见. 저의 소견. ③우롱하다, 속이다: ～弄人. 사람을 우롱하다./无人受其～. 그 속임수에 속아넘어갈 사람이 없다.

髃 yú (우) 어깨죽지뼈.

舁 yú (여) 〈방〉(물건을) 여럿이 맞들다, 함께 들다.

俞 (1) yú (유) 사람의 성. (2) shù →411페지의 〈腧〉.

揄 yú (유) ①끌다, 당기다: ～衣袖. 소매를 잡아당기다. ②칭찬하다, 칭송하다: ～扬. 다른 사람을 찬양하다. ③놀리다, 희롱하다: 揶～. 놀리다, 야유하다.

嵛 yú (유) 〔昆嵛〕 곤유, 산이름, 산동성 동부에 있음.

愉 yú (유) 즐겁다, 기쁘다([련]-快): 轻松～快. 마음이 거뿐하고 상쾌하다, 기분이 유쾌하고 후련하다.

渝 yú (투) ①(감정이나 태도가) 달라지다, 변하다: 始终不～. 시종 변함없다, 시종일관하다. ②(유). 중경시의 별칭: 成～铁路. 성유철도(성도-중경철도).

逾(踰) yú (유) ①넘다, 뛰여넘다, 초과하다, 지나다: ～期. 기일이 지나다. ②더욱, 갈수록: ～甚. 더욱 심하다, 갈수록 심하다.

瑜 yú (유) ①아름다운 옥. ②(옥돌의) 아름다운 빛, 윤기. [유]좋은 점, 우점: 瑕(xiá)不掩～. 흠집이 우점을 손상시키지 못한다.

榆 yú (유) 느릅나무.

觎(覦) yú (유) →195페지 〈觊〉의 〈觊觎〉(jìyú).

窬 yú (유) (담을) 뛰여넘다, (담을) 기여넘다: 穿～之盗. 담을 기여넘는 도적. 〈逾〉와 같음.

蝓 yú (유) →252페지 〈蛞〉의 〈蛞蝓〉(kuòyú).

娱 yú (오) 기쁘다, 즐겁다, 즐겁게 하다, 오락(⑲-乐): 文～活动. 문화오락활동./自～. 스스로 즐거워하다.

虞(虞) yú (우) ① 예측하다, 예상하다, 짐작하다: 以备不～. 뜻하지 않는 일을 미리 방비하다. ②근심, 걱정, 우려: 无～. 걱정이 없다. ③속이다, 기만하다: 尔～我诈. 온갖 수단과 방법으로 서로 속여넘기다. ④주나라 제후국의 이름, 지금의 산서성 평륙현 동북쪽에 있었음.

雩 yú (우) (옛날) 기우제.

舆 yú (여) ① 수레우의 짐놓는 곳, 짐칸. ②수레, 차: 舍～登舟. 수레를 버리고 배를 타다. 〔肩舆〕 가마. ③여러 사람, 대중: ～论. 대중의 의견, 여론. 〔舆情〕 대중의 심정, 대중의 심리상태, 대중의 의향, 대중의 태도: 洞察～～. 대중의 심리상태를 통찰하다. ④땅: ～图. 지도.

与(與) (1) yǔ (여) ① 와, 과: 批评～自我批评. 비판과 자기비판. ②주다, …에게: 赠～. 선물로 주다./交～本人. 본인에게 교부하다./～人方便. 남에게 편리하게 하다, 남에게 편리를 도모해주다. ③사귀다, 교제하다: 此人易～. 이 사람은 사귀기 쉽다./相～. 서로 사귀다, 서로 교제하다./～国. 친선적인 나라, 우호적인 국가. ④지지하고 도와주다: ～人为善. 남을 도와 좋은 일을 하게 하다, 남이 잘되도록 도와주다. 〔与其〕 비교하는 련접사. (늘 〈宁〉〈宁可〉〈不如〉〈不若〉 등과 함께 쓰이여) …보다, 차라리, …하느니보다 차라리: ～～坐车,不如坐船. 차를 타는것보다 차라리 배를 타는것이 낫다. (2) yù →539페지. (3) yú →536페지.

屿(嶼) yǔ (서) (옛음 xù) 작은 섬(⑲岛-)

予 (2) yǔ (여) 주다: 授～奖状. 상장을 주다./～以协助. 협조하여주다./～以处分. 처분을 주다, 처분하다. (1) yú →536페지.

伛(傴) yǔ (구) 곱사등이: ～人. 곱사등이./～偻(-lǚ). 곱사등이, 등이 휘다.

俣 yǔ (우) 크다, (몸이) 억대우같다.

宇 yǔ (우) ①처마, ⑪집: 庙～. 절간, 절당. 〔眉宇〕 눈섭언저리, 눈섭웃부분. ㉠풍채, 위용. ②천하사방, 우주공간: ～内. 온세상, 천하, 온 누리. 〔宇宙〕 1. 우주. 〈宇②〉와 같음. 2. 존재의 총체, 세계.

羽 yǔ (우) ①깃, 깃털, 새깃: ～翼. 새날개. ②옛날 중국음악에서 5음계의 하나. 〈궁(宫)〉〈상(商)〉〈각(角)〉 〈치(徵)zhǐ〉 〈우(羽)〉의 하나.

雨 (1) yǔ (우) 비. (2) yù →540페지.

禹 yǔ (우) 우(전설에 나오는 하나라의 초대임금, 홍수를 다스렸다고 함).

瑀 yǔ (우) 옥돌.

语 (1) yǔ (어) ①말(◎-言): 成~. 성구./~文. 말과 글, 어문./外国~. 외국말, 외국어. ②성구, 속담, 옛말, 고어: ~云. 속담에 이르기를. ③동작으로 말을 대신하는것: 手~. 손짓언어./旗~. 기발신호. ④말하다: 不言不~. 아무 말도 하지 않다. (2) yù →540페지.

圄 yǔ (어) 〔囹圄〕(líng-) 령어, 감옥.

敔 yǔ (어) 연주의 결속을 신호하는 옛날타악기.

龉 yǔ (어) →227페지 〈龃〉의 〈龃龉〉(jǔyǔ).

圉 yǔ (어) ①말기르는 곳. ②변경, 변강: 以固吾~. 우리의 변강을 공고하게 하다. ③〈圄〉과 같음.

庾 yǔ (유) 〔大庾岭〕 대유령, 산이름. 강서, 광동 두성의 접경지대에 있음.

瘐 yǔ (유) 감옥에서 굶어죽거나 얼어죽거나 앓아죽다.

窳 yǔ (유) (물건이) 투박하고 견고치 못하다, 나쁘다: ~劣. (물건따위가) 투박하고 녀절하다./~败. 못쓰게 되다, 나쁘게 되다.

貐 yǔ (유) →502페지 〈猰〉의 〈猰貐〉(yàyǔ).

与(與) (2) yù (여) 참여하다, 참가하다: ~会. 모임에 참가하다./~闻此事. 그 일에 참여하여 내용을 알다. (1) yǔ →538페지. (3) yú →536페지.

玉 yù (옥) 구슬, 옥. * 지난날 남에 대한 존칭: ~言. 귀중한 말씀, 좋은 말씀./~体. 귀중한 몸, 옥체./敬候~音. 그대의 회답을 손꼽아 기다립니다.

钰 yù (옥) 보배, 보물.

驭 yù (어) 〈御①〉과 같음.

芋 yù (우) 토란.

吁(籲) (2) yù (우) 불러일으키다, 호소하다: ~请. 하소연하다, 호소하다./大声呼~. 큰소리로 호소하다. (1) xū →492페지.

聿 yù (율) ①〈고〉조사. 이, 이에(어두에 쓰임). ②형용사. 쏜살처럼 달리는 모양.

谷 (2) yù (욕) 〔吐谷浑〕(tǔyùhún) 토욕혼. 옛날 중국 서부민족의 이름. (1) gǔ →146페지.

峪 yù (욕) 산골, 산골짜기.

浴 yù (욕) 미역감다, 목욕하다: ~室. 목욕칸, 목욕실./沐~. 목욕.

欲(慾) yù (욕) ①욕망, 욕심: 食~. 식욕./求知~. 지식에 대한 욕망, 구지욕. ②바라다, 희망하다, 하고싶어하다: ~盖弥彰. 가리려고 한것이 오히려 더 드러나다, 갈수록 결함이 더 드러나다. ③수요하다: 胆~大而心~细. 담은 커야 하고 생각은 세심해야 한다. ④…려 하다: 摇摇~坠. 간드랑간드랑하다, 간들거리다, 뒤흔들리다./山雨~来风满楼. 산비가 쏟아지려 하니 바람이 루각에 가득찬다(혁명이나 전쟁과 같은 큰 변동이 일어나기 전야의 긴장된 분위기를 비겨 이르는 말).

鹆 yù (욕) →371페지 〈鸲〉의 〈鸲鹆〉(qúyù).

裕 yù (유) 넉넉하다, 유족하다, 풍부하다: 生活富～. 살림이 넉넉하다./家里很宽～. 가정생활은 매우 유족하다./时间不充～. 시간이 넉넉하지 못하다. 〔裕固族〕 위구족. 중국 소수민족의 하나.

饫 yù (어) 배부르다, 만족하다, 배불러서 물리다.

妪(嫗) yù (구) 늙은 녀자, 할머니.

雨 (2) yù (우) 비나 눈이 내리다: ～雪. 눈이 내리다. (1) yǔ →538페지.

郁(鬱) yù (욱) ① 우거지다, 무성하다, 울창하다. ②근심스럽고 답답하다, 우울하다, 울적하다(련忧-)㊔: ～～不乐. 우울하고 근심스럽다. ③아름답다, 빛나다, 찬란하다㊔: 文采～～. 빛이 매우 아름답다, 매우 찬란하다. ④(향기가) 그윽하다.

育 yù (육) ①낳아기르다(련生-): 生儿～女. 아들딸을 낳아 기르다. ②기르다, 키우다, 먹여 살리다: ～婴. 어린아이를 키우다./～蚕. 누에를 치다./～林. 나무를 키우다, 육림하다. ③키우다, 육성하다, 배양하다, 교양하다: 德～. 도덕교양, 덕육./智～. 지적교양, 지육./体～. 체육.

淯 yù (육) 〔淯河〕 육하, 강이름, 하남성에 있음. 〈白河〉라고도 함.

昱 yù (욱) ①해빛, 일광. ②밝다, 빛나다, 환하다.

煜 yù (욱) 빛나다, 밝다, 환하다.

狱(獄) yù (옥) ①감옥, 옥(련监-). ②범죄사건, 소송사건: 冤～. 억울한 범죄사건./文字～. 글로 인한 화, 글로 인한 감옥살이나 극형.

语 (2) yù (어) 알리다, 대주다: 不以～人. 다른 사람에게 대줄수 없다. (1) yǔ →539페지.

彧 yù (욱) 아름답다, 빛나다, 환하다.

域 yù (역) 지역, 구역: ～外. 국경바깥, 국외.

阈 yù (역) ①문지방, 문턱. ②한계, 계선: 界～. 한계.

棫 yù (역) (옛책에서) 드릅나무.

蜮(魊) yù (역) (전설에 나오는 사람을 해치는 짐승): 鬼～. 악마, 음흉한 놈.

预 yù (예) ①미리, 사전에: ～备. 미리 준비하다, 미리 갖추다, 예비./～见. 예견하다./～防. 미리 방비하다, 예방하다./～约. 미리 약속하다, 예약하다. ②참녜하다, 참견하다(련参-): 我没参～这件事. 나는 그 일에참녜하지 않았다./不必干～. 참견할 필요가 없다.

蓣 yù (여) →409페지 〈薯〉의 〈薯蓣〉(shǔyù).

滪 yù (여) →507페지 〈滟〉의 〈滟滪堆〉(yànyùduī).

豫 yù (예) ①즐겁다, 기쁘다: 面有不～之色. 얼굴에 불쾌한 빛이 나타나다. ②〈预①〉과 같음. ③하남성의 별칭.

谕 yù (유) ①(주로 웃사람이 아래사람에게 또는 웃기관이 아래기관에) 가르치다, 깨우치다. ②〈고〉〈喻〉와 같음.

喻 yù (유) ①비유하다(㉟比-): 打个比～. 비유해 말하다. ②알다, 깨닫다: 不言而～. 말하지 않아도 알다./家～户晓. 집집마다 다 알다. ③알려주다, 설명하다: ～之以理. 사리를 밝혀 설명하다.

愈(瘉、癒) yù (유) ①더욱, 더욱 더, …ㄹ수록 더: ～来～好. 갈수록 더 좋아지다./～甚. 더욱 심하다. ②좋다, 낫다: 孰～? 어느것이 나은가(좋은가)? ③병이 낫다(㉟痊-): 病～. 병이 낫다.

尉 (2) yù (울) ①〔尉迟〕울지(사람의 복성). ②〔尉犁〕위리, 현이름, 신강위글자치구에 있음. (1) wèi →459페지.

蔚 (2) yù (울) 〔蔚县〕울현, 하북성에 있음. (1) wèi →459페지.

熨 (2) yù (울) 〔熨贴〕〔熨帖〕(-tiē) 1. 마음이 편안하고 즐겁다. 2. 〈방〉 일을 완전히 결속짓다. 3. 따뜻하게 보살피다, 살뜰히 돌보다. (1) yùn →548페지.

御(禦) yù (어) ①(수레나 말을) 몰다: ～车. 달구지를 몰다./～者. 마부, 달구지군, 차몰이군. ②(봉건사회) 임금 또는 임금과 관계된것: ～用. 임금이 쓰는것, 어용하다. ③막다, 방어하다: 防～. 방어하다. /～敌. 적을 방어하다.

寓(庽) yù (우) ①(림시로) 살다, 거처하다, 거주하다: ～所. 사는 곳, 주소. /暂～友人家. 잠시 친구의 집에 살다. ②사는 곳, 거처: 张～. 장씨네 집. /公～. 아빠트. ③맡기다, 깃들다: ～言. 우화. /～意深刻. 깊은 뜻이 담겨있다. 〔寓目〕 직접 보다, 슬쩍 보다.

遇 yù (우) ①만나다, 마주치다, 상봉하다: ～雨. 비를 만나다./百年不～. 백년에 한번 만나기 어렵다./不期而～. (약속하지 않고) 뜻밖에 만나다, 우연히 만나다. ②기회: 巧～. 우연한 기회./佳～. 좋은 기회. ③대하다, 대접하다, 대우하다: 可善～之. 썩 좋게 대하다.

矞 yù (율) 상서로운 구름.

潏 yù (율) 물이 솟아나다.

遹 yù (휼) 따르다, 좇다. 사람이름자에 많이 쓰임.

燏 yù (율) 불빛. 사람이름자에 많이 쓰임.

鹬 yù (휼) 황새, 도요새. 〔鹬蚌相争，渔翁得利〕 도요새와 조개가 싸우다가 어부에게 잡히다, 어부지리.

誉(譽) yù (예) ①영예, 명성: 荣～. 영예./～满中外. 명성이 국내외에 자자하다. ②칭찬하다, 칭송하다, 찬양하다(㉟称-): ～不绝口. 칭찬이 끝없다, 말끝마다 칭찬하다.

毓 yù (육) 〈育〉와 같음. 사람 이름자에 많이 쓰임.

燠 yù（욱） 덥다, 따뜻하다：～热. 무덥다./寒～失时. 기후가 비정상적이다.

鬻 yù（육） 팔다：卖儿～女.（옛 사회에서） 아들딸을 팔다.

YUAN

鸢 yuān（연） 소리개, 솔개, 수리개.〔纸鸢〕 연.

鸳 yuān（원） ①〔鸳鸯〕(-yāng) 원앙새. [유]부부. ②짝으로 된것, 쌍：～鸯剑. 한쌍으로 된 검.

鹓 yuān（원）〔鹓鸰〕(-chú)(전설에 나오는) 원추(봉황새와 비슷한 새).

眢 yuān（원） 눈알이 꺼져 꺼지다, 눈이 멀다. [파](우물이) 마르다：～井. 마른 우물.

冤(寃) yuān（원） ①억울하다, 원통하다：鸣～. 억울함을 호소하다, 울분을 하소연하다, 불평을 말하다./伸～. 원한을 풀다, 원쑤를 갚다. ②원한, 원쑤([련]-仇)：～家. 원쑤./～孽. 대를 물려내려온 원쑤, 전대의 죄로 오는 재앙. ③속이다：不许～人. 남을 속여서는 안된다. ④속다, 밑지다, 골탕먹다：白跑一趟,真～. 헛걸음을 해서 그만 밑졌다.

渊(淵) yuān（연） 깊은 물웅뎅이, 못：鱼跃于～. 고기가 못에서 뛰놀다. [유]깊다：～博.(지식이) 깊고 넓다.

蜎 yuān（견, 연） 곤두벌레, 장구벌레.

元 yuán（원） ①처음, 시작, 첫째([련]-始)：～旦. 정월 초하루, 양력설./～月. 1월, 정월./～年. 년호의 첫해, 원년, 나라를 세운 첫해.〔元素〕 원소.〔元音〕 모음,〈母音〉이라고도 함. ②으뜸, 제일, 첫째：～首. 원수./～帅. 원수./～勋. 가장 큰 공훈, 가장 큰 공훈을 세운 사람. ③일체를 이루는것：单～. 단원, 단일한 실체./～件.（기계의） 부분품, 부속품, 소자, 요소. ④원나라. ⑤〈圆③〉과 같음.

芫 (1) yuán（원） 팥꽃나무. (2) yán →504 페지.

园(園) yuán（원） ①(-子、-儿)(남새, 과목, 화초를 가꾸는) 밭.〔园地〕 1. 식물재배원, 남새밭, 포전, 꽃밭, 과수원. 2.（신문, 잡지 등의） 란;（활동의） 무대：艺术～～. 예술무대. ②(-子、-儿) 놀이터：公～. 공원./动物～. 동물원.

沅 yuán（원）〔沅江〕 원강, 강이름, 귀주성 동북쪽에서 발원하여 호남성을 거쳐 동정호로 흘러들어감.

鼋(黿) yuán（원） 큰 자라.

员 (1) yuán（원） ①일군：学～. 학생./演～. 배우. ②(조직의) 성원：党～. 당원./团～. 단원./会～. 회원. ③단위명사. 명：一～大将. 한명의 대장, 한명의 큰 장군. ④(땅의) 넓이, 크기：幅～. 땅의 크기, 강역. (2) yún →547 페지. (3) yùn →547 페지.

圆 yuán（원） ①둥글다, 둥그렇다, 동글다, 동그랗다. ②완전하다, 원만하다, 충분하다：结果很～满. 결과는 매우 원만하다. [파]원만하게 하다, 합리화하다, 둘러맞추다: 自～其说. 자기말을 합리화하다, 모순된 자기말을 돌려맞추다./～谎. 이리저리 돌려맞추다, 거짓을 합리화하다. ③원(돈의 단위). 〈元〉이라고도 함: 千～. 천원.

垣 yuán (원) 담, 담장, 담벽: 断瓦颓～. 허물어진 담벽, 무너진 담장.

爰 yuán (원) 그래서, 그리하여, 이에: ～书其事以告. 그리하여 그 사실을 써서 알리다.

援 yuán (원) ①끌다, 당기다([련]-引). ②돕다, 방조하다, 원조하다, 구원하다: 救～物资. 구제물자./支～前线. 전선을 지원하다. ③인용하다, 전례대로 하다: ～例. 례를 들다, 전례대로 하다, 전례를 인용하다.

湲 yuán (원) 〔潺湲〕(chán-) (강물이) 굼실거리다.

媛 (2) yuán (원) 〔婵媛〕 1. (몸매가) 매우 아름답다, 아릿답다. 2. 관련되다, 련결되다, 련루되다. (1) yuàn →544 폐지.

原 yuán (원) ①제일 처음으로 되다, 첫시작으로 되다, 원시적이다([련]-始): ～稿. 초고, 원고. [파]가공되지 않다: ～油. 원유./～煤. 가공하지 않은 석탄. 〔原子〕 원자. ②원래, 본래, 본디: 这话～不错. 이 말은 원래 틀림이 없다./～打算去请他. 본래 그를 청하려고 하였다./放还～处. 제자리에 가져다놓다. ③량해하다, 허락하다, 용서하다, 리해하다([련]-谅): 情有可～. 사정을 량해할만하다./不可～谅的错误. 용서할수 없는 과오. ④들판, 벌판, 평원: ～野. 들판, 벌판, 벌방, 평야, 평원./平～. 벌, 벌판, 평야, 평원./高～. 고원./大草～. 대초원, 큰 초원. ⑤〈塬〉과 같음.

塬 yuán (원) (중국 서북부 황토고원지구의) 높고 우가 평평한 둔덕.

源 yuán (원) ①수원, 발원지: 泉～. 수원./河～. 강의 발원지. 〔源源〕 줄곧, 계속, 끊임없이, 련이어, 연방: ～～而来. 끊임없이 오다, 꼬리를 물고 오다. ②원천, 출처, 근원: 来～. 출처, 원천, 근원.

嫄 yuán (원) 사람의 이름자.

螈 yuán (원) →380 페지 〈蝾〉의 〈蝾螈〉(róngyuán).

羱 yuán (완) 북방산양.

袁 yuán (원) 사람의 성.

猿(猨) yuán (원) (꼬리 없는) 원숭이, 잰내비.

辕 yuán (원) ①수레채, 끌채. ②(옛날) 진영의 문, 군문. [파](지난날) 관청의 바깥문.

缘 yuán (연) ①까닭, 리유, 연고([련]-故、-由): 无～无故. 아무 까닭도 없다, 아무런 연고도 없다, 자그마한 인연도 없다, 무턱대고./没有～由. 리유가 없다, 까닭없다./～何到此. 왜 여기로 왔는가. ②인연, 연분: ～分. 연분, 인연./有～相见. 연분이 있어 서로 만나다. ③…따라서, 따라: ～木求鱼. 나무에 올라 고기를 찾다, 도저히 될수 없다. ④가, 가장자리(련边-).

櫞 yuán (연) →227 페지 〈枸〉의 〈枸櫞〉(jǔyuán).

圜 (2) yuán (원) 〈圆〉과 같음. (1) huán →177 페지.

远(遠) yuǎn (원) ①↔〈近〉. 1. (거리가) 멀다: 路～. 길이 멀다./住得～. 집이 멀다, 거처가 멀다. 2. (시간이) 오래다, 멀다(련永-、长-): 作长～打算. 먼 앞날까지 타산하다. ②가깝지 않다, 멀리하다: ～亲. 먼 친척./敬而～之. (존경하면서도) 꺼리여 멀리하다, 꺼리다, 경원시하다. ③(차이가) 많다, 크다, 심하다: 差得～. 차이가 많다. ④(영향이나 의의가) 깊고 크다, 심각하고 지대하다: 言近旨～. 쉬운 말이지만 뜻이 깊다, 말은 간단하나 뜻이 깊다.

苑 yuàn (원) 나무를 심고 짐승을 치는 동산, 화원, 정원(주로 국왕의 화원을 말함).

怨 yuàn (원) ①원한, 원쑤(련-恨). ②원망하다, 탓하다, 꾸짖다: 各无～言. 각기 원망하는 말이 없다, 각기 불평이 없다./任劳任～. 고생을 마다하지 않고 원망을 두려워하지 않는다./别～他, 这是我的错. 이것은 나의 잘못이니 그를 탓하지 마시오. 〔怨不得〕 탓할수 없다, 나무랄데없다.

院 yuàn (원) ①(-子、-儿) 뜰, 뜨락, 울안. ②일부 기관, 공중장소의 명칭: 法～. 법원./医～. 병원.

垸 yuàn (완) 〈방〉(-子)호남성과 호북성의 호수가 많은 지구에서 물막이하는 뚝, 제방.

掾 yuàn (연) (옛날) 관청의 관리.

媛 (1) yuàn (원) 아름다운 녀자, 미녀. (2) yuán →543 페지.

瑗 yuàn (원) 구멍이 큰 둥근 옥.

愿(願) yuàn (원) ①원하다, 바라다, 하려고 하다: 甘心情～. 마음속으로부터 바라다, 진심으로 원하다./自觉自～. 자각적이고 자원적이다. ②희망, 소원, 념원(련-望): 平生之～. 평생소원./如～以偿. 소원대로 되다, 소원성취하다. ③(미신) 신에게 (돈이나 물건으로) 감사드리겠다고 다짐하다: 许～. 1. (돈이나 물건으로) 감사드리겠다고 다짐하다. 2. 응낙하다, 허락하다./还～. 신에게 한 맹세를 실천하다, 소원을 풀다. ④성실하고 신중하다.

YUE

曰 yuē (왈) (옛글) 말하다: 荀子～. 순자는 말하다./其谁～不然? 그 누가 그렇지 않다고 말하는가.

约 (1) yuē (약) ①얽매다, 단속하다, 구속하다, 제한하다(련-束). ②약속, 공약, 조약: 条～. 조약./立～. 약속하다, 계약하다./爱国公～. 애국공약. ③약속하다: 预～. 미리 약속하다, 예약하다./和他～好了. 그와 약속하였다. ④청하다, 초청하다: ～他来. 그를 청하다./特～记者. 특별히

초청한 기자, 특약기자. ⑤약분하다: ~分. 약분하다, 약분./5/10 可以~成 1/2. 10분의 5는 2분의 1로 약분할수 있다. ⑥절약하다: 节~. 절약하다. ⑦간단하게 만들다, 요점으로 개괄되다: 由博返~. 지식이 풍부한데로부터 간단하게 개괄하다, 복잡한데로부터 간단하게 개괄하다. ⑧대개, 대략, 대체로, 약: ~计. 대략적인 계산./大~有五十人. 약 50명이 있다. (2) yāo →511 페지.

矱 yuē (확) 기준, 표준.

蒦(彟) yuē (확) 기준, 표준; (저울로) 달다.

哕(噦) yuě (얼) 게우다, 구역질하다, 토하다. 〔干哕〕(gānyue) 헛구역질하다, 마른구역질하다.

月 yuè (월) ①달. 〔月食〕〔月蚀〕 월식. ②달, 월. 〔月子〕(-zi) 몸푼 뒤 한달, 산후 한달, 산욕기: 坐~~. 몸을 풀다, 산후 1개월간 몸조리를 하다. ③달처럼 둥근것: ~饼. 월병./~琴. 월금. 〔月氏〕(-zhī) 월지(중국 고대 서부민족의 이름).

刖(趼) yuè (월) 발을 자르다 (고대 형벌의 한가지).

玥 yuè (전설에 나오는) 신기한 구슬.

钥(鑰) (1) yuè (약) 〔锁钥〕 자물쇠. [유]1. 중요한 고리. 2. 요새, 중요지점. (2) yào →513 페지.

乐(樂) (2) yuè (악) ①음악: 奏~. 주악하다. 〔乐清〕 악청, 현이름, 절강성에 있음. (1) lè →260 페지.

栎(櫟) (2) yuè (력) 〔栎阳〕 력양, 땅이름, 섬서성 림동현에 있음. (1) lì →268 페지.

岳(嶽) yuè (악) ①높은 산. 〔五岳〕 오악, 중국 5대명산, 즉 동부의 태산, 서부의 화산, 남부의 형산, 북부의 항산, 중부의 숭산. ②가시집부모나 백부: ~父. 가시아버지, 장인./叔~. 처삼촌. ③사람의 성.

说 (3) yuè (열) (옛날에 〈悦〉로 씌였음) 기쁘다. (1) shuō →413 페지. (2) shuì →413 페지.

悦 yuè (열) ①기쁘다, 즐겁다, 유쾌하다([련]喜-): 和颜~色. 웃는 얼굴, 상냥스럽게 웃는 얼굴./心~诚服. 진심으로 납득되다. ②기쁘게 하다, 즐겁게 하다: ~耳. 귀맛이 나다, 귀맛이 좋다, 듣기 좋다./赏心~目. 마음이 즐겁다, 상쾌하다, 기분 좋다.

阅 yuè (열) ①보다, 사열하다, 사열하다([련]-览): ~报. 신문을 보다./传~. 돌려보다./检~军队. 군대를 사열하다. ②겪다, 지내다, 경과하다: 经验~历. 경험과 경력. ③공훈, 공훈을 세운 집, 공훈을 세운 집안. →〈阀 fá ①〉.

钺(戉) yuè (월) 큰 도끼(옛날 병장기의 한가지).

越 yuè (월) ①넘다, 건느다. 1. 장애를 넘다: 爬山~岭. 험산준령을 넘나들다. 2. (순서를) 뛰여넘다, (범위를) 벗어나다: ~级. 한급 뛰여넘다, 등급을 뛰여넘다, 월급하다. /～权. 권한을 벗어나다, 월권하다. /～俎(zǔ)代庖. 월권행위를 하다, 대행하다. ②(목소리나 감정이) 높아지다, 앙양되다: 声音清～. 목소리가 높고 맑게 울리다. ③더욱더, 보다 더, …할수록 더: ～快～好. 빠를수록 좋다. /～跑～有劲儿. 달리면 달릴수록 더욱 힘이 난다. /我们的队伍～战～强. 우리의 대오는 싸우면 싸울수록 더욱 강해진다. /～来～暖和. 날씨는 갈수록 따뜻해진다. 〔越发〕 더욱더: 今年的收成～～好了. 올해 수확은 더욱더 좋다. ④주나라때 제후국의 이름, 지금의 절강성동부, 후에 절강성북부, 강소성전부와 안휘성남부 및 산동성남부에까지 확대되였음, 후에는 절강성동부의 별칭으로 됨: ～剧. 월극.

樾 yuè (월) 나무그늘.

跃(躍) yuè (약) 뛰다, 도약하다(㊀跳-): 飞～. 비약하다, 비약. /龙腾虎～. 기세가 충천하여 욱욱하다, 사기가 올라 펄펄 뛰다. /～～欲试. 하고싶어서 가슴을 들먹이다, 솜씨를 보이고 싶어서 들썩거리다. 〔跃进〕 약진하다, 약진.

粤 yuè (월) 광동성의 별칭: 两～. 광동성과 광서쫭족자치구를 가리킴.

鹫(鷟) yuè (악) 〔鹫鷟〕(-zhuó)(옛날책에 나오는) 큰 물새.

龠 yuè (약) ①(옛날) 피리(악기이름). ②(옛날) 용적의 단위. 약 한홉의 1/2에 해당함.

瀹 yuè (약) 물을 끓이다: ～茗. 차를 끓이다.

籥 yuè (약) 〈龠①〉와 같음.

篗(籰) yuè (확) 〈방〉(-子) 얼레.

YUN

晕 (2) yūn (운) 까무러치다, 기절하다, 어지럽다: 头～. 어지럽다. ㉥머리가 흐리멍텅하다. (1) yùn →547 폐지.

氲 yūn (온) →524 폐지 〈氤〉의 〈氤氲〉(yīnyūn).

赟 yūn (빈, 윤) 아름답다, 어여쁘다. 윤(주로 사람의 이름자에 쓰임).

云(雲) yún (운) ①말하다, 이르다: 诗～. 시경에 이르기를. /人～亦～. 남이 말하는대로 따라 말하다. ②고문조사. 다른 뜻이 없이 어감을 돕기 위하여 쓰임: ～谁之思. 그 누구를 생각하는지? /岁～暮矣. 이 한해도 다 저물었구나! /盖记时也～. 시간을 기록할 때가 되였구나. ③구름, 많다: ～集. 많이 모이다, 운집하다. /白～. 흰구름.

芸(蕓) yún (운) ①운향. ②〔芸薹〕(-tái) 유채. 〈油菜〉라고도 함.

纭 yún (운) 〔纷纭〕(fēn-) 시끄럽고 복잡하다, 부산하다, 복잡다단하다, 분분하다: 众说～～. 복잡하게 여러 사람이 떠들어대다, 사람들이 분분히 이야기하다.

耘 yún (운) 김을 매다: ～田. 김을 매다.

匀 yún (균) ①고르다, 고르롭다, 균등하다(㊀均-): 颜色涂得不~. 색칠이 고르롭지 못하다./这两份儿多少不均, ~一~吧. 이 두몫이 좀 차이가 있으니 고르게 하시오. ②융통해주다, 양보해주다: 把你买的纸~给我一些. 사온 종이를 나에게 좀 융통해주시오./先~出两间房来给新来的同志. 먼저 방 두칸을 내여 새로 온 동무에게 주시오.

昀 yún (윤) 해빛. 윤(주로 사람이름자에 쓰임).

畇 yún (균) 논밭이 정연하다.㊇

员 (2) yún (운) 옛날 사람의 이름자에 씌였음. (1) yuán →542페지. (3) yùn →본 페지.

郧 yún (운) 〔郧县〕 운현, 호북성에 있음.

涢 yún (운) 〔涢水〕 운수, 강이름, 호북성에 있음.

筠 (1) yún (균) ①참대의 푸른 껍질. ②참대, 대: ~篁. 대밭. (2) jūn →232페지.

鋆 yún (윤) ①사람이름자에 쓰일때 〈jūn〉으로도 읽음. ②금.

允 yǔn (윤) ①허락하다, 승낙하다(㊀-许): 没得到~许. 허락받지 못하였다, 승낙받지 못했다./不~. 허락하지 않다. ②마땅하다, 공정하다, 알맞다: 公~. 공정하다.

狁 yǔn (윤) →476페지 〈猃〉의 〈猃狁〉(xiǎnyǔn).

陨 yǔn (운) 떨어지다: ~石. 별찌가 떨어지다, 운석.

殒 yǔn (운) 죽다: ~命. 죽다, 운명하다.

孕 yùn (잉) 아이를 배다, 임신하다: 有~. 아이를 배다, 임신하다./~妇. 임신부.

运(運) yùn (운) ①돌다, 운행하다: 日月~行. 해와 달이 운행하다. 〔运动〕 1. 운동: 五四~~. 《5. 4》운동./增产节约~~. 증산절약운동. 2. 경기, 운동, 체육. 3. 움직이다, 운동하다. ②나르다, 운반하다, 운송하다: ~货. 짐을 나르다, 화물을 나르다, 상품을 나르다./客~. 손님을 태워나르다./陆~. 륙운, 륙상수송. ③운용하다, 적용하다, 활용하다, 알맞게 쓰다, 머리를 쓰다: ~思. 머리를 쓰다, 구상하다, 사색하다./~筹. 적당한 계획을 세우다, 전략을 알맞게 세우다. ④운, 운수, 운명: 幸~. 행운./走好~. 운수가 트이다.

酝(醞) yùn (운) 〔酝酿〕(-niàng) 발효시키다. ㊌ 일을 미리 준비시키다, 조건을 마련하다, 배태하다, 성숙되여가다: 大会前要有~~工作. 회의전에 준비사업이 있어야 한다.

员 (3) yùn (운) 사람의 성. (1) yuán →542페지. (2) yún →본 페지.

郓 yùn (운) 〔郓城〕 운성, 현이름, 산동성에 있음.

恽 yùn (운) 사람의 성.

晕 (1) yùn (운) ①무리: 日~. 해무리./月~而风. 달무리가 지면 바람이 분다. ②멀미하다, 어릴증이 나다: 一坐船就~. 배만 타면

멀미를 한다. (2) yūn →546 페지.

愠 yùn (온) 성내다, 노하다, 화내다: ～色. 노한 기색, 성난 기색.

缊 yùn (온) 햇솜과 묵은솜이 섞인 솜: ～袍. 해진 옷, 속에다 (부스러진) 삼을 넣은 옷.

韫(韞) yùn (온) 수집하여 전사하다, 거두어 감추어 두다.

蕴 yùn (운) 내포하다, 포함되다, 매장되다([련]-藏): 我国石油～藏量很大. 우리 나라는 석유매장량이 매우 많다.

韵(韻) yùn (운) ①어음명사. 1. 운모. 2. 운: ～文. 운문(시, 노래, 가극 등의 문학). /押～. 운을 맞추다, 운을 달다. /叶(xié)～. 운이 어울리다, 운이 맞다. ②잘 어울리는 소리, 절주있는 소리: 琴～悠扬. 거문고소리가 잘 울려퍼지다. ③운치: 风～. 풍류와 운치, 녀자의 아름다운 자태.

熨 (1) yùn (울) 다리다, 다리미질하다. 〔熨斗〕 다리미, 인두. (2) yù →541 페지.

Z

ZA

扎(紮、紮) (3) zā (찰) ①동이다, 매다, 묶다, 치다: ～辫子. 머리태를 땋다. /～腿. 행전을 치다. /～彩牌楼. 아치문을 오색천으로 장식하다, 오색천으로 장식한 아치문. ②묶음, 단: 一～线. 실 한타래, 한묶음의 실. (1) zhā →555 페지. (2) zhá →555 페지.

匝(帀) zā (잡) ①둘레, 바퀴: 绕树三～. 나무를 세번 돌다. ②가득하다, 감돌다: 柳荫～地. 가는 곳마다 버드나무가 우거지다.

咂 zā (잡) ①혀를 차다: ～嘴. (칭찬, 부러움의 표시로) 혀를 차다. ②(입으로) 빨다, 마시다: ～一口酒. 술 한모금을 마시다. ③맛을 보다: ～滋味. 맛을 보다.

拶 (1) zā (찰) 강박하다, 핍박하다. (2) zǎn →550 페지.

杂(雜、襍) zá (잡) ①잡되다: ～色. 여러가지 빛(색갈), 잡색. /～事. 잡일, 자질구레한 일. /～技表演. 교예공연. /人多手～. 사람이 많으면 일손이 거칠다. 〔杂志〕 잡지. ②섞여있다, 뒤섞여있다: 夹～. 섞다, 뒤섞여있다, 혼합하다.

咱 (2) zá (찰) 〈咱(1)〉과 같음. 〔咱家〕 나, 나라는 사람(뽐내는 말). (1) zán →550 페지.

砸 zá (잡) ①박다, 다지다, 두드리다, 찧다: ～钉子. 못을 박다. /～地基. 기초를 다지다. ②부시다, 깨뜨리다, 못쓰게 만들다: 碗～了. 공기가 깨졌다, 공기를 깨뜨리다. /～碎铁锁链. 쇠사슬을 짓부시다. [전]망치다, 실패하다: 这件事搞～了. 이 일을 망쳤다.

咋(嚍) (2) zǎ (사) 〈방〉어찌, 어떻게, 왜: ～好. 어쩌면 좋을가. /～办. 어떻게 할가. (1) zhà →556 페지. (3) zhā →555 페지.

臜 za (잡) 〔腌臜〕(ā-) 더럽다, 어지럽다.

ZAI

灾(災、烖) zāi (재) 재해, 재난, 재앙, 재화: 战胜~害. 재해와 싸워이기다./旱~. 가물피해, 한재.

甾 zāi 스테로이드.

哉 zāi (재) 고문조사. 1. 의문 또는 반문을 표시하여) …한가, …는가: 有何难~? 무엇이 어려울것이 있겠는가? /岂有他~? 어찌 다른 것이 있겠는가? 2. (감탄을 표시하여) …가, …구나, …누나: 呜呼哀~! 아! 슬프도다./诚~斯言. 그 말이 얼마나 진실한가.

栽 zāi (재) ①심다, 옮겨심다: ~菜. 남새를 심다./~树. 나무를 옮겨심다. [파]꽂다, 가져다 맞추다, 박다, 설치하다: ~牙刷. 치솔에 털을 꽂다./~绒. (씨루천의) 털을 박다./~赃. (훔친 물건을 남의 집에 갖다놓고 그에게) 죄를 덮어씌우다. ②(-子) 모, 모종: 桃~. 복숭아묘목./树~子. 나무모, 묘목. ③넘어지다: ~跟头. 넘어지다./~了一跤. 넘어지다.

载 (2) zǎi (재) ①해, 년: 一年半~. 반년 또는 일년 남짓하다, 반년이나 일년쯤. ②글을 싣다, 기재하다([련]记-): 历史记~. 력사기재./登~. (신문에) 글을 싣다 (내다), 게재하다./刊~. 출판물에 싣다./转~. 옮겨 싣다, 전재하다. (1) zài →550 페지.

宰 zǎi (재) ①잡다, 도살하다([련]-杀、屠-): ~猪. 돼지를 잡다. ②일을 맡아보다, 주관하다: 主~. 주로 맡아보다, 주관하다./~制. 통제하다, 주관하다. ③재상(옛날벼슬): 太~. 재상. 〔宰相〕재상.

崽(仔) zǎi (자) ①〈방〉아이들, 아들. ②(-子、-儿) 짐승의 새끼. 〈仔〉zǐ →592 페지. 〈仔〉zī →590 페지.

再 zài (재) ①또, 다시, 거듭, 재삼, 재차: 一而~, ~而三. 거듭거듭, 재삼./一~表示. 거듭 표시하다./~版. 재판, 재판하다. 〔再三〕 다시, 거듭, 재삼: ~~考虑. 재삼 생각하다. ②더, 더욱: 明天~来一次. 래일 한번 더 오시오./雨要~下,就太多了. 비가 더 오면 너무 많이 오는 셈이다. ③(두 동사를 련결시켜 전후관계를 표시함) 다음, 후에: 吃完饭~去学习. 밥을 먹은 다음 공부하러 가겠다./把材料整理好了~动笔写. 재료를 다 정리한후에 집필하시오. ④이 이상, 그 이상: ~好没有了. 그 이상 더 좋은것은 없다./~大一点就好了. 좀 더 컸으면 좋겠다.

在 zài (재) ①있다, 살아있다, 존재하다: 他的青春常~. 그의 청춘은 영원히 살아있다./人~阵地~. 사람이 살아있으면 진지도 남아있다. ②…에 (놓여)있다: 书~桌子上. 책은 책상우에 놓여있다./我今天晚上~家. 나는 오늘 저녁 집에 있겠다. [파](어떤 위치에) 머물러있다: ~职. 직에 있다, 재직. ③…하는데 있다, …에 달려있다: 事

～人为．일의 성공여부는 사람에게 달려있다，사람이 할 탓이다./学习进步，主要～自己努力．학습에서의 발전여부는 주로 자신의 노력에 달려있다．〔在乎〕1.〈在③〉과 같음．2.（-hu）주의하다，관심하다，마음에 두다，개의하다：满不～～．조금도 마음에 두지 않다，조금도 그런 내색을 보이지 않다，아랑곳하지 않다．④지금，바로，한창：他～看报．그는 한창 신문을 보고있다．⑤…에，…에서：～北京读书．북경에서 공부하고있다./～这种条件下．이런 조건하에서.

载（1）zài（재）①（짐을）싣다：～货．짐을 싣다./～重汽车．화물자동차./满～而归．가득 싣고 돌아오다．②차고넘치다，충만하다：怨声～道．원성이 하늘에 사무치다．③…도 하고 …도 한다，…하며…한다：～歌～舞．노래도 하고 춤도 춘다，노래하며 춤추다．（2）zǎi →549 페지.

ZAN

糌 zān〔糌粑〕(-ba) 잔바．쌀보리 미시가루(장족의 주식).

簪 zān（잠）①(-子、-儿) 비녀．②꽂다，찌르다：～花．머리에 꽃을 꽂다.

咱（噜、偺）（1）zán（찰）①나：～不懂他的话．나는 그의 말을 알아들을수 없다．②우리：～穷人都翻身了．우리 가난한 사람들은 모두 신세를 고쳤다．〔咱们〕우리(이때〈우리〉는 말하는측과 말듣는측을 다 포함하는 만큼〈我们〉과는 구별된다)：你别客气，～～军民是一家嘛．사양하지 마시오，우리 군민은 한집안식군데요．（2）zá →548 페지.

拶（2）zǎn（찰）〔拶子〕（옛날）손가락을 조이는 형구．〔拶指〕（옛날）손가락을 조이는 형벌．（1）zā →548 페지.

昝 zǎn（잠）사람의 성.

噆 zǎn（잠）①（입에）머금다，입에 물다．②물다，깨물다，쏘다.

攒（儹）（1）zǎn（찬）쌓다，모으다，저금하다．(㊀积-)：～钱．돈을 모으다，돈을 저금하다．（2）cuán →69 페지.

趱 zǎn（찬）다그치다，빨리 가다：～路．길을 다그치다，빨리 가다，급히 가다./紧～了一程路．한참이나 길을 다그쳤다.

暂（蹔）zàn（잠）잠시，잠간，당분간：～行条例．잠정규정./～停．잠시 멎다，잠시 중지하다，요구시간，타임./此事～不处理．이 일은 당분간 처리하지 않는다.

錾 zàn（참）①(-子)（돌을 쪼는）작은 정이나 끌．②（쇠나 돌에）새기다，조각하다：～花．꽃을 새기다./～字．글자를 새기다.

赞（賛、讚）zàn（찬）①돕다，방조하다：～助．돕다，방조하다．〔赞成〕1．찬성하다：大家都～～他的意见．모두 그의 의견을 찬성하였다．2．성공하도록 도와주다．②칭찬하다，찬양하다(㊀-许、-扬、称-)：～不绝口.

칭찬이 자자하다, 칭찬을 금하지 못하다. ③찬(주로 찬양하는 글의 형식): 像～. 화상에 대한 찬양./小～. 소찬(옛날문체의 한가지).

瓒 zàn (찬) (옛날 제사때 쓰는) 옥으로 만든 국자.

ZANG

赃(贜) zāng (장) 탐오한 물건, 뢰물 받은 물건, 훔친 물건, 장물: 追～. 재물을 몰수하다./退～. 장물을 되돌리다, 탐오한 돈을 내여놓다.

脏(髒) (2) zāng (장) 더럽다, 어지럽다: 衣服～了. 옷이 더럽다./把～东西清除出去. 어지러운(더러운) 물건을 깨끗이 청소하다. (1) zàng →본 페지.

牂 zāng (장) 암양.

臧 zāng (장) 좋다, 착하다. 〔臧否〕(-pǐ) 좋은것과 나쁜것, 착한것과 악한것, 좋은것과 나쁜것을 평가하다: ～～人物. 사람을 평가하다.

驵 zǎng (장, 조) 좋은 말, 준마. 〔驵侩〕(-kuài) (말을 사고팔 때의) 거간군. 〈중개자〉,〈중개업자〉도 가리킴.

奘 (2) zàng (장) 현장(玄奘), 당나라 중의 이름. (1) zhuǎng →587 페지.

葬 zàng (장) 시체를 묻다, 매장하다: 埋～. 시체를 묻다, 매장하다./火～. 화장하다. 〔葬送〕㊌ 망치다, 망쳐버리다, 말아먹다, 파멸시키다, 훼손하다: 旧礼教不知～～了多少人的幸福生活. 낡은 례의도덕이 얼마나 많은 사람들의 행복을 망쳤는지 모른다.

脏(臟) (1) zàng (장) 장, 내장: 内～. 내장./五～六腑. 오장륙부. (2) zāng →본 페지.

藏 (2) zàng (장) ①창고: 宝～. 보물고. ②(불교, 도교 경전의 총칭) 경서: 大～经. 대장경./道～. 도교의 경. 〔三藏〕 불교의 경전 〈경(经)〉, 〈률(律)〉, 〈론(论)〉을 통털어 이르는 말, 당나라 현장(玄奘)의 호가 삼장도사(三藏法师)임. ③서장자치구의 간칭. ④〔藏族〕 장족, 중국 소수민족의 하나. (1) cáng →38 페지.

ZAO

遭 zāo (조) ①(불행이나 불리한 정황을) 만나다, 부닥치다, 당하다, 입다(㊞-遇): ～难. 조난당하다, 재난을 만나다./～遇困难. 곤난에 부딪치다. ②(-儿) 바퀴, 둘레: 用绳子多绕两～. 바로 뒤번 더 둘러감으시오./我去转了一～. 나는 한바퀴 돌았다. ③(-儿) 번, 차례: 一～生, 两～熟. 처음에는 서먹서먹하더니 두번째부터는 스스럼없게 되였다.

糟 zāo (조) ①지게미, 술찌끼. 〔糟粕〕㊌쓸데없는 물건, 가치없는 물건: 取其精华,去其～～. 찌꺼기를 버리고 알맹이를 취하다. ②(술이나 술찌끼로) 절이다, 절구다: ～鱼. 술에 절인 물고기./～豆腐. 술지게미에 절인 두부. ③썩다: 木头～了. 나무가 썩었다./布～了. 천이 낡아빠지다.

④잘못하다, 탈나다, 야단나다: 事情~了. 일이 잘못되였다. 〔糟蹋〕〔糟踏〕(-ta)아끼지 않다, 망탕 쓰다, 랑비하다: 不许~~粮食. 식량을 랑비해서는 안된다, 식량을 랑비하지 마시오.

凿(鑿) (1) záo (착) ①(~子) 끌. ②(구멍을) 파다, 뚫다: ~个眼. 구멍을 뚫다./~井. 우물을 파다. (2) zuò →600 페지.

早 zǎo (조) ①아침(련-晨): 一大~我开会去了. 이른아침에 회의하러 갔다./~饭. 아침밥./~操. 아침체조. ②(때가) 이르다, 빠르다: ~起~睡身体好. 일찍 일어나고 일찍 자면 몸에 리롭다./那是很~的事了. 그건 아주 오래전 일이다./我~就预备好了. 나는 벌써 준비가 다 되여있다./开车还~着呢. 차가 떠나려면 아직 멀었다.

枣(棗) zǎo (조) 대추나무, 대추. 〔黑枣(儿)〕 ①검정대추. ②고욤나무. ③깜장콩알(총알을 말함).

蚤 zǎo (조) ①벼룩. ②〈고〉〈早〉와 같음.

澡 zǎo (조) 목욕하다: ~盆. 목욕통./~堂. 목욕탕.

璪 zǎo (조) ①옥에다 새겼거나 옷에다 그린 아름다운 무늬. ②색실에 꿴 구슬(갓의 장식물).

藻 zǎo (조) ①마름, 조류. ②화려한 글: ~饰. 아름답게 장식하다, 수식하다./辞~. 수식사, 화려한 문구. 〔藻井〕 무늬를 그린 천반, 무늬를 단청한 천정.

皂(阜) zào (조) ① 검은색: 不分~白. ㊟좋고나쁜것을 가리지 않다, 시비를 가리지 않다, 다짜고짜로. ②〔皂角〕〔皂荚〕 주염나무꼬투리. 〔肥皂〕 빨래비누.

唣(啅) zào (조) 〔罗唣〕 떠들썩하다, 매우 소란스럽다.

灶(竈) zào (조) 부뚜막.

造 zào (조) ①만들다, 짓다, 제작하다(련制-): ~船. 배를 뭇다, 배를 만들다./~林. 삼림을 조성하다, 조림하다./~句. 짧은 글을 짓다, 단문을 짓다. ㊟날조하다: ~谣. 요언을 날조하다./捏~. 날조하다. ②이루어지다, 완성되다: ~诣深. 조예가 깊다. ③배양하다, 양성하다: 深~. 깊이 연구하다, 깊이 파고들다, 연수하다. ④(찾아)가다: ~访. 찾아가 뵙다./登峰~极. 조예가 절정에 달하다, 최고봉에 오르다. ⑤쪽, 켠, 측, 방: 两~. 쌍방./甲~. 갑측./乙~. 을측. ⑥벌(수량회수): 一年两~. 일년에 두벌 농사를 짓다. 〔造次〕 급작스럽다, 창졸하다: ~~之间. 급작스러운 사이. ㊟막되다, 거칠다, 조포하다, 란폭하다: 不敢~~. 조포하게 행동하지 못하다, 감히 행동할 엄두를 못내다.

慥 zào (조) ㊟신의가 두텁고 성실하다.

簉 zào (추) 두번째로 가는것, 다음가는것, 버금, 부속적인것.

噪(譟) zào (조) ①(새들이) 우짖다: 鹊~. 까치가 우짖다./蝉~. 매미가 우짖다. ㊟떠들썩하다, 란잡하다: ～音. 란잡한소리, 소음. ②떠들썩하다, 법석 떠들다, 야단법석하다, 악마구리 끓듯하다: 鼓～而进. 법석 떠들며 들어오다.

燥 zào (조) 메마르다, 건조하다(㉥干-): ～热. 무덥다./天气干～. 날씨가 건조하다.

躁 zào (조) 조급하다, 성급하다: 性情暴～. 성격이 급하고 사납다, 성격이 조폭하다./戒骄戒～. 교만성과 조급성을 경계하다./急～病. 급성병, 조급증.

ZE

则 zé (칙) ①모범: 以身作～. 이신작칙하다, 몸소 모범을 보이다. ②규칙, 규정: 办事细～. 사무세칙. 〔法则〕 법칙. 〈规律〉라고도 함. 〔四则〕 사칙(더하기, 덜기, 곱하기, 나누기의 네가지 산법). ③본따다, 따르다: ～先烈之言行. 선렬들의 언행에 따르다. ④(인과관계를 나타내여) …하면 …하다: 兼听～明,偏信～暗. 량쪽 말을 다 듣는 사람은 사리에 밝게 되고 한쪽 말만 믿는 사람은 사리에 어둡게 된다. ⑤(대립되는 관계를 나타내여) 오히려, 도리여: 今～不然. 지금은 오히려 그렇지 않다. ⑥바로, 곧: 此～余之罪也. 이것은 바로 나의 잘못이다. ⑦…하다, 내다: ～甚. 무엇을 하는가. /不～声. 말하지 않다, 소리를 내지 않다. ⑧단위명사. 조항, 문제, 편, 가지: 试题三～. 시험문제 세가지./新闻两～. 소식 두편./随笔一～. 수필 한편.

责 zé (책) ①책임: 我们要对人民负～. 우리는 인민들앞에 책임을 져야 한다./尽～. 책임을 다하다./爱护公物人人有～. 사람마다 공동재산을 애호할 책임이 있다. ②(그렇게 할것을) 요구한다: 求全～备. 완전무결할것을 강요하다./～己严于～人. 자신에게는 남보다 더 엄격하게 요구하다. 〔责成〕 책임을 지우다, 책임지고 완성하게 하다: 这个问题已～～专人研究解决. 이 문제는 이미 전문일군에게 맡겨 연구하고 해결하게 하였다. ③꾸짖다, 책망하다: ～罚. 처벌하다, 책벌하다, 징벌하다./斥～. 꾸짖다, 규탄하다. ④캐묻다, 따지다, 질문하다. ⑤(지난날) 징벌하기 위하여 때리며 꾸짖다: 鞭～. 매를 들며 꾸짖다./杖～. (몽둥이로) 때리며 꾸짖다. 〈고〉〈债〉(zhài)와 같음.

啧 zé (책) 론쟁하다: ～有烦言. 비난하는 소리 그칠줄 모르다, 원망하는 소리가 이만저만이 아니다. 〔啧啧〕 쯧쯧(혀차는 소리, 칭찬하는 소리).

帻 zé (책) (옛날) 머리수건.

箦 zé (책) 살평침대.

赜 zé (색) 깊다: 探～索隐. 깊이 파고들다.

迮 zé (책) 사람의 성.

笮 (2) zé (책) 사람의 성. (1) zuó →598 페지.

舴 zé (책) 〔舴艋〕(-měng) 거루배, 작은 배.

择(擇) (1) zé (택) 가리다, 고르다, 선택하다([련]选-): 不～手段. 수단을 가리지 않다. (2) zhái →557 페지.

泽(澤) zé (택) ①늪, 호수: 大～. 큰 늪./水乡～国. 물많은 고장. ②윤기, 광택, 빛, 윤, 물기: 色～俱佳. 색갈이나 광택이 다 좋다. ③은혜, 은덕, 혜택.

仄 zè (측) ①기울다. 〔仄声〕 측성(상성〈上声〉, 거성〈去声〉, 입성〈入声〉을 통털어 이르는 말). ②좁다. ③미안해하다, 불안해하다: 歉～. 미안해하다.

昃 zè (측) 해가 서쪽으로 기울다.

侧 (3) zè (측) 〈仄〉와 같음. 〈平仄〉를 〈平侧〉라고도 함. (1) cè →39 페지. (2) zhāi →557 페지.

ZEI

贼 zéi (적) ①도적. [파]역적: 工～. 로동귀족. (로동운동에서의) 배신자, 변절자./卖国～. 매국역적. ②상하게 하다, 해치다, 해를 끼치다. ③요사스럽다, 나쁘다: ～眼. 도적눈길, 음흉한 눈길./～头～脑. 행동이 수상하다, 수상하게 행동하다. ④〈방〉교활하다: 老鼠真～. 쥐는 참으로 교활하다.

鲗 zéi (즉) 오징어. 〈墨鱼〉〈墨斗鱼〉라고도 함.

ZEN

怎 zěn (즘) 의문사. 왜, 어찌, 어째서, 어찌하여: ～样? 어떠한가./～办? 어쩌겠는가. 〔怎么〕(-me) 의문사. (사물의 성질, 형편, 방식, 원인 등을 문의하여) 어떻게: 你～～也知道了? 어떻게 너도 알았니? /这是～～回事? 이것은 어떻게 된 일이요? 〈难〉字～～写? 곤난이란 〈难(난)〉자를 어떻게 씁니까?

谮 zèn (참) 헐뜯다, 중상하다.

ZENG

曾 (1) zēng (증) ①자기와 두대를 사이에 둔 항렬: ～祖. 증조부, 증조할아버지./～孙. 증손. ②〈고〉〈增〉과 같음. ③사람의 성. (2) céng →40 페지.

增 zēng (증) 더하다, 늘다, 보태다, 증가하다([련]-加): 为国～光. 조국을 위하여 영예를 떨치다./～产节约. 증산과 절약, 증산절약하다. 〔增殖〕 불어나다, 증식하다: ～～耕牛. 밭갈이소가 불어나다, 밭갈이소를 번식시키다./～～财富. 재부가 불어나다.

憎 zēng (증) 미워하다, 증오하다, 밉살스럽다, 아니꼽다, 증오스럽다([련]-恶). ↔〈爱〉: 爱～分明. 사랑과 증오가 뚜렷하다, 애증이 분명하다.

缯 (1) zēng (증) 옛날 견직물의 총칭. (2) zèng →555페지.

罾 zēng (증) (네모난) 반두.

矰 zēng (증) 주살(실을 맨 화살).

综 (2) zèng (종) 잉아. (1) zōng →594페지.

锃 zèng (정) 윤나다, 번지르르하다, 번들번들하다: ～亮. 윤기가 번지르르 돌다./～光. 눈부신 윤기, 윤기가 돌다. zèng

缯 (2) zèng (증) 〈방〉묶다, 동여매다: 把那根裂了的棍子～起来. 그 터진 막대기를 동여매시오. (1) zēng →554페지.

甑 zèng (증) (옛음 jìng) ①(옛날) 밥하는 질그릇, 밥시루. ②유리증유관, 시험관: 曲颈～. 목이 굽은 유리증유관, 레토르트.

赠 zèng (증) (거저) 주다, 선물하다: ～品. 선물./～阅. (책을) 선물로 주다, 책을 주어 보게 하다, 기증하다, 증정하다.

ZHA

扎(劄、紮、紥) (1) zhā (찰) ①찌르다: ～针. 침을 놓다./～花. 수를 놓다, 수놓이. ②(군대들이) 주둔하다: ～营. 군대들이 주둔하다. ③들어박히다, 파묻히다: ～猛子. 물속으로 자맥질해 들어가다, 물에 뛰여들기, 다이빙. 〔扎煞〕(-sha)〈挓挲〉와 같음. (2) zhá →본 페지. (3) zā →548페지.

吒 (1) zhā (타) (신화에 나오는) 사람의 이름. (2) zhà →557페지 〈咤〉.

挓 zhā 〔挓挲〕(-sha) 쭉 펴다, 벌리다: ～～着手. 손을 쭉 벌리다.

咋 (3) zhā (책) 〔咋呼〕(-hu)〈방〉 1. 고함치다, 소리치다, 떠들다. 2. 뽐내다. (1) zhà →556페지. (2) zǎ →548페지.

哳 zhā (찰) 〔啁哳〕〔嘲哳〕(zhāo-) 법석대다, 시끄럽게 떠들다.

查(查) (2) zhā (사) ①사람의 성. ②〈楂〉와 같음. (1) chá →41페지.

揸(摣、叡) zhā ①(손가락으로) 집다. ②손가락을 펴다.

喳 (1) zhā 〔喳喳〕 소리본딴말. 짹짹, 깍깍, 조잘조잘: 喜鹊～～叫. 까치가 깍깍 울다. (2) chā →40페지.

猹 zhā 오소리류의 동물.

渣 zhā (사) (-子、-儿) 찌끼([련]滓): 豆腐～. 비지. [파]부스레기: 面包～儿. 빵부스레기./干粮～儿. 건량부스레기.

楂(樝) (1) zhā (사) 〔山楂〕 아가위나무, 찔광이나무, 아가위, 찔광이. 〈山查〉라고도 씀. (2) chá →40페지의 〈茬〉.

奓 (2) zhā (차) 〔奓山〕 차산, 땅이름, 호북성 한양현에 있음. (1) zhà →557페지.

齇(皻) zhā (차) 코등의 빨간 부스럼: 酒～鼻. 주부코, 빨간코.

扎 (2) zhá (찰) 〔扎挣〕(-zheng) 〈방〉참다, 견디여내다. (1) zhā →본 페지. (3) zā →548페지.

札(劄) zhá (찰) ①(옛날 글씨 쓰는 작고 얇은) 나무판, 목찰. 〔札记〕 발취록, 감상록. ②편지([련]信-、书-): 手～. 친필편지./来～. 편지가 오다. ③(-子) 옛날 공문의 한가지.

轧 (2) zhá (알) 누르다, 압연하다. 〔轧钢〕 압연, 강철압연. 〔轧辊〕(-gǔn) 압연로라. (1) yà →502페지. (3) gá →130페지.

闸 zhá (갑) ①물문, 수문, 갑문: ～口. 물문아가리, 수문구. /河里有一道～. 강에 수문 하나가 있다. ②언제: 拦水～. 물막이언제. ③(차나 기계의) 제동기, 스위치: 电～. 전기제동기, 대형스위치. /自行车～. 자전거제동기.

炸(煠) (2) zhá (작) (기름에) 튀기다, 데치다: ～糕. 찰떡튀기. /～鱼. 물고기튀기. /把菠菜～一～. 시금치를 데치다. (1) zhà →본 페지.

铡 zhá (찰) ①작두. ②작두질하다, 작두로 썰다: ～草. 작두로 짚을 썰다.

牐 zhá (삽) ①(옛날) 성문빗장. ②〈闸〉와 같음.

苲 zhǎ (자) 붕어마름.

拃 zhǎ (잔) ①뼘으로 재다. ②뼘: 两～宽. 두뼘너비, 너비가 두뼘이다.

砟 zhǎ (사) (-子) 덩어리, 덩이: 煤～子. 석탄덩어리. /炉灰～子. 석탄재.

鲊 zhǎ (자) 절인 물고기.

眨 zhǎ (잡) (-巴) 눈을 깜짝이다, 깜짝깜짝하다, 깜빡이다: 眼睛直～巴. 눈을 줄곧 깜짝깜짝하다. /一～眼就看不见了. 눈 깜빡할 사이에 보이지 않는다.

鲝 zhǎ (자) ①〈鲊〉와 같음. ②〔鲝草滩〕 자초탄, 땅이름, 사천성에 있음.

乍 zhà (사) ①갑자기, 돌연히: ～冷～热. 추웠다더웠다하다. ②처음으로, 방금: 新来～到. 방금 오다.

诈 zhà (사) ①가장하다, …척하다: ～死. 죽은척하다. ②속이다, 협잡하다(㊊欺-): ～财. 재물을 협잡하다. /你不必拿话～我. 당신은 말로 나를 속이려 들지 마시오. 〔诈语〕(-yu) 빨간 거짓말, 꾸민 말.

咋 (1) zhà (색) 물다, 깨물다. 〔咋舌〕 (놀라거나 두려워서) 말을 못하다, 혀가 굳어지다. (2) zǎ →548페지. (3) zhā →555페지.

柞 (2) zhà (작) 〔柞水〕 작수, 현이름, 섬서성에 있음. (1) zuò →599페지.

炸 (1) zhà (작) ①(갑자기) 빠개지다, 터지다, 폭발하다(㊊爆-): ～弹. 폭탄, 작탄. /玻璃杯～了. 유리컵이 갑자기 빠개지다. ②폭파하다, 폭격하다, 까부시다: ～碉堡. 토치카를 까부시다(폭파하다). ③격노하여 발끈하다: 他一听就～了. 그는 듣자마자 발끈 성을 냈다. (2) zhá →본 페지.

痄 zhà (자, 차) 〔痄腮〕(-sai) 류행성이하선염.

蚱 zhà (책) 〔蚱蜢〕(-měng) 메뚜기.

榨(搾) zhà (착) ①즙을 짜내는 기구. ②짜다, 짜내다: ～油. 기름을 짜다. /压～. 압착하다, 짜내다, 억압하다, 착취하다.

栅(柵) (1) zhà (책) 울타리, 울바자: 篱笆～. 울바자. /铁～栏. 쇠로 된 바자. (2)

shān →389페지.

奓 (1) zhà (차) 벌어지다, 벌리다. (머리카락따위가) 부시시 일어나다: 头发～了. 머리카락이 부시시 일어나다./这件衣服下面太～了. 이 옷은 밑이 너무 벌어졌다. (2) zhā →555페지.

碴 zhà (차) 〔大水碴〕 대수차, 땅이름, 감숙성에 있음.

咤(吒) zhà (타) (성이 나서) 고래고래 큰소리치다, 꾸짖다. 〈吒〉zhā →555페지.

蚱 zhà (차) 〈방〉해파리.

溠 zhà (자) 〔溠水〕 자수, 강이름, 호북성에 있음.

蜡(䄍) (2) zhà (사) 옛날 년말에 지내던 제사. (1) là →253페지.

霅 zhà (잡) 〔霅溪〕 잡계, 땅이름, 절강성에 있음.

ZHAI

侧 (2) zhāi (측) 〔侧歪〕(-wai) 기울다, 기우뚱거리다: 车在山坡上～～着走. 차가 기우뚱해서 산비탈을 가고있다. 〔侧棱〕(-leng) (한쪽으로) 기울다, 모로 눕다: ～～着身子睡觉. 모로 누워자다. (1) cè →39페지. (3) zè →554페지.

斋(齋) zhāi (재) ①(지난날) 서재; 학교기숙사: 书～. 서재./第一～. 첫번째 숙사. ②(지난날) 미신을 믿는 사람이 제를 지내기전에 몸과 마음을 깨끗이 하다: ～戒. (미신) 몸을 깨끗이하고 술, 고기 등을 먹지 않다, 음식을 삼가하다. [파]소식(고기 등을 먹지 않는것): 吃～. 고기붙이를 먹지 않다, 소식하다.

摘 zhāi (적) ①벗다, 따다, 뜯다, 꺾다: ～黄瓜. 오이를 따다./～梨. 배를 따다. /～帽子. 모자를 벗다. ②베끼다, 발취하다: ～要. 요지, 요점을 따다, 요점을 발취하다./～记. 요점을 기록하다, 발취하다. 〔指摘〕(결함을) 지적하다. ③융통하다, (돈을) 꾸다: 东～西借. 여기저기서 (돈을) 꾸다.

宅 zhái (택) 집, 저택: 住～. 살림집, 주택.

择(擇) (2) zhái (택) 〈择(1)〉과 같음, 입말에 쓰임. 고르다, 가리다: ～菜. 남새를 다듬다, 남새를 고르다./～席. 잠자리를 가리다. (1) zé →554페지.

翟 (2) zhái (책) 사람의 성. (1) dí →87페지.

窄 zhǎi (착) ①좁다([련]-狭、狭-): 路太～. 길이 너무 좁다./地方太狭～. 곳이 너무 비좁다. [파]협애하다, 옹졸하다: 他的心眼太～. 그는 속이 너무 좁다. ②(생활이) 넉넉치 못하다, 옹색하다, 구차하다: 以前的日子很～,现在可好了. 이전의 살림은 매우 옹색하였으나 지금은 퍽 펴이였다.

䍜 zhǎi (재) (-儿) 흠, 흠집: 碗上有块～儿. 사발에 흠집이 있다./这苹果没～儿. 이 사과는 흠집이 없다.

债 zhài (채) 빚, 채무: 还～. 빚을 갚다./公～. 공채.

寨(砦) zhài (채) ① 방어용울타리. 〔鹿寨〕(-砦) (군사상)나무가지장애물, 록시, 록채. ②(지난날) 병영: 安营扎～. 병영을 짓고 주둔하다. ③〈방〉(울타리나 담으로 둘러친) 마을: 村村～～. 마을마다, 고장마다.

搱 zhài (바느질에서) 옷따위에 달 것을 달다: ～纽扣儿. 단추를 달다. /～花边. 레스를 달다.

瘵 zhài (채) 병, 결핵, 폐병.

ZHAN

占 (1) zhān (점) (미신) 점을 치다: ～卦. (미신) 점을 치다. /～课. 점을 치다. (2) zhàn →559페지.

沾(霑) zhān (첨) ①젖다, 적시다: ～衣. 옷이 젖다. /汗出～背. 땀이 등을 적시다. ②묻다: ～水. 물이 묻다. ㊁1. 물들다, 섞이다: ～染. 물들다, 물젖다. 2. (모종 관계로) 옆에 가닿다, 혜택을 입다: ～光. 덕을 보다, 신세를 보다. 〔沾沾自喜〕 우쭐거리며 뽐내다.

毡(氈、氊) zhān (전) (-子) 전, 담요: 炕～. 방구들에 까는 담요. /～靴. 전으로 만든 장화. /油毛～. 루베로이드, 방습지.

粘 (1) zhān (점) ①붙다: 几块糖都～在一起了. 사탕이 모두 한데 붙었다. /糖～牙. 사탕이 이에 붙는다. ②붙이다: ～贴标语. 선전구호를 붙이다. (2) nián →324페지.

旃 zhān (전) 〈고〉①조사. (〈之焉〉의 합음으로) …할지어다: 勉～. 고무격려할지어다. ②〈毡〉과 같음.

詹 zhān (첨) 사람의 성.

谵 zhān (섬) ①말을 많이 하다, 수다를 부리다, 수다를 떨다. ②(앓는 사람의) 헛소리, 잠꼬대.

瞻 zhān (첨) 쳐다보다, 우러러보다: ～仰. 우러러보다. /高～远瞩. 멀리 내다보다, 원견성이 있다.

邅 zhān (전) 머뭇거리다, 걷기 힘들다.

鹯 zhān (전) 새매비슷한 사나운 새의 한가지.

鳣 zhān (전) 철갑상어. 〈鳝〉과 같음.

斩 zhǎn (참) 베다, 자르다, 끊다: ～首. 목을 자르다. /～草除根. 풀을 베고 뿌리까지 없애버리다, 화근을 철저히 없애버리다, 깡그리 없애치우다. /～钉截铁. 딱 자르다, 딱 잘라 말하다.

崭 zhǎn (참) 높고 가파롭다, 우뚝하다: ～露头角. 두각을 나타내다, 두드러지게 나타나다. /～新. 아주 새롭다, 참신하다.

暂 zhǎn 〈방〉눈을 깜빡이다, 눈을 깜짝이다.

飐 zhǎn (점) 바람에 흔들리다.

盏(琖) zhǎn (잔) ①잔: 酒～. 술잔. /茶～. 차잔. ②단위명사. 대, 등, 개(등잔을 세는 단위): 一～灯. 등잔 하나.

展 zhǎn (전) ①펴다, 펼치다, 벌리다: ～翅. 날개를 펼치다, 나래를 펴다. /～望未来. 앞날을 내다보다. /～开激烈的争论. 치렬한 론쟁을 벌리다. 〔展览〕 전시하다, 전람하다. ②늦추다, 미루다, 연기하다：～期. 기일을 늦추다, 날자를 미루다, 연기하다./～限. 기한을 늦추다, 날자를 미루다.

搌 zhǎn (전) 문혀내다, 눌러빨아내다：～布. 행주, 걸레./用药棉花～一～. 약솜으로 살살 묻혀내다.

辗 zhǎn (전) 〔辗转〕(-zhuǎn)(展转)①몸을 엎치락뒤치락하다：～～反侧. 엎치락뒤치락하다, 이리저리 몸을 뒤척이다. ②많은 사람의 손이나 많은 곳을 거치다：～～传说. 많은 사람을 거쳐 내려온 전설.

黵 zhǎn (담) 덞다, 더럽히다, 어지럽히다：墨水把纸～了. 잉크로 종이를 어지럽혔다./这种布颜色暗, 禁(jīn)～. 이런 천은 색갈이 어두워 덞지 않는다.

占(佔) (2) zhàn (점) 차지하다, 점령하다([련]-据)：～领. 점령하다, 차지하다./攻～敌军据点. 적군의 거점을 점령하다./～优势. 우세를 차지하다. (1) zhān →558페지.

战(戰) (zhàn) (전) ①싸움, 전투, 전쟁([련]-斗)：宣～. 선전포고, 전쟁을 선포하다./～时. 전쟁시기, 전시./百～百胜. 백전백승하다. 〔战争〕 전쟁. 〔战略〕 전략. 〔战术〕 전술. 〔战役〕 전역, 계단작전：淮海～～. 회해전역. ②떨다：～栗. 벌벌 떨다, 전률하다./打冷～. (춥거나 무서워서) 몸을 부들부들 떨다, 와들와들 떨리다, 몸서리치다./寒～. 몸서리치다.

站 zhàn (참) ①서다, 일어서다, 일어나다：～岗. 보초를 서다./全国人民～起来了. 전국인민은 일며섰다. ②멎다, 멈추다, 멈춰서다, 정지하다：不怕慢, 就怕～. 느린것보다 멈춰서는것이 더 걱정된다. ③정거장, 역, 정류소：车～. 정거장, 역, 정류소./起点～. 출발점, 시발정거장. ④처, 소, 초소, 기지：工作～. 사업소./保健～. 보건소./兵～. 병참./观测～. 관측소.

栈(棧) zhàn (잔) ①창고, 려관：货～. 화물창고./客～. 려관. ②우리：马～. 마구간. 〔栈道〕 잔도(옛날 발붙일수 없는 험한 벼랑같은 곳에 선반을 매듯이 시설하여놓은 길).

绽 zhàn (탄) 해지다, 꿰지다, 째지다, 파탄되다, 터지다：鞋开～了. 신이 해졌다./破～. (옷이) 해진 곳; (말이나 일에서) 결함, 병집, 오유, 빈틈, 약점.

湛 zhàn (잠) ①깊다：精～的技艺. 세련된 연기. ②맑다.

颤 (2) zhàn (전) 〈战②〉와 같음. (1) chàn →44페지.

蘸 zhàn (잠) 찍다, 묻히다：～墨水. 잉크를 찍다./～酱. 된장을 찍다, 된장을 묻히다.

ZHANG

张(張) zhāng (장) ①열다, 펴다, 벌리다：纲举目～. 중심고리를 틀어쥐면 모든 문제가 다 풀린다./～嘴. 입을 벌리다./～牙舞爪. (이발을 드러내고 으르렁거리며 앞발질을 한다는 뜻) 마구 날뛰다, 미쳐날뛰다. [파]1. 확대하다,

과장하다: 虚～声势. 허장성세하다./～大其词. 사실을 과장하다. 2. 제멋대로 하게 내버려두다, 제멋대로 행동하다, 방종하다, 자유롭다: 乖～. (성질이) 비틀어지다, 비뚤어지다, 심술궂다, 괴벽하다./嚣(xiāo)～. (악세력이나 부정현상이) 머리를 쳐들다, 판을 치다, 날치다. 〔张罗〕(-luo) 접대하다, 시중들다, 보살피다, 돌보아주다, 처리하다, 마련하다, 서두르다: ～～事. 일을 돌봐주다, 일을 처리하다. 〔张皇〕1. 과장하다, 확대하다. 2. 당황해하다. 〔开张〕(상점) 영업을 시작하다, 개업하다. ②바라보다, 두리번거리다: 东～西望. 두리번거리며 바라보다, 여기저기 눈을 팔다. ③단위명사. 장, 개: 一～弓. 활 하나./两～纸. 종이 두장.

章 zhāng (장) ①글, 장: 乐～. 악장./篇～结构. 글의 구성./第一～. 제1장, 첫장. ②규약, 법규, 규정: 简～. 간단한 규정./党～. 당규약./规～制度. 규정제도. ㉶1. 조리: 杂乱无～. 란잡하고 조리없다. 2. 조항, 조목, 항목: 约法三～. 림시로 제정한 간단한 법 세조항, 법을 만들고 법을 꼭 지킬것을 인민들과 약속하다. ③도장: 图～. 도장./盖～. 도장을 찍다. ④표식: 徽～. 휘장./袖～. 완장.

彰 zhāng (창) 뚜렷하다, 현저하다: 欲盖弥～. 가리려고 한것이 오히려 더 드러나다./相得益～. 서로 돕고 보충하면 쌍방의 능력(재간)을 더욱 잘 발휘할수 있다.

獐(麞) zhāng (장) (-子) 〈牙獐〉이라고도 함. 노루, 사향노루.

漳 zhāng (장) 〔漳河〕 장하, 강이름, 산서성에서 발원하여 하북성을 거쳐 위하로 흘러들어감.

嫜 zhāng (장) 〔姑嫜〕(옛날) 시어머니와 시아버지, 시부모.

璋 zhāng (장) (옛날 옥으로 만든) 홀.

樟 zhāng (장) 녹나무, 장목. 〔樟脑〕 장뇌.

蟑 zhāng (장) 〔蟑螂〕(-lang) 바퀴. 〈蜚(fěi)蠊〉이라고도 함.

长(長) (2) zhǎng (장) ①자라다, 크다, 생기다, 끼다, 나다, 쓸다: 庄稼～得很旺. 곡식이 잘 자라다./～疮. 부스럼이 나다. ②늘다, 세지다, 오르다, 붇다: ～见识. 식견이 넓어지다./在实践中增～才干. 실천속에서 재간을 늘이다. ③맏이: ～兄. 맏형./～孙. 맏손자, 장손. 〔长子〕1. 맏아들, 장자. 2. 장자, 현이름, 산서성에 있음. ④촌수가 높다: ～辈. 손우사람./～者. 웃사람, 웃어른./学～. 동창생에 대한 존칭. ⑤책임자: 部～. 부장./校～. 교장. (1) cháng →44페지.

涨(漲) (1) zhǎng (창) ①(물이) 붇다: 水～船高. 물이 불으면 배도 높이 뜬다(강물이 불으면 그와 관련된 다른 사물도 따라서 변화된다는 뜻)./河里～水了. 강물이 불었다. ②값이 오르다: ～价. 값이 오르다./～钱. 값이 오르다. (2) zhàng →561페지.

仉 zhǎng (장) 사람의 성.

掌 zhǎng (장) ①손바닥: 易如反～. 쉽기가 손바닥 번지기와 같다는 뜻, 식은 죽 먹기, 누운 소 타기, 호박에 침놓기, 무른땅에 말뚝 박기./鼓～. 손벽을 치다, 박수 치다, ㉰발바닥: 脚～子. 발바닥./熊～. 곰의 발바닥. ②(손바닥으로) 때리다: ～嘴. 뺨을 치다. ③(손에) 잡다, (권력을) 틀어쥐다, 관리하다, 주관하다: ～印. 도장을 관리하다, 사무를 맡아보다, (국가의) 권리를 틀어쥐다./～舵. 키를 잡다./～管档案. 보관서류를 관리하다, 보관서류를 관할하다./～权. 권력을 틀어쥐다.〔掌故〕(력사적인 인물과 사적, 제도의 변혁 등) 력사적사실.〔掌握〕틀어쥐다, 장악하다: ～～政策. 정책을 장악하다./～～原则. 원칙을 장악하다. ④(-儿) 신창, 신바닥: 钉两块～. 신창 두개를 대다. ⑤편자: 马～. 말편자. ⑥〈礃〉과 같음.

礃 zhǎng〔礃子〕막장.〈掌子〉라고도 씀.

丈 zhàng (장) ①장(열자).〔丈夫〕1. 사나이, 장부(남자를 통털어 이르는 말). 2 (-fu) 남편. ↔妻. ②재다, 측량하다: 清～. 측량하다./～地. 땅을 재다. ③(늙은 남자에 대한) 존칭: 老～. 늙은이, 로인, 령감.〔丈人〕1. (옛날) 로인님, 로인장. 2. (-ren) 가시아버지, 장인.

仗 zhàng (장) ①무기: 仪～. 의장에 쓰는 무기, 기발 등 물건. ②싸움, 전쟁: 打胜～. 전쟁에서 승리하다, 이기다./败～. 패전, 지다.〔打仗〕전쟁을 하다, 싸우다. ③의지하다, 의뢰하다, 믿다, 등에 업다(㉺ 倚-、-恃): ～着大家的力量. 여러분들의 힘에 의뢰하여…. ④(무기를) 쥐다, 잡다: ～劍. 칼을 잡다.

杖 zhàng (장) ①지팡이: 手～. 지팡이. ②몽둥이, 곤봉: 擀面～. 밀방망이.

帐(帳、賬) zhàng (장) ①(-子) 막, 천막, 휘장: 蚊～. 모기장./圆顶～子. 우가 둥근 모기장, 우가 둥근 장막. ②계산, 회계: 记～. 장부에 올리다./流水～. 출납대장, 되는대로 적어놓은 문서장./一本～. 장부 하나./一篇～. 하나의 문서장. ③빚: 欠～. 빚을 지다./不认～. (제가 져야 할 책임을) 인정하지 않다.

胀(脹) zhàng (창) ①커지다, 늘어나다, 팽창하다: 热～冷缩. 더우면 늘어나고 추우면 줄어든다. ②(배가) 붓다, 편안치 않다: 肚子～. 배가 붓다./头昏脑～. 머리가 멍하다.

涨(漲) (2) zhàng (창) ①커지다, 넓혀지다, 붇다, 팽창되다: 豆子泡～了. 콩이 불어났다. ②가득차다, 자욱하다: 他气得～红了脸. 그는 성이 나서 얼굴이 빨개졌다. /烟尘～天. 하늘에 연기와 먼지가 자욱하다. ③더 나오다, 남다: ～出十块钱. 10원이나 남았다. (1) zhǎng →560페지.

障 zhàng (장) ①막다.〔障碍〕장애, 난관: 扫除～～. 장애를 없애치우다. ②막이, 병풍, 장애물: 风～. 바람막이./屏～. 병풍.

嶂 zhàng (장) 병풍처럼 둘러선 험한 산: 层峦叠～. 병풍처럼 둘러선 첩첩한 산봉우리들.

幛 zhàng (장) (-子) 축하 또는 애도의 글을 쓴 기.

瘴 zhàng (장) 장기, 장독(병).

ZHAO

钊 zhāo (소) 고무격려하다.

招 zhāo (초) ①손짓하다. (손을) 흔들다: 用手一～他就来了. 그는 손을 한번 흔드니 곧 왔다. 〔招待〕 초대하다, 접대하다, 응접하다. 〔招呼〕(-hu) 1. 부르다: 有人～～你. 어떤 사람이 너를 부른다. 2. 도와주다, 돌보아주다, 방조하다: ～～老人. 로인님을 돌보아드리다. ②모집하다, 소집하다: ～集. 소집하다, 집합시키다. /～收学生. 학생을 받아들이다, 학생을 모집하다. /～之即来. 부르면 곧 온다. [파] 1. 자아내다, 초래하다, 야기시키다: ～事. 일을 저지르다, 사달을 야기시키다, 말썽을 부리다. /～笑. 웃음을 자아내다, 남을 웃기다, 웃음거리가 되다. 2. (벌레가) 달라붙다: ～蚂蚁. 개미가 달라붙다. ③자백하다: 不打自～. 스스로 죄를 인정하다. ④〈着(3) ①〉과 같음. 수, 방법: 花～儿. 약은 수, 잔꾀, 속임수, 수단, 수완, 술책.

昭 zhāo (조) 뚜렷하다, 현저하다, 선명하다: 罪恶～彰. 죄상이 아주 뚜렷하다. / ～然若揭. 진상이 날날이 드러나다, 백일하에 드러나다. 〔昭昭〕 1. 밝다 2. 사리에 밝다: 使人～～. 사리에 밝게 하다, 사리를 가리게 하다.

啁 (2) zhāo (조) 〔啁哳〕(-zhā) 법석대다. (1) zhōu →580 페지.

着 (3) zhāo (착) ①(-儿) 장기수. [유]꾀, 방법, 술책, 수법, 계책: 你出个高～儿. 당신이 고명한 방법을 내놓으시오. /我没～儿了. 나는 방법이 없다. ②넣다, 놓다, 치다: ～点儿盐. 소금을 좀 치다. ③〈방〉(동의를 표시하여) 그렇지, 그래, 옳아: ～, 你说得真对. 그래, 네 말이 맞다. (1) zhuó →590페지. (2) zháo →본 페지. (4) zhe →566 페지.

朝 (2) zhāo (조) 아침: 只争～夕. 분초를 다투다, 시간을 아끼다, 시간을 앞당기다. /～思暮想. 아침저녁으로 생각하다, 늘 그리워하다. [파]날, 하루: 今～. 오늘. 〔朝气〕 [유]생기, 패기: ～～蓬勃. 생기발랄하다. (1) cháo →47페지.

嘲 (2) zhāo (조) 〔嘲哳〕(-zhā〈啁哳〉)와 같음. (1) cháo →47페지.

着 (2) zháo (착) ① 닿다, 접촉하다: 上不～天, 下不～地. 하늘에도 땅에도 닿지 못하다, 아무데도 미치지 못하다. ② 당하다, 입다, 맞다: ～慌. 당황해하다, 황급해하다. /～凉, 감기 들다. /～急. 덤비다, 안달다, 안타까와하다, 조급해하다. /～水. 물에 젖다, 물이 묻다. ③시키다, 보내다, 파견하다, 사용하다, 대다: ～个人来一趟. 사람을 한번 보내시오. /别～手摸. 손을 대지 마시오, 손으로 만지지 마시

오./～盆装上. 대야에 담으시오. ④불이 붙다, 불이 나다: ～火. 불이 붙다, 불이 일다, 불타다./火～了. 불이 붙다./天黑了, 路灯都～了. 날이 어두워지니 가로등이 켜졌다. ⑤ 잠들다: 躺下就～了. 눕자 곧 잠들었다. ⑥ (동사의 뒤에 붙어 목적이 실현되였거나 결과가 있음을 나타내여) …있다, …었다: 猜～了. 알아맞혔다./打～了. 명중했다. (1) zhuó →590페지. (3) zhāo →562페지. (4) zhe →566페지.

爪 (1) zhǎo (조) ① 손톱, 발톱: 手～. 손톱. ②(짐승의) 발: 鹰～. 매의 발. 〔爪牙〕 [유]앞잡이, 졸개, 주구. (2) zhuǎ →585페지.

找 zhǎo (조, 화) ①찾다, 탐구하다: ～东西. 물건을 찾다./～事做. 일을 찾아하다./丢了不好～. 잊어버리면 찾기 힘들다./～麻烦. 귀찮게 굴다, 시끄럽게 놀다. ②남은 것을 돌려주다: ～钱. 거스름돈을 치르다./～零. 거스름돈을 치르다.

沼 zhǎo (소) 못, 늪([련]池-). 〔沼气〕 늪가스, 메탄가스. 〔沼泽〕 진펄, 소택.

召 (1) zhào (소) (속되게 〈zhāo〉라고 읽음) ①불러오다, 소집하다: 号～. 호소하다./～见. (지난날 웃사람이 아래사람을) 불러 만나다./～唤. 부르다, 불러내다./～集. (회의를) 열다, 소집하다./～开会议. 회의를 소집하다. ②소(따이족의 성). (2) shào →394페지.

诏 zhào (조) ①가르치다, 타이르다, 알려주다. ②(지난날) 임금의 명령, 조서, 칙령.

照(炤) zhào (조) ① 쪼이다, 비추다: 拿灯～一～. 등불로 비추시오./阳光普～. 해빛이 골고루 비추다. ②(거울 또는 물우에) 비쳐보다: ～镜子. 거울에 비쳐보다. ③사진을 찍다: 天安门前～张相. 천안문앞에서 사진을 찍다. ④사진: 小～. 인물사진. ⑤돌보다, 보살피다, 배려하다: 请你～应一下. 좀 돌보아주시오. ⑥…에 대하여, …대로([련]依-、按-): ～例. 상례대로, 이전대로./～样. 그대로, 사실대로, 견본대로./依～他的意思. 그의 생각대로, 그의 의견에 의하여. ⑦면허증, 허가증: 护～. 려권./牌～. 영업허가증, 허가증. ⑧알다([련]知～): 心～不宣. 속으로는 알면서도 말하지 않다. 〔照会〕 각서. ⑨향하여, 대하여: ～敌人开枪. 적들을 향하여 총을 쏘다./～着这个方向走. 이 방향을 따라 가다. ⑩비교하다: 对～. 대조하다.

兆 zhào (조) ①(미신) (옛날 자라껍질을 태워 좋은 일과 불길한 일을) 점쳐보다. ②기미, 징조, 조짐: 征～. 기미, 징조./佳～. 좋은 징조. ③사전징조, 징후: 瑞雪～丰年. 철맞게 오는 눈은 풍년들 징조이다. ④조. 1. 백만. 2. 옛날 만억을 가리킴.

赵(趙) zhào (조) 전국시기의 나라이름, 지금의 하북성남부와 산서성 중부, 북부 일대를 차지하였음.

笊 zhào (조) 〔笊篱〕(-li) 조리.

棹(櫂) (1) zhào (도) 노. ⓟ1. 배. 2. 〈방〉(노를) 젓다, 배를 몰다. (2) zhuō →589페지의 〈桌〉.

罩 zhào (조) ①(-子、-儿) 덮개, 가리우개, 씌우개: 口～. 마스크./灯～子. 등갓. ②씌우다, 가리우다: 把菜～起来. 반찬을 덮어놓다, 남새를 덮다. ③초롱.

肇(肈) zhào (조) ①시작하다, 개시하다: ～端. 시작, 발단, 시초. ②야기시키다, 일으키다: ～祸. 화를 저지르다, 사고를 내다, 화를 일으키다, 화를 빚어내다.

曌 zhào (조) 녀황제 무측천이 자기 이름을 위하여 만든 글자.

ZHE

折 (3) zhē (절) (한바퀴)뒤다, 뒤집어엎다, 쏟다: ～跟头. (한바퀴) 뒤다, 곤두박질하다, 공중회전을 하다./用两个碗把开水～一～就凉了. 끓인 물을 사발 두개로 부었다 쏟았다 하면 곧 식는다. (1) zhé →본 페지. (2) shé →394페지.

蜇 (2) zhē (철) ①(벌레가) 쏘다: 被蝎子～了. 전갈에게 쏘였다. ②피부에 자극하다, 쓰리다: 这种药水擦在伤口上～得慌. 이 약은 상처에 바르면 몹시 쓰리다. (1) zhé →본 페지.

遮 zhē (차) 가리우다, 막다, 감추다, 속이다: 乌云～不住太阳的光辉. 먹장구름은 해빛을 가리우지 못한다./～挡不住. 가로막을수 없다.

折(摺) (1) zhé (절) ①끊다, 꺾다: 禁止攀～花木. 꽃나무를 꺾지 마시오. ⓤ어려서 죽다: 夭～. 요절하다. 〔折磨〕(-mó) 못살게 굴다, 고달프게 굴다, 구박하다, 학대하다, 고생, 시달림, 구박: 受了～～. 갖은 구박을 다 받았다. ②손해보다, 밑지다: 损兵～将. 많은 유생력량을 손실당하다, 숱한 군사를 잃다. ③구부리다: ～腰. 허리를 구부리다, 굽실거리다./转～点. 전환점, 계기. ⓟ되돌아오다, 방향을 바꾸다: 走到半路又～回来了. 한 절반쯤 갔다가 되돌아오다, 중도에서 되돌아오다. 〔折中〕〔折衷〕 절충하다. ④접다, 개다(ⓗ-叠): ～衣服. 옷을 개다./～尺. 접자, 자를 접다. ⑤(-子、-儿) 접게된 책: 存～. 저금통장. ⑥막(원나라 잡극은 일반적으로 4막으로 되여있다). ⑦탄복하다, 굴복하다: ～服. 굴복하다./心～. 탄복하다. ⑧감하다, 깎다, 할인하다: 打～扣. 할인하다./九～. 10% 할인. ⑨서로 바꾸다: ～帐. 실물로 빚을 갚다./～变. 물건을 팔아서 변상하다, 물건에 값을 쳐서 돈 대신 받다. (2) shé →394페지. (3) zhē →본 페지.

哲 zhé (철) ①지혜롭다, 총명하다, 명철하다: ～人. 명철한 사람. 〔哲学〕 철학. ②지혜롭고 총명한 사람(뛰여난 사람), 현명한 인간: 先～. 선행한 세대의 어질고 재능있는 사람.

蜇 (1) zhé (철) 해파리. (2) zhē →본 페지.

簎 zhé (제) 〈방〉(-子) 굵은 참대 돗자리.

辄(輒) zhé (첩) 늘, 언제나, 때마다: 每至此, ～觉心旷神怡. 이곳에 올 때마다 마음이 트이고 기분이 상쾌해진다./所言～听. 말하면 언제나 듣는다.

喆 zhé (철) 〈哲〉와 같음, 흔히 이름자에 쓰임.

蛰(蟄) zhé (칩) 동면하다: ～伏. 동면하다/入～. 동면하다./～虫. 동면하는 벌레.

詟(讋) zhé (섭) 〈고〉무서워하다, 두려워하다.

谪(謫) zhé (적) ①꾸짖다, 문책하다. ②(봉건사회) 높은 벼슬을 하던 관리가 강직되여 가다.

磔 zhé (책) ①몸을 찢어죽이다(옛날 극형의 한가지). ②오른쪽으로 빗겨 긋는 한자의 획.

辙 zhé (철) 차바퀴자리. ㉶ 1. (-儿) 차길: 抢(qiāng)～儿. 거스르다, 맞받다, 고집하다./顺～儿. 차길을 따라가다. 2. (가사의) 운: 合～. 운이 어울리다. /十三～. 13운. 3. 〈방〉방법, 수: 没～了. 방법이 없다, 별수 없다.

者 zhě (자) ①대명사. 흔히 사람을 가리킴. 违～斩. 위반하는 자는 목을 자른다./有好事～船载以入. 호기심이 많은 사람이 배로 실어 왔다. ②〈的(3)②〉에 해당함. 형용사, 동사뒤에 붙어 사람 또는 사물을 가리킴. 자: 学～. 학자./读～. 독자./作～. 작자, 필자. ③조사. (단어, 단어결합, 단일문장의 뒤에서 어감의 정지를 나타내여) …은, …는, …이란: 陈胜～, 阳城人也. 진승은 양성사람이다. ④이것, 저것(특히 옛날시가운데서): ～回. 이번./～番. 이것./～边走. 이쪽으로 가다.

锗 zhě 게르마니움(원소기호 Ge).

赭 zhě (자) ①붉은흙: ～石. 황토(적철광의 한가지). ②붉은빛.

褶(襵) zhě (접) (-子、-儿) ①주름, 주름살, 구김살: 百～裙. 주름치마. ②꾸기여지다: 衣服上净是～子. 옷이 몹시 꾸기여지다./这张纸有好多～子. 이 종이는 다 꾸기여졌다.

这(這) (1) zhè (저) ①이, 이것. ↔〈那〉: ～里. 이곳, 여기./～些. 이런것, 이러한, 이만한./～个. 이것, 이./～块. 여기, 이쪽, 이 덩어리. 〔这么〕(-me) 이렇게, 이런, 이와 같은: ～～办就好了. 이렇게 하면 된다. ②이제: 我～就走. 나는 이제 곧 가겠다. (2) zhèi →566페지.

柘 zhè (자) 산뽕나무.

浙(淛) zhè (절) 절강, 옛 강이름. 또 〈浙江〉〈之江〉〈曲江〉이라고도 함. 즉 지금의 전당강인데 절강성에서 제일 큰 강임.

蔗 zhè (자) 사탕수수.

嗻 zhè (차) 예(아래사람이 웃사람에게 대답하는 소리).

鹧 zhè 〔鹧鸪〕(-gū) 자고새.

䗪 zhè (자) 쥐며느리. 〈土鳖〉와 같음.

着 (4) zhe (착) ①조사. 1. …하고있다: 走～. 가고있다. /等～. 기다리고있다. /开～会呢. 회의를 하고있다. 2. …어(아, 여)있다: 桌上放～一本书. 책상에 책 한권이 놓여있다. /墙上挂～一幅画. 벽에 그림 한폭이 걸려있다. ②조사. …매우…하다(흔히 〈呢〉와 함께 쓰임): 好～呢. 매우 좋다. /这小孩儿精～呢. 이 애는 매우 역다. ③조사. 하라(시키거나 명령을 나타냄): 你听～. 너 들어봐라. /步子大～点儿. 발걸음을 좀 크게 디디시오. ④조사. …에 따라, …대로(일부 동사뒤에서): 顺～. …에 따라. /照～. …대로, …에 의하여. (1) zhuó →590페지. (2) zháo →562페지. (3) zhāo →562페지.

ZHEI

这(這) (2) zhèi (저) 이, 이것(〈这〉〈一〉의 결합음임): ～个. 이것. /～些. 이것을, 이만큼. /～年. 이해. /～三年. 이 3년. (1) zhè →565페지.

ZHEN

贞 zhēn (정) (옛음 zhēng) ①지조가 굳다, 의지가 굳다, 주대가 바르다: 忠～. 충정스럽다. /坚～不屈. 지조가 굳고 강의하다, 강굴하다, 굴함없다. ②정조: ～女. 정조를 지키는 녀자, 절개가 굳은 녀자. ③(옛날) 점을 치다: ～卜. 점을 치다(미신).

侦 zhēn (정) (옛음 zhēng) 남몰래 살펴보다, 탐지하다, 정찰하다: ～探. 정탐, 밀정, 간첩, 첩보, 정탐하다. /～查案件. 사건을 조사하다. /～察机. 정찰기.

浈 zhēn (정) (옛음 zhēng) 〔浈水〕 정수. 강이름, 광동성에 있음.

桢 zhēn (정) (옛음 zhēng) ①굳은 나무. ②(옛날 담벽을 쌓을 때 세우는) 기둥. 〔桢干〕(-gān) ㊌ (중심적인 역할을 하는) 골간, 기둥.

祯 zhēn (정) (옛음 zhēng) 행운, 상서롭고 좋은 징조.

针(鍼) zhēn (침) ① 바늘. 〔针对〕 견주다, 비추다, 대처하다: ～～着工作中的缺点, 提出改进的方法. 사업중의 결함에 비추어 개진할 방법을 제기하다. ②바늘모양의것: 大头～. 핀. /松～. 솔잎. /秧～. 모싹, 싹. /钟表上有时～, 分～和秒～. 시계에는 시침과 분침, 초침이 있다. ③침: ～灸. 침구, 침질과 뜸질. 〔针刺麻醉〕 침마취. ④주사바늘: ～头. 주사바늘.

珍(珎) zhēn (진) ①진귀하다, 보귀하다: 奇～异宝. 진귀하고 보기 드문 보물. ②보배, 귀한 물건: ～禽异兽. 진귀한 짐승. ③귀중하게 여기다, 중하게 여기다: 世人～之. 세상사람들이 귀중히 여기다. /～惜. 아끼다, 귀중히 여기다. /～视. 중요시하다, 귀중히 여기다.

胗 zhēn (진) (날짐승)모래주머니: 鸡～肝儿. 닭의 위와 간,

닭내장.

真 zhēn (진) ①진실하다, 참되다, 사실이다. ↔〈假〉: ～相大白. 진상이 명백히 드러나다./千～万确. 확실하다, 조금도 틀림없다./传～. 1. 초상을 그리다. 2. 전송(사진, 문건, 그림을 보내다), 전송하다. 3. 진실을 전하다. 〔真理〕진리. 〔天真〕 1. 천진하다, 순진하다, 꾸밈없다. 2. 유치하다. ②참으로, 진실로, 정말: ～好. 참 좋다./～高兴. 정말 기쁘다. ③똑똑하다, 명확하다: 字太小, 看不～. 글씨가 너무 작아서 똑똑히 보이지 않다./听得很～. 아주 똑똑히 듣다.

砧(碪) zhēn (침) 다듬이돌, 모루, 쇠모루: 铁～. 모루, 쇠모루./～板. 칼도마.

蓁 zhēn (진) ①㊀우거지다. ②〈榛②〉와 같음. 덤불, 가시덤불: 深～. 가시덤불.

溱 zhēn (진) 〈榛③〉과 같음. 우거지다, 더부룩하다, 수북하다: ～狉(-pī). 숲이 우거지고 짐승이 기승을 부리다.

溱 (1) zhēn (진) 〔溱头河〕 진두하, 강이름, 하남성에 있음. (2) qín →365페지.

榛 zhēn (진) ① 개암나무. ② 덤불, 가시덤불: ～莽. 우거진 숲, 무성한 숲. ③우거지다, 더부룩하다, 수북하다: 草木～～. 나무와 풀이 더부룩하다, 초목이 우거지다.

臻 zhēn (진) 되여가다, 이르다, 미치다, 도달하다: 日～完善. 나날이 완선되여가다, 나날이 좋아지다.

椹 (1) zhēn (침) 〈砧〉과 같음. (2) shèn →398페지.

斟 zhēn (짐) (술 혹은 차를) 붓다, 따르다: ～酒. 술을 붓다./～茶. 차를 붓다. /给我～上碗水. 나에게 물 한사발 부어주시오. 〔斟酌〕 따져보다, 측정하다, 짐작하다, 고려하다: 请你～～办理. 당신이 짐작하여 처리하시오.

甄 zhēn (견) 심사하고 평정하다, 선발하다: ～别. (진짜와 가짜, 좋은것과 나쁜것을) 가려내다, 분별하다, 선발하다./～拔人才. 인재를 뽑다.

箴 zhēn (잠) ①〈针①〉과 같음. ②권고하다, 훈계하다: ～言. 권고하는 말, 훈계, 권고. ③옛문체의 한가지, 권고문.

诊 zhěn (진) 병을 보다, 진맥하다: ～断. 진단하다./～脉. 맥을 보다, 진맥하다./门～. (병원에서거나 진료소에서) 진맥하다./出～. 왕진하다, 왕진.

轸 zhěn (진) ①(옛날) 수레틀뒤의 가름대; 수레뒤턱나무. ②쓰리다, 아프다, 비통하다: ～悼. 매우 슬퍼하다, 더없이 비통해하다./～怀. 비통한 마음으로 그리다./～恤. 불쌍히 여기다, 가엾게 여기다, 동정하다.

畛 zhěn (진) 발길, 논길. ㊁ 계선, 한계, 구별: 不分～域. 계선을 가리지 않다.

疹 zhěn (진) 도드라기, 두드러기: 湿～. 습진. 〔疹子〕(-zi) 홍역.

袗 zhěn (진) 홑옷.

枕 zhěn (침) ①베개. 〔枕木〕 고임목, 굄목, 침목. ②베다: ～着枕头. 베개를 베다.

缜 zhěn (진) (생각이) 치밀하다, 세밀하다, 세심하다(⑪-密): ～密的思考. 세심한 사고.

稹 zhěn (진) 〈缜〉과 같음.

鬒(黰) zhěn (진) 검은머리털이 빽빽하다: ～发. 검은머리털이 빽빽하다.

圳(甽) zhèn (수) 〈방〉논도랑, 땅이름자에 많이 쓰임: 深～. 심수. 광동성에 있음.

阵 zhèn (진) ①진, 진지: ～线. 전선./严～以待. 어마어마하게 진을 치고 기다리다./一字长蛇～. 장사진을 치다. ⑪ 싸움터, 전쟁터: ～亡. 전사하다. 〔阵营〕 진영. ⑪ 집단: 革命～～. 혁명진영. ②단위명사. 번, 바탕, 차례: 刮了一～风. 바람이 한바탕 불다. ㉻(-子) 짧은 시간, 짧은 사이: 这一～子工作正忙. 요새 사업이 괘 바쁘다.

纼 zhèn (진) 〈방〉고삐.

鸩(酖) zhèn (짐) ①(전설) 짐새. ②(짐새깃털을 담근) 독있는 술, 독술: 饮～止渴. 독술로 갈증을 풀다(잠시의 리익을 위해 후과를 고려하지 않음을 비유). ③독술로 해치다, 독살하다: ～杀. 독살하다. 〈酖〉dān →78페지.

振 zhèn (진) ①흔들다, 흔들어 떨어지다, 휘두르다: ～笔直书. 쭉쭉 써내려가다./～铃. 방울을 흔들다./～臂高呼. 팔을 휘두르며 높이 웨치다, 분발하여 웨치다. ②일어나다, 분발하다, 원기를 돋구다: ～兴精神. 크게 발전시키다, 흥성케 하다./精神一～. 정신을 똑똑히 차리다, 정신을 버쩍 차리다.

赈 zhèn (진) 구제하다: ～灾. 재난을 구제하다./以工代～. 로동으로 구제하다, 로력적방조로 구제하다. 〈振〉으로도 씀.

震 zhèn (진) ①울리다, 진동하다: 地～. 지진./～耳. 귀청을 요란하게 울리다. ②지나치게 격동되다: ～惊. 대단히 놀라다, 놀래우다./～怒. 몹시 성나다, 대노하다. ③8괘의 하나. 부호는 〈☳〉. 우뢰를 대표함.

朕 zhèn (짐) ①나, 내(황제가 자기를 이르는 말). ②징조.

瑱 zhèn (진, 전) (옛날) 옥귀걸이.

镇 zhèn (진) ①누르다, 제압하다: ～尺. 종이누르개, 압지, 서진, 문진./～压. 진압하다, 탄압하다./～反. 반혁명을 진압하다. ②가라앉히다, 안정시키다, 진정시키다: ～静. 진정하다./～定. 눌러서 가라앉히다, 진정하다. ③작은 도시, 진(행정단위의 하나): 城～. 작은 도시./村～. 농촌마을. ④(얼음에) 채우다: 冰～汽水. 얼음에 채운 사이다.

ZHENG

丁 (2) zhēng (정) 〔丁丁〕 쩡쩡(나무 찍는 소리). (1) dīng →94페지.

正 (2) zhēng (정) 정월달, 정월: 新～. 음력정월달. (1) zhèng

→570페지.

征(徵) zhēng (정) ①(주로 군대들이) 먼길을 가다, 먼 행군을 하다: ～帆. 먼바다로 가는 배./踏上～途. 먼길에 오르다, 원정의 길에 오르다. ②토벌하다, 치다, 정벌하다: 出～. 출정하다./～讨. (군대를 풀어) 토벌하다. 〔征服〕 정복하다, 굴복시키다: ～～自然. 자연을 정복하다. (징)③모집하다, 소집하다: 应～入伍. 초모사업에 응하여 입대하다./～税. 세금을 거두다. ④받아들이다, 모집하다(련-求): ～稿. 원고를 모집하다./～求群众意见. 군중의 의견을 받아들이다. ⑤증명하다, 검증하다: 有实物可～. 실물로써 증명할수 있다. ⑥징조, 특징, 현상, 자취: 特～. 특징./～兆 징조. 〈徵〉zhǐ →575페지.

怔 zhēng (정) 〔怔忡〕(-chōng) 정충증(가슴이 두근거리는 병적 증세). 〔怔忪〕(-zhōng) 놀라서 겁에 질리다, 무서워하다, 두려워하다.

钲 (1) zhēng (정) 징 (옛날 행군시에 쓰던 타악기). (2) zhèng →570페지

症(癥) (2) zhēng (증) 〔症结〕 적취, 적기. ㊄걸린 고리. (1) zhèng →570페지.

争(爭) zhēng (쟁) ①싸우다, 다투다, 론쟁하다, 승벽내기를 하다: ～夺. 빼앗다, 쟁탈하다, 쟁취하다./～先恐后. 앞을 다투어 뒤지지 않으려 하다, 뒤질세라 서로 앞을 다투다./～论. 론쟁하다. ②〈방〉차이나다, 모자라다. ③어찌하여, 어떻게: ～不. 왜 …을 하지 않겠는가./～知. 어찌 알랴./～奈. 어찌하랴.

挣 (2) zhēng (쟁) 〔挣扎〕(-zhá) 악을 쓰다, 발악하다: 敌人垂死～～. 적들은 필사적으로 발악한다. (1) zhèng →571페지.

峥 zhēng (쟁) 〔峥嵘〕(-róng) 1. 높고 험준하다, 두드러지다, 뛰여나다: 山势～～. 산이 높고 험준하다. 2. 벅차다: ～～岁月. 벅찬 시대, 들끓는 시대.

狰 zhēng (쟁) 〔狰狞〕(-níng) 흉물스럽다, 징그럽다, 흉악하다: 面目～～. 몰골이 흉악하다, 가증스러운 낯짝.

睁 zhēng (정) 눈을 뜨다: ～眼. 눈을 뜨다.

铮 zhēng (쟁) 소리본딴말. ㊂쟁강, 댕그랑(쇠붙이가 부딪치는 소리).

筝 zhēng (쟁) 아쟁(옛날현악기의 한가지). 〔风筝〕(fēng zheng) 연.

烝 zhēng (증) ①(사람이) 많다: ～民. 백성. ②〈蒸〉과 같음.

蒸 zhēng (증) ①증발하다: ～发. 증발하다, 증발./～气. 김, 증기, 휘발된 기체. 〔蒸蒸〕 (김같이 오르듯) 발전하다, 번영하다: ～～日上. 나날이 번영하다, 나날이 발전하다. ②찌다, 덥히다, 데우다: ～馒头. 빵을 찌다.

拯 zhěng (증) 구원하다 (련-救): ～救人民. 인민들을 구원하다.

整 zhěng (정) ① 질서정연하다, 단정하다: ～洁. 규모있고 깨끗하다, 말끔하다, 산뜻하다./书放得很～齐. 책을 가즈런하게 배치해두

다. ②완전하다, 옹글다([련]完-): 完～无缺. 완전무결하다./～套的书. 한질의 책./忙了一～天. 온하루 바삐 보내다. 〔整数〕 옹근수, 정수. ③정돈하다, 정리하다: ～队. 대렬을 정돈하다, 정렬하다./～风. 작풍을 바로잡다, 정풍. [파]바로잡다, 고치다: 桌子坏了～一～. 책상이 마사졌으니 좀 고치시오./～旧如新. 낡은것을 고쳐서 새것같이 만들다. ④혼내다, 못살게 굴다, 괴롭히다: 不要随便～人. 남을 함부로 괴롭히지 마시오.

正 (1) zhèng (정) ①곧다, 바르다: ～午. 대낮, 정오./～中. 한복판, 중앙, 중심점./～南～北. 정남북. [파] 1. 정직하다: ～派. 정직하다, 단정하다./～当. (인품이) 단정하다, 정당하다. 2. 정방형체: ～方形. 정방형. 〔正经〕(-jing) 1. 정직하고 단정한 사람./～～话. (롱담이 아닌) 진실한 말, 진짜로 하는 말, 공식적인 말. 2. 정당하다: ～～事. 정당한 사실, 정당한 일. ②딱, 마침: 你来得～好. 때마침 잘 왔다./时钟～打十二下. 시계가 마침 12번 치다. ③바야흐로, 한창, 지금, 바로: 现在～开着会. 지금 바로 회의하고 있다./我～出门, 他来了. 내가 바야흐로 문을 나서고있는데 그가 왔다. ④고치다, 바로잡다, 시정하다([련]改-): ～误. 틀린것을 고치다, 정오./给他～音. 그에게 발음을 시정하여주다. ⑤(색, 맛 등이) 순수하다: ～黄. 진황색./～色. 원색, 기본색감, 기본색갈./～味. 맛이 순수하다. ⑥1. 정면, 앞면, 정비례: ～角. (연극의) 주역. 2. 양전기, 정극: ～极. 양극./～数. 정수. 3. ↔〈副〉기본, 주: ～本. 원본./～册. 기본책, 주되는 책. (2) zhēng →568페지.

证(證) zhèng (증) ① 증명하다: ～明. 증명하다, 증명./～婚人. 결혼증인. ②증명, 증서, 증거: ～据. 증거./工作～. 사업증.

政 zhèng (정) ①정치: ～党. 정당./～纲. 정강./参～. 정치에 참여하다. 〔政治〕 정치. 〔政府〕 정부. 〔政体〕 (나라의) 정치적체제, 정체. 〔政权〕 1. 정권, 주권. 2. 정권기관. 〔政策〕 정책. ②행정: 财～. 재정./民～. 민정./邮～. 체신사무, 체신행정. ③(지난날 가정 또는 조직의) 일: 校～. 학교의 일.

钲 (2) zhèng (정) 페드미움〈镄(fèi)〉의 옛이름. (1) zhēng →569페지.

症(證) (1) zhèng (증) 병, 병증세: ～候. 병세, 증세. /霍乱～. 콜레라./急～. 급병. (2) zhēng →569페지.

郑(鄭) zhèng (정) 정, 주나라때 제후국의 이름, 지금의 하남성 신정현일대에 위치하고 있었음. 〔郑重〕(-zhòng) 정중하다, 엄숙하다: ～～其事. 정중하게 대하다, 매우 정중하다.

诤 zhèng (쟁) 임금이나 웃사람에게 바른말로 충고하다, 잘못을 고치도록 솔직히 말하다: 谏～. (남의 잘못을 고치도록) 바른말로 충고하다./～言. 권고, 충고. 〔诤友〕 솔직히 충고하는 벗.

阐 zhèng 〔阐闼〕(-chuài)는 〈挣揣〉와 같음. 발버둥질치다, 몸부림치다, 발악하다.

挣 (1) zhèng (쟁) ①(벗어나려) 애쓰다: ～脱. 애써 벗어나다./～开. 애써 벗어나다. 〔挣命〕 살아나가려고 애쓰다. 〔挣揣〕(-chuài) 발버둥질치다, 악을 쓰다, 기를 쓰다, 발악하다. ②(로동으로) 벌다: ～钱. 돈을 벌다. (2) zhēng →569페지.

帧 zhèng (정) 폭(그림을 세는 단위): 一～水彩画. 한폭의 수채화. 〔装帧〕 장정.

ZHI

之 zhī (지) ①〈的〉의 용법과 같음(례문중의 괄호는 때로 생략하여 쓰지 않음을 표시함). 1. …ㄴ 의, 은, 과(종속적 또는 일반적 수식관계를 나타냄): 百万～师. 백만군대./三分～一. 3분의 1./光荣～家. 영광스러운 집./百万年(～)前. 백만년전./三天(～)后. 3일후, 사흘후./淮水～南. 회하이남. 2. 의(주술적단어결합사이에 쓰이여 종속적결합관계로 전환시킴): 人民～勤劳. 인민의 근면성./余～生活. 나의 생활. ②대명사. 그, 이, 이것(사람이나 사물을 대신하여 보어로만 쓰임): 爱～重～. 그것을 사랑하고 중요시하다, 애지중지하다./取～不尽. (그것을) 아무리 써도 끝이 없다./偶一为～. 그것을 우연히 한번 해보다. ③(옛날) 이것, 이: ～子于归. 이 녀자가 시집을 가다. ④가다, 이르다: 由京～沪. 북경으로부터 상해로 가다./你将何～? 그대는 어디로 가는가?

芝 zhī (지) ①령지, 지초(버섯의 한가지). ②구리때뿌리, 백지: ～兰. 령지와 란초, 지초와 란초.

支 zhī (지) ① 버티다, 받치다: 把帐篷～起来. 장막을 버티다. [파]견디다, 지탱하다: 乐不可～ 좋아서 못견디다. 〔支援〕 지원하다, 원조하다. ②(돈을) 내주다, 지출하다, 지불하다; (돈을) 받다: ～工资. 로임을 지불하다./到银行～钱去. 은행에 돈 찾으러 간다. ③하게하다, 시키다: 把他们都～出去. 그들을 모두 가게 했다. 〔支配〕 지배하다, 배치하다. ④갈라져나간것, 갈래: ～流. 지류./～店. 지점, 분점. 〔支离〕 1. 흩어지다, 분산되다, 갈라지다: ～～破碎. 산산쪼각이 나다, 사분오렬이 되다, 산산이 흩어지다, 갈기갈기 찢기다. 2. (말이나 글이) 산란하다, 무질서하다: 言语～～. 말이 조리가 없다. ⑤단위명사. 1. (대오, 부대의 수량을 나타냄)부대, 대오: 一～军队. 한 부대. 2. (총, 연필 등의 수량을 나타냄) 자루: 一～笔. 붓 한자루. 3. (방직에서 섬유의 굵기정도를 나타냄) 번수. ⑥12지의 략칭. 〔支吾〕 얼려맞추다, 이리저리 둘러대다: ～～其词. 말을 얼버무리다, 말을 애매하게 꾸며대다./一味～～. 얼버무리기만 하다.

吱 (1) zhī (지) 소리본딴말. 짹짹(새우는 소리), 삐걱(문열리는 소리). (2) zī → 591 페지의 〈嗞〉.

枝 zhī (지) ①(-子、-儿) (나무)가지: 树～. 나무가지./柳～. 버드나무가지./节外生～. [유]기본문

제이외에 새 문제를 일부러 제기하다, 생각지 않은 사태가 일어나다, 엉뚱한 문제를 만들어내다. 〔枝节〕㉮1. 복잡한 곁가지: 这事又有了～～了. 이 일이 또 복잡한 곁가지가 생기다. 2. 지엽적인것, 부차적인것: ～～问题. 지엽적인 문제, 차요적인 문제. ②단위명사. 대, 자루, 정: 一～铅笔. 연필 한자루.

肢 zhī (지) 팔다리, 손발: 四～. 사지./断～再植. 끊어진 팔(다리)을 다시 잇다.

氏 (2) zhī (지) →503페지 〈阏〉의 〈阏氏〉(yānzhī). →545페지 〈月〉의 〈月氏〉(yuèzhī). (1) shì →403페지.

胝 zhī (지) →342페지 〈胼〉의 〈胼胝〉(piánzhī).

祗 zhī (지) 공경하다.

只(隻) (2) zhī (지) ①단위명사. 짝, 마리, 척, 개: 一～鸡. 닭 한마리./两～鞋. 신 두짝. ②홀, 하나뿐인(것): ～身. 홀몸, 독신./片纸～字. 짤막한 글. 〔只眼〕1. 외눈, 한짝눈. 2. 특별한 견해, 남다른 견해, 독특한 견해: 独具～～. 독특한 견해를 가지다. (1) zhǐ →574페지.

织(織) zhī (직) 짜다, 뜨다, 엮다, 겯다: ～布. 천을 짜다./～毛衣. 세타를 짜다(뜨다)./～席. 노전을 겯다.

卮(巵) zhī (치) (옛날) 술잔.

栀(梔) zhī (치) 치자나무.

汁 zhī (즙) 즙, 물: 墨～. 먹물./橘～. 귤즙, 귤물.

知 (1) zhī (지) ①알다: ～无不言. 아는것은 다 말하다./人贵有自～之明. 사람은 자기가 자기를 잘 아는것이 무엇보다 귀중하다, 사람은 무엇보다 자기 능력을 잘 알아야 한다. 〔知觉〕 지각, 감각. ②알리다, 알게 하다: 通～. 알리다, 통지하다./～照. 알리다, 통지하다. ③지식, 학식, 학문: 无～. 지식이 없다, 무지하다, 사리에 어둡다. ④맡아보다, 책임지고 관리하다: ～县. (옛날) 현지사. (2) zhì →577페지의 〈智〉.

椥 zhī 〔槟椥〕(bīn-) 윁남지명.

蜘 zhī (지) 〔蜘蛛〕(-zhū) 거미.

指 (2) zhī (지) 〈指(1)①〉의 뜻과 같음. 손톱, 발톱 등에 쓰임: 手～甲. 손톱./脚～甲. 발톱. (1) zhǐ →574페지. (3) zhí →573페지.

脂 zhī (지) ①기름, 지방(㉠-肪、-膏). ②연지: ～粉. 연지와 분.

掷(擲) (2) zhī (척) 던지다, 뿌리다. (1) zhì →577페지.

稙 zhī (직) 올곡식: ～谷子. 오조./白玉米～. 흰강냉이가 빨리 여물다.

执(執) zhí (집) ①쥐다, 잡다, 들다: ～笔. 붓을 들고 글을 쓰다, 집필하다./～政. 정권을 잡다, 집정하다. ㉮고집하다: ～迷不悟. 잘못을 고집하며 깨닫지 못하다. 〔争执〕 고집을 부리다, 우기다, 옥신각신하다. ②집행하다: ～礼甚恭. 공손하게 경례를 하다. 〔执行〕 집행하다, 실행하다. ③증명서, 증명문건: 回～. (우편물) 령수증./收～. 령수증. 〔执照〕 면허증, 허가증, 증명서, 통행증. ④붙잡다, 체포되다: 被～. 붙잡히다.

絷(縶) zhí (집) ①매다, 묶다. ②가두다, 구금하다. ③말고삐.

直 zhí (직) ①곧다, 꿋꿋하다: ～线. 직선./～立. 곧게 서다, 꿋꿋이 서다, 직립하다. [유]1. 옳바르다, 공정하다: 是非曲～. 옳고그른것, 시비곡직./理～气壮. 떳떳하다. 2. 바로, 곧바로: ～通北京. 북경으로 직통하다./～达客车. 직행렬차. 〔直接〕 직접적이다, 직접. ↔〈间接〉. ②(곧게) 펴다: ～起腰来. 허리를 펴다. ③솔직하다, 시원시원하다([련]-爽): ～言. 숨기지 않고 솔직히 말하다, 정직한 말, 직언. ④줄곧, 자꾸, 그냥: ～哭. 자꾸 울다, 그냥 울다. ⑤세로. ↔〈横〉. ⑥한자의 세로 쓴 획.

值 zhí (치, 직) ①값, 가치: 两物之～相等. 두가지 물건의 값이 같다. ②맞먹다, 대응되다: ～一百元. 백원짜리이다. [파]가치있다, 보람있다, 의의있다: 不～一提. 제기할 가치도 없다. ③(수학의) 값, 치, 수치. ④만나다, 마주치다: 相～. 서로 만나다, 마주치다. [파]당번을 서다, 자기차례의 일을 하다: ～日. 직일을 서다, 직일./～班. 당번을 서다.

埴 zhí (식, 치) 찰흙, 점토.

植 zhí (식, 치) ①심다([련]种-): ～树. 나무를 심다./种～五谷. 오곡을 심다. 〔植物〕 식물. ②세우다: ～其杖于门侧. 문옆에 지팽이를 세워놓다.

殖 (1) zhí (식) 붇다, 생기다, 늘다, 번식하다([련]生-): 繁～. 많이 붇다, 번식하다. 〔殖民地〕 식민지. (2) shi →406페지.

侄(姪) zhí (질) 조카.

指 (3) zhí (지) 〈指(1)①〉의 뜻과 같음, 손가락. (1) zhǐ →574페지. (2) zhī →572페지.

职(職) zhí (직) ①직무, 직책, 직분: 尽～. 직책을 다하다. ②일자리, 직위, 지위, 자리, 직업: 调～. 조동하다, 소환하다./兼～. 겸직하다. 〔职员〕 사무원, 직원. 〈职〉라고도 략칭함: ～工. 종업원, 사무원과 로동자. ③틀어쥐다, 맡아보다, 관할하다, 관리하다, 주관하다: ～掌. 직무상 책임지고 관리하다.

跖 zhí (척) 〈蹠〉와 같음.

摭 zhí (척) 줏다, 따다: ～拾. 줏다.

蹠 zhí (척) ①발가락과 잇닿은 발등: ～骨. 척골(발목뼈와 발가락사이에 있는 뼈). ②발바닥.

踯(躑、蹢) zhí (척) 〔踯躅〕(-zhú) 머뭇거리다, 바장이다, 서성거리다. 〈蹢〉 dí →87페지.

止 zhǐ (지) ①멎다, 그치다, 그만두다, 정지하다([련]停-): ～步. 걸음을 멈추다./血流不～. 피가 멎지 않고 계속 흐르다./学无～境. 배움에는 끝이 없다. ②막다, 멈추다: 判～. 제지하다./～血. 지혈시키다./～痛. 아픔을 멈추다, 지통. ③오직, 단지: ～有此数. 오직 이 수뿐이다./不～一回. 한번뿐이 아니다.

址(阯) zhǐ (지) 곳, 지점, 주소, 소재지; 터, 터전, 기지: 旧～. 옛터./住～. 주소.

芷 zhǐ (지) 구리때, 백지.

沚 zhǐ (지) 작은 섬.

祉 zhǐ (지) 복, 행복.

趾 zhǐ (지) ①발: 请移玉～. 오시기를 바랍니다./～高气扬. 자만하고 의기양양하다, 우쭐하다, 거드름을 빼다. ②발가락: ～骨. 발가락뼈, 지골./鸭的脚～中间有蹼. 오리의 발가락사이에는 지간막이 있다.

只(衹、秖) (1) zhǐ (지) 오직, 다만, 단, 단지: ～有他能救你. 오직 그만이 너를 구할수 있다. 〔只是〕 1. …ㄴ데, 그러나: 我很想看戏, ～～没有时间. 나는 극을 볼 생각이 간절한데 시간이 없다. 2. 오직 …뿐, …만, …뿐: 人家问他, 他～～摇头不开口. 남이 그에게 물어도 그는 도리머리만 칠뿐 입을 열지 않는다. (2) zhī →572페지. 〈祇〉qí →352페지.

枳 zhǐ (지) 탱자나무. 〔枳壳〕 탱자껍질. 〔枳实〕 탱자.

轵 zhǐ (지) (옛날) 굴대끝.

咫 zhǐ (지) (주나라때) 여덟치. 〔咫尺〕 매우 가까운 거리, 지척: 近在～～. 지척에 있다.

疻 zhǐ (지) 맞아서 멍들다, 타박상.

旨(恉) zhǐ (지) ①뜻, 목적, 의도, 취지([련]意-): 要～. 요지./～趣. 취지, 목적, 의의./主～明确. 주되는 취지가 명확하다./执行人民的意～. 인민의 의도를 집행하다. ②(봉건사회) 임금의 명령. ③맛나다, 맛좋다: ～酒. 맛좋은 술.

指 (1) zhǐ (지) ①손가락. (〈脚趾〉를 때로는 〈脚指〉로도 씀). ②손가락의 너비거나 두께: 下了三～雨. 세손가락두께의 비가 왔다. ③(손가락이거나 뾰족한것으로) 가리키다, 짚다, 정하다: 用手一～. 손으로 짚다, 손으로 가리키다./时针～着十二点. 시침이 12시를 가리키다. ④가르쳐주다, 지도하다: ～导. 지도하다./～出他的错误. 그의 잘못을 지적하다. 〔指示〕 보여주다, 가리켜주다, 지시하다, 지시. ⑤의뢰하다, 기대하다, 의지하다, 의거하다: 不应～着别人生活. 남에게 의뢰해서 생활해서는 안된다./单～着一个人是不能把事情做好. 한사람에게만 의거해서는 일을 잘해나갈수 없다. ⑥곤두서다: 令人发～. 치가 떨리게 하다. (2) zhī →572페지. (3) zhí →573페지.

酯 zhǐ 에스테르.

抵 zhǐ (지) (손으로) 치다, 두드리다. 〔抵掌〕 (기뻐서) 손벽을 치다: ～～而谈. 손벽을 치면서 말하다, 기뻐하며 말하다. (〈抵〉와 〈抵〉(dǐ)는 글자형체, 음, 뜻이 모두 다름.)

纸(帋) zhǐ (지) 종이.

黹 zhǐ (치) 바느질, 수놓이.

徵 (1) zhǐ (치) (옛날 중국음악에서 5음계의 하나. 즉 〈궁(宫)〉〈상(商)〉〈각(角)〉〈치(徵)〉〈우(羽)〉의 하나. (2) zhēng → 569 페지의 〈征〉.

至 zhì (지) ①이르다: 由南～北. 남쪽으로부터 북쪽에 이르기까지./～今未忘. 지금까지 잊지 않다. 〔至于〕 1. …정도에 이르다, …결과에 달하다: 他还不～～不知道. 그가 모를 정도는 아니다, 그가 모를리 없다. 2. 접속어. …로 말하면, …에 대하여 말하더라도, …에 대해서는: ～～个人得失,他根本不考虑. 그는 개인의 리해득실같은것은 전혀 고려하지 않는다. 〔以至〕 …에 이르기까지, …정도에 이르기까지: 自城市～～农村, 爱国卫生运动普遍展开. 도시로부터 농촌에 이르기까지 전반적으로 애국위생운동을 벌리다. ②가장, 극히, 제일: ～诚. 지성스럽다, 정성이 지극하다./～少. 적어도, 최소한도로.

厔 zhì (질) → 580 페지 〈盩〉의 〈盩厔〉(zhōuzhì).

郅 zhì (질) 더없이, 대단히, 지극히, 아주, 가장.

桎 zhì (질) (옛날) 족쇄, 차꼬. 〔桎梏〕 족쇄와 수갑, 쇠고랑, 질곡.

轾 zhì (지) → 495 페지 〈轩〉의 〈轩轾〉(xuānzhì).

致(緻) zhì (치) ①주다, 보내다: ～函. 편지를 보내다./～敬. 인사를 드리다, 경의를 표하다. ㉠다하다, 쏟아붓다, 애쓰다: ～力于改革. 개혁에 힘을 다하다. 〔致命〕 치명적이다: ～～伤. 치명상. 〔致意〕 친절의 뜻을 표시하다, 인사를 드리다, 문안드리다. ②가져오다, 끌어오다, 초래하다: ～病. 병을 초래하다./学以～用. 배운것을 실지에 쓰다, 실지로 쓰기 위하여 배우다. 〔以致〕 (주로 나쁜 결과) …를 가져오다, …을 초래하다: 由于没注意克服小缺点, ～～犯了严重错误. 자그마한 결함을 극복하기에 주의하지 않아서 엄중한 과오를 범하게 되였다. ③흥미, 흥취, 정취: 兴～. 흥미, 흥취, 재미./景～. 경치./别～. 특별한 정취가 풍기다./风～. 풍치, 경치. 〔大致〕 대체로, 대개: ～～已结束. 대체로 이미 결속되였다./～～不差. 대체로 틀림없다. 〔一致〕 일치하다, 한결같다: 行动～～. 행동이 일치하다./全体～～通过. 모두 일치하게 통과하다(채택하다). ④세밀하다, 치밀하다(㉣细-): 他做事很细～. 그는 일을 매우 세밀하게 한다./这东西做得真精～. 이것은 정말 정밀하게 만들었다.

铚 zhì (질) ①(옛날) 짧은 낫. ②질, 옛 땅이름, 지금의 안휘성 숙현 서남쪽.

窒 zhì (질) 막히다, 메다: ～息. 숨막히다, 질식하다.

蛭 zhì (질) ①거마리. ②간질(기생충).

膣 zhì (질) 음도, 질(녀성생식기의 한부분).

志(誌) zhì (지) ①뜻, 의지, 지향: 立～. 뜻을 품다./～同道合. 뜻이 통하다./有～者事竟成. 의지가 굳으면 꼭 성공한다, 하려고만 하면 못해낼 일이 없다.〔意志〕의지, 주장; 의사, 뜻. ②(마음속에) 새기다, 기억하다, 잊지 않다: 永～不忘. 영원히 마음속에 새겨두고 잊지 않다. ㊅나타내다, 표시하다: ～喜. 축하의 뜻을 표시하다./～哀. 애도의 뜻을 표시하다. ③기록된 글: 杂～. 잡지./地理～. 지리지. ④(무게를) 달다, (길이를) 재다: 用秤～～. 저울로 달아보다./拿碗～～. 사발로 되여보다.

梽 zhì (지)〔梽木山〕지목산, 땅이름, 호남성 소양현에 있음.

痣 zhì (지) 기미, 사마귀.

豸 zhì (치) (옛책에서) 발이 없는 벌레.〔虫豸〕벌레, 곤충.

忮 zhì (기) 시기하다, 질투하다.

识(識) (2) zhì (지) ①기억하다. ②표식. (1) shí →402페지.

帜(幟) zhì (치) 기발, 기치 (㊇旗-): 胜利的旗～. 승리의 기치, 승리의 기발.

帙(袠) zhì (질) ①책갑. ②질(여러권으로 된 책의 이름수의 단위): 书三～. 책 세질.

秩 zhì (질) ①질서: 社会～序良好. 사회질서가 좋다. ②10년: 七～寿辰. 진갑.

制(製) zhì (제) ①세우다, 제정하다, 규정하다: ～定计划. 계획을 세우다, 계획을 제정하다. ②제지하다, 제한하다. 구속하다, 통제하다: ～止. 제지하다./～裁. 제재하다, 제재./限～. 제한하다. ③제도: 民主集中～. 민주주의중앙집권제, 민주집중제./全民所有～. 전인민적소유제, 전민소유제.〔制服〕제복. ④만들다, 짓다, 제조하다, 제작하다(㊇-造): 猪皮～革. 돼지가죽을 가공하다./～版. 판을 짜다, 판짜기, 조판./～图表. 도표를 만들다.

质(質) zhì (질) ①질, 속성, 본질: 物～. 물질./流～. 액체, 류동물./铁～. 철성분, 철의 질./问题的实～. 문제의 본질.〔质量〕1. 질, 품질: 提高～～. 질을 높이다, 질을 제고하다. 2. 질량.〔质子〕양성자, 프로톤.〔本质〕본질. ↔〈现象〉. ②수수하다, 소박하다(㊇-朴). ③캐여묻다, 따지다, 질문하다: ～问. 캐여묻다, 따지다. 질문하다, 질문./～疑. 의심스러운 것을 묻다./～之高明. 고명한가를 따지다. ④저당잡히다.

锧(鑕) zhì (질) 〈고〉모루, 모탕.〔斧锧〕옛날 목을 자르는 형구, 작두(옛날 형구의 하나).

踬(躓) zhì (지) 발이 걸려 넘어지다. [파]일이 꼬이다, 좌절되다.

炙 zhì (자) ①(불에) 굽다. 〔亲炙〕가르침을 직접 받다. ②불고기, 구운고기: 脍(kuài)～人口. (문장을) 누구나 다 칭찬하여 마지않다, 칭찬이 자자하다, 널리 알려져있다, 감칠맛이 있다.

治 zhì (치) ①다스리다, 관리하다, 처리하다(련-理): ～国. 나라를 다스리다./～丧(sāng). 상례를 치르다./自～. 스스로 다스리다, 자치하다, 자치. 〔统治〕1. 다스리다, 통치하다, 통치. 2. 지배하다. ②다스리다, 정리하다: ～山. 산을 다스리다, 치산./～水. 물을 다스리다, 치수./～淮工程. 회하를 다스리는 공사. ③처벌하다, 엄하게 처리하다: ～罪. 죄를 다스리다, 징벌하다./处(chǔ)～. 처단하다. ④(병을) 고치다, 치료하다: ～病. 병을 고치다, (병을) 치료하다./不～之症. 불치의 병. [파]없애다, 제거하다: ～蝗. 누리를 없애다./～蚜虫. 진디물을 없애다. ⑤연구하다: ～学. 학문을 연구하다. ⑥편안하다, 태평하다. ↔〈乱〉: ～世. 편안한 세상, 태평세월./天下大～. 세상이 아주 편안하게 되다. 〔治安〕안정된 사회질서, 치안. ⑦(옛날) 지방정부의 소재지: 省～. 성소재지./县～. 현소재지.

栉(櫛) zhì (즐) ①빗: ～比. (빗살처럼) 줄느런하다, 즐비하다. ②머리를 빗다. ～发. 머리를 빗다./～风沐雨. 비바람을 무릅쓰고 줄곧 돌아다니다.

峙 (1) zhì (치) 거연히 서있다. 우뚝 솟아있다: 两峰相～. 두 봉우리가 우뚝 마주서있다. (2) shì →405페지.

畤 zhì (치) (옛날) 제단, 제터.

痔 zhì (치) 치질.

陟 zhì (척) 우로 올라가다, 높은 곳으로 오르다: ～山. 산에 오르다.

骘 zhì (즐) 정하다, 판정하다. 评～高低. 높고낮음을 평정하다.

贽(贄) zhì (지) 폐백(옛날 웃사람을 처음 뵐 때 가지고가는 례물), 선물.

挚(摯) zhì (지) ①친밀하다. ②성실하다, 참되다, 착실하다(련真-): ～友. 참된 벗, 진실한 벗.

鸷(鷙) zhì (지) (수리개나 새따위) 사나운 새, 맹금. [유]사납다, 용맹하다: ～勇. 용맹하다.

掷(擲) (1) zhì (척) 던지다, 뿌리다: ～铁饼. 원반던지기./～手榴弹. 수류탄을 던지다. (2) zhī →572페지.

智(知) zhì (지) 슬기롭다, 지혜롭다: 不经一事. 不长(zhǎng)一～. 어려운 일을 겪어봐야 그 일을 알게 된다, 경험은 지혜를 낳는다, 굶어보아야 세상을 안다. 〔智慧〕슬기, 지혜. 〈知〉zhī로도 읽음. →572페지.

滞(滯) zhì (체) (모여) 쌓이다, 막히다, 지체하다:

停～. 침체하다, (음식이) 체하다, 얹히다./～销. 판로가 막히다, 판매가 침체상태에 빠지다, 잘 팔리지 않다./沾～.융통성이 없다.

滍 zhì (치) 〔滍阳〕 치양, 땅이름, 하남성 보풍현의 남쪽에 있음.

彘 zhì (체) 〈고〉돼지.

置(寘) zhì (치) ①놓다, 두다: ～于桌上. 책상우에 놓다./～之不理. 그대로 내버려두다, 내버려두고 관심하지 않다./～若罔闻. 들은체만체하다, 들은둥만둥하다, 못들은척하다. ②꾸미다, 놓다, 설치하다, 건설하다: 装～电话. 전화를 놓다. ③마련하다, 장만하다, 사놓다: ～了一些家具. 가구를 좀 마련해놓다./～了一身衣裳. 옷 한벌을 마련하다.

雉 zhì (치) 꿩. 〈野鸡〉라고 속칭함.

稚(穉) zhì (치) 어리다: ～子. 어린아이./～气. 애티, 어린이다운 기분.

疐(疐) zhì (치) ①장애가 되다, 난관에 부딪치다. ②넘어지다, 엎어지다: 跋前～后. 앞으로 나가기 매우 힘들다, 가자니 태산이요 돌아서자니 숭산이라.

瘈 (1) zhì (계) 미친듯하다(특히 개를 가리킴). (2) chì →55페지.

觯(觶) zhì (치) (옛날) 술잔, 술그릇.

ZHONG

中 (1) zhōng (중) ① 한가운데, 복판, 중심: ～央. 중앙./～心. 중심./路～. 길 한가운데, 길복판. 〔中央〕 1. 가운데, 복판. 2. 중앙: 党～～. 당중앙. 〔中人〕 (지난날) 소개자, 중매자, 거간군; 중재인. ②(일정한 범위의) 안, 속: 空～. 공중./房～. 방안, 집안./水～. 물속. ③중간, 중등, 중류: ～等. 중등./～学. 중학교./～流货. 중등품. 〔中子〕 중성자, 뉴트론. ④…고 있다, …에 있다(진행중에 있음을 나타냄): 在研究～. 연구하고있다, 연구중에 있다./在印刷～. 인쇄중에 있다. ⑤중국(중국의 략칭): 古今～外. 고금중외, 국내국외를 다 포괄하다./～文. 중국글, 중국문. ⑥적당하다, 적합하다: ～看. 보기 좋다./～听. 듣기 좋다, 들을만하다, 귀맛이 좋다. 〔中用〕 쓸모있다, 유능하다. ⑦〈방〉좋다, 되다: ～不～? (이렇게 하면) 되겠습니까? (2) zhòng →579페지.

忠 zhōng (충) 충심스럽다, 충성을 다하다: ～于人民. 인민에게 충성을 다하다./～于祖国. 조국에 충성을 다하다.

盅 zhōng (충) 잔: 酒～. 술잔.

钟(鐘、鍾) zhōng (종) ①종: 警～. 경종. ②벽시계, 탁상시계: 座～. 탁상시계. /闹～. 자명종. ③시간, 시: 两点～. 두시./三个～头. 세시간. ④간. ⑤집중하다, 한곳으로 쏠리다: ～情. 정이 쏠리다, 정들다.

衷 zhōng (충) 속마음, 속심, 내심: 由～之言. 마음속으로부터 우러나오는 말./苦～. 고충./～心相护. 진심으로 받들다, 충심으로 옹호하다.

忪 (2) zhōng (종) 〔怔忪〕 놀라서 겁에 질리다, 무서워하다, 두려워하다. (1) sōng →416페지.

终 zhōng (종) ①끝나다, 마감짓다: ～点. 끝, 종점./年～. 년말. 囝죽다: 临～. 죽음에 이르다, 림종. ②옹근(시간): ～日. 옹근 하루, 종일, 온종일, 진종일./～年. 한해동안, 일년내내./～生. 평생, 일생./～身. 평생, 일생, 종신.

螽 zhōng (종) 여치, 베짱이.

肿(腫) zhǒng (종) (살이) 붓다, 부풀다; 手冻～了. 손이 얼어 부었다.

种(種) (1) zhǒng (종) ①(-子、-儿) 씨앗, 씨, 종자: 选～. 씨앗을 고르다, 선종하다./撒～. 씨앗을 뿌리다./配～. (집짐승을) 쌍붙이다, 종자를 교잡시키다./优良品～. 우량품종. 〔有种〕 배짱이 있다. 담이 크다. 패기가 있다. ②가지, 부류, 인종: 各～东西. 여러가지 물건./黄～. 황인종./黑～. 흑인종./白～. 백인종./～族. 종족. (2) zhòng →본 페지. (3) chóng →56페지.

冢(塚) zhǒng (총) 무덤, 뫼: 衣冠～. (옛날) 죽은 사람의 옷을 묻은 뫼.

踵 zhǒng (종) ①발꿈치, 발뒤꿈치, 뒤꿈치, 발뒤축: 继～而至. (사람들이) 잇달아오다, (사람들이) 련달아오다./摩肩接～. (어깨가 스치고 발과 발이 서로 부딪칠 지경이라는 뜻) 오가는 사람들로 붐비다. ②(제발로) 오다, 다닫다, 이르다: ～门相告. 친히 찾아와서 알리다./～谢. 직접 찾아가서 인사를 드리다. ③뒤를 잇다. 뒤따르다: ～至. 뒤를 따라오다.

中 (2) zhòng (중) ①꼭 맞다, 맞히다: ～的(dì). 과녁을 맞히다, 목표를 맞히다/～肯. 꼭 맞다, 정통을 찌르다./～要害. 요진통을 찌르다. ②받다, 당하다, 입다, 먹다: ～毒. 중독되다./～暑. 더위를 먹다./～弹(dàn). 총알에 맞다. (1) zhōng →578페지.

仲 zhòng (중) ①(형제들사이의) 둘째: ～兄. 둘째형./伯、～、叔、季. 맏이, 둘째, 셋째, 넷째. ②가운데, 중간: ～冬. 동지달, 겨울의 두번째달, 음력 11월./～裁. 중재하다, 중재.

种(種) (2) zhòng (종) ①심다: ～庄稼. 곡식을 심다, 농사를 하다./～瓜得瓜,～豆得豆. 콩 심은데 콩 나고 팥 심은데 팥 난다, 대끝에서 대가 나고 싸리끝에서 싸리 난다. (1) zhǒng →본 페지. (3) chóng →56페지.

众(衆) zhòng (중) ①(사람이) 많다: ～人. 많은 사람./～志成城. 하나와 같이 단결된 힘은 비할바없이 강하다, 대중이 단결되면 금성철벽을 이룬다./寡不敌～. 적은 수로써는 많은 수를 대적할 수 없다. ②많은 사람: 从群～中来, 到群～中去. 대중속에서 나와 대중속으로 들어가다./大～. 대중./观～. 관중, 구경군.

重 (1) zhòng (중) ①무겁다. ↔〈轻〉: 铁很～. 철은 아주 무겁다. 쇠는 매우 무겁다./举～. 력기./～于泰山. 태산보다 더 무겁다,

값있게 죽었다. 〔重力〕 중력, 〈地心吸引力〉라고도 함. 〔重心〕 1. 중력중심, 중심. 2. 중요한 부분, 요진통, 중점. 〔重工业〕 중공업. ②(정도가)심하다, 중하다: 色～. 색갈이 진하다./～病. 중병./～伤. 중상. ③비싸다: ～价收买. 비싼 값으로 사들이다. ④(수량이) 많다: 眉毛～. 눈섭이 많다./工作很～. 과업이 매우 중하다. ⑤중요하다: ～镇. 요충, 중요한 지대./军事～地. 군사요충지./～任. 중책. ⑥중하게 여기다, 중시하다: ～视. 중시하다./～男轻女是错误的. 남자를 중히 여기고 녀자를 천하게 여기는것은 그릇된것이다. ㉮중요시하다, 존중하다, 존경하다: 人皆～之. 사람들은 모두 그를 존중한다. ⑦신중하다, 듬직하다:慎～. 신중하다. (2) chóng →56페지.

ZHOU

舟 zhōu (주) 배: 小～. 매생이.

侜(譸) zhōu (주) 〔侜张〕 속이다, 기만하다: ～～为幻. 속여서 환상을 가지게 하다.

辀 zhōu (주) 수레채.

鸼 zhōu (주) 〔鹘鸼〕(gǔ-) (옛책에 나오는) 털이 검푸르고 꼬리가 짧은 새.

州 zhōu (주) ①주(옛날행정구역명칭, 많이는 땅이름자에 쓰임): 杭～. 항주./柳～. 류주. ②주(민족자치 행정구역): 自治～. 자치주.

洲 zhōu (주) ①(강복판에 생긴) 섬: 沙～. 사주. ②주, 대륙: 亚～. 아세아주./欧～. 구라파주.

诌(謅) zhōu (초) 주어엮다, 지껄이다: 胡～. 되는대로 지껄이다./瞎～. 되는대로 엮어대다.

周(週) zhōu (주) ①두리, 주위, 둘레: 圆～. 원주./环绕地球一～. 지구(둘레)를 한바퀴 돌다./学校四～都种着树. 학교주위에는 다 나무를 심었다. ②(한바퀴를) 돌다: ～而复始. 돌고 또 돌다, 순라하다. 〔周旋〕 1. 교제하다. 2. 응접하다: 与客人～～. 손님을 응접하다. ③전반적이다, 완전하다: 众所～知. 여러 사람이 다 알다./～身. 온몸, 전신. ④주일, 주간. ⑤주도면밀하다, 세심하다: ～到. 빈틈없다, 찬찬하다, 주도면밀하다./计划很～密. 계획이 매우 세밀하다. ⑥구제하다: ～济. 구급하다. ⑦주나라이름. 1. 무왕(武王) 희발(姬发)이 세움(약 기원전 1066～256년). 2. 5대시기의 나라이름(기원951～960년).

啁 (1) zhōu (주) 〔啁啾〕(-jiū) 짹짹(새 우는 소리). (2) zhāo →562페지.

赒 zhōu (주) 〈周⑥〉과 같음. 구제하다: ～济. 구제하다.

粥 zhōu (죽) 죽. 〈고〉〈鬻〉(-yù)의 뜻과 같음.

盩 zhōu (주) 〔盩厔〕(-zhì) 주질, 현이름, 섬서성에 있음, 지금은 〈周至〉라고 씀.

妯 zhóu (축) 〔妯娌〕(-li) (녀자끼리의) 동서: 她们俩是～～.

그들 둘은 동서간이다.

轴 (1) zhóu (축) ①굴대, 차축. ②(~儿) 실감개, 실감는 토리: ~儿线. 토리실. (2)zhòu →본 페지.

肘 zhǒu (주) 팔꿈치, 팔굽. 〔肘子〕(음식으로서의) 돼지허벅다리, 다리고기.

帚(箒) zhǒu (추) 비, 비자루.

纣 zhòu (주) ①껑거리, 밀치: ~棍. 껑거리막대, 밀치. ②주왕(纣王), 옛사람이름, 은나라의 마지막 왕.

荮 zhòu ①(짚으로) 싸다, 묶다. ②단위명사. 묶음, 꾸레미(사발이나 접시를 새끼로 묶은것을 헤아리는 단위).

酎 zhòu (주) 독한 술.

㑇(㑳) zhòu (추) ①똘똘하다, 령리하다, 재롱스럽다. ②곱다, 아름답다, 잘 생기다.

㤘(㥮) zhòu 〈방〉집요하다, 끈덕지고 차지다, 고집스럽다.

绉(縐) zhòu (추) ①크레프천. ②주름.

皱(皺) zhòu (추) ①주름, 주름살. ②찡그리다, 찌그리다:~眉头. 이마살을 찌프리다.

咒(呪) zhòu (주) ①(종교에서) 주문: ~语. 주문. ②저주하다: ~骂. 험한 욕설을 퍼붓다, 악담을 퍼붓다.

咮 zhòu (주) (새의) 주둥이, 부리.

宙 zhòu (주) (과거, 현재, 미래의) 무제한한 시간: 宇~. 우주.

轴 (2) zhòu (축) 〔(大)轴子〕 마지막의 출연: 压~~. 마지막에서의 두번째의 출연. (1) zhóu →본 페지.

胄 zhòu (주) ①투구. ②(옛날 왕이나 귀족의) 후예, 후대, 후손, 자손.

昼(晝) zhòu (주) 낮, 대낮: ~夜不停. 밤낮 쉬지 않다.

甃 zhòu (추) ①우물벽. ②(우물이나 늪을) 벽돌로 쌓다.

骤 zhòu (취) ① (말이) 빨리 달리다, 질주하다(㊀驰-). ②갑작스레, 돌연히: 暴风~雨. 폭풍과 소나기, 폭풍취우./天气~然冷起来了. 날씨가 갑작스레 추워졌다.

籀 zhòu (주) ①대전, 대전자(옛날 한자글체의 한가지). ②읽다: ~绎. 읽으면서 추리하다./~读. 읽다.

碡 zhou (독) →283페지 〈碌〉의 〈碌碡〉(liùzhou).

ZHU

朱(硃) zhū (주) ①붉은빛, 다홍빛. ②주사(朱砂). 단사(丹砂)라고도 함. ③사람의 성.

侏 zhū (주) 난쟁이. 〔侏儒〕 난쟁이(키가 특별히 작은 사람).

诛 zhū (주) ①(죄인을) 죽이다, 처단하다: ~戮. 죽이다, 살륙하다, 살해하다./伏~. 처형당하다, 사형당하다. /罪不容~. 죽어도 그 죄악을 다 씻지 못하다. ②벌을 주다, 꾸짖다, 책벌하다: 口～笔伐. 말과 글로써 무자비하게 규탄하다, 준렬하게 단죄하다.

邾 zhū (주) 주나라때 제후국의 이름, 후에 〈邹〉로 고쳤음.

茱 zhū (수) 〔茱萸〕(-yú) 수유. 1. 산수유나무. 2. 오수유, 약수유. 3. 식수유.

洙 zhū (수) 〔洙水〕 수수, 강이름, 사수의 지류로서 산동성에 있음.

珠 zhū (주) ①(-子) 진주. ②(-儿)알, 방울: 眼～儿. 눈알./水～儿. 물방울. 〔珠穆朗玛峰〕 쵸몰랑마봉.

株 zhū (주) ①(나무의) 그루: 守～待兔. 토끼가 나무에 부딪쳐 죽기를 기다리다, 감나무밑에서 홍시 떨어지기를 바라다, 변통성이 없다. 〔株连〕 언걸을 입다, 련루되다. ②(곡식의) 포기: 植～. 식물포기./病～. 병든 그루. 〔株距〕 포기사이, 그루사이, 포기간격. ③단위명사. 그루, 포기: 一～桃树. 복숭아나무 한 그루.

铢 zhū (수) 수(옛날 무게의 단위, 한량의 24분의 1): 锱～. 치수(한치는 여섯수임). *사소한것: ～积寸累. 조금씩조금씩 축적하다, 티끌모아 태산.

蛛 zhū (주) 거미: ～网. 거미줄./～丝马迹. (찾아낼수 있는) 실머리, 희미한 흔적.

诸 zhū (제) ①여럿: ～位. 여러분./～子百家. 제자백가(춘추시대의 많은 학자, 학파). ②…에, …에서, 〈之于〉 혹은 〈之乎〉의 련음: 付～实施. 실천에 옮기다./有～? 그것이 있는가.

猪(豬) zhū (저) 돼지.

槠 zhū (저) 종가시나무.

潴(瀦) zhū (저) 물웅뎅이.

橥(櫫) zhū (저) 집짐승을 매는 작은 말뚝.

术 (2) zhú (출) 삽주뿌리. 1. 백출. 2. 삽주, 창출. (1) shù →410페지.

竹 zhú (죽) (-子) 참대, 대.

竺 zhú (축) 사람의 성. 〔天竺〕 천축(인도의 옛이름).

筑 (2) zhú (축) ①축금(고대악기). ②축, 귀양시의 별칭. (1) zhù →585페지.

逐 zhú (축) ①쫓다, 쫓아가다, 쫓아내다, 몰아내다(련驱-): 追亡～北. 패주하는 적을 추격하다./追～残敌. 패잔병을 추격하다. ②하나하나, 차례차례로: ～日. 점점, 점차; 날마다, 나날이./～步实行. 점차 실시하다./～字讲解. 글자마다 설명하다./～渐提高. 점차 제고하다.

瘃 zhú (촉) 동상: ～疮. 동상.

烛(燭) zhú (촉) (불켜는) 초. 〔烛光〕 촉광, 촉(빛의 세기의 단위). 〈烛〉라고 략칭함.

蠋 zhú (촉) 나비, 밤나비 등의 유충.

躅 zhú (촉) →573페지 〈踯〉의 〈踯躅〉(zhízhú).

舳 zhú (축) 〔舳舻〕 1. 배의 고물과 이물. 2. (꼬리를 물고 길게 잇닿은) 큰배: ～～千里. 큰배들이 꼬리를 물고 길게 잇닿다.

主 zhǔ (주) ①주인. 1. (권력과 재물의 소유를 나타내여) 주인: 学生是学校的～人. 학생은 학교의 주인이다./物～. 물건임자, 소유자. 2. (손님을 접대하는 사람을 나타내여) 주인. ↔〈宾、客〉: 宾～. 손님과 주인. 3. 임자, 당사자: 事～. 사건의 당사자./失～. (물건을) 잃은 사람. 〔主观〕 주관. 1. 주관↔〈客观〉: 人类意识属于～～,物质世界属于客观. 인류의식은 주관에 속하며 물질세계는 객관에 속한다. 2. 주관적이다: 他的意见太～～了. 그의 의견은 너무나도 주관적이다. 3. 주관적, 자신의것: ～～努力. 자신이 힘쓰다, 주관적인 노력. 〔主观主义〕 주관주의. 〔主权〕 주권. ②주장하다, 결정하다: ～见. 주견./婚姻自～. 자주적인 결혼. 〔主席〕 주석. 1. (회의의) 사회자, 의장. 2. (나라의) 주석. 〔主张〕 주장하다, 주장, 의견, 견해: 我们～～组织专门小组研究这个问题. 우리는 전문적인 소조를 결성하여 이 문제를 연구할것을 주장한다./心里有～～. 마음속에 견해가 있다. 〔主义〕 주의: 马克思～～. 맑스주의./社会～～. 사회주의./达尔文～～. 다윈주의./现实～～. 사실주의./革命乐观～～. 혁명적락관주의. ③주되다, 중요하다: ～力. 주력./以预防为～,治疗为辅. 예방을 위주로 하고 치료를 보조적인것으로 하다. 〔主顾〕 고객, 손님. ④주요하게 책임지다, 주관하다: ～办. (어떤 일을) 책임지고 하다, 주최하다./～讲. 강연을 담당하다, 강의를 담당하다, 책임강사. ⑤미리 알리다, 예보하다: 早霞～雨, 晚霞～晴. 아침노을이 지면 비가 오고 저녁노을이 지면 날이 개인다.

拄 zhǔ (주) (지팽이를) 짚다: ～拐棍. 지팽이를 짚다.

渚 zhǔ (저) (강가운데 있는) 작은 섬.

煮(煑) zhǔ (자) 삶다, 끓이다, 익히다: ～面. 국수를 삶다./～饭. 밥을 끓이다.

属(屬) (2) zhǔ (속) ①잇다, 련결하다: ～文. 글을 짓다./前后相～. 앞뒤가 서로 련결되다. ②(정신 또는 마음이) 쏠리다, 집중되다: ～意. (마음이) 쏠리다, 기대하다./～望. 기대하다, 희망을 걸다, 마음을 두다, 바라다. (1) shǔ →410페지.

嘱(囑) zhǔ (촉) 부탁하다: 以事相～. 일을 부탁하다./遗～. 유언. 〔嘱咐〕 당부하다, 분부하다: 母亲～～他好好学习. 어머니는 그에게 공부를 잘하라고 당부하였다.

瞩(矚) zhǔ (촉) 눈여겨보다, 주목하다, 주시하다: 高瞻远～. 멀리 내다보다.

麈 zhǔ (주) (옛책에서) 누렁이, 고라니, 큰사슴.

伫(佇、竚) zhù (저) 오래 서있다: ～候. 서서 기다리다.

苎(苧) zhù (저) 모시풀. 〈苧〉 níng →327페지.

纻(紵) zhù (저) ①〈苎〉와 같음. 모시풀. ②모시천.

贮(貯) zhù (저) 저축하다, 저장하다([련]-存、-藏).

助 zhù (조) 돕다, 도와주다, 방조하다([련]帮-): 互～. 서로 돕다./～理. 도와주다, 보조하다, 조리./请你多帮～我. 많이 도와주십시오. 〔助词〕 조사.

住 zhù (주) ①살다, 거주하다, 머무르다, 류숙하다: ～了一夜. 하루밤 류숙하다, 하루밤 머무르다./他家在这里～了好几代. 그의 집은 이곳에서 여러대를 살았다./我家～在城外. 우리 집은 시외에 있다. ②멎다, 그치다: ～手. 손을 떼다./雨～了. 비가 그쳤다. ③(동사뒤에 붙어서) 보충적역할을 논다. 1. 온당하고 든든함을 나타냄: 站～. 멈춰서다, 정지하다./把～方向盘. 운전대를 잘 잡아쥐다. 2. 정지를 나타냄: 把他问～了. (대방을) 말이 막히게 하다. 3. 힘이 자람을 나타냄: 禁得～. 견디여내다, 이겨내다./支持不～. 지탱해낼수 없다.

注(註) zhù (주) ①(물을) 대다, 부어넣다, 쏟아붓다, 주입하다: ～入. 부어넣다, 주입하다./～射. 주사를 놓다, 주사./大雨如～. 큰비가 억수로 쏟아붓다. ②(정신이나 력량을) 한곳에 모으다, 집중하다: ～视. 눈여겨보다, 주시하다./～意. 주의하다, 주의./引人～目. 사람들의 이목을 끌다, 눈에 뜨이다, 주의를 끌다./精神贯～. 정신을 집중하다. ③설명하다, 주석을 달다: 下边～了两行小注. 아래에 두줄의 주석을 달았다./～解一篇文章. 한편의 글에 주해를 달다. ④주석: 加～. 주석을 주다./附～. 주석을 달다. ⑤기입하다, 등록하다: ～册. 대장에 올리다, 기입하다, 등록하다./～销. (기록한것을) 지워버리다, 취소하다, 무효로 하다. ⑥(도박에서) 대는 돈: 下～. 돈을 대다./孤～一掷. 있는 돈을 한번에 몽땅 대다, 최후력량을 다 투입하다.

驻 zhù (주) 자리잡고있다, 머무르다, 주둔하다, 주재하다: ～军. (군대가) 주둔하다, 주둔군, 주둔부대./～外使节. 외국에 주재하는 사절.

柱 zhù (주) ①(-子) 기둥. ②기둥처럼 생긴 물건: 水～. 물기둥./花～. 암꽃술의 줄거리, 꽃대./水银～. 수은주.

炷 zhù (주) ①등잔심지. ②단위명사. 가치, 한대(선향을 헤아리는 단위): 一～香. 향 한가치.

砫 zhù (주) 〔石砫〕 석주, 현이름, 사천성에 있음, 지금은 〈石柱〉로 씀.

疰 zhù (주) 〔疰夏〕 1. 주하. (중의에서) 여름철에 장기적으로 열이 나는 병, 아이들이 많이 걸림. 2. 〈방〉여름을 타다.

蛀 zhù (주) ①좀, 좀벌레. ②(벌레가) 쏠다, 좀먹다: 这块木头被虫～了. 이 나무는 좀이 먹었다.

杼 zhù (저) (베, 천을 짜는) 북: 机～. 직기북./～轴. (베틀의) 바디집, 문장의 얽음새.

祝 zhù (축) (진심으로) 빌다, 바라다, 축원하다: ～身体健康. 신체건강을 축원합니다.

著 (1) zhù (저) ①뚜렷하다, 선명하다, 현저하다, 뚜렷이 나타나다([련]显-、昭-): ～名. 저명하다, 유명하다./颇～成效. 효과가 뚜렷이 나타나다. ②글을 짓다, 책을 쓰다: ～书立说. 문장에서 일가견을 내놓다. ③책, 저작, 작품: 名～. 이름난 책, 명작./大～. 대작./鲁迅先生的～作. 로신선생의 저작. 〔土著〕1. 토착하다. 2. 본토배기, 토착민. (2) zhuó →590페지의 〈着〉.

箸(筯) zhù (저) 저가락.

翥 zhù (저) (새가) 날다: 龙翔凤～. 룡이 오르고 봉황이 날다, 큰 경사가 생기다.

铸(鑄) zhù (주) 붓다, 주조하다: ～一口铁锅. 가마 하나를 주조하다. /～成大错. 엄중한 과오를 빚어내다. 〔铸铁〕 선철, 주철, 무쇠. 〈铣铁〉라고도 함.

筑(築) (1) zhù (축) 건설하다, 건축하다([련]建-): ～路. 길을 닦다./～堤. 뚝을 쌓다, 제방을 쌓다./建～楼房. 아빠트를 짓다. (2) zhú →582페지.

ZHUA

抓 zhuā (조) ①긁다, 허비다: ～耳挠腮. 안절부절하다, 기뻐서 어쩔줄 모르다. ②잡다, 쥐다: 老鹰～小鸡. 독수리가 병아리를 채가다, 수리개가 병아리를 덮치다, 입안에 넣은 고기./～一把米. 쌀 한줌 쥐다. [파]1. 붙들다, 붙잡다: ～贼. 도적을 붙잡다. 2. 틀어쥐다, 놓치지 않다: ～工夫. 시간을 놓치지 않다, 시간을 짜내다./～紧时间. 시간을 다그치다. ③(지도를 강화하여) 틀어쥐다: ～农业. 농업을 틀어쥐다./～工作. 사업을 틀어쥐다./～重点. 중점을 틀어쥐다.

挝(撾) (1) zhuā (과) 때리다, 치다, 두드리다: ～鼓. 북을 치다./～门. 문을 두드리다. (2) wō →461페지.

髽 zhuā (좌) 〔髽髻〕(-ji) 〔髽鬏〕(-jiu) 량쪽으로 귀우에 틀어올린 소녀의 머리.

爪 (2) zhuǎ (조) ①(-子、-儿) (많이는 뾰족한 발톱이 있는) 짐승의 발: 鸡～子. 닭의 발./狗～儿. 개발. ②(-儿) 짐승의 발처럼 생긴것: 这个锅有三个～儿. 이 솥은 발이 셋이다. (1) zhǎo →563페지.

ZHUAI

拽 (2) zhuāi (예, 열) 힘껏 던지다, 뿌리다: ～了吧, 没用了. 쓸모 없으니 던지시오./把球～过去. 공을 던지다. (1) zhuài →본 페지. (3) yè →515페지의 〈曳〉.

跩 zhuǎi (세) (살쪄서) 뚱기적거리다, 엉기적거리다: 走路一～一～的. 뚱기적거리며 걷다.

拽(擇) (1) zhuài (예, 열) 잡아당기다, 잡아끌다: ～不动. 잡아당길수 없다./把门～上. 문을 잡아당기시오, 문을 꼭 닫으시오. (2) zhuāi →본 페지. (3) yè →515페지의 〈曳〉

ZHUAN

专(專、耑) zhuān (전) ① 몰두하다, 전념

하다: ～心. 전심하다, 몰두하다, 열중하다. /～卖. 독점적으로 판매하다, 독점판매. /～修科. (대학의) 특설반, 단기양성반. 〔专家〕 전문가. ②독차지하다, 독점하다: ～权. 권력을 독점하다. 〔专政〕 독재. 〈耑〉 →101페지의 〈端〉.

膞(䏝) zhuān (전) 〈방〉(새의) 위, 똥집: 鸡～. 닭의 위, 닭의 똥집.

砖(磚、甎) zhuān (전) ① 벽돌. ② 벽돌처럼 생긴것: 茶～. 덩어리차. /冰～. (네모난 덩어리의) 얼음과자.

颛 zhuān (전) ①어리석다, 우매하다. ②〈专〉과 같음. 〔颛顼〕 (-xū) 전욱(전설에 나오는 임금이름).

转(轉) (1) zhuǎn (전) ①(방향, 위치, 정세 등이) 달라지다, 돌다, 회전하다: ～身. 몸을 돌리다, 돌아서다. /向左～. 왼쪽으로 돌다, 좌로 돌앗! /～眼之间. 눈깜짝할 사이, 잠간 사이, 순식간. /情况好～. 정세가 호전되다. ②(중간에서) 전하다: ～送. 전해주다, 전달해주다. /～达. 전달하다. (2) zhuàn →본 페지.

传(傳) (2)zhuàn (전) ①(옛날 유학의) 경서에 주석을 붙인 책. ②전기: 小～. 소전, 략전, 간단한 전기. /别～. 별전. /外～. 외전. (1) chuán →61페지.

转(轉) (2) zhuàn (전) 돌다, 돌아가다: 轮子～得很快. 바퀴가 매우 빨리 돌다. (1) zhuǎn →본 페지.

啭(囀) zhuàn (전) (새가) 지저귀다, 재잘거리다: 莺啼鸟～. 꾀꼴새가 꾀꼴꾀꼴 우짖다, 새가 재잘거리다.

赚 (1) zhuàn (잠) 벌다, 리득을 보다, 리익을 얻다: ～钱. 돈을 벌다. (2) zuàn →597페지.

撰(譔) zhuàn (찬) 글을 짓다, 책을 쓰다, 편찬하다.

馔 zhuàn (찬) 음식.

篆 zhuàn (전) 전자(한자의 옛글씨체의 한가지).

ZHUANG

庄(莊) zhuāng (장) ① 마을, 부락, 촌락, 농장(㉠村-). ②상점, 도매상점: 布～. 큰 포목점. /饭～. (규모가 좀 큰) 식당. /茶～. 큰 차점. ③정중하다, 장중하다(㉠-严、-重): ～严的仪式. 장엄한 의식.

桩(樁) zhuāng (장) ①(-子) 말뚝, 기둥: 打～. 말뚝을 박다, 기둥을 박다. /牲口～子. 짐승을 매두는 말뚝. /桥～. 다리기둥, 교각. ②단위명사. 가지, 건: 一～事. 한가지 일.

妆(妝、粧) zhuāng (장) ① 화장하다, 치장하다. ②화장, 치장, 장식.

装(裝) zhuāng (장) ①옷, 의복(㉠服-): 军～. 군복. /春～. 봄철옷. ②분장하다, 장식하다(㉠-扮): 上～. 분장하다. /卸～. 화장을 지우다. 〔行装〕 려행짐, 행장. 〔装饰〕 1. 〈装②〉와 같음. 위장하다, 장식하다. 2. 치

례, 장식, 치장. 〔化装〕 변장하다, 가장하다, 화장하다, 분장하다. ③가장하다, …척하다: ～听不见. 못들은척하다./～模作样. 일부러 티를 내다, 시치미를 떼다, 일부러 꾸미다. ④장치하다, 설치하다, 집어넣다, 집어담다: ～电灯. 전등을 가설하다./～车. 차에 싣다, 상차하다./～箱. 상자에 넣다. ⑭(부속품 또는 부분품을) 맞추다, 조립하다: ～配. 맞추다, 조립하다./～了一架机器. 기계 한대를 조립했다. 〔装备〕 장비하다, 장비, 설비: 工业～～. 공업설비. ⑤(책의) 장정, 제본: ～订. 장정하다, 제본하다./精～. 특별제본, 양장./线～书. 책을 맨 실이 바깥에 나오게 제본한 책, 선장본.

奘 (1) zhuǎng (장) 실하다, 굵다. (2) zàng →551페지.

壮(壯) zhuàng (장) ①튼튼하다, 건강하다, 실하다 (련强-): ～士. 용맹한 사람, 장사, 용사./年轻力～. 젊고 튼튼하다./庄稼长得很～. 곡식이 아주 실하게 자랐다. 〔壮年〕 장년. ②크다, 떳떳하다, 웅대하다: ～志凌云. 포부가 원대하다, 원대한 지향과 포부. ③힘을 내다, 용기를 돋구다: ～一～胆子. 용기를 북돋우다. ④〔壮族〕 쫭족, 중국 소수민족의 하나.

状(狀) zhuàng (장) ①모양, 형태(련形-、-态): 狼的形～象狗. 승냥이의 겉모양은 개같다. ②형편, 정형, 형세(련-况): 病～. 병세./生活～况. 생활형편. ③(사건을 서술한) 글: 行～. 죽은 사람의 략전./诉～. 고소장. ④증서: 奖～. 상장.

僮 (1) zhuàng (동) 중국 소수민족 쫭족의 〈壮〉을 그전에 〈僮〉으로 썼음. (2) tóng →441페지.

撞 zhuàng (당) ①두드리다, 치다, 때리다: ～钟. 종을 치다. ②부딪치다, 마주치다, 충돌하다: 别让汽车～了. 자동차에 치우겠다 (조심하라는 뜻). ⑭만나다, 맞다들리다: 让我～见了. 나에게 맞다들렸다, 나에게 발견되였다. ③뛰여들다, 마구 뛰다: 横冲直～. 이리저리 마구 달리다, 제멋대로 날치다, 좌충우돌하다.

幢 (2) zhuàng (당) 〈방〉단위명사. 채: 一～楼. 아빠트 한채. (1) chuáng →62페지.

戆 (1) zhuàng (당) 강직하다, 고지식하다, 지나치게 정직하다: 性情～直. 성미가 고지식하다. (2) gàng →135페지.

ZHUI

隹 zhuī (루) 꽁지 짧은 새.

骓 zhuī (추) 오추마(검푸른 털에 흰털이 섞인 말).

椎 (1) zhuī (추) 추골: 颈～. 경추./胸～. 흉추. (2) chuí →63페지.

锥 zhuī (추) ①(-子) 송곳: 针～. 바늘과 송곳./无立～之地. 송곳 꽂을만한 땅도 없다(가난함을 비유). ②송곳같은 물건: 改～. 나사돌리개, 도라이바.

追 zhuī (추) ①쫓다, 뒤따르다 (련-逐): ～随. 따라가다, 추

종하다, 따라다니다./～击敌人. 적을 추격하다./他走得太快, 我～不上他. 그가 너무 빨리 걷는바람에 나는 따라잡을수 없다. ②회상하다, 추억하다, 추가하다: ～念. 회상하며 기다리다./～悼. 추도하다, 추모하다./～加预算. 예산을 추가하다, 추가예산./～肥. 덧거름, 추비. ③캐다, 탐구하다, 추궁하다: ～问. 캐여묻다./～根.(뿌리까지) 깊이 캐다, 깊이 파고들다./这件事不必再～了. 이 일을 더 캘 필요가 없다./～求真理. 진리를 탐구하다.

坠(墜) zhuì (추) ①떨어지다: ～马. 말에서 떨어지다. /摇摇欲～. 간들간들하다, 밑뿌리채 흔들리다. ②(아래로) 드리우다, 처지다, 가라앉다: 船锚往下～. 닻이 아래로 가라앉다. ③(-儿) 드리운것, 매달린 물건: 扇～. 부채끈./表～. 회중시계줄. 〔坠子〕 1. 귀에 드리우게 한 장식물, 귀걸이. 〔耳坠子〕〔耳坠儿〕 라고도 함. 2. 하남성, 산동성에 류행되고있는 곡예의 한가지.

缀 zhuì (체, 철) ①깁다, 꿰매다, 달다: 把这个扣子～上. 이 단추를 다시오./补～. (옷따위를) 고치다, 옷을 깁다. ②잇다, 엮다, 련결하다: ～字成文. 한글자한글자가 이어져 글이 되다. ③장식하다: 点～. 장식하다.

醊 zhuì (체, 철) 제사.

惴 zhuì (췌) 근심하다, 걱정하다, 두려워하다: ～～不安. 근심하다, 불안하여 떨다.

縋 zhuì (추) (바줄에) 매달아 내려보내다: 工人们从楼顶上把空桶～下来. 로동자들은 지붕우에서 빈통을 바줄에 매달아 내려보낸다.

膇 zhuì (추) 발이 부음, 족부종.

赘 zhuì (췌) 쓸데없다, 너무 많다: ～述. 쓸데없는 말, 군말./～疣. 혹, 쥐젖, 군살, 군더더기, 쓸데없는것.

ZHUN

屯 (2) zhūn (준) 곤난하다. 〔屯邅〕(-zhān)은 〈迍邅〉과 같음. 망설이다, 머뭇거리다, 주저하다. (1) tún →447폐지.

迍 zhūn (둔) 〔迍邅〕(-zhān) 망설이다, 머뭇거리다, 주저하다.

肫 zhūn (순) ①〈방〉(새의) 위, 똥집: 鸡～. 닭의 위, 닭의 똥집./鸭～. 오리의 위, 오리똥집. ②진지하다, 간절하다㉻: ～～. 진지하다, 간절하다./～笃. 진지하고 성실하다.

窀 zhūn (둔) 〔窀穸〕(-xī) 송장을 묻는 곳, 묘혈, 무덤.

谆 zhūn (순) 〔谆谆〕 간곡하게 타이르다, 열심히 타이르다: ～～告诫. 간곡하게 타이르다.

衠 zhūn (순) 〈방〉 순수하다, 순전하다.

准(準) zhǔn (준) ①허락하다, 허용하다: 批～. 비준하다./不～他来. 그가 오는것을 허락하지 않는다. ②의거하다, 준하다: ～前例处理. 전례대로 처리하다. ③곧게 하는것, 기준: 水～. 수준./～绳. 먹줄, 기준, 표준, 준칙. ④표준, 기준, 법칙: ～则. 준칙, 규범. /以此为～. 이것을 기준으로 하다. ⑤〈埻〉과 같음. 과녁의 중심. ⑥정확하다(⊕-确): 瞄～. 묘준하다. ⑦꼭, 틀림없이: 我～来. 나는 꼭 온다. /～能完成任务. 임무를 틀림없이 완수할수 있다. ⑧코: 隆～. 높은 코. ⑨(-儿) 파악, 자신: 心里没～儿. 자신이 없다, 파악이 없다.

埻 zhǔn (준) 과녁의 한복판, 관.

ZHUO

拙 zhuō (졸) 우둔하다, 둔하다, 서투르다, 졸렬하다(⊕-笨): ～嘴笨舌. 말주변이 없다. /手～. 손이 둔하다, 손이 서투르다. /弄巧成～. 재주를 부리다가 메주를 쓰다. /勤能补～. 부지런하면 없는 재간도 메꾸어낼수 있다. * 겸사하다: ～作. (저의) 졸렬한 글, 졸작. /～见. (저의) 소견.

捉 zhuō (착) ①잡다, 붙잡다: ～老鼠. 쥐를 잡다. /捕风～影. (바람, 그림자를 붙잡는다는 뜻으로) 아무런 근거도 없다, 허무맹랑하다. 〔捉弄〕 놀리다, 못살게 굴다. ②쥐다, 들다: ～刀. 칼을 쥐다. /～笔. 붓을 들다.

卓 zhuō (탁) 높다, 우수하다, 뛰여나다, 탁월하다: ～见. 뛰여난 견해, 탁월한 견해. /～越的成绩. 뛰여난 성과. 〔卓绝〕 비할바없다: 坚苦～～. 놀랄 정도로 참을성이 있다.

倬 zhuō (탁) ①뚜렷하다, 현저하다. ②크다.

桌(棹) zhuō (탁) (-子、-儿) 상: 书～. 책상. /饭～. 밥상. /八仙～. 팔선상(여덟사람이 앉아 먹는 네모난 식탁). 〈棹〉 zhào →564페지.

焯 (1) zhuō (작) 뚜렷하다, 똑똑하다, 선명하다. (2) chāo → 47페지.

棁 zhuō (절) 동자기둥, 두공.

涿 zhuō (탁) 〔涿县〕 탁현, 현이름, 하북성에 있음.

镯 zhuō (작) 〈방〉①작은 괭이, 괭이. ②(작은 괭이로) 파다, 캐다: ～高粱. 수수그루터기를 파내다. /～玉米. 강냉이그루터기를 파내다.

灼 zhuó (작) ①굽다, 지지다: ～热. 뜨겁다, 이글이글하다, 화끈화끈하다. /心如火～. 불로 지지는듯 가슴이 아프다. ②뚜렷하다, 명백하다, 환하다: 真知～见. 진짜지식과 투철한 견해, 명철한 견해.

酌 zhuó (작) ①(술을) 붓다, 따르다: 自～自饮. 자기가 부어 자기가 마시다. ⊕주연, 연회: 便～. 간단한 연회. ②헤아리다, 고대하다, 재여보다, 타산해보다, 짐작하다, 참작하다(⊕-量): ～办. 짐작하여 처리하다, 형편을 봐서 처리하다, 참작하여 실행하다. /～情处理. 실정을 고려하여 처리하다, 형편을 보고 처리하다.

茁 zhuó (촬) 튼튼하다, 실하다, 싱싱하다. 〔茁壮〕 1. (식물이) 실하다, 싱싱하다: 庄稼长得～～. 곡식이 실하게 자라다. 2. (동물이나 사람이) 튼튼하다, 실하다: 牛羊～

～. 소와 양들이 피둥피둥하다.

斫(斲) zhuó (작) (칼이나 도끼로) 찍다, 패다: ～伐树木. 나무를 찍다, 채벌하다./～轮老手. 풍부한 경험을 가진 사람, (어떤 일에) 숙달한 사람. 〔斫丧〕(-sàng) 몸을 상하다, 주색에 빠져 몸이 몹시 허약해지다.

浊(濁) zhuó (탁) ①(물이) 흐리다, 탁하다(㊀浑-). ↔〈清〉. ②혼잡하다, 혼란하다, 어지럽다: ～世. 어지러운 세상, 란세. ③말소리가 탁하다: ～音. 쐑소리, 탁성, 탁음./～声～气. 탁한 소리, 탁한 음성, 음성이 탁하다, 말소리가 쐑쐑하다.

镯(鋜) zhuó (탁) (-子) 팔찌, 팔목걸이.

浞 zhuó (착) 젖다, 적시다: 让雨～了. 비에 (옷이) 젖다.

诼 zhuó (착) 비방중상하다.

啄 zhuó (탁) (새가 부리로) 쫏다: 鸡～米. 닭이 모이를 쪼아먹다./～木鸟. 딱따구리.

琢 zhuó (탁) 옥을 쫏다, 옥을 갈다, 옥을 다듬다: 精雕细～. 정밀하고 섬세하게 조각하다. 〔琢磨〕 옥이나 돌을 다듬다. ㊥(문장을) 다듬다, 추고하다.

椓 zhuó (탁) ①똑똑 치다. ②(옛날) 거세형벌(생식기를 베는 형벌).

着(著) (1) zhuó (착) ①(옷을) 입다: ～衣. 옷을 입다. ②붙다, 잇닿다: 附～. 붙다, 부착하다./～陆. (비행기가) 땅에 내리다, 착륙하다./不～边际. 얼토당토않다, 허망하다, 실속없다. ③닿게 하다, 대다, 덧붙다: ～眼. 주의를 돌리다, 착안하다./～手. (일에) 손을 대다, 착수하다./～色. 색칠하다, 착색하다./不～痕迹. 흔적도 없다. ④행방, 행처, 간 곳: 寻找无～. 찾아도 간 곳이 없다. 〔着落〕 간 곳, 행처, 행방, 생길 곳, 나올 곳: 遗失的东西有了～～了. 없어졌던 물건이 행처가 나졌다./这笔费用还没有～～. 이 비용은 아직 나올 곳이 없다. (2) zháo →562페지. (3) zhāo →562페지. (4) zhe →566페지. 〈著〉zhù →585페지.

禚 zhuó (작) 사람의 성.

鷟 zhuó (작) 〔鸑鷟〕(yuè-)(옛책에서) 큰 물새.

缴 (2) zhuó (격) 화살에 맨 줄. (1) jiǎo →209페지.

擢 zhuó (탁) ①뽑다: ～发难数. (죄악이) 이루 헤아릴수 없을 정도로 많다. ②제발하다: ～用. 뽑아올려 쓰다, 제발하여 쓰다, 등용하다.

濯 zhuó (탁) 씻다: ～足. 발을 씻다.

ZI

仔 (3) zī (자) 〔仔肩〕 직무, 직책, 책임, 부담. (1) zǐ →592페지. (2) zǎi →549페지의 〈崽〉.

孖 (1) zī (자) 쌍둥이, 쌍태자. (2) mā →294페지.

孜 zī (자) 〔孜孜〕 부지런하다, 꾸준하다, 근면하다: ～～不倦. 지칠줄 모르고 꾸준하다.

谘(諮) zī (자) ① 의논하다, 상담하다, 자문하다 ([련]-询): 有所～询. 자문하여야 한다, 상담하여야 한다. ②(지난날 동급기관의) 공문.

姿 zī (자) ①생김새, 얼굴, 용모. ②모습, 자태([련]-态、-势): 雄～. 웅장한 모습./跳舞的～势. 춤추는 자태, 춤추는 자세.

资 zī (자) ①물자, 재물, 자원, 밑천, 자금: ～源. 자원./投～. 투자하다. [파]돈, 비용: 工～. 로임, 임금./车～. 차비. 〔资本〕 1. 자본. [유]자본: 政治～～. 정치자본./骄傲的～～. 교만하는 자본, 자랑할수 있는 밑천. 2. 밑천, 본전. 〔资本主义〕 자본주의. 〔资产阶级〕 자산계급. 〔资金〕1. 자금. 2. 밑천, 본전. 〔资料〕1. (생활, 생산에서의 필수적) 수단. 2. 자료, 재료: 统计～～. 통계자료. ②돕다, 제공하다: ～助. 돈으로 돕다, 부조하다./以～参考. 참고로 제공한다. ③천품, 질: ～质. 소질, 자질. ④출신, 경력: 德才～. 훌륭한 품성, 고명한 기술과 경력. 〔资格〕 자격, 경력.

粢 zī (자) (옛날) 제사때 쓰던 알곡.

趑 zī (자) 〔趑趄〕(-jū) 머뭇거리다, 서성거리다: ～～不前. 곤난앞에 주저하다, 머뭇거리다.

兹(茲) (1) zī (자) ①이, 이것: ～日. 이날./～理易明. 이 도리는 알기 쉽다. ②이제, 지금, 현재: 数月于～. 몇달이 지난 오늘./～订于明天开全体职工大会. 래일 전체 종업원대회를 열기로 이제 결정하였다. ③〈고〉해, 년: 今～. 올해, 금년./来～. 다음해, 래년. (2) cí →65페지.

嗞(吱) zī (자) (-儿) 소리본딴말[첩]. 찍찍, 짹짹(쥐나 새가 우는 소리): 老鼠～的一声跑了. 쥐가 찍하고 도망쳤다./小鸟～～地叫. 새가 짹짹하고 우짖는다. 〈吱〉zhī →571페지.

嵫 zī (자) →503페지 〈崦〉의 〈崦嵫〉(yānzi).

滋 zī (자) ①나다, 자라나다: ～芽. 싹이 돋아나다./～事. 말썽을 일으키다, 소동을 일으키다./～蔓. 자라서 펴지다, 풀이 뻗어서 펴지다. ②늘다, 많아지다: ～甚. 더욱 많아지다. 〔滋润〕 윤나다, 윤기나다, 축축하게 만들다, 적시다. 〔滋养〕 몸보신하다, 영양, 자양. 〔滋味〕 맛, 재미, 흥미. ③내뿜다: 水管往外～水. 수도관이 밖으로 물을 내뿜다.

孳 zī (자) 새끼를 치다, 번식하다: ～生得很快. 매우 빨리 번식하다. 〔孳孳〕 부지런하다, 꾸준하다.

镃 zī (자) (옛날) 큰호미.

赀 zī (자) ①계산하다: 所费不～. 비용을 계산하지 않다./不可～计. 계산하여서는 안된다. ②〈资①〉과 같음.

觜 (2) zī (자) 자성(28수의 하나). (1) zuǐ →597페지.

訾 (2) zī (자) 사람의 성. (1) zǐ →593페지.

龇(呲) zī (차) 이발을 드러내다, 입을 헤벌쭉하다:

～牙咧嘴．（고통스러울 때）이발을 드러내고 얼굴을 찌프리다，(매우 흉악한 몰골을 지을 때）이발을 드러내다.

髭 zī（자）코수염，코밑수염：～须皆白．수염(코수염，턱수염）이 다 세다.

菑 zī（치） 일군지 1년이 되는 밭，풀을 베다，김을 매다，황무지를 일구다．〈고〉〈灾〉(zāi)와 같음.

淄 zī（치）〔淄水〕치수，강이름，산동성에 있음.

缁 zī（치） 검은빛：～衣． 검은 옷.

辎 zī（치）덮개있는 수레，포장마차．〔辎重〕군수품，치중.

锱 zī（치） 치(옛날 무게의 단위)：一～． 여섯수(銖)．/四～．한량．〔锱铢〕㊗사소한 일，자질구레한 일，보잘것없는 금액：～～必较．사소한것까지 다 시시콜콜히 저울질하다，저울눈을 다투다.

鲻 zī（치）숭어.

鼒 zī（자）옹달솥，옹솥.

子 zǐ（자）①(옛날）아들딸，(지금）아들．〔子弟〕자제，젊은이，청년．②사람에 대한 칭호．1. 사람：男～．남자．/女～．녀자．2. 어떤 직업에 종사하는 사람：士～．(옛날）과거에 응시하는 사람，학생，글읽는 사람，서생．/舟～．배군．3. (봉건사회） 저작，학자，학파：荀～．순자．/诸～百家．제자백가(춘추시대의 많은 학자，학파)．4.（옛날）대방에 대한 존칭．당신，그대，자네：～试为之．당신이 그것을 시험해보십시오．5.（옛날）선생，스승：～墨子．묵자스승．〔子虚〕㊟거짓，허구，허무한 일：事属～～．이 일은 허무한것이다，이 일은 거짓말이다．③(-儿）열매，씨，종자：菜～．채씨．/莲～．련밥．/桐～．오동열매．/瓜～． 해바라기씨．/结～．열매 맺다．④(-儿)(고기，닭 등의）알：鱼～儿．물고기알．/鸡～儿．닭알．/蚕～．누에알．/下～．알을 낳다．⑤새끼，어린것：～鸡．병아리．/～姜．여물지 않은 생강．⑥↔〈母④〉．짝으로 된 물건이 불룩한 것，두드러진것：～金．리자．/～母扣．맞단추，호크．〔子音〕자음．→126페지〈辅〉의〈辅音〉．⑦자(12지의 첫째，순서의 첫째)．⑧자시(밤 11시부터 새벽 1시까지)．〔子夜〕한밤중，재밤중．⑨옛날 5등급작위의 넷째．⑩(zi)명사의 뒤붙이．1. 명사성형태부뒤에 붙어：孩～．어린이，아이．/珠～．구슬，진주．/桌～．탁자，상．/椅～．의자，걸상．2. 형용사 또는 동사형태부 뒤에 붙어：胖～．뚱뚱보．/拐～．절름발이．/瞎～．봉사，소경，장님．/乱～．변，소동，혼란．/垫～．방석，깔개，받치개．⑪(zi)(개별적인 량사의 뒤붙이)：一档～事．한가지 일．/打了两下～门．문을 두번 두드렸다.

仔 (1) zǐ（자）〔仔细〕〔子细〕1. 꼼꼼하다，자세하다，세밀하다：～～研究．세밀히 연구하다．/～～考虑．꼼꼼히 생각하다．2. 검박하다：日子过得～～．살림살이를 검박하게 하다，검박하게 살다．3.

조심하다, 주의하다: 路很滑, ～～点儿. 길이 매우 미끄러우니 조심하시오. 〔仔密〕 탁탁하다, 촘촘하다: 袜子织得十分～～. 양말을 매우 촘촘하게 짰다. (2) zǎi →549페지의〈崽〉. (3) zī →590페지.

耔 zǐ (자) 북을 주다, 북을 돋우다.

籽 zǐ (자) 〈子③〉과 같음. (식물의) 씨, 씨앗, 종자.

姊 zǐ (자) 언니, (손우)누이. 〔姊妹〕(-mèi) 자매. 1. 손우누이와 손아래누이: 他们～～三个. 그들은 자매 셋. 2. 같은 또래의 녀자 벗끼리 친절하게 부르는 말: ～～们. 자매들이여.

秭 zǐ (자) 〔秭归〕 자귀, 현이름, 호북성에 있음.

笫 zǐ (자) 대자리: 床～. 침대깔개.

茈 (2) zǐ (자) 자초, 지치. 〈紫草〉와 같음. (1) cí →65페지.

紫 zǐ (자) 자주빛.

訾 (1) zǐ (자) (남을) 헐뜯다, 악담을 퍼붓다: 无可～议. 비난할데가 없다. (2) zī →591페지.

梓 zǐ (재) ①향오동. 〔梓里〕〔桑梓〕 고향. ②판각하다: 付～. 출판하다./～行. 출판발행하다.

滓 zǐ (재) 찌끼, 찌꺼기.

自 zì (자) ①자기, 자신, 본인: ～给～足. 자급자족하다./独立～主. 독립자주하다./～力更生. 자력갱생하다./～动. 자동, 스스로, 자발적으로, 자진하여. 〔自个儿〕〔自各儿〕(-gěr) 〈방〉자기, 자신. 〔自然〕 1. 자연: 大～～. 대자연./～～景物. 자연경치. 2. 자연적이다, 자연히, 응당히, 당연히, 자연스럽다: ～～而然. 자연적으로./功到～～成. 열번 찍어 넘어지지 않는 나무가 없다, 무슨 일이나 공만 들이면 다 된다./他笑得很～～. 그는 매우 자연스럽게 웃는다. 3. 물론, 당연히, 응당. 〈自〉로 생략하여 쓰이기도 함: 学习不认真,～～就要落后. 학습을 실속있게 하지 않으면 뒤떨어지기 마련이다./～当努力. 응당 노력해야 한다. 〔自在〕(zai-) 자유롭다, 자연스럽다, 편안하다: 有些不～～. 부자연스럽다, 송구스럽다./逍遥～～. 아주 자유롭다. 〔自由〕 1. 자유: 在这世界上,～～都是具体的、相对的. 이 세상에서 자유는 언제나 구체적이며 상대적인것이다. 2. 자유롭다. ②(시간, 장소) …로부터, …에서(㊊-从): ～古到今. 예로부터 오늘까지./～天津到北京. 천진에서 북경까지.

字 zì (자) ①글자: 汉～. 한자, 한문자./～眼. (문장에서의) 글자, 어휘, 글귀./～体. (활자따위의) 글자체, (붓글씨 등의) 글씨체./常用～. 상용자. 〔字母〕 자모: 拼音～～. 날소리글자, 자모문자./拉丁～～. 라턴문자. 〔字典〕 자전. ②글자발음: 咬～清楚. 똑똑히 발음하다, 발음이 정확하다. ③(성명외에) 달리 부르는 이름: 岳飞～鹏举. 악비의 자는 붕거이다. ④증거문건: 立～为凭. 문건을 작성하여 근거로 삼다. ⑤(옛날) 신랑감을 정하다: 未～. 아직 결혼하지 않았다.

牸 zì (자) 암컷: ～牛. 암소.

恣 zì (자) 제멋대로이다, 방종하다: ～意. 마음대로, 제멋대로, 자의로, 마음이 내키는대로.

眦(眥) zì (제) 눈굽, 눈귀.

胔 zì (자) 썩은 고기, 썩어가는 시체.

渍 zì (지) ①담그다, 절다, 우리다, 불구다: ～麻. 삼을 불구다. ②(기름때나 오물들이) 끼다, 엉켜붙다, 때가 앉다: 烟袋里～了很多油子. 담배대통에 진이 많이 끼다.

胾 zì (자) 큼직하게 저민 고기, 덩이고기.

ZONG

枞(樅) (2) zōng (종)〔枞阳〕종양, 현이름, 안휘성에 있음. (1) cōng →66페지.

宗 zōng (종) ①조상, 선조, 조종, 종묘, 사당.〔祖宗〕선조, 조상, 조종: ～庙. 종묘. ②친족, 일가: 同～. 같은 혈족. /～兄. 일가집형.〔宗法〕(봉건사회) 가부장제: 必须批判～～观念. 가부장적관념은 비판되여야 한다. ③파벌: 禅～. 선종(불교의 한파). /北～山水画. 북종산수화파.〔宗旨〕주되는 취지, 종지. ④존경하다, 숭배하다: ～仰. 우러러 받들다, 숭배하다. ⑤단위명사. 종류, 가지: 一～事. 한가지 일. /大～货物. 량이 많은 상품, 주되는 짐(화물).

综 (1) zōng (종) 한데 모으다, 종합하다: 错～. 뒤엉키다, 뒤섞이다.〔综合〕종합하다: ～～利用. 종합적으로 리용하다. /～～大学. 종합대학. (2) zèng →554페지.

棕(椶) zōng (종) 종려나무.〔棕榈〕종려나무.

腙 zōng 히드라존.

踪(蹤) zōng (종) 발자국, 자취(㉥-迹): ～影. 종적, 자취, 행방. /追～. 발자국을 따르다, 추종하다. /失～. 자취를 감추다, 실종하다.

鬃(騣、鬉) zōng (종) 갈기, 갈기털: 马～. 말갈기.

总(總、総) zǒng (총) ①총; 개괄하다, 한데 묶다: ～在一起算. 한데 합하여 계산하다. /～共三万. 도합 3만이다. /～起来说. 총괄적으로 말하다.〔总结〕총화하다, 총결산하다, 총화, 총결.〔总路线〕총로선. ②총, 주요한것, 으뜸: ～纲. 총적요강, 총칙. /～司令. 총사령. ③늘, 내내, 줄곧, 그냥, 언제나: 为什么～是来晚? 왜 늘 늦게 오는가?/～不肯听. 언제나 듣지 않다. ④끝내, 결국, 어쨌든: ～是要办的. 결국은 처리할 것이다. /明天他～该回来了. 래일에는 그가 어쨌든 돌아올것이다.

偬(傯) zǒng (총) →243페지〈倥〉의〈倥偬〉(kǒng-).

纵(縱) zòng (종) ①놓아주다, 풀어주다: ～虎归山. 범을 놓아 산으로 가게 하다, 위험한 인물을 놓아주다, 나쁜놈을 놓아주어 제 소굴로 돌아가게 하다, 원쑤를 놓아주어 화근을 남기다. ②내버려두다, 제멋대로 하게 하다: ～目四望. 사방을 눈이 닿는대로 바라보다./～情歌唱. 마음껏 노래하다, 마음껏 노래부르다. ③뛰여오르다, 솟구치다, 훌쩍 뛰다: ～身一跳. 훌쩍 뛰여오르다. ④설사 …다 해도, 비록 …더라도: ～有千山万水, 也挡不住英勇的勘探队员. 설사 그 어떤 산악과 격랑이 앞을 막는다 해도 영용한 탐사대원을 가로막지 못한다. ⑤(옛음 zōng) 세로. ↔〈横〉: ～线. **세로선**, 종선./排成～队. 종대를 짓다./～横各十里. 가로세로 각 10리. ⑥주름잡히다, 구겨지다, 주글주글해지다: 这张纸都～了, 怎么用来写字. 이 종이는 모두 주글주글해졌는데 어떻게 글을 쓰겠는가./衣服压～了. 옷이 깔려서 구겨졌다.

疭(瘲) zòng (종) → 55 폐지 〈瘛〉의 〈瘛疭〉(chì zòng).

粽(糉) zòng (종) (찹쌀을 대잎 또는 갈잎에 세모나게 싸서 찐) 찹쌀떡. 〈角黍〉라고도 함.

猔 zòng (종) 〈방〉수퇘지.

ZOU

邹(鄒) zōu (추) 주나라때 제후국의 이름, 지금의 산동성 추현 동남쪽에 있었음.

驺(騶) zōu (추) (옛날) 말시중군, 경마군.

诹 zōu (추) 의논하다, 문의하다: ～吉. 좋은 날을 의논하여 정하다./咨～. 정사에 관한것을 문의하다.

陬 zōu (추) 구석.

緅 zōu (추) 검푸른빛, 야청색.

鲰 zōu (추) 작은 물고기. 〔鲰生〕 (옛날) 쬐쬐한 사람, 소인.

鄹(郰) zōu (추) 옛 땅이름, 지금의 산동성 곡부현 동남쪽.

走 zǒu (주) ①걷다, 걸어가다: ～得快. 빨리 걷다./小孩子会～路了. 아이가 걸음발을 타다. [파] 1. 교제하다, 래왕하다: ～亲戚. 친척집에 나들이가다. 2. 움직이다, 옮기다: ～棋. 장기쪽을 쓰다./钟不～了. 시계가 멎었다. 3. 수송하다. ②떠나다, 가다: 他刚～. 그가 금방 떠났다./我明天要～了. 나는 래일 떠나련다. ③거치다, 올리다: 这笔钱不～帐了. 이 돈은 장부에 올리지 않는다. ④새다, 루설하다, 빛나가다: ～漏消息. 소식이 새여나가다./～气. 김이 나가다, 바람이 새다, 공기가 새다./说～了嘴. 말이 빗나가다. ⑤(원래모양이) 변하다: 门框～样了. 문틀이 변형되였다./茶叶～味了. 차맛이 없어지다, 차맛이 변하다. ⑥(옛날) 뛰다, 달아나다, 도주하다([련]奔-): ～马观花. 말타고 꽃구경, 대충대충 보고 지나가다. 〔走狗〕 사냥개. [유]앞잡이, 주구.

奏 zòu (주) ①연주하다: ～乐. (음악을) 연주하다, 주악하다./提琴独～. 바이올린독주./伴～. 반주하다. ②(봉건사회에서 신하들이 황제에게) 아뢰다: 上～. 임금에게 아뢰다. ③나타나다, 가져오다: ～效. 효력을 내다, 보람이 나다./～功. 효과를 내다.

揍 zòu (주) (사람을) 치다, 때리다.

ZU

租 zū (조) ①세내다, 세를 맡다: ～房. 집을 세내다, 세집./～家具. 가구를 세내다. 〔租界〕 조계, 조계지. 〔租借地〕 조차지. ②세를 놓다, 세를 주다: ～给人. 남에게 세를 주다(놓다)./～出去. 세를 받고 빌려주다. 〔出租〕 세를 받고 빌려주다, 세를 놓다, 세를 주다. ③세, 세금: 房～. 집세./收～. 세를 받다. ④소작료: ～税. 소작료, 조세.

菹(葅) zū (저) ①뜨거운 물에 데쳐서 시큼하게 절군 배추. ②풀이 많은 진펄. 〔菹草〕 푸서리. ③고기를 탕치다, 고기를 다지다: ～醢(hǎi). 고기장, 탕친 고기, (고기를) 잘게 썰다, 탕을 치다.

足 zú (족) ①발: ～迹. 발자국./画蛇添～. (그린 뱀에 없는 발을 더 그려넣는다는 뜻) 공연한 일을 하다, 군더더기. [파]발처럼 생긴것: ～鼎. 세발솥. ②넉넉하다, 충분하다([련]充-): ～数. 수가 차다, 수량이 넉넉하다./心满意～. 매우 만족하다, 대단히 흐뭇하다. /丰衣～食. 잘 먹고 잘 입다, 먹을것과 입을것이 넉넉하다, 의식이 풍족하다, 풍의족식하다. [파]1. 잘, 마음껏: ～玩了一天. 하루를 잘 놀았다. 2. 완전히, 넉넉히, 얼마든지: 他～可以担任抄写工作. 그는 베껴쓰는 일을 얼마든지 감당할수 있다./两天～能完成任务. 이 과업은 이틀이면 넉넉히 완수할수 있다. ③할 가치가 있다, 할만하다: 微不～道. 말할나위가 없다, 보잘것없다, 미약하다.

卒 (1) zú (졸) ①(옛날) 병사, 졸병: 小～. 졸병./士～. 병사. ②(옛날) 심부름군: 走～. 졸개, 심부름군. ③죽다, 사망하다: 生～年月. 출생년월일과 사망년월일. ④끝나다, 마치다: ～业. 졸업하다, 졸업. [파]끝내, 마침내, 드디여: ～胜敌军. 끝내 적군을 타승하였다. (2) cù →68페지.

崒(崪) zú (줄) 험준하다.

族 zú (족) ①민족: 汉～. 한족, 한민족./回～. 회족. ②겨레, 종족, 가족: 宗～. 종족./家～. 가족. ③(같은 성질을 가진 물건의) 무리, 종류, 종속, 부류, 족: 水～. 수족(수중동물의 족속)./芳香～化合物. 방향족화합물. ④(봉건사회) 멸족시키다(옛날형벌): 罪人以～. 죄인의 가족을 멸족시키다.

䃚 zú (족) 〈镞〉와 같음. 살촉, 화살촉(돌로 만든것을 가리킴).

镞 zú (족) 살촉, 화살촉.

诅 zǔ (조) 저주하다. 〔诅咒〕 저주하다.

阻 zǔ (조) 막다, 가로막다, 방해하다([련]-挡): ～止. 멈춰세우다, 저지하다./通行无～. 막힘없이 통행하다./险～. 험악하다, 길이 험하다.

组 zǔ (조) ①뭇다, 구성하다, 조직하다, 짜다: 改～. 개편하다. 〔组织〕 묶어세우다, 조직하다, 꾸리다, 짜다, 결성하다: ～～群众. 대중을 묶어세우다./群众～～. 군중조직./神经～～. 신경조직./～～疗法. 조직료법. ②조, 소조: 学习小～. 학습소조.

俎 zǔ (조) ①제기(옛날 제사때 쓰던 그릇). ②도마: 刀～. 칼도마.

祖 zǔ (조) 할아버지, 할머니벌되는 사람: ～父. 할아버지, 조부./～母. 할머니, 조모./外～父. 외할아버지. ㊥선조, 조상, 창시자, 시조: ～宗. 선조, 조상, 조종./始～. 시조. 〔祖国〕 조국.

ZUAN

钻(鑽) (1) zuān (찬) ①(돌리여) 뚫다: ～一个眼. 구멍을 하나 뚫다./～探队. (지질) 시추대. ㊥(뚫고) 들어가다, (가로뚫고) 지나다: ～山洞. 산굴로 들어가다./～到水里. 물속으로 들어가다./～空子. 빈틈을 타다, 기회를 노려 들어가다. 〔钻营〕 (낡은 사회) 권세에 빌붙어서 바라올라가다, 뒤구멍수를 뚫다. ②파고들다, 깊이 연구하다: 光～书本不行. 책만 파고들어서는 안된다./～研. 깊이 연구하다, 파고들다./他倒是肯～研. 그는 파고들기를 좋아한다. (2) zuàn →본 페지.

躜 zuān (찬) 치솟아오르다, 뚫고나가다.

缵 zuǎn (찬) 이어받다, 계승하다.

纂 zuǎn (찬) ①편찬하다. ②(-儿)(녀성의) 트레머리.

钻(鑽) (2) zuàn (찬) (-子) 송곳, 드릴: 电～. 전기드릴./风～. 공기드릴. 〔钻石〕 금강석, 보석. 〈钻〉이라고도 함: 十七～的手表. 17석짜리 손목시계. (1) zuān →본 페지.

赚 (2) zuàn (잠) 속이다, 호리다: ～人. 사람을 속이다. (1) zhuàn →586페지.

攥 zuàn (찰) (틀어)쥐다: 手里～着一把斧子. 손에 도끼 한자루를 쥐다.

ZUI

堆 (2) zuī (퇴) 〈堆(1)〉과 같음: 归里包～. 통털어, 모두 합쳐. (1) duī →102페지.

咀 (2) zuǐ (저) 〈嘴〉의 속자. (1) jǔ →226페지.

觜 (1) zuǐ (취) 〈嘴〉와 같음. (2) zī →591페지.

嘴 zuǐ (취) ①입. ②아가리, 주둥이, 부리; 돌출부: 山～. 산부리./壶～儿. 주전자부리.

最 zuì (최) 가장, 제일, 아주, 매우, 비할바없이: ～大. 제일 크다./～好. 가장 좋다, 제일 좋다./～要紧. 가장 요긴하다, 제일 중요하다./以此为～. 이것을 제일이라고 하다.

蕞 zuì (최) 작다: ～尔. (지역이) 자그마하다.

晬 zuì (쉬) (어린애의) 첫돌.

醉 zuì (취) ①취하다: 他喝～了. 그는 술에 취하다. ②정신이 팔리다, 반하다, 매혹되다: ～心文艺. 문예에 정신이 팔리다. ③(술에) 담근것: ～蟹. 술에 담근 게./～虾. 술에 담근 새우./～枣. 술에 담근 대추.

罪(辠) zuì (죄) ①죄, 죄악, 범죄: 犯～. 죄를 짓다, 죄를 범하다. [파]잘못, 과오: 不应该归～于人. 잘못을 남에게 뒤집어씌워서는 안된다. ②(형벌의)죄: 判～. 죄를 판결하다./死～. 죽을 죄. ③고통, 괴로움: 受～. 괴로움을 당하다, 고통을 받다. ④죄과를 들씌우다: ～己. 죄를 자기가 뒤집어쓰다, 자기를 꾸짖다.

槜(檇) zuì (추)〔槜李〕(-lǐ) 1. 추리, 오얏. 2. 추리(옛날 땅이름자), 지금의 절강성 가흥현일대에 있었음.

ZUN

尊 zūn (존) ①(지위 또는 신분이) 높다: ～卑. 존귀와 비천, 높은 사람과 낮은 사람./～长. 웃사람, 웃어른, 존장. *(지난날의 존칭어) 당신: ～府. 당신의 댁./～驾. (존대하여) 귀하, (좀 야유조로) 당신. 〔令尊〕 당신의 아버지, 당신의 부친. ②존경하다: ～师爱徒. 스승을 존경하고 제자를 사랑한다. ③단위명사. 문, 개: 一～大炮. 대포 한문. ④〈樽〉과 같음.

遵 zūn (준) 따르다: ～守纪律. 규률을 지키다./～循指示去做. 지시대로 하다. 〔遵义〕 준의, 시이름, 귀주성 북부에 있음.

樽(罇) zūn (준) (옛날) 술그릇, (아가리가 큰) 술단지.

鳟 zūn (준) 송어.

撙 zǔn (준) 절약하다.

ZUO

作 (2) zuō (작) ①(지난날) 수공업작업장: ～坊. 작업장./瓦～. 요업장./油漆～. 뼁끼공장./洗衣～. 세탁소. ②뜻이 〈作(1)〉과 같음. (어떤 일을) 하다: ～揖. 읍을 하다. (1) zuò →599페지. (3) zuó →본 페지.

嘬 zuō (최) (입을 오무리고) 빨다: 小孩～奶. 어린애가 젖을 빨다.

作 (3) zuó (작) 아래의 단어들에만 쓰임. 〔作践〕(jian) 못쓰게 만들다, 망치다, 랑비하다, (사람을) 못살게 굴다, 학대하다. 〔作料〕 양념, 양념감. 〔作兴〕 1. 응당 …하여야 한다, 도리상 허용되다: 开口骂人, 不～～! 욕질하는것은 도리가 아니다. 2. 아마, 보아하니, 혹: 看天气, ～～要下雨. 날씨를 보니 아마 비올것 같다. (1) zuò →599페지. (2) zuō →본 페지.

昨 zuó (작) 어제: ～晚. 어제저녁.

笮(筰) (1) zuó (책) 대로 꼰 줄, 참대바줄. 〔笮桥〕 참대바줄다리, (2) zé →553페지.

捽 zuó (졸) 잡다, 움켜쥐다: ～他的头发. 그의 머리카락을 움켜쥐다.

左 zuǒ (좌) ①왼쪽. ↔〈右〉: ～手. 왼손. ㊁동쪽(남쪽을 향하여선것을 기준하다): 山～. 산의 동쪽./江～. 강의 동쪽. 〔左证〕 증거. 〈佐证〉으로도 씀. 〔左右〕 1. 가량, 쯤, 안팎, 좌우: 三十岁～～. 30세좌우, 서른살쯤. 2. 어차피, 좌우간, 어쨌든: ～～是要去的,你还是早点去吧. 어쨌든 가야겠는데 아예 일찍 가시오. 3. (낡은 사회) 심부름군. 4. 좌우하다, 좌우지하다. ②좌익: ～派. 좌파./～翼. 좌익. ③비뚤다, 틀리다, 어긋나다, 기울다: 越说越～. 말할수록 점점 더 틀리다(비뚤어지다)./你想～了. 당신은 비뚠 생각을 했습니다./～道旁门. (학술상) 옳지 못한 길, 그릇된 길./意见相～. 서로 의견이 맞지 않다.

佐 zuǒ (좌) (옛음 zuò) ①돕다, 곁들어주다, 협조하다, 보좌하다: ～理. 도와서 처리하다, 일을 협조하다. ②보좌역, 부책임자: 僚～. 보좌인원.

撮 (2) zuǒ (촬) (-子、-儿) 단위명사. 줌, 웅큼, 모숨: 剪下一～头发. 머리털을 한모숨 잘라내다. (1) cuō →71페지.

作 (1) zuò (작) ①일어나다, 분발하다: 振～精神. 정신을 차리다./锣鼓大～. 징소리, 북소리가 크게 나다. 〔作用〕 역할, 작용: 起～～. 역할을 하다(놀다)./带头～～. 선두작용, 선봉적역할. ②(어떤 모양을) 나타내다, 짓다; 글을 쓰다, 창작하다: ～文. 글을 짓다, 작문./～画. 그림을 그리다./深耕细～. 깊이 갈고 알뜰히 가꾸다./装腔～势. 그런 티를 내다, 없는 호기를 꾸며내다, 코 큰 소리하다, 미꾸라지국 먹고 용트림하다, 허장성세하다. ㊁작품: 佳～. 좋은 작품, 가작./杰～. 훌륭한(뛰여난) 작품, 걸작. ③…하다, …되다, …여기다: ～报告. 보고를 하다./向不良倾向～斗争. 좋지 못한 경향을 반대하여 싸우다, 불량한 경향과 투쟁하다. 〔作风〕 작풍. ④〈做〉와 같음. (2) zuō →598페지. (3) zuó →598페지.

阼 zuò (조) 동쪽섬돌, 동쪽계단, 동쪽층계.

岞 zuò (작) 〔岞山〕 작산, 땅이름, 산동성 창읍현에 있음.

怍 zuò (작) 부끄럽다: 愧～. 부끄럽다.

柞 (1) zuò (작) 상수리나무, 참나무, 가둑나무. →268페지의 〈栎〉(lì): ～蚕. 가둑나무누에, 작잠./～丝. 가둑나무누에실, 작잠사. (2) zhà →556페지.

胙 zuò (조) (옛날) 제사상에 놓았던 고기.

祚 zuò (조) 복, 행복.

酢 (1) zuò (작) (손님이 주인에게) 술잔을 드리다. (2) cù →68페지.

坐 zuò (좌) ①앉다. ↔〈立〉: ～在凳子上. 걸상에 앉다. ㊁1. 타다: ～车. 차를 타다./～船. 배를 타다. 2. 놓이다, 위치하다: ～北朝南. (건물이) 남쪽을 향해 앉다. ②(뒤로) 쏠리다: 房子往后～了. 집이 뒤로 쏠리다./这枪～力很小. 이 총은 반충력이 적다. ③(가마, 주전자따위를 난로우에) 올려놓다. ④ 까닭으로(리유로, … 인하여): ～此解职. 이러한 까닭으로(리유로, …인하여) 해임되다. ⑤(지난날) 판결하다, 처벌하다: 连～. 련루되다, 련대적책임을 지다./反～. 반좌하다, 반좌(봉건사회에서 남을 거짓 고자질한 사람을 그 고자질한 죄와 함께 처벌하다). ⑥〈座①〉와 같음.

唑 zuò →385페지 〈噻〉의 〈噻唑〉(sāizuò).

座 zuò (좌) ①(-儿) 자리, 좌석: 入～. (연회석이나 의식 등에서) 정해진 좌석에 앉다, 자리에 앉다./～位已满. (빈자리가 없이) 꽉 차다./～右铭. 좌우명. ②(-子、-儿) 받침대, 받치개: 钟～儿. 시계받치개. ③단위명사. 개, 채, 동: 一～山. 하나의 산, 산 하나./三～楼. 세채의 아빠트.

做(作) zuò (주) ①일하다, 활동하다: ～活. 일을 하다./～工. 일하다, 로동하다. ②만들다, 짓다: ～制服. 제복을 만들다, 제복을 짓다./甘蔗能～糖. 사탕수수로는 사탕을 만들수 있다. ③…로 되다, …로 삼다: ～父母的. 부모로 된 사람들./～企业者. 기업가로 되다. ④꾸미다, 분장하다: ～好～歹. 좋게 대하기도 하고 나쁘게 대하기도 하다, 달래기도 하고 으르기도 하다. 〔做作〕 일부러 꾸미다, 과장하다, 부자연스럽게 하다.

凿(鑿) (2) zuò (착) ①〈凿(1)〉과 같음. 서면어에 쓰임. 〔穿凿〕 억지로 둘러 맞추다. (조) ②〈고〉장부구멍. ③뚜렷하다, 확실하다[첩]([련]确-): 证据确～. 증거가 확실하다. (1) záo →552페지.

中國語字典

2003년 4월 25일 초판 발행
2020년 4월 25일 2쇄 발행

편저자 / 중국어교재편찬회
발행인 / 김 기 형
발행처 / **학 문 사** *HMP*

서울특별시 종로구 사직동 7-2 사학회관
☎ (대) 738-5118 FAX 733-8998
(대구) (053) 422-5000~3 FAX 424-7111
(부산) (051) 502-8104 FAX 503-8121
등록번호 제 1-a2418호

가격 25,000 원

ISBN-89-467-8212-9

E-mail : hakmun@hakmun.co.kr
http://www.hakmun.co.kr

Printed in Korea